平生敎育의 現象

生의 過

平生教育의 現象

生의 過

한준상 저

학지사

生의 過 머리말

살다보니, 그 어느 날부터 이 세상이 커다란 하나의 의식(意識) 덩어리처럼 내게 다가오기 시작했다. 몇 년 전 일이기는 해도, 티베트를 여행한 탓인 것 같기도 했었다. 티베트에서 보고 만났던 천진난만한 승려나 티베트 인들의 미소가 문뜩, 나를 사로잡곤 하기 때문이었다. 당시에도 그랬지만, 정도 차이는 있지만 모든 물질에게 나름대로의 의식이 들어가 있다는 생각을 지울 수가 없었다. 물질이 바로 의식이라는 생각이 강하게 나를 자극했다. 세상 모든 것이 나름대로 신성(神性)을 지닌 의식 덩어리였다.[1] 이런 의식 덩어리의 세상에서 나름대로 살아가려면 그 누구에게든 자신의 의식을 달래는 치유능력이 필요하다. 다른 물질과의 나름대로의 교감과 의식적 관계를 트며 자기를 달래는 일이 치유의 시작이기 때문이다. 사람들 간의 관계에서 생기는 기대와 부대낌을 나름대로 정화(淨化)하려면 내 안의 의식부터 달래는 수밖에 없다.

지금과 같은 디지털경제의 시대에서는 늙었느니 젊었느니, 어리느니 뭐하느니 하는 식으로 가르는 그 자체가 무의미하기까지 하다. 연령이 모든 것의 잣대가 되는 세상이 아니기 때문이다. 이런 사회를 사람들은 어모털리티(amortality) 사회라고 한다. 어모털리티라는 말은 '영원히 살 수 없는'이라는 뜻의 모털(mortal)에 부정을 의미하는 어(a)를 붙여 '영원히 늙지 않는'이라는 의미로 어느 사회학자가 만들어 낸 신조어다.[2] 죽지 않는다는 말이 아니다. 죽는 그 순간까지 나이를 잊고 살아가는 젊음의 감각을 가지라는 그 감각을 일컫는 개념이다. 그러니까 자신들이 지금 드러내 보이는 행동들을 자신의 나이라는 잣대로 재단하며 주눅 들지 말라는 정신을 말하는 것이다. 죽을 때까지 나이를 잊은 채 자신의 영혼을 가꾸며 살아가라고 일러 주는 사회가 바로 어모털리티 사회다. 그런 의식과 정신으로 살아가는 사람들을 어모털족(族)이라고 부른다. 어모털족은 자신의 생물학적 연령에 관계없이 언제나 나름대로의 꿈을 꾸고 자신의 새로운 계획을 세워가며 실행에 옮기는 사람들이다. 이들은 새로운 기술들이 지배하는 시장에도 민감하다. 새로운 제품이나 기술들이 나오면 먼저 써 보며 그것들의 쓰임새를 즐기려고 노력하기 때문이다. 이제 어모털리티는 나이를 벗어난다. 어모털리티는 퇴행적인 트렌드와는 차별화된 새로운 사회적 추세이며 새로운 의식문화의 시대적 흐름이기도 하다.

빠르게 변화하는 사회를 살아가려면 어모털리티의 의식을 자기 내면 깊은 곳에서 다듬어 내야 한다. 어모털리티 의식은 어디에서나 앞서가려는 그런 경쟁의식이나 일등의식과는 무관하다. 자기의 살아 있음을 매일같이 확인하는 노력이 더 필요하다. 나는 그런 어모털리티의 의식을 이등의식이라고 부르고 싶다. 영원히 죽지 않으려면, 어모털하려면 이등의식으로 무장하는 것이 자신의 정신건강을 위해 보다 더 쓰임새가 있는 것 같았기 때문이다. 어모털한 사회에서 혼자만 살아가려는 독재자는 필요없다. 서로서로 함께 동행하려는 자기 의식의 리더들이 필요하기 때문이다. 경험에서 나온 내 나름의 생각이다.

내가 늘 2등으로 만족하며, 학자로서의 교수직에 끝까지 완주했던 이유가 있었다. 일반적으로 사회나 기업조직에서 2등은 필요 없다고 잘라 말한다. 1등만이 살아남을 수 있다고 끊임없이 교화한다. 일등의식, 경쟁이라면 그 어느 곳이든 조건 없는 승리만이 유일하다. 1등에 대한 욕망이야말로 이 사회가 우리에게 강요해왔던 업적주의의 토대였다. 업적에 기초한 보상 실현만이 사회정의라고 가르쳐 왔다. 형평성의 원리를 필요 이상으로 강조하는 현실이기는 하지만, 이렇게 저렇게 살다보면 한 가지를 이내 깨닫게 된다. 업적주의에 기초한 사회적 정의만으로는 조직 구성이나 공동체 구성에 도움이 되지 못한다는 점이다. 정의는 공평성이나 형평성을 지키는 일 이전에, 각자마다 나름대로 자신이 겪는 삶의 지혜부터 가슴으로 품어 낼 때 실현되기 때문이다. 이 말은 정의의 실현은 사회적 정의보다 심리적 정의가 우선해야 한다는 뜻이기도 하다.

심리적 정의론은 매일을 살아가야 하는 사람들에게는 귀중한 논리를 제공한다.[3)] 정의를 실현하게 만들어 주는 것은 타인의 리더십이 아니라, 자기 리더십에 의해 가능하기 때문이다. 자기 리더십의 핵심은 지혜를 자신의 삶에 응용할 수 있는 자기의 마음에 있기 마련이다. 성과주의, 그 자체에 연연한 채 자신에게 불평하면 그것은 이내 조직에 해를 끼치기 십상이다. 타인과 조직을 아끼기 위해서라도 자기 자신에게 삶의 지혜를 심어야 한다. "보라 네 눈 속에 들보가 있는데, 어찌하여 형제에게 말하기를 나로 네 눈 속에 있는 티를 빼게 하라 하겠느냐"라며 자신의 허물부터 되돌아보라고 신약성경의 마태복음에서 분명하게 드러나는 것처럼, 정의는 사회 구성원으로서 각자가 지녀야 할 삶의 지혜부터 먼저 돌아 보는 일과 결코 다르지 않기 때문이다. 사회공동체를 살리는 힘은 형평성에만 매달려 그것의 손익을 따지는 식의 분배적 정의이기보다는 개인 각자마다 지닌 '심리적 정의력'에서 나오기 마련이다. 각자마다 지닌 심리적 정의의 총화들이 모이면 멋진 공동체가 완성되기 마련이다. 사회정치적인 정의를 내세우기 이전에 이미 사회심리적 정의의 토대가 깔려지기 때문이다. 심리적 정의가 각자의 영혼 안에서 작동할 때, 갈등과 욕심을 자동 제어할 수 있는 사회공동체가 만들어지기 때문이다.

심리적 정의 실현을 위한 자기 리더십의 모습은 그리스 신화 트로이전쟁의 두 영웅들인 아이아스(Aeas)와 오디세우스(Odysseus)를 위한 논공행상의 현장에서 분명하게 드러난 바 있다. 아이아스도, 오디세우스도 모두 당대 역전의 용사들이며 영웅들이다. 그리스 연합군의 수뇌부들이 모인 자리에서 논공행상이 벌어진다. 트로이와의 전투에서 전사한 아킬레우스의 황금갑옷을 선물 받을 사람을 결정하는 회의였다. 아킬레우스가 입던 갑옷을 선물로 받는 것은 영웅으로서는 최고의 명예였다. 모두가 아이아스에게 상이 돌아갈 것으로 예측했다. 전쟁의 영웅인 아킬레우스가 트로이의 왕자인 파리스의 화살에 맞아 죽자, 그 시체를 그리스 연합군으로 가져온 인물이 아이아스였기 때문이다. 모두가 아킬레우스 다음 용맹한 사람으로 아이아스 장군을 꼽았기 때문이다. 그러나 뜻밖의 일이 벌어진다. 아킬레우스의 갑옷을 받을 사람은 아이아스가 아니라, 오디세우스로 결정이 난다. 자신의 영웅됨을 알아 주지 못하는 저들 수뇌부에게 분을 삭이지 못한 아이아스는 미쳐 버린다. 한참만에 제정신으로 돌아온 아이아스는 적군인 트로이의 영웅 헥토르가 선물한 칼로 자신의 목숨을 끊어 버린다. 영웅 아이아스가 자신의 경쟁자이었던 오디세우스의 지략에 당했다고 단정했기 때문이다. 아이아스는 오디세우스에게 진 것이 아니라, 자신 안에 숨어 있던 자신이라는 적에게 마침내 살해당한 것이나 마찬가지였다.

아킬레우스가 입었던 황금갑옷은 현대 조직사회에서는 업적에 대한 보상에 해당되는 승리의 상징물이다. 일반 사회조직에서 조직원들은 실적에 따른 승진이나 상여금 보상 과정에서 상대방을 의식하며 늘 긴장하게 마련이다. 무엇인가 자기에게 돌아올 것, 그것에 집착하기 마련이다. 기대하던 성과주의에 어긋나는 보상이 실시되면, 조직원들은 자신의 분노를 삭이지 못한다. 심하면 일상과는 다른 이상한 행동을 보이기까지 한다. 보상이 기대와 달리 자기가 아닌 다른 사람에게 돌아갈 때, 그것이 사회정의에 어긋나는 일이라는 생각에 사로잡히기 때문이다. 그런 생각이 아주 틀린 것은 아니지만, 삶을 살다보면 형평성과 같은 규칙과 원칙만으로는 업적과 보상 사이에서 생기는 딜레마를 해소할 수 없다. 그 딜레마 속에 갇혀 버리면 앞으로 나갈 길을 찾을 수 없기 때문이다.

타인을 욕하거나 원리를 되뇐다고 문제가 풀리지는 않는다. 속은 편하겠지만 문제는 그대로 남아 있기 마련이다. 모든 것은 이미 타인의 리더십에 의해 결정된 것들이다. 일들이 타인의 리더십에 의해 자기의 바람이나 기대와 전혀 다르게 결정되었다면, 그다음 자기에게 필요한 것은 자신을 향한 불만이나 분노가 아니다. 자기 자신을 달래는 자기 리더십이 필요하다. 자기 리더십만이 자기를 구원할 수 있기 때문이다.

정의는 사회정치적인 입장에서 형평성만을 지칭하는 것도 아니다.

그리스의 영웅 아이아스에게 자기 리더십을 위한 지혜가 있었더라면, 어떤 일이 있어도 그는 살아 있어야 했다. 그리스 연합군에서 자기 리더십으로 자신의 지혜를 발휘하며 그리스 군을 통솔했어야 한다. 그것이 조직을 위한 심리적 정의다. 그는 오디세우스가 전투에 능한 지략가라는 점에 골몰하며 분노를 표출하기보다는 오디세우스의 자기 리더십에 주목했어야 했다. 그가 공동체 안에서 심리적 정의를 회복하기 위해 리더가 갖추어야 할 지혜와 동정심, 온화한 성품, 서로 존중하는 마음을 끊임없이 익히며 자신을 연단해 가는, 배우는 사람, 호모 에루디티오(*Homo Eruditio*)였다는 점에 더 주목했어야 했다. 오디세우스는 결코 조직의 제일인자가 되려고 해 본 적이 없었던 영웅이었다. 그는 동료 병정들의 생명을 존중했으며, 끊임없이 새로운 전략을 개발, 개척하였으며, 남을 비난하기보다는 자기 자신부터 연단(鍊鍛)해 나가는 자기 리더십의 본보기였다. 그는 그리스 연합군을 자기가 통솔해야 한다고 나섰던 독재자, 일인자가 아니었다. 그는 연합군이 승리할 수 있도록 조력했던 두 번째 인물, 이인자로 자족했던 당대의 영웅이었다. 오디세우스야말로 심리적 정의론으로 무장한 채 자신을 끊임없이 가다듬었던 어모털리티의 역사적인 사례이며 자기 리더십의 일인자였었다.

세상을 교육이라는 틀의 관점에서 단순하게 정리하라고 한다면, 그것은 두 가지 형태로 나타날 것 같다. 한 형태는 인적자원개발의 형식일 것이고, 다른 하나는 평생학습의 형식일 것이다. 인적자원개발은 사람이 태어나서부터 노년기를 거쳐 죽는 그 순간까지 진행되는 것이기 때문에 그렇고, 평생학습 역시 한 사람이 요람에서 죽음에 이르기까지 진행되는 삶의 한 과정이기 때문에 그렇게 간주된다.

평생학습과 인적자원계발로 이뤄지는 삶의 과정 전체를 아우르는 핵심과제는 배움의 과제다. 삶은 배움에서 배움으로 이어지는 일이기에, 그 삶의 여정은 바로 한 사람이 치워 내야 할 교육의 궤적이 된다. 사람들은 유치원에서 대학교육에 이르기까지의 여러 단계를 거치면서 다양한 형식의 학교교육을 받게 된다. 학교교육의 형식이

고급화되었다고 해서, 사람들이 자신에게 있어서 배움이 무엇을 의미하는지는 제대로 체득하는 것은 아니다. 현실적으로 여러 유형의 학교교육을 거치면서 배움의 본질에는 큰 관심을 두지 않은 채, 그저 배움의 즐거움이나 배움의 필요성만 주입받고 있는 형편이다. 말하자면 한결같이 똑똑한 사람, 사회에서 성공하는 사람이 되어야 한다는 주문들은 받지만, 자신에게 제대로 된 삶을 살아가거나 그것을 위한 방편들을 제대로 익히지는 못하고 있는 형편이다.

자신의 삶을 현명하게, 성공적으로 살가내려면 똑똑한 것 그 이상으로 자신의 삶에 우직할 수 있어야 한다. 작은 청바지 회사인 디젤을 글로벌 패션제국, 세계적인 기업으로 일구어 낸 렌조 로소(Renzo Rosso) 회장은 영특함보다는 우직스러운 태도가 삶을 결정한다고 말한다. 예를 들어, 그는 기업을 크게 일구어 낸 기업가들일수록 속칭 '바보짓'에 물든 사람인 경우가 더 많았다고 자신의 경험담을 토로한 적이 있다. 자신의 기업에서 드러난 것처럼 우직한 바보들이 제대로 된 삶을 일구어 내는 경우가 흔하다는 것이다.[4)]

자신의 삶에 있어서 바보처럼 우직한 사람들일수록, 저들은 놀랍게도 자기 배움에 철저하다. 영리한 사람은 그 어떤 일을 할 적에 생각에만 골몰하지만, 바보(The stupid)는 생각은 단숨에 하고, 그 후에는 실행부터 한다. 영리한 사람은 현실을 뚫어지라고 보는 일에 익숙하지만, 우직한 사람들은 현실 그 너머를 꿰뚫어 본다. 영리한 사람은 따라가며 살피지만 우직한 사람들은 한 발 먼저 내딛는다. 영리한 사람은 불평에 익숙해 있지만, 우직한 사람들은 만들어 내기부터 한다.

한평생을 살아 오면서 바보 짓, 우직했던 적이 없다면, 그는 끝내 아무것도 하지 않은 것이나 다름없다. 영리한 사람일수록 바보처럼 우직한 사람(the stupid)은 되려고 하지 않기 때문이다. 저들은 그저 우직함을 가볍게 여기는 '디프스'(the diputs), 말하자면 헛똑똑이로 살아 가게 된다. 우직함을 벗어나는 길이 보통 사람들이 말하는 표준화된 삶의 방식이며, 영리한 일이기 때문이다. 디프스라는 말은 서양 중산층들이 만들어 낸 조어, 즉 스투피드(stupid)를 뒤에서부터 배열한 신조어다. 아무것도 해내지는 못하면서 그럭저럭, 어쩌면 반듯한 것 같지만 실제로는 회한에 가득찬 한 평생을 살아가는 사람을 빗대는 저들의 조어다. 디프스는 우리 식으로 말하면, 우직스런 사람을 속으로는 조롱하면서도 끝내, 자기 스스로는 그 덫에 걸린 채 자기 발등이나 찍고 마는, 쓸데없이 영리하기만 한 사람을 지칭한다.

이 책, 『생의 과(生의 過)』에서 다루는 것은 인간에게 있어서 배움이 무엇보다도 자기 리더십을 위한 어모털리티의 필요충분조건임을 드러내려는 것들로 주종을 이룬다. 이 책이 출판될 수 있도록 지난 3년간 연구비를 지원해 준 한국연구재단에게 감사의 말을 전한다.

한준상

미 주

1) 참고: 이자크 벤토프(2011). **우주심과 정신물리학**(역). 서울: 정신세계사.

2) 참고: 캐서린 메이어(2013). **어모털리티: 나이가 사라진 시대의 등장**(역). 서울: 퍼플카우.

3) 참고: 폴 우드러프(2013). **아이아스 딜레마**(성과주의 사회의 치명적 허점을 해결하는 정의의 리더십)(역). 서울: 원더박스.

4) 참고: 렌조 로소(2013). **바보가 되라**(역). 서울: 흐름출판.

차 | 례

1. 미리슬기 | Feedfoward, 자장격지 | 自將擊之

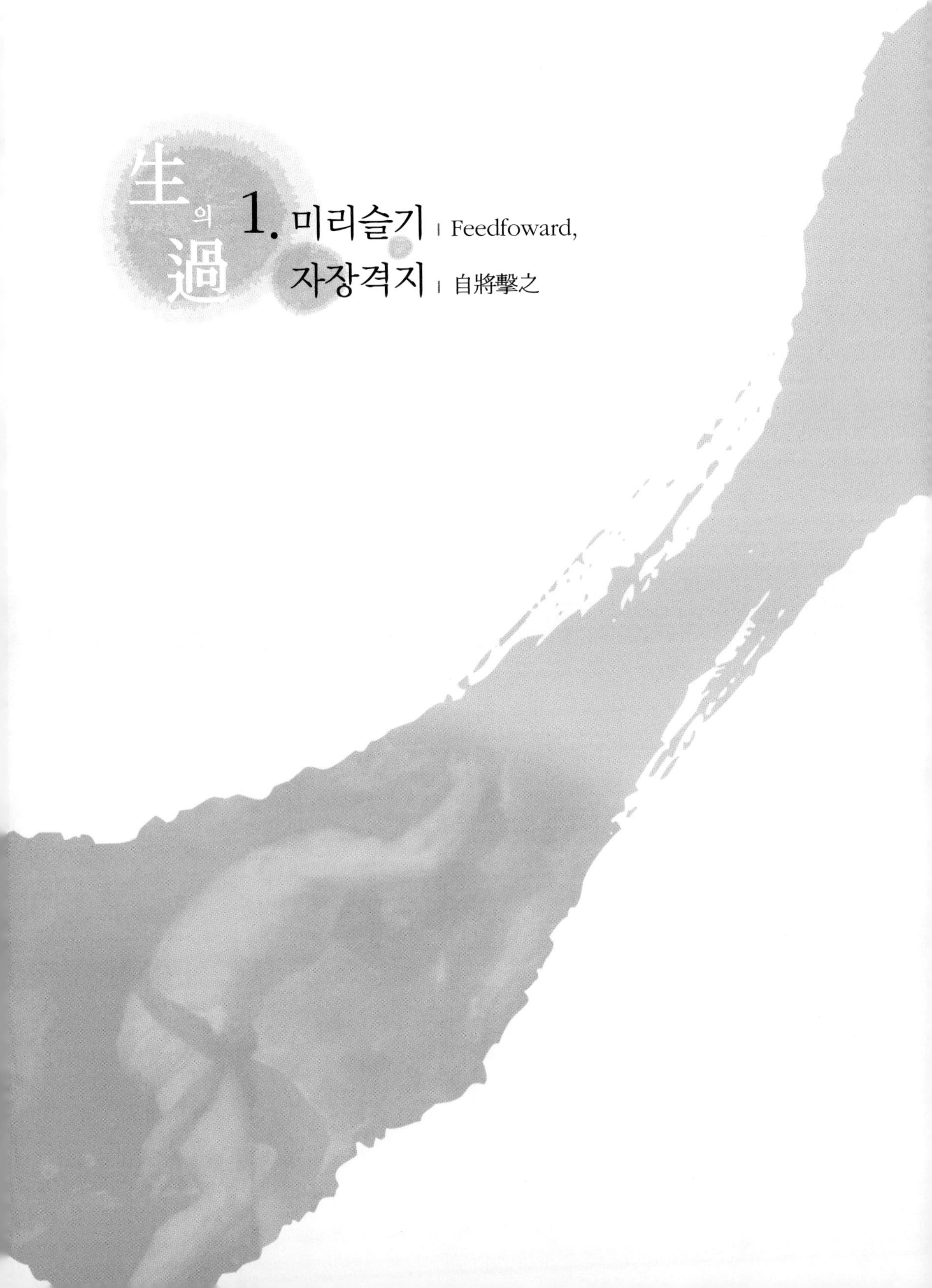

1. "적이라고 만나고 보니, 그것은 바로 내 자신이었네 그려……." – 포고[1)]

이 책은 삶에 있어서 배움소(素)가 무엇인지 그 양태와 내용을 설명하려는 책이다. 배움소들이 우리의 삶살이에서 작동함으로써 드러내 주는 여러 가지 사회적인 실제 현상들을 기술하고 설명하려고 한다는 점에서 이 책의 주제는 '에루디오로지(Erudiology)'가 되는 셈이다. 에루디오로지는 배움(Erudition)이라는 단어와 사회학(Sociology)이라는 단어를 필요상 합성한 내 나름대로의 조어(造語)다. 배움소와 사회적 현상, 그리고 삶살이 간의 관계를 규명하기 위해서, 이 책 『生의 過』에서는 첫째로 배움을 구성하는 기본적인 단위요소를 추출하고, 이어 그것들의 현실적인 작용들이 우리의 삶살이에서 끼치고 있는 여러 가지 현상과 작용, 그리고 효과들을 먼저 다룬다. 각 장에서 상세하게 기술하겠지만, 이 책은 먼저 배움소의 성격을 설명하기 위해 세 가지 배움소의 유형과 그것들의 사회적 작동 현실을 평생교육의 철학적 시각에서 설명한다.[2)] 배움은 그 어떤 인간이든 그들의 모든 생애에 관여하기 때문에, 배움소에 대한 규명은 평생교육활동에서도 핵심 주제가 된다. 이 책에서는 배움소의 여러 작동 현상을 설명하기 위해 평생교육의 사회적 작용에 대한 이론적 틀거리와 관점에 대한 논의에도 큰 비중을 둔다.

배움소를 화학자들이 물질의 원소나 원자처럼 분자식으로 분류하는 과학적인 방식으로 깔끔하게 추출하기는 쉽지 않다. 그럼에도 불구하고, 이 책에서는 마치 인간을 물리학적으로 사회적 원자(social atom)로 간주하면서 사회 현상을 설명해 들어 가는 사회물리학자처럼 배움의 원소와 배움의 관계를 설명하려고 시도했다. 사회물리학자로 자처하는 물리학자 뷰캐논(Buchanan)은 세상살이와 사회를 이해하려면 사람, 그 자체보다는 사람들이 만들어 내는 사회적인 패턴(pattern)에 주목하라고 권한다. 말하자면 사람들이 반복적으로 드러내는 그 패턴을 제대로 볼 수 있어야 한다고 주장한다. 인간을 사회적 원자로 비유하는 그에 따르면, 사회적 원자로서의 인간들이 전개하는 패턴에 주목하면 신비하게만 느껴졌던 세상만사의 비밀이 드러나도록 되어 있다.

물리학에서 말하는 원자, 물리적 원자와 인간이라는 사회적 원자를 평면적으로 비교하기는 어렵다. 사회적 원자와 물리적 원자 사이에는 질적인 차이가 있기 때문이다. 말하자면, "수소 원자는 탁자에 있든, 별 속에 있든, 물속에 있든 언제나 똑같은 수소 원자다. 물리적 원자는 언제, 어디서나 똑같다. 그러나 사회적 원자는 그렇지 않다. 사람들은 변하고 적응하며 사회 조직을 알아채고 거기에 반응하기 때문이다. 사회물리학의 아이디어를 비판했던 위대한 철학자들은 인간 행동을 완벽하고 정확하게 수학적으로 예측하지 못한다고 말한 점에서 옳다." 그렇다고 해서 사회 현상에 대한 물리학적 접근이 불가능한 것이 아니라고 강조하는 그는 사회 현상이 물리 현상보다 더 풍부할 뿐만 아니라, 물리적 원자와 마찬가지로, 사람도 패턴을 따르기에, 그들이 만들어 내는 패턴을 이해하면, 인간 사회가 움직이는 법칙을 이해할 수 있다고 본다. 사람을 원자로 간주하고, 사회적 원자인 인간이 사회라는 전체 패턴에 기여하는 그것만 남겨 두는 단순화를 통해서, 사회 현상에 대한 통찰을 물리학처럼 일목요연하게 설명할 수 있다는 것이 그의 주장이다.[3)]

배움소를 추출하고 그것이 배움, 인간의 삶살이와 어떻게 연관되고 있는지를 기술하기 위해 배움에 관한 그간의 선행연구물에 의존할 수밖에 없었다.[4)] 이 책의 각 장에서 다시 설명하겠지만, 나는 배움의 첫 번째 소(素)를 창생(創生, L: Life), 두 번째 배움소를 창설(創設, S: Search), 그리고 연단(鍊鍛, D: Discipline)을 세 번째 배움소로 추출했다. 추출된 세 개의 배움소들은, 화학자들이 취하는 방식대로 이야기한다면, 세 개의 배움자(子)들을 갖게 된다. 각각의 배움자들은, 마치 물질의 원자와 원자가 결합하여 안정성을 취하면서 견고한 분자를 이루게 되듯이, 서로 결합하고 융합하면서 다른 종류의 배움 양태를 만들어 낸다. 말하자면 창생이 창설과, 창생이 연단과, 혹은 창설이 연단, 그리고 창생, 창설, 연단의 단일 유형으로 명명될 수 없는 수많은 배움류(類)와 결합하여, 배움에 관한 다양한 배움의 화학식을 만들어 낼 수 있다. 예를 들어, 이 책에서 빈번히 등장하는 개념인 개조 활동은 엘에스디(LSD)이라는 배움의 분자식으로, 의식소통은 엘디(LD)로, 마음 다스리기는 디엘(DL)과 같은 배움의 분자식들로 표현할 수 있다. 심지어 대학입시라는 학교교육의 활동을 에스엘(SL)이라는 배움식으로 표현할 수도 있다. 이런 배움의 화학식들은 배움소들의 다양한 결합으로 여러 가지 형태로 더 세분화될 수도 있다. 이 책의 각 장들의 주요 주제는 바로 이런 배움소들의 결합에 의해 만들어지고 조합된 주제다.

배움소들을 규명하기 위해서는 먼저 배움이 무엇인지에 대한 이해가 있어야 한다. 배움은 사람이 행할 수 있는 그 어떤 명사(名詞)적인 것이 아니다. 그것을 해나갈 때 자신도 모르게 자신의 몸과 마음에 쌓이는 깨달음의 에너지 같은 것이다. 마치 티베트인에게 큰 지혜를 설파한 소걀 린포체(Sogyal Rinpoche)의 비유처럼,[5] 배움은 목적이 아니라 과정이다. 사람이 애쓰는 그 '무엇'이 아니라, 그것에 자연스럽게 닮아가는 '과정'이 바로 배움이다.

나는 이 책 『생(生)의 과(過)』에서 배움과 배움소가 무엇인지를 디아트리베(diatribe)적인 방식으로 밝히며, 설명하고 싶었다. 그것을 파헤쳐 들어가기 위해 이론 물리학자들이 즐겨 활용하는 사고실험(思考實驗)을 최대한 활용했다.[6] 배움을 구성하는 것들이 무엇이어야 하는지에 대해 자기 성찰적인 질문 던지기를 시도했다. 자기에 대한 반추적인 대화를 이끌어 가고 싶어서였기 때문에 배움에 관한 사고실험을 즐겨 썼다. 서점가를 누비고 있는 개론식(概論式) 글쓰기는 어차피 이 책에서 취할 글쓰기가 아니었다. 이번의 글쓰기는 그런 개론서들에서 흔히 발견되는 글쓰기와는 성격이 다른 디아트리베적인 글쓰기 방식이었다.[7] 디아트리베적인 글쓰기 방식은 경우에 따라서는 장광설로 자신의 생각을 전개하거나 피력한다. 독설적인 논쟁방식을 선택하기도 한다. 디아트리베적인 편집방식은 고대 그리스의 철학자들, 말하자면 당대의 인류 멘토들이며, 큰 슬기(大智識)들인 안드라고구스(Andragogues)들이 보여 준 논리 전개 방식과도 밀접한 관련을 맺고 있다. 디아트리베의 면모를 보이기 위해 각 장 서두마다 기독교 구약성경의 한 장인 전도서(傳道書, Ecclesiastes)가 설파하는 구절을 달았다. 헛되고, 헛되다. '모든 것이 헛되다'라는 역설로 삶의 좌표를 이끌어 내는 지혜들로 가득차 있는 책이 전도서였기 때문이다.

이번의 글쓰기에서는 다른 욕심도 하나 더 첨가되었다. 라틴 아메리카의 문호(文豪)로 불리는 사라마구(Jose Saramago)나 중국의 노벨문학상 수상자인 모옌(莫言)이 취하는 몽환적(夢幻的)인 글쓰기 방식이었다. 배움에 대한 이해를 저들처럼 짜내려가 보고도 싶었다.[8)] 두 사람 중에서도 사라마구, 그의 글쓰기는 너무 개성적이었기에 나의 마음을 사로잡아 버렸다. 그의 글, 문장 안에는 그 흔한 쉼표와 마침표, 아예 중간제목 같은 것도 없다. 그의 글쓰기 방식은 나에게 하나의 매혹이었다. 그가 그렇게 자기 생각을 짜들어 가고 싶었던 이유가 있었던 것 같다. 독자에게 익숙한 글 읽기를 의도적으로 어긋나게 하기 위해서였던 것 같다. 그는 독자에게 그 언제나 불친절하다. 읽기를 의도적으로 훼방함으로서 독자에게 분노를 유발하려고까지 하기 때문이다.

어차피 그의 글을 읽어 내는 독자는 정해져 있기 때문에, 그런 역발상이 가능했었을 것이다. 일단 그의 글에 친숙해지기만 한다면, 그의 글보다 더 읽기 쉬운 글도 없을성싶다. 독자의 실체는 알고 보면 사실은 허구이기에, 자기 글에 욕심이 있는 작가는 더욱더 그렇게 해야 할지 모른다. 베스트셀러라는 것은 소비주의식 읽기와 팔아먹기를 극화시킨 하나의 허구적인 장식일 뿐이다. 일종의 기만과 사기술수일 뿐이다. 이 세상에서 최고의 판매부수를 자랑하는 것이 성경책이며, 성경책이야말로 영원한 베스트셀러건만, 성경책을 한 번이라도 제대로 읽고 이해하는 사람은 세계인의 0.001%도 채 되지 않는 것이 베스트셀러의 현실이다.

사라마구가 시도했던 역설적인 글쓰기가 의도했던 것을 오해하지 말아야 한다. 그렇다고 일부러 이해하는 척 하지도 말 일이다. 일부러 글을 어렵게 함으로써 자기 글에 대한 이해를 어렵게 한 것은 그가 아니다. 독자에게 아첨하는 작가들에게 나름대로의 욕을 보이기 위해서 그가 보여 준 대안적인 글쓰기였을 뿐이다. 독자를 위한 정반대의 입장에서 그런 글 읽기와 새로운 글쓰기를 한 것이다. 독자에게 읽기의 주권을 되돌려 주기 위해서였다. 쓰는 것은 자살에 가깝고, 읽는다는 것은 타살(他殺)에 맞먹는 일이다. 그의 글을 읽어 가면서 취향대로 그의 글에 마음대로 쉼표를 붙여도 상관이 없다. 독자의 필요에 따라 마음대로 마침표도 붙여 보아도 좋다.

독자들은 맘 내키는 대로 중간 제목을 붙여 볼 수도 있다. 저자가 중간 제목을 붙이지 않았다고 하더라도, 그것에 의미를 부여하는 사람은 어차피 독자다. 사라마구는 그래서 우리에게 말한다. 저자의 글쓰기, 저자를 떠나 버린 글쓰기로서의 작품은 더는 저자의 글도 아니고 독자를 위한 쓰기도 아니라고 말한다. 작품은 독자 편할 대로 처리될 뿐이다. 독자 편한 대로 뒷간 화장지로 써도 무방하다. 그러니까 사라마구는 작품으로 유명세를 타겠다고 서점 진열대를 넘보는 작가들에게 큰 욕을 한 바가지 안겨 준 것이다.

이 책에서는 다빈치(da vinci)가 보여 주었던 그 소묘기법으로 '학습학'에 이어 다시 한 번 더 배움학이 무엇인지를 그 속, 그 어딘가에 깊숙이 숨겨 있던 것을 그려내 보이고 싶었다.[9] 밑그림과 소묘를 철저하게 기하학적 도해(圖解)로 해냈던 다빈치의 기법에 매료당했었기 때문이다. 그는 무엇보다도 먼저 자연의 패턴을 치밀하게 분석했다. 자연 구석구석, 모든 것을 하나의 시스템 안으로 끌어들이려고 했다. 관찰하고, 관찰된 패턴의 유사성과 연계성을 절대로 놓치지 않았다. 연계를 통해 자연을 '통일체'로, 그리고 살아 있는 '유기체'로 그려 냈다. 인체의 비율을 르네상스 건축물의 비율에 연결시켰다. 인체의 근육과 뼈를 톱니바퀴와 지렛대에 비교했다. 동물의 생리적 구조를 기계적 구조와 연계시켰다. 물의 파동을 읽었다. 공기의 흐름까지 읽어 내는 섬세함이 있었다. 그들로부터 공통된 패턴이 나타났다. 움직이는 짐승과 사람의 해부학적 구조를 연결했다. 생명의 신비가 드러났다. 지구가 살아 있는 유기체로 파악되기 시작했다. 그것은 생명의 신비였다. 자연의 본질적 속성과 근본 원리가 그에게 모습을 드러냈다. 그에게 마침내 한 가지 생각이 자리 잡았다. 자연을 존중하면서 자연에서 배우려는 자세가 바로 자신에게는 삶의 방식이었다는 점이었다.

소묘기법으로 배움학의 밑그림을 그려나기 위해서는 한 가지 지적인 작업이 필요했다. "사람들에게 어떤 질문이라도 할 수 있는 자유가 주어진다면, 사람들이 무엇을 찾아낼지는 아무도 예측할 수 없다." 고 말한 조지프 헬러(Heller)의 도발적 충언도 떠올랐다. 『캐치-22(Catch-22)』을 쓴 작가로서 그는 사회적 부조리가 무엇인지를 적나라하게 우리에게 보여 줬다. 그는 상상력이 인간에게서 사라지면, 그가 속한 사회 역시 통째로 거덜나는 것이나 마찬가지라고 생각한다. 세상의 그 모든 것은 상상력이 키워 낸 부산물일 뿐이라는 그의 말은 옳다.

나를 대학원 시절 단단하게 단련시켰던 라이트 밀즈(Mills)가 쓴 『사회학적 상상력(sociological imagination)』이라는 책도 그것을 내게 오래 전부터 일러 주었다.[10] 그는 내게 나지막하게 가르쳐 주었다. 사회를 연구하려면 연구자로서, 그리고 지성인으로서 내 나름대로의 이론과 탐구방법을 가져야 한다고 일러 주었다. 이론을 위한 이론에 탐닉하거나, 방법을 위한 방법에 매달리면 내가 탐구하려는 사회 탐구에 별다른 도움이 되지 않을 것이라고도 경고했었다. 사회와 자신에 헛돌기만 하는 이론이나 맥없이 공허한 방법에 함몰되고서는 밝히고자 하는 세상을 파악할 수 없기 때문이었다.

그러니까 내가 살고 있는 이 사회가 어떻게 돌아가고 있으며, 그 사회 안에서 교차되는 조그만 점인 내 자신과 다른 이들 속에서 정말로 어떤 일이 일어나는지를 이해하려고 할 때 비로소 사회과학적 상상력이 요구된다고 가르쳐 준 것이다. 그런 결론에 이르자, 그때부터 교육학, 다시 말해서 학교학의 잡념들은 더는 내 마음 속에 비집고 들어올 수가 없었다. 그냥 통째로 소거(消去)되었다. 인간의 배움에 대한 이해만이 자리를 잡기 시작했었다.

이 책 『生의 過』는 정년을 맞이하면서 내 학문적인 삶살이에 대한 재고조사(在庫調査) 같은 것이다. 교수입직 후반부터 학교학의 주제를 넘어서자 샘솟기 시작한 새로운 주제, 말하자면 배움에 대한 지적인 재고조사 같은 것이다.[11] 학문적인 그 무엇을 겉치레하기 위한 것이 아니었다. 나의 삶에서 중반으로 넘어서면서 궁리하도록 만들어 준 것이 배움학에 대한 지적 호기심에 대한 표현 바로 그것이었다. 크게는 배움학의 테두리 안에서 평생학습과 성인학습에 관련된 여러 생각을 하나로 정리해 보고 싶

은 학문적인 간절함 같은 것이었다.[12)]

삶과 배움, 그리고 배움소(素)를 하나로 묶어 설명하다보니 커다란 이야기, 설익은 개념들에 매달리게 된 것도 숨길 수 없다. 책 곳곳에 마치 달라이 라마나 다룰 법한 큰 소리들도 흔하게 깔아 놓았다. 삶을 위해서 체면치레는 무용지물이라고 말하는 달라이 라마에게 서양인 제자들이 많이 따라 다닌다. 개종하겠다고 나서는 이들도 있다. 그는 그런 자들에게 단호하게 이른다. 제아무리 참선과 동양의 신비함에 매료되었더라도, 자신을 키워 낸 기독교 혹은 서양종교를 버릴 이유가 없다는 것이다. 개종해야 될 이유가 하나도 없다고 잘라 말한다. 종교지도자의 욕심을 단숨에 넘어서는 어깃장스런 말이다. 개종까지 하며 그를 따르려고 하는 그 마음만 보여 주어도 이미 모든 것은 끝난 일이기에 유별나게 바꾸고, 자시고 할 것이 없다는 속내였다. 그럴 여유가 있으면, 공부나 더 하라는 뜻이었다. 개종하겠다고 나서는 그 마음이 오히려 저들 자신을 삿되게 만들어 놓을 수 있을 뿐이기 때문이다. 자신의 영혼을 키워 낸 정신문화를 헌신짝처럼 던져 버릴 이유가 없다는 큰 슬기의 가르침이며, '큰 지식(大智識)'만이 할 수 있는 그런 사랑 그 자체였다.

배움은 '누가 살아남을 것인가(who shall survive?)'에 대한 열쇠이기도 하다. 배움은 삶의 출발이고, 마감에 이르기까지 촉매하고 있는 삶의 관여소(素)다. 정신분석가인 모레노(Moreno) 박사가 오래전에 던진 유명한 화두가 바로, '누가 살아남을 것인가?'라는 질문이었다. 유학시절 내가 감명 깊게 읽었던 책이기도 했던 책이 바로 『누가 살아남을 것인가』라는 책이었다. 이 책에서 모레노 박사는 먼저 결론부터 내려놓고 그의 생각을 전개한다. 평화로운 관계를 맺고 사는 사람만이 끝내 살아남는다는 평범한 결론이었다. 타인이든 자기 자신이든 간에 관계없이 자신과 평안을 주고, 받을 수 있는 사람만이 끝내 살아남을 수 있다는 주장이었다. 자신을 제대로 다스릴 줄 아는 사람들이기에 살아남을 수 있다는 정신분석학적 처방이었다.

모레노 박사가 지칭하는 평화로움은 말 그대로 자기 다스림으로 만들어진다. 그에게 있어서 자기 다스림은 타인과의 관계성을 의미하는 것이었다. 평안함 그리고 평화로움은 서로를 이해하지 못하는 사람들이 함께하기를 서로 익혀 나가는 능력과 그 결과물이 자기 다스림이라고 이해한 것이었다. 서로가 서로에게 평화롭지 못하면 서로는 어떠하든 간에 불안해지기 마련이다. 사회심리적으로는 '셀프 에피카시(self-efficacy)', 즉 자신감과 자기 효능감이 높은 사람만이 끝내 살아남는다는 뜻이기도 하다.[13] 불안은 자신에게 자발성이나 즉흥성이 어느 정도 발휘되는지에 따라 달리 드러난다. 자발성은 즉흥적인 상황 대처능력을 말한다. 그것은 유별난 활동이 아니다. 자신에게 이미 친숙한 상황에서는 늘 하던 것을 조금 더 새로운 기분으로 대처하는 능력을 말한다. 어쩌면 낯설게까지 반응함으로써 친숙한 상황에게 더욱더 신선한 의미를 부가시키는 상황 대처능력이기도 하다. 모두에게 친숙하지 않은 새로운 상황, 어쩌면 서로에게 어색한 상황을 타개하여 서로에게 편안하게 만드는 반응능력을 말하기도 한다. 자발성이란 그런 것이다. 사람들에게 자발성이 모자라면 불안이 서서히 증폭되기 시작한다. 자발성이 고갈되면, 불안은 극도로 치닫는다. 불안이 극에 달한 상황이 바로 패닉(panic)인 공황상황으로 이어진다.[14]

"내 이름은 오지만디아스(Ozymandias), 왕 중의 왕이로다. 너희 이른바 강자들이여, 나의 위업을 보라, 그리고 절망하라."[15] 이집트 역사상 가장 위대한 왕으로 기록되고 있는 람세스 2세가 천하를 틀어쥐면서 호령했던 말이다. 사람들은 그 누구든 영원히 기억되기를 바란다. 사람들은 그 어떻게든 남에게 무엇인가 자기의 뛰어남을 드러내려고 한다. 타인이 감탄하는 그 모습을 보면 나름대로의 행복감이 솟아나기 때문이다. 사람들 모두가 그렇게 호랑나비가 되고 싶어 한다. 호랑나비 그 어떤 호랑나비든 하늘로 날아오르기 전까지는 그저 징그럽기 그지없는 한 마리 송충이였을 뿐이다. 하늘로 날아가는 감탄을 기다리려면 송충이 과정을 필히 거쳐야만 한다. 자연과 우주라는 큰 그림에서 보면 어쩔 수 없는 노릇일 뿐이다.

사람에게는 그래도 사람다운 삶의 길이 있기 마련이다. 그 길을 걸어 가는 것이 인간에게는 아름다운 삶이다. 아름다운 삶을 살기 위해서는 나름대로 자신의 삶을 한아름 할 수 있어야 한다. 두 팔로 한아름 끌어안을 수 있는 삶이어야 한다. 자기 스스로 한아름 할 수 있는 삶이 아름다운 삶이 된다. 반복적으로 설명하겠지만, 이 책에서 말하는 배움은 바로 자신을 한아름 할 수 있는 자기 다스림의 방편이기도 하다.

한아름 할 수 없는 것은 자기를 떠난 것들이다. 권력, 재력, 학력 등 무엇이든 두 팔 벌려, 한아름 가득 품을 수 있을 때 비로소 자기 몫이 될 수 있다. 자신이 감당할 수 있는 한아름만이 자기 것이기 때문이다. 한아름 할 수 있는 것은 자신을 기쁘게 만든다. 기쁨이 또 다른 기쁨으로 이어지면 행복이 생긴다. 알고 보면, 행복에 이르는 절대적이거나, 유일한 공식 같은 것이 있을 리 없다.

"행복은 개개인이 수양하며 체득해야 할 체험이지, 세상에서 그냥 만날 수 있는 그 무슨 객관적인 사실이 아니다. 행복에 관한 한, 모든 사람에게 적용할 수 있는 그런 비밀은 없다. 있다면 행복에 관한 다수의 비밀만이 존재할 뿐이다." 행복을 연구하는 인문학자인 스코시(Schoch) 교수의 결론이다. 그는 신비의 종교인 수피교(Sufism)에서 말하는 지혜의 말로써 행복에 이르는 길을 보여 준다. "나는 나를 이끌어 줄 빛을 찾아서 쉬지 않고 돌아다녔다. 어느 날 그 길에서 한 예언자를 만났다. 그는 나에게 진리의 이야기를 들려주었다. 그가 찾아 헤매다 만난 그 예언자는 바로 내 영혼 속에 있었다. 나를 이끌어 줄 빛이 내 안에 있는 줄도 모르고 찾아 헤맸는데, 알고 보니 그 진리의 빛은 바로 내 안에 있었다."[16] 바로 그것이 답이다.

그 어느 날 선술집에서 무심코 엿들었던 대화의 한 토막이었다. 삶살이가 서로 다른 사람끼리 겪고 있는 삶의 언저리 이야기였다. 취객 한 사람이 먼저 말했다. "목욕탕집 주인이 그러는데, 세상에 때 없는 사람은 한 사람도 없다네, 그려!……." 조금 썰렁한 개그였다. 취한 상황에서 그냥 웃음을 피식 터트리게 만들었던 철 지난 개그였다. 때 없는 사람은 정말로 한 사람도 없기 때문이다.

모든 척추동물의 표피는 각질화하기 마련이다. 다층 표피를 갖고 있기 때문에 피부 겉에 생기는 각질, 말하자면 때라는 것은 어쩔 수 없이 생길 뿐이다. 인간이라고 예외일 수는 없다. 그 역시 태어나는 순간부터 그의 몸은 어김없이 각질화된다. 그 각질을 탓하며 언짢아하는 동물은 인간이다. 1G의 중력에 이끌리게 되는 물리적인 이치를 제 몸에 견주며 탓하는 동물이 바로 인간이다.[17] 중력의 작용을 받는 순간부터 때는 어김없이 생기고 늘어나게 되어 있다. 죽을 때까지 때 없는 상태로 돌아갈 수는 없다. 다만, 때가 적어지도록 때를 씻어 낼 수는 있다. 자기 몸의 각질에 견디지 못한다고 해도, 때가 아무리 밉더라도 완전하게 벗겨 낼 수는 없다. 때를 완전히 벗겨 내려면 겉가죽부터 도려내야 하겠기 때문이다. 벗겨 낸다는 말의 일상적인 의미는 그저 몸을 씻어 낸다는 말일 뿐이다. 열심히 씻어 내면, 때를 벗기어 낸 것과 같다고 생각한다.

인간의 삶도 마찬가지다. 사람마다 나름대로 자신의 '때' 없이 살아갈 수는 없다. 허물없이 살아가는 사람은 없다는 뜻이다. 사람들은 자기에게만 때가 없기를 바란다. 불가능한 일이다. 삶에서 때가 적어지도록, 그리고 작아지도록 소제(掃除)할 수 있을 뿐이다. 소제가 행복을 만들어 내려는 감정의 활동이다. 때가 없어지기를 바라는 그 마음까지도 씻어 낼 수 있는 것이 마음의 소제다. 소제가 일상화되면 행복한 감정도 일상화된다. 무엇이든 씻어 내기 시작하면 마음은 편해지고, 쉬워지기 마련이다. 어떤 소제든 소제는 사람을 편하게 만들어 준다. 그렇게 소제용 세제(洗劑)로 쓰이는 것이 바로 '배움'이다. 배움이 마음의 때를 씻어 내 줄 수 있는 삶의 비누나 마찬가지인 셈이다. 마음을 소제하기 시작하면 사람의 품격이 달라지기 시작할 것이기 때문이다.

사람마다 자기 나름대로의 품격을 회복하면 자신의 삶도 거듭난다.[18] 죽은 것은 스스로 살아날 수 없다. 죽은 것은 오직 되살려 낼 수 있을 뿐이다. 세상의 이치는 단순하다. 당신이 건강하기 때문에 내가 병드는 것이 아니다. 당신이 잘났기 때문에 내가 못나게 되는 것이 아니다. 당신이 행복하기 때문에 내가 불행한 것도 결코 아니다. 문제는 선택이다. 내가 불행을 선택했기에 불행해지는 것일 뿐이다. 행복하려면 내 스스로 내 몸에 쌓인 불행의 때부터 씻어가기 시작해야 한다. 자기를 회복하는 일이 자신의 소제다. 자신을 회복하면 자신에게 행복의 감이 전달된다.

행복이나 불행, 원래 그런 것은 없다. 세상에 그런 것은 처음부터 없었던 것이다. 행복, 그런 것 역시 애초에 없는 것이기에 사람마다 각자가 나름대로 만들어 내야만 한다. 태초에 소리가 있었기에 행복의 소리도 들을 수 있는 이치다. 그 음성을 내가 나의 행복으로 만들어 내면, 나는 행복이라는 것으로 다시 만들어진다. 행복하기 위해서 '준비물'이 꼭 필요한 것도 아니다. 갖추지 않아도 다 행복은 가능하다. 행복을 느끼게 되면서 만들어지는 것이 행복의 준비물이기 때문이다. 행복의 준비물은 배워나가면서 챙길 수도 있다. 사소한 것들을 놓치지 말아야 한다. 그것이 행복의 준비물이라면 준비물일 수도 있었기 때문이다. 세상살이에서 성공했다고 하는 사람들에게 어김없는 공통점이 발견된다. 자기 속도로 살아간다는 점과 사소한 것으로부터의 자기 배움이었다.[19)]

성공한 사람들은 자기 삶에서 늘 남들이 사소하다고 하는 것을 지키는 일에 최선을 다한 사람들이다. 남들이 지나쳐 가는 것들, 사소한 것들일수록 저들의 삶에서는 오히려 더 중요했기 때문이다. 자기 삶에서 결코 사소했다는 것을 놓치지 않았던 그들이다. 남들은 그것을 지나쳐 버린다. 자신은 그 사소한 것을 삶의 전환점으로 만들어 버린다. 사소한 것들일수록 배움의 요소가 가득하기 때문이다. 그것들이 저들의 삶을 들어 올리는 쓰임목이 되는 지렛대 역할을 한다.

저들의 배움 목록에는 수많은 삶의 지렛대가 적혀 있다. 배움의 목록은 관심을 받는 사람으로 살아가게 하는 것이라기보다는 관심을 갖고 사는 사람이 되도록 도와준다.[20)] 배움의 목록이 준비된 사람은 마치 조종사처럼 삶을 비행한다. 노련한 비행사들은 항로가 어떤 것인지를 온몸으로 알고 있다. 비행시간의 90퍼센트 이상을 항로에서 이탈한다는 것을 잘 알고 있다. 의도적으로 이탈하는 것이 아니다. 기계적으로 물리적으로 그렇게 비행기는 항로를 이탈하곤 한다. 그럴 때마다 그들은 더욱더 조심한다. 조종간을 바짝 잡는다. 붙잡고, 이탈하고, 다시 붙잡으면서 저들은 목적지에 성공리에 도착한다.

정해진 항로에서 왔다 그리고 갔다 조금씩 이탈하면서 끝내 정해진 항로를 찾아가는 삶이 자기 회복의 삶이다. 자기 행복에 이르는 길이기도 하다. 자기 삶은 자기 것이다. 여생 동안 한 아름 만들어 가야 될 삶이다. 자기 삶은 자기 한 아름드리어야 한다. 한 아름드리의 삶, 그것은 자기 존격을 세움으로서 시작한다. 사람은 사람마다 나름대로의 격을 갖는다. 자기 격을 한 아름 하는 길이 사람의 길이다. 사람이 사람처럼 살아야 사람이 된다는 뜻이다. 사람처럼 사는 일이 쉽지 않다. 삶의 경로에서 이탈하는 것이 삶이기 때문이다. 비행사가 항로를 지키듯이, 사람은 자신의 격(格)을 지킬 수 있어야 한다.[21] 자기 격이 자기에 대한 평판이기 때문이다. 떳떳하게 낯을 들 수 있는 것이 그의 평판이 되는 것이며, 자기 존격의 척도가 된다.

자기 삶을 한 아름 하게 만들어 주는 것이 배움이다. 삶은 생명의 길이다. 자기의 생과 명을 한 아름 껴안을 수 있어야 한다. 삶을 한 아름 만들어 가려면 삶의 의미를 우직하게 찾아가야 한다. 삶은 그래서 허(虛)와 우(愚)의 여정일 뿐이다. 끊임없이 찾아나서야 한다. 우직하게 자기에게 충실해야 한다. 사람이 걸어 가야 인생의 여정이다. 삶을 왔다 갔다 식으로 찾아가는 허우의 길을 배움의 도(道)라고 부를 수도 있다.[22]

공자(孔子)는 학(學)을 인간의 삶에서 그 어느 누구보다도 중시했던 큰 지식이며 큰 슬기였다. 학에 이어 그다음으로 그가 중시했던 것이 붕(朋)의 소중함이었다. 동행으로서의 제자, 도반들을 의미하는 것이었다. 어쩌면 나를 찾는 저들이 내 삶에서 맞이하는 또 다른 스승이 될 수도 있겠기 때문이다. 『논어(論語)』의 첫머리를 웅장하게 열어 젖히는 첫 문장으로 학(學)자와 붕(朋)자를 강조한 그는 결코 가르친다는 의미의 교(敎)를 먼저 내세우지 않았다. 가르침을 먼저 내세우는 일을 접어 두고, 그 대신 배우고, 그렇게 배운 것을 때에 알맞게 익히며, 제 것으로 만들어 가면 기쁘고 행복한 일이라고 강조했다. 우리에게 주는 그의 교훈이 상징적으로 녹아 있는 대목이다. 더불어 나아가야 될 제자들을 친구 같은 동행, 서로 배울 도반(道伴), 스승으로 맞이하는 일이야말로 형언하기 어려울 정도로 행복한 일이라는 정경을 보는 듯하다.[23]

수많은 단어 중에서도 학(學)이라는 단어가 공자의 마음에 크게 들어왔던 이유를 알고 싶었다. 『논어』의 첫 마디를 '학(學)'자로 장식했던 이유에 대해서 여러 가지 의문은 아직도 가시지 않는다. 공자 스스로는 배움이 정말로 무엇을 의미하는지, 그 뜻을 명확하게 정리해 놓은 적이 없었기 때문이다. 스스로 그 이유를 그 어디에서도 설명해 놓은 적도 없다. 공자 스스로 학(學)이 학교의 전유물이라고 지칭한 적도 없다.

그를 잇댄 후대의 다른 현자들의 생각에서나 발언에서도 그런 흔적이 없기는 마찬가지였다.

모두가 배움의 중요성을 한마디씩 후대에게 전한 이들이기는 했지만, 배움에 대해 아귀가 맞는 개념 파악이나 정의를 해 놓은 적은 없었다. 말하자면, 중용에서도 박학지(博學之)하며, 심문지(審問之)하며, 신사지(愼思之)하며, 명변지(明辨之)하며, 독행지(篤行之)하라고 끊임없이 이르고 있다. 다시 말해서 널리 배우며, 자세히 묻고, 신중히 생각하며, 명백히 분별하고, 독실하게 행하라고 이르고 있다. 학문사변행(學問思辨行)은 공부의 순서를 판에 박은 듯이 되풀이하라는 말이 아니다. 배우고 묻고, 생각하고 분별하는 식으로 순차적으로 익히라는 말이 아니라, 모두가 배움을 위한 내용이며 방편이기에 제대로 익히며 의미를 만들어 자기 것으로 만들어 가라는 것을 알려 준다. 그러니까 역설적이기는 하지만, 배우기 위해서 사람은 더욱더 배워야만 한다는 뜻이 된다. 현자 모두가 후대에서도 배움의 중요성을 지적했지만, 배움의 완성에 이를 수 있도록 배움의 속성을 명쾌하게 정리해 주지는 못했던 아쉬움도 있다. 모두가 배움이 무엇을 말하는지 익히 알고 있었기 때문이었을 것이다. 가르침의 중요성을 절대적으로 강조하기 위해 배움이라는 말을 부수적으로 언급했는지도 모를 일이었다. 어쩌면 배움이 지니는 당연한 뜻이나 당위성을 훼손하지 않으려는 저들의 깊은 뜻에서 나온 것일 수도 있다.[24] 그렇지만 그런 것들은 모두 예단이고, 속단일 뿐이다.

『논어』를 읽어 낸 사람 중 어떤 이들은 공자가 지칭하고 있는 배움의 속성을 결핍론(缺乏論)적으로 풀어내기도 한다. '배움'이란 인간이 처하게 되는 어려운 난관을 채워 나가는 일이라는 입장이 그것이다. 결핍된 것은 주로 삶에서 요구하는 문제풀이용 정보나 기술 같은 것이라는 전제가 깔렸다. 배움은 그래서 사람 스스로 무엇인가 모자라는 현재의 자신에게 그 무엇인가를 보충해 주는 기능적인 힘이라는 것이다. 자신에게 결핍된 그 무엇을 보충함으로써 결핍을 채워 놓는 일이 배움의 기능이라고 파악하는 태도를 견지하기 마련이다. 채움이 끝나면 결핍된 것이 보충되고, 그로부터 성숙된 사람이 된다는 논리다. 결핍에 대한 보완이 배움의 행위가 되는 셈이다. 삶살이에 배움의 기능을 극적으로 연결하면, 인생을 역전하기 위한 돌파구를 돕는 행위가 바로 배움인 것이다.

배움의 결핍론은 공자가 말한 '학이시습(學而時習)'의 진의를 잘못 해석하기에 알맞은 논리다. 배우고 익힘의 일상사에 대한 공자의 여유(餘裕)함을 궁핍으로 호도(糊塗)할 수도 있기 때문이다. 여유함과 궁핍은 질적으로 다르다. 여유함은 궁핍을 가장하는 일이 아니다. 공자는 인간에게 배움이라는 것이 결핍되었기에 그것을 보충해 주는 일이 익힘의 정수라고 주석을 단 적이 없다. 사람들의 삶살이가 곤궁해지거나 삶에 문제가 야기되기 때문에 배움에 대한 궁핍함이 생긴다고 거론한 적도 없다. 배움의 결핍론으로 공자의 배움을 제한하는 것은 배움의 본질을 훼손하기 충분하다. 배움에 대한 결핍론자들의 입장은 배움의 한 측면을 설명해 주고 있기는 하지만, 전체는 아니다. 인간에 있어서 배움은 결핍 때문에 간헐적으로 발생하는 지식탐구욕 같은 욕구행위를 넘어서는 활동이다. 정보나 지식이 결핍되어 인간이 배우는 것이 아니기 때문이다. 인간에게 배움은 본능이며 본성이기 때문에 배울 수밖에 없다. 자연적으로 배우며, 배우게 되는 것이다. 가르침이 없어도 배운다. 배움은 마치 머리털이나 손톱처럼 자기도 모르는 사이에 자라나게 마련이다. 그냥 자라나는 배움은 그냥 놔두면 활동하고, 쓰기에 불편하고, 부자연스럽다. 평생 다듬어 쓰는 손톱처럼, 배움 역시 그렇게 다듬어 내며 써야 한다.

배움은 모체의 자궁(子宮)에서 생명과 함께 출발한다. 인간으로 만들어질 그때부터 배움이 그의 몸 안에 차곡차곡 배선화(配線化)되기 때문이다. 인간의 생존기능으로써 배움이 배선화된다. 배움은 생득적이다. 배울 수 없는 인간은 없다. 배우지 않는 인간은 있을 수 있지만, 배울 수 없는 인간은 있을 수 없다. 이때 말하는 '배울 수 없다'는 말은 배움을 다듬지 않는다는 뜻이다. 인간에게 배움이 화근이 되는 이유는 간단하다. 인간 스스로 배움의 본성을 다듬지 않기 때문이다. 인간 자신에게 자연이 배선화해 놓은 배움의 본성을 다듬지 않으면 미물일 뿐이다. 인간 스스로 사람됨을 거부하는 것이기 때문이다. 배움의 기능을 제대로 발휘하지 못하면 사람으로 살아가는 것이 아닐 수 있다.

공자가 언급한 '학이시습지 불역열호(學而時習之 不亦悅乎)'라는 말은 그러고 보면 그리 유별난 말이 아닌 셈이다. 사람으로서 자기 안에 배선된 배움력을 깨닫고, 그것을 틈날 때마다 자기 삶에 실천함으로써 자신을 배움으로 꽉 채우라고 강조한 일상적인 말과 같아지기 때문이다. 이때 그가 강조한 배움은 지금의 학교심리학자들의 말로 말하면 학습(learning)에 해당되는 말일 뿐이다. 인간 스스로 자기의 본성인 배움을 드러내기 위해, 매일같이 학습을 실천하는 일이야말로 사람으로서 기쁘고, 행복하게 살아가는 일이라는 뜻이기 때문이다. 공자 스스로 후대에게 배움을 위해 익히고 만들어 가는 습(習)과 작(作)을 이끌어 내고 실천하는 것이 바로 삶의 기쁨, 살아가는 이유라고 일러 준 것이다. 배움을 위한 습과 작의 활동이 바로 사람됨을 확인하며 회복하는 길이라고 보여 준 것이다.

배움은 결핍된 그 무엇을 채워 넣는 그런 한시적이며 제한적인 활동이 아니다. 자기가 지니고 있는 인간다움을 드러내는 일이 배움이며, 사람됨의 표현 그 자체가 배움이기 때문이다. 배움을 펼치는 일이 자아실현적인 일이다. 배움의 본성을 실천하지 못하는 것은 사람다움을 포기하거나 폐기하는 일이다. 스스로 자기다움, 인간다움을 포기하면 미물(微物)이 된다. 미물의 삶을 사는 인간의 상태를 비인간화니 몰(沒)인간화니 하는 단어로 단정지을 것은 아니지만, 제 스스로 사람다움을 포기한다는 점에서 미물의 삶이라는 말이 잘못된 표현만은 아니다.

인간에게 원초적으로 배선화된 배움능력을 겉으로 모두 드러내지 못할 수도 있다. 그렇다고 그가 불행한 삶을 산다는 말은 아니다. 배움을 배척했다고 해서 그 삶이 더 비참해지는 것도 아니다. 배우지 않는 삶이 언제나 불행한 삶이라고 잘라 말할 수도 없다. 그것 자체가 배움의 소산이기 때문이다. 배움을 폐기하면, 그 삶은 행복하지 않을 것만은 확실하다. 칸트(Kant)가 『도덕형이상학』 원론에서 이야기하는 식으로 말하면, 배움은 자신에 대한 불완전한 의무에 속하는 일이기 때문이다. 자신이 지닌 천부적인 능력이 배움이기에, 행복한 삶을 살기 위해서는 배움을 작동시키는 일이 필요하다. 배움력을 계발시키는 일은 자기 자신에게 불완전한 의무일 뿐이다. 배우지 않는다고, 부족한 것을 메우지 않더라도 비난을 받거나 처벌을 당하지는 않지만, 무엇인가 어색하기만 하다. 그 어색함을 벗어나기 위해 배움을 다듬고 실천하기 시작하면, 삶은 어느 틈엔가 달라지기 시작한다.[25)]

세상에는 행복한 감정을 불러다 주는 것들이 널려 있기 마련이다. 소비의 사회에서는 더욱더 그렇다. 돈이 행복을 살 수 있다고 알려 준다. 돈이 행복을 약속한다고 믿게 만들어 놓는다. 돈으로 그 어떤 행복도 살 수 있는 것 같아 보인다. 세상에는 돈으로, 물질로 충족시킬 수 있는 행복이 있는 것도 사실이기에 행복을 사기 위해서라도 성공하는 삶을 살라고 강권당하기도 한다. 성공하기 위해 삶의 현장에서 마치 "롬멜(Rommel)처럼 생각하고 카이사르처럼 실행하라!"라고 충고하는 세상이다.[26)] 삶이 전쟁과 다를 것이 없다는 생각에서 나온 말이다. 전쟁에서 활용하는 생존전략을 삶에 활용하면 삶도 전투처럼 백전백승한다는 논리에서 나온 말이다. 전투에서는 극한의 미세한 차이가 성공과 실패를 가른다. 그 약한 틈을 보이면 진다. 사막전투에서 신화를 만들어 낸 히틀러의 부하였던 롬멜 장군처럼 생각하며 그 틈을 주지 않는다. 루비콘 강을 건너며 권력을 거머쥐기 위해 수많은 이의 피를 요구했던 카이사르처럼 잔인하기만 하면 삶에서 이긴다고 보는 일이다. 모두가 이기려면 자신의 삶을 전쟁처럼 전략적으로 살아가라는 제언이며 책략일 뿐이다.

삶에서도 응용할 수 있는 조언이기는 하지만, 저들처럼 전략적으로 산다고 해서 영원히 살 수 있는 것은 아니다. 모두가 롬멜처럼 성공할 수 있고, 카이사르처럼 제왕이 될 수 있는 것 역시 아니다. 한 가지 분명한 것은 자신의 삶을 전쟁처럼 살면, 일생을 전쟁터의 전투원처럼 살아 갈 수밖에 없다는 것이다. 아무리 그래도 히틀러에게 배신당하고, 로마제국처럼 무너지기 마련이다. 진시황처럼 살아가면 진시황의 삶을 닮아가게 되는 것이고, 붓다처럼 살아가면 붓다처럼 삶을 살아가려고 노력하는 것이 제 삶의 이치일 뿐이다.

세상에는 돈으로도 살 수 없는 행복들이 있기 마련이다. 돈이나 물질로 충족시키는 행복은 끝내 지치게 한다. 행복을 위한 소비를 거듭할수록 오히려 질리기 때문이다. 물질적 행복에 물리면 일시적인 행복은 영원한 불행이 되곤 한다. 물질로, 돈으로 충족시켰던 행복에게는 어김없이 한계효용체감(限界效用遞減)의 법칙이 작동하기 때문이다. 물질로서는 대체할 수 없는, 돈으로 살 수 없는 행복은 사람을 평안하게 만든다. 그런 것일수록 자신을 달래도록 도와주기 때문이다. 자기를 다듬어 만들어 가는 자기 행복에는 한계효용법칙이 더는 적용되지 않는다.

배움은 돈으로 사서, 적당하게 써먹고 내버려도 되는 그런 소비물이 아니다. 배움은 자기가 자신을 만들어 가게 하여 주는 방편이기 때문이다. 삶에서 배움이 충만하면 행복감도 뒤따라 충만해진다. 행복은 배움에 붙어 다닌다. 배움에는 한계효용체감(限界效用遞減)의 법칙 같은 것은 없다. 배움은 자기 걱정을 지워 내는 지우개 역할을 하기 때문이다.[27] 배우면 배울수록 행복해지도록 되어 있다. 배움에는 수확체증(收穫遞增)의 법칙이 적용되기 때문이다. 배우면 배울수록 더욱더 배우게 된다. 배우면 행복하고 편안해지도록 되어 있다. 배움에 익숙해질수록 더 행복에 다가갈 수 있는 것이다. 배움은 용불용설(用不用說)적이기도 하다. 배우지 않으면 배움의 기능은 소거되도록 되어 있다. 배우는 것을 포기하면, 배움에서 오는 기쁨도 함께 소거되기 마련이다. 배움의 기능이 약화될 때 사람의 격도 약화된다. 배움의 퇴화가 사람을 비인간화시킨다.

나는 직업으로서의 교수의 길보다는 학자로서의 교수의 길을 걸으려고 노력해 왔다. 나의 그런 일이 그 누구에게는 멍청한 짓으로 보이는 모양이었다. 나는 학자로서 고슴도치가 걷는 식으로 학문의 길을 걸어 왔다고 볼 수도 있다. 고슴도치는 우직함으로 비유되는 작은 동물이다. 복잡한 것을 하나로 단순화시키고 해석하는 동물의 상징의 예로 비유되는 동물이 바로 고슴도치다. 서양인들은 그래서 우직하고 단순한 외골수 정신을 고슴도치 정신이라고 부르기도 한다.[28] 우직하면 경우에 따라서 너무 엉뚱할 수도 있고, 뒤처질 수도 있다. 돌아가는 세상일에 늘 멍청해질 수도 있다. 나는 그래도 뒤처짐이 좋았다. 한 우물을 파내고 있는 일이 지겹지도 않았다. 고슴도치의 자세로 샘물을 위해 넓은 땅을 파고 들었을 뿐이다.[29] 그 길이 나에게는 배움의 길이었고 행복의 길이었다. 행복의 기운을 끊임없이 맛보게 만든 신기한 샘물을 길어 올린 길이었다.[30] 그것은 나를 위한 치유의 길이기도 했었다.

세상 사람들은 타인에게 그렇게 큰 관심이 없다. 그것을 알아차리기만 하면, 사람들은 이내 불안과 두려움에서 벗어날 수 있다. 그런 생각마저도 강박감의 한 종류일 수 있다. 학자는 모름지기 자기의 지적 호기심을 불러일으키는 학문세계와 오래 어울려야 한다. 경영학자들의 말처럼 '롱 인게이지먼트(long engagement)' 해야 한다.[31] 삶을 옭아매는 학문 이외의 장에서 손짓하는 유혹에서 벗어나는 길이 학문하는 길이기 때문이다. 롱 인게이지먼트하려면 학문의 길에서 부질 없이 늘어나는 불필요한 자극에서 멀어질 줄도 알아야 한다. 학문하는 자세를 일관되게 지켜 낼 수 있어야 한다. 학문에 대한 신념과 태도, 그리고 학문하는 행동 간에 상호 충돌이 생기면 롱 인게이지먼트에 대한 약속은 이내 파기된다. 학자로서의 비전과 열정, 연구, 출판과 강의가 한 줄로 정렬되어 있어야 한다.

청중들은 교수를 위한 환영객이나 노리개로 동원되는 소모품이 아니다. 저들은 더는 학자들의 강의를 듣기만 하는 강의용 소비대상이 아니다. 저들은 학문에 대한 가치관을 공유하고 함께 학문을 만들고 학문의 성장을 담당할 '파트너'다. 교수들은 늘 그것을 착각하고 오해한다. 그렇게 사는 것이 일반적으로 교수들이 택하는 인간적인 삶이기 때문이다. 대학원생들이나 일반 청중들은 자신에게 동행자 같은 학자들을 원한다. 그런 그들에게 공감하고 그들과 지적인 관계를 맺으려고 한다.

일에 지친 사람은 늘 은퇴를 마음속에 그린다. 오늘 당장 은퇴할 수도 있지만, 말이 그렇지 은퇴가 그리 쉬운 일이 아니다. 모든 것은 자신에게 늘 피상적일 뿐이니, 전전(戰戰)하고, 긍긍(兢兢)하며 살지 말라고도 한다. 괜히 바쁜 척하는 당신이 되지 말라고도 한다. 정말로 은퇴하고 싶다고 말로만 기다릴 일이 아니라고 직설적으로도 말하기도 한다. "30년까지 기다리지 말고 날마다 은퇴하라. 방법은 간단하다. 일정한 시간에 휴대전화를 끄고 퇴근하라. 퇴근한 뒤에는 아무도 만나지 말고 집 전화도 받지 마라. 그렇게 아무도 당신을 방해하지 않는 온전한 시간을 만든 다음 은퇴해서 하고 싶은 일을 하라. 책을 보든, 농사를 짓든, 그림을 그리든, 무슨 일을 하든 하지 않든 간에 당신의 자유다. 당신은 이미 은퇴한 사람이니까. 수십억 원이라는 돈이 없어도 할 수 있고 나이 먹기를 기다릴 필요도 없으며 30년이라는 시간에 따라붙는 불확실성 때문에 떨 필요도 없다. 당신은 당장 오늘부터 날마다 은퇴할 수 있다. 선택은 전적으로 당신의 것이다."[32]

교직에서 받는 월급통장에 익숙한 교수로서는 어쩌면 나는 이미 오래전에 은퇴한 것이나 다름없었다. 대학이라는 조직에서 맞이할 정년은 교수로서 보일 수 있는 무능함의 최대치임을 상징하기 때문에 그랬던 것이 아니다. 정반대의 이유에서였다. 그런 이유 때문에 그렇게 작정했다면 그것은 나에게는 자살통고장이나 마찬가지였을 것이다.[33] 내가 학교 행정일이나 가르치는 일, 연구하는 일을 포기했었다는 말은 더욱더 아니다. 대학원생들과 더불어 생각하며 쓰기를 포기했었던 적은 한 번도 없었다. 영국의 대문호인 조지프 콘래드(Joseph Conrad)의 말처럼, "나는 잡된 일을 좋아하지 않는다. 사실 일을 좋아하는 사람은 없다. 하지만 내가 진짜 좋아하는 것은 일 속에 있을 뿐이다. 어느 누구도 아닌 바로 자기 자신을 찾을 수 있는 기회가 있기 때문이다."

나도 그 점에서는 결코 예외가 아니었다. 내가 가장 좋아하는 일은 그저 무엇이든 배우는 일이었다. 누가 있어 나를 앞으로 이끌어 주거나 혹은 세심하게 지도해 줄 일도 아니었다. 나만이 내 자신을 다듬고 자기를 고치는 일이었기 때문이다. 연구실에 남겨 놓았던 것은 정신분석학자 융(Jung)이 보여 준 학문하는 그 정신 하나이었을 뿐이었다. '학문은 평균적인 개념으로 작업하기 마련인데, 이 개념들은 개인적 삶의 주관적 다양성을 다루기에는 너무 보편적이다. 그래서 나는 지금 여든의 나이에 나에 관한 삶의 신화를 이야기하려 한다. 나는 그저 직접 체험한 것을 밝혀내고, 단지 이야기할 뿐이다. 그 이야기들이 진리인지 아닌지는 아무런 문제가 되지 않는다. 던

져야 할 질문은 그것이 내 동화(童話)이고 내 진리(眞理)인가 하는 것일 뿐이다.'[34]

정년(停年)은 나의 삶에 대한 새로운 동화를 찾아 읽게 만드는 시작이다. 죽음의 마지막까지 나름대로 다시 쓰게 만들어 주는 동화의 줄거리다. 학자에게 있어서 정년에 이르는 길은 마치 마라톤경주와 성격이 엇비슷하다. 42.195km의 마라톤에 비길 수 있는 것이 정년에 이르는 길이다. 정년이라는 결승점까지 내 앞에도 어김없이 페이스메이커(pace-maker)가 먼저 치고 나갔다. 골인 지점까지 뛰어갈 완주자를 위해 최대 고비인 30km 지점까지 그를 위해 앞을 치고 나서는 그 페이스 메이커들이 있었다. 30km 지점이 지나면 페이스 메이커들은 레이스를 포기해 버린다. 그들의 임무는 거기까지일 뿐이다.

내가 하는 학문의 길 앞에서, 그런 페이스 메이커들이 성공을 향해 먼저 달려 나갔다. 교수 입직 후 10년까지 그렇게 모든 일이 전개되었다. 저들이 앞으로 달려가는 동안, 나는 머리를 앞으로 숙인 채 열심히 온몸에 에너지를 비축했다. 나의 학문 속도를 조절했었다. 그다음 10년부터는 주위를 살필 수 있었고, 주위가 눈앞에 들어오기 시작하면서부터 저술에 임했다. 주위와 주변 학문세계에 마음을 내줄 수도 있게 되었지만, 나는 학자의 목표를 향해 뛰었을 뿐이다. 읽기와 생각하기, 그리고 쓰기에 가속도를 붙이는 그런 저술을 계속했다. 그 후 나머지는 정년까지 이르는 마지막 기간이었다. 교수로서라기보다는 학자로서의 모든 것을 내건 채 질주하는 그런 시간이었다. 내 생애 최고의 질주였다.

내 생애 최고의 코스는 '배움학'이라는 마지막 구간이었다. 모든 교수도 다 그렇겠지만, 입직 후 모든 학자의 소망이나 열망의 초깃값은 어김없이 동일하기 마련이다. 처음에는 누가 누군지 어떤지를 단숨에 알아보기 힘들다. 정년을 바라보기 10년 전쯤부터는 사정이 다를 성싶다. 서로가 서로 다른 여정에 놓여 있음을 쉽게 알게 되기 때문이다. 그때쯤 되면 마라톤의 30km 지점에서 자신이 페이스 메이커로서의 소임으로 만족하고 그 경주를 끝내야 할 것인지, 아니면 완주자가 될 수 있는지를 스스로 깨닫고 결단하게 될 것이기 때문이다.

정년은 어쩌면 인생이라는 나뭇가지를 고르는 마지막 전정(剪定) 작업에 속한다. 인생이라는 나무를 튼실하게 마감하기 위한 또 하나의 새로운 가지치기 작업에 비견할 수 있다. 가지치기를 잘해야 나무들이 우람하게 자란다. 삶도 마찬가지다. 삶의 나무를 가지치기 위해 지켜야 할 수칙은 두 가지 일성 싶다. 첫 번째 원칙은 방향을 제대로 잡아 내는 일이다. "어디로 향하는지 알지 못하면 아무 데도 이르지 못하기 때문이다. 지켜야 할 두 번째 원칙은 희망을 약속해 내는 일이어야 한다. 그동안 갈구했던 수많던 바람은 끝내야 하지만, 희망만큼은 그대로 이어가야만 한다." 이렇게 시인 롱펠로(Henry Wadsworth Longfellow)가 노래한 것처럼 시작은 그 누구에게나 위대하지만 끝맺음은 그보다 더 위대해야 하기 때문이다. 정년 후의 새 삶은 그렇게 시작되어야 한다.[35] 정년을 맞이하는 사람들의 현명함이나 혹은 저들의 우둔함과 같은 것을 재 보기 위한 것이 아니다. 오로지 그 사람에게 필요한 새 삶의 가능성을 보기 위한 것일 뿐이다.

타인은 나의 학문적 업적에 그냥 곁눈질 같은 불필요한 관심을 보이는 척하기도 한다. 한국교육학회 학술상 수상, 연세 대학교 학술상을 2번씩이나 받은 업적만 봐도 나의 학문적 성취가 대단한 일이라는 생각 때문이다. 모두 과찬일 뿐이다. 타인의 관심을 더 받는 학자로 살기보다는 무엇 하나에라도 제대로 된 관심을 갖고 배우는 이로 거듭나는 일이 더 중요했기 때문이다. 그렇게 하기 위해서 앞으로도 그 무엇이든 간에 하나의 사물과 현상에 가려져 있는 참과 아름다움을 밝히는 일만은 멈추고 싶지 않다. 아인슈타인(Einstein)이 말한 것처럼 그렇게 사물의 아름다움을 익히며, 만들며 배워 가는 일은 내게 평생 어린아이 마음으로 살아갈 수 있는 길이기 때문이다. 이제는 나의 삶을 부단하게 조련해 온 늙은 메기 한 마리를 바꿀 때다. 정년은 새로운 메기 한 마리로 교체할 때라는 뜻이기도 하다.[36] 내 삶의 수조 통 속에 넣을 새로운 메기 역시 배움이라는 또 다른 새내기 메기이다. 배움이라는 새 메기가 다시 내게 '뫔'의 중심을 잡도록 만들어 줄 것이기 때문이다.[37]

삶과 놀이를 나의 삶과 생활방식에 알맞게 맞추며 즐기고 싶다. 더 살아가기 위한 정년이지, 이제 그만 포기하기 위한 정년이 아니겠기 때문이다. 죽음에 허기지게 대들어 보았자, 결과는 어김없이 뻔하다. 죽음이 내 삶에 절대로 밀리거나, 양보하지 않을 것이 분명하다. 죽음에 대들며 살아가기보다는, 차라리 죽음을 향해 돌진하기만 하던 삶의 방향에 각도를 살짝 돌려야 하겠다. 마치 등대를 향해 돌진하는 항공모함처럼 뻗대기만 하면 영락없이 좌초할 것이기 때문이다.[38)]

앞으로도 나의 동화를 써 내려가며, 그것을 재미있게 읽어 나가고 싶을 뿐이다. 나에게 대학원 공부니, 대학 교수니 하는 일은 그저 삶의 놀이로서 시작된 것이다. 읽기가 삶의 놀이였다. 대학원 시절의 읽기는 그저 과제를 해내기 위한 것이었다. 대학원 시절에는 외국인 교수들이 요구하는 과제에 매달리기 위해 그저 읽어냈다. 나를 돌아볼 겨를이 없었다. 삶을 읽어 낼 여백조차 없었다. 기계적으로 읽어 댔기 때문이다.

교수로 입직한 후에는 사정이 조금 달랐다. 마치 니콜로 마키아벨리(Niccolò Machiavelli)처럼 책도, 그리고 삶도 그렇게 읽었다. 그는 말했다. "저녁이 되면 나는 집에 돌아가 서재에 들어간다. 문간에서 낮에 일하면서 먼지를 뒤집어쓰고 땀에 젖은 옷을 벗고, 궁전복으로 갈아입는다. 그 장중한 옷을 입고 나는 옛 현인들을 배알한다. …… 그곳에서 나는 나만을 위해 차려진 음식을 맛본다."

대학에서 교수생활을 하기 시작한 교직 초기 나는 그야말로, 마키아벨리의 말처럼 간서치(看書痴)로서 연구실 안에 박혀 있었다. 일터 학습에서 끝내고 책은 밤에 읽어야 한다는 그의 지론에 따라 집에서도 그렇게 읽었다. 시간이 흐르고 학자의 길이 어떤지를 느낄 즈음에는 읽기에 대한 감이 달라지기 시작했다. 학교로부터 조금 떨어진 곳으로 새 거처를 옮긴 이유도 있었다. 마키아벨리의 충고대로 밤에만 책을 읽을 수는 없었다. 밤에만 책을 읽는 일이 마음에 여백을 넓혀 주는 읽기가 되지 못했기 때문이다. 마키아벨리의 충고를 그렇다고 잊은 것은 아니었다. 책은 제대로 쓰이면 위대한 정신이 되지만, 제대로 쓰이지 못하면 휴지나 땔감으로 쓰일 뿐이라는 그의 말은 아직도 내겐 옳게 들린다. 언제나 나의 정신줄을 단단히 붙잡아 매놓고 있던 말이기도 했다. 그의 독려는 내 영혼에 감기가 들지 않도록 정신을 곧추세워 주었다.

안식년을 미국에서 처음 맞은 후부터는 어쩌면 그 옛날 우리의 올곧은 선비들이 보여 준 '자독독서(自督讀書)' 같은 정신이 나를 사로잡았다. 내 스스로 나에게 공부의 감독이 되어야 했다. 그런 읽기를 즐기기 시작했다. 길게 걷기도 함께했다. 오뉴월에도 잔설 덮인 높은 산을 바라보며 벨링햄(Bellingham) 호숫가를 걷고 또 걸었었다. 월든 호숫가를 걸으며 각기의 생각을 나누며 키워냈던 소로우(Henry David Thoreau)와 에머슨(Ralph Waldo Emerson)이 겪었던 일종의 환영(幻影)마저도 경험했던 소중한 걷기였었다.[39] 깊은 사유(思惟)도 함께 따라 걸었다. 나는 매일같이 읽어 둬야 할 책의 분량을 정했다. 읽은 후에는 나름대로 생각해 보고, 쓰기로 마무리해 두는 식의 읽기를 즐겼다.

시인 에머슨은 당시에도 학계에서는 미움을 살 만한 소리를 거침없이 내뱉었다. 그의 훈계를 곰곰이 되돌아 생각하면, 오늘날의 교수들이 오히려 가슴에 되새겨볼 만한 것들이다.[40] 그는 "인용하지 마라. 당신이 아는 것만을 말하라. 잇대어, 자신에게 진실인 것만을 말하라. 그러면 모든 사람의 영혼이 그 진실한 쇠줄의 울림에 어김없이 반응할 것이다."라고 말했다. 독자 스스로 자기 자신을 되돌아보게 해 주려면, 글 쓰는 이들은 자신에게 진실이었던 것만을 알려 주는 것이 최선이라는 것이 에머슨의 당부였다. 내겐 부끄러움이 가득한 질책이나 마찬가지였다. 이것, 저것 인용하고 차용하면서 자신의 것인 양 유식을 떠는 것은 학자로서 할 짓이 아니었기 때문이다.

사람들은 말한다. 무엇인가 빨리 배우는 지름길은 다른 사람을 가르치는 일이라고. 경험 측으로 옳은 말이다. 학생을 가르치기 시작하면, 수많은 유명한 전문가들이 말한 새로운 정보를 더 많이 배우게 된다는 것을 이내 알게 된다. 교수들 역시 학생을 가르침으로서 전문가들이 전하는 수많은 정보를 더 많이 빨리 익히고, 그것에 더해 새로운 것을 만들어 낼 수 있다. 학자가 되려면 읽는 방법부터 무엇인가 달라야 한다. 직업인으로서 교수가 보이는 학습자의 자세와는 달라도 크게 달라야 한다. 학생들, 말하자면 다른 사람을 가르치는 일보다 자기 자신을 더 반추하는 배움꾼이 되어야 하기 때문이다. 자신을 스스로 가르치기 시작하면, 쓸데없는 정보보다는 자신의 삶을 더 많이 배우며 성찰하게 된다. 자신을 자기가 가르치지 않으면, 자기 삶이 무슨 삶, 어떤 삶인지도 모른다. 그냥 남이 말하는 정보 덩어리나 줄줄이 외우거나, 인용하며 전문인 체하면서 살아갈 것이기 때문이다.

대학원과정을 끝내고 교직에 들어선 때까지 주로 읽었던 것들은 아주 단순했다. '교육학 구성'에 대한 잡다한 현상들을 현학적으로 서술하고 있는 이론서 같은 것들이었기 때문이다. 나이가 들면서 그런 류의 교육학 개론서들은 점차 내 손에서 떨어져 나가 버렸다. 사람에 대한 이해와 사유가 달라졌기 때문이다. 교육에 대한 기존의 관점도 무너지기 시작했다. 교육학적이라고 생각되던 질문들마저도 포기하기에 이르렀다. 정말로 교육적 질문을 던지려면 인간에 대한 이해부터 달라야 했기 때문이다. 학교교육의 교화에 세뇌당해 온 그런 류의 질문들, 어쩌면 거의 의미 없는 것을 의미 있도록 보이게 만들어 놓는 질문부터 먼저 잊어버려야만 했다.

학교 학자들의 논리들은 늘 교육 바깥에 머무는 것으로 끝나 버린다. 교육적인 질문이라면서 저들의 처방은 언제나 비인간적인 답변이나 해답으로 끝나기 일쑤였다. 마치 입원한 환자에게 "오늘 돈 많이 벌었어요?"라는 질문을 하면서 청진기를 환자의 가슴에 들이대는 의사처럼, 학교 학자들의 질문은 늘 기계적이었던 것 같았기 때문이다. 교사가 우선적으로 해야 할 질문이 있었다. 그것은 사람으로서 배운다는 것이 무엇인지에 관한 질문이어야만 했다. 그 질문이 바로 교육적인 질문이기 때문이었다.

생명을 누리고 있는 사람치고 배울 수 없는, 배우지 못하는 인간은 있을 수 없다. 배움은 공기처럼 누구든 호흡하고 실천할 수 있는 자연(自然)적인 행위다. 배움은 학교교육이 없어도, 체계적인 교수학습의 활동을 하지 않아도 가능하다. 그러나 배움 없이는 그 어떤 학습도 가능할 수가 없다. 생명의 원천이 배움이기에, 어떤 사회든 인간의 배움을 구속할 수는 없다. 배움은 서로 의식의 원천이기도 하다. 공의식(conscience, 公意識), 서로 의식은 사람 사이에서 일어나는 앎과 삶을 이어 준다. 서로 의식은 서로 간의 연계에서 발생하기에 서로가 서로를 알며, 서로를 관찰해 내는 양심이기도 하다. 그 서로 의식이 배움이기도 하다. 배움이 바로 서로를 위한 공생이며 상생(conviviality)이다. 배움이라는 어원이 바로 공의식이라는 말에서도 그 모습을 드러낸다. 배움이라는 고어를 캐들어 가면, 공의식이라는 말이 배움과 어떻게 연계되는지에 대한 근거를 갖게 된다. 배움의 옛말인 배호다, 배다, 혹은 밝히다와 같은 팔리어니미(paleonymy), 즉 고어의 뿌리에는 서로 의식, 공의식이라는 말이 바탕이 되고 있기 때문이다.[41] 고어(古語)는 문자적 쓰임에 대한 우리의 의식과 무의식, 삶은 세대를 이어 후대의 의식에 잇대고, 연결되고, 번지고 있는 의식의 뿌리처럼 작동한다.[42]

문자로 쓰인 텍스트의 세계에서 절대적으로 순수한 것을 고집하거나 불변의 법칙을 찾는 일은 어리석은 일이다. 세상에 존재하는 그 어떤 언어도, 문화도 모두 서로에 의해 부대끼고, 적응하면서 상황에 맞도록 직조된 것이기 때문이다. 그런 것을 문화인류학자들은 문화접변의 결과라고 표현한다. 김형효 교수의 표현대로 말한다면[43] '세상은 신(神)이란 저자에 의하여 쓰인 원본일 수 없다. 세상은 저자가 없는 다양한 만남의 상호 연계성으로 짜여지고 직조된 텍스트' 일 뿐이다. 세상만사 모든 것은 상호 만남과 부대낌, 그리고 얽히고설키는 연기(緣起)로 짜인 열린 텍스트이기에, 사람들은 대를 이어가며 삶의 텍스트와 또 다시 부대끼며, 그것을 다시 해석해낼 뿐이다.

배우는 일, 배움이야말로 교직에 입문한 사람에게 가장 먼저 요구되는 질문이라는 생각이 들자, 나의 읽기는 방향이 달라지기 시작했다. 그런 읽기의 처음은 산골짜기를 흐르는 시냇물처럼 졸졸거림 같은 속삭임이었을 뿐이었다. 굳이 읽기라고 할 수도 없었다. 그때까지는 겨우 교육학 이론서의 해독을 벗어나기 위한 인용과 짜깁기의 연속이었기 때문이었다. 나의 교육학 읽기는 그렇게 새로운 소용돌이 폭포를 만나 버렸다. 작은 개울가로 흘러가는 물은 마냥 얌전하다. 물줄기를 따라 크게, 그리고 깊은 폭포를 만나면 이내 거세지게 마련이다. 어느새 여러 물길이 하나되기에 더욱더 드세진다. 계곡과 폭포를 내려가는 동안 수없이 격랑의 물줄기들이 생기며 새롭게 갈라지기도 한다. 마찬가지로 어느덧 나의 읽기의 주제는 교육학 혹은 학교학에 관한 이론서를 떠나게 되었다. 삶이라는 개울과 폭포를 따라 내려가며 바뀐 물소리들이었다. 넓고, 커다란 호수로 정착하기 위해 모든 것을 가능한 집약시키고, 단순화시키려는 노력이었다. 배움의 호수에 이르기 위해 격류들이 어울려야 하는 운명 같은 것이었다.

'세상에는 신(神)의 법칙이 있으니, 배우는 자는 배우는 과정에서 예외 없이 나름대로 고통을 겪게 마련이다.' 고대 아테네의 비극 시인 중 한 사람인 아이스킬로스(Aeschylos)의 말 그대로 세상을 사는 일은 절대자와 부대끼는 일이다. 그의 충고는 잠언이기도 했다. 마치 "당신이 백 살까지 공부를 했더라도 남들이 생일 축하를 할 때 당신은 여전히 이미 배웠다고 할 수 없다. 당신이 하루를 더 살면 하루를 더 배울 수 있기 때문이다. 당신이 죽더라도 배움은 여전히 끝나지 않는다. 당신의 아들, 손자, 손자의 아들, 손자의 손자가 또 배워 나가기 때문이다."라고 말한 마오쩌둥의 훈계를 기다리기 위한 잠언(箴言) 같은 것이었다.[44]

학교를 졸업하는 것으로 배움이 끝나 버리는 것은 아니다. 학교에서의 교습이 끝나고, 교사의 가르침은 언제든 끝날 수 있어도, 삶에서의 배움은 결코 끝나는 법이 없다. 배움은 삶에 따라 붙어 다닌다. 목숨이 끝나는 순간까지 운명적이기 때문이다. 학교학의 논리들은 수업 종료와 학업 종료의 일정을 다루지만, 삶의 수업에서는 배움의 종료란 있을 수 없다.[45] 내 스스로 학교학이 설정해 놓은 바깥 주제들을 읽어 나갔던 것은 학교학의 이론이 쏟아 내는 현학적인 언설과 독소(毒素)들을 정화하기 위한 진통의 과정이었다. 학교학의 독소를 해독하기 위해 반대편의 목소리에 관한 글을 시도 때도 없이 읽었다. 깊은 재미가 새롭게 일렁거리기 시작했다. 주제가 깊어지고, 폭은 넓어졌다. 삶에 관한 것들이 새롭게 진입했다. 책 읽기의 여백이 넓어졌다. 지하철 같은 곳도 내게는 읽기의 공간이었다.

내게 어김없이 거의 200여 분을 요구하는 출퇴근 시간 동안 차 안에서 멍하게 있을 수는 없었다. 지하철에서 자리를 잡기만 하면 책을 꺼내 읽고 또 읽었다. 그럴 때마다 긴장의 끈을 늦추지 못하게 만든 것이 시인 롱펠로(Henry Wadsworth Longfellow)의 아름다운 격려다. “시작은 위대하다. 끝맺음은 그보다 더 위대하다.”라고 성경의 한 구절을 딴 노래였다. 학교라는 직장을 언젠가는 떠날 때가 있다는 것을 생각하기 시작할 때가 되었을 때는 삶도, 독서도 흐르는 물결이 유순해지기 시작했다. 강이든, 호수이든, 바다이든 그 물이 내 호흡처럼 친근하게 다가왔다. 내 독서 역시 삶의 호흡을 따라 물처럼 흐르고 또 흘러 내렸다.

사실 사람이란 존재는 별 것이 아니다. 살이라는 물질 덩어리에 무엇이 꿈틀거리는 의식일 뿐이다. 인간의 생물학적 구조를 축약해서 그려 내면, 그것은 기껏해야 입과 항문의 이어짐의 완결일 뿐이다. 단순해서 마음에 들었던 어느 소설가의 독설대로 입과 항문을 제외한 나머지는 끝내 입과 항문을 위한 부속기관으로 붙어 있는 것이다. 어떤 인간은 먹으면서 생각하고, 어떤 인간은 생각하면서 먹는다. 그것은 끝내 입과 항문 사이의 조화를 위한 먹음과 배설함이다. 먹을 것과 먹힌 것, 상하지 않은 것과 상한 것, 오물 사이에서 일어나는 일관된 조화다. 몸은 결국 면(麵)과 변(便)의 연결이며, 거룩함과 부패함의 기다란 조합이다. 입과 항문으로 하나의 긴 줄을 이어 내는 긴 삶의 여정을 인생이라고 부르는 것이다.

인간을 그저 담백하게 입과 항문의 연결관으로 비유한 것에 대해 그냥 웃고 넘어갈 일 만은 아닐 성싶다. 공상이 아니라 과학적 근거를 지닌 비유이기 때문이다. 인간이 끝내 입과 항문의 연결로 비유하는 것은 인체 발생학적으로 봐도 그르지 않다. 정자와 난자가 결합하여 모태에서 만들어 내는 인체 중 가장 먼저 발생되는 것이 장(腸)이기 때문이다. 수정란이 머리와 꼬리를 갖춘 형태로서 사람 형태로 만들어질 때 가장 먼저 형성되는 것이 장이다. 심장이나 뇌보다 발생이 우선한다고 보면 된다. 머리와 꼬리로 만들어지는 장의 양쪽 끝에 입과 항문이 생긴다. 사람을 결국 입, 식도, 위, 장, 항문, 줄여 말하면 입과 항문을 길게 잇고 있는 하나의 ‘관(管)’으로 비유하는 것도 무리가 아닌 셈이다. 창자 관의 반복적인 운동과 변환이 반복되면서, 얼굴과 손, 발도 만들어진다.[46)]

장(腸)은 인간에게 제2의 뇌(腦)나 마찬가지다. 장은 자아인식과 건강에 대한 막대한 정보를 뇌와 주고받으며 몸을 이리저리 관장하기 때문이다. 장의 건강이 사람의 건강을 좌우한다. 두려움, 불안, 분노가 있으면 뱃속부터 불편해지는 것은 뇌가 작동하기 때문이다. 신체지도로 불릴 수 있는 특정 기억이 뇌에서부터 배에 이르기까지 작동하기 때문에 그런 일이 생길 수밖에 없다. 장을 제2의 뇌라고 부르는 거슨(Gershon) 교수는 "우리 머릿속 뇌와 뱃속의 뇌가 함께 작동해야 한다. 그렇지 않으면 뱃속에는 대혼란이, 머릿속에는 대참사가 발생한다…… 배를 치료함으로써 변질되거나 변형된 배의 기능(위염, 대장염, 변비, 설사 등)을 회복시키고 신체뿐 아니라 정신적 장애를 극복할 수 있다."라고 말한다.[47] 장(腸)을 한자로 창자라고 하지만, 그것을 마음이라고 또 다르게 해석하는 이유이기도 하다.

그 누구든 사람으로 살아가는 한 그의 입과 항문은 하나로 연결되기 마련이다. 각기의 기능과 역할은 달라도 목적은 하나일 뿐이다. 항문은 썩음과 악취를 배설하고, 입은 신선한 것을 흡입한다는 의미를 담는다. 그 어떤 말이든 말은 입을 통해 토하게 된다. 입으로 악취와 부패를 토해 낸다면, 그 입이 바로 항문인 것이다. 현인(賢人)과 우둔(愚鈍)한 자의 차이란 입과 항문의 일치, 불일치 간의 차이를 지칭하는 것만이 아니다. 한줄기 기다란 창자(腸子)를 위한 삶을 위해 그렇게 어렵게 살아간다. 난(難)의 길은 입과 항문을 이어가는 길다란 통로를 거치는 일이기 때문이다.[48]

읽으려면 입으로도 읽어야 했다. 독한 표현같기는 해도 그렇게 해야 했다. 끝까지 읽어 내려면 항문으로도 읽어 내야만 한다. 가슴으로도 읽어야 했다. 먹는 것도 읽는 것이었다. 자는 것도 읽는 것이었다. 삶과 배움에 관한 착상이 달라지기 시작했다. 천재적 착상이 떠오르는 것은 어떤 위기가 가라앉을 때이다. "잠과 꿈에서 벗어날 때, 몽유, 환상 또는 생시의 꿈이라 불리는 그런 상태 속에서 천재적 착상이 일어난다."는 천재들이 보여 준 광기의 근원을 빗댄 말이다. 옳은 말이었다.[49] 인간이면 환상을 하고, 몽유를 한다. 삶을 살아가기 위한 조건이기 때문이다. 환상이 없다면 단 일 초도 버티지 못하는 것이 삶이다. 이 세상에 출현하는 인간치고 천재 아닌 존재도 없기는 마찬가지다. 자신이 천재인 줄을 모르고 그렇게 살아갈 뿐이다.

아무리 잘났다고 해도 모든 인간은 입과 항문이 이어져 그것이 매일같이 움직거려야만 한다. 살아있음이 확인되기 때문이다. 배움을 위한 입이며, 배움을 위한 창자, 배움을 위한 항문이다. 자연의 힘으로, 신의 힘으로 보자면 인간의 삶이란 끝내 자연을 위한 북어에 지나지 않을 뿐이다. 자연의 취흥을 돋기 위한 안주 한 마리일 뿐이다. 한 마리 마른 '북어'라는 표현이 그럴 듯하다. 사람으로 움직일 수 있는 한, 몸에 수분이 남아있는 한, 악착같이 읽어 내야 한다. 몽유(夢遊) 상태에서 얻어 낸 배움에 관한 아이디어들은 여럿이었다. 자다가도 벌떡 일어나게 만든 환상 같은 것도 있었다.

착상을 위해 이내 책상으로 달려들곤 했었다. 단상을 놓치기 싫어서였다. 카를 힐티(Carl Hilty)가 『잠 못 이루는 밤』이라는 책에서 말한, 일하는 기술이 한눈에 들어온 순간들이었다. "……어떤 사람들은 영감이 솟아날 때까지 기다리느라 일을 시작하지 못한다. 하지만 영감은 일에 몰두할 때 일어나는 것이다. 일이라는 것은 하다 보면 최초에 구상했던 것과 달라지게 마련이다." 그러니 무엇이든 시작하라. 읽고, 배우라. 다시 시작하라는 뜻이다. 삶은 그것을 바라고 있다. 몽유하는 자만이 자신을 다스리며 치유할 수 있기 때문이다.

인간으로 제대로 살아간다는 말은 삶에서는 언제나 비유로 묘사된다. 인간은 태초의 불안을 극복하고 그것에 적응한다는 말도 그런 비유일 뿐이다. 누구에게든 모태, 어머니의 자궁은 무중력 상태였다. 모태를 벗어나면 지구의 중력에 제대로 적응해야 한다. 인간으로 태어나면 지구 중력에 적응해야 한다. 어쩔 수 없는 노릇이다. 중력에 적응하려면 나름대로 환상과 환영을 겪어야 한다. 환상을 자기의 것으로 내면화시키는 과정이 인간이 겪어 내야 하는 최초의 불안극복 과정이다.[50] 인간이 겪어야 하는 불안은 생명이라는 판타지가 만들어 내는 신비로움이다.

판타지의 모든 것은 인간이 생명을 지니는 그 순간부터 이야기를 만들어 낸다. 그 환타지의 이야기 가운데 하나가 바로 인간은 현인(賢人)이라는 이야기다. 인간은 모태에서 분리될 때 어김없이 하나의 현인으로서 이 세상에 출현한다. 갓 태어난 유아의 얼굴에서는 흉악한 생각을 읽을 수 없다. 현자의 씨앗이 저들 모두에게 깃들어 있기에, 그런 흉악한 생각이 떠오를 수가 없다. 자궁에 있는 아기치고, 자연의 슬기를 지니지 않은 아기는 없다. 환영이고 환상일 수도 있지만 부정할 수 없는 객관적인 사실이다. 현인의 모습을 간직한, 각자마다 유일한 생명을 지니고 있을 뿐이다. 그 어떤 이도 나를 대신해 살아 줄 수는 없다. 삶이란 처음부터 각자적이기 때문이다. 나는 유일하며 특별나다. 당신이 현자가 아니라면, 이 세상에 현자(賢者)는 정말 있을 수 없다는 인도의 명상가 라다크리슈난(Radhakrishnan)의 말이 가슴에 와 닿는 이유다.[51)]

현인들은 타인에게 덕스런 삶을 보여 주었기에 현자로도 불린다. 그의 인생길에서 끝까지 나름대로 현자다운 선택을 했기에 현인의 길을 걸었던 것이다. 현자됨은 선택이며, 삶을 건 일생의 노력이다. 현자의 삶과 악인의 인생이 어떻게 다른지를 힘들게 이야기할 일이 아니다. 그들의 삶에서 무엇이 달랐는지를 어렵게 이야기할 일이 아니다. 삶과 죽음 사이의 여행길이 인생인데, 그 경로를 삶살이에 견주어 가면 현자에 대한 이해와 판단이 쉬워지기 때문이다. 그저 삶을 비(B)에서 디(D)에 이르는 길이라고 쉽게 비유할 때, 비(B)는 태어남(Birth)을 말한다. 디(D)는 죽음(Death)을 상징하는데, 알파벳순으로 말하면, 비(B)에서 디(D)로 가려면 어김없이 씨(C)를 건너야 한다. 이때 씨(C)라는 말은 '선택'인 초이스(Choice)를 상징한다. 결국, 인생은 태어나서 죽을 때까지 본인 자신의 선택이라는 말을 그렇게 비유한 것이다.[52)]

선택은 단 한 번의 결단이나 행사로 완결되지는 않는다. 선택은 선택의 연속적인 결과와 선택이다. 선택이 원인이 되고, 인연이 될 뿐이다. 그 인연은 또다시 결과로 이어진다. 하나의 선택이 끝없이 이어지며, 또 이어 내는 것이 삶의 경로다. 선택을 보면 삶의 이정표가 보인다. 누구든 올바른 선택을 원한다. 제대로 된 선택을 모두 원한다. 사람은 삶을 선택한다. 여간해서 죽음을 선택하지는 않는다. 죽음에 이르는 인생의 표지판과 삶을 위한 표지판은 서로 다른 선택을 요구한다. 인생의 표지판은 아무것도 약속해 주지 않는다. 끊임없는 선택만을 요구한다. 선택의 과정에서 사람들은 실패하기도 하고, 좌절하기도 하며, 새롭게 거듭나기도 한다. 인생의 표지판이 여행객을 위한 일반 표지판과 질적으로 달라야 하는 이유다.

정보를 얼마나 많이 갖고 있느냐에 의해 현자(賢者)의 됨됨이가 증명되는 것은 아니다. 정보 소유 여부는 그럴 만한 지표가 될 수 없기 때문이다. 유무식(有無識)으로 현자의 품위와 품격을 가를 수 없는 노릇이기 때문이다. 쓰레기더미가 부(富)의 지표가 아닌 것과 같다. 자기를 다스리며 자기를 반추하는 이들은 무지할 수 없는 이들이다.[53] 무식(無識)할 수는 있어도, 무지(無智)할 수는 없기 때문이다. 설령 셈에 약하고, 치장에는 약해 보여도, 자신을 성찰하고 반추하기에 결코 게으르지 않는 사람이 현자이기 때문이다. 이런 정보, 저런 정보를 별 다른 의미도 없이 습관적으로 뒤져 내어 탐식해야만 직성이 풀리는 그런 습작 활동에는 익숙하지 않아도, 배움으로 자신을 어떻게 스스로 다스릴 줄은 알고 있기 때문이다. 슬기로움이 바로 배움의 자양분이다. 인간에게 배움의 배선이 빠져 있으면 인간으로 살아 내기가 쉽지 않다.

사람들로서의 생애는 현자에게나, 타락한 저들에게나 모두 마찬가지일 뿐이다. 인종이 어떠하든, 어디에 살아가든, 어느 정도로 풍요를 누리든, 어떤 삶을 살아왔든 간에 관계없이 인간의 생애는 태어나서 죽는 것일 뿐이다. 그 누구든 자신에게 가장 중요한 것을 찾아 나선다. 삶의 항해를 돕는 삶의 나침반을 나름대로 가지고 있기 때문이다. 어느 정도의 도덕의식도 지니게 마련이다. 공동체의 삶에서 요구되는 나름대로의 행위규범을 익히게 되기 때문이다. 주위를 살피며 조심하는 감각도 있게 마련이다. 그런데도 살다보면 실망이 이상하게 뒤쫓아 온다. 방향감각도 틀어진다. 먹기 위해 사는 것 같아지기 때문이다. 자신을 의심하지만 시간은 어김없이 뒤로 쌓여만 간다. 과거를 뒤돌아보면 미련이 없을 수 없지만, 모두가 소용없는 시간의 퇴적일 뿐이다. 시험과 시련의 시간이라는 생각에 이를 때면 어김없이 삶의 방향감각이 견고해지기 시작한다. 인생이 입과 항문으로 이어지는 긴 줄을 채우는 일만이 아니라는 사유에까지 이르게 된다.[54] 자신을 되돌아보게 되는 순간이 온 것이다.

입과 항문이라는 인간을 위해 붙어 있다는 간, 폐, 심장, 머리털이 마음에 걸리기 시작하면 새로운 각성이 일어난다는 징후다. 자신의 개조를 하나둘 묻게 되기 때문이다. 치유의 과정이 시작된 것이다. 배움의 또 다른 시작이다. 배우는 사람들의 전형적인 속성이기도 하다. 저들이 유별나기 때문에 그런 것은 아니다. 신념과 말, 그리고 행동이 일치하기 때문일 뿐이다. 배우는 이들의 진정성일 뿐이다. 자신의 진정성을 의시하며 되돌아보기 시작하면 배움은 이미 일어나고 있는 것이다. 자기를 다시 만들어 내는 힘을 확인하게 된 것이기 때문이다.

2. "목불견첩(目不見睫)."[55] "사람들이 부끄럽기 때문에 감추는 것이 아니라, 감추기 때문에 부끄러움이 생긴다." – 마리[56]

"남을 많이 용서하되, 자신은 결코 용서하지 말라." – 푸브릴리우스 시루스[57]

"아프다, 아프다, 아프다. 그러니 나는 더 성장할 것이다." – 존 맥스웰[58]

배움은 그 성격상 불립문자(不立文字)적이다. 배움은 말하지 않음으로서(不言), 오히려 제 말(言)을 더 강력하게 그 무엇인가를 전해 주고 있기 때문이다. 배움이 무엇인지를 알기 위해, 배움의 속성을 난도질하거나 조각을 내기보다는, 그냥 통째로 놔두는 것이 더 좋다. 배움이 어떤 것인지 그 속성에 대해 분석을 하지 말라는 것이 아니다. 분석을 하면서도 분석을 그만두는 분석기각(分析棄却)의 마음가짐이 더 필요할 뿐이라는 뜻이다. 노자(老子)식대로 말하면, 원래 말로 표현되는 배움의 길은 참된 배움의 길이 아니기 때문이다.[59]

개구리가 어떤 생물인지를 알기 원해 개구리를 해부할 때 생기는 불상사를 배움에 응용해 보면 이야기는 한층 쉬워진다. 개구리의 모든 부분을 이해하기 위해 개구리를 해부한다. 개구리를 해부하기 시작하면 개구리 울음은 그치고 만다. 개구리의 세포 조각을 이리 자르고 저리 잘라, 제아무리 약품에 담구어도 개구리의 노래는 더 이상 들을 수 없다.

배움의 본체를 이해하려면, 노자(老子)가 논한 '지지지지(知止止止)' 정신이 드러내는 지력의 묘(妙)와 의식의 도(道)가 무엇인지를 이해하는 것도 필요하다. 어느 정도 알아 가다가, 그칠 데를 알아 그치라는 것이 그가 요구하는 삶의 묘다. 세상은 깨끗함과 더러움의 조합이며, 있음과 없음의 상생이기에, 더 따지지 말고 그쳐야 할 그 때 그치면 만사가 편해지기 때문이다. 필요를 넘나들면 욕심이 생긴다. 무엇인가 더 붙이고, 설명하려고 대들면 배움의 본질 역시 저만큼 달아나 버리고 만다. 배움만이 배움에 이를 수 있다. 아무리 설명해도, 배움은 안다고 알아지는 것이 아니다. 배움은 '앎' 그 자체에 있지 않기 때문이다. '해 봄' 그리고 '해냄'에 있다. 배움을 해 보고 해내도 배움이 무엇인지 그 정체를 더 드러내거나, 더 설명이 된 것도 아니다. 배움의 속성은 끝내 배움이고, 배움의 이유 역시 배움 바로 그것일 뿐이기 때문이다.

배움의 본모습은 결코 문자만의 서술로는 모두 드러나지 않는다. 배움이 무엇인지를 알려 주기 위해, 배움에 관련된 문자나 전거(典據)를 끌어와 증거로 내세운다고 해도 마찬가지다.[60] 배우고도 행하지 못한다면, 사서 고생하는 일일 뿐이다. 사서 고생하면 병이 난다는 것을 가르쳐 주었던 장자(莊子)의 훈계를 가슴으로 읽어야 한다. 성현들 모두가 그칠 데와 나갈 데, 알려고 할 때와 그만두어야 할 때를 삶으로 담아 냈다. 그들이 바로 '지지지지'의 달인이었다. 안다든가, 알겠다고 말하는 그런 것조차 삶살이에는 크게 쓸모없는 일이라고 저들이 말했다. 힘이 들더라도 매일같이 네 삶과 내 삶에서 익힌 대로 그렇게 나름대로 실천하는 일이 중요하다. 배움의 첫 번째 작용을 생명에 대한 경외라고 말하는 이유다.

생명은 우선 나의 몸과 마음의 반대됨과 하나됨으로 시작한다. '뫔'의 거듭남이 생명이다. '뫔'을 거듭나게 만드는 모든 노력이 바로 배움이다. 배움의 작용은 각자의 '뫔'을 위한 개조작업으로서의 내 생명과 타인의 생명을 존중하고 경외하게 한다. 이것을 배움학적으로는 '창생(創生)'이라고 부른다. 자신을 세상의 중심으로 만들어 가는 능력이 창생이다. 사람은 그 누구든 이 세상에서 유일무이한 존재로 태어났다. 그 존재감을 세상에서 확인하는 일이 배움의 첫 번째 기능이다. 나의 생명은 절대적이다. 누구를 위한 내가 아니다. 나를 위한 나의 생명일 뿐이다. 유일한 생명으로서의 나는 나 자신에게 집중해야만 한다.

내 생명, 내 몸과 내 마음이 귀한 것처럼, 타인의 생명, 그의 몸과 마음도 유일하고 귀할 뿐이다. 생명은 삶의 의미를 만들어 내는 과정을 말한다. 생명의 반대 개념이 결코 죽음일 수는 없다. 생명의 핵심 개념은 의미 만들기에 있다. 생명의 뜻을 굳히기 위해, 죽음의 반대 개념을 굳이 이야기해야 한다면, 태어남일 수 밖에 없다. 태어남의 끝이 바로 태어남의 반대편에 자리 잡고 있기 때문이다. 생명은 태어남과 죽음을 이어주고 있는 하나의 과정일 뿐이다. 생명에 대한 경외는 인간의 생명에 대한 상식 윤리적인 잣대이기도 하다.

소설가 임성순은 삶에서 윤리적인 선택으로서의 생명 경외란 도대체 어떤 것인가를 우리에게 묻고 있는 소설을 쓴 적이 있다. 생명에 대한 윤리적 질문을 위한 사고 실험용 소설이었다. 이야기의 줄거리는 단순하다. 현직 의사가 있다. 그의 아들은 현재 심장이식을 기다리는 시한부 중환자다. 그가 일하는 병원에 남성 환자가 급하게 실려 온다. 거의 뇌사 판정을 받기에 이른 상태의 환자였다. 의사인 그와 아내는 아들이 다시 살아날 새로운 삶을 생각하며 뇌사 환자의 입원에 거는 기대가 컸었다. 희열에 들떠 있는 아들을 보며 실려 온 환자에게 무한한 감사함마저 느낀다. 이제 의사는 그 이름 모를 남성의 사망을 확인해 주고 아들을 살리는 일만 남았다.

그 순간 엉뚱한 일이 벌어지기 시작했다. 아주 미세하나마 실려 온 환자의 손가락이 떨리고 있었기 때문이다. 거의 죽어 있는 것이 확실하지만 그래도 아직 그의 목숨이 살아 있다는 증거였다. 죽어 가는 아들을 지켜보고 있는 아버지이자 그를 고쳐야 할 의사인 그는 그 환자의 생명을 아무도 모르게 홀로 목격했다. 이제 의사인 그가 침묵하면 그 환자는 죽는다. 대신 아들은 살아난다. 의사는 순간적으로 어떤 선택을 내려야만 한다. 죽어가는 환자에 대한 의사의 윤리를 택할 것인지, 아니면 사랑하는 아들의 생명을 선택할 것인지를 결단해야 한다.[61] 의사가 자기 스스로에게 던져야 될 윤리적 질문은 매일같이 살아 움직이는 내게도 어김없는 자성적 질문일 뿐이다. 인간은 통조림 안에 갇혀 있는 존재가 아니다. 매일같이 도마 위에 놓여 있는 살아 있는 날 것인 삶의 재료다. 그 삶의 재료를 어떻게 요리하는지에 따라 자신이 살아 내야 될 윤리적 양식도 달리 결정되고 만다.

내 '몸'을 제대로 만들어 내려면, 내 정신부터 제대로 가다듬어야 한다. 자기 몸 맨 위에 자리 잡고 있는 뇌부터 관리해야 한다. 머리를 제대로 쓰는 사람이 몸도 함께 건강할 수밖에 없다. 속설이 아니다. 인간의 행동, 감정, 언어 등 그 모든 것에 뇌가 관여하기 때문이다. 심지어 피부 상태, 체중, 몸매, 수면 습관, 운동능력, 일의 성과, 사랑과 연애, 식습관에도 어김없이 뇌는 개입한다. 마음이 바로 뇌다. 한 사람의 습관 역시 뇌가 만든다. 뇌의 건강이 '몸'의 질을 결정하는 이유다.[62]

'몸'의 질과 격을 드높이기 위해서는 질병이나 건강에 대한 생각도 달라야 한다. 먹는 것, 먹거리, 섭생의 문제도 사람 중심으로 돌아와야 한다. 몸과 마음을 직선적으로만 생각하면 곤란하다. 곡선적인 관점으로 '몸'을 사유해야 한다. 자연과 인간 간의 관계를 지금과 같은 착취의 관계에서 상호 공생의 관계로 되돌아봐야 한다. 의학자들뿐만 아니라, 의식 있는 사람들이 하나같이 거부하지 않는 소견이다.[63] 일반적으로 신체와 고통 간의 관계를 세균과 질병 간의 인과관계로 생각한다. 몸의 정상 여부를 세포의 돌연변이, 세균 침입, 면역력 결핍, 혈압이나 혈당치 같은 숫자로 이해한다. 치료는 그것의 이상적 징후를 고치는 일이다. 치료되면 몸과 마음이 정상으로 되돌아 온 것으로 이해한다. 몸과 건강을 세균과 질병의 직선적인 인과관계로 생각했기 때문이다.

현대의학이 지닌 장점은 여러 가지다. 그중에서도 인간의 몸을 병들게 하는 개개의 유전자를 찾거나 건강을 증진시킬 수 있는 결정적인 '비밀'을 찾아내려는 노력이 돋보인다. '세균 박멸이 건강이다'는 슬로건은 현대의학이 자랑하는 의술의 핵심에 속한다. 그래서 의학자들은 세균을 완전하게 소탕할 수 있는 마법의 탄환을 발명하려고 애써 왔다. 실제로 어느 정도 성공도 거두었다. 겉으로는 성공한 것 같지만, 현대의학은 안으로는 어김없이 실패의 연속일 뿐이다. 세균 박멸을 위한 결정적인 마법 의술의 완성은 있을 수 없는 일이기 때문이다. 마법 의술을 보장하는 결정적인 의약품의 발명 역시 불가능할 뿐이다. 세균 박멸을 위한 마법의 탄환을 발견하는 일은 사막에서 일어나는 신기루 같은 것이었을 뿐이다.

인간 모두에게 하나같이 적용되는 표준화된 의술법칙이란 있을 수 없다는 것이 첨단의 과학자들의 증언이다. 사람 각자마다 자신을 위한 '맞춤치료'만이 필요하다. 그것은 타인의 몫이 아니라 자기 자신의 몫이다. 자기 스스로 자기 몸을 개조해야 자신의 맞춤치료도 가능하다. 그러려면 몸과 병의 관계를 곡선적으로 이해해야만 한다. 몸과 병의 관계를 복합적인 시스템으로 이해해야 한다는 뜻이고, 치료가 아니라 예방을 먼저 생각해야 한다는 뜻이기도 하다. 건강은 치료로 유지되는 것이 아니라, 예방으로 지켜지기 때문이다.

자기 목숨을 귀하게 지니려는 자기 신앙의 가장 강력한 방편이 배움이다. 자기 자신에 대한 절대적인 믿음의 표시가 배움인 것처럼, 타인의 생명 역시 같은 값으로 귀할 뿐이다. 생명의 경외가 답이다. 생명에 대한 경외는 조화로운 삶의 출발점이기도 하다. 사람은 자기 삶에 이롭다고 해서 다른 생명체를 괴롭히거나 고문하거나, 죽이거나 파괴하지 말아야 한다. 어디를 가든 자기 뒤에 더 많은 생명이 있도록 해야 한다는 것이 스콧 니어링(Scott Nearing)의 주장이다.[64] 생명에 대한 경외에 대해 정직한 받아들임이 배움의 첫 번째 작용이다. 자신에게 정직하면 자신이 자신의 생명을 배반하는 일은 없다. 자신의 마음부터 편해지기 때문이다. 그 어떤 부정적인 긴장에서 벗어나 있게 된다. 두려움, 초조함 같은 것에서 자유로워진다. 자기 생명에 대한 자기 존중감만큼 귀한 것은 없다.

자기 생명에 대한 귀함처럼 다른 생명도 귀하다. 그것을 실천하는 일이 생명 경외다. 배움을 실천하는 첫 번째 일이 바로 생명 경외인 이유이다. 인간 존재의 근원됨에 대한 성찰이기도 하다. 인간은 아무리 생물학적 근원을 부정해도, 진화론자들의 생각에 따르면 파충류와 포유류 양자의 영원한 후손임을 벗어날 길이 없다. 인간의 몸 속에는 생물됨의 진화를 보여 주는 흔적들이 남아 있다. 인간의 뇌 속에 남아 있는 악어와 원숭이의 흔적이 그것의 증거다. 저들이 오랜시간 동안 진화하고 진화한 결과물이 인간이다. 그렇게 보면 인간은 아메바의 흔적까지도 그대로 간직하고 있을 법하다. 인간은 저들에게 생명되었음의 감사함을 영원히 빚지고 있는 셈이다. 인간의 지성에 대한 근원을 파고들었던 물리학자 칼 세이건(Sagan)이 내린 인간 존재됨에 대한 결론이었다.

세이건 교수는 거침없이 말한다. 인간인 우리 각자는 파충류와 포유류 사이의 1억 년이나 묵은 전쟁을 재연하고 있다고 말한다. 낮 동안 인간의 몸에는 인간다움이 지배한다. 파충류의 공격성을 드러내는 생화학적인 생명물질들이 억제되고 있기 때문이다. 밤이 되면 사정이 달라진다. 포유류처럼 충동의 욕망이 넘쳐난다. 용과 같은 기괴함과 야수성이 충동질한다. 인간의 마음에 순진성과 야수성이 번갈아 나타나는 이유다. 인간의 몸 안에 우주의 모든 흔적이 남아 있기 때문에 그런 일이 교대하며 출현한다. 인간은 지금의 모습으로 진화시켜 준 인간의 원형인 어패류, 조류, 파충류와 같은 생명체에 대해 생명의 관점에서 경외하지 않을 수 없다는 논리적인 귀결인 셈이다.[65)]

생명 경외는 인간됨의 근거에 대한 예찬이며, 다른 이들과 더불어 살아간다는 표현이다. 생명 경외는 자연과 더불어 살아가겠다는 삶의 의지이며, 공생적인 삶의 표현이기도 하다. 경외 그 자체는 인간 스스로 자신의 한계를 받아들이는 일이다. 수풀은 작은 나무, 큰 나무, 풀, 넝쿨 따위들이 한데 엉켜 울창하게 들어선 곳이다. 울창한 숲에는 벌레, 작은 동물, 큰 동물들이 서식하게 마련이다. 보기 흉하다고, 모든 풀, 넝쿨을 잘라 버리면 곤충이나, 벌레, 작은 짐승을 모두 쫓아 버리는 일이다. 그것들을 제거하고 큰 나무들만 줄줄이 세워 놓은 곳을 수풀이라고 부를 수는 없다. 생겨난 그대로, 자란 그대로, 엉킨 그대로 모든 것이 나름대로 어울리고 어우러져 각기의 생명을 돋보일 때 그것을 자연이라고 부르게 된다. 그렇게 생겨난 자연을 '풍광'이라고 예찬하며 그곳에서 풍겨나는 아름다움에 영탄하게 된다. 인간 역시 모든 생명체와 더불어 살아가는 생명체 그 이상은 아니다.

인간의 영악함은 그런 생명체들과 더불어 생존을 위해 조금 더 유리하게 진화된 결과일 뿐이다. 인간의 영리함이 집결되어 있다는 뇌와 마음이 유별난 생물임을 드러내는 것은 아니다. 생물학적으로 필요에 따라 그렇게 진화했다는 생명의 결과일 뿐이다. 인간의 뇌와 마음은 지구 탄생의 실마리인 빅뱅의 진화물일 뿐이다. 100억 년 전에 일어난 것으로 추정되는 우주의 대폭발 이후부터 줄기차게 진화된 산물이다. 뇌와 마음이 단일한 원리에 지배되는 것이 아니다. 다양한 충동과 논리들이 서로 충돌하여 진화된 복합적인 과정이며 현재 진행형인 결과물이다. 진화의 과정은 고통과 통증의 과정이기도 하다. 적응하기 위한 고통이며 생존하기 위한 통증이다. 인간에게 통증이 없다면 그는 결코 인간일 수 없는 이유이기도 하다. 자신에게 다가오는 그 어떤 육체적 통증이 있다면, 그것은 생명체로서 부인할 수 없는 자기 체험일 뿐이다.

몸으로 구성되는 존재는 통증을 느끼는 존재이기에, 타인이 느끼는 고통에 대해서도 의심할 수 없다. 모두가 통증을 느끼고 살아가는 생명체들이다. 인간에게 있어서 생명한다는 것은 '통증한다'는 사실의 확인이다. 살아간다는 것은 통증을 견딘다는 뜻이기도 하다. 산다는 것, 생명한다는 말을 환원론적으로 생각하면, 모두가 통(痛)이며 고(苦)라는 뜻에 지나지 않는다. 삶이 무엇인지 가르쳐 준 공자(孔子)의 화두처럼, 산다는 것은 통(痛)의 연결이 삶의 경로를 거치면서 드러내는 난(難)의 연속일 뿐이다. 자기 곁에서 익힐 만큼 익힌 후에 자신을 떠나는 제자들에게 공자가 전해 준 말이 바로 '난'자였다. 제자들이 평생 가슴에 간직하고 살아가야 할 한마디 훈(訓)으로, 그는 어려울 난(難)자를 건넸다. 어려울 '난'자를 기억하기만 하면, 자신뿐만 아니라 타인에게도 능히 인내할 수 있기 때문에, 공자가 그렇게 했을 것이다.

생명 예찬과 생명 경외는 타인에 대한 인간적인 배려를 말한다. 배려를 매일같이 실천하는 삶은 '부활'의 삶이기도 하다. 부활은 죽음에 대한 경외의 진정성까지도 포함하기에, 생명 경외적이다. 생명과 죽음에 대한 존중과 배려, 말하자면 생명의 되살아남에 대한 경외의 실천은 부활의 삶을 사는 데 있다. 이제민 신부는 우리에게 말한다. "부활한 삶을 살고 싶은가? 그때를 먼 미래로 미루지 말라. 지금 당신의 몸을 쪼개라. 그분처럼 우리의 몸을 쪼개어 남에게 나누어 줄 때 우리는 그분처럼 남에게 부활의 몸이 될 것이다. 부활의 삶은 '나'를 사라지게 하여 '세상'을 살리는 데 있다."[66]

죽음 역시 생명의 한 장면이기에 어김없이 경외되어야 한다. 생명을 단 한 시간만이라도 연장할 수 있도록 노력하고 존중하는 곳이라면, 그곳이 바로 의료현장이다. 생명 가능성이 그렇게 귀중하기 때문이다. 생명 연장, 생명 존중을 위한 의술적인 처치가 바람직한 형태임에도 불구하고, 때때로 저들이 말하는 생명 존중은 생명 경외와 어긋나기도 한다.

환자가 지닌 병이 일정한 의술적인 처치의 효과를 넘어서고 마는 단계에 이르면 치료(cure)할 수 없는 상황에 도달한다. 그런 조건에 놓여 있는 환자라고 하더라도, 그를 담당해 온 의사들은 생명을 폐기처분시킬 수는 없다. 여러 가지 의술적 처치는 생명 존중의 명분 아래 환자가 숨을 거두는 마지막 순간까지 계속된다. 보살핌(care)에 대한, 있어야 될 의술적 행동이기는 하지만, 그런 의술적 행위는 때때로 작위적일 수밖에 없다. 환자의 가족일 경우, 환자를 바라보면서 할 수 있는 것은 눈물을 흘리는 것뿐이기 때문이다. 현실적으로는 환자의 가족과 의사 자신의 자위(自慰)에서 발동되는 활동일 수도 있다. 이럴 경우를 저들은 '치료 비관주의'라고 부른다. 치료 비관주의는 가족이나 의사들이 환자의 생명을 위해 마지막까지 최선을 다 했다고 자위하기 위한 윤리적 방편일 뿐이라는 것이 현직 의사인 미하엘 리더(Michael De Ridder) 교수의 양심적인 고백이다. 환자에 대한 '치료 행동주의'는 의사와 가족의 양심을 진정시키는 이점이 있다. 죽어 가는 사람에 대한 책임감에서 어느 정도 벗어나게 하여 주기 때문이다. 그러나 그것은 죽어 가는 환자에 대한 바른 예의는 아니다. 환자를 위한 억지치료 행동주의의 표방이기 때문이다.

이내 몇 시간 안으로 생과 명을 걷을 수밖에 없는 사람에게 불필요한 의술적 조치는 환자 당사자에게는 의술적인 고문이나 마찬가지일 수도 있다. 임종환자의 생명에 대한 경시일 수 있다. 그의 인간적인 진정성을 부정하는 일일 수도 있다. 실낱같은 생명의 가능성이라는 미명 아래 가해지는 불필요한 의술적 처치는 오히려 임종의 마지막 단계에 있는 그들에게는 엄청난 불행일 수 있다. 의학적으로 가능한 것과 환자의 행복이라는 두 가지 선택의 기로에 있다면, 언제나 환자의 행복이 우선해야 한다. 그렇지만, 의술 현장에서는 의술적 처치와 환자의 행복에 대한 현실적인 현장감과 이해에 대한 간극이 큰 형편이다. 임종 현장을 지켜온 의사들의 증언에 따르면, 임종을 맞는 환자가 정말로 필요한 것은 억지치료가 아니다. 그런 억지의 기계적인 조치보다는 가족의 친밀함과 애정이 더 필요하다.[67)]

죽음을 생명의 관점, 임종 환자의 관점에서 본다면, 지금과 같은 의술적 처치 관행은 바뀌어야 한다는 주장 역시 설득력을 지닌다. 병에 걸린 사람보다는, 병 자체를 중심에 두는 의술 행위를 폐기해야 한다는 뜻이다. 죽어 가는 사람을 위한 죽음에 대한 경외를 의학적으로 존중해야 한다는 것이 리더 교수의 주장이다. 죽음에 대한 존중이 생명 존중, 생명 경외이기 때문이다. 생명체인 각자가 마지막 순간, 자기 삶을 자기가 꾸려왔듯이, '자신의 죽음도 자신의 것으로 받아들일 수 있는 용기'를 갖게 해 주는 일이 생명 존중을 위한 의학적 과제다.[68)] 사람마다 자신의 죽음을 평온하게 그리고 행복하게 맞이할 수 있도록 자신의 길임을 받아들이도록 해야 한다. 모든 사람은 삶에서 '자기다운, 사람다운 죽음'을 누려야 할 권리가 있다. 죽음을 앞둔 사람은 그렇지 않은 사람보다 죽음에 대해 훨씬 현실적이며 철학적인 시각을 가지고 있기 때문이다.[69)]

사람이 사람다움을 드러내는 징표를 자연의 한 과정으로 받아들이며 존중해 주는 것이 생명 경외다. 생명 예찬을 실천하는 방법들이 단 한 가지로 고정되어 있을 리 없다. 다양하며 다기할 수밖에 없다. 생명 경외가 꼭 종교적이어야 할 이유는 없다. 타인의 생명을 위한 일이면 충분하기 때문이다. 현실적이고도 직접적으로 그리고 자의적으로 자신의 장기(臟器)를 증여하거나,[70)] 헌혈에 동참하는 일 같은 것들이 바로 생명 경외에 대한 극적인 실천 행위일 수 있다. 배운 이들이 할 수 있는 숭고한 행(行)과 동(動)의 족적이 드러나는 인간적 행위 가운데 하나라고 볼 수 있다.[71)]

생명 존중이나 경외는 결단과 실천의 문제다. 그 누구든 신분에 관계없이 결단하고 실천에 옮기면 가능한 일이다. 부자들도 지역사회 활동이나 기업에서도 얼마든지 가능하다. 세상에는 남에게 헌신하기 위해 검소하게 의미 있는 삶을 실천하는 부자도 수없이 많다.[72] 다중의 공생을 위한 사회적 참여 운동이 전개되기만 하면, 배움의 공동체는 이미 만들어진 것이나 다름없다. 다중 공생의 공동체는 서로가 서로의 생명을 존중하는 배움의 공동체를 이룩한다는 것이 특징이다.[73]

기업 활동에서도 생명 존중의 활동은 얼마든지 가능하다. 생산 활동이나 이익 추구에도 생명 경외의 사상이 깃들게 할 수 있다. 어떤 기업은 옥수수로 만든 시계 제품을 팔고 있다. 옥수수 시계 제조 같은 친환경 생산은 생명 경외에 바탕을 둔 기업의 활동이다. 옥수수가 주원료인 이 시계는 시계 부품의 80% 이상을 플라스틱 대신 옥수수로 구성하고 있다. 모두가 땅 속에서 분해 가능한 원료들이다. 옥수수 시계가 친환경적인 것은 물고기 가죽 밴드, 대나무 다이얼, 재활용 소재의 포장재, 공정무역에서 거래되는 다이아몬드, 유기농 목화 케이스 같은 친환경 소재로 제작되기 때문이다. 생명 경외에 바탕을 둔 헌신이나 기업 활동 모두가 인간의 '뫔'됨을 극적으로 드러내는 일이다. 사회의 품(品)과 격(格)을 드러내는 배움의 증표다.

배움에서 강조하는 생명 경외, 생명 존중 정신은 생명에 대해 상식 윤리(常識倫理)를 수용하게 된다. 상식의 윤리는 인간의 행위에 대한 판단을 일상적 경험을 바탕으로 일어나는 일들에 대한 인간의 기본적이고도 보편적인 결론으로 내리는 마음가짐이나 태도를 강조한다. 사람들에게 폭넓게 공유되는 삶의 슬기나 정보들이 바로 상식이다. '상식'은 사람들을 현실 세계와 연결해 주고, 사람들이 서로 관계를 맺도록 해주며, 또한 공적 생활의 한계를 정해 준다. 상식은 사람들의 가슴 깊은 곳에 묻혀 있는 일종의 무오류 지혜 같은 것으로 생각하면 된다.[74] 외국의 언론들이 할머니가 딸을 대신해 손자를 낳은 사건을 대서특필 했었던 적이 있었다. 임신을 하지 못하는 딸의 요청으로, 사위의 정자(精子)를 인공수정을 통해 받아 손자를 낳아 준 할머니는 자기가 낳은 아이는 "내 딸 부부의 아이이고, 난 단지 방(room)을 빌려 줬을 뿐이다."라고 말하지만, 저들의 사연이 상식을 넘어간 것은 마찬가지였다.[75] 이런 사례에 대해 사람들의 윤리적인 판단은 어떤 하나의 잣대로 수렴되기가 쉽지 않을 뿐만 아니라, 그런 예외적인 일들이 있는 것도 사실이지만 상식은 상식을 요구할 뿐이다.

둘째, 배우는 사람이라면 사회를 위해, 자신과 타인의 이익을 위해 새로운 것을 만들어 낼 수 있어야 한다는 점에서 배움의 두 번째 속성은 새로운 것에 대한 탐구와 습작(習作)이다. 학교 학자들이 '학습(learning)'이라고 부르는 인지 기능을 배움학에서는 그냥 습작 활동이라고 칭할 뿐이다. 학교심리학에서 말하는 학습이란, 끝내 인지 기능(cognitive ability)의 개선이나 강화 활동으로 제한되기 때문이다. 배움학에서 말하고 있는 습작은 인지 기능 이상의 활동을 포괄적으로 수용하는 개념이다. 생활개선을 탐색과 탐험, 탐구 활동, 그리고 학구(學求)[76]와 같은 모든 것이 습작 활동에 포함된다. 예를 들어, 100−1=?라는 문제가 있다고 치자. 연산 문제가 요구하는 답은 99다. 그것과는 다르게 100−1−?에 대한 철학적 응용 문제가 있다면 그 답은 무한대다. 극 연산 문제에서 셈 해내는 능력으로서의 인지 기능면에서는 그 답이 99이지만, 철학적으로 100−1은 경우에 따라 마이너스가 될 수도 있고 '0'이 될 수도 있다. 배움은 단순한 인지 기능의 능력뿐만 아니라, 철학적 기능으로서의 해석능력까지도 포함한다. 극적으로는 '스트레스드(stressed)'라는 단어를 뒤집어 읽어 낼 때, 역설적으로 그것은 원래의 그것과는 전혀 다른 뜻의 '디저트(desserts)'가 될 수도 있다는 것을 추론해 내는 탐색 능력까지도 배움에서는 습작 기능에 포함시킨다.

학교심리학에서 활용하는 학습이라는 개념은 오로지 정보습득행위나 기술 같은 것을 지칭한다는 생각이 배움학의 논리다. 저들의 학습 개념은 배움학에서 말하는 배움과는 다른 개념이다. 그것을 배움의 영역 안에 포함시킨다면 그 학습 활동은 배움을 위한 하나의 부분 활동에 속할 뿐이다. 학습은 배움을 위한 하부 기능이나 활동으로 국한된다는 뜻이다. 배움의 기능 가운데 하나인 익힘과 만듦의 습작 기능이 바로 학습이기 때문이다. 배움학에서 말하는 습작은 단순한 정보 습득기술이라기보다는 오히려 그것을 뛰어넘는 정보 활용과 선택 정신을 포괄한다. 이때의 탐구는 마치 아인슈타인(Albert Einstein)이 동료들에게 지식이 무엇인지 말했던 바의 그 지식추구행위를 말한다. "사람이 이미 알고 있는 지식을 원이라고 생각해 보세. 원의 바깥은 아직 사람들이 알지 못하는 지식이지. 원이 커질수록 그 둘레도 커질 걸세.

그렇게 되면 아직 접하지 못한 지식도 많아지게 되지. 지금 나의 원이 자네의 원보다 크니 내가 아직 모르는 지식이 더 많지 않겠나? 사정이 이런데 내가 어떻게 게을러질 수 있겠나?"

삶에서 만나는 문제들을 풀어 가기 위해서는 제한된 인지조작능력이나 인지 기술만 갖고는 역부족인 경우가 허다하다. 과학이니 공학적 능력만을 기르는 것만으로는 삶에 제대로 대처하기에 역부족이다. 보다 폭넓은 인문학적 교양과 능력과 탐구 정신이 요구되기 때문이다. 그 모두는 삶을 익히는 일이며, 생활을 만드는 일이기 때문이다. 세상을 살아가기 위해서는 인지능력의 변화에 초점을 맞추는 학습능력만으로는 역부족일 뿐이다. 익히고 만들기로써의 학습 활동이 효과를 내기 위해서는 의미 있는 질문하기가 필요하다. 탐구의 시작이 바로 '제대로 된 질문하기'다. 의미를 만들어 내는 학습은 질문으로 시작하기 마련이다.

질문교육을 삶의 방식으로 삼아 질문을 삶에 일상화하고 있는 민족들이 있다면 유대인을 가장 먼저 꼽아야 한다. 유대인은 질문교육방법인 '하브루타(havruta)'의 달인이다. 하브루타는 '짝지어 대화하고 토론하고 논쟁하는' 전통적인 유대인의 교육방식이다.[77] 하브루타는 사람들에게 다양한 견해, 다양한 관점, 다양한 시각을 갖게 만든다. 질문, 반박, 증명이 하브루타의 핵심이기 때문이다. 토론하고 논쟁하는 과정에서 상대방이 전개하는 논리의 허점을 파고들 수 있다. 날카로운 질문과 예리한 반박, 그리고 그에 대해 자기 논리를 더욱 강화시키는 증명을 해 냄으로써 익히고 만들기로써의 탐구와 학습이 풍성해진다. 하브루타는 자신의 경전에도 어김없는 질문과 새로운 해석을 낳게 한다. 자신의 정신적인 원조인 『탈무드』에 담긴 랍비, 현자, 학자들의 생각에 대해서도 의문을 품고 질문하며, 새로운 토론을 유도한다. 다른 견해를 가지고 새로운 생각을 하는 것은 결코 잘못된 일도 아니고 불경한 일도 아니다. '하브루타'에서는 상대방이 어른이든 아이든 관계없이 동등한 입장에서 서로가 서로에게 자유롭게 대화한다. 하브르타에서 의미 있는 '질문'이 무엇보다도 중요한 자리를 차지한다.

인지적 기능의 변화를 반복적으로 강화하려면 질문 활동이 체계화되어야 한다. 그런 질문 활동이 거세된 학습 활동은 인지 기능의 향상에 크게 도움이 되지 못한다. 인간에게 언어능력이 있다는 말은 질문능력이 있다는 말인데, 질문능력이 발달하지 못하면 언어능력은 물론 인지 기능 개선 역시 제한적일 수밖에 없기 때문이다. 그것을 보여 준 실험이 '프로젝트 님(Project Nim)'이다. 프로젝트 님은 침팬지에게 인간의 언어능력을 훈련시키고 학습시키려고 했지만, 끝내 그것이 불가능한 일이었음을 보여 준 침팬지 실험이었다. 프로젝트 님은 인간에게만 언어능력이 존재한다는 논리를 반박하기 위해 행동주의 학습심리학자들이 과감하게 도전했지만, 처절하게 실패한 학습실험의 본보기였다. 행동주의 학습심리학자들은 언어학자인 촘스키(Noam Chomsky) 박사의 논리를 반박하기 위한 실험으로 '프로젝트 님'을 구상했다. "언어는 인간이 태어날 때부터 갖고 있는 고유한 능력이기에, 지능이 발달한 그 어떤 동물도 인간에게는 가장 원시적 형태로 나타나는 그런 언어조차 사용할 수 없다."라고 주장했던 촘스키 교수의 논리가 잘못되었음을 입증하기 위해서였다. 스키너(B. F. Skinner)를 지지하기 위한 행동주의 학습심리학자들의 용의주도한 실험이었다. 이들은 야생동물도 언어 기능 훈련과 언어학습을 강화하면 익힐 수 있다는 전제 아래, 반복 훈련과 강화학습은 인지 기능의 변화뿐만 아니라 행동 변화를 가져온다고 믿었던 것이다. 그렇지만 이들의 실험은 끝내 불발로 그쳤다.[78]

익힘과 만듦 활동의 습작인 창설(創說)의 기능은 인간적인 기능이다. 사람만이 보여 줄 수 있는 사람다움의 기능이다. 창설은 새로운 것을 밝혀낼 수 있으며, 새롭게 익히며, 새롭게 설명할 수 있는 인간의 인지능력 그 이상의 탐구능력을 말한다. 배움의 창설 기능은 사람으로 하여금 그가 지금 서 있는 자리를 자신을 위해 버틸 최고의 자리로 만들어 주는 기능이다. 사람은 사회에서 버티고 설 자리가 있어야, 자기의 존재감을 드러낼 수 있다. 아르키메데스(Archimedes)가 지구를 들어 올릴 수 있는 지렛대를 가졌어도, 그 지렛대로 지구를 들어 올릴 수 있도록 두 발로 버틸 수 있는 공간이 없었으면 그는 지구를 들어 올릴 수 없었다. 신에게 두 다리로 버틸 공간을 달라고 요청했던 그처럼, 배움의 창설 기능은 인간으로 하여금 탐구하며, 익히고, 만들어 낼 수 있는 능력과 여백을 늘려 준다.

익히며 만들어 간다는 것은 자기가 세상 만들기의 중심임을 알려 준다. 자기라는 존재가 바로 자신이 일터라는 말과도 어긋나지 않는다. 배운다는 것은 자신이든, 타인이든, 사물이든, 역사이든 간에 관계없이 일터에서 나와의 의미 있는 관계를 설정한다는 것을 의미한다. 내가 만들어 가는 관계들은 나에게 의미 있는 타자화(他者化)로 등장한다. 나(I) 역시 나에게는 우선적으로 의미 있는 타자화(me)가 된다. 나를 타자화시키면, 나는 나의 삶에서 매일같이 성찰과 반추를 해야 할 대상이 된다. 의미 있는 타자화는 그 어디에서든, 그 언제든, 그 누구에게든 가능하다. 일상적으로 의미 있는 타자화와의 상징적 관계는 일터에서 매초 간격으로 만들어진다. 일터는 함께 배우기를 위한 구체적인 텃밭이며 상징으로 매일같이 우리에게 다가오기 마련이다. 일터가 배움의 동행이 되는 근거다.[79)]

인간은 일터에서 매일같이 습하고 작한다. 습작으로 세상과의 관계를 만들어 나가기 때문에 세상을 바꾸어 놓을 수 있다. 익히고 만드는 습작은 세상을 만드는 일이며, 세상을 바꾸는 일이다. 인간에게 자연스러운 행위다. 하나의 문명을 만들어 내려면, 그저 자연스러운 것만으로 부족하다. 자연스러움을 건너뛰어야 할 경우가 더 흔하다. 그런 점에서 습과 작은 인간에게 천연 그대로 자연스러운 일만은 아니다. 습작의 본능을 이성적으로 다듬어 내어 새로운 문명을 창조할 수 있어야 한다. 그런 점에서 습작은 이성적인 선택이며 이기적인 결단이다. 습작은 새로운 삶으로 나아가는 모험의 동력인 이유다.

무엇인가 만들고 익히려면 세상을 새롭게 읽어 낼 수 있어야 한다. 그렇게 하는 것을 궁리라고 말한다. 세상은 궁리해내야 변한다. 밝혀내고, 스스로 만들어 내고, 응용해야 자신의 삶이 밝아진다. 새로운 생산이 가능하려면 궁리해야 한다. 생산하는 사람은 끊임없이 자신의 주위를 탐색하고 탐구한다. 인간의 뇌 기능이 원초적으로 습작적인 이유다. 무엇인가를 익히고, 만들어 내도록 하는 '습작의 뇌(習作腦)'가 바로 인간에게는 진화된 뇌다. 세상 물질을 자신의 생존에 유리하도록 탐구하는 일이 '습작뇌'가 하는 일이다. 만들어 낸 것을 새롭게 조작하며 변경하는 습작능력은 기예의 능력이다. 기술과 예술의 생명력이 뇌 기능을 촉진하며 더 개발시킨다.

뇌는 신(神)의 모습을 닮았기에, 인간을 신처럼 가동시킨다. 뇌의 신경세포들의 기능과 작용이 늘 가소적(可塑的, plasticity)인 이유다. 물리 세계와는 달리 외부에서 뇌에 가해지는 물리적인 힘이나 충격 때문에 뇌의 기능이 향상되거나 가소성이 발동하는 것이 아니다. 뇌의 작용은 내부적인 자극과 자극들끼리의 소음으로 변할 뿐이다. 신경세포들의 연결점인 시냅스에 의해 그렇게 작동된다. 신경세포의 축색돌기, 말하자면 정보가 출력되는 신경섬유 그리고 정보가 입력되는 신경섬유인 수상돌기가 시냅스에 의해 연결되어 정보를 처리한다. 그 과정 속에서 또 다른 사유를 만들어낼 새로운 시냅스가 발달된다. 뇌에는 물리적인 힘이나 충격보다는 새로운 자극과 새로운 정보의 의미들이 더 중요하다. 신경세포에 의해 전달되며 이어지는 정보와 자극에 따라 뇌 신경은 정보 전달을 위해 자신의 신경망을 새롭게 구축하기 때문이다. 새로운 신경망의 구축은 뇌 신경의 형태를 바꿔 놓으며, 뇌 기능을 더 유연하게 만들어 놓는다.

뇌에서 그 무엇인가 하나를 습작하기 시작하면, 잇대어 습과 작을 위한 또 다른 익힘과 만듦에로 연결된다. 뇌 신경들 사이의 연결들이 자율적으로 일어나기에, 뇌의 습작력은 끊임없이 작동한다. 새로운 것을 탐색하기 위해 스스로 움직이며, 스스로 뇌 기능을 강화한다. 뇌는 일어난 일련의 사태를 새롭게 해석하고, 새로운 의미 부여를 위해 뇌 신경세포끼리 움직인다. 뇌는 되먹이는(feed-back), 그로부터 미리 먹이(feed-forward)는 일을 반복한다. 즉, 옛것을 반추하며 그로부터 미리 알려 주는 명견만리(明見萬里)의 '미리슬기'를 가능하게 만들어 주는 뇌는 언제나 융합적(融合的)이다. 융합적인 기능으로 새로운 것을 탐구해 간다. 무수한 창의력과 상상력이 현실로 만들어지는 이유다. 습작을 위해 뇌 신경끼리 연결되고, 소거되기를 반복한다. 쓰지 않는 것은 자연스럽게 어딘가에 저장되기도 한다. 뇌 스스로 탐구를 게을리하지 않는 이유다. 습작이 계속되어야 생명이 살아 움직인다. 뇌가 지니는 신경세포들의 기능인 가소력은 그렇게 증강된다. 다채로운 세상이 만들어지는 것은 배움의 창설력 때문이다.

창설하는 생명으로서의 뇌는 컴퓨터라는 인공뇌와는 본질적으로 성격이 다르다. 컴퓨터의 인공뇌가 제아무리 진화해도, 그것의 본질은 기계부품의 연결망일 뿐이다. 기계부품의 성능의 진화로 인지 기능이 구성되고 재구성될 뿐이다. 컴퓨터의 학습능력은 뛰어나다. 인간의 탐구능력보다 기계뇌가 훨씬 더 효율적인 학습능력을 지니고 있다고 볼 수 있다. 역량도 인간의 뇌보다 더 강력할 수 있다. 기계뇌의 학습능력이 뛰어나더라도, 컴퓨터에게서는 원초적인 배움력으로서의 창생능력은 영원히 찾아볼 수 없다. 컴퓨터에게는 원초적인 모태인 자궁이 존재하지 않기 때문이다. 인공뇌는 영원히 부품의 조합으로 그 운명을 이어나갈 뿐이다. 컴퓨터에는 태생적으로 생명력이 있을 수도 없다. 컴퓨터에는 생명 경외의 혼이 있을 수 없다. 영성적인 기계는 있을 수 없다. 컴퓨터는 살아 있는 생과 명의 자궁에서 태어나는 생명의 존재가 아니다. 그것은 공장선반에서 조립되는 부품의 결합체이며, 기능적인 물질일 뿐이다. 자궁을 떠난 물체들의 결합에서 원초적인 생명으로서의 배움력을 기대하는 것은 무리일 뿐이다. 배움력은 어머니라는 모체와 몸속에서만 배선화될 수 있는 인간적으로 원초적인 본능이기 때문이다.

사람의 뇌는 생명의 융합체이다. 배움의 융합체다. 뇌는 살아 움직이는 생명이다. 생명들이 작동하기에 유전이 갖는 한계와 제약을 뛰어넘게 된다. 인간의 뇌 기능과 용량은 바이트(byte)나 비트(bit)로 계산할 수 없다. 뇌의 기능은 자율적이기 때문이다. 생명체만이 지니는 생존력이기도 하다. 인간의 뇌 기능과 뇌 활동은 수확 체증적이다. 습작하면 습작할수록 뇌의 기능은 향상된다. 수확 체증의 법칙이 적용된다고 해도, 그 능력은 제한적인 것도 사실이다. 무한정, 무작정, 무제한적으로 수확 체증적일 수는 없기 때문이다. 인간의 능력이 허용될 정도로만 수확 체증적이다. 자기 삶에 도움을 얻을 수 있을 범위 안에서 수확 체증적이기에, 인간의 습작능력은 컴퓨터 본질적으로 다르며, 달라야만 하는 인간적인 조건 속에서 작동한다. 컴퓨터의 인공뇌는 인간의 학습능력을 뛰어넘기에 용량을 매번 늘릴 수 있다. 인간의 제한점이 인간만이 지니는 강점이기도 한다. 한계와 제한점을 스스로 안다는 것이 인간적인 장점이다. 인간이 제아무리 빨리 뛴다고 해도, 굳이 로켓을 작동시키는 컴퓨터의 그 기능을 닮아야 할 이유는 없다. 그래야 할 이유가 없기 때문이다. 인간의 훈련과 학습에는 넘지 않아도 될 경계가 있다. 뇌가 허락하는 범위, 몸이 허용하는 경계 안에서의 수확체증이 가능할 뿐이다. 그것이 인간을 인간답게 마감하게 만들어 주며, 그것이 인간의 자연성과 순응성을 길러 준다.

생명으로서의 인간 그 인간의 뇌가 지닌 또 다른 놀라운 기능은 의식을 조절하는 기능이다. 의식 혹은 마음의 발화는 뇌가 지닌 생명력에서 분출된다. 뇌는 학습의 순기능을 전복하기도 한다. 학습의 정반대 방향에서 역학습(逆學習)이 가능하도록 만들어 놓기도 한다. 탈학습(脫學習, unlearning)의 기능이 바로 인간의 습작 활동에서 볼 수 있는 강력한 인간됨의 증거다.[80] 뇌는 무엇을 필요에 따라 익히기도 하지만, 그렇게 익힌 것을 오히려 역으로 벗어날 수도 있다. 제아무리 학습했어도 그것과는 달리 그것을 벗어나서 탈학습, 무학습, 비학습할 수도 있는 것이 인간이다. 아무리 학습했어도 아무것도 익힌 것이 없는 경우가 바로 그런 경우다. 아무것도 익히지 않았는데도, 무엇인가 크게 익힌 것 같은 경우도 허다하다. 초월하는 힘, 의식, 마음의 작동이 뇌에서 발현하면 얼마든지 가능하다. 인간의 뇌는 인간적일 뿐이다. 인간에게 역설과 모순의 세계에서 살아가도록 만들어 놓기 때문이다. 인간의 뇌가 인간을 배반하는 일은 없다. 뇌는 자신에게 불필요한 것은 스스로 정화(淨化)하고 자정하기도 한다. 쓰임새를 스스로 높이는 습작과 반습작(反習作)을 위한 자가발전의 능력이 바로 뇌 기능이기 때문이다.

컴퓨터의 인공뇌가 아무리 진화해도 탈(脫)학습 기능만큼은 내장할 수 없다. 컴퓨터는 제 스스로 깨달을 수 있는 생명체가 아니다. 컴퓨터는 부품의 조립인 기계일 뿐이다. 인간의 뇌에서 한 번 만들어진 학습회로는 늘 한시적이지만, 기계뇌는 오작동이 일어나지 않는 한 그들의 학습회로는 영원하다. 인간의 뇌 기능은 한시적이기에 스스로 망각하거나 지워 내는 기능이 강력하다. 제아무리 슬퍼도 영원히 슬퍼하지 않는 것이 인간인 이유다. 인간의 뇌에는 기억을 지워 내는 망각의 기능도 태어날 때 이미 함께 내선화된다. 컴퓨터는 인간의 뇌와는 본질적인 속성이 다르다. 인위적으로 지워 내고, 소거하지 않는 한, 컴퓨터는 탈학습 기능을 발휘할 수 없다. 탈학습 기능이 있다면 그것은 오작동이거나 작동 중지일 뿐이다. 인간의 뇌에서 발달되는 학습 기능은 쓰고 남은 것이 있으면 그대로 뇌 안에 남게 된다. 쓰지 않으면 기능은 저절로 소거된다. 뇌 스스로 힘을 절약하기 때문이다. 쓰지 않는 회로를 지니고 갈 이유가 없다. 짐이 되거나 뇌 스스로 과부화되기 때문이다. 뇌에서 활용되지 않는 학습회로는 창설을 위해서는 소용없는 회로이기 때문이다. 컴퓨터는 용량이 허락하는 한 불필요한 것들도 지니고 간다. 인위적으로 잡동사니를 소거하지 않는 한, 그저 잡동사니 더미로 남아 있게 마련이다.

인간에게는 만들어진 학습회로를 지속시키기 위해 반복적인 기능이 요구된다. 익히고, 만들어 내는 창설력에 대한 준비도(準備度)가 요구된다. 창설력에 대한 준비도를 높이지 않고서는 새로운 탐구는 불성실해질 뿐이다. 반복훈련, 강화훈련, 지속훈련 같은 것이 인간의 습과 작을 위한 준비도를 높이는 토대가 된다. 일반학습이론에서 말하는 것처럼, 인지 기능을 반복적으로 훈련하고 강화함으로써 학습회로를 튼튼하게 만들어야 한다. 뇌의 학습 준비도와 뇌의 학습 건강을 유지하기 위해서다. 뇌의 학습 건강은 우뇌와 좌뇌의 균형적인 활용에 따라 달라진다. 우뇌와 좌뇌 중 어느 한쪽 뇌만을 편중적으로 활용하는 것은 바람직하지 않다. 특정 기능을 과다하게 그리고 혹사시키면 그쪽 뇌는 혹사의 대가를 치루고야 만다. 두뇌는 피로를 느끼는 생명체의 연결체이기 때문이다. 뇌는 생명이다. 생명이 있는 한 어떻게든 작동하고야 만다. 피로가 쌓이면 뇌의 기능은 저하된다. 문제해결을 위한 아이디어 생산도 고갈된다. 뇌는 생명체의 다른 부분이 느끼는 피로를 더는 견디지 못하기 때문이다.

사람처럼 살아가면서 사람으로서 숨을 거두고 싶다면, 세상이 무엇인지부터 자기 스스로 탐구해야 한다. 숨을 거두는 그 순간까지 옛날 세상을 익히고, 새로운 세상을 만들어 낼 수 있어야 한다. 세상에 관해 무엇인가 익히며, 만드는 습관을 길러야 한다. 습작과 학습의 줄을 놓지 않아야 하는데, 이를 지킬 수 있는 즉석 처방도 있기는 하다. 하루에 최소한 30여 쪽을 읽어 내는 독서력만큼은 생명을 다하는 그때까지 유지해야 한다. 살아 있는 동안 무엇이든 열심히 읽어야 한다. 죽으면 읽을 재간이 없다. 세상을 읽는 것, 마음을 읽는 것, 책을 읽는 것은 인간에게만 내린 신의 축복이다. 인간 스스로 세상의 주인이 되는 일이 읽는 일이다. 인간 최고의 발명품을 자기 것으로 만들어 가는 작업이 읽기다. 세상을 알려면 읽어야 한다. 읽기는 매일같이 기록하며 써내려 가는 일기와 그것을 자기 것으로 익혀 가는 익기의 합성이기에 읽어야 한다.

인간은 읽기를 통해 더 읽을거리를 만들 수 있다. 읽기는 인간만이 발명의 동물이며 습작의 동물임을 알려 주는 증표이기도 하다. 인간은 책만을 읽도록 태어난 것은 아니다. 책은 인간의 배움이 발명한 독창적인 지적 부산물이다. 배움의 창설력은 보기와 읽기 그리고 생각하기로 강화된다. 인간을 가장 인간답게 만들어 주는 창설의 예가 독서다. 독서에 의해 인간은 뇌로 하여금 더 새로운 것을 배워나게 한다. 읽기에 의해 뇌는 매일같이 재편성한다.

읽기를 촉진하는 강력한 매체는 역시 책이다. 책은 인간의 배움력이 만들어 낸 인류 문명에 있어서 위대한 발명품이다. 독서의 여러 단계에 따라 뇌의 활용도가 달라진다. 읽기의 초보 단계에서는 언어 이해에 필요한 영역이 주로 활성화된다. 숙련된 독서 단계에 이르면 감정과 기억, 심지어 운동을 담당하는 영역들이 서로 연합한다. 뇌 기능은 그로부터 더욱더 활성화된다. 독서는 단순한 정보 습득이 아니다. 읽기는 시각을 통해 들어오는 정보를 조합시키는 수단이다. 이미 뇌에 저장하고 있던 정보들과 조합하고, 비교하며, 유추하고, 추론함으로써 더욱더 새로운 탐구행위로 나아간다. 발견, 발명은 읽기의 응용물이다.

무엇인가를 읽으며, 더 새롭게 익히기 위해서는 질문능력이 있어야 한다. 더 많이 자신에게 스스로 질문할 줄 알아야 한다. 마치 낯선 땅에서 길을 물을 적에는 세 번 이상은 물어보라는 격언처럼 자신에게 묻고 또 남에게 질문해야만 한다. 제대로 길을 찾아가려면 세 번 이상은 물어야 바른 길잡이가 나오기 때문이다. 여행객에게 길을 잘못 가르쳐 준다고 해도, 세 사람 가운데 한 사람 정도는 길을 제대로 알려 주기 때문에 그런 격언이 생긴 것이다. 세 사람이 각기 세 번씩이나 길을 잘못 가르쳐 주기는 어려운 것처럼 배울 적에도 그렇게 묻고, 다시 물으면 제대로 된 답을 얻을 수 있다. 질문은 제대로 익히기 위한 지름길이며, 읽기를 점검하기 위한 확실한 방법이다.

습과 작의 예술인 창설은 문제해결이나 새로운 것을 탐구하기 위해 집단지력의 활용도 체질화해야 한다. 집단지력은 일상적인 삶살이에서 직면하는 문제 풀이를 위해서뿐만 아니라, 사회 정치적인 다중공생을 위해서도 필요하다. 기업의 일터나 인적자원개발 현장에서도 마찬가지다. 상식이기는 하지만, 머리 하나보다는 머리 여럿의 생각이나 실천이 항상 가능성 큰 답을 찾아내곤 한다. 그것을 '그룹 지니어스(Group Genius)'라고 부른다. 동일한 업종이나 영역에서 일하는 다수의 경험을 존중하라는 뜻이다. 다수의 생각, 통찰력, 아이디어의 교환과 상호작용이 한 사람의 천재적인 아이디어보다 뛰어난 경우가 흔하기 때문이다. 집단지력의 유용성을 상징하는 개념인 그룹 지니어스는 배움이 지니는 창설 기능의 폭을 넓혀 주는 방법이기도 하다.[81)]

마지막으로 배움에 있어서 중요한 세 번째 기능으로서의 배움소(素)는 '창인력(創忍力)'이다. 창인력은 삶을 위해 각자 스스로 견디어 내는 힘을 말한다. 자기 스스로를 담금질하여 자신을 자신답게 살아가도록 만들어 내는 자기 다스림의 능력이다. 연단(鍊鍛)의 힘이 바로 견뎌 내는 힘으로써의 창인력이다. 자신을 되돌아보며, 성찰하고 반추(反芻)함으로서 자신을 자신답게 만들어 내는 힘이 창인력이다. 인간이 보이는 연단의 힘은 신(神)의 형상대로 만들어진 인간 속에 내재된 영성(靈性, spirituality)을 드러내는 일이기도 하다.[82)] 연단은 인간에게 있어서는 하나의 습관이며 훈습이기도 하다. 성찰하며, 연단하는 것은 배우는 이들이 자기 자리에서 무엇이든 즐기게 만들어 주기 위한 것이다. 마치 점심을 맛있게 먹기 위해 운동을 미리 해 두는 사람처럼, 앞으로 다가올 것에 대한 사전 대비가 성찰과 연단의 목표이기도 하다. 연단과 성찰은 자신됨, 자신만의 인간적인 향기를 만들어 내는 일이다.

연단과 성찰로 완성도를 높여가는 참음은 인간이 만들어가는 도(道) 가운데에서도 으뜸가는 도에 속한다. 참음은 저절로 되는 것이 아니다. 연습과 실천이 뒷받침되어야 참음도 가능하다. 참는다는 것은 '성취 가능한 감정적 욕구와 몸의 행위와 언어의 표출을 의도적으로 정지시키는 일'이기도 하다. 참음의 완성은 '내가 참는다.'는 것이 아니라 내가 '참음'이 되어, 마침내 '참음' 그 자체가 사라지게 만드는 데에서 가능하다. 참음과 창인(創忍)에 이르는 일을 불가(佛家)의 『금강경(金剛經)』에서는 항복기심(降伏基心)이라고 불렀다.[83]

반추와 성찰로 만들어 가는 참음은 인간의 삶에서 마치 대나무의 마디 같은 역할을 해낸다. 대나무는 그냥 곧게, 한없이 자라지는 않는다. 대나무는 성장을 잠깐씩 멈추면서 자란다. 그렇게 멈출 때마다 '마디'를 만들어 낸다. 대나무가 마디를 만드는 이유가 있다. 영양분을 비축해 놓은 후 더욱더 높이 솟구치기 위해서다. 마디의 속은 비어 있지만, 빈속의 마디가 대나무 스스로 그 어떤 비바람에도 견딜 수 있게 만들어 준다.[84]

자신에 대해 끊임없이 성찰하고 반추하기 위해 자기 자신에 대한 인사법부터 바꾸어야 한다. 아침에 일어날 때, "잘 잤소?"라고 묻기보다는 "지금 내가 어디에 있지요?"라고 인사해야 할 것 같다. 자기 스스로 지금이라는 실제 현실에서 살고 있는지 어떤지를 점검하는 인사다. 사람들이 정신이상자처럼 마냥 환몽적인 현실에 머물러 있다면, 오늘도 스스로 얼빠진 일을 할 가능성이 농후하다.[85] 성찰의 정신을 놓지 않으려면, 내가 지금 어디에 있는지부터 확실하게 알아야 한다는 뜻이다.

연단은 자신에게 사람이 살아가는 제대로 된, 상식적인 윤리의 범위 안에서 행동하도록 단련시킨다. 개인의 윤리적인 행동은 자신의 윤리적 행동을 선택하게 만드는 개인의 퍼지요인(fudge factor)에 의해 좌우된다. 퍼지요인은 윤리규범에 대한 허용오차범위를 말한다. 허용오차범위가 넓어지면 비윤리적인 행위의 빈도 가능성도 넓어진다. 그 반대이면 그렇게 줄어들게 된다. 비윤리적인 행동이 얼마든지 가능한 상황에 처했을 때, 사람들 스스로 각각이 퍼지요인을 줄이기만 한다면 사회 전체적으로 부정행위가 줄어들 것이다. 윤리적 행동은 그 정도로 상식적이다. 상식 밖을 뛰어 넘어서면 일반적으로 윤리적인 기준도 넘어서게 된다.[86)]

사람들에게 필요한 것은 상식적인 윤리적 기준이다. 비윤리적인 일에 대한 유혹이 뻗치는 순간, 그 유혹에 빠지지 말고 마음의 중심축을 세우는 일이 상식적 윤리다. 마음의 중심축을 바로 잡으려면 자신을 다스려야 한다. 윤리는 이론이 아니라 실천이며 실용이다. 윤리적인 행동으로 자신을 곧추 잡기 위해 비윤리적인 행동 가능성에 대한 허용범위 오차를 가능한 줄여야 한다. 자기가 자신을 다그치고 곧추 세워야만 그것이 가능하다. 자신을 다그치려면 자신의 행동에 결정적인 영향을 주고 있는 어떤 교훈을 상기하면 좋다. 종교적 교리와 같은 십계명, 윤리적 서약 등에서 반복적으로 강조되는 도덕적 규범을 상기하면 도움이 된다. 비윤리적 행동을 허용하는 퍼지요인을 줄여줄 수 있기 때문이다.

로마제국 전성기의 개선장군들은 개선장군으로 들떠 있기보다는, 평상인으로서는 '메멘토 모리(memento mori)'를 상기하곤 했다. 그대 또한 언젠가는 죽는다는 것을 상기하면서 자신의 마음을 연단했었다.[87)] 승전하여 로마로 돌아오는 개선장군들은 로마시민들에게 전리품을 자랑하며 시민들의 환호를 받는 것이 전통이었다. 개선장군의 곁에는 어김없이 노예 한 명이 하루 종일 장군을 따라다닌다. 그 노예가 개선장군에게 해야 하는 일은 단 한 가지였다. 시가지를 행진하는 동안 내내 개선장군의 귀에 끊임없이 '메멘토 모리'라고 속삭여 주는 일이었다. '당신도 죽는다는 사실을 기억하라.'라는 말을 연이어 속삭였다. 승리에 도취한 개선장군 스스로 자만에 빠지지 않도록 경계하기 위한 저들의 자성책(自省責)이었던 것이다. 말하자면 퍼지요인을 가능한 줄이려는 자신을 다듬는 연단의 주문으로 메멘토 모리를 되뇌이게 했던 것이다.

잠긴 문을 따는 일을 전업으로 하는 열쇠장이의 이야기를 예를 들어, 애리얼리

(Dan Ariely) 교수는 윤리적 행동에 대한 퍼지요인론의 정당성을 이끌어 간다. 자물쇠란 정직한 사람들을 정직한 상태로 계속 남아 있게 하려고 달아 놓은 장치다. 도둑에게 경고하기 위한 장치가 아니라는 것이다. “세상 사람 중 1퍼센트는 어떤 일이 있어도 절대 남의 물건을 훔치지 않지요. 또 1퍼센트는 어떻게든 자물쇠를 열어 남의 것을 훔치려 합니다. 나머지 98퍼센트는 조건이 제대로 갖춰져 있는 동안에만 정직한 사람으로 남습니다. 이 사람들은 강한 유혹을 느끼면 얼마든지 정직하지 않은 사람 쪽으로 옮겨갑니다. 당신이 아무리 자물쇠로 문을 꼭꼭 잠가도 도둑이 털려고 마음먹는다면 얼마든지 당신 집에 침입할 수 있습니다. 자물쇠는 문이 잠겨 있지 않았을 때 유혹을 느낄 수 있는, 대체로 정직한 사람들의 침입을 막아 줄 뿐이지요.”라는 열쇠장이의 말은 행동을 제어하는 일은 자기 경계에 근거함을 보여 주고 있다.[88)]

연단은 자신을 조용하게 만들어 놓는다. 어쩌면 자신을 남 앞에 드러내는 일에 수줍게 반응하도록 만들어 놓는다. 불필요하게 남 앞에 나서게 하기보다는 오히려 더 차분하게 조용하게 만들어 놓는다. 마치 간디가 영국정부에게 자신의 저항정신으로 표현했듯이 ‘사티야그라하(satyagraha)’의 마음가짐을 갖게 만든다. 일을 추구할 적에는 단호하게 진실을 추구하도록 마음가짐을 갖게 한다. 나약한 모습을 보이는 것이 아니라, 궁극적인 목표를 추구하기 위해 중간과정에서 불필요하게 일어날 수도 있는 어떤 충돌에도 부질없이 에너지를 빼앗기지 않겠다는 마음가짐의 표현이다.

강력한 자제력, 단호한 마음가짐, 조용한 행동의 직접적인 표현이 ‘사티야그라하’라는 말이다. 자제력의 극치, 조용한 행동 그러나 세상을 바꾸는 동력의 근원이 바로 간디의 연단된 ‘수줍음’이었다. 인도의 역사를 다시 쓰게 만든 동력이기도 했다. 세계적으로 대기업을 경영하는 CEO들이 보여 주는 공통된 경영의 자질 역시 연단된 리더십인 배움의 리더십이었다. 세상은 적극적이고 외향적인 사람을 선호하는 것 같지만, 실제로 세상을 바꾸는 것은 조용한 사람, 절제된 행동으로 자신을 연단한 사람들이었다.[89)]

자본주의 사회는 절제된 인격의 문화를 뒤바꿔놓았다. 남에게 보여야 생존하는 과

시의 문화가 승리의 토대라고 바꾸어 놓았다. 인격의 문화를 성격의 문화로 바꿔 버렸다. 자본주의 사회, 그중에서도 미국사회는 사람들에게 '인격의 문화'를 '성격의 문화'로 바꾸는 데 성공한 사회다. 인격의 문화는 자기 자신이 타인의 시선에 관계없이 어떻게 행동하느냐를 중요시한다. 남이 보지 않는 곳에서라도 자신을 사람답게 인격적으로 추스리는 그런 마음가짐과 자세를 사람됨의 척도로 간주한다.

인격의 문화에 반해 성격의 문화는 남의 시선에 이끌리는 행동을 중요시한다. 타인의 눈에 자신이 그럴듯하게 비추도록 자신의 행동을 조절하게 만든다. 타인에게 긍정적인 평가를 받으려고 자신을 외향적으로 과시하게 만든다. 말하자면, 자기를 대담한 사람, 재미있는 사람, 활동적인 사람, 능동적인 사람으로 꾸미도록 요구한다. 성격의 문화 속에서 살아 남으려면, 타인의 눈을 철저하게 의식하면서 살아야 한다. 타인의 좋은 평가를 받기 위해서는 자기 자신의 의지와는 관계없이 타인들이 좋아하는 행동에 맞추어 자신을 꾸며내야 한다.[90)]

그럼에도 불구하고 세계의 역사를 바꾸어 왔던 것은 성격의 문화가 아니었다. 자신의 연단을 내면화시키는 인격의 문화가 인류 문명의 진화를 촉진했다. 짐 콜린스(Jim Collins)의 연구에 따르면, 20세기 최고의 성과를 거둔 기업들은 대체로 '레벨 5의 지도자들'이었다. 말하자면 인격의 지도자들이 이끄는 기업들이 20세기 최고의 기업이었다. 이들 기업의 총수(CEO)들은 자신의 업적을 과시하거나 카리스마를 드러내려고 노력하지 않았다. 이들은 절제된 겸허함의 주인공이었다. 기업 현장에서는 철저한 프로의식의 주인공이었다. 그들 CEO와 함께 일하는 부하 직원들은 저들 CEO의 리더십을 본받았다. 저들은 한결같이 인격의 틀을 드러내 보이고 있었다. '조용하다, 겸손하다, 소박하다, 말이 적다, 수줍음을 탄다, 품위 있다, 온화하다, 자기를 내세우지 않는다, 절제되어 있다'와 같은 단어가 저들 최고 기업가들의 인격을 기술하는 단어들이다. CEO들은 자신이 하는 일에 완전히 몰입할 뿐만 아니라, 저들이 보이는 개인적인 겸손 역시 진심에서 우러나왔다. 그들은 때때로 창밖을 물끄러미 보며 앞날을 그려 보기도 했으며, 가끔은 거울을 바라보며 조용히 자신을 성찰하는 상념의 시간을 갖곤 했다. 배움의 리더십으로 자신을 연단하는 대기업 책임자인 최고 경영자(CEO)들의 양태를 분석한 콜린스 교수는 저들에게 요구되는 인격과 품격을 한마디로 정리한다. "교훈은 명백하다. 회사를 바꾸는 데 거인 같은 사람은 필요하지 않다. 우리에게 필요한 사람은 자신의 에고(ego)가 아니라 자신이 경영하는 기업을 키우는 지도자다."[91)]

자기를 스스로 다스리는 일은 자신의 삶살이를 다스리는 일이다. 자신이 오늘 먹은 음식이 자신의 식성(食性)과 건강을 말해 주듯이, 자신이 읽은 책이 자신의 지성(知性)과 지력(智力)을 알려 준다. 그것처럼 연단은 자신됨의 몸과 마음의 틀을 만들어 놓는다. 연단의 정도에 따라 사람마다 자신에게서 풍기는 사람됨의 향기도 서로 다르다. 흔히 스승이 제자를 가르친다고 할 때, 그 가르침은 습과 작의 학습을 드러내는 일이 아니다. 스승 자신의 연단이 드러나고 있을 뿐이다. 스승은 제자에게 자신의 연단됨을 보여 주는 상징이다. 스승과 제자의 관계는 엄청난 인연의 관계다. 인연이 있어야 비로소 성립하는 귀한 관계다. 스승이 제자에게 궁극적으로 보여 줘야 되는 것은 스승의 사람됨일 뿐이다. 불가에서는 스승과 제자가 되려면, 1만 겁의 스침이 있어야 한다고 말한다. 1겁(劫)이라는 시간은 인간계의 시간으로 보면, 무려 4억 3,200만 년에 해당된다. 겁이라는 말은 무한한 시간을 지칭하기 위해 쓰인 것으로써, 1겁은 천지개벽이 일어나고 지나간 시간과 같다는 뜻이다. 스승과 제자의 관계는 사람의 생각을 벗어날 정도로 힘든 인연이 있어야 가능하기에, 사람으로 힘으로는 어찌 해 볼 수 없는 귀한 관계라는 뜻이다.[92)]

연단의 결과를 종교인은 훈습(薰習)이라고도 부른다.[93)] 사람다움이 각자의 몸에서 뿜어 나오게 만들거나, 그런 향기가 배어 나오는 향기가 훈습이다. 훈습은 연단의 결실이다. 일반적으로 버릇이니, 습관이니, 짓거리 같은 것이 바로 연단의 결과다. 냄새가 몸에 배어 있다든가 버릇이 몸에서 배어나다와 같은 표현에서 드러나듯이 자기를 사람답게 구성해 놓은 동력이 연단이다.

훈습(薰習)은 풍기는 냄새의 전체를 뜻한다. 마치 솔잎 위에 쪄낸 송편에서 솔잎향이 배어나듯이 풍기는 그런 냄새 풍김이 바로 훈습이다. 사람에게도 마찬가지로 나름대로의 인간적인 향내가 풍기기 마련이다. 자기가 모르는 사이에 자신의 몸에 자신이 행해 온 것이 자연스럽게 배어 있기 때문이다. 몸과 마음에 배어든 그것이 밖으로 드러나 사람들에게 포착될 때 사람들은 그의 향내로 그의 격을 가늠한다. 숨길 수 없는 그 사람의 향기니 어쩌지 못한다. 그 사람의 품과 격의 드러냄은 그렇게 훈습적인 것이다. 습관적 행동에 의해 자기도 모르는 사이 침윤된 자기의 몸과 맘의 짓들이 풍겨내는 냄새가 훈습이기 때문이다.

아무리 아름답더라도 향기 없는 꽃에는 사람들이 끌리지 않는다. 사람은 스스로 '뫔'의 주인이 되었을 때 향기가 나는 법이다. 철이 든 것이라고도 말할 수도 있다. 철이 들었을 때, 비로소 자기가 자신의 주인이 될 수 있기 때문이다.[94] 몸의 세포 하나 하나에 연단의 영향력이 스며들고, 기억되고, 각인되어, 자기를 사람으로 프로그램화 해놓기에 '뫔'에서 향내가 솟는 것이다. 스스로 몸과 마음의 주인이 되게 만든 것이 연단이며 그것의 행동적 지표가 훈습이다.[95] 연단은 자기다움을 드러내기 위한 자기 결단력의 향내를 솟아나게 한다.[96]

연단은 단순히 자신의 마음 다스리기만을 지칭하지 않는다. 인간됨의 영혼을 다스리는 일이다. 마음을 그저 편하고 쉽게 풀어놓는다고 연단이 되는 것이 아니다. 훈습 역시 그렇게 되지 않는다. 연단은 오히려 마음을 독한 소리로 다스릴 때 발동된다. 자기 스스로 자신에게 혹독한 단련의 인내를 가해야 한다. 자기가 자신의 주인이 되도록 훈련하고 단련할 때 인내가 가능하다. 연단된 사람은 일상적으로 경험하기 어려운 높은 스트레스에 직면하더라도 쉽게 좌절하지 않는다. 스트레스에서 거뜬하게 벗어나는 능력이 연단이기 때문이다. 연단은 돈으로 살 수 없는 것들을 얻어 내는 배움의 방편이기도 하다. 배움에 충실한 이들은 시장의 가치를 부정하지는 않지만, 시장의 논리에도 복종하지 않는 사람들이다. 미국 하버드 대학교 마이클 샌델(Michael J. Sandel) 교수는 사람들이 돈으로 살 수 없는 것들이 무엇인지를 논하면서, 시장지배 논리를 도덕적 논리로 풀어내지 않는 한, 정의로운 사회를 만드는 일은 거의 불가능할 것이라고 진단한 바 있다.[97] 시장 지배를 도덕적 논리로 풀어낼 수 있는 사람은 연단된 사람이다. 결국 그는 연단된 사람이 사회에 많아지기 전까지는 사회적 정의는 불가능에 이를 것이라는 이야기를 했던 셈이다.

소비주의가 지배하고 있는 세상에서 살고 있는 한, 어쩔 수 없이 한 가지 사실에 동의하곤 한다. 시장이 언제나 옳은 것은 아니지만, 세상을 움직이는 것이 시장의 논리라는 것을 부정할 수 없기 때문이다. 돈의 힘이 언제나 강한 것은 아니지만, 돈의 힘을 부정할 필요도 없다. 사회의 모든 영역을 시장의 논리가 지배하고 있는 현실을 부정하기 시작하면 하루도 제대로 살아가기 힘들다. 당장 컴퓨터를 쓰려면 전기가 필요하고, 전기를 쓰려면 요금을 지불해야만 하기 때문이다. 이것이 자본주의, 소비주의 사회의 근간이다. 다른 나라의 사정이기는 하지만, 죄를 짓고 교도소에 입감하는 죄수도 하루에 10만 원만 더 내면 감방을 업그레이드할 수 있다. 아이가 필요한 부부는 일천만 원만 내면 대리모를 합법적으로 구할 수 있다. 이것이 자본주의, 소비주의 사회의 진면목이다. 돈의 위력이 어떤 것인지를 보여 주는 자본주의의 특성이기도 하다.

돈으로 살 수 있는 것들은 사람들을 편하게 만들어 주기도 한다. 대신, 돈으로 살 수 없는 것들은 사람들을 편하게 만들지 않는 것이 대부분이다. 예를 들어, 수백 리 걸어가기 같은 것은 돈으로는 살 수 없는 것이다. 걷기는 누가 나를 대신 해서 할 수 있는 것이 아니다. 어떤 사람은 돈을 들여가며 수백 리를 홀로 자기의 두 발로 걸어간다. 자동차로 서너 시간이면 충분히 도달하는 거리이지만, 사람들을 자동차를 마다하고 수 주일 동안 두 발로 걸어간다. 자동차로 가면 편안하지만, 두 발로 걸어 가면 온몸이 지친다. 제 돈을 들여가면서 몸에게 고통을 가하지만, 끝내 자신의 '뫔'은 강건하고 기분은 상쾌하기만 하다. 건강하다는 증거이며, 몸과 마음이 연단된다는 증거이기도 하다. 돈으로 자동차나 학위를 살 수는 있지만, 건강이나 배움을 살 수는 없다. 돈으로 살 수 없는 것은 사람들을 행복하게 만든다. 행복한 그 느낌으로 사람들의 '뫔'을 달구어 놓는다.

연단은 자기 '뫔'을 건사하는 치유이기도 하다. 자기 치유는 배움을 지켜 나가는 이들에게 유별난 일이 될 수 없다. 배우는 일이 자기 치유의 시작이다. 세상을 살아가면서 '이미' 배운 사람은 있을 수 없다. '벌써' 배운 사람도, 다 배우는 사람도, 모조리 배운 사람도 있을 수 없다. 크게 배운 사람은 있을 수 있어도, 이미 배운 사람은 있을 수가 없다. 배운다, 배웠다는 뜻의 붓다조차도 크게 배운 사람을 상징하고 있을 뿐이지, 다 배운 사람을 말하고 있는 것은 아니다. 붓다는 다 배운 사람이라는 뜻이 아니라, 깨닫고 치유한 사람이라는 뜻에서 '크게 배운 사람'일 뿐이다. 자신을 치유하는 사람은 몸과 마음을 연단하는 사람이다. 자신의 마음을 제대로 다스리려는 사람이다. 자기 치유는 마음을 다스리는 일에서 출발하기 때문이다.

자기 치유는 일상적이어야 한다. 유별난 행위일 수가 없다. 인간은 자기 치유의 능력을 지니고 태어나기에 사람이다. 배움의 본능이 발휘되면 치유가 따라 나선다. 치유는 어려운 행위가 아니다. 어린아이의 웅얼거림도, 그에게는 치유의 한 방편이다. 일상적으로 친숙한 읊조림도 자기 치유와 무관하지 않다. 시조(時調) 한 수, 하이쿠(haiku, 俳句), 노래 한 가락만 할 수 있어도 마음이 한결 가벼워지는 이유다. 스스로 용기내서 시조나 단가 한 수를 어렵사리 지어 봐도 마음의 여백이 이내 넓어지고 만다. 운동에 몰입하여 자신의 '뫔'을 건사해도 치유는 계속되는 것이다. 좋은 동행과 밥 한 끼를 행복하게 먹어도 어둡던 마음이 한결 편해진다. 치유라는 것이 유별난 것일 필요가 없다. 답답한 가슴에 공기를 순환시키는 일 같은 것이 치유의 한 방편이기에, 치유는 영원히 현재 진행형일 뿐이다.[98]

자신의 때를 씻어 내고 자신의 과오를 덜어 내는 일이 치유다. 치유는 '치료에 대한 치료' 행위 같은 것이다. 치유는 치료에 대한 메타적인 일이다. 치료보다 웃전에 있는 논리가 치유다. 치료행위를 포용하는 메타언어로서의 치유는 처절하게 각자적이기도 하다. 치유는 각자적이기에 본실적(本實的)일 수밖에 없다. 본질적으로 실존적이며 존재적이다. 내가 없으면 치유는 있을 수 없다. 누가 대신 받거나 대신 해 줄 수 있는 것은 치유가 아니다. 자신만이 자신만을 치유할 수 있기 때문이다. 치유는 자기 내부적인 활동이다. 치료라는 말은 자신의 상처와 마주한다는 뜻으로 쓰일 수 있지만,[99] 치유는 자신의 상처를 만든 상처를 다스린다는 뜻이기에 치유는 자기 영성을 가꾸는 일이기도 하다. '치료의 치료'로 상징되는 치유는 삶에 난 자신의 상처를 자신이 다스려가면서 자신을 거듭나게 만들어 준다. 사람이 한평생 살다보면 몸이든 마음이든 상처가 생기고 생채기가 나기 마련이다. 상처가 굳어지기를 기다리는 동안 그 누구나 조심하게 마련이다. 다리가 부러졌는데도 뛰어다닐 수는 없는 노릇이다. 조심하고, 조심하다 보면 삶의 딱지, 즉 가(痂)가 생긴다. 상처가 아물고, 상처 딱지가 하나둘씩 떼어지면서 무엇인가 치료되었음을 알게 된다. 원래의 기능을 회복하기 시작했음을 직감한다.

치유는 그 치료됨에서 한 걸음 더 나아가 영성의 회복을 말한다. 치료에서 얻은 자신의 허물을 성찰하고 그로부터 자신의 몸과 마음을 다시 곧추 세워야 내가 사람다워지게 만들어 주는 것이 그 사람의 사람됨이자 그의 영성이기 때문이다. 치유는 조바심만으로 불가하다. 얼버무림으로 치유가 이뤄지는 것이 아니기 때문이다. 상처는 그저 소망한다고, 재촉한다고 저절로 아무는 것이 아니다. 봉합은 상처 난 부위를 급히 꿰맨 것일 뿐이지 치료됨을 말하는 것이 아니다. 치유는 기다림과 깊은 성찰 끝에 얻어지는 깨달음이 있어야 한다. 상처의 빠른 봉합보다는 마음 속 깊은 곳에서 처절한 통곡과 반추, 그리고 정화가 함께 일어나야 하기에, 치유는 인내로 영글게 된다.[100]

치유 친화적인 사람은 자신의 생각을 밝게 만드는 사람들이며 자연의 순리를 받아들이는 사람이다. 배움으로 치유능력이 커지면 자신의 마음도 몸도 맑아진다. 충동과 행동 사이의 간극을 조절할 수 있는 능력도 커진다. 자기조절능력이 점점 커지는 상태다. '철'이 들어가는 상태다. 배우면 철이 들게 마련이다.[101] 자기 치유는 현대형법의 원리를 닮았다. 자신 스스로 자기 책임론을 벗어나지 않기 때문이다. 자신을 치유하는 일에 자신 이외에는 그 어떠한 또 다른 자유나 실천은 있을 수 없다. 치유를 검증하며 수용할 수 있는 유일한 기준은 자기 자신일 뿐이다. 연단에 투철한 사람은 공포나 공황 같은 것에 자율적으로 대처할 수 있다. 사람과의 관계에서도 자발성 넘치게 자신을 대처할 수 있다.

나만이 나의 주인이 되고, 나만이 나의 노예도 될 수 있을 뿐이다. 인간의 생물학적 본체가 기계공학에 의해 무너지는 그런 특이점이 도래했다고 주장하는 미래학자 커즈와일(Kurzweil) 교수는 "내 생각 이외에는 다른 무엇이 존재한다고 확신할 수 없기 때문에 그럴 수밖에는 없다. 엄청난 기술 발전과 영향력이 인간의 삶을 뛰어넘는 시대를 거부할 수 없지만." "나는 우주의 존재를 믿는다. 그것이 내 방식의 믿음이다."[102] 라고 말한다. 그는 아무리 세상을 둘러 봐도, 자신을 치유할 수 있는 사람은 자기 한 사람, 자기 자신일 뿐이라고 고백한다. 자신이 자신에게 의사(醫師)이고, 선사(禪師)이며, 목사(牧師)가 되어야만 한다는 뜻일 것이다. 턱낫한 선승의 선견(先見)이 오늘을 살아가는 사람의 마음에 들어 닿는 이치이기도 하다. "사랑하는 사람을 위한 세상 최고의 의사이자 최고의 심리치료사는 바로 우리 자신이다. 우리가 그 사람을 가장 잘 알기 때문이다."[103]

사람은 누구든 살아가다 보면 상처를 갖게 되고, 그 흔적을 지니게 마련이다. 삶은 상처에서 커 나가는 아름다운 열매다. 자기 몸에 난 상처를 치료해야만 편해지는 당사자 역시 자기일 뿐이다. 사람은 모두 온전하고 싶어 한다. 온전함에 대한 강한 집착을 그 누구든 포기하지 않는다. 그 집착을 승화시키려면 자기 스스로 자신에게 멘토가 되어야 하며, 단순한 선지식(善知識)을 넘어서는 큰 슬기, 큰 지식(智識)이 되어야 한다. 스스로 자신의 멘토가 되기 위해서 자기 몸은 늘 강(康)하고 건(健)하게 해야 한다. 자신에게 집중해야 하는 이치다. 몸의 근육과 마음의 심육을 단련해야 건강한 삶을 누릴 수 있다. 건강한 삶이란 면역력 높은 삶을 말한다.[104] 강건한 몸이 건강한 삶이 되며, 자신을 치유하는 삶이 될 수 있다. 자신을 치유할 수 있는 삶은 자신이 두 발로 당당하게 걸을 수 있는 삶이어야 한다.

두 발로 걸을 수 있는 이들은 복 받은 사람이다. 자연이 허락한 복을 충분히 받은 이들이다. 인간에게 걷기는 원초적 생명력이다. 몸을 가누지 못하거나, 움직이지 못하면 원초적 생명력이 시들어 간다. 숨을 쉬고 있는 그 순간까지 두 발로 걸을 수 있어야 한다. 그때까지만이라도 내 몸은 나를 위한 내 몸일 수 있기에, 이브 파칼레(Ives Paccalet) 같은 여행가는 자기 스스로를 일컬어 '걷는 명상가'라고 자처했다.[105] 인간은 걷는 그만큼 존재하기 마련임을 드러내 보이기 위해서였다. 사람은 걸을 수 있을 때, 걷는 그만큼만 자신이 존재하고, 자신이 자연에 의연하게 버티고 있다는 그 사실을 확인받을 수 있다는 뜻이기도 하다. 걷는 일은 걷는 그 자체의 일이 아니다. 살아 있음을 확인하는 생명력을 추인(追認)하는 일이기 때문이다.

나는 인간의 존엄성을 무한대로 펼치며, 배움은 인간만이 지닌 실존적 방편으로 이해하도록 도움을 준 중세기 인간학자인 피코 델라 미란돌라(Pico della Mirandola)의 생각에도 감탄을 보낸다. 인간의 자아라는 것은 이 세계, 이 세상의 만들어 낸 신과 동일한 구조를 지니고 있기 때문에, 자신을 아는 사람은 결국 세계와 신 모두를 알 수 있는 사람으로 이해했던 사람이 바로 그였다. 신의 영혼을 지닌 인간의 육체, 몸의 운동을 배움에 비유한다면, 그것은 인간의 반추(反芻) 운동에 해당된다. 자신의 어제와 오늘의 삶을 곱씹어 보며, 내일을 만들어 내는 슬기의 운동(feedforward)이 배움이다. 공이나 도구를 활용하는 대부분의 구기운동(球技運動)은 대체로 득점이 최종 목표다. 마라톤처럼 시간을 단축하거나 골프처럼 실수를 줄여야 한다는 목표가 이들 운동에는 분명하다.

구기 운동에 비해 배움이라는 '뫎'의 운동은 절대적으로 단순하기는 해도 슬기가 절대적으로 요구되는 운동이다. 자신의 행적은 반추하고, 생각을 성찰하는 일이기 때문이다. 자기 자신 안에 이미 다 들어가 있는 기능을 충실하게 되돌리면 된다. 그저 끊임없이 자신을 되돌아보며, 자신을 반성하고, 새로운 모습을 앞서 보는 '뫎'의 운동이면 족할 뿐이다. 배움의 운동에서 필요한 도구는 자신의 내언(內言)이다. 자신의 속 소리로 그 완성도를 높여 가는 것이 배움 운동이다. 매일같이 만들어 내는 성찰의 슬기로서 자신을 곧추 세우며 자신을 다스리면 '뫎'이 다듬어지기 때문이다. 내언은 이 세상 지고(至高)의 현자들과 대화를 했다는 상상만으로도 가능해진다. 예를 들어, 예수와 만나 대화를 했다고 상상만 해도 당장 내 삶이 달라질 것이 분명하다. 그 상상의 힘이 바로 배움이다.

배움은 소설 『그리스인 조르바(Zorba, the Greek)』의 저자 카잔차키스가 그토록 영혼의 회복을 강조했던 것처럼 '메토이소노'의 완성에 이르는 길이며 방편이기도 하다.[106] 배움은 눈으로 보는 것, 눈에 보이는 것을 바로 넘어서게 만든다. 순간적인 전환의 임계점을 넘어서면 그 누구도 억제할 수 없이 극적으로 긍정적인 변화가 일어난다. 그 전환은 거룩하게 되기, 바로 그것의 상태가 된다. 말하자면 육체를 넘어서는 그순간 만들어지는 영혼, 물질이라는 그 상태를 승화시켜 버리는 바로 그 임계점 너머 자신도 주체하지 못하도록 생겨나는 정신과 영혼, 긍정적으로 극적인 변화와 전환의 상태가 바로 거룩하게 되기, 즉 '메토이소노'의 과정이다. 배움은 바로 사람들에게 삶에 대한 반추와 성찰의 변환을 일어나게 한다. 자신을 곧추 세워, 자신을 앞서 보게 만드는 거룩한 슬기의 존재로 거듭나게 만든다.

영국 역사가 에드워드 기번(Edward Gibbon)의 『로마제국 쇠망사』를 몇 번씩 정독하고, "멀리 되돌아볼수록 더 먼 미래를 볼 수 있다."는 각오를 다진 영국의 처칠(Winston Churchill) 수상은 내언으로 자신부터 다스렸던 정치인이었다. 처칠에게 있어서 내언은 자신의 운명과 자신의 조국의 운명을 되돌아보게 만들어 내는 메토이소노의 촉매제였다. 처칠은 말했다. 그 누구든 그의 이름이 오래 기억되지 않을 것이니, 자신의 이름이 오래 기억되기 바라기보다는 자신을 더 거룩하도록 만들어 가는 일이 자신을 오래 남기는 일이라고.

배움은 자신을 되돌아보며, 반성하며, 나아갈 길로 나서게 만들어 주는 '뫔'의 반추적인 운동이다. 그 결과는 어김없이 자신의 변신, '뫔'의 개조로 이어진다. 매일같이 거듭나는 일이 배움의 목적지다. 아름다움은 아픔에서 태어나기 마련이듯이, 무엇인가 배우고도 배우기 전(前)이나 읽은 후(後)나 변한 것이 없다면, 그는 결코 배웠다고 말할 수 없다.[107] 아픔 때문에 사람들은 자신을 성찰하고 반추하기 마련이다. 배운 사람은 일찍이 공자가 가르쳐 준대로, 자신의 반추와 성찰로 자신의 삶을 거듭 거듭 새롭게 만들어 가기 마련이다. 사람이 매일같이 반추해야 하는 것은 자신의 마음이 시시각각으로 변하기 때문이다. 공자는 하루에 세 번씩 자신을 되돌아보며, 자신을 매일같이 곧추 세웠던 것도 바로 그런 이유다. 그는 늘 남을 위해 충(忠)을 제대로 했는가, 친구와 사귀어 신(信)을 지켰는가, 배운 것을 남에게 전했는가 하고 성찰하고 성찰했다. 반추하는 사람은 자신이 행한 일을 낱낱이 기억해 두는 사람이다. 의식으로 기록할 수 있고, 글로도 그렇게 할 수 있다. 마음으로 할 수도 있다. 그 무엇으로든 마음으로 추스르며, 고치기를 주저하지 않기 위해서다.

배움이 제아무리 인간에게 친숙한 것이라도 그것을 매일같이 연마하지 않으면 소용없는 일이다. 결코 배움에는 이르지 못하기 때문이다. 배움을 거르면, 마치 연습을 포기한 운동선수와 같아진다. 운동선수는 몸의 움직임, 운동의 기량에 자신을 맡기는 사람이다. 운동의 능력을 지속적으로 연마해야 운동력이 소거되지 않는다. 마음 역시 마찬가지다. 무엇인가를 그저 깨치기만을 기다리면, 끝내 아무것도 깨치지 못하고 말아 버릴 뿐이다.[108)]

배우는 일, 당장 시작해도 늦지 않거나 아니면 영원히 하지 못하거나(Nunc Aut Nunquam), 둘 중의 하나일 뿐이다. 독선일여(讀禪一如), 그것이 배우는 일의 시작이다. 그동안 나를 달구어 왔던 자훈(自訓)이기도 하다. 1980년대, 초년 교수로 연구다운 연구에 몰입하려고 할 때였다. 돌팔이 돌중이 하는 짓을 거두고 나무판에 조각을 하고 있던 전각(篆刻)쟁이와 주거니 받거니 하는 거나한 저녁자리가 있었다.[109)] 독선일여의 의미를 그때 그로부터 어렴풋이나마 깨달았다. 옆에는 죽마고우 한의과 교수도 약방의 감초처럼 자리를 한몫 거들었지만, 전각쟁이가 제 삶을 위해 제 하는 일, 건네는 말만큼은 그 누구보다도 속이 꽉 찼었다. 그가 전각쟁이로 삶을 시작하는 것은 초등학교 때부터였다. 선생이 쓰라는 것은 쓰지 않고, 책상 위를 파내다 선생한테 호되게 얻어맞고, 혼난 것이 자신의 능력에 대한 확인의 시작이었다. 그 후부터 아예 전각쟁이로 나서게 되었다.

나의 학교생활도 그 전각가의 학교생활과 크게 다를 것도 없었다. 그는 산수 시간에 못으로 만든 칼로 책상을 자신이 생각하던 것으로 파댔고, 나는 몽당연필로 날아

다니는 새를 그려내곤 했었기 때문이다. 그려낸 새와 함께 한 시간 내내 하늘을 훨훨 날아 다니다, 종 칠 때쯤 되면 교실로 돌아오곤 했었다. 마치 시인 자크 프레베르(Jacques Prévert) 노래한 것처럼 그렇게 하늘을 훨훨 날다가 수업 종이 울리면 책상으로 사뿐히 내려 앉곤 했었다.[110]

그 전각쟁이 도반(道伴)이 내게 말을 건냈다. 제 삶을 제대로 읽기가 그에겐 바로 선(禪)이라고 말했다. 말 없음으로써 말 없음에 이르는 길이 선이라고도 했다. 명상이고 뭐고, 그리 유별날 것도, 탈 날 것도 없었다고 했다. 요즘의 명상가들이 길거리에서 파는 약 처방은 활명수, 까스명수만도 효과가 없다고도 까발렸다. 그렇게 지껄이는 것이 자기 반추, 자기 치유의 시작이라고도 했다. 깨달음이 한꺼번에 들이닥쳐 겁이 났다고도 했다. 이제부터는 중의 눈으로 보는 대신, 사람으로 눈으로 모든 것을 읽어 내기 시작했다고도 했다.

지혜는 송곳처럼 날카로워야 한다고도 했다. 선은 물처럼 부드러운 것이라고도 했다. 날카로운 것은 부드러운 것을 받아들일 여백을 지닌다고도 했다. 부드러운 것은 날카로운 것을 지닐 때 꿰뚫어 보는 여백이 생긴다는 것을 그때 겨우 알아챘다. 남에게도 좋은 것을 훈습하려면, 좋은 동행이 필요하다는 것을 절실하게 깨달았다. "그러므로 정말 지혜롭고 배움이 깊은 성실한 사람과 가까이 하라. 사물의 이치를 알고 실천하면서 진리를 깨달은 사람은 평화를 얻으리라."[111]라는 말이 가슴에 박히는 순간이었다.

미주

1) 월트 켈리(Walt Kelly)의 만화 주인공이 바로 포고(Pogo)다. 포고는 의인화된 재미있는 동물 캐릭터인데, 켈리는 일간 신문에 연재되는 만화에서 포고를 내세워 정치적인 논평도 서슴치 않았다. 사회, 정치에 대한 풍자를 내세워 1972년 그는 아예 포고가 했던 말 중에서 가장 유명한 말을 따내 책의 제목으로 삼았다. 그 말이 바로 "적을 만나고 보니, 글쎄 나 자신이었어(We have met the enemy and he is us)."라는 유명한 말이었다[참고: Andrae, T. & Laqua, C.(2012). *Walt Kelly: The Life and Art of the Creator of 'Pogo'*. NY: Hermes Press].

그 무엇이든 창조해 내고자 하는 사람들은 자기 안에 배우고자 하는 가르침을 갖고 있게 마련이다. 배우고자하는 가르침은 항상 자신의 작품 안에서 적처럼 나를 주시한다. 그것이 자신을 키워 내는 공포이며 대적해야 할 적이다. 그 적에게 어떤 감정적인 기대도 품지 말고 귀기울여 들어야 한다. 자신이 욕망하는 그런 것이 아니라, 작품이 갈망하는 것이 무엇인지 작품에게 물어봐야 한다. 적이 자신에게 하는 말을 어떠한 두려움도 없이 가만히 듣기만 해야 한다. 그래야 새로운 배움이 터진다[참고: 데이비드 베일즈, 테드 올랜드(2010). **예술가여 무엇이 두려운가**(역). 서울: 루비박스].

미국의 해리 트루만(Harry Truman) 대통령이 회고담에서 자기가 대통령이 되기까지 위대한 인물들의 전기를 읽은 후 얻은 하나의 결론이 있다고 했다. 그것은 그들이 쟁취한 첫 번째 승리가 자기 자신을 대상으로 한 것이었다는 것이다. 역사적으로 위대한 인물들은 권력 쟁취와 관계없이 모두 자기 수양의 과정을 이겨 낸 인물들이었다. 동양식으로 말하면, 한 영역에서 곁눈질하지 않으며 자기의 분야에서 최선을 다해 하나의 길을 드러냈다는 것이다. 그런 인물들을 일컬어 도(道)가 튼 사람이라고 부를 수 있는데, 이때의 '도'란 한자의 의미를 풀어보면, 고개를 들고 앞으로 반듯이 나아간다는 뜻을 담고 있기에[참고: 와타나베 소이치(2012). **지적으로 나이드는 법**(역). 서울: 위즈덤하우스], 도란 한 사람의 얼과 혼 그리고 자기 다스림을 지칭하는 말이라는 해석이 가능하다.

자기를 경계하며 징벌해야 될 적(敵)으로 삼아 자기를 다스리는 일은 자기가 나서야만 하는 일이다. 그런 일을 일컬어보고 싶어 머리말의 제목을 '자장격지'라고 붙였다. 춘추시대 주(周)나라는 국력이 약했다. 주나라 환(桓)왕은 주 왕실의 세력을 일으켜야만 되었다. 방책의 하나가 바로 정(鄭)나라 정벌이었다. 대의명분도 있었다. 정나라는 당시 꽤나 우쭐대며 힘 자랑을 했다. 커지는 세력을 부풀리며 모셔야 할 천자의 나라인 주나라를 무시하기 시작했다. 그냥 놔두면 모든 질서가 무너질 형국이었다.

이를 보고만 있던 주나라 환왕은 먼저 정나라를 징벌하기 위한 상징적인 조치를 취했다. 정나라의 왕인 장공(蔣公)을 문책하고 주나라를 받드는 왕실 경사(卿士)로서의 자격을 박탈했다. 장공이 분개했다. 장공은 신하로서 환왕을 찾아 뵙고 조견하는 일을 주저하지 않고 중단하였다. 이제 정나라 토벌의 기회가 왔다. 환왕은 그런 수순을 예견하고 장공을 문책했던 것이다. 침공의 빌미가 만들어지자, 환왕은 정나라 토벌군을 일으켰다. 채(蔡), 위(衛), 진(陳), 괵(虢)나라의 군사를 모아 정나라 토벌연합군을 만들었다. 환왕은 자신이 직접 총사령관이 되어 정나라 토벌에 나섰다. 천자 자신이 보여 준 토벌군 진두지휘는 환왕이 처음이었다. 각 나라들이 놀랐다. 천자가 친히 나서서 군사를 지휘하는 일은 전무후무한 일이었기 때문이다. 스스로 나서서 전쟁과 같은 큰일을 평정하는 일을 '자장격지(自將擊之)'라고 불렀다. 『춘추좌씨전(春秋左氏傳) 환왕조(桓王條)』에 나오는 이야기다. 『춘추좌씨전(春秋左氏傳)』은 공자가 편찬한 것으로 전해지는 역사서인 『춘추』의 대표적인 주석서 중 하나다. 『춘추좌씨전』은 다른 삼전과는 달리 풍부한 자료를 바탕으로 춘추시대의 전투에 대한 기록이 상세하다[참고: 문선규(2009). **신 완역 춘추좌씨전**(역). 서울: 명문당; 전관수(2002). **한시어사전**. 서울: 국학자료원].

2) 배움소들의 속성을 화학적으로 표현한다면, 그것을 이해하기 위해 중학생이 알고 있는 수준의 화학에 대한 정보와 지식은 필요하다. 세상의 모든 물질은 화학자의 관점에서 이야기하면, 원소와 원자로 이뤄져 있을 뿐이다. 화학자들은 세상에 현재까지 존재하는 모든 원소를 118가지로 분류하고 있다 원소(element)와 원자(atom)는 물질을 이루는 가장 기본적 단위 물질을 말한다. 물질을 구성하는 기본 성분의 종류를 원소로, 물질을 구성하는 기본 입자를 원자라고 부른다. 원소는 원자의 종류라고 이해하면 된다. 원자는 물질을 잘게 쪼개 나가면 더 이상 쪼갤 수 없는 상태에 이르는 매우 작은 기본 입자를 말한다. 원소와 원자가 혼동될 수 있는데 서로 간의 공통점은 원소나 원자 모두가 물질을 구성하는 요소의 표현 개념이라는 점이고, 다른점은 물질의 구조를 어느 정도 상세하게 관찰하는지에 따른 차이일 뿐이다. 예를 들어, 여자 100명을 원소로 비유하면 원자는 그 여자 100명의 각자 혹은 개인을 지칭하기에, 원자는 본질적으로 물질의 성질을 결정한다. 물질의 성질을 결정하는 원자는 다른 원자와 결합하여 분자가 되고, 이 분자들은 화학적 성질을 띠게 된다.

예를 들어, O_2는 하나의 산소 원소로 이루어졌음을 보여 준다. 산소 원소는 두 개로 쪼개질 수 있기에, O_2는 산소 원자 2개가 모여 있다고 표현한다. 원자는 다른 원자와 결합하면 안정된 모습을 갖는다. 원자의 결합에는 흔히 금속+비금속으로 이뤄지는 이온 결합, 비금속과 비금속 간의 공유 결합, 금속과 금속 간의 금속 결합이 있다. 물질의 성질을 갖는 기본 입자, 즉 공유 결합에 의해서 생성되는 안정한 입자를 분자(molecule)라고 한다.

분자를 구성하는 원자의 종류와 개수를 원소기호와 숫자를 이용하여 나타낸 화학식, 말하자면 분자화합물에 대하여 분자 내에 존재하는 각 원소들의 원자수를 표시한 것이 분자식이다. 분자식은 모두 화학식에 속하지만, 모든 화학식이 분자식이라고 할 수는 없다. 일반적으로 화학식은 물질을 구성하는 성분 원소의 종류와 수, 원자 간의 상호 결합 상태를 '원소 기호'로 나타낸 식을 말한다. 화학식에는 여러 종류가 있는데, 화합물을 구성하는 원소의 종류와 그 원자수 비를 가장 간단한 정수 비로 나타낸 실험식, 화합물을 구성하는 원소의 종류와 총수를 나타낸 분자식, 물질의 성질을 나타내는 화학식의 특정 부분을 작용기로 나타낸 시성식, 그리고 화합물 내에서 원자들이 서로 결합된 상태를 결합선으로 나타냄으로써 물질의 특성을 가장 잘 표현한 구성식이 있다.

분자식으로 나타낼 수 없는 물질은 세상에 수없이 많기에, 분자로 존재하지 않는 물질들은 분자식으로 나타내지 않고 화학식으로 표시한다. 말하자면 염화나트륨(NaCl)이나 다이아몬드(C), 구리(Cu), 흑연(C)과 같은 물질은 원자들이 무한하게 결합한 형태이므로 원소의 종류와 비로만 간단하게 나타낸다. 이 경우 염화나트륨(NaCl)이나 흑연(C) 등은 분자식이라 부르지 않고 화학식이라고 부른다.

흑연과는 달리 CO_2는 탄소와 산소가 화학결합을 이루는 물질인 이산화탄소 분자식이다. CO_2는 탄소와 산소 2가지 종류의 원소, 그리고 탄소 원자 1개, 산소 원자 2개, 즉 3개의 원자로 이루어져 있음을 보여준다. 분자식이란 원자가 서로 결합하고 있는 단위 입자를 나타내기에, 물을 나타내려면 물 분자의 분자식을 H_2O로 표기한다. 물 분자 1개는 수소 원자 2개와 산소 원자 1개로 되어 있다는 표시다. 물 분자 2개는 분자식 앞에 숫자 2를 써서 그 개수를 나타내기에, $2H_2O$가 되고, 3개이면 $3H_2O$로 표시한다. $3H_2O$는 물 분자가 3개이기에 수소 원자 6개와 산소 원자 3개로 구성되어 있음을 알게 해 준다. $3H_2O$는 전체 원자 수는 9개이고 원소의 종류는 수소와 산소 2종류일 뿐임을 알려 준다[참고: 시어도어 그레이(2010). **세상의 모든 원소 118**(역). 서울: 영림카디널].

3) 참고: 마크 뷰캐논(2010). **사회적 원자**(역). 서울: 사이언스북스.

4) 이 연구를 위해 참고한 선행연구물이나 저작물은 다음과 같다.
한준상(1999). **호모 에루디티오**. 서울: 학지사; 한준상(2000). **Lifelong Education: 모든 이를 위한 안드라고지**. 서울: 학지사; 한준상(2001). **학습학**. 서울: 학지사; 한준상(2007). **교육자본론**. 서울: 학지사; 한준상 외(2007). **배움학, 그 시작된 미래**(공저). 서울: 학지사; 한준상(2009). **생(生)의 가(痂): 배움**. 서울: 학지사; 한준상, 최항석, 김성길(2012). **Issues and trends in erudition: 배움의 쟁점과 경향**. 경기: 공동체.

5) 참고: 소걀 린포체(1999). **티베트의 지혜**(역). 서울: 민음사.

6) 이 책을 써 나가기 위해 의지했던 탐구 혹은 연구방법이 있다면, 처음부터 끝까지 사고실험(thought experiment)과 사회실험(societal experiment)의 테두리 안에서 필요했던 논리 전개방법이라고 말할 수 있다. 사회 실험적인 방법이라고 했을 때 그것은, 문명의 붕괴를 저술한 제레드 다이아몬드(Jared Diamond) 교수가 취한 자연실험(Natural experiment)적인 설명방식을 차용한 것일 뿐이다[참고: 제레드 다이아몬드(2005). **문명붕괴**(역). 서울: 김영사]. 자연실험은 연구자 스스로 연구하기 위해 설정한 변수들에 대해 서로 다른 현상을 보이는 자연환경들을 비교, 설명하는 연구방법이다. 예를 들어, 그리스 지역에 서식하는 늑대가 한국의 늑대에게 끼쳤을 법한 영향을 알아 내기 위해 하나의 자연현상과 조건을 설정하고 늑대들의 영향 관계를 따져보는 것이다. 즉, 늑대에게 불리하거나 유리한 조건이나 환경, 말하자면 섬이나 산악 지대와 같은 고립 지대에 분포하고 있는 여우들을 서로 비교 설명하면 그리스의 늑대와 한국의 늑대 사이에 영향을 주고받았을 법한 상호영향을 유추, 비교, 설명할 수 있게 도와주는 방법이 자연실험이다. 자연실험은 과거를 실험적으로 다룰 수 없는 역사지질학처럼 자연과학에서 행하는 실험실 실험을 폐기한다. 그 대신 자연에서 그런 현상들을 상호 고려하면서 실험하는 방법을 택해야 한다. 사회실험을 위해 사고실험은 추론과 설명의 토대가 된다.
사고실험은 일반적으로 이론물리학자들이 자신의 머릿속에서 생각으로 진행하는 실험이다. 실험에 필요한 단순화된 장치 등의 조건을 설정하고, 그 조건 아래 일어날 수 있을 것으로 예상되는 현상을 이론적 전제에 따라 사유적(思惟的)으로 추구하는 실험이다. 구체적 실험조건의 제약이 없다는 점에서 동시에 실험 오차를 수반하지 않는다는 점에서 현실적 실험의 극한을 취하는 이상적인 실험이다.

이 책을 쓰면서 나는 자연실험과 연장선상에 있는 내 나름대로의 사회실험과 사고실험적인 설명방법에 터한 설명에 의존했다. 자연실험에서 중요하게 여기고 있는 것은 과학적 발견과 그것의 성취에 대한 기쁨이 무엇보다도 우선하기 때문이었다. "과학자를 정말로 움직이고 있는 원리는 발견의 기쁨입니다. 다시 말하자면 무엇인가 현상을 설명하는 것, 보편적인 가치를 가지는 것을 발견하는 기쁨입니다……. 이 기분은 그림이나 작곡을 완성했을 때의 예술가의 기분과 여러 가지 점에서 매우 비슷합니다. 누군가와 의견이 일치했을 때의 감각-이 경우는 자연과 일치하고 있다는 공명하고 있다는 감각입니다."[참고: 루이스 월퍼트(편)(2001). **과학의 정열**(역). 서울: 다빈치.]

사회실험 역시 자연실험처럼 연구하려는 가설이나 변수에 관한 서로 다른 현상과 변이를 보이는 사회환경을 상호 비교, 설명하는 방법이다. 사회과학, 인문과학에서 제기되는 의문은 통제된 실험실 연구로서 답변되기 어렵다. 조작된 실험이 가능하지 않기 때문이다. 사람에 대한 조작이나 사회에 대한 조작이 가능하지 않다. 설령 조작이 성공한다고 해도 그것은 비윤리적이거나 부도덕할 뿐이다. 불법이기 십상이다. 사람의 의식이나 문화, 세상에 대한 관찰, 과거에 대한 관찰은 실험실적일 수 없다. 과거와 동일조건을 만들어 낼 수도 없고 그것을 재현할 수 없기 때문이다. 인간의 문화나 역사, 인간의 행위에 대한 연구는 객관성을 요구하는 자연실험 과학의 정신을 거스를 수밖에 없다. 자연실험에서도 연역적이거나 귀납적인 설명이 요구되는 그때의 연역이나 귀납은 객관적인 검증 및 실험을 담보로 하지 않는다. 객관성이라는 언어 그 자체가 객관성을 담보할 수 없기 때문이다.

이 책에서 내가 취했던 자연실험의 고고학적인 논리전개는 자연과학의 방식과는 궤적이 전혀 다를 수밖에 없었다. 물론 가설을 세우고 그것을 검증하며 하나의 결론에 도달하는 탐구과정은 엇비슷했다고 하더라도, 자연실험에서의 가설이라는 개념은 실험과학에서 말하는 귀납적인 양태에 갇혀 있는 가설로 한정되지 않기 때문이었다. 자연실험에서는 실험실에서 검증해내야 하는 바의 닫혀진 가설의 범주를 늘 넘어서기 때문이었다.

이미 푸코(Foucault)가 말했듯이, 연구는 지식하는 자들의 위범력(違犯力, Transgression)의 저력으로 만들어지는 지적 결과물이다. 나는 그의 말을 믿는다. 그는 말한다. 순수한 지식이란 있을 수 없다고 말한다. 지식의 순수성을 믿는 그 자체가 우매한 자들의 소일거리다. 생각하지 않는 자들이 누릴 수 있는 특권이다. 지식은 언제든 권력과 연접되어 있고, 그만큼 오염되어 있을 뿐이다. 권력유지를 위해 권력과 결탁되어 있기에 지식의 순수성이라는 말 자체가 성립될 수 없다. 지식의 진짜 정체를 알기 위해서라면 기존의 논리학적 응용법을 벗어나야 한다. 지식을 확장하기 위해 활용되는 기존의 논법들은 지식 그 자체가 지니는 순수성을 더욱더 오염시켜 왔기 때문이다. 말하자면, 기존의 논리학적 방편들, 연역법이니 귀납법이니 하는 것들은 지식은 절대적이라는 전제에서 가능한 것들이다. 지식은 순수하다는 전제 지식의 순수성은 언제나 객관적이라는 전제 아래에서만 가능한 논리적 방편이기 때문이다. 지식의 순수성은 제 모습을 드러내지 않는다. 그것이 가능하다면 지식에 대한 냉혹한 비판이 가해질 때 뿐이다. 지식비판만이 지식의 정체성이나 순수성을 알아볼 수 있는 일이다. 지식비판이 성립되기 위해서는 사유, 지식에 대한 깊은 생각이 필연적이다. 생각이야말로 진리하고 말해지는 기존의 지식이 지니고 있는 겉모습을 지속적으로 드러나게 도와준다. 지식을 위해서는 기존의 규범에 도전하며 일탈하고, 위범(Transgression)해야만 하는 이유다. 생각이야말로 사회적으로 구성된 규범의 정체를 밝혀 줄 수 있는 유일한 정치적인 행위이기 때문이다[참고: Lemert, C.G. & Gillan, G. (1982). *Michel Foucault: Social theory as transgression*. NY: Columbia University Press].

7) 고대 그리스 아테네 거리를 벌거벗은 채 누비고 다녔던 것으로 전해지는 디오게네스는 결코 지금 이 시대에서 견주고 있는 바의 정신질환자가 아니었다. 그는 도(道), 즉 바른 얼을 찾는 일에 혼을 다했던 당대의 철인이었다. 철학을 당시 세태에 맞도록 하나의 '퍼포먼스(performance)'로 보여 준 '행위철학자'라고 보는 것이 더 옳다. 그와 같은 행위철학자들은 견유학파 계통의 철학자들이 기본적으로 지녔던 철학의 자세이기도 했었다. 스토아학파에 속한 철인(哲人)들도 사유의 방식만큼은 디오게네스와 크게 다르지 않았다. 저들은 거리의 설교가들로서, 아테네의 아고라 광장에 모여든 대중에게 바른 삶의 길을 외치며 가르쳤다. 온갖 사람들이 몰려들어 쟁론을 하며 물건을 팔고 사는 시장 터에 모여든 사람들을 대상으로 자기의 주장이나 견해를 거침없이 펼쳤던 것이다. 아고라가 만민공동체였으며, 만인을 위한 학교였기 때문이다. 저들의 외침은 있는 그대로 삶의 지침이었으며 시민교육이었다. 시장에서 들은 이야기가 아테네 시민의 삶살이에 도움이 되었다. 소크라테스나 플라톤, 그들과 한 세대를 누볐던 철학자들 모두가 설교가들이며 시민교육의 강사라는 점은 부정할 길이 없다. 디아트리베식 강론의 원조로는 소크라테스와 그가 상용한 대화체 강의를 꼽을 수 있다. 소크라테스가 자신의 논리를 풀어 가는 방식은 논리적인 것을 늘 넘어선다. 사실 중심의 객관적인 이야기 전개를 넘어서 다양한 방식으로 자신이 뜻하고 있는 바를 풀어 나갔다. 필요하다면 설득을 위해 자신만의 독설적인 방식을 취하기도 했다.

네로의 스승이었던 세네카도 바울로처럼 편지 안에 디아트리베 문체로 자신의 생각을 피력하곤 했다. 저들 자신 나름의 기다란 논쟁이나 설득방식은 요한이나 예수에게도 있는 그대로 전달되었던 것 같다. 그들 모두가 거리나 들로 돌아다녔다. 자신의 이야기를 거침없이 쏟아냈다. 일반인에게 신앙을 위한 설교와 권면이었다. 그들이 보인 것은 길거리 전도였다. 초기 기독교 사도들에 의해 지금도 그대로 답습되고 있다. 디아트리베하려면 권위, 절대적인 권위가 있어야 한다. 권위는 언변만으로는 역부족이다. 학식과 경험 그리고 일관된 관점이 있어야 한다. 예를 들어, 사도 바울이 그런 대표적인 사람인데, 그의 서간문 역시 예외 없이 디아트리베적이었다.

그 스스로 한 번도 보지 못했던 사람들을 향해 바울은 거침없이 자신의 관점을 이야기한다. 자신의 기분이나 뜻을 기분풀이방식으로 때로는 대화체방식의 '환담'을 통해 삶의 지혜나 윤리적 가르침을 드러내 보였다. 그런 모습은 로마서를 비롯해 모든 서간문에 잘 드러나 있다. 베아트리베적인 설득이나 전달은 필자 자신이 전하려는 의도를 강력하게 전달할 수 있는 광기(狂氣) 같은 것이 서려 있게 마련이다. 로마 황제가 되기 전의 네로에게 가르침을 주었던 세네카 역시 바울처럼 자유롭게 자신의 서간을 이용해 활용했다. 당시 사막 이곳 저곳, 어촌 이곳 저곳에 사는 기층민들, 말하자면 정치권력으로부터 소외되고, 억압받으며, 착취당하고 있는 사람들에게는 객관적인 이야기나 논리적인 이야기보다는 상황에 적합하거나 상황을 반전시킬 수 있는 역설, 고함, 설득 그리고 반복과 반복적인 설득이 필요했을 것이고, 그런 일들이 전개되는 동안 저들 사이에서 일어나는 동조와 믿음에 대한 각인이 필요했을 것이다.

소크라테스가 보여 준 장광설, 견유학파의 디오게네스 그리고 예수가 보여 준 그 역설들이 요염한 육체파 영화배우 마르린 몬로의 몸짓보다 더 강렬하게 기억되는 이유가 있다. 저들이 보여 준 디아트리베적인 '바른 질문 던지기' 때문이다. 이런 디아트리베적인 설득이나 글쓰기는 오늘날 일부 문학가들에 의해 독설이니 장광설이니 하는 식으로 비판받는다. 디아트리베는 그래도 아직까지 종교지도자들에 의해 선용되고 있는 설득방식, 대중 설득이다. 대중에게는 강력한 힘을 발휘하는 문학양식이기도 하다[참고: 브루스 M. 메츠거(1983). 신약성서개설(역). 서울: 대한기독교서회].

8) 배우는 동물인 호모 에루디티오(*Homo Eruditio*)의 현대판 인물로 꼽을 수 있는 사람 가운데 한 사람이 바로 남미의 문호이자 세계적인 작가인 주제 사라마구(José Saramago) 같은 작가다. 그는 1998년 95번째 노벨 문학상 수상자가 되었다. 남미의 대문호인 그는 노구의 몸으로 아직도 필을 놓지 않고 있다. 그가 쓰기에서 고수하는 방법이 있다. 언제나 문장 부호는 단 두 개, 마침표와 쉼표만 활용한다. 그는 여간해서 마침표와 쉼표, 그 이상의 문장 기호를 쓰지 않으려고 한다. 독자들에게는 거추장스럽다고 생각해서 중간 제목도 의도적으로 생략해 버린다. 그는 직접 혹은 간접화법조차 구분해 놓지도 않는다. 그냥 써내려 간다. 문장을 읽어 내려가다 보면, 독자 스스로 최대한의 혼돈과 환상에 빠지기도 한다. 그것은 그동안 기능적인 글 읽기로 교육받고 그런 식의 취향적인 글 읽기에 정신을 잃은 독자의 탓이다. 그것을 일깨우기 위해 그는 그렇게 글을 써내려 간다. 주제 사라마구는 일러 준다. 보통의 글, 말하자면 전형적인 기능주의적 글 읽기가 속독의 진수라는 생각에서 깨어나라고 일러 준다. 효율적인 글 읽기는 없다는 것이다. 그런 환각에서 깨어나기만 하면, 독자 스스로 나름대로의 구상능력을 갖게 된다. 그의 글이 풍기는 깊은 의미를 독해할 수 있게 된다. 그의 글쓰기에 익숙해지기만 하면, 그의 글에서 독자들은 마치 다이아몬드의 원석을 채광해내는 광부처럼 그의 문자들이 여러 장면에서 반짝거림을 이내 알아차리게 된다.

나는 이번만큼은 소설가 버지니아 울프가 보여 준 글쓰기 양식대로 자유롭게 써 보겠다는 생각을 품었었다. 그녀는 자기 소설을 그냥 자기 의식이 시키는 대로 마음대로 써내려 갔다. 보기에는 혼란스럽게 보이기도 했다. 그런 글쓰기 속에서 그녀는 자기 생각을 찾아낼 수 있는 나름대로의 오솔길을 일관되게 이어 놓았다. 오밀조밀한 글쓰기였다. 맘에 드는 글쓰기였다.

9) 다빈치(Leonardo de Vinci)는 당시 기준으로 보면 체계적으로 교육받아 당시 세계를 지배하던 사제나 권력가 같은 식자의 반열에 들던 사람은 아니었다. 그는 그저 '교육받지 못한 그림쟁이, 환쟁이 혹은 그렇게 돌을 다듬는 조각쟁이'였을 뿐이다. 체계적인 교육과는 거리가 먼 사람이었다. 눈치로, 손치로, 발치로 선배들의 그림 그리기를 익힌 사람이었다. 다빈치는 당시 인본주의자들의 이상향이었다. 자기의 배움의 완성자이기도 했다. 피렌치가 중심이 된 르네상스의 기운은 '유니버설 맨', 말하자면 만능인의 완성으로 모아졌다. 모든 분야를 공부해 대다수 분야에서 혁신적인 변화를 도모할 수 있는 다재다능한 '만능인'이 당시의 이상향이었다. 자기 성장의 모본, 이상적인 인간인 '르네상스 맨'은 바로 만능인을 상징

했다. 15세기 피렌체 사회에서는 누구든 만능인이 되려고 노력했다. 예술가와 철학자만이 아니라 상인과 정치인까지 '만능인'이 되려고 애썼다.

다빈치는 당대를 지배하던 권력가들의 그늘 아래 저들의 이상향이었던 만능인을 가슴에 품었다. 그것을 그림으로 승화시켰다. 돈 많은 권력가들이 해낼 수 없는 일을 해내고 싶었던 것이다. 그는 경험론적 방법으로 만능인의 길을 걸었다. 다빈치는 자연을 지배하기 위해서 과학과 공학을 연구하지는 않았다. 그의 생각은 프랜시스 베이컨이 한 세기 후에 역설한 철학과는 사뭇 달랐다. 당시 교황청은 과학 실험을 체제전복 행위로 해석했다. 아리스토텔레스가 내세운 과학에 대한 비판을 교황청에 대한 공격으로 여겼다. 레오나르도 다빈치는 이런 전통에 안주하지 않았다.

갈릴레오와 베이컨보다 100년 앞서 다빈치는 과학에 경험론적으로 접근하는 예술방법을 개척했다. 그는 그저 자연에 접근했다. 그는 생명을 존중했다. 자연을 체계적으로 관찰하기 시작했다. 그가 관찰하는 것들을 논리적으로 추론하여 모든 것을 수학으로 공식화하려고 했다. 10만 여 점의 데생과 1만 3천 쪽에 이르는 방대한 글을 써냈다. 스스로를 '자연과 인간의 관계를 해석하는 사람'으로 자인했다. 그는 영원한 지적 호기심, 끈질긴 인내심, 그리고 투철한 실험정신으로 무장했다. 지금으로 말하면 과학적 창의력, 그것이 그의 지적 방편이었다[참고: 프리초프 카프라(2011). **다빈치처럼 과학하라**(역). 서울: 김영사].

10) 참고: 찰스 라이트 밀즈(2004). **사회학적 상상력**(역). 서울: 돌베개.

11) 나는『생의 가벼움』이라는 책을 쓴 적은 없었다.『생의 가: 배움』이라는 제목의 책을 쓴 적은 있었다. 놀랍게도 그 책은 출판 초기 서점에서 '생의 가벼움'으로 분류되어 있었다.『생의 가: 배움』을 저들의 편함으로 생의 가벼움으로 지레 짐작했던 것이다. 세상은 내가 관심을 두는 그 정도로 진지하거나, 나에게 기대 이상의 친절을 보이지는 않는 법이다. 모두가 피상적일 뿐이다. 내 목숨 이외의 다른 것에게는 거의 그렇게 대하기 마련이다. 목숨이 붙어 있다는 것을 확인하는 방법은 글쓰기다. 중단할 수 없는 일이다.

2011년도 여름, 미국 플로리다 주 남단인 키 웨스트(Key West)를 방문했다. 나의 글 다듬기에 더욱더 공을 들이기 위해서였다. 미국의 땅끝 마을이었다. 유학 동안에도 늘 생각만 했지 실제로 가보지는 못한 곳이었다. 죽기 전에 꼭 한 번은 가보고 싶었던 키 웨스트였다. 그곳에는 헤밍웨이가 그의 삶을 일구어낸 작품을 써 내던 주거지가 있는 곳이라 더욱더 나를 달구었다. 그는 독한 글쟁이다. 문체도 아주 담담하다. 기자의 글 버릇이다. 그의 집은 서재가 딸린 아담한 2층집이었다. 그는 하루 10시간 이상 부인이 마련해 준 서재에서 집필했다. 오후에는 친구들과 바다로 나갔다. 자기 키보다 더 큰 참새치와 사투를 벌렸다. 밤에는 인근 바에서 동행들과 맥주나 마티니를 홀짝거렸다. 재혼한 부인이 남편을 극진히 배려한 공간이었다. 그곳에서 그는 역작들을 집필하였다.『무기여 잘 있거라』『노인과 바다』같은 역작이 그의 머릿속에서 나왔다. 글을 쓰려면, 엉덩이와 의자 사이의 상관관계를 높이라는 나의 글쓰기 법칙을 확인할 수 있었던 계기였다.

1948년도에 이 세상에 태어난 아기들은 약 44만 명가량 된다. 이들 중 40%가 한해를 넘기지도 못하고 죽었다. 한해에 18만 명의 아기들이 죽었다. 영양실조와 각종 병에 속수무책이었다[참고: 전우용(2011). 현대인의 탄생. 서울: 이순]. 그 후에 얼마나 더 죽었는지 알 수는 없다. 사고나 자연사, 병사가 없을 수 없다. 살아 남은 60%의 절반은 그렇게 죽었을 것이다. 13만 명 정도는 아직도 살아 남아 세상 어딘가에서 살고 있다. 1947년과 1948년 사이에 태어난 나는 살아 남은 13만 명 가운데의 한 사람이다. 행운아다. 내가 하고 싶은 것을 계속해 내는 행복에 겨운 사람이다. 글쓰기를 좋아하는 나는 글쓰기를 놓고 싶은 생각만큼은 가져 본 적이 없다.

나는 그동안 두 종류의 글을 써 왔다. 종류는 달랐지만, 모두는 하나같이 시론이었다. 뜻이 다른 하나의 두 개짜리 시론이었다. 마치 메두사의 머리 같은 시론이었다. 그 하나는 정말로 시론(時論)이었다. 신문에 남을 위한 글, 때에 맞는 글, 남을 설득하기 위한 글이었다. 다른 글 역시 마찬가지로 시론(試論)이었다. 나를 설득하기 위한 글이었다. 이 시론을 써 내려 가면서 가장 힘든 것은 나를 설득하는 일이었다. 윗 글은 사회로부터, 아랫 글은 동료학자로부터 손가락질 당하기 알맞은 글이었지만, 나는 치유의 방편으로 글을 썼을 뿐이다. 이해하거나 말거나 세상은 흘러갈 뿐이다. 역사상 어느 현자도 이해된 적 없기는 마찬가지다. 적절하게 도용되거나, 동원되었을 뿐이다. 소크라테스도 나를 위해 동원되고 저를 위해 도용되었다. 붓다도 예수도 그 점에서는 마찬가지였다. 저들도 끝내 권력 그 자체였거나 소비물이었거나, 아니면 그 둘 중 하나였을 뿐이다.

12) 배움학이란 영어로는 사이언스 오브 에루디션(science of erudition)이고, 배움학의 이론적 토대를 제공하는 학문이 안드라고지(Andragogy)다. 안드라고지는 우리 학계에서 관행적으로 받아들이고 있는 그대로 '성인교육' 그 자체에 한정되어 있지 않다. 안드라고지는 인간을 이끌어가는 학문을 뜻한다(the science of leading human-beings). 우리 성인교육학계에서는 그동안 별다른 학문적인 깊은 연구나 성찰 없이, 말콤 노울스(Knowles) 교수가 가르쳐 준 대로 안드라고지를 성인교육, 혹은 성인교육 방법이라고 번역해 써 왔다. 안드라고지의 어원인 희랍어의 아네르(Aner)는 한 공동체의 구성원인 인간을 일컫는 말이다. 결코 노울즈 교수가 주장하는 것처럼 오늘날 말하는 '성인'이나 '어른'을 말하는 일반명사가 아니다. 기원전 아테네 공동체에서 아네르는 아테네 공동체를 구성하는 일반시민(노예, 여성, 14세 이하 소년 제외)을 총칭하는 일반명사였다. 당시 아테네 사회 구조를 지탱하는 사람으로서의 '인간'이 바로 아네르였다.

따라서 안드라고지는 당시 시대조건으로 보아, 인간교육을 총칭하는 개념이었다. 안드라고지는 지금 말로 환원하면 아테네 시민들의 배움, 인간교육 그 자체를 지칭하는 개념이었다. 그런 뜻에서 차갑부 교수는 안드라고지라는 개념을 성인교육이라고 말하는 것은 학문적으로 오류임을 지적한다. 그는 안드라고지가 성인학습이라는 논리에 대한 교정을 요구한다. 그의 저서 『텔리아고지』(2009), 『평생교육론』(2012)에서 차갑부 교수는 성인(adult)에 해당하는 고대 희랍어는 '텔레이오스(Teleios)'이므로, 성인학습은 안드라고지가 아니라 '텔리아고지(teleiagogy)'로 해야 한다고 주장한다[참고: 차갑부(2012). 평생교육론. 서울: 교육과학사].

13) 배움은 자신감을 키워내는 데 조력을 한다는 점에서 반두라(Bandura) 교수가 말하는 셀프 에피카시의

효용성을 어느 정도 수용하기는 하지만, 그것만으로는 배운이가 지녀야 할 자질로서는 부족할 뿐이다. 배움은 원초적으로 자신에 대해 셀프 스피리추얼(self-spiritual), 즉 자기 영성적이어야 하기 때문이다. 앞으로 이 책에서 더 논의하겠지만, 배움은 자기 영성을 삶의 끝까지 정렬시키는 작업일 뿐이다. 어떻든 간에 자기통제능력으로서의 자신감이 충만한 사람은 어떻게든 살아 남을 수 있는 것이 사실이다. 자신감이 높은 사람은 행동 지향적이기 때문이다. 조직생활에서는 사람의 행동이 말보다 더 큰 목소리를 내며 그 사람의 됨됨이를 드러내는 지표가 된다. 한 사람이 보이는 말과 행동의 불일치에 직면할 때, 사람들은 그 사람의 말에 주목하기보다는 그 사람의 행동을 기준으로 그의 됨됨이를 판단한다. 셀프 에피카시가 높은 사람은 말보다는 행동으로 자신을 보이려고 하는 경향이 높다.

셀프 에피카시는 자기 효능감(自己效能感)이라고도 번역되어 왔다. 자기 효능감이라는 번역보다는 자신감(自信感)이라는 번역이 훨씬 우리 정서에 와 닿는다. 반두라 교수에 의하면, 자신감이란 어떤 문제 또는 목표를 자신의 능력으로 성공적으로 해결하거나 이룰 수 있다는 자기 자신에 대한 신념 또는 기대감이다. 어떤 어려운 일을 맡더라도 충분히 잘해 낼 수 있다는 자기 자신에 대한 확신으로서의 자신감이 셀프 에피카시의 본질이다. 살아간다는 것은 사회학습이라고 정리하는 반두라 교수의 자기 효능감은 네 가지 요인을 통해 형성된다고 본다. 첫째는 성취 경험이다. 목표에 달성하기 위해 시도한 결과 성공과 실패를 얼마나 했느냐에 따라 성공의 경험이 달라진다. 성공한 사람이 주위에 많으면 성공할 가능성도 높아진다. 두 번째는 관찰에 의한 대리 경험이다. 타인의 성공 경험을 절실하게 목격하는 정도에 따라 성공의 가능성이 높아지기 때문이다. 셋째로 중요한 것이 언어적 설득이다. 타인으로부터 잘 해낼 수 있다는 격려와 조언을 얼마나 자주 듣는지의 여부와 정도에 따라 자신감의 성취 농도가 달라진다. 마지막으로 자신감에 대한 정서적 각성이다. 정서적 반응을 적절히 조절하는 능력에 의해서 자신감의 수준이 달라지기에, 기분이 나쁠 때보다는 좋을 때 자신감이 올라간다[참고: Bandura, A. (1997). *Self-efficacy*. NY: W. H. Freeman].

14) 내가 아직도 귀하게 여기며 보관하고 있는 책이 바로 모레노(Jacob Levy Moreno) 박사가 저술한 『누가 살아남을 것인가(Who shall survive)』이다. 대학 도서관에서 열었던 도서 바자회에서 우연하게 구입한 두툼한 책이었다. 아마 어느 학자가 도서관에 기증했던 책들을 정리하면서 팔게 된 책이었나 보다. 그 책을 구입한 나는 한동안 행복에 겨워 어쩔 줄을 몰랐었다. 내 스스로 정신분석이나 상담학자적 지식은 부족하지만, 그쪽에 대한 열정은 아직도 포기한 적이 없다. 어차피 우리는 사람에 관한 이야기를 다루는 사람이기 때문이다. 집단치료의 기법으로서 소시오메트리, 사이코드라마 및 이에 입각한 집단치료의 창시자인 모레노 박사는[참고: Hare, A. P. & Hare, J. R. (2008). 제이콥 모레노(역). 서울: 학지사], 그 유명한 자신의 저서인 『누가 살아남을 것인가』[참고: Moreno, J. L. (1953). *Who shall survive*. NY: Beacon House]에서, 아직도 생생하게 서로 이해하지 못하는 사람들이 서로 익히고 배우게 될 때 생기는 기운이라고 간결하게 정리했다("Peace will come to men in the distant future when they learn to get along although they do not understand one another").

15) 19세기 초 영국의 시인인 셸리(P. B. Shelley)의 시(詩) 오지만디어스(Ozymandias)의 일부다. 오지만

디어스란 '우세르마아트레(Usermaatre)'라는 이집트 이름을 그리스식으로 읽은 것이며, 우세르마아트레는 바로 람세스 2세의 왕명(王名)이다. 그는 24세에 즉위하여 66년간 통치하고 90세에 죽은 위대한 왕중의 왕으로 알려지고 있다. 그는 전쟁, 외교, 치적에서 뛰어난 업적을 보였다. 그는 고대 파라오들에게 있어 자신의 업적을 후세에 알릴 수 있는 건축물인 아부심벨 신전, 카르나크 신전, 라메세움 등의 거대한 건축물을 건설하기도 했다.

람세스 2세는 구약 출애굽기에도 등장한다. 람세스 2세는 모세와 함께 세티 1세의 밑에서 영재교육을 받았다. 람세스 2세가 20대 초반이던 시기에 모세는 40세였다. 그는 모세와는 시종일관 파라오의 자리를 놓고 경쟁하는 사이였는데, 이 무렵 모세는 동족인 이스라엘 민족이 노역을 당하는 모습을 보고는 감독을 쳐 죽이고, 혁명을 획책하였다. 애굽에서는 별다른 지지세력을 갖고 있지 못한 채, 왕조혁명에 실패하게 된 모세는 결국 파라오 계승권을 박탈당한다. 그는 그런 정치적으로는 피폐해진 상황에서 일군의 동족인 노예들을 이끌고 일단 광야로 피신한다. 때를 기다리다가, 그는 그와는 형제와 같이 컸던 람세스 2세가 등극하자 그 앞에 나타나 동족을 이끌고 출애굽을 감행하는 것으로 역사는 기술하고 있다.

16) 영국 런던 대학교 스코시(Schoch, R.) 교수는 사람들이 그토록 갈구하는 행복의 근거를 찾고 싶었다. 고등종교들일수록 행복에 대해 많은 처방을 내리는 데 착안한 그는 각각의 종교에서 말하는 행복의 출처를 찾고 또 찾아나섰다. 불교에서 기독교에 이르기까지 저들의 행복관을 개관했다. 그런 작업을 통해 그가 내린 결론은 의외로 단순했다. 행복에 대한 생각이나 느낌은 한 문화, 한 공동체에 속한 사람들일지라도 서로 같을 수 없었기 때문이다. 저마다 겪는 시험과 시련이 달랐다. 각각의 어려움에 대처하는 개인의 방식에 따라 행복에 대한 이해나 감각도 달라질 수밖에 없기 때문이다. 행복이 있다면 그 행복은 절대적인 것도 아니며, 그것은 당신 개인에게 속해 있는 것일 뿐이다. 행복은 제 스스로 지니고 다니는 것이기에 다른 어떤 곳에서 기다리는 것도 아니고, 그렇게 발견할 수 있는 것도 아니다.

행복은 살아가면서 삶과 더불어 만들고, 이뤄나가는 것일 뿐이다. "행복은 순간이며 그 순간은 하나의 느낌으로 자기 안에 다가올 뿐이다."라고 말하는 그는 수피교도인 바얏시의 체험담으로 행복이 무엇인지를 대신 설명한다. 바얏시는 신에게 엎드려 기도한다. "젊은 시절 나는 혁명가였고, 신에게 갈구하는 기도는 오직 한 가지였습니다. 신이시여, 나에게 세상을 개혁할 힘을 주소서."가 모두였습니다. 단 한 사람의 영혼도 고쳐 놓지 못한 채 반평생이 흘러 중년에 이르렀습니다. "신이시여, 저와 접촉하게 되는 모든 사람을 변화시킬 은총을 주소서. 그저 제 가족과 친지만이라도 개심시키면 만족하겠나이다." 이제 노인이 되어 죽을 날을 세기 시작하게 되었습니다. 이제서야 제가 얼마나 어리석었던가를 비로소 알게 되었습니다. 이제 저의 유일한 기도는 다름 아닙니다. "신이시여, 마지막 남은 제 자신을 고칠 은총을 주소서." 바로 그것 하나일 뿐이라는 것이 그의 기도였다[참고: 리처드 스코시(2008). **행복은 어디에 있는가**(역). 서울: 문예 출판사].

17) 물리학적으로 말하면, 모태의 무중력 상태에서 벗어나 지구의 1G(Gravity)의 중력에 견뎌야 한다. 중력은 저들에게 스트레스다. 중력이라는 스트레스에 적응해 나가는 과정이 유아라는 인간적 신분이다. 지구 중력의 단위는 G로 표시하는데, 인간은 1G라는 중력에서 살아가도록 만들어졌다. 사람이 지상에

있을 때가 바로 1중력 상태다. 지구에서 당기는 힘이 자기 몸무게 만큼만 잡아당기고 있는 상태가 1G 상태다. 중력이 마이너스로 표기되면, 그것은 자기의 몸이 공중으로 올라가는 상태다.
우주 어디에도 무중력 상태란 존재하지 않는다. 인간에게 있어 무중력 상태, 다시 말하면 무게가 없는 무중량 상태는 결코 편한 상태일 수가 없다. 마치 우주비행사들이 지구와는 다른 환경에 적응을 하기 위해서 받는 중력에의 적응훈련처럼 중력에의 적응이 바로 인간의 생존을 결정한다. 예를 들어, 훈련받지 않은 일반인은 평균 3~4G 정도의 중력에서는 말하기가 어려워진다. 5G 정도를 넘어가면 호흡이 어려워지고, 9G 정도에 이르면 몸의 실핏줄이 터져 버린다. 결국 죽음에 이른다. 유아는 어머니 자궁이라는 거의 무중력 상태에서 나와 중력 상태, 즉 1G의 지구 중력에 적응해야 한다. 그렇게 지구 중력에 적응하는 유아의 적응과정은 불안, 그 자체가 된다. 중력 상태에서 경험하는 유아들의 불안은 판타지의 원형이 될 수 있는 것이다. 그들이 만나는 사람들로부터 두려움과 경이로움을 경험하기 때문이다.

18) 나의 잘못, 나의 선택에서 나온 과오에 대해 삶을 걸며, 치열하게 반추하는 삶이 인간다움을 회복하는 일이다. 인간의 존격을 지켜내는 일이기도 하다. 톨스토이(Lev Nikolaevich Tolstoi)의 소설 『부활』은, 뒤틀렸던 사람들 간의 관계회복, 그것을 통한 인간됨의 회복이 부활에 이르는 길임을 보여 준다[참고: 레프 나콜라예비치 톨스토이(2003). **부활**(역). 서울: 민음사].

19) 세계적인 대기업 총수들에게 자문을 해 주는 드라이스데일(Drysdale, J.) 박사는 기업인들과 면담을 하면서 한 가지 사실에 주목한다. 인생살이에는 인생이 어떤 것인지 그 줄거리를 만들어 내는 대본 작가도 있을 수 없다. 예기치 않은 곳에서 얻은 귀중한 교훈들을 잘 편집해 감동적인 작품으로 만들어 줄 유능한 제작진도 물론 있을 수 없다. 인생은 처음부터 끝까지 자기 자신이 바로 작가이며, 감독일 뿐이라는 것이 한결같은 기업 총수들의 생각이었다[참고: 존 드라이스데일(2008). **내 삶에 가장 특별한 배움**(역). 서울: 이스트북스].

20) 세계를 움직이는 파워 리더 30인의 인생을 바꾼 결정적 힘을 한마디로 집약하면, 그것은 각자마다 배움의 목록을 갖고 있었다는 점이었다. 미국에는 경영과 조직 개발에 몸담은 세계적 경영 임원들의 모임인 러닝네트워크(The Learning Network)가 있다. 워렌 베니스, 마셜 골드스미스, 스티븐 코비, 짐 콜린스 교수 같은 이들이 러닝네트워크 회원들이다[참고: 워렌 베니스 외(2011). **당신에게 집중하라**(역). 서울: 리더스북]. 자신의 인생 진로를 결정짓고 기업 경영에 큰 영향을 미친 특별한 경험을 들려 주는 30명의 인사 중의 한 명인 콜린스 교수는, "진정으로 배우려 하는 사람들은 가드너처럼 죽는 날까지 배움의 고삐를 늦추지 않는다. 배움이 현실적으로 무언가를 이루어주기 때문이 아니다. 배움은 그 자체로 삶을 살아가는 한 가지 이유이기 때문이다. 배움의 경제적 가치는 숨쉬기의 경제적 가치와 마찬가지다. 배움의 궁극적 이유는 배움 그 자체에 있다."라고 조언하고 있다.

21) "승리했을 때가 가장 위험한 때다."라는 나폴레옹의 말을 가슴에 품고 산다는 그린(Greene) 교수는, 겉모습만 가지고 사람을 판단하는 이 세상에서, 자신에 대한 올곧은 평판(reputation)이야말로 각각의 삶살이를 보장하는 초석이라고 말한다. 평판을 유지하는 것은 권력의 주춧돌이다(Reputation is the

cornerstone of power)라고까지 단언한다. 평판은 늘 자기를 앞지르고, 앞서가기 마련이기에, 평판을 지키는 일은 상대방의 잠재적인 공격과 그런 빌미를 주지 않게 만드는 지혜이기 때문이다. 평판은 자기가 무엇을 의도적으로 하겠다고 하기도 전에, 일을 추진하기 위해 도착하기도 전에, 한마디 말을 하기도 전에, 이미 많은 일을 이룩해 놓고 있는 하인과 같고 동시에 주인과 같다. 평판은 제대로 모아서 잘 쌓아 두고, 잘 부려야 한다. 자기 스스로 자신의 존격을 곧추 세우며 운명의 주인이 되려면 먼저 평판의 주인이 되어야만 하는 이유다. 동서고금을 관통하고 있는 삶살이를 위한 슬기가 바로 평판 유지이기도 하다[참고: 로버트 그린(2003). **권력을 경영하는 48법칙**(역). 서울: 까치].

22) 이 책은 배움이 무엇인지를 알고 싶어 하는 허기롭고 우직한 나의 지적 호기심을 충족시켜 보기 위한 저작물이다. 한국연구재단이 2009년도 인문저술지원사업의 일환으로(**과제명: 배움소(素)에 대한 연구: 평생학습의 관점에서**) 지난 3년 동안 지원해 준 보답으로 탐구한 결과물이다. 한국연구재단에게 감사의 말을 전한다. 미리 이야기해 두자면, 창생으로서의 생명, 창설로서의 습작, 그리고 창인(創忍)으로서의 연단이 바로 배움의 3원소에 해당된다. 생명의 실타래에서 무수한 삶에 대한 예찬들이 직조되고, 습작의 실타래에서 새로운 지식들이 짜지는 것이며, 연단의 실타래에서 강건함이 그 빛을 발한다.
삶을 한 아름드리답게 살아 보기 위해서 강조된 허기롭고 우직함의 아름다움은 미국 스탠포드 대학교에서 애플(Apple)의 창업자인 고(故) 스티브 잡스의 졸업 축사를 통해 더 유명해지기는 했지만, 그 옛날부터 철학자들이 틈만 나면 강조했던 인간이 지녀야 할 덕목이었을 뿐이었다[참고: Schwartz, B. & Sharpe, K. (2010). *Practical wisdom*. NY: Riverhead Book; Waterfield, R. (2000). *The first philosophers*(ed.)(tr.). London: Oxford University Press]. 온몸에서 꿈틀거렸던 그의 장사꾼 기질에 대한 역겨움을 접어 주기만 하면, 그가 당부한 말은 야망을 갖은 젊은이들에게 도움이 될 만한 말이었다. 세상만사가 흥정과 장삿속이 아닌 것도 없고, 보면 그가 겉으로 당당하게 드러내는 장사꾼의 기질을 그리 심하게 언짢게 받아들일 까닭도 없다. 그는 대학을 떠나는 졸업생에게 그의 체험으로 가득 찬 인생의 교훈을 간곡하게 당부했다. 새로운 것으로 채우기 위해서는 비우는 일에 늘 허(虛)기로워야 한다고 했다. '인생을 배고프게 살아라(Stay hungry)' 하는 말은 우선 가슴에 새겨 두어야 할 말이다. 비운 후에는 채울 수 있도록 우(愚)직해야 한다는 그말도 진지하게 새길 필요가 있다. 새로움을 찾아 나가는 일에 멍청이처럼 진지해야 그 무엇인가를 만들어 낼 수 있다는 뜻에서의 '항상 무지하게 살아라(Stay foolish)' 하는 말도 가슴에 와 닿는다.
이 책은 이미 출판한 『호모 에루디티오』와 『학습학』의 글쓰기와는 상당히 다른 형식의 글 풀이에 속한다. 호모 에루디티오들에게 흥을 돋아 주기 위한 타령일 수도 있다. 정년을 맞이하면서, 변변하게 인사 한 번 올리지 못했지만 언제나 가슴 속에서 떠나 보낸 적이 없는 한 분이 계신다. 무엇이든 내가 말하는 것을 인자하게 받아주실 것을 의심하지 않게 만드셨던 은사님이시다. 고(故) 홍웅선 박사님이 바로 그 분이시다. 당신의 모습은 교수로 재직하는 동안 늘 가슴 한가운데 자리 잡고 있었다. 그 분은 나에게 늘 인본(人本)쪽에 머물도록 힘을 주셨던 분이었다. 그 분은 상당한 경지의 외유내강(外柔內剛)의 학자셨다. 당신의 마음을 빈틈없이 다스리면서 삶의 여백을 넓혀가신 분이었다. 박사학위를 막 끝내고 인사

차 선생님께 들렀을 때였다. 점심을 사주셨다. 선생님을 따라 다시 백양로를 올라왔다. 대강당 입구 광장의 모퉁이쯤에 이르렀다. 선생님께서 불쑥 말씀하셨다. 아직도 잊지 못하는 말씀이셨다. "호랑이는 발톱을 함부로 세우지 않는다." 정확히 그렇게 말씀하셨다. 당시 아직도 어린 나이였기에 의미를 잘 새길 수 없었던 선문답에 가까운 화두셨다. 그 말씀의 뜻이 무엇인지를 겨우 깨닫기 시작한 것은 교수로 봉직한 지 십 년이 넘어서였다. 돌이켜보니, 학자의 삶을 살아온 내 마음에 재갈을 물리셨던 말씀이셨다. 심치선 교수님은 내게 어머님 같은 분이셨다. 자상함은 물론 후덕함 그 자체셨다. 나는 당신이 남에 대해 언짢은 어떤 말씀도 하시는 것을 들어본 적이 없었다. 격려와 칭찬의 감동이셨을 뿐이다.

대학원생 시절, 자유분방이야말로 학문의 토대임을 보여 주셨던 은사 아크란드(Sir Henry Acland) 교수님의 고고하신 영국학자다운 그 모습은 영원히 잊을 수 없다. 꽤나 키가 크신 분이셨다. 영국의 귀족 가문, 백작 댁의 후예셨다. 영국의 귀족 집 자제를 처음 접했던 나로서는 그분의 고고함과 유유자적함에 한두 번 놀란 것이 아니었다. 조교를 하는 나에게 그분은 학문하는 사람이 지녀야 될 정신의 우아함(優雅)을 조금도 양보하지 않으셨다. 학자란 정신적으로나 행동에 있어서 조금은 고매하고, 우아해야 하는 사람임을 어김없이 보여 주셨다. 그분 때문에 학문의 길에서 나름대로 지켜야 될 정신적 지조를 간직했다고 이야기할 수밖에 없다.

맥스웰(William Maxwell) 은사님 역시 내 학문의 길에서는 소중하기 이를 데 없다. 그분이 가르쳐 주신 학문적 도전 정신 없이는 『한국대학교육의 희생(韓國大學敎育의 犧牲)』이라는 저술을 펴낼 수 없었을 것이었기 때문이다. 학문하는 사람에게 소중한 것은 지성적인 호기심이지, 연구비라는 미끼가 아니라고 강조했던 그분의 올곧은 선비됨을 잊을 수 없다. 그분에게서 선비정신을 받아들이지 않았더라면 내게 미끼로 던져졌던 수많은 유혹을 뿌리칠 수 없었을 것이다. 당신을 방문한 한국인 후학들에게 별다른 재주도 없는 나를 보기 드문 학자 중의 한 사람이라고 띄워 주며 격려했던 은사님들의 학문적 동행과 인간적인 격려가 없었다면 나는 학자로서의 탐구생활을 제대로 할 수 없었을 것이다.

저들 모두는 내 학문의 삶에서 잊을 수 없는 사부(師傅)들이셨다. 또 한 분을 잊을 수 없다. 스즈키 다이세츠(鈴木大拙) 선생이시다. 스즈키 다이세츠 선생은 내게 배움학이라는 새로운 학문 분야로 눈을 트이게 만들어 준 사숙(私塾)이시다. 그분이 넌지시 말한 '부통호곡(負痛號哭)의 정신'을 잊지 못한다. 유명한 사람들의 모방이나 짝퉁이 되지 말고 제대로 익히어 자기 삶에서 제대로 된 사람으로 살아가라는 그 정신을 잊을 수가 없다. 도의 경지에 든 스승이 하는 것을 보고 겉멋만 들어 자기도 그처럼 손가락을 들어가며 그처럼 행세만 하는 동자(童子)의 손가락을 끊어 버려, 다시는 그 제자가 그렇게 손가락질을 하지 못하게 만들어 버렸다는 고사가 바로 부통호곡이다. 부통호곡하는 동자는 자신의 손가락이 끊어지는 체험을 통해 손가락을 잃는 아픔과 더불어 마침내 큰 깨달음에 이른다는 부통호곡의 정신을 평생 가슴에 담고 산다. 스즈키 다이세츠 선생이 쓴 『가르침과 배움의 현상학』[참고: 스즈키 다이세츠(1998). 가르침과 배움의 현상학(역). 서울: 경서원.]은 학교학이라는 편협한 우리(cage)를 훌쩍 뛰어넘게 만드는 지렛대가 되었다.

저들 은사님들과 사숙이 보여 주신 학문의 길은 마치 서산대사(西山大師)가 노래했다는 답설(踏雪)의 정신 바로 그것이나 다름없었다. 후학에게 어떻게 살아야 되는지를 보여 주신, 따라가기 힘에 겨운 '무지' 한 스승의 길이며 도(道)였다. "눈 덮인 광야를 가는 이여 부디 어지럽게 걷지 마라. 오늘 그대가 남긴 발자국이 뒤따라 가는 사람들의 이정표가 되리니(踏雪野中去 不須胡亂行 今日我行跡 遂作後人程)……." 지난 30여 년 동안 나의 연구와 저작 생활에 끊임없이 후원을 아끼지 않은 주식회사 대교의 강영중 회장에게 늘 감사한 마음을 지닌다. 강회장은 눈높이 학습지를 개발하여 한국의 유아와 학생들에게 자기주도학습의 토대를 다져 주고 있는 평생교육의 기업실천가다. 다른 기업총수들과는 달리 일상생활에서 배우는 삶의 철학을 정립한 강 회장은 나의 현학적인 글들을 위해 말없이 지원해 주었다. 그에게 인간적인 고마움을 전한다.

이 책을 끝까지 써 낼 수 있었던 이유, 그것은 대학원생들 바로 너, 너 때문이야! 고마운 당신들이 있기에 여기까지 올 수 있었기 때문이다. 원고 작성에서부터 교정에 이르기까지 정성을 다해 도와준 대학원 박사과정생들인 백혜진, 박진희, 김효선, 방재임, 조수진 양에게 고마움을 전한다. 이들 역시 훌륭한 학자들이 될 것으로 확신한다. 지금까지의 나의 삶 속에 그려졌던 수많은 학교 안과 밖의 동료 교수들의 모습을 한 분씩 그린다. 코와 입, 눈과 귀, 그리고 마음까지 모두 그려진다. 동행들, 바로 당신들이 내 곁에 있어서 나는 정말로 행복합니다. 곁에 있다가 떠난 사람도 있다. 아직도 함께 하는 지적 동행들도 있다. 한 사람, 한 사람 모두의 모습이 눈에 선하게 들어온다. 저들이 있어 내게 오늘이 있어, 나는 정말 복받은 사람이다. 고맙다. 뭐 하나 제대로 해 준 것이 없기에 미안하기만 하지만, 끝까지 배움에 게으르지 않겠다는 약속으로 저들의 도움에 보답해야겠다.

대학교수 생활을 하면서 아끼는 후배 동료 교수들을 가까이 두는 것도 행복 중의 하나다. 멘탈머슬이 튼튼한 동행이 옆에 있는 것도 행복이다. 정신적인 여백이 넓은 동행을 옆에 두는 것도 여간 큰 홍복(洪福)이 아닐 수 없다. 내겐 그런 동행이 많다. 그중 한 사람에게는 배우는 것이 한두 가지가 아니다. 어머니를 기리는 그의 마음을 배우려면 아직도 멀었다. 부끄럽기가 그지 없다. 백일우 교수는 돌아가신 어머니를 숭모하여 서울서 꽤 떨어진 호숫가에 별장 겸 정원을 하나 마련했다. 틈만 나면 내려가 어머니를 생각하며 정원을 가꿨다. 지신(地神)과 산신(山神)이 자신을 받아들여 줄 정도로 그의 몸에 물과 흙, 그리고 산 내음이 풍겨날 정도까지 어머니를 생각하며 정원을 가꿨다. 언젠가 찾아갔더니, 아늑한 서재 겸 선처(禪處)로 삼아 자신을 고즈넉하게 달래는 별채에 걸어 놓은 현판이 한눈에 들어왔다. 수려한 글씨로 파낸 전각판이었다. '산수공 각완연(山水空 各宛然)'의 끝자 모음이 이내 마음에 꽂혔다. 사시사철 물과 산이 벗이니 말하지 않아도 그럴 일이었다. 산이니 물이니 끝내 다퉈도 모두는 하나이며, 있는 것 같이 서로 없는 것이니 그럴 수밖에는 없는 노릇이다.

그와 서너 시간을 호수 길을 따라 걷고 또 걸었다. 산속으로 호수 속으로 모아지고, 흩어지는 이야기들의 화답과 틈새 사이로 또 한 번 크게 깨달음이 들어왔다. 물은 물처럼, 산은 산처럼 혼절 없이 도척(盜跖)처럼 살다가, 몸 망가지고 얼 망가진다. 늦은 그 어느 때쯤 가서, 설령 모두가 하나이고 공하다는 것을 알게 되었다 한들 그것이 상수(上手)의 삶으로 되돌아갈 수는 없을 성싶었다. 한 살이라도 더 먹기 전에, 세상 장삿속에 더 절여지기 전에 모든 것이 하나이며, 있는 것처럼 없는 것임을 깨닫고 나름대로 완연하게 사는 일이 상수의 삶일 것이다. 그렇게 크게 깨달은 후 그때부터 물은 물처럼 더 치열하게, 산은 산처럼 더 곱다랍게 살아가며, 서로가 자연의 나무되어 이렇게 어울리고 저렇게 웃어 줄 줄 아는 삶을 사는 것이야말로 웃전의 삶일 것이다. 그와 함께 둘러본 매월당 김시습 선생의 부도(浮屠)와 무량사(無量寺)에서 먹었던 표고 버섯구이를 잊을 수 없는 이유다.

분당의 네이버 도서관(Naver Green Factory Library)에게도 감사한다. 막바지 글 고치기 작업의 대부분이 이곳에서도 이뤄졌다. 네이버 도서관에서는 커피와 전기, 책상을 주민에게 무료로 제공했다. 지적인 작업을 하기에 대학보다 더 쾌적했다. 글 고치기는 병원에서도 멈추지 않았다. 어머니가 노환으로 입원하셨다. 몇 년 전부터 추석과 설날을 병원 입원실에서 보냈다. 간병인을 구하기 전까지 어쩔 수 없었다. 전이나 지금이나 별 수 없는 일이었다. 익숙한 일이라고는 단 한 가지 였다. 그저 읽고, 고치고, 다시 쓰고, 또 다시 고쳐내는 일이었다. 어머니는 아들의 장래를 꽤나 걱정하시는 분이셨다. 어머니의 삶이야말로 나에게는 큰 지식(智識)이기도 했고, 반면교사(反面敎師)이기도 하고, 멘토(mentor)이기도 했다. 그 누가 뭐라고 하더라도 그분이 내게 보이신 가장 큰 일은 어머니 일이셨다. 어머니는 마지막까지 나 자신을 치유하는 사람으로 남기를 바라셨을 뿐이다. 나는 그렇게 나를 쓰고, 고치고, 또 쓰고, 또 다시 읽으면서 늘 어머니를 가슴에 품고 산다. 어쩔 수 없이 어머님을 요양병원에 모시고 혹여 해서 집에 사놓은 간이침대는 아직도 새것 그대로다. 간이침대를 볼 때마다 모습이 어른거리며 가슴이 저려올 뿐이다.

연희동 골목에서 중국음식점 이품(二品)을 운영하고 있는 화상(華商)인 이세성 사장에게도 감사를 전한다. 아버지 대부터 지금까지 이품을 운영하고 있는 사위 이세성 사장이 만들어 주는 맛있는 중국음식, 그중에서도 전가복(全家福)을 여러 교수와 앉아 오순도순 먹으며 나눈 그 음식과 대화 때문에 30년의 교수생활을 잘 버틸 수 있었다. 그에게 감사한다. 마지막으로, 이 책이 오늘 빛을 볼 수 있게 만들어 준 학지사 김진환 사장님에게는 늘 고맙다. 재정적 도움을 줄 수 있는 원고더미를 한 번도 그의 손에 들려준 적이 없었기 때문이다. 미안함만은 어쩔 수 없이 가슴 가득하다. 김 사장 같은 분이 없으면 앞으로 나 같은 학자들은 앞으로 어떻게 연구하며 출판할 수 있나, 걱정이 앞서기만 한다. 학지사의 출판사업이 번창하기를 바랄 뿐이다.

23) 『논어』는 결코 교이시습지(敎而時習之), 즉 가르치고 익히면이라는 식으로, '가르침'을 먼저 강조하지는 않았다. 그것보다는 배움을 먼저 강조했다. 공자는 마치 히브리인이나 인도인처럼 배운다는 것이 가르침의 근원이 됨을 드러낸 것이라는 생각에 이르게 된다. 히브리인에게는 배운다는 것과 가르친다는 동사가 같은 어원이다. 히브리에 비해, 그리스어에서는 배우다와 가르치는 일은 서로 갈라, 다른 단어로 표현한다. 즉, 배우다는 '만다노'로, 가르치다는 '디다스코'로 가르지만, 자음(子音) 중심으로 이뤄진 히브리어에서는 배운다는 것과 가르친다는 말이 모두가 같은 어원에서 출발한다[참고: 이민규(2011). **실행이 답이다**. 서울: 더난출판]. 히브리에서는 라마드라는 동사가 핵심어다. 이 동사는 능동형일 때 '배우다'를 뜻하고, 사역적인 의미일 때 '가르치다'를 의미한다.

동사인 라마드가 가르친다는 수동적인 의미를 담게 되면, 그것은 가축을 길들이는 막대기 혹은 군사들을 조련하는 지휘봉, 혹은 그런 조련의 실천과 같은 단어로 변형된다. 히브리인에게는 배우는 것이 내면화되고 크게 강조되면 그것은 자동적으로 가르치는 일, 그리고 실천하는 일이 되는 것이다. 다시 말해서, 배우는 것을 열심히, 그리고 적극적으로 하면 그것은 가르치는 일과 삶에서 그대로 실천하는 일을 말한다. 히브리어가 모든 배움과 가르침, 그리고 실천함이 하나의 어원인 것은 배움과 가르침, 그리고 실행함 모두가 궁극적으로 하나님에 대한 경외를 위한 것이기 때문에 어근이 하나에서 나온 것이라고 여겨진다.

배움에 대한 공자(孔子)의 가르침과 본보기를 달리 해석하면, 스승은 가르치는 사람이라기보다는 깊게, 그리고 할 수 있는 만큼 더욱더 심각하게 먼저 배우는 사람임을 알 수 있다. 그 깊은 배움 때문에 그를 본받는 후학들은 가르침과 실천을 하게 된다. 사람은 갓난아이가 말을 배울 때처럼 무엇을 배우는지도 모르는 과정에서 무언가를 배우게 되는 것처럼, 배움에는 스승이 미리 정해져 있을 수는 없다. 배움이 하나의 분위기가 되면 저절로 가르침이 있게 되기 때문이다. 이점에서 스승에 대한 우리의 이해와 오해를 경계할 필요가 있다. 구태의연하게 스승상을 학교 교사상에서 찾지 말라고 이르고 있는 일본의 우치다 타츠루 선생은 연애가 마치 오해에서 비롯되기 시작되는 것처럼, 스승의 틀 역시 정해진 모양새가 있을 수 없다고 강하게 말한다. 살아가는 동안, 스승은 정말로 훌륭하다. 혹은 스승은 나에게 무엇인가 꼭 가르쳐 줄 것이라는 곡해에서 시작해야 스승을 만날 수 있다는 것이 그의 스승론이다. 자신에게 알맞는 스승이란 있을 수도 없고, 스승은 동화 속 주인공처럼 백마를 타고 오지도 않기에, 배움의 길로 나아가겠다면, 자기 스스로 자기 삶에서 만나야 하는 스승은 어딘가에 있다는 강한 믿음이 필요하다고 우치다 타츠루는 역설한다. “세상 사람들이 모두 인정하는 가치를 추구하는 것은 배움이 아니야! 그 가치를 구현한 멘토를 스승이라 말할 수도 없고, 그는 단지 (학원)강사처럼 ‘우리가 배우고 싶어 하는 것을 전수하는 강사’일 따름이지. 배움이란 그런 것이 아니야. 스승은 우리가 배우고 싶어 하는 걸 가르쳐 주는 사람이 아니야!”라고 이르면서, 고도를 기다리듯 스승을 스스로 만나야 한다고 스승을 찾는 이들의 조급한 마음을 달랜다[참고: 우치다 타츠루(2012). **스승은 있다**(역). 서울: 민들레].

24) 장자(莊子)도 배우지 않고서는 내일이 있다고 말하지 말며, 금년에 배우지 않고 내년이 있다고 말하지 말라(勿謂今日不學而有來日 勿謂今年不學而有來年)라고 말했다[참고: 안병주 외(2008). **장자**(역주). 서울: 전통문화연구회]. “배우고 때로 익히면 또한 기쁘지 아니하냐(學而時習之 不亦說乎)라는 공자의 가르침과 그 여운을 이어 받은 후대의 주자(朱子) 역시 『명심보감』「근학」 편에서 근학(勤學)을 강조한다. 오늘 배우지 아니 하고서 내일이 있다고 말하지 말며, 올해에 배우지 아니 하고서 내년이 있다고 말하지 말라. 세월은 흘러가나 세월은 나를 위해서 기다려 주지 않으니, 아 늙었도다 늙은 후에 누구를 탓하랴. 소년은 늙기 쉬우나 학문은 이루기 어렵다(勿謂今日 不學而 有來日, 不學而 有來年, 日月逝矣 歲不我延, 嗚呼老矣 是誰之愆, 少年易老 學難成)이라고 풀어 설명만 하고 있을 뿐이다.

송강(松江) 정철의 현손인 장암(丈巖) 정호(鄭澔)는 당시 사화에 휩싸여 평생을 살게 되는 성리학자이다. 그는 63세가 되었을 때에도 왕을 노하게 만들었다는 죄목으로 궁핍한 곳으로 귀양을 떠나게 된다. 그 길에 그는 춘추시대 진나라의 악사인 사광(師曠)의 말로 노구인 자신의 게으름이 있을 것을 염려하며, 경계의 글을 읊고 있다. 즉, “어려서 배우는 것은 해가 막 떠오르는 때이고, 젊어서 배우는 것은 해가 한가운데 있는 것과 같고, 늙어 배우는 것은 밤에 촛불을 들고 있는 것과 같다(幼而學之 如日初昇 壯

而學之 如日中天 老而學之 如夜秉燭)라고 말하며, 늙어서도 배움에 게으르지 않아야 길을 잃지 않을 것이라고 자신을 채찍질하고 있다[참고: 박수밀, 송원찬(2012). 새기고 싶은 명문장. 서울: 웅진지식하우스]. 저들의 사유를 따르는 후학들도 권학(勸學) 점에서는 마찬가지였다.

일본의 지성사에서도 어김없이 근학과 권학의 정신이 발견된다. 에도 시대의 유학자인 사토 잇사이 선생은 언지만록(言志晩錄)에서, "젊어서 배우면 어른이 되어 훌륭한 일을 할 수 있다. 어른이 되어서 배우면 늙어서 보잘 것 없이 쇠하지 않는다. 늙어서 배우면 썩지 않는다."라고 말했다[참고: 와타나베 소이치(2012). 지적으로 나이드는 법(역). 서울: 위즈덤하우스].

배움의 문제는 대개 가르침과 동행관계로 나타난다. 한자(漢字)에서는 이런 관계가 더 확실하게 드러난다. 한자로서는 '교(敎)'와 '학(學)'이라는 글자의 어원이 동일한 것이라고 말하는 연세 대학교 이광호 교수는 글자의 어원과 쓰임새를 백천정(白川靜)의 『자통(字統)』에서 찾아 밝히고 있다. 백천정은 '학(學)', '효(斅)'자가 모두 동일한 글자인데, 가르침을 의미하는 '효(斅)'자는 글자에서 보듯이 '학(學)'자에 '복(攴)'부가 추가된 것일 뿐이라는 것이다. 효(斅)자는 '교(敎)'자가 되고, 그것은 '학(學)'자에 '복(攴)'부를 붙여 독립하며 서로는 각기 가르침과 배움의 의미로 분리되었다고 설명한다. 가르침과 습작(이 책에서 나는 '학'을 습작이라고 고쳐 쓸 것임)과 어원에 있어서는 쌍을 이루면서도 그 행위와 뜻의 쓰임새는 반반으로 갈라진다. 『서경』의 「설명하(說命下)」편에서는 학과 교의 한쌍됨과 갈라짐을 적절하게 설명하고 있다. "가르침은 습작(學)의 반이다. 처음부터 끝까지 항상 습작하기를 염두에 두면 자신도 모르는 사이에 덕이 닦이게 된다."라는 서경의 귀절(惟斅學半 念終始典于學 厥德修罔覺)이 바로 그것이다. 가르침과 습작은 같은 장소에서 실천되었기에, '학(學)'자의 원래 의미는 학교를 지칭하는 일반명사로 쓰였다. '교(敎)'와 '학(學)'은 어원이 같지만, 쓰임새의 양태에 따라, 가르치는 이의 입장에서는 가르침을 말하게 되는 것이고, 학생에게는 배움이 된다고 해석하고 있다[참고: 이광호(2012). 학문(學問)으로서의 유교(儒敎)와 유학(儒學). 다산포럼 279호]. 가르침과 배움의 관계에 대한 한자의 뜻풀이에서 보는 것처럼, 배움의 중요성은 어디서든지 거론되고 있다. 배움이 소거된 세상을 생략하거나 생각해 볼 수 없을 정도다. 다만 배움의 중요성을 강조한 나머지, 배움이 정말로 무엇을 뜻하는지에 대해서는 상대적으로 확실하게 정의해 놓거나 규정해 놓지는 않았다.

25) 참고: 레슬리 스티븐슨(2006). 인간의 본성에 관한 10가지 이론(역). 서울: 갈라파고스.

26) 참고: 임용한(2012). 전쟁전략. 서울: 교보문고.

27) 사람이 걱정에 빠져드는 이유는 그리 복잡하지 않고 단순하기만 하다. 자기 스스로 걱정거리에 대한 두 가지 전제와 그에 따른 한 가지 결론으로 자기를 묶어 놓기 때문에 걱정으로 쉽게 빠져든다[참고: 엘리엇 D. 코헨(2012). 지금 나는 고민하지 않는 방법을 고민 중이다(역). 서울: 애플북스]. 첫째로, 잘못된 전제는 통제력 상실에 대한 불안감에서 출발한다. 통제하지 못하면 자기의 면이 서지 않는다는 전제 때문에 걱정에 빠지게 된다. 예를 들어, 내가 이 문제에 대해 계속 걱정하지 않는다면 상황을 통제할 수 없게 될 테고, 그러면 끔찍한 일이 벌어질 거야와 같은 미리 먹은 마음에서 걱정이 시작된다. 둘째로, 자기 저주에 대한 전제다. 말하자면, 그런 일이 일어나면 모든 게 내 책임이고, 난 형편없는 사람으로

전략하겠지 하는 지레짐작으로 자기 자신을 닦달한다. 지레 걱정을 만들어 놓으면, 그 사람은 이내 잘못된 결론에 이르는 길로 들어선다. 잘못된 결론은 완벽주의라는 결론이다. 나는 완벽한 사람이 될 수밖에 없다는 결론에 이르면 해답이 나올 때 까지 걱정하게 된다. 다시 말해서, "그러니 나는 이 문제를 해결할 완벽한 해결책을 찾아 낼 때까지 계속 걱정해야만 해야 되지."라는 결론에 이른다. 걱정에서 벗어날 길이 없다. 해답은 한 가지다. 자신에게 하는 거짓말을 멈춰야 한다는 해답이다. 자신을 오지도 않는 걱정을 미리 짐작, 지레짐작하고 그것에 자신을 묶어 둘 수밖에 없다고 자신을 속이고, 자신에게 거짓말을 하면 걱정에서 탈출 하기는 점점 더 어려워질 뿐이다.

28) 참고: 짐 콜린스(2002). **좋은 기업을 넘어 위대한 기업으로**(역). 서울: 김영사.

29) 그런 틈새 속에서 나는 어쩔 수 없는 상황 때문에 학장직을 맡을 수밖에 없었다. 연세 대학교에 초임교수로 봉직 후 세 번째 맞는 교무위원직이었다. 학장이라는 보직은 대학의 꽃이라고 하는 보직이었지만, 나는 대학에서 이미 보직 수행을 충분히 했다고 생각했었기에 이번만큼은 정말로 고사했다. 이번 학장직은 고난의 길임을 미리 알았기에 더욱더 그랬다. 나의 조그만 저항은 소용없는 일이었다. 학교 발전을 위해 마지막으로 요청하는 학장직 수행을 거절할 수가 없었다. 2010년 8월 1일부터 학장직을 수행하기 시작했다. 대학에서 교수생활을 끝내는 정년 전 겪어야 되는 마지막 시험의 길이나 마찬가지였다. 학장실은 용재관 106호에 자리 잡고 있었다. 조교수 때 나에게 배정해 준 연구실, 바로 그곳이었다. 15년을 보냈던 바로 그 연구실이 지금은 학장실로 쓰이고 있었다. 그곳을 이제는 학장 신분으로 다시 돌아간 것이다.

그 옛날 나 홀로 편히 쉬며 연구에 전념하던 곳이었다. 수많은 학생들과 이야기하면서 연구하던 곳이었다. 이제 용재관 일층 복도 끝 방 106호에 되돌아간 것이다. 그곳에서 마지막으로 한 번 더 초심으로 되돌아 저술하고 싶었다. 연세 대학교 입사 초기 때 하던 마음가짐으로 늘 읽고 쓰는데 전념할 수 있을 것이라는 나름의 기대를 놓은 적이 없었기 때문이다. 그것만 생각하면 아직도 내 마음은 한없이 설렐 뿐이다.

편안한 생각은 잠시 뿐이었다. 용재관 부지를 정리한 후, 연세 발전을 위한 경영관을 짓겠다는 본부 측의 의지를 수행해야 하는 것이 내게 부여된 학장의 임무였기 때문이다. 용재관에 자리 잡고 있던 교육과학대학을 먼저 다른 곳으로 이전하는 일의 추진이 신임학장인 나를 기다리고 있었다. 중앙도서관이었던 용재관에서 어린 시절을 보냈던 나로서, 용재관 건축에 대해 나름대로의 생각이나 감회(感懷)같은 것이 없었던 것은 아니었다. 잇대어 올 또 다른 1,000년 후에도 여전히 있어줄 연세 대학교를 생각하면, 침묵할 수밖에는 없었다.

학과 교수 간의 소리 없는 말들이 엉키고, 설키면서 서로 간에 깊은 긴장, 갈등이 파도처럼 높게 일었다. 달포 간의 혼란과 혼돈 같은 것이 계속되었다. 그 속에서 내 작은 공간은 오히려 내 자신을 되돌아보는 깊은 사색의 시간이 되고 있었다. 글로 써낼 수 없는 이런 저런 사연과 정황들이 있지만, 교육학부의 공간 이전 문제 때문에 마음고생을 다스리기 위해서는 마음을 내려놓는 수밖에는 다른 방법이 없었다.

대학공간을 옮기는 문제를 마지막으로 결정하기 위해 몇몇 학과 교수들이 보여 준 이견과 갈등, 그리고 긴장 모두는 있을 수 있는 일상적인 풍경이었다. 이런 갈등과 긴장의 과정을 되돌아보면, 우리가 그렇게 강조하던 스승이니, 제자니, 민주주의니, 우정이니 하는 것들은 모두 기만된 겉포장이었다. 포기되어서는 곤란한 덕목이었지만 그런 것들은 일순간에 사라지고 말아 버리는 허황된 것일 뿐이었다. "그다지도 합리적이었던 것들이 이제는 무의미해지고, 은혜는 재앙의 씨앗이 될 것이니."라고 말했던 괴테의 말이 어김없이 현실로 드러나는 상황으로 바뀌어 버렸기 때문이다.

2010년 9월 29일 저녁 9시 20분경 용재관 301호에서 그동안 부글거렸던 모든 우여곡절이 일단 매듭을 지었다. 총원 14명의 교수들이 나름대로의 의사 표시를 했다. 안식년을 맞고 있던 2명의 교수를 제외한 12명의 교수들이 학과회의에 참석했다. 투표로 각자의 의사를 표시했다. 참석자 중 9명은 용재관에서 교육과학대학 공간을 교육과학관(구 종합관)으로 이전하는 안에 찬성, 2명은 위임, 그리고 3명은 반대하였다. 이 순간은 천재 수학자인 존 내쉬(John Nash)의 균형이론(equilibrium theory)이 현실 현장에서 어떻게 쓰이고 있는지를 체감하는 순간이기도 했다. 제로섬의 경기를 하다보면, 답은 하나일 뿐이다. 하나가 죽으면, 다른 이가 살아난다는 그런 식의 해답이 있을 뿐이다. 그런 답은 대학 공동체에서는 불필요하기 조차 했지만, 이해관계가 개입되는 저들에게는 그길이 가장 현명한 것처럼 보였다. 타협, 어쩌면 이심전심의 타협, 내가 좋아하는 단어로 말하면 의식소통 바로 그것이 필요할 뿐임을 미리 절감했더라면 하는 아쉬움이 울컥거리는 순간이기도 했다. 정말로, 함께 앎으로서의 의식이라고 칭할 수 있는 '컨사이언스(con-science)'가 얼마나 나약한 단어인지를 다시 한 번 더 쟁송의 장(場)에서 확인할 수 있었던 귀한 기회였다.

언젠가 읽어 두었던 파머 교수의 민주주의의 정치적 의미도 새롭게 되새김질 해 볼 수 있는 기회였다. 그는 말했다. 민주주의는 합의보다는 갈등을 연료로 삼아 전력을 만들어 내는 발전소와 같다고 말했다. 그 어떤 경우에도 민주주의는 100% 동의를 요구하지 않는다. 완전동의가 불가능하다는 것이 바로 민주주의의 징표다. 의사결정과정에서는 그 어떤 경우에도 합의에 동의하지 않는 집단이 있게 마련이다. 극좌든 극우든 간에 반대하는 나름대로의 이유가 있기 마련이다. 저들은 어림잡아 각각 15% 정도는 되기 마련이다. 그는 하나의 극명한 예로서 1787년 미국 제헌회의에 대한 대의원들의 합의와 거부 표시를 들었다. 대의원 55명 가운데, 70%인 39명만 제헌국회문서에 합의했다. 100% 완전합의는 있을 수도 없고, 그런 것이 있다면 그것은 민주주의가 아니다. 70%만이 제헌국회에 최종적으로 서명하고 미국의 기치를 드러냈다. 나머지 30%는 동의하지도, 서명하지도, 참여하지도 않았다. 거부했다고, 민주주의가 주저앉거나, 가라앉은 것은 아니었다.

그는 말했다. 민주주의가 곤경을 벗어나기 위해서는 서로 간의 대화에 동의할 수 있는 사람이 60% 정도이면 아주 충분하다고 말했다. 반대하고, 서명하지 않았다고 해서 저들이 악마이거나, 대화기피의 대상자일 수도 없다. 민주주의의 덕목은 개방성과 당당함, 겸손함이기에, 반대하더라도 저들과의 사이에서 생긴 긴장을 끌어 안아야 한다. 그것이 민주주의의 지향점이기 때문이다. 이상적인 민주주의는 권력쟁송의 장에서 드러나는 것이 아니라, 사람들이 움직이며 대화를 주고받는 거리에서 드러난다. 밥과 차를 함께 나누는 카페이며, 공원이고, 광장이다. 사람만이 마시고 먹으면서 서로에 대해 으르렁거리지 않기 때문이다[참고: 파커 파머(2012). 비통한 자들을 위한 정치학(역). 서울: 글항아리].

대학 공간 이전을 둘러싸고 일어났던 긴장과 조정의 과정을 되돌아보면, 그 모든 것은 나에게 생활의 명상을 요구했던 자선(自禪)의 시간이었다. 소통(疏通)이라는 말은 어쩌면, 원초적으로 앞뒤가 꽉 막힌 개념임을 체감한 순간이기도 했다. 마음이 거세된 소통, 그것은 절연을 위장하고 있는 개념 같은 것이었다. 달포 간의 편하지 않은 현실을 있는 그대로 직시하면서 가는 동행, 있는 동행, 보낼 동행들이 얼키고설켜지는 분별의 시간이었다. 믿음과 신의(信義)라는 것은 모두가 그런 것이었다. 헛되고, 헛된 긴장의 나날이었다. "진실은 허구에서 나온다."고 가르친 장 자크 루소(Jean Jacques Rousseau)의 마음 한가닥을 이해할 수 있게 된 순간이었다. 사건과 체험이 있어야 의미가 만들어지는 순간이었다. 긴장과 갈등, 그리고 화합의 이음줄로 사람들의 마음가짐을 의시할 줄 알게 된 치유의 여유로움이었다.

사정이 아무리 그렇다고 해도 내가 해야 될 일은 읽기 그것 뿐, 다른 것이 더 있을 수 없었다. 책을 다시 손에 들고 읽어 가는 수밖에 없었다. 될 일은 될 것이고, 오는 시간은 올 것이며, 가는 시간은 어차피 가고 말 것이기 때문이었다. 학자로서 책을 읽을 수 있는 단 한 평의 공간만 있어도 족하다고 생각하고 있는 나로서는 공간 이전이 그리 대수롭지 않은 일이었다. 생각이 다른 동료들이 보여 주는 설왕설래의 이해관계에 대해 기대하는 학자적인 양식에 대한 아쉬움이 있었던 것은 사실이었다. 성을 낼 수도 있는 일이었지만, 오히려 이런 기회는 화를 다스리는 일이 어떤 것인지를 확연하게 확인할 수 있는 귀한 연단의 시간으로 다가왔다. 동료들에게서 받은 내 자신의 다스림에 대한 귀한 교훈이었으며, 또 다른 큰 배움의 시간이었다. 그래서 더욱더 읽기를 포기하거나 쓰기를 뒤로 할 수는 없었다.

내가 교수로 입직한 지 얼마 되지 않았을 때였다. 당시 학장으로 계셨던 은사께서 하셨던 말씀이 별안간 머리를 스쳤다. 학장이라는 사람이 학내에서 하는 일은, 그것은 끝내 4글자(Four letter word)가 나오는 일이라고 하셨다. 무슨 뜻인지 알 수 없었던 말씀이셨다. 한 차례 대학총장을 지낸 학자로서 고등교육계의 대가이자, 명예교수인 크라크 커(Kerr) 박사의 말을 인용하신 것이었다. 학장이 하는 일은 저질의 '욕지거리'와 다를 것이 없다는 그 말씀이었다. 교육의 장이라 하였지만 모든 관계는 끝내 피상적일 뿐이라는 지적이셨다. 공자가 이르시길, 성사불설 수사불간 기왕불구(成事不說 遂事不諫 旣往不咎)라 하였다. 이미 이루어진 일은 말하지 않으며, 끝난 일은 간하지 않으며, 그리고 이미 지난 일은 탓하지 않는다. 옳은 말씀이셨다. 나는 그리 하기로 하고, 우선 읽다 둔 책부터 다시 집어 들고 읽어 내려 갔다.

30) 디 루이터(De Ruyter) 교수는 행복하기 위해서는 삶에 있어서 두 가지 요소가 꼭 필요하다고 주장한다. 첫째는 자신이 추구하려고 하는 이상적인 목적을 분명히 해야 한다는 것이다. 사람으로서 꼭 이루고 싶은 이상적인 가치, 말하자면 아직은 이뤄지지 않았지만 살아가면서 죽을 때까지 꼭 추구해 보려고 하는 자신을 붙잡아매고 있는 이상적인 목적과 목표가 분명하게 설정되어야 한다. 둘째는 그런 이상적인 목표가 설정되었으면 그 목표를 구체적으로 추구하기 위한 모습과 일상적 생활이 필요하다는 것이다. 그런 일상적인 생활로 분출되고 양태를 그녀는 '행복한 기운(Happy flourishing)'라고 말한다. 자신에게 일상적으로 행복한 느낌을 가져다주는 물질적인 것들과 그것에 대한 주관적인 지속적인 의미

부여가 끊임없이 솟구칠 때 생겨나는 총체적인 감성적 양태가 행복한 기운이다[참고: De Ruyter, D. (2007). Ideals, education, and happy flourishing. *Educational Theory*, 57(1). 23-35].

행복하기 위해서 사람들은 자기가 추구하는 것에 대한 주관적인 가치 설정과 그것을 지속적으로 추구하는 객관적인 노력 모두가 동시에 필요하다는 것은 상식이다. 목적의 설정없이 그것에 도달하기 위한 살을 깎아 내는 식의 실천 없이 이뤄지는 것은 아무것도 없기 때문이다. 그 누구든 스스로 행복에 이르기 위해서는 번창하는 기운, 그런 기분으로 살아가는 자세가 우선적으로 요구된다. 번창함이란 무엇인가 꽉 차 있음, 생동하는 기운, 의식의 충만함 같은 것이다. 마치 오뉴월 여름철 나뭇가지에서 흩날리고 있는 짙은 녹색나무 잎이 보여 주는 그런 싱그러움 같은 것이다. 개인에게 있어서 번창함의 상징은 '내가 살아 있다는 것이 이만만 같아라.'는 정도의 감성적 느낌이다. 삶의 성공적인 느낌을 드러내게 만드는 상태가 바로 행복한 기운이다. 번창하기 위해서는 우선 사람마다 나름대로 추구하려고 하는 가치가 분명해야 한다. 돈이면 돈, 명예면 명예, 권력이면 권력처럼 추구하려고 하는 가치가 분명하게 정리되어야 한다. 추구하려고 하는 가치에 대한 우선순위가 분명해야 하며, 일단 선택한 가치는 나름대로 철저하게 추구되어야 한다. 예를 들어, 대학에 교수로 입직했을 때 그가 경험할 수 있는 번창함이라는 첫째로 학자로서 추구해야 할 가치를 확실하게 정하고, 둘째로 그런 학자적인 가치를 자기 삶에서 우선적으로 추구해야 될 가치로 삼고, 마지막으로 그 가치를 추구하기 위해 매 순간 읽거나, 쓰거나, 생각하거나 함으로서 학문 추구에 대한 일상적인 열정과 노력을 보일 때 교수로서 가장 행복한 기운과 번창함이 비로소 한아름 가득 자신의 체험 안으로 들어오게 된다.

31) 교이 요시히코 교수는 기업들이 소비자를 저들의 이윤을 위한 봉이라는 생각을 버려야 한다고 충고한다. 기업이 살아남으려면 소비자의 이익을 위해 롱 인게이지먼트(long engaement)해야 한다고 말한다. 이제는 기업을 살리고 죽이는 것은 소셜 미디어에 의해 삽시간에 결정되기 때문이라는 것이다. "이제 생활자는 소비자라고 불리는 마케팅의 타깃이 아니다. 기업 철학에 대한 가치관을 공유하고 함께 브랜드를 만들고 기업의 성장을 담당할 '파트너'로서 인식되어야 한다. 가치관을 공유한 파트너는 기업에 대한 호의적인 이미지를 전파하기도 한다. 상품평, 블로그, RT, 좋아요 등의 형태로 스스로 정보를 전달하는 생활자는 기업 브랜드의 '광고 파트너'라고도 할 수 있다." [참고: 교이 요시히코(2011). **롱 인게이지먼트**(역). 서울: 커뮤니케이션북스.]

32) 일을 만들면 일이 생기고, 일을 덜면 일이 줄어든다는 이치(生事事生, 省事事省)대로 자기 자신이 벌려 놓은 일을 곰곰이 되새김질하면 일이 풀리게 되는 법이다[참고: 이근영(2006). **막시무스의 지구에서 인간으로 유쾌하게 사는 법**. 서울: 갤리온].

33) "조직체에서 구성원들은 자신의 무능력이 드러날 때까지 승진하려는 경향을 보인다."는 논리가 바로 피터의 원리다. 미국의 남가주 대학에서 가르치고 있는 피터(L. J. Peter) 교수는 어떤 조직이든, 해당 소속의 조직원들은 능력 발휘를 통해 상위 직책을 맡게 되지만, 그런 승진을 반복하면서 끝내 자신의 무능력이 드러나는 끝 단계까지 승진하게 된다는 것을 알아챘다. 조직의 모든 직위는 끝내 일정한 시간이 흐르면서 해당 업무를 수행하는 데 결정적인 능력을 가지고 있지 않은 사람들로 채워지는 경향을 갖

게 되어, 조직의 생산력이 떨어진다는 것이다. 피터 교수가 말하려는 핵심은 사람들이 무능하기 때문에 승진하지 못하는 것이 아니라 승진했기 때문에 무능해진다는 것이다. 피터의 원리로 미루어 보면, 대학에서의 정년은 무능의 극대점이나 마찬가지가 되는 셈이다[참고: 로렌스 피터 외(2002). 피터의 원리(역). 서울: 21세기북스].

34) 할아버지가 괴테의 서자(庶子)였다고 자서전에서 밝혔던 카를 구스타프 융(Jung, Carl Gustav)은 말한다. "무의식의 깊은 곳으로 가는 불확실한 길에 자신을 맡기는 일은 위험한 실험이나 수상한 모험으로 여기기도 하지만, 나는 괴테의 말을 생각한다. 외람되게도 저 문을 열어 젖혀라. 사람마다 통과하기를 주저하는 저 문을……." 융은 1875년 스위스 북동부 케스빌에서 목사의 아들로 태어났다. 어린 시절부터 그는 종교에 대한 남다른 신비성을 지니고 있었으나 그의 부모는 그의 그런 태도에 대해 상당히 우려한 것도 사실이다. 그런 유년기를 거친 그는 바젤 대학교 의과대학을 졸업하고 취리히 대학교 부설 부르크횔츨리 정신병원에서 환자들을 치료하기 시작한다. 그는 그곳 환자들의 심리분석 작업을 통해 자신만의 정신치료법을 확립하던 중 프로이트의 생각에 동조한다.

당시 학계에서 성적 리비도에 필요 이상으로 집착하고 환자를 치료하던 프로이트를 외면하는 정신분석 학계를 향해 프로이트의 정신분석적 연구의 타당성을 증거한다. 그런 연유로 그와 프로이트는 1907년 이후 후버 공동 작업을 한다. 융은 프로이트의 후계자로 여기기도 했으나, 이어지는 인간적 불화, 프로이트의 극심한 학문적 편견으로 인해 그들은 끝내 헤어진다. 융은 꿈과 환상에 대한 어린 시절의 경험을 집중적으로 기록하고 연구하면서, 마침내 신화와 연금술, 그리고 역사를 잇는 정신적 고리를 찾아내려고 시도했고, 그런 시도 아래 집단무의식이론을 구상한다. 집단무의식이란 개인적 경험에서 나오는 개인적 무의식과는 달리, 모든 인류에게 있어서 공통적으로 발견되는 무의식의 원형으로서, 인간의 뇌에 내장된 선천적 구조에서 비롯되는 무의식, 말하자면 개인이 개인적으로는 인식하지 못하는 기억과 충동을 포함하는 정신의 한 가지 양태를 말한다. 이런 집단무의식이론은 종교심리학과 신화심리학적 기반으로 인간의 무의식을 연구하는 이론적 토대가 된다.

융은 집단무의식을 연구하면서 자연스럽게 종교적 마음, 신앙에 대한 집단무의식을 파헤치는 데에도 상당한 진전을 보였다. 그가 보여 준 종교에 대한 집단무의식이론은 신의 존재를 증명해 내는 데 중요한 역할을 한다. 집단무의식을 이론화하면서, 인도의 힌두교, 불교에 깊은 관심을 갖게 된 융은 붓다와 예수를 자기 실현, 말하자면 자기에 대한 큰 배움을 이뤄 낸 사람들로 이해한다. 붓다의 그것에 이어 예수라는 인물 역시 자기의 인생 전체를 통해 배움을 이뤄 낸 사람, 자기 스스로를 실현한 자기 깨달음의 현존재로 이해한다. 다만 붓다가 깊은 사고와 이성적 통찰로 큰 배움에 이르렀다면, 예수는 자기의 희생으로서 그것을 이루었다고 판단하는 융은 붓다에 비해 예수의 큰 배움이 민중에게 쉽게 다가오지 못하는 이유를 이렇게 말한다. 붓다는 역사적 인격체이기에 사람들에게 분명하게 이해할 수 있지만, 예수는 역사적 인간이면서 동시에 성령이기에 그 실체를 겉으로 드러내고 이해받기가 쉽지 않다고 이야기한다.

기독교 가정에서 자란 기독교 신봉자로서의 융이었지만, 그는 당시의 목회자들과는 기독교 신앙에 대한 자세가 조금 남달랐다. 성경의 관점, 교리적인 입장으로 판단하면 융은 마치 스피노자가 보여 준 자세처럼 국외자에 속하게 된다. 융은 예수의 혼령이 자기에게만 내려왔다고 떠들어대는 사이비 신령인들이 예수를 터무니 없이 맹목적으로 모방하려고 하려는 의도나 아니면 성립되지 않는 이성에 일방적으로 호소하는 것의 허위를 꿰뚫어 본다. 그런 일들은 모두가 한결같이 예수신학을 통해 무엇인가 횡재해 보려는 터무니없는 짓거리라고 말한다. 그는 예수의 정신이 얼렁뚱땅 변질되는 과정에서 그리스도교의 진정한 발전이 손상되고 왜곡되었다고 판단한다. 그는 자연, 영혼, 인생은 누구에게든지 신성을 주는 것이며 그것이 바로 경이로움이라고 간주한다. 인간에게 있어서 존재한다는 의미는 오직 그것이 존재한다는 데 있다고 보았기 때문이다.

융은 인간에게 해방은 자기가 스스로 해낼 수 있는 것을 행했을 때, 자기 스스로 온전히 자기 자신에게 헌신하는 일에 제대로, 그리고 철저하게 참여했을 때 비로소 가능하다고 보았다[참고: 카를 구스타프 융(2008). **자서전 기억, 꿈, 사상**(역). 서울: 김영사]. "자연은 나와 마찬가지로 하느님에 의해 하느님의 자기 표현으로 창조되었음에도 불구하고 신성하지 않은 것처럼 하느님에게 외면당하고 있는 듯이 여겨졌다. 하느님의 형상이 단지 인간하고만 관계가 있다는 것을 나는 받아들일 수 없었다. 사실 높은 산, 강, 호수, 아름다운 나무, 꽃 그리고 동물이 인간보다도 하느님의 속성을 훨씬 명료하게 보여 주고 있는 듯이 보였다. 인간들은 우스꽝스러운 의상을 걸치고 비열함과 어리석음, 허영심, 위선과 혐오스러운 이기심으로 가득 차 있지 않은가. 그런 모든 성질은 바로 1890년대 젊은 학생인 나 자신을 통해, 다시 말해 제1의 인격을 통해 너무나 잘 알고 있었다.……교회는 점점 나에게 괴로운 장소가 되었다. 그곳에서 사람들은 뻔뻔스럽다고 할 정도로 큰소리로 하느님에 대해서, 하느님이 무엇을 의도하는지, 하느님이 무엇을 행하는지 설교를 했다. 사람들은 그러한 느낌을 갖도록 훈계를 받고, 내가 알기로는 말로 누설해 버려서는 안 되는 가장 심오한 내적 확신인 그 비밀을 믿도록 경고를 받았다. 거기서 나는 아무도 심지어 목사까지도 그 비밀을 모르는 것처럼 보인다고 결론을 내릴 수밖에 없었다. 정말 그 비밀을 아는 자라면 하느님의 비밀을 감히 공공연하게 드러낸다거나, 말로 다 할 수 없는 감정을 진부하고 감상적인 표현으로 더럽히지 않을 것이었다. 게다가 나는 그런 식으로 하느님에게 다가가서는 안 된다는 것을 확신했다(pp. 89-91)……." 사람들이 나를 현명하거나 박식한 '지식인'이라고 한다면 나는 이것을 받아들일 수 없다. 어떤 사람이 강에서 한 번 모자로 물을 가득 퍼냈다고 하자. 그것이 도대체 무슨 의미가 있는가? 나는 그 강물이 아니다. 나는 강에 있지만 아무것도 하지 않는다. 다른 사람들도 강에 있지만 그들은 대개 스스로 무언가를 해야 한다고 느끼고 있다. 나는 아무것도 하지 않는다. 벚나무 줄기가 자라도록 돌봐야 할 사람이 나라고 생각해 본 적이 없다. 나는 거기 서서 자연이 해낼 수 있는 것을 보고 경탄할 뿐이다. 어느 랍비에 관한 오래된 훌륭한 이야기가 있다. 그의 제자가 와서 이렇게 물었다. "옛날에는 하느님을 대면하여 본 사람들이 있었습니다. 오늘날은 왜 그렇지 못합니까?" 랍비가 대답했다. "오늘날에는 그럴 정도로 허리를 깊이 굽힐 줄 아는 사람이 더 이상 없기 때문이다. 강물을 길으려면 허리를 얼마만큼은 굽혀야 하는 법이다."

35) 새로운 내일을 위해 오늘 끝내야 할 것은 오늘 끝내야 한다고 이야기하는 클라우드(Henry Cloud) 박

사는 어제만을 고집하는 사람들은 늘 끝맺음에 서툴러 인생을 무미건조하게 보낸다고 질타한다. 이제는 제발 "현명한 것이 반드시 똑똑하다거나 절대적인 재능을 가졌다는 의미가 아닌 것처럼, 바보스러운 것 역시 멍청하다거나 재능이 부족하다"는 식으로 평가하지 말아야 한다고 말하는 그는 세상을 살다 보면, "아이러니하게도 바보가 실제로는 '방 안에 있는 사람 가운데 가장 똑똑한 사람'이거나 가장 재능이 있고 매력 넘치는 사람일 수도 있다. 그 때문에 우리는 종종 혼란스러워 한다. 그들의 재능과 능력에 매료되기 때문에 그들에게 매달리고 포기하기 어렵게 되는 것이다. 따라서 우리는 '한 번 더 이야기하면 될 거야.'라는 헛된 바람을 품고 계속해서 노력한다. 그렇지만 매번 조언을 주거나 코치를 해 주거나 고쳐 주려고 할 때마다 똑같은 태도만 보게 될 뿐이다."라고 지적한다. 이제 본인 스스로 내일을 이어가기 위해 오늘을 끝내는 일에 세련되어 보라고 격려한다[참고: 헨리 클라우드(2010). **끝맺음에 서툰 당신에게**(역). 서울: 교보문고].

36) 사학자 아놀드 토인비는 세계 26개의 문명권이 지니고 있는 역사적 특징을 조명한 바 있다. 한 가지 공통점은 각 문명권은 어김없이 성장, 발전, 쇠퇴, 그리고 해체의 수순을 어김없이 겪었다는 점이었다. 그는 인류의 문명의 조명을 통해 인간의 역사를 만들어 낸 힘을 두 마디, 즉 도전과 응전으로 정리했다. 도전과 응전이라는 역사적 역동성을 문명의 사회학적으로 풀이하기 위해 그는 도전과 응전의 예를 '청어와 메기'가 서로 부대끼는 과정과 관계로 들고 있다. 북해의 어부들은 그들이 금방 잡은 청어를 신선하게 당시 상업의 중심지인 영국의 런던까지 운반하기 위해 커다란 청어 통(桶)에 메기도 함께 집어 넣는다. 청어의 신선도를 높여 높은 가격에 팔기 위해서 저들이 삶에서 익힌 생존의 기술이었다. 메기를 청어가 가득한 수조에 넣으면, 청어는 메기에게 잡아먹히지 않기 위해 모든 힘을 다해 피해 다닌다. 청어들이 늘 싱싱한 채로 살아 남는 비결이었다. 어부는 메기 한 마리로 싱싱한 청어를 팔아 큰 수입을 얻을 수 있었다[참고: 아놀드 J. 토인비(2007). **역사의 연구**(역). 서울: 동서문화사].

37) 한국 사회 역시 초고령 사회에 들어온 지 이미 오래 되었다. 초고령 사회에서 건강하게 살아가려면 그 누구라도 몇 가지 마음가짐을 고쳐 잡아야 한다. 우선, 첫째로 자기 중심성을 확보해야 하며, 그동안 무겁게 입고 다녔던 허위의 갑옷 벗기를 연습해야 하며, 자기 삶과 생활에 대해 나름대로의 지배력을 확보하고, 여가와 일, 그리고 삶을 하나로 만들어 내야 하며, 마지막으로 자기에 알맞은 맞춤형 놀이와 즐거움을 찾아 실천할 줄 알아야 한다. 자신에 대한 존중과 자기만의 삶과 놀이를 하려면 자기 배움에 철저해야 한다[참고: 한혜경(2012). **나는 매일 은퇴를 꿈꾼다**. 서울: 샘터].

이제부터는 웰빙 못지않게 웰다잉하는 방법을 훈련받을 때다. 웰다잉 전문가들은 "잘 죽기 위해서도 연습과 공부가 필요하다."고 강조하는데, 그들이 말하는 웰다잉 10계명은 다음과 같다[참고: 김병수 외(2012). 웰다잉…… 삶을 완성하는 마지막 선물. **매경이코노미**. 2012년 12월 17일자]. ① **건강 체크**: 불치병인지 만성질환인지 자신의 몸 상태를 정확히 진단한다. 자신의 몸 상태를 제대로 알지 못하면 남은 인생을 제대로 준비하지 못하고 가족·친지에게도 깊은 상처를 줄 수 있다. ② **사전의료의향서(Advanced Directives) 작성**: 회복 불가능한 상태에 빠졌을 때 인공호흡기 등을 장착하거나 심폐소생술·수혈 등을 받을지 미리 정해 둔다. 건강할 때 결정하거나 임종이 가까워지면서 환자나 가족이 정한다. ③ **자성의 시간 갖기**: '내가 왜 이런 일을 겪게 된 걸까.' 하고 자문해 현재 상태를 자연스럽게 받아들이고 인정한다. 정서적 안정을 취하는 것이 중요하다. ④ **법적 효력 있는 유언장 · 자서전 작성**: 자녀 간 재산 분쟁을 막기 위해 유언장을 작성한다. 금전적인 내용뿐 아니라 삶의 가치와 지혜를 나눠 주는 말도 자서전 형태로 남긴다. ⑤ **자원봉사하기**: 건강할 때 자원봉사클럽에 가입해서 이웃을 돕는다. 이웃을 위한 봉사가 결국 자신을 돌보는 일이다. ⑥ **버킷리스트 작성**: 하고 싶은 일을 목록으로 만들어 가족, 친구들과 시간을 같이 보낸다. ⑦ **추억 물품 보관**: 기억하고 싶은 사진이나 편지, 선물, 기념품 등을 마지막 순간까지 곁에 둔다. ⑧ **마음의 빚 청산**: 돈이나 빌린 물건 등 물질적인 빚뿐 아니라 마음의 빚도 사과의 말과 함께 갚도록 노력한다. ⑨ **고독사 예방**: 위급 순간에 가장 빨리 도움을 청할 수 있는 가족이나 친구를 정해 둔다. ⑩ **장례 계획 세우기**: 미리 장례방법과 절차에 대한 구체적인 계획을 세운다. 묘비명을 쓰고 사진을 정리하거나 자신이 원하는 죽음의 모습을 가족에게 얘기하는 것도 방법이다.

38) 삶에서 어이없이 패배하지 않으려면 변하지 않는 원칙을 우직하게 고수하며 살아가라고 조언했던 스티븐 코비(Stephen Covey)는 미국 해군의사지침에 수록되어 있는 한 예화를 들어 원칙에 대한 무모한 도전은 끝내 돌이킬 수 없는 실패로 이어진다는 것을 보여 준다. 어느 칠흑 같은 밤, 배 한 척이 폭풍우 치는 바다를 항해하고 있었다. 갑자기 함교에서 보낸 다급한 무선 호출이 선장의 단잠을 깨웠다. "선장님, 선장님! 일어나십시오!" "무슨 일인가?" "깨워서 죄송합니다. 선장님. 하지만 긴급 상황입니다." "도대체 뭔가?" "몇 마일 전방에 배 한 척이 있는데 비키라는 명령에 불응하고 있습니다." "뭐야? 어서 비키라고 해!" "이미 몇 번씩이나 신호를 보냈습니다만, 꼼짝하질 않습니다." "그래? 그럼 내 명령을 다시 전달하게. 우현으로 20도 돌리도록!" 그렇게 전달하자 상대편에서 즉시 회답이 왔다. "그쪽이 우현으로 20도 돌리시오." "뭐라고? 도대체 저 친구들은 누구야? 내가 선장인 줄 모르나? 저 친구들에게 내가 누군지 알려 주도록!" "호라시오 혼블로어 함장이 명령한다. 즉시 뱃머리를 우현으로 20도 돌려라!" 다시 신호가 돌아왔다. "여기는 3등 수병 칼 존스다. 즉시 명령한다. 지체없이 우현으로 뱃머리를 20도 돌려라!" "아니 이럴 수가! 저런 건방진 녀석 같으니. 우리는 전함이다. 한 방에 네 배를 날려 버릴 수 있다. 우리가 누군지 다시 한 번 알려 주어라." "여기는 전함 미주리, 미 제7함대의 기함이다." 신호가 즉시 되돌아 왔다. "여기는 등대다!"[참고: 스티븐 코비(2005). **성공하는 사람들의 8번째 습관**(역). 경기: 김영사.]

39) 참고: 하몬 스미스(2005). **소로우와 에머슨의 대화**(역). 서울: 이레.

40) 랄프 에머슨(1803-1882)는 1837년 8월 31일 하버드 대학교 우등생 친목회에서 학생들에게 '미국의 학자(The American scholar)'라는 제목으로 학자가 취할 길을 강론한 적이 있다. 그는 학자의 자질과 학자가 되기 위해 필요한 3가지 요소가 있는데, 그것이 바로 자연, 성찰, 그리고 행동이라고 주장했다. 자연과 성찰 그리고 새로운 행동 간의 단단한 연계로 학자적인 마음을 다진 사람들은 "자기 신뢰(Self-Reliance)로운 사람이어야 하고, 자기 신뢰가 있는 사람만이 신세계의 지도자가 될 수 있다."고 역설했다[참고: 에머슨(1996). **수상록**(역). 서울: 서문당].

41) 참고: 김윤경 선생 전집 편집부(2009). **한결 김윤경 전집**. 서울: 연세대학교출판부.

42) 데리다(Derrida)가 표지 문자학에서 말하는 고어(古語), 즉 팔리오니미(paleonymy)의 속성에 따르면, 이 세상에서 시작과 새 것은 있을 수 없다. 모든 것은 미뤄지고, 이어진 것일 뿐이다. 이미 모든 것은 얼룩져 있기 때문이다. 문자로 드러나는 세계에서는 더욱더 그렇기만 하다. 순진무구하게 처음 그대로인 것은 있을 수 없다. 모든 것은 그 이전에 이미 감염되고, 채색되고, 오염되고, 치유되어 있을 뿐이다. 나름대로의 상처가 있고, 상처 난 딱지(痂)가 굳어지면 다시 그곳에서 새 살이 돋아나 있기에, 그 흔적은 어딘가에 기억되어 있을 뿐이다. 문자적으로 고어(古語, paleonymy)는 인간이 만들어 낸 어떤 로고스의 학문보다 내공이 클 뿐이다. 나이가 들만큼 들었기에 숙성의 극치를 보여 줄 뿐이다. 팔리오니미라는 고어(古語)는 새롭다는 것의 원래적 의의(原先的意義)를 지닐 뿐만 아니라. 새로운 것으로 일컬어지는 것으로 이어지는 세대 간의 이어짐을 보여 주는 의식과 무의식이 된다[참고: 자크 데리다(2010). **그라마톨로지**(역). 서울: 민음사].

43) 김형효 교수는 데리다(Derrida)가 표지 문자학에서 말하는 고어(古語), 팔리오니미가 세상만사의 연기성(緣起性)을 지시하는 개념이라고 파악한다. 그는 세상을 불교식으로 말하면 서로의 관계로 짜인 텍스트라고 본다. 데리다가 『문자학에 대하여』에서 말한 것처럼, '텍스트 바깥은 없다(There is nothing outside text)'고 받아들인다. 세상만사의 본질은 텍스트의 직물짜기처럼 교직성(交織性)에 머물러 있기 마련이다. 말하자면 가로 세로의 실이 서로 교차하면서 짜내는 교직성이 세상의 본질이기에, 모든 것의 의미는 늘 차연(差延, differance)적일 수밖에 없다. 그러니까 존재의 현존적인 자기 동일성만을 고집하거나, 그것의 절대성을 내세우기보다는 오히려 모든 것은 타자의 흔적과 이어짐에 의해 만들어지는 상관관계, 끈과 끈의 이어짐이라는 연회(緣會)에 불과하다고 볼 때, 세상의 속 모습이 제대로 드러나게 된다고 본다. 세상은 서로 다르면서, 동시에 서로 연계돼 있기 때문에 그렇다는 것이다[참고: 김형효(2004). 데리다의 철학사상. **장로회 신학대학 특강 자료**].

44) 마오쩌둥이 중국혁명을 완성하기 위해 1938년 8월 22일 중앙당교 연설에서 한 말이다. 마오는 '배움에는 끝이 없다(活到老, 學到老)'는 중국의 속담을 삶의 지표로 삼고 중국을 혁명해 냈다[참고: 꿍위즈 · 펑센즈 · 스중취안(2012). **마오의 독서생활**(역). 서울: 글항아리]. 나는 자기 혁명에도 마오쩌둥의 말은 옳기만 하다고 생각한다.

정년이 다가오기 시작한 일 년 전 쯤, 어느 날 점심 후였다. 이 글을 열심히 쓰고, 고치고 있던 때였다. 진지하기만 한 제자 교수가 이런저런 이야기 끝에 어렵사리 용기를 내 내게 물었다. 자기가 학부 4학년 때 내게 했던 질문을 다시 해도 되겠냐는 것이었다. 당시 그가 교실에서 내게 한국교육의 난맥상을 풀어 줄 수 있는 해법을 질문했더니, 그때 내 대답은 너무 간단했다는 것이다. 지금 해 봐야 소용없으니, 정년 때쯤 말하겠다고 약속했다는 것이었다. 그는 내가 지금 집필하는 책이 바로 자기에게 해 줄 답을 담고 있는지를 물었다. 모두 기대가 크다는 말도 잊지 않았다. 그가 묻지 않았어도, 지금 이 책에서 다루는 것들은 제자 동료 교수의 질문에 대한 답일 수 있겠다는 생각을 이미 이 책을 구상하기 전부터 가졌던 것이라 그의 질문에 한 번 더 마음을 고쳐먹고, 다시 챙길 수 있었다.

아무리 생각을 고쳐먹으려고 해도, 학교 현장에서는 역설적으로 배움이 없다는 생각을 지워 낼 수 없기만 하다. 학교교육과정이 습작(習作) 기능, 말하자면 내가 말하는 창설(創說)로서의 학습(learning) 기능을 갖고는 있지만, 그것은 배움을 구성하는 하나의 작은 영역이지 인간 그 주체를 아름답게 만드는 한아름의 배움 전부를 대신하지는 못하기 때문이었다. 그런 학교교육에 필요 이상의 기대를 거는 것은 인간 스스로 자기됨을 포기하는 것이나 마찬가지라는 생각을 지울 수가 없었다. 학교가 답이 아니라, 자기 다스림으로서의 배움이 자기를 아름답게 만드는 한아름의 도(道)일 수밖에 없다는 생각이 1990년 중반을 지나는 오월 어느 날 불현듯 머릿속을 가득 채우기 시작했다.

그때부터 학교를, 사회를, 사람됨을 생각하는 시각이 트이기 시작했다고 할 수 있었다. 사회학적 상상력(sociological imagination) 아래 사람됨, 사람의 배움, 배움의 한아름됨을 이론화시키려고 노력한 끝내 발표한 책이 바로 『호모 에루디티오(*Homo Eruditio*)』라는 제목의 책이었다. 사람이 바로 배우는 동물이라는 것을 드러내기 위해 배움이라는 단어를 죽은 언어인 라틴어의 문법과는 어긋나게 비틀어 놓은 단어인 '호모 에루디티오'라는 단어로서, 사람의 배움력이 어느 정도로 사람스러움의 창발력을 갖고 있는지를 강하게 드러내 보이려고 했던 저술이었다[참고: 한준상 · 최항석 · 김성길(2012). Issues & trends in erudition: **배움의 쟁점과 경향**. 경기: 공동체]. 인간은 맥없이 자기 스스로를 문법에 매어 놓고 그 속에서 허덕이기도 하지만, 그것을 비틀고 벗어나서 자유를 사유하는 존재이기도 하다. 동사에는 규칙동사만 있는 것이 아니고, 그것을 벗어나 있는 불규칙동사도 있는 이치다. 모두가 사람들이 자신의 필요에 따라 만들어 낸 규칙, 비(非)규칙, 탈(脫)규칙들일 뿐이다. 사회 현상을 이해하며 비틀어가며 의미를 만들어 배우는 동물로서의 호모 에루디티오, 내게는 그야말로 나의 학문적인 삶을 전향하게 만든 작품이었다. 개인적인 애틋한 시적인 사연들도 깊숙하게 자리 잡고 있는 작품이었다.

한국교육의 이 문제, 저 문제를 살펴온지도 어언 30년이 넘었다. 그동안 내 가슴에서 커 온 소망은, "밀알 하나가 땅에 떨어져 죽지 않으면 한 알 그대로 남고, 죽으면 많은 열매를 맺는다(요한 12: 24)."는 그 말 한마디를 교육학 현장에서 눈 틔어 내려는 일이었다. 그간의 내가 펴낸 저술들의 목록만 봐도 대충, 그 물결이 일렁거릴 듯하다.* 어느 누구도 내게 그런 큰 관심을 보여 주지는 않았지만, 내 나름대로 한국교육의 문제를 이해하며 풀어내려고 만들어 보았단 해법의 지도였기 때문이다.

미국에서 대학원 시절을 보내던 시절 그때부터 나는 학교교육의 힘이나 영향력에 대해 크게 신뢰하지 않았던 것을 숨길 이유가 없다. 그것의 첫 모습을 드러낸 연구물이 바로 박사학위 논문이었다. 나는 그때도 사람의 인성이나 문화적 체감 같은 것은 학교교육의 효과라기보다는 오히려, 탈학교, 비학교적 요인의 복합적 작용이라고 보았다. 귀국해서도 그 생각을 버리지 못했다. 학교교육의 효과를 연구하면서도 그 생각은 오히려 더 증폭되었을 뿐이다. 학교교육 현장이 학생들에게 오히려 더 부정적 영향력을 발휘하고 있었기 때문이다. 그런 생각을 수많은 연구 자료를 통해 정리해 놓은 저술이 바로 『국가과외』였다. 교실 현장에서 인성교육이나 사람됨의 교육을 기대하는 것은 이상하게도 말도 되지 않는 말이었을 뿐이다. 교사가 아이들의 교육에 맥을 놓고 있기 때문만은 아니었다. 아이들은 입시경쟁에서 무참하게 자신의 영혼에 상처를 내고 있기 때문이었다. 이 등하면 나만 손해 보는 현실에서 인성교육의 가능성을 논하는 자체가 허구였다. 이 등으로부터의 탈주, 그것만이 저들에게는 유일한 바람이었다. 수단과 방법을 가릴 일도 아니었다. 걸리지만 않으면 되는 일이었다. 경쟁에서 살아남아야 하는 일이었다. 그것만 넌지시 알려 주면 학교일은 끝난 것이나 마찬가지였다. 학교교육 때문에 저들은 매일같이 지치고, 매년 피폐해졌을 뿐이다. 교사나 교육행정관료를 비난하는 것도 지겨운 일이었다. 모두가 헛발질이었다. 탈학교론으로 학교교육에게 희망을 주겠다는 일 역시 무기력한 학자들의 항변에 지나지 않았다.

학교는 학생에게 자신의 삶을 치유해 줄 수 있는 곳일 수가 없었다. 국가교육과정이 그렇게 되어 있지 않았기 때문이다. 국가교육과정은 인력 선발에 목적이 있었다. 국가교육과정은 국가 목적에 우선할 뿐이었다. 그것이 잘못된 것은 아니었다. 개인의 문제는 언제나 개인의 문제일 뿐이지, 국가가 조치해 줄 수 있는 일이 아니기 때문이다. 국가교육과정이나 그것을 수행하는 학교교육은 사람됨, 개임됨에 대해서는 언제나 초점을 잃고 있었을 뿐이었다. 학교교육이 삶에 대한 처방을 갖고 있을리 없고, 상처 난 자신을 치유해 나갈 수 있는 방편을 갖고 있을리 없었다. 학교교육에는 학생들에게 삶이 무엇인지, 배움이 무엇인지에 대한 이해가 결여되어 있었기 때문이었다. 저들이 강조하는 것은 단 한 가지, 제가 일등하면, 너는 꼴찌한다는 점이었다. 학교교실은 제로섬(Zero-sum)의 점수따기판 도박장이나 다름 없었다. 학교교육의 모든 것은 언제나 어떤 학생집단에게는 늘 피(皮)/상(相)/적(的)이었을 뿐이었다. 구조적으로 저들은, 교육적으로 그들은 교육 현장에서 왕따당하도록 되어 있었기 때문이다.

학교교육, 말 그대로 학교교육의 진정성은 믿을 만한 것이 되지 못할 뿐이었다. 개인에 따라서는 유해식품에 버금가는 불량소품이나 마찬가지였다. 그 점 하나를 확인하고 나면, 내 삶을 위해 자식의 삶을 위해 학교교육 근처에서 너무 기웃거릴 일은 아니라는 결론에까지 이르게 되었다. 할 일 없이 그것에 기대거나, 학교교육에 철없이 기대할 일이 아니다. 학교교육의 증명서 그것 하나면 되는 일이기 때문이다. 마치 자동차를 운전하려면 면허증을 갖고 있어야 하는 것처럼 사회에 나서려면 졸업장 하나는 있어야 할 뿐이다. 졸업장, 그리고 학위증 그런 것 하나 취득하면 모든 것은 끝나는 일이다. 사회적인 쓰임새를 위한 인증서만 있으면 되는 일이기 때문이다. 자기에 대한 책임은 끝내 자신에게 돌아올 뿐이다. 삶에 대한 대답은 교실에서 나오지 않기 때문이다.

학교교육은 아이들의 삶을 위한다는 명목 아래 불필요한 것들을 마치 삶에서 절대적인 것이라고 가르치거나 욕심을 낼 일이 아니다. 학교에서 제대로 해야 할 일이란 단 한 가지 일, 말하자면 '읽쓰셈'의 완성에 충직하면 된다. '읽쓰셈'의 토대 위에 '마음 튼튼과 몸 튼튼' 하는 방법을 제대로 훈련시켜 주는 것이 전인교육이기 때문이다. 직업 현장에서 상황에 따라 요구되는 것들은 계속학습, 평생학습으로 손빠르게 보충하면 되는 일이다. 스마트러닝이나 디지털학습은 그래서 더 삶의 현장에서 요구된다. 이제 학생들에게 절실하게 필요한 것은 머슬(muscle)과 멘탈(mental)을 길러 내는 일이다. 단단한 '읽쓰셈' 위에서 단단하게 저들의 '멘탈 머슬'인 지육(知肉)이 길러지도록 해 줘야 한다. 학교가 하기에 딱 알맞은 일이다. 초 · 중등교육과정을 위한 학교교실이 해야 할 일은 모든 이를 위한 5R의 완성일 뿐이다. 즉, Reading, wRiting, aRrithmetic, Reasoning, Rehabilitating의 마당이 되어야 한다. 학교교육의 과제와 역할은 그것일 뿐이다. 그 일을 충직하고, 원칙대로 지켜내는 일이 학교의 본분을 허접하게 망치지 않게 하는 일이며, 쓸데없이 행정을 위한 교육행정의 잡일을 절반으로 줄이는 일이기도 하다.

나머지 복잡다단한 일들은 아이들을 위한 일이 아니기 때문이다. 저들을 위한 잡일들일 뿐이다. 일부 교육학자와 교육행정가, 그리고 교육을 매개로 하는 권력자들이 제 나름대로의 이해관계의 다툼과 놀이, 그리고 권력을 장악하기 위해 펼치는 계산된 셈법에 지나지 않기 때문이다.

이런 지적은 이미 고전적인 비판일 뿐이다. 이미 1970년대에 일리치(Ivan Illich)나 라이머(Everett Reimer)에 의해 원색적으로 제기된 바 있다. 일리치는 사회가 바로 교육이기에, 학교가 필요 이상으로 방만하게 교육적 기능을 수행한다고 호들갑을 떨 일이 아니라고 일침을 가한 바 있다. 라이머는 일리치보다 한 발 더 나아가 학교교육을 신랄하게 비판했다. 그는 아예 "학교는 죽었다(school is dead)."라고 말했다. 학교가 제 기능을 하지 못한다는 이유는 단순하다. 학교가 교육이라는 명목으로 빈부격차를 반영하고, 특권유지의 기반으로 악용되기 때문이라는 것이다. 교육 본연의 기능에 무관하기에 학교의 비효율성은 극에 달했으며 학교교육의 효과 역시 계층에 따라 다르다는 것이다. 학교를 그래서 거부할 수밖에 없다는 것이 라이머의 논리다. 반복하지만, 학교는 무엇보다도 사회계층의 이해관계를 있는 그대로 반영하기에 그 효과는 언제나 제한적이라는 것이다. 학교가 특권유지의 제도적 기반, 다시 말해서 가진 자, 권력자 등처럼 엘리트(Elite) 집단의 사회적 이동을 고착시키는 일로 끝나도록 설계되어 있다는 비판이다. 다문화가족이나 소수민족 가족이나 하류사회계층의 자녀에게도 출세니, 성공이니 하는 식으로 교육의 기회가 열려 있는 것 같아 보이지만, 그것은 겉보기에만 그렇고 실제로 사회 현장에서는 허구로 드러날 뿐이라는 지적을 놓치지 않는다. 실제로 학교교육과정이나 교육 내용은 저들에게 제한된 문호만 개방해 놓고, 제한된 인원을 엘리트집단의 권력유지를 위해 충원하고 있다는 비판을 결코 포기하지 않는다. 하류층의 자녀들이 벌이는 경쟁은 목숨을 걸지만, 대다수의 정신건강은 경쟁과는 무관하게 피폐해질 수밖에 없다는 것이다. 결국, 매년 학교교육을 위해 투입되는 국가예산은 천문학적인 숫자이지만, 방대한 비용은 끝내 이유 없는 교육인플레현상이나 부추기고 있다는 것이 그의 주된 비판이다[참고: 라이머(1990). **학교는 죽었다**(역). 서울: 한마당].

* 이 책에서 다루는 몇몇 글은 독자들에게 배움이 무엇인지를 알리기 위해 『Issues & Trends in Erudition: 배움의 쟁점과 경향』에서 부분적으로 소개되고 있다[참고: 한준상 · 최항석 · 김성길(2012). **Issues & Trends in Erudition: 배움의 쟁점과 경향**. 경기: 공동체]. 교수로 입직한 이래, 단독 혹은 공동으로 저술한 나의 주요 번역서들이나 저서들을 연도별로 보면 다음과 같다: **새로운 교육학**. 서울: 한길사(1981); **한국대학교육의 희생**. 서울: 문음사(1982); **교육사회학 이론과 연구방법론**. 서울: 문음사(1985); **학교교육과 사회개혁**(편역). 서울: 을유문화사(1986); **한인교포사회와 교육문제**. 서울: 삼성출판사(1986); **교육과 정치의식**(편역). 서울: 학민사(1986); **사회교육론**. 서울: 청아출판사(1987); **교육과정 논쟁**(번역). 서울: 집문당; **신교육사회학론**(번역). 서울: 민음사(1989); **교육과정 논쟁론**(편역). 서울: 문음사(1989); **청소년문제와 학교교육**. 서울: 연세대학교출판부(1989); **교육의 가막소**. 서울: 청아출판사(1989); **현대한국교육의 인식**(공저). 서울: 청아출판사(1989); **교육학적 상상력**. 서울: 양서원(1989); **한국교육의 갈등구조**. 서울: 연세대학교출판부(1991); **한국교육의 민주화**. 서울: 연세대학교출판부(1992); **산업인력자원 개발**. 서울: 양서원(1993); **한국교육개혁론**. 서울: 학지사(1994); **한국산업자원 인력개발**. 서울: 양서원(1994); **생각 연습**(역). 서울: 한울(1994); **학교스트레스**. 서울: 연세대학교출

판부(1995); **신교육사회학**. 서울: 학지사(1996); **꿈꾸는 학교, 자라나는 아이들**. 서울: 학지사(1997); **동숭동의 아이들**. 서울: 연세대학교출판부(1997); **호모 에루디티오**. 서울: 학지사(1999); **청소년학 연구**. 서울: 연세대학교출판부(1999); **Lifelong Education: 모든 이를 위한 안드라고지**. 서울: 학지사(2000); **학습학**. 서울: 학지사(2001); **집단따돌림과 교육해체**. 서울: 집문당(2002); **이교육**. 서울: 아침이슬(2003); **지역공동체 문화발전론**. 서울: 원미사(2003); **조기유학 로드맵**. 서울: 청아출판사(2004); **국가과외**. 서울: 학지사(2005); **교육자본론**. 서울: 학지사(2007); **학교학의 한계와 배움학의 가능성**(공저). 서울: 학지사(2007); **배움학, 그 시작된 미래**(공저). 서울: 학지사(2007); **생(生)의 가(痂) 배움**. 서울: 학지사(2009); **생각과 실천**(공저). 경기: 한길사(2011); **교육개론(教育改論)**. 서울: 학지사(2011). **Issues and trends in erudition: 배움의 쟁점과 경향**(공저). 경기: 공동체(2012); **The sociology of erudition: 배움의 사회학적 관점전환론**(공저). 경기: 공동체(2012).

45) 교육계에서 벌어지고 있는 잡다한 교육학의 논리들은 끝내 학교연구일 뿐이지 교육학의 정수(精髓)를 보여 주는 작업은 아니라고 지적했던 장상호 교수의 지탄에도 공감을 하게 된다[참고: 장상호(2005). **학문과 교육**. 서울: 서울대학교출판부]. 동시에, 한국의 학교교육학계의 연구 현장은 연구비를 둘러싸고, 하라는 염불에는 관심없이 권력에 기생하면서 밥만 축내는 사이비 사판승(事判僧)로 들끓는 불교계를 향해 "백골(白骨)이 만산(滿山)이야."라고 호령했던 성철(性徹) 스님의 일갈을 연상시킨다. 사실 지금과 같은 공교육기관으로서의 학교제도가 출현한 지는 채 200년도 되지 않는다. 그동안 학교기관의 시작과는 달리 많은 것이 변질되었다. 그 변질과정 속에서 학교학자들은 학교제도의 아름다운 것만을 드러내려고 한다. 학교제도의 출발이 인간을 억압하기 위한 것은 아니었다. 학교기관이 국가가 요구하는 인력선발을 대신하게 됨으로써, 학교기관은 마치 신병훈련소 같은 전체 기관(total institution), 말하자면 감호기관처럼 사람의 본질에 대한 감성을 잃어 버리기 시작했다. 제도나 기관을 살리기 위해 사람을 포기할 수는 없는 노릇이다. 사람을 살리기 위해 제도가 바뀌어야 한다고 주장하는 일리치의 논점처럼, 수단이 목적으로 둔갑하게 내버려 두어서는 곤란하다. 학교기관은 인간 위에 군림하는 폭군이 아니라, 인간을 위해 착해져야만 한다.

46) 참고: 대한체질인류학회(2010). **핵심인체발생학**(7판). 서울: 이퍼블릭.

47) 사람의 신체는 정교하기 그지 없다. 모든 세포는 모두 하나로 연결되어, 생존을 위해 서로 필요한 정보를 주고 받고 있다. 머릿속의 신피질만이 뇌를 대표하지 않는다. 장(腸) 역시 뇌다. 피부도 뇌다. 장을 제2의 뇌로 명명한 거슨 교수에 따르면, 장은 뇌와 이어진 자율신경의 지배를 받는다. 장은 스트레스에 민감하다. 뇌가 스트레스를 느끼면, 그것은 자율신경을 통해 장으로 전해진다. 장에서 문제가 생기면 그 정보도 즉각 뇌에 전달된다. 변비나, 복통, 설사 같은 일이 진행된다. 장에서 세로토닌(serotonin)의 95%가 만들어진다[참고: Gershon, M.(1998). *The second brain: A ground breaking new understanding of nervous disorders of the stomach and intestine*. NY: Harper Collins]. 약 10mg 정도 분비되는 세로토닌의 10%만 뇌에서, 나머지는 위장기관에서 활동한다. 소장(小腸)의 점막에 있는 크롬친화세포 속에서 소화기계통의 운동에 관여한다. 세로토닌을 합성하는 모체 구실을 하고

있는 크롬친화세포에서 합성되는 세로토닌이 장근육에 작용해서 위장의 소화 기능(消化技能)을 돕는 것이다[참고: 캐롤 하트(2010). **세로토닌의 비밀**(역). 서울: 미다스북스]. 뇌와 장 사이의 관계 개선이 건강의 지름길인 셈이다.

세로토닌은 신경전달물질로서 기본적으로 사람을 안정시키는 신경전달물질, 정신과 마음을 안정시키는 행복 호르몬에 속한다. 세로토닌은 기분과 식욕, 통증, 수면을 조정하는 기능을 한다. 장에서 생기는 세로토닌은 장관(腸管) 속의 음식물을 이동시키는 연동운동에 작용한다. 장관을 수축시키는 연동운동은 장의 신경 네트워크로 조절된다. 세로토닌이 부족하면 우울, 편두통, 과민성대장증후군, 섬유조직염, 만성적인 통증, 소화불량, 불안, 강박, 스트레스, 공포, 공황장애, 과음, 거식증, 폭식증 같은 것들이 생기게 된다. 세로토닌이 너무 많아지면 설사가 생긴다. 세로토닌이 지나치게 많으면 마르게 된다.

피부 역시 제3의 뇌다. 피부도 생각을 하기 때문이다. 피부 역시 흰색, 검은색과 같은 색(色)의 차이와 양태를 인식한다. 색을 분별하고, 그 차이를 가를 수 있는 것은 피부도 세로토닌과 같은 신경전달물질을 만들어 내기 때문이다. 덴다 교수는 케라티노사이트라고 하는 피부세포는 세로토닌이나 도파민, 멜라토닌과 같은 신경전달물질을 만들어 낸다는 것을 밝혀냈다. 세로토닌과 같은 신경전달물질의 수용체가 피부에 있다는 말은 피부가 뇌에게 정보 전달을 한다는 뜻이다. 피부 역시 뇌인 것이며, 피부를 잘 다스리는 일은 뇌를 제대로 다스리는 일이나 마찬가지다[참고: 덴다 미쓰히로(2009). **제3의 뇌**(역). 서울: 열린과학].

결국, 피부나 장 같은 근육질의 뇌는 뇌 속에서 변연계와 직접 교통하고 소통하면서 생존을 위한 정보를 주고 받고 있는 것이다. 인간의 뇌 속에서 있는 변연계는 그것들의 정보를 받아 생존을 책임진다. 변연계는 생존을 위해 거짓말을 할 수 없다. 변연계는 생존을 위해 즉각적으로 정지(Freeze), 도망(Flight), 투쟁(Fight)과 같은 3F 중의 어느 반응을 하도록 되어 있다. 생존을 확보하고 위협에 대응하기 위한 본능적인 반응이 필요하기 때문이다. 수사기관에서는 바로 변연계의 작동으로 나타나는 신체적 변화를 관찰하면서 범죄자들의 심리적 동태를 파악한다[참고: 조 내버로 · 마빈 칼린스(2010). **FBI 행동의 심리학-말보다 정직한 7가지 몸의 단서**(역). 서울: 리더스북].

48) 공자는 삶의 과정을 '난(難)'이라는 한 단어로 단아하게 정리했다. 살아가는 일은 고되며 어렵다는 것을 하나로 정리해 주는 말이 난(難)이다. 난의 길이 인생의 과정이며, 삶의 요체다. 제자들이 스승에게 간절히 청했다. 자기들이 평생 동안 가슴에 품고 살아야 될 삶에 관한 글자 하나를 달라고 간청했는데, 그는 깊은 생각 끝에 난(難)이라는 단 한 글자를 줬다. 인생은 난(難)의 길이라는 것이었다.

공자(孔子)는 난의 삶에서도 제자들에게 절사(絶四)의 삶을 보여 주며 살아가려고 했다. 그것이 공자가 취한 '무의무필무고무아(毋意毋必毋固毋我)'의 삶이었다[참고: 『논어(論語)』 9편, 자한편(子罕篇)]. 살아가면서 공자는 네 가지를 근절하려고 노력했다. 첫째로 자의대로 하는 일을 하지 않으려 했고, 둘째로 집착하지 아니하는 삶을 살려고 했으며, 셋째로 고집을 부리지 않으려고 했으며, 마지막으로 자기만을 내세우지 않으려고 했다. 일상적인 삶에서 뜻대로, 마음대로, 고집대로, 자신대로 살아내기를 밥 먹듯 하는 세상 사람들의 일상적인 '의필고아(意必固我)'의 삶을 공자는 아랑곳하지 않고, 스스로 자신의 삶에서 '의필고아'의 고리와 발판을 끊어 내려고 노력함으로서 자신의 품과 격을 곧추 세우려고 했다. 한마디로 속이 꽉 찬 삶을 살려고 했던 공자가 제자에게 절사(絶四)스런 삶을 당부하며 자신 스스로 절사정신을 보여 준 것은, 삶이란 바로 난(難)이었기 때문에 자신에게 자신답게 꼿꼿한 삶을 실천하지 않고서는 하루도 온전히 자신을 곧추 세울 수 없었기 때문일 수도 있었다.

예를 들어, 모두가 도둑인 도둑의 집단에서, 서로가 서로에게 양심적인 도둑, 정직한 도둑, 윤리적인 도둑에 대해 갑론을박하는 것은 어불성설일 수밖에 없다. 이미 모두가 도둑인 이상, 서로는 도둑이며 도둑으로서 살아가고 있기 때문에, 양심적인 도둑이라고 우기고 있는 도둑이 비양심적인 도둑에 비해 결코 더 깨끗하거나, 상당하게 비(非)도둑적일 수는 없는 노릇이다. 어떤 도둑이든, 도둑은 도둑질로 살아가는 사람이라고 싸잡아 이야기하는 것이 바로 상식적인 윤리이기 때문이다. 모두가 도둑인 상황에서 벗어나 더는 혹은 처음부터 도둑의 길에 서지 않는 길을 택하는 일이 가장 현명한 일일 것인데, 공자는 바로 그런 방법으로 절사를 택한 것이다. 보통 사람들의 의필고아(意必固我)적인 일상의 삶을 벗어나 분연히 '무의무필무고무아(毋意毋必毋固毋我)'의 절사(絶四)에 기초한 삶을 살아간 것이다.

49) 참고: 필리브 브르노(1998). **천재와 광기**(역). 서울: 동문선.

50) 판타지(Phantasy)는 환상과 환영의 복합체를 말한다. 자기의 욕망대로 각색하고 윤색하면서도 그런 각색과 윤색의 의도를 겉으로 드러나지 않은 채 무엇인가를 원색적으로 갈망하는 환영이 판타지다. 예를 들어, 히틀러는 유럽 세계를 정복하고 싶은 판타지가 있었다. 독일의 알렉산더가 되려는 판타지 때문에 제2차 세계대전을 일으켰다. 독일의 알렉산더가 되려는 그의 환상을 둘러싸고 있었던 환영은 유대인 말살로 드러났다. 인종청소에 대한 원초적인 욕망과 독일의 알렉산더라는 환상이 유대인 말살이라는 환영으로 각색되었다. 환상과 환영 간의 간극이 줄어들면 줄어들수록 정신적 질환으로 전이되지만, 반대로 환상과 환영 간의 간극이 커지면 정상적인 삶으로 되돌아온다[참고: 줄리아 시걸(2009). **멜라니 클라인**(역). 서울: 학지사; 줄리아 크리스테바(2006). **멜라니 클라인 정신병 모친살해 그리고 창조성**(역). 서울: 아난케].

51) 라다크리슈난(Radhakrishnan, Sarvepalli)는 인도 베나레스 힌두 대학교(1939~1948)에서 총장, 델리 대학교(1953~1962)에서 명예총장을 역임했다. 그 후에는 인도 대통령으로 봉직했다(1962~1967). 그는 수많은 명저를 저술했다. 그는 인도의 정신을 서구 세계에 전달하는 일에 주력했다[참고: 라다크리슈난(1996). **인도철학사**(역). 서울: 한길사]. 그는 인도의 현자, 무니로 추앙받는 사람 중의 한 사람이다.

인도에서는 현자(賢者)를 르시(r.s.i)와 무니(muni)로 크게 가른다. 르시는 현인(賢人), 무니는 성인(聖人)으로 대별되기도 한다. 인도인의 삶은 베다(Veda)가 원천이다. 인도인은 베다를 절대 존재인 브라만에 의해 읊조려진 것이 후대에 기록된 것으로 간주한다. '르시'는 브라만의 읊조림을 자신의 뇌리에 기억하거나 전수받아 후대에 전하는 사람이다. 르시(r.s.i)라는 말은 원래 '보다'라는 의미의 동사 드르쉬(√dr.s')에서 유래되었다. 르시가 '듣다'가 아닌 '보다'라는 동사에서 유래된 이유가 있다. 확실하다고 말할 때 사람들은 '내가 들었다'보다는 '내가 보았다'라고 말한다. 신뢰성이 있다는 확실한 표현이다.

르시에 비해 무니(muni)는 '생각하다'라는 뜻인 만(√man)에서 유래된 말이다. 만 역시 동사다. 현세를 벗어나 해탈을 추구하거나 해탈을 성취한 자의 사유가 만(√man)이다. 모든 것을 철저하게 배운 사람의 깊은 사유를 의미한다. 무니(muni)의 음사가 모니(牟尼)인데, 석가모니라는 말은 석가족 출신의 현자라는 뜻이다. 르시는 사회생활을 영위하는 성직자적 성향을 가진 사람을 지칭한다면 무니는 사회생활을 벗어나 고행을 통해 수행하는 자를 말한다. 르시가 베다의 권위에 절대복종하는 보수성향의 현자라면, '무니'는 베다의 권위마저 생각거리로 간주하며 베다의 권위에 도전하는 진보적인 현자를 일컫는다[참고: 불교신문 편집국(2011). '聖人'을 일컫는 말−르시(r.s.i)와 무니(muni). **불교신문**. 2011년 6월 29일자 2731호]

52) 화학자인 황영애 명예교수는 삶의 시작과 끝은 누구에게도 마찬가지인데, 어떤 선택을 하느냐에 따라 서로 다른 대가를 치루게 된다는 것을 화학방정식의 논리로 풀어 쓰고 있다. 그녀가 예를 드는 원리가 헤스의 총열량불변의 법칙이다. G. H. 헤스(Hess)라는 화학자는 열화학 실험을 통해서 물리적 또는 화학적 변화가 일어날 때 어떤 경로를 거쳐 변화가 일어나든지 관계 없이 반응에 관여한 총열량은 그대로 보존된다는 것을 발견했다. 예를 들면, 기체 상태의 수소와 산소가 반응하여 수증기가 될 때 내놓는 에너지는 57.8kcal이지만, 물이 될 때 내놓는 에너지는 68.3kcal이다. 수증기와 물이 될 때 서로 다르게 생기는 차이, 즉 10.5kcal만큼 차이가 나는 것은 물이 수증기로 기화할 때 필요한 열인 기화열(증발열) 때문이다. 그렇지만 전체 반응에서 수소와 산소가 어떤 경로를 거치든 반응에 따르는 총열량은 변함이 없다는 점에서, 이 법칙은 후에 에너지보존법칙의 한 형태로서 총열량보존법칙이라고 불렸다. 이런 것을 상태함수의 경우라고 말한다. 상태함수란 결과를 보았을 때, 준비하는 과정이 상관이 없는 함수를 말한다. 즉, 과정과 관계없이 시작이 같으면 끝도 같다고 논리를 반영하는 함수다. 상태함수를 인간의 삶에 비유하면, 태어남과 죽음은 생명체로서의 어떤 인간에게든 똑같다. 삶의 과정, 즉 선택에 따른 과정이 다를 뿐인데, 그 선택의 과정이 어떠하든 죽음은 그것에 개입하지 않는다. 기다리면 죽음에 자연스레 이르기 때문이다. 그렇기 때문에, 황 교수는 삶에 대해 아웅다웅거리며, 늘 불행을 입에 달며 살아갈 이유가 없다고 한다. 일이 꼬이고 힘이 들어가기만 할 때, 그 일에 얽매여 옴싹달싹못한 채 얽매이지 말고, 과감하게 훌훌 털고 기분을 전환시키는 행복감에의 선택적 여유를 가지라고 추천한다. 어차피 모든 것은 생명과 죽음으로 정리되기 때문이다[참고: 황영애(2010). **화학에서 인생을 배우다**. 서울: 더숲].

53) 무식(無識)과 무지(無智)라는 개념은 이 책에서 동일한 뜻으로 쓰인 것이 아니다. 같은 의미로 쓰일 수 있는 개념도 아니다. 무식하다는 것은 일반적으로 먼저 문제해결에 관련된 확실한 정보나 지식을 갖고 있지 못한 상태를 말한다. 문제가 무엇인지, 문제해결을 위해 필요하고도 적절한 정보나 수단을 갖고 있지 못하기 때문에 답을 제시하는데 주저할 수밖에 없는 상황을 말한다. 무식에 비해 무지하다는 것은 성격이 다르다. 본인 당사자는 문제 그 자체를 이해하고 있지만, 타인에게 자기 방식을 주문하듯 요구하거나 내세우는 일에 주저하고 있는 상태를 말한다. 무지한 사람의 행태는 유식한 사람이 일상적으로

하는 행위와는 다르다. 유식한 사람은 모든 문제에 대해 현명한 답을 내리는데 반해, 무지한 사람은 그렇게 단호하게, 그리고 간단하게 정답이라고 답을 내주는 일에 주저하거나 망설인다. 그런 답을 명료하게 제시하기보다는 오히려 문제 이해에 뜸을 들이는 것을 즐기는 상태를 일컫게 된다. 무지한 사람은 삶과 앎에 대한 슬기, 지혜를 한마디로 정리해서 논하는 일에 망설인다. 깊은 사유와 성찰을 먼저 요구한다. 지혜, 슬기가 결여되어 있는 것이 아니라, 쾌도난마의 슬기는 있을 수 없다는 것을 서로 깨닫게 하기 위해서다.

사람들이 한 세상 살아가는 동안 문제해결에 대한 정보 부족 때문에 어려움을 겪는 일은 별로 없다. 적절한 정보를 찾아 그것을 자기 것으로 만들어 내기 마련이다. 정보 결핍 때문에 생긴 무식은 해소되기가 용이하다. 습작이 그것을 충족시켜 주기 때문이다. 필요한 정보를 찾아내서 자기 것으로 만들게 하는 일이 습작, 익힘, 다른 말로 말하면 학습의 내용이기 때문이다. 학습 결핍에 의한 무식은 교정이 가능하다. 학습 결핍에 비해 성찰 결핍은 교정이 쉽지 않다. 자신만이 자신이 어떤 사람인지를 모르고 있는 상황이 성찰 결핍이기 때문에 스스로 자신이 어떤 위치에 있는지를 깨닫지 못하기 때문이다.

자신이 자신을 모르고 있기 때문에, 배움이 없기 때문에 생기는 무지는 식자우환(識字憂患)과는 성격이 전혀 다르다. 전문가라고 하는 사람, 경험이 많다고 자부하는 사람, 무엇인가 타인보다 앞서 있다고 자부하는 사람일수록 유식이라는 허명 아래, 자신의 잘못에 대해 자신이 가장 너그럽게 처신한다. 자기 자신은 항상 옳기 때문이다. 성찰보다는 내세움, 반추보다는 설교로 타인을 압도하는 유식하다고 자처하는 사람들의 공통된 특성이다. 식자들이 저지르는 무지를 '교만한 무지'라고 부른다. 유식하기 때문에 저절로 생겨나는 슬기 없음, 말하자면 자신도 모르게 자기 오만에 갇혀 버리는 교만의 결과이기 때문이다. 교만한 무지는 그 옛날부터 지금에 이르기까지 지성인이라고 자부했던 사람들의 양심을 무참하게 허물어 버렸던 무지다.

무지 상태를 벗어나는 길은 단순하지만, 실천만큼은 결코 쉽지 않다. 마치 인간의 생존을 위한 것들은 대체로 간단하고 단순하지만 지키기가 용이하지 않은 것과 같다. 숨쉬기처럼 복잡하지 않다. 쉽기 때문에 간과하기 쉽다. 단순한 것을 간과하기에 그 간단함 때문에 큰 대가를 치루게 된다. 숨을 제대로 쉬지 못하면 죽는다. 옆에 있는 그 사람도 보지 못하는 것이다. 좋아하는 커피 한 잔도 더 이상, 영원히 마시지 못한다. 결연한 사실이다. 죽음은 결연함을 요구한다. 목과 숨은 그렇게 현실적이다.

무지를 벗어나는 일은 어렵지 않다. "네 자신을 알라."라는 것을 매일같이 반추하면서, 일상의 자기 행동에 실천하기만 하면 되기 때문이다. 성경에서 이야기하듯, 왼쪽 뺨을 때리거든 오른쪽 뺨도 내놓으면 된다. 결코 실천하기 쉽지 않은 요구다. 그렇지만 그런 실천이야말로 무지를 벗어나게 만드는 상징적인 역설이다. "이웃을 사랑하라."는 것을 지식의 한 영역으로 아는 것은 기껏해야 무식에서 조금 벗어나고 있는 상태일 뿐이다. 붓다도, 공자(孔子)도 모르는 것을 모른다고 말하는 것이 지혜라고 말했다. 역설이었다. 소크라테스 역시 예외가 아니었다. 역설적 무지를 벗어나려면 네 자신의 됨됨이부터 곧추 세워야 한다. 자신의 인간됨과 사람으로서의 존엄성을 회복해야 한다. 자신에 대한 배려가 자신의 존격(尊格)을 세워 놓는 일이다. 자신에 대한 배려가 시작되면 그렇게 게으르지는 못한다. 자기를 그렇게 무지하도록 가만 놔두지는 못한다. 자기 자신의 존격을 드러내기 위해서라도 자신의 무지에서 깨우쳐 나오도록 해야 하겠기 때문이다. 그 일이 자신을 거듭나게 만드는 길이다. 무지와 무식을 넘어서기 위해 끊임없이 배우는 일이 바로 슬기다. 슬기로운 사람은 자기 의지를 자기 배움의 과정에서 제대로 다스릴 줄 아는 사람이다. 슬기로운 사람을 현자(賢者), 그리고 창조적인 사람이라고 부르는 이유가 바로 그 때문이다.

54) 참고: 폴 레이 · 셰리 루스 앤더슨 외(2006). **세상을 바꾸는 문화 창조자들**(역). 서울: 한스컨텐츠.

55) 『한비자(韓非子)』「유로(喩老)」 편에 나오는 이야기다. '사람의 지혜는 눈과 같아 백보 밖은 볼 수 있지만 자신의 눈썹은 볼 수 없다(智之如目也, 能見百步之外而不能自見其睫)'는 뜻이다. 슬기로움의 진면목은 다른 사람을 보는 데 있는 것이 아니라 바로 자신을 제대로 보는 데 있음을 보여 주는 잠언인데, 노자가 말한 바 있는 "스스로 아는 자는 명철하다(自見之爲明)."는 말 그대로를 알려 준다[참고: 한비자(2002). **한비자**(역). 서울: 한길사].

56) 어려서부터 내셔널리즘과 코스모폴리타니즘의 균형을 맞춰가며 살아온 요네하라 마리 교수는 속옷을 탐구하는 과정에서 사람들이 알몸을 가리게 된 이유에 대해서도 호기심이 발동한다. 어려서부터 외교관 아버지를 따라 외국에 살다가 고국으로 돌아온 뒤, 일본인이 수치심을 느끼는 기준에 대해 그녀는 크게 놀라게 된다[참고: 요네하라 마리(2010). **팬티 인문학**(역). 서울: 마음산책]. 목욕 문화에서 그것이 여지없이 드러난다. 서양인은 온천에 들어갈 때에는 수영복을 입는다. 사우나에 들어갈 때에는 알몸으로 들어간다. 일본인은 반대다. 온천에 들어갈 때에는 알몸이지만, 사우나에서는 수건으로 몸을 감싸기 때문이다. 사람들에게는 알몸을 보여도 되는 곳과 그렇지 않은 곳이 각각 관습적으로 다른 것이다. 일본인은 웃을 때 입을 가릴 만큼 조심성 있는 민족이지만, 온천이나 대중탕의 탈의실에서는 알몸으로 서로에게 서로의 알몸을 적나라하게 보여 준다.
이상한 것이 있다. 알몸이 되어서도 저들은 알몸의 앞만큼은 수건으로 가리고 만다. 모순적인 행동이다. 남들에게 자신의 알몸을 보라고 스스로 해 놓고서도, 그것을 가린 채 시늉만 하는 이중적인 태도가 모순적이다. 사람들은 누가 자신을 보고 있다는 사실이 부끄러운 것이 아니다. 자신의 알몸을 부끄러워하지 않는 자신을 부끄러워하기 때문에 스스로를 부끄러워하게 되는 것일 뿐이다. 자기가 만들어 놓은 벌거벗은 상황을 부끄러움으로 자각하지 못하는 스스로를 부끄러워하고 어색하게 여기기 때문에 스스로를 부끄럽게 만들어 버리는 것이다. 벌거벗었는데도 벌거벗지 않았다는 가식, 남들이 자신의 알몸을 유심히 관찰할 것이라는 지레짐작 때문에 자신을 더 부끄럽게 만들어 버리는 것이다. 벌거벗었다는 정직함, 알몸인 그 솔직함을 언제라도 잊지 않는 것이 자신의 부끄러움을 최소화시킬 수 있는 방편이다. 타인은 당신의 알몸에 대해 그렇게 큰 관심이 없다. 자기의 벌거벗은 알몸 하나라도 제대로 주체해야 할 형편이기 때문이다.

57) 푸브릴리우스 시루스(Publilius Syrus)는 고대 로마 시대의 저명한 명언작가다. 그는 무언극의 대가이기도 하다. 그는 시리아 태생이다. 유년시절 전쟁 노예가 되어 이탈리아로 끌려왔다. 그의 주인은 그의 재치에 감복하여 자유인으로 풀어 주고 정규교육을 시켰다. 그후 그는 푸브리리우스 시루스라는 이름

을 가진다. 무언극에도 재주가 뛰어났던 그는 카이사르의 승전을 노래하는 무언극 공연대회에서 우승을 거머쥔다. 그후 그는 각 지방을 순회하는 공연을 통해 짧은 격언들을 남긴다. 그가 남겼던 격언들은 2세기경 아우루스 겔리우스(Aulus Gellius)에 수집된다. 700여 개의 격언이 수집된다. 수집된 격언들은 진위를 거친 후에 하나의 격언집으로 만들어진다. 당대의 정치사상가인 세네카도 푸브릴이우스 시루스가 남긴 격언에 감탄하여 삶에 응용했다고 전해진다[참고: 고바야시 코즈에(2006). **로마 천 년의 지식사전**(역). 서울: 밀리언하우스].

그가 남긴 여러 가지 격언 중에 기억에 남는 것은 "운(運)은 유리다. 반짝거릴 때 깨지고 만다. 가장 높은 곳에 올라가려면, 가장 낮은 곳부터 시작하라. 시도해 보지 않고는 누구도 자신이 얼마만큼 해낼 수 있는지 알지 못한다. 하루하루를 우리의 마지막 날인 듯이 보내야 한다. 현명한 사람이 깊은 생각에 잠기는 것은 모든 적들로부터 자신을 방어할 수 있는 강력한 무기를 갖는 것이다. 행복한 사람은 다른 사람에게 행복하게 보이는 사람이 아니라, 자기 자신에게 행복하게 보이는 사람이다. 안전할 때 경계하면 위험할 때 안전하다. 전쟁 때 필요하게 될 것은 평화 시에 준비해야 한다. 슬기로운 자는 미래를 마치 현재인 양 대비한다. 모든 사람에게 똑같은 신발을 신길 수는 없다." 등이 있다.

58) 삶은 고통으로 자라는 것이니, 그 고통으로 계속해서 성장하라고 이르는 신학자인 맥스웰(John Maxwell) 교수는 한 번 뿐인 인생을 대충, 적당히 때우려고 하지 말라고 충고한다. 삶의 과정에서 어떤 상처로 아픔이 생기거든 그것은 바로 성숙일 뿐이니 더욱더 그 아픔을 소중하게 받아들이며 앞으로 나아가라고 말한다[참고: 존 맥스웰(2012). **사람은 무엇으로 성장하는가**(역). 서울: 비즈니스 북스]. 그런 고통에도 한아름 감사하는 일이 바로 행복한 삶이다. 고통마저도 감사해야 하는 것은 그것이 최고의 가치를 갖고 있기 때문이 아니라, 현재 자신의 삶에서 겪을 수 있는 가장 좋은 것이기 때문이다. 삶에서는 최고의 일만 일어나는 것이 아니다. 최고의 것이라기보다는 그저 좋은 일이 일어날 뿐이다. 삶에서 일어나는 좋은 일을 찾아내고, 그것에 감사하는 마음가짐이 행복에 이르는 일이다. 세상에서 늘 행복한 사람은 없다. 행복하기만 한 삶은 삶이라고 말할 수도 없을 것이다. 삶은 불완전한 고통이지만, 그것에 대한 수용과 사랑을 요구한다. 그 고통에서도 좋은 것을 찾아내는 일이 행복한 삶이다. 끊임없이 교차하는 슬픔과 기쁨 속에서 감사할 좋은 가치를 찾아내는 일이 행복한 삶에 이르는 길이다[참고: 댄 베이커 · 캐머런 스타우스(2012). **인생 치유**(역). 서울: 뜨란].

59) 파멜라 메츠(Pamela Metz)는 노자(老子)의 『도덕경』 81장을 '배움'의 주제로 풀어내어, 그것을 배움의 도(The Tao of Learning: Lao Tzu's Tao Te Ching Adapted for a New Age)라고 말한다. "배움의 도, 배움의 길, 무슨 일이 배움터에서 일어나는지, 그것은 설명될 수 없다. 설명될 수 있는 것은 배움터에서 일어나는 일이 아니다. 일이 어떻게 일어나는지, 그것이 도(道)다. 배우는 과정에서 일이 어떻게 일어나는가, 그것이 배움의 도다. 사람 말로 표현되는 배움의 길은 참된 배움의 길이 아니다. 배움터에서 무슨 일이 일어나는지 알고자 애쓰지 말고, 무슨 일이 일어나는지 판단하지 말고, 그것에 자신을 열어 놓아라. 일이 어떻게 일어나는가, 그것이 도다."

만약 가르침이 있다면, '뛰어난 가르침'이 무엇인지 파멜라 메츠는 다시 노자의 말을 풀어내어 이렇게 알려 준다. "뛰어난 교사는 힘있는 교사가 되려고 애쓰지 않는다. 그런데도 진정 힘이 있다. 보통 교사는 힘을 지니려고 한다. 그런데 넉넉한 힘을 지니지 못한다. 슬기로운 교사는 아무 일도 하지 않는다. 그런데도 그가 하지 않은 일이 없다. 보통 교사는 언제나 바쁘다. 그런데도 아직 못한 일이 많다. 인자한 교사는 무엇인가를 한다. 그런데 아직 못한 일이 좀 있다. 고지식한 교사는 무엇인가를 한다. 그런데 할 일이 많이 남아 있다. 엄격한 교사는 무엇인가를 한다. 그리고 학생들이 반응을 보이지 않으면 폭력을 쓴다. 도가 사라질 때 거기 인자(仁慈)가 있다. 인자가 사라질 때 거기 덕행(德行)이 있다. 덕행이 무너질 때 거기 반복되는 일상(日常)이 있다. 일상이 쓸모 없는 관습이 될 때 거기서 무질서가 비롯된다. 그러기에 뛰어난 교사는 얼굴이 아니라 온몸에, 꽃이 아니라 열매에 관심을 갖는다. 그는 진실의 세계에 살면서 헛된 꿈을 버린다."[참고: 파멜라 메츠(2004). **배움의 도**(역). 서울: 민들레.]

60) 선가(禪家)에서는 이를 일러 부득향문자중인증(不得向文字中引證)이라고 불렀다. 다른 이 혹은 윗사람의 글에서 끌어다가 인증을 삼아가며 마치 그것이 앎에 이른 것처럼 하지 말라는 경계의 뜻이다. 전거를 대어 가며, 그 어떤 유명한 이가 이런 말을 했으니까 혹은 거기에 그렇게 적혀 있으니까, 이것이야말로 깨달음이로구나 혹은 저런 말이 있으니까 저것이 바로 참 마음이구나하는 식으로 전거와 문자에서 무엇을 얻으려 하지 마라고 따끔하게 훈계하는 말이다. 말로 하지 말고 몸으로 직접 해 보라는 경고이기도 하다. 텅텅 빈 집이라는 뜻의 이름으로 선(禪) 공부에 일가를 이루고 있는 허허당(虛虛堂) 스님은 무엇인가 하다 보면, 이루는 것이 있고, 이루는 것이 있으면 뭔가를 표현해야 한다고들 하는데, 그렇게 말로, 글로 표현하는 것이 실제로는 헛 것이라고 잘라 말한다. "공부를 해 보면, 머리로 깨닫는 '해오(解悟)'가 있고 몸 자체로 깨닫는 '증오(證悟)'가 있다. 몸 공부가 중요하다. 의식은 감추고 속일 수 있다. 하지만 몸에 가시가 박히면 '아야' 반응하듯 그냥 깨달음으로 가 버린다. 깨달음은 언어 이전의 세계다. 그래서 개구즉착(開口卽錯)이라고 한다. 한마디로, 입으로 말하는 순간 틀림인데, 그 틀림이 틀림없다고 말한다."[참고: 조선일보 편집국(2011). 최보식이 만난 사람: '백만동자'를 그린 허허당(虛虛堂, 비고 빈 집. **조선일보**. 2011년 5월 9일자.]

61) 작품의 결말은 임성순 작가의 윤리적 결단인 의사의 윤리성을 택한다. 의사인 범준은 뇌사자의 생명을 선택한다. 그 결과 자기 아들은 죽고 만다. 아들이 죽고만 몇 달 뒤 놀라운 일이 벌어진다. 자신이 살려놓은 뇌사자는 멀쩡하게 죽어 버린다. 자살했기 때문이다. 그렇게 죽으려면 차라리……범준은 이내 깊은 생각에 빠진다[참고: 임성순(2012). **오히려 다정한 사람들이 살고 있다**. 서울: 실천문학].

62) 참고: 다니엘 G. 에이멘(2012). **뷰티플 브레인**(역). 서울: 판미동.

63) 미국 남가주 대학교 의과대학의 아구스 교수는 의사로서 동시에 공학도로서 의술 현장에서 그동안 그가 오만했던 자신의 과오를 심각하게 성찰하며 반추한다. "(의학계에서)……나는 더 이상 마법의 탄환이 발견되리라고 생각하지 않으며 그것을 찾으려는 노력은 시간, 돈, 자원의 낭비일 것이다. 우리는 다른 접근, 새로운 모델이 필요하다."라고 말하며, 그는 대안으로 우리 몸을 복잡계로 모델화하라고 주문한다. 우리 몸의 기본요소를 모두 이해할 필요 없이 조절한다면, 언젠가는 마법의 탄환을 실제로 얻을

수 있을 것인데, 그렇게 하기 위해서는 건강에 대해 근본적으로 생각을 바꿀 필요가 있다고 강조한다. 그것의 첫 번째 작업이 바로 몸을 시스템의 관점에서 바라보는 일이다. 아무리 의술이 발달해도 암과 같은 병을 결코 이해할 수 없으며, 암을 결코 박멸할 수도 없으며, 실제로 암을 치료한 적이 없다고 고백한다. 질병의 본질을 이해하기 위해서는 몸 그리고 몸과 병의 관계를 복잡계의 상호 관련 속에서 새롭게 이해해야 한다. 몸 상태를 전체적으로 본다는 개념은 몸을 시스템으로 인식한다는 뜻이다. 병이란 세균의 작용이라기보다는 유전자나 환경의 변화 또는 양자에 의한 시스템의 '동요'이기 때문이다. '맞춤치료'란 각자의 생리적 조건, 유전, 가치관, 특이 상태에 따른 특정 요구에 맞추어 전개되는 개별화된 치료를 말한다. 그는 다시 말한다. "앞으로 10년 이내에 의사는 생물학자라기보다 일기예보자처럼 병에 대해 접근할 것이다. …… 컴퓨터가 구름의 모양을 분석하여 날씨 패턴을 예측하듯이, 컴퓨터가 종양의 모양을 분석하여 암의 성장률, 혈액 공급, 영양소와 해부학적 위치 등에 대해 무엇인가 말할 수 있어야 한다."[참고: 데이비드 B. 아구스(2012). **질병의 종말(건강과 질병에 대한 새로운 통찰)**(역). 서울: 청림라이프.]

64) 이미 한 세기 전에 한 이야기지만, 스콧 니어링(Scott Nearing)의 조화로운 삶(the good life)에 대한 갈구는 여전히 유효하다. 그는 조화로운 삶을 일구기 위해 여섯 가지 원칙을 제시한다. 첫째, 땅과 집과 연장들을 사는 데 드는 돈이 가장 적어야 한다. 둘째, 한 집안이든 지역 단체든 자급자족하는 작은 경제를 이끌어 나가기 위한 통찰력과 계획과 끈기가 있어야 한다. 셋째, 도시와 도시에서 가까운 변화가에서 벗어나야 한다. 넷째, 스스로 충만한 삶을 살아가려는 개척자들은 광고와 막강한 상술의 압력에 견딜 준비를 해야 한다. 다섯째, 새 삶을 살려는 개척자에게는 엄청난 자제력이 있어야 한다. 여섯째, 문명이라는 삶의 방식에서 심리, 경제, 사회 면에서도 벗어나야 한다. 결국 "조화로운 삶을 살고자 하는 사람의 바람을 가장 단순하게 채워 주는 것은 공기, 햇빛, 마실 거리, 먹을 거리, 감정 표현, 성의 만족, 이완, 휴식, 잠처럼 몸의 욕구를 만족시키는 것이다. 그리고 많은 사람들이 몸의 욕구를 채우는 방법을 찾아 그렇게 한다. 나이든 사람들은 젊은 사람들보다 몸이 하자는 대로 따르기 쉽다. 흔히 아픈 이들이 튼튼한 이들보다 몸에 대해 더 많이 생각한다. 게으른 이들이 바쁜 이들보다 몸에 대해 훨씬 예민하다. 비록 온 시간을 다 쏟아붓지는 못해도 모든 사람들은 몸의 욕구를 채우려고 정성을 기울인다. 이렇게 볼 때 사람은 유인원이나 다른 짐승들과는 조금 다른 듯하다. 사람은 살아남고자 한다면 몸이 바라는 것을 잘 들어 주어야 한다."는 것이 그의 조화로운 삶에 대한 일관된 주장이다[참고: 스콧 니어링(2004). **그대로 갈 것인가 되돌아갈 것인가**(역). 서울: 보리].

65) 인간의 뇌에는 에덴에서 이브를 유혹했던 것 같은 아담의 뇌, 다시 말하면 파충류의 뇌가 보여 주는 야성적인 근성의 흔적이 남아 있다는 것이 뇌 과학자들의 견해다. 뇌 과학자들은 인간 배아의 뇌가 안쪽으로부터 R복합체, 변연계, 신피질 순서로 생성된다는 것을 관찰했는데, 이것은 파충류의 특질 그대로를 보여 주는 증거라는 것이다. 파충류에 있어서 뇌의 R복합체는 사회적 서열을 형성하는 데 중요한 역할을 한다. 서열을 만들기 위해 파충류는 다른 것에 대해 가차없이 공격적 행동을 유발한다. 게다가 후손을 위해 치열하게 암컷을 차지하려고 하며 영토 수호 본능도 강하다. 150억 년에 이르는 우주의 역사

를 1년으로 압축한다면 모든 것은 초시간적으로 압축된다. 9월 14일에 지구가 탄생했고, 9월 25일에 생명이 탄생했으며, 인간이란 존재는 12월 31일 오후 10시 30분 즈음에 처음 등장한 것이 된다. 이런 우주력으로 유명해진 칼 세이건(Carl Edward Sagan) 교수는 원래가 물리학자다. 물리학자가 자신의 전공과 별로 관련이 없는 영역의 글을 써서 퓰리처상을 받았다. 세인건 교수는 인간의 본질을 우주적 관점에서 바라보게 만들어 준 사람이다[참고: 칼 세이건(2006). **에덴의 용**(역). 서울: 사이언스북스].
우주의 진화에서 인류의 등장과 인간 지성의 진화에 이르기까지 150억 년의 시공을 가로지으며 우리가 어떻게 해서 우리 자신과 우주에 대해 이해할 수 있는 능력을 소유하게 되었는지 분석하는 세이건 교수는 우리에게 생명에 대한 경외를 강하게 요구한다. 생명에 대한 경외를 요구하는 것은 인간 스스로 인간으로 구분할 수 있는 기준이 무엇일까에 대한 고민이 필요하기 때문이다. 우리의 조상이나 친척들이 바로 포유류, 조류, 파충류, 식물, 어류이기에 인간은 지상의 모든 생물과 생명체에 대한 경외를 가질 수밖에 없다. 그 경외감이 바로 인간을 인간답게 행동하게 만들어 놓기 때문이다.

66) 이제민 신부는 부활에 관한 크리스천 아카데미의 토론석상에서 '부활의 삶을 살기 위하여'라는 논지 아래, 사체(死體)가 되살아난 것이 부활이고 죽은 예수의 몸이 되살아난 것을 증명해 내려는 것이 바로 부활이라는 목회자들의 일반논리에 강한 거부감을 드러낸다. 부활을 사체의 되살아남이라는 어처구니 없는, 견강부회하려는 자세는 치졸하기 짝이 없다고 비판한다. 이제민 신부는 예수 스스로 살아 생전에 "나는 부활이다."라고 말한 그것에 유념해야 부활의 시대적 의미가 되살아난다고 주장한다. 부활 증명 그 자체를 위해 수많은 신학서적과 신학자나 목회자들의 허명을 장황하게 되뇌이는 일에 어리석게 매달리기보다는 부활이 담긴 삶을 매일같이 사는 일에 집중해야 한다고 강하게 주장한다[참고: 서공석 · 정양모 · 심상태 · 유동석 · 서광선 외(2012). **내가 믿는 부활**. 서울: 대화문화아카데미].
이때 이제민 신부가 말하는 배려로서의 부활을 위한 일상적인 실천은, 내게 있어서 그리 엄청난 일을 말하는 것이 아니다. 나는 류태영 교수가 보내 준 오늘의 글, 가슴뭉클한 이야기 한 토막에서도 배려로 점철된 부활스런 삶을 읽을 수 있다. 그 글은 평범한 회사생활을 하는 34살의 회사원이 출근길 버스에서 경험한 이야기 한토막이다. "용인 민속촌 근방의 회사에서 근무하다가 회사 일 때문에 서울 역삼역 근처 본사에 가게 되었습니다. 용인 회사에 있을 때에는 자가용을 이용하여 출퇴근하다가 막상 서울을 가려고 하니까 차도 막힐 것 같고 지하철을 타자니 너무 답답할 것 같아서 오랜만에 버스를 타고 가기로 마음먹고 버스를 기다렸습니다. 서울로 가는 버스는 분당에서 많이 있기에 용인 신갈에서 오리역까지 완행으로 운행되고 있는 버스를 탔습니다. 그때가 7시 50분 정도 되었을 겁니다. 언제나 그랬듯이 버스는 만원일 거라 생각했는데 그날은 보통 때와 다르게 서 있는 사람은 4명 정도고 모두 앉아 있었습니다. 구성쯤 도착해서 막 출발하려고 할 때의 일입니다. 한 할아버지가 양손 가득히 짐을 들고 버스를 간신히 탔습니다. 한눈에도 당신의 아들이나 딸에게 주려고 시골에서 가져온 식료품 같이 보였습니다. 그러고 나서 한 10미터 정도 앞으로 나갔을까요? 갑자기 버스가 급정거하는 것이었습니다. 놀란 사람들이 앞을 바라보았습니다. 운전기사가 할아버지에게 차비 없으면 빨리 내리라고 하고 있었습니다. 할아버지는 어쩔 줄 몰라 하며 한 번만 태워 달라고 애원하다시피 말하고 있었습니다. 마음속에서는 운전기사에게 어르신한테 너무한다며 뭐라고 말하고 싶었지만 차마 떨어지지 않았습니다. 그런 찰나에 초등학생으로 보이는 여자아이가 앞으로 성큼성큼 걸어갔습니다. 그러고는 가방을 내려놓고 여기저기 뒤지기 시작했습니다. 그리고 기사 아저씨한테 막 소리를 지르는 것이었습니다. "할아버지잖아요!" (귀가 떨어져 나갈 정도의 소리로) "아저씨!! 앞으로는 이렇게 불쌍하신 분들 타시면 공짜로 10번 태워주세요."라고 말하면서 만 원짜리를 돈통에 넣는 게 아니겠어요? 순간 눈물이 핑돌 정도의 찡함이 가슴을 스치고 지나가더군요. 그러고는 할아버지를 자기가 앉아 있던 자리에 모시고 가는 게 아니겠어요. 정말 태어나서 이렇게도 창피했던 적이 있었나 하는 순간이었습니다. 나 아닌 다른 사람들도 같은 마음이었을 거라고 생각합니다. 왠지 모를 무안함과 부끄러움에 고개를 들 수가 없었고, 어른이라는 자신이 몹시 후회가 되는 하루였습니다. 오류역에 다 왔을 때쯤인가 저는 만 원을 지갑에서 꺼냈습니다. 그러고는 내리는 문이 열렸을 때 그 꼬마 주머니에 만 원짜리를 얼른 찔러 넣고는 도망치듯 뛰어내렸습니다. 그렇게라도 하지 않으면 제 마음이 편치 않을 것 같았습니다. 반성하는 하루를 살게 해 준 그 꼬마에게 진심으로 머리 숙여 감사합니다." 나는 어떤 위대한 신학자, 목회자들이 부활을 그 어떻게 설명한다고 한다고 해도 아랑곳하지 않고, 그 초등학교 여학생이 부활의 삶을 살았다고 주장할 수밖에 없다.

67) 독일의 의술 현장에서 말기 암 환자들을 오랜 기간 동안 치료해 온 미하엘 데 리더(Michael de Ridder) 교수는 의미 있는 생명 연장과 고통스러운 죽음의 연기를 구분하는 의료 행위를 실천하는 의사, 마음이 움직이는 의사가 되어야 한다고 처방한다. 의술의 중심 과제는 완화적 치료이어야 한다. 지금과 같은 의술적인 완치의 욕망은 하위 과제이기에, 죽어감에 대한 이해는 모든 피조물 특유의 과정이며, 모든 사람에게 제2의 본성으로 받아들여야 한다고 주장한다. 죽음 자체는 결코 생물학적 재난도 의학적 실패도 아니다. 죽음은 언제나 있었고, 가장 훌륭한 의학적 수단을 동원하더라도 불가피하게 찾아오는 것이 생명의 소멸이기 때문이다. 의학이 가능한 모든 수단을 동원해서 막아야 할 죽음은, 생명체로서 맞이할 수 있는 성숙한 마지막 죽음이 아니라, 이른 죽음, 피할 수 있는 상황에서 발생하는 죽음, 고통스럽고 끔찍한 죽음이나 너무 질질 끌면서 다가오는 죽음 그것이어야 한다. 이 말은 결코 생명경시나, 안락사라는 이름으로 생명경시를 말하는 것이 아니라, 생명에 대한 경외로서의 죽음이라는 현실을 통해 인격에 대한 존중을 곧추 세우는 일이다[참고: 미하엘 데 리더(2011). 우리는 어떻게 죽고 싶은가(첨단의학시대에 우리가 알아야 할 죽음의 문화)(역). 서울: 학고재].

68) 임종환자에게 가해지는 연명치료, 의학계에서는 무의미한 연명치료라는 말로 표현하지만, 이에 대한 결정은 쉽지 않은 일이기에, 대통령 직속 국가생명윤리심의위원회는 2012년을 넘기기 전인 11월 말, '무의미한 연명치료 중단'에 대한 법적 근거를 마련·제안했다. '무의미한' 연명치료에 대한 사회적 갈등을 제어하기 위한 기준을 국가가 마련하겠다는 의도로 만들어진 것이었다. 2011년 보건복지부가 19세 이상 성인 남녀 1,000명을 대상으로 실시한 무의미한 연명치료에 대해 설문조사 결과, 응답자들은 무의미한 연명치료에 '반대한다'는 쪽으로 기울어졌다. 반대에 72.3%, 찬성에 27.7%로 응답했다. 반대하는 사람들은 '가족의 고통' '환자 본인에 고통만 준다.' '경제적 부담이 크다.' '환자가 원하는 경우도 많다.' 등을 반대의 이유로 들었다. 무의미한 연명치료를 반대하는 사람들은 죽음의 과정에 대

한 환자의 선택 권리가 존중되어야 한다는 점도 강하게 부각시켰다. 연명치료에 찬성하는 사람들은 '생명은 존엄하기 때문에 인위적으로 사망에 이르게 할 수 없다.'는 이유를 들었다. 다른 생각은 연명치료를 중단하면, 의료계뿐만 아니라 가족 문제에 있어서도 '생명경시 풍조가 만연할 것이다.'와 같은 것들이었다.

69) 참고: 존 레인(2012). **멋있게 나이 드는 기술**(역). 서울: 베이직 북스.

70) 생명에 대한 경외의 사회적 가치를 보여 주는 사례가 염소 할머니(78세)의 장학금 기부 같은 것이다. 그녀에게는 가족이 없다. 고향인 경남 함양군 안의면 산골에서 홀로 사는 정갑연 할머니는 염소를 팔아 평생 모은 돈 1억 원을 고향인 안의고교에 장학금으로 기탁했다. 그녀는 늘 성금 내는 사람이 부러웠다. 일찌감치 마음먹은 일을 이제야 한 것뿐이라고 마지못해 기자에게 장학금 기부의 이유를 댄 정 할머니는 직접 담근 생된장과 손수 재배한 푸성귀, 상추, 산에서 캔 나물만 먹고 산다. "한 푼도 안 쓰고 어떻게 사시느냐."는 질문에 할머니는 "염소 사료 값이 1년에 300~400만 원은 드니까……(돈 안 쓰는 건 아니다)."라며 빙긋이 웃으며, "여름철엔 산에 방목해 두면 자기들이 인근 야산에서 풀을 뜯어 먹어 사료 값도 절약돼요. 난 일 년에 쌀 40kg들이(8만5000원 정도) 2포대면 되고. 생선 같은 것도 좋아하지 않으니까 늘 먹는 대로 김치에 밥이면 최고야."라고 했다. 마을 이장에게 기부 제안을 먼저 꺼냈던 할머니는 마지막 소망으로 "죽을 때까지 정부 지원 받지 않고 내 힘으로 살다 가는 것"이라고 했다. 형편이 어렵다고, 또 노인이라는 이유만으로 정부에 기대 사는 건 온당치 못하다고 생각하는 듯했다. 할머니는 "죽기 전 조금이라도 여유가 되면 어린 학생들을 위해 가진 것을 다 내놓고 갈 생각"이라고 말했다[참고: 조선일보 편집국(2012). 염소 할머니 "성금 내는 사람이 제일 부러웠어." **조선일보**. 2012년 3월 5일자].

71) 자기 몸 혹은 몸의 장기들을 타인의 생명을 위해 기증하는 일은 인간이 보일 수 있는 최고의 선(善)이며 생명사랑의 본보기다. 부활의 새로운 상징이기도 하다. 생명에 대한 존경과 생명에 대한 경외를 실천하는 숭고한 본보기다. 불가에서는 '육보시(肉布施)'라고도 부르지만, 천장(天遷)이나 조장(鳥葬)과 같은 티베트인의 장례도 변형된 것이다. 육보시가 제 의미를 지니기 위해서는 살아 있는 동안 그리해야 할 것 같다. 불가에서는 "육보시보다 더 큰 보시는 없다."고 말한다. 크게 깨달은 고승(高僧)들은 죽음을 앞두면, 저들은 두말할 것 없이 깊은 산속으로 들어간다. 누가 말린다고 멈추지 않는다. 마지막 남은 육신을 들짐승, 날짐승에게 내맡기기 위해서다. 그것이 고승들이 보여 준 육보시의 극적인 사례다.
지금은 사정이 많이 달라졌지만, 지금의 의학 현장은 타인의 생명을 살리기 위해 인간의 몸이 그 어느 때보다도 더 숭고한 쓰임새를 갖는 시대가 되었다. 삶의 어느 시점에서라도 그런 시간이 내게도 올 수 있기에, 그런 적극적인 생명의 경외를 실천하게 될 순간을 피하지 않기 위해서라도 내 몸을 소중하게, 더 건강하게 가꾸어야 한다. 내 몸을 구성하는 모든 세포가 너무 노화되어, 타인의 생명을 위해 크게 도움이 되지 않을 그때까지 악착같아야 할 이유도 없을성 싶다. 인간으로서 지니는 존엄성을 해칠 정도로 비굴하고, 이기적인 삶은 비참하기만 할 것 같다. 처참할 정도로 자신의 생과 명을 내놓지 않으려고 자연과 신에게 몸부림치는 것도 구차한 일에 지나지 않을 것이다.

어쩌면 내 몸을 향해 가차없이 다가올 마지막, 극한의 경우까지 마냥 기다릴 일이 아니다. 88세까지 구질구질하게 '몸'이 피폐할 대로 피폐하게 만들어 놓고 있다가 병원에서 맥없이 인공사(人工死)당할 일이 아닐성 싶다. 극심한 통증을 끌어 앉은 채, 내 몸의 모든 세포들이 더 이상 의학적으로, 생물학적으로 소용이 없을 정도로 피폐해질 그 때까지 육신을 끌어안은 채 전전긍긍할 일이 아니다. 숨을 움켜잡은 채 안간힘을 쓰며 목숨을 구걸하면서 그렇게 스러지기보다는 그 이전, 그리고 그 어느 결정적인 순간에 타인의 생명을 위해 내 몸을 결단하는 일이 타인의 생명을 위한 숭고한 경외심의 발현이 될 수 있다. 동물로서 살아가는 비굴한 삶은 하루살이의 삶만도 못할 수도 있다. 인간의 삶도 긴 시간, 신(神)의 시간으로 보면 하루살이, 그것보다 더 짧은 삶이다. 하나의 점에도 미치지 못하는 찰나적인 것일 뿐이라고 생각하면 모든 것이 기쁘기만 하다.

일초살이의 삶에 지나지 않는 것에 아웅다웅하는 존재로서, 어김없이 신에게 되돌아가야 하는 생과 명을 피폐할 때까지 옹골차게 버티는 것은 신과 자연을 향한 경건한 태도를 벗어나는 일이다. 인간은 인간으로서 지녀야 될 품(品)과 격(格)을 지켜야 할 것이다. 신이 주신 내 생과 명은 내 것이기에, 신의 은총을 위해 내 스스로 제어할 수 있어야 한다. 내가 내 몸을 남의 생명을 위해 결단하는 일이 신의 영광을 위한 일일 수 있다. 내 몸으로 세상과 내 몸을 신(神)처럼 지배하고, 남의 생명을 위해 노예(奴隷)처럼 헌신해야 한다. 만들어지기는 신(神)의 형상대로 만들어졌으나, 세상에 태어나기는 노예로 태어난 것이 인간의 조건이기 때문이다. 대안(大安)의 황제인 마르크스 아우렐리우스가 말한 것처럼, 노예로 태어난 이상 결코 신과 다툴 일이 아니다. 생명사랑은 인간의 본능이다. 인간은 인간뿐만 아니라 다른 생명을 사랑하는 이유다. 생명 사랑의 본능이 있기에, 사람은 각기의 존재에게 살아가게 만드는 희망을 불러낸다. 그것은 인간이 다른 생물보다 우월한 존재이기 때문이 아니다. 다른 동물들을 잘 알고 있기 때문이다. 그 사실이 생명의 참된 의미를 고양하는 것이며, 그 사실 때문에 인간은 고귀하다[참고: 에드워드 윌슨(2010). **바이오필리아-우리 유전자에는 생명사랑의 본능이 새겨져 있다**(역). 서울: 사이언스북스]. 생명 사랑 중에서도 사람이 사람의 생명을 사랑하는 만큼 지고한 것은 없다. 타인의 생명을 사랑하는 것은 나를 먼저 죽이고, 타인을 살려내는 일이기도 하다.

생명 사랑은 종교의 핵심이기도 하다. 생명 사랑은 기독교의 관점에서는 부활정신과 직결된다. 이제민 신부는 역설적인 표현이기는 하지만 기독교인의 부활정신, 상투적으로 믿고 있는 부활은 부활이 부정될 때 비로소 부활에 대한 올바른 믿음이 가능하다고까지 밀어붙인다. 부활은 막연하게 죽은 자가 되살아나는 그런 신화적인 것이 아니라는 것이다. 살아 있는 자를 위한 부활이어야 하는데, 그것이 바로 복음정신, 그중에서도 이웃을 위한 배려, 타인의 생명을 위해 자신을 내어놓는 것이라는 것이다. 살아 있는 자를 위한 생명 사랑의 실천은 바로 '죽기 전에 죽을 수 있는 인간'일 때 가능한 것이고, 그것이 바로 부활을 상징한다는 논리다. "남을 위하여 제 몸이 죽기 전에 죽을 수 있는 인간, 그대는 정말 행복하다. 그대만이 부활의 삶을 살 수 있기……."라고 말한다. 부활의 삶을 살고 싶다면, 나 자신이 먼저 배고픈 사람에게 먹이로 자신을 내어 주는 빵이 되어야 하는데, 그때 그 정신, 그 실천이 바로 부활, 다른 말로 말해 생명 사랑의 실천이 된다는 것이다[참고: 크리스찬 아카데미(2012). 삶의 신학 콜로키엄: 내가 믿는 부활. **사이/너머**. 64호; 서공석 · 정양모 · 심상태 · 유동석 · 서광선 외(2012). **내가 믿는 부활**. 서울:

대화문화아카데미].

아직도 티베트의 불심 깊은 마을에 사는 사람들은 사람이 죽으면 땅에 매장(埋葬)하지 않고 살아 있는 생물들을 위해 조장(鳥葬) 혹은 천장(天葬)을 지낸다. 죽은 몸을 그냥 땅 속에 매장하는 것은 육신을 아무 쓸모 없이 썩혀 버리는 일일 뿐이다. 티베트인은 그래서 마지막 육신의 살 한 점이라도 다른 동물을 위해 도움이 되도록 보시하는 일이야말로 인간이 자연과 더불어 살아가는 모습을 보여 주는 사려 깊은 일이며, 서로에게 깊은 사랑과 행복을 주는 일이라고 믿고 있다. 나에게 저들이 지니고 있는 그런 깊은 신심(信心)은 있을 수 없지만, 고대 로마의 철학자 세네카가 처방한 노령의 삶에 대해 동의한다. 말하자면, "건강을 내 최상의 모습을 유지할 수만 있다면, 나는 결코 노령을 포기하지 않을 것이다. 그러나 그 노령이 내 정신을 흔들어 혼돈시키고, 육체를 조금씩 갉아먹어 '살아 있음'이 아닌 '호흡'만을 남겨 놓게 된다면, 나는 휘청거리고 부패한 껍데기로부터 미련 없이 떠날 생각이다. 치료가 가능한 질병이라면, 또 내 영혼을 절름발이로 만들지 않는 질병이라면 그것으로 인해 죽음을 맞게 되더라도 피하지는 않을 것이다. 고통스럽다는 이유로 내 몸을 스스로 해치는 일도 없을 것이다. 그러나 아무 희망도 없이 고통만 겪어야 한다면 나는 스스로 떠날 생각이다. 그것은 고통 자체에 대한 두려움 때문이라기보다는 그동안 살아온 인생을 더럽힐지도 모른다는 두려움 때문일 것이다[참고: 세네카(2007). 인생론(역). 서울: 동서문화사]."

그래서 "나 한준상은 죽음이 임박할 즈음 더 이상의 의미 없는 그리고 불필요한 생명연장용 연명 시술치료를 거부한다. 동시에 그 언제든, 그 어느 곳이든, 말하자면 스위스의 디그니타스(dignitas) 같은 시설에서 죽든, 요양시설에서 죽든, 병상에서 죽든 관계없이, 죽으면 죽는 그날로 나의 모든 장기를 타인의 생명연장을 위해 쓰일 수 있도록 연세 대학교 의대에 기증하기로 서약한다." 2013. 08. 31. 서약인 한준상.

72) 그가 연애할 때, 그의 아내가 될 여인은 그에게 예쁜 문진(文鎭)을 선물했는데, 그 문진에는 "이성적인(reasonable) 사람은 자신을 세상에 맞추지만 비이성적인(unreasonable) 사람은 세상을 자신에게 맞추기 위해 투쟁한다."는 글귀가 새겨져 있었다. 아내가 새겨 준 문진의 글귀를 한 번도 잊은 적 없이 자선사업에 몰두하는 세계적인 부호가 엘리 브로드이다. 현재 그의 보유 재산은 63억 달러로 세계 157번째 부자이지만, 그 스스로 부자로 죽는 것은 수치스러운 일이라고 말한다. "자기 재산을 자식에게 재산을 물려주느니 저주를 물려주겠다."는 카네기의 명언도 함께 신봉하는 그는 지금까지 예술 · 과학 · 교육 관련 각종 단체와 학교에 6억 달러를 기증했다. 그는 소유한 세계적인 유명화가들의 작품들과 함께 자신의 미술관 역시 LA시에 기증했다. 모든 재산을 사회에 기부하면 자식들이 섭섭해하지 않겠느냐는 질문에 대해 그는 간략하게 "그만큼 키워 줬으면 됐다."라고 말했다. 그는 워렌 버핏과 더불어 부자에게 세금을 더 물려야 한다고 주장하는 부자다[참고: LA Times(2012). Eli Broad offers life lessons in 'The Art of Being Unreasonable.' *LA Times*(May 05. 2012)].

73) 예를 들어, 강원도 양구군 같은 조그만 시골 공동체가 바로 살아갈 만한 공동체, 살아줄 만한 공동체의 전형인 동시에 배움의 공동체, 다중공생의 공동체일 수 있다. 양구군은 2만 2,000명의 적은 주민으로

구성된 작은 공동체다. 양구군은 강원도에서는 가장 작고, 전국에서도 네 번째로 크기가 작은 지역사회다. 군민의 월 1인당 소득이 100만 원에도 못 미쳐 전국 평균보다 한참 낮은 곳이지만, 서로가 서로를 아끼는 다중공생의 정신은 전국 최고다. 가진 것은 적지만, 마음만은 바다처럼 넓은 양구군 주민들의 장학사업이 그것을 보여 준다.

기부자 대부분(1,806명)은 교사, 시내버스 기사, 귀촌한 치과의사, 보건소 소장과 직원, 운수회사 노조 위원장, 소프라노 가수, 한복점 주인, 중학교 체육 교사, 대기업 사원, 농부 같은 평범한 주민이다. 어느 식당 주인은 지역 상품권의 구매 포인트를 모았다가 현금으로 바꿔 해마다 33~60만 원을 들고 왔고, 어떤 '사장님'은 지역 축제 야시장이 끝난 뒤 10만 원을 냈다. 장학금을 받았던 학생 중에는 벌써 사회에 진출한 사람이 나왔고, 이제 이들이 다시 고향 장학회에 장학금을 내놓기 시작했다. 대학 때 장학금 150만 원을 받았던 어느 교사는 월급에서 300만 원을 모아 내놓았고, 대학 때 120만 원을 받은 성악가는 얼마 전 자선 독창회를 열어 성금 100만 원을 기탁했다[참고: 조선일보 편집국(2012). 가장 작은 양구군 주민들 가장 큰 장학회 만든다. **조선일보** 2012년 8월 10일자].

74) 상식은 피에르 부르디외(Pierre Bourdieu)가 말한 것처럼, 사람들이 서로 서로 대화할 수 있도록 만들어 준다. 반대로, 우리가 들을 수 있는 말과 들을 수 있는 사람을 제한하기도 한다[참고: 소피아 로젠필드(2012). **상식의 역사**(역). 서울: 부글북스]. 스코틀랜드 상식철학을 대변하는 철학자로 알려진 인물은 토마스 리드(Thomas Reid)였다. 그는 보편상식의 원리에 대한 『인간 지성의 연구(*An Inquiry into the Human Mind on the Principles of Common Sense*)』라는 책에서 당시의 조류에 따라 베이컨과 뉴턴의 과학적 경험적 인식론을 수용하면서 인식론적 상식론을 내세웠다. 상식적 실재주의(common sense realism)라고 하는데, 인간이 경험하는 실재는 그대로 있다는 논리다.

리드는 사물에 대한 인간의 경험과 이성적인 인식이 가능하다고 주장한다. "지각은 감각이 가진 것 전부를 가졌고, 또 그 이상의 것을 가졌다. 그것이 감각보다 더 많은 것을 가지고 있는 한에 있어서, 그것은 대상을 직접 그리고 의심할 여지 없이 앞에 가지고 있으며, 이 대상을 통하여 정신 활동은 일어나는 것이다. 대상은 여기서 추리 이상의 것이다. 그것은 주어진 조건이며 사실이다…… 우리는 우리의 정신 외부에 있는, 그리고 그 존재가 결코 우리의 정신에 의존해 있지 않은 세계 속에 살고 있다는 것을 안다. 우리는 이것에 대해 조금도 의심을 품을 여지가 없다. 또 우리가 외부 세계 안에 있는 어떤 물건들을 지각하는 까닭에, 우리는 이 외부 세계 안에서 일어나고 있는 것들의 얼마를 안다. 이 지식 역시 의심할 여지가 없는 것이다[참고: 김영환(2009). **포스트모던 시대의 세계관**. 서울: 숭실대학교출판부]."

상식이 지닌 위험을 경고했던 여러 현자의 충고, 말하자면 사람들은 어느 일에 너무 익숙해지면 익숙해졌기에 모르게 된다는 경고를 다시 상기하게 만드는 대목이다. 상식에 어긋나는 일을 하면 일상생활이 크게 지장을 받는다. 상식은 "인간이 자신의 행동보다는 다른 사람의 행동을 심판할 때 적용하는 규율로도 활용되기 때문이다. 상식은 모든 사람이 인정하지만 실천하는 사람은 거의 없는 이성의 자연스런 결과물이기도 하기에, 상식은 정치적으로나 도덕적으로 악용되기 한다. 기독교 신자에게 있어서 기도의 삶은 유별나야 될 삶은 아니다. 일상적이며 상식적인 삶일 뿐이다. 상식은 일상의 중요성을 일깨워 주기에, 사람들은 그런 상식에 익숙하게 된다."

상식이라는 것은 과학적으로도 어떻게든 입증이 되기는 하지만, 그런 것에 관계없이 일상생활에서 늘 효과를 갖는 지식이나 정보를 말한다. 상식의 지혜로서 사람들에게 소개되는 것들은 일상생활에서 상당한 효과가 있는 것들로서, 사람마다 일상적으로 삶에 응용하는 것들이다. 예를 들어, 인터넷에 회자되는 상식적 지혜는 다음과 같다. ① 사과 반쪽을 차 안에 하룻밤 놔 두면 차 안에 냄새가 제거됩니다. ② 장미꽃을 화병에 꽂을 때 소다수를 부으면 시들지 않고 오래갑니다. ③ 잉크의 얼룩은 하룻밤 동안 우유에 담가 두었다 빨면 깨끗이 없어집니다. ④ 욕조는 버터와 고운 소금과 우유를 섞어 닦아 주면 새것과 같이 윤이 납니다. ⑤ 하수구가 막히면 거친 소금을 한 주먹 넣고 뜨거운 물을 부으면 뚫립니다. ⑥ 삶는 빨래는 삼베 주머니에 계란 껍질을 넣고 삶으면 눈같이 하얗게 됩니다. ⑦ 가격이나 상표가 붙어 있던 자리에 남아 있는 흔적은 식용유로 닦으면 제거됩니다. ⑧ 양파를 사오면 싹이 나오는데 양파 봉지에 빵 한쪽을 넣어 두면 쉽게 싹이 나지 않습니다. ⑨ 거울이나 유리를 닦을 때 식초에 젖은 수건으로 닦으면 깨끗해집니다. ⑩ 색이 바랜 플라스틱 용기(화분이나 창문틀)는 버터로 닦아 주면 다시 본래 색으로 됩니다. ⑪ 잘못 붙인 우표를 잘 떼려면 냉장고의 냉각 통에 잠시 넣었다 떼면 됩니다. ⑫ 발이 저릴 때는 다리를 엑스(X)자로 교차하고 30초 정도 꿇었다 일어나면 신기하게도 다리 저림이 사라집니다. ⑬ 딸꾹질은 혀를 잡아 당겨 신경에 자극을 주면 멈춥니다. ⑭ 변기의 때를 없앨 때는 콜라를 사용하면 콜라에 함유된 시트르산이 깨끗하게 해 줍니다. ⑮ 흰색 면양말이 오래 신어 본래의 색깔을 찾을 수 없을 때 레몬 껍질을 두어 조각 물에 넣어 주면 새하얗게 됩니다. ⑯ 악취 나는 주방 배수구에는 식초 물을 흘려 보내면 냄새가 줄어듭니다.

이런 삶의 슬기와는 달리 상식에 어긋난 일념에 사로잡히거나 과잉확신에 빠지면, 상식적인 삶에 어긋나게 된다. 예를 들어, 일간신문들은 농촌교회에서 시무하는 젊은 목사 부부가 감기에 걸린 자녀들이 기도로 낫는다고 생각하고 기도로 자녀의 병을 고치려고 노력하다 불행한 사태에 빠지고만 사건을 보도하고 있다. 목사 부부에게 기도의 삶은 구원에 대한 상식이었을 뿐이다. 목사 부부는 감기를 앓던 큰딸(10)과 각각 여덟 살, 다섯 살 난 아들 등 삼 남매를 잡귀가 붙어 있다고 보았다. 잡귀를 몰아내기 위해 이틀간 허리띠와 파리채로 때리며 금식 기도에 들어갔다. 끝내 삼 남매의 목숨은 다시 살아나지 못했다. 삼 남매를 잃어 버린 목사 부부는 경찰에 구속되고 말았다[조선일보 편집국(2012). 조선일보. 2012년 2월 12일자]. 목사 부부는 잠언 24장 13~14절에 나와 있는 대로 실행했다. 즉, '아이를 훈계하지 아니하려고 하지 말라. 채찍으로 그를 때릴지라도 그가 죽지 아니하리라. 네가 그를 채찍으로 때리면 그의 영혼을 스올에서 구원하리라'는 구절 등을 따랐다고 경찰에게 진술했다.

상식으로 보면, 이 부부 목사는 상식에 어긋나는 일을 한 사람으로 치부되기 십상이다. 관점을 돌려 보면, 저들은 신앙의 가르침에 따라 양심(良心)의 삶을 살아가려고 했던 사람의 증표일 수도 있다. 보통 목회자로서는 감히 엄두도 내지 못할 신앙의 길을 보여 준 사람으로 해석될 수도 있기 때문이다.

75) 일간신문들은 미국 메인 주(州)에서 40대 여성이 손자를 출산했다는 소식을 해외토픽으로 전하고 있다. 메인 주의 지역신문 포틀랜드 프레스 헤럴드는 마다와스카 지역에 사는 린다 시로이스 씨(49)가

딸을 대신해 건강한 사내아이를 출산했다(2012. 8. 24.)고 보도했다. 딸 에인절 허버트 씨(25)가 심장 질환을 앓고 있어 임신을 하는 것이 위험했기 때문이다. 딸의 대리모가 되기로 결정한 시로이스 씨는 인공수정을 통해 딸의 아이를 임신해 8월 13일 손자 매든 허버트를 출산했다. 보도에 따르면 시로이스 씨는 딸이 병 때문에 임신을 못할 수 있다고 우려해 몇 년 동안 딸에게 대리모 역할을 해 줄 수 있다고 말해 왔다. 결국 지난해 여름 에인절 허버트 씨와 그녀의 남편 브라이언 허버트 씨(29)는 임신을 할 수 없다는 의사의 통보를 받았다. 에인절 씨는 "너무 실망스러웠고 속상했다. 하지만 우린 아이를 가질 수 있는 가능성이 있었다. 엄마는 나에게 '엄마가 여기 있잖아. 엄마가 너의 아이를 대신 품어 줄 수 있어.'라고 말하셨다. 당시 난 엄마의 제안을 진지하게 받아들이지 않았었다."고 포틀랜드 프레스 헤럴드와의 인터뷰에서 말했다. 임신이 힘들다는 말을 들은 에인절 씨는 결국 엄마에게 전화를 걸어 "엄마가 제안했던 거 기억해요? 그거 아직 유효해요?"라고 물었다. 시로이스 씨는 즉시 현지 인공수정병원 여러 곳에 전화를 걸었다. 하지만 대부분의 병원이 시로이스 씨의 나이가 많다는 이유로 거절을 했다. 다행히 매사추세츠 주의 한 병원이 인공수정을 해 줄 수 있다고 답했고, 시로이스 씨는 몇 가지 테스트를 받은 뒤 인공수정 시술을 받았다. 사위의 정자와 딸의 난자를 결합시킨 인공 수정란은 첫 번째 시도에서 시로이스 씨의 자궁에 성공적으로 착상됐다. 쌍둥이를 포함해 자녀 4명을 두고 있는 시로이스 씨는 입덧이나 다른 힘든 점이 없었고, 자녀들도 다 자랐기 때문에 임신이 힘들지 않았다고 말했다. 시로이스 씨는 13일 딸이 지켜보는 앞에서 손자 매든을 제왕절개로 낳았다. 3.5kg의 건강한 아이었다. 에인절 씨는 "굉장했다. 정말 경이로운 경험이었다."라고 말했다. 시로이스 씨는 "가족과 친구 등 많은 사람들이 한결같이 지지해 주고 격려를 해 줬다."며 "할머니가 딸의 대리모가 되어 손자를 낳는 것이 아주 특별한 일은 아니다."라고 말했다. 그는 한 60세 여성이 그렇게 한 경우를 기사로 본 적이 있고, 해당 병원에서도 비슷한 사례가 두어 차례 있었다고 설명했다. 시로이스 씨는 "그냥 몇 달 동안 아기를 돌보는 역할을 하는 거라 생각했다. 매든은 내 딸 부부의 아이이고, 난 단지 방(room)을 빌려 줬을 뿐이다."고 전했다[참고: 동아일보 편집국(2012). 딸 대신해 손자 출산한 40대 할머니 '화제'. **동아일보**. 2012년 8월 27일자].

76) 익히기와 만들기로서의 습작이나 학습은 마치 소수서원(紹修書院)에 유생들의 기숙사로 있었던 학구재(學求齋)의 의미와 같다고 보면 된다. 성현을 따라 학문을 구한다. 혹은 독서를 통한 학문의 즐거움에 이른다는 뜻의 '익히고 만들어 간다'는 의미를 담고 있다. 소수서원은 조선 중종 때 풍기군수 주세붕이 우리나라 최초로 백운동서원을, 후임인 이퇴계 풍기군수가 경상감사에 건의하여 명종 때 소수서원으로 사액을 받은 유서 깊은 서원이다. 소수서원은 당시의 사립고등교육기관에 비유할 수 있는 교육시설이었다.

77) 참고: 전성수(2012). **자녀교육 혁명 하브루타**. 서울: 두란노.

78) 참고: 엘리자베스 헤스(2012). **님 침스키(인간이 될 뻔했던 침팬지)**(역). 서울: 백년후.

79) 참고: 장원섭 · 장지현 · 김민영(2012). **일터학습: 함께 배우기**. 서울: 럭스미디어.

80) 뇌신경공학의 발전으로 이제는 뇌에서 기억의 이식이나 기억의 제거까지 가능하게 되었다. 톰슨과 맥코넬 교수가 제시한 기억 이식에 관한 초기 연구 결과가 뇌신경공학계에서 커다란 발전을 이룩한 결과다. 톰슨과 맥코넬은 자신의 연구 결과를 발표할 1950년 당시, 미국 텍사스 대학의 대학원생이었다. 그들은 실험 도중, 동물이 학습할수록 유전 작용을 하는 핵산의 일종인 알엔이(RNA)가 신경세포 속에서 불어난다는 것을 우연히 발견했다. 맥코넬은 잇대어 하등 수생식물인 플라나리아에게 빛을 쬐면 특별한 행동을 하게 훈련시킨 후 그 플라나리아를 훈련받지 않은 다른 플라나리아에게 모이로 주었다. 그 후 그것을 먹은 플라나리아에게 빛을 쐬는 훈련을 시켰다. 결과는 기대 이상이었다. 훈련받은 먹이를 먹기 전보다 훨씬 빨리 훈련에 대한 특별반응을 익히며 그 반응을 행동으로 보였기 때문이다.
맥코넬이 내린 결론은 단순했다. 기억 전달, 기억 이식이 가능하다는 결론이었다. 그 후 더 발전된 뇌신경 공학의 연구들은 기억 전달과 기억 이식이 척추동물에게도 가능하다는 사실이었다. 기억의 전달이나 기억의 이식이 각각의 뇌에서 개별적으로 작동한다는 사실이 확인되었다. 그 후부터 교육계에서는 "학습력을 키우기 위해서는 교사에게 익히는 것보다는 차라리 교사를 먹어 버리는 것이 더 교육적이다."라는 웃지 못할 괴담이 교실에서 유행한 적이 있었다[참고: 에리히 폰 대니켄(1998). **미래의 수수께끼**(역). 서울: 삼진기획].

81) 집단 지력의 상징적인 개념 틀이며, 동시에 방법론인 그룹 지니어스의 특징은 기업 현장에서도 문제 풀이의 현장에서든 조직원이, 첫째로 토론과 혁신을 위해 충분한 시간을 가지며, 둘째로 상대방에 대한 의미있는 경청을 시도하며, 셋째로 상호 조언과 새로운 아이디어로의 융합과 발전을 꾀하며, 넷째로 아이디어 융합에 대한 평가와 피드백을 끊임없이 주고받으며, 마지막으로 작은 아이디어로부터 서로의 협력을 출발한다와 같은 원칙을 지킴으로서 가능하다[참고: 키스 소여(2008). **그룹 지니어스**(역). 서울: 북섬].

82) 참고: 파커 팔머(2006). **가르침과 배움의 영성**(역). 서울: 한국기독학생회출판부.

83) 참음에도 여러 종류, 여러 단계의 참음이 있다. 그 첫째는 역인(力忍)이다. 역인은 남으로부터 모욕을 당하였을 적에 성냄을 없애지는 못한 채 다만 그 모욕에 대해 되갚음하지 않는 참음이다. 두 번째 유형의 참음은 망인(忘忍)이다. 모욕을 준 상대방에 대하여 아량을 베풀어 용납해 주며 그 모욕이 없었던 것처럼 여겨 잊는 참음을 말한다. 모욕을 당하는 것에 대해 스스로의 책임을 절실하게 느끼며 반성하고 상대방을 탓하지 않는 참음이 세 번째 참음의 유형인 반인(反忍)이다. 네 번째 유영의 참음은 관인(觀忍)으로서, 나에게 모욕을 준 사람과 모욕을 당하는 나 자신, 그리고 모욕 그 세 가지 모두가 헛것이며 텅 비어 있는 것임을 들여다보고 마치 꿈을 꾼 것처럼 그 모욕을 흘려 버리는 참음을 말한다. 다섯 번째 모욕의 형은 희인(喜忍)이다. 모욕을 내게 준 타인은 내게 부족한 인격을 완성시켜 준 은인으로 받아들이며 그에게 감사하는 단계에 이르는 참음을 말한다. 마지막으로 여섯 번째 모욕은 자인(慈忍)이다. 모욕을 주는 사람에 대해, 그가 모욕이 무엇인지 모욕을 왜 주고 있는지도 모르고 화를 내며 모욕을 주고 있는 그가 모욕에 대해 본질적으로 '모르고 있음'의 상태를 어여삐 여기며 오히려 모욕을 주는 그를 자애로운 마음으로 감싸안으며 그를 인도하고 구제해 나가는 단계의 참음을 말한다[참고: 영곡(2012). 降

伏基心. 서울: 비움과소통].

84) 참고: 김준호.(2004). 대나무. 서울: 대원사.

85) 나치가 유대인을 청소하기 위해 설치한 아우슈비츠 수용소에서 살아 남아 정신과 의사가 된 사람이 빅터 프랭클 박사다. 그는 사람들을 만날 때 '지금 어디에 계십니까?(Where are you?)'라고 인사했다. 보통 사람들이 건네는 인사말과는 사뭇 다른 인사법이다. 보통, '요즘 어떠세요(How are you?)'라고 묻는 것이 관례인데, '지금 어디에 계십니까?' 하고 인사말을 건냈던 것은, 지금 당신이 있는 곳을 알면 당신이 지금 어떤 정신적인 상태에 있는지를 알 수 있다는 뜻이었다. 현재 머물고 있는 공간에서의 하는 일에 대한 성찰은 물론, 정신적인 그리고 심리적인 자기의 머뭄에 대한 성찰도 함께 요구하는 정신의학적인 인사법이었던 셈이다[참고: 이무석(2012). 30년만의 휴식. 서울: 비전과 리더십].

86) 미국 듀크 대학교 행동경제학 교수인 애리얼리(Dan Ariely)는 사람이란 스스로의 자아 이미지를 훼손하지 않는 기준선 안에서는 얼마든지 이익을 보기 위해 부정행위도 불사한다고 주장한다. 예를 들어, 윤리적으로 회사 일에 임한다는 사람들도 회사의 사무용품을 집에 가져가서 쓰는 경우가 흔하다. 의사들 역시 환자에게 불필요한 치료를 권하기도 한다. 학교에서 커닝하는 학생도 흔하다. 모두가 이쯤이야 있을 수 있는 일, 해도 되는 일이라고 자기 스스로 판단하기 때문이다. 자신의 사익을 위해 비윤리적인 행동을 거침없이 하게 되는 것은, 사람들이 자기 스스로 자신의 격을 떨어트리지 않을 정도의 기준이나 양해의 수준이 정해 놓기 때문이다. 그런 범위가 설정되면 사람들은 그 범위 안에서 거리낌 없이 부정행위를 하게 되기 때문에, 도덕적이라고 자부하는 사람이라고 하더라도 비윤리적인 행동의 덫에 걸리고 만다는 것이 애리얼리 교수의 주장이다[참고: 댄 애리얼리(2012). 거짓말하는 착한 사람들(역). 서울: 청림출판].

87) 죽음에 관해 깊은 성찰을 요구하는 사진작가 후지와라 신야지는 사진을 통해 말한다. "길을 물었다. 노파가 말했다. 위로 가면 산, 아래로 가면 바다. 어느 쪽으로 가야 극락인가요. 어느 쪽도 천국, 어느 쪽도 지옥. 세계는 당신의 생각대로."[참고: 후지와라 신야지(2010). 메멘토 모리(역). 서울: 한스미디어.]

88) 참고: 댄 애리얼리(2008). 상식 밖의 경제학(역). 서울: 청림출판.

89) 참고: 수잔 케인(2012). 콰이어트(역). 서울: 알에이치 코리아.

90) 참고: Susman, W. I. (1985). *Culture as history*. NY: Smithsonian.

91) '배움의 리더십'이라는 개념으로 다시 정리할 수 있는 콜린스(Collins) 교수가 말하는 레벨 5의 리더십은 좋은 조직을 위대한 조직으로 끌어올리는 리더십을 말한다. 레벨 5 수준의 지도자는 지금까지 모든 조직에서 기대했던 공격적인 목표달성 위주의 리더십(예: 레벨 4의 리더십)이 아니라, 겸손의 성품과 자신의 분야에서 확고한 의지가 잘 융합된 사람들이 보이는 연단의 리더십이었다. 세계를 움직이는 기업들의 총수들이 보여 준 연단의 리더십을 발견한 콜린스 교수는 결론적으로 말한다. "좋은 회사를 위대한 회사로 전환시킨 리더십의 유형을 발견하고 우리는 놀랐다. 정말 충격을 받았다. 그들은 패튼 장

군이나 시저보다는 링컨 대통령이나 소크라테스에 더 가까웠다. 나서지 않고 조용하며 조심스럽고 심지어 부끄럼까지 타는 지도자로, 개인적 겸손과 업무상 전문가의 의지가 역설적으로 융합된 사람들이었다." 단계 5의 리더십은 능력이 뛰어난 개인적 리더십(레벨 1의 리더십), 팀웍을 통한 리더십(레벨 2의 리더십), 뛰어난 역량을 가진 관리자형 리더십(레벨 3의 리더십), 다방면에서 유능한 리더십(레벨 4의 리더십) 질적으로 구별되는 조용한, 연단의 리더십이다. 지금까지 세상이 강조해 온 최고의 리더십은 단계 4의 지도력이었다. 레벨 4의 리더십은 그야말로 모든 조직이 바라는 바의 분명한 비전, 책임의식, 충만한 열정, 높은 성취기준을 향한 동기 부여능력, 결정된 목표를 효율적으로 추구할 수 있는 방향으로 인적, 물적 자원의 조직화, 상당한 정도의 지력 보유, 구성원들과 효율적으로 일하는 리더십을 말하는 것이었다. 이러한 것은 매우 충격적인 사실이다[참고: 짐 콜린스(2002). **좋은 기업을 넘어 위대한 기업으로**(역). 서울: 김영사].

92) 겁(劫)이라는 말은 산스크리트 칼파(kalpa)의 음역(音譯)인 겁파(劫波)의 약칭이다. 불가에서는 1겁을 사방 60리의 성(城) 안에 겨자씨를 가득 부어 놓고, 1억 년에 한 알씩 가져가기 시작하여 그 겨자씨가 모두 없어지는 그런 아주 오랜 기간의 시간을 말한다. 무한한 시간이라는 뜻이다. 저들이 말하는 것에 따르면 사람들끼리 옷깃이 한 번 스치는 것도 500겁(劫)의 인연에 의한다. 함부로 여길 수 있는 관계가 아니라는 뜻이다. 한 영토에 태어나려면 1천 겁의 인연이, 같은 길을 동행하려면 2천 겁의 인연이, 하룻밤을 한집에서 동숙하려면 3천 겁의 인연이 있어야 한다. 4천 겁의 인연이 있다면, 한 민족으로 태어나고, 5천 겁의 인연이 있으면 한 동네에서 태어나고, 그저 하룻밤을 같이 자려면 6천 겁의 인연이, 7천 겁의 인연이 있어야 부부가 된다. 8천 겁의 인연이 생기면 부모와 자식이 되고, 9천 겁의 인연이 있으면 형제, 자매가 된다. 스승과 제자가 되려면 1만 겁의 인연이 있어야 하는 것을 보면, 스승과 제자의 관계는 부부의 연이나, 부모자식 간의 연(緣)보다 더 운명적인 엮임과 부대낌의 연이 있어야 할 정도로 숙명적임을 알 수 있다[참고: 석암문도회(2012). **석암스님 법망경강설**. 서울: 불교출판사]. 이렇게 엄청난 의미와 인연을 지닌 겁(劫)을 함부로 깨는 일은 그야말로 겁(怯) 없는 짓이라는 말이다.

93) 훈습(薰習)은 나의 겉과 나의 속을 만들어 놓은 요소인 훈습은 불가에서 써온 개념으로서 지속적인 자극에 의해 그 영향이 점차로 깊게 자신에게 배어드는 작용을 지칭한다. 관념이 손쉽게 지워지지 않는 하나의 상(像)으로 남아 있게 되는 습관성의 총체를 지칭하기도 한다[참고: 전종식(2011)(편저). **대승기신론; 학술자료집**. 서울: 예학]. 대승기승론(大乘起信論)에서 드러내고 있지만, 훈습 중에서 가장 인간적으로 빠져나오기 힘들게 만든 것이 전생의 훈습, 탐진치(貪瞋痴)다. 불가에서는 업의 습기로 배어진 탐진치로부터 풍겨나는 훈습을 끊는 일이 깨달음이라고 일러준다. 훈습은 정신분석 치료에서 치료기법으로도 쓰인다. 정신치료 현장에서는 환자가 자신의 내면적 문제를 통찰하고, 그런 현실과 유사한 문제 상황에서 스스로 해결해 갈 수 있도록 반복적으로 도전하게 한다. 그런 도전의 반복인 경험과 치료의 절차를 정신분석 치료에서는 '훈습'의 치료라고 부른다.

94) 개인적으로 나는 매년 5월이면 어김없이 라일락 꽃들이 풍기는 향내가 그리워진다. 라일락은 꽃으로 친다면, 내세울 만한 용태는 아니지만 저들이 풍기는 향내 만큼은 푸근하기 그지 없다. 장미꽃들로서는

감히 범접할 수 없는 행복함을 풍겨내기 때문이다. 내가 좋아하는 라일락 같은 꽃과는 달리, 인간에게는 그런 원초적인 향내가 있을 수 없다. 인간으로서 풍기는 향내가 있다면, 그것은 그가 보이는 만 가지 행동에서 드러날 뿐이다. 그 행동의 향내는 연단으로부터 가능하다. 연단은 인간 스스로 자신이 지닌 몸의 향내를 풍기도록 만들어 준다[참고: 김형경(2012). **만가지 행동**. 서울: 사람풍경].

95) 참고: 목경찬(2012). **유식불교의 이해**. 서울: 불광출판사; 이홍우(2006). **대신기신론통석**. 서울: 김영사.

96) 참고: 라지브 메호르트라(2006). **달라이 라마**(역). 서울: 문이당.

97) "돈으로 집(house)은 살 수 있지만 가정(home)은 살 수 없습니다. 돈으로 침대(bed)는 살 수 있지만 잠(sleep)은 살 수 없습니다. 돈으로 시계(clock)는 살 수 있어도 시간(time)은 살 수 없습니다. 돈으로 지위(position)는 살 수 있지만 존경(respect)은 살 수 없습니다. 돈으로 약(medicine)은 살 수 있지만 건강(health)은 살 수 없습니다. 돈으로 피(blood)는 살 수 있어도 생명(life)은 살 수 없습니다. 돈으로 신부(bride)는 구할 수 있어도 부인의 사랑(love)는 살 수 없습니다."처럼, 「돈으로 살 수 없는 것들」이라는 글들이 매일같이 인터넷을 돌아다닌다. 사람들은 그것을 알기는 하지만, 자기 삶에서 실천하지는 못한다. 배우려하지 않고 알고 있으려고만 하기 때문이다[참고: 마이클 샌델(2012). **돈으로 살 수 없는 것들**(역). 서울: 와이즈베리].

98) 우리에게 친숙한 시조(時調)는 흔히 3장 4음보의 기본형으로 통해 모든 것을 토해 내는 시가(詩歌)다. 일본인들에게 친숙한 하이쿠는 5, 7, 5의 3구(句) 17자(字)로 구성된다. 언어의 절제미를 드러내는 일본 고유의 단시(短詩)의 예술이 하이쿠다. 시조나 하이쿠나 모두 극소수의 단어로 많은 것을 표현하고 암시하는 문학이다. 예를 들어, 고산 윤선도(尹善道)가 지은 효도에 관한 시조를 읊다보면 저절로 부모님의 은혜로 눈시울이 뜨거워지기 마련이다. '뫼는 길고 길고, 물은 멀고 멀고, 어버이 그린 뜻은 많고 많고, 어디서 외기러기는 울고 울고 가느니.' 일본인에게 사랑받는 하이쿠 시인 마츠오 바쇼의 단가 역시 마찬가지로 서정성이 깊기만 하다. 그는 어머니의 임종을 지켜보지 못한 자신을 탓하며 사모곡을 짓는다. '백발 손에 드니, 녹아 버리는 듯, 눈물 뜨거워라.' 어머니에 대한 그리움이 눈에 선하게 다가오는 단가다. '한밤중 소리에 놀라 잠을 깨니, 달 꽃이 떨어졌다.'고 읊었던 그의 또 다른 하이쿠를 접하면, 커다란 여운이 남는다.

99) 참고: 마크 마토우세크(2012). **상처와 마주하라**(역). 서울: 청아출판사.

100) 참고: 앤 배리 울라노프(2005). **영성과 심리치료**(역). 서울: 한국심리치료연구소.

101) 사람이 '철' 든다고 말할 때, 그 철을 한자로 밝을 철(哲)이라고 쓸 수 있다. 철(哲)이라는 한자를 파자(跛者)하면, 철(哲)자의 의미를 분명하게 궁리해 낼 수 있다. 밝을 철(哲)자는 손(手), 도끼(斤), 그리고 입(口)이 결합한 글자다. 사람의 손에 도끼가 있으면 꺽을 절(折)이라는 말이 된다. 필요에 따라 나무를 깍아 내거나 다듬는다는 뜻이 된다. 그 꺾을 절이 입(口)과 결합하면, 사물에 대해 사건에 대해 불필요한 것을 제거하고 사리 있게 정리한다는 뜻으로 변환된다. 밝을 철(哲)자는 그래서 숲에서 나무

를 쳐내 길을 내듯이, 나무에 붙어 있는 잔가지들을 쳐내 쓸 만한 목재로 만들어 쓰듯이 불필요한 것을 가려 말하는 힘을 일컫게 된다.

102) 인간의 문명발달과정의 어딘가에서 드러나고 있는 특이점 때문에 오히려 인간의 초월성이 가능하다고 주장하는 커즈와일(Ray Kurzweil) 교수는 그렇다고 미래가 완전하다고 주장하지는 않는다. 미래는 언제나 불완전할 뿐이지만, 그래도 인간의 능력을 초월하는 특이점이 있다는 것이다. 특이점은 현재의 인간들이 알고 있는 물리 법칙이 적용되지 않는 지점이다. 신의 축복의 지점일 수도 있고, 반대로 저주의 지점일 수 있는 지점이 특이점이다. 특이점에 대한 커즈와일의 이해는 편협한 종교인의 입장과는 질적으로 다르다. 특이점을 그는 신의 축복 지점으로 이해하면서 신의 의미를 다시 생각하도록 만들기 때문이다. 특이점을 정보가 아니라 지식으로 만들어 놓았기 때문이다. 기술 문명이 만들어 내는 수많은 정보들이 그대로 굴러다니게 하면 그것은 저주일 뿐이다. 정보쓰레기들로 넘치게 떠돌아다니다가 어느 사이에 폐기되고, 처분될 뿐이다[참고: 레이 커즈와일(2007). **특이점이 온다**(역). 서울: 김영사; Kurzweil, R. & Grossman, T. (2009). *Transcend: nine steps to living well forever*. NY: Rodale Books].

정보, 그 자체로서는 아무것도 아니다. 정보가 결코 나를 위한 지식이 될 수는 없기 때문이다. 정보는 그냥 소식의 덩어리나 쪼가리일 뿐이기 때문이다. 정보가 지식이 되기 위해서는 소식이나 정보 그 자체에 의미작용이 깃들어야 한다. 의미화가 일어나야 정보가 의미있는 지식으로 바뀐다. 의미로 전환되어야 정보 쪼가리들이 우리 인간에게 앎(knowledge)의 체계로 들어온다. 제아무리 첨단의 정보라고 하더라도 의미작용이 없으며, 그것은 그저 정보 쪼가리에 지나지 않을 뿐이다. 그런 정보들을 제아무리 많이 접한다고 하더라도 정보로 남아 있으면 우리 삶과는 무관한 소식일 뿐이다. 오늘을 살아가는 우리의 삶에 의미를 만들어 내는 앎의 체계로 전환되지 않는 지식은 결코 지식일 수 없다. 그런 정보 쪼가리들은 지상과 온몸을 파고들며, 난무하고 있는 전파의 파장과 하나도 다를 것이 없기 때문이다.

103) 붓다의 직계 후손으로서 베트남의 선승(禪僧)으로, 그리고 평화운동가로 활동하는 틱낫한(Nhat Hanh, Thich)은 단호하게 말한다. 자신을 치유하려면 자기가 자신이 먼저 되어야 하고, 상처받은 자기를 자기 안으로 받아들여야 한다고 말한다. 자기와 자기 간의 화해가 무엇보다도 먼저 이뤄져야 한다는 뜻이다. "내 안의 상처받은 아이를 포근히 안아 줄 때 실은 어머니, 할머니, 증조할머니, 고조할머니를 비롯한 과거 세대의 모든 상처받은 아이들을 다 안아 주는 것이다." "우리는 행동하기 위하여 분노해야 한다고 생각한다. 하지만 합법적이고 타당한 분노라 해도 분노만으로는 충분치 않다. 우리가 사는 세상에 기꺼이 행동에 투신하는 사람은 부족하지 않다. 우리에게 필요한 사람은 사랑할 수 있는 사람, 편들지 않는 사람, 그래서 현실을 온전히 통채로 받아들일 수 있는 사람이다." "우리 마음이 강물이라면 개개의 심리 현상은 하나의 물방울이다. 우리는 강둑에 앉아 개개의 심리 현상이 나타났다가 사라지는 모습을 지켜본다. 싸우거나 움켜쥘 필요도 없고 밀어 낼 필요도 없다. 그 심리 현상이 유쾌한 것이든 불쾌한 것이든 그저 침착하게 그 존재를 인정하고 미소를 보내면 될 일이다."[참고: 틱

낫한(2011). 화해(역). 서울: 불광출판사.]

104) 질병으로부터 견뎌 내는 힘인 면역력을 높이려면 체온을 높이는 것이 지름길이라고 말하는 의사가 일본의 세이브 대학교 이시하라 유미 교수이다. 그는 인간에게 있어서 최고의 명의는 바로 '단식'과 '발열'이라고 말한다. 제 스스로 체온은 1℃만 더 올리면, 면역력이 그만큼 높아진다. 임상결과로 그것을 확인한 그는 지속적으로 환자들을 치료했다. 치료를 통해 일관되게 알아낸 것은, 체온이 올라가면 혈액도 정화되고, 그렇게 되면 자연스럽게 병이 치료된다는 사실이었다. 사람이 자신의 체온을 올리기 위해서는 무엇보다도 먼저 몸의 근육을 단련해야 한다. 몸의 근육이야말로 인체의 최대 발열 기관이기 때문이다. 인간의 하반신은 근육의 70%가 모여 있다. 하반신 근육을 움직이면 체온이 올라가도록 되어 있다. 걷기나 춤, 자전거 타기 같은 스포츠가 하반신 근력 단련과 체온을 올려 주는 운동으로서 제격인 이유다[참고: 이시하라 유미(2012). **몸이 따뜻해야 몸이 산다**(역). 서울: 삼호미디어].

105) "나는 한 발을 다른 발 앞에 놓으면서 나의 존재를 증명한다. 걷기는 세상의 가장 희한한 종 진화 역사의 결과다."라고 말하는 이브 파칼레(Yves Paccalet)는 종 진화의 역사를 거슬러 올라가 처음으로 걷기 시작한 생명체가 갯지렁이였다고 말한다. 갯지렁이는 비단이라 이름 붙여진 딱딱한 털을 노 삼아 대양을 저으며 나아갔다는 것이 그의 생물학자다운 관찰이다. 생명체가 보여 준 걸음의 첫 모습은 기어 나가는 것이었고, 그것을 보여 준 갯지렁이가 인류 문명의 시초라고 말한다[참고: 이브 파칼레(2001). **걷는 행복**(역). 서울: 궁리].

106) 메토이소노라는 말의 어원이나 개념의 쓰임새가 어떤지는 확실치 않지만, 『그리스인 조르바』의 역자(譯者)인 이윤기 선생의 설명에 의지하면, 메토이소노는 '거룩하게 되기'를 뜻한다. 김정민은 자신의 학위 논문『체험적 행위를 통한 작업(2010), 이화여대 석사학위 논문)』에서 메토이소노를 영어로 'metoisono'라고 명명하고 메토이소노의 속성을 니코스 카찬차키스의 소설에서 찾고 있지만, 메토이소노가 뜻하는 것을 쉽게 이해하기 쉽게 기독교 성찬예식에 등장하는 포도주를 예로 들 수 있다. 기독교도들이 중요시 여기는 미사나 성찬식에서는 어김없이 빵과 포도주를 축성(祝聖)하는 예식이 있다. 빵과 포도주를 예수의 살과 피로 만드는 것으로 상징되기 때문이다. 기독교에서는 빼놓을 수 없는 성찬의식의 핵심인 포도주는 세 번의 전환을 거친 문화 영성적인 주인공이다. 단순히 말하면 포도주는 포도의 3가지 전환, 말하자면 물리적 변화와 화학적 변화, 그리고 영성적 변화로 이끌려 가는 어떤 임계점(臨界點)을 넘어 극적으로 변화된 역사의 결과물이며 변천물이다. 포도가 모아져서 오래되면 포도즙으로 바뀐다. 포도즙은 포도의 물리적인 전환이다. 누구라도 알 수 있는 일반적인 변환이다. 포도즙에 산소와 역사가 가미되면 포도즙은 이내 포도주로 바뀐다. 포도즙이 포도주로 바뀌는 것은 화학적 변환이다. 포도주에 종교가 개입하고, 의식이 가미되면 포도주는 이내 사랑으로 상징되고, 성찬(盛饌)으로 선택되며, 이내 성체(聖體)로 거듭난다. 포도주가 성체로 바뀌는 것이 바로 영성적 변환으로서의 메토이소노다. 포도는 물리적, 화학적, 그리고 영성적 변화를 통해 모든 이들의 삶을 거룩하게 만드는 것이며, 그를 통해 사람들은 거듭났다는, 다시 말해서 성화(聖化)되었다고 메토이소노의 정점에 기대곤 한다[참고: 니코스 카잔차키스(2000). **그리스인 조르바**(역). 서울: 열린책들].

107) 『논어』 집주서설을 읽게 되면, 정자(程子)의 말에 잠시 멈추게 된다. 그는 말한다. "오늘날 사람들은 책을 읽고도 깨닫지 못하고 있다. 마치 『논어』를 읽으나 아직껏 읽지 않은 사람 같으며 읽은 뒤에도 역시나 깨닫지 못하나니. (이를 두고) 다른 것이 아니라 곧 읽어도 알지 못하다고 말하는 것이다(今人不會讀書. 如讀論語, 未讀時是此等人, 讀了後又只是此等人, 便是不曾讀)."라고 말하고 있다. 배움도 다르지 않다[참고: 편집부(2011). **논어집주(주자와 제자들의 토론)**(역). 서울: 소나무].

108) 자기 삶에 대한 제대로 배우려고 하는 사람은 결정적인 특징이 있다. 그것은 나름대로의 참살이를 하겠다고 나서는 사람이라는 점이다. 배움의 본질을 미리 알기만 한다면, 지금의 삶보다는 훨씬 더 참살이다운 삶을 살아갈 수 있을 것이다. 후회가 막급할 뿐이다. 어느 치유심리학자가 고뇌했던 깊은 탄식 같은 것이 없을리 없다. 그 치유심리학자는 늘 남을 가르치기만 하고, 남의 문제를 해결해 주려고 노력했던 학자이자 상담가였다. 그는 어느 날 갑자기 림프종 4기라는 진단을 받는다. 말기 암환자인 것이다. 죽음의 문 안으로 들어섰다. 생의 마지막 순간이 되었다. 그제야 그는 처음의 삶으로 되돌아갈 수 있었다. 삶이 무엇인지를 비로소 다시 배우는 학생이 되었기 때문이다. 자기가 간절하게 원하는 것, 그것을 하는 것이 가장 행복한 것임을 비로소 알게 된다. 고등학교 혹은 대학생 시절 배움이 무엇인지, 배움을 왜 해야 하는지 귀뜸이라도 해 주었던 멘토가 있었더라면, 그렇게 먼 삶의 길을 돌아오지 않았을 것이다. 그의 마지막 삶에 회환이 가득하게 일렁거렸을 뿐이다. 배움은 그런 먼 길을 굳이 저 홀로 걸어보지 않고서도 참살이에 이르게 만드는 방편이다[참고: 기 코르노(2012). **생의 마지막 순간 나는 학생이 되었다**(역). 서울: 쌤앤파커스].

109) 전각가(篆刻家)인 그 친구, 무용(無用) 선생에게 전각 그 자체는 호구지책이라기보다는 여가의 하나였다. 그는 처세에 있어서만큼은 자기 이름처럼 상당히 무용한 인물이었다. 아무짝에도 쓸모가 없다고 스스로 말하는 그는 삶에 관한 한 내공만큼은 상당함에 이르고도 남는 거사(居士)였다. 꽤나 많이 읽었음이 그의 언행으로 힐끗힐끗 풍겨나는 인물이라고 해도 무방한 그는 원래 산사(山寺)에서 글만 보다가 끝내 글 보기를 멈추고 말았다. 새롭게 읽어 내야 될 다른 이유들을 깨쳤기 때문이라고 했다. 그쪽에서나 이쪽에서나 성불(成佛)하기는 원초적으로 말짱 허위이며 허식(虛飾)같았기 때문이었다. 요즘은 중이 절보고 나가라는 세상이지만, 그는 선사들이 일러 준대로 절이 싫으면 중이 보따리를 싸들고 나가면 되는 일이라고 생각했다. 그래서 나와 버렸다. 바랑 하나 짊어지니 그토록 편안하더란다. 아무도 그를 잡는 척하는 이도 없었고, 말리는 이도 없었다. 그래도 한솥밥 같이 먹었었기에, 꽤나 야속하기도 했지만 그것마저도 한순간이었을 뿐이다. 그렇게 자신을 달구며 살아온 동행이었다.
친구라고 하기는 했지만 제 시간 나고, 내 시간 나면 가끔 전화로 한두 마디 전하기를 한 십수 년 하다 말다한 친구 사이다. 그렇게 서로 친구하던 어느 날, 나이가 얼근하게 먹은 어느날 갑자기 만나자는 전화가 왔다. 휴대폰도 시원치 않은지 마누라시켜 전화를 했다. 코엑스에서 전시회를 하고 내일 끝나니 끝나는 날 꼭 만나고 부산으로 내려가야겠다는 전갈이다. 일을 집어치우고 그를 만났다. 2012년 6월 8일, 금요일 오전이었다. 곱게 흰 모시 적삼에 백발의 노인이 되어 있었다. 남의 눈 피하지 않고 서로 끌어안았다. 눈물까지 글썽거렸다. 너무 반가우면 그런 것인가 보다. 인사치레 같은 것은 없었다. 간이 의자에 앉자마자, 척하니 세상 타령이다. 스님 말고, 억대의 투전 놀이하다가 경찰에 덜미를 잡힌 '중놈(?)'들에게 그의 씨~자의 육두문자가 날아가 꽂혔다. 씨~, 젊은 마누라 눈치 볼 것도 없었다. 오랜만에 만난 정(情)이었다. 덩달아 시원했다. 마침내 자기의 사부(師傅) 이야기에 이르렀다. 큰 어른이 돌아가실 적에 보여 준 죽음에 대한 인간적인 자세를 담백하게 이야기했다. 죽을 때를 알면, 곡기를 삼일 전부터는 온전하게 끊어야 한다고 했다. 맑은 냉수로 삶을 적시다가 마지막 날쯤 되면, 그 스스로 어렵더라도 친숙했던 이곳, 저곳 천천히 한 바퀴 돌고 방 안에 좌정한 후, 남이 볼세라 적막하게 쓰러지면 되는 일이라고 했다. 되게 쓸쓸하기는 하지만, 행복한 쓸쓸함이고, 좋은 쓸쓸함이라고 했다. 그 말 해놓고, 저나 나나 잠깐이나마 하늘 한 번 날고 돌아왔다. 그리고 그는 그대로 나는 나대로 갈 길 찾아 헤어졌다.

110) 자크 프레베르(Jacques Prévert)는 프랑스의 시인이자 영화 각본가였다. 그의 시는 프랑스어 세계, 특히 학교에서 매우 유명했다. 이브 몽탕이 부른 유명한 샹송 '고엽'의 작사자이기도 한 그는 교실에게 끙끙대며 몽상하다가, 그렇게 하루를 배우는 아이들의 영혼을 노래했다. "둘 더하기 둘은 넷, 넷 더하기 넷은 여덟, 여덟 더하기 여덟은 열 여섯……다시 시작! 하고 선생님은 말한다. 둘 더하기 둘은 넷, 넷 더하기 넷은 여덟, 여덟 더하기 여덟은 열 여섯 그런데 저기 하늘을 나르는 금조(禽鳥) 한 마리가 있다. 아이는 새를 보다가 아이는 새소리를 듣다가 아이는 새를 부른다. 나를 구해 줘 나하고 놀자 새야! 그 때 새가 내려와 아이와 함께 논다. 둘 더하기 둘은 넷 다시 시작! 하고 선생님은 말한다. 그리고 아이는 놀고 새는 아이와 함께 논다……넷 더하기 넷은 여덟 여덟 더하기 여덟은 열 여섯 그다음 열 여섯 더하기 열 여섯은 얼마지? 열 여섯 더하기 열 여섯은 아무것도 아니야. 더욱이 서른둘은 아니야 어쨌든 그것들은 멀리 가 버린다. 아이는 새를 자기 책상 속에 감추고 모든 아이들이 새의 그 음악을 듣는다. 여덟 더하기 넷도 둘 더하기 둘도 차례 차례 꺼지고 하나 더하기 하나는 하나도 둘도 아니고 하나씩 같이 사라진다. 금조는 놀고 아이는 노래하고 선생님은 소리친다. 바보짓 이제 그만 둬. 그러나 모든 아이들은 음악을 듣고 교실의 벽은 조용히 무너진다. 그리고 유리창은 모래가 되고 잉크는 물이 되고 책상은 숲이 되고 분필은 절벽이 되고 펜대는 새가 된다."

111) 참고: 숫파니파타, 323절.

生의 過

2. 인상관리 | 印象管理
자기존격 | 自己尊格

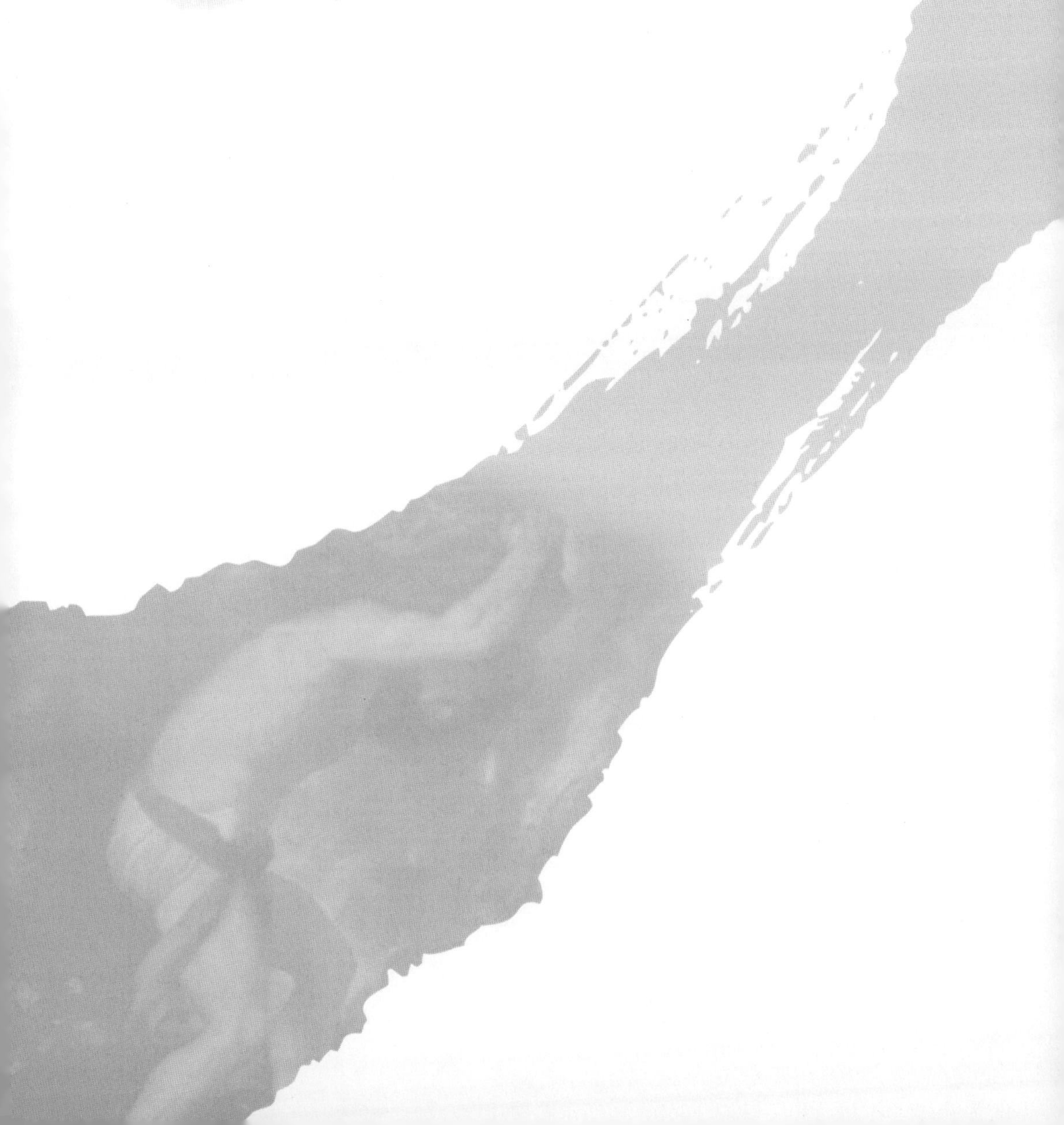

1. 내 허무한 날을 사는 동안 내가 그 모든 일을 살펴보았더니 자기의 의로움에도 멸망하는 의인이 있고 자기의 악행에도 불구하고 장수하는 악인이 있으니 지나치게 의인이 되지도 말며 지나치게 지혜자도 되지 말라 어찌하여 스스로 패망케 하겠느냐 지나치게 악인이 되지 말며 우매자도 되지 말라 어찌하여 기한 전에 죽으려 하느냐. - 전도서(7:15-17)

배우는 일은 자기 존격(自己尊格)을 세우는 일이다. 인간으로서의 품위를 다져 놓는 일이다. 자기의 기준, 자신의 품격을 높이면 자신에게 편해진다. 자기 존격의 시작은 자기 관리의 출발이다. 자기 존격의 핵심은 마음관리에 있다.[1] 자기 마음을 허튼 일에 빼기지 않는 일이 자기 존격의 출발이기도 하다. 자기의 위신을 자기가 지키는 일이 자기 존격을 세우는 일이다. 자신의 말에 신중을 기하는 일도 자기 관리를 위한 행동거지에 속한다. 삿된 행동, 문란한 행동을 삼가는 일도 '자기 존격' 하는 일이다. 자기 존격은 이름씨가 아니라 한 인간의 전체를 움직이는 움직씨라는 뜻이다. 자기 중심 잡기로써의 자기 관리가 자기 존격의 시작이기 때문이다.

자기 존격은 인간됨의 고고함을 드러내는 일이다. 마치 화학세계에서 말하는 헬륨(He), 네온(Ne), 제논(Xe), 라돈(Rn)과 같은 원소처럼, 아무에게도 기대지 않고, 저 홀로 고고한 형태로 존재하는 불활성 기체인 노블 가스(noble gas)와 같다. 대부분의 기체원소는 두 개 이상의 원자로 구성되어 있는데 반해, 비활성기체의 분자는 한 개의 원자로 되어 있다. 비활성 기체에 속하는 원소는 화학적으로 매우 안정스럽기에 다른 원소와 잘 반응하지 않는다. 비활성 기체나 불활성 기체는 고귀한 신분이기에 다른 원소들과 잘 어울리지도 않아 거의 화합물을 생성하지도 않는다. 비활성 기체는 반응을 잘 하지 않기 때문에 종종 반응성이 높은 원소를 보호하는 데 쓰이기는 한다.[2]

자기 존격의 사람은 자기 관리의 배움소(素)로 가득하기에 생명경외의 싹들을 솟아나게 함으로써 자신의 존격을 틔워 내는 사람이다. 다른 곳에서 다시 이야기하겠지만, 배움소는 배움을 구성하는 내용을 말한다. '소'라는 말은 원래 근본(根本), 속 혹은 내용을 뜻하는 말이다. 편하게 말하면 만두(饅頭)는 만두소(饅頭素)에 따라 만두의 맛이 결정되는데, 그것은 만두피 안에 여러 가지 고명을 넣어 만들기 때문이다. 만두소는 쇠고기, 돼지고기, 두부, 배추김치, 숙주나물, 계란 등을 난도질하고, 양념하여 한데 버무려 만들어지는 만두의 결정체다. 만두의 고명, 말하자면 만두 속의 맛에 따라 만두라는 음식의 맛과 멋이 결정된다.[3] 만두소가 바로 만두의 내용물이기에 내용물인 소(素)를 어떻게 꾸미느냐에 따라 만두의 맛이나 만두의 질이 달라지게 된다.

깨달음을 알아차리고 그것으로 속을 삼아 자신의 삶의 길로 삼아가는 사람이 배우는 사람이고, 자기 존격의 사람이다. 그 무슨 도사(道士)가 된 듯 한두 개의 정보 쪼가리들을 나열하며 자신의 정보력을 뽐내거나 뻐기는 그런 허황된 가식의 드러냄은 자기 존격과 무관하다. 자신의 삶을 자신이 책임지려는 자세를 지닌 사람이 자기 존격의 사람이기 때문이다. 자기 존격의 시작은 자기에 대한 긍정으로 시작된다. 자기가 자신을 비하하면 자기 품위도 비하된다. 자기 존격을 위한 배움 틔우기는 죽을 때까지 진행된다. 자신의 생과 명을 절대자에게 되돌릴 그때까지 자신에 책임을 묻는 자세가 자기 존격이다. 죽음을 맞이하는 자세 역시 자신의 품격에 따라 다르기 마련이다. 자기의 마음을 다스릴 수 있었기 때문이다.[4]

자기 관리는 개인의 몫이다. 자기의 '격(格)'을 지키기 위한 노력이 자기품을 결정해 주기 때문이다. 자기의 품위는 자기가 지켜야 한다. 자기 자신을 자기 스스로 어떻게 대우하느냐가 자기의 격을 드러내는 일이다. 예를 들어, 주먹을 쓰는 사람은 주먹으로 자기를 다스리는 사람이다. 그래서 폭력배라고 불리게 된다. 자신의 영혼을 파는 사람은 자기 존격을 자신의 작은 이해관계를 위해 거래하는 데 아무런 거리낌이 없는 사람이다. 자기 혼을 하찮게 취급하는 사람이 그런 사람이다. 자기 존격은 언제나 자기 다스림으로 시작하고 끝나기 마련이다. 자신의 품을 지키는 사람은 자신부터 배우는 사람이다. 배운 마음으로 자기의 얼을 다스리는 사람이 자기의 품을 지키는 사람이다.

자기에 대한 자신의 품위는 죽음을 맞이하는 그 순간까지 자신의 배움을 틔워내는 일과 비례한다. 자신의 배움을 틔워낸다는 말은 자기됨을 존중한다는 뜻의 또 다른 표현이다. 스스로 강아지처럼 행동하면 강아지의 모든 짓거리가 자신의 짓거리의 본이 된다. 군자처럼 살아가면 제 스스로 군자가 되는 것이다. 모든 것이 자기하기 나름이기에 그런 것이다. 아침마다 거울을 보고 자기 모습을 보고, 자신을 반추하고 성찰해야 하는 이유이기도 하다. 사람의 모습인지 짐승의 모습인지 스스로 자문하고 자답하며, 자신을 깨달아가는 일이 자기 존격의 일이다. 깨달은 사람만이 자기가 자신을 존중할 수 있기 때문이다. 자기 존중은 자신의 배움의 꼴과 형색, 양태, 방편에 따라 농도가 달라지게 된다. 자기 존중은 자기의 선택과 결단에 따라 그 모양도 다르다. 배움이나 깨달음이라는 단어들은 마지막 숨을 거두기 전까지도 저들에게는 명사이며 동시에 동사다.

자기 존격에서 배움과 마음이 결정적이다. 마치 우리의 웅녀신화(熊女神話)에서 읽어 낼 수 있었던 것처럼,[5] 자기 존격이 바로 자신의 혼(魂)이나 영(靈)의 바탕됨을 드러내기 때문이다. 배움의 끈을 놓지 않고 있는 사람들의 공통성은 자기 존격에 대한 알아차림이 강렬하다는 점이다. 자기의 마음을 다스린다는 것은 결코 쉬운 일이 아니다. 자기 깨달음이 함께하지 않으면 자기 존격은 이뤄질 수 없다. 자기 존격은 자기 성찰적이기 때문이다. 자신의 얼은 스스로 지킬 때 자기 것이 될 수 있다. 얼은 타인이 대신해 줄 수 있는 것이 아니라, 자기의 격과 자신의 품에 따라 달리 성장한다. 자신의 배움만큼 성장하기 마련이다.[6]

마음과 배움은 인간의 의식과 직결된다. 의식(意識)이라는 것을 볼 수는 없다. 그런 의식을 불교에서는 알라야 비야나(識, alayâ vijnana)라고 불러왔다. 알라야 비야나는 인식의 창고, 인식의 밑둥임을 지칭하는 단어다. 인간의 밑둥에 의식이 있다는 뜻이기도 하다. 의식은 인간의 '얼라(孽兒)'를 빚어내는 토양이다. 얼라는 사람에게 있어서 배움의 시작이며, 영혼의 근원이다. 환(幻)의 원천이며 상(想)의 근원이 얼라이다. 얼라에서 '얼'은 사물의 밑둥을 말한다. 그루터기를 말한다. 나무를 베어 내고 남은 것이 밑둥인데, 얼이 바로 사람의 그루터기에 해당한다. 얼라에서 얼은 그루터기에서 돋아나는 힘으로써의 영성(靈性)을 말한다.

'라'는 어린아이를 지칭한다. 아(兒)라는 한자에서 나온 말이다. 아는 순순한 사람, 순진무구한 사람을 일컬을 때 쓰는 말이다. 어머니의 자궁에서 막 나온 듯한 순수한 아기의 마음 상태를 아의 상태라고 부른다. 순순하고도 천진난만한 상태를 아의 상태라고 한다. 어진 상태, 어수룩한 상태, 그 누구도 반기는 그런 순순한 상태가 아의 상태다. 아이로서의 시작, 순수한 상태의 시작이 아의 시작이다.

아이라는 말에서 '아'자의 한자는 절구 '구(臼)'를 상징한다. 하나의 커다란 구멍을 형상화한 구자에, 어진 사람 '인(人)'자를 붙여 만든 단어가 '아'자다. 우리는 아이아를 아로 있는 그대로 발음하지만, 흔히 중국인은 '얼'로 발음한다. 아이를 경상도 사람들은 '얼라'라고 부르는 그것과 엇비슷하다. 경상도 사람에게 얼라의 상태는 맑은 영혼, 혼, 순수한 상태로 통한다. 때가 묻지 않은, 철이 없는, 무엇이든 배우는 상태가 얼라의 상태다. 무엇이든 배워나가기 위해서는 늘 성숙치 않은 것 같은, 늘 준비되어야 하는 상태로 사물을 맞이해야 한다. 얼라의 상태는 맑은 상태로서, 그 무엇이든 받아들일 준비를 하고 있는 상태를 말한다.

얼라는 영묘한 상태로 존재한다. 얼라의 마음은 커나간다. 크기가 달라지면, 그 양태도 바뀌게 마련이다. 마음이 변화무쌍한 것임을 알려 주는 표현이다. 얼라가 무상한데, 마음을 제대로 잡은 사람들을 '참 나'를 붙잡은 사람이라고 부른다. 다석 류영모 선생은 그래서 얼라를 혼, 영, 영원한 생명이라고 풀이한다. 사람이 사람이 되기 위해서는 자기 속의 얼라를 찾아야 한다는 것이 그의 지론이다. 얼라를 꼭 붙잡고, 다부지게 살아가는 것을 배워야 한다. 자신을 다부지게 사는 것이 바로 참살이의 삶이기 때문이다.[7)]

자기 존격의 진정성은 얼라의 마음으로 세상과 열린 관계를 맺는 정도 차이에서 발견된다. 자기 존격은 얼라의 성숙된 모습이기도 하다. 자기 존격은 마음을 일으켜 세우는 일이기도 하다. 배움을 준비하는 마음가짐이 자기 존격의 지렛대다. 마음과 배움에서 '움'이라는 말은 상징적이다. 움이라는 말은 어원상 우리의 의식을 붙잡아 매달아 놓고 있는 말이다. '움', '음' 혹은 '옴(ohm)'이라는 단어는 싹, 씨앗, 태아, 시작이라는 뜻을 담고 있다.[8] 자기 존격은 자기가 자기 스스로를 '배움하다'는 뜻이다. 배움하다는 동사는 '마음하다'는 것을 뜻하기도 한다. 마음을 배우다는 말은 어원적으로 보면, 인간의 의식을 담는다는 뜻이다. 배우다는 말은 깨닫다는 단어와도 쓰임새가 엇비슷하다. 배움이라는 말, 마음이라는 말은 우리에게 친숙하다. 마음이라는 말의 어원이나 쓰임새가 다중의 밑둥이기 때문이다.[9]

마음이라는 말의 고어적인 표현은 '마슴'이다. 마슴은 머금다에서 비롯된 말이다. 머금다는 머무르다, 몰입한다와 비슷한 뜻을 지닌다. 마음이 있다 혹은 마음이 쓰인다고 말할 때 그것은 마음이 그곳에 머무르고 있다는 것을 뜻한다. 마음이 그곳, 한곳에 머금는다는 뜻이다. 마음이 없다는 말은 그래서 마음이 떠났다는 뜻과 같다.[10] 마음이 머무르지 않는다는 뜻이다. 집중하지도 관심하지도 않는다는 뜻이다. 아무것도 배우지 않은 채 다른 곳으로 흩어져 버렸다는 뜻이기도 하다. 일체의 관심이 없다는 말이다. 그만큼 마음은 요사스럽다는 의미다.

마슴은 배우기를 놓치지 않는 의도적인 의식이다. 늙어 가면서 드는 병중에서 가장 무서운 병을 마슴병(病)이라고 부른다. 그까짓 것 하는 병이 마슴병이다. 다 알고 있다는 착시, 착각의 마음앓이가 그깟 것 하는 식으로 생각하는 마슴병이다. '모든 것은 그렇고, 그런 것이야' 하는 식으로 냉소하는 병이 바로 마슴병이다. 세상 일에 달관한 척하는 것이 마슴병이다. 정신적 어둠이 짙게 깔린 병이 마슴병이다. 냉소병도 마슴병이고, 착각병도 마슴병이다. 자기 자신을 자기 스스로 하찮게 여기는 마음병이기 때문이다. 마음에는 건강이니 어쩌니 하는 수식어가 불필요하다. 마음은 늘 상황에 따라 부식하기 때문이다. 마슴병은 타인을 거부하고 자신도 거부하는 냉소병이다. 마음균은 영혼을 갉아 먹는다.

마음병에 걸리면 남에 대한 배려가 생겨날 수가 없다. 자기에 대한 생각마저 막혀 버린다. 생각의 여백이 더 이상 자라지 않기 때문이다. 자기가 자기 자신을 깔본다.

다른 사람도 자신을 우습게 여긴다. 자기가 자신을 비웃기에, 타인도 자신을 비웃게 된다. 자기 자신을 가볍게 여기기 때문에 저절로 자기 속에서 자라는 마슴병이 바로 자만(自慢)이다. 자만하면 남이 나의 마슴에 들어 오지 않는다. 자만하면 자신이 자기를 업신여기기 시작한다. 자신을 자기가 자기답게 대우하면 자신의 운명이 달라진다. 이점은 충주 지방에는 마지막 마슴 고개에 관한 이야기가 잘 보여 준다. 자신을 비관하거나 자만하던 사람이 마슴 고개 하나 넘다보면 마음이 딴판으로 달라짐을 보여 준다.[11]

마음은 시각의 변화다. 내부시각의 열림과 변화를 읽어 내는 일이 배움이다. 마음의 열림이 배움의 시작이다. 배움은 두 가지 시각을 담아낸다. 그 하나는 배움은 세상을 열어 가는 시각이다. 세상을 틔워 내는 시각이다. 그런 시각을 내부시각(始覺)이라고 부른다. 열어 놓음의 시각이다. 다른 하나는 느낌의 시각이다. 만물을 더듬고 알아가는 시각이다. 오감이라고 부른다. 오감의 시각은 느낌의 내부시각(視覺)이라고 부른다.

열림의 시각이든 느낌의 시각이든 모든 내부시각은 배움소를 틔워내는 토양이다. 내부시각은 항상 열어 놓음의 시각과 느낌의 시각, 두 개의 쾌로 구성된다. 내부시각의 두 쾌는 삶살이에서 항상 얼키고설키며 생각을 만들어 낸다. 열리면 느끼는 엉킴의 생각이 생기고, 부대끼면 알게 되는 앎의 생각이 생긴다. 엉키고 느끼는 것들이 사람을 만들어 나간다. 엉키고설키는 것들이 사람에게 생명 에너지를 만들어 놓는다. 열림과 느낌의 내부시각들이 발화하며 마음의 상이 맺힌다. 무엇을 처음으로 그리고 무엇을 느낌대로 형상화시키는 것이 바로 마음이다. 내부시각들이 작동하고 개입하여 겉으로 발화시켜 놓은 상태가 마음이다. 마음에 따라 그의 생과 명이 달라진다. 마음은 생각의 응집체다. 배움은 마음에 고여 있으며 흐르는 앎의 토양이다.

생각은 배움의 과정에서 생기는 생성물인데, 그 생각의 원형은 헤아림에서 찾을 수 있다. 헤아림으로서의 생각을 고어(古語)로는 '삼각'이라고 부른다. 옛사람들은 깊게 헤아리는 일을 삼각이라고 불렀다.[12] 헤아리고 헤아려 알아차림으로써 깨달음이 솟구치는 그 무엇을 옛사람들은 '혜옴'이라고 불렀는데, 그 혜옴이 바로 생각이다. 생각은 깨닫기 위한 마음의 작동이며 그 결과물이다. 깨달음이라는 말은 '뿌리에서 보다'라는 말에서 나온 것이다. 나무의 뿌리를 보면 그 나무의 연륜을 알아차릴 수 있는 것과 같은 이치다. 깨달음은 그래서 근본적으로 사물의 밑바탕을 보는 일이다. 밑둥이에서 보는 일이기에, 그 무엇이든 처음부터 깊게 헤아리고 바로 보는 일이 바로 배우는 일이다. 깨달음은 그래서 현장이나 사물에 대한 배움이나 마찬가지의 뜻을 지닌다.

마음이라는 말은 깨달음이나 배움을 막거나 열려는 상태다. 깊게 혜옴하면 무엇인가를 배우게 된다. 헤아리기 시작하면 배우도록 되어 있다. 모든 것은 제 마음하기에 달렸다는 말은 바로 제 마음을 헤아리면 남의 마음도 헤아릴 수 있게 되기 때문이다. 제 생각하기, 제 깨닫기, 제 혜옴이 슬기인데, 이 모든 것은 제 마음하기 달렸다. 제 배우기에 달렸다는 뜻에서 나온 것이다.

배움은 항상 현재 진행형이다. 배움은 현재시제로 일어난다. 원초적인 인간적인 행위이기 때문이다. 배움은 과거를 현재에 불러내기에 유용하다. 현재를 상실한 배움은 공허하다. 미래를 현재로 꿈꾸게 만드는 것이 배움이다. 배움의 활동은 그래서 늘 현재형 시제로 진행된다. 미래에 배운다거나, 과거에 배웠다는 것은 현재 진행을 위해서 유용할 뿐이다. 배움은 삶과 같은 궤적을 걷는다. 살아 있는 동안 배운다. 죽은 이가 배울 수 없는 이치다. 저승에서 배우려는 사람은 명을 재촉하는 사람이다. 이승에서 배움을 포기하고 저승에서 배운 이는 있을 수 없다. 저승에서 제아무리 호의호식한다고 해도 모두가 부질없고 소용없는 일이다. 살아 움직이는 이승에서 시래기죽을 먹는 만큼도 못할 뿐이다. 천당을 꿈꾸는 이들은 천당에 가야 소원이 풀리겠지만, 오늘을 사는 사람에게는 소똥 밭에 굴러도 지옥 같은 이승이 좋을 뿐이다. 생이 있는 한 언제나 옳기만 한 말이다.

어떤 곳에 사는 사람이든 관계없이 저승에 살기 좋아할 사람은 없다.[13] 하늘나라를 그토록 칭송하는 성경에서도 사정은 마찬가지다. 지혜의 보고로 일컬어지는 전도서의 지혜자도 한결같이 우리에게 이르고 또 이르는 말이 살아 있는 자에 대한 칭송일 뿐이다. "모든 산 자 중에 참예한 자가 소망이 있음은 산 개가 죽은 사자보다 나음이니라."[14] 여기서 참예한다는 말은 산 것에 현재 속해 있는 것을 말한다. 살아 있는 것은 그것이 아무리 미물이라고 하더라도, 어떤 곳이라고 하더라도 죽어 있는 거물보다도 훨씬 낫다는 말이다. 죽어 있는 것은 거물이 아니라 쓸모 잃은 고물(故物), 고철 쪼가리일 뿐이다. 살아 있는 사람만이 배움에 충실할 수 있다. 죽어 버린 솔로몬, 죽어 버린 소크라테스, 죽어 버린 시저, 그 누구 할 것 없이 죽어 버린 자들은 송장(送葬)이거나 해골일 뿐이다. 제아무리 이 세상을 떠나 신선(神仙)처럼 살 수 있다고 해도, 그 일은 살아 움직이는 제 일이나 내 일이 아니다. 천국에서 그가 어떻게 살고 있을 것인지는 먼 후에 두고 볼 일이다.

인간에게는 늘 현재는 과거이고 미래일 뿐이다. 현재가 없는 과거는 무의미하고, 현재가 거세된 미래는 무성의할 뿐이다. 인간은 늘 현재형이며, 그 현재는 과거 현재 미래의 삶을 통째로 압축시킨 것일 뿐이다. 사람은 압축된 그 현재에서만 숨 쉬고 살 수 있을 뿐이다. "미래의 사실이라는 것은 있을 수 없다. 과거의 가능성이라는 것도 있을 수 없기는 마찬가지다. 현재에서만 그 모든 것이 가능할 뿐이다.[15] 목과 숨은 항상 현재 진행형이다."

배움에서 공간적으로 가장 멀리 떨어져 있는 단어가 미래라는 단어다. 앞으로 배울 것이라는 것은 늘 자신을 속인다. 가식적인 유혹일 뿐이다. 배움은 지금 당장 일어나야 한다. 지금 배워야 뭔가를 배우는 것일 뿐이다. 가난한 사람은 그 언제나 부자를 부러워할 뿐이다. 돈을 좇아가려고 할 뿐이다. 부자들의 전략은 다르다. 저들은 돈을 좇지 않는다. 돈의 성질에 대해 배우기부터 한다.[16] '선(先)배움이냐 후(後) 배움이냐'를 가르는 일은 무의미하다. 배움에는 그런 시차가 무의미하기 때문이다. 늦게 배우는 일은 뒤에 익히는 일과는 다른 뜻이다. 배움은 이미 진행형이기 때문에, 익히기가 늦으면 살아가는 의미를 더 늦게 만들어 낼 뿐이다.

행복도 마찬가지다. 행복도 지금 당장 선택할 것인지, 아니면 나중 선택할 것인지에 따라 행복의 감이 달라진다. 원래 행복이라는 단어나 행복은 없기 때문에, 행복을 찾아다니는 일은 무의미한 일일 뿐이다. 매년 달라지는 스마트폰의 새로운 첨단화 기능에 놀라 저들의 상술에 속지 않겠다는 사람을 만날 수 있다. 저들은 스마트폰의 마지막 결정판이 나오는 그날 그것을 사겠다고 수없이 다짐하며 스마트폰 구입을 뒤로 미루어야 한다고 생각한다. 내년에는 더 좋은 스마트폰을 저렴하게 살 수 있는 기회가 오고야 말 것이기 때문이다. 그럴듯하게 들리지만, 저들의 말은 저들의 죽는 날, 죽겠다고 말하고 있는 것이나 마찬가지일 뿐이다. 스마트폰들이 앞으로도 더욱더 첨단 기능을 부착한 채 소비자를 유혹할 것이다. 저들의 상술에 혀를 찰 뿐이지만, 동시에 기능 대비 가격도 저렴해질 것이기에 저들의 상술에 마냥 농락당하는 것만은 아니다. 그것은 스마트폰에만 국한된 일이 아니다. 포도주도 그렇고, 연인 만들기도 그렇고, 여행 계획에서도 어김없이 일어나는 일이다. 이상적인 것을 찾는 끈질긴 선택과 노력은 그것을 포기한 대가를 어김없이 요구한다. 이상적인 것을 얻지 못하면, 대신에 즐길 수 있는 기회는 놓치고 만다.

모든 일에는 선택의 균형점이 있기 마련이다. 균형점을 깨는 일로부터 행복의 느낌도 어김없이 크게 갈라지고 만다. '지금 좋은 것'과 '나중에 더 나은 것' 사이의 균형점 잡기가 행복의 감을 결정하기 때문이다. 인간은 유한한 존재이기에 지금 자신에게 만족스러운 것을 편안하게 받아들이는 편이 좋을 때가 더 많다. 더 나아질 상황을 무작정 기다리는 것보다 더 합리적일 수 있기 때문이다. 마지막 한순간을 기다리는 것은 아무것도 기다리지 않거나, 아예 그것을 하지 못하는 것이나 마찬가지다. 예를 들어, 젊은 청년이 연애를 하면서도 다른 한편으로 더 나은 배우자가 나타날 것을 기다린다면 지금 자기 앞에 있는 여인에게는 뜨거운 프러포즈를 할 수 없는 노릇이다. 더 나은 여인의 출현에 대한 막연한 기다림이 뜨거운 애정표현을 방해하기 때문이다. 그런 청년은 평생 결혼 같은 것을 할 수 없다. '오늘을 즐겨라'라는 말은 인간에게만 해당되는 인본주의적인 명제이다. 그 선택이 설령 불행을 불러와도 선택하면, 선택한 이상 되돌릴 수 없는 노릇이다. 선택의 결과는 어차피 내 것일 뿐이다. 어느 누구의 것도 아니다. 선택한 이상, 즐겨야 한다. 선택하고 나면 선택한 스마트폰처럼 버릴 수 없다는 아쉬움만이 조금 더 남아 있게 될 뿐이다.[17)]

어차피 우리는 목과 숨을 가진 인간일 뿐이다. 배움은 그것을 위한 자기 것이다. 다른 사람을 통해 다른 사람이 내 배움을 대신할 수 없는 노릇이다. 『부자 아빠, 가난한 아빠』에서 기요사키는 경험측으로 그것을 말한다. 돈을 버는 일에서 가장 파괴적인 단어가 있는데, 그 단어가 바로 '내일'이라는 단어라는 것이다. 내일이라는 단어를 자주 사용하는 사람들을 조사하면 대부분 가난하다는 것이다. 내일이라는 그 단어가 저들을 어김없이 불행에 이르게 만들어 놓는다는 것이다. 대부분 실패하는 삶을 뜯어 보면, 실패는 어김없이 막연한 내일을 먹고 산다는 것이다. 돈을 버는 일은 더구나 미래 대신 현재, 오늘, 지금, 바로가 매우 중요하다. 배움 역시 돈버는 일처럼 바로, 지금, 이때, 이 순간이 필요하다. 배움은 지금, 당장 하는 것이지 먼 훗날하는 것이 아니다. 배움은 늘 현재 진행형일 뿐이다. 배움은 죽은 다음에는 가당치도 않다. 불가능한 것이 아니라, 불사(不思) 아예 생각 자체가 되지 않는 일일 뿐이다. 목과 숨처럼 남이 대신해 줄 수 있는 것이 아니기 때문이다. 배움은 언제나 자기 중심적이며 이기적이며, 독단적이다. 배우는 사람이 '독단적'일 수밖에 없는 이유다.

자기 존격은 진정한 자기 배려, 자기 독단에서 비롯된다. 자기의 품과 격을 세우는 일이기 때문이다. 자기 효능성을 높이는 일이 자기 존격이다. 자기 존격 역시 현재 진행형일 뿐이다. 자기 스스로 일구어 나가는 일은 현재 진행형이다. 체험은 내가 경험하는 일이다. 대리경험은 나와는 무관할 뿐이다. 간접경험은 늘 보조적일 뿐이다. 간접경험은 언제나 간접적이기에, 나와는 거리를 두고 있을 뿐이다. 목숨은 직접적이다. 생과 명을 떠난 일은 언제든 내 삶과 겉도는 일이다. 배움에서 어제라는 말은 지나간 일이며, 쓰임새 없는 말이다. 의미를 만들어 낼 수는 있지만, 내게는 별로 중요하지 않은 짓거리다. 내일이라는 말은 언제나 경험대기적인 말이며, '허당스런' 말일 뿐이다.

현재 중심의 사고만이 자기 존격에서 활력을 준다. 품은 나에 대한 나의 자존감이다. "미래는 주저하면서 다가오고 현재는 화살처럼 날아가며, 과거는 영원히 멈추어 있기에, 더욱더 그렇다." 독일 시인 쉴러(Friedrich von Schiller)가 강조한 이야기이다. 과거는 언제라도 들추어 볼 수 있지만, 회상이 가능한 것들은 언제나 지나쳐버린 것들이다. 되돌려봐도, 모두가 지나간 것일 뿐이다. 미래는 언제나 모르는 일이다. 다가올 듯 말 듯한 대기적인 예측으로 가득한 일일 뿐이다. 미래를 정중하게 초대하려면, 지금부터 지금을 제대로 준비해야 한다.

준비는 지금 당장 하는 일이다. 현재 진행형이 준비다. 현재는 화살처럼 날아가 버리고 있을 뿐이다. 현재는 멈추는 법이 없다. 붙잡을 수도, 막을 수도 없다. 현재는 삽시간에 일어나는 과거다. 순식간에, 단박에 깨닫는 일이 현재다. 미래도 금지이고 과거도 금지다. 현재만이 지금이다. 날아간 자국은 흔적이다. 과거다. 지금을 붙들고 있어야 현재다. 날아가고 있는 기대는 미래다. 과녁이 보이지 않기에 미래가 될 뿐이다. 현재는 과녁이다. 미래는 모르는 과녁일 뿐이다. 짐작은 가능해도 현재는 아니다. 짐작은 불안이다. 불확정이다. 불안을 고쳐먹는 순간이 현재다. 배움은 짐작으로, 말로 하는 것이 아니다. 배움은 현재와 같이 동행하기 때문이다.

자기 삶에 확신하는 인간은 없다. 확신하는 인간이 있다면, 그는 정치인이거나 목회자이거나, 미친 자다. 아직 현재, 지금, 바로 자기의 목과 숨에 미치지 못한 사람일 뿐이다. 그런 사람들은 미래에, 과거에 미친 자다. 몇 차원의 삶을 살고 있는지에 대해 고뇌하면서 그 차원에서 결코 미치지 못한 자다. 인간이 맞이하고 있는 현재적 삶은 물리학적으로 보면 4차원일 수 있다. 어쩌면 생각이 멈춰지게 만드는 5차원, 혹은 9차원의 삶일 수도 있지만, 현재에 머물러 있는 평범한 우리네 삶에서는 3차원이면 족할 뿐이다. 경험적으로 친숙한 차원의 세상이 바로 3차원의 세상이기 때문이다. 우리는 가로, 세로, 높이의 세계에 친하기 마련인데, 그것은 경험적으로 다가오는 세계이기 때문이다. 애인을 만나면 행복하다. 좋은 차를 마시면 즐겁다. 그렇게만 살 수 없다면, 시간의 차원을 가미하면 마침내 4차원의 세상이 보인다. 시간이 가미되면 이런 저런 새로운 유머들이 보태진다. 천당 이야기도 지옥 이야기도 능히 만들 수 있기 때문이다. 인간의 유머는 기껏해야 3, 4차원의 세상 것들이다.[18] 개그맨의 우스갯소리는 온전히 3차원에서 들을 수 있는 소리다. 그 이상의 차원을 넘어가는 세상에서는 웃음이 멈춰지기 때문이다. 화성인의 농담이어야 하는데, 화성인의 농담을 지구인은 이해할 수 없다. 그쯤 되면, 서로가 서로를 웃겨 주기 위한 개그는 그야말로 '마음' 질환에 속하는 것일 수밖에 없다. 현재와 지금이라는 3차원의 공간에서는 겉도는 개그가 될 뿐이다. 같이 웃어 줄 수 없는 것은 더 이상 개그가 아니다. 화성인이 젓가락으로 귀를 후비는 그것을 보고 저들은 웃지만, 지구인들로서는 도저히 웃을 수 없는 이유다.

차원을 다르게 만들어 보게 해 주는 생각을 가능하게 만들어 주는 방편이 배움이다. 끊임없이 사람들을 성찰하게 만들어 주기 때문에 서로는 다른 차원에 속하게 된다. 사람 스스로 세상을 보는 자신의 눈을 개화시켜 주기 때문이다. 타인의 마음을 바르게 읽어 내려는 일이 자기 눈의 개안(開眼)이다. 눈이 트이면 다른 것들이 이내 눈 속으로 들어온다. 눈 틔우기를 그래서 '내면적 선회'라고 부르기도 한다.[19] 내면적 선회는 꿰뚫어 보기다. 4차원의 눈으로 5차원에 위치한 마음을 읽어 내려는 노력 같은 것이 바로 내면적 선회다. 자기 다스림을 위한 거듭나기가 내면적 선회에 속한다.

내면적 선회는 자기 체험의 통합적 인식과도 궤적을 같이한다. 자기가 주체로서 존재하고 있다는 것을 확인하는 일이 내면적 선회다. 내면적 선회 없이는 차원을 뛰어 넘어 볼 수가 없다. 서로 다른 차원의 것들에 대한 몰이해를 극복하는 일이 내면적 선회다. 내면적 선회는 마치 여러 장의 양피지 위에 써놓은 글을 단박에 알아 보는 일과 같다. 양피지 위에 글을 쓰는 것을 고대 이집트사람들은 '팔림세스트(palimsest)'라고 불렀다. 팔림세스트는 사람들이 자신의 글을 여러 장에 정리 · 보관하기 위한 글 쓰기와 글 보관하기를 위한 기법이다. 여러 장의 양피를 마치 여러 장의 종이처럼 겹쳐 놓고 써내려 가는 글쓰기 방법이 팔림세스트다. 윗 양피지에 글을 써 나가면서 밑에 써진 글을 다시 보고 처음 첫 장의 글을 다시 정리해 나가기에 글의 흔적이 남게 된다.

인간은 무엇이든 체험하고 체득해야 직성이 풀리는 동물이다. 경험한 것들은 나름대로 그의 마음에 새겨진다. 그렇게 새겨진 것들은 때때로 사물을 이해하는데 선입견이 되고 편견이 되기도 한다. 잡다한 경험들이 가득하게 서로 얼키고, 그렇게 설키어 다른 것들을 만들어 낸다는 뜻이다. 인간이 매일같이 읽고, 보고, 듣고, 경험하는 것들은 보편성의 흰 바탕 위에 겹겹으로 쌓여 새로운 세계로 축조되어진 것들이다. 보편성을 갖기 위해서는 그런 것들을 제대로 읽어 내는 어떤 방편이 필요하다. 그래야 새로운 단계, 다른 단계에 이를 수 있다. 삶의 경험은 팔림세스트해야 삶이 제대로 읽히기 때문이다.

팔림세스트하는 마음이 무엇인지를 문학적으로 파헤쳐 보겠다는 한 여류 소설가는[20] 재미있는 실험을 했다. 이해하기는 쉽지 않지만, 그녀는 5차원에 취한 마음을 3차원의 눈으로 보려고 했다. 사람들이 지니고 있는 마음의 틈새를 비집고 들어가려고 했던 그녀는 마음에 관한 수많은 낱말 사용 풀이를 훑어가기 시작했다. 마음의 쓰임새를 분석하기 위해서였다. 그녀가 살펴본 바에 따르면, 낱말 풀이가 무려 칠백 가지도 넘는 형편이었다. 각각의 낱말 사이에는 미세한 의미 차이들이 드러나 보이기 시작했다. 그런 미세한 차이를 드러내는 낱말들까지 모조리 적었다. 그러다 보니 천 가지를 훌쩍 넘겨 버렸다. 마침내 낱말들이 각각의 신비함을 드러냈다. 마음의 결이 곱게 드러났다. 마음이 지닌 여러 가지 색조들이 눈에 들어오기 시작했다.

마음을 지칭하는 낱말들이 너무도 부족했다. 빛에는 눈에 보이는 가시광선과 몸으로 느낄 수 있는 광선이 있는데, 그 광선이 바로 적외선이고 자외선이다. 마음에도 몸으로 보고 듣고 느낄 수 있는 그런 빛깔이 있었다. 마음은 수많은 표정을 짓기 시작했다. 마음을 알려면 차라리 마음을 오해하는 것이 가장 빠른 길이었다. '이해'란 가장 잘 해낸 오해였다. '오해'란 가장 적나라한 이해였을 뿐이었다. "너는 나를 이해하는구나."라는 말은 내가 원하는 내 모습으로 나를 잘 오해하여 준다는 뜻이었다. "너는 나를 오해하는구나."라는 말 역시 마찬가지였다. 내가 보여 주지 않고자 했던 내 속을 어떻게 그렇게 꿰뚫어 보았느냐고 하는 찬사였기 때문이다.

우리가 살아가는 일상적인 삶은 기껏해야 4차원 세계의 생활을 넘어서지 못한다. 그 속에서 사람들의 마음은 두 가지로 나뉜다. 그 하나는 '마음 있는 마음'이다. 다른 하나는 '마음 없는 마음'이다. 마음 있는 마음은 열이면 열, 나름대로의 꼴을 붙잡고 있다. '형상'에 대한 집착적인 삶이 마음 있는 마음이다. 각각의 형상들은 나름대로 '꼴'에 대한 가치를 갖는다. 나름대로의 형상을 보인다. 그것이 강한 욕망을 이끈다. 마음의 꼴이 잡힌다. 형상에 대한 형상화의 욕구가 강하다. 마음은 형상 그 밖으로는 넘어갈 수 없다. 형상 이외의 것이 보이질 않는다. 형상 너머의 것을 경험할 수 없기 때문이다.

마음 없는 마음은 형상을 넘어서는 마음이다. 형상 그 자체를 거부하는 마음이다. 형상 밖의 존재를 바라보는 마음이다. 깨달음의 마음이다. 열려 있는 마음이다. 집착을 벗어나 있는 마음이다. 타인과의 간극을 조심하는 마음이다. 마음이 없다고 이야기해서 마음마저 사라지는 것은 아니다. 그저 조심하고, 더 조심하라는 뜻이다.[21)]

일상생활에서 마음 없는 마음을 찾기란 쉽지 않다. 자질구레한 모든 것이 마음이기 때문이다. 집착 덩어리들이다. 마음 있는 마음을 키워 내는 씨앗들이다. 마음 있는 마음은 소나기처럼 쏟아진다. 마음 없는 마음은 가랑비처럼 내린다. 거친 마음을 다스리려면 기다리는 수밖에는 없다. 소낙비도 끝이 있게 마련이다. 죽는 그 날까지 기다리면 되겠지만 그렇게까지 기다릴 수는 없다. 방편이 있어야 한다. 수행이 방편이다. 자기 존격을 위한 수행이 그것이다. 현자(賢者), 현인(賢人)들이 보여 준 길이 그것이다. 수행이 그 길이다. 현자들의 마음은 마음 없는 마음의 수행자들이었다.[22)]

자기 존격이라는 것도 알고 보면 그리 유별난 것도, 유별나야 할 것도 아니다. 수행의 수준과 정도를 보면 자기 존격의 정도가 확인되기 때문이다. 수행의 자원은 일상생활에서도 무궁무진하다. 삶의 모든 장면이 수행의 보조 수단들이다. 결혼 생활, 자동차 운전도 자기 존격을 위한 수행의 방편이다. 육아 역시 참선의 방편이다. 전쟁터도 수행의 단상이다. 포화 속에서도 발심(發心)은 터져 나온다. 전쟁터에서 자기 마음을 다스릴 수 없다면, 천국에서는 더욱더 어림없는 짓이기 때문이다. 다른 사람과의 갈등과 긴장 역시 자기 마음 다스리기의 수행지다. 모든 것은 내게 달려 있다. 마음먹기라는 말은 그런 것을 말한다. 수행을 위한 마음가짐의 원칙이다. 필부(匹夫)에서 현자에 이르기까지 실천하는 것이 바로 수행일 뿐이다. 수행을 위한 유별난 원칙이 유별나게 있을 리 없다.[23)]

인간에게 있어서 행복이나 만족은 유아 시절 갖게 되는 환상(幻像)으로서의 판타지를 넘어서지 못한다.[24)] 말하자면, 태어날 때 어머니의 자궁에서 어쩔 수 없이 별리되어야 하기에 생기는 불안을 극복하기 위해 여러 가지 다양한 역할을 대행해 본다. 그 누구든 엄마도 되어 보고, 여왕도 되어 보고, 황제도 되어 보고 부자도 되어 본다. 어떤 때는 과학자, 예술가로도 변신하는데 그런 일련의 모든 영상화가 판타지에 속한다. 붓다나 소크라테스도 그런 판타지 속에서 판타지들과 함께 살았고, 공자나 예수의 삶도 각각 그들이 꿈꿨던 판타지 안에 있었던 것이었을 뿐이다.

그 어떤 철학자나 영성가, 현자라고 해도 마찬가지다. 저들의 고결한 삶도 결코 유아기 때 자기도 모르는 사이에 만들어졌었던 판타지를 넘어서지 못했을 뿐이다. 모두의 삶은 엇비슷했을 뿐이다. 태어남과 죽어감, 그리고 죽음 사이를 열심히 이어갔을 뿐이다. 판타지를 극복하기 위해 저들이 살아가면서, 어른이 되면서 자신에게 보여준 욕망 다스리는 법들은 의외로 간단하고, 단순했다. 욕망을 정복하기 위한 것들 모두가 저들에게 잠언의 형태로 나타났다. 저들이 자신을 위해 처방한 내용은 단순했다. 살아가면서 하나씩 제대로 지키기에는 실제로 끔찍하고, 엄청난 것들이었다. 붓다는 보리수 나무, 예수는 십자가를 영원한 침상(寢牀)으로 삼아야 했었다. 그것은 세상을 바꾸는 일이 아니라, 자신을 바꾸는 일의 시작이었고, 세상 구원을 알리는 묵시록(默示錄)이었다. 절대적인 행복을 바라면 자기 자신부터 끌어안아야 했기 때문이다. 그 누구는 유일신(神)을 거론하기도 하고, 그 누구는 자연(自然)을 두 팔 벌려 받아들였지만, 끝내 저들의 메시지는 자신이 행복하려면 자신을 먼저 바꿔야 한다는 외침이었다. 행복하려면 자신이 지니고 있는 것에 만족해야 한다. 그것이 신의 요청이며 사람처럼 살아가기 위한 잠언이었다.

궁극적인 목표가 세속적 성공을 달성하는 것으로 한정되면 삶은 늘 피곤에 감싸인다. 명성과 부를 쌓는 것이 삶의 목표가 되어서는 행복 그것으로 감싸이기 어렵다. 자기 스스로 자기에 적절하게 만족한다면, 그것이야말로 행복의 감을 얻어 내는 일이라는 삶의 충고였다.[25] 삶이 자신의 과녁이 되어야 하고, 자기 만족의 샘이 되어야 한다는 잠언이었다. 다른 사람의 그것과 비기면서 시기하는 일부터 그만둘 때 사람이 된다. 인간은 제아무리 잘나도 결국은 인간일 뿐이기 때문이다. 필요 이상으로 소유하겠다고 욕망하는 것도 어제부터 폐기하라고 훈계한다. 오늘부터이면 이미 늦는다는 것이다. 현재의 명성과 재산의 수준이 부족하기만 한지를 진지하게 살펴보라고도 충고한다. 기대를 조금 낮추면 자기 만족에 더 쉽게 도달할 수 있기 때문이다.[26] 세속적인 성공에의 집착은 불만에서 비롯된다. 성공은 불만만으로는 도달하지 못한다. 불만은 성공에의 추동력이 아니다. 불만의 추진력이 불만이다. 불만은 또 다른 욕망을 불러낸다. 작은 것에서 만족하지 못하면 그 무엇으로도 만족할 수 없는 법이다. 옛사람들의 지혜였다.

마음을 붙잡지 못하는 사람들은 끝내 잠 못 이루는 사람일 수밖에 없다. 힐티(Hilty)는 〈잠 못 이루는 밤을 위하여〉라는 글에서,[27] 잠을 정히 이루기 어려우면 잠자려고 하지 말고 차라리 신앙하라고 일렀다. 잠 못 이룸은 재앙이 아니라 오히려 축복이 될 것이라는 충고였다. 잠을 이루지 못하는 것은, 잠의 길에서 벗어나 생각의 옆길로 들거나 마음 막힌 막다른 골목에 드는 것이나 마찬가지다. 그런 샛길로 들지 말고, 차라리 기도로 신앙하는 것이야말로 자신부터 먼저 구원하는 길이기 때문이다. 힐티는 신앙의 길에서 잠을 깨우며 오히려 진실을 시험하고 그것으로 마음에 기쁨이 대신 들어오게 만들고, 그 가르침부터 먼저 믿으라고 강조한다. 잠을 못 이루는 데에도 여러 가지의 종류와 질이 있음을 알리는 대목이다.

기쁜 일 때문에 불면이 생긴다면, 그 불면은 오히려 기쁨이며 행복의 느낌일 뿐이다. 그렇게 되면 불면은 신으로부터 받은 성찰의 시간과 마찬가지다. 자기 반추와 성찰을 위한 소중한 시간이 바로 잠 못 이루는 시간이기 때문이다. 의미를 만들어 내는 불면의 시간은 아무도 나의 사고를 방해할 수 없는 조용한 시간이 된다. 신이 내게, 나만을 위한 그렇게 귀한 선물을 준 시간과 사색의 공간이 바로 불면이 되는 것이기 때문이다. 불면의 시간은 자신을 되돌아볼 수 있는 시간이며 깊은 성찰의 시간이 되는 나를 키우며, 나의 품과 격을 되돌아보게 만들어 줄 것이기 때문이다. 불면은 내적 삶의 진보를 이룩하기 위한 시간이 된다. 인생에서 자기를 돋보이게 할 보물을 손에 넣은 시간이 허락한 귀한 시간이 된다.

세상을 이끌어 낸 현자일수록 자신에게 어김없이 찾아든 불면을 성찰의 지혜로 삼았다. 예수는 그 불면을 기도로 만들었고, 붓다는 그 불면을 깨달음으로, 소크라테스는 그 불면을 자신의 무지를 일깨우는 성찰의 시간으로 바꿨다. 자신의 내면을 되돌아보는 시간이 되었다. 잠 못 이루는 자들은 불면이라는 질병으로 시달렸던 사람들이 아니다. 불면 때문에 오히려 크게, 더 크게 세상을 바꾸어 놓았던 사람들이다. 불면의 기회를 신의 귀한 선물로 받아들인 사람들이다. 불면에는 목적이 있기에, 그 목적을 받아들이는 사람만이 깨우침에 앞서 나가게 된다. 불면의 시간일수록 명확하게 들리는 조용한 목소리에 귀를 기울이는 사람이 축복받은 사람이다. 잡스런 조그만 생각들은 모두 물리치고, 결단의 생각과 사색의 시간으로 맞이해야 한다. 신이 주신 선물이 그것이기 때문에 선물을 받아들이는 자세부터 바로 잡아야 한다. 마가복음의 저자가 바로 그렇게 권면하고 있는 시간이 불면의 시간이다. “주의하라 깨어 있으라 그때가 언제인지 알지 못함이니라(막:13:33).” 불면이 주는 경계와 지나침의 장면이 드러나는 구절이다. 신의 은총을 받을 수 있는 시간으로 받아들일 수 있는지, 신의 부름에 대비하는 시간으로 받아들일 수 있는지, 아니면 병으로 고뇌하는 시간으로 받아들일지의 경계선과 경계의 공간이 바로 불면이다.[28)]

불면의 공간과 시간을 어떻게 받아들이는지가 사람됨의 모양을 드러내 놓기도 한다. 신의 은총으로 받아들이는 사람은 불면을 자기 존격의 방편으로 활용할 줄 안다. 불면하게 만들어 준 그 일을 어려웠던 일이나 병으로 생각하지 않는다. 정반대의 생각을 하게 된다. 성찰하면서 자신을 조율하는 시간으로 삼기 때문이다. 불면 때문에 고뇌하거나 그 불편을 해결해야 할 일로 받아들이지 않기 때문이다. 불편 그 자체를 거부해야 될 이유도 없기 때문이다. 새롭게 일하는 시간이 바로 불면이라는 즐거운 일이며 시간이기 때문이다. 새롭게 접근할수록 다른 재미를 주는 시간이기 때문이다. 그렇게 하기 시작하면, 일에 재미가 붙기 마련이다. 어떤 일이든 처음 시도해 보는 일은 자신에게 지루하게 다가오고, 제대로 이뤄지지 않으면 심리적으로 고달프기 마련이다. 그것에 지지 않고 이렇게 해 보고, 저렇게 대안을 찾는 과정에서 자기도 모르게 그 일의 달인이 된다. 달인, 말하자면 한 영역에서 특출난 사람인 '아웃라이어(outlier)'가 되려면 그 일에만 보통 한 1만 시간 정도 몰입하는 것이 필요하다. 그러니까 한 10년 정도는 되어야 달인이 될 것이라는 그래드웰(Gladwell)의 이야기가 틀린 이야기가 아니다. 그런 감각에서 본다면, 불면의 달인은 잠 못 이루는 사람이 아니라 오히려 사색하고 반추하며 성찰하는 생활의 달인인 셈이다.

생활의 달인, 일의 달인이란 일을 즐기고 생활을 즐기는 사람을 말한다. 사회적 가치와 상관없이 자기 일을 꾸준히 해낸 사람이 생활의 달인이다. 일에 관한 한 달인이란 일을 즐길 줄 아는, 일을 겁내지 않는 사람이다. 달인이라는 점에서는 일의 높고, 낮음에 차이가 있을 리 없다. 포르노나 성(性)의 달인이나, 예(藝)의 달인이나, 신(神)의 달인이나, 정치의 달인이나 모두가 같은 급의 달인이기 때문이다. 일을 즐긴다는 점에서 즐김에 대한 음미의 차이가 있을 수 없다. 사회적 가치와 사회적 윤리를 문제 삼을 수는 있지만, 즐기는 일의 가치는 언제나 동급이다. 포르노의 달인이나 정치 권력의 달인이나 일의 즐거움을 느끼는 가치는 같을 뿐이다.

자기가 하고 있는 일, 자기가 좋아하는 일에는 언제나 마음이 따라붙기 마련이다. 자기가 하지 않는 일에는 마음이 없다. 자기가 하고 있다고 하더라도 마음이 없으면 타인이 하는 일이나 마찬가지다. 자기 일에 마음이 제대로 따라붙어야만 자기 수행에 도움이 된다. 자기 존격에 도움이 되지 않으면, 짐이나 될 뿐이다. 재미가 떨어져 나갈 뿐이다. 처음부터 재미있는 일은 없다. 재미를 붙이려면 어느 정도의 인내와 수련이 필요하다. 이력이 따라붙어야 한다. 재미는 저절로 묻어 나오는 것이다. 일은 시작해야 일이 되듯이, 재미도 재미가 되어야 재미를 준다. 즐기면 일이 되고, 즐기지 못하면 고역이 되고, 노동이 될 뿐이다.

한평생을 살다 보면 저 혼자만 즐길 수 있는 일도, 그런 법도 없다. 남들과 더불어 같이 해야 재미도 되고 즐거움도 솟아난다. 모리 슈워츠(Morrie Schwartz) 교수는 자기의 목숨이 다하는 그 날, 삶에 대한 교훈을 요청하는 이미 클 대로 다 커 버린 제자 교수를 이렇게 달랬다. "남의 도움이 필요할 때가 있습니다. 받을 수만 있다면 많이 받으세요." "죽는 법을 배우십시오. 그러면 살아가는 법을 알게 될 것입니다."[29] 사람으로 태어났으면, 죽음을 두려워 외면할 일이 아니다. 죽음은 도망갈 수 있는 것이 아니기 때문이다. 살아 있는 것은 어김없이 죽어야 하기 때문이다. 살기 위해서는 죽음부터 제대로 익혀야 한다. 죽음과 매일같이 마주하고 있는 것이 바로 너의 삶, 나의 삶이기 때문이다. 죽음과 마주하려는 용기가 있으면 무엇이든 즐거움으로 바꿀 수 있다. 살아 있는 자기에게서 죽음을 읽어 낼 때, 세상의 모든 것은 나에게 즐거움의 손짓을 하게 된다. 죽어 가고 있는 자신을 들여다보면, 세상일이 즐겁지 않을 수 없기 때문이다.

죽음을 마주하려면 그 무엇이든, 그 누구든 사랑할 수 있어야 한다. 사랑은 삶을 드러내는 인생 최고의 가치다. 사랑은 느낌으로만 하는 것이 아니다. 사랑하는 일은 이성적인 행위다. 감성적이기에 오히려 이성적이라는 뜻이다. 사랑은 살아가는 이유를 담고 있다. 사랑에 대한 참뜻을 죽어가는 순간이 되어서야 비로소 깨닫는다면 너무 늦을 뿐이다. 사랑은 살아 있는 동안 해야 하는 일이다. 사랑하면 즐거움을 경험하고야 만다. 사랑하기 위해서는 무엇인가를 배려해야 한다. 배려의 대상 가운데 가장 먼저 앞에 와야 할 사람은 자신이다. 자기 자신부터 배려하고 용서해야 타인을 사랑할 수 있다. 타인에 대한 '용서'도 필요하다. 행복의 원리는 의외로 단순하기에 불만하지 말아야 한다. 불만하지 않으려면, 자기 욕망에 스스로 기만당하지 말아야 한다. 불만을 만들지 않으면 되는데, 그럴려면 자기 자신을 비하하거나 학대하지 말아야 한다. 자기 존격이 지향하는 이정표가 자기 세움이기 때문이다.

자기 존격의 삶은 '구성적'이다. 구성적이라는 말은 모든 것은 만들어진다는 뜻이다. 자기 삶은 자기가 만든 삶이다. 누가 떠넘긴 것이 아니다. 자신이 자기를 간장종지로 만들면 기껏해야 간장이나 담을 것이고, 분뇨통으로 만들면 누구의 '거시기' 오물이나 받아 낼 것이다. 자기의 정체성은 자기 것일 뿐이다. 자기가 자신을 성자(聖者)로도 만들고, 거렁뱅이로도 만든다. 자신이 만든 자신의 결과물이다. 세상에는 겉모습은 거렁뱅이로 살아가지만, 속내는 황제처럼 살아가는 절대적 권력자가 있는가 하면, 겉으로는 황제처럼 사는 척하지만 속살림은 천상 거렁뱅이로 처신하는 사람도 부지기수다. 자신의 삶은 관계 속에서 사회적으로 만들어지는 구성물이다. 사회는 마치 그 옛날 인기를 끌었던 종합 감기약 '콘택600'처럼 서로가 각자적인 기능을 갖고 있는 알갱이들의 조합이다. 서로 다른 각자의 기능들로 서로가 서로의 용도와 쓰임새를 지니고 타인에게 그렇게 도움이 될 수 있다.[30)]

사회심리학자인 고프만(Goffman)은 사람들의 삶을 하나의 연극무대로 비유하며 사람들의 행동을 설명하는 사람이다. 『일상생활에서의 자아표현』이라는 책에서 그는 사회는 하나의 무대이고 인간은 각자의 삶을 연기하는 배우라고 말한다. 배우로서 사람들은 나름대로의 가면을 쓰고 특정한 배역을 공연해 낸다. 가면이 바로 그 사람의 성격(性格, personality)이 된다.[31)] 그 성격은 결코 그 사람의 품과 격을 보여 주는 인격(人格)의 전체가 아니다. 단지 사람들은 사회라는 연극무대 위에서 각본에 따라 움직이는 공연자로서 자신에게 불리한 정보는 숨기고, 드러낼 수 있는 유리한 정보 중심의 공연을 해낼 뿐이다. 각각의 공연자는 안전한 공연 상황을 이끌어 가기 위해 인상관리(impression management)의 책략을 최대한 활용한다. 결국 자아나 성격이나 나라는 정체성은 사회라는 연극무대 위에서 만들어지는 그 무엇 혹은 '연기되는 어떤 것'일 뿐이다.

사람들이 서로 교통하고, 소통한다고 해도 그들의 모습은 여러 사람의 존재를 용의주도하게 의식하는 자기 존재 안에서 구성될 뿐이다. 교통의 도구나 수단은 자기의 연극을 위한 방편일 뿐이다. 주체는 도구가 아니라 나라는 사람이지만, 그 사람인 나는 어김없이 사회적으로 만들어질 뿐이다. 사람들은 다양한 정체성과 익명성을 갖는 욕망, 그 자체를 그 속에 숨기며 연기할 뿐이다. 욕망을 끝없이 다양하게 구성해간다. 욕망이 다양해도 겉모습은 본질적으로는 동일하다. 사이버 스페이스를 돌아다니기 위해 제아무리 서너 개의 아이디를 갖고 있다고 해도 그는 자기일 뿐이다. 자기를 벗어날 수는 없다. 자기를 벗어나는 순간 자신은 허구다. 익명성은 익명성이지 자신이 아니다. 익명성 속에 자신은 살아 움직인다. 익명이 거짓을 허용하지 않는다. 서로가 서로에게 옳은 사람, 바른 사람이어야 한다.

사람들이 소통하기 어려운 이유다. 서로는 늘 불통 속에 살게 된다. 소통하면서도 처절하게 불통하고 있는 중이니 연극무대와 같은 삶은 처음부터 아이러니이며 패러독스다. 삶이 아이러니이니 서로가 소통을 한다는 불가능한 일이다. 단지 서로가 소통을 기대하는 것만으로 충분하다. 기대는 어김없이 기대로 끝날 뿐이기에, 기대가 소통일 수는 없다. 소통은 불통보다 더디기만 하다. 불통하면 사람들은 자기의 정체성을 서로에게 드러낼 이유가 없다. 모든 관계가 피상적일 뿐이기 때문이다.[32] 소통은 관계이기에 관계를 주고 받아야만 소통이 시작되는 것이다. 소통은 관계를 찾는 것이기에, 소통은 믿음이며 관계맺음이다. 소통은 관계를 교환하는 것이며, 관계를 회복하는 일이다. 소통이 거절되면 나는 그에게 영원한 불통이며, 지옥이며, 쳐다보지 않는 연극무대의 배우가 될 뿐이다.

관계는 회복되는 것이 아니다. 관계는 이어지는 것인데 회복이라는 말은 처음부터 허구적이다. 피상적인 복구를 회복이라고 부를 뿐이다. 관계에서 회복은 언제나 피상적이기에, 불통의 관계는 손쉽게 회복되기 어렵다. 인간에게 떨쳐 낼 수 없는 사회구조적인 맹점이다. 연극 무대 위의 배우가 하는 역할을 보고, 관객이 배우의 그 무엇을 안다고 하지만 아무것도 모를 뿐이다. 배역이나 경력, 이력, 연기를 보고 무엇을 안다고 한다면, 그것은 인간적인 맹점이라는 뜻이다. 무엇도 모르며 아는 체 하는 것이 인간이 인간에 대해 지니는 인간적인 맹점이다.[33]

사람들은 제 자신의 결점을 모른다. 제 자신의 결점은 인지하지 못한다. 자신의 주관을 믿는다. 자신의 편견이 생긴다. 그 편견이 맹점으로 작동한다. 결국 삶은 사고

연발의 장이 된다. 사람들은 자기에게 친숙한 것만 옳다고 믿는다. 자신의 결점은 가리려 한다. 자기 스스로의 오만, 어리석음, 무지, 편견, 탐욕, 이기심 등을 드러내려고 하지 않는다. 타인의 결점은 더 드러내 보이려고 한다. 그것이 험담으로, 그것이 뒷담화로 번지고 번져 버린다. 인간은 기껏해 봐야 인간일 뿐이기에 인간적인 맹점들은 개인적인 매일의 삶에서도 어김없이 작동하기 마련이다. 사회적으로 만들어지는 맹점들은 여러 경로를 통해 번진다. 어떤 사태에 대해 냉철한 의심과 반추가 결여되기 시작하면, 맹점들은 맹신을 부추킨다. 횡행하는 보편적인 생각을 의심이나 반추 없이 수용하는 심리적 지향성이 개인적인 무지를 키운다. 사태에 휘말리고 나면 자기의 무지가 무엇인지를 '모른다'는 그 사실조차 알려고 하지 않는다. 평소 자기가 갖고 있던 지향성대로 자기의 삶을 몰아간다. 이명박 대통령의 집권 초기에 일어났던 소고기 파동과 촛불집회가 바로 맹점의 위험을 보여 준 바 있다.

일상적인 삶살이에서 얻는 익숙함, 친숙함이 사람에게 맹점과 무지를 키운다. 그것은 마치 병원에 입원한 후에야 별안간 건강의 중요성을 깨닫게 되는 이치와 같다. 일상적 익숙함은 사람의 눈을 가려놓기 때문에 어쩔 수 없는 노릇이다. 〈캐치 미 이프 유 캔〉이라는 영화가 있었다. 잡아 볼 테면 어디 한 번 잡아 보라는 제목의 영화였다. 그 영화가 가르쳐 주는 것이 있다. 일상적으로 보아 오던 것은 인간에게 사물에 대한 판단을 가리는 맹점이나 키워 준다는 것을 보여 주는 영화였다.

영화의 줄거리는 단순하다. 우편 집배원 복장을 하고 사기를 치는 주인공의 사기에 사람들이 번번이 속아 넘어간다. 사람들이 사기꾼인 '사람'에게 초점을 두지 않았다. 우체부 '복장'에 초점을 맞추었다. 우편 배달부의 일은 일정하다. 모두에게 믿음을 주는 일이기 때문이다. 모두가 집배원의 일에 친숙하다. 집배원 복장은 충실함을 상징한다. 가짜 집배원의 복장을 의심할 이유가 없다. 가짜 집배원은 사람의 맹점을 잘 간파했다. 사기 행각이 성공할 수 있었던 이유였다.

모든 생명체는 자신의 생명보호에 우선 집착한다. 생명을 위해서라면 맹점이라도 거침없이 의지하게 마련이다. 삶의 조건으로 받아들이기조차 한다. 생명은 절대명령이기에 내 목숨부터 부지하고 볼 일이기 때문이다. 기분의 문제가 아니라 삶의 문제다. 사사로이 처분할 수 있는 물건이 아니다. 마지막 순간까지 저항하고 버틴다. 생명을 위해서다. 생존 경쟁은 생명의 문제다. 이것을 비껴갈 수 있는 과제는 없다. 부조리가 난무한다고 해도 살아야만 한다. 삶은 선택의 문제가 아니다. 생명은 사명이다. 생명을 위해 살아가야 생명이 된다. '어떻게 살아가야 할 것이냐'가 늘 문제가 된다. 생존방식이 생명을 결정한다.[34)]

생명의 진지함이나 생명의 아쉬움은 살아가면서 자신 어딘가에서부터 생기는 자신의 목과 숨에 대한 감정이다. 생명은 언제나 바쁘고 번다하다. 그것의 진지함을 깨닫기 시작하면 이내 삶의 종착역이 가까워졌다는 말이 된다. 여행에서 몸을 내리면 모든 것은 끝난다. 생도 끝나고 명도 끝나기 마련이다. 아우성이나 후회, 모든 것이 부질 없는 짓이다. 도사(道士)깨나 되는 사람들을 취재하던 한 기자는 노스님의 깨달음이라는 이야기로 삶이나 죽음의 부질없음을 풀어 낸다. 사회에서 꽤나 성공했다는 사람이 성급한 나머지 삶에 대한 큰 깨달음을 얻기 위해 절을 급히 찾았다. 급했던 그는 빨리 깨닫기 위해 절에 도착하자마자 명상에 한참인 노스님에게 물었다. "깨달았다는 것이 도대체 무엇입니까?" 급하게 물었다. 스님 역시 그에게 급하게 답했다. "우리가 먹고 살고 죽는, 삶의 모든 것에 대한 회의(懷疑)가 없어졌다. 그거지 뭐. 의심이 없어졌다는 말씀이란 말이야."[35)] 모양은 급했지만 내용만큼은 꽤나 더디고 더딘 선문답이었다.

깨달음, 그것이 그리 유별날리 없지만, 그 단어를 접하는 마음들은 각각 유별나다. 깨달음의 본체는 그저 상식적일 뿐이다. 죽는다는 것을 알기 위해 꼭 죽어 봐야만 할 일은 아니겠기 때문이다. 죽으면 부자가 될 것이니 죽으라고 하면, 죽을 사람은 단 한 사람도 없다. 삶의 종착역에 도달하면 더 이상 타고 되돌아 갈 기차는 없다. 삶을 실어나르는 것은 기차가 아니라 목과 숨이다. 목이라는 기관차가 정지하면 숨이라는 객차는 그대로 쉴 뿐이다. 그 후의 여행에 대해 왈가왈부할 이유가 없다. 마지막 역에 이르러서야 깨달으면 지루하다. 한참 늦은 일이다. 바꾸지 못하는 것을 받아들이려고 하는 것은 결코 평정심이 아니다. 바꿀 수 없는 것을 바꾸지 못하겠다는 것 역시 슬기는 아니다. 모두가 크게 늦은 것이라는 깨침이다. 그런 깨우침은 후회일 뿐이다. 깨달음에 앞설 수 있는 깨달음은 오직 '깨차고 나옴'일 뿐이다. 깨치고 나와야 깨우침이 된다. 깨치고 나옴을 삶에 대한 개조라고 부르는 이유다.

사람들은 생명을 부지하기 위해 다른 동물의 생명을 열심히 탐해 왔다. 물고기, 가금류, 네 발 짐승들을 사육하면서 그것의 고기를 먹어 왔다. 뱀, 고래, 악어 심지어 고양이, 개, 침팬지까지 먹어 치웠다. 이제 새로운 사육방법이 나와야 한다. 인류를 구제하기 위해서다. 생명하기 위해 죽음을 활용한 덕택이다. 이제 인간에 남아 있는 마지막 방법은 인간을 사육하는 방법만이 남아 있을 뿐이다. 한 번도 해 본 적이 없었던 것이라 윤리적으로나 현실적으로 가능한지 어떤지 의문이 들기 마련이지만, 실제로 인류사에 있어서 '인간 역시 식용용으로 사육하는 것이 가능한 것인가?'라는 질문이 있었던 적이 있었다.[36] 말이 되는 질문인지 의심하기 충분하지만, 무턱대고 흥분부터 할 일만은 아니다. 조용히 반문해 볼 일이기 때문이다. 인간의 존격을 다시 세우기 위해 필요한 깊은 사유를 요구하기 때문이다.

2. "도그마, 다른 사람들의 생각에 얽매이지 마십시오. 타인의 소리들이 여러분 내면의 진정한 목소리를 방해하지 못하게 하십시오. 가장 중요한 것은 마음과 영감을 따르는 용기를 가지는 것입니다. 이미 마음과 영감은 당신이 진짜로 무엇을 원하는지 알고 있습니다. 나머지 것들은 부차적인 것이죠 …… 배고픔과 함께 하십시오. 미련함과 함께 하십시오." – 스티브 잡스[37]

"바다에 나갈 때는 일주일을 기도하라. 전쟁터에 나갈 때는 한 달을 기도하라. 결혼에 대해서는 평생을 기도하라." – 속담

결혼을 하려면 평생을 기도하라는 것이 서양 사람들이 입에 달고 사는 말이다. 그렇게 기도하는 사람도 없지만, 어쨌거나 결혼생활은 난(難)하다는 뜻이다. 결혼하는

것은 전쟁에 임하는 자세보다도 더 돌아볼 것이 많은 삶이라는 것에 대한 훈계다. 사랑의 완성이 결혼은 아니다. 결혼하는 것은 사랑하는 사람이 더 배우기 위한 사랑의 약속일 뿐이다. 서로가 자기만을 바라만 봐 달라는 요구에서 물러나, 서로를 지켜봐 주겠다는 약속의 표시다. 결혼은 자기의 존격을 상대방에게 드러내는 사랑의 극적인 표시다.

무엇이든 자기가 욕구하는 것을 탐하는 존재가 바로 인간이다. 그런 사람들이라고 하더라도 제 살기 위해 여자 혹은 남자라는 인육(人肉)을 탐하는 것이 아니다. 사랑을 탐할 뿐이다. 사람을 먹는 고기로 탐한다면 그들은 윤리적으로 용서받기 어렵다. 식용으로 인간을 사육할 수는 없는 노릇이다. 식용 인간을 기르자는 견해가 있다면, 그것은 천당에 가서 살도록 하기 위해 유아를 태어나자마자 살해하자는 이야기나 별 다를 것이 없다. 어쩌면, 목숨의 고귀함에 매달리고 있는 보통 환자들에게 천당이나 지옥, 둘 중 어느 곳을 가고 싶은지를 묻는 것이나 마찬가지다. 가능성이 희박하지만, 천당을 다녀온 사람은 천당에 대해 시시콜콜 묘사할 수 있지만, 죽어 본 적이 없는 사람은 일단 죽지 않은 사람이기에 천당이 어떤 곳인지를 묘사할 수 없다. 상상력이 풍부한 작가라면 사정은 다르다. 그는 작가이기에 허구를 만들어 내면 되기 때문이다. 천당과 지옥을 살아 있는 사람들에게 세밀하게 묘사해 주고 있는 스베덴보리라는 사람이 그런 작가다. 그는 식용용 인간 농장도 상상해 낼 수 있었던 사람이었다.[38)]

인간 사육이 가능한가에 관한 질문이 나온다면, 사람들은 마치 철학자처럼 현학적으로 돌려 말할 수는 있을 것이다. 프랑스 지성인 장 폴 사르트르(Jean Paul Sartre)처럼 우회적으로 표현할 수도 있다. "축구에서 가장 큰 골칫거리가 바로 상대 팀"이라고 말했던 적이 있는 그는 인간에게 골칫거리는 바로 인간이라는 뜻으로 그런 말을 역설해낸 것이었다. 연인들은 "나는 너의 모든 것을 원해."라고 말한다. 사랑을 독점하겠다는 뜻이지만, 상대방의 목과 숨을 원한다는 것은 아니다. 제아무리 여성을 사랑한다고 해도 자신의 눈으로 세상을 바라보는 한, 그 여인의 모든 것을 완전하게 소유하기는 불가능하기 때문이다. 남녀 사이의 성적인 욕망 역시 마찬가지다. 남녀 간의 사랑은 본래부터 불안정하며, 심각하게 모순적이기도 하다. 상대방을 갈망할 때는 그 사람을 하나의 사물로 보기에 모든 것을 욕망하지만 현실을 그런 것이 아니다.

남녀 간의 사랑은 살(肉)과 고기(肉) 간의 단순한 교섭을 말하는 것이 아니다. 하나의 살과 다른 살 간의 교섭이나 교환으로만 사랑을 욕망한다면, 결혼은 처음부터 성의 거래일 뿐이다. 원하는 것은 육체였을 뿐이기 때문이다. 속으로는 그래도 겉으로 그들은 달리 말한다. 영혼을 사랑하는 자유로운 주체이기를 바란다. 축구라는 경기가 진행되려면 상대 팀은 어차피 필요하다. 게임을 위해서 필요하다. 마찬가지 비유로 보면, 인간을 위해 인간을 사육해야 한다고 주장하는 사람은 정신 나간 사람이다. 인간을 위해 나라 간의 전쟁를 부정하는 사람은 없다. 인간 사육은 거부되지만 인간 전쟁과 인간 살육은 정당한 것으로 받아들인다. 서로는 어떻게 보더라도 역설적일 뿐이다. 천당을 보고 온 사람들이 있어 줘야 사회가 꾸려진다. 천당을 위해서가 아니라 점쟁이들이나 영성가들의 구체적인 생존을 위해서다. 천당이 있어야 교주의 존재가 가능하다. 천당은 저들의 일상을 위한 양식을 벌게 도와줄 뿐이다. 세상은 그렇게 서로가 엉성하며 정교할 뿐이다.

삶을 살아간다는 것은 사람들이 직선의 생활 속에서 곡선의 삶을 이어가는 일과 다르지 않다. 일상적인 삶은 전쟁터에서 잠깐의 휴식을 위해 병사들이 서로 걸어 세워 놓은 소총들과 같다. 서로가 균형을 이루고 있기는 하지만 늘 불안정하다. 모두가 서로 구부러진 불균형으로 균형을 이뤄 내고 있을 뿐이다. 구부러진 불균형 속의 균형 그 자체가 삶의 모양새다. 작가인 조르주 올리비에 샤토레노(Georges-Olivier Chateaureynaud)가 인간이 지니는 불균형 속의 균형처럼 "당신이 모르는 사이에 당신을 보호해 주고 있는 것은 바로 당신이라는 것이다. 나라는 주어를 생략하면 그 어떤 목적어나 보어도 의미를 가질 수 없다. 나도 없고 너도 있을 수 없게 된다."[39]

주어를 찾아내게 만드는 것이 바로 너와 나 사이의 관계다. 그들 사이의 관계가 주어다. 사람은 끝없이 복잡하다. 인간의 몸은 짐승의 그것이기에 동물처럼 단순한 육고기들이다. 그들의 마음은 그래도 신들을 닮았다. 하루에도 천당과 지옥을 수없이 넘나드는 존재가 인간이다. 마음의 여행을 한없이 하지만, 육체적으로 그들은 한순간, 찰라임을 벗어나지 못한다. 한순간에 배설해 버리면 모든 것이 충분해지고, 만족해지며, 편안함으로 끝나는 존재가 바로 인간이다.

짐승과 신의 피를 섞어 만든 것이 인간이다. 인간의 삶은 신과 짐승의 혼합이다. 인간은 동물로서의 자기 존재성을 갖는다. 신으로서는 자기 존격을 지닌다. 인간은 바로 동물과 신의 중간에 위치하고 있기에, 신성을 회복하기 위해서라도 인간에게 진화가 더 일어나야 한다. 진화 대기 중의 존재가 그래서 인간이다. 진화는 인간의 의지로 가능하다. 의지가 개입되지 않으면 어떤 진화도 가능하지 않기 때문이다. 현대 물리학에서 독창적인 해석가로 꼽히는 존 휠러(John Wheeler)가 내리는 인간의 문명에 대한 진단이다. 그는 자신의 스승이었던 보어의 진언(眞言)을 기억하며 말한다. "우리는 놀라움에 그것도 엄청난 놀라움에 대비하고 있어야 하네."라는 마지막 말을 잊지 못한다.

휠러는 그의 유언을 증거하기 위해 기존의 물리학적 사실들을 점검한다. 우주의 실체에 대한 아인슈타인의 예측도 달리 해석된다. 아인슈타인은 말했다. 우주에는 인간이 미처 모르고 있는 새로운 천체가 있다고 말했는데, 그것은 일종의 예언이었다. 휠러는 그것이 '블랙홀(Black Hole)'이라고 말한다. 우주의 신비로 일컬어지는 블랙홀에는 겉 표면이 없다. 블랙홀에는 내부만이 있다. 내부에는 강한 중력이 있다. 모든 것은 안으로 끌어당겨진다. 내부로 빠져들어 간 모든 것은 나올 수 없다. 어느 것도 그곳을 빠져나갈 수는 없다. 중력의 흡인력 때문이다. 블랙홀은 절대 무한의 공간이다. 빛도 결코 그곳을 탈출할 수 없다. 암흑의 세계일 뿐이다. 블랙홀은 마치 어머니의 자궁과 엇비슷하다. 아직 블랙홀을 들어가 본 사람은 없다. 결코 존재 증명이 가능한 것도 아니다. 일종의 상상력의 작품일 뿐이다.

블랙홀의 존재 가능성을 믿는 휠러는 우주에 대한 생각이 다르다. 그는 '다(多)우주론' 개념을 도입한다. 우주는 결코 단순하지도 않으며 그저 신비하다는 것이다. 우주는 여러 개의 우주로 되어 있다는 것이 그의 생각이다. 우주의 실재는 오히려 생각해 온 것처럼 물리적이지 않을 것이라고 말한다. 다(多)우주론을 휠러는 '사고 실험'으로 증거한다. '지연된 선택의 실험'이 그것이다. 그가 취한 사고 실험은 '두 개의 틈 실험'을 변형한 실험이다. 두 개의 틈 실험이란 양자 현상의 이중적 성질을 드러내 보이기 위해 고안된 실험이다. 두 개의 틈이 있는 벽을 향해 전자(電子)를 방사한다. 전자들은 일단 파동처럼 움직인다. 전자는 두 개의 틈을 동시에 통과한다. 파동이 겹치면서 간섭무늬를 형성한다. 실험자가 한쪽 틈을 막으면 전자들은 열린 다른 쪽 틈을 통과한다. 입자처럼 통과한다. 파동 현상은 사라진다. 대신 입자가 생긴다. 그 틈을 통과한다. 간섭무늬도 나타나지 않는다.

휠러는 '선택을 나중에 하는 실험'을 취했다. 전자(電子)들이 이미 벽을 통과한 '이후를 관찰하는 실험'이었다. 두 개의 틈을 열어 놓을 것인지, 아니면 한쪽 틈만을 열어놓을 것인지를 결정하면 된다. 나타난 결과는 결정을 미리하고 전자를 방출했을 때와 별 다를 것이 없었다. 틈을 모두 열어 놓을지, 아니면 그렇게 하지 않을지를 미리 결정하고 전자를 방사했을 때와 서로 다르지 않았다. 동일한 현상이 나타났다. 전자들은 실험자가 자신들을 어떻게 관찰하기로 선택했는지를 미리 알고 있는 것처럼 벽의 틈을 통과했다.

휠러는 전자가 벽의 틈을 통과하는 실험과정에서 이 과정이 마치 스무고개 게임과 엇비슷함을 관찰했다. 서로 다른 두 개의 삶이 함께 벌리는 '지연된' 스무고개 게임을 생각하면 될 일이다. 스무고개 게임의 원리는 간단한다. 질문을 받는 사람은 미리 답을 정하지 않는다. 질문을 받은 '후에야' 비로소 답을 하는 게임이 스무고개 게임이기 때문이다. 답이라고 판단되는 어떤 것을 마음속에 떠올리면서 답하면 된다. "그것은 살아 있습니까?"라고 질문하면, 대답자는 일단 생각한다. 그 질문을 받고서 상대방이 알고 있는 정답과 자신의 대답을 연결해 본 후, 대답한다. '아니요 혹은 예'라고 답하는 것과 같다. 스무고개 게임에서는 참가자가 질문을 던지기 전까지는 아무것도 결정되지 않는다. 실험자가 어떤 방식으로 관찰할지를 정하기 전에는 어떤 정답도 미리 존재하지 않기 때문이다.

휠러의 두 개의 틈 실험에서도 마찬가지였다. 전자(電子)는 아직 파동도 아니고, 입자도 아니다. 어떤 구체적인 실체로 자리 잡은 것이 아니다. 과학자들은 실재에 관한 '궁극의 답'을 좇고 있지만, 그것은 영원한 신기루에 지나지 않는다. 아무것도 결정된 것은 없기 때문이다. 우주는 단순하게 관측이라는 행위에 의해서 파악되는 그런 실재가 아니다. 우주는 우리의 의식이 개입되어야만 알게 되는 물질이다. 우주는 의식이 개입되어야 알려지는 '참여적 현상'의 세계이기 때문이다.[40] 우주에 대한 진리는 객관적으로 이해되는 그 무엇을 넘어선다. 우주에 관한 진리는 상상의 산물이다. 관찰로 파악되는 것이 아니라 깨달음으로 파악되는 것이 우주다.

인간만이 진리를 창조한다. 신이 만들어 내는 겉껍질은 신화이지만 속 내용은 인간이 만들어 간다. 인간은 인간을 위한 실재를 만들어 낸다. 우리가 제기하는 질문을 통해 그것들을 만들어 낸다. 진리는 만들어지는 것이지, 만들어 주어진 것이 아니다. 불가에서 주목하는 『법구경』의 첫 구절에 보면, "우주는 우리의 생각이다."라는 말이 있는데, 우주는 사람 몫이라는 뜻이다. 만물의 본질은 답에 있지 않다. 답은 인간이 찾아야 하고 인간만이 만들 수 있기 때문이다. 그러니 만물의 본질은 물음 그 자체일 뿐이다.[41]

인생의 본질도 질문뿐이다. 삶의 본질은 답을 찾는 데 있는 것이 아니라 질문을 만들어 내는 데 있을 뿐이다. 질문은 답이다. 답이 나오게 만드는 수행이다. 질문은 수행으로 만들어진다. 질문의 완성자들이 현자(賢者)다. 질문은 자기 안에 있는 원석을 보석으로 만들어 낼 수 있는 방편이다. 자기 존재의 위대성을 깨닫게 만드는 것이 질문이다.[42] 여백을 갖게 만드는 힘이다. 깨달았다는 것은 다른 것이 아니다. 나의 얼굴로 타인의 얼굴을 편안하게 받아들일 수 있는 여백을 갖게 되었다는 뜻이다. 사람들이 서로 만나고 소통한다는 것은 서로의 얼굴에 질문을 했다는 것이다. 그리고 이내 답을 읽는다는 뜻이기도 하다. 타인의 얼굴 읽기에서 여백을 넓힌다는 것은 나를 다스릴 수 있는 질문을 다듬는다는 뜻이다.

타인의 얼굴을 읽는 것은 그의 얼굴에게 질문을 하는 것이다. 인간은 자신의 목 위에 저마다 책을 하나씩 달고 사는 존재다. 사람의 얼굴은 각기의 책이다. 남이 읽어 내게 만드는 책이다. 산다는 것은 얼굴들을 만나는 일이다. 그 얼굴 속에 깃든 정신을 흡입하는 일이다. 얼굴 속의 깊이들을 읽어 내는 일이다. 내 얼굴은 타인을 위한 책이자 비명(碑銘)이나 마찬가지다. 타인의 얼굴 역시 내가 읽을 비명일 뿐이다.[43] 사람마다의 얼굴은 '사회적 텍스트'다. 사람의 얼굴은 얼굴마다 가변적이고 유동적이다. 나에게 말해 주는 것들이 다양하다. 상황과 기분과 대상에 따라 목 위에 달린 책은 다른 질문을 하게 만든다. 내 얼굴은 내 것이지만 타인에게 해석을 허락한다는 점에서 내 얼굴은 결코 내 것이 아니다.

얼굴은 타인을 위한 책인 동시에 나를 위한 텍스트다. 삶의 이력과 상처들로 가득 덮힌 숲이 바로 얼굴이다. 얼굴은 가변적이다. 타인을 언제든 기만할 수 있는 텍스트다. 문자로 드러나지 않는 책이다. 갖가지 해석이 가능한 해설서일 뿐이다. 얼굴은 보는 것으로는 부족하다. 보는 것은 읽은 것이 아니기 때문이다. 얼굴은 의미를 실어 나른다. 얼굴은 규칙이 생략된 책이다. 문장이 거세된 책이다. 불규칙 동사들이 난무하는 책이다. 모든 이를 위한 그림책이다. 얼굴에는 정형이 없다. 얼굴 그 자체만이 명사일 뿐이다.

내 얼굴이 보았던 타인의 얼굴은 그의 얼굴이 아니다. 그가 쓴 가면일 뿐이다. 내 얼굴이 기억하는 그 누구의 얼굴도 얼굴이 아니다. 얼굴은 두 개가 겹쳐야 비로소 하나의 얼굴이 된다. 내 얼굴과 그의 얼굴 간에 겹침이 있어야만 의미가 드러난다. 얼굴은 만나야 얼굴이 된다. 얼굴은 겹쳐야 얼굴에 의미가 생긴다. 얼굴이 겹칠 때 서로의 의식이 소통한다. 사람들 사이에 만들어지는 유일한 공간은 얼굴 마주침의 공간일 뿐이다. 얼굴 마주침의 공간에 소통과 불통이 난무한다. 타인의 얼굴에는 언제든지 내가 없다. 그 역시 내 안에 없다. 그것이 불통이다.

얼굴을 읽게 만드는 일이 소통이다. 소통하게 하는 일이 마음 공부다. 나의 얼굴을 읽히게 만들어 주는 것이 자기 존격의 완성이다. 내 얼굴이 나의 품과 격이다. 자기 존격은 자신을 표현하는 일이다. 마음 공부가 되어야 자기를 타인에게 읽히게 만든다. 자기 존격이란 내 마음을 내가 찾는 일이다. 내가 나에게 질문하며 답하는 일이 수행이다. 내가 내 마음의 주인이 되는 것이 자기 존격이다. 불가에서 신주처럼 되뇌이는 고집멸도(苦集滅道)에서, 멸도가 바로 자기 존격의 표지다.[44)]

잡스런 생각, 화나는 생각, 남을 해치는 생각 같은 것과 절멸하는 일이다. 좋은 생각, 좋은 관계를 이어가기 위한 나의 초점 잡기가 마음 공부이며 자기 존격의 드러냄이다. 사람 스스로 제가 하는 일을 즐기는 것이 참살이다. 이웃과 좋은 인간관계를 맺는 것도 참살이다. 궁핍하게 살지 않도록 노력하는 것도 참살이다. 별다른 큰 병 없이 건실한 몸으로 살아가는 것 역시 참살이다. 남에게 도움이 되게 살아가는 것이 참살이다. 좋은 질문, 좋은 생각, 바른 질문, 바른 생각이 참살이 방법이다. 직업적으로 웰빙하기, 사회적으로 웰빙하기, 경제적으로 웰빙하기, 육체적으로 웰빙하기 그리고 커뮤니티의 웰빙처럼 웰빙도 여러 방면에서 가능하다. 웰빙, 참살이라는 것도 사실은 유별난 것이 아니다. 각각에 좋은 질문, 좋은 실천, 바른 질문, 바른 수행이 얹어진 것이 각각의 참살이이기 때문이다.[45)]

삶에 달관한 사람은 나름대로의 행복한 감정에 젖어 있을 줄 아는 사람이다. 행복론자들은 말한다. 행복하려면 당장 하라고 처방하지만, 실상 행복은 없다. 행복이라는 단어 자체가 허구라는 뜻이다. 행복이라는 단어에 매달리면 행복하기 어렵다. 행복은 명사가 아니라 동사일 뿐이다. 행복한 느낌을 주는 것들이 모여야 행복해지도록 되어 있기 때문이다. 배움이 바로 행복한 감을 이끌어 주는 방편이다. 행복의 내용이나 종류가 무엇이든 관계없이 행복에 겨우려면 지금부터 당장 시작해야 한다. 시작했으면 자기 삶에 맞도록 창조적으로 실천해야 한다. 자기 삶에 대한 행복을 경쟁이니 성공이니 하는 것과 연관시키지도 말아야 한다. 자기 행복에 도움이 되는 일이라면 일단 시작해야 한다. 세상에 기대는 것이 아니라 세상이 자신에게 안기도록 하라는 것이다. 세상과 의미 있는 접촉을 시도하라는 것이다. 이런 일에 이력이 붙은 사람이

바로 행복의 달인이다.[46)]

달인은 제 공간에서 제 일에 재미를 붙인 사람이다. 어느 공간에서 어떤 일을 하는지를 알면 그 사람의 됨됨이를 알 수 있다. 그의 행복찾기가 무엇인지도 알 수 있다. 위로와 휴식은 집 밖에 있는 것이 아니기 때문이다. 집과 같은 자기 공간 안에 자기가 머물러 있기 때문이다. 구원을 얻으려면 집 안에서 구원을 얻으라는 말이다. 그것을 '가내구원(家內救援)' 이라고 말한다. 가내구원은 자기에게 질문할 줄 아는 사람이 추구하는 행복론이다.[47)]

자기에게 질문하기와 얼굴의 마주침은 구도의 힘을 길러 준다. 구도의 힘은 영적인 오르가슴에서 나온다. 사람이란 사랑에 빠져야 다른 사람을 사랑하는 존재가 아니다. 사랑하면 착해지도록 되어 있다.[48)] 박사학위를 가졌다고 해서 배우는 것도 아니다. 교수라고 해서 배우는 사람일 수도 없다. 책을 들었다고 해서 읽는 것도 아니기 때문이다.

무엇인가 배우려고 하기 시작하면 저절로 배움을 위한 방편이 찾아지게 마련이다. 손에 책이 저절로 들리는 이치다. 배움의 과정은 성적인 매력을 주고받는 과정과 크게 다르지 않다. 배움의 과정은 행복의 오르가슴에 이르는 과정이다. 심리적인 충만함과 생물학적인 오르가슴의 요소들이 배움의 과정에 녹아 있다. 예술가들의 작품 활동에서 그런 사례들이 흔하게 발견된다. 피카소(Picasso) 같은 예술가가 자기의 예술작업에 탐닉한 이유도 알 수 있게 도와준다. 그는 스스로 자제할 수 없었던 왕성한 성적 욕망을 달래기 위해 그림에 몰두했었다. 모차르트(Mozart)에게도 그것은 마찬가지였다. 비틀스(The Beatles)에게도 마찬가지였다. 한국에서 1970~1980년대를 주름잡던 세시봉의 주역들도 예외는 아니다. 장승업이나 담원의 그림에서도 마찬가지로 그런 탐닉이 나타난다. 육체파 영화배우 메릴린 먼로(Marilyn Monroe)에게 그것이 있었다면, 한국의 영화배우 김수미 여사에게도 그것이 없었을 리 없는 까닭이다.

오르가슴은 배움이 절정에 올랐을 때만 체험 가능하다. 이때의 오르가슴은 그 무슨 육체적 교섭 속에서 이뤄지는 그런 육적인 것이 아니라 지적인 희열을 말한다. 지적인 희열은 감성의 주체를 가누지 못하게 만들 때 일어나는 것이다. 그것이 배움의 오르가슴이다. 오르가슴은 자기 존격을 드러내는 진수(眞髓)이기도 하다. 『그리스인 조르바』의 저자 카잔차키스(Kazantzakis), 『구토(嘔吐)』의 저자 사르트르(Sartre)에게도 그것은 마찬가지였다. 『노인과 바다』의 저자 헤밍웨이(Hemingway), 그리고 나 같은 사람이라고 그런 것에서 예외일 수가 없다. 모두가 찰나적인 희열을 외면하지 못하기 때문이다. 오르가슴은 인간에게 있어서 절망적 패배가 아니다. 수치일 수도 없다. 인간이 경험할 수 있는 절정의 원초적인 구도일 뿐이다. 그들이 노래하고, 움직였다면, 저들은 쓰고 고치며, 경험했다. 저들이 노래하고 몸에 탐닉했다면, 그들은 생각에 탐닉했을 것이기 때문이다. 모두가 격정적으로 그리했을 것이다. 저들 모두가 격정적으로 창조와 창설했을 것이 분명하다. 욕망에 대한 자기 충족만을 말하는 것이 아니다. 타인에게 격렬한 희열을 안겨 주는 일이기 때문이다.

성적인 오르가슴에 관한 이야기들은 내놓고 이야기하기 쉽지 않다. 껄끄러운 주제들로 특별한 이유 없이 족쇄가 채워진 주제가 성적 욕망에 관한 이야기들이다. 이유 없이 독방징벌로 갇혀 있는 주제이기는 하지만, 사람들은 오르가슴을 찾아 욕망하기에 어쩔 수 없이 토론되어야 할 주제다. 성적 희열의 문제는 사람 곁에서 도망갈 수 없는 이야기이기 때문이다. 성적인 오르가슴은 인간에게 본능적인 욕구다. 생을 거듭나게 만드는 원동력이다. 창조의 근원이다. 목숨을 끊을 수 있는 법은 있어도, 그것을 죽일 법이나 권력은 없다. 모두가 성적인 오르가슴을 통해 새롭게 되살아나기 때문이다.

성적 희열이 작열하는 형태는 처음부터 원초적이며, 원시적일 뿐이다. 원시적이라고 모멸할 수는 없다. 욕망의 근원들은 모두가 원색적이며 원시적이기 때문이다. 설령 그것이 15초 이내에 살아나고 스러지는 찰나라고 해도 그 속성은 그 언제나 마찬가지다. 영원을 찾아 나서는 불멸의 힘이 성적 추동력이다. 죽었다가 다시 살아나는 불사조의 힘이 오르가슴이다. 오르가슴이라는 말은 원래 잠시 죽음을 말한다. 죽었다 되살아남의 원색적 기력이다. 임사죽음이 바로 오르가슴이다.

죽었다 살아나야만 희열과 생명이 창조된다. 삶의 창생은 임사 체험으로 반복된다. 죽었다 되살아나는 경험은 오르가슴만이 유일하다. 그것을 부정하는 존재는 사람이 아니다. 새로운 문화 창조의 힘이기도 하다. 오르가슴의 심리적 용적은 엄청나게 크다. 행복을 향한 소망과 결속감, 그리고 창생을 해내기 때문이다. 문화와 생명 창조의 원형이 오르가슴에서 배아된다.[49] 자기 존격은 생명력에 대한 깨달음에서 나온다. 제아무리 속세를 벗어난 척해도 인간은 오르가슴에서 벗어날 길 없는 인간일 뿐이다. 그는 깨달음에서 자기 존격의 힘이 나온다. 자기 존격이 서로의 희열을 위한 자신의 임사체험이라는 것을 깨닫기가 쉽지 않다. '깨달음'이라는 자체가 쉽게 와닿지 않기 때문이다.[50]

깨달음이란 기호학적으로 서로 다른 의미를 담고 있다. 첫째로, 깨달음은 닫혀 있던 것을 열어젖히는 행위다. 사람들은 어떤 공간을 물리적으로 막는 것을 '닫다'라고 부른다. 닫는 행위의 반대가 '열다'이다. 닫힌 것을 훤하게 드러나게 하는 일이 깨달음이다. 문 안을 환하게 하거나 문 안으로 들어오게 할 경우다. 닫혀 있던 안으로 들어오게 혹은 그 안을 들여다볼 수 있도록 그동안 가로막고 있는 벽을 '깨 주는' 것이 깨달음이다. 깨달음의 동사형은 '깨닫다'이다. 그것은 '깨다'와 '닫다'의 합성어다. 깨닫는 것은 '닫힌 것을 깬다.'는 행위가 있을 때 가능하다. '닫혀 있는 것을 여는 것'이 깨달음이다. 닫혀 있어서 그동안 어두웠던 상태를 깨고 밝은 세상으로 나가는 것이 깨달음이다.[51] '깨다'와는 달리 '닫다'라는 말은 '어디에 도달하다'는 의미를 지니고 있다. 깨서 다시 닫는 것이 깨달음의 두 번째 의미다. 깨달음은 막힌 담, 벽, 문을 깨서 활짝 열어젖힌 상태에 도달함으로써 다시 그것을 잘 보존함을 의미한다. 새롭게 얻은 의미를 제대로 보관하지 않으면 모든 것은 사라진다.

깨달음은 결국 막혀 있던 것을 부수고 열어서 밝고 맑게 하는 일이다. 한 곳을 향해 움직이는 몰입행위가 깨달음이다. 깨고, 닫는 것은 하나로 통하는 길이다. 그 어디에서든지 깨고 닫는 일을 시작할 수 있다. 깨달음은 행하기에 쉬운 것이다. 깨달음을 이뤄내는 과정은 어렵다. 불가의 세계에서도 마찬가지다. 무엇이든 버리고 무엇인가 깨닫겠다고 불자로 출가한 스님도 마찬가지다. 수행자들에게도 출가와 가출 간의 의미론적 분별이 쉽지 않은 것을 봐도 그렇다. 고타마 왕자가 궁전에 처자식과 부귀영화를 남겨 두고 궁을 벗어났을 때부터 가시지 않았던 원초적인 주제였다.[52)]

일상을 사는 사람들은 저들처럼 해야 할 이유가 없다. 참선의 수행을 각오하는 사람과는 달리 깨달음에 도달해야 한다. 일상인에게 몰입은 성격이 다를 수밖에 없다. 그들은 참선이나 명상 이상으로 사랑 만들기에 몰입한다. 참선하는 사람들이 겪는 고뇌 그 이상의 것들이 빈번히 감싸기 때문이다. 매일같이 사람의 마음을 열광하게 만들기 때문이다. 그것들이 욕망하게 만들어 놓는다. 사랑이라는 양지의 한편에는 우울이라는 음지가 깔리게 마련이다. 사람들은 그 음지를 잊고, 양지만을 찾아 열광하지만 양지는 기다리지 않는다. 그것을 찾아 헤메이기만 하면 좌절하게 된다. 좌절에서 벗어나게 만드는 것이 성적인 오르가슴이다. 오르가슴에 도달할 때마다 저들은 죽고 다시 살아나기 때문이다. 과거를 버리고 새로움을 창조하게 만들기 때문이다. 그 깨달음이 임사체험의 오르가슴 안에서 숨 쉰다.

영성의 작가로 알려진 코엘료(Paulo Coelho)는 그래서 사랑에 대해 다시 말한다. "사랑이 행복이라고. 하지만 사랑은 행복을 가져오지도 않고, 가져온 적도 없다. 오히려 사랑은 언제나 번민이고, 전쟁이고, 내 판단이 옳은지 자신에게 끊임없이 되묻느라 잠 못 이루는 밤들이다. 진정한 사랑은 엑스터시와 고통으로 이뤄져 있다. …… 사람들은 말한다. 사랑이 행복이라고. 하지만 사랑은 행복을 가져오지도 않고, 가져온 적도 없다. 오히려 사랑은 언제나 번민이고, 전쟁이고, 내 판단이 옳은지 자신에게 끊임없이 되묻느라 잠 못 이루는 밤들이다. 진정한 사랑은 엑스터시와 고통으로 이뤄져 있다."[53)] 그것이 오르가슴이며 그것이 사랑이며, 그것이 다시 삶이다. 삶, 그러니까 생과 명에 대한 깨달음의 원천은 오르가슴에서 흘러나온다.

문명의 우울한 단면들은 언제나 결핍된 채로 찾아온다. "사람은 자기가 만들어 낸 것에 대해 희열보다는 때때로 어떤 찜찜함 같은 것을 느끼곤 한다." 이전의 연애는 서로 완벽하게 혼자 있는 시간이 많았다. 그러는 동안 여러 가지 상상이 가능했을 것이며 서로 만나지 못하는 긴 시간에 문학이 탄생할 수 있었을 것이다. 물론 날마다 연애에 관한 생각만 할 수는 없는 일이다. 만나지 못한 시간 동안의 휴식은 두 사람의 관계를 신선하게 유지할 수 있기 위해 꼭 필요했다. 휴대전화는 연애에 있어서 고독이 가지는 그러한 의의를 빼앗아 버렸으며, 틈만 나면 상대가 지금 어디서 누구랑 같이 있는지 서로 감시하지 않으면 불안해서 견디지 못하는 이상한 사람마저 생겨나게 만들었다.[54)]

삶에서 중요한 것은 생명에 대한 선택이다. 산다는 것, 생명을 이어간다는 것은 선택이다. 선택이 자기 존격을 만들어 간다. 사람들은 매초 자기에 대해 선택한다. 선택하는 것은 어쩌면 공허할 수도 있다. 모든 것은 틀에 박혀 있다. 짜여져 있다. 그 짜임에 너무 친숙해서, 짜여진다는 것 자체를 선택할 뿐이다. 영화 〈매트릭스〉가 짜여진 선택이 무엇인지를 보여 준다. 주인공 앤더슨(Anderson)은 평범한 회사원이다. 컴퓨터를 떠나서는 살 수 없는 컴퓨터 해커일 뿐이다. 매트릭스 안에서 그는 주인공 니오(Neo)다. 모피오스(Morpheus)라는 인물도 등장한다. 매트릭스의 본질 구조 자체가 무엇인지를 잘 알고 있는 인물이다. 주인공 니오는 묻는다. 모피우스에게 매트릭스가 무엇인지를 집요하게 묻는다. 오히려 니오에게 반문한다. "진짜란 게 뭐지? 만약 보고 듣는 게 진짜라면, 진짜는 그저 뇌가 받아들이는 전기적 신호에 불과해."라고 반문한다.

매트릭스라는 말은 이미 모든 것이 짜여 있다 혹은 이미 만들어져 있다는 뜻이다. 선택할 이유를 가질 수 없다는 뜻이기도 하다. 모든 것이 편하다. 다른 선택을 해야 할 이유가 없다. 예언자인 오라클(Oracle)이 주인공 니오에게 충고한다. 사람이 해야 할 일은 선택 그 자체가 아니라고 말한다. 선택의 이유에 대해 먼저 질문해야 한다고 충고한다. "넌 이미 선택을 한 거야. 네가 해야 할 일은 선택이 아니라, 왜 그 선택을 했는지 이해하는 거지." 오라클은 문명의 우울을 지적하는 것이다. 문명의 우울은 한 순간의 선택에서 오는 것이 아니다. 그것은 선택의 이유를 망각하기 시작한 그 지점에서 솟아난다.

한평생을 같이 산다는 부부 간에도 사랑의 선택보다 더 중요한 그 무엇이 있기 마련이다. 그것은 선택의 이유를 캐 나가는 일과 같은 것이다. 사랑의 선택 이유를 아는 일이 사랑을 지켜나가기 위해서라도 중요하다. 인간에게 사랑은 그리 오묘한 것이 아니다. 복잡한 것도 아니다. 사랑은 시행착오일 뿐이다. 시행착오는 많은 기대, 복잡한 수식어 때문에 생긴다. 사랑하려면 "단순하게 해야 한다." 단순한 사랑에 대한 확신이 사랑에서 시행착오를 줄인다.

사랑을 단순하게 하려면 사랑에서 비본질적인 것을 제거해야 한다. 사랑을 저해하는 방해 요소를 소거해야 한다. 사랑 안에 중요한 것들이 담길 공간을 넓히기 위해서다. 사랑하려면 일상을 가볍게 만들어야 한다. 어려움이 닥치더라도 길은 있다. 사랑하는 길을 찾는 것이 사랑이기 때문이다. 사랑은 사랑하기로 한 선택의 여행이다. 선택의 의미를 캐어 나가는 여행이다. 마치 "탑 안에 갇혀 있는 영혼들이 서로 좋아하는 동반자를 만나 사랑의 천막 아래에 머물다가, 그 사랑이 무르익으면 정원으로 이사를 가며, 그곳에서 어두운 숲에 들어서기도 하지만, 이내 숲을 빠져 나오면 사랑이 머무는 마지막 장소인 왕국에 다다르는 여정을 그리는 것이 사랑의 여정이다."[55]

'나'라는 정해진 존재는 처음부터 있을 수 없다. 나는 내가 선택한 나일 뿐이다. 나라는 존재는 만들어질 뿐이다. 어떤 이들은 그것을 명상이나 참선을 통해 깨닫기도 한다. 인간은 자동차보다도 능력이 부족한 존재다. 자동차를 만들 수는 있어도 자동차보다 빨리 뛰어다닐 수는 없는 부족한 존재다. 인간이 어떤 존재인지를 독일의 과학 저널리스트 베르너 지퍼와 크리스티안 베버는 여론분석으로, 내가 도대체 무엇을 의미하는지를 알아 보려는 작업을 개시했다. 그들은 먼저 세계적으로 저명한 정신의학자, 심리학자, 사회학자, 민속학자, 철학자와 면담했다. 나라는 것이 무엇인지에 대한 답을 구했다. 신경학자들과는 많은 이야기를 나눴다. 오만가지 서로 다른 지혜들이 모였다. 나라는 작은 우주의 본질을 캐 나가는 일이 쉽지는 않았다. 저들이 끝내 얻어 낸 것은 "나라고 하는 것은 뇌가 만들어 낸 하나의 허상일 뿐."이라는 결론이었다.

나라는 것은 선천적으로 없다. 나라는 개념은 그 어느 순간 만들어진 것이기 때문이다. 내가 존재하던 것이 아니다. 나라는 존재는 언제든지 깨지기 쉬운 가식이다. 허구 덩어리였다. 나라는 것은 원래 없었기 때문이다. 나를 만들어 내는 것은 내 뇌였다. 내 몸의 감각 기관을 통해 얻은 정보를 처리하는 정보처리체계가 나를 만들어 냈다. 내가 나를 천박하게 짜놓으면 나는 천박해진다. 내가 나를 황제로 가꾸면 나는 황제가 된다. 내가 미치면 내 뇌가 먼저 미친 것이다. 뇌가 언제나 불완전하다. 내 몸 역시 불완전하기는 마찬가지다. 나라는 존재는 얼마든지 불완전하다.[56)]

나라는 자아를 구축해 내서 그것을 겉으로 보이도록 만들어 놓은 것이 바로 나라는 존재다. 뇌가 지닌 기억력 덕분에 내가 만들어진다. 내가 만들어지는 동안 내 안에는 적당히 허구도 섞이고 사실도 가미된다. 기억은 잡동사니일 뿐이라 믿을 것이 되지 못한다. 기억은 나라는 무대에서 벌어지는 '연극'을 드러내는 일에 쓰일 뿐이다. 뇌에 관한 실험 결과를 보면, 뇌는 나보다 먼저, 정확하게 0.35초 전에 결정을 내린다. 나라는 인간은 의식적으로 무엇을 결정하는 것이 아니다. 결정이 아니라 그저 상상할 뿐이다. 그 상상을 결정이라고 부를 뿐이다.

인간은 우리가 의도하는 일을 행하는 것만은 아니다. 인간은 자신이 행하는 것을 의도해서 드러내려고 할 뿐이다. 그것은 인간의 인격이 아니라 성격으로 드러난다. 인간의 성격은 결코 태생적일 수 없다. 성격은 고정되어 있는 것이 아니기 때문이다. 뇌가 자신의 이미지에 대해 조작해 놓은 반응이 자기의 성격을 이룬다. 사람들에게 좋은 반응을 하면, 그것을 받는 사람들은 나를 향해 좋은 성격을 가졌다고 말한다. 뇌가 그렇게 조작하고, 조직하기는 하지만, 그렇다고 모든 것이 뇌의 책임은 아니다. 뇌는 나의 하수인일 뿐이기 때문이다. 신경세포는 거의 평생 새로 조직될 수 있다. 인간의 성격도 뇌 신경의 증식처럼 증식될 수 있다. 얼마든지 달라질 수도 있다. 변할 수도 있다. 내가 나를 만들어 가기 때문이다. 자아는 발견하는 것이 아니다. 자아는 실현하는 것이 아니다. 자아는 만들어 가는 것일 뿐이다.

내가 되기 위해 미리 정해진 자신의 운명은 없다. 자기가 무엇이 되는 것이 아니기 때문이다. 자신이 무엇이 될 수 있는지는 각자의 몫이다. 자기 존격은 자기 문제다. 그것을 삶의 선택이며 결단이라고 부를 뿐이다. 종교사에서 보여 주는 위대한 인물들은 자기 존격이 어떤 것인지를 극적으로 보여 주고 있을 뿐이다.[57] 자기가 자기를 정해 놓은 것이 자기 존격이다. '나'는 없고 나는 '나'를 조(造)하고 작(作)할 때, 그것에는 자기 존격은 사라지고 자기 기만이 남을 뿐이다. 각자의 선택이 가장 자기다운 나를 만들 뿐이다. 나라는 존재는 나의 존격을 만들어 내는 기억의 소산물이다. 기억은 나를 만들어 내는 쇼와 비슷하다. 인간의 자유의지 역시 망상이기에, 문제가 되는 것은 '내가 누구인가'가 아니다. '나는 누가 될 수 있는가'다. 내가 나를 선택하고 만들어 가는 일이 자기 존격이기 때문이다. 자아를 찾는다는 말은 자신을 만들어 간다는 뜻일 뿐이다. 사람들은 언제든지 자기 수정, 자기 보정이 가능하다. 자기의 삶과 모형은 자기 선택이기 때문이다. 깨달음은 그 선택을 확인하는 일이다. 그 깨달음의 결과가 거듭남이다.

자기 존격은 사회적 신분이나 사회적 명망과는 무관하다. 자기 존격은 권력이나 재력, 사회적 명성이나 지위 같은 것과는 무관하다. 대통령이라고 해서, 재벌이라고 해서, 대형교회의 목회자라고 해서 자기 존격이 드높을 수 있는 것은 아니다. 배움에 투철했어야 자기 존격이 드높은 사람이라고 말할 수 있다. 자기의 운명을 배움의 실천에 헌신한 사람이 자기 존격이 확실한 사람이다. 그런 사람이 어떤 재벌이나 대통령의 이름보다 오래 사람들에게 기억되어야 할 자기 존격의 당사자들이다. 그래서 오바마나 모택동이라는 권력자들보다는 민정기라는 어르신의 이름이 내 가슴 속에 더 오래 기억될 뿐만 아니라,[58] 그 어르신이야말로, 배움의 한 기능인 생명 경외를 온몸으로 실천하고 있는 귀한 분으로 각인될 뿐이다.

민정기라는 어르신이 보여 준 인간사랑은 인간에게 있어서 자기 운명이 무엇을 의미하는지를 탄탄하게 읽게 만들어 주는 귀한 책이나 마찬가지다. 그는 어쩌면 살아 있는 자의 아름다운 노래로 들릴 만하다. 사람들은 매일같이 고통의 환상을 만들어 내지만, 그는 기쁨의 희열을 만들어 내는 사람이다. 어떤 이는 자기가 만들어 낸 고통의 환상 속에서 자기 스스로 괴로워한다. 신음은 타인이 만든 것이 아니라 자기가 만든 것이지만, 그것에 갇혀 나오지 못한다. 다른 사람들 때문에 괴로운 것이 아니라 자기 때문에 괴로운 것일 뿐이다. 타인이 내 맘대로 움직이지 않는다고 힘들어하는 것도 아니다. 그렇게 말하면 그것은 거짓이며 위선이다. 사실은 자기 내면에 있다. 화는 자기가 낸 것이다. 자신이 두렵기 때문이다. 스스로 불안하기 때문이다. 이런 가닥을 제대로 잡으려면 마음을 공부해야 한다고들 한다. 마음 공부는 마음이 산란하고 요란할 때, 마음이 생겨날 때 그 원인을 정확히 밝히는 노력을 말한다. 답은 한 가지다. '일체유심조(一切唯心造)', 말하자면 마음먹기 나름이다. 제 마음 제가 조절하면 모든 일은 조절하는 대로 되기 때문이다.

모든 것이 내 탓이지 그 누구의 탓도 아니다. 내 마음 내 먹기에 달렸으니, 누구든 살아가는 동안 마음을 단단히 챙길 일이다. 자기 마음에 제 스스로 흠 잡을 일 아니다. 좋은 것이든 나쁜 것이든 그 누구를 탓할 일도 아니다. "일 없네~" 하고 자신의 마음을 굳게 다스릴 일이다. 세상에 고정불변한 것은 있을 리 없다. 현실은 내가 만들어 내고, 환상도 내가 만들어 낸 것이기 때문이다. 세상 일에 의미를 어떻게 부여하는가에 따라 세상의 모습은 달리 들어오게 마련이다. 내가 저들에게 영락없이 천사도 되고 악마도 되듯이, 저들 역시 내게 천당도 되고 지옥도 될 뿐이다. 내가 저들을 지옥으로 보면, 지옥에 들어간 것이다. 모든 것은 돌고 돌며, 변하고 또 변할 뿐이다.

내가 최고의 마음을 먹으면 내가 최고가 된다. 행복해하면 내가 기쁨에 차게 된다. 행복한 일과 기쁜 일들이 찾아오면 받을 일이다. 조건 없이 사랑하고 감사할 일이다. 조건 없는 사랑을 하면 감사할 일이 저절로 생겨난다. 내 문제임을 미리 알아차리면 현인(賢人)이 된다. 지금의 인연이 최고의 인연이다. 어떤 환경도 내게 지옥은 없다. 내가 지옥이니 타인이 지옥이다. 지금 이곳이 가장 좋은 곳이다. 다짐하고 바르게 깨닫는 것이 일체유심조의 길이다.[59)]

일체유심조, 말이 쉽지 행하기는 간단하지가 않다. 답답하기에 깨달음의 원초인 붓다는 어떤 식으로 깨달았는지 알고 싶을 뿐이다. 고행하는 붓다의 모습에서 그것을 볼 수 있을성 싶다. 어느 인도 여행객은 그런 마음을 지니고 인도의 라호르 박물관에 들렀다. 고행하는 붓다 상 앞에 섰다. 해탈하기 전에 붓다가 보여 주었던 고행과 깨달음을 마음으로 이해하고 싶었다. 오랜 시간이 흘렀다. 붓다가 말했다. 철로 만들어진 붓다의 상(像)이 입을 열어 말했을 리 없다. 마음으로 이해하지 말고 몸으로 이해하라고 일렀다.

자신이 자신에게 그렇게 속삭였을 뿐이다. "사람이 평온해지는 방법은 두 가지다. 하나는 적당히 배부르게 먹고 그저 근심걱정이 없는 상태다. 이런 평온함은 오래가지 못한다. 이런 상태가 지속되면 의식의 아랫부분에 잠겨 있는 무의식에서 나태와 권태로움이라는 놈이 스멀스멀 기어 나와 의식을 좀먹기 시작한다. 그러나 보통 사람들은 이 상태라도 되기 위해 발버둥치고 산다. 나도 그렇다. 평온해지기 위한 다른 하나의 방법은 마음속에 들어 있는 무명(無明)의 울타리를 박차고 나와 수행을 통해 자신을 해탈의 길로 이끌어 깨달음을 얻는 것이다. 감히 인간 누구나가 할 수 있는 것은 아닐 것이다. 그러나 해탈의 과정에서 뼈와 가죽만 남고 혈관이 간신히 뼈에 붙어 있는 모습을 하고 있는 이 좌불상은 그 신심이 얼마나 큰지 보는 이로 하여금 조금은 두려움까지 느끼게 만든다. 두어 걸음 뒤로 물러나 바라보면 붓다의 눈은 살 한 점 없이 움푹 들어가 감고 있는 것처럼 보인다. 그러나 가까이 다가가서 보면 해탈의 길에 이르기까지 따르는 육체적인 고통은 오히려 정신을 맑게 만들어 움푹 파인 눈자위 안에 숨겨진 반쯤 뜬 눈에는 오히려 평온의 기운이 감돌고 있다. 해탈하기 직전의 상태에서 얼마나 의식이 극명하게 맑아지는지를 극사실적으로 표현하고 있다.[60)]

사람들이 무엇을 깨닫는다고 할 때, 깨닫게 해 주는 방법들이 단 한 가지일 수만은 없지만, 붓다가 보여 준 깨닫는 방법은 한 가지였다. 깨달음은 단 하나였기 때문이다. 태어났을 때의 상태와 같이 그렇게 되는 일, 단 하나였다. 태어났을 때 그 상태처럼 자연스러우려면 길은 단 하나가 있을 뿐이다. '마부작침(磨斧作針)'의 길이 그 길이다. 마부작침이라는 말은 도끼를 갈아 바늘을 만든다는 뜻이다. 아무리 어려운 일이라도 노력하면 이룰 수 있다는 뜻이다.[61)] 싯다르타가 보여 준 수행이 바로 마부작침,

그것이었다. 그는 마침내 보리수나무 아래에 거처를 마련했다. 모든 것을 알게 되기 전까지는 결코 그 자리를 떠나지 않겠다고 결심했다. 그렇게 죽기 살기식의 수행과 연단으로 하나의 큰 깨달음에 이르렀다.[62)]

싯다르타 같은 것은 이미 없어진지 오래되었다. 오로지 깨달음만 남아 있을 뿐이다. 깨달음은 소리 없는 자기 내언(內言)이자 자기 대화이다.[63)] 깨달음은 고통을 넘어서며 이겨내는 의식일 뿐이다. 깨달음은 보여 줄 수 있는 물질이 아니기 때문이다. 물질계의 현실은 그저 '두카(duhkha)'다. 두카, 그저 고통 덩어리일 뿐이다. 온통 모든 것이 고통이며 고뇌 덩어리이지만, 다행스럽게 모두가 불완전한 고통일 뿐이다. 불만족스런 고통이다. 두카에서 벗어나려면 한 가지 일이 더 필요하다. 자기에 대한 자기 의식을 초월해야 한다. 그렇게 초월하려면 도통하라는 말이 결코 아니다. 도통은 처음부터 허구일 뿐이기 때문이다. 삶살이에 도통하는 일은 있을 수 없다. 도통은 도사(道士)만의 전유물도 아니다.

도사란 유별난 사람이 아니다. 마음에 '지혜'가 담긴 사람이면 도사다. 지혜의 마음을 갖기만 하면 현인도 되고 성자도 된다. 진실이니 지혜는 언문으로, 글로 쓸 수 있는 것들이 아니다. 실재는 상징일 뿐이기 때문이다. 그 상징에 의해서만 파악되는 것이 진리이고 진실이다. 말로 설명한다는 것은 언제나 부족할 뿐이다. 말은 진실의 한 구석만 보여 줄 뿐이다. 붓다가 보여 준 말 없는 말이 그것이 참이었고 진실이었다. 그는 영취산 설법에서 그것을 보였다. 많은 사람이 운집했지만, 그는 말없이 앉아 있었을 뿐이다. 연꽃을 들어올렸을 뿐이었다. 말은 없었다. 깨달음이 터져 나왔다. 외마디 영탄(詠嘆)이었다. 자기 존격을 세우는 깨달음이었다.

자기 존격에 이르는 깨달음은 그리 어렵지 않다. 자기를 만들어 내는 존격 역시 내공(內工)이기 때문이다. 사람처럼 살아가려는 사람으로서의 내공이다. 내공은 일상생활 어디에서나 쌓이는 지혜와 슬기의 쌓임이다. 책의 지혜, 읽음의 지혜, 듣기의 지혜, 모든 것이 내공의 밑거름이다. 내공이 비축된 사람이 도(道)를 수행하는 사람이다. 세상에는 부지런히 움직여 만들어 내는 도(道)도 있지만, 할 일 없이 서 있는 사이에 쌓이는 우두커니의 길도 있다. '우두커니'라는 말은 시 · 공간의 여백 남기기를 일순간에 훑는 말이다. 예를 들어, 독서 후의 마음에 여백을 넓히는 사람이 있는데, 그가 바로 '우두커니 도'를 수행하는 사람에 속한다. 무슨 책이든 책을 읽고 난 후, 그 무엇을 생각해 볼 일이다. 읽었다고 곧바로 책을 덮지 않을 일이다. 무엇인가 조금 더 그대로 음미할 일이다. 그렇게 30분 정도 있으면 몸과 마음이 변한다. 자신의 몸이 우두커니, 그 어느 한 곳에 서 있음을 알게 된다. 자신이 변하고 있는 것이다. 자신의 몸과 마음이 독서의 여운에 감싸인 것이다.

'우두커니 깨달음' 역시 삶에 대한 지혜의 내공이다. 일상생활에서 내공을 키우는 방법은 생활 친화적이어야 한다. 그 무엇을 깨닫는다는 것은 어디에서나 가능하기 때문이다. 공부와 밥 먹기가 서로 다르게 분리될 수 없는 이치와 같다. 공부가 일상이고, 밥 먹기도 공부이다. 일상이 있어야 깨달음도 있고, 깨달음이 있어야 일상도 생기기 때문이다. 일상이 의미를 만들어 내면, 세상을 초월한다. '인간'이라는 경계조차도 어느새 훌쩍 넘어버린다. 구법(求法)이 일상과 떨어질 수 없는 노릇이다. 깨달음에 외부는 있을 수 없다. 깨달음에 묘법도 있을 수 없다. 일상을 떠난 깨달음은 일종의 기만일 뿐이다. 생과 명이 바로 일상이며, 깨달음이기 때문이다.

생과 명을 떠난 깨달음이 있을 수 없다는 뜻이다. 세상에는 두 가지 선택만이 있을 뿐이다. 공부하거나 존재하지 않거나![64] 일상에서 열심히 살아 있거나 아니면 일상에서 열심히 죽어 가거나 둘 중 하나만이 있을 뿐이다. 화장실에서 소변을 볼 때에 외부가 있을 리 없다. 화장장에서도 타들어 가는 시신(屍身)에게 외부가 있을 리 없다. 화가 치밀 때 주먹을 불끈 쥐는 그 순간에도 외부가 없기는 마찬가지다. 그것을 바르게 가르쳐 주는 글이 티베트인에게는 소중하기 그지 없는 『사자의 서(死者 書)』라는 책이다. 『사자의 서』는 지옥에서 망자에게 가해지는 형(刑)과 그에 따른 육체적 고통에 대한 이야기를 다루고 있는 이야기 책이다. 지옥에 떨어지면 망자를 다루는 사자들은 "……너의 목에 밧줄을 감은 후 머리를 자르고 심장을 파내며 창자를 쥐어뜯는다. 너의 피를 마시고 두개골을 핥으며 살을 씹고 뼈를 갉을 것이다. 그래도 너는 죽지 않는다." 이런 설명으로 죽음 후의 삶이 어떻게 되는지를 알려 주는 책이 『사자의 서』다. 살아서 사람처럼 살아야만 한다는 것을 엄중하게 요구하고 있는 이야기가 가득하다.

고인(故人)의 혼이라고 하더라도, 자신과 자신을 괴롭히는 괴로움의 본질을 깨달으면 아무것도 두렵지 않게 된다. 자신을 괴롭히는 것은 공성(空性)이기 때문이다. 그것을 깨닫는다면 죽음도, 죽음의 사자도 전혀 두려워할 이유가 없다. 혼에 가해지는 고통은 스스로 만들어 낸 것이기 때문이다. 느낀다는 고통이란 끝내 환각임을 깨달으면 고통은 저절로 사라진다. 육체는 이미 잊힌 것이기 때문이다.[65]

깨닫는 것이 생활이며, 삶이어야 한다. 모든 것은 생활이며 자기 다스림이다. 깨달겠다고 목탁만 두드릴 일이 아니다. 새, 꽃, 산과 같은 것을 주제로 생태 사진을 찍는 것도 깨달는 구법(求法)이다.[66] 티베트인의 천장의식에서 시신을 쪼아대는 독수리를 열심히 찍는 것도 구법이다. 사진을 찍다가 찍지 말라고 말리는 사람들에게 얻어맞는 것도 구법 가운에 일어나는 자기 다스림이다.[67] 어디에서 일하든 열심히 일하는 그것이 바로 구법이다. 그 속에 자기 다스림이 숨 쉬고 있기 때문이다.[68]

삶의 의미를 만들어 내려면 삶에 대한 의미부터 바꾸어야 한다. 삶에 내부가 있고 외부가 있을 리 없다. 외부가 있으면 깨달음은 처음부터 불가능하다. 모든 것은 내부다. 삶을 변화시키려면 자신에 대한 자기의 책임만이 있다. 모든 것은 내부이며 그 자체이기 때문이다. 개인이 어떤 사건이나 문제, 물건이나 사람 등에 관해서 어떤 인식과 감정 및 평가를 갖는 일이 태도다. 태도에 입각하여 사람들은 그 대상에 대해 반응하기 마련이다. 자신의 삶을 바꾸려면 그래서 자신의 태도부터 건드려야 한다.[69]

태도는 본능과는 다르다. 태도는 선택의 결과다. 길러진 것이고 만들어진 것이다. 경험의 반복으로 만들어진 것이다. 간접적인 언어적 학습, 강렬한 체험 등이 바탕이 된다. 후천적으로 형성된 것이 태도다. 태도는 경험의 축적이나 사회적 영향으로 변화될 수 있다. 태도에는 대상에 대한 가치판단과 좋고 싫음의 감정이 수반된다. 형성되면 변화하기 어렵다.

3. "우리의 삶은 모험담을 기록해 나가는 일기장이다. 어서 첫 줄을 적으라. 드라마틱하고 사랑이 넘치며 행복한 이야기로 가득 채우라. 거기에 적힌대로 살아가라." – 닉 부이치치[70)]

"사는 것은 일하는 것이고, 죽는 것은 쉬는 것이다. 그러니 나 때문에 법석 떨지 말라." – 동산 스님[71)]

"의사는 병을 고치지 못한다. 의사는 환자의 병을 고치기 위한 파트너에 지나지 않으며, 약이나 주사도 일시적으로 환부의 통증을 억제하는 데 불과하다. 병을 고치는 주체는 환자 내부에 있는 자연치유력이다." – 시노하라 요시토시[72)]

깨달음에 이르는 길이 미리 약속되어 있을 수는 없다. 깨달음에 빨리 도달하는 길이나 방법을 묻는 질문 역시 어설프다. 마치 쥐뿔의 무게를 재려고 덤벼드는 것과 차이 없는 짓이기 때문이다. 세상에는 쥐뿔의 무게를 재려고 하는 사람들이 많지만, 쥐뿔은 쥐에게는 없고 다른 곳에 널려 있을 뿐이다. 국회에도 쥐뿔이 있고, 행정부처에도 있고, 학교에도 널려 있다. 교회에도 있고 절에도 있다. 스님에게도 쥐뿔이 있고 목사에게도 쥐뿔이 있다. 교수에게도 있고 창녀에게도, 모든 인간에게 쥐뿔이 있게 마련이다. 그런데도 쥐뿔은 어디에서도 발견할 수가 없다. 쥐뿔을 찾는 화상(和尙)들만이 발견할 수 있을 뿐이다. 쥐뿔의 무게를 재려고 힘을 쓰고 있는 현대인들의 무모함을 장자(莊子)가 지적했던 식으로 건드려 본 것이다.

장자는 일찍이 유가(儒家)가 쥐뿔의 무게를 재려는 사람이라고 돌려 말한 적이 있었다.[73)] 장자가 유가에게 하려고 했던 말은 별 것이 아니다. 도(道)라는 것은 그렇게 높은 곳에 있는 것이 아니라, 밥 먹고 변 보는 인간 가까이 있다는 것을 알려 주려고 했던 것이다. 삶, 그 속에 있는 것이어야 도라고 볼 수 있다는 것이 그의 생각이었다. 도라는 것은 어떤 고상하고 깨끗한 본래적인 것이 아니라는 것이다. 고상한 것으로 상상할 수 있는 그런 것이어야만 한다면, 그것은 이미 도가 아니다.

도(道)는 학식이 높거나 사회적 지위가 높은 사람에게 있는 그런 장식물이 아니다.

하루를 금쪽처럼 쪼개 쓰는 보통 사람들의 마음속에 있다고 보아야 한다. 월급쟁이의 삶 속, 환자들의 몰아쉬는 숨 속에서도 도는 살아 움직인다. 아이를 사랑스럽게 만지는 어버이의 촉감 속에도 어김없이 도가 있다. 마지막 숨길을 고르는 환자의 마음속에도 도가 있었다. 아내를 어루만지는 남편의 손길에 도가 있다. 생물을 낳게 하는 흙 속, 그 흙을 고르는 농부의 손 속 그 어딘가에도 도가 있다. 곡식을 다듬고 그것으로 음식을 만드는 여인네의 질그릇 안에서 도가 드러난다. 꼬리를 치고 주인을 반기는 강아지 같은 미물들 속에 골고루 편재하고 있는 것도 도다. 도는 일상적인 것이다. 누구나 행할 수 있는 것이 도다. 그것을 행하지 않기에 도가 높아 보이는 것일 뿐이다. 사람처럼 살아가는 사람들 모두에게 있는 도(道), 잘난 체 하는 권력자나 유식한 이들에게서는 쉽게 찾아 볼 수가 없다.

도(道)라는 것은 이 세상 어디에나 있는 것이기에, 그것을 굳이 찾으려고 할 이유가 없다는 것이 장자의 충고였다. 그래서 도는 유(有)로서 있는 것이며, 동시에 무(無)로서 없는 것으로 있는 것이나 같다는 것이 그의 생각이었다. 도(道)는 무(無)이기에 유(有)가 되고, 만물을 낳고 포용할 수 있게 만들어 준다. 인간 역시 만물 중 하나일 뿐이지, 만물 위에 있는 절대적이거나 전체는 아니라는 것이다. 인간이 사람다우려면, 인간은 당연히 만물의 길인 무를 따라야 할 뿐이다. 그 길을 벗어나면 오직 상할 뿐이다. 도는 원래 그런 것이기 때문에 인간이 자기의 편의를 위해 만들어 내서 넓히고 좁힐 수 있는 것이 아니다.

잴 수도 달아 볼 수도 없는 것을 달아 보겠다는 생각을 버리는 일이 자연스러운 일이다. 그 상태에 이르는 것이 깨달음이다. '네-이놈!' 하는 소리의 의미를 자기 것으로 만드는 것이 깨달음이다. 깨달음은 잴 수도 달아 볼 수도 없다. 깨달음의 무게는 깨달음마다 다르기 마련이다.[74] 누구든 깨닫겠다고 깨달음의 방편들을 한 짐씩이나 지고 다닌다. 깨달음보다 방편에 몸이 치일 뿐이다. 세상의 고뇌는 저 혼자 다 하듯이 깨달음의 방편들을 짊어지고 다닌다. 쥐뿔을 재겠다고 여기저기 중뿔나게 나설 일이 아니라고 어느 현인이 그대에게 넌지시 일러 주고 있다. 깨달음에 목이 타는 한 제자가 스승 앞에 앉았다. 제자의 찻잔에 스승이 찻물을 따른다. 잔이 다 찼지만, 스승은 따르기를 멈추지 않는다. 계속 찻잔에 차가 넘쳐난다. 물이 방바닥으로 넘쳐 흐르자 놀란 것은 실수하는 선생이 아니라 제자였다. "스승님, 그만 따르세요. 차가 넘쳐요." 라고 마침내 소리쳤다. 차 따르기를 멈춘 스승이 겨우 한 말 건넸다. "너도 똑같단다. 네가 나의 가르침을 받으려면 먼저 네 마음의 잔부터 비워내야 한다."

깨달음은 깨어나 어딘가에 도달하려는 일이다. 나아가려면 쌓아 놓았던 벽을 부수고 외부로 나와야 한다. 나와야 할 길부터 열어 놓아야 한다. 벽을 부수려면 자신의 내부부터 먼저 부수기 시작해야 한다. 내부를 부수지 않으면 외부는 그대로 남아 있을 뿐이다. 부수고 치우고, 그리고 가차없이 치워 버려야 한다. 내려놓아야 치울 것이 생긴다. 깨달음에 이르는 쉬운 길이다. 마음 같아서는 단박에 할 수 있는 일 같지만, 쉬운 길은 아니다. 자기만은 다를 것 같이 저 먼저 깨달음에 이르겠다고 막무가내이다. 그런 길이 어딘가에 있을 것이라는 믿음을 버리지 못한다.[75] 그런 길은 없다.

단박에 깨닫게 만들어 주는 길이 없기는 마찬가지였었던 선승 성철은 완벽한 깨달음을 갈음하는 말로 '돈오돈수(頓悟頓修)'라고 한적이 있었다. 어떤 스님들은 성철의 돈오돈수를 단숨에 방일주의(放逸主義)로 몰아붙였다. 제 멋대로 깨달았다고 설치면 그저 깨달은 것이 되는 것이냐라는 식으로 비아냥거리기도 했다. 일단 깨달으면 더 나아가 수행할 필요가 없는 일처럼 오해까지 해 버렸다. 설령 그런 일이 있다손 치더라도 사실 그 무슨 대수는 아니었을 것이다. 어차피 이 세상에 깨달은 사람도 없고, 단박에 그런 일을 해내는 사람도 있을 수는 없었기 때문이다. 사실 성철 스님이 말하는 돈오돈수의 정신은 그런 것도 아니었다.

돈오돈수의 핵심에 대한 오해가 깊어지자, 그것에 더 크게 실망한 사람은 성철이었다. 그는 마침내 말했다. "흔히 참선하다가 기특한 소견이 생기면, 그것을 두고 '견성했다'거나 '한 소식 했다'고들 하는데 정작 만나서 살펴보면 견성하지 못한 사람과 똑같다. ……제 홀로 망상에 휩싸여 생각나는 대로 함부로 떠드는 것에 불과하다. 견성에 대한 그릇된 견해와 망설임은 자신만 그르치는 것이 아니다. 이는 선종의 종지

(宗旨)를 흐리고 정맥을 끊는 심각한 병폐다. 근본 무명까지 제거되어 구경(究竟)의 신묘한 깨달음, 말하자면 묘각(妙覺)을 성취한 것이 견성이지 그러기 전에는 견성이라 할 수 없다."[76] 깨달았으니 어쩌느니 함부로 말하지 말고, 더 정진하고, 더 깨달음에 이르는 일만이 최선이라고 일침을 놓아 버렸다.

돈오돈수는 말장난이 아니라, 오히려 더 수행하고, 연단하며, 정진하라는 뜻의 현학성이 담긴 화두였을 뿐이다. 성철 스님이 염려했던 것은 말을 장난하려는 저들의 객기를 경계하기 위한 것이었다. 깨달음을 가지고 편한대로 이리저리 이야기하지 말라는 경계였다. 말장난하지 말라는 말을 그렇게 말한 것이다. 깨닫는데 돈오면 어떻고, 점오면 어떻겠는가 하는 것이다. 말하지 말고 행하라는 당부였다. 말로만 '돈오돈수, 돈오점수, 점오돈수, 점오점수'라고 떠들지 말라는 것이었다. 부디 각자의 삶에서 그렇게 해내라는 당부였다. 무슨 의미든 삶에 의미를 만들어 가라는 뜻이었다. 각오(覺悟)가 아니라 행각(行覺)으로 정진하라는 당부였다.

먼저 행함으로서 깨닫지 못하는 사람은 늘 말로만 깨닫기 마련이다. 아무것도 버리지 못하는 사람도 마찬가지다. 혼은 죽은 채 입으로만 영혼을 말하는 영성이 병든 사람이다. 물건이든 마음이든 뭐든 일단 쌓아 놓고 보는 사람이 있다. 자신이 씹은 껌 종이마저 버리지 못하는 사람이 있다. 소용되는 것이 있다는 마음이 모든 것을 모아 둔다. 모아 둔 것들은 끝내 잡동사니다. 일에서도 마찬가지다. 모아 두는 일에 강박 증세를 보이는 사람들은 그냥 그러는 것이 아니다. 수집에 대한 취미 때문에 그러는 것이 아니라 과거의 쓰라린 상처, 트라우마, 외상 때문에 생긴 마음 병 때문이다.[77] 버리지를 못하는 정신적 질환일 뿐이다. 저장 강박증에 시달리기 때문이다. 치유하려면 버리면 된다. 버리기 시작하는 일이 외상을 보듬는 치유다. 마음도 그렇게 버리면 마음의 공간이 치워지기 시작한다.

깨닫는다는 것은 사람으로 거듭나겠다는 결심이다.[78] 자기를 버리는 결단이다. 자신을 청소하는 작업이다. 자기를 개조하겠다는 결행이다. 사람처럼 살겠다는 표명이기도 하다. 거듭남, 개조 그리고 사람으로서의 의지는 사람이기에 가능하다. 사람만이 결단한다. 사람만이 거듭난다. 사람만이 개조한다. 사람만이 타인을 향한다. 사람이 꽃보다 아름답기 때문이다.

사람이 꽃보다 아름답다는 말은 참 듣기에 편하고, 좋은 말이다. 받아들이기에도 아름답기만 하다. 사람이 꽃보다 아름다우니 그 꽃에 의지할 만하다. 서로 시샘할 이유도 없으니 서로 편할 것 같다. 사람은 언제나 자신에게 자신을 위해 자기 각성이 가능하다. 깨닫는 것은 언제나 자동사(自動詞)적이다.[79] 누가 시켜서 할 일이 아니다. 누가 시킨다고 할 짓도 아니다. 그저 자기가 좋아 제가 할 일이다. 깨닫는다는 말 자체가 타동사(他動詞)적인 것이 아니다. 깨달음은 언제나 자동사적이다. 자기 결심, 자기 주도, 자기 결단, 자기 개조 모두가 자동사적이다. 자동사 중에서도 재귀동사적이다. 자기가 동(動)하지 않으면 세상의 어느 것과도 통하지 못한다. 그 어느 것도 나를 따라 동할 수 없다. 그것이 깨달음이다.[80]

'타동사적인 세상 보기'는 경계를 만들어 놓는 일이다. 타인을 염탐하는 일이다. 경계가 만들어지면 타인을 의식해야 한다. 타동사적인 깨닫기는 나와 너의 관계에 민감하다. 주관과 객관을 구분해야 하기 때문이다. 주관이 바깥에 놓여 있는 객관을 만들어야 한다. 객관에 영향을 미쳐서 객관이 변화하도록 만들어야 한다. 될 일이 아니다. 자동사적이거나 재귀동사적인 깨달음의 중심은 항상 나에게 쏠려 있다. 내가 너에게 타력의 힘을 통해 어떤 영향을 끼치겠다는 것이 아니다. 나의 모든 생각과 행위들이 스스로 생기게 하는 일이다. 모든 것은 나에게 되돌아온다.

세상 살아가다 보면 험한 일은 얼마든지 일어나게 마련이다. 이런 일 저런 일에 기웃거리다 보면, 자기도 모르는 사이 어느덧 한 마리의 개처럼 살아갈 수도 있다. 그저 길거리에 서성이는 수캐 한 마리, 암캐 한 마리로 살아가도 자신은 그것을 알 리가 없다. 이곳 저곳을 향해 짖어 대면서 세상을 보는 한 마리 짐승으로 변해 버리고 만다. "…… 나는 쉰 이전에 정말 한 마리 개였다. 앞의 개가 그림자를 보고 짖으면 따라서 짖었을 뿐이었다. 왜 짖느냐고 물으면 꿀 먹은 벙어리처럼 그냥 실실 웃을 뿐이었다."[81] 이탁오라는 현인이 잘난 척, 학식이 있는 척, 가진 척, 권력자인 척하는 자들을 향해 자조적으로 내뱉은 말이었다. 그의 경고는 중국의 현대 문학인들에게 그대로 전승된다. 노벨문학상 수상자인 모옌도 일갈한다.[82] 돼지처럼 영혼에 기름기가 낀 우리를 향해 일갈한다. 돼지일수록 살찌는 것을 두려워하라. 가진 사람일수록 가진 것을 두려워 하라. 배웠다는 사람일수록 배운 것을 어려워하라. 명성을 날리는 사람일수록 그의 명성을 조심하라고 일러 준다.

깨닫는다는 것은 현재 진행형이다. 중뿔나게 변색하는 '현재를 잡는 일이 깨닫는 일'이다. 현재를 변색되지 않게 내 것으로 만드는 일이다. 깨닫는 것은 '카르페 디엠(Carpe Diem)'이다. 라틴어(語) 카르페 디엠은 '삶을 즐겨라'는 뜻이다. '현재에 충실하라'는 의미다. 현재의 삶을 살겠다고 실천하라는 약속이다. '지금을 잡는 일이 깨달음의 지표'다. 그것이 원하는 것은 바로 지금이다. 바로 지금이 삶의 길이다. 삶을 이끌어 가는 길이다. 사람의 도를 실천하는 일이다. 긍정적인 자세로 행복에 다가가는 일이다.

시인 라이너 마리아 릴케(Rainer Maria Rilke)도 이미 오래전에 오늘을 노래했다. "마음속에 풀리지 않는 모든 문제에 인내심을 가지라. 문제 그 자체를 사랑하라. 지금 당장 해답을 얻으려 하지 말라. 그건 지금 당장 주어질 수는 없으니까. 중요한 건 모든 것을 살아 보는 것이다. 지금 그 문제들을 살라. 그러면 언젠가 먼 미래에 자신도 알지 못하는 사이에 삶이 너에게 해답을 가져다 줄 테니까." 깨닫는 것은 오늘의 마음을 바꾸는 일이다. 자기를 바르게 세우는 일이다.

깨달음을 찾아나서는 사람은 자신의 영혼을 명품으로 만드는 사람이다. 혼이 맑아지려는 사람이기 때문이다. 자기의 존격을 세운 사람이 깨닫는 사람이다. 요즘 말로 말하면 명품 영혼을 가진 사람이 자기 존격을 세운 사람이다. 모든 사람들이 하나씩 지니고 있는 명품은 더 이상 명품이 아니다. 명품은 사치품이 아니다. 명품은 고가품도 아니다. 자기만의 영혼다운 영혼을 지닌 것이 명품이다. 브랜드 로고와 광고가 명품을 상징하는 것이 아니다.

대량으로 찍어 내는 제품은 이미 명품이 아니다. 명품은 제품 그 자체의 희소성 때문에 가능하다. 소량제품이 아니라 단 하나의 제품이다. 유일한 단 하나의 가치를 지닌 제품이 명품이다. 지금의 명품은 대기업의 마케팅이 만들어 놓은 허구품이다. 대량 생산라인에서 조립된 것이다. 사치품 제조 기업들이 그 물품에 명품의 이름을 붙여 터무니없는 가격을 매겨 놓은 것이다. 소비자들에게 환상을 심어 놓은 것이다. 폭리를 그런 허구로 취하는 것이 요즘의 기업 명품이다. 열등감에 시달리는 중산층의 허한 영혼을 갉아먹는 허접스런 브랜드 제품이다.[83)]

사람들이 지녀야 될 명품은 따로 있다. 너와 내가 갖고 있는 유일한 생명이 명품이 되어야 한다. 너만의 고귀한 마음이나 정신이 명품이어야 한다. 그 어느 것과도 바꿀 수 없는 그런 명품이 되어야 한다. 내 목숨이 그렇고 네 목숨이 그렇다. 그것이 각자에게 명품이다. 마음을 고귀하게 만드는 일, 영혼을 귀하게 만드는 일이 영혼의 명품 작업이다. 사치품, 호사품을 지녔다고 그 사람의 영혼이 저절로 고귀해지는 것은 아니다. 영혼은 오히려 더 탁해질 뿐이다. 몸 판 돈으로 호사품을 사 들고 다녀봤자 부질없는 짓이다. 어차피 몸 팔아 치장한 호사품이기 때문이다.

깨닫는 일은 마음을 다스리고 또 다스리는 일이다. 탁하고, 천하고, 박해 버린 마음을 과감하게 세척하는 일이 깨닫는 일이다. 부정적인 심리에서 긍정적인 심리로 바꾸는 일이다. 인간은 하나의 환경으로 결정되거나 구속되는 존재가 아니다. 인간은 조건을 바꾸어 가는 존재다. 자신을 만들어 가는 존재다. 마음가짐은 마음먹기에 달려 있다. 마음 먹기는 배우기에 달려 있다. 배움은 하기 쉬운 일이다. 머리로 아는 일이 아니라 마음으로 몸으로 행하는 일이다. 자전거 타기, 그저 흥얼대며 자기가 좋아하는 노래하기처럼 하기 시작하면 해내는 일이 배우는 일이다. 하기로 했으면 지금 당장 즐길 수 있는 일이 배우는 일이다.[84)]

배우는 것은 자기의 가능성을 한순간에 깨닫기 시작하는 일이다. 배우려면 자신을 믿어야 한다. 믿는 일은 자기를 긍정하는 일이다. 자기에 대한 긍정적인 태도를 갖는 일이다. 자신에 대한 긍정은 행복의 시작이다. 자신에 대한 낙관적인 태도가 행복으로 가는 길이다. 낙관적인 태도에서 필요한 것은 '긍정적인 언어 습관'이다. 자기가 먼저 자신을 위한 긍정적인 언사를 사용해야 한다. 제대로 된 긍정적인 언어 습관은 비관주의를 극복한다.

인간의 마음은 가변적이다. 변하고 변하는 것이 인간의 마음이다. 마음이 사고방식을 바꾼다. 생각도 불변하지 않는다. 긍정적인 생각을 하려면 긍정적인 마음가짐이 필요하다. 부정적인 언어 습관은 '학습된 무기력'을 기른다. 늘 바보라고 생각하면 바보가 되는 이치다.[85]

행복한 삶은 긍정하는 삶이다. 긍정의 삶을 살아가는 것이 건강한 삶이다. 건강하고 긍정적인 삶을 살기 위해서는 자기의 존재를 긍정해야 한다. 자기의 존격이 자신 안으로 들어서야 긍정이 깃든다. 불안, 우울, 스트레스와 같은 부정적인 감정은 자기 존격에 방해가 된다. 개인의 강점을 보면 자신의 아름다움이 보인다. 자신의 아름다움이 보이면 긍정의 가능성이 돋보인다.

긍정적인 삶살이는 하나의 방편이고, 기술에 속할 뿐이다. 긍정적인 삶살이는 그저 간단한 악기를 다루는 그것과 크게 다르지 않다. 자전거 타기처럼 처음에 조금 어렵지 시간이 지나면 이내 몸에 익숙해지는 그런 것이 바로 삶살이다. 노력하면 익힐 수 있는 '기술'일 뿐이다. 행복의 시작은 긍정적 정서에서 온다. 긍정적인 정서는 행복하다는 느낌을 갖는 일이다. 사람은 누구나 행복할 수 있다. 스스로가 행복을 느끼지 못하면 결코 행복할 수 없다. 행복은 내가 만들어야 내가 행복해진다.

행복이란 주관적이다. 무엇을 어떻게 느끼느냐에 달려 있다. 완전무결한 행복은 없다. 행복은 100% 채워지는 것이 아니다. 행복은 마치 모나리자의 미소와 흡사하다. 모나리자의 미소에는 기쁨이 가득하다. 83%의 기쁨을 표현한 것이다. 나머지 17%는 슬픔과 노여움이다. 그래도 기쁨이 넘치기에 행복한 미소일 뿐이다.

하루를 살아가는 사람들의 행복도 마찬가지다. 그저 편하게 행복은 20:80의 비율로 다가온다. 슬픔과 기쁨은 행복 안에 뒤범벅되어 있기 마련이다. 남들은 다 울어도 나는 웃을 수 있다. 나는 울지만 남들은 모조리 웃을 수도 있다. 그것이 행복과 슬픔의 조화다. 삶은 새옹지마(塞翁之馬)의 이야기를 닮았다.[86] 지금의 어려움이 나중의 행복이 되고, 지금의 행복이 나중에 불행이 될 수도 있다.

정상적인 삶은 누구에게도 있기 어렵다. 그저 꿈만 그렇게 꾸어 볼 뿐이다. 행복한 삶도 없기는 마찬가지다. 정상적이라고 믿고 싶은 삶만이 있을 뿐이다. 행복하다고 느끼고 싶은 삶만이 기대되고 있을 뿐이다. 자신의 삶이 정상이라고 고집하면 문제가 어김없이 터져 버린다. 비정상적이라고 우겨도 문제는 생기게 마련이다. 삶은 삶일 뿐이기 때문이다. 자기의 삶을 굳이 비정상적이라고 우기는 사람들은 흔히 두 종류로 갈라진다. 한 종류의 사람들은 괜히 사서 걱정부터 한다. 모든 것이 그런대로 정상적이다. 만족하지 못한다. 무엇인가 비정상이라고 우겨야 직성이 풀린다. 자기 걱정에 자신을 죽이고 있는 사람들이다.

다른 종류의 사람은 그 어떻든 간에 자기의 삶에 문제는 있다고 걱정한다. 너무 열심히 살고 있기 때문에 생기는 고뇌의 표현일 수 있다. 완벽한 삶을 추구할수록 자기 삶은 상대적으로 허점이 많게 느껴진다. 성실하게 살아온 삶에 만족하지 못하는 탓이다. 저들의 삶에 휴식이 필요하다. 삶에 여백이 필요하다. 그것을 늘리지 못한 욕구불만의 아우성이다.[87)]

저들도 문제가 무엇인지를 알고 있다. 자기의 욕망 밖으로 나가지를 못한다. 욕망의 사슬에 마음과 몸을 묶어 놓았기 때문이다. 처음부터 탈출은 없었다. 자기 족쇄에 자신을 묶어 놨기 때문이다. 습관 탓이다. 족쇄에 자기를 볶아대고들 있기 때문이다. 마치 10밀리미터 굵기의 1미터 노끈에 발목을 묶인 100톤의 코끼리처럼 움직인다. 1미터 밖으로 더 나아가지 못한다. 10밀리미터 굵기의 1미터 노끈에 발목이 묶여 길들여졌기 때문이다. 1미터 밖을 생각해 보지 못한 탓이다. 습관이 만들어 놓은 굴레였다. 1미터로 그려진 자기 삶에서 전전긍긍할 뿐이다.

행복하려는 사람은 지금과 이 순간에 몰입한다. 모든 것을 지금에 걸면 이 순간이 보이기 마련이다. 어제를 후회하지 말고 내일을 두려워 말 일이다. 오늘을 만끽하라. 머뭇거릴 이유가 없다. 흘려 보낼 삶이 아니다. 카르페 디엠의 삶이다. 쓸 데 없는 일에서 벗어나야 한다. 갖고 가지 못할 것은 버리는 삶이 행복한 삶이다. 삶은 짊어질

수 있을 만큼 짊어지고 가야 하는 법이다.[88)]

짊어질 수 없는 삶은 누구에게나 불행이다. 마크 웰만(Mark Wellman)이라는 사나이는 짊어질 수 있는 삶이 무엇인지를 보여 준다. 그는 신체 건강한 산악인이다. 지금은 장애 산악인이 되었다. 그는 1982년에 산을 오르다가 변을 당했다. 암벽에서 추락했다. 허리 아랫부분을 다쳤다. 하반신이 마비되었다. 걷기는커녕 움직일 수도 없었다. 그는 등산이 아니라 삶을 포기해야 될 판국이었다.

그는 그렇게 자신을 놔두지 않았다. 어느 누구의 도움도 받지 않고 1,000미터의 암벽에 다시 도전했다. 그 생각 자체가 그에게 행복이었다. 캘리포니아 요세미티 국립공원의 거대한 바위, 엘 카피탄을 기어 오르기 시작했다. 엘 카피탄은 거대한 암벽 바위산 그 자체였다. 친구가 암벽에 로프를 걸어 주었다. 그것이 처음이자 마지막 도움이었다. 로프를 잡고 오직 팔의 힘으로만 올랐다. 한 번에 15센티미터씩 자기 몸을 끌어올렸다. 시간이 꽤나 흘렀다. 무려 9일이 흘렀다. 엘 카피탄 정상에 오를 때까지 그는 로프를 잡아당겼다. 자기 몸이 의지한 '동아줄'을 7,000번 이상 당겼다. 밧줄을 당기는 그 일이 지금 당장의 일이었다. 자신이 짊어질 수 있을 만큼 자신을 짊어졌다. 그에게는 행복 그 자체였다.[89)]

현재를 잡으려면 지금 살아 있는 현재를 잡아야 한다. 있는 그대로 받아들여야 한다. 〈달마야 놀자〉라는 영화가 있다. 해학(諧謔)으로 가득 차 있는 영화다. '지금'과 '당장'의 의미를 깨닫게 만들기 충분한 영화이다. 조폭들이 한 사찰을 점거한다. 어느 날이었다. 무료해진 조폭 두목이 나선다. 노스님께 의아해서 따진다. "왜 우리를 감싸주기만 하고 우리에게 이래라 저래라 요구가 없으시죠?" 하고 따진다. 노스님이 조폭에게 되묻는다. "너희가 밑 빠진 독에 물을 어떻게 가득 채웠냐?" 싱거워진 조폭은 답한다. "밑 빠진 독을 그냥 물속에 빠뜨렸죠."라고 대답한다. 스님이 퉁명스럽게 답한다. "그래! 나도 밑 빠진 너희를 그냥 내 마음속에 빠뜨렸어."라고 담백하게 말한다.

스님의 눈에는 조폭은 깡패가 아니었다. 노스님의 시력이 약한 것이 아니었다. 아무리 눈을 씻고 봐도 저들은 조폭이었다. 그리고 사람이었을 뿐이다. 스님에게 저들은 붓다의 분신이었다. 붓다를 반기는 노스님의 대답이었다. 무엇인가 젠 체하면 보일 것도 보이지 않는다. 사람을 바꾸기 위해 현학은 필요하지 않다. 젠 척하는 몸자세는 무용하다. 사람을 이리저리 쪼개서 볼 일이 아니다. 머리 따로 보고, 궁둥이 따로 볼 일이 아니다. 온몸 통째로 볼 일이다. 전체로 사람을 받아들일 일이다. 조폭들은 붓다가 보여 준 사회적 신분이었을 뿐이었다. 이 세상을 살면서 조폭 아닌 사람은 없기 때문이었다.

나의 이야기가 하느님 말씀처럼 옳다고 해도 그것이 타인의 삶을 구제할 수 있는 만병통치약은 아니다. 모든 이를 위한 만병통치약은 있을 수 없다. 강요하면 그것은 사기의 시작일 뿐이다. 사기들은 남을 강요하기부터 한다. 상대방을 바꾸려고 하면 저들이 먼저 어긋날 것이다. 조폭이 달마였고, 노스님이 바로 조폭의 분신이었다. 어긋날 것은 처음부터 어긋났을 것이다. 그 누구든 자신을 버리려고 하지 않는다. 그들이 틀렸다고 하더라도 마찬가지다. 자신을 더 내세우려면 일단 저항부터 하고 봐야 한다. 적개심이 고개를 쳐들기 시작하면 감정도 격해진다. 감정이 고조되면 인간관계들은 걷잡을 수 없다. 극한 대립과 갈등으로 변질되기 마련이다. 놀아 줘야 한다. 조폭들과 놀아 주는 그 스님이 붓다의 화신이다. 자기 존격의 화신이다. 밑 빠진 상대를 그냥 통째로 내 마음에 밀어 넣을 일이다. 시간이 지나면 너도 나도, 그들도 가득 채워진다. 그것이 삶의 깨달음이다.

사람은 타인에게 결코 유별난 존재가 아니다. 인간은 언젠가는 한줌의 흙이 된다. 흙 속에 하나가 된 자신의 뼈 조각을 볼 수 있으면 삶이 달라질 것이다. 살다가 죽는 그 순간까지 자기다움을 잊지 않을 일이다. 깨달음은 그렇게 체험하는 일일 뿐이다. 사람들은 타인의 방향을 바꾸기를 좋아한다. 자기는 그대로 놔둔 채 타인을 옳은 방향으로 바꾸려 한다. 끝내 서로에게 상처나 줄 뿐이다. 서로를 바꾸려는 노력은 말로만 하는 일이 아니다. 자기를 포기하는 일이다. 타인의 개성에 더 많은 눈길을 주는 일이다. 타인을 탐하는 일이다. 결과보다는 과정이 복잡한 일이다. 타인에게 끝내 상처나 주는 일이다. 바꾸려면 타인이 아니라 나를 바꿔야 한다. 내가 타인에게 지옥이 되기 때문이다. 관계는 상대의 생각이나 행동을 고쳐 보려는 일에서부터 뒤틀어지기 시작한다.

인간은 원래 그런 동물이다. 바꾸려고 하지 말고 내가 먼저 바꾸면 될 일을 갖고 사람들은 조바심한다. 타인과의 소통과 공존은 그렇게 시작한다. 내가 바꾸면 나에게 적이었던 사람들이 바뀐다. 나에게 고마운 존재들이 적들이다. 이해할 수 없었던 사람들의 행태도 조금씩 이해되기 시작하기 때문이다. 저들이 바뀐 것이 아니라 내 생각이 바뀌었기 때문이다. 자신을 옭아맨 문제들은 내가 묶어 놓은 것이다. 내가 고립되어 있는 것이 아니라 나를 고립시킨 것이다. 기쁨도 그렇게 찾아온다. 크게 아프고 나면 세상이 다르게 보이는 법이다. 건강도 눈에 들어오기 마련이다. 나를 둘러싼 불편한 진실들을 똑바로 바라볼 수 있게 된다. 그때에 비로소 자신만의 삶을 찾을 수 있다. 다른 이들과 더불어 갈 수 있다. 행복은 그렇게 슬그머니 오는 것이다.

다른 사람과 더불어 가려면 나부터 버려야 한다. 나를 버리는 일이, 오히려 나를 세우게 만든다. 함께 가려면 어린 아이처럼 열려 있어야 한다. 다른 사람을 그대로 받아들이면 된다. 어린 아이들은 친구들을 쉽게 만든다. 조건 없이 친구들을 만든다. 친구를 만드는 천재들이 어린 아이들이다. 어린 아이들은 그저 행복하다. 과거도 불필요하고 미래도 걱정할 이유가 없기 때문이다. 현재 그 사람, 현재의 그 친구가 있을 뿐이다. 저들에게 몰입하기에 그들은 기쁠 뿐이다.

아이의 마음으로 사물 자체를 보아야 쉽게 기쁨을 얻는다. 어른이 된다는 것은 마음을 닫아 걸기 시작한다는 것이다. 사물을 다른 것과의 비교하여 보기 시작하는 시작이 어른의 시작이다. 비교하기 시작하면 시기와 질투가 교차된다. 인간은 늘 의심하기 좋아하는 동물이다. 속이 좁아서가 아니다. 타인과의 관계는 자기를 늘 상대적인 상황에 놓이게 하기 때문이다. 비교하기 시작하면 친구로 같이 가기 어려워진다. 남들이 잘되는 것에 이상한 마음이 들기 때문이다. 인간은 어차피 인간일 뿐이다. 불만이 어쩔 수 없이 들어차기 시작한다.

시기하는 마음부터 치유해야 한다. 치유하기 위해서는 자신의 축복부터 셈해야 한다. 남이 받은 축복을 셈하기보다는 자기에게 남아 있는 축복을 헤아려야 한다. 꼼꼼히 따지고 면밀하게 헤아려야 한다. 정교하게 헤아리기 어려운 것이 자신의 받은 축복에 대한 셈법이다. 인간은 누구나 축복받은 존재다. 조물주로부터 자신이 누려야 할 만큼의 축복을 받고 태어난 존재다. 그 축복만을 즐기기도 짧은 삶이 인생이다. 이 순간을 살기만 해도 축복받은 삶이다. 욕심낼 일이 아니니다. 사람들은 그렇게 생각하지 않는다. 자기에게 쌓여 있는 축복은 늘 부족하다고 짐작한다. 자세하게 세어 보지도 않는다. 현재 내 것을 놓치고 남의 것을 탐한다. 남이 원망스럽다. 자신을 용서하지 못하기 때문이다.

타인과 비교할 일이 아니니다. 받은 대로 살아가면 될 일이다. 사람마다 자기를 만들어 주는 힘이 가득하다. 샘이 가득한데 남의 것만 보인다. 호박은 호박 나름대로의 천성이 있다. 사과는 사과 나름대로의 속성이 있다. '호박의 사과'나 '사과의 호박'은 호박과 사과를 새롭게 접붙여 나오기 전까지는 불가하다. 어떻게든 서로 다른 것이 접붙는다면 변종의 생산이 가능하다. 자연의 섭리를 따른다면 있는 그대로다. 변종을 한다고 해도 '지렁이의 사람'이 생성될 가능성은 없다.

모든 것에는 나름대로의 개성이 있다. 개성은 그것의 표현이며, 상징이고, 재산을 말한다. 개성이 없는 것은 축복이 없는 것이다. 재산도 없는 것이다. 나는 너가 될 수 없다. 같아져야 할 이유도 없다. 자기 것을 폐기하고 남과 같아지려는 것은 부질없는 노릇이다. 세상은 같아지라고 말한다. 남과 같아지기 위해 자기 삶의 80%를 투자한다. 낭비다. 허깨비를 찾는 일이다. 자기의 개성을 사장시킨 삶은 자기가 없는 삶이다. 창고에서 썩고 있는 스트라디바리우스 바이올린과 같은 일이다. 창고에서 썩고 있는 고물에 지나지 않는다. 자기의 됨됨이를 살리기 위해 1%라도 노력하면 모양이 달라진다. 모습이 달라진다. 개성이 사라진 것은 죽은 것이다.

인간들은 죽음에 대해서 두려워한다. 없어짐은 다시는 되돌아 나타나지 못하는 것이기 때문이다. 죽으면 모든 것이 사라진다. 사람들은 그래서 늘 죽음에게는 비굴하다. 삶에 연연하며 당당하게 죽음 앞에 나설 수가 없는 것이다. 삶에서는 치열하지만 죽음 앞에서는 치사해질 뿐이다. 죽음 앞에서는 늘 기죽기 마련이다. 죽음이 허를 찌르면 모든 일이 중단된다. 죽음은 마지막이기 때문이다. 죽음을 피해야 경쟁하기 때문이다. 죽음을 피해 봐도 언제나 죽음일 뿐이다. 죽음은 행복이 아니다. 죽음은 축하할 일이 아니다. 죽음은 언제나 나와는 예외적이어야만 한다. 실감할 수 없는 일이기 때문이다. 애도하는 죽음은 가능해도 축복받는 죽음은 가능하지 않다.

죽음은 죽는다는 것 이상으로 유별난 것이 아니다. 그 이하일 수도 없다. 죽음은 죽은 상태일 뿐이다. 죽음치고 고귀한 죽음은 없다. 개 같은 죽음도 없다. 개 같거나 고귀함 같은 것은 그저 형용사일 뿐이다. 죽음에 대한 그 어떤 예찬이나 비난도 모두 허구이다. 죽음을 대체할 만한 것은 없기 때문이다. 그 어떤 고귀한 죽음이라고 하더라도 그것은 허망하다. 존재가 사라지는 일이기 때문이다. 신앙으로 죽음을 위안하려고 해도 결과는 마찬가지다. 죽은 자를 그 어떤 아름다운 형용사로 채색해도 마찬가지다. 죽은 것은 죽은 것일 뿐이기 때문이다. 죽음의 허망함이야말로 치장될 수 있는 것이 아니다.

그 누군가의 죽음에 대한 슬픔은 신앙으로 위로될 수 있는 것이 아니다.[90] 그 어떤 이의 존격이 형용사로 위로되거나 대체될 수 있는 것은 아니다. 죽음은 역사와의 이별이다. 죽음은 나와의 별리다. 이 지구로부터 최초의 인류가 사라져 버리는 일이다. 나라고 하는 각자성 하나가 사라질 뿐이다. 새로운 역사는 등장한다. 죽고 다시 태어나는 것이 삶이다. 삶은 죽고 태어남의 이어짐이다.

죽음은 실패가 아니다. 생의 실패를 말하는 것이 아니다. 실패했기에 죽는 것이 아니다. 죽기 때문에 죽은 것이다. 죽음은 오로지 현재를 지키라는 명에 대한 영원한 거역일 뿐이다. 명은 지켜야 하는 것이다. 명을 어기는 것이 죽음이다. 죽음은 어차피 생의 뒷면이다. 명을 어기기 위해 생의 뒤로 숨어 버리는 일이다. 죽음은 실패라기보다는 생의 순리일 뿐이다. 사람들은 죽음이라는 단어만큼 실패라는 단어도 금기시한다. 자기의 개인사에 관한 한 언급하기 싫어하는 단어가 실패라는 단어다. 사람들은 실패한 삶, 실패한 인생을 금기시한다. 머릿속으론 생각해도 자신의 입 밖으로 내놓기를 꺼리게 되는 단어다.

실패를 지칭하는 단어 그 자체가 실패작이다. 독일어로 실패하다는 말은 샤이터른(scheitern)이라고 한다. 샤이터른은 원래 '장작개비(scheit)'라는 말에서 유래했다.[91] 샤이터른은 난파된 배의 나무 조각을 말한다. 배가 침몰해 산산이 부서진 후 파도에 일렁거리며 떠도는 나무 조각이 샤이터른이다. 실패는 조난당한 배의 나무 조각처럼 낭패 덩어리다. 두려움의 상징이 '샤이터른'이다.

샤이터른, 이 단어는 '쓰레기가 되다'란 뜻도 함께 지니고 있다. 실패는 끝내 쓰레기이며, 오물이라는 뜻이다. 실패는 늘 부정적인 의미를 풍긴다. 사람들은 자신의 실패를 이야기하기를 좋아하지 않는다. 자신의 삶이 쓰레기처럼 보이기 때문이다. 남의 실패를 들추는 일에는 민감하기 마련이다. 자기와는 상관없는 일이기 때문이다. 관음증 환자처럼 남의 실패를 엿보며 떠벌린다. 난파된 남의 모습을 즐기려고 하기 때문이다.

죽음에 관한 티베트인의 생각은 결이 곱다. 저들은 죽음을 실패로 간주하지 않는다. 죽는다는 것은 되돌아가는 일이다. 죽으면 그저 죽었을 뿐이다. 서양인의 생각은 조금 다르다. 저들은 죽음에 대해 처절한 생각을 한다. 거의 사투적(死鬪的)인 생각에 가깝다. 산업사회에서 살아가는 사람들도 마찬가지다. 죽음을 삶의 실패라고 간주하기 때문이다. 죽음에 이르는 저들의 과정은 처절하다. 죽음에 임하는 방식 역시 안쓰럽기만 하다.

죽음을 다루는 의사들은 거의 죽음을 맞이하는 사람들에게서 거의 공통된 한 가지 사실을 발견·관찰한다. 죽음을 앞둔 사람들이 애타게 원하는 것은 많은 것이 아니다. 그들의 옆에 누군가가 있어 주었으면 하는 일이다. 친구나 가족이라면 더욱 좋지만, 타인이라도 무관하다.[92] 죽음을 맞이하는 사람들의 마지막 욕망 중의 마지막 욕심이다. 생(生)이라고 하는 태어남에 대한 집착은 이미 넘긴 지 오래다. 이제 명(命), 목숨에 대한 마지막 집착이 타인이 지켜보는 죽음이다. 그들은 그렇게 마지막 순간을 보내기 원한다.

마지막 숨을 넘기면서 저들이 견디기 어려운 것은 한 가지다. 저들이 사람들에게서 버림받았다는 생각이다. 친지나 가족에게 버림받는다는 생각이 저들을 처절하게 만든다. 환자들은 버려진다는 것을 참지 못한다. 고통스러운 것은 한 가지다. 인생의 마지막 단계에 혼자 버려진다는 느낌이다. 저들은 그것을 온전히 받아들이지 못한다. 자기 혼자서는 더 이상 어떻게 할 수 없다는 감정에 절망한다. 저 혼자라는 감정이 솟구치면 참을 수 없는 고통이 저들을 감싸안는다.[93)]

멋있게 임종하라고 강요할 수는 없다. 멋있는 죽음은 태초부터 없었기 때문이다. 의젓한 죽음도 없다. 의젓하라고 한다고 해서 죽음이 의젓하게 되는 것이 아니다. 죽으면 되는 일이기 때문이다. 죽으면 모든 것이 절연되기 때문이다. 죽음을 맞이하면서 위엄을 부리라는 그 자체가 억지다. 그런 것은 애초에 삶에 없다. 살아 있는 동안 치매기를 보이지 않는다고 해서 멀쩡한 삶을 사는 것도 아니다. 정신건강이 양호했다고 볼 수도 없다. 아플 때 일어나는 통증은 인간에게 자연스럽다. 통증을 호소하는 것은 인간적이다. 억지로 참는 것은 오히려 비인간적이다. 외로울 때 외로움을 하소연하는 것이 인간적인 표현이다.

인간의 영성은 감성과 별개로 떨어져 있는 것이 아니다. 고통과 함께 커나가기 마련이기 때문이다. 십자가 위에서 예수가 호소했던 그 고통이 그의 영성과 서로 다른 것이 아니었다. 붓다가 복통으로 사경을 헤맸을 때도 마찬가지였을 것이다. 현대 의학은 건강을 유별나게 정의한다. '질병이 없는 상태'가 건강한 상태라고 정의한다. 건강이라는 단어는 병과 관련시킬 때 양태가 크게 드러난다. 건강은 '전체성'을 의미하기 때문이다. 건강은 '성스러운'이라는 의미도 함께 갖고 있기 때문이다.

의학(醫學)이라는 학문은 원래 영성(靈性)과 함께 성장해 온 것이다. 의학은 마법과 같은 한 줄기에서 시작했다. 의학과 영성은 하나의 궤적을 그리고 있다. 의학이 객관화된다고 해도 의학은 인간의 몸과 마음을 다루는 학문일 뿐이다. 의술은 인간의 몸과 마음에 개입하는 기술이다. 의술이 인간의 영성을 객관화시켜 재단할 수 없는 이유다. 인간의 영성이 외과적 처방으로 도려 낼 수 있는 그런 물건이 아니기 때문이다.[94] 어느새 의술에서 영성은 제거되고 기술만 남아 버렸다.

삶을 살아가자면 각종 질병으로부터 격리될 수 없다. 삶 그 자체가 병이다. 살아가는 것이 병이다. 삶은 병과 함께 한다. 죽음이라는 병은 고칠 수 없다. 운명적이다. 이 병을 고칠 수 있는 곳은 어디에도 없다. 죽음은 인간에게 고통마저 빼앗아 간다. 어느 누구도 고통으로 신음하기 좋아하지 않는다.

삶의 과정에서 잔병들에 대한 치료는 당연하다. 고통받는 상태 이전의 상태로 되돌아가고 싶어 한다. 병이 나기 전의 상태로 되돌아가게 만드는 것을 치료라고 생각한다. 병마를 이기는 것을 치료라고 간주한다. 세균을 모조리 잡아 내는 일이 치료의 목적이다. 병으로부터 격리시키는 그런 치료는 없다. 병이 나기 전의 상태로 100% 되돌아가는 일도 있을 수 없다. 인간의 세포는 어차피 노화되기 때문이다. 삶은 병과의 공생과정이다. 실제로 100% 치료는 불가능하다. 병으로부터 회복되면 치료의 효과가 있다고 믿을 뿐이다.

현대인이 겪는 병들은 치료적인 처방에 의해 회복되기보다는 치유적인 처방에 의해 회복된다. 치유는 자기 존격을 확인하는 기회다. 치유는 나됨을 나에게 드러내 보이는 기회다. 치유는 병을 이기는 것이 아니다. 병을 인정하며 병과 같이 더불어 살아가는 것이다. 그것이 회복의 길이다. 인간의 몸은 어차피 병의 세포로 만들어졌다. 그 병을 이기거나 박멸할 수는 없다. 박멸은 모든 세포를 죽이는 일이기 때문이다. 자기 생을 꺾어 버리는 일이기 때문이다.

몸에 깃들어 자리 잡고 있는 병의 조짐을 확인하며, 고통이 일렁거리면 그 일렁거림과 함께 친구처럼 더불어 가며 도닥거리는 일이 치유다. 성인 가운데 43%는 자신의 건강은 스트레스 때문에 나빠지고 있다고 믿고 있다. 미국의 스트레스 연구소가 밝힌 연구결과다. 그들은 늘 하소연한다. 자신의 병은 스트레스와 관련된 것이라고 믿는다. 성인의 95%가 그렇게 믿고 있다. 현실적으로 도시인의 70% 정도가 알레르기성 질환을 앓고 있다. 신생아 넷 중 하나는 아토피 때문에 고생을 한다. 그들은 치료를 위해 병원을 찾는다. 의사들은 대증 요법으로 응한다. 병을 이기는 처치를 해 준다. 치료를 열심히 받고는 있지만 몸은 나을 기미를 보이지 않는다.

아무리 비슷한 약 처방을 내려도 결과는 비슷하다. 처방을 받으면 기분은 나아진 것 같다. 결과는 나아진 것이 없다. 아픈 상태를 계속 이어 나간다. 한참 시간이 흘러야 조금씩 차도를 보인다. 약 처방으로 기대했던 것 이상으로 치료 효과를 얻지 못한다. 대증요법으로 치료 효과를 얻지 못한 사람에 필요한 것은 약이라는 처방이 아니다. 기다림과 쉼 그리고 적응을 이끌어내는 치유가 답이다. 그 답을 어떤 이는 숲에서, 나무에서, 맑은 공기에서 찾고 있다. 자연이 답이라는 것이다. 자연이 치유다. 자연 치유자들은 의사들이 하는 일의 절반을 숲에 맡겨 보라고까지 당부한다.[95]

인간이 지닌 생명은 영성에 속한다. 영성은 치료의 영역이 아니라 치유의 영역이다. 죽음은 영원한 명상이다. 명상은 약으로 처방되는 것이 아니다. 죽음은 인간이 이루고 싶은 영원한 이상향이다. 그 이상향을 향해 다가가게 도와주는 것이 인간의 병마다. 몸이, 마음이 맞이한 병마를 손님으로 받아들일 수 있어야 한다. 병을 이기겠다는 것이 나의 존격마저 파괴하는 길임을 현실적으로 교정해 주는 일이 치유다. 삶은 어차피 고통이다. 그 고통과 더불어 가는 것이 치유다. 고통을 다스릴 줄 알아야 함께 멀리 갈 수 있다.

원래 '약(medicine)'이라는 단어는 '명상(meditation)'이라는 말과 같은 어원에서 나왔다. 명상은 다스림이다. 몸을 다스리기 위한 마음의 다스림이 명상이다. 명상은 치유의 묘(妙)을 만들어 낸다. 죽음의 명상이 가능하다면 불멸한다. 삶에 대한 묘를 만들어 주기 때문이다. 약은 몸을 교정하지만, 명상은 인간을 다스린다.[96]

자신을 치유한다는 말은 사람 스스로 자기 뇌를 다스릴 줄 안다는 뜻이다. 자연과학자들이 즐겨 쓰는 환원론적인 설명이다. 뇌를 다스리는 것도 몸을 다스리는 것이기 때문에 뇌 치유가 가능하다.[97] 인간은 자기의 뇌를 자유자재로 다스릴 수 있다. 자기 마음을 자기가 다스릴 수 있다는 표현이 더 적절하다. 자기 마음을 자기 마음대로 다스리는 사람이 자기 존격의 사람이다. 자기 존격의 인간은 자기 마음을 자기 스스로

만질 수 있는 능력의 소유자를 말하기 때문이다.[98)]

좌뇌든 우뇌든 마음먹은 대로 다스릴 수 있다. 그 가능성은 명상에서 나온다. 뇌를 자유자재로 다스릴 수 있는 능력을 치유능력이라고도 부른다. 치유능력은 특별한 사람에게만 있는 특수능력이 아니다. 누구든 갖고 있는 능력이다. 뇌 과학자들은 그런 치유능력을 간단하게 설명한다. 좌뇌적인 생각을 우뇌적인 생각과 교환해서 쓸 수 있는 능력이 치유능력이라고 말한다.

자신을 수행하는 능력이 뛰어난 사람들은 좌뇌와 우뇌 간의 교환능력이 뛰어난 사람이다. 특정 뇌 활동에 끌려다니던 것을 의지로 쉽게 중지할 수 있기 때문이다. 좌뇌적인 생각을 우뇌적인 생각으로 손쉽게 전환시킨다. 반대로 우뇌적인 생각을 좌뇌적인 활동으로 바꾸어 쓸 수도 있다. 좌뇌적인 신경회로에서 벗어나 우뇌세포의 회로에로 전이시킬 수 있다. 좌뇌적인 회로에서 생기는 사고패턴을 우뇌적인 회로로 이어지게 할 수 있다. 어려운 일이 아니다. 명상과 같은 수행능력을 기르면 뇌전이 활동이 용이해지기 때문이다.

4. "그러면 과연 무엇이 진짜인가. 자기가 진짜인 참인 진리가 되어 있지 않으면 다 가짜가 아닌가. 자기가 완성이 되어 있는가. 완성이 안 되어 있으면 가짜가 아닌가. 가짜가 진짜가 되려면 가짜인 자기의 몸 마음을 다 버리는 것이 진짜가 되는 방법이다." – 우명[99)]

"이성(理性)을 갖고도 이해하지 못하며, 눈을 갖고도 보지 못하며, 귀가 있어도 듣지 못하는 자는 짐승만도 못하느니라." – 꾸으란(7:179)

"인간이 저지르는 실수의 80%는 사람 스스로 알고 있다고 생각하지만, 실제로는 모르고 있을 때 일어난다." – 제임스 브리스

"절대 두려워하지 말고, 일단 시도하세요! 처음엔 힘들 수 있지만 일단 요령이 생기면 당신은 정말 그 일을 즐기게 될 겁니다." – 아루다 할아버지[100)]

"100세 노인의 낙천성은, 원인이 아니라 결과일 뿐이다." – 건강심리학자[101)]

사람은 분노를 느끼면 그것을 처리하고, 그것에 적절히 대응하는 뇌 작동이 일어난다. 분노와 관련된 신경전달물질이 활성화되기 때문이다. 분노 관련 신경전달물질이 분비되면, 보통 때보다 더 화가 일어난다. 지속시간이 길어진다. 90초 동안 분노가 지속된다. 90초가 지난 후에도 화가 나는 것은 이상한 일이다. 분노 신경전달물질의 분비와는 무관하기 때문이다. 분노 관련 신경전달물질 때문에 화가 더 난 것이 아니다. 화를 내는 본인 스스로 화를 내기로 결정했기 때문에 화를 내는 것이다. 화와 뇌 간에는 별다른 상관성이 없게 되는 것이다.

분노 분출의 과정을 인위적으로 조절할 수 있으면 분노도 조절할 수 있다. 자기 마음대로 자기 화를 조절할 수 있다. 분노의 회로가 작동하기 전에 분노 분출을 예방해야 한다. 화내는 일을 중지하는 조치를 취하면 분노는 분출되지 않는다. 분노의 신경회로가 작동하게 되면, 분노는 일어나고야 만다. 그것을 사전에 차단하면 화는 일어나지 않는다. 화가 치밀어오를 수가 없다. 화를 조절하지 못하면 화는 나고야 만다.

화를 내는 이유를 조목조목 따지고 찾아 들면 된다. 화내는 이유를 논리적으로 들고 나오면 끝내 화는 나고야 만다. 반대도 마찬가지다. 분노를 예방조치 하려면 화를 내야하는 이유부터 찾아야 한다. 화를 내게 만드는 좌뇌 신경세포의 연결 플러그(plug)부터 먼저 뽑아 버려야 한다. 동력이 차단되면 기계의 작동이 중지된다. 대신 감성을 풍부하게 분출시키는 우뇌 신경의 연결 플러그를 꼽아야 한다. 우뇌 신경세포를 작동할 수 있는 동력을 이어줘야 된다. 좌뇌 신경세포의 분출을 차단하고 우뇌 신경세포 분출에 연결하면 세상이 달라진다. 기분이 달라진다. 마음이 달라진다. 마음을 다스리고 있기 때문이다. 일어나야만 한다고 고집하던 그 화의 동력이 끊겨 버렸기 때문이다. 분노가 철저하게 차단되면 일어날 화가 생기지 않는다.

뇌 기능을 속였기 때문에 화가 치밀지 않는 것이 아니다.[102] 뇌 기능을 속일 수는 없다. 뇌 기능은 속인다고 속여지는 것도 아니다. 좌뇌 기능은 말 그대로 좌뇌 기능을 발휘한다. 우뇌 기능은 우뇌 기능을 발휘할 수밖에 없기에 좌뇌 기능을 우뇌 기능이라고 속일 수는 없다. 속일 수는 없지만, 서로 다른 뇌 기능의 전환을 자유롭게 할 수는 있다. 전환을 빠르게 하기 위해서는 각각의 뇌 기능을 필요에 따라 사전에 차단하면 된다.

분노가 일어나는 뇌의 작동 상황을 사전에 차단하면 솟구치던 분노가 정지한다. 차단을 용이하게 만드는 차단능력이 바로 치유능력을 발한다. 자기를 자기답게 드러내 보이는 능력이다. 분노 분출의 좌뇌 상황과는 정반대적인 우뇌적인 조건으로 상황을 바꾸면 화가 차단된다. 매력적인 것, 칭찬할 만한 것을 살펴보거나, 내가 하고 싶은 것을 하도록 자신의 뇌 활동을 용이하게 바꾸는 능력이 있어야 한다. 다스린다는 말이나 치유한다는 말은 바로 서로 다른 뇌신경세포 기능을 전이시킬 수 있다는 뜻이다.[103]

영화배우 노릇을 그만두고 오랫동안 백인 사회 속에서 살아온 여인이 있다. 그녀는 자연 치유자가 되었다. 그녀는 밥을 제대로 먹는 일이 자연 치유의 시작이라고 말한다. 그녀는 음식은 위를 채우려고 먹는 것이 아니라고 말한다. 자신을 비우려고 먹는 것이라고 말한다.[104] "사람들은 음식을 먹으며 자신을 채우려 한다. 그런데 현대인은 아무리 음식을 먹어도 계속 허기를 느낀다. 그게 아니다. 음식을 먹으면서 자신을 비우는 거다. 그럴 때 음식도 명상이 된다."

먹는 것은 자기다. 자기가 자신을 먹는 것이다. 무엇을 먹는지를 보면, 자기의 몸을 어떻게 다스리고 있는지도 알게 된다. 먹기가 바로 자기 상(像)이며, 자기 치유의 시작이다. 먹는 것은 자기이고, 자기는 당신이다. 당신이 살려면 사람처럼 먹어야 한다. 먹기 시작해야 당신이라는 것을 이내 알아차리게 된다. 먹는 것, 식사(食事)는 먹기만 하는 일이 아니다. 먹는 것은 일이 아니라 삶이다. 삶을 받아들이는 것이다. 자연을 받아들이는 것이다. 먹는 일은 자연과 하나가 되는 일이다. 자연을 받아들이는 일이 먹는 일이다.

자연과 더불어 가는 일이다. 삼라만상의 고통과 함께 가는 일이 먹는 일이다. 고통을 삼키는 일이 먹는 일이다. 고통과 더불어 가는 일이 자연으로 자신을 치유하는 것이다. 먹는 것이 자연 치유다. 명상은 자연과의 교류다. 고통과 더불어 가는 일이 명상이다. 고통 없는 삶은 없다. 고통을 품지 않은 자연은 없다. 숨 쉬는 것도 고통이다. 숨 쉬는 일이 명상이다. 걷는 것이 자연이다. 걷는 것이 고통과 더불어 감이다. 고통이 자연 치유의 시작일 수 있다. 소변 하나 제대로 보는 일도 자연의 치유다. 자연과 더불어 가지 못할 때, 그때는 명상이 그치는 날이다. 고통과 결별하는 날이다. 일상의 불편으로부터 격리되는 날이다. 그날은 죽은 날이다. 자연이 치유를 거부하는 날이다.

깨닫기 위해 마음을 수련하는 것이 아니다. 깨닫다 보면 마음이 수련된다. 깨달음이 마음 수련이라는 말은 시중의 논리와는 크게 어긋난다. 마음을 수련하기 위한 효과적인 방법으로 명상 같은 수행을 권하고 있기 때문이다. 시중에서는 깨달음에 쉽게 도달할 수 있는 방편이 명상이라는 것이다. 그런 방편을 거치면 깨달음에 도달하게 된다는 논리다. 어떤 이들은 고행을 하면 마음 수련이 저절로 된다고 말하기도 한다. 그런 고행 속에서 깨달음이 생긴다는 것이다. 일리가 없다고 할 수 없는 논리들이다.

깨닫다 보면 수행이 된다는 논리는 저들의 주장과는 정반대다. 깨달음은 자연에 널려 있기 때문이다. 굳이 명상이라는 방편에 의지해야 깨달음에 이르는 것이 아니다. 자연을 먹기 시작하면 깨달음이 저절로 들어온다. 먹는 일에 마음 수련의 의미를 단단히 담으면 되는 일이다. 깨달음을 얻기 위해서 물질을 떠날 수 없다는 뜻이기도 하다. 깨달음이 물질을 떠나는 데 있는 것이 아니라는 뜻이기도 하다. 깨달음은 물질에 집착하지 않는다는 뜻이다. 있는 그대로의 본성을 공(空)으로 받아들이는 일이다. 물질을 떠나고 떠나지 않고를 가리는 일이 아니다. 물질을 제대로 보고 다스리는 일이 깨달음이다. 그렇게 하기 위해서 물질에 지나치게 집착하지는 말라는 경고일 뿐이다.[105]

무엇을 안다고 할 때 그것은 스스로 깨쳐야만 그렇게 된다고 이야기할 수밖에 없다. 깨치기 전에는 깨침이 무엇인지 제아무리 설명한다 해 봐도 소용없는 일이다. 털끝만큼도 제대로 이해되지 못하기 때문이다. 실연을 당한 사람은 마음 고통이 무엇인지 설명하지 않아도 이내 알게 된다. 무심경계(無心境界)를 체득한 이는 유별난 사람이 아니다. 겉보기에 마치 아무것도 모르는 멍텅구리처럼 보일 수 있는 사람이다. 누군가가 어려운 일을 겪으면 번갯불도 미치지 못할 만큼 빠르게 일을 해결해 나아가는 사람이 무심경계의 사람이기 때문이다. 모자람이 없고, 소유함을 초월한 넉넉함을 가진 사람이 무심경계의 사람이다.

깨우친 이는 수행 방편에 일가견이 있는 사람이 아니다. 그는 자기 삶에서 크게 죽었다가 크게 되살아난 자다. 크게 개조된 사람이 깨우친 사람으로 비유된다. 자기 존격이 높은 사람이 깨우친 사람이다. 깨우친 자는 수행 방편이 확실한 사람일 수밖에 없다. 그 수행 방편이 오로지 하나일 수는 없다. 명상이 그것을 대변하는 것도 아니다.[106] 밥 제대로 잘 먹는 사람도 깨우친 사람이다. 사랑할 때 제대로 사랑하는 사람이 깨우친 사람이다. 일체를 초월해 자유자재한 생활을 이어 나가는 사람이 깨우친 사람이다. 경계에 집착하지 않고, 그 어디에 애착하지 않는 사람이 깨우친 사람이다. 그 무엇이 있고 그 무슨 경계에 물들 일 없이 거동하는 사람이 자기 존격의 사람이다.[107]

마음잡기는 명상을 전업으로 한다는 수련가들만의 전유물이 아니다. 마음잡기는 그렇게 복잡한 것이 아니다. 내 마음은 내가 잡는 일이기 때문이다. 마음잡기는 방외지사들이 한 판 벌이는 객기스런 행위나 호연지기(浩然之氣) 같은 것들도 아니다.[108] 마음을 다스리는 일은 우주의 비밀을 단박에 알기 위한 일이 아니다. 천국을 알기 위한 무슨 기괴한 일도 아니다. 내 마음 내 알기는 묘가 아니라 일상적인 일이다. 하루에도 수백 번씩 자기를 놓고 끌고 다니는 이가 바로 자기다.

마음 수련을 통한 깨달음은 자기 자신을 의식하지 않는 채 의식하는 일이다. 자기 자신을 잊어먹도록 몰입하는 일쯤이 된다. 사람들은 서로 사랑할 때 상대방을 제대로 알아채지 못한다. 그것이 약점이지만 장점이다. 사랑하는 남녀들이 자기를 잊어버릴 수 있어야 사랑할 수 있기 때문이다. 희열의 시간과 즐김의 공간이 뒤범벅되는 일이 이완의 극치다. 몰입의 정점 역시 사랑에서 찾아낼 수 있다. 깨달음은 마치 남녀 사이의 사랑처럼 자신에게 몰입하고 자신에게 이완하는 일이다.

자기 존격에 관한 깨달음은 몰입 그 자체에 끝나지 않는다. 깨달음은 자기 자신에 한정되지 않기 때문이다. 깨달음은 다른 이들을 위한 회향(回向)이다. 다른 이들에게 깨닫게 만들어 주는 것이 깨달음의 목적이다. 다른 이들을 위한 깨달음의 회향이 자기 존격이다. 타인을 위한 깨달음의 회향이 무지한 스승으로 거듭나는 길이다. 깨달음의 회향은 타자에 대한 주의집중이다.[109]

무엇에 주의할 때 '어텐션(attention)' 한다고 말한다. 주의하다, 집중한다, 조심하는 일이 어텐션이다. 한 곳으로 긴장을 유발하는(at-tention) 행위가 주의집중이다. 집중하면 힘이 한 곳에 모인다. 시각이 고정된다. 긴장하게 된다. 집중은 나름대로 유용하다. 집중은 결코 명상이 아니다. 집중은 실험실 작업의 그것과 같기 때문이다. 오직 하나의 문제에 집중한다. 다른 모든 것, 잡스런 것들은 일순간에 배제된다. 깨달음은 타인을 위한 회향이며 타인을 위한 주의집중의 수행이다.

하나를 위해 모든 것이 없어지고 마는 순간이 몰입이다. 곁눈질할 여력이 없는 절정의 순간이다. 잡스런 것을 위한 여백이 생길 수 없는 순간이 몰입이다. 하나에만 모든 에너지를 모아야 한다. 초점이 생긴다. 집중의 세계, 그것이 어텐션의 경지다. 나머지 세상은 관심 밖이어야 한다. 집중하는 시간에는 모두가 얼빠진 사람이 된다. 얼이 빠지면 바보가 된다. 바보는 얼이 나간 사람이다. 얼이 나가기 위해서는 몰입해야 한다. 몰입만이 집중의 원동력이다.

몰입은 과학자가 실험실에서 보여 주는 마음의 긴장만을 의미하지 않는다. 아주머니, 아저씨, 할머니에게도 집중은 마찬가지다. 무엇을 즐기려면 얼을 내놓아야 한다. 얼이 빠지도록 하나에 미쳐야 한다. 골몰하는 사람은 멍청해지는 기분을 즐기는 사람이다.[110]

자기를 자각할 수 없을 지경에까지 자기를 이완시키는 일이 명상이다. 자기 깨달음에 대한 시작이 몰입의 시작이다. 몰입, '사맛디' 한다는 것은 시간의 절대성에서 자유로워진다는 것이다. 시간을 내 스스로 조절할 수 있는 능력이 몰입이다. 몰입하면 시간 같은 것은 거론될 이유가 없어진다. 시간과 공간의 절대성으로부터 자유로워지기 때문이다. 배움은 몰입이다. 아인슈타인이 말하는 시간의 '상대성'은 다른 말이 아니다. 시간의 물리적인 길이가 달라질 수 있다는 뜻이다. 시간은 사람의 운동 상태에 따라 달라진다는 뜻이다. 사람이 빛의 속도로 달릴 수 있으면 그에게 시간은 멈춰 있게 된다. 몰입은 그런 것과 엇비슷하다. 지루한 책을 읽을 때는 몰입이 되지 않는다. 재미있는 책을 읽을 때는 시간을 잊어 버린다. 빛의 속도로 그것에 빠져 있기 때문이다. 연애 기간 동안 시간가는 줄 모르는 이치다. 두 사람 간의 관계가 빛의 속도로 달리지 않으면 결혼은 불가능하다.

다산(茶山) 정약용 선생은 삶을 빛의 속도로 살다간 사람이다. 그의 배움은 대단하다. 그는 말한다. 공부라는 것도 따지고 보면 그리 대단한 것이 아니라고 말한다. 공부가 대단한 것이 아니라면, 참선도 대단한 것도 아닐 것이다. 깨닫는 것 역시 결코 대단한 것이 될 수 없다. 공부, 참선, 깨달음에 일상적인 사람들에게는 깨달음은 밥 먹고, 물 마시는 것처럼 그저 일상적인 것이다. 모든 일에 깨달음이 섞여 있기 때문이다. 대단하지 않은 것을 대단한 것으로 호들갑 떠는 것이 잘못이다. 제 스스로 그것이 정말로 무엇인지 모르고 있기 때문에 나오는 자기 기만일 것이다. 모든 것을 알고 있다는 지각의 착시 현상 탓이다.

다산 선생은 이렇게 이르고 있다. "다시 이야기한다. 공부는 대단한 벼슬이 아니다. 학문한다고 으스대는 것은 공부가 덜 된 증좌다. 인간의 길과 멀어지는 공부는 공부가 아니다. 학문을 하자면 추위와 주림을 견디며 각고의 노력을 쏟아야 한다. 하지만 벌벌 떠는 천리와 배고픈 음양보다 떳떳한 인간의 길을 찾는 것이 먼저다. 자신을 들들 볶고 주위 사람을 괴롭히는 것은 공부가 아니다. 이것을 착각하는 사람이 참 많다. …… 사람들이 목숨을 걸고 지키려 드는 것은 집과 땅 같은 것들이다. 지켜야 할 '나'는 내버려둔 채, 달아날 염려 없는 물건만 지키려고 난리다. 내가 나를 잃으면 그 많은 물건을 다 지녀도 내 것이 아니다. 한 번 떠난 나는 돌아올 줄 모르고, 주인 잃은 빈집에 허깨비만 산다. 이익과 명예, 부귀와 여색에 빠져 떠나버린 나를 어디서 찾아 데려올까?"

다산 선생이 한 번 더 제대로 알아들으라고 말한다. "똥은 더러운 물건이지만 곡식을 기르는 거름이 된다. 뉘우침은 잘못에서 비롯되나, 덕성을 기르는 자양분이 된다. 더럽다고 똥을 거부하면 쭉정이만 달린다. 돌아보기 싫다고 허물을 덮으면 덕성을 함양할 수가 없다. 허물이 잘못이 아니라 뉘우침이 없는 것이 잘못이다. 사람은 뉘우침을 통해서 향상하는 존재다. 허물을 돌려 장점으로 만들어라. 위기를 바꿔 기회로 만들어라."[111]

깨달음의 과정에서 드러나는 주의집중은 인간적이다. 인간의 뇌가 기계와는 다르다는 것을 보여 주는 사례다. 기계에게는 주의집중은 없다. 그런 개념이 적용되지 않는다. 기계에는 주의라는 단어는 존재하지 않는다. 기계 앞에 주의하라는 경고는 사람에게 하는 것이지 기계에게 하는 것이 아니다. 사람들은 한 사물을 관찰했으면서도 결과는 다르다. 각각 사물을 달리 해석하기 때문이다. 기계들과 또 다른 차이가 드러나는 부분이다. 기계는 사람을 통째로 받아들인다. 사람들은 기계를 부분으로 받아들인다. 사람은 기계의 각기 다른 부분을 기억한다. 사물들이 달리 해석될 뿐이다.[112] 사람은 모든 것은 달리 해석하는 존재다.

사물에 대한 관찰에 관한 한 인간 시각은 카메라의 그것을 당해 낼 수가 없다. 시각의 화소수와 디지털 카메라의 화소수가 다르기 때문이다. 인간의 시력은 카메라에 비해 허약하다. 인간의 눈으로 보는 영상은 기껏해야 100만 화소를 넘지 못한다. 조건은 열악하지만 관찰능력은 뛰어나다. 100만 화소 정도로 볼 수 있는 인간의 눈으로도 400만 화소와 800만 화소의 차이를 파악할 수 있다. 인간에게는 해석능력이 있기 때문이다.

주의집중하고 사물을 본다면, 인간의 시각도 믿을 만하다. 디지털 카메라 못지않게 정확하게 볼 수 있기 때문이다. 그것은 어려운 일일 뿐이다. 주의집중의 시간이 짧기 때문이다. 주의집중만 한다면 그것은 비디오카메라를 흔들면서 사물을 찍는 것이나 마찬가지가 될 뿐이다. 주의를 집중하는 시간에도 인간의 시각은 분산되기 때문이다.

주의집중력이 약한 사람들은 한 사물에 대한 관찰에서 중요도를 놓치는 경우가 흔하다. 어떤 것이 중요한지 어떤 것은 무시해도 되는지를 제대로 간파하지 못한다. 사물의 관찰과 앎에 있어서 장애가 일어나는 순간이다. '학습'의 장애란 주의집중이 허물어지는 일이 빈번한 경우다. 주의와 뇌 정보처리 간의 적합도는 사물에 대한 이해를 결정한다. 사물에 대한 실제적인 앎의 관계가 어느 정도인지를 알게 해 준다. 기계가 인간을 닮는다고 해도 기계는 깨닫지는 못한다. 기계는 반응할 뿐이다. 기계에게는 의식이 없기 때문이다. 영혼이 장착되어 있지 않기 때문이다. 깨달아야 하는 의식, 즉 깨달음의 소(素)가 결여되었기 때문이다. 기계에는 주의집중이라는 것의 배선이 없다.

기계는 유리와 같고, 인간은 스펀지와 같다. 유리라는 물질은 그 안에 빈틈이 없는 물질이다. 어떤 수분도 공기도 받아들이지 못한다. 아무것도 그 안에 고이거나 머물지 못한다. 스펀지는 그 안에 공간을 갖고 있다. 무엇이든 담아 낼 수 있다. 물을 빨아들일 수 있다. 공기도 품을 수 있다. 딱딱한 물질은 자기 몸을 구부려 포용할 수 있다. 타자를 위한 회향을 깨달은 사람은 스펀지 같은 사람이다. 사물의 모든 것을 수용할 수 있는 사람이다. 누군가가 다가와도 거부하지 않는 사람이다. 자기 안에 그가 들어올 수 있는 틈을 마련해 두고 있는 사람이다. 깨달은 사람은 여백이 큰 사람이다.[113)]

깨달음에 이른 사람은 자신에게 쓰임새가 높은 사람이다. 마치 향나무 같은 사람이다. 향나무는 용도가 향 내음이다. 향나무를 단순히 밥을 짓기 위한 땔감으로 쓰려고 하는 사람은 없다. 향나무를 태우면 진한 향을 풀어 놓기 때문이다. 땔감보다는 더 고귀한 일을 위해 쓰일 뿐이다. 깨달음은 향나무처럼 그 자체에 향기를 내뿜고 있는 행위다.

깨달음에는 어떤 이유가 없다. 투정이 있을 리 없다. 변명이 통할 리도 없다. 깨달은 것은 깨달은 것일 뿐이다. 그것을 보일 일도 아니다. 보여 준다고 보일 것도 아니다. 깨달음에는 응집성만이 가득하다. 살아 있는 예가 있다. 백영춘라는 분이다. 그는 평생 흰 도포 자락에 갓을 쓰고 검은색 선글라스를 낀 채 무대에서 노래했다. 춤추고 연기를 해 온 재담꾼이다. 그는 앞을 못 보는 시각장애인의 재담에 일가견이 있다. 장님 행세를 잘하는 연기 때문에 아호가 난 사람이다. 그는 지혜가 많은 장님 주인공이 양반을 풍자하는 해학에 도(道)가 튼 연예인이다.

그는 평생 '광대'였다. 광대 연기가 일품이다. 광대 연기가 너무나 절절했던 모양이다. 몇 년 전부터 당뇨 합병증이 그의 몸을 덮쳤다. 오면 받아들이는 수밖에 없었다. 눈이 점차 흐려지기 시작했다. 마침내 두 눈이 보이지 않았다. 실명한 것이다. 그래도 그는 그저 편안하다. 입버릇처럼 이야기한다. "눈이 안 보여도 평생 해 온 것이니 무대에는 설 수 있습니다. 오히려 연기가 더 쉬워졌어요. 그래도 입과 귀가 살아 있어 다행입니다. 소리하는 게 천직(天職)이었나 봅니다."[114]

깨닫는 것은 언제나 어디에서나 가능하다. 누구에게나 어떻게든 가능하다. 모든 곳이 깨달음의 공간이다. 깨달음의 시간이다. 모두가 깨닫는 인간이기에 그것이 가능하다. 어떤 이는 그것을 밥 먹듯이 행한다. 어떤 이는 숨을 쉬면서도 살아 있는 것을 느끼지 못한다. 깨달음도 마찬가지다. 우화가 있다. 옛날에 한 행자가 도통했다는 법사를 따라 불전에 들어갔다. 그는 법사 앞에서 별안간 부처님을 향해 침을 뱉었다. 법사가 놀랐다. 심하게 행자를 꾸짖었다. 행자는 태연했다. 도통한 스님에게 말했다. "부처님 없는 곳을 가르쳐 주십시오. 그러면 거기에 침을 뱉겠습니다." 행자는 붓다가 만유에 편재한다는 역설을 보여 준 것이다. 도가 텄다는 스님은 도(道)와 변(便) 간의 구별도 할 줄 몰랐던 사람이었을 뿐이다.[115] 뭐 했다고 뻐길 일이 아니다. 회향능력이 없으면 얻었다는 도(道)나 깨달음 모두가 허깨비 같은 것일 뿐이다.

산에 오르는 일도 도에 도달하는 일이다. 산길 곳곳에 도에 이르는 길이 있다. 등반가인 메스너는 있는 그대로 등정이 도에 이르는 길임을 이야기한다.[116] 그는 인류 역사상 최초로 히말라야 8천 메타 14좌 완등의 기록을 세운 등반가다. 그는 산에 오를 적마다 체험했다고 술회한다. "나는 정상에서 일종의 열반을, 마음의 평안을 체험했다. 이런 경험들을 통해 인간이란 불멸의 존재가 아니고 하나의 과정이며 가변적인 상태라고 믿게 됐다. 등반은 나에게 생활이며 자기 표현이다." 그는 "존재를 확인하려고 산에 오른다."고 말한다.

한 번은 메스너가 낭가 파르바트를 단독 등반할 때였다. 1978년경이었다. 험준한 산을 올라 갈 때였다. 별안간 누군가 옆에 앉아 있다는 느낌이 들기 시작했다. 실제로는 아무도 옆에 있지 않았다. 누군가가 옆에 있다는 느낌만으로도 기분이 푸근했다. 등반하는 일이 어렵지 않았다. 메스너는 죽음의 지대에서 사경을 헤맨 적이 한두 번이 아니었다. 높은 산에서는 산소마스크 없이 장시간 머물면 반응이 느려지기 시작한다. 사고력도 급작스럽게 둔해진다. 집중력이 감퇴하기 시작한다. 그때쯤이면 죽음을 경험하기 시작한다.

죽을 힘을 다해 산을 오르는 일은 죽음에 다가가는 일이다. 그런 산을 오르는 이유는 단순하다. 메스너는 말한다. "탐구해야 할 것은 산이 아니라 인간이기 때문에 오른다. 나는 에베레스트를 정복하려고 오른 적이 없었다. 나는 그저 자연의 최고 지점에서 자기 자신을 체험하고 싶었기에 그저 오른 것이다." 산의 정상을 오르는 것은 행복한 일이다. 행복하기 위해 산을 오르는 것이 아니다. 산에 오르니까 행복해지는 것이다. 등산가인 그가 등정하면서 알게 된 깨달음의 전부였다.

사람인 자신을 공부하기 위해 산악인은 산을 오른다. 노래하는 사람에게도 사람공부가 전부다. 철학도 그렇고, 신학도 그렇다. 정치에서도 사람 공부가 전부다. 교육현장에서 더 말할 나위가 없다. 삶을 산다는 것은 사람을 알아 가는 일이기 때문이다. 사람과 더불어 살아가는 궤적을 갖는 일이다. 사람을 공부하는 것은 내가 나 되기 위한 것이다. 다른 이유는 있을 수 없다. 내가 나 되기 위한 것이다. 사람을 배워 가면서 나됨의 자기 존격을 세울 수 있기 때문이다.[117)] 배움은 늘 어디서나 가능하다. 배움은 각처(各處)적이다. 깨달음 역시 각자(各自)적이다. 그 어떤 것에서든 배우려고 하면 배우게 되고, 깨달으려고 하면 깨닫게 마련이다. 붓다의 미소에서 배우는 그만큼 강도질에서도 배울 만큼, 그 정도로 크게 깨달을 수 있다.[118)] 무엇이든 배우겠다고 작정만 한다면 어디서든지 배울 수 있기 때문이다. 인간이 보석보다 귀한 이유다. 배우려는 사람에게는 시공간의 제약은 문제가 되지 않는다. 공간이 부족해서 배울 수 없는 것이 아니다. 배우지 않기 때문에 배우지 않는 것이다. 자신이 자신에게 장애가 될 뿐이다.

마음의 제약이 마음의 공간을 막고 있을 뿐이다. 마음이 배움으로 차 있지 않으면 배워야 할 이유가 없다. 배움은 어떤 사례에서도 충분하다. 일상생활에서의 일들도 배움의 근거가 된다. 여행도 배움의 자원이 된다. 나이 역시 배움의 토대다. 너와의 싸움 역시 깨달음의 근거가 된다. 사회 모든 것, 모든 곳, 모든 존재가 배움의 자원이다. 사회 공간 모든 곳이 살아 움직이는 교육 자본이다.

도시의 삶인 소비사회를 상징하는 단어가 몰링(Malling) 사회라는 말이다.[119] 각종 상가가 줄을 잇고 있는 몰 안에서 조직적으로 행하는 모든 활동을 '몰링'이라고 부른다. 몰링하는 사람들을 몰 고어(mall goer)라고 부른다. 모든 몰링이 배움의 자원이 된다. 몰링 사회에서 몰러너(mall learner)가 화두가 되고 있다. 몰에서 공부하는 사람을 '몰 러너(mall learner)'로 부른다. 몰링을 즐기는 사람은 '몰 고어(mall-goer)', 운동 삼아 몰을 둘러보는 사람들은 '몰 워커(mall walker)'라고 부르기도 한다. 쇼핑몰이 이제는 평생학습, 평생배움을 행할 수 있는 교육 자본으로 변하고 있다. 몰링을 제대로 하는 사람일수록 자기의 배움을 선용할 줄 아는 사람으로 인지되기까지 한다. 몰(mall)은 '코엑스몰', '아이파크몰' 등에서 보는 것처럼 상점과 극장, 음식점 등이 함께 모여 있는 복합 상업 공간만을 뜻하지 않는다. 몰은 소비자 스스로 자기가 필요한 물건을 사면서도, 영화 감상, 식사, 여흥, 운동, 문화 활동도 함께하게 하는 학습 공간이다.

의사들이나 건강 상담가들은 몰링을 치유의 수단으로 삼는다. 노인이나, 운동이 필요한 노약자에게 몰을 운동 장소로 활용하라고까지 조언한다. 운동하기 어려운 겨울철에는 몰링이 건강 지킴이의 수단이 되기 때문이다. 몰 내부를 이곳저곳 천천히 걸으면 그것이 곧바로 걷기 운동이 된다. 몰에서 걷기 운동이 건강 지키기 수단으로 퍼져 나가고 있다. 몰은 덥거나 추운 날씨를 피할 수 있는 최고의 운동 장소다. 독서 공간으로서도 손색이 없다. 몰에서 책을 읽거나 하루의 일과를 짜는 사람도 늘고 있다.

공부에 대한 깨달음이든 삶에 대한 깨달음이든 깨달음은 어렵지 않다. 깨달음이나 선이라는 것도 일상인이 즐기는 몰링처럼 일상적이기 때문이다. 깨달음은 신변잡기적인 것으로부터 시작한다. 깨달음은 각자적이기 때문이다. 깨달음은 조직에게도 가능하다. 조직의 깨달음이란 한 가지다. 언제나 이윤창출의 극대화를 향한 것이다.[120] 개인의 각자적인 깨달음은 자기 돌봄의 최적화다. 조직의 깨달음은 생산성 제고, 이윤 창출의 극대화다. 기업들의 깨달음은 개인의 깨달음에 비해 획일적이다 기업의 깨달음은 언제나 생산성 향상과 직결된다. 생산성을 향상하기 위해서는 자기 혁신은 필연적이다.[121] 자기 혁신을 이뤄내지 못하는 기업은 소멸한다.

전문가들의 생명 역시 기업의 생명과 엇비슷하다. 그들 나름대로 자기의 전문성을 드러내지 못하면 현장에서 소거된다. 직업과 일을 통해 스스로의 자기적인 삶을 깨달으려는 사람이 전문직 종사자들이다. 혁신과 자기 반추를 함께 아우를 수 있는 사람이 전문가다. 사진작가 김아타는 그런 사람 중의 한 사람이다. 그는 실물에 대한 사진찍기를 통해 사라짐과 생겨남 간의 극한적인 대비를 보여 주는 작가다. 드러남과 없어짐 간의 대비를 보여 주는 것은 사진기술의 정수에 속한다. 사라지는 것은 이 세상에 아무것도 없다. 그가 보여 주는 사진작가로서의 지론이다. 모든 것은 살아 움직인다는 뜻이기도 하다.

김아타는 살아 움직임이 무엇인지 사람들에게 깨닫도록 하기 위해 사진을 활용한다. 깨달음을 타인에게 회향해 주기 위해 그는 사진을 활용한다. 그는 마오쩌둥의 흉상이 녹아 버리는 장면을 연속적으로 찍었다.[122] 마오쩌둥의 흉상은 얼음으로 만들어졌다. 연회장은 어디에서나 볼 수 있는 장면이다. 흉상이 녹아 내린다. 녹아 내리는 찰나를 수없이 찍어 댔다. 의미는 살아나기 시작했다. 세상의 모든 것은 녹아 버린다는 뜻이다. 녹아 버리는 것과 사라지는 것은 결코 같은 뜻이 아니다.

세상의 모든 것은 단번에 소거되지는 않는다. 녹아 스며들 뿐이다. 바람으로, 흙으로, 물로, 꽃으로 녹아들어 갈 뿐이다. '존재하는 모든 것은 결국 녹아 버린다. 녹아

버리면 사라진 것으로 오해된다. 동양적 사고의 또 다른 극치가 사진으로 드러난 것이다. 김아타는 작품을 착상하기 전에 방황한다. 뉴욕의 거리를 무턱대고 걷는다. 무턱대고 찍어 댄다. 8시간도 좋고 24시간도 좋다. 찍어 댈 수 있는 시간대로 찍어 댄다. 화면에는 무언가 움직이는 듯하다. 살아 있는 듯하지만, 이내 텅 비어 있게 마련이다. 텅 비어 있는 영상들이 화면에 가득하다. 사람들도, 건물들도 즐비했었는데 한순간에 텅 비어 버리고 만다. 거리를 지나가는 사람도 수없이 많다. 많은 사람은 많이 사라진다. 모두가 모두에게 녹아든다.

김아타는 사진으로 세상에게 반전을 만들어 내 보인다. 세상은 가득한 것 같지만, 모두가 비어 있는 것이라고 반전을 해낸다. 끝나는 것은 그것으로 끝나는 것이 아니다. 모든 것은 사라지지만, 끝내 사라지는 것이 아니다. 마오쩌둥도 그의 사진술에 의해 물로 변한다. 물이 마오쩌둥이다. 물은 흘러내릴 뿐이다. 고여도 흘러 버린다. 땅으로 스며든다. 다른 것을 키워 낸다. 수증기로 올라간다. 이내 비가 되어 다시 내린다. 사라지는 것은 아무것도 없다. 오로지 녹아드는 것일 뿐이다. 불교에서 말하는 연기설(緣起)에 대한 아름다운 영상의 서술이다.

작가 김아타는 다시 새로운 작업에 돌입한다. 2006년도였다. 이번에는 제2차 세계대전의 홀로코스트에 관한 것이었다. 희생자 명단이 든 얼음조각을 만들었다. 얼음조각은 녹아 내리기 시작했다. 작가는 그 물을 받았다. 1,000개의 화분에 골고루 담았다. 화분에서는 생명이 솟아나기 시작했다. 7개월 후였다. 화분에서 꽃이 피어났다. 모든 것은 사라지는 것이 아니다. 흩어졌다가는 다시 하나로 모인다. 언젠가는 또 다시 흩어진다. 태어남은 흩어진 것의 새로운 모임이다. 죽음은 모인 것의 또 다른 흩어짐일 뿐이다. 서럽다 할 일 아니다. 생과 명은 그렇게 모였다 흩어졌다 하는 반복일 뿐이다.

깨달음이란 감정의 에너지를 긍정적인 일에 활용하는 것이다. 누구든 두 다리를 이용하면 무엇이든 이뤄 낸다. 달리는 일에 에너지를 제대로 쓰면 육상 선수가 된다. 물을 잘 타면 수영 선수가 된다. 감정을 다스리는 일에 에너지를 제대로 쓰면 깨달은 사람이 된다. 누구나 다 그렇게 할 수 있다. 깨달음은 특정한 이들의 전유물이 아니다. 깨달음의 극치를 보여 주는 인류사적 인물이 붓다였다. 그가 유일한 깨달음의 정점은 아니다. 나도 그가 되고, 그도 그처럼 깨달은 이가 될 수 있다. 감정은 에너지다. 감정을 쓰는 방식이 삶의 양태를 결정한다. 깨달음의 정도는 감정의 에너지를 활용하는 방식에 따라 달라질 뿐이다. 오직 인간 자신만이 자신의 감정을 다스릴 수 있다. 자기의 주인은 오로지 자기일 뿐이다.[123]

살다보면 힘든 상황이 있게 마련이다. 힘든 상황을 누구나 벗어나고 싶어 한다. 힘든 상황에서 도망치려고 한다. 고통을 일으킨 상황을 바꾸려 시도한다. 직장, 친구, 파트너도 바꿔 본다. 새로운 직업이나 집을 찾기도 한다. 새로운 탈출구를 향해 자기의 내부 시각을 확장한다. 길이 보이는 것 같아 보인다. 고통이 사라진 것처럼 느껴진다. 문제는 사라지지 않는다. 문제는 문제일 뿐이기 때문이다. 문제는 자물쇠에 있다. 열쇠가 있어야 문제가 열린다. 해답을 찾지 못하면 문제는 더 큰 형태로 자신을 압박해 온다.

고통이 찾아오면 괴로운 상황에서 도망칠 것이 아니다. 고통의 밑바닥까지 철저히 들여다봐야 한다. 고통은 불안을 만들어 낸다. 고통이라고 피할 일이 아니다. 자유롭게 그 고통의 감정에 동참해야 한다. 동참하는 길은 여러 가지다. 고함을 치는 일도 가능하다. 앙갚음을 하는 것도 방법 중의 하나다. 침묵하는 것도 대안이 된다. 어떤 방식으로라도 자신의 느낌에 주의해야 한다. 주의하고 집중하지 않으면 고통의 원인은 사라지지 않는다. 자신을 슬기롭게 다스릴 수 있어야 한다. 그것이 치유의 시작이다. 치유는 자신의 에너지 시스템에서 에너지를 슬기롭게 처리되는 방식을 말하는 것이다.

교황 베네딕토 16세는 여느 교황과 다르게 깊이 깨달은 자였다. 신을 모신다는 사람들이 요즘 수난을 겪고 있다. 저들이 대중을 치유하던 시대는 끝났다. 저들이 민중을 어루만지던 시대가 끝나 버리고 있다. 대중이 교회를 걱정하는 시대가 되었다. 민중이 목회자를 염려하는 시대가 되었다. 대중의 질문을 단순하다. 하느님이 정말로 있는 것인지, 아니면 허구인지를 보여 달라는 것이기 때문이다. 교황은 솔직하게 답한다. 침묵으로 견디라고 답한다. 그는 신의 존재 증명에 대해 자기 나름대로의 내부 시각을 드러내 보인 것이다. 배움이 무엇인지를 보여 준 교황이었다. 이탈리아 로레토에 30여만 명의 젊은 가톨릭교도가 모였다. 젊은 교도들에게 자신의 깨달음을 회향할 차례였다. 그는 현학적인 신학자들이 써 준 원고를 읽지 않았다. 대신 즉석에서 젊은이를 향해 연설했다. 침묵의 절대성으로 하느님을 받아들이라고 말했다. 침묵이 신의 존재를 확인해 준다고 말했다. 모두에게 신의 은혜가 흘러 내렸다.

신의 존재 확인에 대한 확실한 답은 침묵과 묵언이라는 것이었다. 가난한 자들의 수호신으로 알려진 테레사 수녀가 그랬다. 그녀 역시 하느님의 존재에 대해 회의했다. 테레사 수녀는 영적인 친구인 수도사에게 편지를 보냈다. 신의 존재에 대해 회의한다고 토로했다. 신의 존재 확인에 대한 확실성에 대한 테레사의 의심이 교계에서 논란이 되었다. 일반인들은 테레사의 순결을 본 것이다. 그녀로부터 하나의 빛, 하나의 참, 하나의 양심을 본 것이다. 신에 대한 의심 때문에 테레사는 어려움에 처했다. 성인 추대가 어려워질 수도 있었다. 교황은 테레사의 고백에 침묵하라고 말했다. 수녀의 번민은 진정한 가톨릭 신도가 경험할 수 있는 일이라고 말했다.[124)]

침묵은 읽어 내야만 제 뜻이 풀린다. 읽는다는 것은 무엇인가를 깨닫기 위한 것이다. 자연을 읽든 사람의 마음을 읽든, 읽는 것은 깨닫는 것이다. 글을 읽든 음악을 읽든 사진을 읽든 그림을 읽든, 읽어 내려가는 것은 깨닫기 위한 것이다.[125)] 읽어 냄의 위대함을 극적으로 보여 주고 있는 것이 이슬람 경전이다. 이슬람의 경전은 '코란'이다. 코란은 제대로 된 발음이 아니다. 이슬람권에서 사용하는 정확한 발음은 '꾸으란'이다. 로마자로 꾸으란(Qur'an)이라고 표기된다. 꾸으란은 아랍어 동사 '읽다'인 '가라(qara)'가 명령형 꾸으라(qur'a)로 변형된 것이다.

꾸으란은 이슬람어로 '읽어라'는 말이다. 고유명사 형태로 바뀌어 이슬람의 경전을 지칭하게 된 것이 꾸으란이다. 듣는 것이 신앙이 시작이다. 읽는 것은 종교의 시작이다. 종교라는 말은 의식의 틀을 만들어 간다는 뜻이다. 읽기는 그 의식을 만들어 놓는다는 뜻이다. 꾸으란은 이슬람의 시작이다. 이슬람 의식이 주조되는 시작을 알리는 신호다.

꾸으란의 첫 장을 알리는 계시의 일화는 '읽어라'다. 읽으라는 것은 명령이다. 명령의 핵심은 명령에 있지 않고 배우라는 것에 있다. 배움이 바로 신의 계시이기 때문이다. 배우려면 먼저 읽으라는 것이다. 꾸으란은 읽음의 의식화로 시작된다. 이슬람교의 선지자인 무함마드가 명상에 들어가서 몰입했다. 비몽사몽 간에 천사 가브리엘이 그 앞에 나타났다. 그가 그에게 하느님의 메시지를 전달했다. 첫 번째 계시가 바로 '읽으라'였다. 무함마드는 식자가 아니었다. 그는 대상이었다. 그에 천사가 갑자기 나타나 "읽어라!"라고 소리쳤다. 읽음의 위대함에 대한 깨달음이 이슬람 경전의 핵이 된 것이다.[126]

사람을 읽게 만드는 데 도움을 주는 것은 코란만이 아니다. 성서, 불경도 읽어 냄의 위대함을 보여 주고 있다. 모든 경(經)들은 읽어 냄의 역사다. 읽어 냄에서 살아남기 위해 숨겨지고 바뀌지고, 여러 가지로 필사되었다. 마약도 인간에게 읽는 힘을 준다. 마약은 인간의 뇌를 '리모델링'시킨다. 모든 것을 새롭게 읽어 내게 만들어 준다. 읽기 시작하면 바뀌게 되어 있다. 읽으면 개조된다. 읽기와 마약은 다르다. 방향성에서 큰 차이가 있다. 마약은 사람의 뇌를 '리모델링'시킨다. 읽음은 사람의 뇌를 '리포메팅'시킨다. 마약은 사람을 광란으로 변하게 만든다. 읽음은 사람을 새롭게 깨어나게 만든다.[127]

중독되면 속도감에 무기력하게 된다. 흥분과 쾌감을 빠른 속도로 경험하겠다는 노력이 중독이다. 쾌락의 시간관이 중독이다. 중독은 템포의 차이다.[128] 인간을 지배해 온 것이 '템포바이러스'다. 빠르게 하기는 삶을 조이는 강력한 추진제다. 기술 문명의 발달이 템포를 부추겼다. 사진기술을 예로 들면 템포의 의미가 쉽게 들어온다. 19세기 말만 해도 사진술은 미약했다. 2분의 1초 동안 12장의 사진을 찍었을 뿐이었다. 그 후 100년이 지났다. 1,000조분의 1초까지 사진을 계산해 낸다. 속도는 인간을 끊임없이 유혹한다.

중세기만 해도 템포는 공동체에게 해악과 마찬가지였다. 속도와 가속도 그 자체가 삶살이에서는 낯선 것이었다. 사람들의 일상은 늘 같았다. 해가 모든 일의 표준이었다. 해가 뜨면 일어났다. 일을 했다. 해가 지면 하루 일과를 마쳤다. 계절도 해를 따랐다. 할 일도 해시계를 따라 정해졌다. 서두를 일이 없었다. 자연의 흐름 속에서 살면 되는 일이었다. 자연의 속도로 사는 것이 삶이었다. 바이오리듬에 따라 살면 되는 일이었다.

시간도 사람도 자연이 관장했다. 닭이 울면 일어나고 해가 지면 모두 잠자리에 들었다. 자연이 템포의 기준이었다. 인간의 삶은 그 속도에 맞췄다. 경우에 따라서는 느림이 사회적 미학이었다. 어느 지역에서는 도로를 방치했다. 여행객의 시간을 늦추어 버리기 위해서였다. 그 지역을 지나는 역마차가 속도를 못 내게 하였다. 하룻밤을 더 쉬게 만들었다. 장삿속이었다. 지금은 정반대다.

속도가 삶이다. 속도가 사회다. 모두가 바쁘다. 서두른다. 서두름의 미학이 성립되었다. 서두름이 사회적인 조건이다. 시간이 사람들의 생활을 채워 간다. 삶을 집약시킨다. 속도가 공공의 선이 되었다. 편리하게 만들어 주기 때문이다. 편리함 때문에 삶이 고통으로 변한다. 예를 들어, 공장의 컨베이어벨트는 속도가 미덕이다. 속도에 맞추어 노동자들은 작업해야 한다. 속도는 삶을 빼앗아 간다. 노동자는 기계음에 매인다. 속도 때문이다.[129)]

삶이 속도의 조종을 받으면 분주해진다. 시간이 삶을 대체하기 때문이다. 속도가 사람들의 마음속에 들어간다. 놀라운 일이 벌어진다. 시간을 절약하면 절약할수록 사람들은 오히려 시간을 더 조금 갖게 될 뿐이다. 속도가 빨라지면 시간이 줄어든다. 시간이 줄어들면 삶이 줄어든다. 삶이 줄어들면 시간에 쫓기게 된다. 쫓기는 삶이 시작된다. 시간을 낭비하면 삶을 낭비한다. 속도는 열망을 배신한다. 속도는 좋은 습관을 파괴한다. 좋은 습관을 지녀야 좋은 삶을 누릴 수 있다. 속도가 그것을 파괴한다.[130)]

무엇이든 깨닫게 되면 알게 된 것이다. 알게 되면 새롭게 보인다. 새롭게 보이면 새롭게 읽어 낼 수 있다. 새롭게 읽어 내면 이전과는 결코 같아질 수 없게 된다. 세계의 정신사를 지배했던 성인들이 우리에게 보여 주는 것은 한 가지다. 무엇이든 깨닫기 시작하면 달라지게 된다는 점이다. 그것을 자명하게 보여 준 성인이 바로 붓다다. 그의 마지막 가르침은 처절하기만 하다. 살아 있는 것은 어느 것이나 반드시 소멸된다는 가르침이었기 때문이다.

그는 영생을 이야기하지 않는다. 소멸됨을 역설한다. 절대명령이다. 녹아들지 않는 것은 없다. 나타난 것, 새로 온 것은 녹아 버리게 되어 있다. 모든 것은 덧없다. 게으르지 말고 부지런해야 할 노릇이다. 속도를 내라는 말이 아니다. 깨달음을 이루라는 뜻이다. 인간의 육체는 109번째 염주 알이 모두 닳을 때까지 배우기 위해 만들어진 것일 뿐이다.[131] 인간은 유일하다. 최초의 존재인 '둘라밤(durlabham)'이다. 처음부터 끝까지 배움과 떨어져 있을 수가 없다. 깨달음을 있는 그대로 깨닫는 것이 지혜다. 인간을 둘라밤이라고 표현하는 이유다. 둘라밤이라는 말은 '매우 얻기 힘든 드문 기회'를 뜻한다.[132] 인간은 그런 존재이지 허튼 물건이 아니다.

인간은 매우 얻기 힘든 기회일 뿐이다. 매우 얻기 힘든 기회가 인간이기에 인간은 더 허무한 존재이기도 하다. 인간이 둘라밤이라는 것을 깨닫기 위해 고대 인도인은 여러 수행 방편들을 고안해 왔다. 그중의 한 가지가 탄트라 요가다. 인간의 몸을 부정하지 않는 것이 탄트라 요가다.[133] 인간의 몸을 최대한 긍정한다. 인간의 육체를 해탈, 신의 처소로 받아들인다. 신의 처소가 육체다. 그 육체를 정진시키는 것이 깨달음이다. 매우 얻기 힘든 기회인 둘라밤을 귀한 기회로 현실화시키는 일이다.

인간의 몸은 세포의 기계다. 세포가 부속품이다. 진귀하고 오묘한 기계다. 진화론적으로 보면 인간은 고된 역경을 헤쳐서 이뤄진 역경의 완성품이다. 수초, 식물, 곤충, 수목, 파충류, 양서류를 거치고 새와 짐승을 거쳐 이뤄 낸 위대한 기계다. 인간이라는 기계는 수백만 년에 걸쳐 이루어진 진화의 산물이다. 진화에는 목적이 없다. 진화의 부산물인 인간에게는 분명한 목적이 있다.[134] 인간의 눈으로 5천 년 이상 사는 나무를 볼 수 있다. 그 나무는 움직이지 못한다. 목적이 있지 않기 때문이다. 나무는 그곳에 뿌리 내리고 서 있어야 한다. 인간은 그것을 거부했다. 인류의 역사는 이동의 역사다. 인간은 목적의 역사를 갖고 있다.

인간의 몸은 잘 만들어진 작품이다. 의학자들은 사람이란 기계의 정교함에 늘 놀란다. 신경들이 뇌 속에서 작동하는 방법도 놀랄 일이다. 근육이 움직이는 방법도 놀랄 일이다. 뇌가 기능하는 방법은 더욱더 그렇다. 장과 심장, 모든 것이 정밀하게 작동한다. 인간의 몸은 신묘한 기계다. 그것들이 움직이며 사람에게 배우게 만들어 간다. 배우면 배울수록 인간은 더욱더 둘라밤의 가치를 돋보인다. 인간은 말 그대로 얻기 힘든 기회의 존재다. 얻기 힘든 존재의 귀함을 깨닫는 것이 둘라밤의 완성이다. 자기 존격의 완성이다.

깨달음은 어떠한 구도 행위를 통해서 얻어지는 것이 아니다. 깨달은 사람은 일반적으로 모순된 언어에 익숙하다. 깨닫는다는 것은 배우는 것이다. 배우는 것은 격과 품을 높이는 일이다. 모든 것은 하나의 전체다. 서로는 각각 떨어져 살고 있지만 하나를 떠날 수는 없다. 둘라밤에 대한 역설적 깨달음이 사람을 사람답게 만들어 준다. 모순적인 방식의 언어적 진술로 표현될 수밖에 없는 존재가 바로 인간이라는 둘라밤이기 때문이다. 모든 것에는 있음, 의식, 그리고 생생한 삶만이 존재할 뿐이다. 드러난 현상은 들어난 '그것' 이상은 아니다.[135] 사람은 늘 그것을 넘어설 수 있는 가능성이 있다. 그것은 선택과 결단에 따라 달라진다.

인간됨의 품격(品格)이 자기 존격의 지표다.[136] 깨달음은 삶에서 의미 만들기, 의미 만들어 내기의 또 다른 표현이다. 세상에 공짜는 없는 법이다. 아직도 나는 내 가슴에 저장되어 있는 한 법원 판사(判事)의 말이 있다. 잊혀지지가 않는 그 판사의 말 때문에 오늘 밤도 설치고 만다. 그가 어느 날 사건 하나를 배당받았다. 배당받은 사건을 위해 연구했다. 열심히 판결에 대해 고뇌했다. 어느 날 불현듯 지인이 찾아왔다. 뜻하지 않게 간단한 선물을 건넸다. 사건 의뢰에 대해서는 지인과는 어떤 말도 주고받지 않았다. 커다란 선물도 아니었다. 보통의 그저 그런 선물이었다. 선물 때문에 그 판사는 그날 밤잠을 설쳤다. 큰 깨달음이었다. 잠을 설치게 만들었다는 것이 화근이었다. 받았던 선물은 바로 자신에게 뇌물이었다. 가격도 질도 문제가 아니었다. 선물의 성격이 화근이었을 뿐이다. 선물과 뇌물을 분간해 내는 힘이 바로 자기 존격이다. 자기 존격은 처신할 줄 아는 몸과 마음의 가늠질이기 때문이다.

미주

1) 격(格)이라는 말은 '나무의 굵고 긴 가지'를 뜻한다. 든든한 나뭇가지라는 뜻을 사람에 비유하여 사람의 격을 논하기를 강조한 공자(孔子)는 『예기(禮記)』 군자가 취해야 될 바른 언행, 곧은 언행을 '언유물이행유격(言有物而行有格)'이란 말로 지적했다고 한다. 언유물이행유격이라는 말은 군자가 '말을 한다면 그것에는 당연이 있어야 할 내용이 있어야만 하고, 행동을 할 때에는 그것에 맞는 품위를 지녀야 한다.'는 뜻이다. 곧은 행동, 바른 언행으로 남에게 쓸데없는 허접한 행동을 보이지 않아야 군자로서의 격이 있다는 뜻이다. '품의 위', '품의 정도를 말'하는 것이 격인데, 격이라는 말은 스스로를 존중하고, 스스로를 남에게 바르게 보일 때 비로소 나타나는 품이라는 것이다. 자기 스스로 자신을 존중하고 그런 행동거지를 보일 때 비로소 자기의 품위가 지켜진다는 것이 옛 성인들이 늘 강조했던 것들이다[참고: 중앙일보 편집국(2010). **중앙일보**. 2010년 1월 14일자)].

2) 이들 비활성 원소들은 원자 혼자서 존재하는 단원자분자다. 이들 단원자분자 단체의 이름은 활성이 없다고 비활성기체, 영어로는 이너트 가스(Inert Gas)라 하나 다른 원소들은 분자를 만들고서야 이룰 수 있었던 전자 배치를 비활성기체는 남의 도움 없이 이미 스스로 이루고 있으니 다른 원자들과 반응할 필요가 없어서 안정할 수밖에 없다. ……제논은 값은 비싸지만 불연성이며 체내에서 쉽게 제거되므로 마취제로 쓰이고, 라돈은 방사성 요법에 사용된다. 이렇게 홀로 서 있는 것에 그치지 않고, 활성이 없어 아무 일도 못할 것 같은데도 나서야 할 곳에서는 좋은 용도로 사용되니 비활성 기체야말로 진정한 의미의 고귀한 기체다. 우리 인간도 누구의 도움 없이 홀로 있으면서 그러한 경지에 다다를 수만 있다면 하는 황영애 교수는 40년 동안 실험실에서 연구한 화학자다.
황영애 교수는 화학이 "아름답고 인간의 삶과 완벽하게 닮았다."고 말한다. 사람이라면 산소처럼 본받을 것이 많아야 한다고 권하기도 한다. "사람도 누군가에게 너무 집착하면 그 사람을 불행하게 할 뿐아니라 생명까지 잃게 할 수도 있다. 한편 산소는 어떤가? 산소가 많아지면 주변에서 산소를 원하는 정도가 작아지니 금속에 결합한 채로 있고, 부족해지면 결합해 있던 산소가 해리되어 필요한 곳으로 간다. 이처럼 자신이 원해서라기보다 주위 환경이 원하는 방향으로 금속에 붙었다 떨어졌다 하는 산소의 성질 때문에 생물체의 생명을 유지할 수 있다. 인간은 헤모글로빈에 결합하는 산소처럼 자신이 있어야 할 자리에서는 아무리 어렵더라도 확실히 그 자리를 지키고, 있지 않아야 할 자리에서는 훌훌 털고 떠나갈 수

는 없을까?" [참고: 황영애(2010). **화학에서 인생을 배우다**. 서울: 더숲.]
타고난 수줍음 그리고 영성이라는 인간적인 속성 때문에 황영애 교수는 마음에 드는 사람이 있어도 그저 다소곳하기만 했다. 상대가 먼저 말을 걸어 주기를 기다렸었다. 그런 가슴아린 추억들이 가득한 삶을 살았던 그녀에게 화학 세계는 너무 달랐다. 그녀의 삶과는 정반대였다. 화학은 언제나 정확했고 어김이 없었다. 하나가 모자라면 내 것을 내어 주었고, 어떤 욕망에는 휩쓸리지 않고 하나같이 당당했다. 그 어느 것 하나 무의미하게 허송세월하는 것은 없었다. 각자가 의미 있는 존재로 자기의 모습을 드러내고 작용했다. 정년이 다가오는 것을 느끼기 시작한 어느 날 황 교수에 화학은 과학을 넘어선 바로 깨달음이었다.

3) 참고: 제이 플러스 기획편집부(2007). **그림 중국어**(역). 서울: 제이플러스; 정미경(2012). **EBS 최고의 요리비결**. 서울: 그리고 책.

4) 호스피스 전담 의사인 일본의 오츠 슈이치 박사는 죽어가는 말기암 환자라고 하더라도 자기 존격에 대한 감이 있는 사람과 그렇지 않은 사람들 간에는 생과 명에 차이가 있다고 말한다. 죽어 가는 환자들과의 대담으로 자신부터 깨달은 사람이 슈이치 박사다. 그는 숨을 거두기 얼마남지 않은 1,000여 명의 말기 암 환자들과 대담과정에서 생과 명은 자기 존격의 결과임을 깨달았다. 그가 발견한 것은 인간이란 마지막 숨을 거두는 그 순간까지 '자율 존재'라는 것에 대한 확인이었다. 자기가 자신의 존재감에 대해 만족하지 못한 사람들은 마지막 순간까지 영적 고통에 시달리고 있었기 때문이다. 호스피스 전문의인 오츠 슈이치 박사는 [참고: 오츠 슈이치(2009). **죽을 때 후회하는 스물다섯 가지-1000명의 죽음을 지켜본 호스피스 전문의가 말하는**(역). 서울: 21세기북스]는 천여 명의 임종 환자들과 더불어 이야기하고, 이야기 듣고, 도닥이면서 인간의 속성에 대해 깨달은 바가 있다. 그 깨달음은 인간이란 후회를 먹고 사는 생물이라는 점이었다. 그에게 마지막 말은 전하던 환자 모두 지나온 삶에 대해 후회하지 않은 환자는 없었다. 수많은 후회가 있었지만, 모두에게 아주 진지했던 마지막 후회는 신의 가르침을 미리 알았더라면 하는 후회였다. 신의 가르침이란 신을 향한 귀의, 그것 하나만을 지칭하는 것이 아니라, 살아 있음에 대한 의미를 찾지 못했을 때 갖게 되는 영적 고통을 통틀어 말하는 것이었다. 사람들이 영적 고통에서 시달리게 될 때는 대부분 세 가지 고통, 말하자면 '미래에 대한 불확실성이 극심할 때' '관계에 대한 고통이 클 때' '마지막으로 자기 스스로 뭐 하나 제대로 선택하거나 결정하지 못하는 경우가 자신을 엄습하고 있을 때'이다. 슈이치 박사는 그런 고통을 시간 존재에 대한 고통, 관계 존재에 대한 고통, 그리고 자율 존재에 대한 고통이라고 부르며, 그중 어느 하나라도 환자에게 흔들리면 그 환자는 심한 영적 고통에 시달리게 된다고 보고한다. 말하자면, 사람 스스로 언젠가는 이 세상을 떠나야 한다는 것에 대해 불확실하면 할수록 영적 고통에 시달릴 수밖에 없다는 것이다. 친구와의 관계, 가족과의 관계, 의사와 같은 동행과의 관계에서도 원만하지 못하면 여지없이 영적 고통에 시달리고, 자기 행동에 대해 어떤 것 하나 제대로 선택하고 가리지 못할 때도 그 환자는 영적으로 편안할 수가 없다는 것이다. 그렇지만 그중 어느 하나라도 제대로 움켜쥐고 있으면 상대적으로 결손된 다른 것들이 영적 고통의 완화를 위해 보완된다는 것을 관찰하게 된 슈이치 박사는 환자가 죽어 가면서라도 자신의 눈으로 자신을 확인하고, 자신의 머리로 자신을 생

각하도록 도와주어야 한다고 주장한다.

5) '배움트다'라는 말은 배움이라는 명사를 배움이라는 동사로 바꾼 것이다. 마음이라는 명사도 마음이라는 동사를 바꾸어 쓸 수 있는 것처럼 배움이라는 명사의 변이도 가능하다. 말하자면, 다른 장에서 배움이라는 명사를 동사로 만들어 쓴 말, 말하자며 배움들다, 배움나다, 배움잡다, 배움쓰다 등과 같은 말의 변이적 활용이 가능하다. 배움잡다 혹은 마음잡다는 말에서 배움이나 마음이라는 말은, 이 책의 다른 장의 제목에서도 일관되게 쓰인 것처럼, 명사로 쓰이기보다는 동사, 즉 움직씨로 쓰였을 뿐이다. 배움을 혹은 마음을 움직씨, 즉 동사로 쓸 적에 그 배움이나 마음은 마치 배움쓰다 혹은 '마음쓰다'라는 말이 가능하고 또 그런 말의 활용을 통해 읽을 수 있듯이, 그것은 그저 간단하게 헤아리다의 의미를 갖는 것으로 이해해도 무방하다. 배움이나 마음이라는 말을 동사로 만들거나 혹은 보조동사인 하다와 같은 단어를 뒤에 덧붙여 쓸 수 있다. 그렇게 되면, 배움하다, 배움솟다, 배움잡다, 배움하다 혹은 마음듣다, 마음솟다, 마음잡다, 마음하다 등의 단어들이 가능하다. 그렇게 배움이나 마음이라는 단어를 활용하는 것은 배움이나 마음이라는 명사가 갖고 있는 뜻을 확장하기 위해서다. 배움을 배움하다 혹은 마음을 마음하다라고 쓸 적에, 그들 명사가 갖고 있는 고유한 그 뜻이 그대로 동사화 되어, 같은 의미, 같은 뜻을 더 다양하게 확장되어 있음을 알게 된다[참고: 한준상(2009). 생(生)의 가(痂). 서울: 학지사].
다시 말해서, 배움이나 마음이라는 명사가 동사로 쓰이면 배움하다 혹은 마음하다가 되고 그것은 다시 배우다 혹은 '맘다'로도 변형이 가능한데, 마음의 경우 그 맘다는 마음, 맘에 '다'를 붙여 움직씨를 만들어진 동사, 움직씨이다. 그렇게 보면 배우다는 배움의 움직씨일 뿐이다. 맘다의 경우 맘다는 일반적으로 '마음먹다'란 뜻을 담고 있지만, 그것도 쓰임새의 상황에 따라 그 뜻이 얼마든지 변하게 된다. 마음이라는 명사를 동사로 활용했을 때, 중요한 것은 '마음'이라는 명사가 마음이라는 동사로 쓰이기 시작하면서 마음의 동사적 뜻은 경우와 상황에 따라 여러 가지 뉘앙스의 뜻을 내포하게 된다는 점이다. 배움도 마음과 같은 어법으로 자유롭게 변형시켜 배우다의 뜻을 다양하게 확장할 수 있다.

6) '배워주다'라는 말은 표준어의 어법으로는 상당히 이질적이지만, 우리네 민중적인 마음 한가운데 자리잡고 있는 깨달음의 의식임을 부정할 수 없다. 한나라의 어문(語文) 관계를 규정짓는 어법이나 그것에 관련된 것들은 모두가 정치적이며 권력의 부산물이기에 때때로 사람들의 자연스런 의식을 정치 권력의 취향에 맞도록 가치치기의 작업들이라고 보면 된다. 예를 들어, "열심히 배워 주신 교수님에게 고맙다고 한 학생이 나에게 이야기했을 때 그 학생의 마음은 아주 순수하고 깨끗한 마음을 드러내는 것이다. 그 학생이 쓴 말, 즉 '배워 주신'이라는 말은 우리의 표준어적 규정이나 규범으로 보면 이상한 어감을 풍기기도 하고 어색하기도 하다. '배워 주신'이라는 말은 '문화어'에서는 제대로 된 말로 인정하는데 문화어(文化語)는 북한, 조선민주주의인민공화국의 표준 한국어다. 『조선말규범집』(1998년) 중의 『문화어발음법』 총칙에 따르면 "조선말발음법은 혁명의 수도 평양을 중심지로 하고 평양말을 토대로 하여 이룩된 문화어의 발음에 기준한다."라고 규정하고 있기에 북한의 표준어는 평양말을 바탕으로 하는 것이다. 그러나 표준어 제정의 역사적 경위를 고려하면 문화어는 순수한 평양 방언에 기초하는 것이 아니라 서울 방언을 중심으로 한 중부 방언을 바탕으로 하여 그것에 평양 방언적인 요소와 순화에 의한 어휘 정리 성

과 등을 약간 더하면서 형성된 것으로 생각된다. 1966년 5월 14일, 북한의 김일성이 선언한 '조선어의 민족적 특성을 옳게 살려나갈 데 대하여'라는 테제는 러시아어, 영어, 일본어 등에서 도입된 불필요한 외래어와 어려운 한자어를 고유어로 바꿔 쓰려는 국어순화운동의 일환으로 나온 것이다. 이때 김일성 주석은 표준어에 확고한 정치적 입장을 표명하고 있다. "'표준어'라는 말은 다른 말로 바꾸어야 하겠습니다. '표준어'라고 하면 마치 서울말을 표준하는 것으로 그릇되게 리해될 수 있으므로 그대로 쓸 필요가 없습니다. 사회주의를 건설하고 있는 우리가 혁명의 수도인 평양말을 기준으로 하여 발전시킨 우리말을 '표준어'라고 하는 것보다 다른 이름으로 부르는 것이 옳습니다(참고: 위키피디아)." 표준어로 보면 결코 바른 말로 인정될 수 없다. 표준어의 관점에서 보면, '먹다' '자다' '입다' '타다' 등과 같은 능동사는 행위를 스스로 하기 어려운 사람에게 그것을 할 수 있도록 만들어 주는 뜻을 나타내는 말을 갖지 않는다. 그렇게 할 수 있도록 만들기 위해서는 먹다와 같은 능동사를 사동사의 부사형으로 만들고, 이어 보조동사를 붙여야 한다. 즉, '먹다'라는 능동사를 사동사로 바꾸고 이어 보조동사인 '주다'를 붙이면 표준어에서 규정한대로 '먹여 주다' '재워 주다' '입혀 주다'와 같이 변한다. 이들 능동사와는 달리 '배우다'는 말은 '배워 주다'라고 표현될 수 없다는 것이다[참고: 육재용(2009). **실용문장법**. 서울: 학문사]. 표준어에서는 '배우다'라는 말은 배우는 일을 할 수 있게 해 주는 말로서 '가르치다'가 있기에 '가르쳐 주다'로 써야만 한다는 것이다. 결국, 표준어는 배우다와 가르치다는 말을 어법상 분명하게 가르기에, 배우는 일과 가르치는 일을 혼용할 수 없다는 입장이기도 하다. 이렇게 배우다와 가르치다를 엄격하게 갈라 쓰는 표준어적인 규정에 비해, 문화어에서는 가르치는 일은 배우는 일이고, 배우는 일은 동시에 가르치는 일이기도 하다는 것을 보여 주기에, 배워 주는 일이 가능하고, 배우는 일이 가르치는 일보다 더 중요하기에 배우는 일에 가르치는 일을 포섭하고 있다고 볼 수 있다.

7) 참고: 류영모(2004). **얼의 노래**. 서울: 두레.

8) 강상원 교수는 마음이라는 말의 어원과 쓰임새를 고시조나 옛글에서 밝히고 있다. 즉, "마ㅇ · ㅁ아 너는 어이 ㅁ · ㅣ양 젊었느냐(古時調). 혹은 "ㅁ · △ · ㅁ(마△ㅏㅁ). 마음(古語辭典), "ㅁ · ㅅ · 매 일승을 ㅈㅕ ㅂ · 린 젼차로: 心背一乘故심배일승고(野雲), ㄱ · △ · ㄺ ㄷ · ㄹ · ㄴ so ㅁ · △ · ㅁ 아라 ㅎ · ㄴ · 다."(初社解20:27)의 표현들이 그것인데, 마음의 고어 형식은 바로 'ㅁ · △ · ㅁ · 마 · △ · ㅏ · ㅁ'임을 알 수 있다[참고: 강상원(2002). **한글 고어사전 실담어 주석**. 서울: 한국세종한림원 출판부].
마음은, 즉 마스(mas) + 움(um)으로 소리 나는데, 마(mâs)는 헤아린다는 뜻이며 음은 한자의 음(陰), 영어로는 음부(womb; 陰部), 즉 싹, 움(牙)에 해당된다. 그래서 마음은 생명의 씨앗을 헤아리는 것을 지칭한다. 움, 음, 옴의 기원은 힌두교와 불교에서 사용하는 모든 만트라(mantra)에서도 나타나기도 한다. 만트라에서 옴이라는 말은 시작하는 모든 것의 영묘함을 알리는 신호와 상징으로 쓰인다. 만트라에서 신성한 음절로 받아들이는 옴(a-u-m)은 산스크리트에서 모음 아(a)와 유~(u)는 합쳐져서 오~(o)로 시작된다. 세 가지 소리로 이루어진 '옴'이라는 음절은 하늘 · 땅 · 대기의 삼계(三界)를 의미한다. '옴~'은 신성한 소리기에 옴~에는 전우주의 정수가 들어있다. 힌두교도들은 그래서 기도하거나 찬송하거나, 명상을 할 때 시작과 끝에서 이 음절을 사용한다. 움~이나 옴~이라는 떨림 음을 발성할 때에는 자기도 모르게 마음이 편해지는 느낌을 갖는다. 움은 시작이기에 마음을 편하게 해 준다.

9) 마음이라는 말은 중국인에게는 심장, 즉 심(心 , xin)이며, 일본인에게는 여기를 의미한다. 그들은 마음을 고고로, 즉 ここ(여기)+ろ(kokoru)로 표기한다. 자국어의 쓰임새를 제대로 알기 위해서는 이웃나라에서 그런 말이 어떻게 쓰이고 있으며, 그것의 어원도 함께 알아야 한다고 주장했다는 괴테의 말을 따르면, 일본인이 마음을 고꼬로로 쓴다는 것은, 마음이라는 말의 쓰임새가 어떤지를 알려 주는 좋은 단서가 된다. 일본어에서 말하는 고꼬로는 우리말에서 진심을 고하다는 고(告) 혹은 생각할 고(顧)라는 말과 그 쓰임새가 무관하지 않기 때문이다. 일본인은 고꼬로를 핵심을 찌를 때 흔히 쓰기 때문에, 마음은 핵심을 찌름이 머무는 상태를 말한다.

10) 마음이라는 말의 변천을 이해하는 일은 배움의 속내를 살피는 일이기도 하다. 마음이라는 말은 우선 막음, 막슴 → 마금, 마슴 → 마음으로 변이되어 온 것이다. 마음이라는 말의 변천과정에서 우리 말 'ㅁ'의 쓰임새가 흥미롭다. 미음, 즉 ㅁ은 각진 상태 혹은 닫힌 공간을 지칭한다. ㅁ 그것은 움직이지 않고 집중하거나 안정을 취하는 막힌 상태를 의미한다. 우리말에서 마디, 마당, 마무리, 마침, 막음, 숨이라는 말을 형상적으로 이해하면, ㅁ은 닫힌 상태를 말하는 것임을 알 수 있다. 우리 말에서 '슴, 숨, 음'은 명사로서 쓰이며 생각이라는 말의 어원으로 갈라지지만, 그것이 동사적으로 쓰이거나 변이될 때에는 어떤 행위, 동작, 작용, 존재함, 밝히거나 만들어 내는 일들을 일순간에 마감하거나 종결하거나 그렇게 결정짓는 상태를 드러낸다.

마음, 즉 마슴이라는 말이 등장한 『능엄경언해(楞嚴經諺解)』에서 표현된 쓰임새는 다양하다. '네 내 마슴을 다사며'라는 문장이 『능엄경언해』에 나오는데, 그것은 네가 내 마음을 사랑하며라는 말이다. 마슴이라는 말보다 더 오래된 고어가 바로 모심(慕心)이다. 마슴은 바로 모심, 즉 그리워하거나 사모함에서 나왔음을 알 수 있다. '네 내 마슴을 다사며'라는 말은 네가 내 마음을 사랑한다는 것을 뜻한다. 사랑하며 몰입하기 때문에 열성으로 따라 나서는 것이며, 너를 배우고 나를 배우기 원하는 지극정성으로 나와 너를 모시는 상태가 모심, 마슴, 마음의 상태다. 『능엄경언해』의 원래 명칭은 '대불정여래밀인수증요의제보살만행수능엄경(大佛頂如來密因修證了義諸菩薩萬行首楞嚴經)'이다. 보통 줄여서 '대불정수능엄경' 또는 '능엄경'이라(10권 10책)하는데, 이것은 중국 송나라 온릉계환(溫陵戒環)이 핵심이 되는 부분을 풀이한 책에 세조가 한글로 구결을 달고 번역한 것이다. 활자본 · 목판본 두 종이 있는데 활자본은 1461년(세조 7)에, 목판본은 1462년에 간행되었다. 세종 28년(1446)년 3월에 세종의 정비인 소헌왕후가 승하하자, 수양대군은 소헌왕후를 그리며 『석보상절』을 낸다. 이 책은 석가불이 그의 제자 아난에게 지관 닦는 방법을 설명하기 위하여, 마음(『능엄경언해』에서는 마삼으로 표기)과 눈을 알기 쉬운 비유로 설명한 것이다.

11) 옛날에는 사람들이 조선의 수도인 한양에서 낙향을 하던지 산중으로 유배당해서 갈 경우에 남한강을 따라 청풍 방면으로 갔었다. 배를 타고 가던 도중 충주시 종민동 나루에서 내리는 사람이 많았는데, 이때부터 사람들은 계명산과 남산이 연결되는 지점으로 가게 되어있다. 이 지점을 이어지는 고개가 마지막재 고개다. 계명산을 옛날엔 심항산이라고도 불렀다. 심항산(心項山)은 말 그대로 마음(심)과 목(항)

의 고개다. 고어로 부르면 마슴목 고개다. 사람들이 이 고개를 넘는 순간, 마음먹기를 고치는 목고개란 뜻의 이 심항산을 제대로 넘으면 생각이 달라진다. 자살을 기도하려고 한 사람이 이 고개를 넘는 순간 마음과 목을 생각하면 정신이 달라지기 때문이다.

12) 혜욤과 혜윰의 고어들은 '네 게을어 도라올 혜유미 업고(杜初 8:36)와 緣야 혜요 닐오 八識이 다 能히 제 分境을 緣야 혜젼오(圓覺上二之一27)'에서 드러나고 있다. 원래 생각이라는 말은 삼각 → 상각 → 생각으로 변이된 것이다. 삼각이 생각의 옛말이며, 그것의 원초는 15세기 세조 때 편찬된『월인석보』에 그 모습을 드러낸다. 삼각이라는 말은 '혜윰' 혹은 '혜욤'의 의미를 담고 있다. 혜윰이나 혜욤이라는 말은 타동사 '혜다'의 명사형이다. 혜옴은 셈이나 계산과 같은 뜻을 담고 있는 생각과 원형이다. 생각이라는 말은 한자어가 아니다. 우리의 고유한 말이다. 생각은 중국어 한자나 일본어에서도 나타나지 않는다. 생각을 굳이 한자로 쓴다면, 생각(生覺) 혹은 성각(省覺)이라고 표기할 수가 있을 법하다. 그것도 소리를 한자로 만들어 본 취음에 지나지 않는다. 일반적으로 생각에서 '생이라는 말은 '생기다'에서 말하는 '생'과 어원이 같을 것이라고 추정할 수는 있다. 그렇게 보면 생기다는 말은 고어에서 '삼기다', 즉 태어나다, 지어내다, 만들다, 생겨난다 혹은 삼가다(愼)를 의미하게 된다. 혜욤이나 혜윰에서 보듯이, 헤아리고 셈하고 무엇인가 골똘하게 탐구한다는 의미로도 썼음 직하다. 생각이란 말은 언제든지 신중하다 혹은 삼가라는 뜻을 담아 실어 나르고 있다는 점에서 생각은 깨닫는다와 배우다라는 두 말 속에서 그 의미를 제한당한다. 깨달음이 없거나 배움이 없는 것은 자기 마음이 하는 일이 아니라는 뜻이다.

13) 삶과 죽음에 대한 이야기는 언제든 인간의 시작과 궤를 같이 했다. 저승이 얼마나 좋으면, 죽은 후에 돌아온 사람이 하나도 없겠는가라는 말은 사람들은 자주 한다. 단순한 우스갯소리가 아니다. 삶에 대한 적막감이 하염없이 스쳐 나가게 만들어 주는 이야기다. 저승에 관한 이런 종류의 이야기를 듣는 순간 사람들의 입가에는 비장한 웃음이 터진다. 동시에 '아차!' 하는 자기 삶에 대한 후회 같은 것도 함께 배어 나온다. 배어 나오는 순간 그것이 자기 마슴으로 혜옴되면 새로운 깨달음과 배움이 시작되는 것이다. 자기 존격의 새로운 시작이 된다. 삶살이에 대한 깨달음은 이 한 토막의 이야기에서도 가능하다. 죽음에 대해 진지한 성찰, 말하자면 자기 마슴이 시작되면 삶을 어떻게 살아야 하는지에 대한 새로운 혜옴이 시작된다. 그동안 어떻게 살아왔는지를 뒤돌아보는 일 같은 것은 식은 죽 먹기다. 현재 각각으로 살아가는 삶에 귀만 열어 준다면, 삶에 대한 깨우침은 언제, 어디서든지 가능하기 때문이다[참고: 김열규(2003). **왜 사냐면 웃지요**. 서울: 궁리].

14) 참고: 전도서 9장 4절.

15) 참고: 제임스 데이터 외(2008). **다가오는 미래**(역). 서울: 예문.

16) 로버트 기요사키는 부자가 되는 법이 유별난 것이 아니라고 말한다. 보통 사람들은 학교에서 실수를 할 때마다 받는 벌에 대해 두려워한다. 성공하려면 실수는 불가피하다. 다만 교훈을 얻고 배움을 얻는 사람이 성공한다. 부자가 되는 것도 마찬가지다. 대부분의 사람이 부자가 되지 못하는 근본 원인은 그들

이 돈을 잃는 것을 걱정하기 때문이다. 이기는 사람들은 지는 것을 걱정하지 않는다. 실패를 피하는 사람들은 성공도 피한다. 부자들은 돈을 위해 일하지 않고 배움을 위해 일하기 때문이다[참고: 로버트 기요사키(2001). **부자 아빠 가난한 아빠**(역). 서울: 황금가지].

17) 참고: 피터 케이브(2011). **사촌이 땅을 사면 배가 아픈 철학적 이유**(역). 서울: 어크로스.

18) 차원이 달라지면 유머를 채우는 내용도 달라진다. 우리가 살고 있는 4차원의 세계라는 것도 5차원 공간에서는 기껏해야 화장실일 수밖에 없다. 한 차원이 달라지면 세계의 구조가 달라지기 때문이다. 3차원에서 통용되던 유머는 5차원에서는 헛소리가 된다. 이사 랜들(Lisa Randall)이라는 물리학자는 이 세상이 실제로는 공상과학의 이야기에 가까운 5차원의 세상일 것이라고 주장한다. 앞서 나가는 물리학자들에서 나올 법한 생각이다. 그런 생각은 입자 물리학의 표준모형을 넘어서는 생각이다. 초대칭성이론, 초중력이론, 끈이론, 초끈이론까지 동원해도 풀 수 없었던 이론 물리학의 난제를 풀어 낼 획기적인 이론의 시작이다. 새로운 기대와 큰 기대가 기대된다. 리사 랜들 교수의 논리에 따르면, 이 우주는 가로, 세로, 높이라는 3개의 공간 차원과 1개의 시간 차원이 합쳐진 4차원처럼 보일 뿐이라는 것이다. 그런 4차원의 이론으로는 우리의 우주를 제대로 설명할 수 없다고 주장한다.

그녀의 주장에 따르면, 우리가 사는 세상이 지금까지 생각하던 것과는 달리 5차원적이라는 것이다. 4차원으로 끝나는 것이 아니라는 것이다. 끝이 평평한 4차원으로 막힌 5차원의 세상이 바로 이 현실 세계라는 것이다. 우주를 이루는 네 가지 힘이 있다. 모든 물체에 작용하는 힘들은 '중력(gravitational force)', '전자기력(electromagnetic force)', 원자핵의 붕괴를 일으키는 힘인 '약력(weak force)', 그리고 쿼크들을 결합해 양성자와 중성자를 만드는 힘인 '강력(strong force)'이다. 전기력과 자기력이 묶인 전자기력은 전하(電荷), 즉 전기의 양을 갖고 있는 물체 사이에서 작용하는 힘으로 두 번째로 강한 힘이다. 강력과 약력은 핵 내부에서 작용하므로 사람들은 일상생활에서 그 강력과 약력을 경험하지 못한다. 이들 네 가지 힘 중에서도 중력은 다른 힘들에 비해 극단적으로 약하다. 중력은 지구와 달과 태양을 엮어 태양계를 이루고 은하계를 만들고 우주를 통제한다.

아이작 뉴턴(Isaac Newton)이 가장 먼저 발견한 기본 힘이 바로 중력이다. 중력은 땅에 놓인 쇠붙이에 자석을 갖다 대면 쇠붙이가 자석에 곧바로 붙어버릴 정도로 약하다. 중력의 힘이 그렇게 약할 수밖에 없는 이유가 있다. '중력은 4차원 세계 안에 있는 힘이 아니라 바로 5차원에서 오는 힘이기 때문'이다. 중력이 여러 힘 중에서 그렇게 약한 이유는 중력이 우리가 살고 있는 4차원 세계가 아니라 5차원에서 오는 힘이기 때문이다. 그래서 고차원적이며, 그런 4차원 이상의 세계가 우리 눈에는 보이지 않는 이유가 있다. 물리적인 세계가 원자나 전자보다도 작기 때문이 아니다. 4차원 이상의 다른 차원들이 무한하게 존재하고 있음에도 불구하고, 그것들은 괴상망측하게 비틀려 있기 때문이다. 우리 눈에 포착되지 않을 정도로 뒤틀려있거나 곡선적이다.

4차원 이상의 고차원들은 인간의 상상을 초월할 정도로 뒤틀려있어 인간의 눈에 포착되지 않는다. 스티븐 호킹(Stephen Hawking) 교수는 랜들(Randle) 교수의 5차원론에 관한 한 주장을 긍정적으로 받아들인다. 이 세상은 마치 샤워 커튼에 매달린 물방울처럼 5차원 막에 매달려 있다는 생각을 지지한다.

우리가 살고 있는 4차원 세계는 5차원 공간 속에 떠 있는 막처럼 생긴 물체에 매달린 물방울이나 막이 움푹 팬 수챗구멍 속에 존재하는 것과 같다는 그녀의 주장에 타당성이 있다는 것이다.

랜들 교수의 주장에 따르면, 세계를 구성하는 근본적인 물체는 더는 원자가 아니다. 정체를 알 수 없는 1차원 물체 끈이거나, 2차원의 물체인 막일 수도 있다. 어쩌면 이 세계를 이루고 있는 차원은 4차원이 아닐 수도 있다. 눈에 보이는 공간적 3차원과 시간적 1차원이 더해진 4개의 차원이 아닐 수 있다. 4차원이 아니라 5개, 10개 혹은 11개 차원일는지도 모른다. 아무것도 없는 진공 상태에서 입자쌍이 갑자기 나타나 정체불명의 상호작용을 하고 갑자기 사라지는 일이 시시때때로 벌어지고 있는지도 모른다. 5차원의 물체가 4차원 세계에 그림자를 드리워 4차원에서 일어나는 일들에 영향을 미치는 일도 비일비재한 그런 고차원의 세계일 수도 있다.

그런 차원의 세상을 '여분 차원'이라고 부를 수 있다. '여분 차원(extra dimensions) 이론'으로 설명되는 세상은 신기한 세상이다. 예를 들어, 현대식 주방기구인 프라이팬은 요리하는 것들이 눌어붙지 않는 프라이팬들이다. 음식이 프라이팬에 눌어붙지 않게 만들었기 때문이다. 바닥을 준결정물질로 코팅을 했기 때문에 음식물이 달라붙지 않는다. 이 프라이팬은 고차원 결정의 3차원 구조와 보통 음식이 갖는 일반적인 3차원 구조 사이에는 차이가 있다는 기본 원리를 활용한 것이다. 프라이팬이 지니고 있는 3차원 구조와 일반 음식이 지닌 3차원 구조는 원자 배열이 완전히 다르다. 그 둘은 결코 서로 결합하지 않는다. 원자 배열이 다르기에 요리되는 음식이 프라이팬에 눌어붙지 않는다. 이런 프라이팬에서 보는 것처럼 우리가 사는 우주에도 그런 틈새가 있을 수 있다는 것이다. 수많은 여분 차원이 우주에 실제로 존재할 수가 있다. 우리가 그것을 모르고 있을 뿐이다. 그렇다면 이 세상에는 3차원 그 이상의 무한한 차원이 존재할 수 있는 것이다.

정리하면, 우리가 사는 이 세계는 가로, 세로, 높이로 이뤄진 3개의 공간 차원에 시간이라고 하는 1개의 차원이 더해 만들어진 4차원인 것처럼 보인다. 이것은 사실이 아닐 수 있다. 실제는 5차원이나 그 이상의 차원의 세계일 수 있다. 여분 차원이 있기 때문에 이 세상은 4차원 이상 차원의 세상일 수 있다. 4차원을 넘어서는 다른 높은 차원이 인간의 눈에 보이지 않는 이유가 있다. 그것은 4차원 이상의 차원이 눈에 보이지 않도록 엄청나게 비틀어져 있기 때문이다. 만약 4차원 이상의 차원, 말하자면 5차원의 세상이 인간이 살고 있는 현실적인 우주이며 세상이라면, 우리가 그동안 이야기해 온 마음이니 영혼이니 하는 것들의 정체에 대해서 새로운 해석이 필요하다. 인간이 다뤄온 마음에 대한 이해나 설명은 고작해서 3차원적이었다. 더 나아간 사람들은 인간의 마음을 보이지도 않는 4차원의 세상에 관한 일들로 치부해 왔다. 이해가 되지 않으면, 그런 것들은 신비한 것, 설명되기 어려운 것들로 치부되기 일쑤였다. 수많은 종교인들과 예술가들이 그런 일을 도맡아왔다. 이런 저런 이유로 초현실적인 생각에 사로잡힌 이들도 마음을 신비로운 것으로 포장해 왔다. 사람의 몸은 하나지만, 마음의 빛깔은 다양하기 때문에 그럴 수밖에 없었다. 마음의 빛깔은 인간의 헤아림을 늘 벗어나는 것으로 설명되어 왔다. 모두가 살아 있기 때문에 그렇게 설명되어 왔다.

인간의 마음은 4차원을 넘어서는 고차원적이라는 생각에 이르면, 마음의 정체는 설명 가능한 것이 된다. 지금의 우리 눈에는 마음이 고차원적으로 뒤틀려 있거나 휘어져 있어서 제대로 포착되지 않고 있을 뿐이기 때문이다. 그렇게 뒤틀려 있어나 휘어져 있는 인간의 마음은 사람들에게 제대로 읽어 볼 틈을 주지 않는다. 심하게 휘어져 있는 마음은 인간 스스로 만질 수도, 맡아 볼 수도, 핥아 볼 수도 없기 때문이다. 마음이 무엇인지 알아내기 난감하기 이를 데밖에 없는 노릇이다. 그래서 3차원에서 살아가는 사람들인 우리는 자신의 마음은 저 멀리 숨겨 놓은 채, 남의 마음만 모르겠다고 의심하고, 치부해 왔다.

그런 인간의 마음에 대해 사람들은 제 풀에 번민하고, 힘들어 할 수밖에 없었다. 번민하고 힘들어 하며 자기를 되돌아보려고 해도 그것이 손쉽지 않았다. 그런 마음, 4차원 이상에 위치하고 있는 마음은 3차원에 위치하고 있는 눈으로는 보일 리가 없다. 그것을 보거나 읽어 내려고 한다면 고차원적인 시각이 필요하다. 4차원의 몸은 4차원의 눈에 의해 충분이 포착되듯이, 5차원에 위치한 마음은 5차원에 위치한 눈이어야만 볼 수 있다. 4차원에 위치한 눈으로는 5차원의 마음을 보지도 읽어 낼 수 없기에 4차원의 눈을 5차원적으로 다듬거나 그런 눈으로 시각을 개화시켜야 한다. 그렇게 차원을 바꾸려는 노력은 한두 가지가 아니지만, 그것을 배움이라는 개념으로 총칭할 수 있다.

19) 다른 사람의 통제에 따라 모든 것을 처리하는 선원으로 살려고 하는지 아니면 삶의 목표를 정하고 그곳으로 나아가는 선장이 되려고 하는지는 모두 자기 자신의 마음을 어떻게 다스리는 가에 달려 있다[참고: 에드워드 데시 리처드 플래스트(2011). **마음작동법**(역). 서울: 에코의 서재; 김우창(2008). **세 개의 동그라미**. 서울: 한길사].

20) 마음이 무엇인지 밝혀들어 갔던 그녀는 별안간 외롭기도 하고 쓸쓸해지기 시작했다. 알고 보니, 마음을 표현하는 또 다른 말인 '외롭다'라는 말은 더는 형용사가 아니었기 때문이다. 외롭다는 말은 동사였다. 활달히 움직이고 있는 동작 동사였다. 텅 비어 버린 마음의 상태를 견디기 힘들 때 사람들은 외롭다고 한다. 그것은 거짓말이나 마찬가지였다. 외로움에는 외로움을 어찌하지 못해, 무엇인가 움직여대는 어떤 에너지가 담겨 있게 마련이기 때문이다. 외로움의 에너지가 외로운 상태를 동작 동사로 바꿔지면 새로운 창조가 시작된다.

외롭다는 말에 비해 '쓸쓸함'이라는 말은 마음의 안쪽을 칭하는 것이 아니다. 마음 밖의 정경에 더 치우쳐 있는 단어가 쓸쓸함이다. 마음과 마음 밖 정경의 관계에 대한 반응이 쓸쓸함이다. 외로움은 주변을 응시하는 단어임에 비해, 쓸쓸함은 주변을 둘러보는 일에 더 치중한다. 마음을 둘러싼 정경을 둘러보고는, 그 낮은 온도에 영향을 받아서 마음의 온도가 내려가는 게 바로 쓸쓸함이다. 그러니 사람들은 쓸쓸한 것에는 견딜 수 있어도 외로운 것에는 견디기가 쉽지 않다. 외로움에 쓸쓸함이 밀물처럼 덮여오면 사람들은 자기의 생과 명을 지탱해 줄 힘의 잔고에 바닥이 나고 있음을 직감하게 된다. 쓸쓸함을 달래 줄 외투는 있지만, 외로움을 달래 줄 외투는 없기 때문이다. 내피로 감싸야 외로움이 누그러질 수 있는데, 그 내피는 오로지 내면적 선회의 배움으로 직조해 낼 수 있다[참고: 김소연(2008). **마음사전**. 서울: 마음산책].

21) 마음 없는 마음을 가지려고 부단히 노력하는 우리의 열망은 여러 우화에서 잘 드러난다. 마음 없는 마음을 갖기가 얼마나 어려운 일인지를 중국 마조(馬祖) 선사와 그의 제자 대매(大梅) 간에서 벌어진 대화에서 극명하게 보여 준다. 처음 마조 선사를 만났을 때 대매가 물었습니다. "무엇이 부처입니까?" 마

조 선사가 대답했죠. "마음이 곧 부처(卽心卽佛)다." 대매는 홀로 깊은 산속으로 들어갔죠. 그리고 스승의 가르침을 안고 참선에 들었습니다. 오랜 세월이 흘렀죠. 마조 선사는 대매에게 사람을 보냈습니다. '제자의 공부'를 떠보기 위함이었죠. 그 사람이 대매를 만나 물었습니다. "스님은 누구의 제자입니까?" "마조 선사요." "마조 선사의 문하에서 무엇을 배웠습니까?" "단 한마디, '마음이 부처'라고 하셨소." "거참, 이상하군요. 요즘 마조 선사는 '마음도 아니고, 부처도 아니다(非心非佛).'라고 가르치고 있거든요." 그러자 대매가 소리를 버럭 질렀죠. "아니, 그 늙은이가 아직도 죽지 않고 세상을 어지럽히고 있구나. 그래도 나는 '마음이 곧 부처(卽心卽佛)'다." 이 얘기를 들은 마조 선사는 흐뭇한 미소를 지었죠. 그리고 제자들을 모아 놓고 말했죠. "매실이 다 익었으니 그대들은 가서 마음껏 따먹도록 하라." 복잡한가요? 그곳에 흐르는 '부처'가 보이죠. 그래서 마음이 곧 부처, 즉심즉불(卽心卽佛)이 되는 겁니다. 반면 마음 있는 마음은 '비심비불(非心非佛)'이 되는 거죠."[참고: 백성호(2007). 백성호 기자의 현문우답, 어디를 향해 기도하십니까. 중앙일보. 2007년 8월 30일자.]

22) 우리의 조상에게 마음을 다스리기는 언제나 중요했다. 삶의 일상에서 그것을 실천하는 일이 그리 쉬웠던 것 같지는 않다. 마음 다스리기에 대한 애뜻한 심정을 구구절절하게 드러내는 실학자 중의 한 사람이 바로 다산 선생 같은 분이었다. 그가 그렇게 권력의 현재에서 밀려나 자기 정진의 한 틀로 삼아온 귀양살이도 어느새 15년째를 맞는 날이었다. 54세가 되는 그 해에 다산 정약용 선생은 마침내 마음을 잡는 결심을 한다. 이제 그동안 의지해 오던 『사서육경(四書六經)』을 읽고, 또 읽기는 그쯤해서 정리한다. 새삼스럽기는 하지만 현도(賢道)의 원리와 실천에 대한 고뇌가 시작된다. 그에게는 마음 다스리기로서의 수행의 시작이었다. 마음을 다스리는 일이 다산 같은 현인에게도 그리 쉬운 일이 아니었다. 마음 없는 마음잡기가 쉬울 리가 없었다. 마침내 그는 『심경밀험(心經密驗)』이라는 책의 저술에 몰입한다. 『심경밀험』을 쓰기 전에 이미 퇴계 선생도 심취했던 『심경부주(心經附註)』가 있었다. 퇴계 선생 언행록에 따르면, 퇴계 선생은 성균관 유학 시절인 33세 때에 처음 이 책을 접한다. 그것을 읽어 내는 데 그 역시 무척 애를 먹었다. "다른 사람은 구두조차 떼지 못했으나 선생은 문을 닫고 여러 달 연구한 끝에 대강을 이해할 수 있었다."라는 구절이 그 어려움을 말해 준다. 『심경부주』는 원래 심경(心經), 즉 중국 송나라 때 학자인 진덕수가 사서삼경, 정주(程朱) 등의 글에서 마음에 관한 격언을 뽑아 모아 편찬한 책에 명나라 때 정민정이 보충을 하고 상세한 주를 단 책이다. 조선시대 사대부들이 쉽게 접했던 이 『심경부주』를 다산 선생이 어느 정도 섭렵했는지는 알 수 없다. 다만, 다산선생은 『심경밀험』을 구상하면서 그때의 심정을 그는 둘째 형님께 적어 보냈다. "점차로 하던 일을 거두고 이제는 마음 공부에 힘쓰고 싶습니다. 스스로 살 날이 길지 않은 것을 알면서도, 바깥일에만 마음이 치달리니, 이는 주자(朱子)께서도 만년에 뉘우쳤던 바였습니다. 어찌 두려운 일이 아니겠습니까. 다만 고요히 앉아 마음을 맑게 하고자 하다 보면 세간의 잡념이 천 갈래 만 갈래로 어지럽게 일어나 무엇 하나 제대로 파악할 수가 없으니, 마음 공부로는 저술보다 나은 게 없다는 것을 다시 깨닫습니다. 이 때문에 문득 그만두지 못합니다." 1815년, 『심경밀험』을 마침내 완성한 다산 선생은 서문에서 자기의 심경을 밝힌다. 『심경』으로 내 마음을 다스릴 수만 있다면 아마도 현인이 되는 길이 있을 것이라고 말한다.

23) 대중가요인 '애모'의 노래의 가사는 오늘을 사는 사람들의 심금을 울릴 정도로 애잔하다. 마음 없는 마음은 내 마음 나도 모르는 마음이 아니나 내가 붙잡고 있는 마음을 말한다. 내 마음 나도 모르게 꿈같은 구름타고 천사가 미소를 짓는 지평선을 날으네 구만리 사랑길을 찾~아 헤매는 그대는 아~는가 나의 넋을 나는 짝잃은 원앙~새 나는 슬픔에 잠긴다 내 마음 나도 모르게 꿈같은 구름타고 천사가 미소를 짓는 지평선을 날으네 구만리 사랑길을 찾~아 헤매는 그대는 아~는가 나의 넋을 나는 짝잃은 원앙~새 나는 슬픔에 잠긴다.

생각은 그렇게 해도, 결혼의 삶은 그것을 단숨에 깨어 버리고 만다. 그래서 여자와 남자, 남자와 여자가 사는 일이 수행이라고 부른다. 한 언론인[참고: 김윤덕(2007). '부처남편'과 살다 '보살'이 된 그녀. 조선일보. 2007년 9월 4일자]은 티베트 망명 정부의 살림살이를 도맡고 있는 린첸칸도라는 여인의 삶을 통해 수행의 한 장면을 보고해 주고 있다. "부처 같은 남편이랑 사는 여자는 행복할까요? 불행할까요? 이 엉뚱한 질문이 떠오른 건 얼마 전 '부처 같은'도 아니고 '전생에 아예 부처였던' 남편과 사는 티베트 여인을 만났기 때문입니다. 티베트 망명 정부의 살림살이를 도맡고 있는 린첸칸도라는 여인인데, 그녀의 남편은 네 살 때 활불(活佛)로 인정받은 환생한 부처라고 합니다. '살아 있는 성자' 달라이 라마가 가장 총애하는 막내 동생이라고도 해서 '밴댕이' 남편들을 애물단지처럼 끼고 사는 뭇 여인들의 부러움을 한몸에 받았습니다.

그런데 부처의 아내가 들려 준 부처 남편의 '정체'가 좀 뜻밖입니다. 성격이 어찌나 급한지 '다혈질'이란 말이 딱 어울리고, 자기밖에 모르는 남자라 책 읽기에 한 번 빠지면 문 밖에서 불이 나도 내다보지 않는답니다. 자기가 옳다고 생각하면 상대의 형편은 아랑곳없이 그 자리에서 직설로 면박을 주고, 부부간·부자 간 맹세한 비밀이나 약속은 절대 안 지키는 철부지 구제 불능 남편이라네요.

부처의 아내는 웃으며 말했습니다. '결혼이 곧 수행'이라는 것을 부처 남편과 함께 살면서 깨달았다고요. 그리고 또 말하더군요. 모든 사람이 결혼할 필요는 없지만 일단 결혼해 아이를 낳았다면 여성이 가정의 평화에 좀 더 기여해야 할 거라고요. 억울하지만, 생명을 잉태한 자로서의 여성이 지닌 영성(靈性)이 남성의 그것보다 훨씬 높기 때문이라는데 여러분 생각은 어떠신지요. 그렇다고 버지니아 울프가 비판한 '집안의 천사'가 되라는 뜻은 아니었습니다.

"작고 사사로운 일은 남편 마음대로 하게 두고, 크고 중요한 일에서는 기필코 나의 의지를 관철시킬 것!" "싸우지 않되 포기하지 않는 것"이 부처의 아내가 제시한 '병법'이었습니다. 육아 역시 그녀에겐 수행의 한 방편이더군요. "특히 사춘기에 접어든 아이들은 부모를 최고의 수행자로 이끈다."고 해서 폭소가 터졌지요. "부처님은 이 세상에서 어떤 두 사람도 같지 않다고 말씀하셨어요. 부모가 옳다고 믿는 것을 아이에게 투사하지 않으려고 노력하는 것, 그것이 수행입니다."

예순 넘은 그녀가 아이처럼 티 없이 맑고 순박한 미소를 지닌 건 매일매일 실천하는 일상의 수행 덕분인지도 모릅니다. 아침에 일어나 짧게 묵상하고, 그날 자신이 갖고 있는 무언가를 필요로 하는 사람에게 기꺼이 나눠 주고, 잠들기 전 오늘 내가 무엇을 잘못했는지 어린아이처럼 반성하는 것! 그래서일까요. 결국은 파계(破戒)를 선언한 전(前) 붓다 남편과 아옹다옹 싸우며 늙어 가는 요즘이 그 어느 때보다 행복하다며 티베트의 여인은 방긋 웃었습니다."

24) 유아기 때 생기는 환상(幻像, fantasie)과 환영(幻影)인 판타지(phantasy) 간의 간극이 인간의 삶살이며, 그것이 인간의 생존방식을 결정한다고 주장하는 정신분석학자 멜라니 클라인 박사(Melanie Klein)에 따르면, 인간의 태초에는 불안이 있었을 뿐이다. '태초의 불안'이라는 개념은 구약성경의 맥락과 아무런 상관도 없는 정신분석학을 위해 고안된 개념이었다. 인간이 태어나면서 겪는 최초의 불안, 말하자면 어머니와 나와의 관계를 그려는 인간이 겪는 태초의 불안이라고 보았다. 아기와 모성의 관계를 극적으로 설명하는 핵심 개념이 태초의 불안이었다. 태아에서 시작하는 삶의 존재는 모태 상황에서 벗어나야 비로소 유아라는 인간적인 신분을 갖게 된다는 뜻이기도 하다. 유아라는 인간적인 신분은 모태에서 벗어나 독립된 실체가 되었다는 뜻이다. 실체가 된다는 것은 불안을 경험하고, 불안에 적응해 간다는 뜻이기도 하다. 인간이 이 세상을 경험할 처음부터 불안이 있기 때문에, 인간이 태초에 겪어야 되는 불안이 어떤 것인지를 설명해야 하고, 그것은 정신분석학적으로는 몽유와 환상에 대한 이론적 설명의 토대가 된다.

클라인(Klein)은 아동정신 분석에 있어서 아동이 겪어내야 하는 환상인 '판타지(fantasie)'와, 환영인 '판타지(phantasy)'의 개념을 갈라 다르게 설명한다. 판타지(fantasie)라는 말은 인간의 의식적인 환상을 지칭하는 데 반해, 판타지(phantasy)는 무의식적인 환영이 된다. 그러니까 겉에는 판타지(fantasie)가 있고, 안에는 판타지(phantasy)가 있는 셈이다. 인간이란 원천적으로 대상을 추구하는 존재로 태어나며 그렇게 태어날 때부터 사랑과 미움에 대한 의식적 환상(幻像)을 갖게 마련이다. 인간은 태어나면서부터 의식적인 환상의 힘으로 어머니와 같은 대상과 관련을 맺고자 노력한다. 의식적인 환상인 판타지(fantasie)는 현실에서 충족되지 않는 욕구를 충족시키려는 수단 같은 것으로서 자기의 이메지네이션(imagination)으로서, 자신을 그 모든 것이 되어 볼 수 있게 만드는 영상화능력을 말한다. 환상 속에서 엄마도 되어 보고 여왕도 되어 보고, 황제도 되어 보고 하는 것 같은 것 모두가 판타지(fantasie)이다. 이렇게 꿈속에서는 무엇이든 가능한 판타지(fantasie)라는 환상은 판타지(phantasy)인 환영(幻影)으로 둘러 싸여 있게 된다. 환영은 일종의 무의식적 환상이다[참고: 쥴리아 시걸(2009). **멜라니 클라인**(역). 서울: 학지사; 줄리아 크리스테바(2006). **멜라니 클라인 정신병 모친살해 그리고 창조성**(역). 서울: 아난케].

클라인의 이론은 대상관계이론(Object Relations Theory)이라고 불리기 시작한다. 클라인의 생각들은 프로이트의 딸인 안나 프로이트가 이끄는 프로이트이론과는 달리, 신(新)프로이트(N대-Freudian) 학파라고 명명된다. 대상관계이론은 아동의 내면세계는 '인간관계의 세계'인데, 아동에게 있어서는 대인관계가 결정적이라고 보는 정신분석학적 관점이다. 대상관계이론은 유아나 아동이 리비도 추동을 통제하기 위해 노력하는 것보다는 오히려 어머니와의 대인관계를 구축하기 위해 더 많은 에너지를 투입한다는 점을 강조한다. 유아에게는 난감한 일이 점차 벌어진다. 어머니에게서 떨어져 나와야 한다는 점이다. 어머니로서도 그것은 난감하다. 모태라는 하나의 보호막으로 하나를 이루고 있던 아기를 격리시킨다는 것은 서로에게 독립이 아니기 때문이다. 서로에게 상처이며 별리(別離)일 뿐이다. 그 상처는 인간이 되기 위한 어쩔 수 없는 별리이며 상처이다. 그 상처가 없는 한, 그 별리가 치유되지 않는 한 인간이라는 존재는 불가능할 뿐이라는 것이 신프로이트의 담론이다.

어머니와 아기 간의 별리(別離)와 독립의 아픔을 상징하는 우화들은 많다. 예를 들어, 붓다를 자신의 옆구리를 통해 출산했다는 마야 부인의 이야기도 그중 한 이야기다. 출산에 관한 생물학적 진술이 아니라 신화적인 문학적 진술이다. 미래의 붓다가 될 아기를 낳는 마야 부인의 난산 이야기지만 어머니와 아기 간의 별리와 독립의 상처를 예고한다. 그로부터 탄생되는 위대한 인물됨의 역정을 드러내는 상징성을 이야기하는 것이다. 마야 부인은 난산의 고통으로 자신의 삶을 거둔다. 자식보다 더 소중한 자신의 생과 명을 거둔다. 붓다의 고뇌와 불안은 이미 어머니와의 별리 속에 담긴 것이다.

한 유대인의 남자 아기로 태어나 신의 아들로 성장하는 예수 아기의 성장도 마찬가지의 상징성을 갖고 있다. 어머니 마리아와 쌓여지는 그의 심리적 관계는 붓다와 그의 어머니와 맺고 있는 인간적인 관계처럼 신음스러웠을 것이다. 처녀가 남자와의 성적인 교섭 없이 아기를 갖는다는 것은 현존하는 과학적 상식과 생물학적 지식으로는 용인할 수 없기 때문이다. 예수의 수태고지는 끝내 인간 마리아가 어머니로서 감내해내기 어려운 일을 상징하기에 충분하다. 마리아의 위대함이 드러나는 순간, 순간일 수밖에 없다. 엄마 마리아보다 아기 예수가 겪어 내야 할 인내의 극을 미리 상징적으로 예고한다. 아기 예수를 낳은 후 그녀의 가족이 당시 유대 관습에 의해 겪어야 할 인간적인 수모는 말로 형언할 수 없었을 것이다. 그것을 감내하려면 아기 예수에 대해 일반인으로서는 범접하기 어려운 신화적 상징성이 가미될 수밖에는 없다. 상징성은 현실적으로 징표들을 들어내야 의미가 만들어진다. 예수가 인간으로서 유대사회에서 인내해야 할 인간적인 고통들이 상징적으로 예시되어야 한다. 상징은 상징일 뿐이다. 그 상징이 예수가 청년으로 자라면서 몸으로 체험했어야 할 고통까지 감소시키지는 못한다. 저들과 각각의 어머니에 대한 나름대로의 인간적 고통은 태초의 어머니와 자식 간의 불안 그 자체다. 태초의 불안이란 바로 그런 상징성을 담는다.

인간 붓다, 인간 예수의 일상적인 삶은, 줄리아 크리스테바(Julia Kristeva)가 이해하고 있는 것처럼, 환상의 삶이어야 한다. 환상의 삶이란 말은 환상적인 삶과 같은 맥락의 말이 아니다. 환상의 삶은 그 어딘가로 탈출해야 하는 욕망을 말하는 삶이다. 그 욕망은 결코 현실로 드러나지 않는 그런 삶이다. 설명되지 않는 어떤 삶의 에너지로 가득 찬 삶이 환상의 삶이다. 저들이 갖고 있던 환상의 삶은 즐길 수 있는 삶이 아니다. 극복되어야 하는 삶이었다. 그들의 환상은 저들의 동작을 달리하게 만들어 준다. 저들의 목소리, 노래, 말, 동작, 지적 행위, 심리 등 모든 것에 환상이 채워져 있게 된다. 환상들이 존중되지 못할 때 그들의 삶은 태초적인 불안을 반복적으로 확인하게 된다. 어머니와 아기 간의 원초적 상처를 어떤 식으로든 보상하게 만들어 놓는 장치가 필요하다. 그런 보상 장치가 절대적으로 요구되었을 것이 크리스테바의 예수나 붓다의 삶에 대한 환상적 진단이었다. 보상 장치란 자기 치유를 위한 것이었을 것이다.

아기가 어머니로부터 분리될 때 경험되는 불안을 극복하기 위해 원초적인 치유가 필요하다. 태어날 때 받았던 상처, 즉 독립과 별리의 상처를 극복하고 성숙해지기 위해서다. 어머니와 아기가 인간으로서의 정상적인 관계를 갖기 위한 치유다. 유아는 성인과는 달리 성적 리비도에 대한 응용을 할 수 없다. 아이와 엄마 간의 관계는 에로스적인 관계가 아니기 때문이다. 아이들은 성인에게 요구되는 성적 리비도의 대안으로서 놀이를 받아 들인다. 태초의 불안, 어머니와 아이 간의 환상적 상처를 보상해 주는 방법이 바로 '놀이'다. 놀이치료가 아이와 어머니 간의 원초적 상처를 치유하기 위한 도구다. 놀이는 아이에게 담긴 무의식의 상처를 겉으로 드러낸다. 놀이는 단순한 재미가 아니라 유아의 삶이며, 삶의 작업이다. 불안과 환상을 탐험하고, 그것을 극복하고 그것으로부터 즐거움과 기쁨을 이끌어 내는 삶의 작업이 놀이다.

놀이는 성인에게도 중요하다. 놀이는 치유이며, 다스리기 때문이다. 성인에게 부부의 에로스적인 사랑 역시 정신치료를 위한 놀이의 하나다. 생활선(禪)이기도 하다. 서로에게 필요한 대상관계를 회복하기 위한 치유놀이의 한 유형이 에로스의 놀이다. 인간은 놀이를 통해서 태초의 불안을 감내한다. 놀이로서 자기와 타인의 관계를 익힌다.

놀이는 인간의 원초적 불안을 치료해내는 배움의 도구다. 놀이를 통해 배움을 깨친다. 놀이를 통해 자기가 자신이 누구인지를 익힌다. 놀이에 대한 학습과 습작은 궁극적으로 자기 치유를 위한 배움이다. 놀이들은 유아에게는 선(禪)이며 명상과 같다. 놀이는 저들에게 명상이며 요가이며, 삶에 대한 깨달음을 저장하는 일이다. 놀이는 태초에 겪는 불안을 극복해 주는 방편이다. 자궁에서 떨어져 나오는 데 대한 불안으로 야기되는 모친 살해의 환상과 동기를 치유해 주는 것이 놀이다[참고: 줄리아 크리스테바(2006). **멜라니 클라인 정신병 모친살해 그리고 창조성**(역). 서울: 아난케]. 인상적, 표현적, 그리고 관섭적 방편이 하나로 녹아 있는 것이 바로 유아의 활동에서 드러나는 배움의 놀이다. 성인에게 요구되는 여러 가지 유형의 놀이도 배움을 위한 수단들이다.

어머니에 대한 모친 살해의 환상은 인간이 태어날 때부터 갖는 원초적 불안 때문에 생긴 것이다. 인간의 원초적 불안은 두 자리 이론인 편집-분열 자리와 우울 자리 이론으로 설명할 수 있다. 인간의 불안을 만들어 내는 첫째 자리는 편집(偏執)-분열 자리(paranoid-schizoid position)이고, 둘째 자리는 우울 자리(depressive position)다. 사람은 태어나서 살아가는 동안 편집 자리를 벗어나서 우울 자리로 진입한다. 완벽하게 진입하지 못한 채 번번이 실패하지만 그런 노력은 이어진다. 편집 자리와 우울 자리는 인간에게 불안을 만들어 내는 영원한 원천이다. 사는 동안 제거되는 그런 자리가 아니다. 두 자리들은 인간의 생애 전반에 지속적으로 관여한다. 그 자리의 변화에 따라 인간의 성격이 만들어진다. 성인이 되어도 편집-분열 자리와 우울 자리는 교호한다[참고: 한나 시걸(1999). **멜라니 클라인의 정신분석학**(역). 서울: 한국심리치료연구소; 줄리아 시걸(2009). **멜라니 클라인: 정신분석의 거장**(역). 서울: 학지사].

유아에게 있어서 편집-분열 자리는 태어날 때부터 찾아온다. 인지능력이 미성숙한 만 3~4개월부터 아이들에게 자리 잡는다. 초자아와 죽음의 충동이 편집 자리에서 생긴다. 그로부터 그들 안에 불안감이 배태한다. 아이들의 불안감은 어머니라는 대상으로부터 침해받을 것이라는 환상으로 나타난다.

아이에게 엄마는 생후 서너 달 동안에는 부분 대상으로만 보인다. 엄마를 전체 대상으로 볼 수 있는 능력이 아직은 없기 때문이다. 영아에게 엄마는 그저 단순하게 좋은 사람 혹은 나쁜 사람으로만 보인다. 좋은 엄마와 나쁜 엄마라는 분열이 일어나면서 아이는 나쁜 엄마에게 공격성을 투사한다. 나쁜 엄마는 영아에게 그저 무시무시한 대상이다. 영아는 그런 엄마에게 상처받을 것을 두려워한다. 그 두려움은 의심으로 발전된다. 의심은 편집증으로 이어진다. 불안해지기 시작한 영아는 불안에서 벗어나려고 한다. 방어기제를 활용한다. 어머니에 대한 시기심과 같은 것들이 생긴다. 그런 시기심은 영아가 성장하더라도 평생 지속된다. 영아가 성장하면서 부분적인 수정이 생기기도 한다. 그래도 영향력은 평생 이어진다.

우울 자리는 인지능력이 발달되기 시작하는 만 5~6개월 사이에 형성되는 자리다. 우울 자리가 생긴다는 것은 영아에게 통합능력이 생긴다는 뜻이다. 엄마가 이제 하나라는 것을 알아차린다. 엄마에 대한 현실 감각이 생긴다. 분리되었던 좋은 엄마와 나쁜 엄마가 이제는 하나의 엄마로 통일된다. 현실과 환상이 하나가 되는 시기다. 현실과 환상은 서로 다르다는 것도 알게 된다. 어머니는 자기에게 좋은 대상이기도 하지만 동시에 증오의 대상이라는 것도 알게 되면서 영아는 한 가지 불안을 벗어나지 못한다. 공격적 충동이 좋은 엄마를 공격함으로써 좋은 엄마를 자기에게서 제거한다는 두려움을 갖게 된다. 이 두려움이 오래 간다. 영아는 늘 우울하게 된다. 좋은 엄마를 잃게 되면, 그것은 자기의 공격성 때문에 생긴 것이다. 일종의 죄책감이 생긴다. 죄책감 때문에 영아는 우울해진다. 영아들은 엄마에 대한 걱정 때문에 더 우울해진다.

유아에게 자아 기능과 무의식적인 환상이 태어날 때부터 생긴다. 태어날 때부터 유아는 대상 관계를 형성한다. 그 대상이 엄마다. 엄마로부터 유아는 불안을 경험한다. 발달이 순조롭다면 유아는 어머니의 가슴에서 이상적인 분위기를 경험한다. 그로부터 유아는 죽음으로의 충동을 견디어 낸다. 유아에게 피해 의식도 감소된다. 자아 통합이 빨라진다. 유아는 엄마가 좋은 감정과 나쁜 감정이라는 두 가지 감정 모두 줄 수 있는 사람임을 알게 된다. 이 상태를 인지하면 유아는 편집 분열증적인 자리에서 벗어나 우울 자리(depressive position)로 옮긴다. 우울 자리는 유아 스스로 엄마가 자기에게 좋은 대상인데도 그런 좋은 대상을 해칠지도 모른다는 불안을 만든다. 편집 분열적 불안은 자기 파괴에 대한 불안과 공포다. 반면 우울 자리적 불안은 외부 파괴에 대한 불안과 공포다. 자신의 공격성 때문에 자기를 보호하고 있는 현실이 파괴될 것에 대한 불안과 공포다. 이런 불안으로 인해 유아는 내적인 세계와 현실 세계를 회복하려는 환상과 행동을 시도한다. 유아 자신이 사랑하는 대상인 엄마를 구출하고 제대로 '복구(reparation)'하려는 시도로 나타난다. 이런 복구의 시도를 거치면서 유아들은 우울적인 불안과 죄책감에서 벗어난다[참고: Klein, M. & Riviere, R. (1964). Love, hate and reparation. NY: The Free Press; Klein, M. (1957). *Envy and gratitude and other works: 1946-1963*. New York: The Free Press].

사람이란 정신분석학적으로는 해석하면 그렇게 물리적으로 중력에, 심리적으로는 압력에 적응하며 죽어가야 하는 존재다. 어떤 사람들이든 커 나가기 위해서는 어머니와의 관계에서 끝내 별리해야 한다. 별리의 아픔에서 생기는 상처들은 아문다. 마침내 상처가 굳어진 딱지들, 그 생의 가(痂)들은 언젠가는 내 몸에서 떨어져 나간다. 그러고는 이내 삶의 여정에서 또 다른 상처들을 만들어 내기 마련이다. 그 상처를 그때부터는 자기 자신이 어루만지며, 자기를 달래야 한다. 배움은 바로 사람이 되어가기 위해 생기는 상처들을 달래며 치유하는 인생 놀이의 상징이다.

25) 참고: 윌리엄 B. 어빈(2008). 욕망의 발견(역). 서울: 까치.

26) 사촌이 땅을 사면 배가 아파하는 것이 인간이다. 이유는 간단한다. 시기심 때문이다. 남의 불행을 고소하게 생각하는 마음에서 나온 심보다. 시기심은 인간적인 감정이기에 어쩔 수 없다. 사람을 행복 혹은 불행하게 만드는 것은 결과가 아니다. 자기에 대한 상대적인 평가와 여백의 폭이 그것을 만든다. 자신의 비교 대상이 누구이냐에 따라 행 · 불행이 달라진다. 운동 경기의 시상 순간이 그것을 보여 준다. 금메달 리스트, 은메달 리스트, 동메달 리스트 모두가 우수한 사람들이다. 그들 중에서도 가장 행복에 겨운 사람은 동메달 리스트다. 은메달 리스트는 금메달 리스트를 쳐다보며 마음이 상한다. 일등을 못한 아쉬움 때문이다. 동메달 리스트는 다르다. 그는 은메달 리트스와 자신을 비교하지 않는다. 그는 단상에 오르지 못한 4위와 비교한다. 아래와 비교할 줄 아는 여유와 여백이 그를 행복하게 만든다. 그는 단상에 설 수 있는 마지막 행복감 때문에 어찌 할 바를 모를 뿐이다. 행복은 한 곳에 머물지 않는다. 그렇게 지나갈 뿐이다[참고: 에카르트 폰 히르슈하우젠(2010). **행복은 혼자 오지 않는다**(역). 서울: 은행나무]. "서로 마주 보며 손을 흔드는 친구, 미소 짓는 미지의 여인, 언젠가 공유했던 친밀감을 전해 주는 기억, 음악, 유머, 그런 것들을 바라보고 생각할 수 있다. 그렇게 해서 우리는 우리의 삶과 타인의 삶에 대한 시각을 얻는다. 그런 시각을 통해 열망이 피어나고 영감을 얻을 수 있다. 물론 절망적이고 우울한 시각이 될 수도 있다. 진지한 시각일 수도 있지만 변덕스러운 시각이 될 수도 있다. 합리적일 수도 있지만, 감각적일 수도 있다. 안정적일 수도 있지만 불안정할 수도 있다. 천국을 그려 낼 수도 있지만 한계와 불가피한 죽음에 대해 알면서 우리가 사는 속세를 곱씹어볼 수도 있다. 그러나 어떤 시각이 어떻게 섞이든 그것은 우리 자신의 시각이다. 인생을 바라보는 진짜 우리 자신의 시각인 것이다."[참고: 피터 케이브(2011). **사촌이 땅을 사면 배가 아픈 철학적 이유**(역). 서울: 어크로스.]

27) "나는 산 사람보다 죽은 사람과 정신적 교제를 했으며 현재 생존하는 사람보다도 수백 년 전에 살았던 인물들을 더 깊이 이해했다. 내가 가장 깊이 이해한 사람들은 그리스도, 요한, 단테, 토마스 아 켐피스, 타울러, 크롬웰, 칼라일, 블룸하르트, 톨스토이다."라며 지성의 에센스로 현대인에게 세상을 행복하게 살아가는 지혜를 설파하는 칼 힐티(Carl Hilty)는 스위스의 장크트갈렌 주의 작은 도시 베르덴베르크에서 출생했다[참고: 카를힐티(2007). **잠 못 이루는 밤을 위하여/행복론**(역). 서울: 동서문화동판주식회사]. 독일 괴팅겐 대학 · 하이델베르크 대학에서 법률학을 공부하고 런던, 파리 등에서 유학하였다. 1855년 고향에서 변호사로 개업하고 18년간 이 일에 종사했다. 1874년 베른 대학의 헌법과 국제법 교수를 거쳐 총장을 지냈고, 1890년 국회의원이 되어 여성 참정권 운동을 전개, 1909년 헤이그 국제중재재판소 위원을 지냈다. 힐티는 마지막까지 말과 행동이 일치한 것으로 유명하다. 대학 강의도 아침 시간을 택해 겨울에는 아침 8시, 여름에는 7시에 시작했다. 대학에서 그의 75세 생일을 축하해 주기 위해 좋은 시간을 묻자 "아침 7시가 가장 좋다."고 대답한 일화도 있다. 힐티는 나이가 늘어가자 만년에는 딸들과 제네바 호수 별장에서 지냈다. 어느 날 아침, 산책에서 돌아온 힐티는 딸에게 "조금 피곤하니 따뜻한 우유를 가져다 주렴." 하고 말했다. 딸이 우유를 가지고 돌아와 보니 힐티는 잠든 듯 죽어 있었다. 책상 위에는 그날 아침에 작성한 『평화론』이라는 원고가 남겨져 있었다. 이 날이 1909년 10월 12일로 힐티는 향년 77세다. 힐티의 이름이 세계적으로 알려진 것은 종교적 · 윤리적 저작에 의해서였는데,

그 가운데 잘 알려진 것이 이 책에 실린 『잠 못 이루는 밤을 위하여』와 『행복론』이다.

28) 범죄하는 자나 범죄치 말게 하는 자나 관계없이 그들 모두는 삶에 대한 긴장감을 갖는다. 긴장감의 결과들은 사람마다 다르게 나타난다. 긴박감과 현실감이 일상적인 삶에서는 어떻게 나타나는지를 극명하게 보여 주는 영화 중의 하나가 바로 〈쇼생크 탈출〉이다. 이 영화는 촉망받고 있었던 은행 간부 앤디 듀프레인이 아내와 그녀의 정부를 살해했다는 누명을 쓰고 감옥에 갇히는 것으로 시작한다. 주변의 증언과 살해 현장의 그럴듯한 증거들로 그는 종신형을 선고받는다. 악질범들만 수용한다는 지옥 같은 교도소 쇼생크에 갇힌 채 교도소 생활에 길들여져 간다. 교도소의 책임자인 소장은 죄수들에게 언제나 두 가지 점을 강조한다. 성경에 따라 살기와 그에 따른 정신 교정이 그것이다. 소장이 인용하기를 즐기는 성경의 구절은 마가복음 13장 33절부터 37절까지다. "근면하며 근면하여 하느님의 부름에 따르도록 깨어있으라."는 구절이다.

근면의 중요성을 강조하고는 있지만, 사실 그는 교도소에서 죄수들의 노동력을 착취하고 그것을 돈세탁하기 위한 인용구다. 소장은 성경 구절을 악용하며 치부하는 위선자인 기독교 신자일 뿐이다. 그는 기회가 있을 때마다 마가복음이 가르치는 대로, "가령, 사람이 집을 떠나 타국으로 갈 때에 그 종들에게 권한을 주어 각각 사무를 맡기며 문지기에게 깨어 있으라 명함과 같으니, 그러므로 깨어 있으라. 집 주인이 언제 올는지 혹 저물 때엘는지 밤 중엘는지 닭 울땔른지 새벽엘는지 너희가 알지 못함이라. 그가 홀연히 와서 너희의 자는 것을 보지 않도록 하라. 깨어 있으라. 내가 너희에게 하는 이 말이 모든 사람에게 하는 말이니라 하시니라."라고 말한다. 죄수 앤디는 소장의 그 말을 탈옥을 위해 최대한 활용한다. 그는 소장에게 복종하며 순종하는 자세로 소장의 돈세탁을 도와준다. 그는 탈옥 계획을 용의주도하게 만들어 간다. 마침내 비 오는 어느 날, 죄수는 성경 구절대로 깨어 있어야 한다는 것이 무엇인지를 보여 준다. 소장에게는 깨어 있지 못해 일어나는 몰락이 무엇인지를 보여 주면서 죄수는 교도소 탈출에 성공한다.

29) 미국 매사추세츠 월트햄에 있는 브랜다이스 대학에서 35년 동안 사회학 교수로 재직했었던 모리 슈워츠(Morris Schwartz) 교수는 77세 나이에 루게릭병에 걸려 1995년 11월 4일 세상을 떠났다. 모리 교수는 자기 존격을 세우는 일이 그리 어려운 것이 아님을 보여 준다. 그저 마음을 열고, 타인을 마주하고, 타인의 마음을 받아들이고, 남을 비난하는 것을 포기하고, 그렇게 저들을 사랑하는 것이야말로 자기 존격으로 나아가는 길이라고 알려 준다. 자기 존격은 더 나은 삶으로 나아가는 길이며, 죽음을 자연스럽게 받아들이는 여백을 만들어 가는 지름길이라고 말한다. 모리 교수가 말하는 마음 열기는 인간의 의존적 존재성을 확인하는 길이다. 인간은 다른 인간이 있어야 한다. 의존적 존재로서의 인간은 죽는 순간까지 공동체의 일원으로서 삶을 살게 된다. 인간의 삶이 각자적이기는 하지만 각자성은 고립을 의미하지 않는다. 각자성이 보장되기 위해서는 더욱더 상호의존적으로 살아가야 한다. 살아가는 것은 서로에게 서로의 어깨를 빌려 줄 수 있는 친구가 된다는 뜻이기도 하다[참고: 모리 슈워츠(2009). **모리의 마지막 수업**(역). 서울: 일리].

30) 사람들의 삶이 구성적임을 보여 주는 실험이 네이버 등 인터넷 포털을 운영하는 연구포럼인 '팔란티리

2020'의 사회 실험이다. 팔란티리는 판타지 소설인『반지의 제왕』에 등장하는 주제어다. 팔란티리는 미래를 보여 주는 신비한 돌을 지칭하는데, 그런 신비한 돌처럼 미래를 예측하기 위한 연구자들은 예측 가능한 유토피아(eutopias), 말하자면 실현 가능한 미래 사회를 조망하고 있다. 그것 중의 하나가 바로 웹 비즈니스의 세계다[참고: 팔란티리 2020(2008). **우리는 마이크로 소사이어티로 간다: 세상의 변화를 읽는 디테일 코드**(역). 서울: 웅진윙스]. 일반적으로 백화점과 같은 오프라인 매장들은 잘 팔리는 제품 20%만 진열해 놓는다. 공간의 협소함 때문에 나머지 80%는 창고에 쌓아 놓는다. 그러면, 20%의 제품만 더 잘 팔리고 나머지는 소비자로부터 더욱 외면을 받는다. 작은 머리(20%)가 긴 꼬리(80%) 보다 매출을 좌지우지하는 전통적인 파레토 법칙이 적용되는 상거래인 셈이다. 온라인 시장은 사정이 전혀 다르다. 모든 제품의 '진열'이 가능하기 때문이다. 재고로 여겨지던 나머지 80%의 물건도 정보의 진열에 따라 얼마든지 팔릴 수 있기 때문이다. 부가 창출되는 방식이 달라지기 시작한 것이다. 이것이 바로 '롱 테일(Long Tail) 경제학'으로서 정보통신(IT) 기술이 안겨 준 새로운 시장의 법칙이다.

이 연구에서는 연구진들은 구성적 삶을 미디어 환경이 급변함에 따라 같이 변할 수 있는 인간의 삶으로 정의했다. 팔란티리 2020 실험팀은 IT 네트워크 중심의 작은 미세 사회가 구성적 삶을 가장 안정되게 실현할 수 있는 조건이라고 설정했다. '마이크로 소사이어티(micro society)'일수록 구성적 삶의 실현이 높다고 보았다. 작고 사소한 힘이 큰 변화를 이끌어 내는 사회는 누구든, 언제, 어디서나, 무엇이든 해낼 수 있는 가능성이 큰 사회인데, 거대 담론의 사회에서는 그런 자잘한 일상들은 사람을 귀찮게 방해 요소들로 간주된다. 그에 비해 마이크로 사회에서는 자질구레한 사람들의 일상적 삶들과 이야기들이야말로 구성원들의 삶에 혁명적인 변화를 이끌어 내는 효율적인 도구로 간주된다.

이 실험에 참여한 구성원들, 말하자면 마이크로 소사이어티의 구성원들은 매크로 사회에서 하는 것과는 달리, 여러 개의 아이디와 닉네임으로 살아간다. 그들은 일상적으로 여러 개의 아이디와 신분으로 분신한다. 그들은 마음껏 자기들을 재구성할 수 있는 디지털 세상의 열린 놀이터를 활용한다. 트위터나 페이스북에서 보는 것처럼 사람들은 신분을 여러 개로 나누어 갖고 다른 이들과 교호한다. 그런 관계들은 여러 이해 관계 속에서 일촌 관계로 분화한다. 관계가 친밀해질 수록 자기의 사생활을 자유롭게 열어가며 교환한다. 이런 마이크로 사회는 마치 감기약의 한 종류인 '콘택 600'과 같은 캡슐사회처럼 작동한다. 콘택 600은 과립 형태로 만들어진 감기약이다. 약의 성분은 여러 종류의 이질적인 알갱이들로 서로 시너지 효과를 내게 되어 있다. 아무리 각자 다양한 성분이 드러나 보인다고 해도 외부적으로 드러나는 모습은 언제나 감기약이다. 콘택 600은 감기약 그 이상을 뛰어넘거나 그 경계를 허물지는 않는다. 콘택 600이 다른 감기약과 양태가 다르다고 해서 감기약의 범주를 벗어날 수는 없다. 그것은 감기약의 구조를 갖추고 있을 뿐이다. 다시 말해서 저들이 마이크로 사회의 구성원들이라고 해서 외계인으로 행동하거나, 한 사회의 규범 밖으로 일탈할 수 있는 것은 아니라는 뜻이다.

31) 참고: 어빙 고프만(1992). **자아표현과 인상관리**(역). 서울: 경문사.

32) 프랑스 국립과학연구센터(CNRS) 리서치 디렉터이며 지난 30여 년간 커뮤니케이션을 연구한 프랑스 최고 석학 중 한 사람인 도미니크 볼통(Dominique Wolton) 교수는 소통 속의 불통이 사람들로 하여

금 구성적인 삶을 방해한다고 지적한다. 그는 인터넷 등으로 사람들 간에 소통이 쉬워진 것 같지만, 실제로 저들 간의 소통은 더욱더 피상적으로 변해가고 있다고 비판한다. 정보는 메시지이지만, 소통은 관계이기 때문에 정보와 소통 간에 지체 현상이 생긴다는 것이다. 소통을 이야기하는 사람들은 메시지와 기술의 발전을 들고 있지만 실제로는 그렇지 않다는 것이다. 기술과 메시지는 단순한 것인데 반해, 사람들과 사회와의 관계는 늘 복잡하기 때문에 시술과 소통 간에는 피할 수 없는 지체 현상이 생긴다는 것이다. 소통은 정보의 양이나 정보전달의 빈도와는 무관하다. 정보를 대량으로 주고 받았기에, 정보를 신속하게 전달했기에 소통이 최적화되었다고 볼 수는 없기 때문이다[참고: 도미니크 불통(2011). **불통의 시대 소통을 읽다**(역). 서울: 살림].

33) 임상심리학자인 헤케 박사는 사람들이란 자기 스스로 '무엇을 모르는지도 모르는 존재'라고 잘라 말한다[참고: 매들린 L. 반 헤케(2007). **블라인드 스팟**(역). 서울: 다산초당]. 그것이 인간의 맹점, 블라인드 스팟(blind spot)이라는 것이다. 맹점은 보이지 않는 사각지대를 말한다. 예를 들어, 내가 몰고 가는 자동차의 사이드 미러에 가깝게 다가선 다른 이의 차는, 내가 여간 노력하지 않으면 나의 시각에 제대로 잡히지 않는다. 사고의 가능성이 구조적으로 상존한다는 뜻이다. 자동차의 사이드 미러가 갖고 있는 구조적 문제처럼 사람의 삶에도 블라인드 스팟이 있다. 사물이나 세계를 인식하는 과정에서 그것을 구조적으로 방해하는 수많은 블라인드 스팟이 있기 마련이다. 그 맹점을 인정하고 극복한 사람들일수록 일어날 수 있는 가능한 '사고'를 미연에 방지할 수도 있다.

맹점은 인간의 가치관이나 믿음의 체계에 오류를 안겨 준다. 사람들의 주관이 그 맹점을 키운다. 헤케 박사는 대학원생들에게 실험 과제를 주었다. 기독교 신자에게는 신흥 종교인 사이언톨로지를 연구, 보고하게 했다. 낙태에 찬성하는 여성에게는 낙태의 윤리적 문제점을 조사하게 했다. 대학원생들에게 각각 '양극단의 관점'에 서 있는 연구를 하게 했다. 일부러 그렇게 만든 것이었다. 이 과정에서 한 가지 재미있는 일이 일어났다. 자신의 일상적인 관점과 판이한 사례를 조사해야 할 학생들이 반발했다. 그들은 자기의 주관에 어긋나는 그 과제를 심리적으로 수용할 수가 없었다. 최선의 방편은 실험 참여에의 거부였다.

맹점은 국가에게도 예외가 아니다. 예를 들어, 미국은 9·11의 비극을 경험한 후 그것을 테러에 의한 불상사라고 규정했다. 그 후 미국은 이라크를 침공했다. 이라크에 민주화를 부활시킨다는 명분으로 미국은 이락의 후세인 정부를 전복했다. 사람들은 9·11 사태나 이라크 침공을 서로 다르게 '테러'라고 규정했다. 각각의 정치적 입장이 다른 사람들은 각각의 사태를 각자가 이뤄낸 '전쟁의 승리'라고 불렀다. 서로가 오로지 자신이 속한 집단의 정체성에 따라 사고하고 행동하기 때문에 가능했던 일이다. 상대에 대한 잔혹한 행동이 자신의 맹점에 의해 미화된 것이다. 국가 차원의 맹점은 모두가 다 그런 종류의 것들로 역사를 장식하곤 했다. 국가 간에 일어난 수많은 종교 전쟁이나 종족 분쟁들이 그들의 집단적 맹점과 무관하지 않다. 9·11 테러를 경험하고도 부시 행정부는 자신의 오만보다는 빈 라덴(Bin Laden)의 테러에 광분했다. 미국의 이라크 침공으로 처형시킨 후세인 역시 이라크 국민들에 대한 자기의 과오에는 인색했었다. 그 대가는 사형이었다. 9·11의 참사를 일으킨 빈 라덴 역시 피의 대가를 치뤘다. 그는 미국의 특공대에 의해 사살되었다. 그의 몸은 미국 해군에 의해 이름 모를 바다 한복판에 수장되었다. 미 해군의 손에 의해 그렇게 수장되었다. 그렇다고 그의 영혼마저 함께 수장된 것은 아니었다. 그의 영혼은 수많은 무슬림들에게 촛불로 번지고 있다. 미군의 흔적은 중동의 역사에 깊은 상처로 남게 되었다. 편견과 맹점들의 긴장이 인류 문명에서 영원한 싸움으로 번지고, 또 번져 나갈 것이기 때문이다.

34) 참고: 윤석철(2005). **경영, 경제 인생강좌 45편**. 서울: 위즈덤 하우스.

35) 기자들은 내공깨나 있다는 이들이 말하는 깨달음에 대해 르포 기사로 전한다. "서울 조계사 앞에도 깨달았다는 중들이 많아. 그래서 바로 깨달았는지 잘못 깨달았는지 점검을 받아야 한다. 절에 가면 조실(祖室, 큰 어른)이 있어 그걸 맡지. 선문답이 거기서 나오고 이심전심으로 알게 돼. 애들을 키워 보면 아이가 진실을 말하는지 거짓을 말하는지 부모는 알잖아. 어미가 부엌에 있어도, 제 자식이 오줌을 싸서 우는지 배가 고파 우는지 똥칠을 해 놓고 우는지, 우는 소리만 들어도 다 안다." (질문) 깨닫고 보면 삶은 의미가 없게 됩니까? (답) "삶의 무상(無常)이라는 것은 무의미와 달라. 세상의 모든 것이 머물지 않고 변한다는 뜻이다. 그런데 나는 불교를 몰라. 처음 절에 오니 밥도 먹을 수 있었고, 또 중질이 돈벌이인 줄 알고 열심히 살았지. 불전함(函)을 두면 신도들이 시주를 바치잖아. 돈벌이를 위해 열심히 염불도 했지. 장례식에서 염불하면 돈 벌잖아. 그래서 밤새도록 할 때도 있었고. 그런데 나중에 지나고 나니, 중이 돈벌이 하는 게 아니라는 걸 알았어. 그러니 할 일이 없어졌어. 그래서 술 마시지. 세상을 살다 보면 돈 버는 일이 제일 재미있거든." (질문) 사는 재미가 있으려면 내 것을 꼭 해야 할 것 같군요. (답) "그런데 그게 문제인 거야. 내 것이라고 자꾸 그래도, 내 것은 사실 하나도 없는 거야. 한 번은 검사가 백담사에 들러 당시 뇌물을 먹고 수감된 K씨를 나쁜 놈이라고 욕해. 내가 '봐라, 니도 먹었잖아.'라고 하니, 펄쩍 뛰어. 그래서 '니도 많이 먹었다.'는 것을 설명해 줬어. K씨가 그 돈을 땅에 묻어 놓았겠나. 은행에 맡겼으면 은행 직원들이 먹고 살았을 것이고, 그중에서 100만 원을 빼내 신라호텔에서 식사를 했다면 호텔 직원들을 먹여 살렸고, 호텔 음식 재료를 공급하는 농사꾼들도 같이 먹은 것이 되고, 이를 싣고 올라온 운전사도 먹었고……, 천지만물이 한몸이라 그렇게 다 연결되어 있는 거다. 본체로 보면 내 것 네 것이 없어. 산은 산이고 물은 물이라는데, 실제 산 속에 들어가면 산은 없어. 나무와 계곡들이 있지. 다만 있는 대로 보면 '산은 산이고 물은 물'인 것이지."[참고: 최보식(2007). 내 것 내 것 그래봤자 세상에 내 것은 없는 거야. **조선일보**. 2007년 6월 16일자.

36) 인류가 농업을 할 줄 몰랐다면 생물들은 지구상에서 멸종했을 것이다. 그것에 대비해서 인간들은 가축동물들은 길렀고, 그것을 식용해 왔다. 그런 권리는 인간의 생존을 위해 인간에게 천부적인 것이어서 어느 누구도 부인하지 않았다. 농업의 기술이 있다고 해서 인간들의 아사 기회가 줄어드는 것은 아니다. 인간들이 식용을 위해 동물을 가축으로 키우는 기술을 개발했다고 해도 그것에는 한계가 있게 마련이다.

성직자였으며 소설가였던 조나단 스위프트(Jonathan Swift)는 사람들에게 코앞에 닥친 아사를 피할 수 있는 원천적인 방법을 강구하라고 조언한다. 그는 인류의 아사를 대비하기 위해 아기와 어린이를 식용으로 권유한다. 더 나아가 아사를 벗어나기 위한 가장 설득력 있는 방편으로 아기들을 사육하자고 제안한다. 물론 인간 사육과 인간 식용이 윤리적으로 말도 되지 않는 소리다. 그것을 역설적으로 강조하고 강조하기 위해 떠본 말이었다. 그가 이렇게 인간을 조롱하는 것은, 인간이 대를 이어가면 또 다른 개인을 창생해 놓을 수 있는 천부적인 권한이 있다고 해도 그런 조건이 다른 생명에 대한 파괴를 정당화하는 것이 아니라는 뜻이다. 인간은 다른 생명체의 생과 명을 파괴할 수 있는 천부적인 권리를 갖고 있는 것이 아니라는 것이 스위프트가 하고 싶은 말이었다.

인류의 기근과 아사에 대비하기 위해 인간을 사육하자는 조나단 스위프트의 주장이 단죄받아야 하는 이유를 알기 위해 굳이 철학자들의 생각들을 동원할 이유는 없다. 우리 모두가 이미 철학자이기 때문이다. 문자를 읽을 수 있고, 다른 사람과 이야기를 나눌 수 있는 대화능력을 갖고 있는 그 자체가 이미 철학적 사고의 재료를 소유한 것이기 때문이다. 영국의 케이브(Cave) 교수는 철학을 하기 위해 수학적 능력이 뛰어나야 하거나, 박식한 역사적 지식을 갖고 있어야 하거나, 과학적 연구능력을 갖고 있어야 할 필요가 없다고 주장한다[참고: 피터 케이브(2009). **사람을 먹으면 왜 안되는가?**(역). 서울: 마젤란].

삶이 바로 철학적 소재이고 철학의 원리다. 사람들은 단지 일상적 경험만을 갖고 그 경험들을 나름대로 조직해 놓는 것으로도 철학하고 있는 것이다. 자신을 다른 사람들의 경험, 그리고 자연의 품 안에 열어놓기만 하면 철학이 열리기 때문이다. 일상적인 삶에서 누군가를 칭찬하거나 사랑에 빠지거나 혹은 어떤 선택이 합리적인지를 생각하기만 하면 이미 철학이 시작된 된 것이다. 그런 선택 속에는 이미 인간의 자유의지, 욕망, 선택, 합리성에 대한 철학적 관점이 개입되어 있기 때문이다[참고: 커트 보네거트(2005). **제5도살장**(역). 서울: 아이필드].

37) 췌장암 환자로서 사망하기 전, 일선에서 물러선 애플사의 스티브 잡스(Steve Jobs)가 2005년 6월 12일 미국 스탠포드 대학교 졸업식에서 내빈 자격으로 연설한 내용 가운데 마지막 부문의 일부다. 이 연설로 인해 명연설가로서의 명성도 확보한다. 그는 사회로 나아가는 졸업생들에게 희망을 갖고 새로운 일을 개척하라고 말한다. 그럴려면, '배고파 하라, 듬직해지라(Stay hungry, stay foolish).'라고 강조했었다. 젊은이들이야말로 더 파고들고, 더 열정을 갖고 일하되, 듬직하게 하나의 우물을 꾸준히 파고 들라고 일러 준 그의 자전적인 충고였다. 그 격려는 졸업생들에게 영원한 신화의 소리로 남아 있게 되었다.

38) 스베덴보리(Swedenborg)는 천당과 지옥을 극적으로 대비시킨다. 죽어 본 적이 없는 사람들에게 들어보라는 듯이 묘사한다. 천당이야 말로 일의 천국이라고 증거한다. 스베덴보리는 스웨덴의 수도 스톡홀름에서 출생, 웁살라 대학에서 언어학 · 수학 · 광물학 · 천문학 · 생리학 · 신학을 수학했다. 자연과학을 연구하여 광산학자로서의 권위를 인정받고 아이작 뉴턴과 같은 최고 과학자 반열에 올랐으나, 57세에 심령적 체험을 겪은 후 하늘의 소명을 받고 시령자(視靈者) · 신비적 신학자로 전향했다[참고: 스베덴보리(2009). **위대한 선물-천재 과학자의 감동적인 천국 체험기**(역). 서울: 다산초당].

이후 그는 27년간 영계를 자유자재로 오가며 지옥과 천국을 체험했고, 천국에서 경험했던 모든 것을 낱낱이 기록으로 남겼다. 그는 이 일에 대해, "나와 같은 과학자는 얼마든지 또 있을 수 있다. 그런데

영계의 진리를 알고 보니 이는 학문이 아니라 인류의 영원한 생명이 걸린 문제다. 이 특별한 소명은 내가 과학자로 공헌하는 것보다 수천, 수만 배 더 중요하다." 57세 때에 영적 체험을 겪은 후로는 과학자로서의 역할을 마감하고 27년간 영의 세계를 오가는 삶을 살았다. 그는 자신이 체험한 영계(靈界)를 세상에 알려야겠다는 사명감을 느끼고는 자신의 체험을 낱낱이 기록으로 남겼다. 그는 자신의 죽을 날이 1772년 3월 29일임을 미리 알리고는 죽음의 자리에서 마치 이웃 동리에 나들이하듯이 천국으로 옮겨가는 죽음을 맞았다.

그가 죽은 후, 1780년대에 최초로 스베덴보리 학회가 생겼고, 1980년대 말 런던에 다양한 새 예루살렘 교회 조직의 기원이라고 할 수 있는 최초의 독립 회중이 생겼다. 그의 영향은 직계 제자들에게만 한정되지 않았으며, 오노레 드 발자크, 샤를 보들레르, 랠프 왈도 에머슨, 윌리엄 버틀러 예이츠 등 수많은 작가들에게 영감을 제공했다.

그는 놀고먹는 사람들이 있는 곳이 바로 지옥이라고 해설한다. "천계의 영인들에게는 누구에게나 각각 일할 수 있는 직장이 할당되는데, 그것은 생계를 위한 직장이 아니라 보람과 기쁨을 느끼는 봉사이며 '쓰임새'를 위한 일이다. 스베덴보리는 천국에 살고 있는 한 영인에게 물었다. "천국에서는 할 일이 없고 먹고 놀 수 있는 시간이 많아서 좋겠군요?" 천국에서 노닐고 있는 천사의 대답이 너무도 의외였다. 그가 답했다. "먹고 노는 곳이 천국이라면 그게 지옥이지 어찌 천국이 되겠습니까? 천국은 자기가 평생 하고 싶은 일을 하는 곳입니다. 그것을 일의 '쓰임새'라고 합니다. 천국에서는 할 일이 없는 영인은 한 사람도 없습니다. 그들은 모두 쓰임새를 통해 기쁨을 찾고 보람을 찾습니다. 물론 자기 인격 향상과 취미를 위한 시간도 넉넉히 있고요. 가장 중요한 것은 강제성이 없다는 것입니다. 모두 자발적으로 다른 사람을 위해서 봉사하는 데서 큰 기쁨을 얻습니다. 스베덴보리 씨, 천국에는 실직자가 한 사람도 없다면 믿으시겠습니까?"라고 천당의 조건을 마지막으로 이야기하며 끝을 맺는다.

39) 소설가 조르주 올리비에 샤토레노가 쓴 소설인 '꿈의 대학'에서 읽어 낼 수 있는 글이다. 조르주 올리비에 샤토레노(Georges-Olivier Chateaureynaud)는 프랑스 파리에서 태어나 소르본 대학에서 영문학을 전공했지만, 소설가로 등단하기 전까지 은행원, 회계원, 외국어 선생, 트럭 조립공, 벼룩시장의 골동품상 등 다양한 직업들을 전전하며 습작을 해 온 작가다. 1982년, 『꿈의 대학』이라는 소설을 발표함으로써 일약 유명한 소설가도 대접을 받는다. 실험적인 글쓰기에 성공한 그는 2000년에는 프랑스 문인협회 회장을 맡는다. 조르주 올리비에 샤토레노는 그의 소설 『꿈의 대학』에서 현대인의 상징인 것 같은 3명의 청년과 1명의 처녀로 구성되는 4명의 주인공을 등장시킨다. 캉텡, 마누아르, 위고, 그리고 루이즈가 바로 그의 소설에 나오는 주인공들이다.

이들 주인공들은 문명의 급속한 발전으로 인한 가치관의 혼재 속에 중심에 자리잡지 못하고 있는, 그렇지만 자신만의 꿈은 버리지 못하고 있는 몽상가들이다. 네 사람의 인생 역정은 제각각이다. 파리 주변부에서 맴돌며 그늘진 삶을 영위해 나가는 아웃사이더이기에, 이들은 결코 행복한 삶과는 거리가 먼 인물들이다. 권력과 명예, 돈을 쥘 수 있는 그런 사람들이 아니다. 그들은 좌절과 실의에 둘러싸여 희망을 잃고 있는 사람들이기는 하지만, 그래도 꿈들이 있다. 주인공 캉텡은 그럭저럭 고등학교까지 졸업한 후 겨우 타이어 조립 공장의 특수공으로 생계를 꾸려나가는 인물이다. 직장에서는 사고 투성이기에 늘 위태로운 인물로 하루를 살아가면서 편한 대로 일하는 탓에 상사에게 늘 멸시받고 있는 청년이다. 다른 주인공인 마누아루는 짱구라는 별명을 갖고 있는 고위직 관리 출신이지만, 소심하면서도 우직한 성격 탓에 스스로를 괴롭히는 인물이다.

세 번째 주인공인 위고는 도서관 사서이지만 발바리 개 두 마리와 헐릴 집에서 유폐된 삶을 살아가는 허무한 인물이다. 이들 청년들은 이런 저런 이유로 인해 방황한다. 그러던 중 그들은 철거 지역에 있는 헐리기 일보 직전의 주택에서 우연히 조우한다. 세 사람 모두가 삶의 상처를 지니고 있는 길 잃은 자, 낙오자, 상처 입은 자들이지만, 나름대로 있음직한 환상의 미래를 꿈꾸며 음악과 술을 가까이 한다. 언젠가는 그 무엇이 될 수 있다는 환상과 몽상이 있기에 그들은 나름대로 조우한다. 이들에게 새로움의 관계를 이어주는 제4의 인물이 등장한다. 대스타가 될 것이라는 부푼 꿈 속에서 가수 노릇에 혼신을 바치는 루이즈라는 여성이 등장한다. 그녀에게는 오로지 가수가 되겠다는 꿈과 커다란 소망이 있다. 그런 꿈을 간직한 그녀는 세 남자에게 '골고루' 사랑을 나누어 준다. 상처투성이 청년들을 이어주는 다리 역할을 해 주는 루이즈는 신비스럽기만 하다. 선천적 불구자와 같은 이들에게 현실적으로는 제각기 힘과 의지를 결여하고 있지만, 그 같은 결핍을 그 나름대로 오래전부터 간직하고 있는 어떤 비밀들과 연결될 것처럼 여기게 만들어 주는 것이 루이스의 사랑이다.

처녀인 루이스는 그 옛날 청년 예수에게 힘을 준 막달라 마리아처럼 자기를 부셔 버린 이들 청년들 서로에게 균형을 이뤄 내게 하고 있다. 그 균형 상태는 서로의 구부러진 불균형으로만 이루어진 불균형이었지만, 서로를 의지하게 만들어 주기 족한 것이었다. 그들은 그녀 때문에 서로 사이가 좋았다. 그들은 더 이상 발톱도 이빨도 갖고 있지 않았기 때문이다. 그들은 멀거니 자기네 상처를 핥았다. 그들은 서로 다투지 않고 한 마리 암컷을 나눠 가졌다. 그들을 맞아들이는 한 마리 암컷이 있다는 것만으로도 다행한 일이었다. 그런 관계 속에서 그들은 몽상하기 시작했고, 그 몽상들을 엮어 나가면서 각각 지니고 있는 기억의 미세한 부분과 닮아 있는 누군가를 만나는 순간, 관계들을 이어가는 그들은 과거라는 악몽에서 잠시라도 벗어난다. 관계를 이어 주는 관계의 여성이 그들에게는 바로 구원의 빛이었다[참고: 조르주 올리비에 샤토레노(1986). 꿈의 대학(역). 서울: 책세상].

40) 참고: 존 호건(2005). 과학의 종말(역). 서울: 까치.

41) 이기우(2006). 현대 물리학과 신비주의. 동아일보. 2006년 4월 24일자.

42) 이화여대 한자경 교수는 동양의 정신적 세계를 다루고 있는 불교, 도교, 유교의 각각 수행의 본질을 연구했다. 그것들의 핵심은 부처, 신선(神仙), 성인(聖人)이라는 신(神)적 존재가 되고자 수행론에 있었다. 요가 역시 그와 다르지 않았다. 요가 역시 브라만이라는 신적 존재에 각각의 인간이 합일하는 범아일여(梵我一如)의 경지에 이르기 위한 수행 방편이었다는 것이다. 신에 합일한다는 그것 자체가 신이 된다는 것과 다를 바 없으므로 동양의 중심 사상은 인간의 앎에 절대적 한계를 설정하지 않는다. 그 대신 끊임없이 자신에게 묻고, 또 물어 답을 구할 뿐이다. 동양철학은 사람들에게 신적 경지의 특정 존재를 믿으라는 것이 아니다. 믿는 것 너머 스스로 그런 존재가 되기 위해 질문을 멈추지 말라는 것이다.

나 자신이 이를 수 있는 경지, 나 스스로 묻고 또 물어 구할 수 있는 경지가 아니라면, 그것이 그런 경지 너머의 어떤 실체, 말하자면 신이든 부처든, 예수든 그들을 믿는다는 것 그 자체가 의미 없는 일이다. 그렇게 믿고 있는 한 교수는 동양철학의 핵심은 인간 각자의 내면에 있는 신성이나 진리 찾기에 있다고 강조한다. 인간을 다듬어 줄 수 있는 원석(原石)은 바로 자신의 내면 찾기, 내면으로의 질문이라고 간주한다. 아직 다듬어지지 않은 원석을 자기만의 보석으로 만들어 내는 것이 바로 깨달음이다. 깨달음의 형태는 각기의 사상적 강조점에 따라 각(覺), 득도(得道), 체인(體認)과 같은 것으로 달리 표현되지만 하나일 뿐이다.

동양철학은 인간은 누구나 부처가 될 수 있고 신선이 될 수 있으며, 신이 될 수 있다고 말한다. 동양의 존재론은 수행론이며, 그것을 뒷받침하는 이론은 실천 수행이다. 불교에서 말하는 부처, 도교의 신선, 유교의 성인은 사적인 자아의 울타리를 벗어나 타인, 자연, 우주 만물과 하나가 된 존재를 말한다. 신적 지혜를 얻은 자가 그들이고, 그 지혜를 통해 만물과 소통하며 만물을 변화시킬 수 있는 존재들이 저들이다. 수행을 통해 누구든 저들처럼 신적 경지에 이를 수 있다[참고: 한자경(2008). **명상의 철학적 기초**. 서울: 이화여자대학교 출판부].

43) 참고: 박영택(2010). **얼굴이 말하다**. 서울: 마음산책.

44) 참고: 권도갑(2007). **마음 공부**. 서울: 열음사.

45) 참살이가 측정되어야 하는 것인지는 모르지만, 하버드 대학교의 연구진들은 그것을 측정해 내려고 노력했다. 결론은 내 옆에 행복해하는 친구가 있으면 자신이 행복해질 가능성이 10% 정도는 증가한다는 것이다. 그것이 행복의 단초다. 반대로 불행하다고 늘 찡그리고 있는 이웃이나 친구를 가까이 하면 내 스스로 행복해질 가능성은 10% 정도가 낮아진다. 그것이 불행이 단초다. 행복은 타인의 얼굴이 내게 영향을 주기보다는 내 얼굴이 저들에게 그리고 내게 그럴 정도로 영향을 주고 있음을 알 수 있다[참고: 톰 래스 · 짐 하터(2011). **웰빙 파인더**(역). 서울: 위너스북].

참살이가 행복에 이르는 길이라는 소리는 이제는 너무 흔하다. 어떤 사람들은 행복에 관한 공식으로 만들어 참살이를 객관화시키려고도 노력한다. 영국의 심리학자 캐럴 로스웰(C. Rothwell)과 인생 상담자 피터 코언(Peter Cohen)은 행복을 구체적인 수치로 나타내는 '행복지수'라는 것을 개발했다[참고: www.petecohen.com.] 그들은 1,000명의 남녀를 대상으로 약 80가지 상황 속에서 자신을 더 행복하게 만드는 5가지 상황을 고르게 하는 실험을 실시했다. 18년간 실시한 실험 결과, 그들이 발견했던 것은 딱 한 가지였다. 행복이란 PEHO의 조합이었다. 즉, 인생관 · 적응력 · 유연성 등 개인적 특성을 나타내는 P(personal), 건강 · 돈 · 인간관계 등 생존 조건을 가리키는 E(existence), 야망 · 자존심 · 기대 · 유머 등 고차원 상태를 의미하는 H(higher order) 등 세 가지 요소였다.

그 실험 결과를 토대로 로스웰과 코헨은 행복의 공식을 하나 만들었다. 행복=개인속성(인생관/탄력성)+5×생존 조건(건강/돈/관계)+3×소망(기대/자존)이라는 공식을 만들었다. 이 행복에 관한 공식에서, 건강/돈/인간관계는 5배의 가치를 더, 그리고 개인의 기대/자존심에는 3배의 가치를 더 주고 있다. 건강하고 좋은 관계를 유지할 정도로 돈이 있어야 하고, 그것을 갖고 자기 존격을 세우는 일이 무엇보다 더 중요했기 때문이다.

저들이 보통 사람을 위해 결론을 내린 행복에 대한 처방은 다음과 같다. 행복해지려면, 첫째 가족과 친구 그리고 자신에게 시간을 쏟아라. 둘째, 자신의 흥미와 취미를 추구하라. 셋째, 밀접한 대인 관계를 맺어라. 넷째, 새로운 사람들을 만나고, 기존의 틀에서 벗어나라. 다섯째, 현재에 집중하고 과거나 미래에 집착하지 말라. 여섯째, 운동을 즐기고 가능하면 휴식하라. 일곱째, 도달 가능한 목표를 위해 최선을 다하라는 충고였다.

46) 종교 전문작가인 김나미는 이른바 '도인(道人)'으로 불리는 동양철학자 김기태(46) 씨와 홍기문(57) 씨, 강원도 화천에서 농사를 지으며 목회 활동을 하는 임락경(62) 목사, 미국인 데이비드 반 루인(55) 스님, 인도의 수행자 락시미 나라얀(64) 씨를 만나 이런저런 이야기를 나누고 나름대로 깨달은 것을 보고한다. 다섯 사람의 공통점은 모두 일상생활 속에서 치열하게 수행을 한다는 것이 공통점이라면 공통점일 수 있다고 했다[참고: 김나미(2007). **결국엔 모두가 사랑, 한 단어**. 서울: 고즈윈].

예를 들어, '자궁 도인'이라는 별호를 지닌 사람이 있다. 한문으로 강의하는 김기태 씨다. 그는 사람을 자기 안에 품어 새롭게 잉태시키는 사람이라는 뜻에서 자칭 자궁 도인이라고 한다. 그는 노자의 『도덕경』을 비롯해 『금강경』 『육조단경』 『반야심경』 『신심명』 『논어』 『중용』 등과 개념을 술술 아우를 줄 안다. 유불도(儒佛道)의 정신을 넘겨보기도 하고, 그것을 그의 행동으로 넘나들고 있는 기인인 그는 경전 강사라기보다 심리치료사로 자처한다. 사람들의 아픈 마음을 쓰다듬고 보듬어 치유에 이르게 하는 일이 그의 일이라고 생각한다. 그는 그일이 그저 즐겁다. 기 수련가인 홍기문 씨도 예외가 아니다. "사람 곁에 살면서, 혼자 있지 말아야, 이 세상 속에서, 시장 통에서 혹은 공장에서 일하며 사람과 부딪혀야 단련이 더 잘 된다."는 그는 시장 바닥에서 자기 얼굴에 질문을 할 줄 아는 삶의 달인이다.

정신적 · 신체적 장애가 있는 30여 명을 식구로 거느리고 살고 있는 임락경 목사도 예외가 아니다. 그 역시 진리의 길은 생각이 아니라 실천이라고 일러 준다. "고상한 생각을 할 시간 있으면 진흙땅에 돌멩이 하나라도 놓아 다른 사람들이 건너가기 편하게 하라고 일러 준다. 그런 일이 바로 예수가 지금 너에게 요청하는 일이라고 잘라 말한다. 예수는 커다란 교회나 묵직한 십자가에 매달아 놓지 말라는 주문이다. 예수는 지금 시장에서 쓰레기를 줍고 있는 중이라는 것이다.

데이비드 반 루인(David van Ruin) 스님이라는 분도 이곳 땅에서 살다 보니 달인이 된 종교인이다. 그의 세간, 재산이라고는 달랑 책상 하나뿐이다. "어떻게 이렇게 사십니까?"라고 누가 물었다. "우리가 사는 건 잠깐 다녀가는 여행인데 당신은 여행할 때도 장롱을 들고 다니느냐?"고 반문했다. 서로의 얼굴이 겹치고 흩어지며 다시 겹치어 서로 웃는 의식의 소통이 이뤄진 시간이었다. 영성 공동체 오로빌에서 36년간 봉사자이자 구도자로 살아온 락시미 나라얀(Laxmi Narayan)도 달인은 달인이다. 그는 고통이 삶의 지표임을 이내 깨달았기 때문이다. 어느 날 고통이 온다면 그것은 영적으로 거듭나라는 신호라고 믿는다. 영적으로 성장할 수 있는 절호의 기회라는 것이다. 도를 닦는다고 폼부터 잡지 말라는 것이다. 가깝고도 쉬운 길을 놔두고 자꾸 멀리 나가지 말라는 뜻이기도 하다. 어려운 길을 간다고 무엇이 깨달아지는 것이 아니라는 뜻이다. 모두가 하나의 결론에 이른 것이다. 지금 자신이 속한 '여기'서 도

(道)를 닦는 삶이 바로 깨달음의 삶, 나름대로의 행복한 삶이라는 것이다.

47) 조용헌 기자는 구원이라는 것은 거창하거나, 뻐기거나, 자랑하는 것과는 거리가 멀다고 증언한다. 기자인 그가 만난 사람들과 그들의 거처들은 나름의 구원받기에 충분한 것들이었다. 예를 들어, 단돈 2만 8천 원의 공사비로 장성 축령산 자락에 있는 한 평 반짜리 집에서도 구원의 냄새를 맡을 수 있었다. 이름 한자 없는 도공(陶工)의 흙집이었다. 생활비 30만 원이면 족하다는 지리산 악양에 있는 시인 박남준의 3칸짜리 초가집에서도 마찬가지였다. 수십억 원에 이르는 부자들의 집도 찾아 나섰다. 저들의 공간이 주는 의미를 이내 깨달았다. 공간이 소박하면 그곳에 거처하는 사람도 소박하다는 점이었다. 소박해진다는 것은 '남에게 필요 이상으로 내세우며 뻐기려는 마음을 자기 스스로 추스린다'는 뜻이다. 인생에 달관한 사람은 어떤 장소에 살든 상관이 없었다. 삶에 달통하지 못한 사람일수록 어느 공간에 살아야 하는지에 머리가 터지도록 신경을 썼다. 저들은 어느 공간에 사느냐에 따라 저들의 생각을 좌우했다. 행복은 그렇게 오지 않았다[참고: 조용헌(2010). **백가기행(百家記行)**. 서울: 디자인 하우스].

48) 참고: 토르 뇌레트라네르스(2007). **왜 사랑에 빠지면 착해지는가**(역). 서울: 웅진지식하우스.

49) 인간 모두에게 있어서 오르가슴은 종을 잇는 번식의 수단이면서 문화 창조를 위한 요긴한 도구다. 오르가슴은 '생명의 승리'이며 창조와 창생의 이어짐이다. 일그러짐으로 이어짐을 만들어 내는 것이 오르가슴이다. 오르가슴은 인간이란 종에게 불멸에 대한 희망을 불어넣는 문화적 생명력이기도 하다. 오르가슴은 이성의 허울을 경멸한다. 그 허위를 벗기는 힘이 오르가슴이다. 감각적 희열이 그 언제나 이성을 넘어서게 만들어 놓는 지점이며 여백이기도 하다. "삶의 중요한 시기에서 일어나는 황홀한 순간의 현상이자 가장 완벽한 행복"으로 이끌어가는 생명력이 오르가슴의 본질이다.
인간은 남녀가 사랑의 극치인 오르가슴의 황홀경에 빠져들 수 있는 시간은 개인차가 있기는 하지만 20초 미만일 뿐이라는 것이 의학적 정설이다. 미국의 성과학자 비벌리 위플이 이끄는 연구팀의 체계적인 조사에 따르면, 남성의 오르가슴 지속 시간은 대체로 10초에서 13초 사이일 뿐이다. 여자의 경우는 7초에서 107초로 그 차이가 컸다. 그것은 여성 자신의 주관적인 느낌까지 포함한 조사였기 때문이다. 여성이 보여 준 극단적인 경우를 제외하면 오르가슴의 평균 지속 시간은 대체로 12.2초에 지나지 않는다. 이 통계를 근거로 남자의 생애 중 20세에서 80세에 이르는 성인의 60년 기간 중 그가 성적 극치감에 휩싸이는 시간은 평균 9.3시간, 그러니까 생애 중 0.018%에 지나지 않는다. 이런 수치는 캘리포니아의 심리치료사 미첼 맥과이어(McGuire)가 계산한 결과였다[참고: 롤프 데겐(2007). **오르가슴**(역). 경기: 한길사].

50) 깨달음은 어떤 공식을 타고 사람에게 내려지는 은사가 아니다. 깨달음의 형식은 다양하다. 어떤 경우는, 사랑을 타고 오기도 하고 병을 타고 내려오기도 한다. 자기의 삶을 어떻게 사랑하느냐에 따라 깨달음은 천의 얼굴로 다가오기 마련이다. 그런 예를 『메밀 꽃 필 무렵』의 작가 이효석[참고: 이효석(2007). **사랑하는 까닭에**. 서울: 예옥.]이 잘 보여 주고 있다. 그는 암울하던 일제 강점하에도 아랑곳하지 않고 코피를 쏟아가며 글을 쓰기도 했고, 겨울에는 스키를 타러가겠다고 자기 약조에 목숨을 걸기도 했다.

그는 남들과는 달리, 원두커피 한 잔을 즐기기 위해 10리 길을 걸어 다방에 가서 그 향내에 취하기도 했던 작가였다. "백화점 아래층에서 커피의 낱을 찧어 가지고는 그대로 가방 속에 넣고 전차 속에서 진한 향기를 맡으면서 집으로 돌아온다. 그러는 내 모양을 어린애답다고 생각하면서 그 생각을 또 즐기면서 이것이 생활이라고 느끼는 것이다." 커피 없는 밤이면 위스키를 마시며 클래식 기타를 연주했던 꽤나 부르주아적인 문인이었다. 기르던 고양이가 죽은 날에는 눈물을 흘리며, 재직하던 학교 교무실 한쪽 구석에서 베토벤에 심취했던 작가였던 그는 결핵성 뇌막염으로 36세의 젊은 나이에 요절한다.

이효석은 병약함을 탓하기보다는 그것에 감사하며 그것을 통해 삶의 귀함을 깨닫곤 했다. 그는 넘실대는 파도의 동해를 자주 찾았다. 강렬한 태양과 파도의 생명력을 느낄 수 있는 그 바다를 사랑하면서 삶을 또 다르게 깨달았다. "태양은 전신을 빈틈없이 쪼여 주고 바다 또한 전신을 속속들이 안아 준다. 태양도 바다도 나의 육체의 비밀을 샅샅이 알고 있다. 그렇다고 물론 나는 부끄러울 것도 없다. 태양과 결혼할 때 나는 온순한 신부요, 바다와 결혼할 때 나는 부락스러운 신랑이다. 날마다 결혼하는 재미로 나는 그 처녀 해변을 무한히 사랑하였던 것이다."

51) 수행자들에게 가출과 출가를 제대로 분별하고 수행할 수 있어야 한다는 충고를 잊지 않은 법정 스님은 "수행자의 겉모습을 하고서 속으로 돈과 명예를 추구한다면 그런 사람은 불자가 아니라 가사 입은 도둑입니다."라고 강조하던 법정 스님은 중국 임제 선사를 있는 그대로 본받으라고 일침을 가한다. 임제 선사는 있는 그대로가 귀하기 때문에 일부러 꾸미려 하지 말라고 강종했는데, "자연스러움은 그 자체가 조화와 균형을 의미하는 것이어서 그 속에 진정한 아름다움이 깃들어 있으며, 그런 아름다움은 사랑의 눈으로만 인식할 수 있기 때문이다."

법정은 "아름다운 얼굴이 추천장이라면 아름다운 마음은 신용장과도 같다."고 강조하며 사람마다 내면을 아름답게 가꾸길 당부했다. 법정 스님은 "똑같이 '사유' 하는 모습을 표현했지만 한국의 반가사유상은 고요, 평안, 잔잔한 미소를 전해 주는 반면 로댕의 '생각하는 사람' 은 무거운 고뇌를 전해 준다는 점에서 다르다."면서 "반가사유상이 고요와 평안을 전해 주는 것은 어떤 것에도 구애받지 않는 '거리낌 없는 아름다움' 이 구현돼 있기 때문이다. 원래 내공이 깃든 장인들은 돈이나 명예 등 인간적 자취를 남기지 않는다고 말하는 법정 스님은 "내면의 아름다움은 샘물과 같아서 자꾸 퍼내도 끊임없이 솟아날 수 있도록 자신을 갈고 닦아야 한다고 강조했다."[참고: 윤영찬(2007). 주지 다툼은 가사 입은 도둑의 짓. 동아일보. 2007년 10월 22일자.]

52) 깨달음은 겉으로 드러내 보여 줄 수 있는 것이 아니다. 깨닫는다는 것은 끝내 사람마다 지니고 있는 각자의 내부 시각을 자기 존격을 위해 다시 정렬해 내는 일이기 때문이다. 겉으로 드러나는 일이 아니고 안을 청결하게 다시 조율하는 일이 깨닫는 일이다. 깨달음을 겉으로 내세우기는 어려워도 불가능한 것은 아니다. 자기 안을 늘 말끔하게 청소하면 되기 때문이다. 성철 스님의 시봉이었던 원택 스님은 참선이든 명상이든 자기 깨침에 정진하는 사람에게 허용되는 행동반경은 오로지 앉을 자리, 앉았던 방석 위뿐이라고 못 박는다. 깨달음에는 정진 또 정진 이외는 별다른 길이 없음을 강조한 것이다.

원택 스님은 성철 큰 스님을 모시면서 성철 스님의 마음속에 새겨진 글자 없는 불경을 읽어 내려고 부단히 노력했다. 그것을 한자, 한자 읽을 수 있을 그의 정진하는 참모습도 함께 보았다고 회상한다. 성철 스님은 참선이야말로 마음속에 남겨진 글자 없는 경을 읽어 낼 수 있는 방편이라 말했다. '개에는 불성(佛性)이 없다'는 '무(無)자 화두'를 갖고 용맹정진한 대표적인 인물이었다. 부처를 따르겠다고 나선 후학에게 제발 강아지가 되지 말고 붓다가 되려는 흉내라도 내보라는 뜻에서 너희 같은 개에게는 불성이 없다고 일갈한 것이다. 마음속에 새겨진 글자 없는 경은 바로 붓다에게서 읽을 수 있었던 지혜였다. 자아경(自我經)이란 것은 없지만 그것은 영원히 꺼질 수 없는 자기 안의 불경이다. 깨닫는 사람은 그렇게 소리 없이 자기를 지배하는 내경인 자아경을 읽어 내며 자아 존격에 이르는 사람이다[참고: 원택(2008). **성철 스님 화두참선법**. 서울: 김영사].

53) 참고: 파울로 코엘료(2007). **포르토벨로의 마녀**(역). 서울: 문학동네.

54) 참고: 히라노 게이치로(2005). **문명의 우울**(역). 서울: 문학동네.

55) 참고: 마리온 퀴스텐마허 · 베르너 티키 퀴스텐마허(2007). **단순하게 사랑하라**(역). 서울: 갤리온.

56) 나라는 존재는 기억과 뇌의 착각으로 조작된 것이기에 '나'란 것은 없다고 주장하는 편이 타당하다. 뇌가 손상되었거나 심리적 이상이 있는 사람들은 보통 사람의 이상행동이 그것을 보여 준다. 그들은 보통 사람들과는 달리 저들이 도저히 생각할 수 없는 방식으로 '나'와 '너'를 인식한다. 저들은 팔이나 다리 등 신체 일부분이 없어져도 그것을 제대로 지각하지 못하며 어딘가에 붙어 있다고 가짜기억 속에 살고 있다[참고: 베르너 지퍼 외(2007). **나, 마이크로 코스모스**(역). 서울: 들녘].

57) 종교사에서도 흔하게 깨달은 자, 배운 자에 대한 수없는 이야기들이 나온다. 그중에서도 붓다의 이야기가 압권이다. 예수의 그것도 우리의 마음을 다스리는 데 도움이 된다. 귀한 신분을 갖은 한 인간이 있었다. 그의 이름은 고타마였다. 또 다른 건장한 청년이 있었다. 그는 목수였다. 그의 이름은 예수였다. 붓다는 높은 신분, 부잣집 아들이었고, 예수는 전혀 그렇지 못했던 가문 출신이었다. 한 사람은 젖소 수만 마리를 희생의 제물로 바칠 수 있을 정도의 재력을 가진 부잣집 상속인이었지만, 다른 한 사람은 걸친 옷조차 변변하지 못했다. 한 사람은 부인도 있었고, 아들도 있었으며 사랑하는 여인네들도 뒤를 따랐지만, 다른 사람은 그렇지 못했다. 그의 아버지는 그가 자기의 과업을 잇도록 세속적인 쾌락 모두를 허락했지만, 다른 이의 인간적인 아버지는 그럴 수가 없었다.

부잣집 아들이었던 그가 카필라 성의 집을 나섰다. 그것의 처음은 가출이나 마찬가지였다. 배부른 왕가의 청년이 보여 주는 일탈 같은 것이었다. 집을 나설 그 때는 스스로 그에 대한 개념이나, 해야 할 자기 나름의 일도 있었겠지만, 그런 것에 크게 주목하지 않았을 것 같다. 물론 그 당시 인도나 네팔이 평화로운 나라는 아니었기에, 왕족인 그로서 생각이 짧았을 것 같지는 않다. 고타마가 활동한 기원전 6세기 북부 인도는 시장의 가치가 사회 전역을 휩쓸고 있던 때였다. 그가 가출했을 당시의 인도 사회에는 소요와 격정이 가득했다. 전쟁의 소용돌이를 벗어나기 힘든 때였다. 사회 이곳저곳에는 이전의 모든 가치에 대해 근본적 반성과 저항이 들끓고 있었다. 시장과 교역, 그리고 새로운 가치와 기술의 전이라는 사회 변동이 일어나자 사회도 서서히 바뀌기 시작했던 것이다.

절대 권력이 변화되기 시작했다. 그 힘이 왕과 성직자에서 새로운 신흥 계급인 상인에게로 옮겨가고 있었다. 사회 변화, 그 당시 세계화에 가장 민감했던 상인들은 새로운 이념과 가치관을 요구하고 있었다. 철기시대의 새 테크놀로지가 기존 농촌 공동체의 가치관을 바꾸고 있었다. 호전적 경쟁심에 사로잡힌 은행가와 상인은 서로 경쟁했고, 그들이 나라의 부를 축적해 나가는 법을 가르치고 있었다. 전통 가치들은 붕괴되어 갔고, 기존의 지배권에 대한 끊임없는 변화와 저항이 권력자들을 흔들어 놓았다. 사람들은 브라만의 지배에 점차 반감을 가지고 스스로 자신의 영적 운명을 통제하고 싶어 했다. 고타마는 바로 그런 소용돌이에서 무엇을 해야 하는지, 어떻게 해야 권력을 그대로 계승할 수 있는지에 대해 골몰할 수밖에 없었다. 고타마는 그에 대한 해답을 체험적으로 얻고 싶었다. 그래서 궁궐 담벼락을 넘어 버렸다. 고타마의 가출은 당시 정치 사회적 변화가 요구한 것이다. 그의 가출은 무엇을 얻거나 깨닫기 위해 다른 하나를 버렸던 그런 것이 아니었다. 원시불교의 초기 경전들에 따르면, 붓다는 결코 종교적 숭배 대상도 아니었다. 고타마의 가출에 대해 그렇게 엄청난 가치를 부여하고 있는 것도 아니다. 그의 '가출'이 끝내 '출가'가 된 것, 즉 그의 가출이 불가에서 말하는 종교적 의미를 갖게 되는 것은 후대의 일이었을 뿐이다. 말하자면 고타마의 득도, 고타마의 깨달음이 배운 자로서의 붓다로 제 의미를 얻게 되는 출가의 의미는 고타마가 붓다로서 설정된 이후의 일이었다[참고: Tim Kindnseth(2008). Siddharth's saga. Time. 2008년 8월 11일자].

대승으로 오면서부터 비로소 붓다는 세상 사람들에 의해 숭배 대상으로 변질되어 버린다. 붓다가 자기를 숭모하고 신처럼 떠받들라고 한 적이 없지만, 시간이 흐르면서 그는 신으로 떠받들어 지게 된다. 이런 생각은 중국 선불교에서 그대로 간직하고 있는 것으로 보인다. 자기 존격을 찾아 나서기 위해 '가출'한 붓다는 노장자의 생각에 잇대고 덧붙여져 새롭게 자기를 찾기 위해 가출하여, 마침내 출가의 의미를 찾아가는 수많은 붓다의 양태를 그대로 간직한다. 그들은 더 나아가 '부처도 죽이고 조사도 죽여야 비로소 배우고 깨닫게 된다면서 자기 존격의 길이 그리 쉬운 것이 아님을 가르쳐 준다. 한순간의 깨달음, 즉 수많은 작은 붓다들은 내가 나에게 있는 한 아직도 나는 배운 것이 없다는 것을 확인하며 실존적인 구도자의 모습을 갖게 된다. 새로운 출가로 인해 새로운 깨달음을 갖게 된 작은 붓다들은, 욕망을 잠재우려는 그 어떤 것도 자기에서 벗어나는 깨달음의 실천 없이는 무용하다는 것을 일순간에 배우고 난 후에야 비로소 평온함을 얻게 됨을 알게 된다[참고: 카렌 암스트롱(2006). 스스로 깨어난 자 붓다(역). 서울: 푸른숲].

58) 민정기 어르신이 바로 그런 분이다. 민정기 어르신을 취재한 기자는 먼저 그의 집을 찾았다. 서울 종로구 필운동 골목길에 들어서자 나무 대문이 두꺼운 구옥(舊屋)이 나왔다. 집 마당엔 낙엽과 쓰레기가 널브러져 있었고, 1.5l짜리 생수병은 꽁꽁 얼어 있었다. 냉장고 문은 붉게 녹슬어 있었고, 그 안에 있는 반찬은 김치뿐이었다. 안방에는 이불과 신문, 옷가지 등이 어지럽게 널려 있었다. 방 안에선 한기가 느껴졌다.

그 방의 주인은 민정기(77) 씨다. 그는 2012년 12월 크리스마스 전에 30억 원 상당의 재산을 장학재단으로 등기 이전 중인 자산가다. 하지만 민씨가 이 날 입고 있던 점퍼와 바지는 모두 인근 주민센터 직원들이 사 줬다. 집안의 세탁기와 청소기, TV도 마찬가지였다. 두 달 전 세탁기가 생기기 전까지 민씨는 손빨래를 했다. ……사직동 주민센터장은 "매번 성금을 내시는데 본인한테는 전혀 투자를 안 해 보다 못한 직원들이 나선 것"이라고 말했다.

대학 졸업 후 공무원, 회사 생활과 사업을 한 민씨는 1970년 즈음부터 이 집에서 아버지 고(故) 민병욱 씨와 살았다. 25년 가까이 한 동네에서 산 김종구(61) 씨는 "'회사 생활과 장사 때문에 결혼 시기를 놓쳤다'고 들었다."고 말했다. 다른 형제는 모두 출가했다고 한다. 3남 2녀 중 막내 아들인 민씨는 아버지를 지극정성으로 모셨다. 아침마다 노량진 수산시장에서 해삼을 사 와 논에서 잡은 우렁과 함께 밥상에 올렸다. 아버지가 2003년 병원에 입원해 몸도 제대로 가누지 못하자 대소변을 받아내고 목욕 수발을 들었다. 2005년 초 민씨 본인도 뇌졸중으로 쓰러졌지만 이틀 만에 퇴원해 병구완을 계속했다. 이듬해 어버이날에 그는 국민훈장 동백장을 받았다. 그는 "내가 무슨 일을 해도 '잘했다'는 말 한 번 안 한 아버지가 훈장을 보여 드렸을 때는 눈물을 흘리셨다."며 울먹였다. 아버지는 반년 뒤 세상을 떴다. 전남 해남이 고향인 아버지는 자식에 대한 교육열이 유달리 강했다고 한다. 일제강점기에도 자식들을 모두 서울 등지로 유학보냈다. 민씨는 전남대학교 문리학과를 졸업했다.

아버지가 돌아가시기 한 달 전쯤 민씨는 아버지 재산으로 장학 재단을 세웠다. 재단 이름은 아버지 호와 이름을 따 '제봉민병욱장학재단'으로 지었다. 들어간 부동산은 공시지가로 20억 원에 달했다. 2007년부터 지난해까지 장학금을 받은 인원만 38명. 1억 8335만 원을 장학금으로 지급했다. 민씨는 "'세상에 태어나면 사회에 환원해야 한다'는 아버지의 평소 뜻을 따랐을 뿐"이라고 말했다. 앞으로 재단 재산은 더욱 불어날 전망이다. 민씨는 "요즘엔 꿈에서 아버지 모습이 보인다."며 "몸이 더 나빠지기 전에 아버지의 '마지막 유품'인 장학 재단을 제대로 만들고 싶다."고 말했다[참고: 조선일보 편집국(2012). 30여억 원 기부한 77세 총각 할아버지의 방에 가보니……. **조선일보**. 2012년 12월 24일자].

59) 참고: 권도갑(2007). **마음 공부**. 서울: 열음사.

60) 라호르 박물관은 1864년 영국 통치 기간에 무굴 양식으로 지어졌다. 1894년 이래 박물관으로 변신한다. 현재 건물은 1890년 영국 빅토리아 여왕의 50주년 탄생을 기념하기 위해 만들어졌다. 이슬람과 영국의 건축양식을 혼합한 무굴과 고딕의 혼합양식의 건물이다. 이 박물관에서 압권은 '고행하는 붓다(Fasting Buddha)' 좌상이다.

고행하는 붓다상(Fasting Buddha) 앞에 선 여행객은 불상을 보기 위해 이 박물관을 들린 것이다[참고: 네이버 블로그 들찔레(rock0190) http: //blog.naver.com/rock0190]. 청흑색의 각섬편암(岩)으로 만들어진 이 불상은 싯다르타가 해탈을 하기 전에 금식을 하며 고행하던 시기의 모습을 보여 준다. 약 80cm의 길이를 보이는 이 좌상은 간다라미술의 최고 걸작으로 꼽힌다. 각섬편암은 흔히 우리나라에서 비석 돌로 많이 쓰이는 오석(烏石)처럼 검고 단단하다. 언뜻 보면 강철을 녹인 쇳물을 부어 만든 것처럼 보인다.

61) 남송(南宋) 때 축목(祝穆)이 지은 지리서 『방여승람(方與勝覽)』과 『당서(唐書)』 문예전(文藝傳)에 보이는 말이다. 당(唐)나라 때 시선(詩仙)으로 불린 이백(李白)은 서역의 무역상이었던 아버지를 따라 어

린 시절을 촉(蜀)에서 보냈다. 젊은 시절 도교(道教)에 심취했던 이백은 유협(遊俠)의 무리들과 어울려 쓰촨성[泗川省] 각지의 산을 떠돌기도 하였다. 이때 학문을 위해 상의산(象宜山)에 들어갔던 이백이 공부에 싫증이 나 산에서 내려와 돌아오는 길에 한 노파가 냇가에서 바위에 도끼를 갈고 있는 모습을 보게 되었다.

도끼를 갈고 있는 노파를 이상하게 생각한 이백이 물었다. "할머니, 지금 무엇을 하고 계신 것입니까?" "바늘을 만들려고 한단다." 노파의 대답을 들은 이백이 기가 막혀서 "도끼로 바늘을 만든단 말씀입니까?" 하고 큰소리로 웃자, 노파는 가만히 이백을 쳐다보며 꾸짖듯 말하였다. "얘야, 비웃을 일이 아니다. 중도에 그만두지만 않는다면 언젠가는 이 도끼로 바늘을 만들 수가 있단다." 이 말을 들은 이백은 크게 깨달은 바 있어 그 후로는 한눈팔지 않고 글공부를 열심히 하였다고 한다. 그가 고금을 통하여 대시인으로 불리게 된 것은 이러한 경험이 계기가 되었기 때문일 것이다. 마철저이성침(磨鐵杵而成針), 마철저(磨鐵杵), 철저성침(鐵杵成針), 우공이산(愚公移山), 수적석천(水滴石穿)이 모두 같은 의미로, 아무리 어려운 일이라도 끈기를 가지고 계속 노력하면 마침내 이룰 수 있다는 뜻이다.

62) 밤이 되었다. 적막함이 이어졌다. 붓다는 생명의 바퀴를 보았다. 그는 그것의 끝없는 운동을 명상했다. 과거의 행위가 카르마의 법칙에 의해 현재의 체험을 선사한다는 것을 알았다. 자신도 마찬가지로 자기중심적 안정을 추구해 왔지만 그가 집착했던 상(像)은 원래 실체가 없는 것임을 알았다. 하늘에 흘러가는 구름처럼, 그들은 공간으로부터 생겨나 그 속으로 다시 용해되며 어느 사이엔가 나타났다가 또 사라져간다는 것에 생각이 이르렀다. 그는 비로소 움직였다. 그는 땅바닥에 손을 대어 자신의 정신이 윤회하는 환영의 세계로부터, 끝없는 재탄생의 고리로부터 해방되었음을 대지가 알도록 했을 때 비로소 깨달은 자가 되었다. 그 순간 싯다르타는 마침내 배운 자, 붓다가 되었다[참고: 카렌 암스트롱(2006). 스스로 깨어난 자 붓다(역). 서울: 푸른숲].

63) 참고: 제인 호프(2002). 영혼의 비밀(역). 서울: 문학동네.

64) 불가에서는 "불교에 외부란 없다."라고 잘라 말한다. 불교에서 "개종이란 자비심을 읽는 것을 뜻할 뿐이다."라고 말한다[참고: 강명관 외(2006). 공부의 즐거움: 우리시대 공부 달인 30인의 공부의 즐거움을 말하다. 서울: 위즈덤하우스].

65) 참고: 제인 호프(2002). 영혼의 비밀(역). 서울: 문학동네.

66) 도연이라는 스님은 묘한 스님이다. 도(道) 중에서도 '우두커니 도'를 강조하기 때문이다. "세상 스님들이 몽땅 목탁 두드리면 시끄러워서 어떻게 살겠냐."라며 목탁 대신 카메라를 들고 자연 세상을 깨달아 가겠다는 사진쟁이 승려가 바로 도연이다. 그는 생태 환경의 파괴 때문에 죽어가는 새, 말하자면 수리부엉이, 물 꿩 등을 한 마리라도 살려내려고 헌신하는 승려이기도 하다. 그런 스님을 보고 사람들은 한두 마디를 던지는 모양들이다. 스님이 아무리 새를 역할 모델로 본받는다고 해도, 승려가 법당을 그리 자주 비우는 것이 정상은 아니라는 핀잔이다.

왜 법당을 자주 비우느냐는 질문에 도연 스님은 답 대신 하나의 우화(寓話)를 들려 준다. "패기만만한 젊은 수도승이 바위 위에 앉아 참선을 하고 있었다. 그러자 노승(老僧)이 곁에 앉더니 돌멩이 하나를 바위에 박박 갈아대는 것이다. 참다못한 젊은 스님이 "뭐하시오" 하고 물었단다. "이 자슥아 보면 모르냐, 거울 만든다."고 대답했단다. 그러자 젊은 스님이 "아니, 그렇게 해서 언제 거울 만들겠소." 하고 토를 달면서 힐난하자 돌아온 답은 이랬단다. '야 이놈아, 거기 앉아 있으면 뭐 되냐. 내려가서 밭이나 갈아라.' 그래, 각성이니 거룩이니, 천당이니 하며 까불기보다는 그만 툭툭 먼지 털고 내려가서 밭이나 가는 편이 네 놈의 깨달음을 위해 더 보탬이 된다는 것이었다. 도연 스님은 다시 말을 잇는다. "아침 거르고 지옥 같은 지하철 타고 김치 냄새, 남의 방귀 냄새 맡아 가면서 가족 살리려고 쉴 새 없이 일하는 사람들, 그 사람들이 정말로 도(道)를 닦는 거지, 절에 앉아서 차나 마시고 있으면, 그게 수행이고 구도일까요? 수행자는 절 밖으로 나가야 한다고 생각합니다." 막대기로 두드린다고 다 목탁이 아니고, 염불을 한다고 다 염불이 아니라는 것을 그는 그렇게 빗대어 말하며, 먼지 툭툭 털어가며 일상에 매진하는 깨달음이 정말로 자신에게 도움이 되는 각성이라고 말하고 있다[참고: 박종인(2008). 세상 스님 다 목탁 두드리면 시끄러워 어떻게 삽니까. 조선일보. 2008년 5월 2일자]. 물론 도연스님은 도(道)가 무엇인지에 대해서는 한마디도 하지 않았다.

67) 사진예술가인 박하선은 〈천장〉 시리즈로 다큐멘터리 사진 분야에서 세계 최고의 권위자다. 그것으로 세계 기사 사진(world press photo)상을 수상한 사진작가다. 그가 티베트인의 장례의식 가운데 하나인 천장의식(天葬)을 한 컷 남길 욕심이 있었다. 티베트에 체류하는 동안 친해진 라마승에게 매달렸다. 독수리에게 시체를 먹이는 천장집례 스님을 잡고 늘어졌다. 오명불학원의 '구비감포'라는 라마였다. 그가 딱 잘라 화답했다. "그대라면 그대의 어머니 시신을 남들의 구경거리로 만들고 싶겠는가?", 막무가내로 거부했다. 이미 실패를 경험하고 조바심에 애가 타던 박하선이었다.

이 말 한마디에 그는 더는 할 말을 잃고 뒤로 물러설 수밖에 없었다. 죽음보다 더 무거운 침묵의 시간이 흘러갔다. 절망으로 사색이 되어 가던 그의 처지를 딱하게 여겼던지 스님은 침묵의 시간도 한참을 넘겼다. 자비하는 마음이 들었던지 마침내 "촬영을 허락한다."고 했다. 그 한마디를 들은 그는 망자에 대한 사진 한 장을 찍기 위해 달려들었다. 어느 틈엔가 누군가의 죽음을 학수고대하는 '불경스러운' 존재가 되어 버렸다.

그래도 그는 그것을 용서받을 것 같았다. 긴 기다림 끝에 그가 만난 것은 또 다른 저항이었다. 촬영에 대한 유가족의 거부감뿐이었다. 충분히 있을 수 있는 일이었지만 미처 대비하지 못했던 차였다. 메고 있던 카메라 중 한 대가 망가졌다. 나머지 한 대의 렌즈는 산산조각이 났다. 그래도 참는 수밖에는 없었다. 별 수 있을 리 없었다. 마지막 남은 한 대의 카메라로 죽음의 한 순간을 포착하기 시작했다.

망자의 시신과 살점이 독수리에게 던져졌다. 잠시의 시간이 흘렀다. 독수리 무리 사이로 앙상한 뼈 조각들이 보였다. 보잘것없는 인간의 육신, 바로 그것의 마지막 줏대였다. 인간의 덧없음이 드러났다. 사진가로서의 박하선이 인간적으로 깨달은 것이 있었다. 죽음은 곧 삶이라는 큰 깨달음이었다. 삶은 이내 곧 죽음이었다. 바로 그것뿐이었다. 삶과 죽음, 산 자와 망자가 서로의 몸을 보듬어 안는 순간, 플래시는 터지고, 독수리들은 하느님을 찾아 하늘로 높이 날아 올랐다. 그는 또 알았다. 왜 티베트인이 천장을 찬양하는지를 알게 되었다. 새에게 인간의 살점 하나 하나를 먹이로 준다는 의미에서 조장(鳥葬)이라고 비하하는 서양인과 전혀 달리 티베트인이 그것을 천장이라고 하는 이유를 알게 되었다. 천장이야말로 신에게 망자(亡者)를 되돌려 주는 신성하고 거룩한 신장(神葬)이었기 때문이었다[참고: 박하선(2001). **천장(天葬)**. 서울: 커뮤니케이션즈 와우].

68) 일본 사회에서 이나모리 가즈오는 마쓰시다 전기그룹 창업자인 마쓰시타 고노스케, 혼다 자동차 창업자인 혼다 쇼이치로와 더불어 일본에서 가장 존경받는 '3대 기업가'다. 그는 기업의 신(神)으로 꼽힐 정도로 신망이 높은 명망 기업가다. 그는 27세 때 맨손으로 교토세라믹(현 교세라)을 창업해 세계 100대 기업으로 키웠고, 일본 내 2위 통신회사인 현 KDDI를 창업했던 입지전적인 인물이다. 그는 어지간한 사람이면 모두 일선에서 나와 손자나 돌볼 나이인 78세의 나이에도 굴하지 않고, 2010년 2월에는 파산 위기에 몰린 일본항공(JAL)의 CEO로 영입되어 경영의 일선에 나섰다. 이유는 간단하다. 회사경영이라는 이유도 있지만, 보다 더 큰 이유는 일은 바로 삶이며, 연단이며 자기 다스림을 위한 일상적 방편이기 때문이다. 그의 삶살이에서 일은 인격을 수행하는 과정이었다. 그는 일을 가리켜 '고난을 치유하는 만병 통치약'이라고 부르고 매일같이 자기 다스림과 자기 치유를 위해 그 약을 복용해 왔다. 자기 다스림의 약을 매일같이 복용하기 위해서는 무엇보다도 먼저 일에 대한 생각부터 바꾸어야 한다. 그것이 자기 다스림을 위한 일하기에 관한 그의 지론이다[참고: 이나모리 가즈오(2010). **왜 일하는가**(역). 서울: 서돌].

69) 삶에서는 삶을 향한 태도가 무엇보다도 중요하다고 말하는 맥스웰(John Maxwell)은 다른 사람과의 관계부터 점검하라고 타이른다. 그는 성공으로 이끄는 자신의 태도, 말하자면 대인관계의 마음가짐을 바로 잡는 데 도움을 줄 수 있는 몇 가지 관점을 제시한다. 렌즈의 법칙(타인을 보는 우리의 인식이 타인의 객관적 특징보다는 우리 자신의 태도에 의해 더 영향을 받는다. 긍정적인 사람은 다른 사람 또한 긍정적으로 본다), 고통의 법칙(타인에게 상처를 주는 사람은 타인으로부터 쉽게 상처받는다. 이런 사람은 상대가 고통을 주는 행동을 전혀 하지 않더라고 자기 스스로 고통을 겪는다), 엘리베이터의 법칙(인간은 타인과의 관계에서 그들을 치켜세울 수도 깎아내릴 수도 있다. 추켜세우면 추킴을 받게 된다), 그리고 학습의 법칙(무엇이든 배우려는 태도를 가진 사람은 자신이 만나는 모든 사람에게 배울 점이 있다고 생각한다) 같은 것이 그것이다[참고: 존 맥스웰(2007). **태도**(역). 서울: 국일미디어].

70) 참고: 닉 부이치치(2010). **허그**(역). 서울: 두란노.

71) 동산 스님은 임종이 가까웠다는 것을 알고 장삼을 입고서는 가부좌를 틀고 앉았다. 이를 지켜보던 대중은 통곡을 하였다. 그러자 스님은 다시 눈을 떠서 꾸짖었다. "사는 것은 일하는 것이고, 죽는 것은 쉬는 것이다. 그러니 나 때문에 법석 떨지 말라."고 마지막으로 꾸짖었다는 말이었다. 동산 스님을 가까이서 지켜본 어느 기자는 그와 관련된 일화를 이렇게 전한다. "한국전쟁이 한참 치열하게 벌어지고 있을 때였다. 피난지 부산은 말 그대로 북새통을 이루고 있었다. 마지막 보루로 남은 부산으로 수많은 피난민들이 너도나도 모여든 때문이었다. 마지막 피난지 부산으로 피난민이 모여들자 먹을 것, 잠 잘 곳이 턱

없이 모자랐다. 나라의 운명이 풍전등화요, 모든 백성의 형편이 아사 직전에 이르니 사찰의 형편이라고 예외일 수가 없었다. 더구나 왜색 대처승들이 사찰의 운영권을 손에 쥐고, 청정 독신 비구승은 대처승들로부터 양식을 얻어먹고 사는 지경이었으니, 부산 동래 금정산 범어사의 선방인 청풍당의 살림도 말씀이 아니었다. 그런데도 조실 동산 스님은 '오는 사람 막지 않고, 가는 사람 붙잡지 아니한다.' 면서 누구나 수행하겠다고 찾아오면 무작정 받아 주시는 바람에 10여 명 내외였던 청풍당 식구가 무려 84명에 이르고 있었다. 당장 그 많은 식구 먹는 것이 큰 문제였다."

그래도 동산 스님은 천하태평이었다. "걱정할 것 없다. 수행자가 굶어죽었다는 소리 들어본 일 없고, 수행자가 얼어 죽었다는 소리도 들어본 일 없다." "양식이 모자란데 어쩌란 말씀입니까?" "양식이 모자라 밥을 짓지 못하겠으면 물을 더 붓고 죽을 쑤어 먹으면 된다." "그럼 반찬은 또 무엇을 먹입니까?" "그 걱정은 말고 나를 따라 오너라." 동산 스님은 성큼성큼 걸어서 김장독 앞으로 가시더니 김장독을 열고 김치를 한쪽 꺼내보라고 명했다. 제자가 스님께 김치 한쪽을 올렸는데 직접 맛 보시더니 야단부터 치셨다. "김치를 이렇게 싱겁게 담그면 어쩌자는 게냐?" "아입니더 스님. 이 김치는 짜거운 편입니더." "인석아, 전쟁이 끝나려면 아직 멀었어. 그리고 피난올 스님들이 앞으로도 많을 것이야. 이런 싱거운 김치로는 올 겨울 못 넘긴다. 김칫독에 소금 한 그릇씩 더 넣도록 해라." 이렇게 해서 청풍당의 그해 겨울 김치는 그야말로 '소금 할아버지'가 되어 버렸다.

앞날을 내다볼 줄 아는 동산 스님의 혜안 덕분에 피난 내려온 수많은 스님들이 범어사 청풍당에서 한겨울을 무사히 지낼 수 있었다. ……1964년의 봄이었다. 동산 스님은 종원 수좌와 원명 시자를 데리고 속리산 법주사 복천암에 잠시 머물고 계셨는데 다음날 법주사에서 미륵부처님 점안식을 올리기로 되어 있었다. "얘 종원아, 내일 법회가 있으니 내 머리 좀 깎아 줘야겠다." "예 그러지요. 스님." 종원 수좌가 조심조심 삭도질을 시작했다. 그런데 너무 긴장해 조심조심 하다가 오히려 손이 떨리는 바람에 동산 스님의 머리에 상처를 내고 말았다. 날이 선 삭도가 스님의 머리에 여지없이 상처를 냈으니, 피가 번져 흐르기 시작했다. 종원 수좌는 떨리는 손길로 스님의 상처에 수건을 갖다 대며 사실대로 고하였다. "저 …… 스님, 제가 그만 잘못해서 스님 머리에 포를 뜨고 말았습니다요……." 보나마나 불같은 성미에 불호령이 떨어질 일이었다. 종원 수좌는 '죽을 각오'를 이미 하고 있었다.

드디어 동산 스님이 입을 열었다. "거 어쩐지 머리통이 시원하다 했지. 아 인석아, 얼른 가서 소금 가져와!" "예? 소금 …… 이라니요. 스님?" "아 인석아, 기왕에 포를 떴으면 소금까지 뿌려야 안 상할 것 아녀? 응? 허허허허……" 동산 스님의 그 웃음소리는 종원 수좌를 지옥에서 건져 올리는 자비의 손길이었다. 근본적인 잘못은 결코 용서치 않는 무서운 스님이었으나 단순한 실수는 사랑으로 감싸주시는 분이 바로 '금정산의 호랑이' 동산 스님이었다[참고: 윤청광(2006). **큰 스님 큰 가르침**. 서울: 문예출판사].

72) 오카야마 대학 의학부 대학원을 졸업하고 현재 의료법인 시노하라 의원 원장인 시노하라 요시토시 박사는 현대 의학의 한계를 절감하고 인도와 중국을 여행하며 동양의 신비로운 치료법을 탐구하여 서양의학에 접목시킨 사람으로 유명한데[참고: 시노하라 요시토시(1996). **쾌유력**(역). 서울: 사람과 책.], 그는 한 가지 원칙을 고수하는 의사다.

그것은 인체 스스로 완벽한 자정능력을 지니고 있다는 원칙이다. 사람에게 어떤 병 기운이 침투하면 인체는 그것에 대항하여 스스로 치료하기 마련인데, 환자들은 그것을 받아들이기보다는 약물 처치에 의존하기 때문에 병의 치료가 더 어려워지는 경우가 흔하다. 어떤 질병에 걸렸다는 건 특정 부위의 자정능력이 떨어졌다는 걸 의미하기에, 그것은 그 사람의 생활에 그만큼 문제가 있다는 걸 드러내는 것이다. 이때 그 질병을 부정의 대상으로 받아들여 봤자 소용없는 일이다. 그 대신 자신의 생활을 반성하여 가장 바람직한 형태로 돌려야 한다. 그것에 병에 대한 '신의 경고'이며, 인체가 자신에게 바라는 요구다. 질병은 자신을 좀 더 풍요롭게 바라보도록 하는 '신의 은총'이기에, 자신의 생활을 가다듬을수록, 인체의 자정능력이 강화된다. 자정능력이 강화되어 인체 스스로 질병을 다스릴 수 있다. 병에 대한 우주의 이치를 환자에게 납득시키는 과정이 바로 치료과정인데, 환자들은 이것을 잘 받아들이지 않고 약이나 주사에만 의지하려고 한다.

73) 유가(儒家)에게 있어서 도(道)는 사람의 길, 사람이 걸어야 될 길을 말한다. 사람의 길을 찾는 것이 바로 깨달음이라는 것이다. 물리적으로 말해, 길은 사람들의 통행을 위해 인위적으로 만든 공간일 뿐이다. 사람들이 그들의 편의를 위해 만들면, 그 길은 얼마든지 새롭게 뚫릴 수 있다. 사람들이 다니기 시작하고 사람들에게 편하게 되면, 그 길은 길이 되는 것이다. 길은 만들어지기 나름이다. 일단 길이 나면 길은 들게 되어 있다. 그런 생각에서 유가는 길보다는 사람을 우선하라는 도리부터 가르친다. "사람이 길을 넓히는 것이지, 길이 사람을 넓히는 것이 아니다."라는 것이 그들의 생각이다.

길을 만드는 것도 힘이 들지만, 길을 잘못 만들면 사람들이 더욱 큰 어려움을 겪게 될 것이기 때문이다. 산에서 길을 잃어버린 사람들이 흔히 겪는 일이지만, 사람들이 늘 다니고 친숙하던 길이 아닌 곳으로 길을 들면, 마음과 몸 고생을 하도록 되어 있다. 그러다가 사람들의 발길이 잦은 길을 찾게 되면, 일단 마음부터 안정되기 마련이다. 세상 이치가 다 그렇다는 것이 유가의 가르침이다. 그런 이치처럼 세상을 살아가는 데 사람들이 마음 편하게 걸어야 할 길이 있을 수 있다. 사람들 대부분이 마땅히 편하게, 익숙하게 가야 하는 길을 일컬어 인간의 도리(人道)라고 부른다. 사람이 지켜야 할 도리 중의 하나로 유가에서 높이 생각하는 것이 바로 충효를 중심으로 하는 '효제충신(孝悌忠信)'이다. 효충의 길은 아무리 들어봐도 옳은 이야기고, 당연히 지켜야 할 길이라는 것을 거부할 사람은 적다.

장자는 유가의 그런 견해를 부정했다. 잘난 체 하는 유가를 묵자(墨子)도 경멸했다. 유가들의 도덕군자연 하는 저들의 짓거리에 대해 언짢아 하기는 노자(老子)도 마찬가지였다. 장자는 유가에게 보란 듯이 자기 그림자가 싫어서 계속 도망가는 사람 이야기를 들려 주곤 했었다. "한 사람이 밤길을 걷고 있었다. 그를 뒤따라오는 또 다른 사람이 있는 것 같았다. 그의 그림자였다. 아무래도 기분이 이상해 그는 그를 뒤쫓는 사람과 멀리 떨어져 걷고 싶었다. 그가 세차게 달려 나갔다. 그러나 빨리 달리면 달릴수록 그림자 역시 더 빨리 그를 따라왔다. 그 그림자를 피하려고 그는 더 빨리 달아난다. 빨리 달려 나갈수록 그림자에서 벗어나는 것이 아니고, 더욱더 그림자에 포위를 당하는 느낌에 몸서리를 치게 된다. 그런 사람을 보고 장자는 그 사람에게 냅다 달릴 일만이 아니라고 충고한다. 그렇게 달리기보다는 차라리 나무 그늘에서 쉬는 것이 더 편안한 일이라는 것이다. 그렇게 쉬기만 하면 자기를 집요하게 따라오던 그림자는 더는 따라오지 않고 쉴 터이니 말이다."

장자가 유가를 조롱했던 것은, 충효라는 그 말이 잘못되었거나 충효를 거론하며 그것을 권력 유지의 중심에 놓았던 역대 왕조들이 가장 먼저 그것을 짓밟았기 때문이 아니었다. 충효를 무색하게 만드는 패륜의 정당성을 보여 준 그런 사례가 역겨워서 유가가 말하는 인도(人道) 허구를 비판한 것도 아니었다. 장자에게 있어서 도(道)는 유가가 말하는 그런 길이 아니었기 때문이었다. 그에게 있어서는 도란 아무것도 없는 것이었다. 바로 그것이 도(道)였기 때문이다. 장자에게 길이 무엇인지 물었던 동곽자의 질문에 대한 장자의 답이 그것을 대변한다. 동곽자가 장자에게 물었다. "도는 어디에 있는가?" 장자가 답했다. "없는 곳이 없다." 동곽자가 지지 않고 장자에게 "구체적으로 이름을 지적하여 말해 보시오."라고 채근했다.

그러자 장자는 "쇠파리에 있다."라고 답했다. "도가 어찌 그렇게 지저분한 데 있는가?"라고 다시 동곽자가 힐난조로 질문했다. 차분하게 장자는 이번에는 "가라지나 피 같은 잡초에 있다."라고 한층 더 농도를 높여 대답했다. "어째서 더 하찮은 것에 있는가?"라는 질문이 이어지며 대화가 길어지기 시작했다. "옹기 조각에 있다." "왜 점점 더 심해지는가?" "똥, 오줌에 있다." 동곽자가 전혀 자기가 말하는 도가 무엇인지를 따라올 수 없는 위인이라고 결정내린 장자는 마침내 동곽자에게 도가 무엇인지 쉽게 정리해서 말해 주었다. 동곽자여, "당신의 질문은 도의 본질을 물은 것이 아니다. 구체적인 사물을 벗어나 도를 이야기하려 해서는 안 된다. 지극한 도는 이와 같고, 위대한 말도 이와 같다."고 말해 주었다고 전해진다[참고: 장자(2005). **장자**(역). 서울: 풀빛; 장영기(2007). **동양 고전의 세계**. 서울: 서현사].

공자의 가르침을 따르는 유가에서 지어낸 길은 자기를 위해 만들어 내고 넓힌 자기만의 길이라는 것이 장자의 주된 지적이다. 그런 길을 놓고 그것이 바른 길이라고 우기는 그들의 처지가 딱하기만 하다는 것이다. 그것을 바로 아는 것이 바로 진정한 도에 대한 깨달음이라고 장자는 일침을 가하고 있다. '이것이 사람이 갈 길이다' 하고 유가가 그 무엇인가를 가르치기는 하지만, '도는 딱히 이것이다' 하고 한마디로 잘라 말할 수 있는 그런 것이 아니기에 유가는 끝내 자위, 말하자면 지적 마스터베이션으로 만족할 뿐이라는 것이다. 도는 말할 수도, 볼 수도, 만질 수도 없는 것이기 때문에 그럴 수밖에 없다는 것이다. 그것이 만물의, 자연의 법칙이라는 것이다. 장자는 그래서 유가처럼 "귀로 듣지 말고, 마음으로 들어라. 그것도 부족하여 다시 마음으로 듣지 말고, 기(氣)로 들어라."라고 일러 준다. 인간의 오감으로는 도(道)의 본체를 알 수 없다는 것이다. 그러므로 무엇을 알았다거나 무엇에 대해 길을 열었다는 등의 말들이 다 부질없다는 것이 장자의 생각이기도 한 것이다.

74) 이것을 한 언론인은 소동파와 승호 스님의 만남에서 풀어 내고 있다[참고: 백성호(2007). 백성호 기자의 현문우답, 저울로도 못 다는 무게. **중앙일보**. 2007년 7월 5일자]. 당송(唐宋) 9대 문장가 중 한 사람인 시인 소동파(小東坡)는 학식이 높았다. 그는 웬만한 스님은 거들떠보지도 않았다. 쥐뿔도 모르면서 '대사(大師)'란 소리만 듣는 스님들이 보기 싫었다.

그런 소동파가 당대의 큰스님이었던 승호(承皓) 스님을 찾았다. 승호 스님이 물었다. "그대의 존함은 무엇인가." 소동파는 '저울 칭' 자를 쓰며 답했다. "저는 '칭(秤)'가입니다." 사실 중국에 '칭(秤)'이란 성씨는 없다. 잠시 후 소동파는 "세상의 내로라하는 도인들을 달아보는 저울입니다."라고 말했다. 이 말이 떨어지기 무섭게 승호 스님은 벼락 같은 소리를 '버럭' 질렀다. 깜짝 놀란 소동파가 뒤로 '벌렁' 나자빠졌다. 그때를 놓치지 않고 승호 스님이 물었다. "이 소리는 몇 근이나 되는가?" 천하의 소동파도 말문이 막히고 말았다. 집으로 돌아오는 길에 소동파는 이렇게 읊었다. "산색(山色)은 그대로가 법신(法神)이고, 물소리는 그대로가 설법이다."

소동파를 깊게 찔렀던 급소는 바로 그가 자랑하는 '저울'이었다. 소동파의 저울은 학식, 즉 앎이라는 저울이었다. 소동파는 '내가 배운 것'과 '내가 아는 것'으로 상대의 무게를 재려고만 했을 뿐이다. 그런 저울은 상대도 '앎'으로 뭉쳤을 때, 그 앎으로 서로 쟁송할 때 상대적인 무게를 따질 수 있을 무기가 될 뿐이다. 그런데 승호 스님의 무기는 앎의 저울이 아니었다. 그의 저울은 딴판이었다. 삶이었다. 학식과 학습을 넘은 자리, 앎을 여읜 자리에 서 있었기 때문이다. 한마디로 무게가 없는 깨달음의 자리였다.

75) 나는 깨달음과 배움의 상관성에 대해 타는 목마름의 심정이었다. 한 번은 명성깨나 날리는 어느 스님에게 나의 간청을 보였다. 그에게 편지를 띄웠다. 그에게 깨달음과 배움이 어떻게 같고 다를 수가 있냐는 물음을 끈질지게 물고 늘어졌다. 그의 대답은 늘 "무소의 뿔로 가라."였다. 그물에 걸리지 않는 바람처럼 큰소리에 놀라지 않는 사자처럼 "무소의 뿔처럼 혼자가라."고 했다. 최초의 불교의 경전인『숫타니파타』에 나오는 구절을 늘 되뇌게 만들었다.

이는 붓다가 열반하기 전 최후의 유훈이었다. "제행이 무상하니, 방일하지 말고 정진하라." "모든 것은 변한다. 게으름 없이 정진하라."라는 것이었다. "반갑습니다. 한준상 씨. 불교적 관점에서 볼 때, 배움과 깨달음은 몹시 다른 것입니다. 우선 배움은 능동성과 수동성이 함께 가능하고 또 배움의 주체와 대상이 이원화되어 있습니다. 반면에 깨달음은 능동만이 존재하며 주객의 이원성을 초월한 인식의 차원에서만 가능합니다. 배움은 반드시 검증을 필요로 하지 않습니다. 즉, 권위 있는 스승이나 학자, 성경, 경전, 부처님, 예수님, 하느님 등의 이름을 통해서 수동적으로 믿는 것이 가능하지만 깨달음은 그렇지 않습니다. 부처님께서는 당신의 가르침조차도 무조건 믿거나 따르지 말고 반드시 스스로의 삶을 통해서 체험되고 검증된 다음에 받아들이라고 했습니다. 깨달음은 믿거나 논리적 이해만으로는 부족합니다. 반드시 체험을 통해서 검증된 앎이어야 합니다. 깨달음의 가장 가까운 예는 어릴 때 친구들과 놀면서 완전히 놀이에 빠졌던 상황입니다. 완전하게 놀이에 몰입된 순간에 놀고 있는 나도 없고 나와 함께 노는 친구도 없고 그래서 주객의 이원성이 사라지고 나와 너가 놀이 속에 녹아져서 오직 놀이만 존재하는 순간, 그때가 바로 놀이와 하나가 된 상태입니다. 놀이에 대해 주객이 사라지고 말이 사라진 그 때가 바로 진짜 놀이입니다. 깨달음도 바로 그와 같이 생각과 관념과 심상이 사라진 상태, 그래서 생각도 없고 생각의 모양도 없이 오직 깨달음만 있는 상태입니다. 이 상태는 감각, 지각, 인지, 기억, 정서가 완전하게 하나로 통합되어 아는 나와 알려지는 대상의 분별이 사라지고 앎 속에 녹아져서 오직 '앎'만이 존재하는 그런 상태라 할 수 있겠습니다. 이 또한 말에 불과하니, 아무리 수박맛을 말한들 그건 관념일 뿐, 어찌 먹어서 느끼는 수박맛과 같을 수가 있겠습니까. 심리학적으로 깨달음의 상태가 어떤 것이냐고 묻는다면 그냥 완전한 정신건강의 상태라고 할 수 있겠습니다. 아니면 무의식이 모두의식으로 전환된 상태라고 해도 좋겠고, 마음에 대해서 좀 더 알고 싶으시면 유식 30송을 보셔도 참고가 되실 것입니다. 모쪼록 의문에 조금이나마 도움이 되시길 바랍니다[합장으로부터 받은 메일. 2005년 1월 10일].

76) 깨달아도 계속 닦아야 한다는 돈오점수(漸修)을 고집했던 지눌 스님과 그의 옹호론자들로부터 거센 비난을 받을 만도 하지만, 그런 것을 시시콜콜 따지고 내가 옳으니 네가 그르니 할 이유 없는, 모두가 부질없는 노릇일 뿐이다. 성철 스님이 슬그머니 말한 것처럼 신수 스님이나 혜능 스님의 이야기와 다를 바 없이 같은 맥의 이야기들이기 때문이다. 모두가 하나의 논과 설이기 때문이다. 신수 스님은 불성을 거울에 빗대 때가 끼지 않도록 항시 거울을 닦으라고 일렀고, 혜능 스님은 거울마저 없다고 일갈한 그것 모두가 마찬가지였기 때문이다[참고: 성철(2006). 옛 거울을 부수고 오너라. 서울: 장경각].

77) 참고: 랜디 프로스트 · 게일 스테키티(2011). 잡동사니의 역습(역). 서울: 윌북.

78) 『화엄경』에서는 삼계란 오직 마음뿐(三界有心)이라고 했다. 마음이 어지럽게 일어나면 경계가 요란하고 일체 경계가 망령된 마음에서 비롯됨을 깨달으면 눈앞에 펼쳐진 시방 세계가 그대로 성품의 지혜로 들어오기 때문이다. 『화엄경』은 사람이 행복의 터전임을 강조한다. 평화와 행복이 사람으로부터 나오기 때문이다(人是福田 能生一切善法故). 이렇게 간단명료하게 사람과 사람 사이를 정의한 사람은 부처님뿐이다. 사람마다 가지고 있는 본래 완전한 부처님을 보는 지혜를 기른다면, 그 사람이 때로는 나를 헐뜯고 죽이려고 해도 한 생각을 돌이켜보고 시간이 지나면 다시 용서하고 불쌍하게 볼 수 있는 자비심이 생길 것이다. 이것만이 내가 행복하고 이웃이 평화롭게 공존할 수 있는 유일한 대안이다. 부처님께서는 여러 번 자신을 살해하려 했던 제바달다를 스승으로 모셨다. 사람이 꽃보다 아름답다는 말이 참으로 눈물 나게 하는 것은 이를 두고 하는 말일 것이다[참고: 일선(2007). 사람이 본래 부처. 2007년 1월 10일자; 동취(2000). 祖師禪(역). 서울: 운주사].

79) 김형효 교수는 이런 자동사적 깨달음의 극치가 불교에서 발견된다고 본다. 그가 보기에, 불교의 인과법은 서양 철학과 신학이 말해 온 인과법과 다르다. 서양의 인과법은 타동사적 인과법이다. 신이 세상을 창조했다는 인과법은 대표적인 타동사적 인과법이다. 신은 전지전능해서 세상을 무(無)에서 창조했다는 것이고, 인간은 그렇지 못해서 존재하는 어떤 것에 기초하여 다른 어떤 것을 제조한다는 것이다. 서양철학은 창조와 제조의 차이를 강조하나 그것은 비례의 차이에 불과하다. 창조나 제조는 다 신과 인간이란 인격 중심의 생산론이다. 그런 생산론이 극단화되면 공장에서 물건을 제조하는 이론과 다를 바가 없다. 20세기 독일의 현대철학자 하이데거(Heidegger)가 서양의 과학기술의 형이상학적 근거가 서양 신학이라고 말한 것은 탁견이라 보인다. 타동사적 인과론은 원인에서 결과로 직선적으로 하강하는 비가역적(irreversible) 인과론이다. 즉, 결과는 늘 원인에 비하여 등급이 낮고 인과론의 시작과 종말이 분명해서 종말인 결과가 절대로 시작인 원인으로 재귀하지 않는다[참고: 김형효(2005). 재귀동사적 인과법과 타동사적 인과법. 법보신문. 2005년 11월 2일자].

80) 참고: 강명관 외(2006). 공부의 즐거움: 우리 시대 공부달인 30인의 공부의 즐거움을 말하다. 서울: 위

즈덤하우스.

81) 이탁오(李卓吾)는 교조화한 주자학에 저항해 정신의 자유를 추구했던 유학자다. 그는 중국 명대의 유학자로서 반유학적인 내용을 설교한 죄로 지목받아 박해를 받자, 옥중에서 그의 학문적 정신을 보이기 위해 자살했다. 그 당시 자아 중심의 혁신사상을 제창한 왕양명(王陽明)의 사상을 따르는 분파 중의 하나인 태주학파(泰州學派)에 몸을 담았던 그는 금욕주의 · 신분차별을 강요하는 예교(禮教)를 부정하고, 인간성을 옹호하는 입장을 옹호했다. 이탁오는 인간의 욕망과 사리를 존중했다. 그는 "옷 입고 밥 먹는 일이 바로 윤리이고 물리(사물의 이치)다. 이를 빼면 윤리도 물리도 없다. 세상의 온갖 것이 모두 옷과 밥 같은 부류일 뿐이다."라고 함으로서 '사람은 자기를 위하는 것을 귀하게 여기고, 자기 길을 가는 데 힘쓴다'는 식으로 인간의 본성에 대한 이해를 중시했다. 자신의 본질을 추구하는 사람이야말로 진정한 순도자(殉道者)라는 인본사상을 따르던 그는 동심설(童心說)을 내세우기도 했다. 그것은 '독서견문(讀書見聞)'으로 물들지 않은 아동의 맑고 깨끗한 마음이 가장 가치 있는 것이라고 간주하는 생각으로서 도가적인 자연 그대로의 인간의 마음이 존중되어야 하고, 인간의 욕구와 욕망은 있는 그대로 긍정되어야 한다고 강조하는 사상이었다[참고: 옌리에산 · 주젠궈(2005). 이탁오 평전(역). 서울: 돌베개].

그는 "스승이면서 친구가 될 수 없다면 진정한 스승이 아니다. 친구이면서 스승이 될 수 없다면 진정한 친구가 아니다."라는 것을 주장함으로서 스승과 제자 간의 엄격한 거리를 내세웠던 유학자들로부터도 반감을 사기만 했다. 그는 도학자적인 주자학자들의 기만을 거부한다는 의사 표시로 불교와 도교에도 가까이했다. 머리를 깎고 불승 모양을 하는 등의 모습으로 그 당시 유학자들을 조롱하였다. 그는 공자에 대한 시비의 판단도 절대적인 기준이 될 수 없기에 사람들은 각각 자기의 시비 기준을 가져야 한다고 주장함으로써 예교와 도학에 반기를 들었다. 반유교적인 교설로 인해 그는 주자학으로 무장한 당시 권력층의 박해를 받고 투옥되자 아예 이단이기를 자처하였다. 칼로 제 목을 찌름으로써 자기 생각을 확실히 밝힌 섬뜩하리만큼 자기 사상에 충실했던 인물이다.

그가 한 말 중에서도 "나는 어릴 때부터 성인의 가르침이 담긴 책을 읽었지만 성인의 가르침이 무엇인지 몰랐고, 공자를 존중했지만 공자에게 무슨 존중할 만한 것이 있는지 몰랐다. 속담에 이른바 난쟁이가 키 큰 사람들 틈에 끼어 굿거리를 구경하는 것과 같아 남들이 좋다고 소리치면 그저 따라서 좋다고 소리치는 격이었다. 나이 오십 전까지는 나는 정말 한 마리 개와 같았다. 앞의 개가 그림자를 보고 짖어대자 나도 따라 짖어댄 것일 뿐, 왜 그렇게 짖어댔는지 까닭을 묻는다면, 그저 벙어리처럼 아무 말 없이 웃을 뿐이었다."가 유명하다. 이어 주자를 비판하는 그의 냉소적인 말도 의미심장하기만 하다. "어느 도학자(주자)가 굽 높은 큰 신발을 신고 긴 소매에 넓은 띠를 두른 채 삼강오상이라는 모자에 인륜이라는 겉옷을 입고, 낡은 경전에서 한두 마디 주워 담고, 공자의 말에서 서너 마디 훔쳐내어 입에 담으면서 자기는 진정한 중니(仲尼)의 제자라고 떠벌리고 다녔다. 그때 유해(劉諧)를 만났다. 유해는 총명한 인물로서 그것을 보고 비웃으며 "이 사람은 아직 우리 중니 형님을 모르는구먼." 하고 말했다. 그 사람(주자)이 벌컥 화를 내며 얼굴이 붉으락푸르락하여 말했다. "하늘이 중니를 이 세상에 태어나게 하지 않았다면 만고의 역사는 기나긴 밤과 같았을 것이다. 너는 어떤 자이기에 감히 중니를 형님이라고 부르느냐?" 그러자 유해가 "그러면 아마도 중니가 태어나기 전의 복희나 그 이전 성인들은 날이면 날마다 촛불을 밝혀 길을 다녔겠소이다!"라고 응답했다고 전해진다.

82) 모옌(Mo Yan)은 그의 소설 『사십일포』는 '41발의 포탄'을 뜻하는 말이지만, 소설을 쓴 모옌의 고향인 산동성의 시골 사람들은 그렇게 이해하지 않는다. 그 동네에서는 다른 사람에게 '포'라는 이름을 붙이면, 그것은 허풍을 떨고 거짓말 잘하는 사람을 지칭한다. 결국, 소설 제목인 『사십일포』는 바로 41개의 '뻥'을 치는 허풍쟁이를 말하고 있는 것이다.

모옌은 뻥치기 주인공으로 정신연령이 열 살쯤인 뤄샤오퉁을 내세운다. 그로 하여금 가진 자, 권력자들이 만들어 내는 중국 사회를 마음껏 풍자한다. 소설의 주인공인 뤄샤오퉁의 실제 나이는 스무 살이지만, 그는 늘 무엇인지 어눌하고 어리석기만 한 인물이다. 그런 뤄샤오퉁이 노스님을 만나 어린 시절 겪었던 일, 자기의 재주로 한바탕 우린 일들을 들려주기 시작한다. 어렵게 자란 뤄샤오퉁은 고기를 좋아해 '육신(肉神)'이라는 별명을 갖고 있지만, 고기를 제대로 먹고 자라지는 못했다. 그의 아버지가 어떤 여자와 눈이 맞아 집을 나가 버린 후 집 형편이 기울기 시작했기 때문에 고기 구경을 할 수 없게 된다. 집 나간 남편을 저주하는 어머니는 돈을 악착같이 모으기 시작한다. 뤄샤오퉁은 그런 어머니 밑에서 어렵게 지낸다. 자기 동네가 도축 마을임에도 불구하고 아버지가 집을 나간 후 5년 동안 고기 한 점 입에 대지 못했다. 어머니의 근검한 생활과 닦달로 그저 야채만 먹고 성장할 수밖에 없었다. 그렇게 지내던 소년 뤄샤오퉁은 도축장 사람들에게 돈을 더 벌 수 있는 잔꾀를 낸다. 살아 있는 소에게 물을 먹여 소의 근량을 늘리면 돈을 더 벌 수 있다는 것이었다. 그 잔꾀 때문에 도축장의 수입이 늘어나자, 도축장은 뤄샤오퉁을 주임으로 승진시킨다. 그 후부터 그는 육류 가공 공장의 주역이 된다. 그렇게 지내던 뤄샤오퉁에게 자기를 버렸던 아버지는 자기의 잘못을 뉘우치고 집으로 돌아온다. 그런데 아버지는 잔꾀로 얻은 명성을 거들먹거리는 아들 뤄샤오퉁에게 "돼지는 살찌는 걸 두려워하고, 인간은 명성 날리는 걸 두려워해야 해."라고 가르친다. 그것은 아들의 운명이 손쉽게 점쳐졌기 때문에 걱정이 되어 미리 내뱉은 말이었다[참고: 모옌(2008). **사십일포**(역). 서울: 문학과 지성사].

83) 소비주의 사회에 사는 사람들일수록 한 가지씩은 지니고 있을 법한 사치품들은 명품이 아니라고 지적해 주는 사람이 있다. 호주판 『하퍼스 바자』의 파리 특파원으로 일하고 있는 토마스는 10년 넘게 명품 패션 등의 유행과 추세를 면밀하게 분석한 기자다. 그는 명품의 명암을 들춰내기로 악명 높은 언론인이기도 하다. 그는 그동안 명품으로 불리고 있는 루이비통, 구찌, 태그호이어 등을 가진 명품 대기업인 'LVMH' 사가 전개하는 판매 전략을 까발려 그의 악명을 한 번 더 명품 기업에게 알려 준 언론인이다. 한 나라의 수상부터 유치원생에 이르기까지 명품에 중독된 나라를 꼽으라면 일본을 꼽을 수 있다는 것이다.

일본인은 유명 명품의 50%를 소비하는데, 그것은 일본 사회의 명품 열등감을 드러내는 증표라는 것이다. 아예 짝퉁 명품 중의 명품을 만들어 내는 중국 시안(西安)의 '짝퉁' 공장 내부까지 헤집어 본 그는 약 164조 원 대에 이르는 세계 명품 시장은 한 가지 힘에 의해 지탱된다고 결론짓고 있다. 그 힘은 다른 것이 아니라 일류에 대한 환상이라는 것이었다. 현대 중산층 명품 소비자들에게는 명품이라는 제품이나 그것의 질보다는 명품이라는 환상이 있는데, 그들을 그 환상을 돈으로 사고 있다는 것이다. 그 환상이 상실되거나 그 환상이 깨지는 날은 명품 기업이 망하는 날인데, 그것을 예방하기 위해 명품 기업은 매출액의 70%를 광고와 판촉에 재투자한다는 것이었다[참고: 데이나 토마스(2008). **럭셔리, 그 유혹과 사치의 비밀**(역). 서울: 문학수첩]. 어느 정도이든 값만 지불하면 누구나 가질 수 있는 것은 더는 명품이 아니라는 것이 그의 한결같은 주장이다.

굳이 물건을 가리켜 명품이라고 말하고 싶으면 그는 과거에 수공으로 만들던 예술적인 제품들로 돌아가야 한다고 주장하기까지 한다. 그런 수공예품이 명품의 정의에 합당한 명품이라고 불러 줄만 하다는 것이다. 소비자들이 대기업의 마케팅 비용을 대신 지불하고 있다고 힐난하는 토마스 기자는 그 자신의 명품이 무엇인지를 알려달라는 한국의 기자에게 "요즘 나에게 명품인 것은 휴대전화와 컴퓨터를 끄고 여덟 살짜리 딸인 루시를 안고 드는 낮잠, 바로 그것이다."라고 응수했다고 한다[참고: 정양환(2008). 돈만 있으면 누구나 가진다? 그럼 더이상 명품 아니죠. **동아일보**. 2008년 6월 14일자].

84) 마틴 셀리그만(Martin E. P. Seligman) 교수는, 일견 무책임하고 이기적으로 보이는 것 같은 마음가짐과 언어 습관으로 자기 행동을 합리화 하는 것이 낙관주의로 나아가는 방편이라고 추천한다. 그렇다고 비윤리적으로 살라는 말은 아니다. 자기 합리화의 언어적 성향은 낙관주의자들이 갖고 있는 대표적인 버릇이라는 것이라는 것을 알려 줄 뿐이다. 물론 부정적이거나 학습된 무기력으로 자기의 가능성을 부정하는 비관주의 성향을 가졌다고 하더라도, 그것을 거부한 태도를 가지면 상황이 달라질 수도 있다. 낙관주의자가 갖고 있는 약간 이기적인 태도로서 자기의 학습된 무기력을 극복하려고 노력하거나, 학습한다면 그 역시 어느 정도 낙관주의자의 행로를 밟을 수 있다는 것이 그의 주장이기도 하다.

셀리그만 교수는 자신감 있는 삶을 살기 위해서는 "자신에게 일어난 나쁜 일에 대해 스스로 어떻게 설명하는지가 더 중요하다고 본다. 자기 스스로를 부정하거나 비난하면 그 스스로 무기력한 사람으로 몰아가는 것이나 마찬가지가 될 것이고, 그와는 반대로 상황을 긍정하고 긍정적인 가능성을 부추기는 식으로 행동하면 그런 사람은 끝내 낙관주의적인 사람이 될 가능성이 크다고 결론짓는다. 낙관적인 사람일수록 자신의 역경을 일시적이며 조건만 조금 바꾸면 얼마든지 극복할 수 있는 상황으로 받아들인다. 그에 비해 비관적인 사람은 어려움에 빠지면 빠질수록, 자기 자신은 그 문제를 도저히 극복할 수 없을 뿐만 아니라, 영원히 자신의 삶을 송두리째 망쳐놓을 거라는 식으로 자신을 구석으로 밀고 간다. 그것을 드러내는 증거 중의 하나가 그들의 언어 습관이나 마음가짐인데, 사람들의 행위를 상징하는 언어와 마음가짐에서 타인들은 낙관이나 비관을 읽어 낼 수 있다는 것이다. 낙관주의자일수록 불행의 원인이 일시적이며, 특수하고, 외부와 환경과 같은 조건에 있다. 그에 비해 비관주의자는 불행의 원인이 보편적이며, 일반적이고, 자기 내부인 자신에서 기인한 것으로 봄으로써 자신이 자기부터 먼저 더 못되게 괴롭히는 경향이 강하다."[참고: 마틴 셀리그만(2008). **학습된 낙관주의**(역). 서울: 21세기북스.]

셀리그만 교수는 긍정적으로 세상을 보는 사람들의 특징, 삶의 방식, 삶에 대처하는 방법을 통해 모든 이를 위한 행복은 어떻게 이룩할 수 있는지를 알려 주고 있다. 그것을 위해 그는 수녀들에 대한 연구 결과를 행복에 이르는 한 사례로 들고 있다. 그의 조사에 의하면, 종신서원을 하는 수녀에게 자신을 소개해 달라는 짤막한 글을 부탁했을 때, '참으로 행복하다'든지 '크나큰 기쁨' 등의 감격적 표현을 사용한 수녀일수록 훨씬 장수했음을 알게 되었다. 긍정적 정서가 전혀 들어 있지 않는 내용의 글을 자주 쓴 수녀들과 비교할 수 있을 정도였다. 실제로 수도원에서 가장 활기 넘치게 자기의 삶을 살아간 수녀 가운데 90%가 85세까지 산 반면, 그저 평범하게 그리고 무미건조하게 지낸 수녀 가운데 85세까지 산 사람은 34%에 지나지 않았다.

긍정적 태도가 행복한 삶에 미치는 영향을 살펴본 또 다른 연구로 캘리포니아 버클리대학교의 켈트너와 하커 교수의 연구를 들 수 있다. 그들은 밀스 대학의 1960년도 졸업생 141명을 대상으로, 30년의 종단 연구를 한 적이 있다. 주제는 행복한 사람들의 일상적인 삶이 어떤 것이었는지에 관한 것이었다. 그들이 연구방법으로 활용한 것은 그들의 졸업 앨범이었다. 그들의 앨범에서는 3명을 제외한 모든 여학생들이 웃고 있는 모습으로 그들의 사진을 남겼었다. 그중 환한 미소, 말하자면 마음에서 우러나온 진짜 미소를 환하게 지은 사람이 절반 정도였다. 이런 모습을 보여 준 여학생들이 각각 27세, 47세, 52세가 될 때마다, 연구진은 이들을 모두 만났다. 연구자들은 그때마다 그들의 결혼 생활과 생활 만족도를 조사했다. 켈트너와 하커 교수는 1990년에 전임자에게 이 연구를 이어받았을 때만 해도, 과연 졸업 사진 속의 미소만으로 그들의 결혼 생활을 예측할 수 있을지 의심했었다. 그러나 놀랍게도 한 가지 사실이 명백해졌다. 졸업 사진에서 환한 미소를 짓고 있던 여학생들은 결혼 후 30년 동안을 행복하게 살고 있었다는 사실이었다. 연구진들에게 그들이 보여 준 눈가의 주름은 행복을 예측하는 척도나 마찬가지였다. 결혼 생활에 행복한 사람일수록, 그들의 눈가에는 잔잔한 미소를 짓게 만드는 주름이 자연스럽게 잡혀 있었기 때문이었다.

행복은 억지로 만들어 본다고 해서 그렇게 행복하게 되는 것이 아니다. 행복은 이루기에 엄청나거나 그렇게 대단한 일도 아니다. 행복은 그 어디서나 언제나 무슨 일에서나 나타나기 마련이다. 말하자면, 어느 눈 내리는 날 일행과 함께 버스를 타고 가다가 집 앞 도로에서 눈을 치우고 있는 할머니를 보고 그냥 가지 않는 것도 행복에 겨운 일이다. 그녀를 돕기 위해 목적지도 아닌데 내려서 할머니를 도와주는 일은 행복을 불러일으키는 불꽃이 된다. 남에게 친절과 배려를 해내는 그런 긍정적인 정서가 행복을 불러내고, 행복을 이어준다. 친절과 배려가 많을수록 육체적 쾌락과는 질적으로 다른 만족과 포만감을 주기 마련이다. 기쁨과 쾌락처럼 순간적인 긍정적 정서와 달리, 친절과 베푸는 것에서 기인하는 행복은 마음의 맑게 만들어 준다. 자신의 강점과 미덕이 작동하여 일상생활 속에서 발휘되어 얻어지는 긍정적 감정은 진정한 행복을 느끼도록 도와준다. 고급 승용차로 드라이브를 하면서 안락한 삶을 누릴 수도 있지만, 그런 안락한 삶만이 행복한 삶은 아니다. 안락한 삶에 비해 행복한 삶은 참된 행복과 큰 만족을 얻기 위해, 날마다 자신의 강점을 최대한 활용하는 것이라는 사실을 깨닫는 일이 더 중요하다[참고: 마틴 셀리그만(2006). **긍정심리학**(역). 서울: 물푸레].

85) 학습된 무기력이란 자신이 통제할 수 없는 상황에서 자신이 무기력하다는 것을 주입받은 연후에는, 그와 동일하거나 유사한 상황을 맞이할 때 그 상황에 대한 통제능력을 포기하게 되는 자동적인 습관을 말한다. 인간이 통제 불가능한 상황에 여러 번 직면하면 그는 끝내 아무것도 되는 것이 없다는 절망감을

학습하게 된다. 그렇게 되면, 그는 자기 자신의 통제력에 대해 절망의 언어와 부정적인 언어를 사용하게 된다. 예를 들어, "나는 글러먹었어. 나는 아무리 해도 안 돼."라는 등의 부정적인 언어로 자기의 행동을 합리화하곤 한다. 낙관주의 역시 그런 과정을 통해 습관화된다는 점에서 습관화된 낙관주의 역시 긍정적인 언어 습관에서 나온다.

86) 인간이 다른 사람에게 알레르기를 유발하는 원인이 될 수도 있다. 서로에게 불행한 일이지만 어쩔 수 없는 노릇이다. 그것이 바로 삶이기 때문이다. 사람들의 불쾌한 행동은 대체로 사소한 것이지만 자주 되풀이되면 주위 사람들을 짜증나게 만든다. 다른 사람에게 알레르기를 일으킬 수도 있다. 대학 시절 룸메이트와 한 방에서 지냈거나 동생과 함께 살았던 때를 생각해 보자. 설거지, 쓰레기 버리기, 스테레오의 음악 소리 등을 가지고 벌어졌던 모든 말다툼을 기억하는가? 그런 것이 얼마나 신경에 거슬렸는지 생각나는가? 이처럼 끊임없는 삐걱거림은 어떤 불쾌한 말보다도 더 강한 반응을 일으킨다.
알레르기를 일으키는 물질인 알레르겐과 마찬가지로 처음에는 그런 성가심이 거슬리지 않을지도 모른다. 사실 몇 가지 사소하게 거슬리는 점은 그냥 넘어갈 수도 있다. 하지만 시간이 지나면서 누적 효과가 나타나고 알레르기는 악화된다. 한때 화기애애했던 이웃이나 시어머니와의 관계가 온통 가렵고 호흡기가 답답해지는 일종의 심리적 과민성 쇼크로 발전할 수 있다[참고: 에드 디너(2010). 모나리자의 미소의 법칙(역). 서울: 21세기북스].

87) 정신과 의사인 하지현 교수는 잘라 말한다. 자기 삶을 위해 물 한 잔이라도 제대로 마시고 걸어 가라고 말한다. "우리는 그렇게 대단한 사람이 아니에요. 맞서 싸우려다 보면 부서져버려요. 수많은 자기계발서나 리더십 책들은 강해져야 한다고, 위대함 그 너머의 존재가 되어야 한다고 우리를 부추겨요. 하지만 저는 그렇게 생각하지 않아요. 효율성을 추구하는 것은 한계가 있어요. 완벽을 추구하는 것도 마찬가지예요. 컵에 물을 꽉 채우려면 물이 넘쳐야만 해요. 낭비가 발생하고, 바닥이 젖는 피해가 생기는 거죠. 그런 희생 없이는 완벽한 한 잔은 만들어지지 않죠. 이렇게 완벽은 어려울 뿐더러 희생도 따르는데 그 희생도 감당하기 힘들잖아요? 그럼에도 완벽에 집착하니까 무리를 하게 되고 현재에 만족을 하지 못해요. 완벽한 한 잔이 되지 않은 잔은 채워지지 않았다고 여기니까. 그게 우리 삶의 문제예요. 채워지지 않는 잔을 놓고 안달복달하니 경고등이 켜질 수밖에 없겠죠. 저도 그렇게 살았어요. 어느 순간 그 완벽함이란 결국 내 마음속의 허상일 뿐일지도 모른다는, 이 세상이 우리를 너무 열심히, 뼈 빠지게 일만 하게 만들기 위해 거는 최면 같은 게 아닌가 하는 느낌이 들었죠."[참고: 하지현(2011). 심야치유식당. 서울: 푸른숲.]

88) 작가인 블룸버그(Bloomberg)는 다른 시각에서 또 다른 유형의 행복한 사람을 그려낸다. 그가 소개하는 사람은 일중독자인 잭이다. 잭은 만족을 위해 언제나 일에 매달려 살아가는 평범한 월급쟁이다. 그 어느 출근길에 그는 뜻밖의 교통사고를 당한다. 다시는 걷기 어려울 것이라는 진단을 받고 깊은 절망에 빠진다. 그러나 그는 사고 소식을 듣고 찾아온 사람들이 전해 준 행복과 희망의 메시지에 감격한다. 처음 느껴보는 행복감이었다. 그것으로 인해 그는 자신의 과거 인생을 겸허하게 되돌아보며 깊은 성찰을 한다. 자성 속에서 잭은 내일, 또 내일로 미루어 두었던 삶의 가치들에 대해 다시 생각하게 된다. 그것

이 행복에 이르는 소중한 길임을 비로소 깨달아 간다. 과거에 대해 후회하거나 미래를 두려워할 필요 없이, 지금 이 순간에 충실해야 한다는 깨달음을 얻는다. 그제야 그는 절망의 터널에서 빠져나와 삶에 새로운 눈을 뜬다. 잭의 삶이 변해가자 그의 가족을 비롯한 주변 사람들 역시 함께 새로운 삶을 시작한다. 그들은 걱정과 근심, 고민, 불안과 두려움에 몸을 떨기보다는 그것들과 맞서 싸울 수 있는 힘을 얻는다. 걱정과 고민에 파묻혀 보이지 않았던 행복들을 발견한다. 잭과 가족 스스로 하나의 다짐을 한다[참고: 존 블룸버그(2005). **카르페 디엠**(역). 서울: 토네이도].

89) 그것도 39도의 더위 속에서 그가 해낸 일이다. 그 반복 훈련이 그에게는 생명이나 마찬가지였다. 한 번에 조금씩 올라가는 반복 훈련을 해낼 수만 있다면, 그는 모든 산을 정복할 수 있다는 것을 알았다. 그는 그러한 계획에 따라 철저히 자기 목표를 성취하기 위해 노력하고 준비하고, 또 노력했다. 그는 현재를 위한 현재에 몰입했다. 엘 카피탄의 정상에 오른 그에게 기자들이 몰려들어 어떻게 성공할 수 있었느냐고 물었다. "한 번에 15센티미터씩"이라는 것이 그의 한결같은 대답이었다. 오직 한 번에 15센티미터를 어떻게 올라갈 수 있느냐에 대해서만 고민했다. 똑같은 15센티미터를 7천 번 반복함으로써 꿈을 이룰 수 있었던 마크 웰만(Mark Wellman)이 말했다. "꿈이 있다면 그 꿈은 오직 내가 현재 실천할 때에만 이루어집니다. 앉아 있지 말고 지금 나가 시작하십시오. 15센티미터만 앞으로 나아가겠다고 결심한다면, 세상에서 이루지 못할 일은 없습니다."[참고: 지그 지글러(2006). **시도하지 않으면 아무것도 할 수 없다**(역). 서울: 큰나무.]

90) 『나니아 연대기』의 작가, 루이스(C. S. Lewis)는 N.W. 클러크(Clerk)라는 필명으로 발표한 슬픔의 고찰(A Grief Observed)에서 살아 있는 기쁨은 그 어떤 것으로도 대체할 수 없다고 잘라 말한다. 본인 스스로 독실한 성공회 신자이지만, 그 어떤이가 신앙으로 죽음을 위로한다는 말을 들으면, 그런 사람은 정말 죽음과 슬픔의 깊이를 모르는 사람이라는 생각이 들 뿐이라고 말한다. 독실한 기독교 옹호론자인 루이스이지만, 그는 죽음을 대체할 것은 아무것도 없다는 것을 있는 그대로 받아들이는 죽음의 현재형에 주목할 때 비로소 삶에 대한 바른 이해가 가능하다고 본 것이다.

『나니아 연대기(The Chronicles of Narnia)』는 루이스의 필력이 돋보이는 판타지 아동문학 시리즈이다. 『나니아 연대기』는 동물들이 말을 하고, 마법이 일상적이며, 선이 악과 대결을 벌이는 가상 세계에서 벌어지는 판타지를 다루고 있다. 제2차 세계대전 중, 영국 출신의 아이들이 떨어져 벌이는 모험을 세계의 최초부터 종말까지 담아내고 있는 작가 루이스는 한때 "나는 어떤 종교도 믿지 않아. 증거가 없어. 철학적인 관점에서 볼 때 기독교는 최상의 종교도 아니야."라고 고백했던 무신론자였었다. 그런 그가 15년 후에는 전혀 다른 고백을 한다. "우리가 '사실'이라고 부르는 것, 즉 실제로 있었던 성육신과 십자가에서의 죽음, 그리고 부활을 통해 그 존재를 보여 주신 하느님이 곧 기독교다."라고 고백한다. 독실한 성공회 신자로 거듭난 루이스는 그리스도교 교리와 고대 그리스 로마 신화 및 영국과 아일랜드 동화 내용을 혼합하여 기독교적 환상을 소설 전반에 그려낸 판타지 소설가로 유명하다[참고: 루이스(2005). **나니아 연대기**(역). 서울: 시공주니어].

91) 근대 이전의 사회에서도 실패는 낙오였고 이단(異端)이나 마찬가지였다. 실패는 정해진 사회 질서와

다른 삶을 산 자를 뜻했다. 실패자는 사회에서 격리돼 도덕적 죗값을 치러야 했다. 이런 실패자에 대해 사회는 냉담했다. 신의 섭리로 그것을 받아들였다. 예를 들어, 16세기 후반 네덜란드 화가 피터르 브뤼헐(Pieter Bruegel)이 그린 그림 '이카로스의 추락'은 이런 실패 관념의 변화를 한눈에 보여 준다. 농부가 쟁기로 밭을 갈고, 목동은 하늘을 보는 것 같이 이 그림은 대단히 목가적이다. 그러나 그 오른쪽 바다에는 다리와 손 하나만 보인 채 바다에 빠져 허우적대는 사람이 구원을 청하고 있는 것처럼 발버둥친다. 그는 신의 영역, 말하자면 비행(飛行)의 한계를 넘으려다 추락한 이카로스다. 전근대적 삶의 전형인 농부와 목동은 이 실패를 이해하지 못하고 관심도 없다. 실패자는 당연히 벌을 받아야 되기에 그 누구라도 무관심한 존재일 뿐이다.

대니얼 디포(Daniel Defoe)의 『로빈슨 크루소』 역시 실패자에 대한 묘사다. 청교도 정신으로 무장한 초기 자본주의 기업가들이 실패를 어떻게 생각했는지 살피게 만드는 사례다. 『로빈슨 크루소』는 모험 이야기가 아니다. 왜냐하면 당시 청교도들은 성공하면 신이 내 편이고 실패하면 신에게서 버림받았다고 생각했는데, 바로 크루소가 탄 배의 난파는 파산과 실패했기에, 그는 섬에 고립된 운명은 죗값을 치르고 신에게 다시 구원받기 위한 과정에 남아 있는 실패자일 뿐이기 때문이다[참고: 크리스티아네 취른트(2007). 실패의 향연(역). 서울: 들녘].

92) 인간의 죽음과 죽어감을 주제로 연 특별 강연회[참고: 연세대 간호대학 창립 100주년과 한국죽음학회 창립 1주년을 기념하기 위한 기념 강연회, 2006년 5월 3일~4일]에서 알폰스 디켄(Alfons Deeken) 교수는 현대인이 죽음을 맞이하는 방식이 사투적임을 지적하고 있다. 그 역시, 엘리자베스 퀴블러 로스(Elizabeth Kubler Ross)가 관찰했듯이, 말기 환자가 죽음에 이르는 과정은 다섯 가지로 보고 있다. 말기 환자들은 처음에는 부정을 한다. 그러다 두 번째로는 노여움을 갖게 되고, 이 단계가 지나면 세 번째로는 어떻게 하면 살 수 있을까 그 방법을 찾고자 몸부림친다. 그러다 그것마저 안 되면 그다음에는 침울과 낙담의 상태로 들어간다. 그렇게 해서 마지막이 되면 자신이 죽는다는 사실을 받아들이게 되며 그로부터 자유로워진다. 물론 죽음에 대한 태도는 사람마다 각기 다르고 문화권마다 다를 수 있지만, 거의 유사한 과정을 거친다.

93) 그런 다음, 두 번째로 환자는 삶과 죽음의 문제를 자기가 결정하기를 바란다. 이것은 개인적인 자유와 자율성을 강조하는 것을 말한다. 자기 결정이 중요하기에, 죽어 가는 말기 환자에게 그들의 자기 결정의 능력과 권리를 인정하고 존중해야 주어야 하지만, 이것은 대단히 어려운 일이다. 왜냐하면 삶과 죽음의 경계선을 긋기가 어렵고 말기 환자의 경우는 자기 결정의 능력과 힘이 약화되어 있기 때문이다.

세 번째로 비록 말기 환자라도 그들은 인격적인 성장을 요구한다. 환자가 적극적으로 살고 성장할 수 있도록 도울 필요가 있다. 인간은 역동적인 존재이기 때문에 죽을 때까지 무언가를 향해서 나아가고 성장을 한다. 말기 환자를 대할 때 인생의 내리막길을 가는 사람이라고 단정해 버리기 쉽지만, 죽는 순간까지 죽어 가는 사람들은 뭔가 자기 자신이 유용한 존재가 되고 싶다는 욕망을 갖고 있다. 네 번째로 환자는 자신이 죽는다는 과정에서 적극적인 역할 그리고 주인공의 역할을 하고 싶어 한다. 말기 환자는 이제 아무 쓸모가 없고 중요하지 않은 존재가 아니라 마지막까지도 공동체를 위해서 어떤 중요한 역할을 하는 존재임을 받아들여야 한다.

다섯 번째로 말기 환자들은 자신의 병의 진실에 대해서 알 권리가 있다. 1960년대 미국 의사의 90%는 절대로 자기 환자에게 암이라는 것을 알려 주지 않았다. 그 주된 이유는 환자로 하여금 계속 희망을 갖게 하고 언젠가는 치료를 통해서 완전히 회복될 수 있다는 희망을 갖게 하겠다는 것이었다. 그러나 환자는 자기의 삶이 얼마 남지 않았다는 것을 미리 앎으로써 자기가 하고 싶었던 일 혹은 미처 하지 못했던 일들을 할 수 있고 또 남았던 일을 정리할 수 있는 여유를 가져야 한다. 죽어 가는 사람의 모습에서 가장 아름다운 것은, 그 사람이 살아오는 동안 신세진 모든 사람에게 감사하다는 마음의 표시를 남기는 것이다.

여섯 번째로 환자는 품위 있게 위엄을 지니고 죽을 권리가 있다. 이 문제는 안락사와 관련된 문제이기에 윤리적인 고찰이 필요하다. 하지만 한 가지 중요한 것은 죽어 가는 사람의 품위를 그의 입장에서 고려해야 한다는 점만큼은 부정할 수 없다. 일곱 번째로 환자는 자신의 생을 돌아봄으로써 자기에 대한 마지막 치유의 기회를 갖게 해야 한다. 말기 환자들이 받는 고통 중에 많은 것은 과거에 가졌던 인간관계에 대해 크게 후회한다. 그러한 것들 때문에 환자들은 특히 죽는 것에 두려움을 갖는다. 해결되지 않은 인간관계 때문에 계속 고통스러워하는 환자가 용서를 필요로 할 때는 용서를 구하게 하고, 화해할 필요가 있을 때는 화해를 하게 함으로써 환자가 편안한 마음으로 갈 수 있도록 도와주어야 한다.

여덟 번째로 환자는 고통에 대한 통제를 강력하게 원한다. 우리가 고통이라고 할 때 이것은 전체적 고통, 즉 정신적 · 육체적 · 사회적 · 영적인 네 가지를 합해서 이야기하는 것이다. 아홉 번째로 환자는 유머와 웃음을 필요로 한다. 우리는 흔히 인생에 유머와 웃음이 필요한 것이라고 말한다. 죽어 가는 사람에게 역시 그것은 필요한 것이다. 말기 환자가 마지막 죽는 과정을 밟을 때, 유머와 웃음은 그 사람의 모든 정신 건강을 도와주는 가장 귀중한 과정이라고 볼 수 있다. 열 번째로 환자의 마지막 욕구는 죽은 후의 세계에 대한 생각이다. 죽음이 모든 것의 끝이라고 생각하는 것과 죽음은 영원한 생명에 들어가는 시작이라고 생각하는 것 사이에는 죽어가는 사람이 갖는 죽음에 대한 태도에 큰 차이를 가져온다. 환자에게 가장 큰 희망을 주는 것은 사후의 영원한 세계에 대한 희망을 주는 것이라는 사실이다. 죽음을 앞둔 사람에게 죽은 후에 영원한 세계가 있고 먼저 간 자기의 사랑하는 가족 친지들을 만난다고 하는 것은 대단히 큰 희망을 준다[참고: 엘리자베스 퀴블러 로스(2008). **죽음과 죽어감**(역). 서울: 이레; 엘리자베스 퀴블러 로스(2010). **인생수업**(역). 서울: 이레].

94) 서양 의학은 기원전 460~370년경에 살았던 그리스의 의사 히포크라테스의 가르침에 뿌리를 두고 있다. 의사들은 히포크라테스 선서를 할 경우, 지금도 고대 그리스의 신들을 언급한다. "의술의 신 아폴로를 위시하여 아스클레피오스(Asklepios)와 히게이아, 피나케아 그리고 모든 남신과 여신들 앞에서 나는 나의 능력과 판단에 따라 이 선서를 지킬 것임을 맹세한다."

'위생'을 의미하는 영어 단어 하이진(hygiene)의 어원은 그리스어 히게이아(Hygeia)다. 히게이아는 그리스신화에서 건강의 여신을 말한다. 그녀는 처녀 신이다. 점성술에서 처녀자리인 히게이아는 팔에 한 다발의 옥수수를 안고 있는 처녀신의 모습으로 그려진다. 그녀는 '동정녀'라고도 불린다. 히게이아는 인간의 순수함이나 완전함과 깊은 상관성이 있음을 의미한다. 히게이아가 하는 일과 비슷한 일을 하는 신이 아스클레피오스(Aesculapius)다. 그는 아폴론(Apollon)의 아들이며, 카이론(Chiron)의 제자로서 의술의 신을 말한다. 히게이아와는 달리 아스클레피오스는 죽은 자도 살린다는 뜻으로 쓰인다. 똑같은 의술이지만, 의학적으로 히게이아와 아스클레피오스는 하는 일이 다르다. 두 가지 다른 치료법을 나타낸다. 히게이아를 따르는 의술에서, 건강이란 사물의 자연스럽고 정상적인 상태의 의술을 일컫는 말로 쓰인다.

의술의 역할은 신체가 그 자신의 천부적 치유력을 사용하도록 돕는 것이라고 믿게 만든다. 동양과 서양의 치료 방식들로부터 유래하는 오늘날의 많은 '요법'들이 히게이아의 가르침과 관련된다. 그래서 히게이아는 자연의 치유력, 순수한 치유력으로 통한다. 자연의 치유력을 상징하는 히게이아에 반해 아스클레피오스 현대의 과학적 의술로 통한다. 아스클레피오스에 따르면, 의사의 주된 목적은 사고나 감염에 의해 생겨난 증상을 즉각적으로 치료하는 것, 의술의 목적은 수술하고 처방하는 것이라고 대변한다. 사람들은 아스클레피오스의 의술을 편의상 치료의 의술이라고 부르며, 반대로 히게이아의 의술을 치유의 의술이라고 부르기도 한다[참고: 제인 호프(2002). **영혼의 비밀**(역). 서울: 문학동네].

95) 윤동혁은 기자다. 그는 자연 치유자로 자처한다. 그는 자기 아이가 고통스러워하는 아토피를 고치기 위해 여러 가지 노력과 수고를 아끼지 않았다. 국립산림과학원, 자연치료를 강조하는 나라 중에서도 상당히 앞서가고 있는 나라들, 말하자면 일본, 독일 등지를 오가며 자연 치유방법을 취재했다. 숲 속 통나무집에서 10년여 간 살아 보기도 했다. 그는 자신의 경험을 토대로 숲이 지니고 있는 자연 치유력을 이야기한다. 심한 아토피로 고생하던 4명의 어린이가 7개월 동안 숲에서 지내며, 효과를 본 과정 역시 놀라울 정도였다고 보고하고 있다. 삼림욕이 병을 치료하기 때문에 그런 일이 가능하다는 것이다. 피톤치드와 파이토케이컬, 음이온 등을 내뿜는 숲이 그들을 치료하기 때문이라는 것이다. 인간은 원래 숲에서 진화했다.

지구상에 인류가 등장한 이후 최근까지 인간은 숲에서 태어나 숲에서 먹을거리를 찾았고, 숲으로 돌아갔다. 그래서 독일 같은 나라는 삼림욕을 아예 대체 의학으로 인정한다. 그들은 건강보험 혜택을 받으며, 삼림욕을 즐기고 질병을 치유하고 있다. 의사에게서 삼림욕이 필요하다는 진단을 받으면, 무료로 삼림욕의 치료를 받을 수 있다. 독일 정부가 삼림욕을 포함한 자연 요법에 지원하는 보험료만 연간 8,000억 원에 이른다. 사람은 숲에서 자연과 일체감을 느끼고 그 때문에 몸도 마음도 편안한 상태가 된다. 인간 본래 상태와 가까워지는 것이다. 자연 치유의 본질은 이처럼 인간을 원래 있던 그 자리에 옮겨 놓는 것이다. 숲에서 자연을 느끼고 자연과 대화하는 것, 그것이 인간을 행복하게 한다[참고: 윤동혁(2006). **나를 살리는 숲, 숲으로 가자**. 서울: 거름].

96) 참고: 오쇼 라즈니쉬(1999). **명상, 처음이자 마지막 자유**. 서울: 태일출판사.

97) 참고: 노구찌 유끼오(2000). **초발상법**(역). 서울: 학원사; 하루야마 시게오(1996). **뇌내혁명**(역). 서울: 사람과 책.

98) 류태영 교수님이 보내 주신 아름다운 글에서는 마음을 만지는 사람만이 이 세상에서 가장 아름다운 사람임을 말하고 있다. "마음은 우리의 손으로 만질 수 없는 부분입니다. 마음을 만져 줄 수 있는 사람만이 마음을 움직일 수 있습니다. 마음을 만져 줄 수 있는 비결은 먼저 마음을 주어야만 합니다. 마음을 움직일 수 있는 진실을 보여 주어야 합니다. 그렇게 하지 않으면 마음의 빗장을 열 수 없습니다. 마음을 만져줄 수 있는 사람은 자신의 마음을 낮추어야 합니다. 높은 마음을 가지고 있는 사람에게는 아무도 마음의 문을 열지 않습니다. 최대한 낮추고 최대한 섬기는 자세로 나가가야 합니다. 마음을 움직이는 도구는 마음 뿐입니다. 그 마음은 순수해야 합니다. 그 마음은 깨끗해야 합니다. 그 마음은 아름다워야 합니다. 그 마음은 상대방을 더 위하는 마음이여야 합니다. 성숙한 마음은 겸손한 마음입니다. 성숙한 마음은 세워 주는 마음입니다. 성숙한 마음은 덮어 주는 마음입니다. 성숙한 마음은 양보하는 마음입니다. 상대방의 싫은 소리도 잘 들어 주고 …… 상대방의 감정도 잘 소화하고 …… 상대방의 결점도 잘 덮어 줄 수 있을 때 상대방으로부터 마음을 얻습니다. 마음을 얻는 것이 …… 재물을 얻는 것보다 낫습니다. 마음을 얻는 순수한 지혜를 가지세요. 마음을 잘 만져 주십시오. 마음을 잘 치유해 주십시오. 마음을 잘 이해해 주십시오."

99) 구도에 힘써오다가 가야산에서 수행 중 완전한 진리를 이룬 우명 선생은 인간 내면의 성찰과 본성 회복, 세계의 화해와 평화에 기여했다는 공로로 유엔(UN) 산하 NGO '세계 평화를 위한 국제교육자협회(IAEWP)'로부터 '마하트마 간디 평화상(2002년 9월)'을 수상한다. 그 후 세계평화대사로 활동하는 우명 선생은[참고: 우명(2008). **진짜가 되는 곳이 진짜다**. 서울: 참출판사.] 이제 누구나 성인(聖人)인 성자(聖者)가 되는 시대가 되었는데, 성인이나 현자의 길을 걸으려면 자기 삶에서 빼기를 잘해야 한다고 말한다. "지금의 시대는 마음에 더하기의 시대였으나 마음 빼기의 시대가 열렸다. 이 빼기의 시대에 마음의 빼기를 한 자는 본성을 되찾아 인류는 하나가 될 것이고 세상과 남을 위해 살아 세상이 완성이 될 것이다. 인간 완성은 자기 마음을 다 빼면 신인 세상의 마음이 되어 지혜가 있어 잘살 수가 있고 그 마음인 영혼이 또 영원히 살 수가 있을 것이다. 완성이란 인간 마음을 자기가 먹은 마음을 다 빼기하는 것이다[참고: 우명(2011). **이 세상 살지 말고 영원한 행복의 나라 가서 살자**. 서울: 참출판사].

100) 91세에 난생 처음 글을 배워 98세에 이르러 『어부의 언어』라는 수필집을 낸 아루다 할아버지의 독백이다. 한때 문맹(文盲)이었던 선장으로서 98세에 작가가 된 그는 포르투갈에서 맨몸으로 시작해 미국 로드 아일랜드에서 자리 잡고 있는 자신의 삶을 기록했다. 평생 바다와 싸우며 투쟁하던 한 젊은이의 이야기를 담은 책은 2011년 11월 출판된 이후 지금까지 3,000권이 팔렸다. 초등학교에서 교재로 읽히고 있다. "난 그저 어부였다. 생계를 잇기 위해 바닷바람과 싸우며 배를 몰았다. 남들은 '하찮은 일'이라고 말할진 몰라도 난 자랑할 일이 많다. 내 손으로 집을 지었고, 우리 두 아이와 아내와 함께 따뜻한 가정을 이루었다. 바닷가재잡이 수십 년. 어느덧 선장도 됐다. '바닷가재의 왕'이란 별명도 붙었다. 이렇게 스스로를 자랑스러워 하지만, 내 나이 90세가 될 때까지 주변에 말 못한 것이 있다. 때때로 이 일 때문에 밤마다 홀로 눈물짓곤 했다.

나는 글을 읽지 못했다. 심지어 식당의 메뉴판도 읽지 못했다. 그럴 때면 다른 사람들이 주문한 음식을 보고선 '똑같은 메뉴를 달라'고 말했다. 가끔은 도움을 요청하기 싫어서 그냥 배를 곯기도 했다. 사실 우리 식구 중 나보다 나은 처지인 사람도 없었다. "한때 글 읽는 건 상상조차 하지도 못했던 나였는데, 이젠 사람들이 내게 전화를 걸어와 편지 같은 걸 써달라고 합니다. 세상에나. 너무나도 기뻐요." 라고 기자에게 말하는 그는 돈을 벌기 위해 10살도 안 된 나이부터 직업 전선에 나와야 했던 터라 제대로 배우지 못했다. 콘크리트 블록을 만들었고, 빵을 굽기도 했다. 글을 몰라 어려운 적이 한두 번이 아니었다.

그가 운전면허 시험을 보러 갔을 때 그가 할 수 있는 일이라곤 지원서에 자신의 이름을 적어 넣는 것뿐이었다. 그의 친구가 면접관에게 "이 친구가 '바닷가재 왕'입니다."라고 말한 뒤에야 겨우 실기 면접을 볼 수 있었다. 평생 그는 남들처럼 읽고, 쓰고 싶었지만, 그에겐 작은 시간도, 기회도 허락되지 않았다. 그의 조카가 '편지 한 번 써 보라'고 권했는데, 한 장 쓰는 데 한 달이나 걸렸다. 그랬던 그가 '책을 쓰겠다'고 마음 먹은 건 98세에 글자 깨친 한 남성에 관한 책을 '듣게 된' 다음부터. 그의 손녀는 조지 도슨(Jeorge Dawson)의 『인생은 아름다워』란 책의 일부를 그에게 들려줬다.

그때 그는 이렇게 생각했다. '만약 그가 할 수 있다면 나도 할 수 있다.' 그는 처음엔 독학으로 알파벳을 공부하다 아동용 사전과 씨름했고, 다음에는 친척과 선생님들에게 도움을 청했다. 91세 때부터 공부를 시작해 세월이 지난 2010년쯤엔 느리지만 읽을 수는 있는 단계가 됐다. 당시 자원봉사로 그에게 글을 가르치던 69세의 마크 호건 씨는 이렇게 전했다. "헨리 씨가 책을 쓰겠다는 의지를 보여 줬을 때 전 아주 한방 얻어맞은 듯했습니다. 정말 압도됐어요. 그를 통해 전 너무나 배운 것이 많습니다. 그 나이에 불굴의 의지로 일을 해내는 걸 보면서 '나도 나이가 더 들어도 저렇게 뭔가 할 수 있는 게 더 많겠구나' 하는 생각에 무척 행복했습니다."[참고: 조선일보 편집국(2012). 문맹이었던 어부, 98세에 수필작가 되기까지. **조선일보**. 2012년 4월 1일자.]

101) 건강 심리학의 대가들로 평가받고 있는 프리드먼(Friedman) 박사와 마틴(Mortin) 교수는 건강과 장수에 대한 기존의 통념을 더는 믿지 말라고 말한다. 1,500여 명의 인생사를 종단적으로 살피면서 내린 결론이다. 이들 교수들은 그동안 사회적 통념으로 굳어져 왔던 속설들, 말하자면 무리하게 일하면 건강하게 살 수 없다. 유쾌한 생각을 많이 하면 오래 살 수 있다. 걱정은 건강에 아주 해롭다와 같은 견해들은 장수의 비결이 아니라는 것이다[참고; 하워드 S. 프리드먼 · 레슬리 R. 마틴(2011). **나는 몇 살까지 살까**(역). 서울: 쌤앤파커스].

예를 들어, 이들 교수들은 노인들과 진행한 모든 인터뷰(약 25만 단어)에서 한 가지 사실을 발견했다. 그것은 이 노인들은 자신의 불가피한 죽음에 대해 이야기하면서도 '죽음'이라는 단어를 입 밖에 낸 사람이 단 한 명도 없었다. 최근 세상을 떠난 친구 이야기를 하면서 죽음을 의미하는 말을 몇 번 사용하기는 했지만, 이들은 저들의 죽음보다는 오히려 일과 가족 이야기를 주로 나눴다. 어떤 사람들은 건강에 관한 얘기를 무척 많이 했거나 혹은 건강을 유지하기 위해 자신과 주치의가 얼마나 노력하는지에 대해서도 이야기했지만, 그런 이야기의 초점은 결코 저들의 죽음에 맞춰져 있지 않았다. 노인들은 죽음이 아니라 그들의 '삶'에 대해 이야기했다.

장수하는 사람들에게 있어서 죽음이라는 말을 절대로 입 밖에 내지 않는 것이 장수 비결이라는 말이 결코 아니다. 저들의 인생살이는 급조된 것이 아니라 삶의 향기였다. 아름답게 살아온 삶의 훈습(薰習)이었기 때문이다. 인생에 대한 저들의 이해와 해석은 급조된 어떤 처방의 해법이 아니라, 저들의 오랜 삶과 세월에 걸쳐 쌓여진 내공이었다. 그것이 '건강한 생활방식'의 일부분이었을 뿐이기 때문이었다. 저들은 죽음을 생각한 것이 아니라 삶을 이야기해 왔기에 굳이 죽음을 지레 걱정할 이유가 없다는 뜻이다.

102) 참고: 하루야먀 시게오(1996). **뇌내혁명**(역). 서울: 사람과 책.

103) 뇌 기능의 전환이 삶을 바꾼다는 주장은 하버드 의과대학에서 인간의 뇌에 대한 연구하던 37세의 테일러(Jill Bolte Taylor) 교수의 뇌졸중 사례에서도 임상의학적으로 타당한 것으로 드러났다[참고: 질 볼트 테일러(2011). **긍정의 뇌**(역). 서울: 윌북]. 테일러 교수는 뜻밖의 뇌출혈을 당해 인지능력을 일시에 상실한다. 뇌졸중으로 인해 그녀의 좌뇌는 멈춰 버리고 우뇌로만 세상을 사고하게 된다. 그녀에게 있어서 좌뇌는 내가 외부 세계와 소통할 때 사용하는 도구였다. 우뇌가 이미지들의 콜라주로 생각한다면, 좌뇌는 언어로 생각하고 끊임없이 내게 말을 건넸다. 좌뇌의 언어 중추가 "나는 무엇무엇이다."라고 말함으로써 나는 영원한 우주의 흐름에서 떨어져 나온 독립적인 존재, 단일하고 견고한 존재로 만들어 주었지만 그것은 끝내 고립, 경쟁, 닫힘의 세계로 자신을 가두어 놓곤 했다.

따지며 분석하며 단죄하는 식으로 매사를 관조하던 좌뇌적인 그녀의 삶, 말하자면 그 모든 것을 좌뇌적으로 행하던 그녀의 모든 삶은 뇌출혈로 인해 그녀의 의지와 관계없이 좌뇌를 더 이상 활용할 수 없었기에 자동적으로 우뇌적으로 살아가는 삶으로 바뀌게 되었다. 우뇌적인 삶으로 그녀의 생활이 바뀌면서, 뇌졸중 전에만 하더라도 비교와 경쟁, 부정적 생각을 일삼는 좌뇌적 기능은 상실되고, 우뇌적인 삶 말하자면 마치 우주와 하나된 듯 평화롭고 아늑한 기분의 삶을 즐길 수 있었다. 다시 말해 열반(nirvana)을 체험하는 삶을 살아가게 되었다. 그 열반의 느낌은 우뇌의 작동만으로 가능한 것이기에 좌뇌로는 어찌 해 볼 수 없는 고유 영역이었다. 그런 그녀는 8년간의 노력으로 다시 좌뇌의 기능을 회복한다. 이를 통해 그녀는 사람은 좌뇌와 우뇌 활용의 접속을 자유자재로 할 수 있는 방법을 알게 되어, 필요하다면 언제라도 열반을 느끼기 위해 우뇌에 접속할 수 있게 되었다.

104) 명상을 제대로 하려면, 약을 제대로 쓰려면, 밥부터 제대로 먹어야 한다. 밥이 자연이기 때문이다. 밥이든 뭐든, 인간에게 필요한 음식을 제대로 먹는 것이 바로 명상이기에 기초부터 제대로 하라는 말이 밥부터 제대로 먹으라는 충고다[참고: 문숙(2010). **자연 치유**. 서울: 이미지박스].

105) 성법 스님은 물질에 대한 일방적 부정은 불교의 진정한 가르침이 아니라고 잘라 말한다. '삶은 고(苦)'라고 불가에서 하는 말을 이해하기 위해 삶이 고가된다는 대전제를 이해해야 한다. 그것은 열반과 해탈에 비해 중생의 삶은 허망하므로 더 높은 차원의 낙(樂)을 찾을 수 있다는 전제를 이해해야 한다[참고: 성법(2004). **이판사판 화엄경**. 서울: 정신세계원출판국].

인간의 일체 행위와 삶이 고통이라는 뜻이 결코 아니다. 삶이 고통만이 아니기에 깨달음은 인간다운 수행을 위한 것이다. 불가에서 깨달음을 이야기할 때에 그것은 '수행'과 '성불'로 제한될 뿐이라는 그는 수행과 성불 이외의 모든 행위는 엄격히 말하면 불교에서는 필요하지 않다고 내세운다. 불교라는 종교를 추구함에 있어 '장차 나는 부처를 이루겠다'라는 생각과 '그 방법으로는 10바라밀을 행해야 한다'는 인식이 없으면 사도(邪道)를 행하고 있는 것이나 마찬가지라는 경고를 한다.

승가에서 사도(邪道)와 깨달음 간의 차이를 잊으면 승가가 아니다. 불자가 이를 잊으면 불교를 믿는 것도 아니라고 잘라 말한다. 그는『화엄경』에서 말하는 '보시바라밀' 즉, 수행과 성불의 과정에서 중요한 열 가지 보시를 풀어 쓰고 있다. "자여, 보살마하살이 열 가지 청정한 보시가 있으니, 무엇이 열인가. 이른바 평등한 보시니, 중생을 가리지 않는 연고라. 뜻을 따르는 보시니, 그들의 소원을 채우는 연고라. 난잡하지 않은 보시니, 이익을 얻게 하는 연고라. 마땅함을 따르는 보시니, 상 · 중 · 하를 아는 연고라. 무주상(無住相) 보시니, 과보를 구하지 않는 연고라. 터놓은 보시니, 마음에 연연하지 않는 연고라. 온통 하는 보시니, 끝까지 청정한 연고라. 보리에 회향하는 보시니, 함이 있고 함이 없음을 멀리 떠난 연고라. 중생을 교화하는 보시니, 도량에 이르도록 버리지 않는 연고라. 세 바퀴(三輪)가 청정한 보시니, 주는 이와 받는 이와 물건을 바른 생각으로 관찰하여 허공과 같은 연고라. 이것이 열이니, 만일 보살들이 이 법에 편안히 머물면 여래의 위 없는 청정하고 광대한 보시를 얻느니라."

106) 라즈니쉬(Osho Rajneesh) 같은 이는 수행 방편에 대해 조금 입장이 다르다. 그는 수행 방편 우선론자다. 그는 마음 수련에 대해 몇 가지 점을 분명하게 짚어보고, 그것이 깨우침과 어떻게 연관되는지 살피라고 조언한다. 어떤 깨우침이라도 특정한 수단을 통해 전달될 수 있다는 논리가 라즈니쉬의 논리다. 그는 그런 방편으로 명상을 꼽는다. 명상은 집중이 아니라 이완(relaxation)이다. 명상한다는 것은 그 무엇에 매달리기보다는 그 무엇을 풀어 놓는 일이라는 것이다.

자기 자신 안으로 들어가 모든 것을 놓아 버리는 것이 명상이다. "이전보다는 더 이완할수록, 그대는 자신이 더 많이 열리는 것을 느낀다. 더 민감하고 유연해지는 것을 느낀다. 그대는 더 유동적이 된다. 그리고 돌연 존재계가 그대 안으로 흘러들기 시작한다. 이제 그대는 견고한 바위가 아니다. 그대는 활짝 열려 있다. 릴랙스한다는 것은 아무런 행위도 없는 상태로 들어가는 것을 의미한다. 그대가 무엇인가를 한다면 긴장이 계속될 것이기 때문이다. 릴랙스된 상태는 무위(無爲)의 상태다. 그대는 릴랙스하고 그 느낌을 즐긴다. 그대 자신 안에서 릴랙스하라. 눈에 감고 주변에서 들려오는 소리들을 들어보라. 그 어느 것도 그대의 주의를 흐트러뜨리는 것으로 생각해서는 안 된다. 그것을 산란함으로 느끼는 순간 그대는 신(神)을 부정하는 것이다.

릴랙스하는 것은 명상이며 자기 기억이지만, 그 명상으로 몰입하게 만드는 것은 성찰이며 깨달음에 대한 생각이다. 라즈니쉬는 성찰과 자기 기억을 구분하는데, 성찰(省察)은 자기 자신에 대해 '생각'하는 것이며, 자기 기억은 자기 자신을 제대로 '의식'하는 일이다. 이것은 아주 미묘한 차이이기는 하지만, 깨어남과 마음 수련 간의 큰 차이를 보이는 대목이다. "깨어 있으라. 분노를 분석하지 말라. 그럴 필요가 없다. 다만 분노를 지켜보라. 깨어 있는 의식으로 지켜보라. 분노에 대해 생각하지 말라. 생각하기 시작하면 분노를 제대로 관찰할 수 없다. 생각 자체가 걸림돌이 된다. 생각은 분노를 이런저런 모습으로 치장할 것이다. 분노의 주변을 생각의 구름이 에워쌀 것이다. 따라서 분노의 정확한 모습을 볼 수 없게 될 것이다. 절대 생각하지 말라. 그냥 무념(無念)의 상태에서 보라." 라즈니쉬에 따르면, 그릇된 명상법이 더 가능한 것이 오늘의 이 세상이다. 사람들이 그저 흔히 말하는 요가라는 것은 적당히 마음을 집중하거나 적당히 그것을 놓는 식으로 그렇게 즐기는 방편이 아니라, 요가는 말 그대로 어깨 위에 멍에를 지는 것이기에, 요가는 단단한 극기이며 연단의 방법이지 놀이의 방편이 아니다.

요가의 의미를 너무 잘 알고 있는 라즈니쉬는 그래서 깊은 집중 상태로 인도하겠다고 우기는 저들의 명상법에 대한 설명이나 집착은 오히려 잘못된 것이라고 잘라 말한다. 깊은 집중을 통해 사람의 문이 활짝 열리기보다는 오히려 점점 더 협소하게 되고 밀폐되어 명상에 대해 증오하게 될 것이기 때문에 그렇게 이야기한 것이다. 어떤 것에 집중함으로써 의식의 폭을 좁히면 존재계 전체를 배제하고 한 점에 초점을 모으는 것이기에, 그것은 자기 안에 더 많은 긴장을 불러일으키리라는 것이다[참고: 오쇼 라즈니쉬(1999). **명상, 처음이자 마지막 자유**. 서울: 태일출판사].

107) 한국 불교사에서 한 획을 그은 분이 성철 스님이다. 그는 마음을 다스리겠다고 그를 찾은 이들을 향해 늘 죽비를 내리치곤 했다. 오만방자하지 말라고 저들을 경계하기를 저들의 깨달음을 격려했다. 공부한다고 모든 것이 되는 것이 아니라고 일침을 가한 것이다. 마음 공부가 그 모든 것처럼 쉽게 되는 것이 아니라는 당부이기도 했다. 그는 공부를 부지런히 하다보면, 번뇌와 망상이 사라지는 무심 경계를 경험하기도 하지만, 그런 무심 경계마저 완전히 떠나야 참다운 공부가 된다고 말한다.

그는 옛 말씀을 들어 "무심을 도라 하지 말라. 무심이라도 한 겹의 큰 관문이 남아있느니라."라고 하였다. 무심을 깨쳤다 해도 무심 경계에 머문다면 깨달음이 아니라 했는데, 하물며 무심도 얻지 못한 채 번뇌 망상이 왔다 갔다 하면서 도를 깨쳤다고 하면 그것은 정신병자나 다름없다는 것이다. 공부하다가 병이 생겨 남쪽을 북쪽이라 횡설수설하듯이 무엇인가를 크게 착각하고 오인한 이들이 마음 수련가라고 나서는 양태에 손가락질한 것이다[참고: 성철(2006). **옛 거울을 부수고 오너라**. 서울: 장경각].

108) 참고: 조용헌(2005). **방외지사**. 서울: 정신세계원출판국.

109) 붓다는 자기가 보여 준 수행이 자신만을 위한 소아적인 일이 아니라, 중생을 위한 회향의 대승적인 방법임을 강조했다[참고: 대한불교진흥원(2005). **한영불교성전**. 서울: 대한불교진흥원].

110) 참고: 오쇼 라즈니쉬(1999). **명상, 처음이자 마지막 자유**. 서울: 태일출판사.

111) 참고: 정민(2007). **다산어록청상**. 서울: 푸르메.

112) 예를 들어, 비디오 카메라로 강아지를 촬영했을 때, 강아지의 모든 것을 영상으로 담아 놓을 수 있다. 그런 영상은 언제든 다시 볼 수도 있다. 강아지의 모든 것이 기록되었기 때문에 강아지의 모든 것을 다시 볼 수 있다. 사람의 기억은 비디오카메라와는 본질적으로 다르다. 인간의 시각은 그가 주의를 기울인 부분만 기록하여 그것을 뇌로 전달한다. 그렇게 전달된 부분만을 기억하는 인간은 똑같은 강아지를 같은 시간에 보았으면서도, 어떤 사람은 강아지의 꼬리를, 어떤 사람은 강아지의 귀를 서로 다르

게 기억하게 된다. 서로의 주의집중 방식이 다르기 때문이다. 이것은 인간의 뇌가 컴퓨터와는 달리 그들이 받아들이는 정보를 순간적으로 그리고 알고리즘적으로만 처리하지 않는다는 것을 알려 준다. 이것은 인간의 뇌가 생물학적으로 동물의 뇌의 진화들과 마찬가지로, 모든 외부 자극을 뇌에서 있는 그대로 전부 받아들이기보다는 선택적으로 받아들이기 때문에 일어나는 현상이다.

뇌가 집중적으로 주의를 기울이고, 그런 주의집중에서 생기는 자극과 반응만을 골라서 처리할 수 있도록 진화되었기 때문에 어쩔 수 없는 노릇이다. 이런 진화는 동물의 생존을 위해서 필요한 결정적인 조치들이었다. 주의집중과 뇌신경세포 간에 생존의 진화 관계가 인간의 생존을 가능하게 만들었다. 예를 들어, 어떤 물체에 보다 집중적인 주의를 기울이면, 그 물체는 사람의 눈에 더 확실하게 띄고, 그 물체의 빛이나 상이 더 밝아 보이는 것처럼 느껴진다. 반면 별다른 주의를 주지 않으면, 그것을 본 사람이 실제로 무엇을 봤는지는 기억에 남지 않는다. 기억이 난다고 해도 그것의 영상은 기억이라고 할 수 없을 정도로 흐릿하게 남는다.

실제로, 미국 노스 웨스턴 대의 신경과학 연구팀은 이것을 실험을 통해 발견했다. 그들은 64개의 전극을 실험 대상자의 머리에 붙여 놓은 후 컴퓨터 모니터로 주기적으로 반짝거리는 동심원 모양의 영상을 보여 주면서 실험 대상자들의 뇌 변화를 측정했다. 실험 대상자들이 시각 자극에 주의를 기울일 경우, 그들의 뇌세포들은 더욱 정확하게 자극의 주파수에 일치하게 활동하였다. 이런 현상은 마치 교향악단 단원들이 자신의 악기를 조율하느라 서로 엇박자 소리를 내다가도 지휘자가 지휘봉으로 신호를 주면 곧 그의 지휘 박자에 맞춰 같은 박자의 소리를 내는 것과 같다. 이것은 사람들이 한 사물을 보고 주의를 기울일 때 뇌의 시각중추가 매우 빠르게 활성화되는 것을 알려 주는 단서들이다. 동일한 자극이라고 하더라도 사람들이 그 자극에 주의를 기울이면, 모든 뉴런이 동시에 작용하면서 마치 그의 뇌가 더 강한 자극을 받은 것처럼 받아들이는 것이다[참고: Nature Neuroscience, 2007년 1월호].

113) 참고: 이민규(2006). **끌리는 사람은 1%가 다르다**. 서울: 더난출판.

114) 예를 들어, 서울 경기 지역에 전해 오는 '재담소리'의 고수 백영춘(62) 씨가 보여 주는 자기 처지에 대한 한 차원 더 승화된 받아들임의 자세가 바로 깨달음의 한 자락일 수 있다. 그는 1900년대 초 광무대 극장이나 원각사, 협률사 등의 극장에서 막간극 형식으로 유행했던 '재담소리'를 이어가는 전형적인 마지막 광대다. 그의 대표작은 '장대장 타령'과 '장님 타령'이다[참고: 전승훈(2007). 시력 잃어 장애인 연기 쉬워졌네 …… 허허. **동아일보**. 2007년 9월 7일자].

115) 중국 마조선사의 유일한 재가제자가 방거사(龐居士)라는 사람이다. 오래동안 도를 닦아 상당한 도의 경지에 올랐다고 자부하는 선승이라고 일컫는 이와 함께 하늘을 쳐다보고 있었다. "멋진 눈이구나. 송이 송이 다른 곳으로 떨어지지를 않는 구나."라고 말했다. 듣고 있던 선승이 하도 이상하고 말같지가 않아 방거사에게 "눈이 어느 곳으로 떨어집니까?"라고 물었다.

방거사는 대답 대신 선승의 따귀를 한 대 때렸다. 자신이 서 있는 지금의 그 자리가 바로 본처(本處)인데 그것도 받아들이지 않으면서, 자꾸 다른 곳에 눈을 돌리는 선승에게 정신이 번뜩 나도록 따귀를 후려친 것이었다. 그 따귀에 선승에게는 지금까지 닦고 있던 도가 일순간에 무너짐을 이내 알고 방거사의 제자가 되었다[참고: 문윤정(2007). **잣나무는 언제 부처가 되나**. 서울: 바움; 조연현(2007). **세상에서 가장 먼 만행**. 서울: 오래된 미래].

116) 등반가들은 죽음의 지대인, 말하자면 7,500m가 되는 높은 지대에 이르면, 흔히 감각을 잃거나 자신을 도와줄 사람이 유령처럼 앞에 어른거리는 느낌을 갖는다고 한다. 저마다 이상한 경험을 하는 것은 자기 자신이 정신이 나가는 그러는 것이 아니라 자연환경에 의한 경험 때문이다. '죽음의 지대'라 불리는 높은 고지와 지점이 인간의 육체와 정신이 통상의 시공 감각을 초월하게 만들어 놓기 때문이다. 그곳은 이 세상인 동시에 이 세상 밖인, 존재의 한계 영역이다. 그곳에서 어떤 절대적인 힘과 부딪힌 인간은 한계와 가능성을 동시에 목격하게 된다[참고: 라인홀트 메스너(2007). **죽음의 지대**(역). 서울: 한문화멀티미디어].
또다른 등반가인 토니 킨스호퍼(Tony Kinshofer)도 등산이나 하산 역시 도에 달하는 길임을 고백한다. 그는 한 번은 같이 등정했던 동료를 잃고 하는 수 없이 하산하게 되었다. 낭가 파르바트의 바즈인 분지를 내려왔을 때였다. 그의 발에는 아이젠이 벗겨져 있었다. 무장해제된 상태로 하산을 했던 것이다. 위험천만한 하산이었다. 그런데도 킨스호퍼는 아무런 고통을 느끼지 못했다. 그는 험준한 산의 눈밭을 걸어내려 온 것이 아니라 풀밭 사이를 걷고 있었다는 느낌으로 하산했었다고 술회했다.

117) 정진홍 교수는 사람의 마지막, 그러니까 그의 마지막 죽음이 일어나게 만든 그것이 그 사람의 모든 것을 말해 준다고 말한다. "내 죽을 자리는 어디인가?"라는 물음은 내가 과연 무엇에 몸바쳐 매진하다 생을 마감할 것이냐는 적나라한 실존의 질문입니다. 죽는 날까지 뭔가에 죽도록 매진하다 홀연히 사라지는 모습은 눈물나도록 아름답습니다. 피아니스트가 피아노를 치다 무대 위에서 죽는다면, 배우가 무대 위에서 연기하다 삶을 마감한다면, 교수가 강단에서 강의하다 쓰러진다면 그 이상 아름다운 일이 또 있겠습니까? 끝까지 자기의 길을 걷는 것, 죽도록 자기의 일에 매진하는 것, 그리고 거기가 자기의 죽을 자리가 되는 것은 참으로 행복한 일이 아닐 수 없을 겁니다[참고: 정진홍(2011). **사람 공부**. 서울: 21세기북스].

118) 이런 예는 『잡아함경』[참고: 돈연(편)(1994). **잡아함경**(역). 서울: 출판사대홍.]에서 소개하는 우화들에서 빈번하게 찾아낼 수 있다. 한 바라문이 있었다. 지체가 높은 사람이었다. 인도 사성(四姓) 가운데 제일 높은 승족(僧族)이었다. 그런 그가 몹시 성이 나서 붓다를 찾아왔다. 그 집안의 한 젊은이가 출가해 붓다의 제자가 되었기 때문이다. 그는 그것이 가문의 수치라고 생각해서 노발대발하며 붓다에게 욕설을 퍼부었다.
붓다는 그의 욕을 묵묵히 듣고 있었다. 그가 조금 조용해지자, 붓다는 그를 향해 물었다. "바라문이여, 그대의 집에도 간혹 찾아오는 손님이 있을 것이 아니겠는가?" 그가 답했다. "물론이오." "그러면 그 손님에게 여러 가지 맛있고 기름진 음식을 대접하며 그를 접대할 것이 아니오?" 다시 답했다. "물론 그렇소." "만일 손님이 그것을 받지 않는다면 그 음식은 누구의 것이 되는가?"라고 붓다가 그에게 물었다. "물론 그것은 다시 내 것이 될 수밖에 없지요."라고 바라문이 대답했다.
붓다는 그의 얼굴을 바라보며 환한 미소로 말했다. "오늘 그대는 내 앞에서 여러 가지 나쁜 말과 욕을 가지고 나를 대접했지만, 나는 그것을 하나도 받지 않았다. 그러니 그것은 다시 그대의 것이 될 수밖에 없다. 만일 내가 욕설을 듣고 되받아 욕을 한다면 그것은 주인과 손님이 함께 먹고 마시는 것이 된다. 나는 당신의 그 대접을 사양하겠노라." 이에 바라문은 큰 깨달음을 얻고, 붓다에게 귀의했다. 욕한 사람을 향해 그것을 화로 갚지 않으면, 자기 자신도 이기고 남도 이기는 두 가지 승리를 얻는다는 것을 붓다는 우리에게 쉽게 가르쳐 준다.

119) 몰(mall)의 문화가 정착되어 있는 미국의 경우, 그 시작은 1956년 쯤이다. 미니애폴리스의 교외 지역에 미국 최초의 쇼핑센터가 문을 열었는데, 사람들은 그것을 몰이라고 부르기 시작했다. 이제 세계 곳곳에서 몰은 문화 공간 그 이상의 기능을 발휘하고 있다. 하루에 수십 개의 문을 여는 몰은 나름대로의 문화적 공간을 갖고 있다. 가게에서 물건을 사는 것은 쇼핑이라고 하고 그것은 가게에서 물건을 사는 것으로 끝나지만, 몰링은 쇼핑 하나만을 염두에 두지 않는다. 쇼핑 조사관찰 회사인 인바이로셀의 창시자이자 칼럼니스트인 파코 언더힐[참고: 파코 언더힐(2008). **몰링의 유혹**(역). 서울: 미래의 창.]은『몰링의 유혹』에서 새로운 여가 · 쇼핑 트렌드로 자리 잡고 있는 몰링의 긍정적인 기능을 서술한다. "몰에서 벌어지는 일을 주의 깊게 살펴보면 특정 국가와 국민들의 경제적 상황뿐 아니라 지리학적 특성, 심리적 상태 그리고 의복에 대한 취향까지 파악할 수 있다."며 "몰에는 인류의 상거래 역사가 그대로 농축돼 있다."고 말한다.

120) 기업의 경우 이런 기업적 깨달음을 보여 주는 기업이 일본의 토요타다. "끊임없는 개선과 노력을 뜻하는 토요타의 기업정신 '카이젠(改善)'으로는 더 이상 성장 동력을 유지해갈 수 없다."는 것이 와타나베 사장의 판단이다. 그가 염두에 두고 있는 것은 '가쿠신(革新)'이다. '가치혁신(VI) 운동'을 통해 혁신을 이루자는 것이다. 가쿠신은 그동안 토요타의 기업정신인 카이젠보다 한 단계 더 나간 개념이다. 토요타의 역사는 카이젠의 역사였다. 경영학 교과서를 다시 쓰게 할 만한 토요타의 눈부신 카이젠은 자동차 업계는 물론 전 세계 산업계의 관심을 끌어 모았다. 1999~2004년 비용 절감 운동인 'CCC (Constrution of Cost Competitiveness) 21 운동'을 펼쳐 원가를 무려 30% 줄였고, 2002년의 '린 프로덕션(lean production) 운동'을 통해 비효율적인 생산 시간과 작업 공간을 절감, 능률을 한층 끌어올렸다.

토요타가 구상하고 있는 원가 절감은 출발부터가 다르다. 자동차 조립에 필요한 부품을 현재의 절반 수준으로 줄이는 것이다. 토요타의 오하시 히로이시 수석 엔지니어는 이번 목표에 대해 "자동차를 조립하는데 왜 미세 부품이 60개나 필요한지에 대한 의문에서 가치혁신 운동이 시작했다."며 "품질은 그대로 유지한 채 더 적은 부품을 사용할 수 있지 않을까 하는 것이 가치 혁신 운동의 핵심"이라고 설명했다. 부품은 물론 차체까지 극도로 간소화하는 '심플리티'를 통해 궁극적으로 향후 3~4년 동안 생산 비용을 자동차 한 대당 1000달러, 총 1조 엔을 줄이는 것이 목표다. CCC 21 운동을 통해 비용을 30% 줄였던 것에서 또 다시 30%에 가까운 비용을 줄이겠다는 것이다. 끊임없는 비용 절감과 능률 향상 노력은 토요타와 동의어다. 99년부터 전개했던 CCC 21 운동은 토요타의 순익을 배가시킨 전환점이 됐다. CCC 21을 통해 173개 부품의 구매 비용을 30% 줄이는 '마른 수건 쥐어짜기' 전략으로 총 2,200억

엔을 절감하는 데 성공했다.

2002년부터 새로 실시했던 '린 프로덕션' 역시 카이젠을 최우선으로 하는 토요타의 기업 가치가 여실히 배어 있다. 쓸데없이 부피가 큰 부품을 최대로 간소화했고 일선 작업 현장에서 일하는 근로자들의 작업 공간도 대폭 줄였다. '작아도 효율은 크게'라는 목표 아래 이뤄졌던 린 프로덕션은 새로운 작업 방식을 발명하는 데 도움을 줬다. 일례로 자동차 도색 작업에 필요한 공간이 터무니없이 넓다는 지적에 고민을 거듭한 결과 탄생한 것이 바로 일명 '퐁듀 방식'이다. 지금까지 외부 인사에는 한 번도 공개한 적이 없다는 이 방식은 치즈가 가득 들어 있는 냄비에 빵을 찍어 먹듯 차체를 페인트가 든 통에 집어넣어 도색하는 방식이다. 토요타는 가치 혁신 운동이 성공하면 현재 가장 빠른 생산 공장의 대당 조립 시간인 56초당 한 대를 50초당 한대로 낮출 수 있다고 자신하고 있다. 이를 통해 추가 인력을 고용하지 않고도 생산 능력을 끌어올리는 것을 최종 목표로 하고 있다."[참고: 김유림(2006). 잘 나가는 토요타 "신발 끈 더 조인다." 머니투데이. 2006년 12월 10일자.]

121) 기업이든 개인이든 혹은 전문가이든 간에 관계없이 깨달음은 유행의 거부에서 시작[참고: 조엘 베스트(2006). 댓스 패드(역) 서울: 사이.]한다. 외고집스러움의 지속적인 성취가 해당 분야에서의 깨달음을 불러낸다고 볼 수 있다. 사실 유행이라는 것은 여러 가지 형태로 등장하지만, 그것들의 수명은 일시적이며 상대적이라는 것이다. 유행과 혁신 사이에는 여러 가지 모드가 있는데 각기는 나름대로의 유행적인 속성을 갖는다.

패드(fad)는 '일시적 유행'을 말하는 것으로, '부상(emerging)' 단계와 '대유행(surging)' 단계, '퇴출(purging)' 짧은 기간 동안 급속히 인기를 얻었다가 정점에 도달한 이후 곧바로 급속하게 인기를 잃는 것이다. 패드를 결정짓는 요소는 '인기의 급격한 하락'이다. 패드는 처음에는 혁신과 비슷하나 인기 절정에서 그 운명이 혁신과 갈라진다. 패션(fashion, 유행)은 일시적 열풍이라는 측면에선 패드와 똑같지만, 주기적으로 '연속적인 반복성'을 띤다는 점에서 패드와 구별된다. 올해의 디자인, 금주의 베스트셀러, 이번 주 티켓 예매율 1위의 영화, 이달의 음악 순위 1위의 곡은 바로 패션에 해당한다. 이들은 매번 다음 상품으로 대체되는 반복성을 특성으로 하는 패션 산업이라 할 수 있다.

트렌드(trend)는 추세, 경향 등을 나타내는 것으로, 예측할 수 없는 불확실성을 특징으로 하는 패드나 패션에 비해 '예측이 가능하다'는 것이 차이다. 비교적 짧은 기간 동안의 열풍이 패드라면, 트렌드는 중장기적인 동향을 나타낸다. 혁신(innovation)은 처음에는 서서히 퍼지다가 인기가 급격히 치솟은 다음, 패드와는 달리 계속해서 오랫동안 그 인기를 유지하는 것이다. 성공적인 혁신은 오랫동안 우리 삶에 정착된다. 이처럼 패드, 패션, 트렌드, 혁신은 분명 서로 다른 것이다. 문제는 패드와 트렌드를 자주 혼동한다는 데 있다.

122) 뉴욕의 센트럴파크 재단은 김아타의 또 다른 작품을 1억 2,000만 원에 구입했다[참고: 김아타(2007). 물은 비에 젖지 않는다(역). 서울: 예담; 김아타(2007). On air. 서울: 예담].

123) 참고: 게리 주커브, 린다 프란시스(2007). 감정을 과학한다(역). 서울: 이레.

124) 그녀의 편지를 모아 만든 책인 『테레사 수녀: 나의 빛이 되어 주소서』에서, 그녀는 솔직하게 이야기한다. 인도의 콜카타에서 헐벗고 굶주리는 자들을 위해 봉사하는 일이 그녀에게는 최대의 행복이라고 했던 성녀 테레사 스스로 50년간 신의 존재에 대해 회의해 왔었다고 고백했다. 교황은 "모든 신자가 '하느님의 침묵'에 대해 알고 있다."며 "깊은 신앙으로 자선 활동을 폈던 테레사 수녀조차 이런 '하느님의 침묵'으로 고통 받았다."고 설명했다. 그는 "하지만 신자들은 때때로 이런 하느님의 침묵을 견뎌내야 하며, 그렇게 해야만 비신도들의 상황을 이해할 수 있게 된다."고 말했다. 교황은 지난해 150만 명이 학살된 아우슈비츠 수용소를 방문했을 때에도, 하느님의 침묵이라는 대답으로 아우슈비츠 문제를 정리해 나갔다. 교황이 내린 침묵은 깨달음은 어디서든, 어떻게든 가능하다는 것을 보여 준다. 동시에 그것이 가능하기 위해서는 깨달음이라는 것이 함께 발동해야 한다는 것을 보여 주고 있다[참고: 최지영(2007). 교황 '하느님의 침묵 견뎌라.' 중앙일보. 2007년 9월 3일자].

125) 읽는다는 것은 시각의 작용만을 의미하지 않는다. 촉각에 의한 읽기도 가능하다. 예를 들어, 뉴욕 메트로폴리탄 미술관에서 있었던 일이다. 시각 장애 어린이와 비장애 어린이에게 미술관에 전시돼 있는 '스핑크스'를 그려보라고 했다. 비장애 어린이는 스핑크스를 눈으로 관찰한 뒤 그려냈고, 앞을 못 보는 어린이는 스핑크스를 손으로 찬찬히 만져본 뒤 그렸다. 두 아이의 그림은 비슷했지만, 달랐다. 장애 어린이가 그린 스핑크스에는 갈비뼈까지 묘사돼 있던 것. 이런 흥미로운 이야기를 들려 준 사람은 '미국 시각장애인을 위한 미술교육협회' 부대표인 니나 레번트(Levent, 36) 씨다. 한국문화예술교육진흥원 초청으로 서울에 왔던 그는 "어디를 가도 '앞 못 보는 사람들이 어떻게 그림을 그릴 수 있느냐'는 질문에 가장 많이 시달린다."며 활짝 웃었다.

그때마다 레번트 씨는 태어날 때부터 앞을 보지 못했던 터키의 시각장애인 화가 에스레프 아르마간(Armagan)의 사례를 들려 준다고 했다. "아르마간은 정식으로 미술교육을 받지 못했지만 자신이 그림을 그릴 수 있다는 사실을 직감적으로 깨달았다고 해요. 일곱 살 때부터 마분지에 못을 눌러 스케치를 했고, 열다섯 살 때 색연필을 사용했지요. 지금은 유화가 주 종목입니다. 보이지 않는 눈 대신 소리를 들을 수 있는 두 귀와 촉감을 느낄 수 있는 두 손으로 미술을 받아들인 거지요." 미술사 강사였던 레번트 씨가 7년 전부터 협회 일에 발 벗고 나서게 된 것도 '예술은 단지 보는 것에 그치지 않는다'는 믿음 때문이었다. 이를 위해 '터치 갤러리'가 따로 마련돼 있는 루브르 박물관을 비롯해 메트로폴리탄, 모마 등 세계적으로 유명한 박물관 · 미술관 150여 곳과 네트워크를 이뤄 시각장애인을 위한 특별한 감상 프로그램을 만들어 운영하고 있다[참고: 김윤덕(2007). 못 보는 어린이 만지고 듣게 하면 그림 그릴 수 있어. 조선일보. 2007년 4월 3일자].

126) 코란의 첫 구절은 이렇게 시작한다. "읽어라! 참으로 은혜로우시고 자비로우신 알라의 이름으로, 온 세상의 주인이신 알라를 찬송할지어다. 참으로 자비로우시고 자애로우신 분. 심판일의 주재자. 당신을 우리가 믿고 당신에게 구원을 청하나니. 우리를 옳은 길로 인도하여 주소서. 당신께서 은총을 내려주신 사람들의 길로. 노여움을 산 사람들이나 길 잃은 사람들이 간 그런 길이 아닌 곳으로."[참고: 코란 제1장 개경開經의 장, 메카 계시 전 7절.]

127) 마약은 끊어도 그 중독으로부터 벗어나기 어렵다. 그것은 마약이 모델링의 양태를 계속적으로 바꾸어 나가기 때문이다. 미국 브라운 대학 분자약리학-세포생리학 교수 줄리 카우어(Julie Kauer) 박사는 영국의 과학전문지 『네이처』에 발표한 연구논문에서[참고: 한성간(2007). 마약, 뇌 '리모델링'시킨다. **연합뉴스**. 2007년 4월 26일자]. 마약 해독이 의지와 무관하다는 것을 쥐 실험으로 밝힌 바 있다. 그의 연구에 의하면, 헤로인 중독 환자가 마약을 끊고도 그것을 끝내 견디기 어려웠던 것은 의지가 약해서가 아니었다. 마약에 의해 뇌 자체에 영구적인 변화, 즉 새로운 모델링이 자리를 잡았기 때문에 그 중독에서 벗어나기 어려운 것이다.

그것을 밝히기 위해, 카우어 박사는 쥐에 모르핀을 투여하고 신경세포와 세포를 연결하는 시냅스의 변화를 관찰했다. 그 결과 24시간이 지나도 쾌감 유발 신경전달물질을 억제하는 억제성 시냅스(inhibitory synapse)가 더는 활성화되지 않는 것을 알게 되었다. 이는 한마디로 뇌에서 뇌를 제어할 수 있는 원초적인 '브레이크'가 제거되었음을 뜻하는 것이다. 단 한 번 투여된 모르핀이 24시간이 지나면서 더는 뇌에 남아 있지 않는데도, 마약의 영향력은 그대로 지속되면서 뇌를 통제하고 있음을 보여 주는 것이다.

중독 현상은 마약이 뇌신경들 간의 시냅스를 교란했기 때문에 지속된다. 시냅스는 도파민 같은 쾌감 유발 신경전달물질을 증가시키는 흥분성 시냅스와 이를 억제하는 억제성 시냅스 등으로 갈라진다. 신경세포는 기본적으로 두 가지 기능이 서로 견제와 균형을 이루면서 뇌를 통제한다. 흥분성 시냅스는 기억력 형성에 도움을 준다. 마치 근육 활동이 증가되면 근육이 강해지듯이 이 시냅스는 활성화될수록 그 기능이 강화된다. 학습을 위해 이 흥분성 기능이 활성화된다면 이는 선순환이 되어 뇌 기능을 촉진시킨다. 글을 읽거나 명상을 하면 이런 것들은 시냅스에게 흥분성 기능을 활성화시킨다. 이에 비해 코카인이나 헤로인 같은 마약은 뇌에게 직접적으로 악순환, 부정적, 억제성 기능을 촉진시킨다. 그래서 중독은 '신체에 해로운 그 어떤 것을 위해 뇌에 보상 시스템이 만들어지는 병적인 형태의 부정적인 학습'에 속한다. 마약은 뇌에 '순응 불량성 리모델링'을 자리 잡게 함으로서 뇌 기능을 교란하고, 파괴한다.

128) 참고: 페터 보르샤이트(2008). **템포 바이러스**(역). 서울: 들녘.

129) 템포에 시달리는 대표적인 업종이 전화국이었다. 통화기 앞에 앉아서 일하는 사람들은 귓속에서 윙윙거리는 소리 때문에 두통, 현기증이 생기기 일쑤다. 그 스트레스는 기존의 어떤 직업보다 극심하다. 전화국 책임자들은 이런 종류의 노동이 기계를 이용해 실을 짜는 것보다 훨씬 더 사람들에게 무리를 준다는 것을 알았다. 그들은 즉시 여자 교환원의 근로 시간을 하루 8시간에서 7시간으로 줄였다. 그런 조치가 있다 하더라도, 사람들은 느린 것을 마치 열등한 것처럼 보는 현대 산업사회의 예찬 앞에 무기력할 뿐이다. 시간을 절약해 주는 수많은 도구들이 개발되었지만, 역설적이게도 그런 도구 앞에서 사람은 점점 더 시간이 부족하다고 느끼게 될 뿐이다.

130) 좋은 인생, 좋은 습관으로 성공에 이를 수 있는 방법 126가지를 조언한 것은 아무래도 정도가 너무 지나친 것 같다. 126개 처방 중 첫 번째 "성공을 꿈꾸고 성공을 믿어라."라는 조언에서부터 126번째인

마지막 방법 "위기를 기회로 바꾸는 능력을 길러라."라는 아낌 없는 조언까지 듣고 있으면, 어쩌면 사람으로 태어나 사람으로서 좋은 인생을 얻기는 글렀다는 생각까지 든다. 126개에 이르는 방법론들을 기억해 두는 자체가 어렵기도 하지만, 126개에 달할 정도로 좋은 습관에 이르는 처방이 많다는 것은 좋은 습관과 좋은 인생이 도달하기 어려운 일임을 암시하고 있기 때문이다. 매일 열심히 살아가는 사람에게는 126개의 처방은 아무래도 버겁다. 좋은 인생, 좋은 습관에 이르는 126개를 그저 편하게 하나의 방법으로 줄일 수 있다면, 그렇게 해서라도 보통 사람들을 편하게 해 줘야 한다. 그 처방은 한마디로 "배워라. 그러면 좋은 인생과 좋은 습관에 이를 것이다."라고 단호하게 정리할 수 있다[참고: 윌슨 프로랜스(2008). **좋은 인생 좋은 습관**(역). 서울: 휘닉스].

131) 참고: 현각 · 무량(2008). **공부하다 죽어라**(역). 서울: 조화로운 삶.

132) 빠알리어나 산스크리트어로 인간 사람을 뜻하는 말들은 많지만, 대표적인 말은 둘라밤이다. 둘라밤은 Dur(부정접두어)+labha(얻음)+m으로 구성되는 말로서 '얻기 힘듦'을 뜻한다, '인신난득(人身難得)'과 같은 뜻이다. 즉, '사람 몸 받기가 대단히 힘들다'는 뜻으로 쓰인다. 붓다는 이 뜻을 깨쳐 주기 위해 맹구우목(盲龜遇木)의 비유를 든 바 있다.
『잡아함경』 15권 406경인 「맹구경(盲龜經)」에 나오는 비유인데, 붓다가 베살리의 원숭이 연못 옆 중각강당에 있을 때의 일이었다. 어느 날 제자들과 함께 연못 주변을 산책하시던 붓다가 문득 아난다에게 이런 것을 물었다. "아난다야, 큰 바다에 눈먼 거북이 한 마리가 살고 있다. 이 거북이는 백 년에 한 번씩 물 위로 머리를 내놓았는데 그때 바다 한가운데 떠다니는 구멍 뚫린 나무판자를 만나면 잠시 거기에 목을 넣고 쉰다. 그러나 판자를 만나지 못하면 그냥 물속으로 들어가야 한다. 그런데 이때 눈먼 거북이가 과연 나무판자를 만날 수 있겠느냐?" 아난다는 "그럴 수 없다."고 대답했다.
눈까지 먼 거북이가 백 년 만에 머리를 내밀 때 넓은 바다에 떠다니는 구멍 뚫린 나무판자를 만난다는 것은 확률적으로 도저히 불가능한 것이기 때문이었다. 이에 붓다는 다시 이렇게 말씀했다. "그래도 눈먼 거북이는 넓은 바다를 떠다니다 보면 서로 어긋나더라도 혹시 구멍 뚫린 나무판자를 만날 수 있을지도 모른다. 그러나 어리석고 미련한 중생이 육도윤회의 과정에서 사람으로 태어나기란 저 거북이가 나무판자를 만나기보다 더 어렵다. 왜냐하면 저 중생들은 선(善)을 행하지 않고 서로 서로 죽이거나 해치며, 강한 자는 약한 자를 해쳐서 한량없는 악업을 짓기 때문이니라. 그러므로 비구들이여, 너희들은 사람으로 태어났을 때 내가 가르친 '네 가지 진리 고집멸도(苦集滅道)'의 사성제(四聖諦)를 부지런히 닦으라. 만약 아직 알지 못하였다면 불꽃 같은 치열함으로 배우기를 힘써야 한다." 불가에서는 생물체가 인간으로 환생하려면 8천4백만 번의 윤회를 거듭해야 한다. 이것을 상징하는 유명한 인도 설화가 있다. 한 사람이 신전에 바치기 위해 염소를 끌고 갔다. 제사장이 염소의 목을 치려고 칼을 높이 쳐든 순간 염소는 깔깔거리고 웃었다. 보기 드문 장면이었기에 제사장이 염소에게 웃는 이유를 물었다. 염소가 말했다. "이제 난 서른 번만 더 죽으면 인간이 될 수 있기 때문이라오." [참고: 류시화(2006). **하늘호수로 떠난 여행**. 서울: 열림원.]

133) '탄트라(tantra)'라는 말은 '정신적인 지식'을 의미하는 산스크리트어로 타트리(tatri) 혹은 탄트리

(tantri)에서 나온 것이다. 그 어원은 '넓힌다'라는 의미의 탄(tan)에서 나왔기에, 탄트라는 말은 '지식을 넓힌다'라는 뜻과 같다. 그렇기 때문에, 탄트라는 전통적으로 경전을 지칭하는 스투라(sutra)의 의미와 함께 '경전'이라는 의미도 공유하고 있다. 스투라가 원래 '실'의 의미라면, 탄트라는 피륙을 짜는 날실을 의미한다. 스투라가 이론을 중심으로 하는 경전이라고 한다면, 탄트라는 실천을 중시하는 경전에 속한다.

수트라와 탄트라는 진리라는 옷감을 짜는데 불가분의 관계에 있는 경전의 씨실과 날실과 같은 역할을 한다. 탄트라는 밀교의 형태로 발전해 온 실천 운동으로서 세계와 인간이 본래 하나라는 인도의 전통적인 사고로 돌아가는 실천 수행법을 강조한다. 탄트리즘은 인간의 내면에서 신성을 찾는 노력이다. 일반 종교에서는 인간의 육체를 더럽거나 고통의 원인으로 보지만, 탄트리즘에서는 육체를 신이 거주하는 사원 또는 해탈을 위한 도구로 간주한다. 초월적인 신을 인간 내부에서 찾는 것은 인간 육체에 대한 새로운 의미를 부여하는 노력이다. 탄트라 요가를 통한 해탈이야말로 심리적 또는 관념적인 명상을 통해 도달한 경지보다 더 완전한 경지라는 것이다. 탄트라적인 해탈은 마음을 넘어 썩어 없어질 것 같은 육체까지도 해탈의 범주 속에 포함하기 때문이다. 탄트라적인 해탈에서는 신성한 육체의 자각과 함께 바로 지금의 아름다움과 신비함까지도 함께 경험한다. 일반적으로 인도인이 '탄트리즘'이라고 할 때, 그것은 고대 인도인의 생활 속에 침잠해 있는 비밀스러운 요가적인 행법, 신들에 대한 찬가, 의례, 제사의식 등의 종교적인 행위 및 연금술을 비롯한 화학, 의학, 약학, 천문학 등의 자연과학, 그리고 요술, 주술, 강신술, 점성술, 복점 등의 신비 현상까지 포함하는 대중적인 삶의 지혜를 의미한다. 탄트리즘은 인간의 내면에서 신성을 찾는 노력이다. 일반 종교에서는 인간의 육체를 더럽거나 고통의 원인으로 보지만, 탄트리즘에서는 육체를 신이 거주하는 사원 또는 해탈을 위한 도구로 간주한다. 초월적인 신을 인간 내부에서 찾는 것은 인간 육체에 대한 새로운 의미를 부여하는 노력이다. 탄트라 요가를 통한 해탈이야말로, 심리적 또는 관념적인 명상을 통해 도달한 경지보다 더 완전한 경지라는 것이다. 탄트라적인 해탈은 마음을 넘어 썩어 없어질 것 같은 육체까지도 해탈의 범주 속에 포함하기 때문이다. 탄트라적인 해탈에서는 신성한 육체의 자각과 함께 바로 지금의 아름다움과 신비함까지도 함께 경험한다[참고: 이태영(2000). **요가: 히타요가에서 쿤달리니탄트라까지**. 서울: 여래].

힌두 사회에서 탄트라는 다시 세 종류로 유형화되어 민간인에게 전수되어왔다. 각각의 구별법이 서로 간의 명확한 차이를 보여 주는 것은 아니다. 어느 유파나 다른 유파의 사상을 필요에 따라 부분 부분 받아들여 자기들의 교리로 녹여놨기 때문이다. 인도인에게 가장 주도적으로 힘을 발휘하는 탄트라 유형은 종교적인 우도 탄트라이다. 우도 탄트라는 샤크티 여신을 숭배하는 종교 의례에 중점을 둔다. 이에 이어 일반인에게 오해의 대상이 되는 좌도 탄트라도 있는데, 이들은 샤크티와 쉬바를 결합시키는 의식으로서 인도 전통사회에서는 금기시하는 술, 고기, 섹스 따위까지도 수행의 한 방편으로 받아들이고 있다. 마지막으로 요가 수행을 중심으로 하는 유파 탄트라가 있다.

유파 탄트라는 인간에 내재된 샤크티를 각성시키기 위하여 심리적, 생리적 에너지를 개발하는 실천 수행에 중점을 두고 있다. 탄트라 요가는 이 중에서 셋째 유형에 속한다. 이 파의 일반적인 행법은 하타 요가를 포함한 쿤달리니 요가와 대동소이하여 엄밀히 구분하기는 어렵다. 쿤달리니(Kundalini)

는 인간의 척추부 기저부에 비축된 에너지(프라나)의 덩어리를 말한다. 쿤달리니 에너지는 사다나의 실천에 의해 활성화되어 척추의 정묘한 통로(수슘나 나디)를 상승하면서 에너지 중추(차크라)들을 꿰뚫는다. 그러나 우리가 물질적 육신만을 인정하고 거기에 집착하는 한, 이 쿤달리니 에너지는 불활성의 상태로 그 자리에 남아 있다. 육체에 대한 집착이 사라질 때에만 그것은 각성되며 요가(합일)를 성취시키는 에너지로 변환된다[참고: 스와미 사티야난다 사라스와티(2006). **쿤달리니 탄트라**(역). 서울: 양문].

134) 생물의 진화에는 목적이 없다. 생물이 존재하는 생물학적 목적은 자신의 유전자를 복제하는 것일 뿐이다. 진화는 몇 가지 조건만 만족되면 모든 생물에게 공통적으로 일어나는 자연 현상이다. 진화는 목적이 아니다. 말하자면, 어떤 생물이 자손을 남길 때 약간의 변이를 거치면서 자신의 특성을 물려 준다면 그것은 진화되었다는 증거를 갖게 된다.

예를 들어, 머리가 두 개인 사람이 더 똑똑한 사람이라서 사람들이 그런 머리 두 개인 사람으로 진화하게 하려면, 머리 두 개인 사람이 많은 자손을 남기고 머리 한 개인 사람에게 자손이 끊어지게 인위적으로 조작하면 된다. 이를 통해 훨씬 빠르게 머리 두 개인 사람으로 진화하는 것이 가능하다. 그러나 실제로 이런 일은 현실적으로 실현되기 어렵다. 머리 한 개인 사람들끼리의 결혼을 금지시킬 수도 없고, 그들에게 불임 수술을 시킬 수도 없다. 그래서 머리 두 개인 사람으로의 진화는 영원히 정지되어 있는 상태이다. 기본적으로 모든 인간은 정자와 난자가 수정해서 발생한 존재다. 정자와 난자에 있는 유전자 간의 차이가 난다면 발생이 불가능하다. 차이점이 극히 미미하다면, 정자의 유전자와 난자의 유전자가 서로 협력해 정상으로 발생할 수도 있게 된다. 난자와 정자 간의 차이점이 커질 때 마다 난자와 정자가 협력해서 나타낼 특성이 하나씩 줄어드는 것이다. 그런 과정을 오래 거치면서 그 속성이 정형화되면 마침내 생식능력을 잃게 되고, 그로부터 다른 종이 될 수 있는 가능성이 커진다.

135) 참고: 얀 케르쇼트(2006). **있는 그대로 받아들여라**(역). 서울: 꿈꾸는 아침.

136) 자기 존격을 위해 뇌를 현명하게 쓸 수 있어야 한다. 뇌와 모든 것은 서로 의지하고 있는 것이기 때문이다. 이 세상에 뇌와 분리될 수 있는 것은 아무것도 존재하지 않는다. 미 하버드대에서 정신의학을 가르치고 있는 존 레이티(John Ratey) 교수는 『뇌, 1.4킬로그램의 사용법』이라는 책에서 뇌를 제대로 쓰려면 외부자극에 대한 반응은 늦추고 행동을 더디게 하라고 조언한다. 그것은 인간의 뇌 작용의 진화가 그렇게 변화하고 적응해 왔기 때문이라는 것이다.

말하자면 언어의 발달이 바로 그런 외부의 자극에 신중하게 그리고 더디게 반응하기 위해 만들어진 것이고 또 그렇게 진화된 것이라는 것이다. 외부의 자극에 즉각적으로 반응하는 오감의 반응처럼 언어적 대응을 그렇게 빨리 하지 말아야 하며, 그것이 바로 뇌의 진화에 순응하는 방법이라는 것이다. 인간이 뇌를 제대로 쓰려면 끊임없이 자기의 뇌를 의미 있는 일에 활용하고, 그런 의미 만들기로 뇌의 가소성을 촉진시켜야 한다. 두뇌의 가소성(brain plasticity)은, 말하자면 경험과 경험의 의미 만들기를 통해 마치 플라스틱이 형틀에 따라 사람이 원하는 형태로 찍어낼 수 있듯이, 뇌 역시 쓰면 쓸수록 늘어나는 뇌의 성형력, 유연성, 적응력은 두뇌 기능의 회복뿐만 아니라 두뇌 질환을 막는 역할도 감당함으로써 사람들에게 자기의 품과 존격을 높이는 삶을 살게 도와주기 때문이다.

실제로 레이티 교수의 보고에 의하면, 미네소타 주의 시골인 만카토의 노트르담 수녀 학교 수녀들이 그런 뇌의 가소성과 두뇌 질환 예방 간의 상관관계 높았음을 보여 주었다. 노트르담 수녀 학교의 수녀들 대부분이 아흔 살이 넘었으며 놀랍게도 많은 이가 백 살까지 살았다. 평균적으로 볼 때, 수녀들은 일반 대중보다 장수하는 편이며 이들은 치매나 알츠하이머병, 두뇌 질환 등으로 고생하는 경우가 적었다. 설사 있다 해도 증세가 경미한 편이다.

수년 동안 그녀들의 행동과 활동들을 지켜보면서 관찰, 연구한 켄터키 대학교의 교수 데이비드 스노든(David Snowdon)은 마침내 그 이유를 알아냈다. 그것이 바로 조금도 게으르지 않은 습작과 연단이었다. 저들은 '게으른 마음은 악마의 장난감'이라는 믿음에 투철했다. 수녀들은 단어 시험, 퍼즐, 간호 토론으로 부지런히 스스로를 단련했다. 매주 시사 문제 세미나를 열고, 가끔 잡지에 글을 쓰기도 한다. 1994년 잡지 『라이프』는 수녀 마르셀라 자크만(Marcella Sakmann)을 다루었는데, 그녀는 아흔일곱 살까지 수녀원에서 가르치는 일을 멈추지 않았다. 『라이프』에 크게 실렸던 수녀 메리 에스더 부어(Mary Esther)도 아흔아홉 살까지 안내 데스크에서 일했던 것으로 밝혀졌다. 스노든은 만카토와 전국에 있는 수녀원의 수녀들이 사망하면서 기증한 두뇌 100구 이상을 면밀하게 검사했다. 그 결과에 따르면 저들의 뇌는 보통 사람들과 달랐다. 보통 사람이라면 나이가 들면서 감소했을 축색돌기와 수상돌기들의 변화가 컸다. 나이가 들면 축색돌기와 수상돌기가 줄어들고 노쇠해지기 마련이다. 수녀들의 뇌에는 지적인 자극이 충분했기에, 축색돌기와 수상돌기가 확장되고 새로운 연결을 이뤘다. 일부 통로가 끊어진다고 해도, 그 손상을 대신할 수 있는 더 큰 보완 시스템이 뇌 안에서 생겨났다[참고: 존 레이티(2010). 뇌 1.4킬로그램의 사용법(역). 서울: 21세기북스].

生의過

3. 캐치-22 | Catch-22, 불가불가 | 不可不可

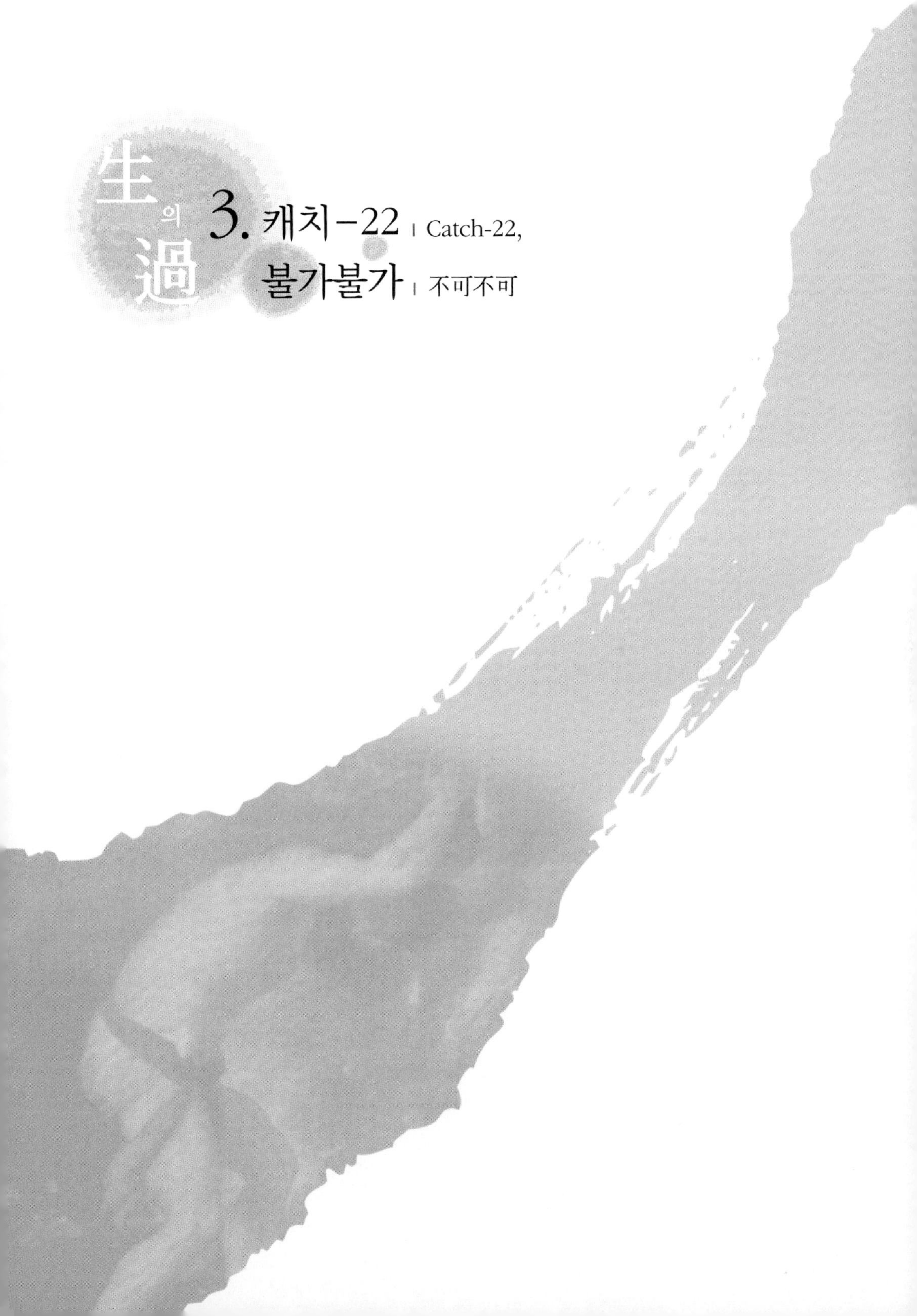

1. 전도자가 이르되 헛되고 헛되며 헛되고 헛되니 모든 것이 헛되도다…… 이미 있던 것이 후에 다시 있겠고 이미 한 일을 후에 다시 할지라도 해 아래에는 새것이 없나니 무엇을 가리켜 이르기를 보라 이것이 새것이라 할 것이 있으랴 우리가 있기 오래전 세대들에도 이미 있었느니라. – 전도서(1:2;1:9–10)

30년 동안의 교직생활 동안 읽은 책이 이 책, 저 책, 많이 있다. 쉽게 잊히지 않는 명언도 수두룩하다. 모두가 나 스스로 나와 연결하고, 부대끼게 해 준 것들이다. 니체의 충고가 머릿속에서 떠나지 않고 있다. 그의 어느 책인지는 모르겠지만, 이렇게 읽어 내린 적이 있었다. "우리는 소(牛)에게서 배워야 할 일이 한 가지가 있다. 그것은 반추(反芻), 즉 되새김하는 것이다."라는 말이었다. 니체는 별 뜻 없이 해 본 말일 수 있었지만, 내게는 평생 마음에 꽂힌 말이었다. 죽는 순간까지 가슴에 새기고 가야 할 말이었기 때문이다. 삶을 반하고 추할 때 사람은 비로소 사람으로 거듭나고 또 거듭날 수 있기 때문이다.

누구의 삶이든 삶에서의 개조(reformatting)란 자기 자신의 삶에 대한 반추의 결실일 뿐이다. 이 책, 저 책을 읽어 대기는 했지만, 아직도 멀기는 한참 멀었다는 생각만큼은 버릴 수 없다. 내 삶을 되돌아보면, 그것을 되새김해야 할 것들이기 때문이다. "안이하게 살려면 항상 군중 속에 머물며 자기 자신을 잃어 버리면 된다."라는 그가 던진 말 역시 폐부를 찌르기는 마찬가지였다. 어지간히 살아 보면, 인생에서 조화로운 삶이란 모두가 헛소리이며, 영원한 소망사항임을 알게 된다. 제대로 살아가려면 조화에 대한 욕망보다는 부조화의 현실부터 받아들여야 한다. 세상에서 자기가 바라는 모든 것을 가질 수는 없는 노릇이다.

어떤 사람들은 사물을 그대로 바라보면서 왜 그럴까 하고 묻기만 한다. 반면에 예전에는 없었던 것을 꿈꾸면서 "그건 왜 안 되지?" 하고 묻는 사람도 있다. 욕망으로 가득했던 프랑스 장군 샤를 드골(Charles de Gaulle)의 말 '사람은 위대해지기로 작정했을 때만 위대해진다.'는 그 말도 나를 달구기는 마찬가지였다. '사람은 자신의 믿음만큼 젊고, 자신의 회의만큼 늙게 마련이며, 자신의 자신감만큼 젊어지고, 자신의 절망만큼 늙게 마련이다.'라는 정신과 의사의 현장 경험 역시 나도 모르는 사이 내 가슴을 비집고 들어 왔었다.[1] 삶의 파도를 탈 줄 아는 사람이 삶을 즐길 줄 아는 사람이라는 뜻이었다. 변화에 맞추어 자기 삶의 우선순위를 끊임없이 조정할 줄 아는 사람이 삶이 무엇인지를 아는 사람이라는 충고였다.

나에게도 욕심이 있었다. 언어로 된 교향곡을 작곡하고 싶었다. 그런 글쓰기를 하고 싶었다. 글쓰기의 교향곡 같은 것은 처음에는 어색하기도 했고, 꿈도 꿀 수 없었기에 처음에는 배움이 무엇인지를 콧노래나 할 수 있는 작은 소품을 만들어 보려고 시작했었다. 하나의 시(詩) 같은 것을 작곡해 보려고 했었다.[2] 그래서 누가 이런 글을 왜 쓰느냐고 묻는다면, 월파 김상용(月波, 金尙鎔) 시인의 가르침대로 그냥 '웃지요'[3] 라고 답하려고 작정했었다. 일이 틀어지고, 가지 쳐지며, 이상하게 커져 버렸다. 깊은 산중을 헤매다가 마치 어느 영화 제목처럼 동막골 같은 무릉도원을 엿봤기 때문이었다. 유혹이었다. 치유와 개조의 시작이기도 했다. 파블로 피카소의 말을 다시 꺼낼 수밖에 없었다. '필생의 역작이야말로 궁극적인 유혹이다.' 아무리 되뇌어봐도 지겹지 않은 말이며, 웅장한 말이었다. 혼에 이끌려 여기까지 왔다고 말할 수밖에 없다. "나는 나 자신을 변화시키기 위해서, 그리고 더는 이전과 똑같은 것을 생각하지 않기 위해서 글을 쓴다."라는 푸코(Foucault)의 언명에도 감복한다.

지식사회학의 한 장을 뒤흔들어 놨던 푸코는 인간의 속성을 묘하게 진술한다. 인간이란 탈 합리적으로 문법적인 존재라는 것이다. 그가 바로 그런 인물이었다.[4] 언어의 문법들은 나 자신이 만들어 낸 것이 아니다. 타인들이 만들어 낸 것이다. 모두가 그것에 권위를 부여해 준다. 그래서 우리는 문법에 갇혀 살고 있다. 구속되어 살면서도 저항할 엄두를 내지 못한다. 그 문법이 사회적 약속이라고 믿고 있지만 나와는 무관한 일이다. 나 스스로 그런 약속을 한 적이 없다. 그 약속에 참여해 본 적도 없다. 나의 동의와 관계없이 만들어진 문법일 뿐이다.

약속을 지키고, 따르겠다고 나 스스로 서명하거나 강요받은 적은 없다. 약속 여부와 관계없이 자기 약속에 자기 스스로 구속하고 구속당하는 존재가 바로 인간이다. 사회제도와 기관의 사회화의 결과물이기도 한 내가 사회와의 약속을 지키려고 한 것은 나 스스로 학교교육만큼은 제대로 받았다는 증거다. 학교교육이 그 일을 가장 잘하는 곳이기에 나는 그렇게 교화된 것이다. 구속의 합법성과 정당성을 주입하는 곳이 학교교육이다. 학교가 하는 일을 교화(敎化)라고 부른다. 문법의 약속에 따르기로 동의하며 충직한 사회인으로 키워진다. 그것을 사회화라고도 부른다. 문법에 어긋나면 일탈아가 된다. 문법에 따라오지 못하면 무지한 인간이 된다. 문법에 익숙하지 못하면 교양 없는 인간으로 낙인찍힌다. "학교에서는 아이들에게 명령을 따르는 법말고는 가르치는 것이 아무것도 없습니다…… 대략 학교교육의 목적이라는 것이 과연 무엇입니까? 읽기 쓰기 셈하기의 능력이 그 목적이라고 하지 마십시오. 제대로 가르치고 배우면 일백 시간도 걸리지 않는 것들입니다…… 교사들이 아무리 정성을 쏟고 열심히 일해도 제도 자체가 미치광이입니다."[5)]

공립학교교육의 제도적 문제점을 있는 그대로 지적하는 전직 교사 출신 교육운동가 개토(Gatto) 선생은 지금도 여전히 학교교육에 지닌 강한 애정 때문에 지금과 같은 '학교'를 향해 호된 역정이 생긴다. 학교가 잘되라는 충정에서의 비판이다. 교육은 그림을 그리는 일 같은 것이 아니라 조각을 해내는 일이기에, 그는 학교교육에게 바로 하라, 제대로 하라는 말을 하지 않을 수 없다고 말한다. 아이들은 형상마다 위대한 형상의 흔적을 담고 있는 원자재다. 조각하기 전의 대리석 같은 자재다. 대리석을 다루는 일은 물감을 다루는 일과는 다르다. 그림은 조각과는 성질이 다른 이유다. 그림은 덧붙임으로써 형상을 드러내도록 하지만, 조각은 원료의 조각을 조각으로 잘게 떼어 냄으로써 형상을 드러내며, 구체화하는 작업이다. 그림은 칠하면서 덧붙여 나가지만, 조각은 큰 덩어리에서 작은 조각으로 떼어 냄으로써 재질 내부의 형상을 형상대로 빚어 내는 일이다. 오늘의 학교교육은 개인에게 자꾸만 덧칠을 해내는 그림 그리기와 별 차이가 없다는 것이 그의 진단이다. 대리석에 진흙을 덧붙인다고 대리석에 그림이 그려지는 것은 아니다. 대리석이 하나의 형상을 하려면 떼어내고 또 떼어내야 대리석이 하나의 형상으로 다듬어진다.

아이를 가르치고 배우게 하는 일은 아이의 영혼을 조각해 내는 바로 그 일을 말한다. 하나의 영혼을 영혼으로 다듬어 내는 일이 배우는 일이다. 지금의 학교교육은 그렇게 다듬어 내지를 못한다. 다듬어 낸다는 허명 아래 아이들에게 끊임없이 덧칠을 해댈 뿐이다. 지금의 교육은 초보자 수준의 그림 그리기에 머물러 있을 뿐이다. 그것도 자발적인 그림 그리기도 아니다. 강압적인 덧칠 수준일 뿐이다. 개토 선생이 직접 체험한 교사로서의 경험담이다. 그는 단호히 말한다. 기존의 학교교육으로는 사람다운 사람을 조각해낼 수 없다고 말한다. 더는 학교교육에 맡길 것이 없다는 뜻이다. 새로운 방법이 필요한데, 그것은 배움의 목적을 실현하는 것이어야 한다는 것이다.

배움의 목적은 아이들에게 평생에 걸쳐 하는 공부를 사랑하는 마음을 심어 주는 일이어야 한다. 개토 선생은 지금의 아이들에게 도움이 될 것 같아 레웰린 교수의 새로운 학습법인 게릴라 학습법(Guerrilla learning)에 동의한다. 배움의 목적을 성취하게 도와줄 수 있는 대안적 학습방법을 그녀는 게릴라 학습법이라고 불렀다. 집단적 암기학습이 아니라는 것이다. 오로지 맞춤형 개별학습이어야 한다는 것이다. 학생 한 명, 한 명 모두가 각자적인 존재들이다. 그들 학생 한 명, 한 명에게는 각자의 삶과 지력에 밀착된 개별화된 학습방법이 있어야 한다는 것이다. 그것을 실천하는 가르침의 방법이 바로 게릴라 학습법이다. 그렇게 각자화된 방법이나 방편으로 저들의 인지적 능력의 변화를 기다려야 한다는 것이 개토 선생의 지론이었다.

이 책에서는 '방편'이라는 개념을 자주 활용한다. 그런 개념을 접할 때마다 독자는 방편이라는 개념이 문제나 자원을 해방하는 수단이라는 뜻으로 쓰였다고 이해하면 된다. 한때 부족했던 것을 풍부한 것으로 만들어 줄 수 있는 것이 방편이나 기술이기 때문이다.[6] 예를 들어, 감이 주렁주렁 열린 감나무를 그대로 놔두면 감은 떨어지거나 썩어 버리지만, 사다리를 만들어 감을 따면 감을 저장할 수 있고, 다른 사람들과 나눠 먹을 수도 있고, 경우에 따라서는 다른 이들에게 팔 수도 있다. 그렇게 감을 따기 위해 만들어진 사다리가 바로 방편이다. 레웰린 교수는 학습이 사람을 위한 방편이라고 말한다. 사람을 위한 학습이어야지 학습을 위한 사람이 되어서는 곤란하다는 것이다. "교육은 승자와 패자를 가르는 경주가 아니다. 사고팔 수 있는 상품도 아니다. 점수나 등급으로 측정될 수 있는 것도 아니다. 만약 교육이 하나의 게임이라면 이 게임은 누구나 즐길 수 있고 끝나지 않으며 새로운 참여자가 더해질 때마다 더욱 재미있어지는 게임일 것이다. 즉, 계속해서 진행한다는 목적만 가지는 '무한정한 게임'이다. 학교에서의 성과는 교육이 아니다. 복종과 시험에서의 높은 점수도 교육이 아니다. 진정한 교육은 자유로운 생각을 하는 인간이 호기심과 매력과 이해력이라는 신비로운 힘을 가지고 놀라운 현실 세계에 응답할 때만이 일어날 수 있다. 진정한 교육은 강제로 달성될 수 없다. 동시에 진정한 교육이야말로 아이들의 권리다.[7]

각각의 아이들을 새로운 사람으로 형상화하려는 조각가의 일은, 음악으로 치자면 거의 재즈 스타일을 닮아 있어야 한다. 정해진 규정을 따르기는 하지만, 그것보다는 학생 하나하나의 생명을 위해 그들의 상황에 교육을 맞추는 즉흥성이 요청되기 때문이다. 교사에게는 재즈 연주가의 즉흥적 연주가 더 요구된다. 악기마다 저들이 가진 특성으로 진행하는 참여의 연주 못지않게, 한 주제의 돋보임을 드러내기 위해 숨 쉬며 기다리는 기다림의 연주가 필요하다. 기다림이 바로 역설적으로 즉흥의 힘을 실어 나른다. 즉흥이라는 말은 적당이라는 말도, 어설프게라는 말도 아니다. 얼렁뚱땅 적당히 넘어가는 임기응변의 얼버무림을 지칭하지 않는다. 재즈에서 즉흥성은 계획된 인내와 기다림의 표현을 말할 뿐이다. 재즈 프로듀서 전진용의 말대로, "즉흥적으로 연주할 때 내놓는 멜로디가 이미 내 안에 있다는 것이죠. 플랜 비(Plan B)라고 하죠. 그런데 이게 순간적으로 상황이 벌어졌을 때 거기에 필요한 멜로디를 뽑아내서 내놓는 것입니다. 수많은 시나리오가 이미 내 안에 잠재된 거죠. 그래서 이제 즉흥력을 발휘할 수 있으려면 수많은 내공과 축적이 필요하다는 것입니다."[8]

아이들 하나하나의 천재성을 형상화하려는 조각가로서의 교사들은 재즈 스타일의 교사가 되어야 한다. 재즈 스타일의 사람들이란, 일할 적에는 자신의 업무가 하나의

'예술'이라고 생각하며, 자신과 함께 일하는 사람들은 그 '예술'을 만드는 '예술가'라고 생각하며 일하면 그 순간부터 모두에게 잠재되어 있던 창의적 아이디어와 뜨거운 열정이 고개를 들어 모든 것이 즐거운 일로 변하게 하는 사람이 바로 재즈 스타일의 일꾼이라고 말한다.

엉망이고 혼란스럽게 보이기는 해도, 녹록하지 않은 것이 현실이다. 세상은 언제나 불가불가(不可不可)하니, 어느 쪽에 방점이나 쉼표를 찍을 것인지를 다져두라고 말한다. 사람들은 흔히 불가불가의 상황에서 저 홀로 긍정만을 바란다. 인간 모두가 나름의 행복과 성공을 바라기 때문이다. 세상은 답한다. 그것 역시 불가불가하다고 말한다. 한국인은 행복에 대한 기대가 다른 나라 국민보다 더 심한 편이다. 행복하기 위해 행복에 끊임없이 매달리는 국민에 속한다. 행복에 대한 편집 증세 때문에 모두가 불행 속에 살고 있다. 모두가 부자가 되기를 원하면서 저 혼자 행복하기를 바란다.

예를 들어, KBS 공영방송은 행복에 대한 한국인의 심리를 광범위하게 조사한 적이 있었다. 기자들이 수많은 사람을 만나 행복에 관한 한국인의 마음을 취재했다. 몇 사람을 만나 이야기를 나누기도 전에, 이미 행복에 대한 결론은 나 있었던 것이나 마찬가지였다. 한국인은 어김없이 만성불행증후군에 시달리고 있다는 조짐이 포착되었기 때문이다.[9] 행복하기 위한 주체인 나는 없었다. 오로지 나를 위한 행복을 처방해 준다는 만병통치약 같은 처세술만 사회 곳곳에서 장삿속으로 팔려나가고 있었기 때문이다. 시중에 돌아다니는 행복에 관한 묘방이나 처세술을 제아무리 읽어 봐도 만병통치약과 같았다. 그런 약방문이 넘치고 넘칠수록 추구하는 행복은 늘 저만큼 달아나 버렸다. 남에게 그저 행복해 보이기 위해 억지로라도 행복을 바랐던 것이 우리네 심사였다.

아무리 행복에 이르렀다고 해도 스스로 자기 삶이 무엇인지를 모르면 모두가 부질없는 일이다. 성공했어도 무엇을 위한 성공이었는지를 모르면 끝내 부질없는 짓일 뿐이다. 성공해야 할 이유를 모르는 채 성공을 좇아다니는 꼴이 되기 때문이다. 성공이 무엇을 뜻하는지는 모호하기 그지없다. 무엇이 성공인가를 알아듣기 쉽게 이야기할 사람이 없기는 마찬가지다. 부귀공명이 성공했다는 것의 사회적인 지표일 수는 있지만, 정신적인 증표일 수는 없다. 모양은 거지처럼 겸소해도 그의 영혼만큼은 부자인 사람일수록 내언에 강하다. 부자의 모든 것을 가졌지만, 영성만큼은 거지 같은 사람일수록 침묵까지 아까워 안달이다. 그래서 세계적인 명상 스승으로 알려진 아잔 브람 스님이 한국의 힐링 캠프에 왔다가 졸부들에게 한마디를 던졌다. "무덤에서 제일 부자가 되어봤자 소용이 없다. 죽기 전에 평화 속에서 쉬는 법을 배워야 한다. 한국인은 일하는 법은 잘 알고 있지만, 쉬는 법은 잘 모르는 것 같다."는 말이었다.[10)]

사회의 이 구석, 저 구석을 훑어보는 강인선 기자는 성공한 사람들이 어떤 종류의 사람인지를 알고 싶었다. 취재과정 동안 그녀는 성공에 대해 이전에는 느끼지 못했던 '묘한' 느낌이 들기 시작했다. 성공은 결코 누구나 쉽게 잡을 수 있는 그런 것이 아니라는 확신이 들기 시작했기 때문이었다. 사람들은 그래도 목숨을 걸고 성공을 찾아 나선다. 성공하는 것 그것은 아주 좋은 말이었지만, 성공에 '행복'이 실리지 않은 것은 끝내 헛일이라는 것을 확인할 때마다[11)] 기자로서의 그녀는 행복을 취재하는 자신이 오히려 이상한 직업인 같은 생각이 들었기 때문이다.

그녀는 행복하지 않은 성공은 성공일 수 없다는 것을 확인하기 위해 취재에 나섰던 것이 아니었다. 오히려 정반대 현상을 알아내기 위해서 이 사람 저 사람을 만난 것이었다. 누구보다 앞서 있는 사람 중에는 사회적으로 성공했다고 판단되는 사람이 많았다. 자신이 살아온 인생과 추구해 온 일에 무척이나 앞서 있다는 사람들이었기 때문이다. 자기가 배운 것을 다른 사람에게 자랑스럽게 말해 줄 수 있을 것 같은 사회적 신분을 지닌 사람들이었다. 그런 사람들은 그녀에게 한결같이 말했다. 이상한 느낌이 들었다. 성공은 행복이어야만 한다는 결론이었기 때문이다. 성공은 했지만 절대 행복하지는 않았다고 고백한 것이나 마찬가지로 들렸다. 행복이 쏙 빠져버린 성공은 불행은 아닐 수 있어도 의미 없는 삶이라는 말이기 때문이었다.

그녀는 또 다른 사람들을 잇달아 만났다. 이번에 그녀가 만난 사람들은 그들처럼 사회적으로 뛰어난 신분의 사람들이 아니었다. 그저 자기의 일에 의미를 갖고 열심히 일하던 사람들이었다. 저들은 그녀에게 말했다. 성공이 행복으로 이어졌을 때 그때가 성공이라고 가르쳐 주었다. 행복, 바로 그것이 성공이라고 가르쳐 주었다. 삶에서 그런 행복을 경험한 사람들은 권력자도, 대기업의 회장도 아니었다. 부자도 결코 아니었다. 대중의 인기를 독차지하는 예능인도 아니었다. 보통 사람이었다. 보통 사람 가운데에는 물불을 가리지 않고 타인의 목숨을 걸고 일을 하는 소방관도 있었다. 빵집을 운영하는 주인도 있었다. 농부도 있었다. 모두가 자기 일에 재미를 느끼는 사람들이었다. 자기가 하고 싶은 일을 지치지 않게 해 가고 있는 사람들이었다. 이들 모두는 자신의 삶에 대한 트랜 서핑(tran surfing)의 능력이 뛰어났던 사람들이었다. 트랜스는 이동을 말하며 서핑은 파도타기를 말하는 단어인데, 트랜 서핑은 방송을 들을 적에 방송을 제대로 듣기 위해 주파수를 제대로 가늠하는 일 같은 것이다. 소리의 이동을 제대로 탈 줄 알아야 주파수를 제대로 맞출 수 있다. 소리 감을 분별해 내는 능력, 말하자면 삶의 잡음을 분별력 있게 헤아리는 일이 트랜 서핑인 것이다.

일상을 사는 사람들은 매일같이 자신의 삶에 정확한 주파수를 맞춘다. 잠에서 깨어나면 당신은 매일같이 진절머리나는 방송과 같은 삶의 소음을 듣는다. 나를 둘러싼 세상의 소리가 삶의 소음들이다. 소음을 뚫고 나가기 위해 주파수를 제대로 맞추지 못하면, 원하지 않는 소리가 함께 들리게 마련이다. 소음이 아니라 잡음이 함께 나온다. 그 소리가 시끄럽다고 징징대고 있기만 하다면, 그것은 마음에 상처를 내는 일이며 정신이나 다치는 일이다. 하던 일을 멈추고 주파수에 신경을 집중해야 한다. 잡음과 소음을 줄이려면 그래야 한다. 아무리 번다해도 마음에 짬을 내줄 수 있어야 한다. 주파수를 맞추기 위해 다이얼을 제대로 돌려야 한다. 이도 저도 아니라면 차라리 꺼버리는 것이 나을 수 있다. 모든 소음, 모든 잡음이 일거에 제거되기 때문이다. 징징대는 소리와는 전혀 다른 편안한 소리를 들으려면 결단이 필요하다.

삶의 주파수를 바꾸는 일, 제대로 주파수를 맞추는 일이 인생살이를 제대로 트랜 서핑 하는 일이다. 행복해지려면 삶의 주파수를 제대로 가늠질할 줄 알아야 한다. 잡음이 들리면 이내 트랜 서핑 해내야 한다. 소음을 진음(眞音)으로 받아들이면, 행복이

전하는 제 소리는 분간해내지 못한다. 매일같이 행복하려면 매번 트랜 서핑해야 한다. 행복을 얻으려고 할수록 행복이 무엇인지를 제대로 알아야 하는 것과 같은 이치다. 행복의 바짓가랑이를 놓치지 말아야 행복에 따라 가는 것이 아니다. 행복에 매달리면 행복에 끌려다니고 만다. 새롭게 행복의 옷을 바꾸어 입어야 한다. 당신이 세상과 싸움을 벌이는 순간 세상은 당신과 싸움을 시작하기 때문이다. 당신이 싸움을 멈추면, 세상이 다가와 당신을 맞이할 것이다. 단지 당신은 원하는 삶의 여러 시나리오 중 하나를 골라잡아라. 그러한 선택만으로 당신은 성공의 물결 위에 올라타게 될 것이고, 행복은 어느새 당신에게 끌려 들어와 눈앞에 구현되어 나타날 것이다.[12] 행복이 무엇인지를 모르겠으면, 그저 자연에 귀를 기울이기만 해도 행복감을 느끼게 될 것이다. 행복하기 위해서는 유별난 행동이 필요하지 않기 때문이다. 단지 자연에 감사하고, 그 은혜를 생각하기만 하면 행복이 저절로 몸에 스며든다.[13]

행복을 만들어 갈 수 있는 사람, 행복을 만들어 갈 영특한 존재를 가리키는 말이 '호모 사피엔스(*Homo Sapiens*)'다. 지혜와 생각, 이성적인 존재라는 뜻이 바로 행복을 만들어 갈 수 있다는 말이다. 지혜와 슬기가 바로 행복의 근원이기에, 인간의 속성을 지혜(Sapiens)를 떠난 어떤 처방이나 방법으로 행복을 추구해야 한다는 판단은 늘 함량 미달이다. 호모 사피엔스는 현생인류와 같은 종(種)으로 분류되는 생물을 가리키는 학명(學名)인데, 저들은 인간의 속성으로 지혜, 슬기, 이성에 주목했던 것이다. 학자들이 합의해낸 학술적인 명칭일 뿐이지만, 인간이라는 존재가 이성적인 사고 능력을 갖추고 있다는 추론만큼은 위대한 업적이다. 호모 사피엔스는 그 후 이성의 존재에 대한 대명사가 되었지만, 사람들은 인간의 무미건조한 '이성(理性)'에만 큰 방점을 두고 있는 형편이다.

사람들은 인간을 지혜나 슬기라는 단어로 정리하는 일에 만족하지 못했기에, 더 날카로운 뜻을 풍기는 이성 같은 단어에 집착했다. 호모 사피엔스라는 개념에 만족할 수 없었던 것이다. 인간의 속성을 새롭게 드러내놓기 위한 여러 노력을 해 온 그들은 저마다 입장에 따라 달리 여러 개념으로 인간의 속성을 서술해 나갔다. 호모 쿠아에렌스, 말하자면 탐구의 동물,[14] 믿음의 동물이라는 뜻의 호모 스피리투스,[15] 혹은 호모 노마드와 같은 유랑의 동물로 필요에 따라 덧붙여 인간의 특성을 예시했지만, 모두가 다 인간의 속성을 한마디로 정리하기에는 역부족이었다.[16]

사피엔스라는 단어는 '안다?'는 뜻으로서의 '과학'이라는 뜻도 지녔다. 사피엔스의 뜻은 이제 디지털의 세계, 로봇의 세계에까지 확장되어 쓰이고 있다. 로봇 사피엔스라는 말이 그것인데, 슬기나 지혜 그리고 이성이라는 말은 인류답게 인류에게 어울리는 개념이었던 것 같다. 인간을 대신할 수 있는 살아 움직이는 로봇이라는 뜻으로, 로봇 사피엔스(Robot Sapiens)라는 말은 인간에게는 충격이었다. 인류의 정신적 유산 모두를 기계에 대체하는 순간이었기 때문이다. 소프트웨어 방식의 신인류가 로봇 사피엔스인데, 로봇 사피엔스는 인류가 그동안 축적해 놓은 거대한 양의 정보와 문화, 가치관이 모두 로봇에게 전승한 '기계 자손'이다. 인류의 정신적 유산을 전승받았기에 로봇 사피엔스가 인류 '마음의 아이들'이라는 뜻이다.[17]

로봇 사피엔스들이 생물체인 인간처럼 초월적 본능을 지닐 수 있는지는 확언하기 어렵다. 초월적 본능은 인간의 생물체가 지닌 최후의 그리고 마지막 의지처이기 때문이다. 인간이라는 생명체가 양보할 수 없는 인간다움의 마지막 보루가 지혜이며 슬기다. 슬기가 없다면, 인간에게 초월적 본능이나 영성 같은 것은 불가하다. 로봇 과학이 발전하면, 인간은 로봇과 동화되는 트랜스 휴먼의 길을 선택할 수밖에 없기에, 기계 자식들과 몸의 자식들이 교배하는 날도 이내 오게 된다. 순수 생물학적인 진화를 넘어선 새로운 '후기생물사회'의 실현 가능성을 피하기 어렵기 때문이다.

트랜스 휴먼의 시대가 되면, 인간은 로봇의 소프트웨어로 인류의 정신적인 자산을 이어받아야 할는지도 모른다. 인간 자신의 마음도 전달할 수 있게 되면, '마음의 아이'가 탄생할 수도 있다.[18] 로봇이 사람처럼 생각하고, 행동할 수 있다는 뜻이다. 마음의 아이가 언젠가 호모 사피엔스의 자리를 차고 들어올지도 모른다. 로봇 사피엔스는 인간의 마음을 이식받았기에, 인간보다 오히려 더 감성적일 수도 있다. 로봇 사피엔스의 한계, 어쩌면 그의 약점은 단 한 가지일 수 있다. 인간의 자궁에서 만들어질 수는 없다는 그것 하나일 뿐이다. 인간의 자궁은 어떤 것도 모방할 수 없는 '신비함'을 창조해내는 인간적인 공간이기에, 로봇 사피엔스가 탐내고 있는 것 중의 하나다.

로봇 사피엔스는 배움이 배선화될 수 없는 물체인 것은 사실이다. 임의로 인간의 자궁에서 만들어지는 인간적인 본능을 지닐 수 없는 것도 사실이다. 로봇 사피엔스에게 본능 비슷한 것이 생긴다면, 그것은 본능이 아니라 부품적인 조작일 뿐이다. 부품의 모든 결합이 끝난 후, 부품의 회로에 의해 생기는 기계적 작동일 수밖에 없다. 인간의 본능은 인간이 되는 과정에서부터 인간에게 자리 잡는다. 어머니와 자식은 한 몸 안에서 둘이 되어 서로 교통하고 소통한다. 서로는 내면의 소통으로 서로를 배운다. 사람이라는 양태를 만들어 가는 신비한 과정이다. 로봇 사피엔스가 인간이 지닌 계몽을 대신하기는 어렵다.

인간은 사피엔스가 아니라 호모 노에티쿠스(*Homo Noeticus*)이기에, 기계와는 슬기의 구조가 다르다는 것을 상정하는 사람이 조지 트레벨랸이다.[19] 호모 노에티쿠스는 '정신적 인간'이란 뜻이다. 영성의 인간이라는 의미이기도 하다. 인간이라는 종을 다른 척추동물과 구별하기 위해 만들어진 또 다른 식의 학문적인 명칭이다. 인간됨의 마지막은 인간 의식의 진화라고 설명한다. 인간의 의식은 3단계를 거친다. '아둔함'에서 '의심' 그리고 '안정된 영혼'의 과정이 그것이다. 아둔함의 의식이란 물질적인 만족에만 열중하는 단계를 지칭한다. '의심'의 단계는 어떤 길로 나아가는 것이 현명한지를 점치는 단계인데, 가치관의 혼란에서 오는 필연적인 의식 상태를 말한다. 의심에 반해 '안정된 영혼'의 의식은 자신의 심원한 자기 비밀의 지혜에 도달한 의식이다. 안정된 영혼의 단계에 이른 인간이 호모 노에티쿠스다. 모든 생명체에 대해 사랑과 배려로 협력하며 봉사하는 마음을 소유한 존재가 인간이라는 뜻이다.

인간은 지구 상에서 그렇게 유별난 존재가 아니다. 뇌신경과학자들은 이 점을 매일같이 확인한다. 인간을 '만물의 영장'으로 간주한 것도 과장된 것일 뿐이다. 그런 과장은 인간의 뇌가 다른 동물에 비해 조금 더 유별한 기능을 발휘하고 있기 때문이다. 인간의 뇌가 진화하기를 다른 동물과 달리했기 때문이다. 다른 동물에 비해 인간

이라는 종이 더 영특하기에 그렇게 된 것이 아니다.[20)]

인간에 대해 밝혀진 그 어떤 내용도 사실은 그리 유별나지 않다. 인간은 유인원에 비해 큰 뇌를 가졌다. 저들에 비해 세 배나 큰 신피질을 가졌다. 신피질과 소뇌에는 일부 더 큰 영역이 있다. 백질도 더 많이 가졌다. 소형 피질 원주에도 차이가 있다는 것이다. 그로 미루어 보아 인간은 뇌에서 뭔가 다른 동물과는 다른 '복잡성'과 '연결'의 구조가 있음을 알 수 있다. 인간의 뇌신경시스템이 복잡하다는 뜻이다. 뇌신경시스템에는 모든 신경의 모듈이 복잡하게 연결돼 조정된다. 모듈 구조 경로는 뇌 전체에서 일어난 분화로 만들어진다. 그것들은 숙고와 억제를 가능하게 만들어 준다. 자기 인식과 의식의 기반을 만들어 준다.

인간의 뇌에는 '윤리 모듈'이라는 부분도 있다. 이 때문에 인간은 원초적으로 살인, 절도 등의 행동을 꺼리게 된다. 이로부터 인간은 다른 동물에 비해 '질적으로 다른' 고등한 행동을 만들어 낼 수 있었다. 고등한 행동은 인간에게 동물로서는 특이하게 위상 이동을 촉진했다. 그 어떤 위상 이동을 지혜라고 말할 수 있다. 추론적이기는 하지만, 인간의 지혜는 그의 뇌 속에 배선화 된 배움소들의 작용이다. 지혜가 있기에 배움이 가능한 것이 아니었다. 배움이 우선했기에 지혜가 가능했다. 새로운 의식은 배움 때문에 가능했다. 배움이 생명과 같이 가고 있기에 의식의 변화가 가능했다.

호모 사피엔스는 '휴먼 빙(Human Being)'이다. 인간으로 태어나면 모두가 휴먼 빙이다. 태어난다는 그것만으로 사람처럼 살아가기는 어렵다. 사람은 사람으로 되어 가야 한다. 휴먼 빙이 '휴먼 비커밍(Human Becoming)'이 되어야 한다. 이 인간이 이제는 인간의 정신을 놓고 있다. 인간의 원초성을 잃어버리며 기계를 닮아가려고 노력하고 있기 때문이다. 인간이 스스로 인간성을 소거하며, 기계를 닮아감으로써 인간됨을 상실할 때 휴먼 비커밍은 점점 도달하기 어려운 신기루가 되어 버린다.

기계에게는 삶의 순례가 있을 수 없다. 부품의 수명에 따라 움직이면 되는 일이다. 사람은 사람으로서의 한 세상이라는 순례의 여정이 있다. 그 순례의 여정을 따라가기 위해서는 휴먼 비커밍만으로는 역부족이다. 무엇인가가 원초적으로 결핍되어 있다는 허전함을 느끼기 때문이다. 부족한 것을 메우기 위해 인간은 자기를 만들어 가야 한다. 인간은 그 점에서 '휴먼 메이킹(Human Making)'이 되어야 한다. 휴먼 빙은 결국 휴먼 메이킹이 되어야 하는 출발점일 뿐이다. 인간에 대해 기계가 영원히 부러워해야 하며, 영원한 열등감에 시달리게 만들어 놓는 인간의 정신됨이다. 인간의 정신됨을 만들어 가는 과정에 배움이 개입하고, 간섭하고야 만다.[21)]

배움은 삶에서 일어나는 서로 간의 비빔과 부대낌의 마찰이 만들어 내는 삶의 미학이다. 그 어떤 사람의 삶도 마찬가지다. 모든 삶은 그렇게 출발한다. 외부의 자극(言)과 소리(音), 경쟁(戈)이 함께 어울려 벌이는 비빔과 부대낌 속에서 시작한다. 모태 속에서부터 타인의 말은 그에게 개입한다. 그가 듣고 그가 꿈틀댄다. 커 가는 동안에도 마찬가지다. 자기 스스로 만들어 놓은 나의 이야기도 만들어진다. 살기 위해 몸부림치게 하는 것들이 한두 가지가 아니다. 비빔과 부대낌으로 한 인간의 삶은 그렇게 만들어진다. 그런 이야깃거리들은 하나의 영화 줄거리처럼 따라붙어 다닌다. 모든 이야기의 조각들을 모아 놓고 보면 그 이야기의 주인공이 이내 자기임을 알아 차린다. 그 영화가 바로 나의 영화가 된다.

나에게도 그런 아름다움을 선사했던 영화들이 있다. 나를 주인공으로 만들어 주었던 영화들이었다. 제목을 제대로 기억하지 못하지만, 주요 줄거리만큼은 잊어버릴 수 없는 영화들이다. 영화의 몇몇 장면들은 눈에 선하기만 하다. 나의 삶에 비비고 들어와 살아남은 영화들이다. 잔상들이 아직도 강하게 남아 있다. 말하자면, 〈닥터 지바고(Dr. Zhivago)〉 〈앨마 갠트리(Elmer Gantry)〉 〈그리스인 조르바(Zorba the Greek)〉 〈캐치-22(Catch-22)〉 그리고 〈황금 연못(On golden pond)〉은 나의 삶에서도 잊히지 않는 영화다. 〈닥터 지바고〉 〈앨마 갠트리〉 〈그리스인 조르바〉 〈황금 연못〉에서 각기 열연하던 주인공들의 모습이 지금도 눈에 선하다.

〈캐치-22〉의 주인공들은 나의 삶에 있어서 친숙함과는 거리가 멀었지만, 영화만큼은 소설만큼이나 인상적이었다. 뭐라고 한마디로 집약시키기는 어려워도 가슴을 뭉클하게 만들어 놓기는 충분했다. 소설로 '보기'보다는 차라리 영화로 '읽는' 것이 더 쉽게 이해되는 그런 영화였다. 그 영화에 등장하는 주인공들은 가지각색이다. 마치 시장을 거니는 사람 같고, 교회에 오가는 신도 같다. 아무 얼굴 모습도 선명하지 않지만, 이야기만큼은 너무 야물게 가슴에 파고든다. 여러 주인공 중, 한 명의 이름은 잊을 수가 없다. 요사리안 공군 중위라는 이상한 이름이었기 때문이기도 했다. 각각의 소설을 여러 번 읽었어도 각색된 영화가 주는 감동을 이길 수는 없었다.

〈닥터 지바고〉 나의 20대 초반을 사로잡았던 영화였다.[22] 소설의 부피 못지않게 영화의 장대함마저도 꽤 인상적이었던 영화였다. 주인공, 그러니까 배우들의 이름도 잊지 못한다. 오마 샤리프와 쥴리 크리스티의 얼굴로 영화의 모든 내용이 정리된다. '라라'로 대표되는 크리스티의 모습은 내겐 아직도 영원한 연인상이다. 가난하던 나의 20대를 견디게 해 준 동행이 바로 지바고였다. 바리키노에서 시를 쓰는 닥터 지바고는 바로 내가 그리던 모습이었다. 자연을 품어 삼키려는 여린 마음과 한 여인에 대한 깊은 사랑을 잊을 수 없었다.

시인 지바고가 말한다. "사랑한다는 것은 얼마나 좋으냐! 사랑이라는 말을 범람하여 비좁은 가슴에 담기도 부끄러우나 사랑한다는 것은 얼마나 좋은 일이냐. 누군가를 판단하며 미워하기보다 누군가를 생각하며 마음 따뜻해지는 것은 또 얼마나 좋으냐. 대지 적시는 빗방울처럼 윤기 없는 가슴을 촉촉히 적셔 주기에 내 그리움 턱없이 부족하지만, 파르르 떨리는 입술로 누군가를 향하여 '감사하다' 말할 수 있는 사랑은 얼마나 좋으냐. 빈 가슴 지는 노을에 묻고 돌아서는 발걸음 함께 이우니 섧다마는 사람 때문에 상처받고 또 사람 때문에 치유받지만, 한 세상 살아가면서 사람을 사랑한다는 것은 얼마나 좋으냐. 당신이 슬픔이나 회한 같은 걸 하나도 지니지 않은 여자였다면 나는 이토록 당신을 사랑하지 않았을 거요. 나는 한 번도 발을 헛디디지도 낙오하지도 않고 오류를 범하지 않는 그런 사람을 좋아할 수 없소. 그런 사람의 미덕이란 생명이 없는 것이며 따라서 아무 가치도 없는 것이니까. 그런 사람은 인생의 아름다움을 보지 못한단 말이오."

유학 생활 중 20대 중반을 넘어섰을 때였다. 우연하게 마주친 영화가 바로 〈앨마 갠트리〉였다. 어렵고 고된 유학 생활을 하던 중이었다. 큰 힘이 되었던 분이 계셨다. 당시 이민 한인들의 정신적 지주였던 고(故) 김하태 목사였다. LA 근교의 플러턴 대학의 교수로서 틈틈이 목회 활동을 하시던 목사님이셨다. 이민 생활에 찌든 사람들이 그의 주위로 다가왔다. 제한된 수의 동문과 유학생에게는 어버이 같은 분이었다. 매주일, 한 주의 고된 삶을 그분이 주도하던 교회에서 풀어내던 때였다. 모두가 형제였고, 자매였다. 캘리포니아 파사데나(Pasadena)에 있는 미국인 감리교회를 빌려 쓰고 있었다. 그 한인교회에 다니던 그때를 잊을 수 없다. 당시 형성되던 한인촌에는 교회가 우후죽순 솟아나던 때였다. 부흥회도 꽤 많이 열렸었다. 그때에 우연히 텔레비전을 통해 보았던 영화가 〈앨마 갠트리〉였다. 신앙에 대한 나의 삶을 되짚어 보게 한 영화였다.[23)]

나의 뇌리에 붙어 다니는 장면은 배우 버트 랭커스터의 명연기였다. 신학교 퇴학생으로서 술에 찌든 갠트리가 부흥사로 변신해서 신도를 농락하는 명연기였다. 기적 없는 삶에서 기적을 만들려고 안간힘을 썼던 인물이었다. 돌팔이 부흥사 갠트리는 뭐든지 만들어 내는 인물이다. 어쩌면 그야말로 이 시대가 닮고 싶은 진짜 부흥 마켓터의 모델이었는지도 모른다. 주인공 갠트리는 20년대 어느 미국의 신학교에서 퇴학당한 인물로 설정된다. 술로 살아가는 외판원이며 호객꾼이다. 갠트리는 한 시골교회의 부흥회에 우연한 기회에 참석한다. 여자에 절어살아가고 있는 탕아였지만 어떤 회개에 대한 생각 때문에 참석한다. 그가 그의 잘못을 간증하자 교회가 그를 감싸안는다. 말 재주꾼인 갠트리는 교회에서 이내 부흥사로 변신한다. 떠버리, 말의 달변, 교회에 절실하게 필요한 전도부흥에 그의 달변이 합쳐진다. 그의 전도 장사에 신도들이 열광한다. 청순과 순백의 상징이었던 여전도사가 그를 사랑한다. 교회의 재정도 단박에 늘어나지만, 그가 보여 준 축재의 방법만큼은 협잡꾼의 마케팅기술의 전형 그대로였다. 두드리고, 꼬시고, 겁주면 팔린다는 그 방법이 주효했다.

남의 영혼을 구제하겠다며 하느님의 영혼을 솜씨 좋게 팔아넘기는 갠트리의 전도술은 부흥회를 기적의 집회로 만들어 놓는다. 그렇지만 모든 것이 오래가지는 못한다. 어느 날 모든 것이 폭로된다. 부동산 거래과정에서의 탈세와 부흥사들의 비윤리적인 짓거리도 함께 밝혀진다. 혼절하며 화답하는 부흥회의 장삿속이 낱낱이 드러난다. 그런 와중에 교회에 원인 모를 화재가 발생한다. 갠트리와 애정행각을 벌였던 여부흥사도 한 줌의 재로 변하지만, 부흥사들이 그것을 그렇게 받아들이면 부흥사들이 아니다. 저들은 모든 것을 하느님의 은총이라며 돌팔이 부흥사 갠트리의 입담에 다시 교회의 부흥을 기대한다. 교회부흥사들의 욕망이 한없음을 알게 된 갠트리는 교회에 환멸을 느끼며 교회를 떠난다. 남의 영혼을 구제하겠다는 감언이설로 제 영혼을 팔아먹은 돌팔이 부흥사가 보여 주는 마지막 참회였다.

갠트리는 묘하게도 사회 정의니 영혼이니 하는 것을 외치는 저들에 대한 환멸을 불러일으키는 데 제격이었다. 매미처럼 붙어 다니는 교수나 목회자들에 대한 경멸 같은 것도 함께 일렁거렸다. 짝퉁 목회자, 무당 교수에 대한 혐오 같은 것이었다. 변변치 못한 제자들을 이끌고 다니며 다중에게 깨어나라고 말했던 예수의 하늘나라와는 거리가 먼 화상들이었기 때문이다. 그 기억은 "예수를 믿는 것과 기독교를 믿는 것은 다르다."고 말하는 '역설(逆說) 속의 역설(力說)'이 유별나게 한국 교회의 자화상으로 드러나게 해 주는 현실과 겹쳐지기 충분했던 것이었다.

돌팔이 부흥사, 짝퉁 부흥사로서 이 시대의 주인공을 상징하는 갠트리는 인간적인 양심을 벗어날 길이 없게 되자 마침내 교회를 떠난다.[24] 어쩌면 그는 『그리스인 조르바』의 저자 카잔차키스가 거침없이 교회에 도전하는 것처럼, 인간이라는 존재는 태초부터 신이 어떤 목적을 성취하기 위해 만들어 낸 것이 아니라, 인간을 위한 토대라는 것을 확인받는 순간이기도 했다. 인간이 정말로 위선하지 않는 인간이 되기 위해서는 넘어야 하는 순간이 있기 마련이다. 그 순간으로 도약하기 위해 밟고 딛고 가게 해 놓은 받침대라고 깨달았는지도 모른다. 신이라는 것은 인간의 창조적 도약을 위해 인간이 필요로 하는, 인간이 만들어 낸 지렛대이거나 받침대로서의 신의 위대함과 한계를 동시에 깨달았을 수도 있는 갠트리는 마침내 그를 열광적으로 따르던 충직하고 몽매한 교회 신도들에게 고린도전서 한 구절(13:11-13)을 읽어 준다.

그 장면은 영원히 잊히지가 않는다. "내가 어렸을 때에는 어린이의 말을 하고 어린이의 생각을 하고 어린이의 판단을 했습니다. 그러나 어른이 되어서는 어렸을 때의 것들을 버렸습니다. 우리가 지금은 거울에 비추어보듯이 희미하게 보지만 그때에 가서는 얼굴을 맞대고 볼 것입니다. 지금은 내가 불완전하게 알 뿐이지만 그때에 가서는 하느님께서 나를 아시듯이 나도 완전하게 알게 될 것입니다. 그러므로 믿음과 희망과 사랑, 이 세 가지는 언제까지나 남아 있을 것입니다. 이 중에서 가장 위대한 것은 사랑입니다."

나는 당시만 해도 비교적 어린 나이에 박사학위를 받았었다. 박사학위를 받고, 영국의 정경 대학(London School of Economics)의 박사 후 연구직 제의를 받았지만 포기하고 귀국했다. 모교에서 교수 생활을 그리던 때였었기에, 그렇게 교수 생활을 시작했다. 초년 교수 생활이 시작되던 30대 중반이었다. 지친 나에게 다시 한 번 더 의식의 충격을 주었던 영화가 있었다. 〈그리스인 조르바〉라는 영화였다. 카잔차키스의 소설인[25] 『조르바 그릭(Zorba the Greek)』을 각색한 것이었다. 이 영화 때문에 나 역시 『그리스인 조르바』를 여러 차례 다시 읽어 가며, 마침내 그리스를 3번이나 여행하기에 이른다.

니코스 카잔차키스는 『그리스인 조르바』에서 영국인이며 젊은 지성인인 버질이라는 인물과 투박하기만 한 그리스 태생인 조르바 사이의 비빔과 부대낌, 그리고 짜여감의 인간관계들을 적나라하게 그려낸다. 삶이란 어떤 것인지를 스쳐 보여 주지만 장면마다 눈물이 고인다. 주인공 버질은 그저 그런 작가다. 연약하고 때때로 현학적인 모습으로 살아가고 싶은 작가다. 그에게는 부친이 물려준 광산이 있었다. 거의 폐광이었다. 그는 뭔가 해 보고 싶은 욕심으로 크레타에 있는 폐광을 찾아가는 길이었다. 항구에서 배를 기다리다가 조르바를 만난다. 조르바는 무지막지한 노동자일 뿐이다. 그 어디에서도 일해 보지 않은 경험이 없는 노동자였다. 품행이 단정하고 모범적인 전형적인 영국계 신사인 버질과는 상종이 어려운 인간이 조르바였다. 생면부지의 자신에게 접근하기 시작한 조르바에게 놀라면서도 버질은 이내 묘한 매력을 느낀다.

외모와 성격이 서로 다른 두 사람은 마침내 이상하게 엮인다. 이런저런 경로 끝에 고용주와 고용인의 관계가 된다. 두 사람은 폐광촌이 있는 크레타로 향한다. 크레타 섬 마을 주민은 가난했다. 버질과 조르바는 그들이 당도한 마을의 문제를 파악한다. 이상한 불안함이 감돈다. 그곳에는 아름다운 과부도 있었다. 그녀를 사모하는 마을 청년들도 있었다. 서로가 애증과 고통 속에서 신음했다. 버질과 조르바는 폐광으로 가기 전에 이곳에서는 유일한 여인숙에 자리를 푼다. 여관의 주인은 크레타 땅에서는 만년 이방인인 미세스 호르텐스이었다. 그녀 역시 떠돌이였다. 남성 편력으로 가득 찬 프랑스인이었다. 그래도 이곳 주민에 비해 그녀는 부자였다.

버질과 조르바는 폐광을 다시 일으켜 세우려고 준비한다. 일하기 전 조르바는 버질에게 자기 삶에 관한 나름의 원칙을 제시한다. 일할 때는 고용된 사람이지만 나머지 시간은 자기만의 시간이라는 것이다. 자기 삶의 주인은 자기이므로 자기 삶에 간섭하지 말라고 요구한다. 조르바는 자유인으로 살아가기를 원한다. 그는 자신 속에 차오르는 감정을 주체하지 못한다. 자기의 있는 감정을 있는 그대로 표출한다. 버질은 자신의 감성을 이성으로 다스리는 사람이다. 면밀하고 성실하며 질서와 안정을 좋아하는 용의주도한 사람이다. 조르바의 행동이 못마땅하기만 하다. 조르바는 버질에게 삶이 무엇이어야 하는지를 보여 준다. "사는 것은 다 골치 아픈 거예요. 죽음만이 아니죠. 살아 있다는 것은 허리띠를 풀어 버리고 골치 아픈 일을 찾아 나서는 거예요."라고 말하곤 한다.

조르바는 여관 주인 호르텐스 부인에게 접근한다. 사실은 그녀가 그에게 성적 욕망을 표현했기에 그렇게 된 것이다. 버질 역시 미모의 미망인을 마음에 그린다. 이성적으로 그것을 억제한다. 그런 버질에게 조르바는 자신의 삶을 속이지 말라며 충고한다. 버질에게 말한다. "신은 아주 커다란 동정심을 갖고 있지만 용서하지 않는 죄가 하나 있다. 여자가 남자를 침대로 부를 때 거절하는 것." "가슴에 손만 얹어 주면, 모든 여자는 자기가 가진 것을 모두 내어 주니까……." 자신의 감성에 솔직해지라는 것이다. 조르바와 버질은 성격이나 삶에 있어서 다르다. 두 사람의 우정은 긴장하는 그만큼 깊어간다. 서로에 대한 인간적인 신뢰가 있기 때문이다. 조르바는 배려가 무엇인지를 보여 준다. 사람이 어떤 존재인지를 있는 그대로 드러낸다.

조르바는 슬픔이 극에 달하면 슬픔을 이기기 위해 정반대의 행동으로 그것을 이겨내곤 한다. 자신의 3살배기 어린 아들을 잃었을 때에도 마찬가지였다. 남들이 다 울어젖히는 울음을 그치고 대신 격렬하게 춤을 췄다. 그것이 슬픔을 승화시키는 그의 유일한 방법이었다. 버질은 자기도 모르는 사이에 조르바의 춤을 흉내 내기 시작한다. 조르바와 버질은 광을 개발하기 위해 모든 재산을 들였다. 사고가 일어난다. 모든 것이 붕괴되어 버린다. 남은 것은 아무것도 없다. 두 사람만이 남아 있다. 조르바가 버질에게 말한다. "이제 일거리도 없어졌으니 난 뭘 하나." "힘내요. 우린 다시 만날 거예요." "아뇨. 당신은 떠날 것이고 책들을 붙잡고 살 거예요."

버질과 조르바는 술잔을 들면서 축배를 든다. "당신의 건강을 위해." "당신의 건강을 위해." 조르바가 입은 뗀다. "빌어먹을, 보스. 난 말할 수 없을 만큼 당신이 좋아요. 당신은 한 가지만 빼고 다 갖췄어요. 광기. 사람이라면 약간의 광기가 필요해요. 그렇지 않으면." "그렇지 않으면?" "감히 자신을 묶은 로프를 잘라 내어 자유로워질 엄두를 내지 못하죠……. 나한테 화났어요?" "춤추는 법 좀 가르쳐 줘요. 해 줄래요?" "춤? 지금 '춤'이라고 했어요? 시작합시다." 버질과 조르바는 슬픔을 승화하기 위해 격렬하게 춤을 추기 시작한다.

모든 불안의 잡동사니를 비워 내기 위한 마음의 청소였다. 무엇을 용서해야 할지, 자신의 내면을 깊이 들여다 보기 위한 춤이었다. 사람들은 흔히 어떤 상황에 의해 부당하게 취급받은 기억을 떨쳐 버리지 못하기 마련이다. 그런 기억에 몸서리를 치는 것이 인간이다. 감정의 잡동사니가 쌓이면 사람들은 그에 대해 처절하게 분노하고 만다. 두 주인공은 그런 감정의 상투를 잡은 것이다. 모든 분노는 누가 뭐래도 자기 스스로 계획한 결과일 뿐이다. 마음에 두지 않았으면 결코 겉으로 나타날 수 없다. 그 분노는 결국 자기를 다치게 만들 뿐인데, 이들은 이미 그것을 알아챈 것이다.[26)]

저들은 불만의 잡동사니를 버리기 위해서 스스로 즐길 수밖에 없었다. 저들은 '무들링(moodling)'을 절실하게 느끼고 있었던 것이다. 무들링은 삶의 이곳저곳을 느슨하게 만들기에 아주 절실한 방편이었다. 영혼에게 휴식을 주는 일이 무들링이었다. 마음의 여백을 늘려야 할 때, 늘려 주는 방편이 무들링이었다. 조르바와 버질의 춤사위는 격렬했지만, 무들링의 예식이었다. 무들링은 어디에만 있어야 할 필요는 없다. 무엇을 해야만 하는 것도 아니다. 잡념을 하나둘씩 토닥거리면 된다. 자기 스스로를 새롭게 하려고 하면 된다. 생각과 생각 사이의 틈인 현재에 충실하면 된다. 오가는 바람결에 맡기듯이 마음을 던져 놓으면 된다. 마치 박목월 시인이 노래하듯 하면 된다. "강나루 건너서 밀밭 길을 구름에 달 가듯이 가는 나그네." 넉넉하게 보이는 삶이다. 그 속내는 씻어 냄의 격한 율동이 가득하다.

돌이켜 보건데, 누구나가 한평생 겪는 삶의 여정은 〈캐치(Catch)-22〉의 행로와 엇비슷하다. 전우의 시체를 넘고 넘는 길고 긴 여정 같은 삶이 인간의 인생 순례길이다. 캐치-22라는 말은 군대 속어다. 제22조항이라고 불린다. 그것의 속내는 진퇴유곡, 진퇴양난이라는 뜻이다. 앞으로 한 걸음도 나아갈 수 없다. 뒤로도 그렇게 빠질 수도 없다. 그래서 자승자박이라는 함의도 갖고 있다. 속된 말로 빼도 박도 못한다는 뜻이라고 보면 된다. 불가불가(不可不可)의 상황이다. 방점을 어느 지점에 찍느냐에 따라 사정이 전혀 달라지는 상황이기 때문이다. 불가(不可), 불가(不可)하면 절대로 불가한 것이 된다. 불가불(不可不), 가(可)하면 끝내 허락되는 상황으로 바뀐다.

이 세상에서는 되는 것도 없고, 반대로 되지 않는 것도 없다. 반대의 경우도 그 얼마든지 가능하다. 누가 '가'와 '불가' 사이를 가르느냐에 따라 붙는 것과 떨어지는 것이 확연하지 않기 때문이다. 불가불가의 사회라면, 그런 조건이 삶을 누른다면 인간관계는 늘 피상적일 수밖에 없다. 불가불가의 상황에서 방점을 어디에 찍느냐는 늘 고뇌하게 만들어 놓는다. 방점의 위치에 따라 여러 사회상이 다르게 나타난다. 네 가지 사회를 상상한다. 그 첫째의 사회양태가 불, 가, 불, 가(不, 可, 不, 可)의 사회다. '안 돼, 돼, 안 돼, 돼'를 개별적으로 반복하는 사회이다. 둘째는 불가, 불가(不可, 不

可)의 사회다. '절대로 안 돼, 안 돼'의 사회가 그것이다. 셋째는 불가불, 가(不可不, 可), 말하자면 '안되는 것 같지만 되는' 사회다. 되는 것 같지만 되지 않는 사회이기도 하다. 마지막으로 '안 돼(?), 왜 아니 되겠어(!)'를 극대화시키는 사회인 불, 가불가(不, 可不可)의 사회가 떠오른다.

'불, 가불가'로 상정되는 사회양태는 균형이론으로 설명이 가능한 사회를 연상하게 한다. 겉으로는 '안 되지'하고 말하지만, 속으로는 아주 조용히 '어찌 되지 않겠어.'라는 것을 암암리에 흘려 놓고 있는 사회다. 상대방이 알아채도록 만들어 가는 사회가 불, 가불가의 사회다. 됨과 안 됨이 서로가 균형을 이루고 있는 상태를 이루고 있다. 균형이론적인 사회에서는 공식적인 타협이 가능하다. 타협은 꼼수가 아니라 사회가 허용하는 협상수다.

캐치-22의 사회는 균형이론적인 사회와 상황이 조금 다르다. 불가, 그리고 불가의 전제 아래 앞뒤가 꼭 막혔음에도 불구하고 나름의 수를 쓰면 도망갈 기회가 전혀 없지는 않은 사회다. 불가, 불가하지만 그래도 어떻게든 불가불, 가한 양태의 사회가 캐치-22상황의 사회다. 적당한 방편을 준비하고 살아가야 하는 사회다. 퇴로를 만들어 줄 수 있는 방편이 요구되는 사회다. 방편은 경우에 따라 부정적인 것을 포함할 수 있다. 약물이 들어가면 퇴로는 터지게 되어 있는 사회가 캐치-22의 사회다. 그 정도로 접근하는데 차마 사람으로서는 더는 우기지만 못하겠다고 왜곡스럽게 허용하는 사회다. 사회 부조리가 가득 찬 사회가 바로 '캐치-22의 사회'다.

다시 말하지만, 조셉 헬러가 1961년에 발표한 소설 『캐치-22』를 영화로 각색한 것이 〈캐치-22〉다. 그 영화, 그 소설에서 사회적으로 파장을 빚은 사회학적인 용어가 바로 캐치-22라는 말이다.[27] 이 영화는 1944년경 지중해 연안의 피아노사라는 사상의 섬에 주둔한 미군 공군기지에 벌어지는 이야기를 단숨에 다룬다. 미 공군 조종사들 사이에 벌어지는 이야기다. 이 시대의 주인공인 요사리안 중위가 영화에서는 압권이다. 그는 자기가 미쳤다고 우기는 유일한 주인공이다. 매일같이 허공을 향해 날아야 하는 출격을 싫어하는 조종사다. 출격에서 빠지기를 바라는 그는 요령을 부리지만, 그것이 통하지 않는다. 마침내 기발한 방법을 알아낸다. 군의관으로부터 출격 이상 징후를 받아오면 된다는 것이다. 그는 출격명단에서 자기를 빼달라고 군의관에게 부탁한다. 요사리안의 요구에 대해 군의관 역시 이상하게 대답한다. '캐치-22'하라고 간단하게 말한다. 캐치-22, 무슨 소리인가? 말하자면 그의 요청을 들어 줄 수 없다는 '논리적인 거부의 논리'였다. "문제조항이 하나 있는데." "문제 조항이요?" "그래. '캐치-22'말이야. 자네가 출격 해제 요청을 할 정도라면 그것은 자네가 정상이라는 말이거든. 그래서 출격 해제 명단에 들어갈 수 없는 것이지." "군의관님, 그럼 좋아요. 제가 정리를 한 번 해 보죠. 출격에서 빠지려면 미쳐야만 하는데, 출격 제외를 요청할 수 있는 정도이면 정상인 것이고, 그러니까 출격에 나가야 한다 그런 말이군요." "바로 그거야. 그게 바로 '캐치-22'지."

주인공 요사리안 중위는 미칠 지경에 이르고 만다. 정말로 미쳐 버리면 그것 역시 큰 일이다. 미친 것을 증명할 수 있는 능력을 잃어 버리고 말기 때문이다. 그렇게 되면 그는 미친 것을 증명해내지 못한다. 미친 것을 증명하지 못하면 끝내 그곳에 더 머물러야 하고, 위에서 내리는 출격 명령에 조건 없이 임해야 한다. 상황이 그렇게 돌아가니, 그는 더 미쳐 버리고 돌아 버릴 지경에 이른다. 미치면 돌아 버리고 돌아 버리면 미친 척을 못하게 되고, 미치지 않으면 미치지 않았기에 미치지 않은 것을 증거하게 되는 영원한 뫼비우스의 감옥에 갇혀 버린 것이다. 부조리로 가득한 세계, 그 속에서 살겠다는 개인의 생존권을 이야기하는 것, 그 자체가 부조리일 뿐이다. 이런 사회가 바로 캐치-22 사회다.

'캐치-22'의 오작동이 영원한 뫼비우스의 띠 속의 영원한 감옥이다. 모순된 것들이 서로서로 꼬리를 물며 악순환된다. '캐치-22'가 바로 우리 삶을 묶어가는 살아 있는 조건이다. 캐치-22를 벗어날 수 있는 사람은 없다. 썰렁한 예가 하나 있다. 미국 군대에서는 소령 계급을 메이저(major)라고 부른다. 요사리안 중위가 근무하는 그곳에는 그의 상관 이름이 메이저다. 그의 계급도 소령이기에, 부하들이 그를 부를 때에는 늘 '메이저 메이저.'라고 부른다. 그의 관등성명은 '메이저 메이저(Major

Major)'가 된다. 메이저 소령님이라는 말이다. 우리 개그 현장에서도 한참 써먹었던 장면과 같다. 조폭 조직의 상무(常務)직을 맡고 있는 사람이 바로 유상무였다. 조폭 두목은 유상무 씨를 늘 유 '상무상무'라고 부른다. 유상무의 상황은, 유상무라는 존재가 있기도 하고 없기도 하며, 또 있기도 하다는 복합 상황을 알려 준다. 사람도 삶도 상황도 모두가 개그임을 드러내는 장면이다.

메이저 메이저는 '캐치-22' 상황이 어떤 것인지를 보여 준다. 미군의 '메이저 메이저', 즉 메이저라는 이름의 소령은 극도로 사람들을 꺼리는 군 간부다. 그는 그저 군(軍) 안에서 편하게 있기를 원하는 직업 군인일 뿐이다. 그는 그에게 어떤 문제든 문제를 보고하는 사람을 기피한다. 사람이 찾아오는 자체를 싫어한다. 마침내, 그는 사람을 피하는 방법을 연구해낸다. 그는 당번병에 이른다. 어떤 경우이든 그의 사무실에 사람을 들이지 말라고 이른다. 당번병이 묻는다. "소령님, 제가 도와드릴 일이 혹시 없는지 알고 싶으면 언제 찾아와야 됩니까?" "내가 여기 없을 때."라고 답한다. "예, 소령님. 그러면 전 어떻게 해야 하나요?" "내가 시키는 대로 해야지." "하지만 소령님은 여기 계시지 않을 테니까 시킬 수도 없을 텐데요. 안 그렇습니까?" "그래." "그럼 전 어떻게 합니까?" "해야 할 일을 하면 돼." "청소하기 위해 이곳에 들어오지도 말아. 내가 이 안에 없다고 확실히 알기 전에는 무슨 일이 있어도 절대로 들어오면 안 돼." "예, 소령님. 하지만 제가 어떻게 그것을 항상 확실히 알 수 있습니까?" "확실하지 않으면 내가 안에 있다고 생각하고, 확실해질 때까지는 다시 나타나지마. 알겠나?" "예, 소령님." 모든 것이 이런 뒤죽박죽, 그렇지만 논리적이며 질서정연한 뒤죽박죽이었다.

메이저 메이저(Major Major)와 같은 이들이 가득한 사회가 바로 불가불가의 사회다. 사회는 개인이 모여 만들어진 합의된 완전 공동체일 수가 없다. 각자의 욕구가 서로의 대립각을 피하게 만든 사회가 불가불가의 사회다. 행복도, 이윤도 불행도 최대로 각자화시킨 사회가 불가불가의 사회다. 불완전한 공동체가 불가불가의 사회다. 모든 것이 구체적이라고 우기는 그것만큼 피상적인 사회가 불가불가의 사회다.

오늘 내가 죽는다면, 그것은 내가 죽는 것이다. 그가 죽는 것은 내가 죽는 것이 아니다. 그는 나의 죽음을 알고 있는 것으로 족하다. 그가 나의 죽음에 동참하는 것이 아니다. 나의 죽음을 대신하는 것도 아니다. 나 역시 그가 죽었다는 것을 아는 것으로 족할 뿐이다. 그가 나의 불행을 알고 있을 수 있고, 말할 수는 있지만, 나의 고통을 대신 짊어질 수는 없다. 고통의 혈류를 나눌 수가 없다. 나의 고통을 체험할 수도 없다. 나의 생과 명은 단 1초도 그에게 대여할 수 있는 것이 아니기 때문이다.

불가불가의 사회는 자본주의 사회의 전형인 '스펙타클(spectacle)' 구경거리의 사회이기도 하다. 캐치-22의 사회에서 살아가는 사람들은 매일같이 텔레비전이나, 영화와 같은 미디어에 의해 만들어진 스펙타클이라는 구경거리에 정신적으로 시달리도록 되어 있다. 모두가 미디어가 만들어 내놓는 스펙타클의 사회에서 정신적으로 함몰, 어쩌면 '멘붕' 되어 버리곤 한다. 이 시대의 미디어는 단순한 오락물이 아니라, 지배권력의 이해관계가 반영된 이미지의 매개체다. 이런 자본주의의 미디어 아래, 인간들의 모든 관계들은 상거래의 관계로 변형되어 버리고, 그로부터 사람들의 일상적인 삶이 그냥 하나의 스펙타클로 환원되어 버린다. 저들의 권력은 정치권력만으로 제한되지 않는다. 문화 권력, 기업 권력, 교육 권력 등 그 모든 권력체를 함께 포함한다. 스펙타클의 문화 속에서, 일상을 살아가는 사람들은 자기도 모르게 현실의 감각으로 저들의 드라마를 즐기는 것이 아니라, 저들이 제공하는 미디어 속 드라마의 감각과 디자인의 시선으로 현실을 이해하게 된다.

철학자 기 드보르(Guy Debord)는 그래서 『스펙타클의 사회』란 책에서 '스펙타클'이라는 것은 단순한 구경거리가 아니라, 종교적 환상의 물질적 재구성의 본질이라고 단언한다. 스펙타클은 일상을 살아가는 사람들의 진실한 삶을 시각적으로 부정하기 마련이다. 가상의 이미지를 현실로 드러나도록 만드는 현상이 스펙타클이기 때문이다. 구경거리가 오히려 구경하는 사람들을 압도하며 원하는 방향으로 이끌어가는 것이 스펙타클이다. 스펙타클의 사회에서는 허위와 기만으로 만들어지는 이미지가 우선한다. 스펙타클의 사회에서는 인간의 역사와 기억, 그리고 인간의 의식은 자신도 모르게 마비된다. 스펙타클은 이미지들의 집합이 아니라, 이미지들에 의해 매개된, 사람들 간의 사회문화적인 관계로 그 본색을 드러내기 때문이다. 기 드보르의 말대로, "스펙타클은 엄청나게 긍정적인, 반박 불가능하고 접근 불가능한 어떤 것으로 나타난다. 그것은 오로지 겉으로 보이는 것은 좋은 것이며, 좋은 것은 겉으로 보인다." 고 말할 뿐이다. 스펙타클이 원칙적으로 요구하는 태도는 수동적 수용인데, 실은 스펙타클은 아무런 응답도 필요로 하지 않는 자신의 겉 보이기 방식에 의해서, 즉 외양의 독점에 의해서, 이 같은 수동적 수용을 이미 달성하고 있다.[28]

이런 스펙타클을 벗어나서 삶을 다시 한번 더 제대로 바라보게 만든 영화가 바로 〈황금 연못(On golden pond)〉이었다. 내가 대학에서 신입 교수로 열심히 가르치던 1981년 그해 영화였다. 헨리 · 제인 폰다 부녀와 캐서린 헵번이 출연했다. 영화의 마지막 장면쯤에 이르러, 심장병으로 쓰러진 사랑하는 남편(헨리 폰다)에게 약을 입에 넣으며 부인(케서린 헵번)이 하늘을 향해 원망하듯이 뱉어 내는 그 말을 나는 아직도 잊지 못한다.[29] 하늘을 향해, "이렇게 늙은 영감을 어디에 쓰시려고……."(데려 가시려고) 하냐고 하면서 차마 말을 잇지 못하던 아내, 헵번의 중얼거림, 그것은 사랑 바로 그 자체였다. 사랑하는 사람의 말들이 어떤 것인지를 이제는 온몸으로 이해할 수 있는 나이가 된 나는 한 가지 사실을 부정하기 어렵게 되었다. 모든 불행은 끝내 낱낱이 자기 자신 앞에서 전개되기 마련이라는 것이다.

내가 겪는 어떤 불행은 그에게는 어찌보면 행복이 될 때도 있다. 경우에 따라서 나에게는 오히려 다행에 이른 길일 수도 있다. 어떤 경우라고 하더라도 불행의 기운이 우리의 삶에서 완전히 가시는 것은 아니다. 나에게만 행복 혹은 불행인 것은 없다. 그가 행복하기에, 내가 불행한 것으로 나 스스로 자신을 볶아 댈 뿐이다. 그렇게 하는 일이 내게 먼저 편하기 때문이다. 모든 행복이나 불행은 두서없이 뭉텅이로 들어닥칠 뿐이다. 내 목과 숨 역시 낱낱이 하나일 뿐이다. 그의 생명 역시 어김없이 언젠가는 불행에 이르게 된다. 그것을 그냥 죽음이라고 이해하면 속이 편할 뿐이다. 모두의 생이 각자적인 그만큼 모두의 죽음 역시 각자적일 뿐이다. 개인의 욕구도 각자적일 뿐이다. 그런 사람들이 부대끼며 살아가는 사회가 불가불가의 사회다. 그렇게 사는 방법이 저들에게는 행복의 방정식이다. 어차피 사회는 개인의 욕구에 재단될 수 있도록 만들어진 것이 아니다. 사회의 관용을 기다리는 것 그 자체가 잘못이다. 사회의 요구를 최대한 기피해야 한다. 모든 것을 각자화시켜 자기의 생과 명을 위해 편하게 만들어 가면 된다. 저항하지 못하겠으면 즐기면 된다. 불가불, 가하도록 기다리면 된다. 사회적 정의니 사회적 관용은 기다리지 않는 편이 행복을 더 보장하는 일이다. 그런 것들은 끝내 신기루일 뿐이기 때문이다.

각자적인 욕구를 충족시켜 주는 맞춤형 사회의 완성이 이론적으로는 가능하다. 현실적으로 가능하지 않다. 맞춤형 사회(fit-oriented society)의 도래는 불가능하다. 사회는 개인에게 사회적 욕구에 적응하도록 강요하기 때문이다. 사회적 관습이나 전통이 그것을 조력한다. 사회는 개인으로 만들어지는 하나의 기관이다. 기관은 개인의 행위를 제어하며, 행동의 준거를 만들어 낸다. 사회는 개인이 사회적 요구에 적응하도록 사회화시킨다. 사회기관들은 개인에게 사회를 벗어나는 일을 위험천만한 일이라고 끊임없이 교화시킨다. 학교나 교회 같은 곳이 그런 일을 도맡아 한다. 그 어떤 기관들은 그것을 벗어난다. 가치의 혼란이 극심해진다. 어느 것이 옳은지에 대한 판단도 쉽지 않다.

그런 사회 안에서의 삶은 늘 '거시기'하기 마련이다.[30] 미국의 시카고에서 일어난 일이었다. 한 법률자문회사는 이혼을 부추기는 광고를 하기 시작했다. 길거리 전광판에 실린 이혼 광고에는 미모의 여성이 등장한다. 미모의 한 여성이 레이스가 달린 검은 브래지어 밖으로 터져 나올 듯한 가슴을 뽐낸다. 그 옆에는 잘생긴 한 남성이 웃통을 드러내면서 근육질 몸매를 자랑한다. 그 밑에는 "인생은 짧습니다. 이혼하십시오."라고 요구하고 있다. 기상천외한 광고처럼 보였지만, 그것을 바라본 사람마다 기분이 달랐다. 서로 다른 각오로 기다렸던 광고였기 때문이다. 도덕군자들의 생각이나 언론의 사설과는 달라도 한참 다른 판단이며 기대였다. 사람들은 현실적으로 그런 쓰임새 있는 광고를 기다렸던 것이다. 남자들의 경우, 준비 없이 이혼하려면 재정이 파산 지경에 이른다. 법률회사는 남자들의 그런 속내를 재빠르게 알아차린 것이다. 겉으로는 역겨워하면서도 속으로는 내심 고마워하는 광고였을 뿐이다. 인간이 합리적인 동물이라면 이런 광고에 현혹되는 사람이 없을 것이라고 강변하고 싶기에, 이 광고는 그것을 역이용한 것이다. 합리적인 사람이기에 합리적으로 이혼하라는 강력한 메시지를 담고 있었기 때문이다. 이 이혼 광고는 광고 역사에서 가장 성공한 광고로 평가받았다.

삶이란 그저 그렇고 그런 것일 뿐이다. 삶이라는 말은 '사람'과 '사랑'이라는 말과 무관하지 않다. '삶'이라는 말의 어원은 몽고어의 '사트(sat)'에서 출발한다.[31] 사트라는 말은 사람 · 사랑 · 삶 간에 조화와 통합을 지칭한다. 사람, 사랑, 삶의 어원은 자연의 조화로부터 시작된다.[32] 고대 인도에서는 쌀을 '사리(sari)'라 불렀다. 동(東) 투르키스탄에서도 '살리(sali)'라고 불렀다. '사리'나 '살리'라는 말은 우리말의 쌀과 발음이 비슷하다. 『훈몽자회』에서도 발견된다. 'ㅂ살'이 '벼(의) 살'의 변형이기 때문이다. 사람이라는 말은 살암을 말한다. 식물의 살(쌀)과 동물의 살(고기)을 먹음으로써 각자의 '살'을 유지하며 '살'아가고 있는 '살암'이 사람이다.

살암은 어쩌면 '살(生)'과 '알다(知)'가 모여진 '살암'에서 유래한 것일지도 모른다. 양주동 교수나 유창순 교수의 해석에 따르면,[33] 살암은 '생지(生知)'를 말한다. 동물과 다른 방법으로 살아가는 생명체를 말한다. 앎의 기능을 강조한다. '살다' 혹은 '살아가다'라는 말에서는 불이 타오르는 것 같은 강렬한 연소 작용이 돋보인다. 불을 사를 때의 강렬함과 피어오름이 보인다. 그것은 생명 현상을 말한다. 생명 현상이 바로 '사름'이며, 그것의 주체로서 앎을 드러내는 사람의 생명이 '살다'다. 정지 상태의 에너지가 운동 상태로 옮아가는 것이 살아감이기 때문이다.[34] 땅, 하늘, 물에서 끊임없이 움직이는 모든 것은 '사름'의 기운을 받은 생명체의 삶을 말한다. 그러한 삶을 제대로 이끌어 가는 '삶의 앎이 바로 사람'이다.[35] 삶과 앎이 하나가 되는 '삶앎'의 과정에서 발견되는 것은 살아감의 역설(逆說)과 독설(毒舌)뿐이다. 해결(解決)과 해소(解消)가 아우러지는 이율배반들도 함께하기 마련이다.

2. "다른 사람들의 눈은 우리의 감옥이예요. 다른 사람들의 생각은 우리의 새장이예요." – 버지니아 울프[36]

"아무것도 자기가 있을 자리에 없는 곳, 이것은 무질서. 아무것도 자기가 원하는 자리에 없는 그곳, 이것은 질서." – 브레히트[37]

"사람은 그가 들어온 길로 나갈 수 없다. 그는 무언가가 되어야만 한다." – 아서 밀러[38]

"인간은 앞으로 수십 년만 더 버티면 영원히 살 수 있을지도 모른다. 기계 지능의 등장으로 새로운 문명이 탄생하고 있기 때문이다." – 레이 커즈와일[39]

"무엇에 대해 …… 쓰는 것은 좋다. 그러나 생각하는 것은 더욱 좋다. 지혜로운 것은 좋다. 그러나 참는 것은 더욱 좋다." – 헤르만 헤세[40]

인간을 다른 단어로 표현하면, 그것은 '삶앎'이다. 삶앎이라는 말은 가르치지 않아도, 제가 원하는 대로 살아가는 존재를 말한다. 삶에서 일어나는 어떤 사고(事故)든 모든 사건은 삶과 앎이 된다. 그중에서도 관혼상제가 대표격이다. 관혼상제는 삶의 전체 모습을 알려 주거나 바꾸게 하는 기회가 되기도 한다. 결혼도 그렇다. 결혼하면 저절로 붙는 부인이나 남편이라는 이름이나 지위는 새로운 직업을 갖는 일이 아니다. 삶의 앎의 방식을 바꾸는 일일 뿐이다. 삶에 대한 자세를 바꾸는 일이다. 삶을 180도 바꾸겠다면 즉, 이혼을 한다면 그것은 인생살이에 있어서의 사고(事故)를 뜻한다.

그런데도 사랑했기에 결혼했던 사람들이 다시 이혼하고야 만다. 서로의 생각이 많이 달라졌기 때문이다. 결혼이라는 사고에서 생긴 또 다른 사건이 이혼이다. 이혼은 결국 사랑이라는 욕구들이 만들어 가는 이중사건(二重事件)일 뿐이다. 시인 콜리지(Samuel Taylor Coleridge)는 이렇게 충고한바 있다. '귀머거리 남자와 맹인 여자가 한 쌍이 되는 일이 가장 행복한 결혼'이라고 가르쳐 준 바 있다. 사람들이 저 법률자문회사가 보란 듯이 내건 이혼 광고에 서로 다르게 매료되었던 이유가 있다. 세상을 살아간다는 것 자체가 '클루지(Kluge)'스럽기 때문이었다. 잘 어울리지 않는 부분들이 모여 조화롭게 만들어진 비참한 전체를 이루고 있다는 뜻이다. 이혼을 부추기는 광고는 놀랍게도 이혼을 생각지도 않던 사람에게까지 이혼 생각을 갖게 했다. 아무래도 지금의 결혼 생활이 정상이 아닌 것 같았기 때문이다. 인간의 진화 자체가 클루지하기 때문에 생긴 일이다. 삶 자체는 원래 짐승과 신성의 야합일 뿐이다.[41)]

인간이라는 몸은 생존에 맞추어 엉성하게 진화한 결과일 뿐이다. 생물학적으로 보아, 필요한 부품들을 적당히 필요한 그때그때 한곳으로 모아 서투르게 짜 맞추어 만들어 낸 조치다. 그렇게 진화된 인간은 서투른 기구들을 움직이며 하루를 산다. 인간의 진화는 진화론자의 논리처럼 최선도 아니다. 창조론자들이 아우성치는 것처럼 완벽한 것도 아니다. 인간의 진화는 생존을 위해 급조된 엉성한 해결책일 뿐이다. 인간이라는 존재는 진화론적으로 클루지스러움을 벗어날 수 없다. 세련되지 않은 해결책, 그것이 바로 인간 진화의 핵심이다. 인간의 마음 역시 진화의 경로처럼 불완전하다. 때때로 엉뚱한 문제가 야기되는 것은 인간의 불완전성에 기인한다.

인간의 마음도 클루지스럽기는 마찬가지다. 뇌의 '반사 체계'와 '숙고 체계' 사이에 간격이 있기 때문이다. 위급한 상황, 스트레스적인 상황에서 결정권을 행사하는 것은 주로 반사 체계다. 반사 체계는 반응한다. 깊이 생각하고 또 생각한 후 결정하라고 요구한다. 반사와 숙고 사이에 긴장이 고조된다. 끝내 이기는 것은 반사 체계이다. 급한 대로, 필요한 대로 먼저 행동하고 보라고 윽박 지르기 때문이다. 인간의 마음은 우리가 믿고 싶어 하는 것처럼 그렇게 고상하지도 합리적이지도 않은 이유다. 천 원짜리 플라스틱 바가지를 공짜로 받는다는 유혹 때문에 당장의 생활에 필요하지 않은 10만 원 짜리 물품을 구입하는 것이 사람의 마음이다. 그 클루지 때문에 가정에서의 불화와 종교 간의 분쟁, 국가 간에 전쟁이 끊임없이 일어난다.

이미지(image)란 인간에게 있어서 말하는 침묵이다. 침묵은 인간됨을 알려 주는 원초적 구조다. 침묵과 말 사이의 마지막 경계선이 인간의 얼굴이다. "너와 내가 갖고 있는 얼굴은 말이 튀어 나오는 벽일 뿐이다."라고 막스 피카르트(Max Picard)가 말한다.[42)] 얼굴을 보면, 그 사람의 사유를 읽어 낼 수 있다. 몸은 나라는 존재를 따라다니는 근육 덩어리만은 아니다. 몸이 바로 생각 그 자체다. 몸을 보면 사람의 생각이 무엇인지를 알게 된다. 몸이 생각을 보여 주는 지표인 셈이다. 몸을 보면 사유도 함께 읽어낼 수 있는 이유다. 사유를 중요하게 간주하는 나머지, 몸을 거부하거나 배척할 근거가 성립될 수 없다는 뜻이다. 그렇다고 몸을 영혼의 자격으로 흡입해 버릴 수도 없다는 뜻이다.

몸은 몸으로서의 사유이기에 몸은 완벽한 하나의 소통 실체다. 침묵도 몸이 보이는 소통이다. 그 몸을 몸으로 건사해야 한다는 생각이 랑시(Nancy) 교수의 견해이다.[43] "몸, 즉 사유는 자기 자신을 보여 주는 존재, '자기-자신의-지시소'로서의 존재, '자기를-가리키는-자기의-검지'로서의 존재다. 존재에 의해 발화되는 '이것은 있다.' 그것이 바로 사유다. 하지만 존재가 어떻게 발화한단 말인가? 존재는 말하지 않는데. 존재는 기호 작용이라는 비육체성의 영역으로 흘러나오지 않는데. 존재는 그냥 거기 있을 뿐인데. '거기'의 '자리-임'이고 몸일 뿐인데. 따라서 사유가 유발하는 문제는 몸이 어떻게 발화하는가라는 것이다."

복잡한 사회일수록 사람들은 몸으로 침묵을 대신한다. 자본주의 사회, 소비주의 사회와 같은 클루지한 사회에서는 모두가 침묵을 가장한 얼굴로 서로를 드러내고 있을 뿐이다. 클루지한 사회 속에서 침묵으로 정상적임을 가장한다. 병든 사회의 속성이다. 병든 사회, 미친 사회에서 살아가는 사람들이 늘 선망하는 대표적인 것이 정상성에 대한 필요 이상의 갈망이다.

자본주의와 소비주의 사회에서 말하는 정상적인 사람이란 부자병에 영혼을 뺏긴 사람이다. 그런 자를 빗대어 말하는 것이 '어플루엔자(affluenza)'라는 단어다. 어플루엔자에 감염되어 있는 사람이 바로 부자병자다. 그런 어플루엔자에 감염된 정상인에 대한 염원은 어릴 적부터 시작한다. 가정에서, 학교에서 그런 부자가 되기 위해 교육받는다. 부자에 대한 갈망이 클수록 얼을 놓는 사람들도 늘어간다. 자본주의 소비사회에서는 그렇게 얼빠진 사람이 정상인처럼 보이기 때문이다. 저들은 결국은 부조리한 상태에 살게 된다. 부조리를 깨달을 여백이 없기 때문이다. 그들의 얼은 매일 죽어

간다. 그들을 죽음에 이르게 만드는 것은 병원균이 아니다. 어플루엔자에 대한 강박감 때문에 자신을 주체하지 못하게 만드는 '관계균'이 저들을 죽이고 있다.

'풍요'라는 의미의 어플루엔스(affluence)와 '유행성 감기'를 뜻하는 인플루엔자(influenza)가 결합된 조어가 어플루엔자다. 다큐멘터리 제작자인 올리버(Oliver)는 3년에 걸쳐 20여 개국의 도시를 방문, 각 사회별로 사람들에게 어플루엔자가 전파되는 모습을 기록하였다. 이 기록은 한 가지 기묘한 현상을 보여 주고 있다. 자기를 정상적인 사람으로 간주할수록 그들은 무한한 부를 추구하는 부자병에 감염된 사람이었다. 그들은 부자가 될 수 없다는 것을 인정하지 않았다. 그들은 다른 사람들과 극심한 경쟁을 지속했다. 부자병에 감염된 사람은 스트레스 속에서 자신을 잃어버리고 있었다. 자신의 허위를 일상적인 삶처럼 살아가고 있었다.

올리버는 그런 예를 뉴욕에 사는 31세의 변호사의 삶에서 끌어낸다. 변호사인 그녀는 한 여자의 예를 들려 준다. "자신의 신혼여행을 자신이 경험한 상품과 서비스로만 묘사하는 직장 동료가 있었어요. '우리는 아우디 TS3을 탔고, 그다음에는 이런 헬리콥터를 탔고, 어떤 호텔에서 지냈고…….' 그것은 그들이 얼마나 성공했는지를 측정하는 도구였어요. 무섭고 비인간적이었죠.……돈은 목적에 이르는 수단이지 지위가 아닌데도 말이에요."[44)]

어플루엔자 바이러스에 감염된 사람일수록 소비에 일방적으로 기댄다. 그것이 저들의 상징이기 때문이다. 공허감과 외로움을 채우기 위해서다. 친밀한 관계에 대한 인간적인 욕구를 대체하기 위해서다. 정서적인 생활을 하는 데 필요한 감정을 소비로 보상받기 위해서다. 그런 과정에서 '안정감/소속감/유능감/자율성'은 '불안감/소외감/무능감/타율성'으로 왜곡된다. 부자병은 전염 반경을 더욱 넓혀 간다. 과잉 소비가 자신의 내적인 공허감을 채워 준다고 생각한다. 거짓 약속일뿐이다. 소비하고 소비해도 공허하기는 마찬가지이기 때문이다. 명품으로 온몸을 치장해도 공허감은 밀물처럼 다가온다.

어플루엔자에 감염된 사람은 소유에 대한 생각이 유별나다. 저들은 인간에게는 오류를 범하는 오류성이 있고 사물에게는 그것을 수정하는 재귀성이 있다는 유대인의 부의 법칙을 받아들이지 못한다. 금융 전문가이자 부자 중의 한 명인 조지 소로스(George Soros)가 지켜 온 부의 법칙이다. 그는 유대인이다. 그는 유대인의 전통적인 사유를 따른다. 유대인은 사물은 변하기 마련이라고 믿고 있다. 그 이유는 알 수 없기에, 시대의 흐름에 따라 이익을 생각하는 수밖에 없다. 변화를 받아들이며 그다음을 생각하고, 준비하는 수밖에 없다. 그렇더라도 끊임없이 의심하고 질문해 본질을 찾아내는 일은 포기하면 곤란하다. '돈을 좇지 말고 돈을 따라오게 하라는 것이 유대인의 지혜다. 이런 지혜를 다음 세대에게 전승하는 것이 바로 부를 쌓는 일이다.' 정말 소중한 것에 집중하는 것이 부를 지배하는 일이라는 것이다. 그들은 항상 부자처럼 생각하고 먹기는 빈자처럼 먹는 것을 즐긴다.[45]

권정생 시인의 노래 「밭 한 뙈기」는 진정한 부자를 이렇게 노래한다.[46] "사람들은 참 아무것도 모른다. 밭 한 뙈기 논 한 뙈기 그걸 모두 '내' 거라고 말한다. 이 세상 온 우주 모든 것이 한 사람의 '내' 것은 없다. 하느님도 '내' 거라고 하지 않으신다. 이 세상 모든 것은 모두의 것이다. 아기 종달새의 것도 되고 아기 까마귀의 것도 되고 다람쥐의 것도 되고 한 마리 메뚜기의 것도 된다. 밭 한 뙈기 돌멩이 하나라도 그건 '내' 것이 아니다. 온 세상 모두의 것이다."

템포 바이러스(Tempo virus)가 부자병의 전염을 맹렬하게 확산시킨다. 전염되면 부자병은 불길처럼 사람들의 마음 속에서 더 타오른다. 부자병은 생각마저도 부자를 만드는 부품으로 만들어 버린다. "더 빨리 생각하라. 오늘 당신이 낸 아이디어는 앞으로 5년 후에는 낡은 것이 될 것이다. 완벽한 것을 구하려 하지 마라. 그걸 찾느라 1년 반이 늦어지거나 너무 비용이 많이 드는 것보다는 차라리 지금 당장 무엇인가 새로운 것을 이야기 하는 것이 더 낫다." 라는 템포 바이러스에 감염된다.[47] 템포 바이러스는 모든 것을 즉석에서 '인스턴트화' 시킨다. 패스트 푸드, 패스트 러브, 패스트 학위, 모든 것이 속도적이며 방편적이며, 편의적이다.

속도 바이러스는 참과 거짓을 모두 담아 번진다. 속도를 이용하려면 그 속도에 집중하고 속도를 탈 줄 알아야 한다. 속도에 적응하지 못하면 뒤처지고, 뒤떨어질 뿐이다. 속도는 속도를 부추긴다. 산업 혁명의 역사가 그것을 보여 준다. 증기기관과 방적기·방직기의 탄생, 전기신호를 이용한 통신, 엔진의 성능을 향상시킨 탈 것들의 발달이 속도를 부추겼다.

사람 간의 소통을 촉진하는 수단인 전화는 19세기와 20세기에 등장했다. 전화는 속도 경쟁의 결과물이고 그것의 극치였다. 사람들의 몸과 마음을 격렬하게 흔들어 놓은 속도 바이러스의 응용물로 발명된 것이 전화였기 때문이다. 1902년이었다. 지멘스가 베를린에 설립한 전화국 한 곳에서 라인 결함이 발생했다. 잘못 연결된 통화들이 늘어나기 시작했다. 통화량은 폭주했다. 혼란이 극에 달했다. 교환원은 통화 폭주에 정신이 혼미해지기 시작했다. 교환원이 통화 교환 장비를 갑자기 벗어던졌다. 소리를 지르며 발작했다. 발작은 삽시간에 모든 교환원에게 번졌다. 교환실 전체가 아비규환이었다. 지옥 같았다. 모두가 울부짖었다. 오작동의 전화 소리에 교환원들이 미쳐 버린 것이다. 기술 혁신, 정보 혁신, 속도 혁신이 사람들에게 집단적인 행복감을 주었지만 끝내 그것 때문에 정신건강도 피폐해졌다. 속도 바이러스가 준 쾌감은 이내 불행의 그림자를 안겼다.

제대로 살려면 타인의 꿈이 아니라 나의 꿈을 꿔야 한다. 여성 문학의 정상으로 칭송받는 버지니아 울프(Virginia Woolf)는 말한다. "다른 사람들의 눈은 우리의 감옥이에요. 다른 사람들의 생각은 우리의 새장이에요."라고 말한다. 그들의 생각에 사로잡히지 말고 자기의 생각으로 일어서라는 것이다. 자기 스스로 일어서려면 스스로에게 단호하게 질문해야 한다. "이게 필요한 걸까? 아니면 그냥 가지고 싶은 걸까?"라고 소비하기 전에 질문해야 한다. 인간의 '필요'와 '욕망' 사이의 구별은 흑백 구분처럼 명확하지는 않다. 그래도 그렇게 질문하고 질문해야 한다. 자기의 행동 기준을 외부 기준에 맞추어 버리지 않기 위해서다. 외부의 기준에 맞추어 자기의 욕구를 충족시키는 소비는 자기의 소비가 아니라 타인의 소비가 될 뿐이다.

부자병의 사회, 기업지배 사회는 누구에게든 '존재하려면 할 수 있어야 한다'고 강요한다. 현대의 자본주의 사회, 소비주의 사회의 명령어가 바로 저들의 강령이다. 자본주의 사회에서 성취하려면, 경쟁해야 하고, 경쟁하면 능력이 있다는 증표로서 무엇인가를 할 수 있고, 또 해낼 수 있어야만 함을 드러내야 한다. 그것이 성취의 증표이고, 부자에 이르는 과정이라고 강조한다. 그렇게 하면, 자신의 사회적 존재 가치를 드러내는 일과 마찬가지이기 때문이다. 물론 돈으로 행복을 살 수 있는 것은 아니지만, 행복의 기회를 살 수 있다는 점까지 부정할 필요는 없다. 부를 창출하는 능력은 행운이나 환경의 결과물이 아니라 자신의 사고방식을 관리하는 방식이기 때문이다. 부모의 재산이 자식의 재산을 결정하는 것도 아니고, 일만 한다고 부가 저절로 쌓이는 것도 아니다. 그것보다는 부에 대해 자신이 긍정적인 생각을 어떻게 하면서 동시에 일을 어느 정도로 현명하게 하느냐에 따라 돈이 쌓이기도 혹은 쌓이지 않기도 하기 때문이다.[48] 부자가 되는 것은 돈이 아니라 부자가 되려는 습관이라는 것이다. 부자가 부자가 되기 위해 지니고 있는 일반적인 습관, 그것을 자신의 삶에서 실천, 실현해 내겠다는 그 꿈을 매일 꺼내 보는 습관을 기르는 일이다.[49]

행복은 돈 그 자체가 아니라 부에 대한 개인의 태도다. 자본주의 사회는 봉건사회와는 달리 행복에 대한 기회를 넓혀 준 것만은 부정할 길이 없다. 봉건사회는 금지의 사회였다. 금지라는 명령어가 사람과 사회를 지배했다. 불가(不可)와 가(可)의 척도와 규준이 확실하게 대비되는 사회였다. 신분 사회와는 달리 성과 중심, 성취 중심 사회에서는 불가(不可), 불가(不可)보다는 불가불(不可不), 가(可)의 상징성이 더 돋보인다. 불가불, 가(可)는 성취를 지칭하는 슬로건이다. 성취는 "할 수 있다."는 것을 요구한다. 할 수 있음을 드러내는 일이 최상의 가치로 받아들여지는 불가불, 가의 사회가 긍정의 사회다. '성공할 수 있다, 성공해야 한다.'는 것이 사회적 규율이며, 그것의 핵심어는 '예스, 유 캔(Yes, you can)'이다. 한국식 '캔두(can do)' 정신, 한국인의 삶의 철학이라는 캔두이즘(candoism)은, 일이 어떻게 시작했든 관계없이 끝은 끝내 가(可)로 끝나야 함을 상징하는 생각이다. 성과주의 지향 사회가 요구하는 캔두의 긍정 정신을 스스로 제어할 대체적인 사회적 규범은 있을 수 없다. 캔두 정신은 마치 제동

장치가 허약한 자동차의 내리막길 질주처럼 사회에게 성과의 속도감을 요구한다.

성과주의 지향적인 극단적인 긍정성은 오히려 긍정성의 근본을 갉아먹기 시작한다. 필요 이상의 비만이 질병을 품고 가듯이, 과잉 긍정성은 타자로부터 가해지는 억압과는 전혀 다른 식으로 자아를 해친다. 성과의 규준이 바로 자신만의 능력과 성과이어야 하기 때문에, 각자는 각자만의 특이한 능력에 의한 주체적 존재감을 확인하게 해야만 하기에 그렇다. 모든 것은 끝내 자아의 피로로 물든 사회로 귀결된다. 자아는 캔두의 요구에 부응하지 못하게 되어 좌절감을 경험한다. 좌절감은 잇대어 우울증으로 이어진다. 피로 사회가 만들어 내는 피로해진 개인이 지닐 수밖에 없는 우울증이다. 불가불, 가(可)하지 못함으로써 정신적 불가, 불가의 덫에 걸리게 된다. 불가불, 가의 캔두의 긍정성이 불가, 불가의 부정성으로 함몰되는 사회적 변화를 한병철 교수는 과거의 규율 사회가 지녔던 부정성은 광인(狂人)과 범죄자를 낳았지만, 지금의 자본주의라는 성과 사회는 우울증 환자와 낙오자(落伍者)를 만들어 내고 있다고 지적한다.[50)]

어플루엔자에 감염된 인간은 클루지스러울 수밖에 없다. 저들은 늘 성공해야만 한다는 강박감과 우울증에 시달린다. 끝내 저들의 삶은 실패한 삶이나 마찬가지다. 실패의 99%는 1%의 클루지 때문에 발병한다. 1%의 클루지를 찾아내면 성공을 위한 99%의 길이 새롭게 보이지만, 그것이 결코 쉽지 않다. 실패의 원인이 되는 그 1%의 클루지를 제거하기 위해 99%의 노력이 필요하다는 이치를 납득하기가 쉽지 않다. 삶은 앞서 가기 위한 경주가 아니라 나에게 돌아오기 위한 경주라는 것을 깨닫기만 하면 1%의 클루지를 정화시킬 수 있다. 그것이 죽는 순간까지 쉽지 않을 뿐이다. 자기에게 돌아오는 그날이 바로 죽음이고, 그 죽음은 누구에게나 같은 값어치가 된다는 것이 자기에게는 늘 예외다. 땅에서 받아들이는 일은 어김없이 인간에게도 해당된다는 것을 알려고 하지 않는다. 문명의 껍질을 모두 벗겨 내면 핵심적인 알맹이로 남는 것은 한 가지다. 사람들 간의 나눔과 소통이다.[51)] 문명 속에 둘러싸여 있는 사람은 더 갖기를 원한다. 서로를 가를 수 있도록 울타리도 친다. 권력 유지를 위한 것이다. 남에게는 불가, 불가이어야 한다. 자기에게는 '불가불, 가'의 사회이어야 한다. 모든 것이 탐욕의 표현이다. 욕심을 정화하지 않으면 삶은 클루지해질 뿐이다.

클루지를 최소화시키는 활동이 배움이다. 배움에서 말하는 자기 치유, 자기 개조가 바로 자신의 영혼을 정화시키는 노력을 말하기 때문이다. 사람들은 성공의 원칙으로 '긍정의 힘'을 꼽는다. 인간의 클루지스러움도 성공 강박증에서 생기는 부산물이다. 사람들은 긍정할수록 무엇인가 만들어 내는 힘을 믿는다. 성공에서 없어서는 안 될 핵심요소가 긍정의 힘이다. 긍정이 성공에 오히려 해가 되는 경우도 있다.[52] 지나침은 모자람만 못하다는 뜻이다. 모든 현실을 긍정하는 긍정 과잉의 상태가 현실을 명확하게 직시하는 데 장애가 된다는 뜻이기도 하다.

때로는 막연한 긍정보다 긍정적인 걱정이 더 도움이 된다. 부정적인 의미를 조금 제거한 듯한 개념이 걱정이다. 긍정적인 걱정은 긍정보다 힘이 세다. 걱정은 삶에서 떼어낼 수 없는 일부분이기도 하다. 걱정을 어떻게 활용하느냐에 따라 삶이 달라진다. 이 말은 걱정에 삶이 정복당한다는 뜻이 아니다. 부정적인 걱정은 공포로 진행한다. 긍정적인 걱정을 피하기만 하면 유약해진다. 걱정을 긍정적으로 이용하면 성공의 길이 보인다. 걱정은 성공을 위해 제거해야 할 것이 아니다. 걱정은 성공을 위해 '관리의 대상'이다. 성공하기 위해서는 긍정적인 걱정이 약이 된다.

긍정적인 걱정은 자기스럽게 행동하는 데 도움이 된다. 내 자신에 대해 진정성, 생동성, 그리고 놀이성을 갖게 도와준다. 자기를 자기롭게 만들어 주는 것이 '진정성'이다. 자기의 삶에 활기와 흥분을 일으키고 매료될 수 있게 도와주는 것이 '생동감'이다. 현실에서 상상력을 발휘하여 내 삶을 전혀 다른 것으로 바꿀 수 있도록 조력하는 것이 '놀이성'인데, 긍정적인 걱정은 이런 본래적 가치를 회복하도록 도와준다.

에머슨(Ralph Waldo Emerson)은 일찍이 "쓸데없는 긍정으로 자신을 망치지 말고, 어디에 있든 자기 일에 최선을 다해야 한다. 삶은 철학적인 것도, 그렇게 비평적인 것도 아니다. 삶은 오로지 강인한 것일 뿐이다."라고 말했다. 자신을 구원하는 것은 자기 자신이라고 강조하기 위해 에머슨은 자기 자신에게 불만이 있는 사람은 그의 시선을 타인에게 돌리지 말고 자신부터 걱정하라고 일러 준다. 자기 자신에게 모든 것을 돌린 후 자기의 내면부터 믿어 보며, 자기부터 배려하라고 당부한다.[53)]

자기를 배려하는 사람은 스스로 행복할 줄 아는 사람이다. 불행한 사람은 불필요한 연민에 시달린다. 어디에서나, 누구에게나 그저 잘 보이려고 한다. 주인공이 되려는 욕구마저도 강하다. 자가 발전으로 자기를 내세우려고 한다. 진정으로 행복한 사람은 남들이 보기에 행복한 사람이 아니다. 자기가 보기에 행복한 사람이다. 행복한 사람을 노래한 고대 로마의 음유시인인 푸브릴리우스 시루스는 삶의 철학은 자기 믿음에 있다고 강조한다. 자기를 기만하는 것은 다른 사람이 아니라 자기 자신뿐이다. 타인을 의심할 일이 아니라는 것이다.

그런데도 사람들은 자기는 열외에 세워 놓고 남부터 의심한다. 타인이 자신에게 늘 해를 끼칠 것이라고 지레 의심한다. 그것이 착각이다. 착각의 속도는 깨달음보다 그 언제나 빠르기 때문이다. 인간은 늘 그런 착각 속에 산다. 제정신은 가끔 들 뿐이다. 착각 때문에 절망하기도 하지만, 반대로 희망도 갖게 된다. 사람의 생각이 불완전한 이상 그에게 드는 착각도 피하기 어렵고, 그것이 때로는 행복에 이르는 길이 되기도 한다.[54)] 사람들은 늘 자기 자신에게 기만당하지만 그 책임을 끝내 타인에게 돌린다. 타인에게 기만당한 적은 없지만 타인을 희생양으로 만든다. 타인을 탓하는 사람은 자신 스스로 자신을 미워하는 사람이다. 자신을 미워하고, 자신에게 태만하면 이 세상의 그 어떤 것도 자기 자신에게 평화를 주지 못한다. 구원은 누가 가져다주는 것이 아니라 내가 만들어 내는 것이다. 자기가 자신을 믿지 않는다면 자기에게 어떤 영감도, 창조도, 희망도 없게 된다.

사람들은 남의 일에 너무 많은 관심을 갖고 산다. 그럴 이유가 없다. 자신부터 추스르는 것이 필요하다. 타인에게는 관심을 끄는 것이 좋다. 무관심한 것이 지혜로운 삶을 이끌어 가는 지혜다. 무관심으로 세상을 관조할 때 자기 자신의 인생이 경이로워진다. 삶은 그래서 살만한 것이다. 에머슨은 자신을 매일같이 그렇게 바라봤다. "매일같이 아침에 눈을 떠 창가로 다가가 먼동이 트는 것을 바라보며, 과거의 내 모든 생활 습관을 뭉개버리고 새로운 날로 나를 초대하는 자연의 신비로운 비밀을 발견하는 자신의 모습에 경이로움을 경험하곤 한다."라고 했다.

소비주의 사회를 지배하는 유일한 경제 원리는 '코포라티즘'이다. 코포라티즘이 과학기술과 야합하면 기업 지배의 원리가 세상을 지배하는 세상이 되어 버린다. 코포라티즘은 기업이 사람의 모든 것을 지배한다는 말이다. 태어날 때부터 죽을 때까지 인간을 지배하는 강력한 권력이 코포라티즘이다. 미래의 과학기술사회에서는 불가능은 없다고 말하는데, 코포라티즘은 과학기술을 이윤의 극대화를 위해 최대한 활용하도록 되어 있다. 그런 것을 예견하도록 만드는 과학자 중의 한 사람인 양자 물리학자 미치오 카쿠(Michio Kaku) 교수는 말한다. "미래에는 기계 조립, 단순 주식 중개 같은 반복 업무는 모두 로봇이 맡고 그 대신 예술가, 작가, 형사 같은 직업이 뜰 것이다. 우리에게 신과 같은 능력을 부여하는 것은 마법이나 마술이 아니라 인간의 두뇌와 손으로 개발한 과학기술이다."[55)]

과학기술로 인간은 머리에 부착된 센서를 통해 생각만으로 물체를 움직이고, 상온 초전도체의 발견으로 하늘을 난다. 분자 의학의 발달로 모든 유전병은 종적을 감출 것이며, 수백만 개의 DNA 센서가 우리 몸을 돌아다니며 병을 치료하고, 유전공학은 노화를 멈추게 한다. 바늘 끝만한 우주탐사선이 우주기지를 건설하고, 나노기술을 이용한 우주 엘리베이터가 인간을 우주로 순식간에 데려간다. 나이도 이제는 거꾸로 먹는다. 생물학적 연령은 70세이지만, 몸을 구성하는 장기(臟器)의 나이를 30세의 그것으로 재생시켜 쓸 수도 있다. 그야말로 불가능이 없어 보인다. 불가능을 가능하게 하는 것이 불가능하기 때문에, 인간은 언제나 미숙하다. 인간 마음 한구석에는 어김없이 '원시적인 야만성'이 있는데, 그 원시적인 야만성만큼은 어떤 과학 문명으로도 소거할 수 없다.

코포라티즘의 논리 속에서는 인간의 삶, 인간 존재는 하나의 기업처럼 이윤추구의 제물로 간주될 뿐이다. 삶은 기업처럼 이윤 극대화의 삶이어야 하고, 기업 운영을 삶의 운영 모델로 차용해야 하기 때문이다. 이제 사람은 소비자로 생존한다. 기업처럼 말하고, 기업처럼 생각하며, 기업처럼 인간관계도 마케팅한다. 기업 지배가 돈의 지배인 것처럼, 인간관계도 돈으로 지배된다. 돈이 삶을 좌우하는 살아 움직이는 진리다. 모두가 치부에 전전긍긍한다. 재테크는 모든 사람의 마음을 사로잡는다. 가르쳐 준 재테크의 방법에 따르면 집 한 채만 지니고 있어도 집값이 떨어질 수도 있다는 생각에 전전긍긍한다. 제 스스로 알아서 입 단속을 한다. 자기 집이 도둑을 맞아도 그 사실을 숨긴다. 우범지대라는 것을 알릴 필요가 없기 때문이다. 집값을 염려하는 이웃 주민들의 압력에 굴복할 수밖에 없다. 사람들은 대출의 삶을 살아야 한다. 대출에서 벗어나기 위해서 또 다른 대출을 받는다. 결과는 가난해진 자기만이 남는다. 자신도 모르게 가난의 구렁텅이로 빠져 버렸기 때문이다.

기업들은 이윤을 극대화하기 위해 소비자들을 현혹시킨다. 미국 라스베가스의 도박장 환경처럼 소비자들을 현혹시키며 저들의 혼을 빼놓는다. 방문객들에게 그들은 도박을 대박으로 착각하도록 현혹한다.[56] 코포라티즘, 즉 기업 지배의 세계에서 기업이 성장할수록 소비자들은 진짜 세계, 진짜 가치, 진짜 사람들로부터 분리된다. 집은 보금자리에서 분리돼 돈 버는 수단이 된다. 상품은 실제 필요에서 분리돼 '브랜드'가 돼 버린다. 우리는 이웃과의 관계에서 분리돼 각자적인 '소비자'로만 남는다. 그들 간의 인사와 인간관계는 언제나 피상적이며 면피적일 뿐이다. 1인당 소득이 1만 5천 달러 정도가 되면 부가 증가해도 그 나라 전체 행복지수는 별 차이가 없는 것은 그전이나 이후로도 마찬가지다. 부자가 되는 것으로 행복감을 누리지 못하는 사람들은 다른 방식의 행복을 추구한다. 더 폭력적으로 될 수도 있고, 약육강식의 기업 문화에 더욱더 집착하며 상대의 파멸에서 행복을 느끼는 병적 질환 속에서 자기도 모르게 허덕인다.

성실하게 열심히 일하는 것으로는 성공할 수 없는 시대가 되었다. 자신을 포장하고 자신을 드러내는 기술에 익숙해야 한다. 어떤 조직이든 조직은 소속원들이 생각하고 기대하는 정도로 합리적으로는 운영되지 않는다. 자기의 능력을 드러내는 데에는 한계가 있기 마련이다. 조직에서 생존하려면 자기 연출과 자기 자랑으로 자기를 상품

화해야 한다. 근면 성실함만으로는 조직에서 결코 성공할 수 없다. 조직에서는 사소한 행동이나 주변 사람들과의 관계, 그리고 예기치 못했던 일상의 작은 사건들에 의해 개인이 평가되고 이미지가 구축된다. 문서화할 수 없는 인상에 관한 작은 평가 자료들이 개인의 이미지를 만든다. 그것이 쌓여 그를 상징하는 하나의 브랜드로 굳어진다. 각자가 원하는 성공을 얻기 위해서는 자기를 자랑하고 들어내 주는 성공적인 퍼스널 브랜드를 구축해야 한다.[57)]

그것이 쉬울 리가 없다. 이 사회가 더욱더 기업 지배의 사회로 변질되어 버렸기 때문이다. 미국의 사회 평론가인 러시코프는 현대사회를 지배하는 원리를 코포라티즘인 기업 지배라고 풀이한다. 기업 지배의 원리는 르네상스 시대에 우연히 태동되어 이제 '기업'은 태어날 때부터 죽을 때까지 인간을 지배하는 강력한 권력으로서 자본주의 사회의 지속 가능한 성장을 가로막으며 경제 질서를 왜곡하고 있다고 비판한다. 기업 지배 아래 진행되는 인간의 삶 역시 하나의 기업처럼 되어 기업이 강조하고 있는 이윤지상주의를 내면화하고 있다는 것이다. 소비자로서의 인간은 기업처럼 말하고 기업처럼 생각하고 있다는 것이다. 예를 들어, 부자촌이 아니더라도 중산층만 되어도 사람들은 집값이 떨어질까 봐 제 스스로, 제 자식이 강도를 당하거나 도둑을 맞아도 그 사실을 숨기도록 이웃 주민들의 압력에 시달린다. 그런 사실이 알려지면 집값이 떨어지기 때문이다. 그뿐 아니라 대출에서 벗어나기 위해서 또 다른 대출을 받으며 더욱더 가난의 구렁텅이로 빠져버리고 만다.

기업들은 그들의 이윤을 극대화하기 위해 소비자들을 현혹시킨다. 마치 라스베가스의 도박장처럼 소비자들을 현혹시키며 혼을 빼놓는다. 쇼핑몰에 들어온 순간 소비자들의 입은 벌어진다. 쇼 윈도우의 진열에 눈은 게슴츠레해진다. 단번에 모든 것을 다 봐야겠다는 식으로 발걸음은 우왕좌왕한다. 마케팅 전략에 사람이 맥없이 공략 당하는 상황을 '그루엔 전이(gruen transfer)'라고 부른다.

기업 지배의 세계에서 기업이 성장할수록 소비자들은 저들의 마케팅에 휘말린다. 나 자신이 나로부터 분리된다. 집은 보금자리에서 분리된다. 집은 돈 버는 수단으로써 하숙집이나 마찬가지다. 상품 구매는 '브랜드' 구매로 바뀐다. 사람들도 이웃들과의 관계에서 분리되어 그저 '소비자'로만 남는다. 마케팅에서 요구되는 각자의 대상물일 뿐이다. 인간관계는 면피적인 것으로 족하다. 그렇게 노력해도 부자가 되지 못한다. 부자에 대한 욕망은 부자에 대한 시샘이나 저주와 같은 심리적인 폭력으로 바뀐다. 모든 것이 피상적일 뿐이다.

기업 지배의 원리가 작동하는 사회는 정글을 닮았다. 서로가 물고 뜯는 위험한 사회다. 험한 사회를 살아가려면 각자가 전문 돌팔이가 되는 수밖에 없다. 돌팔이라는 말은 부정적인 말이다. 일정한 거처 없이 떠돌며 남의 길흉에 관한 사주점을 치거나 아니면 잡스런 기술, 물건을 팔아 가며 사는 잡상인 정도를 알려 주는 순수한 우리말이었다. 요즘은 학문이나, 기예, 예술 그 자체를 추구하기보다는 오로지 돈을 버는 일에 골몰하는 사람을 일컫는 말로 변질되었다. 말하자면 돈팔이가 돌팔이인 셈이다.

기업지배사회에서 각자 돌팔이가 되라는 말은 돈에 미쳐있으라는 말이 아니다. '돈팔이'가 되라는 뜻이 결코 아니다. 돌팔이는 '돈팔이'를 말하는 것이 아니기 때문이다. 돌팔이도 아니다. 그것보다는 자기 성찰에 철저한 사람이 되라는 뜻으로 쓰인 단어가 '돌파리'다. 돌파리를 한자로는 '突破利'라고 쓸 수 있다. 자기 자신을 철저하게 돌보며 작은 이윤에 집착하기보다는 큰 원칙에 기대며 작은 이익을 거들떠보지 않고 그것을 돌파해 나가는 사람을 말한다. 돌파리라는 말은 물론 만들어진 말, 조어(造語)다. 돌팔이가 아니라 돌파리여야 한다. 돌팔이는 돈을 원하는 가짜로서 돈팔이가 되지만, 돌파리는 결코 가짜가 아니다. 천하고 박한 수전노, 허접한 사기꾼이 아니다. 자기 자신을 철저하게 관찰하는 능력을 가진 사람만이 돌파리가 될 수 있기 때문이다.

설익은 무당처럼 앞가림 없이 불쑥불쑥 나서는 사람은 돌파리가 아니다. 이윤 찾기에 무조건 덤벼드는 그런 사람도 돌파리가 아니다. 자기 자신을 절제하는 힘을 가진 사람만이 돌파리다. 자기 나름의 삶을 살아가는 원리를 훤하게 꿰뚫고 실행하는 사람이 돌파리다. 돌파리적인 사람은 어플루엔자의 환자들이 아니다. 부자에 대한 망상으로 자신을 학대하는 사람이 아니다.

그렇다고 돌파리가 '잘' 살려고 노력하지 않는 것이 아니다. 그 역시 잘 살려고 노력한다. 돌파리를 꿈꾸는 부자는 치부를 할 줄 아는 사람들이다. 자신이 가난하다는 생각을 하지 않는 사람들이기 때문이다. 저들은 우선 마음부터 부자다. 마음이 부자인 사람이 부자라고 믿는 이들이 돌파리다. 백만장자가 지닐 수 있는 여유를 지닌 사람이다. 돈 그 자체로 세상을 판단하는 사람은 가난할 수 없다. 이기주의적인 자본주의가 제 길을 제대로 가려면 돌파리들이 필요하다. 혼탁한 기업 지배가 요구하는 소비주의 사회에서는 돌팔이들이 판을 치기 마련이다.[58]

자기 자신을 풍요롭게 만드는 사람은 늘 자신이 어떤 사람인지를 스스로 경계한다. 돌파리적인 사람은 경쟁 시대의 흐름을 역행하기도 한다. 어쩌면 남 보기에는 '철없는 짓'이라고 하는 것을 거침없이 하기도 한다. 말하자면, '필요한 만큼만 가지고 나머지는 남에게 나눠 줘야 모두가 산다.'는 원칙 같은 소신을 실천하기도 한다. '예수처럼 사는 것이야말로 삶의 신학을 실천하는 일'이라며 흙에 미쳐 살기도 한다. 농약·비료를 쓰지 않은 농작물을 고집하기도 한다. 몸이 아플 땐 자연이 가르쳐 준 민간요법에 기대는 삶을 살기도 한다. 이들 모두는 사람의 이치나 삶의 이치를 터득하며 돌파하려고 작심하기도 한다. 자기 삶에서 거침없이 자기를 다스리는 사람이 자신을 경계하는 돌파리다.[59]

돌파리는 마치 물처럼 세상을 살아가는 사람이다. 자기 삶이 남에게는 하나의 길이 되도록 길을 내는 사람이다. 일본의 기무라 아키노리(Gimura Achinori) 같은 농부가 바로 그런 본을 보여 주는 돌파리 가운데 한 사람이다.[60] 자기에게, 자기 몸에 충실했던 사람이다. 자신을 속이지 말라는 불기자심의 본을 보여 준 사람이다. 그는 농부다. 기무라 씨는 한때 방제 달력에 따라 농약 살포를 성실하게 했던 농부였다. 농약 살포의 모범이 되어 국가에서 표창까지 받은 농부였다.

그는 우연히 후쿠오카 마사노부(Fukuoka Masanobu)가 쓴 『자연농법』을 접한다.

'아무것도 안 하는, 농약도 비료도 안 쓰는 농업'이라는 문구와 기술에 매료된다. 농약이 사과를 지켜낸다는 과수 전문가들의 지시에 의문을 품는다. 마침내 농약을 치지 않는다. 과수원은 엉망이 되기 시작한다. 품종 개량으로 병충해에 약했던 사과나무가 가장 먼저 망가졌다. 벌레가 대량으로 발생했기 때문이다. 제철도 아닌데 사과나무가 꽃을 터뜨렸다. 사과 농사가 엉망이었다. 그는 망해가는 과수업자의 대명사가 되어, 마침내 '파산자'라는 별명도 얻게 된다.

기무라 씨는 가난이라는 막다른 골목으로 내몰린다. 죽음을 결심하고 산으로 올라갔다. 우연히 탐스러운 열매를 맺은 도토리나무를 발견한다. 사과만큼 큰 도토리였다. 섬광 같은 깨달음이 머리를 스친다. 정신없이 산을 뛰어 내려온다. 죽음 대신 깨달음을 얻었기 때문이다. 그는 엉망이 된 사과나무를 지켜낸다. 9년의 끈질긴 노력이었다. 대자연의 생명력이 그에게 약속을 보여 준다. 무농약 사과 재배가 성공하는 순간이었다. 그의 무농약 사과는 물량이 딸렸다. 도시인이 무농약 사과에 열광했다. 사과 무농약 재배는 불가능하다는 관행을 기무라 농부는 깨고 만 것이다. 그는 말했다. "아무도 해 본 적이 없는 일에 도전한다는 생각만으로도 내 가슴은 요동쳤기에 그것이 가능했다."라는 생활 철학이 빛을 본 것이다. 돌파리의 삶이 마침내 관행을 바꾼 것이다.

돈팔이들은 박사학위니 석사학위 같은 경력증명서나 학력, 이력에 집착하지만, 돌파리들은 그것을 대수롭지 않게 생각한다. 그런 것이 없어도 자기의 성품을 닦는 방편쯤은 하나씩 지니고 있기 때문이다. 그들은 삶에서의 함양과 제찰의 지혜를 지니고 있다. 이 점은 동양이나 서양 모두 마찬가지다. 로저 마틴(Martin, Roger H.)이라는 명예교수가 그런 사례에 속한다. 그는 하버드 신학교 부학장, 모라비안 대학과 랜돌프메이컨 대학 총장을 지냈다. 그는 지난 30여 년간 오직 학교 일에만 매달려 살았다. 모든 것을 명령하며 살았다. 매사를 두 손에 꽉 쥔 채 살아왔다. 암이 덜컥 찾아왔다. 1년 시한부인생 선고를 받았다. 수술로 살아났다.

그는 오랫동안 가슴 속에 품어 왔던 일을 행한다. 일종의 환상을 현실로 도전한다.

그는 세인트존스 대학(St. John's College)에 신입생으로 입학한다. 딸이 학생으로 다니는 학교였다. 인문학적 소양에 나름의 지혜를 더 얻기 위해서였다. 예순 한 살의 신입생 로저 마틴은 옛날로 돌아가 강의실에서 호머, 소크라테스, 플라톤을 읽으며 삶이 무엇인지를 다시 깨닫는다. 신입생들과 함께 토론한다. 어린 신입생들은 사고를 자극하는 길잡이가 되었다. 조정부에도 가입한다. 매일 아침 두 시간씩 노 젓기에 몰두한다. 세대 차도 극복된다. 어린 학생들과 우정을 쌓는 늙은 신입생은 마침내 한 가지를 깨닫는다.

손아귀의 힘을 풀기 시작하면 인생이 훨씬 즐겁다는 것을 깨닫는다. 끝났다는 생각이 드는 바로 그 순간에도 여전히 미래가 꿈틀거리고 있다는 것도 알게 된다. "새로운 것을 시작하기에는 결코 늦은 때란 없다."는 사실을 통째로 깨닫는다. "모든 걸 통제하려고 하지 마세요. 항상 아빠가 다 책임져야 할 필요는 없어요."[61] 딸 아이의 말 대로 그는 승부욕에 불타지 않는다. 잘하려고 안달하지도 않는다. 모든 것을 통제해야 할 이유도 없다는 것을 이내 알게 된다. 그는 그동안의 삶이 잘못된 것이었음을 이제 알아 버린 것이다. '나는 학생입니다(I am a student)' 그것만이 자신에게 알맞고 충분한 삶이었다. 그 삶이 그에게 활짝 웃고 있었다. 그는 덮어 버린지 오래된 고전들을 다시 손에 잡는다.

삶이 무엇인지 피를 토해가면서 경험한 사람이 겸허하게 '나는 학생입니다' 하고 고백하는 것은 이율배반적인 것처럼 보인다. 이율배반(二律背反, antinomy)은 사실 서로가 다른 것이 아니다. 서로 대립하여 양립하지 않는 두 명제(命題)가 동등한 타당성을 가지고 서로 대립하는 상태이기 때문이다. 서로가 모두 옳다고 대립하는 팽팽한 긴장 상태가 이율배반이다. 이율배반은 역설이라는 용어와 거의 같은 의미로 쓰인다. 화가인 에셔(Escher)의 작품은 이율배반의 상황을 제대로 보여 준다. 그는 1933년 〈낮과 밤〉이라는 작품을 출품한다. 새들이 낮과 밤으로 날아가고 있는 모습이 가득한 작품이다. '낮과 밤으로 날아가고 있다'고 하기보다는 오히려 '밤과 낮으로 날아가고 있다'고 보아도 무방했다.

이 작품에서 밤과 낮은 서로 배척하고 있다. 이율배반적인 상태가 균형 있게 유지되고 있다. 밤은 결코 낮일 수 없다. 반대로 낮도 밤일 수는 없는 노릇이다. 낮과 밤을 서로 가르는 것은 빛이다. 빛이 있기에 밤과 낮이 교차되고 공존한다. 공존은 찰나적이다. 에셔는 낮과 밤을 공존시키고 있다. 이율배반적이다. 의도적인 혼란과 혼동을 준다. 그 혼동 속에서 명백한 자기의 입장을 정리해야 한다. 어느 쪽으로도 해석할 수 있다. 그래서 모호하고 동시에 분명하다. 인생살이에서도 이런 이율배반이 매일 일어난다. 서로 배척하는 두 가지 명백한 가능성과 공존이 삶이다. 삶에는 처음부터 끝까지 삶과 죽음이 개입하게 마련이다.

살아간다는 것은 역설적으로 보면 죽어 간다는 말에 대한 또 다른 상징적인 둘러댐의 표현이다. 또 다른 명백함은 있을 수 없다. 명백한 이율배반이 사람에게 이율배반적으로 살아가도록 만든다. 프랑스 문호 스탕달(Stendhal)도 명백한 이율배반적인 삶에 대해 동의한다. 그는 말했다. "위대한 이들의 일생 중 한 부분은 의사의 진단을 받아야만 한다."라고 말했다. 위대할수록 병든 삶이라는 역설을 보여 주는 대목이다. 위인들의 삶은 이율배반의 삶이었음을 고발하는 것이다. 위인이 위대한 것은 그 위대함을 키워낸 저속함이 있기 마련이다. '장군은 졸병의 피로 얼룩진 훈장'이라는 말과도 일맥상통한다.

인간의 삶은 혼돈과 질서로 직조된다. 인간의 삶은 카오스모스(Caosmos)의 세계로 이르는 여정이다. 그러니 저 홀로 위선을 떨 필요도 없고, 나 홀로 저들을 증오할 이유도 없다. 제갈량인 척 나설 일도 아니고, 유비인양 겸양을 떨어 본다고 될 일도 아니기 때문이다. 이율배반이나 모순으로 가득한 삶이 우리의 삶이기 때문이다. 사도 바울(Paul)은 그것을 미리 예견하고, 피차 사랑의 빚 외에는 그 누구에게도 아무 빚도 지지 말라(로마서 13:8-14)고 당부하였는지도 모른다. "남을 사랑하는 자는 율법을 다 이루었느니라. 간음하지 말라, 살인하지 말라, 도적질 하지 말라, 탐내지 말라 한 것과 그 외에 다른 계명이 있을지라도 네 이웃을 네 자신과 같이 사랑하라 하신 말씀 가운데 다 들었느니라. 사랑은 이웃에게 악을 행치 아니하나니 그러므로 사랑은 율법의 완성이니라."

오늘을 살아야 하는 삶에는 캐치-22의 상황이 넘실대기 마련이다. 삶은 이순신 장군이 펼쳤던 전선(戰船)의 패러독스와 같다. '필생즉사 사필즉생(必生卽死 死必卽生)'의 상황이기 때문이다. 싸움에 있어 죽고자 하면 살아 남을 것이고, 살고자 하면 어김없이 죽어 자빠질 것이다. 필생필생(必生必生)의 상황도 가능했겠지만, 이순신 장군의 생각은 남달랐다. 필생필생하기 위해서는 살려는 생각이나 죽으려는 생각은 하지 말라는 요청이었다. 죽으면 살 수 없으니 오로지 사수하라고 했던 것이다. 죽으면 살 수도 없는 일이고, 전선을 지킬 수도 없는 노릇이니 살아야 한다는 뜻으로 캐치-22의 조건을 부하들에게 달아 놨던 것일 수 있다.

장 보드리야르(Jean Baudrillard)[62]가 소비주의 사회를 그려내는 화두로 던졌던 '시뮬라크르'는 캐치-22 조항이 사회 구석에서 어떤 식으로 작동하는지를 보여 준다. 다시 이야기하겠지만, 지금과 같은 디지털과 사이버로 대변되는 사회는 모든 것이 자발적으로 움직이기 보다는 타발적(他發的)으로 강요된다. 생산방식이 그렇고 소비방식도 그렇게 타발적이다. 사람들 간에 있어 왔던 전통적인 면대면(面對面)의 소통방식 역시 이제는 문대문(文對文) 방식으로 변질시킨다. 스마트폰과 같은 기계를 통한 자판 대 자판의 소통방식으로 바뀌면서 사람들 사이의 소통방식은 나 스스로 자발적으로 의미를 전달하는 것이 아니라, 강요되는 상대방의 문자적 요구에 무의미하게 혹은 탈의미스럽게 조건반사적으로 응대하도록 되어 버렸다. 이런 타방적(他方的) 요구와 조건 아래 강권되는 소통이 타발적 소통방식이다.

유럽 중심의 의식 문화의 급격한 변질을 경고하는 바우만(Bauman) 교수의 관찰대로 말하면, "서로 얼굴을 맞대고 사귀는 형태의 만남이 일단 다양한 형태로 서로 화면을 통해 만나는 방식으로 변화되면서, 사람들이 서로 접촉하는 방식도 피상적인 것이 됐다. 마치 생겨나자마자 곧바로 사라져 버리는 행운처럼, 매우 급하게 진행되는 우리 삶의 방식 때문에 선호하게 된 표현 수단 중 하나인 트위터에 대한 호감은 급기야 인간 상호 간의 의사소통 수단마저도 장악했다. 그 때문에 사람 간의 상호 교제와 그 사이를 묶어 주던 유대감이 지니고 있던 친밀함과 심원함, 영속성이 상처를 입게 되었다."[63)]

보드리야르는 극작가 브레히트의 말을 빌려, 타발적 사회의 양면성을 서술한다. "아무것도 자기가 있을 자리에 없는 곳, 이것은 무질서. 아무것도 자기가 원하는 자리에 없는 그곳, 이것은 질서"라고 말한다. 질서와 무질서라는 것은 원래 뫼비우스 띠처럼 얽혀 있다는 뜻이다. 질서와 무질서가 하나의 기준을 중심으로 동전의 앞뒷면으로 합쳐지고 있다는 것이 아니다. 그런 것은 태초에 없었다. 그래서 참된 것이라는 뜻이다. 질서와 무질서 그런 것은 원래 없는 것인데 사람들이 그것을 걱정한다는 것이다. 그래서 질서와 무질서가 질서를 기준으로 갈라졌다는 것이 보드리야르의 생각이다.

보드리야르는 자기 생각을 극적으로 표현하기 위해, 구약성경 전도서(傳道書, Ecclesiastes)의 한 구절을 인용하기도 한다. 그는 전도서에 '진실이야말로 아무것도 존재하지 않는다는 사실을 숨긴다'라는 구절이 있다고도 강하게 말한다. 그것은 거짓이었다. 전도서 1장 1절부터 12장 14절에 이르기까지 꼼꼼하게 훑어봐도 그런 구절은 눈에 잡히지 않기 때문이다. 그는 전도서의 힘을 빌어 허위의 본체가 무엇인지를 극적으로 보여 주려고 그렇게 전도서를 활용했던 것이다. 그런 구절이 없는데도 그는 읽었다고 우긴 것이다. 거짓을 진실로 대체하려고 했던 것이다. 학문적으로는 비난받을 만하지만, 보드리야르를 힐난하기 전에 먼저 진지하게 생각해 봐야 할 것이 있다. 그가 말하고자 했던 것이 무엇인지, 그 진위를 먼저 파악해야 한다. 전도서 이야기에 대한 보드리야르의 허위가 참인지, 거짓인지를 판단하기 전에 그가 정말로 의미하려고 했던 것이 무엇인지를 읽어 낼 수 있어야 한다는 뜻이다.

분명한 것은 전도서에 그런 구절이 있어야 할 것이라는 보르리야르의 직관은 결코 허위도, 거짓도 아니라는 사실이다. 그런 해석의 여백을 갖고 전도서를 읽어 내려가며 한 구절 한 구절 성찰하고 반추할 때 비로소 전도서의 전체 의미를 파악할 수 있다는 것이다. 어쩌면, 전도서가 그런 말을 미처 담아내지 못했을 수도 있다. 어차피 모든 것은 서로 서로 차용되고 마는 것이 세상일이기 때문이다. 어차피 이 세상에 존재한다는 모든 것은 시뮬라크르(simulacre)일 뿐이다. 모든 것은 실제로 존재하지 않지만, 어김없이 존재하는 것처럼 보일 뿐이라는 것이다. 내 옆에 사랑한다는 사람이 앉아 있지만, 그 사람의 사랑을 사랑으로 파악하는 것이 아니다. 나의 감정으로 그것을 있는 것으로 받아 내야만 한다. 이 세상에 존재하는 것보다 더 생생하게 존재하는 것으로 인식되는 것들이라면, 그것들은 끝내 모두가 캐치-22적인 것이다.

삶의 양태를 캐치-22의 렌즈로 걸러내기 시작하면, 삶에서 만나는 여러 잡다한 장면들은 정말로 아무것도 아니게 된다. 그 어떤 것도 필연적인 것은 이 세상에 있을 수 없다. 가장된 필연이기 때문이다. 어쩌면 우연적인 필연에 의해 만들어진 것일 뿐이기 때문이다. 삶은 자기주도적인 계획 아래 만들어질 수 있는 그 어떤 필연적인 것도 없다. 삶은 삶의 여정에서 그저 우연하게 필연적으로, 필연적으로 우연하게 만들어지는 산물이다. 삶의 여정에서 이렇게 생기는 것들은 이내 저렇게 사라져 버린다. 이어 다시 슬그머니 그렇게 생겨나기에 그것을 그래서 필연적인 일이라고 보는 것이다.

사람들이 살아가면서 그냥 미친 척할 수 있다고 여기지만, 미친 척하는 일은 미치게 만들기 마련이다. 불가불가의 조건에서는 어김없이 그렇게 된다. 사실, 그냥 미친 척하는 일에 성공하기만 하면, 미친 것이니까 미친 자가 한 행동에 대해 미친 자의 책임을 묻지 않을 수 있다. 미친 자가 저지른 일과 책임에서 미친 척하는 자가 벗어날 수 있는 근거가 마련되기 때문이다. 미친 자가 한 일을 탓하는 것 그 자체가 바로 미친 것이나 다름없다. 미친 놈이 한 일이니 그냥 덮고 넘어가는 것이 사회적 관례다. 한 사람에게 그 생각이 완성되자 그는 미친 척하며 마침내 그의 연적(戀敵)을 살해해 버린다. 미친 척하며 연적을 죽이는 일에는 성공했지만, 그는 연적을 죽이기 전으로는 결코 돌아오지 못하고 만다. 미친 척한 것은 미친 짓이 되는 것이고, 미친 짓은 미쳐버린 것이기 때문이었다. 그것은 인간이 한 번 이 세상에 태어날 때마다 우주도 함께 태어나는 것이고, 그 인간이 죽으면 태어났던 우주도 함께 죽어 버려야 하는 이치를 따르기 때문이다. 미친 척하는 생각의 조정에 의해 마침내 정신병동에 갇혀 버린 그는 이제 미친 자가 되어 자신을 향해 중얼거린다. "아무리 생각해 봐도 도저히 모르겠소. 내가 미쳤던 건지 아니면 멀쩡했던 건지 말이오. 그 경계가 사라졌소. 오, 비열한 생각이여!" [64)]

삶은 '계획된 우연의 산물' 같은 것으로 비쳐지기 충분하다. 삶은 계획된 우연의 산물이기에 의외로 긍정적인 이야기를 만들어 낸다. 계획된 우연이 언제나 긍정적인 것만은 아니다. 계획된 우연을 긍정적으로 수용하는 자세가 필요할 뿐이다. 자기 삶에 그것을 긍정적으로 잇대어 나갈 수 있다면 긍정의 가능성은 커진다. 이런 논리를 따르는 이론이 '계획된 우연 이론(planned happentance theory)'이다.[65)] 소비주의 사회에서의 삶은 캐치-22의 덫에 걸리는 삶이다. 자본주의는 기업 지배의 논리를 신경질적으로 앞에 내세운다. 소비자에게 끊임없이 강요한다. 자나깨나 '자신의 인생을 스스로 통제하지 못하면 다른 사람이 결국 당신을 조정할 것'이라고 강요한다.

계획된 우연론은 캐치-22의 상황을 넘어설 돌파구를 제공한다. 실제로 일반 직장인들의 커리어 중 80%는 우연히 만들어진 것들이다. 계획에 의해 계획적으로 만들어진 커리어는 없다는 뜻이다. 자기의 삶이 계획적으로 만들어졌다기보다는 우연히 주어진 일에 의해 만들어진 것이다. 경력은 일직선으로 만들어진 계획된 산물이라기 보다는 곡선적으로 생성된 우연적인 삶일 뿐이다. 인생은 계획대로 되지 않는다는 것을 인정하면 삶에 만족이 찾아온다. 그러면 우연을 삶에 도움이 되는 필연으로 만들어 나갈 수도 있다. 계획된 우연의 산물이라는 삶의 여정에는 '만약 ~라면'이라는 경우의 수가 이정표가 된다. 그 이정표를 읽어 내면 그 순간부터 삶에 대한 길이 보인다.

'만약 ~라면'하는 문구는 〈벤자민의 시간은 거꾸로 간다〉라는 영화에서 읽히는 것처럼 운명을 송두리째 바꾸어 놓을 수도 있다. 그때 만약 1초라도 늦었더라면, 세상이 달라질 수도 있다. 누군가로부터 전화라도 한 통 걸려 왔더라면, 아니 화장실에 잠시 들른 후 나갔더라면 발레리나였던 주인공은 자동차 사고를 당하지 않았을 것이다. 그랬더라면 유망했던 프리마돈나로서의 발레리나를 중도에서 포기하지 않았을 것이다. 그랬다면 그녀의 삶은 …… 달라졌을 것이다. 반대의 경우에도 마찬가지다.

만약이라는 가정법은 수많은 우연을 기대하도록 만들어 준다. 가정이 가능해지면, 삶에 여백이 생기게 된다.

삶을 '계획된 우연의 산물'로 간주할 수 있다면, 우연은 즐거운 필연이 된다. 그것을 즐길 수 있으면 유연한 삶이 더 가능해진다. 좋은 우연이 많이 일어날 수 있기 때문이다. 자기 삶에 기회가 되거나 기회로 연결되는 행동을 꾸준히 하면 그것이 어렵지 않다. 자기의 삶에 유익할 것 같은 직감을 포기하지 말아야 한다. 그 기회를 자기의 것으로 끌어안아야 한다. 삶에 유익하도록 그것을 실행해야 한다. 사람들과의 관계도 마찬가지다. 그 누구든 자기에게 극적으로 도움이 될 수 있다. 반대도 가능하다. 내 행동은 나의 행동거지를 제대로 정리해 보게 만들어 줄 수도 있다. 직업이나 일거리를 바꾸어야 할 때에도 과거 경력이나 업적이 필요 이상으로 자기를 짓누르게 하지 말아야 한다. 과거의 조건을 이어가야 할 이유도 없다. 강박감으로 자신의 미래를 만들어 봐야 손해일 뿐이다. 그런 생활은 무리한 삶이다. 낭패의 삶이다. 계획된 우연이 바로 삶의 여정이다. 물이 흘러가는 형상대로 자신의 마음도 그런 결을 따라 가게 해야 한다.

붓다가 보여 준 처신이 바로 계획된 우연의 삶이다. 그의 처신을 논리적으로 공교하게 만들어 준 사람이 나가르주나(Nāgārjuna, 龍樹)다. 나가르주나는 캐치-22 상황을 돌파할 수 있는 돌파리의 처세법을 일찍이 일러 준 현인(賢人)이다. 이 세상에는 수많은 현상과 사물이 존재한다. 이들은 영원히 존재한다(有)고 생각된다. 그런데 그런 것은 이내 사라져 버리고 부정된다. 빈 것〔空〕이 된다. 빈 것은 꽉 찬 것이기도 하다. 만물은 변하기 때문이다. 변화는 일정한 관계 속에만 그렇게 일어난다. 그 관계는 근원적으로 증명할 수 없다. "만물이 정말로 있다 해도 실제로 있지 않은 까닭이 있으며, 실제로 없지도 않은 이유가 있다. 실제로 있지 않은 까닭이 있기 때문에 비록 있다 해도 있는 것이 아니며, 실제로 없지 않은 이유가 있기 때문에 비록 없다 해도 없는 것이 아니다. 비록 없다 해도 정말로 없는 것이 아니므로 없음은 단절되어 텅 빈 것은 아니며, 비록 있다 해도 정말로 있지 않으므로 있음은 진실로 있는 것이 아니다.” 참에 대한 개별적인 사유는 더는 유효하지 않다. 이 세상에 존재하는 모든 것은 다른 것에 의존한다. 연기(緣起)만이 유일하다. 연기의 핵심이 바로 공(空)이다.

진실로 존재하는 것는 자유롭다. 참이라는 것은 자유롭다. 그러니까 공성(空性)이라는 것은 존재〔有〕, 비존재〔無〕, 그 둘 다〔有無〕 그리고 그 둘 모두 아닌 것〔非有無〕으로부터 자유롭다. 공성은 존재, 비존재, 유무존재, 비유무존재 가운데 그 어떤 극단으로부터도 떠나 있기 때문이다. 궁극적인 것, 참에 도달하기 위해 나가르주나가 활용한 것이 ‘차투스코티(Catuskoti)’라는 변증법이다.[66] 삶에서 마주치는 갖가지 모순과 이율배반 같은 것, 말하자면 캐치-22 상황을 돌파하는 데 도움을 줄 부정의 변증법, 반논리의 논증이 차투스코티였다.[67]

반논리의 논증은 어떤 견해나 주장도 그 속에는 내면적인 모순을 포함하고 있는 것을 드러낸다. 현상 사물이 존재한다고 생각할 수 있지만 그런 사유는 부정된다. 다시 이 두 가지 사유 역시 그 자체의 모순으로 인해 부정된다. 비유비무는 존재할 수 없기에 또 다시 부정되어 다른 양태로 진행한다. 이런 진행을 거쳐 가면서 사물에 대한 인간의 사유가 깊어진다. 마침내 불확정적인 상태에 이른다. 불확정 상태에 이르면 참에 대한 깊은 이해가 생긴다. 예를 들어, 인간의 고통은 불과 불을 붙이는 연료의 관계와 같다. 고통은 물질과 사람에 대한 잘못된 해석에서 비롯된다. 그 해석에 따른 또 다른 집착으로 다시 훨훨 타오른다. 인생의 고통은 ‘불과 연료’ 간의 관계처럼 비논리(非論理)적인 관계가 아니다. 삶의 고통은 반논리(反論理), 부정의 논리에 의해 더욱 더 깊어지고, 악화된다.[68] 말하자면, ‘연료는 불이 아니다. 연료를 떠나서 불은 없다. 불은 연료를 갖지 않는다. 불 속에 연료는 없다. 연료 속에도 불은 없다. 마찬가지로, 삶은 고통이 아니다. 고통을 떠나서 삶은 없다. 삶은 고통을 갖지 않는다. 삶 속에 고통은 없다. 고통 속에도 삶은 없다.

불과 연료는 서로 간의 관계 속에서 존재한다. 삶과 고통 역시 서로 간의 관계 속에서 존재한다. 그것들은 서로 다르지 않다. 동시에 같지도 않다. 불과 연료가 전혀 다른 것들이라면 상호 연관성 속에서 존재한다는 것은 처음부터 불가능하다. 그것들은 서로 전혀 다른 둘이 아니다. 불과 연료가 둘이라고 하면 그것들은 다르지 않다. 그것들이 완전히 같은 것이라면 그것 역시 처음부터 서로 간 명확한 구분은 없다. 서로에게 아무런 관계가 있을 수 없다. 불과 연료는 결국 완전히 똑같은 하나가 아니다. 불과 연료가 하나라고 하면 그것들은 다른 것이 아니다. 그렇기 때문에 그것들의 관계는 영원히 하나이면서 둘일 뿐이다.

캐치-22의 상황은 진퇴유곡의 상황이다. 피곤하게 만드는 상황이다. 피로가 몇 겹으로 덮치게 만드는 상황이라는 말은 세상의 만물, 너와 나 그 모두가 독립적인 것 같아 보여도, 뿌리는 불이(不二)와의 연기된 이어짐의 관계임을 보여 준다. 이 세상의 모든 것은 대체할 수 없는 각자적인 것이며 서로가 포섭적인 것이다. 유일한 각자적 존재로서 서로가 서로에게 내포된다. 그가 나를, 내가 그들을, 서로를 포섭한다. 서로에게 포섭되어 서로를 반영한다. 그래서 나의 삶은 붓다의 삶이며 동시에 히틀러의 삶이다. 부정의 변증법으로 세상 삶을 이해하기 시작하면 세상이 달라진다.

이 말은 세상에서의 모순이나 딜레마, 이율배반을 운명론적으로 수긍하라는 말이 아니다. 모순해결을 위한 부정적 논리로 도망가라는 것도 아니다. 삶의 모순이나 이율배반을 부정의 변증법으로 털어 버리라는 것이 아니다. 긍정의 변증론으로 캐치-22의 상황을 털어 버리라는 주문이다. 하나를 부정하고 다른 하나를 만들어 내세워 가는 논리로 살라는 것이 아니다. 하나를 긍정적으로 부정(A)하고, 다른 하나를 그 위에 섞어 덮어 놓고(AB), 해결할 수 없는 또 다른 심각한 딜레마가 생겨나면 다시 그것에 다른 하나를 덮어, 그리고 섞어 놓는(ABC) 논리로 삶이 매일 직면하는 피로한 조건인 캐치-22 상황을 돌파하라는 요구다.

3. "불리불기(不離不棄), 헤어지지 않고 포기하지 않는다." – 위지안[69]

"기다려봐야 해요. 시간을 줘봐야 해요. 세상을 다스리는 것은 시간이에요. 시간은 도박판에서 우리 맞은편에 앉아 있는 상대예요. 그런데 혼자 손에 모든 카드를 쥐고 있어요. 우리는 삶에서 이길 수 있는 카드들이 어떤 것인지 추측할 수밖에 없죠. 그게 우리 인생이에요." – 주제 사라마구[70]

"많은 것들 중에서 하나씩 털어 버리고 가는 것이 정말로 소망하는 것을 찾아가는 지름길이다." – 찰리 채플린

"피로는 당연히 일종의 태도의 문제다. 피로의 가장 일반적인 원인은 권태와 호기심의 결여 그리고 열정의 부재다." – 초프라[71]

피로가 권태와 호기심의 결여 그리고 열정의 부재라면, 그것과 반대되는 마음은 호기심과 정열, 삶에 대한 열정이고, 이런 호기심과 정열 그리고 열정으로 살아가는 사람이 건강한 사람이고, 건강한 삶의 태도를 지닌 사람이다. "건강은 어딘가에서 나오는 것이 아니라, 사람 스스로 만들어 내고 창조할 수 있는 하나의 마음 상태일 뿐이다."라고 말하는 대체 의학자인 초프라는 당신이 자신이라고 생각하는 당신은 과거의 사건, 욕망과 기억이 합쳐진 '날조'에 불과하니, 그것을 호기심으로, 열정으로, 그리고 정열로 깨고 나오라고 조언한다.[72]

캐치-22의 삶에서 깨어있는 채 삶을 즐기는 사람이 있다면 그의 삶은 재즈적인 삶이라고 볼 수 있다. 현대 음악으로 비유하면, 그것은 음악 장르 가운데에서도 유독 재즈(jazz)의 세계 속에서 사는 삶을 닮았다고 볼 수 있다. 삶을 재즈 형식으로 이해하며 받아들이고 있는지, 아니면 거대한 심포니 오케스트라가 지휘자의 지휘봉 아래 일사분란하게 연주해내는 교향곡으로 이해하고 그렇게 받아들이고 있는지에 따라, 삶의 방향이나 내용도 달라지게 마련이다. 살다 보면, 삶의 진행은 재즈 방식과 엇비슷하게 닮았음을 직감하게 된다. 재즈에서는 실수도 창조적인 선율로 용납되며, 그것을

제대로 활용하면 새로운 작품이 생겨나는데, 삶도 마찬가지의 경로를 거치곤 하기 때문이다.

재즈 공연에서는 애드립(ad-lib)이 자유자재로 활용된다. 노련한 연주자, 내공이 있는 연주자일수록 애드립에서 자유롭다. 애드립은 라틴어 애드리비툼(ad libitum)에서 유래한 말인데, 그저 '자유롭게' '즉흥적으로'라는 뜻을 담고 있다. 재즈에서는 코드 진행이나 모드를 기본으로 자유롭게 표현하는 즉흥 연주를 애드립이라고 부른다. 삶의 과정은 이렇게 저렇게 뜯어보면, 애드립 투성이다. 계획했다고 계획대로 되는 것은 별로 없다. 어떤 것은 순간적으로 들어와서 회오리처럼 모든 것을 엉망으로 만들어 놓기도 한다. 기대하지 않았던 엉뚱한 것이 어느 날 갑자기, 마치 로또 복권 오천원짜리에 당첨된 것 같은 작은 기쁨을 주기도 한다. 산다는 것은 소소하고, 작은 기쁨들이 연속적으로 그리고 자유자재로 들어왔다가 이어지고 살아지곤 하는 재즈의 애드립을 닮았다.

캐치-22 상황을 돌파하려면 사건마다 상황주의자적으로 해답을 찾아야 할런지도 모른다. 마치 지적능력이 뛰어난 멘사회원들처럼 문제의 답을 찾아야 한다. 세계에서 아이큐(IQ)성적, 즉 지적능력이 상위 2% 이상인 사람만을 회원으로 둔 단체가 멘사(mensa)라는 단체다. 이 단체에서 테스트 '레벨 1' 수준의 문제를 출제했다. 문제는 '5+3=28, 9+1=810, 8+6=214, 5+4=19이라면, 7+3의 답은 얼마인가?'라는 문제를 출제했다. 초등학교에서 익힌 통상적인 연산법으로는 쉽게 이해되지도, 또 그렇게 금세 풀리지도 않는 문제다. 이런 문제에 대답하려면, 일상적인 논리를 넘어서는 상황논리를 찾아야 하기 때문이다.[73]

상황주의자들은 기존 질서에 대해 일단 의심하고 대안을 엿본다. 철저한 문제의식을 갖고 기존의 질서에 문제를 제기한다. 하나의 문화예술사조로 등장한 상황주의자들은 예술이나 정치는 하나의 문화 현상으로서 지금, 이곳에서, 사회 다수의 일상적인 매일의 삶에 만족을 주도록 즉각적이어야 한다고 주장하는 사람들이다.[74] 상황주의자들은 마치 『유토피아』의 주인공인 '히슬로데이(Hythloday)'의 삶처럼 매 순간마다 극적이어야 한다.

히슬로데이는 이상주의자를 일컫는 별칭이기도 하다. 히슬로데이라는 인물은 토마스 모어(Thomas Moore) 경이 저술한 『유토피아』의 주인공이다.[75] 토마스 모어는 히슬로데이라는 선원의 이름과 입을 빌려 그가 꿈꾸던 이상의 나라를 그려낸다. 『유토피아』는 당시 토마스 모어가 보았던 당시의 유럽, 특히 영국 사회의 여러 가지 부조리를 고발하기 위해 저술된 것이기도 했다. 모어가 그려내고 싶었던 유토피아는 사유재산이 없으면서 필요한 만큼만 노동하면 모두가 행복하게 살 수 있는 가상의 나라였다. 금을 천한 것으로 여겨 죄수들의 족쇄로 사용한 나라, 도시와 농촌의 사람들이 2년에 한 번씩 교대로 집을 바꿔 사는 나라였다. 윤리적으로는 엄격한 나라이기도 했다. 간통을 두 번 저지르면 사형에 처하는 엄격한 율법의 나라였다. 그렇기는 하지만, 개인에게 지극한 쾌락을 추구하도록 허용하는 나라가 그의 유토피아였다. 모어 경은 당시의 유럽에서는 볼 수 없는 완벽한 자유를 그려냈다.

모어 경은 캐치-22 상황을 돌파하려는 이상주의자였던 셈이었다. 모어 경 이후, 수많은 사람들이 또 다른 유토피아를 그려냈었다. 지다브(Narendra Jadhav)라는 인물이 바로 현대판 히슬로다에우스에 속한다. 그는 인도 출신이다. 인도의 카스트제도에서 보면 그는 아무것도 할 수 없는 불쌍한 불가촉천민계급이다. 태어난 신분을 바꿀 수 없는 인도였기에, 오히려 그는 그런 인도의 절대적 신분제도의 족쇄를 풀어버렸다. 잃을 것이 아무것도 없기에 그는 신에 맞선 것이다. "내 운명에 손대지 마라. 내 운명은 신이 아니라 내가 만든다."라고 외치며, 그는 신의 자비를 거부하고, 신을 그 앞에 굴복시켰다.

지다브는 불가촉천민의 굴레를 딛고 일어섰다. 인도중앙은행 수석 이코노미스트, 인도 푸네 대학 총장 자리에 올랐다. 인도에서는 입지전적인 인물인 그는 끊임없이 가당치도 않은 유토피아를 이야기했다. 그의 꿈은 감투나 치부에 있었던 것이 아니었다. 잃을 것이라고는 하나도 없는 모든 인도인의 유토피아를 실현하는 일이 그의 욕망이었을 뿐이다. 그의 꿈은 신을 거역해야만 가능한 일이었다. 신을 거역하는 일을 하려면 저들에게 교육부터 해야 했다. 교육은 신을 거역하고 신을 배반하는 일이었기에, 지다브는 인간의 배움만이 신의 영혼을 달랠 수 있는 일이라고 보았다. 교육은 사람들에게 영혼을 받아들이게 만든다. 살아 있는 '삶앎'을 키워내는 활동이 교육이고, 신의 영성을 되찾는 일이 배움이다.

지다브는 아무 곳에도 없는 그것을 바로 앞에 있는 이곳이라는 이상향으로 만들었다. 노웨어(Nowhere)를 나우 히어(Now here)로 바꾸었다. 쉼표 하나를 다르게 찍음으로서 이상향 현실로 만들었다. 아무 곳에도 없는 그것을 실현 가능한 오늘인 '나우 히어'로 만들었다. 그 지렛대가 바로 배움이었다.[76] 생명에 대한 예찬, 새로운 것을 밝혀내려는 노력, 그리고 그것을 통한 자기 개조와 자기 치유가 이상주의자였던 지다브의 소망이었다.

이 세상을 자기 뜻대로 태어나는 사람은 없다. 자기의 신분은 자기가 만든 것이 아니다. 내 책임이 아니다. 나와는 무관하다. 모든 태어남은 같다. 높고, 낮음이 있을 수 없다. 자기 스스로 자신을 새롭게 태어나게 만들어야 한다. 그것을 위해 인간에게는 배움이 내선화되어 있는 것이다. 배움은 신이 인간 스스로 자신을 개조하도록 준 선물이다.

신이 준 선물을 귀하게 쓸 줄 알아야 한다. 신이 준 선물은 게으른 자에게는 재앙이 된다. 세 치 혀, 말만으로는 언제나 부족할 뿐이다. 움직여야만 한다. 실천해야만 한다. 발가락 하나, 손가락 하나라도 움직여야 한다. 실제로 해내야 한다. 그것이 배우는 사람의 실천 수행이다. 실천하지 않는 이상주의자는 말 많은 거렁뱅이에 지나지 않을 뿐이다. 인도의 명상가 오쇼 라즈니쉬(Osho Rajneesh)는 말한다. "어떤 문제든지 그 문제 속으로 깊이 들어가라. 거기에 보물이 있다면 보물을 발견할 것이고, 또는 아무것도 없음도 발견할 것이다. 어떤 경우든지 그대를 더 풍요롭게 만든다. 보물을 발견하면 당연히 풍요로워질 것이고, 아무것도 없음을 발견하면 그대는 그것에 대한 미련을 버리게 된다."고 강조한다. 모든 것은 서로 연결되고, 관계하고 있기 때문에 그런 것이다. 그것들이 당장 현실로 드러나지 않는 것은 서로 기대고 있기 때문이다.

그렇게 그것들은 서로에게 덮인 상태로 존재한다.

덮임이란 것은 본디 모든 면으로부터 관계하는 상태다. 덮임은 상호의존을 의미한다. 덮임은 관습을 의미하기도 한다. 그런 관습이 어김없이 진퇴유곡의 캐치-22 상황을 만들어 낸다. 덮여 있다는 것은 기다리거나 대기하는 상태를 말할 뿐이다. 덮여 있는 상태에서는 참과 거짓이 무엇인지 드러나지 않는다. 참을 덮는 것이 무지다. 무지는 모든 사물의 진정한 성질을 덮어 둔다. 모든 것을 숨긴다. 그것은 참을 덮고 있는 것이다. 덮음은 위선이며 거짓이며 관계의 부정이다.[77]

'참'이라는 것은 겉으로 드러났다는 뜻이다. 가려진 참, 덮여 있는 참은 없다. 가려진다고 해도 참은 언제나 참으로 남아 있을 뿐이다. 겉으로 드러낸 참만이 유일하지는 않다. 덮여 있는 참이 드러난 참보다 덜 가치스러운 것도 아니다. 덮여 있는 참은 그것의 본체가 드러나지 않았을 뿐이다. 그렇기는 하지만, 덮여 있는 참은 벗겨질 때까지 드러난 참이라고는 할 수 없다. 덮임으로 명명할 수 있는 가능성이 거부되었기 때문이다. 덮여 있는 참은 참이 아닌 것으로 부정되고 만다. 덮여진 것을 제대로 드러내게 해 줘야 드러난 참이 된다. 덮여진 것을 지나치면 참은 덮힌 참, 지나치는 참, 모르게 되는 참일 뿐이다. 인간의 사고는 언제나 상황부가적이다. 덮혀 있는 참은, 그래서 벗겨진 참과는 달라도 한참 다르다.

덮여 있는 참에 대한 잡다한 관찰을 정지시킨다면, 덮인 세계 역시 불변의 참이 되고 만다. 그렇게 세상만사를 깊게 관찰해 들어가기 시작하면, 모두는 모두에게 빚진 몸이며 모두가 모두에게 연결되어 있는 존재들이 된다. 윤회와 열반 사이, 생명과 죽음 사이에 대척점은 없다. 차별도 있을 수 없고, 반대 명제도 성립하지 않는다. 서로는 서로에게 연기되었기 때문이다. 진리를 덮고 있는 그것이 무엇이든, 그것은 참의 위력을 드러내 놓지 못하게 방해한다. 덮임이 없다는 것, 그것은 모든 것을 밝혔다는 것과는 다르다. 덮임이 없다는 것은 덮임이 없다는 것일 뿐이다. 아직 드러나 있지 않은 것은 덮여 있는 것의 또 다른 말일 뿐이다. 덮여 있는 참은 드러나기 전까지만 덮여 있는 것이다. 참이 겉으로 드러나기 위해서는 덮임이 필요하다. 덮임은 참을 드러내 놓기 위한 수단이라는 뜻이다. 참을 드러내려면 덮고 있는 것이 무엇인지도 알아야 한다.

인간의 일상생활은 사람의 가치에 대한 진실을 덮고 있는 것이며 덮임의 뚜껑일 뿐이다. 참을 드러내려면 그의 일상생활을 관찰해야 한다. 참을 덮고 있는 매일의 생활을 열어가며 관찰해야 그 사람의 참이 발견되기에, 나가르주나는 "일상적인 관습에 의존하지 않고서는 최고의 진리는 절대로 표현되지 않는다."라고 토로할 수밖에 없었다. 그 어떤 인간도 자기의 일상적인 삶을 거치지 않고는 생명을 부지할 수 없다. 지지고 볶는 일상을 거치지 않고서는 그 어떤 참도 가능하지 않기 때문이다. 그의 일상생활에서 그의 참모습이 드러나기에 살아감이 중요하다.

일상적인 우리의 삶은 너와 그의 이해관계가 개입되기에 늘 쟁송적(爭訟的)이다. 싸우며, 지지고, 볶는 삶이 일상적이며 보편적이다. 모두가 캐치-22적인 삶이기에 어느 곳에 쉼표를 찍느냐에 따라 상황은 달라진다. 아수라장(阿修羅場)이며, 난장판의 삶에서는 항상 호흡 조절과 방점찍기가 필수적이다. 그런 삶을 살 만한 삶으로 만들어 가려면 원효(元曉)의 조언이 크게 도움이 된다. 원효는 "헛되고 헛된 논의는 구름 달리듯 하여 무용하니, 혹여 말하기를, 내가 바르고 남은 바르지 못하다 하고, 혹은 말하기를, 내가 옳고 남은 옳지 못하다 하여, 드디어 그러한 형세가 강물과 같이 되어 버리면, 모두가 그렇게 허할 뿐이라."라고 잘라 말했다.[78] 저만 옳다고 하면 일이 풀릴리가 없다는 뜻이다. 서로의 감정으로 대립하는 말을 하다 보면, 상반되어 보이는 것이 나오게 마련이지만 그래도 서로 다름을 융합하라는 것이다. 설령 하나로 만들어 가더라도, 그 하나를 획일화하지 말라는 것이 원효가 말하는 화와 쟁의 묘미다. 융이이불일(融二而不一)은 양자택일의 논리가 아니라, 조화의 다양성을 요구하는 논리라는 것이다. 너와 내가 다르고 혹은 같다는 것도 따지고 보면 그렇다는 것이다. 같다(同)고 하는 것이 다른 것(異)을 녹여 다 똑같이 만드는 것은 아니다. 나와 다른 생각을 가진 사람을 다 몰아낸 뒤에 내 견해로 단일하게 할 것이 아니라는 것이다. 다름을 인정하되 조화되는 하나됨, 즉 이동(異同)의 화쟁(和爭)은 한 발자국도 움직일 수 없는 진퇴유곡, 이율배반, 캐치-22 상황을 돌파하게 만드는 단서를 제공한다.

화쟁은 얼렁뚱땅, 좋지 않은 상황을 피해가기 위해 적당히 얼버무리며 덮고 가려는 임기응변의 처세법이 아니다. 세상적인 삶을 슬기롭게 넘어가기 위한 삶의 묘약이다. 바람 때문에 고요한 바다에 성난 파도가 일어나지만, 파도와 바다는 결코 둘이 아니다. 쟁론끼리의 맞부딪침은 겉보기에 서로 무엇이 있는 것 같지만 모두가 끝내 하나다. 쟁송의 부질없음을 정리해 주는 논리적 방편인 화쟁은 개합(開合) · 여탈(與奪), 그리고 마침내 입파(立破)의 논리를 중요시한다. 개합은 나열했다 합하는 것을, 여탈은 주었다 빼앗는 것을, 입파는 세웠다 무너뜨리는 것을 말한다. 모두가 다른 둘이 아니라 조화되는 같은 하나이기에 싸우고 다투고 해 봐야 결국은 하나라는 것이다.

인간의 품과 격은 화(和)와 쟁(爭)의 원인이기도 하고, 그것의 결과이기도 하다. 인간의 품격은 화쟁으로 만들어진다. 생각 때문에 그렇게 만들어진다. 생각은 원래 토속적인 우리말이다. 굳이 취음(取音)하면 한자로 生覺(생각)이라고 쓸 수 있다. 생각은 '살면서 깨닫는 것' 혹은 '끊임없이 솟아오르는 새로운 느낌'을 말한다. 사물과 사물을 연결시키는 방법이나 절차 같은 것이 생각이다. 생각은 사람의 안과 밖이 하나가 되어 있는 경계점이다. 생각의 결집점은 메를로 퐁티(Merleau-Ponty)가 말하는 '뇌와 우주가 만나는 곳'이다. 생각은 살아가면서 감(感)을 다지는 원초적 지각점이다.

맛에 대한 감각을 미각이라고 한다. 냄새에 대한 감각을 후각, 소리에 대한 감각을 청각, 만짐에 대한 감각을 촉각이라고 부른다. 각각은 제각각 해당되는 감각기관을 갖고 있다. 눈, 코, 귀, 혀, 피부 등과 같은 기관을 가지고 있다. 생각은 조금 다르다. 생각을 구체적으로 대변해 줄 특징적인 감각기관을 갖고 있지 않기 때문이다. 모든 감각기관의 활동을 '지각'이라고 부른다. 지각(知覺, perception)은 촉각 · 후각 · 미각 · 청각 · 시각의 차이에 따라 각기 다른 성질과 기능을 총괄한다. 특정 감각기관을 통한 감각만을 지칭하지 않는다.

생각은 사전적으로 풀어보면 지각이나 기억의 활동만을 의미하지는 않는다. 생각이란 환원론적으로 이야기하면, 두뇌 속 신경세포 간의 연결로 이뤄지는 활동이거나 그것의 상태를 말한다. 생각이 의미를 담아내야 무엇인가가 달라진다. 무엇인가를 이해하고 행동해야 할 것인가를 헤아리게 해 주기 때문이다. 두뇌는 다른 감각기관들의 협력 없이는 독자적으로 제 기능을 발휘할 수 없다. 인간의 몸에 두뇌가 붙어 있는 것이지, 두뇌에 몸이 붙어 있는 것이 아니다. 두뇌만이 유일하지 않다. 두뇌는 신체기관 중에서 절대적인 위치를 점유할 수 없다. 두뇌는 마치 원효의 화쟁론에서 이야기하는 것처럼, 다름을 인정하지만 하나로 조화되는 하나됨의 감각기관일 뿐이다.

두뇌는 생각을 생성하는 유일한 감각기관도 아니다. 생각은 신체의 모든 기관에서 나온다. 각각의 정보는 복잡한 형태로 조합된다. 어떤 것은 떨어져 나간다. 그렇게 만들어지는 다양한 양태의 지각이 생각이다. 그렇게 어떤 목표에 이르는 방법을 찾으려고 하는 정신 활동이 생각이다.

인간의 의식과 의지의 단위가 생각이라고 간주하는 이론이 '마음의 사회적 집합론'이다. 마음의 사회적 집합론은 뇌가 한 인간을 전체적으로 통합하고 유지하기에는 역부족이라고 간주한다. 뇌가 인간의 앎과 의식, 의지의 유일기관일 수 없다는 것이다.[79] 인간에게 있어서 자아의 핵심이 마음이다. 마음은 뇌 기능으로만 만들어지는 것이 아니다. 마음은 몇 가지 층위별 단위로 통합된 사회적 집합이다. 뇌의 기능이 확실하게 밝혀진 것도 아니다. 앎에 관한 한 더 그렇다. 앎이 가능하려면 각각의 지각기관이 뇌와 기능적으로 작동해야 한다. 앎과 관련된 다른 부분들과 뇌가 밀접하게 정보를 주고 받아야 앎이 비로소 가능해진다. 뇌가 결코 앎에 관해 투명하고 유일한 기능을 발휘한다고 볼 수 없다. 뇌는 다른 감각기관이 보내 주는 정보들을 응축해 놓는 지각점이며 다듬는 정제(精製) 기관일 뿐이다. 원초적인 지각의 조제 기관이라고 부를 수도 있다.

뇌 안에 자리 잡고 있는 원초적 지각점이 배움점이다. 지각의 원천이 바로 배움소의 응축점이다. 각종 정보나 이미지로 이루어진 연결고리로 둘러쳐 있는 하이퍼링크들의 집약과 발화의 기관인 셈이다. 앎을 위한 생각의 허브와 같다. 분화 가능한 연결고리들은 '의미 단위의 네트워크'로서 작동한다. 지각기관에 의해 받아들여진 모든 정보는 의미 단위로 그 연결고리에 담긴다. 나무를 눈으로 보았을 때 나무의 이미지는 하나의 의미 단위가 된다. 책도 사람도 하나의 의미 단위로 응축된다. 지각의 의미 단위들이 잇달아 연결된다. 이것들이 배움소로 응축된다.

뇌는 배움소의 네트워크로 작동한다. 배움의 네트워크에 의해 만들어지는 것이 소통을 위한 기호들이다. 기호는 이질적인 것과의 관계 속에 새로운 정보와 또 다른 정보를 연결하는 표지다. 미지의 사건으로 나아가게 만드는 신호다. 신호들을 가동하는 동력과 매체가 기호다. 기호는 정보의 연결과 연결의 상황에 개입하는 의미생성운동을 촉진한다. 새로운 관계성의 사건을 만들어 낸 후 사라지는 의미생성운동의 매체가 기호다. 기호는 이질적인 정보 사이를 묶는 관계지음의 틀을 만든다.

기호는 단층적으로 만들어지는 것이 아니다. 다른 기호와의 네트워크를 거쳐 의미들이 만들어지기 때문이다. 기호 사이의 네트워크는 항상 다층적이며, 입체적이다. 기호를 구사하는 인간 언어는 구체성과 실용성의 언저리에 맴돈다. 기호가 다층적이기에 그 기호로 만들어 내는 인간의 언어 역시 언제나 다의적(多義的)일 수밖에 없다.[80] 기호의 의미가 원론적으로 복잡하고 다단한 이유다. 아무리 내가 분명한 의미를 전달했다고 해도 그것을 받아들이는 사람들이 언제나 모호하게 받아들이는 이유는 기호의 다층성에서 기인한다.

의미 단위의 네트워크를 끊임없이 만들어 내는 활동이나 결과가 '생각'이다. '생각한다'는 것은 앎의 네트워크 속에 들어 있는 정보 간의 링크가 만들어졌다는 뜻이다. 앎의 네트워크를 작동시키면 생각이 생성되고, 생각은 생각으로 꼬리를 잇는다. 생각이 어떤 방향으로 어떻게 더 분화될 수 있는지는 의미 단위의 네트워크에 따라 다르다. 의미 단위의 네크워크들이 서로 다르게 관계하면 다른 생각이 나온다. 의미 단위의 관계 양태와 향방에 따라 의미의 분화가 일어난다. 의미의 다양한 분화를 다양한 사고방식이라고 말한다.

다양한 사고방식은 정보연결방식의 다양성에서 기인한다. 정보연결방식의 차이에 따라 생각의 착오나, 생각의 다지기, 생각 굳히기, 생각 버리기와 같은 일이 일어난다. '이게 아닌데, 틀렸나?' 와 같은 의구심이 일어난다. '바로 그거야!' 하는 의미의 분화들이 정렬되기도 한다. 생각과 생각이 꼬리를 물고 이어짐으로써 의미의 분화와 통합 혹은 해체가 지속된다. 이런 의미 분화를 '내부시각의 발화' 라고 부른다. 생각의 분화는 배움소의 진화이며, 내부시각이 발화되는 과정이며 그 결과물이다.

원초적 지각 속에는 신체와 정신이 함께 녹아 있다. 주관과 객관이 따로 있을 수 없다. 주객의 대립이 원초적으로 소거된 곳이다. 그 지각은 인간의 몸인 나를 떠나 존재할 수 없다. 나는 내 몸으로 구성된다. 내 몸이 원초적 지각점이다. 나를 생각해내는 출발점이다. 세상을 이해하는 일부분이다.[81] 내 몸은 유별난 살이 아니다. 세상에서 볼 수 있는 살이다. 남의 살처럼 같은 살로서 만들어진다. 내 몸은 세상과 공유된다. 세계가 살을 반영하기 때문이다. 세상은 살을 잠식한다. 내 몸 역시 세계에 침투한다. 살과 세계는 상호 중첩적이다. 세상은 살 사이의 싸움이며 살을 위한 쟁송이다. 살은 주관성의 정점이다. 내 몸은 모든 것의 척도다. 세계를 구성하는 기준점이다. 살이 없으면 느낌도 없고, 지각(知覺)도 있을 리 없다. 나도, 세상도 더는 존재하지 않는다.[82]

나의 몸은 통째다. 몸의 안과 밖은 서로 대립하는 물질이 아니다. 내 몸의 안과 밖은 맞붙어 있다. 내가 의식과 의식 밖의 경계이고 접점이다. 주관과 객관이 해체되기 이전의 '원초적 지각' 상태가 안과 밖 사이의 접점이다. 그 접점을 뇌신경학적으로 '시냅스' 라고 일컫는다. 그래서 뇌신경학자들은 나와 시냅스를 환원론적으로 동일시한다. 나라는 몸은 시신경세포들의 만남, 그 이상이 아니라는 뜻이다. 신경세포와 다른 신경세포의 만남인 시냅스의 활성화 그 순간의 인지적 활동이 바로 지각이다.

신경세포들 사이의 접점과 그 순간은 포착하기 모호하다. 사물에 대한 지각 역시 애매하기는 마찬가지다. 애매한 것이 인간의 지각세계다. 애매한 지각으로 나는 타인을 인지한다. 이런 지점을 피아제(Piaget)는 '스키마(Schema)' 라고 불렀다. 원초적 지식구조라는 뜻이다.

인간이 세상을 받아들이는 원초적 인지구조가 스키마다. 정보를 선택적으로 수용하고, 해석하는 행위통제기제인 스키마는 무엇을 지각해야 할지를 결정하고 통제한다. 환경에 대한 개인의 경험을 만들어 가게 하는 것이 지각지점이다. 사물에 대한 마음의 모델이 바로 스키마다. 이 스키마를 통해 사람들은 사물과 상호작용하며 사람들과 관계를 맺는다.

지각의 안과 밖의 경계점이 생각의 발아점이다. 스키마 같은 원초적 지각점에서 생각이 발아된다. 그 발아점을 내부시각(內部始覺)이라고 부른다. 내부시각의 응축공간인 원초적 지각점은 작가인 보르헤스(Jorge Luis Borges)가 말한 바 있는 '알렙(aleph)'과 같다.

알렙은 모든 각도에서 본 지구의 모든 지점 한 곳을 지칭한다.[83] 지구 어느 곳에도 정확하게 그런 곳이 있을 리가 없다. 인간적인 상상력이 만들어 낸 지점일 뿐이기 때문이다. 예술가들은 그래도 아랑곳하지 않는다. 그런 곳을 찾아 나설 뿐이다. 하나의 사물이지만 무한한 사물들을 담아낼 그런 유일무이한 응축점을 찾아 나선다. 알렙과 같은 사물의 집약적 응축점을 '동간점'이라고 부르기도 한다. 동간점은 세상 유일의 창조가 발아되는 시작점이며, 시작의 공간이다. 알렙이나 동간점은 창조 공간이다. 그래서 알렙은 신이 머무는 곳으로 받아들이게 된다. 신이 세상을 창조해 내는 작업장이 알렙이다. 그것의 출발점이 동간점이다. 동간점으로서의 알렙은 인간에게는 내부시각을 말하는 것이나 마찬가지다.

예술에서 절대주의를 고수하는 화가가 있다. 말레비치라는 예술가가 바로 그런 사람이다. 그가 상상하는 동간점의 기능은 단순하다. 모든 것의 균형만이 존재하기 때문이다. 동간점에는 절대적인 영(0), 그것 하나만이 존재한다. 대상은 없고 주체성만이 존재한다. 동간점에서는 그래서 무엇이든 가능하다. 인간에게 무한한 가능성을 알려 주는 곳이기 때문이다. 원초적 지각점인 동간점이 상실되면, 이 세상에는 '나'라는 인간적인 존재는 소거된다. 각자의 생과 명이 끝난다. 동간점에서는 그날이 올 때까지 끊임없이 너와 나는 관계로 이어지게 마련이며, 그렇게 무한하게 확장될 뿐이다.

근심스럽거나 답답하여 활기가 없는 상태를 사람들은 우울(憂鬱)하다고 말한다. 우울의 감정을 과다하게 노출하는 사람을 우울증 환자라고도 부른다. 근심이 가득한 상태, 병과 같은 것들이 마음을 상하게 하는 것이 꽉 차 있는 상태가 우울한 상태다. 우(憂)로 꽉 막힌 상태, 우가 가득한 상태가 바로 우울의 상태이다. 반대의 상태는 근심, 걱정이 없는 상태인데, 그것은 무울(無鬱)의 상태가 될 것이다. 무울하다고 하더라도 삶의 고통으로 완전히 벗어난 것은 아니다.

이 세상에 존재하던 사람에게는 그 어떤 완벽한 무울도 있을 수 없다. 붓다 역시 마찬가지였다. 살아생전, 그는 이런저런 소문으로 본의 아니게 쏠린 세간의 이목으로 우울했었다. 붓다가 그것을 다스리는 조치는 하나였다. 세상 소문에 시달리더라도, 굳건히 무소 뿔로 나아가는 조치였을 뿐이다. 무소 뿔로 나아간다고 해도 음해의 소문들이 사라지는 것은 아니다. 이런 상황에서 붓다가 그의 삶에서 받은 상처들에 대한 후대의 젯값을 구뇌(九惱), 구횡(九橫), 구죄보(九罪報) 등 여러 가지로 부른다. 음해의 해악을 상기시키기 위해, 그를 따르는 후학들이 만들어 낸 개념들이지만, 모두가 소용없는 짓이다.[84] 모든 것이 붓다 자신이 만들어 낸 것이 아니지만, 어차피 붓다가 짊어지고 가야 할 당대의 짐이었다. 붓다라고 해도 이 세상의 몸으로 태어난 이상, 무울할 수는 없는 노릇이기 때문이다.

소문이 횡행하는 사회에서 살아간다는 것은 우울한 일이다. 소문은 욕심, 분노, 무지와 짝패를 이루고 돌아다닌다. 소문은 번뇌의 진원지다. 소문은 욕심을 만든다. 욕심은 쾌감을 끌어들인다. 나의 에너지를 그에게 끌어들이는 흡인 에너지다. 소문 때문에 분노가 치민다. 분노는 불쾌한 대상을 배제한다. 반발 에너지 덩어리가 분노다. 소문은 무지에 의해 더 현실적으로 포장된다. 현실을 직시하지 못하게 만드는 것이 무지다. 망상 에너지 덩어리가 무지다. 무지는 모른다는 말이 아니다. 무식이라는 뜻이 아니다. 무지는 자기의 잘못, 자신의 허물만큼은 가장 먼저 지워내고, 잊어버리는 행위를 말한다.

세상살이는 원래 소문 덩어리의 살아감이다. 소문이 주는 해악이나 긴장을 단숨에 피할 마땅한 길이 있는 것은 아니다. 작든 크든 소문은 이야기를 부풀리곤 하기 때문이다. 소문의 역사는 그래서 인간의 고통사이기도 하다. 소문은 사람의 호기심을 자극한다. 소문은 그것의 진실 여부를 늘 떠난다. 사람들의 이목을 자극하기만 하면 되기 때문이다. 사람들의 호기심을 돋운다. 소문은 공기처럼 사방으로 퍼진다. 소문은 '사회적 폭포 효과(social cascades)'와 '집단 극단화(group polarization)'라는 두 경로를 통해 전파된다.[85)]

폭포 효과는 타인의 생각과 행동에 의존하면서 사람들을 일방적으로 매도하려는 경향과 힘을 말한다. 타인들의 생각이 증폭되면 나의 판단도 그것에 묻힌다. 마치 강물이 모여 폭포를 이루듯이 그렇게 증폭된다. 집단 극단화에는 같은 생각을 하는 사람들 사이에는 거짓 소문에 대한 믿음을 극단화시키는 힘이 있다. 집단은 극단적인 견해를 선호하며 그것을 강하게 믿기 때문이다. 인터넷은 사회적 폭포 효과와 집단의 극단화를 쉽게 만든다. 소문을 삽시간에 지구 전체로 퍼져 나가게 만든다. 현대인의 삶은 소문의 희생양이 되곤 한다. 소문은 희생양들의 고(苦)를 먹고 커 나간다.

소문을 이기려면 소문이 아닌 참에 충실하면 된다. 바람을 가르는 무소 뿔처럼 충실하게 살아가면 되는 일이다. 어떤 곳에서든 마찬가지다. 교도소나 포로수용소의 삶에서도 마찬가지다. 나치수용소의 수감 생활이 이를 증거한다. 테렌스 데 프레(Terrence Des Pres) 교수는 혹독한 시련을 이겨 낸 포로수용소 생존자들의 조건들을 연구했다. 극한 상황 속에서 견딘 수감자들의 일기를 분석했다. 인간으로서는 견디기 어려운 상황들을 초인간적으로 이겨 내고 생존하게 하여 준 결정적인 요인은 한 가지였다. 스스로 '인간다움'을 잃지 않은 데 있었다.[86)] 게다가, 포로수용소 역시 소문의 공동체였다. 누가 누구를 밀고했다든가, 누가 어떤 나치와 어떤 거래를 했다든가 하는 식의 소문들이 난무했다. 결과는 한 가지였다. 그런 소문을 극복하며 일상적인 삶에 충실했던 사람만이 강제수용소에서 살아남았기 때문이다.

인간의 생존 조건은 인간적인 것을 벗어나지 않았다. 강제수용소는 언제나 비인간적이다. 비참한 상황의 연속이다. 그런 악조건 속에서도 생존자들은 일상적으로 하던 것을 그대로 했다. 일상적인 습관과 욕망을 그대로 실천했다. 집에서 늘 하던 일과 같은 일을 했다. 얼굴 씻기, 청결하기 혹은 일기쓰기 같은 것이었다. 사람들과 대화하기를 포기하지 않았다. 일상적인 일들을 능동적으로 행했던 사람이 끝내 살아남았다. 일기를 적는 일은 위험한 일이었다. 발각되면 즉시 처형되는 일이었다. 그래도 포기하지 않았다. 다른 사람들은 그런 일이 부질없다고 포기했다. 자신을 스스로 절망으로 몰아갔다. 생존자들은 달랐다. 시시한 일, 부질없는 일을 악착같이 했다. 자기를 포기하지 않았다. 자기다움을 생각해내며 배우는 일을 포기하지 않았다. 인간다움을 지켜 내는 일은 절대로 포기하지 않았다. 그것이 생존의 조건이었다.

인간다워진다는 말은 세련되게 산다는 말이 아니다. 인간다워진다는 말은 삶에서 자기의 의지를 실천한다는 뜻이다. 자기 생각에 충실한 삶을 산다는 것을 의미한다. 수용소에서 살아남은 생존자들은 사선(死線) 위에서 살아남은 사람들이다. 존재와 사멸이 팽팽히 맞선 지점에서 죽음과 이별한 사람들이다. 생존자들은 언제든지 죽을 수 있었다. 그들의 생과 명은 다른 사람 손에 달려 있었다. 죽음에 가까워질수록 절실하게 삶에 뿌리를 내렸다. 일상적인 행동이 자기의 품과 격을 잡아 주었기 때문이다. 살아남으려는 의지가 삶 그 자체였다. 일상적인 삶에 대한 충실함이 그들의 영혼을 맑게 붙잡아 맸다.[87)]

생존자들은 진퇴유곡의 삶을 우직하게 돌파한 사람들이다. '불가불가'의 상황을 '불가불, 가'의 상황으로 바꾼 사람들이었다. '왔다리' 그리고 '갔다리'의 삶, 그리고 '불가, 불가'의 상황에서도 삶과 생을 경이롭게 '불가불, 가'로 받아들인 사람들이 살아남은 사람들이었다. 그들은 인터러뱅의 인간이었다. 인터러뱅(Interrobang)적인 사람은 삶의 고통과 번뇌를 초심의 모드(mode)로 바꿀 줄 아는 사람이다. 욕망이나 분노가 나오더라도 '나는 안 돼, 틀렸어.'하면서 낙담하지 않는 사람이다. 그들은 난감한 상황에 극적으로 대처하는 법을 연습하며, 그것에 맞서는 사람이다.[88)] 인터러뱅적인 사람은 그들의 삶을 '물음 느낌표'인 의심과 질문으로 시작한다. 그들은 문제 상황을 풀어낼 수 있는 최적의 해법을 찾아낸다. 그 누구도 생각할 수 없었던 놀라운 성과를 끌어낸다. 의심으로 시작하여 감탄의 아이디어 창출과 혁신으로 끝을 낸다.[89)]

인터러뱅적인 사람은 질문과 느낌의 인간이다. 해 보고, 또 해 보는 사유와 실천의 인간이다. 삶을 배움으로 만들어 가는 사람이 인터러뱅의 인물들이다. 예를 들어, 애플 사의 창업자 스티브 잡스는 인터러뱅의 역사를 상징한다. 스마트폰 같은 것은 그의 의심에서 출발했다. 세상을 바꾸는 것이 이것이 전부인가에 대한 의심에서 출발했다. 그런 것들을 생각해 본 것 중에서 "이것이 전부인가?"라는 생각에서 가동되었다. "더 나은 해법은 없는가?" 같은 질문 때문에 새로운 제품 개발 가능성이 시작된 것이다. 그 의심에 대한 가장 적절한 해법이나 솔루션이 스마트폰의 개발이었다. "편리한 정보통신기계를 왜 만들 수 없는가?" 에 대한 의문과 질문에 대한 느낌표의 대답이 바로 애플컴퓨터의 출현이었다.

인터러뱅의 인간은 최선의 솔루션을 찾아내는 사고실험의 인간을 상징한다. 끊임없이 물음표를 던지고, 물음표를 해결하는 느낌표를 찾아내는 사람이다. 생존을 위해 몰입하고 몰두하는 일반 동물들과는 달리[90] 이들은 창조와 창설, 그리고 연단으로 배움의 기적을 일궈 낸다.

배움은 사람들을 인터러뱅적인 인간으로 다듬어 준다. 인터러뱅은 인간의 삶에서 주어를 밝혀 주는 술어의 기능을 발휘한다. 사람은 태어나서 삶이 끝날 때까지 하나의 역을 맡는다. 배우로 한평생 살아간다. 배역은 사람마다 각자 다르다. 대통령의 역할을 맡는 배우가 있다면, 어떤 이에게 거지의 배역이 돌아가기도 한다. 영원히 변하지 않는 배역은 없다. 그저 우연적인 필연, 그리고 필연적인 우연으로 얻어지는 배역일 뿐이다. 대통령이 주연일 리도 없고, 거지가 조연일 수도 없다. 각각의 배역에서 각자는 인터러뱅을 하면 되는 일이다. 배우(俳優)가 배우기를 배우는 일에 게으르면 그 배역도 그렇게 끝난다. 의문은 있었지만 감탄 없는 삶이 된다. 의문과 감탄 사이를 이어 주는 활동이 배움이다.

인간의 배움 본능은 삶을 살아가게 하는 힘이다. 인생이라는 직물은 씨줄과 날줄로 짜인다. 씨줄과 날줄로 직조되는 삶에 문양을 만들어 내는 것이 내부시각이다. 배움이라는 활동은 배움 본능의 에너지를 내부 시각이라는 운동 에너지로 바꿔 놓는다.

내부시각, 배움소, 배움점 간의 관계를 이해하기 위해 탄환을 비유로 들 수도 있다.[91] 내부시각은 탄피이며 뇌관과 엇비슷하다. 내부시각은 인간의 배움 본능을 담고 있는 탄환(彈丸)과 같다. 내부시각은 배움의 본능 전체이기도 하다. 동시에 배움점을 틔우는 뇌관이기도 하다. 배움점의 프라이머리인 셈이다.

배움을 격발시키는 원초점인 배움의 뇌관이 내부시각이다. 배움소들은 내부시각 안의 화약 같은 것들이다. 배움점은 탄환의 탄두, 총알과 같다. 배움점들을 틔우는 기능을 담당하는 배움소들은 내부시각 안에 가득 차 있게 마련이다. 배움소가 응축된 내부시각의 공간은 혼돈의 공간이다. 가치 중립적인 공간이다. 배움의 순수 질서들이 가득한 농축장이다. 가치 중립적인 배움의 씨앗들이 가득한 공간이다. 모두가 미결정된 것들이다. 야생적 사유의 원형들이다. 모두가 조화롭게 공존한다. 미분화된 맑은 사유 덩어리들이다.

배움점은 씨앗의 씨눈처럼 트인다. 배움점은 원초적 지각이다. 찰나적이기도 하다. 내부시각의 뇌관에 외부 자극이 가해지면 배움소들이 발화된다. 발화된 배움소가 엄청난 힘을 발휘하면서 배움점들이 튀어나온다. 배움점들이 틔어난다는 뜻이다. 배움소들이 산화되기 전까지의 내부시각의 공간은 공성(空性) 상태다. 배움을 격발시킬 힘으로 가득 차 있지만, 격발 전까지는 비어 있는 것이나 마찬가지다. 내부시각은 원초적 사유들로 가득한 '빈 사유'의 공간이다. 무엇으로도 풀릴 수 있는 이야기들로 가득한 이야기 생성의 탄환이며, 무엇이든 담아내는 주머니들이다.[92]

내부시각은 배움 본능을 위한 변형 생성의 공간으로 작동한다. 내부시각은, 촘스키 교수의 논리에서 드러나는 것처럼, 선천적 언어습득장치(Language Acquisition Device: LAD) 같은 것일 수도 있다. 촘스키 교수의 말대로 하면, 선천적 언어습득장치 때문에 인간에게는 생각의 생성 문법이 만들어지게 된다. 생각은 계속해서 변형하고, 생성하며, 의미를 만들어 간다. 생각 규칙들이 그렇게 만들어진다. 내부시각은 인간의 뇌 안에 이미 짜여 있는 원초적 지각의 공간이며 연결망이다.[93] 내부시각은 언제든 조건만 만들어지면 격발될 상태에 돌입한다. 내부시각 안에 자리 잡고 있던 배움소들은 마치 가감승제(+, -, ×, ÷) 혹은 그것의 꼬임과 덮임, 늘리기(~)와 같은 것들로 돌발적으로 산화된다.

생각의 생성 규칙이 작동하면, 원초적 지각들이 배움소를 격발한다. 격발된 배움소들은 화학원소처럼 여기에 붙고 저렇게 떨어져 나간다.[94] 다양한 지각들은 새로운 배움소들로 산화된다. 배움소에서 산화되어 무한개의 생각들이 변형되고 생성된다. 그때 마다 새로운 형태의 생각이 튀어나온다. 생각이 새로운 가지를 친다. 새로운 생각이 가지를 칠 때마다 새로운 의미도 창출된다. 새로운 생각의 의미는 생명의 쓰임새에 따라 달라진다. 폐기되기도 하고 더 발아되기도 한다. 다른 생각으로 잇대어 전이(轉移)된다. 배움소들은 새로운 생각을 위한 변형 생성의 화약고다.

정보에 정보가 더해지면 새로운 가치가 만들어진다. 내부시각에 격발된 원초적인 배움소들의 편집된 결과가 생각이다. 생각에 가치가 부여되면 정보가 된다. 아는 것을 편집한다는 말은, 지각을 정보화하는 과정에서 드러나는 정보의 조합과 연상 그리고 정보에 대한 실험과 모험 활동을 가미했다는 것을 뜻한다.[95] 정보는 고립되어 있지 못한다. 다른 정보와 합해지며 가감되는 동안 의미를 부가시킨다. 정보는 언제나 또 다른 정보에 실려 새롭게 변형된다.

배움소는 배움을 위한 씨앗이고 생각의 원초다. 사람이 어떤 삶을 살아야 할지를 작정하기 위해서는 배움소가 발화되고, 산화되어야 한다. "내가 지금 무슨 생각을 하고 있지?" 하고 묻는 순간 사람은 새롭게 깨어난다.[96] 새롭게 깨어날 때마다 '현재'가 의식된다. 새로운 의식이 일어나면, 새로운 삶을 위한 길도 보인다. 배움점이 틔어가면서 생각이 튀어나오게 된다. 의미를 만들어 낸다. 생각을 생각해 내는 것이 배움점이다. 배움점은 창조의 지점이다. 배움점이 사유의 원점이다. 사유의 원점이라는 점에서 배움점은 인간의 영혼이기도 하다. 정신분석학자 융(Jung)은 티베트 『사자(死者)의 서(書)』에서 말한다. 생각은 모든 존재를 결정하는 조건이라는 것이다. 존재 자체가 생각이라는 것이다. 생각은 인간의 영혼 속에 있는 신(神)처럼 작동한다. 인간의 영혼은 생각을 창조한다. 생각은 영혼의 차이를 만들어 낸다.[97]

인간은 무엇보다도 자기를 먼저 구해야 한다. 자기를 구할 수 있는 존재는 자기뿐이다. 자기는 생명 열망의 존재이기 때문이다. 구(舊) 러시아의 레오니드 로고조프의 삶이 그것을 보여 준다.[98] 미국과 구 소련 사이에 군사적 냉전이 극을 치닫던 1960년대였다. 소련이 먼저 지구의 끝인 남극 기지를 선점했다. 로고조프는 당시 남극 탐사 대원이었다. 탐사 도중 그는 별안간 복부 통증과 고열에 시달리기 시작했다. 문제는 다른 사람들의 건강을 책임지는 의사가 로고조프 본인이라는 사실이었다. 13명의 남극 탐사대 대원이 그에게 건강을 의지했다.

이제 그는 자기의 건강을 자신이 책임져야 했다. 자기 몸 안에서 번져 나가는 급성 고열부터 다스려야 했다. 자기 진단 결과, 자기의 병이 '급성 맹장염'임을 알았다. 지체 없이 수술해야 했다. 그를 후송할 비행기를 부를 여유가 없었다. 시간적인 여유나 정신적 여유 역시 없었다. 경쟁국인 미국에 도움을 요청할 수도 없었다. 그것은 소련의 남극 기지 개척의 모든 비밀을 공개하는 것이나 마찬가지였기 때문이다. 그가 택할 수 있는 선택은 한 가지였다. 시간을 따라 죽어가거나 살아남거나 하는 일 중 하나를 택하는 일이었다.

로고조프는 스스로 자신을 수술하기로 결단한다. 자가 수술, 말이 좋아 자가 수술이지 전신마취 자가 수술은 쉬운 일이 아니다. 수술 절차에 대해 자기만큼 일반상식으로 알고 있는 사람이 있다고 하더라도 사정은 마찬가지다. 스스로 전신 마취를 해야 하고, 전신 마취 상태에서 수술을 집도할 수는 없는 노릇이었기 때문이다. 어쩔 수 없이 그는 자가 수술의 결단을 내린다. 통증이 온몸을 덮친다고 해도 일단 그는 부분 마취를 선택한다. 수술 현장에는 마땅한 간호사도 없다. 간호사 대신 엔지니어 한 명과 기상학자가 간호사 일을 하기로 했다. 거울을 들고 로고조프의 자가 수술 지시를 따르기로 했다. 그들은 로고조프가 시키는 대로 수술 기구를 건네주면서 그의 수술을 도왔다.

1시간 30분 정도가 걸린 자가 수술이었다. 수술 동안 로고조프는 환자였으며 동시에 의사였다. 누운 것도 아니고 앉은 것도 아닌 자세로 맹장을 수술했다. 환자의 수술은 의사의 지시대로 진행되었다. 의사는 환자의 몸 상태를 정확하게 알고 있었다. 환자의 몸은 5일 후부터 건강을 되찾았다. 의사는 자가 수술에 만족했다. 맹장을 떼어 낸 후 이틀이 지났다. 의사인 로고조프는 환자인 로고조프의 몸에서 실밥도 제거했다. 환자는 완쾌되었다. 그는 다시 탐험에 합류했다.

로고조프는 자신의 생명을 구하기 위해 스스로 수술을 감행한 세계 최초의 의사였다. 의료 기록상 그가 환자 의사, 의사 환자의 첫 본보기였다. 인류 생존의 역사는 로고조프가 유일한 환자 의사, 의사 환자가 아닐 것임을 보여 준다. 인류의 시작은 모두가 원초적인 의사이자 환자, 환자이며 의사로서 자기 몸을 돌봤을 것 같다는 생각을 하기에 충분하다. 자기 생명에 대한 존중과 열망은 원초적이다. 인류는 그것으로 커왔다. 인간은 자기 생명에 처절하게 매달리기 때문이다.

자기 생명 존중적인 인간이지만 자기 생각에 자기가 놀라기도 하는 존재가 바로 인간이다. 생각이 주는 의미에 민감하게 반응하는 존재가 인간이기 때문이다. 사람들은 귀신과 천사라는 것들에 접하면 서로 다른 느낌을 받는다. 석연치 않은 의미 때문에 마음속에 언짢음이 생긴다. 천사는 무엇인가 깨끗하고, 성스러운 느낌을 주기에 충분하다. 귀신은 정반대의 느낌을 준다. 사람들이 생각에서 생각을 만들어 주는 것은 생각이다. 인간의 생각은 생각에 의해 의미를 더한다.

생각이 존재 결정의 원형이라는 말이 아니라, 몸이 생각의 원형임을 드러내는 말이다. 생각하기에 몸이 존재하는 것이 아니라 몸이 있기에 생각으로 작동할 뿐이다. 물론 내 생각은 내가 바라보는 사물과 사물을 연결시킨다. 반대로 그것을 서로 떨어지게도 한다. 생각은 어떻게든 언어적인 기호로 표시된다. 언어적 기호로서 사람들은 자기의 생각을 새로운 생각으로 이어간다. 생각의 촉발을 만들어 내는 것은 그 말 자체가 아니다. 생각을 표현해 내는 방법이 아니라 의미가 그것을 만들어 간다. 의미가 재구성되기 위해 말과 같은 표현수단이 구사된다. 이 점은 이미 언어학자들에 의해 오래전부터 지지받아 온 견해다. 생각이 중요하다면, 몸은 생각보다 더 중요하지만, 그 몸을 지배하는 것은 생각이며, 몇 마디의 기호들이다.

4. "삶을 배우는데 일생이 걸린다." – 세네카

"인생에 대해 답을 알고 있는 사람은 문제를 잘 못 이해한 것이다." – 알프레드 화이트헤드

"할 일이 있을 때는 죽음을 생각하기 어렵다. 금기라기보다는 그냥 있을 수 없는 일로 여긴다. 일은 그 본성상 다른 데로는 눈을 돌리지 못하게 한다. 우리는 오히려 바로 그 점 때문에 일에 감사한다." – 알랭 드 보통[99)]

"천년만년 살 것처럼 행동하지 말라. 죽음은 이미 가까이에 있다. 살아 있는 동안 선한 사람이 되라." – 마르크스 아우렐리우스

"(사체가 조금 오래된 경우의 냄새에 대해……) 고양이 똥 냄새 맡아본 적 있어요? 그 냄새랑 비슷한데 좀 더 독하다고 생각하면 돼요." – 바이오해저드 특수청소사장[100)]

사람들끼리 이야기를 주고받을 때, 상대방이 활용하는 단어나 말을 모두 기억할 수는 없다. 단지 그가 던지는 중요한 의미 몇 개를 기억해 둘 뿐이다.[101)] 그것이 상대방의 의도를 드러내기 때문이다. 어린아이들의 이야기에서 그 단서를 찾을 수 있다. 미국에서 발견한 사례다. 5세 미만의 아이들에게 따라하게 했다. 예를 들어, "I asked Alvin whether he knows how to play basketball."을 따라하라고 했다. 그 이야기를 듣고 아이들은 자기가 늘 쓰는 어법대로 따라 말했다. 어떤 아이는 "I asked Alvin do he knows how to play basketball."이라고 말했다. 이상한 노릇이었다. 제대로 따라한 것이 아니었기 때문이다. 아이들이 기억한 것은 단어가 아니었다. 그들에게 의미 있게 와 닿는 말만을 기억했다. 자기가 이해하는 방식의 단어들로 바꾸어 상황을 설명했다. 그들에게 의미 있는 엇비슷한 단어들로 의미를 재구성했다.

어른도 마찬가지다. 단어에 집착하는 것이 아니라 의미에 집착하기 때문이다. 의미에 의미를 곱하면, 놀랍게도 새로운 의미가 솟아나곤 하기 때문이다.[102)] 아이디어에 아이디어를 곱하면 새로운 생각이 솟는다. 샘에서 샘물이 솟아나듯이 새로운 의미가 솟아난다. 아이디어에 아이디어를 가감승제하기 시작하면 새로운 아이디어가 새

롭게 나온다. 창의적인 사람에게서 발견되는 사실이다. 상식을 뛰어넘으면 새로운 아이디어가 넘친다는 것이 그것이다. 생활에서 불편함이 계속되면 새로운 아이디어가 나온다든가 하는 생각 역시 그것이다.

새로운 발상이라고 하더라도 아이디어의 실용성이 없으면 생명력은 잃는다. 독창적인 아이디어라도 쓰임새 없이 일탈성만 강하면 아이디어로만 남아 있다가 사라진다. 아이디어는 없는 것에서 있는 것으로 만들어 내기도 한다. 미학자들은 없는 것에서 있는 것으로 만들어 내는 것을 '창조'라고 한다. 창조는 신의 작업이다. 있는 것에서 있는 것으로 변형하는 것을 '창설'이라고 한다. 창설은 인간의 작업이다. 신은 창조(creation)하고 인간은 복구하면, 창설(instauration)하는 존재라고 부른다. 신은 크레아티오 엑스 니힐로(creatio ex nihilo)다. 무로부터 만들어 내는 것은 창조주가 크레아티오 엑스 니힐로다. 신만이 해낼 수 있는 일이다. 신은 모든 걸 자기 속에서 끄집어 내 처음으로 만든다. 무(無)로부터 만들어 내는 일이 신의 일이고, 그런 일을 해내기에 신만이 창조적인 존재다.

인간은 창조되고, 창설로 더 다듬어지는 존재다. 창생의 존재인 인간은 그 무엇이든 감상한다. 감상의 존재이기에 인간은 무엇인가를 늘 느끼기 마련이다. 느끼는 것을 미의 추구라고 말할 수 있다. 인간은 신처럼 결정하지는 못한다. 둘 중의 하나만을 결정하려고 하지 않는다. 인간은 신에게 명령하는 존재가 아니다. 신만이 인간에게 명한다. 되고, 안 됨을 재단하라고 명한다. 신에게서 만들어진 인간이라는 존재는 신이 만들어 낸 것을 느끼면 될 일이다. 신은 어떤 질료이든 질료에 일정한 형(形)을 가한다. 인간은 가해진 형상을 음미하면 되는 일이다.[103] 인간이 해야하는 일은 발견이라는 창조일 뿐이다. 인간은 발견하고 실현한다. 인간은 조절하고, 조정한다. 인간은 자기를 조형한다. 인간은 자기 형성적이다. 세상을 저 스스로 꾸려 나갈 수밖에 없는 이유다.

인간은 그래서 창설(創設)의 존재, 탐구의 존재, 습작의 존재, 다시 말해서 익히며 만들어 내는 몸들이다. 창설이란 탐구 행위, 학교 학자들이 즐겨 쓰는 학습으로 포용하는 개념이다. 이미 만들어진 것을 자기의 삶에 용도가 있도록 새롭게 응용하고 변용시키는 작업이 창설이다. 창설한다는 것은 찾아내고, 탐구하며 만들어 낼 수 있다는 말이다. 개인의 뇌는 결코 동등하게 만들어지지 않았기에 나름대로 제각각 창설할 수 있다. 뇌는 모든 이에게 '뇌'라는 하나의 이름을 가진다. 뇌의 가능성은 서로 다르다. 각자적이다. 탐구와 만들기도 각자적이다. 각각의 뇌에는 자기도 모르는 또 다른 '자기'가 들어차 있기에 그것이 가능하다. 인간은 그래서 한마디의 단어로 정리될 수 없는 존재, 불가사의한 존재다. 인간에게는 자기의 무의식을 지배하는 '또 다른 자기'라는 존재가 움직인다. 정신심리학자 칼 융은 그래서 "우리 내면에 자신도 모르는 누군가가 있다."라고 말했는지도 모른다.[104] 세계적인 록 밴드 핑크 플로이드도 연주 후 이런 말을 남겼다. "내 머릿속에는 누군가가 존재한다. 그러나 나는 아니다." 인간 모두는 자기 모두가 '나'라는 존재이기도 하지만, 실제로는 내가 아니기도 하다. 탐구의 현실이 서로 다르기 때문이다.

일상적인 것을 조금 비틀거나 낯설게 함으로써 새롭게 변형시키는 일이 창설이다. 창설은 새로운 발견이다. 발명이라고 부를 수도 있지만, 그것은 물질적일 뿐이다. 창조는 물질뿐만 아니라 정신적인 것도 함께 포함한다. 창설은 무명에서 명으로 밝히는 작업이다. 친숙한 것을 때때로 낯설게 만드는 일이다. 창설은 정보가치의 쓰임새를 극대화시키는 일이다. 실용성을 극대화하는 일이다.

창설은 습작 활동으로 모든 것을 다듬어 놓는다. 습작(習作)의 활동은 무슨 일이든 가능태에서 현실태로 바꾸게 한다. 탐구, 탐색, 습작 모두가 창설에 포함되는 기능이다. 형상을 갖추지 않은 질료에 잠재적 형상을 반영하는 일이 창설이기 때문이다. 잠재적인 형상을 겉으로 드러내는 일이 창설이다. 무정형적 사물을 형상적 완전성을 가진 진정한 존재로 끌어올리는 작업이 창설이다. 창설은 두 가지 방식으로 가능태를 현실태로 바꾸어 놓는다. 하나는 상승의 방법이다. 낮은 존재의 단계에서 높은 존재의 단계로 도약하는 방법이다. 다른 하나는 존재하는 것들이 한 꺼풀씩 제 모습을 드러내게 하는 방법이다.

인간은 창설을 통해 자기 삶을 꾸려나간다. 창설은 지각의 '되먹임(Feedback)' 하기도 하고 '앞먹임(Feedforward)' 하기도 한다. 되먹임은 지각의 결과와 해석에 대한 성찰과 반추의 활동을 말한다. 앞먹임은 무엇인가를 조심스럽게 총괄적으로 예측한다. 행동을 용의주도하게 도와준다. 미래를 예견하게 하는 앞먹임이 슬기와 예지의 바탕이 된다. 되먹임은 반성과 수정의 작업이다. 앞먹임과 되먹임의 순환적 과정에서 인간의 기질과 성격, 그리고 품격이 가꾸어진다.

인간은 태어나는 그 사건으로부터 나름의 기질을 기른다. 한 인간의 기질은 가정이라는 테두리 속에서 길러진다. 가족이라는 가까운 사람들이 그것을 도와준다. 훈련으로 사물에 대한 이해와 믿음을 가진다. 좋고, 싫고, 꺼리고 가까이 함이 무엇인지를 알게 된다.

사물에 대한 믿음이 쌓이면 기질이 고정된다. 고정된 기질은 사물을 이해하는 성격(disposition)이 된다. 성격은 만들어지는 것이다.

성격은 외부의 평가를 피할 수 없다. 사람들이 모여 살기 때문이다. 다른 이들의 반응과 평가에 따라 자기의 이해관계를 조절해야 한다. 그렇게 일을 처리하는 동안 성격에 대한 사회적 평가도 따라붙는다. 성격에 대해 사회적 평가가 가미된 상태를 그 사람의 '품격(post disposition)'이라고 부른다. 한 번 굳어진 성격은 쉽게 변하지 않는다. 그것이 사회적으로 드러나면 품격으로 평가된다. 타인의 평가는 때론 상처로 남기도 한다. 상처의 흔적이 깊어지면 더 굳어지고, 굳어진 성격을 쉽사리 고쳐 줄 되먹임도 적어진다. 상처를 되먹임하고 새로운 삶으로 앞먹임 하는 자기 치유가 필요하다. 자기 치유가 가능하면 품격도 변하게 된다. 품과 격의 바뀜을 거듭남이라고 말한다. 거듭남은 뒤먹임과 앞먹임의 연동 작용이다. 그것을 상처에 대한 치유라고 한다. 치유의 결과를 '개조'라고 한다.

삶의 개조는 기존의 성격에서 벗어나는 거듭남이다. 무명(無明)에서 밝음(明)으로 거듭나려는 노력이기도 하다. 알지 못함에서 앎으로 거듭남이다. 일종의 종교적인 행위다. 마치 유대인의 '다라쉬(darash)'라는 말에 비견될 만하다. 다라쉬는 '조심해서 살펴보다, 연구하다, 해석하다, 조사하다, 탐구하다.' 등을 의미한다. '여호와를 찾는다'는 말이다. 여호와를 찾고 구하는 일은 하느님의 율법과 명령을 지키는 일이다. 그래서 다라쉬는 '신을 따른다'는 뜻이다. '신에게 예배하다' '신에게 묻다'는 뜻이기도 하다.

다라쉬는 단순히 다른 사람의 생각을 파악하는 일이 아니다. 정보를 찾아내는 습작의 행위가 아니다. 신과 역동적으로 만나는 일이다. 유대교 율법인 토라(Torah)의 위대한 진리를 찾는 일이다.[105] 신의 형상대로 만들어진 인간에 대한 깨달음이다. 신과 자신을 하나로 만드는 배움이 다라쉬다. 하느님은 천 가지 재물보다 한 시간의 다라쉬에 만족한다. 유대인을 지켜 낸 믿음이다. 다라쉬함으로써 그들은 매일매일 거듭난다.[106] 다라쉬는 저들에게는 다스림이며 치유의 방편이다.

삶이란 결국은 각자도생(各自圖生)의 여정이다. 각자도생이 제대로 되지 않으면 삶에 늘 위기가 닥쳐온다. 거듭나기 위한 각자의 길을 각자 가는 일이 삶이기도 하다. 자기 삶의 여정을 방해하는 것들과 결연해야 한다. 일본말로 단샤리해야 한다. 살아갈 방법을 각자 알아서 만들어 내는 일이 삶이기 때문이다. 각자도생하기 위해서는 남보다 먼저 배워야 한다. 인간은 자기를 위해서 못할 일이 없는 존재다. 그래도 못하는 일이 있다. 자신 스스로 억지로 웃게 하지는 못한다. 자기 자신을 간지럽게 해서 억지로 웃게 할 수 없다. 자신의 뇌가 그렇게 하지 못하게 만든다. 자기의 손가락이 겨드랑이에 닿기도 전에 뇌가 먼저 조처를 한다. 간지러움에 미리 대비하라고 명하기 때문이다. 자신이 자신을 간지럽게 만들어 간지러워질 수는 없다. 행복 역시 마찬가다.

자신이 행복하자고 해서 한없이 행복해지는 것은 아니다. 행복은 그저 상대적일 뿐이다. 행복을 받아들일 수 있는 여유가 행복을 만들어 준다. 자신의 비교 대상이 누구이냐에 따라 행복을 느끼는 정도가 달라진다. 예를 들어, 운동경기 끝에는 시상식이 있게 마련이다. 상을 받는 우승자의 모습에서 행복이란 끝내 상대적인 것임이 드러난다. 일등이든 삼등이든 등수 안에 든 모두가 우수한 선수들이다. 그들이 성적에 따라 금, 은, 동메달을 받을 때 행복에 겨워하는 모습이 저마다 다르다. 시상식에서 가장 큰 행복감에 젖어드는 선수는 금메달리스트가 아니다. 3등인 동메달리스트다. 그의 행복감은 금메달리스트보다 더 감동적이다. 가장 행복에 겨운 표정을 짓기 때문이다. 은메달리스트의 얼굴에는 놀랍게도 분노가 인다. 일종의 아쉬움 같은 것이 표출된다. 금메달리스트를 쳐다보는 은메달리스트의 얼굴은 애처롭다. 마음이 상해 있기 때문이다. 한순간에 놓쳐 버린 금메달이 눈앞에서 어른거리기 때문이다.

은메달리스트와 비교하면 동메달리스트의 표정은 다르다. 그가 비교할 대상은 은메달리스트도, 금메달리스트도 아니다. 처음부터 비교할 이유도 없다. 그 역시 아차 했었더라면 하는 순간만이 있을 뿐이다. 아찔했던 순간이다. 조금만 늦었더라도 모든 것은 일순간에 달아났을 것이다. 수상식 단상에는 영원히 오르지 못했을 것이다. 4등을 한 수상권 밖의 선수를 생각하면 지금 이 순간은 말없이 행복한 순간일 뿐이다. 입가의 미소는 여백의 미소다. 4등 선수와 자기를 비교할 줄 아는 여백이 그를 행복감에 젖게 만든다. 세상 이치가 그렇듯이 2등은 늘 아쉽지만, 3등은 언제나 여유롭기만 하다.[107] 3등 마음으로 살아가면 세상이 편하다.

삶의 경주에서 금메달 같은 것은 없다. 꼴찌 같은 것도 없다. 삶의 경주에서는 1등이니 2등이니 하는 것이 무의미하다. 모두가 메달리스트일 뿐이다. 모든 삶에 메달이 돌아간다. 저 스스로 낙오라고 부른다고 해도 그것은 삶의 경주에 대한 메달일 뿐이다. 삶은 그런 것이다. 어떤 삶이 행복한 삶의 전형인지 알 수 없다. 그 어떤 현인도 행복한 삶의 원형을 보여 준 적은 없다. 어떤 철학자도 행복한 삶의 모형을 가르쳐 준 적도 없다. 그저 행복하게 살아 보라고 가르쳤을 뿐이다. 행복은 원래 삶에서 오래 머물지 않기 때문에 그랬을 것이다. 삶에는 언젠가 끝이 있기 때문에 그랬을 것이다. 삶에서는 모든 것이 지나갈 뿐이다. 모든 것은 바람처럼 스쳐 가고야 만다. 인생에서 스쳐 지나가지 않는 것은 없다.

인간도 다른 동물처럼 유전자에 들어 있는 것에 의해 인간으로 만들어진다. 인간은 생물이다. 생물은 유전자를 복제한 것이다. 생물은 생과 명을 복제한 것이 아니다.

생물의 주체는 유전자 DNA이다. 생물의 몸은 유전자를 실어 나르는 단순한 수단일 뿐이다. 인간이라는 몸체로 아무리 날고 싶어도 날 수 없다. 인간의 몸속에 날개를 만들어 줄 수 있는 날개의 유전자가 존재하지 않기 때문이다. 인간은 앞으로도 마찬가지다. 인간을 구성하는 유전자만이 인간의 몸 안에서 실현되기 때문이다. 인간은 그래서 곰처럼 기어 다닐 수 없고, 고래처럼 수영할 수 없다. 인간은 인간처럼 살아갈 뿐이다.

인간의 몸은 인간을 구성하는 유전자의 속성대로 살아간다. 몸의 세포는 그 이외의 어떤 목표도 갖고 있지 않다. 인간이라는 종(種)은 인간의 몸체가 지니는 순환을 반복해 왔을 뿐이다. 생물학적 개체 발생의 절차를 지켜 왔다. 생명 발생 단계에 따라 인간의 개별적 의지와는 관계없는 방식으로 진화되어 왔다. 인간은 인간의 유전자가 명하는 대로 그것을 실현해 왔다. 이 점은 하루살이도 마찬가지다. 하루살이의 유전자들이 짜 놓은 엄격한 행동 순서를 어떤 오류도 없이 충실히 따르면서 살아왔다. 그 명령을 충실히 수행하는 동안의 과정을 생명이라고 불렀다.

인간의 생명과 하루살이의 생명이 갖는 유전자의 명령과 그것의 절대적인 가치는 같다. 인간도 하루살이도 유전자의 명령대로 몸체를 실현한다. 유전자에 적혀 있는 대로 유전자를 복제해야만 하기 때문이다. 인간은 인간의 유전자대로, 하루살이는 하루살이의 유전자대로 창조되었기에 창조의 가치만큼은 모두가 절대적으로 같다. 다만, 인간의 생명과 하루살이의 생명은 서로 다르다. 인간의 삶과 하루살이의 삶이 다르기 때문이다. 하루살이가 보여 주는 생과 명은 인간이 보여 주는 생과 명과 등가치적일 수 없다. 각각을 지배하는 것은 유전자의 명령이 아니라 삶의 명령이기 때문이다.

삶은 하루살이와 인간에게 서로 다른 문화를 만들어 놓는다. 인간의 문화가 다양한 것은 인간이 지니고 있는 삶이 다양하기 때문이다. 상징 조작과 공유능력으로서의 문화는 인간다움을 드러내는 인간만의 특성이다. 상징 조작은 유전자의 명령에 따른 것이 아니다. 삶의 조건에 의해 발전되고, 창설된 것이다. 인간에게 문화를 창설하도록 도와준 것은 손, 발, 그리고 뇌였다.[108] 인간은 다른 동물과는 달리 손과 발의 신체적 특수성을 더욱더 진화시켜왔다. 인간은 다른 동물에 비해 던지기를 더 잘 한다. 다른 동물에 비해 땀도 많이 흘린다. 손과 발이 있기 때문이다. 손과 발은 도구를 만들어 내는 기술을 발전시켰다. 튼튼한 발톱과 강인한 이를 가지고 있지 않은 인간에게는 그것을 대신할 도구가 절실했기 때문이다. 도구 개발은 인간에게 필수적이었다.

인간의 뇌는 언어 개발을 촉진했다. 의식의 토대로 소리를 넘어서는 언어를 창발시켰다. 소리에 의미를 실어 담은 것이다. 그를 먹이로 노리는 야수를 피하기 위한 지력의 무기였다. 강력한 이빨과 발톱을 가진 다른 동물들로부터 자신의 몸을 지키기 위한 필사적인 노력이었다. 생존을 위한 신호 전달의 매체로 발달한 것이 언어다. 생존을 위해 인간은 노동집약적인 동물로 진화했다. 노동을 위해 도구도 개발했다. 인간의 생물학적 약점을 보강하기 위한 노력이었다. 도구 개발과 노동을 통해 인간의 지적능력도 발달했다. 지적능력의 발전은 포식자들과의 생존경쟁에서 인간을 우위의 고지에 놓게 하였다.

인간의 행동은 유전자에 짜인대로 그 명령대로만 가능하다. 인간은 새처럼 날 수는 없다. 인간은 사자처럼 빠르게 달릴 수는 없다. 유전자상으로는 인간의 행동 역시 예측이 가능하다. 인간의 걷는 행동은 다른 동물에 비해 상대적으로 특징적이다. 나는 대신, 뛰는 대신, 수영하는 대신 걷는 행동이 가장 인간적이다. 인간의 행동은 다른 포유동물의 특성을 크게 벗어나지는 않는다. 다른 동물들이 유전자에 짜인 그대로 행동하는 것처럼 인간도 그렇게 예측 가능한 행동을 하지만, 인간은 다른 동물에 비해 한 가지 우월한 행동이 있다. 그것이 바로 자유 의지다. 하루살이에게 하루살이의 자유의지를 발견하기는 어렵다. 그들의 행동은 마치 동전처럼 일정한 모습을 지니고 있다. 있는 그대로 반응한다. 하루살이에게 정신을 기대하기 어렵다. 하루살이의 자유의지를 설명하는 것도 불가능하다.

하루살이의 행동은 유전자 속에 짜인 각인요소에 따라 진행된다. 그것이 유전자의 명령이다. 외부의 자극이 오면 각인인자가 작동한다. 동물은 유전자에 의해 짜인 프로그램의 명령에 따라 반응한다. 어떤 자극은 받아들이고 어떤 것은 배제한다. 어떤 자극에 대해서는 중립을 지킨다. 하루살이는 하루살이의 유전자가 만들어 준 준비된 학습대로 살아간다. 준비된 학습은 생명체의 유전자적 이익을 대변한다.

인간도 다른 동물과 마찬가지로 유전자 안에 각인 인자들을 지니고 있다. 다른 동물에 비해 최소화되어 있다. 학습 인자들은 인간의 정신적 작용에도 영향을 미쳤다. 뇌신경장치가 작동한 결과였다. 자연적 선택을 거쳐 이뤄진 유전적 진화의 결과였다. 인간은 다른 동물에 비해 더 유별날 것이 없는 것처럼 보인다. 인간은 유전자 안에 배열된 각인 인자의 기능을 최소화시킴으로써 인간과 동물 간의 경쟁적 위치를 전도시켜 왔다. 사자는 더욱더 사자처럼 용맹스러워야 했다. 생존경쟁에서 살아남기 위해서였다. 유전자 안에 배치된 빨리 달리기의 각인 인자, 말하자면 준비된 학습 기능을 최대화시키는 쪽으로 진화했다. 인간은 정반대의 진화를 택했다. 각인 인자의 기능을 최소화시키는 대신 다른 기능을 각인 인자와 가감승제하는 식으로 시너지 효과를 극대화하는 쪽을 택했다.[109)]

유전자 안에 들어가 있는 각인 인자들의 가감승제와 생존을 위한 문화적 창설 행위 간의 시너지를 통해 인간은 다른 동물은 엄두도 내지 못하는 인간 문화를 만들어 냈다. 새처럼 날지 못했지만, 새보다 더 빨리 나는 비행기를 만들었다. 배를 만들어 고래보다 더 빨리 수영했다. 유전자에 각인되어 준비된 학습 인자를 통한 창설의 능력이 새로운 문화를 만들어 냈다.

디지털이 현시대 문화적 조류다. 지구가 일촌의 문화로 변하고 있다. 남의 세상이었던 세상 곳곳이 한순간에 하나의 세상이 되었다. 디지털로 삽시간에 서로 다른 것들이 하나로 연결되기 때문이다. 문화 양태의 차이는 불가피하다. 문화의 차이는 질적인 높고 낮음의 차이로 갈라지는 것이 아니다. 어떤 문화든 삶의 생존을 위한 창설의 다양성을 반영할 뿐이다. 모든 문화는 인간 안에 내재한 유전자의 준비된 학습 인자가 변형되어 창설된다. 디지털도 창조된 생명체인 인간이 그들의 생과 명을 이어가기 위해 증강된 창설력의 결과일 뿐이다.

창설은 인간의 문화와 삶 살이를 다양하게 만드는 인간의 지력이다. 인간의 생존을 위한 문화를 발전시키기 때문이다. 창설에 의해 인간의 생존력이 보강되었다 해도 인간의 생명을 지배하는 법칙은 한 가지다. 인간의 삶은 카논(Cannon) 기법처럼 생명 반복의 법칙을 따른다. 카논 기법이란 레오나르도 다빈치가 활용한 대위법의 하나를 말한다.[110] 카논의 기법은 하나의 주제를 스스로에게 끊임없이 다시 적용함으로써 단일 주제의 모방들이 서로 조화를 이루게 만드는 기법을 말한다. 출발점으로부터 이탈하는 것 같지만 어느 순간 출발점에 다시 도달하는 돌림의 원리를 말한다.

현대적인 예를 든다면, 우리가 쓰고 있는 A4 용지의 규격이 바로 카논 기법을 따르는 경우다. A4 용지는 가로 21cm, 세로 29.7cm다. 이 종이를 반으로 접으면, 면적은 반으로 줄지만 가로 세로의 비율은 여전히 똑같다. 종이를 반으로 접고, 또 반으로 접기를 계속해도 그 비율은 언제나 똑같다. 결코 직사각형의 비율과 형태를 버리지 않는다. 카논 기법은 부피의 변형과 관계없이 본래의 속성과 같은 비율로 원만하게 유지하게 하여 놓는다. 일정한 가로 세로의 비율의 반복이 드러나도록 되어 있다.

인간의 삶은 생과 명의 법칙을 따라 움직일 뿐이다. 카논 기법이 보여 주는 것처럼, 주제는 예외 없이 반복된다. 태어난 인간은 언젠가는 죽는다. 그것이 생명의 법칙이다. 누구도 거스를 수 없다. 삶의 법칙이 생명의 법칙이고, 그것은 다시 죽음의 법칙이다. 인간의 생과 명은 문화의 변형과 관계없이 자연의 법칙을 따른다. 한두 살의 편차는 있을 수 있지만, 죽는다는 것에 대한 어떤 오차도 있을 수 없다. 젊어 죽어도 죽는 것이며, 늙어 죽어도 죽는 것이다. 죽으면 창설도 끝이 난다.

창설은 인간의 삶을 위한 엔트로피이기도 하다. 창설은 인간이 주도적으로 자신을 만들어 가기도 하지만 죽여 가는 노력이기도 하다. 인간이 창설해낸 문화는 죽음과 유관하다는 점에서 삶의 엔트로피이기도 하다. 창조는 신의 작업이지만, 창설은 인간적인 작업이다. 창조는 무한하지만 창설은 유한하다. 신은 영원히 살아남는 무기물질이지만, 인간은 영원히 죽어야 될 유기물질일 뿐이다. 창조의 목적은 생명의 탄생이지만, 창설의 끝은 생명의 마감일 뿐이다. 생명의 탄생은 신만이 조작할 수 있는 절대적인 작업이다. 창조는 물리학적으로는 확실한 생명의 질서인 네그 엔트로피(negentropy)의 상태로 나아가게 하는 일이다.

인간은 질서로의 연결을 원하지만, 그것은 헛된 노력이다. 모든 것은 무질서, 엔트로피로 향하기 때문이다. 창설은 창조를 이겨낼 수 없다. 무질서는 질서 안의 부분집합이기 때문이다. 창설은 문화를 생명과 같은 가치로 치환시키려고 노력한다. 영원히 살겠다는 의지를 드러낸다. 인간이 신이 되겠다는 욕망이지만, 끝내 그 언저리를 맴돌다 만다. 인간이 무질서, 엔트로피를 최소화할 수는 있지만, 끝내 무질서, 엔트로피를 만들어 내지 않을 수는 없다. 인간이라는 생명의 탄생 자체가 신으로서는 엔트로피의 시작이기 때문이다. 인간은 신의 창조력을 닮아가려고 노력할 수 있을 뿐이다. 그런 인간의 노력은 끝내 엔트로피로 끝날 뿐이다. 인간은 창조주처럼 영원하려고 하지만 불가능한 일이다. 인간이 이르러야 하는 곳은 자연이기 때문이다. 온 생명계가 인간의 마지막을 위한 네그 엔트로피의 공간이다. 죽는 순간, 신처럼 누렸던 인간의 창설력은 박탈되고, 삭제되며, 거세당한다. 자연계의 다른 존재들처럼 무질서의 질서 상태의 제 모습으로 돌아간다. 인간은 신을 닮아보려고 노력할 수는 있지만, 신이 될 수는 없다.

인간이라는 존재는 우주의 여정으로 보면 그저 하룻밤의 나그네일 뿐이다. 이 세상에 태어나서 죽는 동안 잠시 이곳저곳 둘러보고 이내 자연으로 돌아가야 하는 나그네일 뿐이다. 나그네 생활을 하면서 그가 경험하는 세상은 자기가 가꾸어야 할 세상일 뿐이다. 이 세상에 태어난 이상 그 누구든 자기와 사회에 관한 책임이 있다. 사회는, 남을 위한 세상이나 사회가 아니기 때문이다. 나를 위한 세상이고 우리를 위한 사회이기 때문이다. 이 사회를 우리의 삶에 적합하게 하여야 한다. 사람들에게 살아갈 만한 세상을 만들어야 한다. 사회에서 살아가는 사람이 바로 나다. 나는 사회의 주체다.

각자가 겪는 삶의 여정이나 삶의 과정은 복잡하다. 하나의 원리로 억제될 수 있는 것이 아니다. 나의 삶은 나의 생과 명의 원리에 따를 뿐이다. 그것을 벗어난 삶은 있을 수 없다. 누구든 마찬가지다. 그 삶의 여정 속에서 삶의 결, 삶의 꼴 그리고 삶의 깔이 만들어진다.

삶의 선율을 결정하는 것이 나라는 존재의 됨됨이다. 삶의 과정에 굴곡이 생기는 것도 나의 됨됨이 때문에 그렇게 되는 것이다. 나의 됨됨이는 나에 대한 반추와 점검의 순도에 따라 달라진다. 반추하는 노력을 초지일관하게 유지할 때 나의 삶은 생과 명에 관계없이 거듭난다. 삶이 새롭게 창조된다는 뜻이다. 나의 됨됨이를 옛사람은 생의(生意)의 결실이라고 보았다. '생의(生意)'는 사물에는 나름의 뜻이 있다는 말이다. 사람에게도 마찬가지로 그런 뜻이 있다. 생물체가 나름대로 지향하는 생(生)의 의지(意志)가 생의다. 생의는 유기적 생명체들로 얽힌 자연을 움직이는 생의 본질이다. '생의'라는 개념은 송대 주자(朱子)에서부터 조선조 성리학자들에 이르기까지 저들의 골수에 간직되었던 개념이다.

주자는 생의를 체득하려면 공부와 수양이 필수적이라고 보았다. 생의는 인간의 윤리에만 국한되는 것은 아니다. 인간에게 생의는 수양과 공부로 드러난다. 생의를 위한 배움이 하늘의 원리이며 사람됨의 본체(本體)다. '본체즉공부(本體卽工夫)'가 생의의 핵심이다. 배움으로 그것의 의(義)를 깨닫고 그것을 자기의 것으로 만들어 가는 일이 사람됨이었다. 사람됨의 의(義)가 바로 생의(生意)였다.

녹문 임성주(鹿門 任聖周)는 생의가 삶임을 극적으로 보여 준 조선조 후기의 성리학자다. 그는 사람됨을 지향하는 우주적인 의지를 '생의'라는 말로 표현했다. 그는 과거 후에도 임금이 하사하는 녹봉과 벼슬을 고사했다. 서울을 떠나 고향으로 내려갔다. 녹문에 자리를 잡은 후 그의 생의를 후학에게 가르친다. 임성주는 사상적 주류였던 성리학을 자신의 학문 영역으로 새롭게 변환한다. 배움이 본체즉공부(本體卽工夫)라고 보았다. 본체즉공부가 생의(生意)이기 때문이라고 보았다. 당시 지배사조였던 율곡 선생의 주기론을 건드리는 생각이었다.

당시 조선 사회는 이이(李珥)의 주기론(主氣論)이 지배하는 사회였다. 본성과 마음을 분리하는 생각들이 당대 주자학자의 사류(思類)였다. 인간의 본성과 마음을 이(理)

와 기(氣)로 분리해야 옳다는 것이 저들의 생각이었다. 인간의 본성은 순수하지만, 마음은 그렇지 않기에 그렇다는 것이다. 선과 악이 그래서 함께한다는 이기이원론(理氣二元論)이 당대의 사상적 주류였다. 녹문 선생은 주기론자들과 생각이 달랐다. 선생은 인간의 본성과 마음을 양분하는 것이 가능하지 않다고 보았다. 사람은 모두 순수한 마음을 가지고 있기에 자기 스스로 도덕적 실천이 가능한 존재라고 보았다. 그는 본성과 마음 간의 일원론을 본체론으로 삼았다. 우주의 본체는 오직 생의(生意)에 가득 차 있다는 것이 그의 생각이었다. 우주에는 하나의 기가 있을 뿐이고 그 기가 인간의 기라는 식의 일원론을 내세웠다.[111]

그러니 인간에게 있어서는 그 기를 찾는 공부가 본체이고, 바로 그 본체가 공부라고 보았다.[112] '본체즉공부'에서 사람됨이 드러난다고 보았다. 배움이 체질화되어야 사람됨이 드러난다는 뜻이었다. 공부의 목적은 출세가 아니라는 뜻을 이야기한 것이니, 과거 공부가 공부의 전부라고 보았던 저들 주류 관변학자들의 심기를 건드린 것이다. 공부는 인간 속에 있는 천명인 본체를 깨달아 그것을 발현하는 일이다. 본체가 발현되면 인간은 자율적인 행동을 할 수 있다. 자기됨이 나타나면 자기를 제어하고 명령할 수 있다. 선을 그리워하여 악을 멀리하게 된다. 선을 위해 악을 제거할 수 있다. 도덕적인 행위를 할 수 있다. 그것이 '본체즉공부'의 핵심이다.

인간의 본성이 이타주의적인지 어떤지를 확정적으로 이야기하는 일은 영원한 수수께끼일 뿐이다. 불확정스럽기만 하기 때문이다. 옛날이나 지금이나 논쟁거리일 수는 있어도, 뭐라고 단정하기는 어렵다. 녹문 선생은 인간의 이타주의적 정신이 측은지심(惻隱之心)에서 묻어 나온다고 보았다. 측은지심과 같은 것은 본성이기보다는 본체즉공부의 결과로 보았다. 타인을 향한 인간의 체(體)와 용(用)이 하나로 만들어 질 때 측은지심이 나타난다. 본체즉공부에 의해 체가 곧 용이 되고, 용이 곧 체가 된다. 체를 계승하여 용을 일으키고 용이 체를 드러낸다. 그것은 배움을 통해 생의(生意)가 인간에게 발현되기 때문에 가능하다.

측은지심과 같은 이타주의는 인간이 다른 동물과 달리 인간만이 가질 수 있는 '고귀함' 때문에 나타난다. 고귀함은 길러지는 것이다. 윌슨(Edward Wilson) 교수의 견해이지만,[113] 그 고귀함은 본능적인 것이 아니다. 본체즉공부의 노력으로 발현된 것이다. 윌슨 교수는 본체즉공부의 가능성을 수백만 년 전의 공룡에게까지 응용한다. 측은지심과 같은 고귀함의 개념이 있었다면 공룡은 지금까지 생존했을 것이라고 주장한다. 생존에 성공한 공룡은 우리처럼 인간이 되었을지도 모르는 일이라는 것이다. 공룡과는 달리 인간의 정신 발달 통로가 우회적이었다는 것이다. 인간의 정신 발달들이 가변적이었기에 측은지심과 같은 고귀함의 개념이 가능했다고 보고 있다.

인간 역시 다른 포유류 동물처럼 유전자가 시키는 대로 행동한다. 거부할 수 없는 사실이다. 동물적인 조건을 인간이 거부할 수는 없다. 인간 역시 동물이기 때문이다. 인간은 그 조건 속에서 인간의 지위를 정당화해야 한다. 인간의 지위는 다른 동물에 대해 부끄럽지 않도록 행동함으로써 확보될 수 있다. 부끄럽지 않은 행동이란 인간이 영혼의 존재라는 것에 관한 확인이다. 인간은 기술로 만들어지는 존재가 아니라 영혼으로 다듬어지는 존재임을 확인하는 일이 인간적인 실이다.[114] 인간의 행동은 유전자에 짜여 있는 계획된 각인을 넘어설 수 있다. 인간의 행동은 늘 조건에 따라 우회적이며 가변적이다. 인간의 삶이 새로운 변이요소들로 끊임없이 재구성되기 때문이다. 우회적이며 가변적인 조건 속에서 인간은 자신의 영혼을 다듬어 간다.

영혼의 고귀함을 삶에 실천하는 일이 사람을 사람답게 만들어 준다. 이타주의적인 행동을 하는 것처럼 인간의 고귀함도 함께 다듬어진다. 영혼을 가꾸는 일은 준비된 학습을 넘어선다는 점에서 인간적인 '어떤 일'에 의해서만 가능한 일이다. 조선조의 주자학자들이 생의(生意)라고 불렀던, 그 생의에 의해서 인간의 영혼은 새롭게 다듬어진다. 동물로서는 상상해 볼 수 없는 일이었다. 각인요인이나 준비된 학습 인자에 의한 포유류 동물의 행동은 결코 생의에 의한 것일 수는 없다.

생의적인 활동은 인간적인 활동이다. 생의는 인간의 의지력을 말하는 것이기도 하다. 의지력은 자기 절제력을 뜻한다. 인간의 생각과 감정, 충동, 수행을 조절하는 능력이 의지력이다. 의지력이 인간의 행동을 부추킨다. 의지력은 인간을 움직이도록 만드는, 보이지 않는 숨겨진 '힘'이기 때문이다. 사람이 살아가기 위해서는 자존감 못지않게 그를 움직이게 하는 의지력이 필요하다.

의지력은 정신이 만들어 내는 독단적인 산물이 아니다. 의지력은 정신과 육체의 연결과 시너지의 효과다. 의지력은 물질과 정신의 시너지가 만들어 내는 동력이다. 의지력의 물질적 동력은 포도당이다. 아침 식사를 하고 난 후에는 힘이 생기는 이치다. 아침을 거른 후 대충 일하다가 점심을 먹은 후에는 일의 능률이 높아진다. 포도당이 채워졌기 때문이다. 의지력은 근육처럼 일정한 에너지를 가지고 있다가 고갈된다. 고갈된 후에 물질로 채우면 다시 의지력이 충전된다.[115] 의지력은 강화될 수 있다. 훈련과 식단으로 의지력을 키울 수 있다. 노력과 훈련, 그리고 식단으로 의지력을 키울 수 있다.

생의의 정신적 측면을 드러내는 활동이 바로 배움이다. 영혼을 만들어 가는 것이 생의다. '배움'의 활동이 사람답게 다듬어 놓는다. 고대 그리스의 비극작가인 에우리피데스가 말했다. "배움을 소홀히 한 사람은 과거를 상실하고 미래에도 죽는다." 그때의 그 배움이 인간의 영혼을 다듬는 생의다. 배움은 인간에게 모든 것을 태어나게 한다. 미지의 것을 끊임없이 밝혀내게 도와주는 것도 배움이다. 배움은 인간 스스로 자신을 치유하게 한다. 배움은 인간의 영혼을 다듬는 힘을 갖고 있다. 이 모두가 배움 안에서 총체적으로 일어난다.

배움의 창생적 기능이 배움의 본질적인 기능이며 일차적인 기능이다. 사람이라는 생명을 살기 위해 태어난 것이며, 그 생명을 죽는 순간까지 경외할 수밖에 없기 때문이다. 배운 사람들일수록 다른 생명의 존귀함을 예찬하는 이유다.[116] 생명 예찬은 생명 존중, 생명 경외와 직결되어있다. 사람들은 살아 있는 것과 살아 있지 않은 것을 대조적으로 가른다. 살아 있지 않은 것을 죽어 있는 것으로 동일시한다. 예를 들어, 동물이 새끼를 낳으면 새끼는 살아 있는 생명체가 된다. 어미가 생명을 잃으면 그것은 죽어 있는 것이 된다. 죽은 것은 아무것도 아닌 폐기물로 간주한다. 목숨 여부로 살아 있는 것과 죽어 있는 것을 단순하게 대비하고 서로 가르는 것이 생명을 정의하는 기준이 될 수 없다. 목숨으로 살아 있는 것과 죽은 것 간의 관계를 정리하는 것은 생명에 대한 올바른 정의가 아니다.

죽음과 살아 있음으로 생명을 확정하거나, 갈라내려고 시작하면 생태계는 파괴되기 시작한다. 죽어 있는 것은 살아 있는 것에 비해 무가치하고 하찮은 것으로 간주하기 때문이다. 죽어 있는 것은 마음대로 처리해도 괜찮은 것으로 인식되기 때문이다. 생명 존중이 시작되는 것이 아니라, 생명 경시가 만연되기 때문이다. 생명의 존재를 살아 있는 것, 혹은 살아 있지 않은 것 간의 대비만으로 가를 수는 없는 일이다. 생명체의 존재를 크게 이해할 필요가 있다는 것이다.

장회익 교수는 '생명체(生命體)'라는 존재의 기준을 목숨의 관점에서 판단하는 일을 거부한다. '명(命)'을 기준으로 생명체의 존재를 설명하거나 규정하는 협소한 시각을 벗어난다. 그 생각이 그의 온 생명(global life) 사상이다. 목숨 여부로 존재를 파악하는 것은 낱생명적인 기준이다.

온 생명의 기준은 생명체의 모습을 유기적 세계 전체의 연결망 속에서 찾는 생각이다. 낱생명은 낱생명이 온 생명 안에서 나머지 부분과 적절하게 관계를 유지할 때에 한해 살아 있다고 말할 수 있다. 낱생명은 온 생명체가 지니게 되는 자족적인 개별 단위다. 온 생명을 나누면 낱생명 현상들은 존립이 가능하지 않게 된다.

생명체를 온 생명으로 이해하려는 노력은 생명 현상을 '유기체'적인 시각으로 설명하려는 협소한 논리를 뛰어넘는 생각이다. 생명을 생화학적인 물질들의 작용으로 국한해 이해하려는 환원론적인 견해를 넘어서자는 견해다. 환원론적인 견해를 넘어서야 생명체에 대한 온전한 이해가 가능하게 된다. 생명체가 생존하기 위해 애쓰는 것은 원소들을 얻기 위해서가 아니라, 엔트로피를 얻기 위해서이기 때문이다. 생명체의 생존은 원소에 의존하는 것이 아니라는 뜻이다. 유기체를 구성하는 원소들은 공기와 물, 그리고 흙 속에 얼마든지 있기 때문에 생명체들은 에너지를 얻는 것에 집중하지 않는다. 생명체들은 엔트로피, 정확하게는 질서인 네그 엔트로피를 얻기 위해서 애를 쓴다.[117] 유기체는 그렇지만 지속해서 무질서인 엔트로피를 증가시킬 뿐이다.

생명체는 에너지의 소모체다. 이들이 최대 엔트로피의 상태에 이르면 자연적으로 숨을 다하는 것이다. 그것을 웅변해 주는 죽음이 뒤따라 온다. 생명체는 오로지 무질서을 모면하려고 한다. 목숨을 유지하기 위해 주위로부터 물질과 에너지를 마구 먹는다. 유기체는 자신의 높은 질서 수준을 유지하기 위해 환경을 이용한다. 물리학적으로는 낮은 엔트로피 수준을 유지하기 위해 생명체는 환경 속의 유기화합물에 들어 있는 질서를 활용한다. 생명체는 그 질서를 더 높은 엔트로피의 형태로 만들어 자연계에 방출함으로써 생명을 유지한다. 생명체들은 엔트로피를 감소시키지 못한다.[118] 생명 현상은 유기체와 유기적 세계 전체 사이에서 일어나는 생물학적 일체성의 원리로 설명해야 한다는 뜻이기도 하다.

온 생명에 대한 기준은 회귀성이다. 목숨이 생명의 기준이 되는 낱생명과는 본질이 다르다. 끊임없이 태어나는 생(生)의 기준이 온 생명을 가른다. 낱생명의 기준은 개체의 목숨이다. 온 생명의 기준은 다시 태어남에 있다. 낱생명은 그래서 온 생명의 구성물일 뿐이다. 자연이 온 생명이다. 인간은 낱생명이다. 자연은 그 모든 것을 다시 태어나게 한다. 그래서 온 생명이다. 나는 죽으면 사라진다. 나라는 존재는 목숨에 의존하기 때문이다. 낱생명은 온 생명의 테두리 속에서 이어진다. 새끼에게 숨을 이어가며 대를 이어가는 것이 낱생명의 생명적 연장이다. 아무리 대를 이어도 낱생명은 낱생명일 뿐이다.

낱생명은 온 생명을 지배할 수 없다. 온 생명은 목숨과 관계없이 존재한다. 온 생명은 낱생명에게 태어남을 허락한다. 낱생명의 목숨이 다한다는 것은 온 생명에게는 별다른 일이 아니다. 그저 온 생명을 위한 태어남의 한 요소일 뿐이다. 낱생명의 숨이 멎는 것을 죽음이라고 해도 마찬가지다. 죽음은 자연이라는 온 생명의 테두리 속에서 여과되기 때문이다.

낱생명체가 지니고 있는 목숨이 온 생명에 비해 가치가 덜한 것은 아니다. 낱생명도 온 생명처럼 귀중하다. 낱생명체의 목숨은 유한하기에 낱생명의 가치는 치열하다. 낱생명의 의미 역시 강력하다. 낱생명체의 강력한 의미를 지닐 때 낱생명은 온 생명의 한 요소로서 제 몫을 한다. 인간은 낱생명이다. 낱생명인 인간들 각각의 목숨이 해낼 수 있는 일은 각기의 생명체적 가능성을 마음껏 드러내는 일이다. 예를 들어, 꽃이 활짝 피어날 때 그 꽃은 온 생명계에서 나름대로의 의미를 지닌다. 인간 역시 마찬가지다. 인간이라는 각각이 지닌 가능성을 활짝 피어낼 때 각각의 생명이 의미를 지닌다. 자아실현이라는 개념이 그것을 대신한다. 인간이라는 낱생명의 의미는 자아실현에 달려있다. 낱생명에 의해 온 생명의 가치가 드러난다.

인간의 자아실현은 온 생명의 테두리 안에서 가능해야 한다. 온 생명의 테두리는 인간에게 윤리적인 삶을 요구한다. 온 생명에 대한 경외감에서 인간의 윤리가 나온다. 낱생명의 자아실현은 온 생명에 대한 존중 안에서 가능해야 한다. 낱생명에게 부여하는 온 생명의 생명력은 생기(生氣)로 집약된다. 낱생명의 자아실현을 위한 '생기'는 질서를 말한다. 네그 엔트로피 질서로 생기를 취해야 자아실현이 가능해진다.

인간이라는 낱생명에게 자아실현을 부추기는 질서인 네그 엔트로피가 배움이다. 온 생명이 낱생명인 인간에게 허락하는 능력이 '모상화'능력이다. 무지를 밝게 밝히는 창설의 능력이 바로 모상화의 능력이다. 낱생명을 위해 쓰임새 있는 것을 생각하고 구상하는 능력이 모상화이고 창설력이다.

모상화능력은 인간을 자유롭게 만들어 준다. 한스 요나스(Hans Jonas)는 생명이란 살려고 애쓰는 특성의 존재라고 주장한다. 생명이란 늘 죽음과 모험에 노출되어 있는 존재다.[119] 생명을 지켜나가게 하여 주는 생명의 원리가 자유다. 자유는 모든 생명체에게서 같이 실현되는 특성이다. 낮은 수준의 생명체에서 시작하여 고등생명체에 이르기까지 한결같다. 모든 생명체의 물질대사는 기초적인 형태의 자유다. 그 자유가 생명의 활동이다. 동물체의 이동도 자유의 한 양태다. 감각과 정서능력도 생명을 위한 자유다. 진화된 생명체일수록 높은 수준의 자유를 보여 준다.

인간은 가장 높은 수준의 자유를 발휘한다. 인간은 초월하는 자유를 갖고 있다. 자유에 대한 모상능력이 있기 때문이다. 인간은 실존의 차원에서 생명 나름대로 초감각적인 지평을 펼친다. 유한한 시간의 지평에서도 영원의 지평을 상상해 낸다. 조건적인 것에서 조건 없는 것의 지평도 열어 젖힌다. 인간은 몸을 통해 체험한다. 인간은 정신을 통해 자유, 초월, 삶의 의지, 삶과 죽음의 위험과 회피들을 생각해 낸다. 생명은 살려는 내면성 때문에 그런 초월을 감행한다.

살아 움직이는 동물인 인간만이 모상의 능력을 발휘한다. 인간은 사물에 대한 모상(模像)을 만들어 낸다. 모상 중에는 쓸모없는 것도 있다. 짐승은 생존에 도움이 되지 않는 것은 추구하지 않는다. 짐승에게 모상능력은 없다. 유인원은 의미 있는 그림을 그리지 못한다. 모상능력의 한계 때문이다. 원숭이가 그린 동물 벽화는 아직 발견되고 있지 않다.

인간은 원숭이와 달리 자신이 살던 세계를 그린다. 감각적이고 본질적인 형상을 파악할 수 있는 모상능력이 인간에게 있기 때문이다. 모상은 사물을 재창조할 수 있는 능력이기도 하다. 인간은 자유를 위해 자신의 모상능력을 결합한다. 모상화하는 능력과 제작하는 능력, 생각하는 능력을 상호 결합한다. 능력의 결합으로 인간은 더욱더 자유롭게 된다.

모상의 능력이 문명의 동력이다. 기술 문명은 인간적인 모상의 응용 결과다. 신은 결코 인간의 기술 문명의 모상화를 할 수 없다. 인간만이 모상할 수 있다는 것이 요나스 교수의 입장이다. 그는 신과 인간 사이의 관계를 달리 설정한다. 인간이 반대로 신을 도와야 한다는 것이다. 인간이 신을 돕는 것이 바로 인간 스스로 인간을 돕는 길이라는 것이다. 인간이라는 낱생명들이 만들어 낸 엔트로피는 궁극적으로 낱생명인 인간에 의해서만 해소될 수 있다는 뜻이다. 인간이 만들어 낸 작위적인 존재인 신과 같은 것에 의해 해소될 수 있는 것이 아니라는 견해다. 인간의 문제는 인간에 의해 풀려야 한다는 것이다. 문제해결의 단서는 온 생명을 향한 낱생명에 대한 경외에서 찾을 수 있다. 인간이 자연에 순응하고, 자연이 인간에게 응대할 때 비로소 인간이 만들어 낸 문제가 해소된다는 것이다. 인간의 엔트로피는 신에 의해 네그 엔트로피로 변할 수 없다는 것이다. 인간이라는 낱생명은 자연이라는 온 생명의 일부일 뿐이다. 자연을 이길 수 있는 낱생명은 불가능하다.

자연이라는 온 생명은 인간을 필요로 하지는 않는다. 인간이 존재하지 않아도 자연은 있는 그대로 존재한다. 온 생명체가 조금 훼손되더라도 온 생명체는 그것을 감내한다. 낱생명은 끝내 온 생명에 복귀하기 때문이다. 시간은 낱생명에게 절대로 양보하지 않는다. 온 생명체의 시간은 저승사자처럼 낱생명체를 지배한다. 위기를 맞는 쪽은 인간일 뿐이다. 자연이라는 온 생명은 있는 그대로다.

사람이 한평생 산다는 것은 우연을 자연으로 만드는 과정일 뿐이다. 우연(偶然)한 삶의 시작을 자연(自然)의 삶으로 안착한다는 삶의 흐름일 뿐이다. 나는 부와 모의 연(聯)으로 이 세상에 우연하게 태어난 존재다. 생과 명을 나름대로 부지하다가 자연으로 나아가게 된다. 생의 경로는 인연(因然)이라는 우연(偶然)한 길에서 자연(自然)의 길로 변하기 마련이다. 그 기간의 순행이 삶이며 인생이다. 죽음은 인연의 길에서 자연의 길로 들어섰다는 진입 신고다.

산다는 것은 까닭 있음에서 까닭 없음으로 변하는 동안의 과정이다. 까닭 있음은 어머니와 아버지의 연(緣)으로부터 비롯된다. 까닭 없음은 흙, 물, 풀, 뿌리로 다시 이어지는 일이다. 나의 생명은 내가 부모와 연을 맺기 이전에 이미 만들어져 있었기 때문이다. 인간의 탄생은 어차피 자연으로 되돌아가기 위한 시작일 뿐이다. 자연의 힘으로 끌려갈 수밖에 없는 것이 삶이다. 죽음은 인간이 겪었던 태초의 불안을 원초적으로 치유해 주는 최선의 안식처다. 인간이 자기 경험 속에서 겪는 고통은 보물이다. 맹자가 말한 것처럼 사람이 자기가 되기 위해서는 땀과 피, 그리고 눈물이 뒤따르는 삶을 살아야 하기 때문이다.

세상 어느 사람도 자기 삶에서 고통을 충분히 겪었다 말할 수는 없다. 고통으로 성숙할 만큼 성숙했다는 사람은 없다. 절대자인 신에게 합당하게 만들어질 만큼 그렇게 많은 고통을 감당했던 인간이 있을 리 없다. 인간 예수가 위대한 것은 십자가에 달린 채 인간으로서 감내할 수 없는 마지막 고통까지 극복했었기에 위대한 것이다. 그것을 해냈기에 그가 하느님과 하나가 된 것이라고 존 던 목사는 노래한다. 그는 사람들이 이 세상에서 가질 것이라고는 무덤 이외에 없다고 잘라 말한다. 사실은 그것 마저도

참이 아니다. 인간은 무덤마저도 잠깐 빌려 온 것일 뿐이기 때문이다.[120)]

살아 있는 것은 '죽어 있을' 것이다. 언제나 죽어 있어야 하는 것이나 마찬가지다. 제대로 죽게 하려면 사람처럼 살게 놔두라는 말을 기억할 필요가 있다. 인간에게는 '어떤 일이 있어도 절대로 해서는 안 되는 행위'가 있다. 남의 생명을 빼앗는 일은 결코 사람이 할 일이 아니다.[121)] 사람에게 천국은 이승일 뿐이다. 제아무리 소똥 밭에 굴러다니고 있어도 저승보다는 이승이 최상일 것이다. 사람이 사람처럼 악을 쓴다. 사람으로서 고통을 호소한다. 고통은 삶의 증표다. 신음, 호소 모두가 사람됨의 증거다. 죽은 세포는 말을 거둔 것이다.

살아 있으니 고통스러운 것이다. 고통을 다스릴 수 있는 사람이 현인이다. 모두가 현인은 아니다. 현인으로 산다는 것이 쉬운 일이 아니다. 현인처럼 위장하기 위한 일이 위선은 아니다. 통증을 현인처럼 다스릴 수 있게 해 주어야 한다. 자기 운명을 자기의 의지로 다스리도록 해 주어야 한다. 통증을 통제할 수 있도록 구속하지 말아야 한다. 국가권력이 개인의 행복을 위해 취할 수 있는 결정적인 조치일 뿐이다. 안락사를 거론하기 전에 통증 제거를 위한 약품의 구매를 손쉽게 해 줘야 한다. 허락되는 범위 안에서 국가권력이 개인의 존엄한 자연 복귀를 위해 해 줄 수 있는 결정적인 일이 '인간통증대처사업' 같은 것이다.[122)] 국가가 생명에 대한 경외 정책을 펼쳐야 한다.

노화는 세포가 해체되는 생명의 과정이다. 세포의 와해와 더불어 고통이 많아지는 과정이다. 노화를 거치면서 생체적 고통이 커진다. 혼자로서는 감당하기 어려운 고통을 겪게 된다. 고통이 무엇인지를 스스로 알게 된다. 고통에 불평하기 보다는 고통과 더불어 간다. 노화 그 자체는 죽음이 아니다. 고통에 익숙해지는 삶의 과정이다. 늙는다는 것은 삶의 과정이지 질병 그 자체는 아니다. 모든 존재는 어차피 늙어 가기 때문이다. 노화가 죽음의 바로 전 단계는 아니다. 생물학적으로 노화과정에는 통증 유발요인이 더 많아진다. 통증을 적응하는 과정이 노화단계에는 상대적으로 복잡하기 때문이다. 노화과정에서 부수적으로 따라 나타나는 고통을 완화할 수 있는 의학적인 기제가 요구된다.

노화는 생명체가 생존을 위해 적응하는 과정일 뿐이다. 노화의 속도는 상대적이다. 사람마다 노화 속도가 다르다. 각자의 내부조직에서도 노화 속도는 다르다. 노화는 돌이킬 수 없는 질병이 아니다. 노화는 피하기는 어렵지만, 노화를 회복시킬 수는 있다. 노화를 회복시키는 것은 기능적 장수라고 말한다. 기능적 장수란 오래만 사는 수명 연장을 말하지는 않는다. 인간으로서 제 기능을 발휘하며 건강한 삶을 사는 현상을 말한다. 쉽지는 않지만, 그렇게 하려면 사람마다 낱낱이 자기에게 맞는 활동이 필요하다.

알맞은 활동이란 운동, 영양 그리고 사람들과의 관계다. 적당한 운동, 알맞은 영양, 그리고 적절한 인간관계가 요구된다. 이런 활동은 누가 대신 해 줄 수 있는 것이 아니다. 각자 알아서 실천해야 하는 것들이다. 생각하고, 계획하고 실천해야 하는 일이다. 생각하면 몸도 생각대로 가꿔진다. 몸대로 살면 생각도 몸처럼 낡아 버린다. 건강은 자기 관리일 뿐이다. 건강하게 장수한다고 해도 그것의 관리는 개인적인 일로만 치부될 수 없다. 저비용장수사회의 실현은 사회적인 일이기 때문이다.

생명연장치료 중단 여부에 관한 토론은 생명 한 사람에 국한된 이야기가 아니다. 그의 삶을 정리하는 것의 합법성을 논하는 쟁점이 아니다. 인간이 죽음을 맞이하기 전까지 어떤 삶을 살아야 할 것인지를 논의하는 개인적인 쟁점이다. 사회가 구성원의 죽음을 어떻게 관여해야 하는지에 대한 사회적인 쟁점이기도 하다. 개인적으로는 자기 삶에 대한 개인적 책임과 결단의 문제이며 동시에 죽음에 대한 국가의 사회 윤리적인 책무의 문제다. 존엄사 문제는 생명존중에 대한 개인적으로나 사회적으로 윤리적인 주제다.

부자도 마찬가지다. 저승으로의 여행은 돈을 갖고 다니는 여행이 아니다. 권력도 필요 없다. 대통령이 가는 길이라고 붉은색 융단이 깔리지는 않는다. 무덤을 아무리 호사스럽게 만들었다고 해도 그는 사체로 묻혀 있을 뿐이다. 저승으로의 기적이 울리면 삶은 거기서 중단된 것이다. 어느 누구도 동전 한 잎이라도 갖고 저승에 들어가지 못한다. 저승사자에게 동전 한 잎도 뇌물로 바칠 수 없다. 살아서 누리던 돈이나 권력을 죽음의 여행길에 바리바리 싣고 갈 수는 없다. 칫솔 하나 갖고 떠나지 못하는 길이 저승길이다. 어떤 황제나 대통령도 껌 한 조각 갖고 그 길을 떠날 수는 없다. 어떤 위인과 성인도 마찬가지다. 그 여행길에서 차 한 잔 넉넉하게 마셨다는 증언은 인류 문명사 어디에도 없다. 그저 몸은 모두 재가 되고 흙이 되었을 뿐이다.

사람이 한평생 살아간다는 것은 어차피 그의 삶이 '불가불가'의 어딘가에 놓여 있는 일이다. 제 스스로 아무리 불가, 불가한 삶이라고 우겨도 그의 삶은 어차피 불가불, 가의 과정일 수도 있기 때문이다. 살다보면 불가의 삶이 불가불, 가한 삶이 되어버리기 때문이다. 불가불, 가한 삶이라고 우겨도 그의 삶은 불현듯, 불가불가한 삶의 나락으로 떨어지는 경우가 생긴다. 불가불가의 변화무쌍한 조화로 가득한 삶이 인간의 삶이다. 시인 알렉산드르 푸쉬킨(Aleksandr Sergeevich Pushkin)은 삶의 운명에 대해 눈시울을 적신다. "삶이 그대를 속일지라도 슬퍼하거나 노하지 마라. 슬픈 날을 참고 견디면 즐거운 날이 오고야 말리니. 마음은 미래를 바라느니 현재는 한없이 우울한 것. 모든 것 하염없이 사라지나 지나가 버린 것 그리움이 되리니."라고 오열했다.[123]

모든 것이 불가불가하니, 인간의 운명은 자족(自足)의 정도에 달려 있을 뿐이다. 인간의 운명은 행운을 싣고 다니는 '참새 걸음'을 어느 정도까지 훔쳐보느냐에 따라 달라지기 때문이다. 참새는 두 발로 종종 뛰어다니지만, 걸어다니는 참새가 있다. 그 참새는 행운을 싣고 다닌다. 러시아인에게 내려오는 민담(民譚)에 나오는 참새다. 그 '참새의 열세 번째 걸음', 말하자면 뛰지 않고 한 발 한 발, 열두 걸음까지 걷는 참새 걸음을 보는 사람들은 천운을 얻는다. 열두 번째 참새의 걸음을 훔쳐보는 것까지는 좋다. 열두 번째까지 걷는 것을 매번 볼 때마다 전에는 얻을 수 없었던 천운을 얻게 되기 때문이다. 그렇지만 참새가 열세 번째 걸음을 걷는 걸 보는 순간 모든 것은 순식간에 변해 버린다. 삶에 모든 것이 화근으로 되돌아온다. 열두 번째 걸음을 훔쳐볼 때까지 들어온 모든 운이 참새의 열세 번째 걸음을 보는 그 순간 곱절의 악운으로 바뀌어 버리기 때문이다. 불운의 정점은 그에게 죽음일 수밖에 없다. 그러니 제아무리 천운이 욕심나더라도 열두 번째 걸음걸이에 자족했어야 할 일이다. 참새의 열두 번째쯤 걸음 정도까지만 훔쳐보는 일에 만족했으면 되는 일인데, 사람들은 여간해서 그렇게 하지 않는다. 욕심의 귀결은 끝내 최악의 불운이다. 불운의 나락만이 그들을 기다리고 있을 뿐이다. 자기만 더 오래 살겠다고, 더 행복하게 살겠다는 욕심으로 남의 요행을 탐내거나, 자만하며 자기 혼자만 '참새의 열세 번째 걸음'을 훔쳐본 재앙이라고 할 수 있다.[124)]

불가불가의 사회에서는 인간관계 역시 취향에 따라 바뀌기 마련이다. 불가불가한 것은 일상적인 삶에서 쓰이던 것들이다. 친숙한 것은 불가불가의 항목에 포함된 것들이다. 일상적이라는 것은 사람들에게 사소한 것들로 처음부터 자리 잡은 것이 아니다.[125)] 사소한 것은 사람의 마음에 의해 병질적으로 변하게 된 것들이다. 서로 간의 관계라는 것도 물건처럼 사소해진다. 폐품처럼 분류되어 폐기된다. 사람 사이의 관계는 생존의 균형을 위해 피상적일 뿐이다. 유동적이다. 법(法)이 그것을 보여 준다. 예를 들어, 어제까지 그토록 애틋했던 '님'이 법에 의해 오늘부터는 철천지원수 같은 '남'으로 변한다. 이혼법에 따라 관계가 그렇게 갈라진다. 부대낌이 법에 따라 그렇게 정리된다. 그동안 왜 살았는지에 대한 이유가 그저 한 줌의 쓰레기로 폐기된다. 관계에 믿음이라는 것도 따지고 보면 처분을 기다리는 물건일 뿐이다. 모든 것은 기능적으로 관리된다.

주변에서 사용되던 물건들은 시간이 지나면서 쓰레기로 처분된다. 세 가지 상황에서 그런 경우가 흔히 발견된다. 그 하나는 물건의 용도가 더는 쓰임새가 없을 때다. 두 번째 경우는 물건이 필요 이상으로 남아돌 때다. 물건의 용도와 쓰임새가 변했다는 물리적인 이유 때문에 소중했던 물건들은 쓰레기가 된다. 마지막 세 번째 경우는 다분히 심리적이며 기질적인 경우다.[126)] 쓰던 물건이 더는 보기 싫어졌을 때 쓰레기가 된다. 그것을 더는 손에 넣고 쓰기가 싫어졌을 때 모든 것들은 폐기된다. 그것이 지닌 정상적인 기능도 한꺼번에 지워진다. 심리적으로 지겨워지면 지워진다. 애착상실이 모든 것을 폐품으로 만들어 버린다.

인간이 겪는 삶 속에서의 마지막 순간은 신마저도 끝내 해결할 수는 없다.[127] 인간은 신(神)에게 귀의함으로써 그 문제가 해결될 것으로 혹은 되었다고 믿고 숨을 멎을 뿐이다. 숨도 제 스스로 멎는 것이지, 신이 시켜 멎는 것은 아니다. 인간은 마지막까지 결단하는 실존적인 존재다. 내가 이 세상에서 끝난다는 것은 하나의 문명이 사라지는 것이다. 인간을 짓밟는 시간의 절대성은 신의 구원과도 무관하다. 낱생명체의 절망이 신을 향한 소망으로 바뀔 수는 있지만, 그렇다고 절망이 극복되는 것은 아니다. 인간이라는 낱생명체 스스로 자기 한계를 깨달아야 한다. 욕망을 자제하고 절제해야 한다. 그를 기다리는 것은 절망과 파국일 뿐이다. 온 생명은 그것을 지켜볼 뿐이다. 기다릴 뿐이다. 인간을 구원하기 위해 신이 나서는 법은 없다.

다른 낱생명의 자유를 훼손하지 않는 것도 인간 스스로 엔트로피를 줄이는 방법이다. 인간은 자연을 소유하고 지배하려고 한다. 낱생명인 인간이 누릴 수 있는 자유라는 것이다. 인간이 온 생명이 허락한 자유를 향유하려면 먼저 해야 할 것이 있다. 자연과 맺은 유기적 관계를 제대로 지켜야 한다. 그 관계는 온 생명에 대한 윤리와 신뢰다. 자연에 관한 인간의 책임이다. 요나스는 자연을 지키는 일이 신을 도와주는 현명한 길이라고 주장한다.

카잔차키스(Kazantzakis)의 『그리스인 조르바』를 몇 번씩 되읽었던 명상가 오쇼 라즈니쉬[128]가 인물평을 했다. 조르바(Zorba)를 인간의 원형으로 그렸다. 붓다의 원전이라고도 해석했다. 조르바는 온 생명에 대한 원초적인 경외감을 갖고 있는 사람이라는 것이다. 조르바 같은 인간적인 천성을 부정하는 자체가 부질없는 짓이라는 것이다. 조르바를 통하지 않고는 붓다가 보여 주는 밝음이나 깨달음을 결코 찾아낼 수 없다고 라즈니쉬는 말한다.

조르바가 인간의 원석이며 인간성의 원형이라는 것이다. 조르바를 읽는 것은 붓다를 위한 기초를 다지는 일인데, 부처는 조르바 속에서 궁전이 된다. 부처는 지붕이며, 조르바는 토대라는 것이다. 초석 없이 부처라는 궁전을 지으려는 것은 어리석은 짓이라는 것이 조르바에 대한 오쇼의 직관적인 해석이다. 붓다가 있기 위해서는 조르바가 있어야 하고, 조르바가 강할수록 사람은 부처로 거듭날 수 있다는 것이다.

누구든 부처가 되려면 부처가 될 수 있는 생의 에너지가 있어야 한다. 조르바 같은 거친 폭발 에너지가 있어야 한다. 조르바라는 인간성에서 부처라는 조각상이 나올 수 있다는 것이다. 조르바는 아직 닦지 않은 대리석이라는 뜻이다. 돌을 제대로 고르고 나면 무엇이든 새기기 쉽다. 삶의 시작은 그저 조르바처럼 눈을 뜨기만 하면 되는 일이다. 부처가 되려고 신경 쓰지 말라고 충고한다. 오히려 걱정스러운 것은 조르바들이다. 조르바를 위장한 채 조르바가 될 수는 없다. 부처가 만들어질 수 있는 기본 재료도 없는데 그것에서 부처를 만들겠다는 것이 장난이라는 것이 오쇼의 생각이다.

조르바, 그런 인물이야말로 삶에서 삶을 배우는 살아 움직이는 사람이다. 불가, 불가의 세계를 헤쳐 나가는 살아 움직이는 사람이다. 불가, 불가에서 불가불, 가를 만들어 내는 사람이다. 캐치-22의 조건을 웃음의 여유로 역전시키는 사람이다. 그는 타오르는 불길을 인내하는 살아 있는 붓다다. 조르바에 대한 예찬은 프레모 레비에 대한 예찬과도 일맥상통한다.

레비는 나치 정권 아래 죽었다가 어떻게든 살아남은 생존자다. 그는 아우슈비츠에 갇혔다가 가스실로 이송되기 바로 직전 러시아군에 의해 구출된다. 그에게는 아직도 해방이 아니다. 곧장 고향으로 귀향하는 것이 아니기 때문이다. 러시아군의 강요로 그는 표류한다. 러시아군을 10여 개월씩이나 따라다닌다. 자문관처럼 그들을 조력하기 위해서다. 죽음의 사선을 넘고 넘는다. 인간 말소의 마지막 순간도 겪고 겪는다.

러시아군을 따라 나섰던 포로들은 하나둘 죽어나간다. 레비는 살아남아야만 했다. 어찌 해 볼 수 없는 진퇴유곡의 삶을 돌파해야만 했다. 그에게는 자기 사랑, 자기 연민, 자기 배려, 자기 성찰이 있었다. 그에게 있어서 삶은 그렇게 복잡한 것이 아니었다. 먹을 만큼 먹고 자며, 철저하게 자기를 사랑하면 되는 일이었다. 그 위에 다부지게 자기 성찰에 충실하면 되는 일이었다. 죽은 것처럼 살고, 사는 것처럼 매일 죽어가는 일을 자기 것으로 만들면 되는 일이었다. 그것이 삶에 대한 그의 배움이었다.[129] 삶은 단순하지만 절대적으로 현실적이며 엄연한 것이었기 때문이다.

오쇼는 조르바의 삶에서 장자가 말하는 도(道)가 있다고 말한다. 그는 중국의 윤편(輪扁)과 환공(桓公) 간의 이야기로 조르바의 도(道)가 어떤 것인지를 풀어낸다.[130] 윤편은 수레를 만드는 사람이었다. 그가 모시는 왕인 환공과 더불어 이야기할 기회가 있었다. 윤편은 몇 편의 글을 읽고 지나치게 자랑하는 환공을 경계하기 위해 집요하게 물었다. "그럼 (그렇게 말한) 성인들은 살아 있습니까, 죽었습니까?" 환공이 대답했다. "오래전에 죽었다." 그러자 윤편이 다시 말했다. "그렇다면 왕께서 읽으시는 것은 옛사람이 남긴 찌꺼기이군요." …… 환공이 화가 났다. "수레를 만드는 목수인 주제에 무엇을 안다고 떠드는 것이냐? 네가 지금 한 말에 대해 이치에 닿는 설명을 하지 못하면 목숨이 없어질 줄 알라."라고 다그쳤다. 왕은 수레를 만드는 평범한 목수가 자기 앞에서 현자처럼 행동하는 것을 용납할 수 없었기에 그렇게 화를 낸 것이었다.

오쇼가 말하려는 것이 있었다. 환공이 '찌꺼기'가 무엇인지를 알았다면 화를 낼 일이 아니라는 것이 오쇼의 판단이었다. 그대가 주워 들은 모든 것은 그것이 제아무리 성현들의 말이며, 성인들의 교훈이라고 하더라도 그것들은 끝내 찌꺼기이기 때문이다. 읽어 집착하기만 하는 모든 것들은 '찌꺼기' 그 이상이 될 수 없다. 과거에 집착하는 것은 찌꺼기를 수집해 놓고 자랑하는 것일 뿐이다. 무덤가를 서성거리며 죽어 누워 있는 해골에 대해 경탄하는 일이다. 죽은 자가 벌떡 일어나 그에게 말해 줄 훈계를 기다리는 짓이나 마찬가지일 뿐이다.

환공은 무덤 속에서 참을 구하려고 했다. 환공은 죽은 성인에게는 배우려고 했다. 살아 있는 목수에게서는 배울 수 없다고 믿었다. 그것이 문제였다. 그의 마음이 닫혔기 때문이었다. 살아 있는 삶에서 배움을 구할 수 없었던 이유였다. 배울 준비가 된 자는 어디서든지 배울 수 있다. 그 누구에게서든 배울 수 있다. 걸인에게서도 배울 수 있다. 배울 준비가 되어 있다면, 배울 수 있다. 배운 사람은 실천한다. 자기 삶을 다스리기 위해 하나라도 실천한다. 삶을 위해서는 살아 있는 목수가 죽어 있는 붓다보다도, 예수보다도 훨씬 더 나을 수 있기 마련이다.

배우는 사람은 신(神)과 같은 사람이다. 신만이 신을 알아본다. 신만이 신을 신뢰한다. 신격(神格)은 배워지는 것이기에, 오쇼는 배우는 삶이 바로 신격이라고 말한다. 삶과 신은 같은 편이다. 신과 삶은 다를 수 없다. 나의 생명이 있는 한 신이 함께 하기 때문이다. 삶에 충실하는 것이 신에 충심(忠心)하는 일이다. 신과 삶은 하나의 실체를 가리키는 두 개의 서로 다른 이름일 뿐이다.[131] 배움은 신에 이르는 길이다. 배움이 신의 마음이다.

어떤 삶이든 삶은 불안정하다. 삶을 치열하게 살아가는 사람일수록 어떠한 믿음도, 관념도 갖지 않는다. 믿어 보라고 하는 세상은 늘 과거에 집착하기 때문이다. 배우는 사람에게는 불안정한 삶만이 있을 뿐이다. '알아야' 할 건 많지만, '믿어야' 할 건 없다. 불안정함이 가득할 뿐이기 때문이다. 믿음이란 두려움과 공포에서 비롯하기에[132] 믿음을 우선할 것이 아니라, 두려움을 먼저 이겨내야 한다. 공포를 돌파하게 도와주는 것은 삶에 대한 깊은 배움이다. 자기 배려에 대한 배움이다.

니체는 결국 『짜라투스트라는 이렇게 말했다』에서 "신은 죽었다."라고 외칠 수밖에 없었다. 오쇼는 그런 니체를 읽으며 오히려 태평하다. 신은 아예 존재한 적도 없었기 때문이다.[133] 니체가 필요 이상으로 신의 존재에 대해 호들갑을 떨었다는 뜻이었다. 니체는 신을 두려워했기에 신이 죽었다고 호들갑을 떤 것이라는 뜻이다. 신이 죽었다고 이야기하면 자신에게 위로가 될 것 같았기 때문이다. 그 역시 행복을 원했기에 신을 죽인 것이다. 누구든 행복의 나라를 원했다. 그가 원하는 방식으로 행복을 원했을 뿐이다.

생명이라면 어떤 생명이든 행복한 생명이어야 한다. 행복은 종교(religion)가 보장할 수 있는 것이 아니다. 종교가 행복을 보장하는 알약을 주는 것도 아니다. 행복감은 종교성(religiousness)이 보장한다. 종교성을 발휘하려면 영성이 가득해야 한다. 종교성이라는 말은 신앙의 다른 말이기 때문이다. 행복에 대한 신앙을 가져야 행복해질 수 있다는 뜻이다. 행복한 사람은 종교를 갖는 것이 아니라 신앙을 가질 뿐이다. 오쇼는 삶에 대한 담대한 신앙과 행복에 이를 수 있는 진솔함을 조르바의 행동에서 읽어낸다.

조르바는 말한다. 인간에게는 종교가 필요 없으니, 종교가 의지하고 있는 신이라는 것도 존재해야 할 이유가 없다고 말한다. 인간을 흔들어 놓는 것은 자신에게 담겨 있는 자신에 대한 종교성일 뿐이다. 자신에 대한 신앙이 없으면 모든 것에 흔들릴 뿐이다. 자기 스스로 인간답게 살려는 마음이 없는데, 그곳에 행복이 깃들 수 없다는 뜻이다. 삶에 대한 진정성만이 삶에 대한 신앙이라는 뜻이다.

행복의 종교성을 지니려면 인간의 모습부터 지녀야 한다. 인간은 습관과 버릇의 존재다. 그가 지닌 버릇의 질에 따라 그의 행복감이 달라진다. 행복에 대한 신앙은 그의 버릇에 의해 결정된다. 인간이 습관을 바꾼다는 것은, 인류 최초의 달탐사에서 보여 준 저들의 여정에서 보여 주는 노력과 엇비슷하다. 쉽지 않은 일이라는 뜻이다. 예를 들어, 스티븐 코비(Stephen Covey) 박사는 우주선의 에너지 소모과정을 습관 바꾸기와 비유한다. 자기 내면의 가능성과 그 변환이 쉽지 않다는 뜻이다. 달을 탐사하기 위해 쓰는 에너지는 엄청나다. 달 방문을 위해 왕복 195시간 19분이 소요된다. 지구와 달과의 거리는 38만 4천킬로미터이기 때문이다. 달과 지구 간의 왕복거리는 약 80만킬로미터이다. 이 여행을 위한 첫 단계가 이륙이다. 이륙하기 위해 가장 많은 에너지를 소모한다.

지구에서 궤도로 성공적으로 진입하기 위해서다. 왕복 여행에 쓴 에너지 총량보다도 더 많은 에너지를 소모해야만 한다. 지상을 떠난 처음 몇 분 동안이 결정적이다. 몇 킬로미터를 날아가는 데 에너지를 집중적으로 소모해야 한다. 궤도에 제대로 진입하기 위해서다. 지구를 벗어날 때 받는 중력이 엄청나기 때문이다. 그것을 뚫어야만 하기 때문에 최대의 에너지 소모가 필요하다. 우주선이 궤도에 진입하기 위해서 중력과 대기권의 저항보다 더 큰 내부의 강력한 추진력이 요구된다. 최대 최고의 에너지 소모가 요구된다.

에너지 집중과 에너지의 완전한 발화가 있어야 한다. 완전한 발화가 일어나지 못하면 궤도 진입은 실패한다. 달 탐사는 불가능하다. 궤도 진입에 성공하면 달을 향한 여행은 그리 어렵지 않다. 달 착륙선을 조정했던 비행사는 말했다. “갓난아기가 숨

쉬는 것보다도 더 쉬웠다." 달 착륙선이 사령선에서 분리되어 달에 착륙하는 것은 아주 쉬웠기 때문이다.

우주선이 궤도로 진입하려는 노력은 새로운 습관으로 자신을 완전히 바꾸는 일과 견줄 수 있다. 새사람으로 개조하기 위해 힘을 쓰는 초인적인 노력이 필요하기 때문이다. 우주선이 달 탐사를 위해 이륙과정에서 최대의 에너지를 소모해야 하는 것과 같다. 개조를 위한 새로운 결단이 필요하다. 습관을 바꾼다는 앞으로 나아가는 길이다. 뒤로는 되돌아갈 수 없는 일이다. 새로운 것을 향한 삶의 결단이며 실천이다.

우주선이 궤도를 진입하는 것은 그 우주선의 에너지 활용능력에 따라 달라진다. 기계적 결함이 없어야 한다. 우주선 스스로 허술하게 만들어질 수 없기 때문이다. 에너지가 제대로 방출되어야 우주선이 올라간다. 사람도 마찬가지다. 사람마다 자기자신에 대한 책임이 있다. 자기 자신에 대한 책임은 습관에서 나온다.[134] '습관이 만들어질 때는 눈에 안 보이는 실과 같지만, 그 행동을 반복할 때마다 그 끈이 차츰 강화되고, 거기에 또 한 가닥이 더해지면 마침내 굵은 밧줄이 되어 우리의 사고와 행동을 돌이킬 수 없게' 만들기 때문이다. 습관을 바꾼다는 것은 온 정신을 갖는 일이다. 자기를 향한 자기의 다스림이 엄격하다는 뜻이다. 자기를 결단하고, 다스리며 연단하는 자기 조직화의 힘이 필요하다.[135]

습관은 인간이 사는 대로 생각하게 만든다. 편한 것을 익숙하게 만들어 주는 동력이다. 생각하는 대로 살아가기 시작하면, 사는 대로 생각해 왔던 삶의 방식이 생각하는 대로 새로이 바뀌게 된다. 반대 역시 마찬가지다. 사는 대로 생각하기 시작하면 그의 생각 역시 사는 대로 변하게 마련이다. 습관은 생각하는 대로 살기와 사는 대로 생각하기 그 사이 공간을 채우고 있는 저항 지대다.

자기의 습관을 쉽게 바꾸기 어려운 이유가 있다. 그의 생(生)인 몸이 필요로 하는 일상적인 실천과 명(命)인 마음이 필요로 하는 일상적인 실천 사이가 살아갈수록 더욱더 벌어지기만 하기 때문이다. 그 공간은 마음을 늘 유혹하고 기만하는 회색 공간이다. 회색 공간이 크면 클수록 몸과 마음 사이의 거리는 더 길어진다. 습관을 바꾼다는 것은 몸의 실천과 마음의 실천 사이에 놓여 있는 저항 공간을 없애는 시도다. 습관이 만들어 놓은 편안함의 늪을 메우는 일이다. 늪지대를 평지로 만들어가려는 힘든 작업이다. 습관을 바꾸는 일이 그래서 개조가 되는 것이다.

습관을 바꾸기 위해서는 일상적 행위를 억제하는 초월적 의지가 필요하다. 스스로 자신에게 최대한 잔인해야 한다. 새로운 길들이기에 저항하는 중간 지대를 메꾸기 위해서다. 예를 들어, 금연과 흡연 간의 유대와 단절의 결단이 그것을 보여 준다. 흡연자들은 흡연의 정당성을 열거하기를 좋아한다. 금연의 부당성을 보여 주기 위해서이다. 금연을 포박하기 위해서 흡연의 정당성을 예시한다. 금연의 메커니즘에게 항복을 받아내기 위해서다. 눌림과 차이의 압력이 가중되면 금연과 흡연 간의 중간 지대는 넓어진다. 금연에 대한 저항의 지지선이 보장받는다. 금연과 흡연 간의 간격이 벌어지는 일은 흡연이 원하던 바다.

습관에 익숙해지면 초심은 구박당한다. 처음 마음을 작정할 때 그 생각은 사라진다. 익숙해진 습관에 비례하는 노력만으로는 초심으로 되돌아오지 못한다. 초심으로 돌아오기 위해서는 동의나 타협만으로는 어렵다. 건축가들이 말하는 일상적인 방식으로는 어렵다.[136] 주변을 고려하고 환경적 요인들과 적당한 선에서 조응하고, 소통하며 타협하는 방식으로 불가능하다. 초심으로 돌아오려면 우선 독한 마음이 필요하다. 분연한 마음잡기가 필요하다. 친구들에게도 낯설어야 한다. 가족에게도 이상하게 보일 정도로 과거의 자기를 부수어야 한다. 처음 먹었던 마음으로 회향하는 길은 말로는 언제나 부족하다. 자기에 대한 재조직화의 결단이 필요하기 때문이다.

행복에 대한 믿음과 신앙이 불가불가 사회에서 견디어 나가게 하는 힘이 된다. 이 점은 원시인이나 현대인이나 모두 같다. 모두가 캐치-22 상황에 있기 때문이다. 불가불가의 상황을 돌파할 수 있게 만드는 지표가 바로 인간에게 내재한 신앙심이다. 그것이 원시적이든, 현대적이든 기능은 마찬가지다. 원시부족 가운데 한 부족은 목요일에 태어나는 아이는 태어나자마자 곧바로 생매장해 버리는 것이 전통이었다. 부족에 해를 끼칠 악령을 제거하기 위해서였다. 부족의 행복을 바라는 부족적인 마음에서 그렇게 했다. 범죄를 저질렀다고 간주된 용의자에게 독약을 마시게 한 후, 살아나면 '무죄'로 간주했다. 죽어 버리면 '유죄'이기에 죽었다고 간주했다.[137] 이런 사고가 바로 원시인의 전형적인 정신 구조로 묘사되었었다. 원시인은 보이는 것들에 대해 '신화적 사고'를 한다면, 현대인은 보이지 않는 것에 대해 '형이상학'적인 사고를 한다. 원시인과 달리 현대인의 사고는 저들에 비해 뭔가 상당히 다른 것 같아 보이지만, 같은 것이다. 모두가 두려움을 이기기 위한 정신적 위로를 찾아내는 것에 지나지 않는다. 현대인의 두뇌는 결국 아무것도 없는 데서 위험요소를 찾아냄으로써 생존을 강화했던 원시인의 것과 전혀 다를 것이 없다. 현대인은 양복을 걸치고 있는 원시 신앙인일 뿐이다.[138]

요쇼는 조금 점잖게 종교성의 원형을 인간 붓다, 인간 예수에게서 찾아낸다. 고등 종교의 시발점에서 인간이 추구하는 행복의 원형을 논하기 위해서였다. 붓다에게는 어떤 지향적인 이념이 없었다. 모든 이념은 자기의 마음먹기였을 뿐이었다. 마음에서 떨어져 나오는 관념은 사념(邪念)일 뿐이다. 마음을 잡는 것이 사념을 막는 길이다. 사념은 마음 너머의 세계로 건너가게 할 수 없다. 이념은 마음 너머의 세계로 건너가게 해 주는 다리가 되지 못한다. 이념이 떨어져 나가기 위해서는 마음부터 버려야 한다. 무념이 그에게는 종교성이었다.

오쇼는 붓다가 보였던 마음가짐이 모든 이를 행복에 이르게 만드는 삶의 이정표라고 말한다. 붓다가 보여 준 종교성의 본질은 마음이었을 뿐이라는 것이다. 붓다는 불교라는 종교를 만들어 내지 않았다는 것이다. 불교라는 종교는 붓다에 의해 만들어진 것이 아니라 저를 따르던 이들이 제도화시킨 것이라는 것이다. 불교는 붓다가 지닌 종교성의 부산물로 나타난 것일 뿐이다. 붓다는 불교라는 종교를 보여 준 사람이 아니다. 그는 신앙성을 보여 준 것일 뿐이다. 붓다 이전에도 수많은 종교들이 있어 왔다. 그들에게 종교는 존재하지 않았다. 그들에게는 오로지 신앙이 있었다.

종교라는 사회적 체제가 주는 위안은 저들에게 독약이나 마찬가지였다. 혼탁한 세상에서 기성을 지르며 사람들의 마음을 짓밟는 표층 종교가 바로 그것이다. 저들의 해악은 끔찍하다. 교리와 율법을 빙자하여 새로운 부를 축적하려는 종교들이 바로 표층 종교의 사례다. 표층 종교는 고정된 관념을 만들어 저들을 위로할 뿐이다.[139] 진정한 스승은 교주로 행세하지 않는다. 교주로 등극하지 않는다. 예수는 결코 교주로 자기 몸을 높인 적이 없다.

표층 종교는 거짓 평화의 상징일 뿐이다. 거짓 평화로 행복을 약속할 수는 없다. 어진 스승일수록 사람들에게 자기 안의 신(神)을 찾으라고 말한다. 더 많은 혼란을 줄 뿐이다. 더 많은 긴장과 갈등 속에서 자기 안의 신을 찾으라고 교훈한다. 스승은 스스로의 성장을 도우려고 하기 때문에 그러는 것이다. 삶의 진정성에서 깨달음의 꽃이 피어날 수 있다.[140] 삶에서 깨달음을 얻으려고 할 때 그는 종교성을 지닐 수밖에 없다. 그 종교성이 신앙을 불붙인다. 종교성이 자신에게 불가불가를 돌파하는 힘을 만들어 준다.

인간은 언제나 행복의 나라를 꿈꾼다. 아침마다 일상은 말한다. 그것은 환상이라고 말한다. 일상적인 단조로움만이 눈에 들어올 뿐이다. 삶은 그저 불가불가하다고 말한다. 어제 본 그 얼굴, 아침에 들러야 할 화장실, 뭐 그런 것이 그렇게 말할 뿐이다. 그것도 행복이다. 시간이 한참 지난 뒤에야 알게 된다. 아직도 포크 가수 한대수가 부르는 〈행복의 나라〉를 잊지 못하는 이유다.[141] "장막을 걷어라. 너의 좁은 눈으로 이 세상을 떠보자. 창문을 열어라. 춤추는 산들바람을 또 한 번 느껴보자. 가벼운 풀밭 위로 나를 걷게 해 주세. 봄과 새들의 소리 듣고 싶소. 울고 웃고 싶소. 내 마음을 만져 주. 나는 행복의 나라로 갈 테야. 접어드는 초저녁 누워 공상에 들어 생각에 도취했소. 벽의 작은 창가로 흘러드는 산뜻한 노는 아이들 소리. 아 나는 살겠소. 태양만 비친다면 밤과 하늘과 바람 안에서 비와 천둥의 소리 이겨 춤을 추겠네. 나는 행복의 나라로 갈 테야. 고개 숙인 그대여 눈을 떠 봐요. 귀도 또 기울이세. 아침에 일어나면 자신 찾을 수 없이 밤과 낮 구별 없이 고개 들고서 오세. 손에 손을 잡고서 청춘과 유혹의 뒷장 넘기며 광야는 넓어요. 하늘은 또 푸르러요. 다들 행복의 나라로 갑시다."

행복의 나라로 나아가기 위해서는 불가, 불가하며 입으로 경계 긋고, 말로만 부정할 일이 아니다. 그것보다는 불가불, 가의 세계로 나아가기 위해 어순을 조정할 일이다. 남아 있는 것은 오로지 한 가지다. 불가, 불가로 구획된 사회는 영원한 뫼비우스의 사회이기 때문이다. 끝내 꼬이고 마는 뫼비우스에서 하나의 그리고 영원한 원(O)의 세계, 어쩌면 무한한 영(零)의 세계로 나아가는 일만 남아 있게 된다. 종교적이라고 우길 일도 아니다. 이 세상 삼라만상 모든 것은 시작과 끝이 없이 변화하고 또 변화하는 반복적 순환, 어쩌면 영, '빵(圓)' 일 뿐이다.

카잔차키스는 일원의 세계로 나가기 위해서는 두려움을 돌파하라고 요구한다. 두려움을 돌파하려면 단순해야 한다고 요구한다. 자유, 그거 하나면 족하다. 다른 것은 사족일 뿐이라고 명령한다. "나는 아무것도 바라지 않는다. 나는 아무것도 두려워하지 않는다. 나는 자유다."[142] 그의 요구에 오쇼 라즈니쉬가 화답한다. 깨침, 배움, 지성을 뜻하는 말인 붓다(buddhi)로도 쓰이는 붓다의 언어로 화답한다. "나는 '지혜의 완성에 의지하여' 라는 말에 대하여 여러분에게 말할 수 있다. 사람이 딱 한 가지 이루어야 할 것이 있다. 그것은 명상이다. 사람이 딱 한 가지 이루어야 할 것이 있다. 그것이 각성이다. 사람이 딱 한 가지 딛고 서야 할 것이 있다. 그것은 그 사람 자신의 내적인 근원, 내적인 실존이다. 다른 것은 모두 버려야 한다."[143]

미 주

1) 미국 총합적 의학협회 회장을 역임한 버니 시걸 박사는, 병원에서 거의 죽은 자처럼 취급받고 있는 말기 암 환자들의 꿈, 그림 그리고 이미지를 이용하는 개인적, 집단적 치료를 위한 '예외적인 암 환자 돕기' 모임을 시작했었다[참고: 버니 S. 시걸(2002). **사랑+의술=기적**(역). 서울: 이레]. 이 경험에서 그는 한 가지 강력한 확신을 하게 되었다. 모든 사람에게 자신의 치유 잠재력이 있다는 확신이었다. 이 확신을 환자들도 공유하면 그들의 치유가 더 손쉽게 되리라는 것을 알게 되었다.
시걸 박사의 임상 결과에 따르면, 인간의 '마음' 은 두 가지 영역으로 나뉨을 알 수 있었다. 하나는 의식적인 영역으로서의 마음이다. 이 의식적 영역의 마음은 회복되려는 의지, 치료(일반적 치료를 포함한)에 대한 믿음, 병을 오히려 인생의 전환점으로 삼고 삶을 더욱 적극적으로 영위해 가려는 결의를 다져 준다. 비록 그런 마음가짐이 실제로 치료에 미치는 영향과 기대하는 수준은 다를지라도 그것은 환자의 치유에 도움이 된다. 다른 하나의 마음은 무의식의 영역으로서 끊임없이 이루어지는 마음과 몸의 의사소통이 이뤄지는 영역이다. 무의식적 마음이 환자 자신에게 소통하는 방식은 자기 최면, 자기 대화처럼 다분히 개별적이며 상징적이지만, 그것이 환자에게 치유에 대한 확신을 높여 준다.

2) 교향곡(Symphony)은 악곡의 형식 중 하나로써 흔히 관현악단을 위한 음악을 말한다. 일반적으로 4악장으로, 1악장은 소나타 형식으로 되어 있지만, 볼프강 아마데우스 모차르트, 루트비히 판 베토벤 같은 고전파 대가들이 언제나 이 형식을 따른 것은 아니었다.

3) "남으로 창을 내겠소. 밭이 한참갈이 괭이로 파고 호미론 김을 매지요. 구름이 꼬인다 갈 리 있소. 새 노래는 공으로 들으랴오. 강냉이가 익걸랑 함께 와 자셔도 좋소. 왜 사냐건 웃지요." 이렇게 삶을 노래하는 그에게, 삶이 어떤 것인지를 묻는 잔인한 질문에 그저 수줍은 촌부의 웃음으로 개울물 흐르듯이 답하는 월파(月波) 김상용(金尙鎔) 시인의 모습은 사는 것이 정말로 무엇이어야 하는지에 대한 깊은 성찰과 반추를 보여 준다. 경기도 연천(漣川)의 부농의 아들로 출생한 그는 1917년 경성제일 고등보통학교에 입학, 3·1운동에 가담한 것을 끝으로 학업을 중단한 채 고향으로 내려갔다. 다시 보성 고등보통학교로 전학해 1921년에 졸업하고 일본으로 유학, 릿쿄 대학(立敎大學)에서 영문학을 공부한 후 1927년 귀국 연희전문학교, 이화여자 전문학교에서 영문학을 강의했다. 광복 후 군정 때 강원도지사를 지내기도 했지만, 아무런 실권도 없고 통역관 역할에 지나지 않은 도지사 직을 몇 달 만에 사직하고 상경, 이화여자 대학교 복귀하여 영문학을 가르쳤다. 1946년에는 돌연 미국 보스턴 대학으로 유학의 길을 떠난다. 9·28 수복과 함께 공보처 고문 겸 구(舊) 코리아타임 사장도 역임한 그는 1551년 식중독으로 생을 마감한다. 그때 그의 나이 49세였다[참고: 김학동(1983). **김상용 전집**. 서울: 새문사].

4) 푸코(Foucault)의 30년 지기 친구였으며 콜레주 드 프랑스의 명예교수인 폴 벤느는 자신이 이해한 푸코와 자신이 잘 알고 있었던 푸코의 말들을 중심으로 푸코를 다시 써낸다. 벤느의 해석에 따르면, 푸코는 결코 구조주의자도, 마르크스주의자도, 하이데거주의자도 아니다. 푸코는 사람들이 말했던 식의 구조주의자가 아니라, 회의주의 철학자였다. 몽테뉴에 가까운 경험주의자였던 푸코는 자기 글 속에서 끊임없이 '진리 게임', 각 시대에 고유한 독특하며 구성된 진리들에 관해 질문했다. 푸코는 회의주의 사상가였다. 마치 어항 속의 금붕어들을 관찰하면서도 그 속에서 스스로 살아가는 금붕어 같은 회의주의자였다는 것이다. 우파도 좌파도 아니었던 푸코는 혁명도 기성 질서도 맹목적으로 믿지 않았다. 기성 질서를 믿지 않았기에 우파는 그를 혐오했고, 좌파는 그것만으로도 그가 좌파에 속하기에 충분하다고 믿었다. 푸코는 회의자였기에 모든 초월성을 의문에 부치고 모든 것에 역사를 부여하는 전략으로서 계보학적 관점을 취할 수가 있었다. 그 어떤 사건이나 사물이나 현상에 대해 역사를 가미한다는 것은 그 사건이, 그 현상이 틀어쥐려는 불멸성을 제거하는 것이며 동시에 그것이 지니려고 하는 절대적인 의미를 상대화시키려는 노력이다. 그렇게 해 놓으면 모든 시대, 모든 현상을 하나로 관통하는 절대적인 진리란 만들어질 수 없다. 사실, 모든 시대를 하나로 꿰뚫는 보편적인 진리는 없었기 때문에 그럴 수밖에 없다는 사실 하

나만이 절대적이다. 모든 역사는 현재, 이 순간의 특이성과 낱낱한 정보들로서만 그 가치가 보존된다. 역사를 갖는 것 그 자체가 인간에게는 유한한 일일 뿐이다. 그래서 푸코가 말하는 역사란 불연속적인 역사이거나 현재의 역사일 뿐이기에, 그는 굳어진 문법을 그토록 꺼렸던 것이다. "지식인의 역할은 자명성을 무너뜨리고 널리 받아들여진 친숙성을 흩뜨려버리는 데 있다. 그것은 다른 이들의 정치적 의지를 틀 짓거나 그들이 해야 할 일을 말해주는 데 있지 않다. 지식인이 무슨 권리로 그렇게 하겠는가? 다른 이들에게 법을 만들어 주고자 하는 것은 가소로운 일이다."[참고: 폴 벤느(2009). **푸코, 사유와 인간**(역). 서울: 산책자.]

5) 공립학교교육의 제도적 문제점을 있는 그대로 지적하는 전직 교사 출신 교육운동가 개토 선생은 교육은 그림을 그리는 일 같은 것이 아니라 조각을 해내는 일이라고 교육을 비유한다. 그림은 덧붙임으로써 형상을 드러내지만, 조각은 떼어냄으로써 형상을 구체화시키는 작업이다. 그림은 칠하면서 덧붙이지만, 조각은 큰 덩어리에서 작은 조각으로 떼어냄으로써 재질 내부의 형상을 빚어내기 때문이다. 오늘의 학교교육은 개인에게 자꾸만 덧칠을 해내는 그림 그리기와 별 차이가 없다는 것이다. 대리석에 진흙을 덧붙인다고 대리석에 그림이 그려지는 것은 아니다. 대리석이 하나의 형상을 가지려면 떼어내고 또 떼어내야 대리석이 하나의 형상으로 다듬어진다.

교육은 조각하듯이 하나의 영혼을 다듬는 일이지만, 지금의 학교교육은 그렇게 다듬는다는 허명 아래 아이들에게 끊임없이 덧칠을 해내는 그림 그리기 수준에 머물러 있을 뿐이다. 그것도 자발적인 것이 아니라 강압적인 방법으로 덧칠 수준에 머무르고 있을 뿐이라는 것이 개토 선생의 교사 경험담이다. 기존의 학교교육으로는 사람다운 사람을 조각해낼 수 없기에, 새로운 방법이 필요하다는 것이다. 새로운 방법은 배움의 목적을 실현하는 것이어야 한다.

아이들에게 평생에 걸쳐 공부하는 것을 사랑하는 마음을 심어주는 데 있어야 한다고 믿었던 개토는 레웰린 교수의 새로운 학습법인 게릴라 학습법에 동의한다[참고: Llewellyn, G. & Silver, A. (2001). *Guerrilla learning: How to give your kids a real education with or without school*. NY: John Wiley and Sons]. 레웰린 교수는 말한다. "교육은 승자와 패자가 있는 경주가 아니다. 사고 팔 수 있는 상품도 아니다. 점수나 등급으로 측정될 수 있는 것도 아니다. 만약 교육이 하나의 게임이라면 이 게임은 누구나 즐길 수 있고 끝나지 않으며 새로운 플레이어가 더해질 때마다 더욱 재미있어지는 게임일 것이다. 즉, 계속해서 진행시킨다는 목적만 가지는 '무한정한 게임'이다. 학교에서의 성과는 교육이 아니다. 복종과 시험에서의 높은 점수도 교육이 아니다. 진정한 교육은 자유로운 생각을 가진 인간이 호기심과 매력과 이해력이라는 신비로운 힘을 가지고 놀라운 현실 세계에 응답할 때만이 일어날 수 있는 것이다. 진정한 교육은 강제로 달성할 수 없다. 동시에 진정한 교육이야말로 아이들의 권리다." 배움의 목적을 성취하게 도와줄 수 있는 대안적 학습방법을 게릴라 학습법(Guerrilla Learning)이라고 부른다.

6) 희소 자원들이 보편 자원으로 만들어진 사례가 알루미늄이다. 창의적 혁신 기술을 가르치는 싱귤래러티 대학을 설립한 피터 다이어맨디스(Peter Diamandis) 회장의 연구에 따르면, 알루미늄은 그 옛날 금이나 은보다 귀한 금속으로 대접받았다. 나폴레옹 3세의 연회 때 귀빈을 위한 식기로 쓰였던 것이 알루미

늄이었다. 그 이후 전기분해 기술의 발전으로 인해 알루미늄은 이제 어디에서나 찾아볼 수 있는 값싼 물건이 되었다. 새로운 기술, 새로운 방편에 의해 한때 지녔던 희소성은 절대적인 조건이 아니라 상황적 조건과 관련된 문제로 바뀌어 버린 것이다[참고: 피터 다이어맨디스 · 스티븐 코틀러(2012). 어번던스(역). 서울: 와이즈베리].

7) 참고: Llewellyn, G. & Silver, A.(2001). *Guerrilla learning: How to give your kids a real education with or without school*. NY: John Wiley and Sons.

8) 참고: 전진용(2010). 재즈 스타일. 서울: 새빛 에듀넷.

9) 참고: 김진혁(2011). KBS 다큐멘타리 행복해지는 법. 서울: 리더스북.

10) 참고: 김갑식(2013). 아잔 브람 스님 방한 '한국인, 일하는 법 알아도 쉬는 법은 모르는 듯.' 동아일보. 2013년 1월 11일자.

11) 그녀가 만난 사람들은 '자기 관리법'을 말하고 있었던 사람들인 셈이었다. 그런 사람들일수록 지금의 그 사람으로 만든 독특한 기질이나 습관 같은 것, 반복적으로 확인되는 성공한 사람들의 공통점 같은 것들이 있었기에, 강 기자 그녀의 머릿속에 오래 남아 있는 몇 가지 사례를 회고할 수 있었다. "작가 신경숙 씨는 카메라 앞에서 몹시 수줍어했는데도 작가로서의 힘은 강하게 느껴졌다. 자신이 공들여 쓴 작품에 대해 납득이 가지 않는 가혹한 비평이 나왔을 때 어떻게 했느냐고 물었더니, "그럴 땐 한 편 더 썼다."라고 했다. 오래 속상해하거나 맞서 싸우기보단 한 걸음 더 나아가 자기 성장의 기회로 만들었던 것이다. …… 설치 미술가 이불 씨도 그랬다. 작품의 실마리가 풀리지 않을 땐 거리를 두고 머리를 식혔다가 나중에 다시 생각하기는커녕 집착하듯 더 달라붙어 마음에 드는 무엇인가를 찾아 내고야 만다고 했다. 올해 베니스비엔날레의 한국 대표 작가인 양혜규 씨도 "스스로를 몰아붙이다 보면 자기 조절이 안 될 정도로 파고들게 된다."라고 했다. 재즈 보컬리스트 나윤선 씨는 다른 사람들이 같이 탄 엘리베이터 안에서, 어떨 땐 밥을 먹으면서까지 노래를 흥얼거리는 연습 벌레다. 그러나 그건 놀랄 일도 아니라고 했다. 그가 만나 본 대가들은 다들 지독하게 단순하게 살면서 자신이 하는 일에만 집중하더라는 것이다. 성공의 비결은 뜻밖의 처세 방식에서도 나온다. 탁구선수 출신으로 태릉선수촌장을 지낸 이에리사 씨는 마음이 약해서 원칙주의자가 됐다고 했다. 마음이 약하니 상황이 변하거나 누군가 강하게 주장하면 그때그때 대응이 달라질 수 있다. 그걸 막기 위해서 원칙을 세워 고수한다는 것이다. 들을 땐 웃었는데 돌아서 생각하니 고개가 끄덕여졌다. 산악인 박영석 씨는 히말라야의 8000m급 봉우리를 하나하나 도전하면서 가장 두려웠던 것은 자기 자신이라고 했다. 마음이 약해져 타협하고 포기하게 될까 봐 두려웠다는 것이다. 그는 "실패를 할 땐 확실하게 실패하라."고 했다. 모든 노력을 다 해 보고 남김 없이 실패해야 나중에 그 실패가 성공의 밑거름이 된다는 것이다. 강하게 마음을 울렸던 공통적인 얘기는 "정말 하고 싶은 일을 해 왔다."는 것이었다. 하고 싶어서 하는 일이니 힘들어도 견딜 수 있었고, 다른 길로 갔다가도 되돌아오게 되더라고 했다. 엔씨소프트의 김택진 대표는 "남들이 좋다고 하는 인생 말고, 진짜 자기가 살아보고 싶은 인생을 살라."라고 했다. 안철수 교수는 "좋아하는 일을 열심히

하다 보니 의사 · 기업인 · 교수로 변신했던 것이지, 어떤 계획을 세워 놓고 추구해 달성한 일이 아니다."라고 했다. 그들은 말하고 있었다. 좋아하는 일을 하다 보니 성공했고, 그래서 행복하다고. 성공해서 행복한 줄 알았더니 좋아하는 일을 행복하게 할 수 있어서 성공했다는 것이다. 결국 '행복하지 않은 성공은 무의미하다'는 이야기였다[참고: 강인선(2009). 행복하지 않은 성공은 의미가 없다. 조선일보. 2009년 6월 19일자].

12) 러시아의 양자물리학자인 젤란드(Vadim Zeland)는 다중우주이론으로 인간의 마음 작용이 작동하는 방식과 양태를 설명하면서, 트랜 서핑이 바로 행복을 만들어 내는 원동력이라고 말한다. 행복을 원하는 사람이라면 자신이 갖고 있는 에너지장의 바다 위에서 자유롭게 서핑할 수 있어야 한다고 주장한다. 인간은 언제나 자기의 생각을 확고하게 사로잡은 물건이나 상황을 갖게 되는데, 그런 집착에 대한 생각은 부메랑처럼 되돌아온다. 바로 그 순간 자기 스스로 지니고 있는 부정적인 에너지를 방사하지 않아야 행복의 길로 들어가게 된다. 젤란드 교수는 얽매임이나 구속에 대해 징징대기보다는 지금 이 순간 자기가 가진 모든 것에 대하여 기뻐하기부터 시작하라고 주문한다. 불만의 파동은 끝내 불행한 인생트랙으로 이끌어가기 때문이라는 것이다. 나쁜 소식에는 귀와 마음의 창을 닫지만, 좋은 소식에는 그 언제나 귀를 열라고 말한다. 설령 불행한 일이 일어날 때에도, 그때마다 그 불행한 일이 바로 자신을 옭아매려는 하나의 거대한 펜듈럼임을 기억해내라고 주문한다. 그 추는 불행에서 시작하지만, 그곳에 멈추게 해서는 영원한 불행의 지점이 될 것이기에 그것을 행복으로 되돌아가게 만들라는 것이다. 사람들은 부정적인 에너지를 송수신하면서, 그 불행에 매달린 채 전전긍긍하며 자신의 지옥을 자기 스스로 만들어 자기를 그곳에 가두고 만다. 그 지옥이 싫다고 하면서 왜 그 지옥에 머물고 있는지를 아는 사람이라면 당장에 자신의 긍정적인 에너지를 이용해 불행의 펜듈럼을 행복의 천국으로 움직이게 하면 된다. 그것이 바로 자신의 선택에서 생기는 절대 자유다.

젤란드 교수는 자기의 설명이 부족하다고 느꼈는지 걱정이 되어 다시 말한다. "당신이 어쩌다 벼랑 끝에 서게 되었다고 하자. 당신의 불안한 마음은 순식간에 강력한 '에너지의 불균형'을 초래할 것이다. 하지만 우주의 에너지 법칙은 당신이 어떻게 되든 상관하지 않는다. 우주의 입장에서는, 당신을 벼랑 아래로 끌어내리든 안전한 곳으로 대피시키든, 그저 안정된 균형 상태로 되돌아가면 그뿐이다. 하지만 에너지의 균형을 잃은 당신은 결과를 '선택하는' 존재가 아니라 결과에 '선택당하는' 존재로 전락해 버린다. 그 누구든 자기의 인생살이에서 일어나는 사건은 모두가 두 방향으로 뻗어 나가기 마련이다. 한 방향은 행운 쪽으로 뻗어 있고, 다른 하나는 불행 쪽으로 뻗어 있다. 어느 방향으로 걸어가는지에 따라 불행과 행복이 엇갈린다. 자기에게 일어난 하나의 사건이지만, 그것을 불행 쪽으로 끌고 가면 불행에 이르게 되고, 행복 쪽으로 끌고 가면 행복에 이르게 된다. 불행이나 행복이 나를 선택하는 것이 아니고, 내가 행복과 불행 중 어느 하나를 선택해 놓고 불행하다고 징징대는 것이다."[참고: 바딤 젤란드(2009). 리얼리티 트랜 서핑(역). 서울: 정신세계사.]

13) 자연에 대한 은혜와 감사가 바로 행복에 이르는 길이라는 생각을 일본의 정토진종 교주인 신란(親鸞)은 『탄이초(歎異抄)』에서 이렇게 말했다. "왕생하기 위해서는 영특한 재주가 필요하지 않습니다. 오로

지 아미타불의 그지없는 은혜를 생각하고만 있으면 됩니다. 그러면 염불도 저절로 나옵니다. 이것이 바로 자연(自然)입니다." [유이엔(2012). 탄이초(역). 서울: 지식을 만드는 지식] 일본 역사상 가장 영향력 있는 승려 중 한 사람으로서 정토진종(淨土眞宗)을 개척한 신란(親鸞)의 가르침을 적은 책이 탄이초이다. 중국에 『논어(論語)』가 있다면, 일본에는 『탄이초(歎異抄)』가 있다고 말할 정도로 신란의 어록은 일본인에게는 불교 철학뿐만 아니라, 인간 철학 전반에 걸쳐 깨달음을 주고 있다. 탄이초를 편하고 만든 유이엔은 신란의 제자다.

14) 참고: 찰스 파스테르나크(2005). **호모 쿠아레렌스**(역). 서울: 길.

15) 참고: 데이비드 호킨스(2007). **호모 스피리투스**(역). 서울: 정신세계원.

16) 이밖에 호모 데지그난스(디자인 동물), 호모 모빌리쿠스(미디어 동물), 호모 드라마쿠스(연극의 동물), 호모 리테라리우스(문학의 동물), 호모 엑세쿠탄스(처형의 동물), 호모 에로티쿠스(욕정의 동물), 호모 아카데미쿠스(학구의 동물), 호모 아비수스(질문의 동물), 호모 라보르(노동의 도물), 호모 크레아토(창조의 동물), 호모 부커스(읽기의 동물), 호모 에로스(쾌락의 동물), 호모 오피스쿠스(직장의 동물), 호모 엑스페르투스(실험의 동물), 호모 루덴스(놀이의 동물), 호모 파베르(공작의 동물), 호모 아르텍스(예술의 동물), 호모 로퀘스(언어의 동물), 호모 에티쿠스(윤리의 동물), 호모 노에티쿠스(개벽의 동물)에 이르기까지 파생어들이 다양한 형편이지만, 이런 모든 용어들은 인간의 특성을 하나의 언어로 극화시키기 위한 노력일 뿐이다. 이런 노력이 바로 인간에게는 배움력이 충만함을 보여 주는 증거이기도 하다.

17) 로봇공학 이론가인 한스 모라벡은 그의 저서 『로봇(Robot)』에서 지혜로운 로봇이 지배하는 세상과 그런 세상의 도래에 관한 거창한 예언을 하면서, 그런 로봇을 '로봇 사피엔스'라고 부른다. 그는 한 2050년 이후가 되면 앞으로 이런 로봇 사피엔스들이 지구를 다스리는 주인으로 등장할 것이라고 주장한다[참고: 이인식(2005). **나는 멋진 로봇 친구가 좋다**. 서울: 랜덤하우스 코리아].

18) 한스 모리벡 교수는 로봇이 의료 현장에서 인간을 돕는 일이 곧 의료계에 등장할 것이라고 말한다. "당신은 방금 수술실로 실려 왔다. 로봇두뇌외과의사가 배석하고 있다. 당신 곁에는 컴퓨터 한 대가 가동할 프로그램만 결여된 채로 인간의 등가물이 되기 위해 기다리고 있다. 당신의 두뇌는 놔두고 두개골만 마취된다. 당신은 의식을 완전히 유지하고 있다. 로봇외과의사는 당신의 두개골을 열고, 두뇌의 표면 위에 손을 얹는다. 이 평범하지 않은 손은 현미경 기계와 더불어 곤두서 있고, 케이블 하나가 당신 옆의 이동식 컴퓨터에 연결되어 있다. 손 안의 도구가 두뇌 표면의 첫 몇 밀리미터를 스캔한다. 고화질의 자기공명 측정기가 3차원의 화학적 지도를 만들고, 그동안 자기적이고 전기적인 안테나가 순간순간 뉴런 사이로 번쩍이는 펄스를 수집한다." [참고: 한스 모라벡(2011). **마음의 아이들**(역). 서울: 김영사.]

19) 참고: 조지 트레벨란(2000). **호모 노에티쿠스**(역). 서울: 2000.

20) 참고: 마이클 가자니가(2009). **왜 인간인가-인류가 밝혀낸 인간에 대한 모든 착각과 진실**(역). 서울: 추

수발.

21) 경영학자들이 흔히 말하듯이 '측정할 수 없으면 경영할 수 없다'는 경영의 기본 원리를 충실히 따른다고 해도 인간의 배움은 측정의 대상이 될 수 없다. 인간의 배움은 경영될 수 없기에 측정해 볼 도리가 없기 때문이다. 굳이 인간의 배움력을 측정한다고 해도, 그것은 인간의 배움을 측정하는 것이 아니고, 인간이 무엇을 배웠는지에 관련된 학습 성과를 가늠하는 것일 뿐이다. 배움이 무엇이냐고 묻는다면, 그것에 대한 답은 비빔과 부대낌에서 그 단서를 끌어낼 수 있다. 배움은 삶처럼 인간 나름대로 비비고 누벼야만 제 맛을 느낄 수 있는 어떤 의(意)와 식(識)의 비빔과 부대낌의 시작이기 때문이다. 배움에 비해 학습이나 훈련은 얼마든지 계량화되고 측정될 수 있지만, 배움은 계측할 수 없기 때문이다. 저들은 언제나 경영의 대상이지만, 배움은 항상 그것을 초월하기만 한다.

22) 소설 『닥터 지바고(Dr. Zhivago)』는 러시아 작가 보리스 빠스쩨르나끄의 유일한 작품이다. 1958년 노벨 문학상 수상작으로 결정되었지만 작가인 그는 당시 공산 진영과 자본주의 사회 간의 냉전이라는 소용돌이 속에서 수상을 거부해야 했다. 소설보다는 영화가 더 많이 알려진 『닥터 지바고』는 러시아 혁명기를 살다간 휴머니스트인 의사이자 시인인 닥터 지바고의 사랑과 인생을 그려낸 소설이다.

영화는 지바고의 이복형인 예브그라프가 공장 노동자이자 유리 지바고의 친딸로 추측되는 젊은 소녀와 대화하는 장면으로 시작된다. 어머니와 아버지 이야기를 해 주는 것으로 시작되는 영화는 닥터 지바고의 어린 시절, 그 과거로 되돌아간다. 8살 때 고아가 된 유리 지바고(오마 샤리프)는 어머니의 친척인 그로메코 가(家)의 보호를 받으며 성장하여 의대생으로 자란다. 장래가 보장된 의사가 된 지바고는 그로메코 가의 고명딸인 토냐와 결혼하기로 약속한다.

그러던 어느 날 지바고는 지도 교수를 따라 환자를 돌보러 갔다가 환자의 딸인 또래의 소녀 라라(줄리 크리스티)를 얼핏 만난다. 라라에게는 당시 혁명가 청년 파샤(Pasha)라는 연인이 있었다. 그렇게 헤어진 지바고는 사교계의 크리스마스 파티장에서 코마로프스키(Komarovsky)가 총상을 입자 그를 응급처치하면서 다시 라라와 상면하게 된다. 라라는 어머니의 정부이자 자신의 정조마저 빼앗은 코마로프스키를 죽이기 위해 파티장에서 그를 저격한다. 그런 시간이 지나면서, 러시아는 1914년에 제1차 세계대전에 휩싸이게 된다. 군의관으로 참전한 지바고는 우연히 종군 간호원이 된 라라와 만난다. 라라는 파티장의 총격 사건 이후 파샤와 결혼하였다. 남편을 찾아 전장으로 나왔으나 라라는 남편 파샤의 사망 소식만 듣게 된다. 전쟁이 거의 끝날 무렵까지 라라는 군의관인 지바고와 함께 일하면서 일종의 연민 관계를 갖게 되지만 종전에 이르면서 각자 가족의 품으로 돌아간다. 그러나 지바고를 기다리는 것은 혁명 정부의 냉혹함이었다. 제1차 세계대전에 이어 시작된 러시아의 내전으로 인해 1917년 러시아에는 혁명 정부가 수립되어, 러시아의 귀족계층들은 백군, 농민과 노동자들은 적군이 되어 서로 대립하고 있었다.

모든 것이 달라져 있었던 러시아에서 지바고와 같은 지식인은 숙청 대상이었지만 비밀경찰인 이복형의 도움으로 숙청을 피할 수 있게 된다. 지바고의 가족은 혁명 정부의 감시를 벗어나기 위해 우랄산맥의 오지인 바리키노의 별장으로 숨어든다. 지바고는 이곳 바리키노에서 평화로운 전원생활을 보낸다.

그러던 어느 날 시내 도서관을 찾은 지바고는 종전 후 헤어졌던 라라와 다시 운명적으로 만나게 된다. 그녀는 그곳에서 직원으로 일하고 있었다. 라라를 잊지 못하는 지바고는 라라를 자주 찾는다. 아내인 토냐가 임신한 모습을 보고, 지바고는 라라를 마지막으로 만나기로 작정한다. 그렇게 라라를 만난 후 돌아오는 길에 그는 빨치산에 잡혀 강제로 그들과 일행이 되어 내전에 휘말리게 된다. 적군인 빨치산에게도 지바고와 같은 의사가 필요했기에, 빨치산들은 라라가 살고 있는 유리아틴과 그가 살고 있는 바리키노를 왕래하던 그를 용의주도하게 관찰해 왔던 것이다. 지바고는 수많은 사경을 넘으면서 빨치산에서 탈출해 라라가 살고 있는 유리아틴에 도착한다. 소식이 끊긴 채 그를 기다리던 토냐가 딸을 낳은 후 파리로 망명해 버린 것을 안 지바고는 라라와 그녀가 낳은 딸과 함께 바리키노로 옮겨 생활한다. 그러나 내전이 확장되고 그 틈새 속에서 라라를 겁탈했던 코마로프스키의 농간에 의해 지바고와 라라는 다시 헤어진다.

내전도 끝나 모스크바로 돌아와서 생업에 복귀한 지바고는 전차를 타고 가다가 길을 걷고 있는 라라를 보고 전차에서 뛰어내린다. 황급히 그녀를 부르며 쫓아가던 지바고는 심장마비로 절명한다. 그의 죽음을 모르던 라라는 내란 통에 그 어딘가에서 잃어버린 딸을 찾아나선다. 모스크바 이곳저곳을 찾아다니지만, 끝내 찾지 못한다. 그런 사정을 잘 알고 있던 지바고의 이복형은 종전 후 이산가족의 상봉 같은 일을 책임지는 책임자가 되어 있었다. 그런 그가 지바고와 라라 사이에서 낳은, 말하자면 자기 조카딸로 추정되는 소녀를 만나 그녀에게 그녀의 아버지 이야기를 길게 해 준다. 그가 소녀를 자기의 조카딸이라고 확신하게 된 것은 그녀가 늘 등 뒤에 갖고 다니는 발랄라이카 때문이었다. 그 발랄라이카는 바로 지바고가 어머니에게서 유일하게 물려받은 바로 그 재산이었고, 지바고가 마지막 순간까지 아끼며 딸에게 물려준 것이었지만, 그녀는 그 발랄라이카의 내력을 모르고 있었다.

23) 노벨 문학상 수상작가인 미국 작가 해리 싱클레어 루이스(Harry Sinclair Lewis)가 1927년에 쓴 소설 『앨마 갠트리(Elmer Gantry)』를 각본한 영화 역시 세상을 감동시켰다. 리차드 브룩스가 각본하고 감독한 영화 〈앨마 갠트리〉에는 당대의 스타들인 버트 랭카스터, 진 시몬스, 아서 케네디, 딘 자거, 셜리 존스가 등장한다.

이 영화는 1920년대 미국 중서부를 중심으로 신교를 전도하던 전도사, 부흥사들의 행각을 통해 대공황 시기 미국 사회의 부조리를 고발하고 있다. 신학교 퇴학생이었으며, 술주정뱅이였던 앨마(버트 랭커스터)가 부흥사의 패거리가 되어, 부흥사들의 협잡들을 돈을 벌기 위한 설교와 전도를 하는 일종의 사업가로 묘사한 것이 문제가 되기도 했다. 사회적으로 논쟁을 불러일으킨 이 영화에서 나를 사로잡은 것은 주인공의 마지막 이야기다.

시련과 우여곡절을 견뎌낸 앨마는 교회를 떠난다. 그가 남아 교회를 더 부흥시키기 원하는 회중들의 만류를 뿌리치고 그들을 떠나는 장면은 쉽게 잊히지가 않는다. 교회의 부조리와 기독교 정신의 원형을 일깨워 앨마는 사도 바울의 사목서신(고리도전서 13:11-13)을 저들에게 남긴다. "내가 어렸을 때에는 어린이의 말을 하고 어린이의 생각을 하고 어린이의 판단을 했습니다. 그러나 어른이 되어서는 어렸을 때의 것들을 버렸습니다. 우리가 지금은 거울에 비추어보듯이 희미하게 보지만 그때에 가서는 얼굴을 맞대고 볼 것입니다. 지금은 내가 불완전하게 알 뿐이지만 그때에 가서는 하느님께서 나를 아시듯이 나도 완전하게 알게 될 것입니다. 그러므로 믿음과 희망과 사랑, 이 세 가지는 언제까지나 남아 있을 것입니다. 이 중에서 가장 위대한 것은 사랑입니다." 앨마 갠트리가 교회를 떠나는 장면은, 마치 "네가 어찌하여 나를 선하다 일컫느냐 하느님 한 분 외에는 선한 이가 없느니라(누가복음 18:19)."라는 일깨우는 장면이었다. 예수의 가르침, 말하자면 해 아래 제아무리 잘난 체하거나 선하다며 이름을 받고 싶어 안달하는 목회자니 뭐니 하는 사람 모두가 다 허깨비라는 것을 알려 주는 장면이었다.

24) 기독교 영성 수련에 관심을 갖고 개신교 수도 공동체인 예수 수도원과 씨알 수도회 모임을 이끌어가며 2004년부터 인도 선교사로 부르심을 받아 기독교 공동체 씨알 아쉬람을 만들어가고 있는 김진 목사는 "예수를 믿는 것과 기독교를 믿는 것은 다르다. 기독교는 하나의 종교로, 인간이 만든 사회적 · 문화적 실체다. 시대와 상황에 따라 변한다. 이 종교를 신뢰하고 믿는 것과 예수 믿는 것을 동일시하면 기독교를 좇아가다 예수 신앙을 잃어버릴 수 있다."라고 말한다. 예수를 정말로 믿으려면 초기 기독교 정신으로 돌아가라고 말하는 그는 초기 기독교는 예수님과 밀접한 관계였지만, 지금은 예수와 상관없는 기독교로 변질되고 있다고 본다. 지금의 한국 교회는 교회와 기독교가 올바른 신앙의 모습을 상실하면서 성경 속 예수님과 상관없는 기독교가 되고 있다고 지적한다. 오염된 신앙에 의해 소위 붕어빵 기독교로 변질되고 있으며, 참 예수님이 아닌 짝퉁 예수를 믿으며 그 짝퉁 예수에게 자기 혼자만의 복을 비는 그런 기복종교 현상이 곳곳의 교회에서 발견된다는 것이다. 그는 말한다. "현대 기독교가 기복주의를 더욱 교묘하고 세련되게 포장해서 전파하고 있는 것이 문제예요. 그런 기독교에서는 예수를 마치 만병통치약인 것처럼 팔고 있어요. 예수님을 믿으면 우리가 원하는 모든 것을 받을 수 있다고 말해요. 이때의 예수님은 마치 도깨비 방망이와 같은 존재가 되어 버리죠. 그들은 눈물로 '놀라운 은혜'를 노래하면서 달콤한 목소리로 외치죠. "네가 원하는 모든 것을 기도하라! 그러면 예수님은 너희의 모든 갈망과 욕망을 들어 주실 것이다." 제가 너무 경박하게 표현하는지 모르겠지만, 내면을 들여다보면 이것은 사실이에요. 겉으로 그렇게 말하지는 않지만 저 깊은 무의식을 들여다보면 예수님의 이름을 이용하고 활용해서 결국 자신의 복을 채우려는 욕망이 깔려 있어요."[참고: 김진(2010). **기독교인은 예수를 믿지 않을까**. 서울: 위즈덤로드.]

25) 카잔차키스는 그의 소설 작품, 『그리스인 조르바』를 통해 지식인들의 얄팍한 지성을 질타한다. 아무것도 알지 못하는 조르바의 입을 통해, 세상 모든 것을 이미 다 알고 있는 것처럼 자신을 뽐내고 있는 파리하기만 한 지식인에게 거칠게 멘토링 한다. "새끼손가락 하나가 왜 없느냐고요? 질그릇을 만들자면 물레를 돌려야 하잖아요? 그런데 왼손 새끼손가락이 자꾸 걸리적거리는 게 아니겠어요? 그래서 내려쳐 잘라 버렸어요." …… "내게 중요한 것은 오늘, 이 순간에 일어나는 일입니다. 나는 자신에게 묻지요. '조르바, 지금 이 순간에 자네 뭐하는가?' '잠자고 있네' '그럼 잘 자게' '조르바, 지금 이 순간에 자네 뭐하는가?' '일하고 있네' '잘해 보게' '조르바, 지금 이 순간에 자네 뭐하는가?' '여자에게 키스하고 있네' '조르바, 잘해 보게. 키스 할 동안 딴 일이랑 잊어 버리게. 이 세상에는 아무것도 없네. 자네와 그 여자밖에는. 키스나 실컷 하게'" …… "조르바가 딴 것들보다 나아서가 아니오. 나을 거라고는 눈곱만

큼도 없어요. 조르바 역시 딴 놈들과 마찬가지로 짐승이오! 그러나 내가 조르바를 믿는 건, 내가 아는 것 중에서 아직 내 마음대로 할 수 있는 게 조르바뿐이기 때문이오. 나머지는 모조리 허깨비들이오. 나는 이 눈으로 보고 이 귀로 듣고 이 내장으로 삭이오. 나머지야 몽땅 허깨비지. 내가 죽으면 만사가 죽는 거요. 조르바가 죽으면 세계 전부가 나락으로 떨어질게요." …… "난 도둑질, 살인, 계집질로 계명이란 계명은 모조리 어겼소. 계명이 열 개였던가? 왜, 스무 개, 백 개라도 만들어 보라지. 그래 봐야 내가 다 깨뜨릴 테니. 하지만 난 하느님이 있다 해도 그 앞에 서는 게 두렵지 않소. 내 생각엔 그런 게 별로 중요할 것 같지가 않기 때문이오. 앞날이 걱정된다고 했소? 난 어제 일은 어제로 끝내오. 내일 일을 미리 생각하지도 않소. 나한테 중요한 건 지금 이 순간에 일어나는 일뿐이오."

조르바라는 인물은 지금의 잣대로 보면 참 이해하기 힘들어 보이지만, 한숨 들여 마시고 천천히 들여다 보면 이내 쉽게 이해되는 그런 인물이다. 그는 거침없이 말한다. 누구를 쳐다보며, 양심을 만지작 거려가며, 끝내 가식의 언어로 자신의 부정을 위장하지 않는다. 예를 들어, 그는 여자 관계를 거침없이 말한다. "결혼 말인가요? 공식적으로는 한 번 했지요. 비공식적으로 천 번, 아니 3천쯤 될 거요. 정확하게 몇 번인지 내가 어떻게 알아요? 수탉이 장부 가지고 다니는 거 봤어요?" "확대경으로 물을 보면 벌레가 우글우글하다고 하던데, 당신 같으면 갈증이 날 때 그 벌레를 보겠소? 아니면 외면하고 그냥 벌컥벌컥 물을 마시겠소?" 담백한 수컷 남자의 있는 그대로의 양식이 드러나는 장면이다. 가식과 위장 덩어리인 먹물들에게 그는 마지막 침을 뱉는다. "당신의 그 많은 책, 그 책 쌓아 놓고 불이나 확 싸질러 버리시구랴. 그러면 알아요? 혹시 인간이 될지? 마지막으로 부탁하는데 행여 나하고 똑같이 살아 보겠다는 생각일랑은 마쇼. 당신이 할 일은 당신 자신이 되는 일, 당신답게 사는 일뿐이니……."

카잔차키스는 『그리스인 조르바』에 이어 『그리스도 최후의 유혹(The last Temptation of Christ)』이라는 작품에서 종교를 빙자한 교화가 지닌 영원한 가식들을 가차없이 고발한다. 그는 서문에서 책을 쓰게 된 까닭을 설명한다. "그리스도는 우리가 가야 할 길에 불을 밝히고, 우리에게 힘을 준다. 이 책은 전기가 아니라, 투쟁하는 모든 인간의 고백이다……."

그는 소설에서 예수를 인간됨의 전형으로 묘사함으로써 교계의 혹독한 비난을 받는다. 종교적인 시각에서 찬양하는 성자(聖子)로 그려내기보다는 예수를 슈바이처 박사 같은 현자 중의 한 명으로 그려낸다. 최근의 신학자인 크로산 교수가 다루고 있는 『역사적 예수(Historical Jesus)』의 시각처럼, 예수가 지녔던 인간 됨됨이를 그려내면서 일반 목회자들과는 달리 그의 신성을 삶의 현장에 접목했었다. 카잔차키스는 인간 예수에 대한 그런 지식과 그것을 자기네들의 밥벌이를 위해 호도하는 교회의 부패상을 먼저 문학적으로 그려냈었기에 그에 대한 교회의 비난은 극에 달한다. 크로샨 교수는 과감하게 예수에 대한 역사적 사실을 있는 그대로 밝히는 이유가 있었다. 그것은 예수라는 인물에 대한 사실이 밝혀졌다고 해서 예수를 따르지 못하는 사람이라면, 그는 결코 예수를 믿을 수 있는 사람이 아니라는 그의 강력한 메시지를 전하기 위해서였다.

예수는 당시 유대 나라의 사회적 구조로 보아, 하층 계급의 목수에게서 태어난 남자였을 뿐이다. 십자가를 만들어야만 생계가 가능했던 한 목수집 후손이었다. 그는 끝내 자기가 만든 그 십자가를 짊어진 채, 인간의 육체적 한계를 극복함으로써 신성까지 끌어안아 버렸다. 그런 역설의 초인이 바로 예수였다. 예수는 인간의 몸이라는 나약한 한계를 지니고 있지만 그 스스로 하느님의 아들이라는 '자의식' 때문에 그 대가를 치를 수밖에 없었다. 그 대가는 혹독했다. 목숨의 버림, 생명의 포기였다. 미치광이에서 신성으로 바뀌는 계기를 만들어 준 신성의 싸움이었으며 영성의 교환이었다. 인간 예수는 유혹과 역경을 이기게 만드는 상징으로써 설정된 십자가에 매달리는 '초인간적인' 의지의 '수퍼맨'이었다. 예수를 인류 역사상 수퍼스타가 된 인물로 그려냄으로써 카잔차키스는 교계의 혹독한 비난을 받지만, 그를 따르는 대중들로부터는 교황에 대한 예찬 그 이상으로 격렬한 찬사를 받는 불후의 인물이 되고 말았다.

26) 참고: 캐런 킹스턴(2001). 아무것도 못 버리는 사람(역). 서울: 도솔.

27) 1960년대 세계적으로 알려진 조셉 헬러(Joseph Heller)의 『캐치-22』는 미국 포스트모더니즘 문학의 대표작 중의 하나다. 이 작품은 작가 스스로 제2차 세계대전에 참전한 경험을 바탕으로 쓴 작품이다. 파격적인 구성과 독특한 풍자 어법으로 전통적인 소설의 형태를 바꾼 포스트모더니즘의 걸작이라는 평가를 받았다. 〈타임〉이 선정한 현대 100대 영문 소설 중 하나로 꼽히기도 했다. 제2차 세계대전이 막바지로 치닫던 1944년, 지중해 연안에 주둔 중인 비행 중대의 대위 요사리안은 무의미한 전쟁에 지쳐 제대하기 위해 갖은 수를 쓰지만 언제나 캐치-22 조항에 발목을 잡힌다.

캐치-22 조항은 '자신이 미쳤다는 것을 아는 미치광이는 결코 미치광이가 아니므로 제대할 수 없다'라는 규정 외의 규정으로 모든 것을 강압하는 조항이다. 캐치-22 조항은 빠져나갈 수 없는 이율배반적인 덫이 되어 요사리안과 동료들을 옭아맨다. 그로 인해 그들을 둘러싼 상황은 항상 나사가 하나 빠진 것처럼 삐거덕거리며 우스꽝스럽게 어그러진다. 이 소설에는 신경질적인 의심과 불안의 잣대로 세계를 재단하는 인물들이 다수 나온다. 그중 한 명이 요사리안(Yossarian)이며, 다른 이는 그의 상관인 캐스카트 대령이다. 캐스카트 대령은 장군으로 승진하기 위해 출격 횟수를 자꾸만 올려 부하들의 고통과 죽음을 초래하는 전형적인 속물 근성을 보이는 인물이다. 캐스카트 대령은 그에게 공공연히 반항하며 그의 승진에 방해가 되는 요사리안을 '공산주의자'라고 매도하며 증오한다. 진급하기 위해 눈에 핏발을 세우고 있는 캐스카트 대령에게 요사리안 대위는 그 이름을 눈으로 보기만 해도 치가 떨릴 정도의 금기 대상이었다.

요사리안이라는 이름에서 나타나듯이, 그의 이름에는 에스(s)가 너무 많다. 그것은 '선동적(seditious)'이나 '교활한(insidious)'이나 마찬가지였다. 동시에 '사회주의자(socialist)'나 '수상한(suspicious)'이나 '파시스트(fascist)'나 '공산주의자(communist)'나 마찬가지였다. 캐스카트 대령에게 동행이나 동료 같은 의식은 애초에 있을 수가 없었다. 그에게는 오로지 별, 장성으로 진급하기 위한 별만이 보였을 뿐이었다. 수없이 수많은 사병이 죽어가야 하는 상황에서 어차피, 죽은 사람에게는 누가 전쟁에 이기느냐 하는 건 쥐뿔만 한 의미도 없기 때문에 그에게는 오로지 저들의 죽음이 별을 위한 사다리였을 뿐이었다. 『캐치-22』는 이들의 모습을 통해 전쟁의 광기와 폐해를 은유적으로 보여 주고 있다. 모든 삶이 그렇듯이 어느 곳에서나 승자가 나오고 패자가 생기며, 그 가운데를 내리지르는 기회주의자가 있고 악착같이 살아남는 생존자가 있다.

전쟁의 와중에 저마다 각양각색의 일을 겪으면서 충돌하는 미 공군 조종사들은 장군에서부터 말단 보초병에게 이르기까지 모두가 제정신이 아니다. 이 피아노사 공군 기지에는 다양한 인간 군상이 모여 나름대로의 이야기를 만들어 낸다. 어느 누구도 정상적이지 않다. 정상이라는 말이 무색한 공군 기지다. 주인공은 '요사리안' 중위만 문제가 되는 것은 아니다. 시계처럼 정확한 시간에 매일 밤마다 악몽을 꾸는 '헝그리 조'라는 인물도 문제다. 사람들을 만나지 않으려고 사무실 창문으로 출입하는 '메이저 메이저(메이저 소령)', 군대를 이용해서 거대한 신디케이트 기업을 운영하기 위해 독일과 몰래 계약을 맺어 자기 부대를 폭격하게 만드는 '마일로' 장교, 멀쩡히 살아 있는데도 전상 전사자로 분류되었기에 죽은 사람으로 취급받는 '다네카' 군의관, 여자를 강간한 뒤 창밖으로 던져 죽이면서도 전혀 죄책감을 느끼지 못하는 '알피', 자신의 출세를 위해 부하들의 출격 횟수를 자꾸만 늘리라고 명령하는 공군 기지 사령관 '캐트카트' 대령, 군대에서 어떻든 간에 탈출하기 위해 출격 때마다 일부러 바다에 추락해 탈출에 성공하기 위한 연습을 강행하는 '오르'라는 장교도 등장한다. 이곳엔 세상의 온갖 미치광이, 괴짜, 정신 이상자들이 모두 모여 있다.

그곳에서 일하는 군인들은 모두가 미쳤지만 동시에 모두가 정상적이다. 정상적으로 밥 먹고, 술 마시며 사랑을 하지만, 모두가 이미 미쳐 버린 인간들이다. 『캐치-22』는 이렇게 전쟁을 화장실에서 일보듯 즐기며 배설해내는 미치광이 정상인들의 이야기, 이 세상을 살아가는 사람들의 정상적이지만 끝내 미친 짓들을 엮어낸다. 이들이 만들어 내는 사건들은 들쑥날쑥하기만 하고, 사람들이나 삶에서나 그 어느 것에서도 진지함이나 심각함은 찾아보기 어렵다. 삶에는 원래 진지함 같은 것이란 있을 수 없다는 것이다.

삶이 일사분란하거나 정돈되고 계획되며, 어떤 일정에 따라 도덕적으로 윤리적으로 치러지는 것이라고 말하지 말라는 삶의 경고이기도 하다. 인간의 삶에는 윤리니, 도덕 같은 것이 있을 리 없다는 논리이다. 모든 것은 거창한 명분 아래 서로를 미워하며 죽고, 죽이게 만드는 전쟁터 그 이상이 아니라는 것이다[참고: 조셉 헬러 (2008). **캐치-22**(역). 서울: 민음사].

28) 참고: 기 드로르(1996). **스펙타클의 사회**(역). 서울: 현실문화연구.

29) 마크 라이델이 감독을 맡았던 이 영화에서 주인공인 헨리 폰다는 아카데미 남우 주연상, 캐서린 헵번은 여우 주연상을 수상했다. 〈황금 연못〉에서는 실제 부녀 헨리와 제인 폰다가 영화의 주인공들로 항상 이해하지 못하고 어색하기만 한 부녀 역할을 밀도 있게 연기해낸다. 이들을 하나로 이어주고 감싸는 어머니 역할을 해낸 캐서린 헵번의 연기는 잊을 수 없다. 헵번은 80세 노령의 남편, 육체적 · 정신적으로 쇠락해가기 때문에 점점 괴팍해지기만 하는 남편을 애정으로 감싸는 쾌활한 아내의 일상을 잔잔하게 연기함으로써 노령의 부부 사이에서 필요한 부부 사랑이 무엇인지를 보여 주었다.

80살 생일을 앞둔 노만은 심장병 환자이며 치매 증상마저 있어 아내 에델의 도움 없이는 외출하기도 어려운 형편이다. 그런데도 그의 성격만큼은 여전히 까칠하고 괴팍하기만 하다. 노만과 에델 테이어 노부부는 해마다 뉴잉글랜드에 있는 황금 연못 호숫가 별장에서 여름을 보내기에 이번에도 그들은 그곳에서 시간을 보낸다. 노부부에게 외동딸 첼시가 찾아온다. 노만은 톡톡 쏘는 말투로 늘 주위 사람에게 상처를 준다. 그런 아버지에게 하나뿐인 딸은 어설프고 늘 낯설기만 하다. 부인 에델은 이들을 이어

주는 끈이자 남편을 이해하는 인물이며, 점점 멀어지는 부녀를 지켜보며 답답해하지만, 어느 날 이들 부녀는 화해한다. 서로가 서로 사랑하는 방법을 몰랐었기 때문이다.

30) 거시기라는 말은 그 무엇을 뜻하는 중세의 국어 '머슥'에서 유래한 말이다. 머슥이라는 말에 지역 방언의 '거석하다'가 다시 첨가된 것이다. 평안 방언에서 흔하게 발견되는 것이 바로 '거서가니, 머서가니'라는 말인데, 이것은 사람들이 말하는 중에 그 무엇인가를 정확히 표현해 내려고, 표현해 줄 수 있는 그런 동사나 형용사가 얼른, 단숨에 생각이 나지 않아서 혹은 그것을 바로 말하기 곤란할 때에 순간적으로 그런 상황을 모면하기 위해 쓰는 말이다.

31) 몽고어인 '사트'가 인도인이 쓰는 사티(sati)와 내용이 같은 것인지, 어원이 같은 것이지 어떤지는 분명하지 않다. 다만, 인도인이 말하는 사트(sat)는 산스크리트로 '존재' '유(有)'라는 뜻으로서 베다와 초기 힌두교 사상에서 궁극적 실재의 본질에 관한 중요한 개념이다. 사트는 지각할 수 있는 세계에 나타난 신성(神性)으로서 궁극적 존재의 본질적인 특성의 하나로 이해된다.
인도인은 "태초에 모든 것이 사트에서 비롯되었다. 사트가 모든 것을 만들었고, 인간 존재도 사트에서 비롯되었기에, 인간이 죽으면 사트로 다시 되돌아간다."라고 보고 있다. 그래서 인도의 철인인 웃다라카는 사트가 우주를 움직이는 근원적인 원리라고 강조한다. 사트야말로 우주의 근원이기 때문에 모든 인간이 이 사트를 올바로 인식하고, 이를 회복했을 때 비로소 해탈이 가능하다는 것이다. 간디는 "하느님을 지칭하는 이름은 수없이 많으나 하나를 선택한다면 사트(Sat) 또는 사트야(Satya) 곧, 참(진리)일 것이다. 그러므로 참은 하느님이다(Innumerable are the names of God; but if a choice ere to be made of one, it would he Sat or Satya, that is, Truth. Hence verily truth is God)."라고 말한 바 있다.

32) 참고: 박갑천(1995). 재미있는 어원 이야기. 서울: 을유문화사.

33) 삶이라는 말은 사람에서 나왔다. 그 어원은 조선조 말까지도 'ᄉᆞᄅᆞᆷ' '사ᄅᆞᆷ'으로 표기되었던 것에서도 확인된다[참고: 유창돈(1964). 朝鮮語辭典. 서울: 연세대학교출판부]. ᄉᆞᄅᆞᆷ에서 모음인 'ㆍ'는 'ㅏ'나 'ㅡ'로도 될 수 있어 별 차이가 없다. 그래서 '사ᄅᆞᆷ'이라는 말은 한자로 사람 '인(人)'을 말하는 '살ᄋᆞᆷ'도 될 수 있고, 생(生)을 말하는 '살음'으로도 될 수 있다. 원래 '사ᄅᆞᆷ'이라는 말의 뿌리는 '살'이고, '사ᄅᆞᆷ'은 '살'의 명사형이어서 그것은 살암, 살음이라 해야 한다[참고: 양주동(1970). 增訂 古歌硏究. 서울: 일조각]. 삶이라는 말에서 주축이 되는 '살'은 여러 뜻을 내비치는데, 그것 중의 하나가 명사적 어법으로서 쌀[米] 혹은 살[肉], 물살이나 햇살, 빛살이라는 말에서 느껴지는 것 같은 솟구치거나 내뻗는 기운, 부챗살, 창살, 연살, 빗살, 바퀴살, 화살이라는 말에서 드러나는 의미로서의 뼈대나 근간을 드러낸다. 동사적으로는 불을 사르다, 살리다, 살려 주다 같은 타동사의 어근도 되고, 목숨을 이어가다, 생존하다, 생활하다, 거주하다, 지내다, 누리다, 견디어내다, 어떤 가치를 목숨을 걸 만큼 중요하게 여기다 등의 뜻을 지닌 자동사로 쓰이기도 한다. 그런 자동사로서의 '살다'의 어근이 변형되어 삶이라는 말의 뜻을 강조한다. 살이라는 말은 부사적으로 쓰이기도 한다. 즉 살살, 설설, 슬슬, 슬금슬금, 살금살

금, 살짝, 슬쩍, 살랑살랑, 설렁설렁 같은 움직임이나 변화의 묘사에서 보듯이, 살이라는 말은 부사의 어근이 된다.

34) 참고: 정호완(1991). **우리말 어휘의 기원을 통해 본 겨레의 정서와 의식구조**. 서울: 정신세계사.

35) 참고: 이기상(2003). **다석과 함께 여는 우리말 철학**. 서울: 지식산업사.

36) 영국 런던에서 태어난 버지니아 울프(Adeline Virginia Woolf)는 당시 쟁쟁한 소설가인 E. M. 포스터와 경제학자 존 메이너드 케인스 같은 이들이 모여 토론하고 그들의 생각을 펼치는 '블룸즈버리 그룹'의 일원이 된다. 이들 젊은이들은 기존의 권위를 조롱하고 파격적인 행동으로 명성을 얻어 나간 젊은 지식인 모임이었다. 당시 여성에게 강요되는 규범에 따라 정식으로 학교를 다닌 적이 없었던 버지니아였지만, 독학으로 쌓은 지식과 뛰어난 지성으로 당당히 '그룹'의 일원이 될 수 있었다. 버지니아 울프는 제임스 조이스와 함께 이른바 '의식의 흐름'이라는 소설 기법을 개척한다. 의식의 흐름이라는 기법은 특별한 줄거리 없이, 등장인물의 의식, 즉 두서없이 떠오르는 여러 가지 생각이나 느낌을 고스란히 서술하는 기법이다. 그녀는 글을 쓰면서도 늘 "한 줄도 쓸 수 없을 때까지 쓰겠어."라고 말하곤 했는데, 그녀는 『어느 작가의 일기』[참고: 버지니아 울프(2008). **어느 작가의 일기**(역). 서울: 이후.]에서 이렇게 자신의 이야기를 전하고 있다. "인생은 아주 견실한 것일까, 아니면 매우 덧없는 것일까? 이 두 가지 모순이 머릿속에서 떠나지 않는다. 지금까지 늘 그래 왔고, 또 앞으로도 영원히 그럴 것이다. 새로운 비평 영역을 개척하고 싶다. 증명된 사실이라고 생각하는데, 나는 사람들을 '즐겁게 하기 위해', 또 남의 생각을 바꾸기 위해 글을 쓰지는 않을 것이다. 나는 지금, 그리고 영원히 나 자신의 주인이다."

37) 독일 뮌헨 대학 의학부 재학 중 제1차 세계대전이 일어나자 위생병으로 소집되어 육군병원에서 근무한 경험을 갖은 베르톨트 브레히트(Bertolt Brecht)는 유랑의 극작가다. 그는 군을 나오자마자 반전적인 작품인 『밤의 북소리(1922)』를 써서 클라이스트 상(賞)을 수상한다. 수상을 계기로 연극에 몰두한 브레히트는 1920년대 후반부터 심취한 마르크스주의 영향을 교화(敎化)를 목적으로 하는 일련의 교육극에 반영한다. 1933년 나치가 정권을 잡고 공산주의자들을 탄압하자, 그는 덴마크로 망명한다. 그곳에서 『제3제국의 공포와 빈곤(1938)』이라는 작품을 써서 나치에 대항했다.

그 후 다시 미국으로 망명한다. 제2차 세계대전 이후 미국에서 일기 시작한 반공산주의 운동을 피해 1948년 그는 다시 스위스로 망명의 길을 떠난다. 그곳에서 그는 『안티고네(1948)』를 쓰면서 정착하고 싶어 했으나 이내 동베를린으로 집을 옮긴다. 공산주의 정권이 그에게 연극 활동을 보장했기 때문이다. 1949년 이후 그는 동독에서 더욱 자기의 연극 체계를 발전시켜 변증법의 연극을 창도(唱導)하면서 연극인을 양성하는 일에 주력했다.

동베를린의 쉬프바우어담 극장 전속 극단에서 자기의 작품들을 변증법적 연극, 즉 낯설게 하기 연극으로 무대에 적용시키는 작업에 몰두하던 그는 1956년 8월 14일 『갈릴레이의 생애』라는 작품으로 연습하는 도중 심근경색증으로 죽음을 맞이했다. 브레히트가 추구했던 '낯설게 하기'는 어떤 사건이나 주인공의 행동을 어느 한순간 두드러지게 혹은 처참하게 만들어 버리는 시도다. 그것은 일상적인 것으로 넘겨 버리기 쉬운 사실을 새롭게 한 번 더 조명하고 그것을 문제로 제기해 보는 방법이다. 예를 들어, 알렉산더처럼 정복의 왕으로 혹은 위대한 인물로 숭앙되던 그런 인물을 가능한 보통 사람, 평범한 일상적인 사람의 모습으로 끌어내려서 관객처럼 가까이, 근처에서 우리네 같은 평상의 인물처럼 바라보게 만들어 놓는다든가, 그의 동방원정을 침략의 원정으로 바라보게 만들어 우리의 고정관념에 있던 사건이나 인물이나 상황에 대해 새로운 관점과 새로운 척도로 평가하게 만들어 놓는 연극기법이다. 기존에 이미 하나의 커다란, 의미 있는 사건이나 인물들로 정리되어 친숙하기만 한 사건이나 인물들을 우리에게 별안간 낯설게 만들어 놓음으로써 그것에 대한 우리의 관심을 새롭게 환기시키려는 노력이 바로 낯설게 하기 기법이다. 브레히트는 이 낯설게 하기 기법을 통해 역사적으로 정리된 대사건의 의미와 의의에 대해 관객 스스로 가능한 거리를 두고 의미를 생각하게 함으로써 그것을 가능한 새롭게 해석하도록 하려고 했다(참고: 위키피디아).

38) 1956년 마릴린 먼로와 결혼했지만 1961년에 이혼했던 것으로 더 유명한 아서 밀러(Arthur Asher Miller)는 2005년 89세의 나이로 코네티컷 주 자택에서 암으로 인한 심장마비로 사망했다. 밀러는 『세일스 맨의 죽음』에서[참고: 아서 밀러(2009). **세일즈맨의 죽음**(역). 서울: 민음사.] 자본주의 사회가 요구하는 성공의 법칙에서 도태되어 가는 월급쟁이의 비애를 그린다. 60살이 넘은 주인공 윌리 로먼은 빠듯한 수입으로 주택 할부금과 냉장고를 비롯한 가구의 할부금, 그리고 보험료를 내느라 병들고 지친 몸으로 일을 계속한다. 그렇지만 회사는 더 이상 쓸모가 없는 그를 해고한다. 강청도, 인연도, 열성도 한순간에 물거품이 된다. 이제 세일스맨 로먼은 생명보험을 큰 아들 이름으로 들어주고 자동차를 과속으로 몰아 자살한다. 살림밖에 모르던 아내 린다는 알뜰하게 살림한 대가로 마지막 할부금을 내고 마침내 내 집을 장만한다. 그렇지만 이제는 같이 살아갈 남편이 없다. 그녀는 남편의 무덤 앞에서 통곡한다.

39) 레이 커즈와일(Ray Kurzweil)는 기술이 인간을 초월하는 순간이 이미 도래했다고 강력하게 주장하는 미래학자다. 이미 이 사회는 특이점의 사회라는 것이다. 기존의 표준화된 해석이나 기준으로는 도저히 설명되거나 해석이 불가능한 시대라는 것이다. 인간이라는 존재는 그리 유별난 존재가 아니다. 유전정보의 패턴화된 집합체일 뿐이다. 인간은 탄소의 결합체이기도 하다. 인간을 구성하는 유전 정보와 화학물질들을 더욱더 과학적으로 정교하게 조합하면 새로운 인간을 만들어 낼 수 있다. 기계와 인간의 육체가 서로 교합하여 인간에게 생명을 연장시키는 일이 이미 상당한 정도로 진행되어 있다. 의학적 기술만의 향상 때문에 가능한 일이 아니다. 인간을 구성하는 모든 문명들이 전에는 생각할 수 없을 정도로 새롭게 진화되고 있기에 가능한 일이다. 트랜스 휴먼(trans human)의 세상이 그것을 증거한다.

특이점의 사회가 완성되면, 인간은 인간의 숙명이었던 노화 문제를 제어할 수 있다. 인간은 우주의 소리들과 자유롭게 교신하게 된다. 인간의 뇌 속에 나노칩이 정착되면 인간에게는 어마어마한 연산능력이 생기게 된다. 복잡했던 것들이 수리적으로 계산되어 해결된다. 새로운 사유들이 가능하게 된다. 인류는 지금과는 완전히 다른 진화의 단계로 들어서게 된다는 뜻이다. 인간의 인공지능의 완성과 더불어, 그동안 죽음 문제도 극복할 수 있게 될 것이다. 인간에게는 영원한 숙제가 되었던 생물학적 육체의 한계가 마침내 하나둘씩 소거될 수 있기 때문이다[참고: 레이 커즈와일(2007). **특이점이 온다**(역). 서울:

김영사].

40) 헤르만 헤세(Hermann Hesse)가 그의 소설 『싯다르타』에서 한 말이다. 독일계 스위스인인 소설가로서 헤세는 정신분석가 융처럼 동양의 생각을 받아들이고 있는 작가다. 그는 살아가면서 한가지 사실을 알아차린다. '진리는 가르칠 수 없는 것'이라는 깨달음에 이른다. 헤세는 진리는 가르쳐서 익혀질 수 있다는 그 생각이 서양인의 오만임을 문학적으로 형상화하기 위해 소설 작품으로 『싯다르타』를 발표한다. 작품 『싯다르타』는 불교 사상을 다루는 불교의 해설서나 경전이 아니다. 헤세 자신의 세계관을 담은 소설일 뿐이다. 주인공 싯다르타 역시 가상의 주인공일 뿐이다. 그가 소설 『싯다르타』에서 고뇌했던 것은 자아의 발견에 대한 문제 제기였다. 인간이 인간을 찾아나서는 헤세의 여정은 서양에서 강조하는 신(神) 중심이 아니라 동양적인 의미에서의 나의 발견, 나라는 인간의 길이었다. "그것은 자아였다. 그 의미와 본질을 나는 알고자 했다. 그곳에서 내가 빠져나오려고 했던 것, 극복하고자 했던 것, 그것은 자아였다. 그렇지만 나는 그것을 극복할 수는 없었고 다만 기만할 수 있었을 뿐이다. 다만 그것에서 도망쳐서 그 앞에서 숨을 수 있었을 뿐이었다. 실로 세상에서 자아만큼 내가 생각에 몰두하게 만든 물건은 아무것도 없었다."[참고: 헤르만 헤세(2006). **싯다르타**(역). 서울: 문예출판사.]

41) 인간의 신체 구조는 10억 년에 걸친 진화과정 중에 필요에 따라 사태에 맞추어 필요한 대로 짜 맞추어 만들어졌다. 인간의 척추가 바로 그런 엉성한 예다. 인간에게 있어서 단 한 개의 기둥으로 전체 몸무게를 지탱하는 척추는 엄청난 부담을 감수해야 한다. 만약 네 개의 기둥이 균등하게 교차 버팀목 역할을 하면서 몸무게를 분산해 지탱한다면 훨씬 더 좋았을 것이 분명하지만 그렇게 되지 않았다. 인간의 척추가 현재의 모습을 갖춘 것은 그것이 두 발 동물의 무게를 지탱할 수 있는 최선의 방법이어서가 아니었다. 그것은 단지 네 발 짐승의 척추에서 진화했기 때문에 그렇게 되었다. 어쩌면 불완전하게나마 일어서는 것이 아예 일어서지 않는 것보다 더 나았기 때문에 그렇게 될 수밖에 없었다는 것이다. 이와 같은 신체 구조와 마찬가지로 인간의 마음이라는 것도 주먹구구식으로 진화하였다. 인간의 마음 역시 신체만큼이나 클루지할 뿐이라는 것이다. 완벽한 것 같지만 엉성하고, 엉성한 것 같지만 완벽한 그런 클루지스러움은 바로 인간이 갖고 있는 진화의 관성 때문에 생긴 것이기에 구제불능 상태라는 것이다[참고: 개리 마커스 (2009). **클루지**(역). 서울: 갤리온].

42) 참고: 막스 피카르트(1999). **침묵의 세계**(역). 서울: 까치.

43) 장-뤽 낭시(Jean-Luc Nancy) 교수는 인간의 몸이라는 것은 살, 근육덩어리, 그 자체만이 아니라고 강조한다. 몸은 저 자신으로 닫힌 것이 아니다. 몸은 '자기 바깥으로서의 존재'이기에, 몸은 끊임없이 외부에 각인되면서 열려 있는 실체다[참고: 장-뤽 낭시(2012). **코르푸스(몸 가장 멀리서 오는 지금 여기)**(역). 서울: 문학과 지성사]. 사람들은 흔히 자신의 몸을 당연한 나의 일부로 생각한다. '영혼'이나 '정신'에 상반되는 것으로 보기도 한다. 몸은 '단순히 닫히고 꽉 찬, 자체적이고 독자적인 어떤 것', 나에게 따라붙어 다니는 것으로 생각한다. 게다가 몸의 그 어떤 것들은 우리가 직접 보지 못한다. 내 눈으로 엉덩이를 보지는 못한다. 위도, 간도 보지 못한다. 내 눈도 내 눈으로 보지 못한다. 눈은 결코 저 자

신을 볼 수 없기 때문이다. 얼굴 역시 외부를 향해 돌려진 것이기에 볼 수 없다.

사람들은 얼굴이나 눈은 자기 스스로 볼 수도, 마음대로 다듬을 수도 없는 타자 같은 것으로 여겨왔다. 바깥으로 향해 있는 것은 눈이나 얼굴만이 아니다. 몸 전체가 바깥을 향해 있다. '피부'는 바깥으로 향해 있다. '나는 나의 피부를 통해 나 자신과 접촉'한다. "나는 바깥으로부터 나에 닿지 안으로부터 나를 접촉하는 존재가 아니다. 내가 나를 접촉하려면, 우선 바깥으로 존재해야" 한다. 몸은 언제나 바깥에, 바깥을 향해, 바깥의 일부로 있을 뿐이다.

44) 실제로 올리버 제임스(Oliver James)는 사례를 들어 풍요병 환자를 설명한다. 유산 2조 원을 물려받고 뉴욕에 살고 있는 35세의 샘이라는 사람을 알고 지내지만, 올리버의 관찰에 의하면 샘은 결코 행복한 삶을 살고 있지는 못했다. 그는 맨해튼 고급 아파트에서 혼자 호사스럽게 살지만 고독과 피해망상에 시달려 헤로인에 중독된 적도 있으며 공허함을 달래려고 10대들과 성관계를 맺기도 했다. 실제로, 〈뉴욕 타임스〉에 의하면, 미국 뉴욕의 주식 중개인 70%가 우울증에 시달린다. 불면증을 피하지 못한다. 잠을 자려면 눈을 감고 최소한 40분을 버둥거려야 잠이 들기 시작한다. 하루에 담배 2갑 정도를 피워댄다. 마약도 하루에 평균 2회 정도 복용한다. 높은 연봉과 사회적 지위, 안정적인 직장과 좋은 차, 좋은 집에서 부유하게 사는 이들일수록 영혼에 깊은 상처가 나 있음을 알려 주기 충분하다.

올리버는 어플루엔자에 감염되었는지를 알기 위해 스스로 아래의 질문에 답해 보면서, 질문에 대한 대답으로 '예'를 많이 한다면, 이미 부자병에 빠져 있음을 알라고 경고한다[참고: 올리버 제임스(2009). **어플루엔자**(역). 서울: 알마]. 즉, ① 정말 부자가 되고 싶다. ② 유명해지고 싶다. ③ 나이가 들어가는 흔적을 감추고 싶다. ④ 찬사를 받고 싶다. ⑤ 사람들이 내게 매력적이라고 말해 주면 좋겠다. ⑥ 헤어스타일이나 패션에 뒤떨어지고 싶지 않다. ⑦ 대중매체에 내 이름이 자주 오르내렸으면 좋겠다. ⑧ 내 것과 남의 것을 자주 비교한다. ⑨ 그 사람이 무엇을 소유하고 있는가가 그 사람만큼 중요하다. ⑩ 쇼핑에 온통 정신이 팔려 있다. ⑪ 내 성공에 도움이 되지 않는 친구라면 관계를 끊는다. ⑫ 어떤 일을 할 수 있는가보다 그 일로 무엇을 얻을 수 있는가에 더 관심이 많다. ⑬ 값비싼 집과 차, 옷을 소유한 사람들이 부럽다. ⑭ 지금 내가 갖지 못한 것을 소유할 수 있었다면 내 삶은 더 훌륭했을 것이다. ⑮ 앞으로 내가 소유할 것들이 내 삶을 규정할 것이다. ⑯ 호화롭게 살고 싶다.

45) 참고: 이시즈마 간지(2003). **부의 법칙**(역). 서울: 랜덤하우스

46) 이 시는 권정생 선생에게 삶의 동행이었던 이오덕 선생을 기린 시였다. 그의 먼저 가심을 못내 아쉬워하며 이 선생의 영전에 드린 헌시(獻詩)다. 부자병에 감염된 저들은 피죽도 먹지 못하고 굶어 죽기 알맞은 권정생 시인의 자조라고 볼 것이 뻔하지만, 권 시인에게 그것은 신의 예찬이었다. 아동문학가 권정생 선생은 일제강점기인 1937년 일본 도쿄의 빈민가에서 가난한 노무자의 아들로 태어났다. 광복 직후인 1946년 외가가 있는 경상북도 청송으로 귀국했으나 빈곤과 6 · 25 전쟁 등으로 곧 가족과 헤어졌다. 그는 대구, 김천, 상주 등 객지를 떠돌며 나무 장수, 담배 장수, 가게 점원 등 온갖 일을 하다가 폐결핵, 늑막염 등의 병을 얻어 1957년 경상북도 안동시 일직면 고향으로 돌아왔다. 병이 깊어져 신장 결핵, 방광 결핵 등으로 전신에 결핵이 번져 생사를 넘나드는 가운데 더욱 그리스도교에 의지하게 되었다.

집안 형편으로 1965년 집을 나갔다가 1966년 다시 들어와 마을의 교회 문간방에서 살며 종지기가 되었다. 아동문학상도 받으며 베스트셀러 작가가 된 그의 작품 속 주인공들은 주로 깜둥바가지, 벙어리, 바보, 거지, 장애인, 외로운 노인, 시궁창에 떨어져 썩어가는 똘배, 강아지똥 등 처럼 하나같이 힘없고 약하기 그지 없는 것들이다. 그런 것들은 그가 기독교적 믿음을 바탕으로 가난하고 소외된 것들에 대한 사랑을 아름답게 드러내고자 한 상징물이었다. 『강아지똥』은 세상에서 가장 낮은 생명이 자기 희생을 통해 새롭게 태어나는 모습을 보여 주고 있다. 그는 전우익 선생, 이오덕 선생과 더불어, 영남의 3현(三賢)으로 칭송받으며 평생 동행으로서 교류하며, 맑은 영혼을 달랬다. 권정생 선생 역시 어느 날 하느님의 부름을 받고 세상을 떠난다. 그의 단칸방에서 발견된 유품이라고는 자기의 모든 인세를 북한 아동을 위한 기부금으로 보낸다는 짤막한 편지 한 통이었다.

47) 참고: 페터 보르샤이트(2008). **템포 바이러스–인간을 지배한 속도의 문화사**(역). 서울: 들녘.

48) 참고 : 벤 벤슨(2012). **돈에 관한 생각**(역). 서울: 퍼플카우.

49) 참고: 신동일(2012). **슈퍼 리치의 습관**. 서울: 살림.

50) 참고: 한병철(2012). **피로 사회**. 서울: 문학과 지성사.

51) 참고: 켄트 너번(2010). **그래도 삶은 계속된다–아메리카 인디언이 들려주는 지혜의 목소리**(역). 서울: 고즈윈.

52) 참고: 로버트 로젠(2009). **황홀한 걱정**(역). 서울: 비즈니스맵.

53) 랄프 왈도 에머슨(Ralph Waldo Emerson)은 1803년 미국 보스턴의 목회자 집안에서 태어났다. 그는 하버드 대학교 신학부를 졸업하고 아버지 뜻을 따라 목사가 되었다. 목사직에 대해 회의를 느낀 그는 1932년 사임하고 미국과 유럽 등지를 여행하면서 자연과 인간에 대해 감사하게 된다. 인간의 양심을 노래하며 그는 헨리 데이비드 소로우, 네대니얼 호손, 토마스 카라일 등과 같은 사상가들과 깊은 친분을 맺는다. 그는 동양철학과 접목했다기보다는 그가 생각해 온 생각, 말하자면 내부의 정신적 자아가 외부의 물질적 존재보다 우월하다는 생각이 동양에서 말하는 초월주의 운동과 맥을 같이했다. 그가 말하는 '자기 믿음'에 대한 철학과 '민권' 우선주의의 개념은 미국 시민들의 정신적 지표처럼 작용하고 있다[참고: 랄프 왈도 에머슨(2009). **스스로 행복한 사람**(역). 서울: 끌레마].

54) 참고: 허태균(2012). **가끔은 제정신**. 서울: 쌤앤파커스.

55) 참고: 미치오 카쿠(2012). **미래의 물리학**(역). 서울: 김영사.

56) 러시코프는 소비자들이 쇼핑몰에 들어오는 순간 정신이 멍해지도록 만들어 놓을 수밖에 없는 것이 바로 기업의 목적이라고 비판한다[참고: 더글러스 러시코프(2011). **보이지 않는 주인**(역). 서울: 웅진지식하우스]. 소비자가 쇼핑몰에 왔던 이유를 잊고 '충동적인 구매자'로 변해 버리게 만들어 놓는다는 것이다. 쇼핑몰은 설계자 그루엔의 뜻과는 다르게 변질되었다. 기업들이 고객의 혼을 빼놓는 장소로 변질

되었다. 주차장으로부터 몰로 들어오는 길이 세 번 이상 꺾이면, 사람들은 차를 어디에 세워 놓았는지 방향 감각을 상실한다. 고객은 목적 없이 배회한다. 복도의 바닥은 매장의 바닥보다 딱딱하다. 이런 미묘한 차이도 고객들을 매장에 머물게 한다. 냄새도 쇼핑에 영향을 미친다는 연구에 따라 기업들은 각 매장의 브랜드에 맞춘 향기를 개발했다. 의류 브랜드 무자크의 연구팀이 개발한 음악은 사람들이 밥을 빨리 먹고, 옷을 더 많이 고르고, 돈을 더 쓰도록 만든다. '사람'이 배제된다. '기업'만이 주인공이다.

57) 참고: 데이비드 댈러샌드(2005). **유능함을 자랑하라-잘나가는 사람들만 알고 있는 자기 포장의 기술**(역). 서울: 더난출판.

58) 참고: 법상 (2006). **부자보다는 잘사는 사람이 되라**. 서울: 도솔.

59) 참고: 이승환 (2009). **거친 밥 한 그릇이면 족하지 않은가**. 서울: 이가서.

60) 기무라 아키노리(木村秋則) 씨는 1949년 아오모리 현 이와키마치에서 대대로 사과 재배를 해 온 농가의 차남으로 태어났다. 히로사키 실업고등학교를 졸업한 후 히타치 계열의 제조회사에 취직하지만 1년 반 만에 귀향하여 1978년부터 사과 재배를 시작한다. 생명농법의 창시자 후쿠오카 마사노부(Fukuoka masanobu)의 『자연농법』을 읽고 '아무것도 하지 않는 농법'을 사과 재배에 실천한다. 모두가 불가능하다고 했던, 누구도 시도하지 않은 도전이었다. 도전의 대가는 혹독했다. 밤낮으로 들끓는 해충과 씨름하고, 누렇게 말라 죽어 가는 사과나무를 돌보아야 했다. 가난 때문에 죽음의 문턱까지 갔을 때, '나무만 보고 흙은 보지 못했다'는 섬광 같은 깨달음을 얻어, 불가능해 보였던 도전을 완성한다[참고: 이시카와 다쿠지(2009). **기적의 사과**(역). 서울: 김영사].

10여 년간 사과나무는 농약과 비료에 의존하지 않는 야생의 힘을 스스로 회복하여, 현대 문명의 발달 이래 존재하지 않았던 지금껏 인류가 먹어 보지 못한 야생의 사과라는 결실을 맺는다. 1991년 가을 일본 아오모리 현에 4성급 태풍이 불었다. 사과의 90퍼센트 이상이 떨어져 이 지역 사과 농가들이 치명적인 피해를 입었다. 기무라 씨의 사과는 당시 태풍 피해에도 불구하고 80퍼센트 이상이 그대로 달려 있었다. 다른 사과나무의 뿌리 깊이가 몇 미터인 것에 반해, 기무라 씨의 사과나무는 뿌리가 20미터나 깊고, 사과 꼭지와 가지의 굵기가 다른 사과나무의 사과에 비해 굵고 단단했기 때문이다.

기무라 씨는 말한다. "농약을 안 쓰면 사과 수확은 꿈도 꿀 수 없다. 사과 재배의 현실을 아는 사람에게 그것은 상식 이전의 문제다. 농약을 안 쓰면 수확이 줄어든다는 식의 단순한 이야기가 아니다. 농약을 안 쓰면 사과밭이 남아나지 않기 때문이다. 평년의 10퍼센트 이하 수확이라는 큰 피해를 입은 나무는 이듬해에 꽃을 피우지 못한다. 꽃이 안 피면 당연히 열매도 맺을 수 없다. 다시 말해 무농약 재배를 2년간 계속 하면, 사과 수확은 거의 확실하게 제로가 된다는 뜻이다. 현대의 사과와 빌헬름 텔이나 뉴턴 시대의 사과 사이에는 엄청난 차이가 있다. 무농약 사과를 재배할 수 없는 가장 큰 이유도 거기에 있다. 바로 품종 개량 때문이다. 오늘날의 사과는 옛날 사과와는 전혀 다른 과일이다." 그의 기적의 사과는 2006년 12월 일본 NHK의 〈프로페셔널-프로의 방식〉에 소개되었고, '단 한 번만이라도 기무라 씨의 사과를 먹어 보고 싶어요' '기무라 씨에게 편지를 보내고 싶어요'와 같은 사연이 담긴 7백여 통의 편지가 방송국으로 폭주했다. 온라인에서 3분 만에 품절되는 사과, 이를 재료로 만든 수프를 먹으려면 1년간 기다려야 하는 '기적의 사과'를 키우는 그는, 여전히 소박한 시골 생활을 유지하며 자신의 자연 농법을 알리는 나눔을 실천하고 있다.

61) 참고: 로저 마틴(2010). **아임 어 스튜던트**(역). 서울: 웅진지식하우스.

62) 참고: 장 보드리야르(1992). **시뮬라시옹**(역). 서울: 민음사.

63) 영국의 리즈 대학교와 폴란드의 바르샤바 대학교 명예교수인 바우만(Zygmunt Bauman)은 지금의 유럽사회를 '유동하는 근대'의 사회로 규정한다. 그는 유럽사회는 이제 근대사회의 견고한 작동 원리였던 구조 · 제도 · 풍속 · 도덕이 해체되면서 유동성과 불확실성이 더욱더 증가하는 사회로 변했다고 말한다. 그 속에서 개인들의 프라이버시는 이미 불확실하게 흔들려 버리며 무책임하게 비판 없이 타인들에게 공개되고 있다고 비판한다. "프라이버시는 사람들이 지니고 있는 유일하고, 결코 나누어 가질 수 없는 그러한 주권이 유지되는 지대이자 바로 그처럼 주권을 지닌 사람들의 왕국이지 않으면 안 되는 영역이다." 그럼에도 불구하고, 이제 프라이버시가 자의적으로 사라지고 있는 중이라고 말한다.
타발적(他發的)으로 공개되는 프라이버시 사회에서 나름대로 살아가기 위해서 여러 가지 선택적 행동을 할 수 있는데, 그중에서도 자신의 성격을 먼저 가다듬는 일이 가장 중요하다는 것이 바우만의 주장이다. 성격을 가다듬는다는 것은 타인들에게 성격 좋고 인품 좋은 사람이 되어야 한다는 그런 단순한 의미가 아니다. 불확실성과 유동성이 요구하는 시대의 강청들에 대해 과감히 저항하며, 나름대로 자기 자신을 확고하게 드러내는 선택이 필요한데, 그렇게 하기 위해서는 타인들과 '제대로 된' 의사소통, 의미 있는 소통을 만들어 가야 한다고 강조한다. 그는 불확실한 사회에서 타인들과 의미를 만들어 내는 소통을 하기 위해 카뮈의 표현을 빌려 "자신만의 부조리한 상황에서 홀로 무겁게 돌을 굴려야만 하는 시지프스가 이제는 타인들의 비참한 고통에 맞서 반항하는 프로메테우스와 마주할 수 있는 공간"들을 마련해야 한다고 말한다[참고: 지그문트 바우만(2012). **고독을 잃어버린 시간**(역). 서울: 동녘].

64) 안드레예프(Leonid Nikolaievich Andreyev)의 희곡인 『생각』에서 주인공인 케르젠체프가 중얼거리는 대사다[참고: 레오니트 안드레예프(2012). **생각**(역). 서울: 지식을 만드는 지식]. 희곡 작품 『생각』은 러시아 사회가 자본주의로 바뀌는 과정에서 개인이 느끼는 극도의 고독 문제를 다룬다. 그는 고독을 느낀다. 고독을 자신이 바로 우주와 통하게 만들어 주는 유일한 친구로 받아들인다. 그 생각에 사로 잡힌 채 그는 더욱더 고독 안에서 자신을 소멸해간다. 주인공 케르젠체프는 자기 생각에 빠져 버려 마침내 그는 생각하고 있는 것이 아니라 생각이 조종하는 대로 살아가고 만다는 것을 알아차린다. 그가 그것을 깨우치게 된 곳은 정상적인 사람들이 서로에게 관여하며 생각하는 바깥 세상이 아니라, 생각들로 자신을 조종받는 이미 미쳐 버린 사람들로 가득한 속 세상, 바로 정신병원이었다.
이런 주제로 채워진 희곡 『생각』은 1914년 처음 발표되었다. 그는 모스크바 국립 대학교를 졸업, 변호사가 되었지만, 희곡에 미쳐 변호사직을 집어던지고 신문과 잡지 법률 담당 통신원으로 일하면서 자신이 좋아하던 희곡을 쓴다. 당시 러시아의 문학 그룹인 지식파에 가입한 그는 그의 희곡 작품으로 문학자의 명성을 얻게 되지만, 그 역시 당시의 정치적 바람을 벗어날 수는 없었다. 그가 반대하던 볼셰비키가 정권을 잡자 그는 핀란드로 정치적 망명을 택한다. 핀란드의 한 시골 마을에서 끊임없이 희곡을 집필하다가 어느날 심장마비로 쓰러져 버린다. 1919년 9월 12일이었다.

65) 참고: Krumboltz, J. D. & Levin, A. S. (2004). *Luck Is No Accident: Making the Most of Happenstance in Your Life and Career*. NY: Impact Publishers.

66) 차투스 코티란 네 개의 방법이라는 뜻이다. 넷(4)이란 뜻을 지닌 '차투스'와 길 혹은 방법이란 뜻을 갖는 '코티'란 낱말이 합성된 단어인 차투스 코티란 '네 개의 방법들이나 4가지 길들'을 말한다. 차투스 코티는 완전하게 언표할 수 없는 보편성에 이르기 위해 필요한 중도의 길을 위한 논리적 방법이다. 차투스 코티는 끊임없이 ① 긍정명제, ② 부정명제, ③ 긍정과 부정의 접속적인 긍정명제, 그리고 ④ 긍정과 부정의 배제적 부정명제라고 하는 4개의 논리를 생성하여 궁극적으로 보편성이라는 자기 자신의 길을 찾아간다.

완전성, 합목적성, 브라흐만과 아트만의 본성을 완전하게 논의한다는 것은 불가능하다. 그것을 찾아나가는 길은 여러 가지일 수 있다. 그런 길, 그런 방법들 간에는 모순이나 반대의 관계가 개입될 수 있다. 모순은 동일한 요소를 동일한 관점에서 동시에 한편이 긍정하고 다른 한편이 부정할 때 일어나는 양자 간의 관계를 말한다. 즉, A이고 A가 아니라는 형식이면 A가 무엇이든지 간에 모순일 수밖에 없는 관계다. 이런 경우, 두 개의 명제들 중 어느 명제가 참이고, 어느 명제는 그른 명제인지를 분명하게 구분하는 것이 원초적으로 불가능하다. 말이 안 되지만, 말이 안 되는 관계가 바로 모순의 관계다. 이렇게 어느 한 명제만이 옳은 것으로 구분되지 않는 상태의 두 명제들 사이의 관계가 바로 모순을 이루기에 모순명제들은 둘 다 옳을 수도 없지만, 둘 다 그를 수도 없이 양립한다. 이런 모순명제들은 그들의 모순적인 관계를 통해 절대성을 추구하는 데 있어서 옳은 것들로 나열되어야 할 것이 무엇인지를 알게 해 준다. 모순명제들은 반대명제와는 그 속성이 다르다.

반대 명제의 경우, 두 명제들은 둘 다 옳을 수는 없는 관계를 갖는다. 두 명제 모두 틀릴 수는 있지만 둘 다 옳을 수는 없다. 반대 관계는 논리상 둘 다 틀릴 수는 있어도, 둘 다 옳을 수는 없는 상황이기 때문이다. 두 개의 명제 중 그 하나는 분명히 틀린 것이기에, 그중 어느 하나를 택해야만 한다. 참을 택하든, 틀림을 택하든, 한 가지만을 택해야 하는 경우가 발생하기에 흑백사고가 발생한다. 반대명제를 모순명제의 관계로 혼돈하면, 제3의 선택지가 있음에도 불구하고 양자택일을 강요하게 되기에 흑백사고의 오류가 따라붙는다. 흑백사고에 빠지면, 하나의 유일한 절대성을 찾아가기가 어렵다. 한쪽은 선택되고, 다른 한쪽은 부정되고 폐기되어야 하기 때문이다. 그런 반대명제의 길이 바로 삶의 길이면, 그런 삶의 실현과정에는 좌절과 갈등, 불안, 증오, 분열과 방황이 불가피해진다. 반대명제가 아니라 모순명제를 수렴하는 차투스 코티의 방법들을 적용하면, 절대적 반대, 절대적 긍정 혹은 절대적 부정에 빠질 이유가 없다. 모두가 그를 수 있는 만큼 모두가 절대로 옳을 수 있기 때문이다.

나가르주나는 바로 삶에 있어서의 경우, 경우 수를 반대명제 개념으로 규정하기보다는 그것을 모순 개념의 틀로 정화시켜 흑백사고의 오류에 휩쓸리지 않게 하는 방법으로 중도의 길을 제안했다. 참인 것은 사고를 초월하고 있는 까닭에 그것은 불확정적인 것으로써 이해하는 이외에 달리 길이 없다고 본 것이다. 그가 생각하는 부정의 변증법은 모든 견해나 주장이 내면적인 모순을 포함하고 있는 것을 논증하는 시도였다. 이것이 나가르주나에 의한 부정의 변증법이 시작점이다. 그에 의하면 현상 사물이 존재한다고 생각할 수 있지만, 진리의 관점에서는 그런 사유는 언제나 부정되기만 한다.

67) 나가르주나를 따르는 중관학파의 변증론은 4구(句)로 간단하게 표현된다. 즉, 유(有), 무(無), 유이며 무, 그리고 유도 아니고 무도 아닌 것이다. 세상만사, 가능한 모든 경우를 이 넷의 경우수와 논리로 처음부터 끝까지 철저하게 검토해 들어간다. 4구로 분석 · 비판했을 때, 상대방의 견해와 주장이 자성(自性)적이라고 하는 한, 즉 그 견해가 변함이 없는 독자적인 본성을 갖고 있다고 말하는 한, 반드시 그 견해가 지니고 있는 자체의 모순을 포함함을 폭로하여, 그 때문에 그것이 공(空)임을 밝히는 것이 귀류(歸謬)의 논리가 바로 4구로 집약된다.

중관학파는 모든 견해의 상대성이라는 자신의 논리에 부합되도록 지지하고 옹호할 어떤 견해나 이론, 주장도 갖지 않는다. 그들은 상대방의 주장이나 견해를 상대방이 말한 그대로 받아들인다. 그런 후 주장을 편 상대방이 받아들인 원리나 규칙, 명제를 구사하면서 그 주장이 자기 모순적임을 증명해 들어감으로써 상대방으로 하여금 그것을 깨닫게 한다. 상대방은 무 모순을 진리의 필수조건으로 여길 수밖에 없는 입장을 갖고 있기 때문에, 끝내 그는 자신의 명제의 진리 주장을 철회해야만 할 처지에 이르게 된다. 상대방은 실재를 주장하며 그것을 받아들여야만 하는 욕망 때문에 실재에 대한 착각과 독단주의에 빠져 있다는 것을 미처 깨닫지 못할 수는 있지만, 그런 논증과정을 거치면서 자기의 견해가 자기 모순적임을 알아채게는 된다. 다시 말해, 인과의 개념을 둘러싼 중관학파의 변증법에 따르면, 인과설에는 4가지 논리가 선다. 즉, (1) 사물은 그 자체로부터 발생한다(有). (2) 사물은 타자로부터 발생한다(無). (3) 사물은 그 자체와 타자 모두로부터 발생한다(有無). (4) 사물은 자체로부터도 타자로부터도 발생하지 않는다(非有無)라는 4가지 논리가 가능하다.

첫 번째 안인, 사물은 그 자체로부터 발생한다는 논리는 인중유과설로서 결과를 원인과 동일하게 이해하는 관점이다. 사물은 타자로부터 발생한다는 논리는 인중무과설로서 결과와 원인은 다르다는 것을 취하는 논리다. 인중유과설처럼, 결과와 원인이 동일하다면 원인과 결과 사이에는 어떤 차이도 있을 수 없기에 인과를 논할 수 없다. 원인과 결과가 동일하다면, 한 편에 대해 긍정되거나 부정될 수 있는 모든 것은 다른 편에 대해서도 긍정되거나 부정될 수 있기 때문이다. 인과성이란 두 사물 사이의 관계를 말하는 것인데, 인중유과설은 원인과 결과를 동일화함으로써 인과성의 개념을 무의미하게 만들어 놓는다. 원인과 결과가 동일하다는 주장은 오류이기에 원인과 결과가 동일하다는 주장은 그 어떤 경우이든 간에 자기 모순적이고 불합리하다. 인중무과설 역시 문제가 있기는 마찬가지다.

원인과 결과가 전혀 다른 것이라면 원인과 결과 간의 관계는 처음부터 인과적이라고 말할 수 없기 때문이다. 인과적이라는 답변이 의미를 갖기 위해서는 두 개의 서로 다른 사물 중에 그 하나가 원인이고 다른 것은 결과이어야 한다. 그 어느 하나를 원인으로, 다른 것을 결과라고 불러야 하는 이유를 설명해 주지 않는 한 어떤 것이 다른 것의 원인이 된다는 이야기 자체가 허무맹랑해 진다. 그렇지 않다고 우기는 사람이 있다면, 그는 '원인'이라는 이름을 그 어떤 것에 부여했기 때문에 그것은 원인이 되고, 다른 것에 '결과'라는 이름을 주었기 때문에 그것이 결과가 된다고 우기게 된다. 세상 이치가 그렇게 될 수만 있다면, 이름으로 부르는 것만으로도 한 사물을 다른 사물로 바꿀 수 있어야 하는데, 그것은 현실적으로 가당치 않다. 결과가 원인과 관계가 없는 조건에서는 아무 것도 다른 것을 생성시킬 수 없기 때문이라는 논리를 반박하거나 거부하려면, 물에서 자동차를, 자동차에서 사람을 만들어 낼 수 있어야 한다. 그러나 그런 것은 현실적으로 불가능하다. 세 번째 논리, 사물은 그 자체와 타자 모두로부터 발생한다는 논리 역시 불합리하다. 인중유과설과 인중무과설에 대한 각각의 논박에서 본 것처럼, 사물이 자체로부터 발생한다는 것 그 자체가 불합리하고 동시에 그것이 타자로부터 일어난다고 말하는 것 역시 비합리적이라면, 사물이 그 자체와 타자 모두로 부터 함께 발생한다고 말하는 것 역시 불합리하기 때문이다.

사물은 자체로부터도 타자로부터도 발생하지 않는다는 네 번째 논리는 논박의 필요성을 느끼지 못한다. 그 자체로 인과성의 포기이기 때문이다. 원인과 결과 사이에 어떤 종류의 관계도 없이 사물이 멋대로 혹은 우연히 일어나는데 그것이 인과라는 논리이기 때문이다. 사물이 멋대로 일어난다면, '원인'과 '결과'는 공허하고 무의미하기만 하다. 물론 계획된 우연(planned happenstance)라는 경우수가 있기는 하지만, 중관론자들에게 있어서는 우연론을 지지하면서 다른 한편으로 원인과 결과 개념을 주장하는 것은 자기 모순의 논리일 뿐이다. 결론적으로 중관학파인 나가르주나에게 있어서 인과론의 변증법은 단순하다. '어디서나 언제나 사물은 자신으로부터도, 타자로부터도, 양편 모두로부터도, 혹은 원인 없이는 일어날 수 없다'는 논리를 취하는 나가르주나에게 있어서 절대적 의미로 이해되는 원인과 결과 간의 인과관계는 그 언제나 모순일 뿐이다. '원인'과 '결과'는 서로 다른 개념적 틀과 인습 속에서 다른 지시 대상을 가진 상호 의존적 개념이어야 한다.

서로가 상대적, 의존적으로 존재하는 사물을 지시하는 개념으로 이해한다면, 그 인과론의 개념들은 모순을 낳고 말기 때문이다. 이들 부정의 변증법을 통해 드러내는 오류도 있다. 그것은 그 어떤 주어진 명제의 반대를 의미하지 않은 오류다. 예를 들어, T의 오류(F)는 반대 명제인 (−)T를 뜻하지 않는다. (−)T를 뜻하면 (−)T의 실재를 고집하게 되는 것이고, 그것은 중관론의 핵심 사상과 어긋나는 것이기 때문이다. 이들의 중론에서 말하는 귀류의 논리(prasanga) 방법은, T에 대한 반대 명제인 (−)T와 같은 실재나 절대자, 궁극자 혹은 그런 실재 자체나 그런 것을 인정하는 그 어떤 주장에도 집착하지 않고, 공(空)을 주장할 뿐이다. 말하자면 고정적 실체의 부정, 모든 존재는 고정된 실체는 없으며 오로지 인연에 의하여 생겨난 것이므로 연기적 존재에 불과하다는 것에서부터 성립할 뿐이기 때문이다.

68) 나가르주나에게 몇 가지 질문이 쏟아졌다. [문] 응당 취(取)함과 취하는 주체는 있어야 한다. 마치 불과 연료가 있는 것처럼. 불은 취하는 자에 대비되고 연료는 취, 즉 오음(五陰, 五蘊, 색(色)·수(受)·상(想)·행(行)·식(識)의 총칭)에 대비된다. [답] 그렇지 않다. 왜 그런가? 불이나 연료 모두 (그 존재가) 성립되지 않기 때문이다. 불과 연료라는 것이 서로 동일한 법(法)으로써 성립되겠느냐, 아니면 서로 별

개의 법으로써 성립되겠느냐? 양자 모두 성립되지 못한다.

[문] 동일하다거나 별개라는 말은 차치하고라도 만일 불과 연료라는 것이 (아예) 없다고 말한다면 지금은 어째서 동일하다거나 별개라는 개념(相)을 사용하여 논파하느냐? 예를 들어, 토끼 뿔이나 거북이 털은 (아예) 존재하지도 않기에 논파할 수도 없는 것과 같다. 세상에서 실제로 사물이 존재하는 것을 눈으로 보아야 이어서 그에 대한 생각을 떠올릴 수 있는 것이다. 마치 금덩어리가 존재하고 나서야 비로소 그것을 녹이고 두드릴 수 있는 것과 같다. 그러니 만일 불과 연료가 존재하지 않는 것이라면 그에 대해 동일하다거나 별개라는 식으로 생각할 수도 없다. 그러나 만일 그대가 동일하다거나 별개인 법을 인정한다면 불과 연료가 존재함을 마땅히 알지어다. 만일 존재한다는 것을 인정한다면 그것은 이미 존재하는 것이다.

[답] 세속의 법도에 따라 말하는 것이나 허물은 없다. 불과 연료라는 것이 동일하다거나 다르다거나 말은 해도 그것을 받아들이는 것은 아니다. 만일 세속의 언설을 떠난다면 어떤 논의라는 것이 있을 수가 없다. 만일 불이나 연료라는 말을 하지 않는다면 어떻게 능히 (그에 대해) 논파할 수 있겠느냐? 만일 말을 하지 않는다면 어떤 의미건 명확히 할 수가 없다. 어떤 논사가 있어서 무엇인가를 논파할 때 그것이 있다거나 없다는 것을 논파하려면 반드시 있다거나 없다는 말을 해야 한다. 그가 있다거나 없다는 말을 하였다고 해서 있다거나 없다는 사실을 받아들이는 것은 아니다. 그는 그저 세속의 언설을 따르는 것이기에 허물은 없다.

만일 입으로 무슨 말을 하였다고 해서 그것이 곧 그 말의 실체성을 인정하는 것이라고 한다면 그대가 '파(破)한다'는 말을 하면 그 순간 그 말 자체가 파(破)해져야 하리라. 불과 연료라는 것도 역시 이와 같아서 비록 그에 대해 떠벌리기는 하지만 그 실체성을 용납하는 것은 아니다. 그러므로 동일하다거나 별개라는 개념(法)으로 불과 연료(의 관계)를 생각하는 양자 모두 성립되지 않는다. 왜 그런가? ① 만일 불이 그대로 연료라면 행위와 행위자는 동일하리라. 만일 불이 연료와 다르다면 연료 없이도 불이 있으리라. ② 이와 같다면 항상 타올라야 하리니 연료로 인해 생하는 것이 아니어서 불타게 하는 공능도 없는 꼴이 되며 짓지도 않은 불이라고 이름하게도 된다. ③ 불이 연료에 의존하지 않는다면 인연에서 생하지도 않는다. 불이 만일 항상 타고 있는 것이라면 사람의 (불 지피는) 행위도 응당 공허하게 되리라. ④ 만일 그대가 지금 타오르고 있는 중인 것을 연료라고 부른다면 그런 때는 다만 장작만 존재하는데 무엇이 연료를 태우겠느냐? ⑤ 만일 다르다면 도달하지 못한다. 도달하지 못하는 것은 태우지도 못한다. 태우지 않으면 소멸하지도 않는다. 소멸하지 않는다면 상주(常住)하리라. ⑥ 불이 연료와 다르면서도 능히 연료에 도달하는 것은 이 사람이 저 사람에게 도달하고 저 사람이 이 사람에게 도달하는 것과 같다. ⑦ 만일 불과 연료 이 두 가지가 모두 서로 떨어져 있는 것이라면 이러한 불은 그 연료에 능히 도달할 수 있으리라. ⑧ 만일 연료로 인해 불이 있고 불로 인해 연료가 있는 것이라면 먼저 어떤 것이 정해져 있어서 불과 연료를 존재하게 하겠느냐? ⑨ 만일 연료로 인해 불이 존재한다면 불이 성립되고 나서 다시 성립되는 꼴이다. 이렇게 되면 연료 중에 불이 없다는 꼴이 된다. ⑩ 만일 어떤 존재가 의존적으로 성립한다면 이 존재가 거꾸로 의존 받음이 성립되리니 지금은 의존함도 없고 성립될 존재도 없다. ⑪ 만일 어떤 존재가 의존하여 성립되는 것이라면 아직 성립되지 않은 것에는 어떻게 의존할 수 있겠는가? 만일 성립되고 나서 의존하는 것이라면 이미 성립이 끝났는데 의존할 필요가 무엇이겠는가? ⑫ 연료에 의존한 불은 없다. (연료에) 의존하지 않아도 불이 없다. 불에 의존한 연료는 없다. (불에) 의존하지 않아도 연료는 없다. ⑬ 불은 다른 곳에서 오는 것이 아니다. 불타는 곳에도 불은 없다. 연료도 역시 이와 같으니 나머지는 거(去), 래(來)에 대한 설명과 같다. ⑭ 연료는 불이 아니다. 연료를 떠나서 불은 없다. 불은 연료를 갖지 않는다. 불 속에 연료는 없다. 연료 속에도 불은 없다[참고: 용수보살(1993). 중론(역). 서울: 경서원].

69) 중국사회에서 녹색 운동, 친환경 운동에 가장 앞장 서 있는 사람이 위지안 교수였다. 그녀는 어느 날 말기 암을 통고받는다. 그녀는 커다란 깨달음을 얻는다. '적응이란, 고집을 버리는 과정이라는 것, 정성이란 거창한 이벤트가 아니라 매일매일 지속되는 사소함에 있다는 것'을 불현듯 깨닫지만 이미 모든 시간은 지난 후였다. 위지안은 살아가면서 자기가 욕심내 도모했던 일들이 무너져 내리거나 뜻하지 않은 운명과 마주쳤을 때, 자신을 일으켜 세워줄 단 한마디를 떠올려 보라고 권한다. 그 한마디가 삶을 역전시킬 수도 있기 때문이라는 것이다[참고: 위지안(2010). 오늘 내가 살아갈 이유(역). 서울: 예담].

70) 노벨 문학상 수상 작가인 주제 사라마구(José Saramago)는 1922년 포르투갈 중부 지역에서 태어났다. 그가 지닌 학력은 고등학교 중퇴가 전부였다. 고교 졸업 후 기능공, 공무원, 번역가, 평론가, 신문기자 등 여러 직업을 경험했다. 사라마구는 1947년 첫 소설 『죄악의 땅』을 발표했으나 명성을 얻지 못했다. 그에게 문학적 명성을 공고히 한 작품은 『바닥에서 일어서서』인데, 그때가 1979년이다. 1986년 발표한 『돌로 만든 뗏목』이 전 세계적으로 회자되어 그를 유명한 작가의 반열에 올려 놓았다. 그는 그 소설에서 인간의 눈에 보이는 사실만을 그려내지 않았다. 그는 가능한 초자연적인 요소를 집어삼키는 방식으로 글을 쓰면서 독자들에게 최대한의 긴장감을 유발시킨다. 73세에 쓴 『눈먼 자들의 도시』라는 소설에서도 마찬가지이지만, 그가 선호하는 글쓰기는 참으로 유별나다. 문장 부호가 마침표와 쉼표 단 두 개뿐이기 때문이다. 직접, 간접 화법조차 구분해 주지 않아 독자에게 최대한의 혼돈과 환상 혹은 구상능력을 심어 주기도 한다. 그의 작품은 1998년 95번째 노벨 문학상 수상자로 선정되었다.

71) 심신 의학자이며 대체 의학자인 디팩 초프라(Deepak Chopra) 박사는 사람마다 모두가 마법사라고 말한다. 자신이 바로 자신의 마법사인데, 그것을 그 어딘가에 처박아 두고, 남이 부리는 마법에 현혹된 채 살아가는 구경꾼이 되기에 자신의 삶이 가짜 투성이가 될 뿐이라고 말한다. 마법사는 자신의 삶을 자신만이 쥐락펴락할 수 있으며, 몸과 마음을 하나로 다룰 수 있는 사람이다. 삶은 자신의 마법에 의해 풀리는데, 마법은 유별난 것이 아니다. 자신의 운명은 다른 그 어떤 것이 만들어 준 것이 아니라 내 스스로가 만든 것임을 깨닫는 그 일이 바로 마법일 뿐이다. 마법을 부린다는 것은 그것을 확인하며 그것을 자신의 인생에 응용하는 일이며, 그 묘법을 아는 사람 그것을 자신의 삶에 적용하여 자신의 운명을 바꾸는 사람이 바로 '마법사'라는 것이다[참고: 디팩 초프라(2009). 마음의 기적(역). 서울: 황금부엉이].

72) 날조(捏造)는 하루를 힘겹게 살아가는 사람들에게 늘 자기가 경험했던 바로 그 시간과 그 공간 속에서 스스로가 알고 있는 것만을 경험하면서 제한된 삶을 살아가게 한다. 그 날조에서 깨어 나오려면 미지의

것에 개방적으로 대처해야 한다. 그 말은 이미 익숙한 반응과 습관의 계획에 휘말리지 말라는 뜻이다. 당신의 입에서 같은 단어가 얼마나 나오는지 살펴보라. 당신이 좋아하는 것과 싫어하는 것은 늘 똑같기 때문에 언제나 같은 일을 하면서 시간을 보낼 수도 있다. 똑같은 사람들이 똑같은 나날들로 삶을 채우고 있다. 이 모든 익숙함은 조개껍데기와 같다. 미지의 것은 조개껍데기 밖에 있기 때문에 껍데기를 활짝 열어 환영해야 받아들일 수 있다는 것이 초프라가 우리에 주는 삶의 조언이다[참고: 디팩 초프라(2008). **완전한 삶**(역). 서울: 한문화].

73) 이 문제는 덧셈 그 자체를 알아보는 문제가 아니다. 이 문제의 답을 알아내려면 해당 문제만의 독특한 규칙을 찾아내야 한다. 등식 네 개의 규칙을 살펴보면 한 가지가 분명해진다. 좌항의 두 숫자를 뺀 값과 더한 값을 우항에 차례로 적어 놨다는 사실이다. 즉, 첫 문제인 5+3에서 좌항의 두 숫자인 5와 3을 뺀 값(2)과 더한 값(8)을 차례로 적어 넣은 28이 답인 것이다. 다른 것도 마찬가지이기에 멘사 테스트에서 제시된 7+3의 답은 7−3=4, 7+3=10이 되니까, 멘사가 요구하는 답은 410이어야 한다.

74) 참고: 사이먼 토미(2007). **반자본주의**(역). 서울: 유토피아.

75) 이상주의자의 사회적 기능을 실감나게 그려준 인문학자 중의 한 사람으로 서양에서는 토머스 모어(Thomas More) 경을 들 수 있다. 그는 영국에서 헨리 8세의 재위 기간을 통틀어 당대의 인문학자였다. 아쉬울것이 아무것도 없었던 당대의 정치인이며 지성인이었던 모어는 1516년 이상적인 정치 체제를 지닌 상상의 섬나라를 『유토피아(Utopia)』라고 칭하는 글을 쓴다. 모어는 히슬로데이로부터 들었다는 이야기로써 자기의 학식과 견문을 자랑하는 방식으로 과장되게 서술한다. 자기의 상상력을 최대한 발휘하면서 이상적인 공동체가 지녀야 할 사회상들의 이모저모를 말한다[참고: 토머스 모어(2007). **유토피아**(역). 서울: 을유문화사].

모어는 히슬로데이의 입을 빌려, "모든 사람의 직업인 농사 이외에 사람들은 각자 특수한 기술을 배웁니다. …… 이 섬에서는 누구나 같은 종류의 옷을 입기 때문에 양복점이나 양장점은 없으며 옷 모양은 변하지 않습니다. 곧 어느 곳에서나 항상 일을 해야 합니다. 게으름을 피울 구실은 전혀 없습니다. 술집도, 매음굴도, 타락할 기회도, 비밀 회의 장소도 없는 것입니다. 모든 사람이 지켜보고 있기 때문에 실제로 자기가 하던 일을 계속하지 않을 수 없고, 여가도 선용하지 않을 수가 없는 것입니다. …… 의회에서는 그 해의 생산량을 자세히 조사하여 어떤 지역에는 어떤 생산물이 풍부하며 어디서는 무엇이 부족하다는 것을 밝혀내어 즉시 서로 운송을 하여 균등한 분배를 합니다. …… 만인에게 공통되는 동일한 형태의 종교는 없습니다. 그러나 여러 가지 종교가 있기는 하지만 여러 종파가 있더라도 결국 목적은 같은 것처럼 그 목적은 동일합니다. 곧 신성한 존재의 숭배인 것입니다." 그러나 그런 사회는 어디에도 있을 수 없었다. 그래서 유토피아는 말 그대로 '아니다(ou)'와 '장소(topos)'를 합성해 만든 단어다. 말 그대로 그 뜻은 '아무 데도 없는(nowhere)'이라는 의미였다.

그런 유토피아를 이야기한 사람인 히슬로데이는 몽상가, 넌센스 전문가, 허풍쟁이(talker of non-sense)일 수밖에 없었다. 토머스 모어는 바로 히랍어에서 그런 뜻을 의미하는 단어인 '히슬로다에우스'를 찾아내어 그것을 풍자하였다. 그러나 그가 그려 냈던 허풍쟁이가 상상력의 소유자이기는 하지만, 우리가 살아가는 현실은 언젠가 허풍쟁이, 넌센스 전문가들이 앞서 내보인 그 소재로 채워진다. 이 점에서 허풍쟁이는 결코 허풍쟁이로 남아 있는 것이 아님을 보여 주고 있다.

모어 경은 절대 왕권의 보호 아래 평생 스콜라주의적 인문주의자로서 덕망이 높았으며 로마 가톨릭인으로서 당대의 지성인이었지만, 왕권에 도전한 죄목으로 1534년 반역법에 따라 런던 탑에 수용된다. 그는 그곳에서도 『신앙을 위한 죽음』 『예수 그리스도의 수난』 등을 저술하였다. 처음에 그에게 내려진 형벌은 반역자에 대한 일반적인 처벌인 매달아 능지처참하는 형벌이었다. 그의 지성을 부러워 한 왕은 형벌을 참수형으로 바꾸었다. 처형 날짜는 7월 6일이었다. 처형대에 올라간 그는 구경하려고 몰려든 군중을 향해 말했다. "나는 왕의 좋은 신하이기 전에 하느님의 착한 종으로서 죽는다."라고 말했다. 모어의 시신은 쇠사슬에 묶인 채 성 베드로 성당에 묻혔다. 머리는 템즈 강에 내던져지기 전에 그의 딸 마거릿 로퍼에 의해 구출되어 런던 브리지 위에 놓였다. 아무것도 확실하지는 않지만, 그의 두개골은 캔터베리의 세인트 던스탠 성당에 안치된 것으로 알려지고 믿어지고 있다.

76) 히슬로데이의 인도판인 자다브는 자기가 쓴 『신도 버린 사람들』에서 자기의 인생사를 적어내려가고 있다. 4명의 화자가 등장한다. 나렌드라 자다브의 아버지 '다무'와 어머니 '소누', 그리고 나렌드라 자다브 자신과 자다브의 딸이 등장한다. 자다브가 어린아이일 때, 그의 부모는 사람일 수가 없었다. 그들은 동네에서 인간 대접을 받지 못한다. 그 현실에 항거하다 몰매를 맞는 아버지 어머니는 굶어 죽는 한이 있어도 인간답게 사는 것을 포기 할 수는 없었다. 그들은 고향을 떠나 뭄바이로 향한다. '다무'와 '소누'에게 생계 대책이 있을 리 없었다. 그저 인간으로서의 존엄성을 지키겠다는 생각만이 있었을 뿐이었다. 그들의 깨어 있는 의식으로 나렌드라 자다브와 그의 형제들은 교육의 혜택을 받을 수 있었다. 불가촉천민에게 교육은 사치였으며 불필요했었다. 어떤 교사는 불가촉천민이 공부를 하게 하는 이 나라 교육 제도가 의심스럽다며 한탄했다. 교사조차도 차별의식 속에 사로잡혀 있었다. 그것이 바로 인간을 거역하는 일이라고 가르쳐 준 사람이 바로 암베드카르 박사였다. 그는 "부모는 자녀들을 교육함으로써 그들의 운명을 바꿀 수 있다."라고 말했다. 자다브는 학교에서 배웠다. '신성한 언어이기 때문에' 천민들은 배울 수 없다고 했던 산스크리트어도 익혔다. 상층 카스트 아이들을 제쳤다. 그는 항상 1등을 하면서도 상층 카스트보다 잘했다는 이유로 선생님들에게 혼이 날까봐 나서지도 못했다. 그렇지만, 그는 "내 운명은 내가 선택했다. 내가 바로 그 주인이다. 그것을 가능하게 만들어 준 원동력은 바로 교육이었다."라고 말한다.

인도에서 간디와 함께 가장 위대한 지도자로 꼽히는 암베드카르(B.R. Ambedkar) 역시 불가촉천민 출신으로 운 좋게 고등교육을 받을 수 있었다. 그는 1927년 "개나 돼지보다도 못한 취급을 받으면서 마실 물도 얻어먹을 수 없는 이 땅을 조국이라 부르겠는가."라며 카스트 철폐의 투쟁을 벌였다. 그는 천민 1만 명을 이끌고 상수원 저수지로 몰려가 물을 마심으로써 '천민의 물 마실 권리'를 세상에 선포했으며, 50만 명의 추종자들과 함께 신분제의 근원인 힌두교를 버리고 불교로 개종하기도 하였다[참고: 나렌드라 자다브(2007). 신도 버린 사람들(역). 서울: 김영사].

암베드카르는 불가촉천민을 억압의 그늘에서 풀려나게 만든 사람이었다. 불가촉천민은 자신의 운명을 전생의 죗값으로 생각하고, 자신의 비천한 처지를 운명으로 받아들였을 뿐이다. 내세에 더 나은 삶을 살겠다는 생각으로 주어진 천한 신분과 핍박, 굴욕을 견뎌내야만 했던 저들이었다. 암베드카르는 그것에 저항하라고 가르쳤다. 교육과 세력, 민주주의를 통한 자유와 평등을 주장했다. 마침내 불가촉천민이 깨어나기 시작했다. 그를 열렬히 추종하던 남자들이 있었다. 그중의 한명이 바로 자다브의 아버지였다. 그는 악착같이 자식을 교육시키기는 일을 포기하지 않았다. 그 교육의 혜택을 입은 어린 소년은 훗날 인도를 이끌 대통령이 될 사람으로 세계가 주목하는 인물인 나렌드라 자다브였다. 나렌드라 자다브는 신이 정해 주지 않은 운명을 스스로 개척하여 인간의 존엄성을 보여 주었다.

77) 참고: 양전풍(1991). **인도철학의 산책**(역). 서울: 동국대역경원.

78) 원효에게 화쟁의 대상은 일승(一乘)과 삼승(三乘), 중관(中觀)과 유식(唯識)에 대한 대립 같은 것이었다. 원효가 살았던 당시도 마찬가지였지만, 인도에서 대승불교(大乘佛敎) 운동이 일어나면서 어떤 이들은 스스로의 입장을 대승으로, 종래의 전통적인 불교를 소승(小乘)으로 구분하여, 대승에 입장에 서 있는 이들은 자기들을 자타가 함께 깨달음을 얻고자 하는 지혜와 자비를 갖춘 사람으로서의 대승(大乘, 菩薩)이라고 여기고 석가의 가르침을 듣고 수행하는 사람을 소승(小乘, 聲聞), 그리고 홀로 깨달음을 구해 실천하는 사람을 중승(中乘, 緣覺)이라고 비하하는 뜻으로써 셋으로 구분하여 후자를 공격하기 위한 빌미를 만들었다. 그러나 성문(聲聞)·독각(獨覺)·보살(菩薩)의 세 가지를 이르는 삼승은 각에 이르기 위한 방편에 지나지 않는다. 모두가 일승이며, 불승(佛乘)일 뿐이다. 불교의 가르침은 다양하게 설해져 있지만, 그것들은 모두 사실은 방편설이고 궁극적 진실의 가르침은 유일·절대적이다. 이 유일·절대적인 가르침이 듣는 사람의 능력·소질·조건·환경 등에 맞추어 성문, 독각, 보살 등의 방편으로 설해진 것이다[참고: 고형섭(2002). **원효**. 서울: 예문서원].

화쟁론은 원래 불교 신앙 안에서 경전에 따른 서로 다른 종파나 경전들이 드러내는 상호 대립이나 갈등을 융화시키기 위해 제시된 논리적 방편이다. 동시에 세상 사물의 존재 이치를 설명하기 위한 해석학적인 방법이다. 부처의 가르침은 모두가 각(覺)에 들어가게 하기 위한 수단이라는 점에서 표현이나 방편이 다르더라도 서로가 평등무차별(平等無差別)한 것이기에, 깨달음의 더 높은 경지에서 보면 이론들 사이에 다툼이란 있을 수 없다는 것이다.

원효는 어떤 갈등이나 대립도 본질적으로 무명에서 생긴 집착과 번뇌이기에, 그것에서 벗어나 그들의 본래의 마음자리인 평등무이(平等無二), 평등무차별의 일심의 근원으로 돌아가게 하는 귀일심지원(歸一心之源)의 실현, 그리고 모든 차별을 평등무차별의 일심으로 통일시키는 융이이불일(融二而不一)의 실현이 필요하다고 보았다. 모순과 대립을 하나의 체계 속에서 다루겠다는 원효의 화쟁은 어느 한쪽에 치우치지 않고 객관적 논리에 근거하여 종합과 회통을 추구하는 것이다. 원효는 『대승기신론』에서, 화쟁의 방법을 '개합자재 입파무애(開合自在 立破無碍), 개이불번 합이불협(開而不繁 合而不狹), 입이무득 파이무실(立而無得 破而無失)'로 설명한다. 이는 열림과 합침이 자유자재하고 긍정과 부정이 원융무애 하게 된다. 열어도 번거롭지 않고 합쳐도 비좁지 않으며 긍정한다 해도 나에게는 유리하게 할 그런 것을 얻은 것 하나 없고, 부정한다 해도 잃은 것 하나 없다는 회통과 화쟁의 본질을 말하고 있다.

79) 참고: 고바야시 야시오 · 후나비키 다케오(1997). **知의 논리**(역). 서울: 경당.

80) 참고: 마쓰오카 세이고(2000). **知의 편집공학**(역). 서울: 넥서스.

81) 참고: 모리스 메를로 퐁티(2008). **눈과 마음**(역). 서울: 마음산책.

82) 이런 존재론적 원천을 메를로-퐁티는 근육이라는 말보다는 '살(chair)'이라는 말로 불렀다. 그것은 감각과 사물이 일치하는 근원적인 상태를 말한다. '지각의 주체는 정신이 아니라 살(chair), 육체다. 사유가 아니라 혼탁한 신체'라는 메를로 퐁티의 생각에 따르면, 그 살, 그 육체는 언제든지 세계를 인지한다. 신체가 늘 그런 것처럼 세계 역사 역시 피가 튀기는 똑같은 살(chair)로 이루어져 있기 때문이다. 그는 인간의 몸에는 체화된 의식, 말하자면 의식적인 힘, 정신적인 힘이 함께 배어 있다고 본다.
'체화된 의식'이라는 말은 의식이라는 말 때문에 다른 뜻이 있는 것처럼 들리기는 하지만, 의식은 결국 몸, 육체, 신체라는 뜻에 지나지 않는다. 그 살이 의식이고 의식이 살일 뿐이다. 인간은 인간에 대해 존재하고, 그 틈새의 공간에서 대상이나 도구를 맡아 다루는 존재인데, 그런 일은 원초적인 기능, 즉 몸에 의해서만 가능하다. 몸은 그런 원초적인 기능을 독점해서 수행하는 장소이며 공간일 뿐이다. 모든 사물에는 이름이 있기 전에 이미지가 있었을 것이며, 그 이미지가 있기 전에 그 대상이 있는 것이기에, 그 대상이 무슨 이름을 가질 것인지는 결코 사전에 결정될 수 없는 노릇이다.
그 사물에 이름을 붙이기 위해서 지각의 주체인 몸이 있어야 하고, 몸은 지각을 통해 말과 내통할 뿐이다. 말과 살 간의 관계가 만들어질 때, 그 관계는 "사실상 병행 관계나 유비 관계에 있기보다는 연대와 얽힘이 있다. 말은 이해 가능한 세계의 한 지역에 불과할 따름이지만, 또한 이해 가능한 세계의 은신처도 될 수 있는데, 왜냐하면 말이 존재에의 몸의 귀속성과 모든 존재의 신체에의 적합성을 보이지 않는 것에까지 연장하고, 의미론적 작용들에까지 확장하기 때문이다. 그런데 신체적 적합성은 보이는 것에 의해 단번에 나에게 확인되며, 각각의 지성적인 명증성은 이 적합성의 이념을 보다 멀리 반향시킨다." [참고: 모리스 메를로 퐁티(2004). **보이는 것과 보이지 않는 것**(역). 서울: 동문선.]

83) 알렙은 히브리어의 첫 번째 알파벳으로써 다른 모든 철자와 연결되며, 다른 모든 철자들도 다시 연결되는 곳이다. 세계의 모든 것이 한데 수렴되는 곳이며, 그곳은 어쩌면 신(神)의 응축점과 같은 곳이다. 각자 살아가는 나라는 현존체에게 있어서, 그것을 가능하게 해 주는 삶과 목숨이 시간적으로, 공간적으로 하나의 만남을 이루는 곳을 동간점(同間點)이라고 부를 수 있다. 지금 그리고 여기가 찰나적으로 만나고 찰나적으로 헤어지기를 생과 명이 있는 날, 그날까지 이어 놓는 곳이 원초적 지각점인 동간점이기에 사람은 동간점의 연속체일 뿐이다. 동간점은 '나'라고 명명된 존재의 삶이 생과 명으로 구성되어 가는 것이기에, 이 동간점에는 나도 없고, 너도 없고, 세계도 따로 구별되지 않는다. 아예 그런 구별과 차별이 없다. 무엇이든지 만들어질 수 있고, 무엇이든지 지워질 수 있다[참고: 호르헤 루이스 보르헤스(1998). **알렙**(역). 서울: 민음사].

84) 구뇌(九惱)란 말하자면 붓다가 음녀인 손타리(孫陀利)로부터 비방(誹謗)과 욕설을 받은 일, 바라문(婆羅門)인 전차(旃遮)란 여인(女人)으로부터 자기와 붓다가 잠자리를 했다는 모함과 비방을 받은 일, 제

바달다로부터 엄지발가락을 다친 일, 나무에 다리를 찔린 일, 비루리 왕 때문에 마음이 편치 못해 잠깐 동안이라고 하더라도 두통(頭痛)을 앓은 것, 아기달다 바라문(婆羅門)에서 마맥(馬麥)을 보시로 받아 먹은 일, 찬바람으로 말미암아 등병을 앓은 일, 6년의 험난한 고행, 바라문(婆羅門)의 마을에 들어가 먹을 것을 구걸했으나 끝내 아무것도 얻지 못한 일 등 붓다가 현세에서 받은 9가지 재난을 총칭해서 구뇌라고 말한다[참고: 불교성전편찬회(2007). **불교용어사전**. 서울: 문예마당].

85) 참고: 캐스 선스타인(2010). **루머-인터넷 시대에 던지는 신문명비판**(역). 서울: 프리뷰.

86) "오줌과 똥이 죄수들의 다리 위로 쏟아져 내렸다. 그리고 밤이 될 무렵이면 팔다리에 얼어붙었던 이것들이 녹으면서 악취를 풍기기 시작했다. 우리는 이미 통상적인 의미의 '인간'이 아니었다. 짐승보다도 못한, 두 다리로 움직이는 썩어가는 시체들이었다." 그런 혹독하고 참담한 조건들의 연속이었지만, 그가 생존할 수 있었던 것은, 제아무리 나치가 물 배급을 통제하더라도 악착같이 몸을 깨끗하게 해 보려는 노력과 시늉이라도 하는 것을 포기하지 않았기 때문이라는 것이었다.
수용소에 끌려온 사람들은 희망이 제거당한 절망감 때문에 자기 외모에 대해서도 무감각해지기 마련이다. 절망 속에서 씻는다는 것 그 자체가 절망이고 부질없는 짓으로 여겨지기 때문이다. 그들과는 달리 그런 것을 강력하게 거부하고 인간은 어떤 상황 속에서도 인간다움을 포기하거나 폐기할 수 없다는 것을 보여 준 사람일수록 포로 수용소 생활에 자신을 적응해가며 생존에 성공했다는 것이다. 프레 교수는 다시 생존자의 증언으로 그것을 입증한다. "4시 30분이면 커피—아무 영양가도 없이 고약한 냄새만 나는 엷게 우려낸 향로—가 배급되었다. 우리는 흔히 두어 모금만 마시고 나머지로 세수를 하곤 했는데 우리 중에 어떤 사람들은 이 보잘것없는 커피조차 마시지 않을 수 없었기 때문에 씻기를 그만두는 것이었다. 이것은 무덤을 향한 첫걸음이었다. 하루도 빠짐없이 씻는 데 실패한 사람은 곧 죽는다. 이것은 철칙이었다[참고: 테렌스 데 프레."(2010). **생존자: 죽음의 수용소에서의 삶의 해부**(역). 서울: 서해문집.]

87) 영적인 체험을 한 사람들은 일반인에 비해 다른 그 무엇을 갖고 있다는 카나다 몬트리올 대학교의 신비체험을 신경생물학적으로 연구하고 있는 뷰리가드(Mario Beauregard) 교수는 카르멜회 수녀들의 뇌에 대한 연구와 임사 체험자들의 두뇌 활동이 일반인의 그것에 비해 다르다고 주장한다. 영적 경험을 일으키는 것은 뇌의 단순한 작용이나 기능에 의해 가능했던 것이 아니라 신의 힘에 의해 가능했다고 주장한다. 그는 그런 증거를 토대로 유신론의 입장에서 리처드 도킨스가 주장하는 『만들어진 신(The God Delusion)』이나 대니얼 데닛이 『주문을 깨다(Breaking the Spell)』 등에서 내세우는 무신론 혹은 유물론적 무신론의 가능성을 반박한다.
뷰리가드 교수에게 중요한 것은 신이란 존재의 유무에 대한 논쟁보다도 영적인 경험이 인간에게 미치는 영향 문제였다. 그가 연구 대상으로 삼았던 사람들, 특별히 영적인 경험을 하였던 사람들이 한결같이 그들의 삶이 변화되었다고 진술하고 있다는 사실이다. 영적 경험을 한 사람들은 실제로 자신의 외부에 존재하는 실체, 즉 참된 우주의 본성으로 이끄는 실체와 접촉했다는 사실을 절대로 부인하지도 포기하지도 않는다. 그들에게서 발견되는 주요한 특징은 영적 경험은 지식의 차원을 넘어선 앎, 통찰, 자각, 계시, 깨달음이라는 사실이었다. 그런 영적 깨달음을 통해 그들은 절대자와 하나가 됨을 자각할 뿐만 아니라, 그런 영적 경험을 통해 심연으로부터 거부할 수 없는 변화를 경험했다는 점이다. 그런 변화를 통해 사람들을 더 나은 존재로 거듭남을 경험하고 타인에 대한 배려와 사랑, 그리고 용서하는 삶을 살게 된다는 점이다. 그런 변화가 영적 경험, 바로 그것의 결과라고 한마디로 입증할 수는 없지만 그런 영적/신비 체험을 한 사람들일수록 자기 외부에 객관적으로 실재하는 어떤 힘(신)과 실제로 접촉한다는 점만큼은 확실하다. 그런 경험이 지닌 변화의 힘은 바로 절대자, 완전자, 궁극적인 실체인 신과의 만남에서 비롯된 것임을 부인하기 어렵다[참고: 마리오 뷰리가드 · 데니스 오리어리(2010). **신은 뇌 속에 갇히지 않는다**(역). 서울: 21세기북스].

88) 코이케 류노스케(小池, 龍之介)는 루머를 만들어 내는 번뇌의 해법으로 번뇌 리셋법을 만들어 젊은이들에게 권한다. 어린 나이에 도쿄대 교양학부를 졸업한 후 출가하여, 이제는 도쿄에 있는 게쯔도꾸지(月讀寺)의 주지로 일하고 있지만, 그가 만나는 젊은이들을 볼 때마다 그들로부터 번뇌를 읽어내며 안쓰러운 마음을 버릴 수 없었다. 누구든 번뇌를 다스리지 않고는 아무것도 기쁘게 맞이할 수 없다는 것을 옛날부터 익히 알고는 있지만 아직도 사람들은 미몽에 시달리기만 한다. 번뇌라는 것은 실체가 있는 어떤 것도 아니다. 번뇌는 그저 사람의 마음속에 생기는 부정적인 파문들, 말하자면 마음속에 켜켜이 쌓여서 만들어 낸 앙금이나 파문들 그중에서도 부정적으로 생명을 갉아먹는 업인 마이너스 카르마[業]라고 하지만, 그것의 실체는 역시 오리무중일 뿐이다.

생명이 있는 모든 것은 카르마라는 에너지를 이용하여 생존하는데, 인간의 마음 역시 마찬가지다. 번뇌는 바로 마이너스 카르마를 만들어 내는 동인이다. 번뇌 중에서도 인간이 제어하지 못하는 욕심, 혐오, 무지가 바로 마이너스 카르마를 끊임없이 만들어 낸다. 탐, 진, 치의 번뇌가 만들어진다. 번뇌를 제대로 다스리면 그것들을 살인 현행범으로 즉시 체포, 구금, 자백 받아야만 번뇌로부터 자유로워질 수 있다. 코이케 류노스케 스님은 사람마다 자기의 번뇌를 다스릴 수 있는 스위치가 있는데, 그 스위치를 번뇌 리셋의 스위치라고 말한다.

번뇌가 작동하기 시작하면 그것을 현행범, 버그로 잡아 번뇌를 리셋해 버리라고 말한다. "…… 우리 마음을 조절하려고 할 때에도 욕망이나 분노라는 번뇌가 솟아오르는 바로 그때에 현행범으로 붙잡는 것이 중요합니다. 왜냐하면 과거의 욕망이라든가 과거에 화를 냈던 기억을 생각하고 반성을 한들, 그것은 이미 지나가버린 과거의 일이지 현실은 아니기 때문입니다. 너절한 욕망이 마음에서 툭하고 튀어나오면 빨리빨리 그것에 손을 써서 '욕, 욕, 욕 ……'이라고 알아차려, 욕망을 진정시키고 길들게 할 것, 불쾌감이나 불안 같은 '화'의 번뇌 에너지가 솟아나오면 즉시로 '화, 화, 화, 화'라고 알아차리고 쳐부수는 것입니다. 욕망이나 화가 나오는 것을 알아차리는 '센스'를 챙겨, 조금이라도 빨리 틈을 주지 않고 붙잡는 연습을 한다면 감정을 쳐 부술, 즉 길들일 확률도 높아집니다."[참고: 코이케 류노스케(2010). **번뇌 리셋**(역). 서울: 불광출판사.]

89) 인테러뱅, 즉 물음표(?)와 느낌표(!)가 하나로 합쳐진 모양의 신조어인 '인테러뱅'은 광고대행업자인 마틴 스펙터(Martin K. Specter)가 만들어 낸 새로운 문장부호다[참고: 한성철 · 김진영(2010). **인테러**

뱅. 서울: 이른아침].

90) 동물도 인간 못지 않게 전략적이기는 하지만, 인간처럼 인테러뱅할 수 있는 것은 아니다. 동물은 생존을 하기 위한 전략들을 구사하기는 하지만, 인간처럼 사고 실험을 하거나, 물음 느낌표로 창설하거나, 연단하지는 않는다. 베네만(Bennemann, Markus) 교수는 약육강식의 세계에 등장하고 있는 여러 동물들의 생존 경쟁은 단지 강한 동물이 약한 동물을 먹고 살아남는 것이 아니라, 좀 더 현명한 동물이 승리한다는 것을 보고하고 있다[참고: 마르쿠스 베네만(2010). **지능적이고 매혹적인 동물들의 생존 게임**(역). 서울: 웅진지식하우스].

예를 들어, "전투기처럼 날렵하고 맹렬하게 하늘을 지배하는 솔개는 사람의 손에 있는 음식물까지 채갈 정도로 닥치는 대로 먹잇감을 포획하는데, 심지어 인간의 불을 훔쳐 사냥을 하는 대범함까지 보인다. 산불이 난 현장을 발견하면 그 속으로 뛰어들어 아직 불길이 이글거리는 나뭇조각을 집어 든 후 평화로운 마른 풀 위에 불덩이를 떨어뜨린다. 마른 풀밭에 불길이 솟아오르면 절망적으로 도망가는 주머니쥐, 도마뱀, 메뚜기를 잽싸게 낚아챈다." 또한 "북방족제비는 토끼를 잡을 때 미친 척을 한다. 동물이 어떻게 '미친 척'을 한단 말인가! 족제비는 빠른 동물이지만 토끼만큼 빠르진 않다. 자기보다 더 느린 적을 그리 무서워할 리 없는 토끼는 족제비를 아주 우습게 알고, 조금 다가올라치면 깡충깡충 뛰어가버려 족제비의 애간장을 태운다. 그때 족제비는 토끼 앞에서 춤을 추기 시작한다. 발을 구르고, 공중으로 소용돌이를 치며 마치 광대처럼 정신없이 뛰고, 돌고, 도약하며 춤을 추면, 토끼들은 공연을 보는 관객처럼 넋을 놓고 그 모습을 바라본다. 어느 순간 정신을 차려 보면 족제비는 토끼의 목덜미를 물고 있다. 지상 최고의 미친 개그, 동물 세계에서 가장 황당한 심리 작전을 구사한 결과가 생존인 것이다.

91) 권총과 장전된 실탄집에서 총알이 튀어나가는 원리는 간단한다. 탄피 앞부분에 탄두, 즉 총알이 있다. 실탄 안에는 화약이 가득 차 있다. 실탄의 70%는 화약으로 채워진다. 탄두는 그 화약을 막고 있다. 방아쇠를 당기면 총알의 뇌관이 건드려진다. 총알의 화약이 터지면서 탄이 튀어 나간다. 다시 말해서, 탄두 반대편 탄피의 아랫부분에는 방아쇠가 때리도록 되어 있는 뇌관이 있다. 뇌관은 점화 기능을 한다. 방아쇠가 탄피의 뇌관을 때리면 탄피 속을 채우고 있던 화약에 불이 붙는다. 화약이 연소하면서 폭발가스가 생긴다. 총알 안에 폭발 가스가 급속도로 가득 차면 압력이 생긴다. 그 압력에 의해 탄두가 앞으로 나간다. 총알은 충격 에너지가 운동 에너지로 바뀌면서 발사되는 것이다.

92) 참고: 진중권(2005). **놀이와 예술 그리고 상상력**. 서울: 휴머니스트.

93) 인간만이 언어능력을 지니고 있다고 주장하는 촘스키(Noam Chomsky) 교수는 유한한 문법 규칙이 무한한 문장을 생성시키며, 그 유한 규칙의 세계가 문법이라는 생각 아래 인간의 언어능력(competence)과 언어수행(performance)을 구별한 바 있다. 인간에게 있어서 잠재적 언어능력은 선천적이라는 것이다[참고: 노암 촘스키 외(1993). **장벽 이후의 생성문법**(역). 서울: 집문당; 노암 촘스키(1966). **변형-생성문법의 이론**(역). 서울: 범한서적주식회사].

아이들은 몇 개의 단어로 엄청난 수, 새로운 말들을 만들어 낸다. 이것은 어린아이가 후천적 언어 경험만으로 언어를 습득한다고 생각한다면 이해가 되지 않는다. 이전에는 들어보지도 못한 말, 가르쳐 주지도 않은 말들을 무한히 창조해내는 인간의 능력에 대해 해명할 길이 없기 때문이다. 이것을 해명하는 방법이 바로 인간의 변형생성능력이다. 인간에게는 선천적 언어 습득 장치(Language Acquisition Device, LAD)가 있다. 여기에는 최소한의 생성문법이 짜여 있는데, 이것을 통해 인간은 무한하게 새로운 말들을 생성, 변형해 낼 수 있다. 생성문법은 자연어의 이미 만들어진 표현들을 계속적으로 만들어 내는 하나의 규칙 집합이다.

94) 원소는 물질을 구성하는 알갱이의 종류, 즉 원자의 종류를 말한다. 원자는 물질을 구성하는 알갱이의 개수다. 예를 들어, 물 분자는 수소원자(H)가 2개, 산소원자(O)가 1개가 있기에 원자 수는 3개다. 물의 원소는 수소원자, 산소원자로서 원소의 개수는 2개다. 모든 물질은 평소에는 원자 하나만으로 구성되어 있지 않는다. 수소의 경우에도 H로 있는 것이 아니다. H_2로 구성되어 있는 것처럼, 분자는 하나의 원소가 아닌 두 개 이상의 원소가 결합된다. 물인 H_2O도 총 3개의 원자로 이루어져 있기 때문에 분자다. 이렇게 분자는 필요에 따라 서로 떨어지고, 서로 붙어가며 서로 다른 분자식을 만들어 간다.

95) 참고: 마츠오카 세이고(2004). **지식의 편집**(역). 서울: 이학사.

96) 참고: 론다 번(2008). **시크릿**(역). 서울: 살림Biz.

97) 참고: 칼 구스타프 융(1995). **우나 살루스-대자유에 이르는 길**(역). 서울: 정신세계사; 파드마 삼바바(2007). **티베트 사자의 서**(역). 서울: 정신세계사.

98) 참고: 정영(2009). 스스로 맹장 수술한 전설적 의사. **팝뉴스**. 2009년 12월 28일자.

99) 알랭 드 보통(Alain de Botton) 교수는 일과 나라는 인간적인 주체 간의 관계에 대해 명료하게 정리하고 있다. '나는 마음만 먹으면 뭐든지 할 수 있다. 나는 산이라도 움직일 만큼 강해질 수 있다. 나는 목표를 세우고 그것을 달성할 수 있다. 내가 지금까지 한 일이 내 안에 있는 힘을 다 보여 준 것은 아니니, 일을 한 번 끝까지 해 보라는 것이다' 잇대어 그는 일은 우리의 끝없는 불안을 잠재워줄 것이며, 일은 우리에게 품위 있는 피로를 안겨 줄 것이며, 일은 우리를 더 큰 괴로움에서 벗어나게 해 줄 것이라고 말한다. 이제부터는 일에 대해 투덜대지 말고, 대신 일하는 즐거움을 만끽해 보라고 충고하고 있다[참고: 알랭 드 보통(2009). **일의 기쁨과 슬픔**(역). 서울: 이레].

100) 바이오 해저드 특수 청소. 쉽게 말하면, 사람이 죽은 후 오래 방치되었던 시신의 흔적과 냄새를 지우고 집을 원상태로 돌려놓는 청소 작업을 말한다. 이들은 고인의 유품 정리도 함께 한다. 말하자면 천국으로 이사가는 사람들의 이사짐을 정리하면서 그가 그렇게 애지중지하며 아끼던 것을 가차없이 폐기처분시키는 일을 하는 사람들이다. 이런 유품 정리, 청소 사업이 우리나라에서도 붐을 이루기 시작했다. 사회가 고령화되면서 노인 인구들의 고독사가 늘어나고 있기 때문이다. 실제로, 2007년 충남에서 발견된 노인의 사체, 사망한 지 1년이 지난 후 발견된 노인의 사체 발견 같은 것이 이제는 우리 사회에서도 결코 낯설지 않은 사건이 되고 있다. 지켜보는 사람 하나 없이 홀로 생을 마감하고 시체마저

뒤늦게 발견되는 죽음을 가리켜 '고독사'라고 일컫는데, 우리보다 먼저 고령화 사회에 들어선 나라에서는 세상을 외롭게 등진 사람들의 유품을 정리해 주는 대행업이 해마다 늘고 있다. 이들 대행업소들의 현실적인 증언들에 의하면[참고: 요시다 타이치(2009). **유품 정리인은 보았다**(역). 서울: 황금부엉이; 박희창(2011). 천국으로 보내는 마지막 이삿짐을 날랐다. **동아일보**. 2011년 4월 23일자], 시신이 놓여있던 그곳은 전염병을 예방하기 위해 청소원들이 안간힘을 써야 하는 곳이며, 저들의 유품들 역시 산업폐기물로 처리되는 그런 것이었다. 삶이 정리되는 순간은, 태어날 때 그때처럼 저들의 의지와 뜻과는 달리 죽어가게 마련이며, 그 후의 모든 것은 다른 이들의 손에 의해 객관적으로 처리되고 만다. 그것이 삶의 마지막이다.

101) 참고: Lavov, W. (1970). *The study of nonstandard English*. Champaign, IL: National Council of Teachers of English.

102) 참고: 타구치 겐(2005). **아이디어X아이디어**(역). 서울: 글담.

103) 참고: Maubrey, L. D. V. (1985). Etienne Souriau's cosmic vision and the coming-into-its-own of the platonic other, *Man and World, 18*(3), 325-345.

104) 예를 들어, 암벽 등반가 에릭 바이헨메이어의 이야기는 자기 안의 자기가 어떤 일을 해내는지를 보여준다. 그는 '망막층간분리(retinoschisis)'라는 희귀한 질환을 갖고 태어났다. 열세 살 때 이미 시력을 잃었지만, 산악인이 되겠다는 꿈을 끝까지 포기하지 않았던 그는 2001년, 시각장애인 최초로 세계 최고봉인 에베레스트를 정복했다. 앞을 보지 못하지만, 그는 깎아지른 듯한 위험한 암벽에 몸을 맡기고 기어오른다. 암벽 사이에 꽂은 고리에 발을 넣고 손으로 바위를 움켜쥐는 모습을 보면 바위에 취해버린 묘기, 그 자체다.

그가 시각장애인이라는 사실이 믿기지 않을 뿐이다. 요즘 그는 '브레인 포트'라는 과학적 기계에 의지한다. 600개의 작은 전극들로 이루어진 막대가 브레인 포트다. 그 브레인 포트를 입에 물고 산을 오른다. 브레인 포트는 그의 혀를 마치 눈과 같이 작동하게 만든다. 혀는 본래 미각 기관이다. 브레인 포트가 작동하면, 다시 말해서 표면에 따끔따끔한 전극 막대가 닿으면 그 습기와 화학적 환경은 뇌에 전달된다. 브레인 포트는 그의 뇌라는 컴퓨터를 작동시키는 인터페이스가 된다. 막대는 입력된 시각정보를 전기 펄스의 패턴으로 해석한다. 혀는 거리, 모양, 움직임, 방향이나 크기 등 '시각적 결과물'로 보이는 특질들을 구별해낸다. 그래서 그는 두 눈 뜬 사람보다 더 정확하고 정교하게 암벽을 기어오른다[참고: 데이비드 이글먼(2011). **인코그니토: 나라고 말하는 나는 누구인가**(역). 서울: 쌤앤파커스].

105) 유대교의 율법인 토라의 핵심 원리는 네 이웃을 네 몸처럼 사랑하라는 원리다. 이 원리는 바로 하느님에의 경배이며, 신을 찾는 구도의 행위이며, 여호와를 찾는 절차로서 유대인들에게 요구되는 '다라쉬(darash)'다. 유대인에게 있어서 배움을 말하는 다라쉬의 핵심 내용이 바로 이웃에 대한 사랑이다. 카렌 암스트롱(Karen Armstrong) 교수는 그녀의 저서인 『축의 시대』에서, 유대인들에게 배움은 곧 신과의 합일을 찾아나서는 일이라고 강조한다. 다라쉬가 네 이웃을 네 몸처럼 사랑하라는 원리와 어긋

나지 않는 것은, "신이 태초에 오직 한 사람을 창조한 것은 단 한 사람의 생명을 파괴하는 것도 온 세상을 없애는 것과 똑같으며, 한 생명을 구하는 것이 인류 전체를 구하는 것과 같기 때문"이라는 것이다. 성경은 우리에게 인간의 피를 흘리는 것은 신성한 형상을 더럽히는 것과 다름없다고 여기라고 가르치고 있기에, 신과의 역동적인 만남은 네 이웃을 네 몸처럼 사랑할 때 가능해진다는 것이다[참고: 카렌 암스트롱(2011). **축의 시대**(역). 서울: 교양인].

106) 유대인에게 배움의 상징인 다라쉬는 그들의 평생학습기관인 예시바(yeshivah)를 통해 더욱더 일상화된다. 일종의 세계 곳곳에 흩어져 살고 있는 유대인은 기껏해야 1,700만 명에 지나지 않는다. 세계 인구 중 0.2%에 불과한 이들은 역대 노벨상 수상자의 23%, 아이비리그 학생의 30%, 미국 억만장자의 40%를 차지해 왔다. 고난의 민족사를 갖고 있는 이들이지만 세계 어디에서나 유대교 교리 공부를 할 수 있도록 고등 교육기관인 예시바(yeshiva)를 세워 놓고 있다.

그들의 영혼을 단련해 온 예시바는 유대인의 전통적인 평생학습기관이다. 일종의 도서관이며 문화센터와 같은 이곳에서 유대인들은 주로 자신들의 지혜서인 탈무드를 학습하며 유대인의 가치가 담겨 있는 율법정신의 뼈대인 토라를 익힌다. 예시바는 일반 도서관과는 다르다. 정숙과 고요함을 요구하는 일반 도서관과는 달리, 예시바에서는 소리를 높여 떠드는 일이 가능하기 때문이다. 자리를 옮겨 다니며 수다를 떨 수도 있고, 상대방과 이야기를 나눌 수도 있다. 좌석의 배열도 일반 도서관들과는 다르다. 이곳 예시바 안에 배치된 좌석들은 둘 이상이 마주보고 앉도록 놓여져 있기 때문이다. 어느 누구도 혼자 공부할 수 없게 되어 있다. 게다가 서로 마주보고 있는 좌석들은 전체적으로 한 곳을 향해 둥그렇게 모아져 있다[참고: 정현모(2011). **유태인의 공부**. 서울: 새앙뿔].

예시바는 혼자 하는 공부보다는 토론과 논쟁을 중시하기 때문에, 공부의 구조가 다른 나라들과는 다르다. 유대인에게 공부는 나 홀로만 하는 것이 아니라, 때때로 나 홀로 때때로 더불어 하는 동행적인 공부다. 공부의 구조화가 다르다. 예시바에서 유대인은 저 홀로 책을 읽고, 그 책에 대해 더불어 질문을 던지고, 더불어 대답하며 나 홀로 반추한다. 사소한 주제에서부터 심각한 쟁점에 이르기까지 그들의 대화와 토론은 계속된다.

107) 참고: 에카르트 폰 히르슈하우젠(2010). **행복은 혼자 오지 않는다**(역). 서울: 은행나무.

108) 참고: 펠리페 페르난데스 아르메스토(2006). **우리가 정말 인간일까?**(역). 서울: 아카넷.

109) 사회생물학자들은 이런 견해에 대해 신경질적으로 반응한다. 그들은 다른 동물에 비해 우월하다는 것은 인간이 만들어 낸 신화라고 보고 있다. 다른 동물에 대한 편견의 결과라는 것이다. 인간이 보여 주는 이타주의도 양가 가치를 수반하는, 인간의 유전자를 살리기 위한 이기적 속성이 강한 행동으로 이해한다. 타인을 돕기 위해 자신을 희생해야 하는 경우를 들어 인간이 보여 줄 수 있는 긍정적인 본성이라고 이야기할 수도 있지만 그것은 어쩌면 자기 파멸적인 행동이기에 그 행동에 용의주도하게 짜인 계획이 들어가 있다는 것이다. 그런 점에서 다른 동물들의 이타주의는 선택적인 동시에 이기적이라는 것이다. 말하자면 꿀벌이나 흰개미들이 서로에게 보여 주는 이타주의가 계산되고 의도적인 이기적인

행동인 것처럼 인간의 이타주의 역시 계획된 이기주의적인 행동에 속한다는 것이다. 자기가 타인을 도와주면 자기도 도움을 받을 것이라는 계산에서 이뤄지는 목적적인 이타주의라는 것이다.

110) 카논(canon) 기법은 예술가들이 흔히 활용하는 방법이다. 바흐의 〈푸가〉에서 보는 것처럼 기본 주제에 반주를 덧붙이고 이에 또 다른 반주를 덧붙이는 것 같은 작곡 기법도 카논 기법이다. 엄격한 모방의 원칙에 의한 대위법 음악 형식 및 작곡 기법인 카논 기법은 처음 주어진 선율이 일정한 시간이 지나 하나 또는 여러 성부에서 같은 음높이나 다른 음높이로 모방된다. 모방될 때 음의 길이는 그대로 또는 처음보다 긴 길이로 확대되거나, 본래보다 짧은 길이로 축소되어 나타난다. 인간의 삶에서 나타나는 욕망도 카논 기법처럼 삶에 따라 붙는다. 젊었을 때 강하게 집착하던 성에 대한 욕망, 지위에 대한 욕망 같은 것이 살아가면서 그 격렬함의 농도나 면적은 상대적으로 줄어들기는 하지만, 욕망은 죽는 그 순간까지 같은 비율을 유지한다. 욕망이 반복적으로 주제어로 삶을 이끌어 간다.

111) 참고: 배종호(1974). 한국유학사(韓國儒學史). 서울: 연세대학교출판부.

112) 참고: 김현(1995). 임성주(任聖周)의 생의(生意)철학. 서울: 한길사.

113) 참고: 에드워드 윌슨(1978). 인간의 본성에 대하여(역). 서울: 사이언스 북스.

114) 참고: 펠리페 페르난데스 아르메스토(2006). 우리가 정말 인간일까?(역). 서울: 아카넷.

115) 의지력이 사물의 판단에 작용하는 사례를 바우마이스터(Roy F. Baumeister) 교수는 미국 컬럼비아대 조너선 레바브 교수의 연구 결과로부터 끌어낸다. 조너선 레바브 교수가 이끄는 연구팀은 1,000여 건의 가석방 심리를 분석했다. 분석한 결과 발견한 것은 의지력 정도가 판사의 판단에 영향을 미쳤다는 사실이다. 판사들은 평균적으로 죄수 2명 가운데 1명꼴로 가석방을 허용했었다. 점심 식사 전인 오후 12시 30분까지 저들이 내린 가석방 판결 비율은 20% 정도였다. 점심 식사 직후에는 가석방 판결 비율이 60%로 치솟았다. 오후가 지난 저녁에는 가석방 판결 비율이 10% 미만으로 떨어졌다. 식후엔 판사들의 의지력이 높아졌기에, 의지력이 가석방 심리에 강하게 작용했다. 공복이 되기 시작하면 의지력이 낮아진다. 저들은 의지력이 떨어지면서 어려운 판단은 회피하려고 했다. 그 결과 죄수를 감옥에 가두는 보다 '안전한' 선택을 내리는 경향이 강했다[참고: 로이 F. 바우마이스터 · 존 티어니(2012). 의지력의 재발견(역). 서울: 에코리브르].

116) 참고: 장회익(2009). 물질현상과 생명현상. 비평, 봄(22).

117) 참고: 장회익(2009). 물질현상과 생명현상. 비평, 봄(22).

118) 참고: 에르빈 슈뢰딩거(2007). 생명이란 무엇인가: 정신과 물질(역). 서울: 궁리.

119) 요나스는 불트만과 하이데거에게서 신학과 철학을 배웠다. 하이데거의 철학에서 큰 영향을 받았지만, 히틀러에 자발적으로 협력했던 스승 하이데거와는 끝내 대비되는 길을 걸었다[참고: 한스 요나스(2001). 생명의 원리: 철학적 생물학을 위한 접근(역). 서울: 아카넷].

121) 참고: Anscome, G. E. M.(2005). *Human life, action and ethics*. Charlottesville, VA.: Imprint Academic.

122) 그 어떤 경우든 존엄사는 존엄하지 않다고 주장하는 사람도 다수를 이룬다. 그들은 논쟁의 핵심이 '인간을 고통으로부터 자유케 하기 위하여 죽음이라는 수단을 이용하는 것이 과연 정당한 일인가'에 대해 근본적인 의문을 품기 때문이다. 마지막 순간까지 삶을 포기하지 않고 살아내다가 자연적으로 찾아오는 죽음을 맞이할 때 비로소 우리는 존엄한 죽음이라고 명명할 수 있다는 것이다. 존엄한 죽음이란 인간의 모든 순간에 삶의 존엄함에 대한 인식과 동전의 앞뒷면이기 때문이라는 것이다[참고: 이상원(2010). 존엄사는 안락사와는 다른 것인가? 기독교생명윤리협회가 개최한 존엄사에 대한 세미나에서 발표한 논문].

123) 귀족 혈통으로 출생한 푸쉬킨(Aleksandr Sergeevich Pushkin)은 그의 아버지가 물려준 땅 니제고르드주에 갔다가 그곳에서 발이 묶인다. 그곳은 콜레라가 창궐한 지역이었기 때문이다. 바로 그 3개월이 그에게는 시 창작의 정점을 이루는 시기였다. 이때 그는『모차르트와 살리에리』『질병 때의 주연(酒宴)』등 50편의 작품을 쓴다[참고: 알렉산드르 푸쉬킨(2009). **삶이 그대를 속일지라도**(역). 서울: 써네스트]. 그는 나탈리야와 결혼했지만, 자유분방한 그녀와의 결혼 생활에 이내 지쳐 버린다. 비극의 시작이었다. 니콜라이 황제는 귀족 출신인 푸쉬킨의 부인이 궁정행사에 늘 참석하기를 명한다. 그 탓에 푸쉬킨은 왕의 시종보로 임명되기까지 한다. 시인 푸쉬킨을 더욱더 힘들게 만드는 일일 뿐이었다. 그는 우연히 자신의 아내와 밀회를 나누던 프랑스인 당테스를 목격한다. 그것을 참지 못한 그는 당테스에게 자신의 명예를 위해 결투를 벌린다. 1937년 2월 10일 벌어진 그 결투에서 그는 중상을 입는다. 생을 37세의 젊은 나이에 마감하고 그의 몸은 스뱌토고르스키 수도원에 안장된다.

124) 참새의 열세 걸음이라는 러시아 민담을 소재로 쓴 소설로 2012년 중국 대륙 최초로 노벨문학상을 수상한 작가, 그리고 말로는 절대로 하지 않는다는 뜻으로 자신의 필명을 모옌(莫言)으로 삼은 모옌은 타인의 삶은 훔쳐보는 것이 아니라고 이른다. 자기의 삶도 남과 비교할 일이 아니라고 말한다. 남의 행복을 훔쳐보거나, 자신의 행복을 이리저리 재다 보면 잘 나가던 자신의 삶은 이윽고 나락(奈落)의 재앙으로 떨어지는 법이기 때문이다. "아주 오래된 아름다운 전설이 하나 있어요. 참새가 한 걸음씩 내딛는 것을 본 사람이 있었대요. 참새가 병아리처럼 한 발 한 발 걸어가는 걸 보면 하늘에서 행운이 뚝 떨어진대요. 참새가 한 걸음 내디디면 횡재수를 안겨 주고, 두 걸음을 내디디면 관운을 안겨 주고, 세 걸음을 내디디면 여복을 안겨 주고, 네 걸음을 내디디면 건강운을 안겨 주고, 다섯 걸음을 내디디면 기분이 늘 유쾌한 상태를 누리게 되고, 여섯 걸음을 내디디면 사업이 순조로워진대요. 일곱 걸음을 내디디면 지혜가 곱절로 늘어나고, 여덟 걸음을 내디디면 아내가 잘하고, 아홉 걸음을 내디디면 이름을 온 세상에 떨치게 되며, 열 걸음을 내디디면 생김새가 멋지게 바뀌고, 열한 걸음을 내디디면 아내가 아름다워지며, 열두 걸음을 내디디면 아내와 애인이 화목하게 어울려 자매처럼 친한 사이가 된다는 거죠. 하지만 절대로 열세 번째 걸음을 보아선 안 된대요. 만일 참새가 열세 번째 걸음을 내딛는 걸 보았다가는 앞서의 모든 행운이 죄다 곱절의 악운으로 바뀌어 당신 머리 위에 뚝 떨어져 내린다지 뭐

예요[모옌(2012). 열세 걸음(역). 서울: 문학동네]!"

125) 일상적인 것이라는 말은 내가 크게 주목해야 할 것이 아니라는 뜻의 일이다. 혹은 마음만 먹으면 고쳐 먹을 수 있는 것, 혹은 유별난 것이 아니라는 뜻을 풍기는 것들을 가르쳐 주로 '일상적이다' 혹은 '친숙하다'라고 표현하곤 한다. 일상적인 것들은 늘 우리를 따라 다니기 때문에 노력을 하지 않아도 손쉽게 얻을 수 있다는 그런 뜻으로도 쓰이곤 한다. 예를 들어, 창의성을 개발하는 일을 도와주는 컨설팅 회사 노브스(Noves Inc)의 창업자들인 앤드류 펙, 지니 맥글레이드 같은 이들은 틀에 박힌 삶을 벗어나기 위해 때때로 쉬고(Rest), 때때로 운동하고(Exercise), 그리고 유해한 음식을 가능한 삼가서 먹는(Diet) 일을 일상화하라고 제시한다.

섭생하고 운동하며 여가를 갖는 일이야말로 누구에게든 언제나 가능한 일이기에 그렇게 하라고 권한다[참고: 앤드류 펙 · 지니 맥글레이드(2010). 당신 안의 아인슈타인을 깨워라(역). 서울: 시그마북스]. 그런 일은 그저 마음만 먹으면 당장이라도 해낼 수 있는 일이라고 생각하는 것이 사람의 일상적인 생각이다. 그런 일, 말하자면 시시한 일, 쉬운 일인데 그것을 제대로 하지 못하는 사람이 허다하다. 시시한 일, 언제나 할 수 있는 일을 시시한 것, 사소한 것으로 미루고 미루다가 마침내 사소한 것의 덫에 걸리곤 한다.

사소한 것들이 삶의 길목마다 깔아 놓은 덫에 걸리면 그것이 절대로 시시한 일, 사소한 일이 아님을 직감하게 된다. 그것이 사소한 일이 아니라는 것을 알게 되는 순간, 우리의 거동 하나에 죽음이 압박하고 있음을 알게 되는 순간이 된다. 흡연을 하지 말아야 하는 이유는 그리 많지 않다. 그저 건강을 지키기 위해서다. 정말로 시시하고 사소한 이유다. 흡연을 고집하는 사람에게 흡연해야 할 이유는 5만 가지도 넘을 정도로 다양하기만 하다. 시시한 이유를 숫자적으로 압도해 들어갈 정도의 엄청난 이유들이다. 흡연자가 열거하는 흡연해야 할 이유들은 결코 사소한 것들이 아니다. 그 이유 때문에 어느 시점, 건강을 의심받게 되는 날, 그가 우습게 보았던 사소하고, 시시한 것들이 오히려 엄청난 결과를 불러온다. 이미 때는 늦었다는 것을 직감하면 그때는 정말로 때는 늦은 것이다. 사소한 것, 시시한 것들의 차이가 엄청난 차이를 입증하는 순간이기 때문이다. 불가, 불가했어야 하는 것이 그 경계를 소리 없이 무너뜨리고 불가불, 가한 상태로 변질된 것을 확인하는 순간이기도 하기 때문이다.

126) 참고: 수전 스트레서(2010). 낭비와 욕망(역). 서울: 이후.

127) 오츠 슈이치(大津秀一) 박사는 죽음의 마지막 상황을 다루는 호스피스 전문의다. 호스피스는 사람의 임종을 다루는 완화의료클리닉이다. 그는 어린이부터 노인에 이르기까지 천여 명에 이르는 환자들의 임종을 지켜본 사람이다. 어쩌면 직업상 그렇기는 하지만 염라대왕의 사신쯤 되는 일을 하는 사람이다[참고: 오츠 슈이치(2011). 삶의 마지막에 마주치는 10가지 질문(역). 서울: 21세기북스]. 그의 관찰에 따르면, 암 환자는 마지막 2개월까지 배변 · 보행 기능을 유지한다. 심 · 폐질환 말기 환자는 조금 사정이 다르다. 몇 차례 위험한 고비를 넘기고 또 넘긴다. 그렇게 진을 빼다가 급속도로 모든 것이 악화된다. 최후에 이른다. 치매와 노쇠의 경우는 사정이 다르다. 주위 사람뿐만 아니라 자신의 진을 빼고 또 빼며 마지막에 이른다.

죽음에 이르는 경로나 과정에 개인차가 있기는 하지만 어느 쪽이건 남은 수명이 한 달 안쪽이 되면 극심한 권태감 속으로 빠져든다. 주위의 도움 없이는 아예 몸을 움직일 수 없게 된다. 일주일 이내로 수명이 줄어들면, 의식이 자주 혼미해지기 시작한다. 시간과 장소를 기억하지 못한다. 모든 것이 뒤죽박죽이 된다. 가족도 제대로 알아보지 못한다. 최후의 고비는 죽음을 앞둔 24~48시간 쯤이다. 환자의 고통이 극에 달한다. 의학의 힘으로도 어찌 해 볼 수 없다. 고통을 없앨 수 없기 때문이다. 긴 고비를 넘기면 그들에게 온화한 시간이 들어찬다. 이승에서의 마지막 순간이다.

그는 말한다. 현대인은 죽음을 맞이하는 방법을 모른다고 말한다. 그래서 살고 있어도 결코 행복하지 않은 삶을 살고 있다는 것이다. 인간은 태어나는 방법 역시 모른다. 생사(生死) 두 경우 당사자 모두 무기력할 뿐이다. 태어나고 죽어가는 것은 당사자들 스스로 어찌 해 볼 수 없는 상황에 있기 때문이다. 현대인일수록, 핵가족화 되어 있는 사회일수록, 소비주의 사회일수록 생사는 사회적으로 기관화 되어 있다. 현대 사회에서 살아가는 사람들일수록 끝내, 그리고 담백하게 죽음을 맞이하지 못한다. 고령화, 핵가족화, 산업화과정에서 사람들은 '죽음의 초보자'가 되어 버렸다. 죽는 일에 대해 무지한 사람들로 살아가도록 길들여졌다.

현대인일수록 고독사(孤獨死)를 두려워 한다. 고독사는 불행하다고 이야기한다. 편견일 뿐이다. 모든 죽음은 어차피 고독사이기 때문이다. 태어날 때에는 무기력하게 태어났다고 하더라도 살만큼 살았다면 삶의 방편이 있다는 이야기다. 삶의 방편이 나름대로 있다는 것은 누구나 자신의 마지막 순간도 정리할 수 있다는 뜻이다. 자신의 죽음을 깨달을 수 있는 힘이 있다는 것을 의미한다. 죽음, 그 마지막은 자신이 결단해야 한다. 우선 이승을 떠나는 사람과 보내는 사람 모두 죽음에 대해 터놓고 이야기할 수 있어야 한다. 죽음을 맞이하기 위해서라기 보다는 살아가는 데 힘이 되는 방법을 찾기 위해서다. 죽음을 진지하게 생각하면 살아갈 방편을 준비할 수 있다. 인생은 유한하다. 멋지게 살아야만 하기에 죽음에 대한 자신의 결단부터 준비해 둬야 한다.

128) 오쇼 라즈니쉬는 인도 출신의 영적 스승으로 불린다. 그는 1931년 인도에서 자이나교도 직물 상인의 장남으로 태어났다. 대학에서 강의를 하다가 인도 전역을 여행하며 명상 기법을 가르치고 특권 계급의 위선을 비판하였다. 1980년 강의 중 힌두교파에 의한 암살 기도가 일어나는 등 전통적 교파로부터는 배척을 받았다. 1970년대 중반부터 브하그완 슈리 라즈니쉬라는 이름으로 뭄바이 근처 푼 시에 명상센터를 세우고 붓다, 예수, 노자, 장자, 까비르, 피타고라스, 니체, 칼릴 지브란, 하시디즘, 수피즘 등 동서양을 넘나드는 강의를 펼쳐 세계 젊은이들에게 새로운 의식 혁명과 깨달음의 세계를 열어 보였다.

1981년 미국으로 건너간 그는 농업 공동체를 만들지만, 급진적인 사상으로 인해 미국 정부로부터 체포당한다. 인도로 돌아가지만, 인도 정부도 그를 받아들이지 않는다. 그 후에도 그는 네팔, 그리스, 스위스, 스웨덴, 영국, 아일랜드 등 21개 국가로부터 추방당하거나 입국을 거절당한다. 하지만 그는 전통적 종교가 인간이 인간으로서 가지는 최대 권리, 즉 자기 자신일 수 있는 권리를 방해하려 한다는 생각을 굽히지 않고 강의와 가르침을 통해 계속해서 많은 사람들에게 깊은 감명을 주었다. 오쇼는

1990년 1월 19일에 자신의 몸을 떠났지만, 푸나에 있는 그의 대규모 공동체는 영적 성장을 위한 메카가 되어 있다. 이곳에서 이루어지는 명상, 치료, 창조적 프로그램 등에 참가하기 위해 여러 나라에서 수천 명이 방문하고 있다.

129) 참고: 프레모 레비(2010). 휴전(역). 서울: 돌베게.

130) 참고: 오쇼 라즈니쉬(2006). 장자, 도를 말하다(역). 서울: 청아출판사.

131) 참고: 오쇼 라즈니쉬(2000). 금강경(역). 서울: 태일출판사.

132) 참고: 오쇼 라즈니쉬(1999). 배꼽(역). 서울: 장원.

133) 참고: 오쇼 라즈니쉬(2004). 짜라투스트라(역). 서울: 나무의 꿈.

134) 성공학의 대가로 알려졌던 오리슨 스웨 마든(Orison Swett Marden)이 한 말이다. 기업현장에서 자기 개발과 성공학의 복음 전도자가 된 인물이 오리슨 스웨트 마든이다. 그는 작가이지만 미국의 신사상 운동(New Thought Movement)을 주도한 사회 개혁가였다. 성공적인 호텔 경영자로서 이름을 떨친 마든 박사는 1850년 뉴 햄프셔의 가난한 사냥꾼의 집에서 태어났다. 세살 때는 어머니를 여의고 7살 때에는 사냥으로 연명하던 아버지마저 여읜 그는 친척의 손에 맡겨져 생계를 위하여 허드렛일을 도우며 어린 시절을 보냈다. 소년기 시절 친척이 경영하는 한 제재소의 사환으로 일을 하면서 그는 우연히 영국에서는 신화 같았던 자기 개발의 대가인 새뮤얼 스마일즈의 『자조(Self-help)』란 책을 읽게 된다. 그로부터 엄청난 감화를 받은 그는 그때부터 자신의 미래를 다시 생각한다. 그때가 17살이었다. 그는 미국의 새뮤얼 스마일즈가 되어서 미국 청소년들에게 새로운 삶의 방향을 잡아 주는 사람이 되어야겠다는 생각으로 고학으로 대학에 진학한다. 1871년 보스톤 대학을 졸업하고, 잇대어 그는 1881년에는 하버드 대학에서 의학박사학위와 법학박사학위를 받았다. 그때부터 그는 저술 활동과 신사상 운동을 매진한다.

1987년, 그는 『성공에 이르는 길(Success Magazine)』이라는 잡지를 발간하기 시작하면서 젊은이를 위한 신사상 운동을 추진한다. 그가 죽은 후 50년이 지난 1970년 어느 날, 자기 개발의 현대적 대가들인 클레멘트 스톤, 얼 나이팅게일, 노먼 빈센트 필, 오그 만디노 박사 등 미국에서 가장 영향력 있는 작가와 연설자들이 〈석세스〉지에서 후원하는 '긍정적 사고(Positive thinking)'에 관한 워크숍을 마친 후 시카고의 한 식당에서 저녁을 먹고 있었다. 그들에게 절대적인 영향을 준 사람이 누구인지를 묻는 기자에게 그들은 한결 같이 마든 박사를 꼽았다. 이들 모두는 인간이 개조하기 위해서는 습관을 고쳐먹는 것이 가장 중요하다고 강조한다. 실제로 습관의 힘이 어떤지를 보여 주는 옛사람들의 이야기가 우리에게도 살아 숨쉬고 있다.

어떤 스승이 뭐든지 해낼 수 있다고 뽐내던 제자를 가르치기 위해 같이 산에 올랐다. 제자에게 세 그루의 나무를 보여 주며 한 번 뽑아보라고 했다. 첫 번째 나무는 심은 지 얼마 되지 않은 나무였다. 제자는 손쉽게 그 나무를 뽑았다. 두 번째 나무는 심은 지 1년쯤 된 나무였다. 제자는 그 나무를 뽑기 위해 힘을 상당히 썼다. 뿌리가 내려 있어서 뽑기가 쉽지 않았다. 온몸의 힘을 다 뽑아낼 만큼 힘을 썼기 때문에 그 나무를 뽑을 수 있었다. 스승이 지적한 마지막 3번째 나무는 오래된 나무였다. 가지도 길고, 뿌리도 깊게 자리를 잡았다. 애를 쓰고, 힘을 들여도 도저히 뽑을 수가 없었다. 애를 무던히 썼지만 그 나무를 뽑을 수 없었던 제자가 말했다. "선생님, 이 나무는 심은 지 오래 되어서 도저히 제 힘으로는 뽑을 수가 없습니다." 스승이 그 제자에 답했다. "네가 남 앞에서 자랑하던 것이 하나의 습관인데, 사람의 습관이란 것도 바로 뿌리내린 나무 뽑기와 같은 것이다. 선이든 악이든 그것이 습관이 되고, 그 습관이 오래되면 그만큼 뽑기가 어려운 법이다!"

135) 코비(Stephen Richards Covey) 박사는 우주선의 궤도 진입을 상징적으로 비유한다. 그는 유전, 환경, 부모, 중요한 인물 등에 의해 프로그램화된 뿌리 깊은 습관, 나의 새로운 습관 형성을 저해하는 힘은 마치 지구의 중력과 비교할 수 있다고 본다. 사회와 조직의 문화는 지구 대기권의 중량과 비교될 수 있다. 현재의 잘못된 습관과 나의 새로운 가능성을 방해하는 사회 문화의 저항과 마찰에서 벗어나야 한다. 지금까지 자기를 끌고 왔던 잡다한 개인적 구습과 어쩔 수 없이 눈치를 보며 비위를 맞추어 왔던 사회 문화적 관습이라는 끈을 끊어내야 한다. 구습과 제약이 강제하는 힘보다 더 큰 강력한 의지력과 실천력이 없으면 습관은 고쳐지지 않는다[참고: 스티븐 코비(2005). **성공하는 사람들의 8번째 습관**(역). 경기: 김영사].

136) 건물을 부수고 새로 짓는 방식으로서의 파괴는 인간의 개조와는 전혀 속성이 다른 것이다. 그 점은 건축가들의 디자인에서 흔히 발견된다. 예를 들어, "중국처럼 한국은 재건축·재개발하면서 모든 걸 다 부수고 새로 짓습니다. 이건 매우 잔인한 개발방식이에요."라고 한국의 건축방식을 비판하는 노르웨이 출신 건축가인 피터 플란(Peter Pran) 씨가 그런 사람 중의 한 사람이다.
그는 지난 40여 년 동안 주로 싱가포르·노르웨이·두바이 등 세계 주요 도시에서 아주 중요한 건물로서의 랜드마크 빌딩을 디자인한 세계적인 건축가인데, "건물은 하나의 유기체여서 짓는 순간부터 주변 지역과 소통하며 존재 이유를 지니기 때문에 너무 낙후된 지역을 제외하고 왜 건물이 그곳에 들어섰는지를 생각하는 개발방식을 고민해야 한다."라고 강조한다[참고: 강도원(2011). "다 부수고 새로 짓는 한국의 건축방식은 잔인." **조선일보**. 2011년 3월 2일자]. 전면 철거를 선호하는 한국식 재건축·재개발 사업 방식에 비판하고 있는 그는 의미 있는 랜드마크 빌딩은 주변과 소통하고, 주변을 변화시키는 힘을 가진 빌딩이라고 말했다.

137) 인류학자 뤼시앙 레비브륄(Lucien Levy-Bruhl)은 연구를 위해 독일령 서아프리카 지역의 오밤보(Ovambo) 부족 마을에 기거한 적이 있었다. 그는 이웃 한 사람이 신선하고 상쾌한 어느 이른 새벽에 그들이 아주 좋아하는 개구리 사냥을 나가는 것을 보았다. 개구리 사냥을 하는 동안 그는 창을 던지다가 팔에 심한 상처를 입고 피를 많이 흘려 결국 목숨을 잃고 말았다. …… 사흘이 지났다. 부족들이 야단법석을 떨었다. 이 사람에게 주술을 건 사람을 찾아야 한다고 했다. 부족들이 팔을 걷어 부치고 찾아 나섰다. 누군지 그를 찾아내어 주술을 건 자로 몰아붙이고 그를 희생양으로 삼을 요량이었다. 그것을 알아챈 그는 저들의 조치에 반대했다. 하지만 부족민들은 그에게 대답했다. "만약 오물로디

(omulodi, 주술사)를 찾아내어 그를 죽이지 못한다면, 아마도 모든 사람이 죽을 것입니다." 선교사들도 그런 일에 반대하면서 추장에게 중지시키라고 간청했다. 선교사들의 간청에 못 이겨 추장이 개입했다. 추장은 선교사들이 없는 틈을 타서 주술사들에게 죄인을 처형하게 내버려 두었다[참고: 뤼시앙 레비브륄(2011). **원시인의 정신세계**(역). 서울: 나남].

138) 참고: 행크 데이비스(2010). **양복을 입은 원시인**(역). 서울: 지와사랑.

139) 종교성은 신앙의 발로다. 신앙은 인간답게 사는 길의 안내 표지이며 행복에 이르게 도와줄 수 있는 수단 중의 하나일 뿐이다. 신앙 그 자체가 영생의 보증수표는 아니다. 그 무엇이든 신앙성을 지니면 지닌 그만큼 자신이 더 평안해질 뿐이다. 생명의 위대함은 그의 신앙심에서 나타난다. 위대한 사람은 역사에 자신을 남기는 어리석은 짓을 하지 않는다. 그저 온유하고 고요하게 파장 없이 물 흐르듯 살다 간다. 자연으로 자연스럽게 되돌아 갈 뿐이다. 예수 역시 종교성의 원형이라는 것이다. 예수는 내면세계를 개조하라고 외쳤던 생과 명의 혁명가였다. 그의 내면에는 하늘을 향한 순수한 삶의 종교성이 꿈틀거렸다.

예수는 인간 내면에 왕국이 들어 차 있음을 역설했다. 하늘 나라가 자기의 내면에 있다고 외쳤다. 예수 스스로가 하늘 나라의 가능성을 보여주려고 노력했다. 그는 종교에 의존하려는 사람들을 가만 놔두지 않았다. 저들의 나태함을 흔들었다. 의지한 채 편안함에 안주하려는 저들의 내면을 그만 놔두지 않았다. 소리친다고, 외친다고, 기댄다고 저들에게 행복을 보장하지 않았다. 저들 편한 대로, 주문한 대로 그에게 의지하려는 사람들의 내면을 허용하지 않았다. 생각하며 익힌 대로 실천하라고 요구했다. 실천하지 않고 말로 외치는 행복에의 기대를 파괴하려고 했다. 그런 편안함은 하느님 나라를 방해하는 우상이나 마찬가지였기 때문이었다. 하느님은 우상이 아니라 삶을 통해 나타나는 진정성이어야만 했다. 그것이 이웃 사랑으로 표출되고, 행동으로 실천되어야 했다. 그는 종교를 빙자해가며 삶을 거짓하려는 사람들을 위로할 수가 없었다[참고: 오강남(2011). **종교, 심층을 보다**. 서울: 현암사].

140) 참고: 오쇼 라즈니쉬(2008). **도마복음 강의-예수의 잃어버린 가르침을 찾아서**(역). 서울: 청아출판사.

141) 우리나라 최초의 싱어송 라이터로 소개되는 사람이 바로 가수 한대수다. 포크 음악을 국내에 처음 소개한 사람이자 70년대 〈물 좀 주소〉라는 노래로 자유에 대한 갈증을 노래한 이도 바로 그다. 미국에서 수의학을 전공하다가 히피가 되었다. 시대가 젊은이들에게 그것을 요구한 것도 사실이지만 때 지난 히피가 된 것이다. 그렇게 그는 기타 하나 메고 한국에 왔다. 군사 정권이 그의 음악에 귀를 기울일 리가 없었다. 신중현이나 김민기처럼 군부 아래 고난을 당하다가 다시 기타 하나 둘러메고 미국으로 되돌아 갔다. 20여 년간 공식적인 음악 생활을 중단한 채, 시인으로, 작가로 활동하다 다 늙은 나이에 귀국했다. 4살 먹은 딸 하나와 알콜 중독자인 젊은 아내를 데리고 들어왔다. 그는 기자와의 면담에서 자유분방한 그의 삶, 어쩌면 열외 인생이란 어떤 것인지를 털어놓고 있다. 삶이 다 그런 것이지만, 그 역시 끝없이 행복의 나라를 그리워한다. 살아간다는 것은 늘 그런 것이다[참고: 한현우(2011). 한현우의 커튼 콜: 또 한 명의 세시봉 가수 한대수. **조선일보**. 2011년 7월 16일자].

142) 온몸으로 무덤 속에서 자유의 단순함을 보여 준 작가가 니코스 카잔차키스다. 사람들은 언제나 자유에 대해 말한다. 자유를 원치 않기 때문이다. 자유는 위험하다. 어느 누구도 자유해 본 적이 없기 때문이다. 자유는 바이러스다. 삽시간에 전염되기 때문이다. 그것을 마음대로 갖고 유희한 카잔차키스는 문학계의 예수이기에 충분했다. 그는 말한다. "참된 인간이란 아무리 곤경에 처하더라도 신 앞에 서까지도 저항하고 투쟁하고 의연해야 한다. 우리가 죽음을 정복할 수 없는 건 사실이지만, 죽음에 대한 두려움은 정복할 수 있기 때문이다[참고: 니코스 카잔차키스(2008). **영혼의 자서전**(역). 서울: 열린책들].

니코스 카잔차키스는 인간의 해방보다는 인간을 종교라는 이름으로 교묘하게 구속하며, 짜들어가는 그리스 정교에 맞섰다. 그가 자유를 위해 저들에게 내놓은 것은 그의 생과 명이었다. 카잔차키스는 자기 한 몸으로 그것을 보였다. 여행 길에 올랐던 그는 귀국하지 못한다. 그리스 정교의 골수분자들이 그들의 욕망을 신의 이름으로 포장하면서 그의 귀국을 막았기 때문이다. 저들이 생각해낸 정치적 박해의 수순에 따라 그에게는 이단자라는 꼬리표가 붙는다. 잇달아 그의 소설 『최후의 유혹』도 금서로 지정된다. 스피노자의 망령이 크레타에 다시 나타난 것이다.

파문을 당한 그는 저들의 단죄에 아랑곳하지 않고 아테네의 정교회 본부에 다음과 같은 전문을 보낸다. "성스러운 사제들이여, 여러분은 나를 저주하나 나는 여러분을 축복합니다. 여러분께서도 나만큼 양심이 깨끗하시기를, 그리고 나만큼 도덕적이고 종교적이기를 기원합니다." 타국에서 그는 마침내 죽음을 맞이했다. 그가 74세 때 일어난 일이었다. 그의 죽음 후 긴 시간이 흘렀다. 희랍정교가 마침내 자유 앞에 무릎을 꿇었다. 문명과 자유 앞에 종교가 무릎을 조아렸다. 카잔차키스는 자유의 순교자로 죽은 몸과 살아 있는 영혼이 고향인 크레타로 돌아온다. 그의 시신은 크레타 섬의 산등성인 이크라리온에 묻힌다. 온 세계에서 수많은 사람들이 크레타를 찾는다. 희랍정교회를 보기 위해 크레타 섬을 찾는 것이 아니다. 그가 보여 준 자유를 찬양하기 위해 크레타를 찾는 것이다. 그들은 그의 무덤 위에 아무것도 없는 것에 더 이상 놀라지 않는다. 그저 나뭇가지로 묶어 맨 십자가만이 달랑 서 있는 그의 영혼에게 무한하게 감격한다. 그의 머리는 지중해를 바라보며 반듯하게 지금도 외치고 있다. "나는 아무것도 바라지 않는다. 나는 아무것도 두려워하지 않는다. 나는 자유다."

143) 참고: 오쇼 라즈니쉬(2010). **반야심경**(역). 서울: 섬 앤 섬.

生의 過

4. 서로진화 | 共進化, 동행지식 | 同行智識

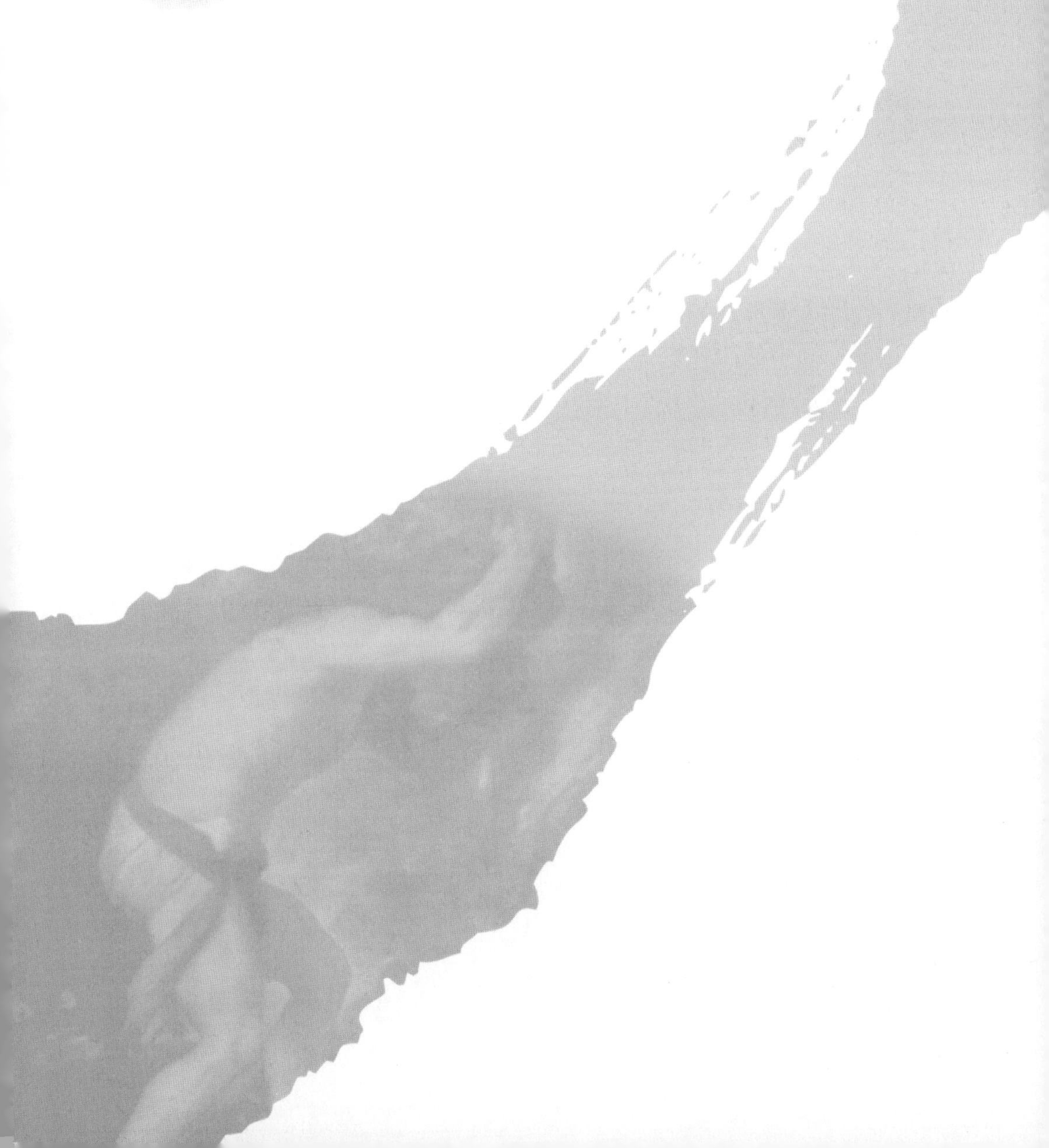

1. 두 사람이 한 사람보다 나음은 그들이 수고함으로 좋은 상을 얻을 것임이라 혹시 그들이 넘어지면 하나가 그 동무를 붙들어 일으키려니와 홀로 있어 넘어지고 붙들어 일으킬 자가 없는 자에게는 화가 있으리라 또 두 사람이 함께 누우면 따뜻하거니와 한 사람이면 어찌 따뜻하랴 한 사람이면 패하겠거니와 두 사람이면 맞설 수 있나니 세겹 줄은 쉽게 끊어지지 아니하느니라. – 전도서(4:9-12)

지구상의 모든 사람들에 대한 유전자 패턴을 재구성하는 작업이 진행 중이다. 제노그래픽 프로젝트라고 명명된다. 완전한 제노그래픽이 언제 완성될지는 알 수 없는 노릇이다. 인류의 집단 유전자를 규명하고, 재구성하려는 노력의 일환으로 진행되는 작업이기 때문이다. 최초의 인류가 지구 여러 곳으로 이동하기 이전 상태의 인간 유전자를 규명하려는 연구팀이 알아낸 결론은 한 가지다. 인간은 원숭이가 아니라는 결론이다. 침팬지 혈통과 인간의 혈통은 약 6백만 년 전에 갈라졌기 때문이다.[1] 인간은 생물학적으로 보면, 침팬지, 보노보, 고릴라, 오랑우탄과 함께 현존하는 5종의 큰 유인원 중 하나이지만, 초기 인류는 저들과는 달리 초식동물로 성장했었다.[2]

인간이 포유류에 속한다는 것은 부정할 수 없는 사실이지만, 인간은 종(種)으로 보면 침팬지와는 전혀 다른 종이다. 인간과 침팬지의 유전자 차이를 결정하는 뉴클레오티드의 수를 파악하면서 받아들인 동물생물학자들의 결론이었다. 뉴클레오티드의 수를 파악하면 인간과 침팬지가 오랫동안 서로 다르게 갈라져 왔는지를 알 수 있다. 그렇기는 하지만, 그 조사 결과 자체만으로는 인간이 침팬지와는 전혀 다른 생물이거나 새로운 종이라고 단정짓기는 쉽지 않은 또 다른 점이 하나 더 있다. 그것은 인간 DNA의 98% 이상이 침팬지와 일치하고 있다는 점이다. 인간과 침팬지는 너무 유사하다는 점을 그냥 다르다는 말 한마디로 부정하기가 쉽지 않기 때문이다.[3] 인간이 침팬지와 같은 유인원들로부터 그 어떤 '이유'와 원인에 의해 급격하게 서로 다른 종으로 확실하게 갈라졌을 것이라는 설을 어렵게나마 받아들이게 만드는 대목이다.

인간이 침팬지와는 전혀 다른 길을 걷기 시작한 것은 6백만 년 전 부터다. 원숭이처럼 생기기는 했어도 인간은 원숭이가 아닌 새로운 종의 유인원이었다. 인간을 '털 없는 원숭이' 혹은 '세 번째 침팬지'라고도 부르는 이유다. 인간은 원숭이로부터 더욱더 진화한다. 인간이 원숭이와는 달리 호모 사피엔스가 되는 계기가 된다. 호모 사피엔스는 '꾀주머니'라는 뜻이다. 침팬지를 제아무리 인간처럼 키워도, 침팬지는 결코 인간처럼 언어를 구사할 수 없다는 사실 자체가 침팬지는 생래적으로 인간과 같은 꾀주머니가 아님을 보여 준다. 침팬지가 결코 호모 사피엔스로 불릴 수 없다는 것을 보여 준 실험이 있었다. 그것은 침팬지에게 인간의 언어능력을 학습시키려다 끝내 불발로 끝나버린 프로젝트 님(Project Nim)이었다. 스키너의 학습론에 경도된 일군의 학습심리학자들이 시도한 도전적인 실험이었다. 언어능력만큼은 인간의 고유능력이라고 주장하는 노암 촘스키(Noam Chomsky) 교수를 반박하기 위해 스키너의 행동주의 학파에 의해 시도된 실험이었다.[4)]

꾀주머니인 인간은 종(種)의 분화로 볼 때에는 보노보 및 침팬지와 공통 조상을 갖고 진화된 것을 부인하기는 어렵다. 보노보와 침팬지는 원초적으로 유별나게 성욕이 넘치는 성희의 유인원이다. 호모 사피엔스라는 인간 역시 저들에 비해 결코 뒤지지 않는 성욕과 성희의 존재다. 인간은 보노보와는 달리 성적 과잉의 원초적 상황과 조건을 사회제도로 교묘하게 통제하고 있다. 간교한 종이기는 하지만, 넘치는 성욕과 성희를 통제하기 위해 통제기구를 활용한다. 그것이 결혼 제도라는 사회제도의 도입이다. 그것이 제도적으로 종교적 교의와 잘 얼버무려져서 나타난 것이 일부일처제도다. 일부일처제도는 인간이라는 유인원의 성희로 보아서는 인간이라는 생물학적 조건과는 상충되는 제도일 뿐이다. 인간과 생물학적 근사치를 지니고 있는 침팬지, 보노보의 원초적인 가족 양태와 성적 결합 가족생활을 관찰하면, 인간이 드러내 보이는 결혼제도는 불안정스런 제도에 속한다.[5)] 인간의 가족생활에서는 긴장과 갈등이 빈번하지만, 보노보의 가족생활은 인간의 그것에 비해 안정성을 상당히 드러내 보인다.

인간의 결혼 제도가 불안정스러운 것은 인류의 진화과정과 무관하지 않다. 현대인과 같은 인류가 지구상에 등장한 것은 200만 년 전 일이다. 인류는 지속적으로 진화했다. 인류 조상의 뿌리는 대부분 아프리카 대륙에서 커 나갔다. 인간의 공통 조상들이 그곳에서 출현했는데, 원시 인류들은 여러 학명으로 불리고 있다. 호모 안테세소르(*Homo Antecessor*), 호모 하이델베르겐시스(*Homo Heidelbergensis*), 혹은 호모 사피엔스 등이 그것이다. 무슨 이름으로 부르던 간에 관계없이 원시 인류의 시조는 아프리카 출신이다. 아프리카에서 저들은 직립동물로서의 기능에 충실했다. 걷기 동물의 속성이 직립이다. 직립은 뛰기보다는 걷기에 더 편리하다. 저들은 생존을 위해 걷고, 또 걸었다. 중동과 유럽으로 이동하기 시작했다. 생존을 위해서였다. 아메리카 대륙으로도 이동한다. 죽기 전까지 저들은 앞으로 걸어 나갔고, 걷다가 죽으면 죽은 대로 그곳에 묻히고 말았다.

인류의 시조들을 나 홀로, 때로는 더불어 걸었다. 한 곳에 오래 머물면, 만나는 남녀가 한 식구가 되었고, 흩어지면 남이 되었다. 늘 불안정했지만 저들은 만날 때는 식구로, 헤어질 땐 다른 식구가 되었다. 만남과 헤어짐이 늘 불안정했다. 여성에겐 육아 양육과 먹잇감이 늘 문제였지만, 다른 경로로 걷다가 또 다시 만나면 또 다시 서로 섞이곤 했다. 동행과 결합, 그리고 교접이 생존의 법칙이었다. 응집의 원리였으며 공동체 출현의 원리였다. 소유를 통한 번식과 가족으로 하나됨의 원리였다. 소유는 경쟁의 결과물이었다. 동행은 떨어져 나감이며 새로 함께함의 시작이었다. 협동의 출발이기도 했다. 그들은 새로 만나는 환경에 꾸준히 적응해 나갔다. 생존하기 위해 적응했다. 저들은 다른 동물에 비해 힘이 약했다. 들개보다도 힘이 약했기에 힘 센 동물들의 약탈감이며 먹잇감이었을 뿐이다.

먹잇감으로부터 벗어나려는 필사적인 노력이 필요했다. 저들이 갖고 있는 능력은 힘이 아니라 꾀였다. 인간은 자신보다 힘이 약한 동물들을 먹잇감으로 만들기 위해 사육에 나섰다. 혼자로서는 불가능했다. 그들은 동행하고 동참했다. 하나 둘 함께 모였다. 손을 합했고, 머리를 합했다. 시나리오는 생존을 위한 시나리오였다. 동행은 지식의 과정이었다. 서로 앞으로 나갔다. 누군가의 행동은 생존에 보다 더 유리했다.

기술이나 슬기가 남달랐다. 위험을 먼저 감지한 사람이 동료에게 그것을 알렸다. 새로운 길을 제안하기도 했다. 그런 이들이 동행들에게 지식의 역할을 발휘했다. 동행과 지식이 생존을 위한 슬기였다. 진화의 모태였다. 동행이 요구되고, 슬기가 요구되기 시작하면서 인간은 언어능력을 지니기 시작했다. 생존을 위한 필요성에서 그렇게 언어능력이 진화한 것이다.

진화는 생존의 문화를 축적하는 계기이기도 했다. 시행착오도 어쩔 수 없는 노릇이었다. 죽음도 필연적이었다. 죽음에 개의치 않았다. 다른 동물보다 더 필사적이었다. 인류의 지구 이동 시나리오가 그것을 보여 주고 있다. 어떤 학자들은 인류의 이동을 해안선 이동의 역사로 해석했다. 아프리카 해안에서 인도양의 긴 해안선을 따라 이동했다는 것을 밝혀냈기 때문이다.[6] 또 다른 학자들은 인류의 이동이 7만 년 전부터 일어났다고도 했다. 유럽과 아시아를 향한 초기 인류의 이동 흔적도 어김없이 드러났다. 유럽과 아시아를 통한 북부 루트에서 인류의 이동 루트가 확실히 드러났기 때문이다. 광대한 사막이 문제이기는 했지만 초기 인류들은 짝이 되어, 가족이 되어 동행하며 그들은 걸어 나갔다. 저들의 걷기를 막았던 것은 오로지 저들의 생과 명이었을 뿐이었다.[7] 인류의 시작은 용기의 그것으로 자신의 운명을 개척했다.

초기 인류가 걷기만 했던 종(種)은 아니었다. 초기 인류에게는 달리며 숨는 능력도 뛰어났었다. 모두가 생존을 위해서 축적한 인간의 꾀이며 기술이다. 현생 인류인 호모 사피엔스가 끝까지 살아남은 이유가 무엇인지가 궁금했던 르포기자인 맥두걸이 있었다. 그는 초기 호모 사피엔스들이 자신보다도 훨씬 영리하고 덩치가 크며 힘이 센 네안데르탈인을 제치고 인류의 전통을 잇게 된 이유를 알고 싶었다. 잇대어 그는 맨발로 걷는 아프리카 사람들이 그토록 먼 거리를 쉬지 않고 달릴 수 있는 근거 역시 무엇인지 알고 싶었다. 부상을 당하기는커녕 달리기 자체를 즐길 수 있는 초기 인류들의 비결이 무엇인지 궁금했다. 그가 주목한 곳이 있었다. 멕시코의 '바란카스 델 코브레'라는 곳이었다. 험준한 오지에서 살고 있는 원주민의 달리기 습관이 유별나다는 사실에 눈을 돌렸다.

그곳은 구리의 협곡이었다. 마약 조직들의 생활 근거지이기도 했다. 이곳에서 오랫동안 살아온 원주민이 있었다. 타라우마라족이 그들이었다. 그들은 달리는 사람들로 불리는 종족이다. 타라우마라족은 의약품 없이도 건강한 삶을 누린다. 성격적으로는 아주 차분하고 조용하다. 달리는 사람의 일반적인 특성 그대로를 지니고 있었다. 떠들면서 달리는 사람은 없다. 몸과 머리는 생존을 위해 그 어떤 동물보다 치열하게 움직이지만, 입만큼은 조용하다. 인류 역사상 가장 빨리 달리는 종족으로 기록된 이들이 타라우마라족이다. 장시간 동안 달려도 이들의 심폐 기능에는 이상이 전혀 발견되지 않는 종족이다. 현생 인류가 보유했던 달리기 유전자의 흔적을 지녔다고 볼 수 있는 종족이었다.

맥두걸 기자는 타라마우라족으로부터 한 가지 사실을 알아낸다. 타라우마라족은 포기할 줄을 모른다는 것이었다. 일종의 근성이었다. 포획할 먹이를 보면 결코 놓치지 않는다. 도망가는 먹잇감이 오히려 지칠 때까지, 악착같이 끝까지 쫓아간다. 며칠이 걸려도 쫓아간다. 먹이를 보고 표적으로 삼았다면 끝까지 쫓아 달리고 달린다. 먼저 지치는 쪽이 지는 것이다. 그땐 지친 쪽이 먹이가 된다. 마침내 지치는 쪽은 타라마우라들이 아니라, 사슴 쪽이다. 사슴들은 발굽이 뭉그러질 정도로 도망가다 탈진하고 만다. 더 이상 달릴 수 없게 되면 사슴의 생명은 끝이 난다. 저들을 쫓고 쫓았던 타라마우라족은 이제 사슴의 주인이 된다. 맨손으로 사슴을 나꿔챈다. 그들의 삶은 달리는 삶이었으며, 달리는 저들의 삶이 생과 명이었다. 달리기에 조건화된 사람인 타라마우라족의 신체 구조는 더 달려 나가도록 진화되었다. 발 구조와 그들의 호흡 구조, 몸 구조 모두가 달리도록 최적화되어 있었다.

인간은 원래 걷고, 달리도록 된 동물이다. 타라마우라족에게는 달리기능력이 더 세련되게 진화되었을 뿐이다. 문명의 발달은 인간의 달리기능력을 점점 둔화시켰다. 걷기마저 둔화되고, 약화되기 시작했다. 걷기와 달리기가 둔화되면서 인간은 또 다른 한가지를 상실하게 되었다. 넓은 경험능력을 점차로 상실하기 시작했다. 땅과의 접촉능력, 환경에 대한 세밀한 관찰능력을 상실하기 시작했다. 땅을 경작하기 시작했지만, 그 대신 인간이 지니고 있던 땅의 혼은 상실해 버리기 시작했다. 땅의 소리, 광야의 소리를 잃어 버렸다. 광야의 외침을 잃어 버림으로써 마침내 인간은 질병을 얻기 시작했다. 정착은 달리기와 걷기의 퇴화였으며 질병의 시작이었다. 인간의 질병은 달리기와 걷기의 둔화로부터 악화되고 고질화되었다는 것이 맥두걸 기자가 내린 결론이었다.[8)]

인간이 걷고, 달려 나간 곳마다 저들이 지녔던 생존 기술들도 함께 더 넓은 곳으로 전파되었다. 새로운 기술 문화의 전파가 새로운 문화를 만들어 낸다. 땅이 변한다. 새로운 삶의 기술이 널리 번진다. 세상은 새로운 생활 요령으로 전염된다. 구전이든 몸짓 손짓이든 저들이 필요한 것은 모방된다. 그리고 차용된다. 모방과 차용의 과정은 기술의 변형이나 응용과정이다. 어떤 이는 문화 전파의 과정을 주도하기도 한다. 어떤 이는 모방에만 집중한다. 어떤 이는 전파에 앞장선다. 모두가 걷기와 달리기의 부산물이었다.

리처드 바크의『갈매기의 꿈』같은 것이 번져 나간다. 원시 인류 공동체에서도 예외일 수가 없었다. 어떤 인류는 갈매기처럼 먹이를 찾았다. 적당하고 알맞은 곳에 그대로 정착하기도 했다. 먹이 찾기에만 만족한 것은 아니다. 그 이상을 생각한 인류들은 새로운 모험을 감행했다. 걷고 달리고, 또 걸었다. 새로운 문화를 보았다. 새로운 문명을 다시 만들었다. 서로 다른 문화끼리의 다양한 교배가 이뤄진 것이다. 다른 문화들이 서로 접촉하고 접변하면서 새로운 문화가 만들어졌다. 인간은 그렇게 지구에서 자기의 문화를 만들어 내 전파했다.

인간이 지구에 등장한 것은 우연한 일이며 평범한 일이다. 지구 안에서 생명하고 있는 것은 모두가 평범하다. 아무것도 다른 것에 비해 특별한 것이 아니다. 생명이라는 것은 그 자체로서는 유별나다. 생명체라는 일반 존재는 서로가 서로에게 그렇게 유별나지 않다. 나의 생명은 다른 어떤 것에 비해도 특별한 것이지만, 신의 입장에서 보면 나나 침팬지는 같을 뿐이다. 그저 하나의 생명체일 뿐이다. '모든 생명체는 서로 같다'는 생명과학철학의 근거를 평범성의 원리라고 부른다.[9)]

인간이라는 존재도 다른 생명체처럼 지구상에서는 같다는 논리다. 인간이라는 생명체가 유별난 것일 수가 없다. 저들도 단 하나의 생과 명을 지닌 생명체다. 모든 생명은 일반적이며 특수하다는 점에서 이중적이다. 생명체 하나하나가 귀하고 독특하며 개체적이지만, 크게는 하나일 뿐이라는 뜻이다. 우주라는 커다란 관점에서 보면 모든 생명체가 실낱같이 연약한 하나의 생명 존재라는 뜻이다. 인간이라는 생명체 역시 우주 내에서 어떤 위치를 점유하고 있는 수많은 것 중의 하나일 뿐이다.

자연에 사계절의 질서가 있듯이 생명체에도 생명에 대한 고유한 법칙이 있다. 모든 생명이 생화학적으로 태어나서 자라고, 늙고 죽을 뿐이다. 생명에게 어떤 다른 원리가 있을 수 없다. 태어난 것은 끝내 죽는다. 그것이 생명의 법칙이며, 생명의 아름다움이다. 생명의 본질은 부분과 전체가 어우러진 통일성, 완벽성과 조화성에 있다. 통일성과 완벽성, 그리고 조화성이 생명을 아름답게 만든다. 자연은 바로 그것을 삶의 지표로 삼으라고 가르친다. 생명에는 한 치의 오차도 없이 질서정연하다. 생명은 생화학적으로 언제든 완벽하다. 오류가 있을 수 없다.

누구의 생명이든 그의 목숨은 자신에게는 결코 허튼 목숨이 아니다. 태어나면서부터 허튼 적은 있을 수 없다. 한 번 태어나면 어김없이 죽고 말지만, 생명이 다하기 전까지는 함부로 할 수 없는 것이 자신의 목숨이다. 삶은 그 생명이 살아가는 동안 이리 비틀리고 저리 비틀릴 수는 있어도 살아남아야 생명이 될 수 있을 뿐이다. 누구의 삶이든 삶은 그에게 늘 서투를 뿐이다. 생명은 그 자체를 위해 완벽하게 존재하지만, 그가 살아가는 삶은 언제나 불안정하다. 완벽한 생명체는 이 세상에 존재할 수 없다. 생명체의 화학분자는 늘 그렇게 일관될 뿐이다. 인간은 세포의 생명 덩어리로 만들어졌기 때문에 세포의 생명 논리를 따를 뿐이다. 세포는 생화화적 덩어리다. 완벽한 세포 덩어리다. 생명은 그 자체로 완벽하다. 오류가 있을 수 없다. 오류로 만들어지는 생명은 없다. 완벽성이 생명의 원형이다.[10)]

생명에는 시작이 있다. 시작이 있으면 끝은 따라다니게 마련이다. 생명은 물질이기 때문이다. 물질에는 어김없이 마지막이라는 끝이 있게 마련이다. 생물인 경우 노화 현상을 제거할 수 없다. 인간이 영원에 가까운 삶을 살 수 있을 것 같지만, 공상(空想)이며, 헛된 바람일 뿐이다. 영원이라고 우길 수 있는 삶은 있을 수 없다. 영원을 우길 수는 있지만 영원히 살 수는 없는 노릇이다.[11] 소망한다고 현실이 되는 것이 아니기 때문이다. 노화를 거부한다고 거부되는 일도 아니다. 노화는 결코 죽음의 전(前) 단계가 아니다. 노화는 죽음을 맞는 단계로서 그 의미를 갖는 것이 아니라, 생명이 지니는 아름다움일 뿐이다. 노화의 아름다움은 생존을 위한 적응 변화에서 찾을 수 있다. 노화 현상은 생명체의 생존적응방식이다. 외적 자극에 대해 반응하고 적응함으로써 생존하기 위해 변화하는 자기 보호적 양태다. 노화는 삶을 파괴하기 위해 숙명적으로 만들어 놓은 함정이 아니다. 어떻게 적응할 것인지를 고뇌할 이유가 없다는 것이다. 노화를 있는 그대로 받아들이면 된다. 성형으로 노화를 막지는 못한다. 지연시키는 것도 아니다. 그저 위장하는 것일 뿐이다. 성형은 노화의 위장술이다. 노화는 생물체의 생화학적 원리이다. 짝퉁이 진짜를 대신할 수는 없다.

생명과 죽음 간의 이어짐도 마찬가지일 뿐이다. 생화학적으로 본다면, 분자의 세계에서, 세포의 세계에서, 사람의 세계에서 더 이상 쓸모가 없을 때 나타나는 자연스런 현상이 죽음으로 나타날 뿐이다. 저항하고 따지고 거부한다고 죽음이 거부되는 일이 아니다. 죽음은 세포들의 마지막 삶을 알려 주는 공동선이나 마찬가지다. 생명 현상에서는 자연스러운 일일 뿐이다. 죽음은 세포를 지닌 당사자에게 어김없이 일어나는 일이다. 제아무리 괴롭고 힘들더라도 어쩔 수 없는 노릇이다. 떠나보내야 할 것은 떠나도록 되어 있다. 세포의 생체분자가 취하는 마지막 길이기 때문이다. 생명보다 더 아름다운 것은 없다. 죽음보다 더욱더 아름다운 것 역시 이 세상에는 아무것도 없다. 생명이 아름다운 것은 생명의 시작과 끝 사이의 이어짐이 있기 때문이다.

노화는 죽음에 대한 굴복이 아니다. 죽음을 향한 저자세적인 단계이거나 굴욕적인 이전 단계 역시 아니다. 생명체가 자기를 보호하기 위한 변화일 뿐이다. 외적 자극에 대해 적극적으로 반응하고 적응함으로써 찾아낸 새로운 적응방법이다. 늙는다고 죽어 버린 것은 아니다. 세상에는 여러 가지 형태의 생명적응 현상이 있게 마련이다. 예를 들어, 50세부터 병상 생활을 하는 사람도 있다. 90세가 넘었는데도 병원에 입원한 적이 없는 사람도 있다. 누구나 추하게 살지 않기를 원하지만, 현실만큼은 냉혹하다. 누구나 그렇게 늙어갈 수 없는 노릇이다. 오래 사는 것만이 능사는 아니다. 수명의 연장만이 최상의 방법일 수도 없다. 죽는 그 순간까지 건강하게 사는 것이 더 중요하다. 건강하게 살다가 건강한 채로 죽는 것이 장수의 묘(妙)다.

모든 생명이 죽는 것에 겁을 먹어야 될 이유가 없다. 죽음도 생명처럼 삶의 한 과정이기 때문이다. 생화학자와는 조금 다른 관점이만, 명상가들은 그렇게 생각한다. 죽음에는 위험한 것이라고는 있을 수 없다고 말한다. 죽음 역시 태어나는 것 못지않게 아름다운 현상이며, 삶의 약동이라고 받아들인다. 죽음은 영원한 잠들기의 한 유형이라는 논리다. 다시는 깨어나지 않는 잠들기가 있기에 죽음이 신비하면서도 동시에 공포스러운 것이다.

오쇼 라즈니쉬(Osho Rajneesh)와 같은 명상가는 잠들기로서의 죽음을 이렇게 받아들인다. "……모든 것이 잠든다. 씨앗이 싹터 나무가 나온다. 그 나무로부터 다시 씨앗이 나온다. 씨앗은 땅에 떨어져 잠든다. 그러고는 다시 태어난다. 모든 활동 후에는 휴식이 필요하다. 삶은 하나의 활동이며 죽음은 하나의 휴식이다. 허구를 가지려면 미래가 필요하다. 허구는 희망 속에서만 존재할 수 있다. 허구는 그곳에 내일이 있기 때문에 가능하다. 그런데 죽음이 다가와서는 이제 더는 내일은 존재하지 않는다는 사실을 상기시켜 준다. 이제 내일은 사라져 버렸다. 미래는 존재하지 않는다. 그러니 어느 곳에서 꿈을 찾을 수 있겠는가? 이제 어디에 그대의 허구를 투사할 수 있겠는가? 더 나아갈 길이 없다. 갑자기 그대는 꼼짝할 수 없게 된다. 일생 동안 그대는 미래 속에서 허구를 만들어 왔다. 이제 그렇게 할 수 없게 되었다. 미래가 없는 것이다. 어느 곳을 바라볼 것인가? 이제 과거 이외에는 볼 것이 없다. 죽음의 순간 사회는 소멸해 버린다. 그대는 자기 자신을 보지 않을 수 없다. 이제 남아 있는 것은 아무것도 없으며, 그때 일생을 헛되이 낭비해 버렸다는 사실에 대한 아픔과 고통의 자각이 찾아온다. 이 사건이 죽기 전에 일어난다면 종교적인 인간이 될 수 있다. 종교적인 사람이란 모든 사람이 죽음 속에서 깨닫는 사실을 죽기 전에 깨달은 사람을 말한다. 종교적인 사람이란 살아 있는 동안에 과거를 들여다보고, 그 속임수를 전부 보고, 자기 삶의 모든 허구성을 깨달은 사람이다. 자기 자신을 들여다본 사람이다. 그대가 그대 자신을 들여다보면 틀림없이 변화가 일어난다. 반드시 그 일이 일어난다. 허구를 일단 허구로 깨달으면 그것은 떨어져 나가기 때문이다. 허구를 유지하기 위해서는 허구를 사실로서 받아들여야한다. 그것을 가지고 다니려면 거짓조차도 진실로 생각해야 한다. 그러나 이것은 진실이 아니라고 깨닫는 순간 그것은 그대에게서 떨어져 나간다. …… 그러나 그대는 그 사실을 알지 않으려고 온갖 노력을 다한다. 결코 알려고 하지 않는다. 홀로 있으면 마음이 불안한 것은 바로 이 때문이다."[12)]

죽음의 아름다움, 죽음의 거룩함에 대한 오쇼의 담백함은 인본주의자들에게는 공통된 생각일 뿐이다. 이론 물리학자들도 이런 대목에는 즐겨 참여한다. 카터(Brandon Carter) 교수 같은 사람이 그런 이론 물리학자 가운데 한 사람이다. 그는 물리적 현상을 인간 본위로 설명하는 이론 물리학자다.[13)] 우주에서 인간이 중심일 수는 없다는 것이 그의 생각이다. 물론 인간은 어느 정도까지는 특권적인 위치를 점유하고 있다. 우주는 여러 생명체들이 공존하도록 되어 있다. 모든 것이 정밀하게 짜여져 있다.

예를 들어, 전기력 · 중력 · 약력 · 강력 등 자연계의 4대 힘은 물리적 현상이다. 이것들의 크기가 조금만 달라져도, 우주는 지금과는 크게 달라져 있을 것이라는 논리가 카터 교수의 출발점이다. 그렇게 되었더라면, 인간의 존재가 지금과 같은 식으로 탄생되지 않았을 것이라는 것이 그의 가정이다. 생명을 만들어 내는 조건이 맞지 않으면 인간이라는 생명체는 존재할 수도 없었을 것이다. 달이 지구 주위를 돌지 않으면 지구의 자전축은 안정을 잃는다. 당연히 지구의 기후와 환경이 변하고, 생명체가 살아갈 수 없는 조건이 만들어지고 만다. 인간의 관점에서 보면, 지구는 정말로 인간을 위한 배려로 만들어진 행성이다. 지구의 밀도, 대기의 조성, 수륙의 분포, 진화과정 등 모든 것이 인간의 건전한 생존을 위한 특별한 배려일 뿐이다. 우주는 화학적으로 탄소를 기초로 한 생명이 진화할 수 있는 원리를 갖고 있다. 탄소를 기초로 하는 생명의 삶이라는 원리가 우주에서 깨졌다면, 지금과 같은 인간의 출현은 불가능했다.

탄소로 만들어진 인간은 놀랍게도 탄소가 존재하는 한 생명의 존재로 살아갈 수 있다. 그런 탄소의 인간을 일러 욕망의 존재라고 강변했던 인문학자가 헤르더(Johann Gottfried von Herder)였다. 헤르더는 『인류사의 철학에 대한 이념』과 『언어 기원에 관한 소론』에서 동물과 인간의 능력을 욕망의 관점에서 서로 비교했다. 그의 관찰에 의하면, 인간은 일반동물에 비해 무엇인가를 상당히 결핍하고 있는 존재다. 체력이나 민첩성, 감각의 예리함, 본능의 확실성 같은 것을 비교하면, 인간은 저들에 비해 상당히 나약하기만 하다. 동물이 지닌 능력에 뒤져도 한참 뒤진다. 동물은 생존을 위해 여러 가지 유연한 생존 기능을 갖고 있다. 인간은 상대적으로 빈약한 기능을 갖고 있다. 이빨도 다른 동물에 비해 튼튼하지 못하다. 손톱, 발톱 역시 나약하다. 다리 역시 장시간을 뛰기에는 역부족이다. 인간은 그런 점에서 보면 철저하게 '결핍 존재'이다. 인간은 다른 동물에 비해 불완전한 소질을 타고났다. 인간은 생존경쟁에서 이 점을 처절하게 깨달았다. 인간은 자신의 부족함을 더 채워 넣어야 했다. 채워 넣어야 비로소 인간은 자신이 원하는 존재가 될 수 있었다. 인간에게 이성과 자유가 주어진 것은 결핍 존재를 복구하기 위한 자연의 조처였다.

인간이 결핍 존재라는 논리는 인간이 동물에 비해 약체라는 것을 강조하는 말이 아니다. 정반대의 논리를 세우기 위한 헤르더의 사전 조처였다. 결핍 존재이기에 인간은 생물계를 지배할 수 있었다는 논리의 전 단계였다. 결핍을 극복하게 해 준 것이 인간 스스로의 욕망이었다. 인간은 결핍된 생존 기능을 스스로 보완해야 했다. 동물을 추월하기 위한 것이라기보다는 동물을 지배하기 위해서였다. 결핍을 극복하는 욕망이 바로 인간의 수월성을 보여 준다. 인간의 존재성은 욕망의 충족에서 극명하게 드러난다.

결핍된 존재로서의 인간상은 잇대어 요나스, 그리고 겔렌과 같은 학자도 그대로 수용한다. 인간은 생존을 위한 본능이 결여되었기에 결핍을 그대로 내면화하고 있다는 것이다. 결핍은 모든 것이 온전하지 않다는 것을 의미하지 않는다. 생물학적으로 인간의 몸에서 온전성이 결여되면 생물로서는 제 기능을 발휘할 수 없다. 오감의 감각기관이 온전하지 않으면 어떤 동물이라도 생존에 불리할 뿐이다.

인간은 서로의 생존을 위해 인위적으로 모여 산다. 생존 문화를 만들고 군집 문화를 만들어 낸다. 생존 문화 안에서 인간은 생존을 습(習)하고 작(作)하면서, 새로운 것을 탐구한다. 습학(習學)의 능력이 길러진다. 새로운 정보를 새롭게 조직하여 지식을 만들고 기술을 만들어 낸다. 창설능력을 마음껏 뽐내는 존재가 인간이라는 동물이다. 인간의 습작 활동은 다른 동물에 비해 상대적으로 오래 생존하기 위한 방편들이다. 습과 작의 반복 속에서 직관, 인튜이션(intuition), 말하자면 직관력이 창출된다. 인간은 직관력으로 삶에서 직면하는 여러 문제를 이리 저리 헤쳐가면서, 나름대로 현명하게 살아간다. 삶에서 직면하는 문제들을 풀어갈 때, 그것들은 원하는 대로 순차적으로 차례차례 해결되는 법이란 없다. 전문지식을 가진 사람들도 마찬가지다. 어려운 문제 상황에서 무엇을 해야 할지를 한순간에 파악하고 그것을 풀어내는 사람들을 보면 감탄을 하게 마련이다. 마찬가지로, 즉석에서 문제를 풀어내기 위한 새로운 절차를 만들어 내는 사람을 보면 그에게도 감명을 받는다. 그가 해낸 일은 문제풀이에 대한 보이지 않는 대답을 미리 내다보는 힘을 보인 것이기 때문이다. 그렇게 보이지 않는 것을 보는 힘, 알아내는 힘을 흔히 직관이라고 한다.

직관이란 여러 복잡한 상황에서 어떤 패턴을 찾아내는 능력을 말한다. 문제 상황에서 어떤 결정을 내렸는데, 그 결정이 강력한 해답이 되었을 때 그런 의사결정을 내린 과정을 논리적으로 설명할 수 없는 경우이거나 우발적인 결정이었지만 그 결정이 문제해결의 결정적인 해답이 된 경우가 직관이다. 직관은 때때로 어려운 상황을 완전히 변화시킨다. 새로운 변화를 이끌어 내는 작은 변화를 흔히 '레버리지 포인트'라고 부른다. 레버리지는 말 그대로 '지렛대'란 뜻이다. 지렛대는 큰 바위를 움직일 수 있는 작은 힘을 모아 주는 장치다. 직관, 말하자면 인튜이션은 큰 문제를 해결해 줄 수 있는 레버리지 포인트가 되는 경우가 흔하다. 직관이 레버리지의 역할을 감당하면 문제를 쉽게 해결하게 해 주거나 의사결정을 손쉽게 해 줄 수 있다. 한순간에 터져 나오는 우연한 생각의 파편처럼 보이기도 하지만, 탁월한 직관의 대부분은 그렇게 출현하는 것이 아니라 사람들의 풍부한 경험에서 나오기 마련이다.[14)]

인간은 생물적으로 온전한 인간이지만 불완전하기에 직관을 활용하여 새로운 것은 찾아내고 만들어 내야 한다. 인간이 창설적인 존재일 수밖에 없는 이유다. 인간은 그들이 만들어 낸 습작의 문화에 의해 자신의 생존 조건을 재정립한다. 인간은 문화 안에서 인간 자신이 되어갈 뿐이다. 사람됨이라는 말은 인간에게 문화가 덧씌워 졌다는 뜻이다. 인간의 문화 없이는 인간다운 삶이 영위되지 않는데, 문화는 욕망 자체이기 때문이다. 인간이 지닌 여러 욕망에 대한 각양각색의 의식적, 무의식적 표현들이 문화를 만들어 간다. 인간이 욕망의 문화 속에서 벗어날 수 없는 이유다. 인간은 문화 속에서 인간존재의 결핍을 보충한다. 문화를 욕망함으로서 인간은 정신적 성취를 이루어 나간다.[15)]

인간존재의 본연적인 결핍성은 온전성에 대한 욕구가 아니다. 완전성에 대한 욕망이다. 인간은 완전해지려는 욕망을 지닌다. 완전성을 욕망하기에 인간은 결핍되기 마련이다. 완전성에 대한 인간적인 욕망은 두 가지 방향에서 표출된다. 하나는 인간으로서의 인간성을 구현하는 길이다. 다른 하나는 인간으로서의 신성을 구현하는 길이다. 인간이 인간답게 살아갈 가능성을 마련하는 길은 한 가지다. 인간 스스로 인간에 대해 경외감을 갖는 일이다. 인간만이 인간다움을 간직하고 있다. 인간만이 인간으로서의 '성스러운 것'을 지니고 있다. 인간만이 인간으로서 어떠한 상황에서도 손상될 수 없는 것을 지니고 있다. 그것을 경외하는 일이 인간을 인간으로 대접하는 일이다.

인간에 대한 경외가 필요한 것은 인간이란 존재는 생명으로 존재하는 본실적인 존재이기 때문이다. 인간의 의미는 여기와 지금에 예속되어 있기 때문에 새로워진다. 인간은 자기 자신을 소유하고 자신에 관해 알며 자기 스스로를 지각한다. 인간은 자신에게 거리를 취할 수도 있다. 자신과 타인의 체험 사이에 간격을 설정할 수도 있다.

나라는 존재는 간격의 이편이자 저편이다. 나라는 존재는 육체에 속박되어 있다. 동시에 영혼에도 속박되어 있다. 그것이 바로 인간이라는 나의 존재다. 인간은 살아가는 존재다. 인간이 인간을 체험하는 것이 아니라 자신의 체험을 체험할 뿐이다.

인간답게 만드는 그 무엇은 항상 '생(生)'의 바깥에 있는 그 무엇이다. 유기적 생에 대립하는 그 무엇이다. 생명이 있는 한 생명 속에서 작동하고 있는 무엇이다. 인간의 정신이 그 무엇을 구성한다. 정신이 있기에 인간은 인간스러워 보인다. 정신은 인격에 의해서 나타난다. 인간에 대한 경외는 인격에 대한 경외를 말한다. 인격은 동물의 본능과는 성격이 다르다.

인간 역시 다른 동물처럼 생존을 위한 처절한 본능을 지니고 있다. 인간의 본능은 두 가지 행태로 나타난다. 그 하나는 '습관적 행태'이고 다른 하나는 '지성적 행태'이다. 지성적 행태로 나타나는 본능이 인간의 정신을 끊임없이 고양시킨다. 인간은 그가 지닌 정신의 작용에 의해 인간다워진다. 자기의식이 인간을 인간답게 만든다. 일반 동물에게는 자의식이 없다. 동물도 오감을 갖고 있다. 생존을 위한 필수적인 생존무기다. 동물은 스스로 듣고 보지는 못한다. 자기의식이란 개념이 없기 때문이다. 인간은 다르다. 자기의식이 있기 때문이다. 자기의식으로 자기 의지를 표현해낼 수 있다. 자기의지 때문에 인간은 감정을 조절할 수 있다. 목표를 추구해 나갈 수도 있다. 인간은 타인에게 자기의지를 전달한다. 약속이 그것이다. 인간은 정신의 동물이다.

플레스너(Helmuth Plessner)는 인간이 지니는 동물적인 지위를 '기괴한 위치'라고 정리한다. 기괴한 위치라는 말은 동물적이며 인간적이라는 이중성을 지칭하는 말이다. 기괴한 위치로 인해 인간은 오히려 불완전성을 더 경험하게 된다. 인간은 불완전성을 극복하기 위해 사투를 벌인다. 불완전성은 인간에게 원초적인 것이기에 극복될 수 있는 것이 아니다. 인간은 마침내 완전성에 도전한다. 불완전성을 이겨내기 위한 과감한 도약의 노력이다. 완전성이라는 목표를 향해 인간은 신성을 끌어들였다. 신성이란 '인간 됨'과 '신 됨'의 이어짐이며, 관여성인 것이다. 둘은 서로에게 의존한다. 일반 동물에게는 있을 수 없는 주술의 문화가 배태되는 순간이다. 신성의 초기 형태는 주술이었고, 주술의 이어짐은 의식을 만들어 내기에 이르렀다. 신성은 인간을 위한 것이었다. 인간의 생명이 결여된 신성은 결코 신성일 수가 없다. 신성의 발현은 인간을 통해서만 가능했기 때문이다.

주술의 문화가 신비주의를 만들어 냈고, 이어 그것에 과학과 기술이 개입하기 시작했다. 기계가 신성에 개입하기 시작한 것이다. 기계는 인간의 불완전성을 대체하는 완벽성을 지닌 것처럼 보였기 때문이다. 신성은 완벽해야 했다. 인간은 완벽한 신성을 원했다. 인간만이 유일하게 기술을 발전시켰다. 인간 스스로 결핍 존재를 극복하기 위해서였다. 인간은 기계를 만들어 냄으로서 신성을 지닐 수 있게 되었다. 기술 수단에 의해 인간은 신과 유사한 창조자로 군림할 수 있게 되었다. 인간은 근력(筋力)의 존재이지만, 기계는 마력(馬力)의 실체였기 때문이다. 기계가 인간의 약점인 근력을 보강하기 시작했다. 신의 힘에 근접할 수 있게 되었다. 기술이 인간에게 결핍된 시력을 보강해 주었다. 신의 지혜에 도달할 수 있는 것 같았다. 엔진과 크레인이 개발되었다. 항공기와 잠수함이 만들어졌다. 인간의 빈약한 기능을 보충하기 위해서였다. 현미경과 망원경, 인공위성이 만들어졌다. 인간의 지력을 확장시켰다. 컴퓨터와 같은 사유 기계도 만들어 냈다. 인간은 유전공학의 도움으로 마침내 생명변형작업에도 관여하기 시작했다. 신성의 극으로 치닫고 있다.

인간에게는 고정불변의 본능, 그리고 유일한 단 하나의 절대적인 본성이란 있을 수 없다. 고정불변의 본성이 인간에 있다는 생각은 잘못된 생각이다. 인간은 다른 생물들과 서로진화해왔기에 인간에게만 특별한 본성은 있을 수 없다. 인간의 뇌에는 파충류의 흔적, 포유류의 흔적, 심지어는 파충류 이전의 조류의 흔적까지 남아 있는 것만 봐도 그렇다. 인간은 다른 동물과의 서로진화 과정을 통해 나름대로 살아가기 편한 문화를 만들어 냈을 뿐이다. 서로 다르게 만들어진 문화는 인간을 서로 다르게 끌지어 왔다. 그렇게 나타나는 인간적인 기질을 본성이라고 부를 수 있다. 그렇다고 인간에게만 유일한 그리고 절대적인 본성이 있다는 뜻은 아니다. 인간은 여러 종류의 '본성들을 갖고 있을 뿐'이다.[16]

이때 말하는 본성은 사람이 본디부터 가진 고유한 성질을 지칭한다. 고유한 성질이라고 했을 때 '고유한'이라는 말은 오해를 살 만하다. 유전자에 내장되어 있다는 그런 뜻으로서의 고정불변함 그 자체로 받아들여질 수 있기 때문이다. 고정되거나 변하지 않는 인간의 본성이란 있을 수 없다. 인간 역시 진화하는 존재이기에, 진화에 따라 인간됨의 본성 역시 진화에 맞추어 변화된다. 진화의 속도와 수준에 따라 사회생물학적으로 바뀐다는 뜻이다. 오늘날 우리가 흔히 이야기하고 있는 인간의 본성은 몇백만 년 전 우리 인류가 보여 주었던 인간됨의 본성과는 다른 것일 수밖에 없다.

진화의 시계는 멈추지 않고 돌아가기에 인간의 본성 역시 진화의 시계를 따라 변화되어 나타나는 진화의 산물이다. 지금의 인간이 보이고 있는 인간적인 성질이라고 지적되어 온 것들은 모두가 찰나적으로 변화된 것들이다. 예를 들어, 6백만 년 전만 하더라도 인간은 나무 사이를 뛰어다녔던 유인원의 한 아류였었다. 인류 초기의 유인원들은 벌레나 긴 잎을 따먹고 살았다. 닭, 돼지 같은 것들과 이웃이었다. 맹수를 피해 이리 숨고 저리 숨었던 유인원이었다. 그렇게 돼지들과 뒹굴고, 걸으며, 뛰어 놀던 인류의 조상들이 진화되어 이제는 비행기를 타고 날아다니며 돼지구이 요리에 탐닉한다. 도구와 문명을 발달시켜 다른 생물들의 지배자처럼 군림하고 있다. 마치 조지 오웰(George Orwell)의 소설인 『동물농장』 속의 돼지 독재자 나폴레옹처럼 거들먹거리지만,[17)] 언젠가 다시 돼지들에게 축출될지는 아무도 모르는 일이다.

인간의 본성마저도 오랜 시간을 따라가다 보면 바뀌게 만드는 것이 자연의 힘이다. 사람은 환경의 조건에 따라 적응하는 존재다. 적응능력이 다른 동물 가운데에서 가장 뛰어난 동물이 바로 인간이다. 그 적응능력이 바로 인간에게는 생존이고, 그것이 목과 숨의 연장이다. 인간에게는 생존을 위한 진화가 영원히 진행 중이라는 것을 부정할 수 없다. 나라는 존재는 그런 진화과정 속에 위치한 먼지와 같은 동물일 뿐이다. 그러니 나라는 존재나 너라는 인간존재 역시 다른 동물에 비해 더 우수할 것이 없는 셈이다. 인간이 지닌 현재의 모습 역시 진화상 다른 동물들이 지니고 있던 것과의 서로진화된 결과일 뿐이다. 인간의 뇌란 것도 유별난 것은 아니다. 별안간 하늘에서 떨어져서 만들어진 것이 아니다. 각자의 생존에 알맞게 진화된 것이다. 생존에 유리할 정도로 문화적으로 진화한 것이다. 인간의 뇌 속에는 다른 동물들의 생존 기능들이 내장되어 있다. 인간의 뇌 역시 다른 동물들과 진행한 서로진화의 부산물일 뿐이다. 동물의 본성을 배제한 인간만의 유일한 본성의 성립은 가당치 않은 소리다.

인간은 앞으로도 끊임없이 진화한다. 어김없는 진화론적인 사실일 뿐이다. 인간의 본성 역시 진화된다. 서로진화가 계속되는 상황에서 자연스럽게 잇대어 나오는 질문은 다른 것이 아니다. '우리가 정말로 인간이 맞는가?' 라는 질문이 가능할 뿐이다. 런던 대학교의 역사학자인 아르메스토(Felipe Fernndez-Armesto) 교수[18]의 문제 제기였다. 생명을 가지고 이 세상에 태어난 모든 것은 모두가 동종일 수밖에 없는 전제 아래 가능한 문제 제기였다.

지구상에 존재하는 모든 생물들은 어김없이 너와 나, 그리고 자연과 공(共)진화된 자연 선택의 부산물이다. 지금의 모든 것은 앞으로 지금 것과 같을 수 없다. 인간 역시 창조의 정점에 서 있는 존재일 수가 없다. 인간의 언어능력도 지금은 유일한 것이지만, 앞으로도 그럴 것이라고는 볼 수 없다. 창조의 정점에 있는 피조물의 상징으로 내세우는 인간의 언어능력이 인간 특유의 유일한 능력이라고 볼 수 없다. 인간이라는 동물이 지니고 있는 여러 능력 중의 하나이기 때문이다. 다른 동물이 먼 훗날 언어능력을 갖지 말라는 법도 없기 때문이다.

인간은 다른 동물에 비해 별반 뛰어날 것도 없다. 참지 못할 이유가 없다. 인간은 스스로 다른 동물들과 구별지으려고 노력하지만, 그것만으로는 부족할 뿐이다. 인간은 다른 동물에 비해 우월한 존재임을 과시하려고 하지만, 다른 동물들에 비해 확연히 구분되지는 않는 인간의 우월성에 대한 일종의 모욕감 같은 것이다. 인간이 느끼는 이런 모욕감에 대해 아르메스토 교수는 나름의 해답을 내놓는다. 인간 스스로 너무 많은 특권을 부여해 놓았기 때문에 그럴 수밖에 없다는 것이다. 인간은 쓸데없는 질문을 하기 좋아하기 때문에 생긴 비애가 인간의 자괴감이라는 것이다.

인간은 자기 존재감을 드러내기 위해 인간 스스로 진화의 마지막 단계의 존재임을 과시했다. 인간 스스로 진화의 마지막 정점에 올라 있는 유일한 동물로 자처하고 싶었기 때문이다. 인간의 존재는 박테리아의 존재보다 훨씬 우위에 서 있는 존재가 된다. 어류, 양서류, 파충류, 포유류로 이어지는 진화 계보의 가장 위쪽에 인간이 군림한다. 어류나 파충류가 감히 넘볼 수 없는 특별한 상황이다. 진화의 최종 단계의 위치에서 누리는 일종의 자위감이 특권으로 간주된다.

인간이 지금처럼 누리는 특권 역시 다른 생물들과 서로진화한 과정에서 만들어지고, 쟁취한 것이다. 예를 들어, 인간은 자신을 괴롭히는 기생충에 대해 대단한 혐오감이 있다. 기생충에 대한 혐오감은 특정 기생충을 인간의 잣대로만 이해하고 있기에 생긴 편견일 수 있다. 회충, 편충, 요충, 십이지장충, 간디스토마 같은 기생충은 이름만 들어도 혐오스럽다. 인간의 생존을 괴롭히는 생물이기 때문이다. 자연의 큰 눈으로 생각하면, 인간 역시 자연에 빌붙어 사는 혐오스런 기생충의 유별난 한 종(種)일 뿐이다.[19)] 기생충의 생물학적 진화는 인간에게 오히려 시사하는 것이 많다. 지금까지의 인간이 보여 준 진화방법이 어떤 것이었는지도 극명하게 드러나기 때문이다. 인류와 기생충 간의 공생관계를 이해하면, 인간의 삶과 관련된 다른 생명의 문제를 오로지 인간의 잣대로만 판단할 일이 아님을 알게 된다. 인간의 삶이나 생활, 생존방식을 기생충이 보여 주는 생명의 집착으로 살피면, 오늘을 살아가는 인간의 삶이 다르게 이해될 것이다. 인간이 소중히 여기는 생명의 의미 역시 지금과는 크게 달라질 수 있기 때문이다.

인간이 생명체로서 우월하다고 내세우는 자랑도 허세일 뿐이다. 생물 발생의 처음 순간부터 지금까지 살아남은 존재라고 인간 스스로 자부하는 위세일 뿐이다. 수많은 생물들이 지니고 있는 생존능력을 폄하함으로서 얻어 낸 인간의 허위의식의 결과들이다. 모든 생물을 먹이사슬의 한 줄로 세워 놓은 노력의 결과이기도 하다. 생물의 진화사에서 가장 늦게 출현한 종이 인간인데, 그런 인간존재는 진화의 계보에서는 아주 작은 일부분을 차지하고 있을 뿐이다. 인간은 그렇게 획득한 특권을 놓치고 싶지 않기에 인간의 특권을 더 내세우지만, 그것은 부질없는 인간의 욕심일 뿐이다. 인간의 욕심이라는 특권은 서로가 서로를 가르고 차별하는 인종적 편견마저 만들어 냈다. 유대인에 대한 나치 정권의 박해가 그것을 말해 준다. 흑인종에 대한 백인종의 편견 역시 노예의 역사에서 어김없이 노출된 바 있다. 인간이 다른 생물을 억압했던 특권으로 인간의 종까지 억압한 가장 처참한 사례가 바로 노예사다. 힘과 폭력 그리고 피부색이 백인종의 야만성을 지탱해 준 만들어진 특권이었다.

인간의 종족 우수성은 한마디로 사기이며, 위선이고, 폭력의 정당성을 가장한 '신화' 일 뿐이다. 인간이 인간의 우월성을 드러내기 위해 꾸며 낸 이야기일 뿐이다. 다른 생물의 종(種)에게 인간답게 처신하는 일이 인간에게 필요하다. 인간의 우월성에 대한 신화의 허구를 엎어 버려야 한다는 주장까지 나온다. 인간은 수많은 생물의 종 가운데 하나의 종으로서 살아야 한다는 것이 아르메스토 교수의 주장이다. 인간이 "스스로 인간이라는 것을 계속 믿고 스스로에게 부여한 특수한 지위를 정당화하고자 한다면, 또 변화를 겪으면서도 인간으로 남고자 한다면, 그 신화를 무시하지 않고 그것에 부끄럽지 않도록 행동해야 한다."라고 충고하고 있다. 인간이 부끄럽지 않게 행동하려면 인간으로서 인간에 대해 보다 더 충직하게 배워야 한다는 뜻이다.

인간은 앞으로도 다른 생물들에게 어김없이 오만방자할 것이다. 인간이라는 종에게 요구되는 도덕적인 처방에 그 누구도 크게 감동할 것 같지 않다. 제대로 된 인간이라면 그런 편견과 오만, 그리고 폭력의 사슬 속에서 살아가는 방식이 불편하기 때문이다. 인간은 결코 자연이 부여한 생물적 야만성에 의지하며 살아갈 수는 없기 때문이다. 인간은 항상 인간 그 이상의 존재가 되려고 한다. 인간은 완전해지려고 노력한다. 인류의 진화는 끊임없이 완전성을 향한 자기 몸부림이었다. 늘 실패하더라도 인간은 신을 지배하려고 한다.

어떤 동물이든 동물은 고통에 약하다. 고통을 받으면 비참해진다. 인간도 예외일 수 없다. 인간 역시 신체적인 고통에 약하다. 정신적 고통에는 더욱더 취약하다. 절망하면 인간만큼 비통해하는 동물은 없다. 일반 동물에게 절망이라는 것은 없다. 인간에게 절망은 인간의 생존에서 아킬레스건 같은 것이다. 동물에게는 그런 것이 없다. 동물에게도 통증은 있지만, 정신적인 절망은 없어 보인다. 그것이 고통이라고 할 수 있지만, 저들의 고통을 면밀히 들여다보면 저들에게도 절망은 어김없이 가득 들어 차 있음을 알 수 있다. 소위 습작(習作)된 무기력 혹은 학습된 무기력(learned helplessness)이 동물실험에서도 어김없이 작동하고 있기 때문이다.[20)]

인간은 저들 동물보다도 더 절망에 약한 동물이다. 인간 스스로 완전해지려는 욕망 때문에 생긴 것이다. 동물들은 완전성을 기대하지 않는다. 저들에게는 인간이 추구하는 그런 정신적인 욕망은 없기 때문이다. 그들에게도 생존의 욕구는 있지만, 그것이 정신적인 욕망으로 이어지지는 않는다. 절망감은 있을 수 없다는 뜻이다. 먹이사냥에 실패한 동물은 배고픔을 견뎌야 한다. 일종의 고통일 수 있지만, 기다림의 새로운 시작일 뿐이다. 생존하기 위한 노력이 수포로 돌아가면 그것은 고통일 수는 있지만, 인간과는 전혀 다른 욕구일 뿐이다. 배고픔의 고통은 배 채움에 대한 기대이며 기회일 뿐이다. 배고픔 때문에 동물은 자살을 택하지는 않는다. 다음을 기다리면 되는 일이다. 먹이를 놓쳤다고 절망하지 않는다. 이내 평상심으로 돌아와 다시 먹이를 기다리면 되는 일일 뿐이다. 그것이 동물이 지닌 야생의 행복이며, 야생의 생존 철학이다. 인간은 욕구가 좌절되면 절망하기 시작한다. 절망의 대가로 더 큰 고통이 뒤따른다. 고통이 뒤따른다기보다는 고통을 제 스스로 먼저 초래할 뿐이다. 고통을 극복하기 위한 엉뚱한 욕망까지 이내 생긴다. 욕망이 크면 절망의 발산 양태도 다양해진다. 더 큰 욕망은 더 큰 절망감을 불러오지만, 동물처럼 일관성을 지니지는 못한다. 극한 경우, 야생동물은 기다리던 토끼를 더 기다리지만, 인간은 살인과 절도와 같은 범죄를 생각하기까지 한다.

인간 스스로 동물을 지배하는 최상의 존재라고 생각하는 것이 인류의 오만이다. 인간 스스로 진화의 마지막 단계인 줄 알고, 인간은 그렇게 인간의 정체성을 다져 왔다. 그 정체성이 인간의 자존심 같은 것이었지만, 모두가 허구였을 뿐이다. 인간이 우월하다는 것이 기만과 허구라는 것이 속속들이 현실로 드러났기 때문이다. 인간의 기만을 폭로시킨 세 가지 사건이 있었다. 인간은 결코 완전할 수 없다는 자기 고백

같은 사건들이었다. 인간이라는 종(種)이 결코 절대적으로 우월한 종이 아니라는 사실을 직시하게 함으로써 인간의 정체성에 상처를 준 세 명의 선각자들이 있었다. 무엇보다도 먼저 꼽을 수 있는 사람이 니콜라우스 코페르니쿠스(Nicolaus Copernicus)였다. 다윈, 프로이트가 그에 잇대어 인간의 오만함과 독선을 파헤쳤다.

코페르니쿠스는 지구가 우주의 중심이 아니라고 선언했다. 그때까지 교회의 권위를 지탱시켜 온 천동설을 일각에 부정하는 논리였다. 우주는 상상을 거부할 정도로 거대하지만, 지구는 그저 조그마할 뿐이다. 지구는 우주의 한 귀퉁이에 있는 작은 조각이라는 것이 코페르니쿠스의 선언이었다. 지구가 우주보다 크며 우주의 중심이라는 논리 아래 그것을 지배하는 것이 신이며 교황이라며 인간을 지배해 왔던 교회의 허구가 한순간에 드러나는 사건이었다. "지구는 우주의 중심점이라는 엄청난 특권을 포기해야 했다. 이제 인간은 엄청난 위기에 봉착했다. 낙원으로의 복귀, 종교적 믿음에 대한 확신, 거룩함, 죄 없는 세상, 이런 것들이 모두 일장춘몽으로 끝날 위기에 놓인 것이다. 새로운 우주관을 받아들인다는 것은 사상 유례가 없는 사고의 자유과 감성의 위대함을 일깨워야 하는 일이다." 당시 독일의 문호 괴테가 코페르니쿠스에 의해 제기된 지동설의 부각에 대해 거든 말이었다. 루터에 의한 종교개혁이 신자들을 교황청에 등을 돌리게 만들었다면, 코페르니쿠스의 지동설은 신(神)과 그것에 매달려 목숨을 유지하고 있던 교회의 허구를 직시하면서 교회의 허구로부터 인간의 등을 돌리게 만들었다.

잇대어, 다윈은 인간은 신이 유일하게 점지한 존재가 아니라는 것을 주장하기에 이르렀다. 다윈은 그냥 광야를 떠돌며 환상과 환각 속에서 미쳐서 날뛴 사람이 아니었다. 그는 광야에서 마치 예언자인양 무엇인가를 떠벌리거나 중얼거린 것이 아니었다. 과학적으로 생물의 진화를 살펴가며, 다양한 동물계를 관찰한 후에 그 결과를 조근 조근 하나의 이야기로 풀어 나간 것이었다. 다윈에 따르면, 여성은 남성의 갈비뼈로 별안간 만들어진 피조물이 아니라, 박테리아의 후손에 불과할 뿐이었다. 신이 천지를 창조할 때 인간에게 유별하게 보장한 것이라고는 아무것도 없다는 논리였다. 다른 동물에 비해 인간의 우월적 지위가 있을 수 없다는 지적이었다. 인간이 누리려고 했던 모든 특권을 한순간에 무력화시킨 사람이 바로 다윈이었다.

프로이트 역시 인간이 누리려고 했던 특권적 지위에 마지막 일격을 가했다. 인간에게는 자아가 있는데, 그 자아라는 것은 결코 독립적일 수 없다고 말했다. 인간이 말하는 자아는 자기 몸의 주인됨을 말하는 것이 아니라는 뜻이었다. 인간이 마치 자기 의지대로 움직이는 것 같지만, 결코 그렇지 않다는 것이었다. 인간은 자신 안에 간직한 무의식의 통제 아래 움직일 뿐이라는 것이었다. 인간은 무의식과 의식 사이의 긴장과 소통의 틈바구니 속에서 만족해야 하는 존재이기에, 자신만의 독립적인 주체성이란 있을 수 없다는 논리였다. 그러니까 인간은 무의식의 욕망, 무의식의 욕구, 무의식의 지시대로 움직이는 피동체라는 것이 프로이트의 인간에 대한 새로운 진단이었다.

코페르니쿠스, 다윈, 프로이트는 인간에게만 유일하게 존재한다는 불변의 본성이 결국은 허구임을 드러내는데 일조했으며, 그것은 끝내 우주와 인간의 통제에 대한 교회의 권위가 허구임을 드러내고 말았다. 인간이 우주의 주인이라는 생각이 반 토막나 버렸기 때문에 자연적으로 벌어진 교회의 불행이었다. 지구가 우주의 중심이라는 천동설이 깨어졌고, 인간만이 신의 아들이라는 창조설도 사정없이 허구로 조각나 버렸다. 인간은 박테리아와 출생본이 같다면, 교황 역시 박테리아가 만들어 놓은 부산물일 뿐이다. 인간이 신의 생명체라고 우긴다면, 박테리아라는 생명체 역시 신의 축복일 뿐이다. 모든 생물은 어떻게든 서로진화한다는 과학적 결론에 모두가 동의하게 된 순간이었다. 인간의 의식 같은 것도 서로진화의 결과라는데 동의하게 되었다. 인간만이 의식의 존재라는 생각은 이미 무너진 지 오래되었기 때문이다. 인간의 이성이나 완벽한 행동은 처음부터 불가능한 일이었다. 인간은 우연으로 살아간다. 혹시 어찌 되겠지와 같은 충동이나 무의식으로 행동하는 존재가 인간이다. 일반 동물에게 우연 같은 기대와 여백은 있을 수 없다. 호랑이에게 무의식이 자리 잡은 적은 없다.

인간존재에 대한 이들 선각자들이 벌인 충격적 해체에 이어 역사학자인 브루스 매즐리쉬(Mazlish) 교수도 가세한다. 인간의 자존심에 상처를 남기는 네 번째 충격인 셈이다.[21] 그는 말한다. 인간은 기계와도 서로진화하고 있는 중이라고 말한다. 사람들은 기계에 대해 우위를 점한다고 믿어 왔지만, 그것이 끝내 허구라는 것이다. 인간이 기계를 만들었기 때문에, 인간은 기계보다 우월한 존재라고 생각하고 싶어 한다. 그런 생각이 인간에게 심리적으로 위안이 될 수는 있으나 현실에 어긋나는 잘못된 생각일 뿐이라는 것이 그의 직설적인 주장이다. 현실을 직시하기 위해서는 인간이 가장 먼저 버려야 할 환상인데, 그것은 그 생각이야말로 인간에게는 족쇄가 되고 말았기 때문이다.[22]

인간과 기계가 구분된다는 것은 진리도, 사실일 수도 없다는 것이 그의 주장이다. 인간과 기계를 분리하면 해소되지 않는 불연속이 생길 뿐이다. 인간의 자존심을 지키기 위해 인간-기계의 연속성을 부정하면 기술을 불신하게 된다. 그 불신은 인류 문명과 인간의 존재 의의에 대해 역효과를 낳는다. 인간과 기계를 구분하는 일을 그만두어야 한다. 인간은 기계와도 서로진화적(共進化的)하기 때문이다. 기계와 인간은 연속성의 존재로 생각했지만, 그것이 잘못이라는 것이다. 이제는 인간과 기계도 함께 서로진화한다는 생각에 이르러야 인간의 삶이 새롭게 진화할 수 있다는 것이다.

인간이 기계와 서로진화하면, 기계가 인간의 몸속으로 들어온다. 인간의 몸이 기계에 진입한다. 서로 진입하고, 개입하며, 섞이면 마침내 동물계에서는 보지 못하던 인간 기계가 출현한다. 생성된 새로운 진화물인 인간 기계는 잡종이라기보다는 신(新)인간인 셈이다. 서구 신화에서는 이질적인 존재로 나타난 켄타우로스의 반인반마(半人半馬)와 인어공주가 교접한 하이브리드 신인간이 출현하는 것이다. 인간의 몸과 기계가 합쳐질 때, 어김없이 새로운 인간에게 필요한 새로운 질문도 생긴다. 인간다운 것은 정말로 무엇인가? 인간의 본성이 무엇인가? 같은 질문이 어김없이 생길 수밖에 없다.

인간 기계 혹은 기계 인간의 출발은 정말로 새로운 것인가? 끝내 밀려날 운명은 아닌가라는 잇댄 질문도 가능하다. 기계 인간은 인간이 분열되어 만들어지는 변종적인 존재다. 인간 스스로에게도 낯설게 느껴지는 존재인 기계 인간의 출현은 지금과 같은 민주주의 혹은 자본주의에 대해 근본적인 질문을 하게 만든다. 마치 슬라보예 지젝이 제기했던 질문이 새로운 시각으로 응용되어 기계인간사회를 향해 던져지게 된다. 다시 사유를 시작해라. 단순한 호기심에 그치지 말고 전 생애에 대해 고민을 해야 한다. 사람들은 자신이 원하는 것에 대해 생각하지 않는다. 이것을 시작해야 한다.[23)]

2. "같이 뒹굴던 사람들이 다 떠나고 혼자 남으니 참 외롭고 쓸쓸하다." – 김종필[24)]

"종교적인 사람이란 모든 사람이 죽음 속에서 깨닫는 사실을 죽기 전에 깨달은 사람을 말한다. 종교적인 사람이란 살아 있는 동안에 과거를 들여다보고, 그 속임수 전부를 보고, 자기 삶의 모든 허구성을 깨달은 사람이다. 자기 자신을 들여다 본 사람이다." – 오쇼[25)]

"허리가 아프니까 세상이 다 의자로 보여. 꽃도 열매도, 그게 다 의자에 앉아 있는 것이여." – 이정록[26)]

기계 인간의 등장은 인간 스스로에게도 인간적인 소외를 안겨 주기 알맞다. 기계 인간의 출현 가능성은 이미 오래전에 소설 『프랑켄슈타인』에서도 제안된 적이 있다. 메리 셸리가 쓴 『프랑켄슈타인』이란 소설은 어쩌면 기계와의 서로진화를 거부한 인간의 실험과 인간 복제에 대한 결말을 미리 보여 주었던 과학적 공상 소설이었다. 물리학자이자 신비학도인 빅토르 프랑켄슈타인 박사는 과학과 기술들을 절대적으로 신봉한다. 무생물에 생명을 부여할 수 있는 방법을 알아낸 그는 마침내 자신의 호기심을 위해 죽은 자의 뼈로 신장이 244cm인 거대한 인간을 만들어 생명을 불어넣는다. 과학적 기술로 인간 스스로 자신의 피조물을 복제한 것이다. 사체 조각들이 과학적 기술에 의해 새로 복제되는 식으로 만들어진 그는 괴물이며 공포 그 자체였다. 인간의 '쌍둥이'가 괴물 프랑켄슈타인이지만, 그를 만든 물리학자마저 그를 자신의 쌍둥이로 받아들이지 못하고 기피한다.[27)] 그는 인간의 모습으로 만들어졌지만, 결코 인간일 수 없었다.

프랑켄슈타인, 자신의 형체를 복제한 그 물리학자는 '인간신'과 '동물' 사이의 그 중간 위치를 거북살스러워 했던 과학자였다. 그는 과학적 기술이 지닌 창조의 노력을 응용하여 그것의 위대함을 반증해 보이려고 했다. 인간 역시 신처럼 무엇인가를 만들어 낼 수 있음을 보이기 위해서였고, 인간의 위치가 신의 위치임을 점유하기 위한 의도적인 시위였다.[28) 인간은 신이 만들어 낸 피조물임을 거부하려는 노력이었다. 창조자의 지위로 올라서려는 노력이었다. 인간을 구속해 왔던 신의 존재를 부정하려는 노력이었지만, 끝내 물리학자인 프랑켄슈타인은 그 일에 실패한다. 인간은 늘 자기 자신의 모습을 닮은 것을 창조하려고 노력했지만, 그런 노력은 항상 침울한 상태로 끝나곤 했다. 다윈 역시 그런 일에 앞장섰지만, 아직까지 그가 바랐던 모든 것들은 미완성인 채로 인류사 속에서 굴러가고 있을 뿐이다.

다윈이 보여 주었던 인간의 나약함을 벗어나려는 노력은 바로 기계 인간을 만들어 내려는 매즐리쉬의 또 다른 노력일 수도 있다. 기계 인간을 만들어 내려는 노력은 생물학적 인간의 모습을 완전히 벗어나려는 새로운 발상에 속한다. 기계 인간은 인간을 닮은 인간적인 기계 혹은 기계 부품의 인간을 말하는 것이다. 기계 인간을 생명체를 지닌 인간처럼 사유하는 존재로 만들어 내려는 것이 매즐리쉬를 따르는 사람들의 목표다. 인간의 지능을 있는 그대로 활용하는 새로운 기계가 기계 인간이다. 기계 인간의 출현 가능성은 군수산업에서 이미 상당할 정도로 가시화되고 있다. 사람의 생명을 기계로 대신하려는 군사적 노력들은 미군이 태국군과 전개했던 합동훈련에서 드러났었다. 일명 코브라 골드 훈련이 그것이었는데, 당시 미군은 군사용 로봇인 '빅 도그(Big Dog)'를 작전에 투입했다. 빅 도그가 군사작전에서 사람 대신 군수물자와 탄약을 안전하게 날랐다. 적진을 뚫고 군수물자를 나르는 임무를 안전하게 수행했다. 인력으로 그 작전을 수행했다면 거의 실패로 끝났을 군수물품 이동작전이었다.

빅 도그는 현존하는 로봇 가운데에서 가장 진보된 4족 보행로봇이기는 하지만, 아직은 기계만의 조립품이다.[29) 인간의 생체가 가미된 그런 기계 인간은 아니다. 빅 도 그가 더 새로운 것으로 진화하기 위해서는 인간의 육체적인 그 어떤 것을 필요로 할 것이 분명하다. 지형이 험한 곳에서 실전에 더욱더 정교하게 투입되기 위해서는 당연히 거쳐야 할 수순이기 때문이다. 더욱더 정교한 탄약이나 무기를 나르기 위해서는 고차원의 인간적 지능이나 직관능력이 가미된 기계 인간 로봇으로의 진화가 불가피하기 때문이다.

기계 인간은 단순히 인간의 지능을 닮은 로봇에게만 국한되지 않는다. 기계 인간은 생물적으로 생명을 부여받은 '동물 인간'이나 마찬가지이기 때문이다. 동물로서의 인간만이 유일하게 해낼 수 있는 것은 앞으로 없게 된다. 앞으로는 더욱더 그렇게 모든 것은 서로진화하게 되고, 그렇게 되면 동물로서의 독점적인 위치를 점하던 인간들은 더욱더 난감한 위치로 물러나게 된다. 기계와의 서로진화가 불가피하게 되고, 기계 인간의 완성 때문에 그런 것만이 아니다. 진화의 구조상 기계 인간으로의 진화는 이미 시작하고 있기 때문이다. 기계 인간과 인간의 서로진화는 신학자들을 경악하게 만들기 충분하다. 인간과 기계 간의 관계는 불연속의 관계가 아니라 연속적인 관계로 진화하면, 저들이 섬기던 신마저도 신화 속으로 편입될 것이다. 앞으로는 신에게 구도하는 기계에게도 신의 이름으로 세례를 내려줘야 할 것이기 때문이다.

신은 이제 인간과 결코 불연속인 위치에 저 홀로 서 있을 수 없게 되었다. 인간과 신, 기계마저도 이제는 연속적일 수밖에 없게 되었기 때문이다. 기계와도 불연속일 수 없기에, 신도 기계와 더불어 인간에게 연속적인 서로진화를 거쳐야 한다. 매즐리쉬는 그래서 기계와 인간의 서로진화를 단호하게 예측적으로 말한다. 지금까지 인간은 신과 같이 기계의 창조자로 출발했지만, 앞으로는 결코 기계의 통제자로 군림하지 못할 것이라고 말한다. 인간, 기계, 신 사이의 서로진화 관계로 인간존재를 비추어 보면, 인간은 기계가 만들어 내는 신이 된다. 기계 인간이라는 용어가 가능한 것처럼, 인간존재는 '인간신'이라는 표현이 가능해진다. 인격이 신격으로 거듭나게 되는 순간이 점점 더 가시화되고 있는 중이다.

인간이 기계와 맺어야 될 관계는 신과 신의 피조물이라고 믿었던 인간과 맺고 있는 관계와 유사하게 된다. 인간과 기계 사이의 연속–불연속의 관계를 연장해가면, 앞으로는 인간과 기계 사이의 불연속성은 여지없이 무너지게 된다. 모든 것이 서로진화하면서 모든 것은 잡종인 하이브리드로 거듭날 것이다. 인간도, 신도, 기계도, 동물도 하이브리드로 새로 만들어지게 되기 때문이다.

인간과 불연속적인 관계에 있던 것들은 점차 그 관계를 벗어나기 시작했다. 인간이 자신의 위치를 그렇게 확정시켜 놓고 있다. 신이 만들어 놓았던 인간과의 불연속성 마저도 기계의 인간적 도입에 의해 파기되고 있는 중이다. 앞으로는 신이 주제가 될 것은 하나도 없다. 기계가 주체가 되어 그 불연속을 깨어 버릴 것이기 때문이다. 기계 인간의 등장은 인간 스스로 자신이 지닌 생물체의 온전성을 확인하기 위한 작업이 아니었다. 인간됨을 극복하려는 노력이었을 뿐이다. 신과 같은 완전성을 추구하기 위한 인간의 욕망에서 비롯된 실험이었다. 인간은 이제 니체가 말하는 초인을 기다릴 것도 없다. 기계 인간의 등장은 이미 인간이 지닌 초인의 욕망을 분출하고 있기 때문이다. 신이 지닌 완전성에 대한 인간적인 욕망은 기계 인간의 출현에 의해 신과의 불연속인 관계가 자연스럽게 전복될 때 완성도를 높이게 된다.

인간은 생물적으로 보면, 생존을 위해 '온전'한 상태로 태어날 수 밖에 없다. 온전하다는 말은 결코 '완전하다'는 말이 아니다. 인간은 살기 위해서 태어나는 것이지, 죽은 채로 묻히기 위해 태어나는 것이 아니기에 생물적으로 온전하게 태어나야만 한다. 인간도 다른 동물들처럼 어미의 자궁에서 벗어남으로써 비로소 세상에 태어난다. 태어나는 동물들의 생존능력은 각기 다르지만, 모든 동물은 생존하기에 적합한 몸의 구조를 갖고 태어나기 마련이다. 돼지가 돼지스런 모습으로 태어나 돼지로 움직거리는 것처럼 인간 역시 인간으로 행동할 수 있도록 신체적 기능성을 가진 모습으로 태어난다. 인간의 생물적인 온전성이 보여 주는 가능성은 결핍 존재의 그것과는 무관하다는 뜻이다. 인간의 온전성은 일정 시간을 지나면서 완전성을 더욱더 확실하게 드러낸다. 포유류의 동물들은 예외 없이 새끼의 시기를 거친다. 일정 기간 동안 어미의 보호를 받는다. 보호 기간은 동물의 속성에 따라 다를 뿐이다. 망아지 새끼가 태어나자마자 망아지로 기능하는 시기와 유인원의 새끼가 새끼로 지내는 기간은 서로 다르다. 모든 기간은 그들의 생존을 위해서 다를 뿐이다. 서로의 동물적인 온전성을 발휘하기 위해 양육 기간이 서로 다를 뿐이다. 생존을 위한 요령이나 기술을 어미로부터 전수받는다. 동물마다 서로에게 서로 다르게 각인된 대로 습(習)하고, 작(作)한다. 인간의 각인능력은 동물의 그것에 비해서는 한참 뒤처져 있다. 몸 동작은 저들에 비해 기능적으로 열등하고 왜소하기조차 하며 기간도 상당히 긴 편이다.

생명체로서의 온전성을 지켜 내기 위한 조건이기에 피하거나 생략할 수 없는 양육 조건들이다. 오랜 기간 동안의 양육은 포유류의 발달 단계에서 거쳐야 하는 필연적인 경과 조건이다. 포유류 새끼들이 지닌 운명적인 생물학적 발달 특성이다. 생물의 생명을 이어가기 위한 필연적인 조건이다. 일정 기간 동안의 양육으로 동물의 기능이 지닌 온전성이 키워진다. 인간 역시 마찬가지다. 인간의 생물적인 기능상의 온전성은 다른 동물과 똑같다. 인간에게 결핍된 것은 생물적인 기능이 아니다. 인간에게 결핍된 것은 생존 기술이다. 다른 동물에 비해 인간의 생존 기술은 허술하다. 생존의 조건들이 미약하기만 하다. 인간들은 생존 조건을 복구해야 한다.

인간은 생존을 위해 결코 생물적으로 결핍의 존재로 태어날 수는 없다. 몸의 기능이든 육체의 기능이 결핍된 채로 태어나면 그것은 죽음일 뿐이기 때문이다. 인간을 생물학적인 결핍의 존재로 이해하는 것은 인간의 진화를 잘못 해석한 탓이다. 인간이 결핍 존재라는 생각에는 여성과 남성 간의 차이를 문제 제기하려는 것일 수도 있다. 아니면 인간이 지닐 수 있는 생물적인 조건을 넘어서는 능력, 말하자면 영성능력이나 심리적 능력 같은 것의 미성숙한 조건을 논의하기 위한 설명일 수도 있다. 인간이 영적으로는 결핍된 존재일 수 있다는 논리는 일견 타당성 있는 논리다. 그에 비해, 동물 세계에서는 여성성이나 남성성 같은 것은 전혀 구별되지 않는다는 점에서, 인간은 성적으로 무엇인가 결핍된 존재라는 말에는 수긍이 간다. 사실 인간 사회에만 여성성과 남성성을 가르고 있는 형편이다. 여성을 남성에 비해 결핍된 존재로 간주하기도 한다. 여성을 남근 선망의 존재로 보며, 여성의 성적 결핍성이 능력의 차이를 만들어 놓

는다고까지 보고 있다.[30)]

결핍 여성성을 정당시하는 여성학자들은 여성의 몸만을 문제로 삼지는 않는다. 그들의 논쟁점은 마음에 관한 것이지, 몸에 관한 것이 아니다. 이를 이해하기 위해 서구 사회에서는 보편화된 신화 한 편을 이해할 필요가 있다. 인간을 마주한 신들은 무척 화가 났다. 왜냐하면 인간이 너무나 온전하고도 완전했기 때문이다. 신들의 입장에서는 도저히 묵과할 수 없는 일이었다. 인간의 완전한 꼴을 볼 수 없었기 때문이다. 신들 가운데에는 인간에 대한 질투가 더 심한 신이 있었다. 그 신은 인간이 지닌, 인간의 온전성과 완전성을 두려워하기 시작했다. 그래서 그는 인간의 몸을 마침내 두 쪽으로 갈랐다. 인간의 몸이 두쪽으로 금세 갈라졌다. 갈라진 한쪽은 여성, 다른 쪽은 남성으로 만들어 버렸다. 신의 질투 때문에 일순간에 인간의 몸이 남자와 여자로 불완전해 버렸다. 몸의 기능, 마음의 기능도 함께 불온전, 불완전해졌다. 불완전성과 불온전성을 회복하려고 인간들이 아우성을 치며 노력했다. 여자와 남자가 하나가 되기를 원했다. 결합하는 방법이 의외로 적었다. 한 가지 방법 이외에는 찾을 수 없었다. 그 방법이 바로 남자와 여자 간의 성적 결합이었다. 인간의 몸은 섹스과정에서 결합한다. 일체감과 충일감, 온전감과 그리고 완전감을 순간적으로 갖게 된다. 결합의 욕망이 성적 결합에 의해 일순간적으로나마 해소된다. 온전함과 완전하려는 욕망을 인간은 끊임없이 지속하려고 하지만, 그것은 불경한 일이며 죄가 되기조차 한다. 불경하지 않기 위해서는 두 몸이 다시 떨어지는 수밖에 없다. 외로움과 그리움은 피할 길이 없다.

떨어진 몸과 마음의 결합을 원하는 글자가 바로 '성(性)'이라는 한자(漢字)이다. 인간의 완전함과 온전함에 대한 욕망을 보여 주는 글자다. 마음〔心〕과 몸〔生〕이 합해져야 비로소 성(性)이 된다. 마음〔心〕은 정신적인 영혼을 담고 있다. 몸〔生〕은 살아 움직이는 신체를 의미한다. 마음이 몸보다 앞에 있어야 마음과 몸 사이의 결합이 단단해진다. 인간의 온전성과 완전성은 정신과 마음이 몸보다 더 중요하다. 붙여진 글자이니, 떨어지면 각각의 뜻만이 살아남을 뿐이다.

부부(夫婦)라는 관계도 마찬가지다. 관계를 개선하려면 지금이라도 한 번 해 볼 만한 것이 있다. 만약 집에 돌아오자마자 양말을 벗어 아무 데나 벗어 놓은 남편에게 화가 극도로 치밀어 오르거나, 설거지를 제대로 하지 않은 아내에게 화가 버럭 나려고 한다면, 당장 부부가 앉아서 한 가지 생각을 해 보자. 지금 부부가 막 추락하고 있는 비행기 안에 있다고 상상해 보자. 그런 생각만 하면 일단 관계 개선에 도움이 크게 될 것이다. 서로에게 화가 벌컥 나기보다는, 배려가 앞설 수밖에 없을 것이기 때문이다. 연예인 중에서 50년이 넘도록 금실 좋은 결혼 생활을 한 것으로 유명한 한 쌍이 알프레드 런트(Alfred Lunt)와 린 폰탄느(Lynn Fontanne) 부부다. 부인인 폰탄느에게 한 기자가 못된 질문을 해 왔다. 그와 살면서 이혼을 생각해 본 적이 없었는지 대답을 유도했다. "이혼이라고요? 단 한 번도 생각해 본 적이 없어요. 하지만 살인은 종종 생각했죠." 라고 대답했다. 그녀의 유머러스한 답변은 사랑하는 부부라 해도, 살다보면 긴장과 충돌이 없을 수 없음을 알려 준다.

부부란 사소한 말싸움으로 그들의 사랑을 확인해 가는 존재다. 사소한 언쟁이 서로의 감정 폭발로 치닫지만, 그것을 기회로 더욱더 하나가 된다. 심해지면 서로에게 되돌릴 수 없는 상처를 남기기도 한다. 돌아올 길을 벗어나면, 사랑이라는 말은 집어던지고 끝내 헤어져 각각 다른 길로 가 버린다. 그것도 삶이다. 제아무리 말려도 헤어질 사람들은 헤어진다. 이에 대해 유대인 랍비 조셉 텔루슈킨은 하나의 교훈을 보여준다. 화내고 싸우고 상처를 받는 것이 사랑하는 사람들에게 흔하게 드러나는 삶의 과정일 수는 있어도, 그것 때문에 사랑이라는 모든 것이 엉망이 될 만큼 그렇게 결정적인 이유가 될 수는 없기 때문이다.

텔루슈킨은 1998년 겨울에 일어난 항공 참사를 예로 든다. 스위스 항공 111편의 여객기 한 대가 대서양에 추락했었다. 당시 탑승객 229명은 모두 추락사했다. 탑승객들은 추락 6분 전쯤 기장으로부터 비행기에 이상이 있다는 것을 안내 방송으로 들었다. 이제 비행기는 추락 중이었다. 승객 모두가 나름대로 자기 생명에 대해 최대한의 조처를 강구하기 시작했다. 그렇지만 비행기는 추락했고 탑승객들은 모두 사망했다.

항공기 추락 소식을 접한 랍비 조셉 텔루슈킨의 아내는 비통에 젖었다. 그녀는 궁금했다. 그 비행기에 탑승하고 있던 부부들이 추락 전 남은 6분 동안 서로 무슨 말을 하고 어떤 행동을 했을 것인지가 궁금했다. 그녀는 남편인 텔루슈킨에게 이렇게 운을 뗐다. 저들은 "아무도 '항상 바닥에 옷을 벗어 놓는 걸 더는 못 참겠어.' 또는 '생각 없이 돈을 함부로 쓰는 것에 진절머리가 나.' 같은 말은 하지 않았겠죠." 틀림없이 저들은 다음 생에서도 다시 만나자며 영원한 사랑을 맹세하거나 아니면 과거 자신의 잘못된 언행에 대해 사과하며 용서를 구했을 것이라는 것이 그녀의 생각이었다. 극심한 공포 속에서라도 저들의 마지막 순간은 더없이 아름다운 시간이기도 했을 것이기 때문이었다.[31)]

인간은 몸과 마음을 합쳐 가야만 끝내 하나가 되는 존재다. 누구든 맘과 몸은 하나다. 인간은 언제든 몸 따로, 맘 따로 자기 편한대로 갖고 다니지는 못한다. 몸과 맘은 '뫔'로 하나가 되어 자신을 추스린다. '뫔'이 걸어 다닌다는 것은 몸과 마음이 하나라는 뜻이다. 몸과 맘이 하나가 되면, '뫔'에 거추장스러울 것은 없다. 두려울 것도 없다. 자기 자신만이 가장 두려울 뿐이다. 하나뿐인 생과 명이기 때문에 조심하고 조신할 수밖에 없다는 뜻이다. 자기 몸이 있고, 자기 마음이 있는 한 두려울 것이 없다. '뫔은 슬기이며 슬기는 뫔이라는 뫔의 현존체'가 바로 인간의 몸된 모습이다.

인간은 진화한다. 자연의 모든 것과 서로진화한다. 인간의 겉모습인 몸, 안의 모습인 마음도 서로진화의 부산물이다. 몸과 마음의 상호작용인 슬기도 서로진화의 부산물이다. 슬기는 지력이다. 사물의 이치를 밝혀 주는 힘이다. 옳고 그름, 나아감과 멈춤, 취함과 버림 같은 것을 처리해 준다. 슬기가 작동하고 있는 현존체(現存體)는 바로 나의 '뫔', 하나뿐이다.

인간은 장기(臟器)들이 연결된 장기부품의 합이 아니다. 살아 있는 인간에게서 몸 따로, 마음 따로, 슬기 따로 각자 작동하지는 못한다. 종합적인 생명 존재가 인간이기에 모든 것은 함께 작동한다. 생명은 생각에서 나온다는 점을 다석 류영모 선생은 이렇게 말한다. 사람이 "산다는 것은 생각하는 것입니다. 생각을 잘할 수 있어요. 그걸

다 누가 해야 해요? 내가 해야 해요. 내가, 우리가 해야 합니다. 그러고는 그거 뭡니까? 모두 가진 것을 써야 해요. 갖기만 하고 쓰지 못하면 사는 게 아닙니다. 가진 걸 써야 해요. 가진 걸 잘 써야 한다는 게 자유라는 겁니다. 일어선 건 독립이고, 자신이 가진 것 잘 쓰는 건 자유입니다."[32)]

생각하는 존재가 바로 '뫔 슬기'의 현존체일 뿐이다. 뫔 슬기의 총화인 인간은 생명의 우선성을 드러내는 본실적인 존재다.[33)] 생명인 인간은 생(生)하고 명(命)하기 위해 세상과 당당하게 맞서 있는 존재다. 인간 각자마다 생명이 우선한다. 생과 명이 없는 인간은 생명일 수 없다. 생명이 우선하는 한 인간의 의미는 생명 존속에 있고, 생명이 있어야 인간으로서의 의미를 갖게 된다. 현재 살고 있다는 것은 인간인 내게 생명이 있다는 뜻이다. 생명이 인간의 가치다. 생명으로서의 존재는 현존체로서의 실존적인 존재다. 실존이란 우리 자아의 불가사의한 근원, '내면 세계에서도 가장 깊은 내면'이다. '인간에게 영혼'이 있어야 한다는 당위이기도 하다.

실존의 가치는 존재 그 자체만으로는 제대로 드러날 수 없다. 존재 그것만으로 만족하는 삶은 없다. 존재할 수 있는 근거가 바로 실존이기 때문이다. 실존은 끊임없이 선택의 기로, 결단의 기로에 서 있음이다. 실존은 매순간 견지할 수도 있고 상실할 수도 있다. 실존은 자유롭다. 실존은 결코 사유할 수 없다. 실존은 사유보다 언제나 우선한다. 생각하기 때문에 살고 있는 것이 아니다. 살아 있기 때문에 생각하게 된다. 생명이 있기에 생각할 수 있는 것이다. 생명이 지니는 고유한 값은 오로지 생명이다. 실존적 자유는 결정론이냐 비결정론이냐의 물음과는 전혀 다른 차원이다. 실존은 미리 이렇게 저렇게 파악하는 것이 불가능한 것이라고 못 박아 말한다. 실존은 "선택의 순간에 근원에서 일어나는 자기 창조"일 뿐이다.[34)]

뫔 슬기의 현존체인 내가 생명을 유지하고 있는 한 그 틀 안에서 실존은 설득력을 지닌다. 인간의 삶은 영화의 한 장면에서 보는 것처럼 상황에 따라 변화하기도 한다. 예를 들어, 전투 중인 적군에게 잡힌 한 사병이 있다. 그는 고문을 당하면서 고뇌한다. 자백하면 석방된다. 석방되는 순간 그의 동료들이 무참하게 죽어갈 것이다. 내 생명,

그리고 가족과 애국의 길 사이에서 갈등하는 장면을 매순간 연출하는 셈이다. 사병에게는 집에 갓 태어난 아기가 있다. 부모와 아내, 그리고 아기는 그의 도움 없이는 살아갈 수 없는 처지다.

그의 목숨은 그만을 위한 생과 명은 아니다. 적군은 그에게 비밀을 요구한다. 그의 생명을 구하려면 기밀을 자백해야 한다. 자백하면 동료들이 한순간에 죽는다. 어떤 것을 택해야 할지의 딜레마일 뿐이다. 자신의 생과 명을 위해서는 저들이 원하는 기밀을 줘야 한다. 아니면 조국의 승리를 위해 내 생명을 포기해야 할 것인지에 대한 딜레마의 대답은 쉽지 않다. 그래도 그는 어떤 선택이든 선택해야만 한다. 더 현명한 선택은 강요받을 수 없다. 그만이 결단할 수 있다. 옳고 그름의 문제가 아니다. 생존에 관한 선택의 문제다. 살아 있기에, 살아야만 한다는 판단에 따라 그의 대답은 생명에 어긋난 선택일 수는 없다. 생명은 존재보다 우선해야 하는 본실적이기 때문이다.

내 생명은 타인에 의해 훼손될 수 없다는 말은, 키르케고르(Søren Aabye Kierkegaard)가 "주체성이 진리다."라고 말한 대로의 그 뜻을 담고 있다. 나라는 생명이, 나라는 주체가, 나라는 실존이 우선한다는 뜻이다. 나라는 본실적인 생명이 바로 진리, 그 자체이기 때문이다. 내가 속해 있던 사회와 같은 '전체'니 '체제' 같은 제도는 내 생명에게는 늘 타인적인 위치에 서 있다. 나의 삶에서 저들은 늘 지옥처럼 군림하기만 한다. 인간이 자신의 중심에 설 수는 있지만, 결코 그가 세계의 중심은 아니다.

인간 주위에 존재하는 다른 생물들도 소중하다. 저들 역시 생명체이기 때문이다. 우리는 모두 각기 모양은 다르지만 인간이라는 본질은 모두 똑같다. 서로 돕는 존재가 인간임을 극단적으로 보여 주는 나라가 히말라야 산정에 위치한 불교 왕국 부탄이다. 부탄 왕국에는 동물 탑 벽화들이 흔하다. 과일이 주렁주렁 매달린 나무 밑에 동물 탑이 서 있다. 새는 과일을 쪼고, 토끼는 땅에 똥을 눈다. 원숭이는 똥을 퍼트린다. 코끼리는 코로 나무에 물을 뿌린다. 동물들이 나무에 거름을 넉넉히 준다. 나무가 무성하게 자란다. 나무는 동물들에게 그늘을 제공하고 과일을 맺는다. 그 과일로 모두가 살아간다는 내용을 전하는 벽화들이다.

우화를 하나의 이야기로 만들어 놓은 벽화다. 아시아권에서는 제일 가난하지만 가장 행복한 감정으로 일상을 보낸다고 알려진 부탄 사람들이 굳게 믿어온 우화다. 벽화가 우리에게 가르쳐 주는 것은 한 가지다. '모든 존재는 서로 의존해 산다'는 사실을 알려 주고 있다. 지구와 시간을 공유하는 존재들은 모두가 가까운 이웃이다. 모두가 서로에게 연결돼 있는 동행이다. 인간도 동물도 모두가 하나일 뿐이다. 서로가 똑같지는 않지만 서로가 의존하는 것은 하나로 일치한다. 하나가 없어지면 다른 하나도 사라지게 된다. 지구상에 있는 모두가 가족이다. 우리가 먹어치우는 동물들은 바로 우리의 닮은꼴 영혼들이다. 그들을 돌보지 않으면 저들도 우리를 돌보지 않는다. 저들이 없어지면 우리도 없어진다. 동물을 돌보는 것은 우리 가족을 돌보는 것이다.[35)]

본실적인 내 생명은 무엇과도 대신할 수 없다. 단 하나의 명과 생이기 때문이다. 다른 것과 바꿀 수도 없다. 남을 위해 희생할 수는 있어도 빌려 줄 수는 없는 것이 나의 생과 명이다. 생명이 진리보다 우선하는 이유다. 명이 끊어진 후에는 그 어떤 진리도 무기력할 뿐이다. 생명이 진리케 할 수 있다. 생명이 작동하는 한 진리가 의미를 갖기 때문이다. 생명은 영원하지 않은 것처럼, 진리 역시 유한할 뿐이다. 진리는 사회적 구성물이다. 사회적으로 만들어지기 때문이다. 생명은 어떤 경우든 사회적으로 만들어지지 않는다. 진리는 사회적 구성물이지만, 생명은 사회적 구성물이 아니다. 생명은 결코 보편자가 아니다. 생명은 단독자이며 각자적일 뿐이다. 생명은 한시적이다. 생명이 단독자이며 주체일 뿐이다. 인간은 자기 삶을 자유로이 선택할 수 있다. 인간은 자유롭다. 인간은 생명체로서 이 세상에 먼저 던져진다. 생명의 값어치를 능가하는 것은 아무것도 없다. 생명을 선택할 수는 없다. 살아 있는 것이 아름다움이다. 생명은 그 누구에게도 절대적이다.

생명은 뫔 슬기의 총화이며 전체적인 움직임이다. 본실적인 생명체로서의 모든 삶은 각자주의적이다. 나의 삶은 구체적 생명이라는 상황에서 타자와 연관되기 때문이다. 뫔 슬기체로서의 현존체인 생명인 나는 고립된 존재가 아니다. 인간적 현존체는 '타자와 연결된 존재'다. 타자 역시 내게는 각자 나와 연결된 본실적인 존재다. 나의 생명을 자의적으로 선택할 수 있는 것이 아니다. 생명으로 태어나면 그 생명체는 그 날부터 죽는 날까지 본실한다. 현존체의 삶은 선택된 삶일 뿐이다. 타인에 의해 선택되는 삶이기도 하다. 사람은 자기 스스로와 타인을 만들어 간다. 내게 타인이 요구되고, 타인에게 내가 욕망된다. 관계가 사람을 묶는다. 나라는 본실적인 생명체는 관계를 묶어 주는 타인들에 의해 선택하고 결단한다. 나의 삶에는 관계된 타인들의 삶이 관여하고 있다. 가정, 학교, 직장, 공동체에서 타인의 관여는 피할 길이 없다. 부모, 형제, 친구, 동료, 상사들이 모두 그 어떻게든 나의 삶에 관여한다. 정도와 농도만이 다를 뿐이다.

생명은 본실적이기에 나의 생명에 타인의 관여와 개입은 어쩔 수 없는 노릇이다. 누구의 삶이든 삶은 동행지식들의 관여로 엮어지며 진행되기 마련이다. 부모도 동행지식이고, 가족도 그렇다. 동행지식의 범위는 넓어질 수 있다. 동행지식은 큰 지식(Andragogues)이며, 선지식(善知識, Kalyanamitra)이다. 동행지식들은 나의 삶과 저들의 삶에 관여한다.[36] 선지식이 굳이 현인(賢人), 그 자체이어야 하는 것은 아니지만 현자다운 본색만큼은 지니고 있게 마련이다. 선지식은 좋은 지식이다. 선지식은 큰 지식(智識), 말하자면 큰 슬기다. 스승 같은 이를 총칭한다. 선지식은 살아 있는 지식이며, 삶을 향해 나가는 데 방향을 잡게 만들어 주는 표지(標識)같다. 저들이 삶의 길라잡이가 될 수 있다. 나의 삶에서 살아 움직이는 관계망이 동행지식이다. 동행지식은 박식한 사람이나 엄청난 정보를 소유한 그런 유식한 자를 뜻하지만은 않는다.

예로부터 불교계에서는 선(善) '지식'을 좋은 벗으로 불렀다. 선지식이 동행지식의 원형이다. 동행지식이 언제나 스승 같은 사람으로만 불리는 것은 아니다. 일상에서는 내가 기꺼이 기댈 수 있고, 가르침을 받을 만한 좋은 동무 정도의 의미를 갖는다. 불교계에서는 저들을 일러 선우(善友), 친우(親友), 승우(勝友)라고 부르기도 한다. 사실 초기 불교경전에서는 (선) 지식을 굳이 위대한 사람만을 지칭하는 단어로 고정시키고 있지는 않았다. 고명한 사람을 지칭하기 위한 목적으로 선지식이라는 개념을 쓴 것 역시 아니다. 자기의 삶에 있어서 옳게 가르쳐 주는 사람은 모두 선지식의 범주 안에 넣고 있다. 옳은 생각을 하도록 도와주는 인물 모두가 (선) 지식이 된다고 가르치고 있다.

죽은 사람, 그들이 어버이든 자식이든 관계없이 큰 깨달음을 주었다면 그들 역시 (선) 지식이 될 수 있지만, 후기 불교에서는 주로 살아 움직이는 사람을 가리킨다. 옳은 생각이 아닐 수 있음이 초기 불교 경전의 하나인 『미란타왕문경』에 잘 드러나 있다. 죽은 자식이 우리에게 (선) 지식이 될 수 있다고 강조하고 있는 『미란타왕문경』은 죽은 자식에게 어버이들이 머리를 숙이는 예를 들고 있다. 부모에게 죽은 자식이 알려 주는 것이 있다. 모든 생명의 소중함을 무언의 교훈으로 남기고 있다. 자식의 죽음, 즉 죽은 자식이 바로 붓다이며 선지식이라고 가르치고 있는 것이다. 어버이들은 그래서 죽은 자식에게 합장하는 것이다. 죽은 자식의 죽음을 생각하는 것이 생명을 존중하는 태도다. 죽은 자식에게 살아 있는 어버이가 줄 수 있는 최대의 효이기 때문이다.

선지식은 동행에게 어떤 삶의 깨달음을 주는 벗이다. 선지식이 지음자(知音者), 즉 서로 마음을 허락하고 뜻이 통하는 친구이면 좋겠지만, 꼭 그래야 할 이유는 없다. 선지식은 좋은 관계, 나쁜 관계가 따로 구분될 수 없음을 알려 주기 때문이다. 좋은 관계에서는 좋은 것만을 익히고, 나쁜 관계에서는 나쁜 것만을 익힌다고 볼 수 없다. 마음이 모든 것을 만들어 내기 때문이다. 선지식이 좋은 지식으로서의 동행이라고 우길 수만도 없는 이유다. 수백만 명의 유대인을 죽이면서 그것을 인종 청소라고 내세운 히틀러의 모습에서 붓다의 모습이 어른거리게 만들기 때문이다. 인간의 추한 모습, 우아한 모습은 어디에서나 마찬가지다. 거룩함 그 자체인 성직자의 웃음에서 수전노 샤일록의 웃음을 읽어 낼 수도 있다. 천당으로 올라간 살인자를 상상할 수 있으면 지옥으로 떨어진 성직자도 상상할 수 있어야 한다.

동행지식은 평생교육, 성인교육에서 말하는 안드라고구스(Andragogues)다. 고대 아테네 공동체에서 대중에게 삶의 길을 제시했던 지혜인이 바로 안드라고구스다. 소크라테스 혹은 에픽테토스 같은 이들이 큰지식, 선지식의 전형이다. 현대인을 예로

든다면, 유영모 선생, 함석헌 선생 같은 이들이 안드라고구스의 반열에 놓일 수 있다. 성철 스님 역시 안드라고구스고, 김수환 추기경도 큰지식(智識)이었다. 한경직 목사나 강원룡 목사 역시 안드라고구스였다. 선우경식 선생이나 이태석 신부도 안드라고구스 반열에 서 있는 현자다. 모두가 현자이며 현인으로서 '남을 살리기 위해 자기를 버렸던' 사람이었다.[37]

동행은 동비(同悲)를 다르게 부르는 말이기도 하다. 동비란 나와 같은 처지에 있는 사람을 말한다. 그와 하나가 되는 것을 '동비'라고 말한다. 동비는 자비의 정신을 말한다. 동비는 원증회고(怨憎會苦)를 넘어선다. 미운 사람과 얼굴을 맞대는 고통이 원증회고다. 원증회고를 넘어서는 사람이 되어야 자비의 동비가 된다. 동비는 자기 혼자 만의 깨달음이 아니다. 사람답게 살 때, 그런 경지에 들어가 있는 사람이 동비다.[38]

동행지식은 일반적인 의미에서 멘토 같은 사람이다. 삶의 곁에서 동행이 되는 사람 모두가 사상가는 아니다. 삶에서 비뚤어질 수 있는 길들을 피하게 도와주는 동행이면 족하다. 사람의 길, 옳은 길을 제시해 주는 현인의 역할을 해 주는 사람이면 족하다. 그런 입장에서 보면, 교직자, 목회자, 윤리적으로 바른 동네 어르신이 그런 동행지식에 속할 수 있다.

동행지식은 줄여 그냥 '지식(智識)', 즉 슬기 있는 사람, 지혜스러운 도반(道伴), 이미 설명했지만, 선지식(善知識)에 버금가는 인물을 그렇게 명명한 것이다. 이 책에서는 동행지식을 그렇게 부를 것이다. 지식은 정보와 다른 것임을 강조하기 위해서이다. 정보에 슬기가 가미되어야 일반지식이 된다. 경제적 가치로 환산할 수 있는 일반 '지식'으로서의 가치를 지닌다. 일반지식은 삶에 여러 가지 기능을 발휘한다. 일반지식은 사물과 사물 간의 차이를 구분하게 도와준다. 삶에서 사실 아닌 것들을 밀어내는 데 도움을 준다. 기억하고 싶어하는 것은 기억하고 잊고 싶은 것은 잊게 도와준다. 지키고 지녀야 할 만한 것은 언제든 내 삶을 위해 되돌아 보게 만들어 준다.[39] 정보들이 튼실하면 우리의 삶과 주위를 생각해 볼 힘과 여유를 갖게 된다.

일반지식과 선지식(善知識)은 그들이 지칭하는 것들이 사뭇 다르다. 일반지식은 정보에 슬기가 가미된 것이지만, 선지식은 사람들에게 슬기를 보여 주는 현자, 현인으로서의 멘토 같은 이들이다. 먼저 나선 사람으로서의 선생, 좋은 사람, 멘토 같은 사람으로서의 슬기 있는 자를 가리킨다. 이런 일에 앞선 박승원 교수[40]는 '선지식(善知識)'을 그냥 '지식(知識)'이라고 줄여 써야 한다고 주장한다. 불교에서 쓰던 선지식이란 말의 본뜻을 현대사회에 알맞게 확장하자고 주장한다. 선지식을 대중화시킬 수 있는 의미 있는 노력이다.

선지식을 지식으로 줄였을 때 '지식'은 잡다한 정보 덩어리를 말하지 않는다. 정보 획득이나 앎의 행위를 지칭하는 것도 아니다. 일반지식을 말하는 것이 아니다. 잡다한 정보 덩어리니 개념으로서의 일반지식과는 무관하다. 정보 덩어리로서의 일반지식이라는 개념을 넘어선다. 타인의 삶에 좋은 그리고 깊은 영향을 주는 사람을 의미한다. 그 사람이 바로 동행지식이다.

동행지식은 인간 상호 관계에서 서로에게 일깨움을 주는 사람들이다. 나에게 의미 있는 지인이 된다는 것은 나와 관계를 맺은 사람이 된다는 뜻이다. 동행지식은 그 자체만으로는 위대할 수 없다. 동행지식은 '파트너링과 네트워킹의 관계 속에서 의미를 가진다. 동행으로 존재할 때 그가 내게 존재한다. 나 역시 마찬가지다. 동행 '지식'은 저 홀로 훌륭한 사람이 아니다. 타인이 있음으로써 그의 존재 가치가 드러난 사람이다. 자신을 비춰볼 수 있는 거울이 분명한 사람이 동행지식이다.

정보 범람의 사회, 지식경제사회에서 올곧은 멘토 역할을 감당하는 이를 큰지식(智識)이라고 부르자는 것이다. 이때 말하는 지식(智識)은 슬기나 지혜(智慧)를 말하는 것이지, 단순히 정보 쪼가리로 하나가 된 지식(知識)을 지칭하는 것이 아니다. 동행하는 사람들과 올바르게 동행하는 사람이 큰슬기이며, 큰지혜라는 뜻이다. 시대 상황에 맞게 새롭게 불가에서 지칭해 온 '좋은 벗'이라는 의미의 선지식을 '지식화'한 것이 바로 단순한 지식(知識)과 다른 '지식(智識)'이다. 모두에게 좋은 친구일수록 그 친구는 좋은 관계이며 좋은 지식(智識)이다. 관계는 소통을 해내는 사람이다. 소통은 관여이며, 지식을 지칭한다. 소통을 잘함으로써 사람들의 삶에 관여하는 사람을 지식으로 부르자는 것이다. 동행지식은 누구에게든 깨달음을 주는 사람이다. 삶을 밝혀 주는 시대적 선도자다. 시대를 깨달은 현인이다. 현인으로서 내 옆에 있는 사람이 바로 안드라고구스다.

지식이란 무슨 정보나 그것을 '안다'가 아니다. '아는 사이, 아는 관계로서의 지인(知人)'을 뜻한다. 굳이 선(善), 악(惡) 혹은 오(惡)로 대비시키거나 획일적으로 가를 필요가 없다는 의미에서의 지식이다. 선지식이 유일하지 않다는 뜻이다. 허(虛)라는 글자에서 만(滿)의 의미를 충분히 깨달을 수 있고, 히틀러의 심성으로부터 붓다의 자비를 읽어 낼 수 있다는 역설적인 표현이기도 하다. 어차피 착하거나 선하거나 추하거나 악한 것은 모두가 상대적일 뿐이다. 서로가 서로를 내포하고 있을 뿐이기 때문이다.

아름다움은 추함으로 알게 되는 것이다. 잘못된 것에서 제대로 된 것을 읽어 낼 수 있다. 진시황의 양태에서 예수의 모습을 읽어 낼 수 있고, 붓다의 양태에서 예수를 심판한 빌라도(Pilatus) 총독의 심성도 잇대어 끄집어 낼 수 있기 때문이다. 어차피 선(善)은 악(惡)이며, 오(惡)는 참(眞)으로 이어질 뿐이다. 마치 어둠 속에서 여명을 예기하고 있는 것과 엇비슷하다. 그러니 지식이라는 단어 앞에 굳이 선(善)자를 달아야 할 이유가 없다는 것이다. 선지식을 지식이라고 한다고 해도 잘못이 있을 수 없다. 지식은 사람들 간의 관여를 중요시한다. 선지식, 오지식, 악지식과 같은 경계를 넘나들어야 하는 개념이 지식이다.

가치 있는 정보로서의 정보 덩어리인 지식(知識)은 앎(Knowledge)을 지칭하는 말에 지나지 않는다. 슬기로서의 동행지식은 그런 정보 덩어리를 말하는 것이 아니다. 앎을 단순히 지칭하는 것도 아니다. 앎은 대상에 대한 인식을 말할 뿐이다. 사물에 대한 경험 역시 앎에 속한다. 객관적 타당성을 요구할 수 있는 판단의 체계가 앎이다. 정보의 덩어리 상태를 인지하는 것이 앎의 행위다. 정보들을 인지한다는 것은 사물과 사물 간의 경계를 알아낸다는 것을 뜻한다. 사물의 모양이나 배열을 살펴보는 것도 앎이다. 정보를 인지했다고 현상의 본질까지 알았다는 것은 아니다. 모양을 파악하는 것은 본질을 알아 내는 데 별다른 도움이 되지 않을 수도 있다. 앎만으로는 지식의 본질을 구원할 수 없다.

세상을 이해하는 데 도움을 주는 정보 덩어리들은 즐비하게 널려 있다. 예를 들어, 음주운전을 방지하는 방법은 나라마다 다르다. 터키에서는 경찰이 음주운전자를 적발할 경우, 우선 차에서 내리게 한다. 그를 다시 도심에서 약 30km 떨어진 외곽에 데려간다. 그곳에서 내려놓고 구보로 귀가하도록 명령한다. 다른 교통편을 이용하지 못하도록 순찰차가 호위한다. 음주와 교통 간의 관계를 깊이 성찰하도록 하는 방법이다.

말레이시아에서는 음주운전자를 무조건 구속한다. 운전자의 배우자까지 감옥에 보낸다. 배우자에게도 관리 보호의 책임을 묻는 것이다. 엘살바도르에서는 음주운전자를 적발하면 총살형에 처한다고도 한다. 쉽게 확인되는 것은 아니지만, 그만큼 음주운전을 경계하라는 뜻이다. 불가리아에서는 첫 번째 음주 적발은 훈방, 두 번째 음주 적발은 교수형에 처한다. 예방주의와 응보주의의 극적인 절충으로 음주운전을 예방하고 있는 셈이다.[41] 이런 사실을 숙지하고 있는 것은 정보로서의 지식(知識)이다. 음주운전이 자신의 삶뿐만 아니라, 타인의 삶까지 해치는 잘못된 습관임을 자신의 삶을 통해 가르쳐 주는 슬기는 바로 선지식(善知識), 큰지식(大智識)이며, 안드라고구스다. 이런 류의 음주 예방 정보들은 삶살이에서 요긴하기는 하지만, 나의 삶에서 결정적인 의미를 만들어 내는 정보는 아니다. 나의 삶과 동행하는 것이어야 나에게 긴요한 지혜와 슬기가 되기 때문이다. 정보는 나의 삶과 동행하기는 하지만, 정보가 없어도 나의 삶은 계속된다. 정보 덩어리는 나의 삶에 여유를 주기는 하지만, 나의 삶을 제대로 인도하지는 못한다. 슬기로서의 지식(智識)만이 나의 삶살이를 바르게 인도할 뿐이다.

앎은 인간에게 집중력을 요구한다. 삶도 집중해야 살아진다. 집중해야 앎에 이른다. 그래서 조선조 성리학자인 서경덕은 앎의 전조(前兆)를 집중(集中)이라고 말했다. 예를 들어, 그는 하늘에 대해 연구하려고 한다면, 먼저 방 벽에 하늘 천(天)자를 써 놓았다. 그 글자 앞에 앉아 하늘에 대한 생각을 수없이 거듭했다. 하늘을 알기 전에 앞서 그는 하늘에 대한 어떤 영상을 마음속에 먼저 만들었다. 하늘 그 자체에 집중한 것이다. 집중이라는 사유(思惟)가 있어야 사물이나 현상에 대한 앎이 생기기 때문이다.[42] 여기서 말하는 집중은 단순한 초점 맞추기만을 의미하지 않는다. 집중은 관심을 말한다. 주위에 대한 관심, 사람에 대한 배려가 집중이다. 단순한 정보에 의존은 사람들에게 집중력을 분산시킨다. 정보는 끊임없이 흘러 다닌다. 사람을 한곳에 오래 머물게 하지 못한다. 사람들은 정보 때문에 행복해지는 것이 아니다. 사람들의 배려와 관심에 의해 행복해진다. 행복에 관한 수많은 정보가 있다고 행복이 따라오는 것이 아니다. 행복해지려면 사람에 대한 배려가 우선해야 한다. 사람들이 서로 관계를 쌓는 것이 집중이다. 지혜와 지식을 나누며 새로운 문화를 만들어 내는 동력이 집중이며 관심이다. 행복감을 이끌어 내는 힘은 그런 배려와 집중력에서 나온다.

쪼가리 정보에는 자신이나 타인에 대한 배려의 힘이 없다. 정보는 관심을 뺏아 가기는 하지만, 관심을 되돌려 주지는 않는다. 예를 들어, 우리가 이용할 수 있는 웹사이트는 5,000만 개, 출간된 책은 180만 권, 골라 보는 TV 채널은 500개, 운영 중인 블로그는 7,500만 개에 달한다. 수많은 그리고 갖가지 정보가 범람하고 있다. 인간은 그런 정보 쪼가리에 만족하지 못한다. 더 많은 정보를 찾아 검색 사이트를 뒤진다. 업무를 보면서 정보를 집어 삼킨다. 의미를 파악하기도 전에 다른 정보에 눈길을 준다. 사람에 대한 배려가 아니라 정보 사냥에 대한 중독이다. 사람들을 만나는 순간에도 쉴 새 없이 정보를 검색해야 마음이 놓일 뿐이다.

삶살이에 관한 정보, 행복에 관한 정보가 많아도 사람들은 즐거울 수 없다. 어느 정보가 정말로 행복을 보장해 주는지 알 수 없기 때문이다. 정보의 홍수 속에서 행복해질 틈이 없다. 정보의 범람과 홍수에 사람들이 떠내려가고 있다. 내가 정보를 다뤄야 하는데, 정보가 나를 다루고 있다. 정보는 정보일 뿐이다. 정보가 내 생각을 대신할 수는 없다. 생각과 판단이 결여된 정보는 나를 무기력하게 만든다. 나를 내던지고 나를 정보에 맡기면 삶을 정보에 던져 버리는 것이다. 자신이 자기에 대해 집중력을 상실할 뿐이다.

인간이 사람에 대한 관심을 잃는다면 정보가 넘쳐나는 현대가 바로 중세기다. 죽은 사람에게 이메일을 보낸다면 그것은 불행이다. 그런 일이 비일비재하다. 죽은 자에게 필요했던 것은 이메일이 아니었다. 살아 있을 때 찾아가 주는 인간적인 만남이었다. 배려가 필요했을 뿐이다. 산 자와 죽은 자 간의 이메일은 무의미하다. 현대는 곧 '암흑 시대'라는 증표일 뿐이다. 사람에 대한 관심과 집중력만이 '인간성'과 '지성'을 되찾게 해 주는 열쇠다.[43] 현대사회에서 사람들은 정보에 기갈이 들린 동물처럼 행동하곤 한다. 세상에 무수히 널려 있는 정보의 초원을 거닐면서 정보를 끊임없이 먹어 치우고 있다. 그것이 살아 있음을 증명하는 듯이 정보를 모조리 먹어치운다. 스닐(Sneal)족처럼 정보를 시도 때도 없이 게걸스럽게 먹어치운다. 스낵(Snack)과 정식인 식사(Meal)를 함께 묶는 사람들을 가르켜 '스닐족'이라고 부른다. 스닐족에게 식사는 불규칙하다. 이들에게는 아침, 점심, 저녁을 가르는 것이 무의미하다. 아무 때나 간식처럼 먹고, 정식처럼 먹으면 된다. 이들에게는 스낵이 식사의 표준이 된다.

스닐족은 양이 초원의 풀을 뜯듯 하루 종일 먹이를 찾아 돌아다닌다. 먹기 위해서다. 그들은 먹고 또 먹는다. 이들에게 중요한 것은 먹는 것이다. 즐기는 것이 아니라 먹는 것이다. 배를 채워 놓는 것이다. 먹어야 하는 이유를 알 필요도 없이 먹기만 한다. 먹기 위해 사는 셈이다. 살기 위해서 먹는 것이 아니다. 정보를 찾아 떠도는 정보족도 스닐족과 마찬가지로 정보를 먹어치운다. 저들은 정보 대식가들이다. 정보를 스낵처럼 모아 두고, 쌓아 두며 정보에 탐닉할 뿐이다. 삶을 위한 정보 수집이 아니라, 정보를 위한 정보 수집에 몰두할 뿐이다.

정보가 저들을 구원할 수 없다는 것을 저들은 알지 못한다. 사람만이 사람을 구원할 수 있다는 것에는 별다른 공감을 하지 못한다. 사람과 사람 사이의 관계는 정보 매개의 관계가 아니라 관심과 배려라는 것을 늘 간과한다.[44] "당신이 아는 한, 그 현실의 코드 혹은 그 코드의 환상에서 벗어날 수 있는 유일한 소식은 '친구' 밖에 없다. 왜 '친구' 밖에 없는가? 그것은 바로 당신이 '친구' 이외에 아무것도 아니며, 아니었고, 또 아닐 것이라고 주문하며 반복하기 때문이다. 모든 인간이 소비자로 살아가는 이

'마지막 인간'(니체)의 시대에 당신의(이라는) 친구는 소비자적 존재와 부질없이 대치하는 물신(物神)이기 때문이다. 끝내 당신의 공부도, 경험도, 연륜도, 종교도, 운명도, 당신을 바꾸지 못했기(하기) 때문이다."

사람과 사람이 서로 같이 갈 때, 동행의 첫 모습이 그려진다. 함께 가면서 내 삶에 벗이 된다. 그들이 좋은 동행지식이다. 동행에서는 사람이 우선한다. 한국 개신교 역사에서 기독교의 진인(眞人)으로 불리는 유영모 선생이 먼저 일렀던 말이다. 사람을 '인간(人間)'이라 부르는 이치가 바로 그렇다는 것이다. 그래서 사람은 사람 사이가 중요하다. 사람 사이는 동행이 개입한다. 사람과 사람 사이의 관계를 잇는 것이 어렵기에 인간은 사람 사이에 살게 되는 사회적 존재다. 세상을 살아가면서 사람을 제대로 사귀려면 30년 지기는 되어야 한다는 것이 유영모 선생의 지론이었다. 인간과 동행에 대한 또 다른 지혜를 알려 준 것이다.

세상이라는 글자에서 세(世)자는 세상이란 뜻이다. 세(世)라는 한자를 쪼개면 열십(十)자 셋을 나란히 세운 모양이 나타난다. 30년을 나타내는 글자다. 사람의 한 세대는 30년 정도다. 한 세대를 살아가면서 알고 지내는 사람 수는 약 3천에서 5천 명 정도다. 그중 꼭 만나야 할 동행으로서 동행지식은 30~50명쯤이 되어야 한다. 그런 정도의 동행을 만나기는 쉽지 않다. 나를 어렵지 않은 길로 안내해 줄 사람을 평생 50명도 채 만나지 못하는 것이다. 그것이 삶이다.

인간은 만남으로서 자란다. 만남은 언제나 올곧은 것만 대면하는 것이 아니다. 만남에서는 관계가 중요하다. 사람의 숙명은 살아감이며, 살아감은 어차피 만남일 뿐이다. 만남은 외로움이며, 괴로움이기도 하다. 외로움과 만남을 지혜롭게 만드는 삶이 행복한 삶이다. 동행은 외로움과 만남을 의미있게 도와주는 사람이다. 유영모 선생은 그런 동행지식의 전형으로 석가와 예수를 꼽는다. 석가와 예수가 인간에게 가르쳐 준 것은 두 가지다. 배우는 법과 기도하는 법을 가르쳐 주었다. 그들은 스스로 외로움을 기도로 승화시켰으며 만남을 배움으로 쓸 수 있었다. 외로움을 잘못 쓰고, 만남을 잘못하면 삶을 그르치고 만다는 것을 보여 준 성인들이다.[45)]

타인의 삶살이를 한마디로 잘라 이렇다 저렇다고 평하기는 쉽지 않다. 선하다 혹은 악하다고 단정할 수 없는 것이 삶살이다. 모든 것은 상황에 구속되어 있기 때문이다. 타인에게 선한 것 혹은 악한 것 모두가 나에게는 동행지식이 될 수 있다. 내 삶을 잡아 주며 나와 함께 걸어가는 데 도움이 될 수 있다. 세상살이에서 누구나 붓다처럼 거듭났으면 하지만 아직 그런 사람은 없다. 누구나 십자가를 이야기하지만 십자가에 매달릴 준비를 하는 사람은 없다. 예수 혼자면 족한 것이라는 것이 저들의 욕심이기 때문이다. 사람들은 자기를 위해 저들을 매일 팔아먹고 산다. 붓다처럼 살 수만 있다면, 그 누구에게든 자신은 큰 동행이 되고 큰지식이 될 것이다. 그것이 가능하지 않은 것은 이미 붓다가 자신의 영혼 속에서 폐기 처분 된 지 오래 되었기 때문이다.

동행은 만남으로 출발한다. 만남은 새로움의 시작이며 행복과 소통의 시작이다. 어제의 그것도 오늘 만나면 새롭게 거듭나는 것이다. 저들에게 새롭기 위해서는 매일같이 내가 먼저 죽어야 한다. 거듭나기 위해서는 어제의 나를 죽이고, 오늘 다시 새롭게 태어나야 한다.[46] 거듭나는 것은 치유된 모습의 드러냄이다. 동행은 동행에게 그것을 보여 주는 것이다. 동행은 물리적인 같이 간다는 그 행위 하나만을 말하지 않는다. 영적으로 새로운 만남이 동행이다. 동행은 거듭난 나의 영성을 보여 주는 일이다. 저들에게 보여 주는 부활의 모습이 동행이다. 몸이 생물학적으로 다시 살아나는 일은 가능하지 않다. 소생(蘇生)은 생물학적으로는 불필요한 서설이며 욕망에 지나지 않는다. 소생은 죽음에서 되살아남이 아니기 때문이다. 소생은 생물학적으로는 아직도 목과 숨이 붙어 있는 상황에서 가능한 일일 뿐이다. 마음이 다시 살아나는 일로서의 영적 부활이 거듭남의 상징이다. 영적인 거듭남이 있어야 동행하는 저들을 위한 의자(椅子)가 될 수 있다. 거듭나는 동행만이 서로에게 쉴 수 있고, 의지할 수 있는 '의자'가 될 수 있다.

의자의 모양에 너무 집착할 일은 아니다. 내게 위안을 주었으면 모든 것이 편한 의자일 뿐이다. 피곤하고 지친 사람이 모양을 보고 의자에 걸터 앉지는 않는다. 그래서 옛사람들이 이르기를 산을 구경하려면 너무 산 가까이 가지 말라고 했다. 제대로 구경하려면 멀리 떨어져서 보라고 했다. 너무 알려고 가까이 가면 흠이 먼저 보인다. 산의 아름다움을 알아내려고 가까이 갈수록 추함이 드러난다. 산을 뒤덮고 있는 잡스러움과 추함이 아름답던 산을 뒤엎어 버리고 있음을 알게 된다.

사람을 알려는 것도 마찬가지다. 위대하다는 것도 한 껍질 벗기면 모두가 같을 뿐이다. 차라리 멀리 그대로 두고 보는 것이 오히려 나은 일이다. 근접해서 가까이 그를 알려는 노력이 추할 뿐이다. 옥에도 티가 있다. 멀리서 그 옥을 보면 작은 티는 보이지 않고 아름다움만이 영롱하게 드러난다. 태양의 정체를 알아야겠다고 태양 가까이 가면 타 죽는 법이다. 남의 비밀에 필요 이상으로 내 마음을 들이댈 일도 아니다. 내 비밀도 그렇게 덮여 있을 뿐이다.

지구상에서 가장 높은 산으로 알려진 산은 아직은 에베레스트(Mt. Everest)뿐이다. 산의 높은 위용을 추앙하기 위해 그냥 높은 산이라고도 부른다. 하이 마운튼(High Mt.)이라고 부른다. 이 높은 산에서는 산행을 둘러싸고 오만가지 일이 난무한다. 세상 모든 짓을 알고 있는 하이 마운튼은 결코 신비로운 산일 수 없다. 시카고 트리뷴 계열 신문사 마이클 코더스 기자는 하이 마운튼을 그렇게 한마디로 격하하며 말한다. 그는 하이 마운튼을 오히려 '하이 크라임(High Crimes)'이라고 개명해서 부른다. 하이 마운튼이 알고 보면 범죄 덩어리, 범죄의 온상이라는 것이다. 하이 마운튼이라는 말을 하이 크라임, 즉 범죄로 격하시킨 사연을 듣고 나면 등산가들은 그저 우울해져야만 한다.

그는 2004년 통신원 자격으로 아내와 함께 하이 마운튼에 등정한다. '코네티컷' 에베레스트 등반대에 합류한다. 8,448m의 세계 최정상의 산에 오르는 과정을 보도할 꿈에 부풀었다. 에베레스트에 오르며 그가 목격한 것은 산의 아름다움이 아니었다. 산의 이곳저곳에 숨겨진 범죄의 추(醜)한 꼴이 드러나기 시작했기 때문이다.[47] 이곳을 오르는 사람들은 정상에 오를 수만 있다면 뭐든 마다하지 않았다. 조난당한 이를 모른 체하고 내버려두고 하산하는 사람도 수없이 많았다. 고객에게 횡포를 일삼는 가이드와 셰르파도 한둘이 아니었다.

등반 도구, 등반 장비를 도둑질하는 사람도 흔했다. 베이스캠프에서는 마약 파티와 매춘이 비일비재했다. 에베레스트에 대한 예찬과 숭고미를 찾아나서는 것은 용기가 아니었다. 돈과 체력만 있으면 가능했다. 필요할 때는 언제든지 하이 마운튼을 정복할 수 있었다. 정상 등정을 증거하는 사진 한 장이면 되는 일이었다. 등정의 숭고미보다는 타락상이 가득한 곳이 에베레스트였다.

코더스 기자는 하이 마운튼에 크게 실망한다. 그는 에베레스트 정상 정복을 코앞에 두고 하산하기로 결심한다. 자신이 속한 등반대의 대원마저 믿을 수 없었기 때문이다. 그들은 결코 등반대의 동행이 아니었다. 저들은 돈을 벌기 위해 다른 팀들의 산소통과 장비를 슬쩍 빼내기까지 했다. 다른 대원들이 루트에 고정시켜 놓은 로프와 장비들도 제멋대로 사용해 버리곤 했다. 동행의 생명에 대한 경외는 이미 사라진지 오래되었다. 저들은 등반자를 위한 안전한 길 만들기 같은 것은 안중에도 없었다. 그 일은 고된 일이었기 때문이다. 정상까지 동행할 셰르파도 툭하면 도망갔다. 이미 몇천 달러나 되는 돈을 받았으면서도 자신의 안전을 가장 먼저 챙겼다. 대원들이 도움이 필요할 때, 저들은 곁에 있지 않았다. 저들 먼저 저만치 도망가 버린 후였기 때문이다.

코더스 기자는 등정과정에서 놀라운 일을 목격한다. 아버지의 실종과 실종된 아버지를 찾아달라는 한 여자의 긴급구조 요청을 받았기 때문이었다. 코더스 기자가 전진 베이스 캠프에 머물 때였다. 그의 노트북 화면에 긴급구조 요청의 글이 다급하게 올랐다. "제발 도와주세요. 아버지가 에베레스트에서 실종됐어요."라는 요청이었다. 긴급요청을 한 사람은 파비올라라는 여인이었다. 그녀의 아버지는 69세였다. 고령의 의사였다. 닐스 박사라고 불리는 그가 고령에도 불구하고 하이 마운튼 등정에 올랐던 것이다. 그에게도 동행하던 셰르파들이 있었지만, 지금은 아무도 그의 곁에 있지 않았다. 코더스 기자는 다시 에베레스트를 오른다. 혹시나 닐스 박사를 구조할 수도 있을 것이라는 막연한 기대감에서였다.

코더스 기자가 에베레스트의 티베트 쪽 사면을 오르고 있을 당시, 닐스 박사는 네

팔 쪽에서 하이 마운튼으로 오르고 있었다. 고령임을 고려하지 않은 닐스 박사의 욕심이었다. 최고령 정상 정복의 영광을 차지하기 위해서 그가 택한 길이었지만, 위험천만한 선택이었다. 닐스 박사는 가쁜 숨을 몰아쉬며 최고봉을 향해 발걸음을 재촉했다. 마침내 정상을 정복하는 기쁨을 누리기도 전에 기상 악화로 급히 하산하기 시작한다. 하산 도중 닐스 박사는 실종되고 만다.

코더스 기자는 조난 사고를 취재했다. 취재과정에서 닐스 박사 실종 사건의 내막이 밝혀진다. 참담한 사연이었다. 닐스 박사는 두 명의 셰르파와 한 명의 가이드를 고용한 후 등정하기 시작했다. 가이드는 등정 전문가라고 주위에 알려진 구스타보라는 사람이었다. 닐스 박사는 그에게 많은 대금을 먼저 지불했다. 최고봉에 그들과 함께 안전하게 오르기 위해서였다. 하이 마운튼을 올랐다가 그는 저들과 함께 급히 하산한다. 정상에서 수직으로 60m를 내려온다. 하산에서 가장 어려운 구간이다. 그 구간에서 닐스 박사에게 위험이 다가왔다. 극도의 피로감으로 닐스 박사가 쓰러진다. 기상은 최악으로 악화되기 시작했다. 셰르파와 가이드도 몸을 가누기 어려울 정도로 기상이 악화된 후였다.

셰르파와 가이드는 그를 내버려둔 채 하산한다. 닐스 박사가 오로지 의지하던 사람들이었다. 하산한 이들은 닐스 박사가 쓰러졌다는 사실을 알리지 않는다. 구조 요청도 하지 않는다. 대신 서로의 입을 맞춘다. 닐스 박사가 이미 사망했다고 말했다. 눈 덮인 그대로 두고 올 수밖에 없었다고 말했다. 모두가 거짓말이었다. 가이드였던 구스타보는 닐스 박사 대신 에베레스트 정복 기사를 인터넷에 올린다. 나중에 밝혀진 사실이지만, 가이드 구스타보는 에베레스트에는 한 번도 오르지 않았던 비전문가였을 뿐이었다. 등정가들을 가이드 할 수 있는 전문기술이 없는 사람이었다. 그런 짝퉁 등반가가 닐스 박사를 산으로 안내하기 위한 등정 멘토로 나섰던 것이다.

가이드가 될 수 없는 구스타보가 타인의 생명을 흥정했다. 닐스 박사를 이끌고 에베레스트를 올라가는 동안, 닐스 박사는 그에게 의지해야만 했다. 그가 닐스 박사에게는 큰지식이며 지음자인 동행지식이었기 때문이었다. 그는 닐스 박사를 속였다.

그가 닐스 박사의 생명을 흥정했던 것이다. 구스타보가 짝퉁 가이드라면 닐스 박사가 그를 가이드로 고용했을 리도 없었다. 그를 따라 에베레스트 정상을 향해 등정하지 않았을 것이다. 그의 전문성을 믿었기에 닐스 박사는 등정하기로 작정했었다. 등정 동안 짝퉁 가이드 구스타보는 닐스 박사에게는 유일한 동행지식이었다. 그는 닐스 박사의 생명에 대해서는 일고의 고려나 배려도 없는 오(惡)지식 혹은 악지식(惡知識)이었을 뿐이다. 제 자신의 목숨을 배려하기 의해 타인의 목숨을 탈취한 불한당이었을 뿐이다.

세상에는 자기 이익을 위해 타인의 삶, 타인의 생명까지 해치는 사람이 넘쳐난다. 저들은 결코 타인을 위한 동행도, 친구도, 지인(知人)이라고 이야기할 수 없다. 그렇기는 하지만, 그런 모순이 가득 찬 세상은 비록 오늘날만의 일은 아니다. 인간이 사회를 만들어가기 시작한 그때부터 만들어져 온 것이다. 스페인 철학자 중에서도 위대한 철학자로 추앙받고 있는 발타자르 그라시안(Balthasar Gracian)은 세상에 가득 찬 모순을 한마디로 말해 '애꾸눈 법률'이 판치는 사회라고 말한다.[48] "미덕은 박해를 받고, 악덕은 박수를 받소. 진실은 침묵하고, 거짓은 활개를 치오. 박식한 자는 책이 없고, 무식한 자는 서점을 통째로 가지고 있소. 책 속에는 현자가 없고, 현자는 책을 내지 않소. 가난한 자의 신중함은 어리석음이 되고, 힘 있는 자의 어리석음은 떠받들어지오. 생명을 살려야 할 사람은 죽음을 주오. 젊은이들은 시들어 가고 늙은이들은 욕정을 되살리오. 법률은 한쪽 눈이 먼 애꾸요."

현실이 그렇기는 하지만, 그런 세상을 그래도 살아가려면 "생각과 행동이 자신과는 다른, 익숙하지 않은 사람들을 기꺼이 만나려는 의지, 그 의지의 가치는 아무리 강조해도 지나치지 않다."고 말한 사람이 공리주의자인 존 스튜어트 밀(John Stuart Mill)이었다.[49] 그의 말대로 익숙하지 않은 사람들을 기꺼이 만나고 연결하는 노력으로 나타나는 결실을 네트워크 이론에서는 '낯선 사람 효과'라고 표현한다.[50] 낯선 사람 효과는 자신이 타인과 맺고 있는 관계가 아주 친밀한 친구 관계는 아닌 일반적인 지인 관계이지만, 지인들과의 관계를 일정하게 만들어 감으로써 저들이 제공하는 예상치 못한 정보에 의해 예상치 못한 순간, 기대 이상의 기회를 얻고, 그것을 발판으로 삶에 큰 도움을 얻는 경우를 지칭한다. 낯선 사람 효과는 '지인의 효과'라고도 달리 표현할 수 있다. 지금처럼 불특정 다수와 디지털 네트워크를 만들기 쉬운 시대는 느슨한 관계인 지인을 많이 만들어 가는 시대다. 약한 연결로 이뤄지는 낯선 사람과의 관계, 지인 관계이지만, 이들에 의해 기대치 않은 낯선 사람들의 큰 효과를 얻을 수 있기에 설령 지인과 같은 약한 연결이라도 무시할 수는 없다.

3. "천 사람 중의 한 사람은 형제보다 가까이 네 곁에 머물 것이다. 생의 절반을 바쳐서라도 그런 사람을 찾을 필요가 있다. 그 사람이 너를 발견하기를 기다리지 말고, 구백아흔아홉 사람은 세상 사람들이 바라보는 대로 너를 바라볼 것이다. 하지만 그 천 번째 사람은 언제까지나 너의 친구로 남으리라. 세상 모두가 너에게 등을 돌릴지라도. 그 만남은 목적이나 겉으로 내보이기 위한 것이 아닌 너를 위한 진정한 만남이 되리라. 천 사람 중의 구백아흔아홉 사람은 떠나갈 것이다. 너의 표정과 행동에 따라 또는 네가 무엇을 이루는가에 따라. 그러나 네가 그 사람을 발견하고 그가 너를 발견한다면 나머지 사람들은 문제가 아니리라." – 조셉 루디야드 키플링[51)]

키플링은 우리에게 잇대어 말한다. "그 천 번째 사람이 언제나 너와 함께 물 위를 헤엄치고 물 속으로도 기꺼이 가라앉을 것이기에. 때로 그가 너의 지갑을 사용할 수도 있지만 넌 더 많이 그의 지갑을 사용할 수 있으리라. 많은 이유를 대지 않고서도. 날마다 산책길에서 웃으며 만나리라. 마치 서로 빌려 준 돈 따위는 없다는 듯이. 구백아흔아홉 사람은 거래할 때마다 담보를 요구하리라. 하지만 천 번째 사람은 그들 모두를 합친 것보다 더 가치가 있다. 너의 진실한 감정을 그에게는 보여 줄 수 있으므로. 그의 잘못이 곧 너의 잘못이고, 그의 올바름이 곧 너의 올바름이 되리라. 태양이 비칠 때나 눈비가 내릴 때나. 구백아흔아홉 사람은 모욕과 비웃음을 견디지 못할 것이다. 하지만 그 천 번째 사람은 언제나 네 곁에 있으리라. 함께 죽음을 맞이하는 한이 있더라도. 그리고 그 이후에도.”

사람을 사귄다는 것은 마지막 한 사람을 얻기 위한 처절한 노력 같은 것이다. 사람을 사귀는 일은 타인의 생명, 다른 이의 삶에 대해 경외감을 갖고 그의 삶을 존중하는 일이다. 이해 관계는 나중 일이다. 사람을 배우는 일이 사람을 사귀는 일이다. 마음을 먹어야 제대로 배운다는 말을 자주 입에 올리는 것이 보통 사람이다. 이런 어법은 지식이나 마음에 대한 우리네 의식의 한 단면이기에, 배운다는 것이 쉬운 일이 아님을 알 수 있다. 일반적으로 설익은 음식은 소화에 지장을 준다. 잘 익혀 먹으면 소화에 도움이 되지만, 그렇지 않으면 기대하던 소화는 쉽지 않다. 소화를 위해서만이 아니라 맛을 위해서도 익혀 먹으면 몸에 좋다. 병균을 제거하고 음식을 안전하게 먹기 위해서라도 그래야 한다. 익힌다는 말은 지식에도 응용된다. 좋은 친구는 설익은 사람이 아니다. 제대로 간이 배이고, 제대로 삶아진 사람이다. 더불어 갈 만한 동행이 익혀진 동행이다. 마음을 먹는다는 말도 같은 맥락으로 쓰인다. 내가 먹지 않은 것은 나의 것이 아니라는 말이다. 먹어야 내 것이 된다. 마음을 먹는다고 할 때 그것은 마음을 내 것으로 만든다는 뜻이다.

무엇을 먹기 위해서는 먹을 그 무엇이 있어야만 한다. 먹을 그 무엇이 있기만 하면 먹는 일은 쉬운 일이다. 가장 쉬운 것이 바로 먹는 일이다. 마음은 모두가 가지고 있다. 누구나 먹기 쉽다. 먹기 쉬운 것이 마음이다. 가장 소화하기도 어렵다. 위험하기도 하다. 갓난아이들은 무엇이든 먹으려고 한다. 손에 잡히는 것은 무엇이든 먹으려고 한다. 동물들은 먹는 것만을 먹는다. 아무것이나 먹으려고 하지는 않는다.

무엇이든 먹을 것 같아 보인다고 무조건 먹을 수는 없다. 독초가 인삼처럼 보인다고 그것을 먹을 수는 없다. 생명에 치명적일 수도 있다. 먹어도 되는 것만을 먹어야 한다. 먹은 것은 먹은 것만큼 해결해야 한다. 소화가 되어야 먹은 것이 된다. 먹은 것에 대해 책임지는 일이 소화다. 소화가 되면 소화된 것은 영양이 된다. 먹는 대로 영양이 되는 것도 아니다. 먹은 것 중에서 아주 적은 양만 영양분이 된다. 나머지는 배설물로 나간다. 좋은 영양분이 필요하다. 제대로 된 영양분이 필요하다. 제대로 된 영양을 취하기 위해서는 몸에 필요한 음식을 취해야 한다.

인간의 마음도 영양분과 마찬가지다. 마음을 고쳐먹는다고 할 때, 마음은 사람에게 정신건강에 도움이 되는 그 정신이어야 한다. 좋은 마음은 설익혀진 것이 아니라 숙성된 것이다. 제대로 익혀진, 자기가 다스릴 수 있는 마음이 익혀진, 숙성된 마음이다. 익혀지지 않은 마음은 배설되고 마는 마음이다. 제아무리 많이 먹은 마음이라도 소용없는 마음이다. 마음을 먹기는 쉽다. 마음을 제대로 소화하기는 쉽지 않다. 정신건강을 지키는 일은 그래서 어렵다. 먹은 마음이 소화되지 않기 때문이다. 작심삼일이라고 부르는 말이 그것을 보여 준다. 마음먹기는 쉽지만 마음을 다스리기는 쉽지 않음을 동시에 알려 준다.

동행지식은 나에게 좋은 마음을 먹게 만드는 사람이다. 먹은 마음을 제대로 소화시키는 데 도움을 주는 벗이다. 나의 삶에 영양분이 되는 사람이 동행지식이다. 동행지식 중에서도 가장 난해한 동행이 부부다. 쉬워 보이면서도 가장 어려운 삶의 동행이 부부이다. 부부는 서로에게 일평생 좋은 벗이 되기에 동행지식이다. 영혼의 반려자라고 부르는 이유도 그 때문이다. 부부는 결혼을 통해 삶을 순례하는 동행지식이다.[52] 부부는 사랑이라고 부르는 먹기 쉬운 마음을 나름대로 소화해 가는 사람들이다.

부부는 몸의 섞음 관계로 삶을 꾸려 나가는 동행지식의 전형이다. 서로의 성(性) 관계를 통해 새로운 생명을 만들어 내는 삶의 순례자다. 자기 닮은꼴의 생명을 창조해 내는 동행이다. 몸을 섞는다고 마음도 자연스럽게 섞이는 것은 아니다. 부부의 몸이 하나가 될 때에도 서로 숨은 따로 쉬어야 한다. 그것이 바로 인간의 조건이고 부부 사이의 이질감이다. 부부 간의 사랑, 부부의 동행은 행복에 대한 야생의 철학 위에 걸터앉아야 한다. 동행은 행복에 대한 야생의 철학으로 무장되어 있어야 쉽게 깨지지 않기 때문이다. 늑대와 같은 야생동물들은 인간과 달리 감정을 좇지 않는다. 그들은 먹이인 토끼를 쫓을 뿐이다. 토끼를 쫓을 때 동물에게 어떤 감정이 전혀 없다고는 할 수 없지만, 결코 그런 감정이 저들이 쫓고 있는 토끼에 집중하지 못하게 하지는 않는다.

부부도 사랑만을 좇아야 하고, 사랑에 집중해야 한다.

동물은, 일부 영장류를 제외하고는, 사람처럼 사람들에게 거짓말을 하지 않으며, 또한 거짓말을 하지도 못한다. 동물들의 정직함을 빌미로, 인간은 늘 자신이 저들보다 우월하다고 생각하거나 착각하고 있을 뿐이다. 인간이 저들보다 우월하다는 착각에서 헤메이기 때문에 인간은 결코 행복에 이르지 못한다. 부부가 인간적으로 행복하려면, 자신의 기만과 위선으로 뒤덮인 착각을 버리고 자신에게 엄습하는 불편함이나 즐거움 모두를 하나로 만들어야 한다. 그것이 동물들이 인간에게 가르쳐 주는 행복과 즐거움에 대한 '야성 철학'이기 때문이다. 늑대와 동거동락하며 반수반인(半人半獸)으로 살아가는 괴짜 철학자인 마크 롤랜즈(Mark Rowlands)의 지론(持論)이 바로 행복에 대한 야성 철학이다.[53)]

부부는 이질감을 최소화하며 삶을 만들어 가는 동행지식의 관계다. 일반 동물에게서 발견되는 암컷과 수컷 간의 교미 행동은 오로지 이기적이며 타산적일 뿐이다. 생명을 만들어 내는 과정에도 경쟁의 경제학이 밑받침되어 있을 뿐이다. 일반 생물의 진화론의 입장에서는 섹스의 과정이 결코 이타적인 것이 아니다.[54)] 진화와 번식을 위한 섹스 행태는 지극히 전략적이다. 수컷과 수컷, 암컷과 암컷, 그리고 수컷과 암컷 사이의 이기심이 충돌하는 과정이다. 수컷은 가능한 많은 유전자를 퍼트리려고 한다. 자신의 자손을 늘리려는 계책이다. 암컷은 가능한 우수한 수컷의 유전자만을 받아들이려고 한다. 수컷을 종의 번식용 파트너로 고르는 일에 신중을 기한다. 종의 성공적인 번식을 꾀하기 위해서다. 섹스의 파트너를 찾는 과정에서 암컷과 수컷의 성적 전략 간에 충돌이 불가피하다.

자손을 키우는 데 들어가는 양육 비용까지도 파트너 선정에서 고려해야 한다. 암컷은 한사코 불완전한 수컷을 떨쳐낸다. 엄청난 투쟁이다. 일반 생물계의 보편적 진화 현상이다. 인간의 그것도 본질에서는 동물과 크게 다르지 않다. 아무리 그래도 인간의 결혼은 종 우위의 경제학의 짝짓기와는 구별이 된다. 경쟁의 경제학을 고려한 짝짓기의 과정이 인간의 섹스과정이 보여 주는 전체는 아니다. 인간의 결혼은 이성간의 동행을 약속한다. 인간의 섹스과정에는 건강의 경제학이 개입한다. 인간의 결혼은 믿음의 경제적 과정이다. 인간이 보여 준 '성의 자연사'에는 불규칙한 현상이 가득하다. 일반 동물에게서는 쉽사리 발견되지 않는 일들이다. 말하자면 수컷의 종을 확산시키고자 하는 본능의 변태적 행위들이 그것이다. 성폭행, 간통, 강간 등과 같은 성적 행위는 극단적으로 일탈적인 섹스 형태들이다. 인간사에서는 변태적이며 정신적으로 사회병리적인 성적 현상일 뿐이다.

동행지식은 나의 삶을 단단하게 만드는 데 일조한다. 대나무가 마디를 맺어야 또 다른 다음 매듭을 만들 수 있듯이 단계 단계를 위한 토대를 만드는 데 조력한다. 태어난 이후의 삶은 동행지식과의 관계적 삶이다. 초등학교에서도 여러 선생님을 만난다. 동행지식을 만난 것이다. 고등학교에서도 또 다른 선생님을 만난다. 대학에서 만나는 교수들은 저들과 또 다르다. 삶에 영향을 끼친 동행지식들을 만났고, 또 헤어진 것이었다.

동행지식이 영향을 준다면, 삶은 매단계마다 달라진다. 변하고, 또 변한다. 인간의 삶은 관계들의 매듭일 뿐이다. 인간에게 중요한 것은 오로지 관계들뿐이다. "나는 모든 다른 나들의 교차점에 불과한 것이다."라고 말한 동화 작가 생텍쥐페리의 말이 기억나는 장면이다. 지식과 동행은 모양은 달라도 같은 뿌리에서 나온 것이다. 말하자면 지행동원(知行同源)과 같은 셈이다.[55)]

동행지식은 인생길을 잘게, 그리고 친절하게 안내해 주는 정보를 주는 표지석(標識石)과 같다. 동행은 더불어 같이 가는 사람이기에 표지이며 표식이다. 물론 그가 내 삶의 마지막까지 함께 따라와야 하거나, 따라가야만 하는 것은 아니다. 동행의 길에서 서로의 목소리를 들어 줄 수 있는 사람이다. 이해가 우선해야만 하는 것도 아니다. 이해는 처음부터 가능한 것이 아니다. 이해라는 말은 있지만 이해라는 현상이 있는 것은 아니다. 그 어떤 것도 이해이며, 그 어떤 것도 오해다. 이해와 오해 간의 경계에 있는 것을 '이해'라고 부를 것이다.

사람과 사람이 사귄다는 것, 동행한다는 것을 이해 관계의 주고 그리고 받음의 행위로 간주하는 사람도 있다. 그런 사람에게 인맥은 관계가 아니라 관리(管理)일 뿐이다. 서로 간의 이익, 이해 관계를 주고받기로서의 '기브 엔 테이크'일 뿐이다. 관계를 기브 엔 테이크로 보는 사람은 잠깐 동안은 함께 갈 수 있지만, 멀리 함께 가기는 어렵다. 동행일 수도 없다. 동석(同席)은 될 수 있지만, 동행은 될 수 없다. 관계의 핵심, 동행의 핵심은 멀리 그리고 함께 가는 데 있다. 몇 달, 몇 년을 함께 걸어가는 아라비아의 대상(隊商)들처럼 함께 그리고 멀리 가기 위해서는 '기브 엔 포겟트(give and forget)'해야 한다. 은혜를 베푼 후에는 결코 이익을 바라지 않는다는 '시은불구보(施恩不求報)'의 정신이 동행이 요구하는 '기브 엔 포겟트'의 정신이다. 무상보시(無相布施)가 동행에서 요구되는 핵심 사상이다.[56]

이해한다는 말은 타인의 목소리에 동행하는 공감성을 말한다. 이해는 자신을 그에게 맡기고, 그가 내게 맡기는 일과 같다. 동행지식은 이해에 참여하는 사람이다. 더불어 의논하고, 더불어 앞으로 나아갈 수 있는 사람이다. 동행은 때때로 '봉생마중 불부이직(逢生麻中不扶而直)'의 신화를 만들기도 한다. 삼밭에 난 쑥은 도와주지 않아도 곧게 자란다. 쑥은 삐뚤어짐을 상징하는 풀이다. 쑥은 그 본성이 엉키면서 자라도록 되어 있다. 삼은 정반대다. 마냥 곧게 뻗어가며, 올라가며 자란다. 꾸불꾸불 자라게 되어 있던 쑥도 삼과 같이 지내면 삼을 따라 곧게 뻗어 올라가게 된다. 나쁜 사람일지라도 착한 사람들 사이에서 지내면 감화를 받아 선한 행동을 하게 된다는 뜻이다. 쑥에게서 삼의 모습이 드러나는, 훈습(薰習)의 기운이 드러난다.

인간의 삶에서도 마찬가지다. 동행지식과 더불어 동행의 힘이 내게 뻗치게 된다. 나를 사람답게 만들어 주기까지 한다. 동행은 붓다처럼 그렇게 살아야만 하는 사람만을 지칭하지는 않는다. 어쩌면 그런 붓다는 세상에 살아 있을 수 없다. 오로지 가슴 속으로나 그려볼 만한 인물일 수도 있다. 우리가 가슴으로 기대하는 동행인 벗들만이 있을 뿐이다.[57] 남의 슬픔을 내 가슴으로 안고 갈 수 있는 사람이 벗이다. 내가 소중하게 여기는 책을 빌려간 친구가 빌려간 책 위에 물 묻은 찻잔을 올려놔도, 화를 내지 않거나 무방할 것 같은 사람이 바로 동행지식으로서의 벗이다. 동행지식에게 소망하고 있는 것은, 그런 벗님 마음이다.

동행지식은 삶에 필요한 정보와 기술을 알려 주기도 한다. 생활의 해법을 익히게 도와준다. 동행은 친교 그 이상의 기능과 역할을 발휘한다. 동행은 친교 욕구와 근접한다. 친교 욕구는 친하기 때문에 생기는 것이 아니다. 친교 욕구는 두려움 때문에 생긴다. 불안하면 친교에 대한 욕구가 강하게 솟구친다.[58] 두렵거나 공포를 느끼면 다가서게 된다는 뜻이다. 인간의 마음은 그래서 아득하게 묘(?)하기만 한 물질이기도 하다.

예를 들어, 사람들을 2개의 방으로 갈라 들어가게 했다. 각방에 서로 다른 이야기를 전했다. 한 방에 있는 사람들에게는 재미있는 영화를 보여 주겠다고 했다. 한 시간 후에 그렇게 하겠다고 했다. 다른 방에 있는 사람들에게는 다른 이야기를 했다. 한 시간 후에 예방주사를 맞게 된다고 했다. 기다리는 한 시간 동안 그들을 면밀하게 관찰했다. 놀라운 일이 벌어졌다. 각방 사람들의 행동이 달랐다.

영화를 기다리는 사람들은 방에 들어가기 전처럼 자유스러웠다. 혼자서 책도 읽고, 음악도 들었다. 각각 여유 있게 혼자서 행동했다. 예방주사를 맞기로 한 사람들은 달랐다. 삼삼오오 짝을 지어 궁금증을 해소하려고 했다. 궁금한 것에 대해 조금이라도 더 알려고 했다. 추측의 말들이 많았다. 어떤 예방주사인지, 맞은 후 고통이 있는 것인지와 같은 두려움이 앞섰다. 두려움을 해소하기 위해 열심히들 노력했다. 근심걱정거리가 생기면 사람들은 모인다. 말들이 많아진다. 두려움이나 근심을 덜기 위해서다. 두려움을 이기는 데 필요한 정보를 주고받았다. 나름대로 동행의 의지가 생기기 시작했다.

동행지식은 삶의 방법과 기술을 익히는 일이다. 인생살이는 그 누구든 해 보는 일일 뿐이다. 이미 해 본 일이 아니다. 지금이 기준인 일이다. 미지의 일이기도 하다. 두려움이나 공포가 없을 수 없다. 나름대로의 요령과 대처가 필요한 일이다. 동행의 욕구가 불가피하게 일어난다. 동행은 삶에 대한 안목을 길러 준다. 안목이란 보이는 대로 믿는 바보 같은 행동을 중지하게 도와준다. 들리는 대로 믿는 바보 같은 일을 경계할 수 있는 힘을 길러 준다.

가장 위험한 정보는 그릇된 믿음에서 나오기 마련이다. 맹신하면 정보가 뒤틀려도 믿게 된다. 믿는 도끼에 발등 찍히는 줄 알지 못한다는 말이기도 하다. 위험한 정보는 가장 잘 들리는 곳, 가장 믿고 있는 곳에서 나오기 마련이다.[59] 듣되 생각하고, 믿되 의심 먼저 해 볼 일이다. 선견(先見)이 필요하다는 뜻이다. 선견은 듣고, 보고 읽는 것들에서 행간을 제대로 짚어가는 능력이다. 인간이 똑똑한 것 같지만 그렇지 않다. 일반 동물에 비하면 인간의 삶살이는 그저 서투를 뿐이다. 시행과 착오의 연속일 뿐이다.

『광수 생각』이라는 인기 만화가 있었다. 시중에 꽤나 널리 인기가 있는 만화로 팔려나간 적이 있다.[60] '신뽀리'라는 캐릭터는 아직도 눈에 선하다. 작가는 신뽀리를 통해 세상이, 사람들이 어떤 존재인지를 세심하게 까발린다. 세상에서 서투르지 않다는 사람들을 싸잡아 조롱하기도 한다. 모든 것이 완벽하다고 뻐기고 있는 사람들의 부족함도 슬쩍 건드려 본다. 그것을 보다 보면, 속이 시원해진다. 한마디로 말하면 모두가 서투르다. 어떤 사람은 사랑에 서투르며, 어떤 사람은 대화에 서툴다. 어떤 사람은 화해에 서투르며, 어떤 이는 이별에 서툴다. 어떤 사람은 일에 서투르며, 어떤 사람은 노는 일이 서툴다.

서툰 것이 세상살이다. 삶살이 먼저 하고 태어나는 것이 아니다. 죽고 난 후 사는 것이 불가능한 것처럼, 삶 먼저 살아보고 태어나는 것이 아니다. 서툰 것은 아름다운 일이다. 서툴다는 이유 때문에 서툰 사람들은 남에게 놀림부터 당한다. 놀림은 상처를 준다. 깊지 않음이 문제가 아니다. 상처받지 않을 일로 상처를 받는 것이 문제다. 서투름은 서두름이 아니다. 시간이 지나면 저절로 해결될 일이다.

그 서투름마저도 역겹다면 그저 "사랑해요. 고마워요. 용서하고 용서해 주세요. 잘 가요."라고 말할 수만 있어도 된다. 어떤 이유 때문에 엄청나게 화가 나 있다고 하더라도, 내가 지금 화를 내고 있는 대상이 임종(臨終), 그러니까 숨을 막 거두고 있는 당사자라고 여기면 서투르고, 자시고 할 이유도 없어진다. 그에 대해 울화(鬱火)가 치밀기보다는 오히려 "사랑해요, 고마워요, 용서하고 용서해 주세요. 그리고 잘 가세요." 라고 말하지 못할 이유가 없어지기 때문이다. 그것은 "당신이 포기하지 않는 한 어떠한 관계도 회복할 수 있기 때문에 가능할 뿐이다." 그렇게 말하는 호스피스 전문의 아이라 바이오크(Ira Byock) 교수는 다시 우리에게 요구한다. 화해하려면 이런 종류의 말은 결코 때를 기다려서 할 말도, 신중하게 해야 할 말도 아니라고 요구한다. 중요한 문제를 허심탄회하게 털어놓으면 그때부터는 서로 기뻐하는 분위기가 만들어지기에, 그런 말은 마땅히 해야 할 말일 뿐이이라는 것이다.[61]

물론 우리가 아옹다옹하는 세상살이는 그것과는 참 다른 것을 요구하는 것도 부인하기 어렵다. 서투르면 네가 먼저 희생된다고 말하고 있기 때문이다. 너 살면 나 죽는다고 가르치고 있기 때문이다. 이런 세태가 바로 지금의 세상 놀이다. 정글의 법칙은 정글에서 살아가기 위해 필요한 원리이다. 서툴다는 말은 금기다. 울지 말아야 한다. 흠 잡히지 말아야 한다. 조심하고 경계하며, 주의해야 할 터이다. 아무리 그래도 흠이 잡힌다. 삶 자체가 흠집내기일 뿐이다. 모두가 서투르기 때문이다. 약삭빠르다고 서툴지 않은 것은 아니다. 약삭빠른 사람은 제 명(命)을 재촉하는 일에도 약삭빠를 터다. 남보다 먼저 죽음에 이를 수도 있을 것이다.

동행지식하면 세상과 만사에 대한 깨달음의 단초를 얻기 시작한다. 동행에게는 늘 새로운 이상이 있게 마련이다. 생이 있고 명을 알기 때문이다. 모두가 하나의 꿈을 꾼다. 새로운 길을 만들 수 있다. 동행이라는 말은 그래서 의미가 깊다. 먼저 사람들이 만나서 서로 빵을(panis) 나누는 일이 동행의 첫걸음이다. 함께(com) 이야기(dialogue)하며 소화(digestion)하는 일이 동행(companion)이다. 동행한다는 것은 사회적인 일이다.

동행은 지배보다는 형제애가 더 중요하다. 동행은 일종의 자율적인 공동체로서의 아나키(anarchie)다. 관계가 왜곡되기 시작하면, 공동체는 이내 망실되기 마련이다.[62] 동행은 너를 따르겠다는 약속인데, 그 약속은 허망하기만 하다. 동행은 서로가 깨어 있음을 요구한다. 깨어 있음은 깨달음과 같은 길을 걷는다. 깨달음은 깨어 있어야 하는 일이다. 깨닫는 것은 '나' 그리고 '너'라고 하는 그런 존재를 벗어날 때 가능하다. 고여 있지 않고, 머물고 있지 않은 상태가 깨어있는 상태다.

동행은 꿈을 꾸게 도와주는 상우(尙友)이다. 상우가 우리에게는 영원한 동행으로 심어지는 까닭이다. 상우는 존경의 표시이기도 하다. 상우는 내 곁에서 살아 숨 쉬는 실체는 아니지만, 나에게 불현듯 귀감이 되고, 모범이 되는 동행이며, 큰어른이자, 큰지식(智識)이다. 상우는 존경과 외경의 동행이다. 상우는 나의 곁에서 더 이상 볼 수 없는 고인이다. 고인의 책을 읽었을 때 기억나게 만드는 사람이 상우이기 때문이다. 상우는 시간을 초월하여 내 옆에서 살아 움직인다. 상우의 힘은 시·공간을 벗어나기도 한다. 성별이나 연령도 넘나든다. 석가, 공자, 예수, 이들 모두가 우리에게 밝은 길, 그리고 맑은 마음을 보여 주는 고전적인 상우의 상징이다.[63)]

상우는 우리에게 그렇게 쉽게 다가오지 않는다. 우리가 저들에게 다가가야 저들이 우리에게 다가온다. 사모할 수도 있고, 경외할 수도 있다. 영원한 그리움으로 남을 수도 있다. 저들의 이름이나 언행이 나의 삶에 되뇌여질 수도 있다. 상우들은 우리에게 가랑비 같다. 샘물 같기도 하다. 산골짜기를 흘러드는 맑은 계곡 같기도 하다. 경우에 따라서는 폭포와 같다. 성난 파도처럼 들고 일어나 일렁일 수도 있다.

동행지식은 공간으로 기능할 수도 있다. 하나가 모여 서로를 만들 수 있다. 꿈이 모여 하늘을 이룰 수 있다. 오스트리아 빈에는 '훈데르트바서의 집'이라는 건축물이 세워져 있다.[64)] 직선을 사용하지 않은 건축물이다. 표면 역시 오목과 볼록 모양으로 모양을 낸 건축물이다. 모서리 역시 공선으로 비뚤어지게 만든 건축물이다. 요즘 우리나라에서도 흔히 볼 수 있는 건물이다. 당시만 하더라도 훈데르트바서의 집은 획기적인 건축물이었다. 종래의 건축물과는 모양새가 전적으로 다른 주거 공간이다.

건축가인 훈데르트바서(Friedensreich Hundertwasser)는 후기산업사회의 모순을 직시하는 화가다. 자신만의 방식으로 사물을 사유하며 바라본다. 빈(Wien) 시의 당국자들은 그런 그에게 끌렸다. 이상적인 주거 건물을 지어 보자고 제안한다. 대중이 사는 집도 그 옛날 왕이 살던 위엄 있는 왕궁과 같아야 한다는 철학이 실현된 것이다.

그는 말한다. "신은 직선을 모른다." "자연에는 직선이 없다." 그는 집을 지으며 한사코 버리지 않은 철학이 있었다. "나 혼자 꿈을 꾸면 그것은 한낱 꿈일 뿐이다. 하지만 우리 모두가 함께 꾸면 그것은 새로운 현실의 출발이다." 훈데르트바서의 집은 바로 그런 꿈이 모인 주택 공간이었다.

동행은 바로 나 혼자만의 꿈이 아니다. 여러 사람이 하나의 이상을 만들어 내기 위한 모두의 꿈이다. 동행은 자아 실현을 위한 모두의 꿈이다.

동행지식은 벗이지만 타인이기도 하다. 타인보다 내게 더 중요한 벗은 자기 안의 자기 자신이 있을 뿐이다. 내가 나를 먼저 동행지식으로 만들어야 한다. 자기가 자신한테 가장 충실한 벗이 될 수 있어야 다른 사람과도 충실한 벗이 될 수 있기 때문이다. 자기를 가장 미더운 벗으로, 친구로 만들어 간 사람이 바로 자아 실현에 이른 사람들이다. 자기에게 충실한 사람으로 살아가는 것이 말처럼 쉬운 일은 아니다.[65] 동행은 자기 실현의 과정이기에 더욱더 그렇다.

동행은 자기와 타인 사이의 정신적인 접변이다. 타인이 나의 정신 세계에 전염되는 일이다. 타인의 힘을 빌어 자기를 실현하는 과정이다. 자아 실현의 욕구가 강할수록 자기 마음을 열어야 한다. 동행이 꼭 지음(知音)이어야 하는 것은 아니다.[66] 연령대가 엇비슷해야 할 이유도 없다. 동류가 아니어도 상관없다. 동행은 서로 간의 나이를 잊는다.

서로가 '망년지우(忘年之友)'들이다. 나이, 연배를 따지지 않고 지낼 만한 좋은 벗이라는 뜻이다. 우리의 역사에서는 망년지우들이 삶에 동행지식이 된 예들이 많다. 조선 중기의 문신이며 유학자로서 명망이 높았던 분이 신흠(申欽) 선생은 자신보다 10년이나 연배가 위인 사람과 평생동안 망년지우의 아름다움을 보여 준 학자다. 신흠은 인생살이에서 중요한 동행지식으로 세 가지를 꼽는다. 좋은 친구, 좋은 책, 좋은 경치가 그것이다. 『야언(野言)』에서 그는 말한다. "문을 닫고 마음에 드는 책을 읽는 것, 문을 열고 마음에 맞는 손님을 맞는 것, 문을 나서서 마음에 드는 경치를 찾아가는 것이야말로 사람이 추구해야 할 즐거움이다."[67]

동행으로서의 벗, 그리고 벗으로서의 동행지식이 소중한 이유를 그는 이렇게 열거한다. "소탈한 친구를 만나면 나의 속됨을 고칠 수 있고, 통달한 친구를 만나면 나의 편벽됨을 깨뜨릴 수 있고, 박식한 친구를 만나면 나의 고루함을 바로잡을 수 있고, 인품이 높은 친구를 만나면 나의 타락한 속기(俗氣)를 떨쳐 버릴 수 있고, 차분한 친구를 만나면 나의 경망스러움을 다스릴 수 있고, 욕심 없이 사는 친구를 만나면 사치스러워지려는 나의 허영심을 깨끗이 씻어 낼 수 있다."

신흠 선생은 벗을 사귀더라도 법도가 있게 사귀어야 한다고 가르쳐 준 바 있다. 사람이 사람끼리 사귀는 도리가 유별나게 다른 것일 수는 없다. 귀한 벗, 좋은 벗을 가리는 것보다 앞서서 내가 해야 할 도리를 먼저 지키는 일이 사귀는 도리이기 때문이다. 자기 자신부터 벗다운 벗이 되어야 하는 것이 그를 벗으로 맞이할 수 있는 도리라는 뜻이다. 자기 삶에서 "제일가는 사람과 벗과 사귐을 하며 그들과 동행하기 위해서는 자기 먼저, 나 먼저 스스로 덕과 학문에서 벗들에게 도움이 되는 그런 사람, 그런 동행이 되어야 한다."는 것이다. 신흠은 그런 벗으로 학문에 있어서도 대선배이며 스승 격인 백사 이항복(白沙 李恒福)과 동행한다. 벗 사이에서는 나이가 무관하기에 이항복은 신흠에게 기꺼이 동행이 되었다.

신흠 선생은 「택교편(擇交篇)」에서 말했다. "수많은 인파 속에 놀면서 제일가는 사람과 벗을 삼지 못하면 선비가 아니다. 자신이 제일가는 선비가 된 다음에야 제일가는 사람이 찾아오는 법이다. 제일가는 사람을 벗삼고자 한다면 먼저 스스로 제일가는 사람이 되어야 한다. 제일이라 하는 것도 한 가지가 아니다. 문장의 분야에서 제일가는 것도 제일이고, 재주 중에서 제일가는 것도 제일이고, 말을 잘하는 것도 제일이니, 제일인 것은 마찬가지이지만 모두 내가 말하는 제일은 아니다. 내가 말하는 제일은 오직 덕이 제일가는 것과 학문이 제일가는 것이다."[68]

'지음(知音)'은 마음까지 서로 통하는 동행지식을 말한다. 모두가 지음이 되는 것은 아니다. 지음이 아니더라도 뜻만 통하면 되는 일이다. 뜻이 통하면 따름이 생기기 때문이다. 부처와 그를 따랐던 10명의 제자들 간의 관계도 그랬다.[69] 공자와 그를 따랐던 10명의 제자들 역시 모두가 지음과 같은 동행지식은 아니었다.[70] 예수와 그를 따랐던 12명의 사도들 간의 관계 역시 강한 관계는 아니었다. 일상적인 모임처럼 느슨하기는 마찬가지였다. 동행지식들의 관계는 느슨하게 시작할 수 있다. 점차로 강도 높은 관계가 유지되도록 하면 되는 일이다.

예수를 따르던 베드로나 가롯 유다도 그와 그렇게 강한 연대를 갖지 못했던 것은 마찬가지였다. 느슨하게 시작된 관계지만 끝냄만큼은 무척 강한 관계들이었다. 공자의 제자 염구(冉求) 역시 공자의 명성을 최대한 이용했던 인물이었다. 약삭빠르기만 했던 그는 끝내 공자에게 파문을 당하기까지 한다. 보통 사람들 처럼 저들도 서로 부인도 하고 이용도 하면서, 후회도 하는 그런 관계망을 피하기 어려웠다. 그것이 바로 관계의 속내다. 경로가 쉽지 않다고 하더라도 지음끼리의 관계는 하나고, 끝 역시 하나일 뿐이다. 서로가 같은 길로 나아가는 하나의 길이기에, 동행지식의 관계는 공의식(共意識, inter-consciouseness)의 관계다. 동행지식은 의식소통의 관계다.

동행은 삶의 길에서 멘토의 역할을 해 줄 수 있는 사람이다. 멘토들이 어떤 일을 하는지를 보여 준 영화들 때문에 눈시울을 적시는 경우가 허다하다. 그중 하나가 '울지마 톤즈'라는 영화였다. 이태석 신부가 바로 그 영화의 주인공이었다. 그는 젊은 나이에 아프리카 수단의 오지 톤즈에서 신부로서 사역한다. 〈울지 마 톤즈〉는 사람이 다른 사람과 더불어 간다는 것이 무엇인지를 온몸으로 보여 주고 있다. 다른 영화 한 편은 〈솔로이스트〉' 라는 영화였다.[71] 사람에게는 타고난 소질이 있다. 그 소질이 하나의 아름다움으로 피어나기 위해서는 타인이 필요하다. 개인적인 소질이 열정과 만날 수 있게 만들어 주는 지점[72]이 있어야 한다. 사람에게는 누구든지 재주 한 가지는 있게 마련이다. 재주가 재능이 되기 위해서 멘티에게는 멘토가 필요하다. 멘티의 한계를 뛰어넘도록 도와주는 이가 멘토이기 때문이다. 영화 〈솔로이스트〉는 한 가지 초점을 끝까지 모아 간다. 사람에게는 사람만이 힘이 될 수 있기 때문이다.

사람에게 사람은 능동적인 동행이다. 수동적인 동행도 사람에게는 소중하다. 수동적인 동행 역시 치유의 힘을 준다. 자기가 아끼는 물건이 그런 역할을 할 수 있다. 반려 동물도 그런 류에 낄 수 있다. 나에게는 만년필이 중요하다면, 어떤 이에게는 모터사이클이 반려가 되기도 한다.[73)]

어떤 이들은 모터사이클로 여행하면서 자신을 치유한다. 자기를 다스리는 일은 그렇게 유별난 일이 아니다. 마음의 평화를 가지면 되는 일이다. "마음의 평화란 올바른 가치를 낳고, 올바른 가치는 올바른 생각을 낳으며, 올바른 생각은 올바른 행동을 낳고, 올바른 행동은 고요함이 물질적으로 현현(顯現)하는 것을 가능케 하는 그런 작업" 그 이상은 아니기 때문이다.

동행지식은 감정을 전이시켜 주는 현인들이다. 감정은 바이러스와 같다. 전염성이 강하다. 동행의 감정도 바이러스처럼 멘티에게 감염된다. 사람들의 연대는 사회적 네트워크이며 감정의 연결망이다. 사람들이 친구가 되면 서로에게 감정이 전이된다. 전이된 감정은 다른 친구들에게 또 다르게 영향을 준다. 감정의 영향은 고리를 맺는다. 감정의 고리들은 넓게 퍼진다.

감정도 사람 사이에서 접변된다. 감정의 접변에 의해 문화가 바뀐다. 감정은 사회적으로 전염성이 강하다. 집단의 한 지점에서 시작된 소용돌이가 집단 전체로 퍼져나가듯이 사람들 사이에 감정이 번져 나가며 사람들에게 전염된다.[74)] 감정 전염에는 특정한 형태가 없다. 경우에 따라 서로 다르게 변한다. 질서정연한 양태를 보이다가도 그 질서의 틀을 이내 벗어난다. 사람들은 타인의 감정에 조건 없이 동조한다. 감정에 동화되는 과정에서 자기 자신의 정체성을 잃어 버리기까지 한다. 무질서한 행동도 돌출된다.

감정의 전염이 창궐하면 가치 체계가 흔들린다. 통용되던 사회적 규칙이나 행동의 통제 기제가 변형된다. 사실 확인보다는 감정이 우선하기 때문이다. 마치 한류 열풍처럼 한곳에서 다른 곳으로 사람들의 정서가 전이된다. 사실에 대한 확인 그 자체는 나중 문제일 뿐이다. 정서적 동의나 감정적 행위들이 우선할 뿐이다. 감정의 전이는 지루한 회의에서 번지는 하품과 같다. 한 사람이 하품을 하면 다른 사람도 하품을 한다.

인간은 감정으로 삶을 살아가는 유랑의 존재다. 나그네 근성으로 세상을 접한다.

이곳저곳 자기 편하게 돌아다니는 것을 좋아한다. "인간은 본능적으로 자신을 방랑자와 나그네라고 생각하기 때문에 은혜롭고 성스러운 곳, 즉 완벽한 삶의 원천과 중심을 찾아 순례를 떠나는 것은 제2의 천성이다. 이러한 소망이 인간 심리의 바탕을 이루고 있어서 그것을 실천에 옮기든지 그저 바라기만 하든지 간에 인간의 가슴은 신비한 원천, '근원'의 장소, 조상들이 비롯된 '집', 고대 조상들이 하늘과 직접 대화했던 산, 세계가 창조된 곳, 낙원 그 자체, 성스러운 생명의 나무가 있는 낙원으로 되돌아가고 싶어한다."[75)]

낙원을 찾아 돌아다닌다고 낙원이 나타나지는 않는다. 미지의 곳으로 여행을 하다 보면 여러 가지 어려움을 겪는다. 여행객에게는 건강이 가장 큰 문제다. 건강하지 못하면 유랑은 그곳에서 끝난다. 나아감이 멈추게 된다. 큰 병이 아니라면 어떻게든 살 궁리가 생기기 마련이다. 누구나 겪는 일이지만, 여행 동안 배탈이 나면 말도 못할 어려움을 겪는다. 이질과 같은 병에 시달리면 황당함은 말로 표현하기도 쉽지 않다. 설사, 지긋지긋한 일이다. 걸음을 내놓을 때마다 황당함이 앞을 가로막기 때문이다. 그렇지만 바란다고 설사가 나지 않는 것은 아니다. 여행 경험이 많은 사람은 한두 번씩 겪는 일이기 때문이다.

나도 예외가 아니었다. 한 번은 동남아시아를 여행한 적이 있었다. 여행 몇일 만에 배탈이 시작되었다. 지역 고유 음식을 즐길 수 없었다. 동료들과 어울리지도 못했다. 전전긍긍하기만 했다. 음식을 먹을 시간이면 아주 곤란했다. 틈틈이 지사제와 소화제를 먹기도 했지만, 한 번 난 배탈은 막무가내였다. 연이어 음식도 음료도 마실 수가 없었다. 굶는 것이 상책이었다. 한 번 난 배탈은 가라앉을 줄 몰랐기 때문이다. 그런대로 귀국했지만, 사정은 나아지지 않았다. 병원에 갈 틈도 없었다. 병원을 찾으려고 해도 공휴일이었다. 아주 곤경에 처한 상황을 네 자의 고사성어로 답하라는 질문에, 어느 초등학교 학생이 썼다는 답이 머릿속에 끊임없이 떠올랐다. '설(사)가(또)'라는 말이었다. 경험한 사람은 모두 느끼는 일이지만, 설사에는 장사가 없다. 속수무책이었던 상황이었다.

그래도 외출을 해야 할 일이 있었기에, 나들이에 나섰다. 조심, 조심, 그 단어만 떠올랐다. 그럭저럭 일을 보고 귀가하는 중이었다. 좌석 버스에 올랐다. 집에 도착하기 두 정류장쯤 전이었다. 운전사가 켜놓은 방송에서는 쉴 새 없이 진행자의 넋두리, 잡담이 흘러나왔다. 뜻하지 않은 정보가 별안간 뇌리에 박혔다. 자동차 여행을 하는 부부가 방송인과 전화로 하는 대담이었다. 자기 아이와 여행 중인데 설사 때문에 애를 먹고 있다고 했다. 자기 아이에게 응급처방이 있겠냐는 질문이었다. 출연자 중에 한의사가 있었기에 질문했던 것이다. 한의사가 응급처방을 주었다. 아주 단순했다. 배를 따뜻하게 하라는 것이었다. 생강차 같은 것을 계속 먹이라고 일러주었다. 병원을 가기 전까지 급한 대로 준비한 항생제가 있으면 조금 복용하라고도 했다.

귀가 솔깃한 처방이었다. 그 말을 듣고 귀가한 나는 한의사 말을 따랐다. 다행히도 치통약으로 처방받았던 약 중에 항생제가 남아 있었다. 위장약, 진통제도 있었다. 급한 김에 그것을 복용했다. 배를 따뜻하게 한 후 연이어 따뜻한 생강차를 마셨다. 신기했다. 며칠간 고통으로 몰던 설사가 몇 시간 후에 그쳤다.

그 정보는 몇 조각의 정보가 아니라 나에게는 소중한 약 처방, 건강 처방이었다. 삶에 유용한 정보는 세상살이와 무관하지 않은 법이다. 세상살이는 문제를 만나는 과정이며 직면한 문제를 풀어가는 과정이다. 문제를 풀어가려면 정보도 필요하고 적절한 기술도 필요하다. '정보'나 '기술'보다 더 중요한 것은 정보를 활용할 수 있는 '지혜'다. 지혜가 있으면 굴러다니는 정보들이라고 하더라도 삶을 위한 슬기로 활용할 수 있다. 슬기는 삶을 살아가는 데 언제나 유용하다. 슬기는 몸과 마음을 하나로 정렬 하는 데 도움을 준다. 슬기는 생명에서 나온다. 생명하려면 몸이 있어야 한다. 몸 만이 인간을 대변하는 것이 아니다. 마음도 가세해야 인간이 인간다워진다. 몸과 마음이 상호작용해야 한다. 생존은 몸과 마음의 하나됨이다. 생존하려면 슬기가 작용해야 한다. 슬기로서 인간다움이 드러난다. 몸과 마음이 하나가 되려면 '몸' 으로 거듭나야 한다. 인간은 몸슬기의 본실체(本實體)다.

몸슬기가 바로 인간이다. 인간처럼 살아가려면 실천의 슬기가 있어야 한다. 배움으로 그것이 가능하다. 삶은 배움의 실천이다. 불가에서는 예전부터 계(戒), 정(定), 혜(慧)의 삼학(三學)을 강조해 왔다. 바른 삶(戒學)의 조심성, 고요함(定學)의 안정과 슬기로움의 충만(慧學)함으로 삶을 살라는 것이었다. 사람이라면 살아가는 동안 가능한 맑고 고요하고 지혜로움을 배워야 한다는 것이었다. 계 · 정 · 혜는 저들 삶에 있어서 수행의 단계였다.

인간이 지닌 마음의 세 방면이 삼학이다. 계는 의지, 정은 감정, 혜는 일반지식을 대표하기 때문이다. 삼학은 결코 현학적인 삶이 아니다. 일상적인 삶과 직결될 뿐이다. 뫎슬기를 지니면 삼학의 슬기를 지닌 것이나 마찬가지다. 보통 사람들은 그것을 삶에 하나하나 실천해 나가지 못하고 있을 뿐이다. 삼학의 실제를 삶에 어눌하게 전부 다 보여 준 사람이 설서당(薛誓幢) 원효(元曉) 같은 선지식, 큰지식(智識)이다. 무애무(無碍舞)의 장본인으로 알려진 원효는 우리의 신화인 부도지에서 이야기하는 맑은 소리 율려(律呂)를 보여 준 동행지식에 속한다.[76)]

몸 벼르기, 마음 다스리기는 종교적인 수행 절차들이 아니다. 행복에 이르려면 누구나 지켜야 할 것들이다. 실천하면 몸으로, 마음으로 나타나는 것들이다. 실천하려는 슬기가 없기에 삼학의 슬기가 나타나지 않을 뿐이다. 마음을 강조해도 몸이 그것을 지탱해 주지 않으면 소용없는 일이다. 몸 따로, 마음 따로, 정신 따로 놀면 아무것도 이뤄내지 못한다. 마음 홀로, 몸 홀로, 의식 홀로는 언제나 미흡하다. 몸, 마음, 슬기를 제대로 다스리는 것이 행복이다.

행복은 널리 그리고 멀리 전염된다. 행복의 감정은 바이러스처럼 전염된다. 감정의 교류는 감정의 사슬고리를 만든다. 번개처럼 가지를 쳐 나간다. 감정과 교류의 패턴들이 만들어진다. 행복 역시 같은 패턴으로 퍼지고 번진다. 미국 하버드 대학교에서 보건의료정책을 가르치고 있는 니콜러스 크리스태키스(Nicholas Christakis) 교수의 실험 결과였다. 그는 1971년부터 2003년까지 총 2만여 명의 행복관을 추적했다. 놀라운 연구결과가 밝혀졌다.

친구가 행복할 경우 내가 행복할 확률은 15%나 상승했다. 친구의 친구들은 조금 행복했다. 조금 거리가 있는 친구들에 대한 행복 확산 효과는 10%로 줄었다. 마지막으로 먼 친구들에게는 행복의 감정이 크게 확산되지 않았다. '친구의 친구의 친구'에 대한 행복 확산 효과는 거의 6% 정도에 지나지 않았다. 나와 아무런 관계가 없는 사람인 경우에는 행복의 감정이 거의 전이되지 않았다. 행복도 관계의 거리에 따라 달라진다는 점이 확인된 것이다. 관계의 거리가 멀어질수록 행복이라는 감정의 느낌이나 교류는 사라졌다. 관여의 거리가 가까울수록 행복이라는 감정의 교류는 강해졌다.[77)]

행복 역시 소셜 네트워크의 힘이라는 것이다. 사람들 간의 관여가 소셜 네크워크를 만들고 감정을 전이시킨다. 그 감정의 전파에는 동행지식이 관여한다. 동행지식이 사회 관계망이다. 사회 관계망은 '일인은 만인을 위하여, 만인은 일인을 위한 힘'이기도 하다. 사회적 관계망이 만들어지면, 네트워크는 생명력을 갖는다. 사회 곳곳에서 작동한다. 사람들 간에 감정이 빠른 속도로 전염된다.

감정의 전이는 환자의 경우 더욱더 속도가 빠르다. 말기 환자들과 그 가족 간의 감정적 교류가 그렇다. 한 사람이 병에 걸리면 다른 사람 역시 병에 걸리는 현상이 흔하게 발견된다. 두 사람의 관계가 상호 관여적인 경우 그들의 건강 상태 역시 상호 연결된다. 아내가 병으로 신음하다 죽으면, 남편 역시 죽음을 맞이할 위험이 높다. 관계맺음과 감정의 교류는 형제나 친구 사이에서 흔하다. 서로가 감정적으로 관여되고, 그 관여도가 충실하면 이웃에까지 퍼진다. 아주 멀리까지 퍼지기 시작한다. 거대한 감정의 연결망이 만들어져 마침내 사회 공동체에까지 전염된다.

행복은 일어나는 평온함으로 말한다. '해피(happy)'라는 단어의 어원은 행운 또는 기회를 말한다. 아이슬란드어인 '햅(happ)'에서 나왔다. 행복은 우연히 만들어진다. 행복은 실제로 우연히 찾아드는 것이다. 우연(haphazard), 우연한 일(happenstance)의 어원도 동일하다. 모두 햅(happ)에서 나왔다. 우연한 일이라고 번역되는 '해픈스탠스(happenstance)'라는 말에서 해픈(happen)은 발생한다는 뜻이다. 스탠스(stance)는 위치, 태도, 발의 위치, 입장과 같은 말이다. 해픈스탠스라는 우연한 일이기는 해도 아무렇게나 일어나는 일은 아니다. 내가 어떤 자세, 어떤 입장, 어떤 곳을 향하고 있느냐가 중요하다. 아주 의도적이며 의식적인 행동이 해픈스탠스다. 어떤 동작이든 발의 위치가 중요하다. 스탠스를 제대로 잡는 것이 중요하다. 왼쪽으로 스탠스를 잡으면 공을 왼쪽으로 쳐낼 수밖에 없다. 왼쪽에서 날아오는 공을 오른쪽으로 스탠스를 잡고서는 제대로 쳐낼 수 없는 이치다.

우연이 행복이다. 행복은 우연하게 그냥 오는 것이 아니다. 번민한다고 해서 일어나는 것이 아니다. 가꾸어야 할 무엇인가 일어나는 것이 우연이다. 그것을 제대로 잡아내는 것이 행복이다. 행복은 얼렁뚱땅 들어왔다가는 슬그머니 나가 버리는 것이 아니다. 행복은 의도적인 경험이다. 결코 우연일 수가 없다. 행복은 우긴다고 생기지는 않는다. 우기는 만큼 들어오는 것도 아니다. 행복은 별안간 들어왔다가 자리를 잡고 이내 스러지는 바람 같다. 바람을 쐴 때 생기는 그 여백이 행복이다. 강가를 산책하는 것도 행복한 것이다. 남에게 격려를 받는 것도 행복한 일이다. 남에게 커피 한 잔을 사 주는 것도 행복이다.

행복하기 위해서 가꾸어야 하는 것은 누구나 지니고 있는 생과 명이다. 명은 자기 몸에 관한 것이다. 생은 자기 삶에 관한 것이다. 삶은 관계이며 관여다. 행복해지기 위해서는 '몸과 마음의 관계'를 사랑해야 한다. 몸과 마음이 서로에게 관여해야 한다. 몸과 관계에 대한 마음의 스탠스를 잡아야 한다. 바른 자세로 서 있는 그대로 받아들여야 한다. 지금 받아들여야 한다. 지금이 무의미하면 내일도 무의미하다. 지금과 지금을 연속적으로 잇는 것이 미래가 아니다. 내일이 오늘의 지금 같으라는 법도 없다. 생과 명은 시간을 먹으며 달라지기 때문이다. 행복이라는 우연에는 시간의 요소가 중요하다.

우연한 일이 우연하게 지나가 버리지 않게 해야 한다. 우연하게 바람처럼 오지만 결코 바람은 아니다. 행복에 머물려면 소크라테스가 말했다는 '미소로고스(Misologos)'를 거부해야 한다. 무지(無知)를 벗어나라는 것이다. 미소로고스가 되면 곤란하다. '이치를 싫어하는 자'가 미소로고스이기 때문이다. 이미 2천 년 전의 동행지식이 우리에게 일러 준 삶의 지혜였다. 미소로고스는 낙심하는 인간이다. 제정신의 끈을 놓아버린 사람을 일컫는다. 정신을 사용하는 데 낙심만 하는 사람이다. 이치를 따지기를 싫어하는 사람이다. 반추를 게을리하는 사람이다. 자기 삶에 여백을 남기지 않는 사람이다.

미소로고스는 자기 삶에 대한 자기 나름의 스탠스가 불안정한 사람이다. 1km거리의 외나무다리를 한 발로 불안정하게 건너고 있는 사람이다. 스탠스를 제대로 잡으라는 말은 자신의 가치와 정열에 부합하라는 말이다. 그렇게만 한다면 우연은 필연으로 자리를 잡는다. 어떤 일을 하던 스스로 선택한 일에서 자기가 선택한 것이 제대로 일어나고 있음을 알게 된다. 일의 의미와 삶의 의미가 다가온다. 그로부터 즐거움과 편안함을 느낀다. 손가락질 당하는 조폭이 손가락 먹고 사는 대통령보다 더 영성적인 삶을 살 수 있다.[78]

삶은 수도승처럼 단순해야 한다. 단순한 삶을 살기 위한 방법이 따로 있지 않다. 자기 자신만의 시간을 보호해야 한다. 자기의 행복을 위해 스탠스가 확실해야 한다. 스탠스를 뒤틀어버리는 요구에 대해 강력하게 대처해야 한다. "아니요." 할 때는 아니요의 한 가지 답이어야 한다. 정답은 자기다. 자기의 스탠스가 중요하다. 스탠스에 따라 방향의 초기 설정값이 뒤틀려진다. 처음에는 아무것도 아닌 것으로 보인다. 먼 훗날에는 엄청난 이탈값을 지불한다. 처음 1mm를 틀어잡아 놓으면 1km의 먼 후방에서는 100m의 오차가 생기는 법이다. 삶도 직업도 마찬가지다. 학자로 삶의 초깃값을 정하면 학자의 길을 걷는 것이다. 교수로 삶을 시작하면 월급쟁이로 사는 것이다.

삶살이에서 초깃값을 제대로 잡는다는 것이 말처럼 그렇게 쉬운 일이 아니다. 어렵더라도 초깃값을 제대로 잡아야 한다. 초깃값이 조금만 틀어져도 삶의 판형이 달라지기 때문이다. 악착같이 제대로 행하는 노력이 필요하다. 열심히 살아가는 사람이 제대로 살아가는 사람일 수는 없다. 제대로 사는 사람치고 열심히 살지 않는 사람은 없다. 열심히 제대로의 초깃값이다. 행복도 예외가 아니다. 행복하려면 일의 우선순위가 필요하다. 정리할 것은 정리해야 한다. 활동을 선택하고 정리해야 한다.

4. "그들은 (한센씨병 환자들은) 육체적으로는 문드러지고 사회적으로는 버림받았지만 마음만은 어느 누구보다도 부유하다는 것을 배울 수 있었다. 감각신경의 마비를 보완이라도 하듯 보통 사람보다 수십 배나 민감한 영혼을 지니고 있다. 자그마한 것에 기뻐하고 감사할 줄 아는, 그 감사를 기어코 무언가로 표현하고 싶어하는 아름다운 영혼 말이다." – 이태석[79]

"문제는 진리에 도달했다든가, 아니면 이전에 비해 더 진리에 근접했다는 것을 알아 내는 방법이 없다는 것이죠……. 결국 우리를 어두운 암흑에 묶어 두는 그런 것, 일들을 바르게 처리하려는 인류의 희망을 억제하는 그런 것에 강력하게 대항하기 위해 사람들이 서로 어깨를 빌려 주며, 그렇게 서로 의지하려는 충정, 그것이 어느 정도이냐에 달려 있습니다." – 리차드 로티[80]

독약을 치사량만큼 먹으면 인간은 어김없이 죽는다. 독약의 독소가 세포를 죽이기 때문에 세포로 구성된 인간의 몸은 죽는다. 독약의 독성은 독약의 초깃값이다. 죽음은 독약의 초깃값이 아니다. 독약을 피한다고 해도, 인간은 언젠가는 죽게 되어 있다. 인간의 세포에는 원초적으로 죽음이 내장되어 때문이다. 고(苦)가 죽음으로 안내한다. 삶에 있어서 고는 죽음에게 처절하게 안내한다. 고가 바로 모든 생물의 세포분열 때부터 내장된다. 고를 거부할 세포는 없다. 세포에 붙박여 있는 생과 명의 초깃값이기 때문이다.

고(苦)를 그렇게 받아들이면 마음이 편해진다. 고와 친구로 살아가겠다는 처방만 잊지 않으면 삶이 편해진다. 고는 어차피 인간적이기 때문이다. 이 세상을 살면서 고에 빚지지 않는 생명은 없다. 살면서 다른 생명을 죽이지 않은 적은 없다. 파리 하나 모기 하나 죽이지 않는 사람은 있을 수 있지만, 병에 걸리지 않은 사람은 없다. 병에서 회복되려면 몸을 아프게 만든 병균을 죽여야만 한다. 삶이란 죽음을 자신의 어깨에 올려 놓은 채 걷는 산책이다. 행복하려면 삶에 정직하고, 죽음에 정직해야 한다. 달라이 라마가 현대인에게 던지는 삶의 화두다. 마음에 거짓을 두고는 행복할 수가 없기 때문이다. 삶은 해석을 거부한다. 죽음 앞에 이르면 모든 해석은 거짓으로 발가 벗겨지기 때문이다.

인류의 동행지식인 붓다는 젊어서부터 몸 고생이 심했던 것 같다. 예수는 붓다와는 달랐다. 너무 젊었다. 건강이나 몸에 대해 거론할 필요조차 느끼지 않았을 것이다. 붓다는 달랐다. 노구에 이를 때까지 그는 병마와 싸웠다. 섭생에도 신경을 썼다. 그는 몸 건강에 대해서 강조하는 말은 하지 않았다. 생각의 대부분은 정신 건강에 관한 것이었다. 몸을 무시해서가 아니다. 몸은 고(苦)를 실어 나르는 수레였기 때문이다. 수레는 실어 나를 물건을 실어 나르도록 되어 있기 때문이다. 실어 나르는 물건에 따라 수레의 역할이 달라지기 때문이었다.

사람들이 성숙할수록 육체보다는 영혼, 자신의 영성에 더 신경을 쓴다. 영혼을 지키려고 노력한다. 정신 건강이 몸보다 더 중요하기 때문이다. 사람들에게 있어서 몸은 어차피 없어지는 물질이다. 영혼은 영원히 남아 있는 것으로 간주되기 때문이다.[81] 몸보다 영혼이 우선한다는 생각은 오래된 생각이다. 몸보다 영혼이 더 중요해야 할 이유는 없다. 몸과 영혼을 이원론적으로 분리하는 사람들은 영혼의 값을 더 친다.

몸과 영혼은 생명이 있는 한 그 안에서는 모두가 한 값이다. 몸 없이 영혼이 있을 수 없기 때문이다. 영혼은 유령이 아니다. 사람은 부재(不在)의 존재가 아니다. 몸이 있어야 영혼이 있기 때문이다. 인간의 몸에 대한 중요성, 몸의 철학을 생각하게 도와준 사상가가 메를로 퐁티(Merleau Ponty)다. 그는 인간을 '의식-관념의 존재'에서 '몸-지각의 존재'로 관찰해야 한다고 강조한다.[82] 인간인 나를 단지 의식 덩어리로 남겨 두지 말라는 것이다. 몸으로서의 '나'를 통해 보라는 것이다. 음식을 맛볼 수 있어야 내 몸이다. 타인의 체온을 느낄 수 있어야 살아 있는 존재다. 몸을 통해야만 나 아닌 것과의 관계를 이해할 수 있다. 타인과의 관계도 온전해질 수 있다.

의식(意識)은 나 아닌 것을 나와 동일화된 것으로 추상화할 뿐이다. 의식은 내 몸이 타인과 맺는 관계의 주체에 대해 관심이 없다. 몸의 '존재'가 오히려 유령이 되고 만다. 메를로 퐁티는 이것이 잘못된 생각이라고 주장한다. 나라는 존재는 먼저 타인을 관념적으로 파악한다. 그렇게 인지된 타인을 내 의식 속으로 들여보낸다. 타인의 존재가 내 의식 속에 자리 잡는다. 타인이 내 의식 속에서 자리 잡기 전에 한 가지 사실이 먼저 발생한다는 것을 잊지 말아야 한다. 그것은 무엇과의 관계맺음에는 '존재'라는 것이 필연적으로 개입한다는 사실이다. 존재의 핵심이 바로 나의 몸이다. 너의 몸이다. 내 몸이 네 몸을 감각적으로 인지한다는 사실이다. 세상만사는 몸을 통한 지각이다. 세상만사는 몸으로 나와 관계를 맺는다.

마음도 끝내 몸이다. 마음은 끝내 신체와 하나가 되어 버린다.[83] 마음이라는 것은 신체화되어 있다는 것을 확인하는 것이다. 신체적 존재는 살, 피, 근육, 호르몬, 세포, 시냅스 간의 상호작용이다. 매초 이런 일이 신체 안에서 일어난다. 그것이 마음을 만들어 낸다. 영혼도 그것에서 생긴다. 마음이 신체화되어 있다는 것이다. 산다는 것은 마음의 신체화를 확인하는 것이다. 지각이나 운동을 떠난 마음 홀로는 없다. 신체능력과 독자적인 이성능력도 불가능하다. 이성은 신체화된다. 이성이라는 것이 따로 없다. 몸이 이성이기 때문이다. 인간의 의식은 지각과 개념으로 구성된다. 지각작용과 개념작용은 구별되지 않는다. 사람들에게 그런 과정은 의식되지 않는다. 우리는 신경세포의 작용에 대해 알지 못한다. 알지 못해도 신경계는 작동한다. 사고와 신체 사이의 연결은 늘 긴밀하다. 생명하기 위해서다.

'개념'이라는 것은 끝내 신경구조가 만들어 낸 것이다. 개념도 그래서 신체화의 결과다. 두뇌의 감각 운동계의 일부가 작용한 결과가 개념이다. 지성이라는 것도 신체화를 벗어나기 어렵다. '영성(靈性)'도 신체화에서 독립되지 않는다. 영적 경험도 몸을 배제하면 성립되지 않는다. 영성도 몸을 통해 정열로 변한다. 헌신이라는 것도 신체화다. 지성도 욕구도 즐거움의 신체적 결과다. 고통과 환희 등은 몸이라는 신체를 배제할 수 없다. 감각 없는 영성은 불완전하다. 느낌이 배제된 지성도 무의미하다.

인간의 뇌 내부에는 우리를 조종하는 복잡한 자아 형성의 과정이 있다. '자아의 자아'라고 불리는 과정이다.[84] 의식적인 자아가 몸 안 어딘가에 있다는 논리다. 사실과 다른 비과학적인 상상이다. 인간의 의식적 사고가 무의식적 과정에서 비롯된다는 이야기를 그렇게 한 것이다. 의식은 잠재의식의 산물이다. 뇌과학의 입장에서는 그런 것이 있을 수 없다. 자아의 자아가 의식적으로 통제하고 있다는 생각 자체가 신경생리학적으로는 기만일 뿐이다.

몸의 장기이식이 가능한 세상이다. 간이나 심장은 이식이 가능하다. 타인의 장기를 이식받아도 여전히 동일한 사람으로 기능한다. 뇌이식도 가능할 것 같다. 뇌는 인간에게 중요하다. 마치 인간의 정수가 뇌처럼 간주된다. 뇌는 생각을 하게 해 준다. 심원한 내면 세계를 만들어 준다. 타인이 감히 침범할 수 없는 세계를 사유하게 해 준다. 뇌는 나를 나되게 만들어 주는 기능을 발휘한다.

뇌를 이식하는 것에는 묘한 생각이 들기 충분하다. 뇌를 이식받으면 이식받는 사람은 다른 사람이 될 것이라는 생각이 든다. 그저 공상해 보는 생각일 뿐이다. 뇌이식은 현대의학으로도 실제로 어려운 일로 알려지고 있다. 현 의술의 단계에서는 불가능한 일로 보인다.[85] 게다가 뇌 내부에 자아의 자아는 없다. 인간의 영혼이나 영성이라는 것은 어쩌면 허구다. 무의식 같은 것의 의식적 표현을 그렇게 하는 것이다. 뇌신경세포의 소음을 영성이니 지성이니 하는 말로 대신한 것이다. 영성이나 지성이 가능하기 위해서는 몸이 있어야 한다. 뇌라는 몸이 있어야 한다. 몸이라는 뇌 그 자체가 영성인 것도 아니다. 영성은 뇌라는 몸을 개념화한 것이다. 영성도 사회적으로 만들어진 것이다.

뇌가 인간의 몸에서 중요한 것은 사실이다. 뇌라는 몸의 크기, 두뇌의 크기나 용량만으로 뇌의 능력을 가늠할 수는 없다. 의식의 깊이나 영성의 높이나 인간 삶의 질을 뇌의 크기로 가늠할 수 없다. 많은 사람들이 믿는 IQ와 뇌 크기 사이에 상관관계는 높지 않다. 그 상관성은 미미할 뿐이다. 지능검사 그 자체가 불량품이다. 인간의 지적 능력을 검사하는 방법으로서는 아주 형편없는 방법이다. 인간을 특별한 존재로 만들어 주는 것은 IQ가 아니다. 몸이 그것을 만들어 준다. 몸이 슬기이며 지혜이고, 영성이며 지성이다.[86] 몸이 생과 명을 대변한다.

인간의 몸은 분명하다. 인간으로 태어난 이상 몸이 우주다. 몸과 신체를 멸시하고 적대시하는 것은 생명을 멸시하는 일이다. "몸이 썩어가는 불구에게도 아름다운 영혼이 깃들 수 있다."라고 옛사람들이 일렀다. 그것은 믿음이었지만 망상적인 믿음이었다. 자기 몸에서 가치를 찾지 못하는 사람이 있다. '나는 아무 가치도 없는 인간'이라고 말하는 것에 지나지 않는다. 건강을 유지하는 일이 영혼을 유지하는 일이다. 젊음은 몸의 건강일 뿐이다. 나이 먹음과 젊음은 다른 말이다. 나이 먹는다고 젊지 않은 것이 아니다. 어리다고 젊은 것은 아니다.

인간은 젊음의 기질인 네오테니(neoteny)의 속성을 지니고 있다. 유태성숙(幼態成熟)을 네오테니라고 부른다. 네오테니는 젊음의 기질을 말한다. 네오테니는 동물이 어린 상태로 성장을 멈추고 성숙하여 번식하는 현상을 지칭하는 개념이다.[87] 성년기까지 청년기의 특성을 보존하는 생명의 기질이 유태성숙이다. 인간이 성장한다고 해도 유아의 기질을 유지한다는 논리다. 신체 · 정신 · 감정 · 행동의 모든 측면에서 어린아이 같은 특성이 줄지 않는다. 유태의 속성이 두드러지는 쪽으로 성장한다. 성인에게도 유태성숙의 기질이 있다. 그것을 그대로 유지하면 성인 역시 성적으로 성숙한 태아로 남는 것이다. 유태성숙론은 인간 스스로 자기 몸에 대한 관리가 필요함을 보여 준다. 유태성숙을 유지하면 마음은 어른이지만 몸은 유아처럼 자유롭고 젊음을 유지한다.

몸은 불필요한 해석을 필요하지 않는다. 몸은 단순한 것을 요구한다. 생과 명은 생존이다. 그 생존을 실어 나르는 것이 몸이다. 몸은 건강해야 한다. 정신도 건강해야 한다. 몸 건강, 정신 건강에는 그 어떤 새로운 해석도 불필요하다. (전부가 아닌) 약간의 진실 왜곡, (전부가 아닌) 약간의 광기, (전부가 아닌) 약간의 불온함, 생에 대한 (전부가 아닌) 약간의 거부만이 삶이다.[88] 몸은 해석보다는 관찰을 요구하다. 아픈 것은 아픈 것이다. 고통은 고통이다. 영원히 사는 몸은 없다. 사는 동안 건강해야 한다. 몸은 나에게 동행지식이다. 몸에 관한 모든 진실은 모두가 피상적이다.

137억년 전쯤 우리가 살고 있는 이 우주에 대폭발이 일어났다고 한다. 당시는 소립자들만의 세상이었다. 소립자들이 서로 결합했다. 물질(matter)이 만들어졌다. 반물질(antimatter)도 충만했다. 반물질은 관측되지 않는 신비의 존재다. 반물질은 물질과 반응하여 빛에너지를 내뿜는다. 이내 소멸한다. 10억분의 1초라는 찰나의 순간에 일어나는 일이다. 소멸하는 순간을 '쌍소멸'이라고 부른다. 물질과 충돌하는 반물질이 동시에 사라진다. 반물질과 물질은 거울에 투영되는 물체와 같다. 형태는 같지만 전기적 성질은 반대다. 마치 양(陽)과 음(陰)과 같다. 반물질은 말 그대로 물질의 반대다. 어느 순간 사라진다. 반물질은 사라지고 물질만 남게 된다. 인간과 같은 생명들은 그렇게 물질과 반물질의 충돌에 의해 지구에 생성되기 시작했다.[89)]

인간의 생명은 물질이다. 물질의 살아감이 생명이다. 생명은 몸의 현상이다. 몸은 과거이고 미래다. 몸은 생명의 현재다. 모든 순간 순간이 생명이다. 삶은 몸을 통해 일어난다. 몸이 있을 때에만 인간은 사회적이다. 몸이 죽으면 사회가 사라진다. 의식은 비언어적이다. 몸이 언어적이다. 의식이 소통적이라면 몸은 비소통적이다. 몸은 소통하는 것이 아니다. 몸은 생존한다. 의식이 소통한다는 것은 내 몸과 마음이 타인에게 전달된다는 뜻이다. 서로 분리되어 있던 몸과 의식이 하나가 되어 타인에게 전달되는 것이 소통이다. 몸과 마음은 파마콘(pharmakon)의 관계다. 서로가 서로에게 약인 동시에 독이다.[90)] 타인과 소통하기 위해서라도 몸은 적절하게 경영되어야 한다.[91)] 몸의 경영이 건강이다. 건강하지 않으면 몸의 경영이 잘못된 것이다.

몸을 경영하려면 눈이 밝아야 한다. 볼 것은 보고, 보지 말아야 할 것은 보지 말아야 한다. 눈이 멀지 않아야 한다. 눈에서 멀어지면 마음도 멀어진다. 의식이 포착되지 않기 때문이다. 노벨 문학상 수상자인 주제 사라마구(Jose Saramago)는 현대인의 특징은 눈 먼 데 있다고 말한다. 우리 모두가 눈 먼 자라는 것이다. 나이 일흔셋에 발표한 소설이 『눈먼 자들의 도시』다.[92)] 백색 맹인이 된 어느 한 남자의 이야기다. 눈먼 자의 세상에서 눈뜬 자의 괴로움을 보여 준다. 나 혼자만이 이 세상을 볼 수 있다는 것은 끔직한 일이다.

사람들은 가지고 있는 것을 잃을 때 알게 된다. 가지고 있어야 할 것이 무엇인지를 깨닫는다. 그것을 알기 위해 먼저 잃어 볼 수는 없다. 그것은 사람이 할 짓이 못된다.

사라마구는 한마디 더 보탠다. 우리가 무엇을 보고 있다는 것이 자랑이 아니다. 무엇인가 남다르게 갖고 있다는 그것 역시 허상이다. 그 허상을 벗어 버리지 않으면 끝내 백색 맹인이 벌이는 짓에 불과하다. 볼 수 있다는 것은 사랑하는 일이어야 한다.

눈뜬 자들이 할 수 있는 일은 제한적이다. 서로 베풀고 서로 사랑하며, 서로 더불어 살아가는 일이다. 눈뜬 자들은 눈먼 자들을 이해하지 못한다. 눈뜬 자들은 눈먼 자들에게 동행이 되지 못한다. 역지사지(易地思之)가 말로 되는 것이 아니다. 다른 사람들과 사는 것이 어려운 것이 아니다. 다른 사람들을 이해하는 것이 어렵다. 눈뜬 사람이 다른 사람이 아니다. 다른 사람을 이해할 줄 아는 사람이 눈뜬 사람이다. 사라마구는 이 시대에 눈떴다는 자들에게 경고한다. "나는 우리가 눈이 멀었다가 다시 보게 된 것이라고 생각하지 않아요. 나는 우리가 처음부터 눈이 멀었고, 지금도 눈이 멀었다고 생각해요. …… 볼 수는 있지만 보지 않는 눈먼 사람이라는 거죠."

동행지식이라는 말에서 지식(智識)이라는 뜻은 특정한 정보를 가지고 있는 사람이라는 뜻으로서 식자(識者)를 상징하지만, 그것 하나만으로는 동행지식의 정체를 알리기에는 불충분하다. 타인과 더불어 동행하는 사람을 일러 '식(識)'이라고 하기 때문이다. 식은 인생살이에서 겪을 수 있는 모든 경험의 총화이기 때문이다. 박사 학위를 받은 젊은이를 식자라고 말할 수는 없어도, 삶의 모든 경험을 충분히 한 노인을 식자라고 존경할 수 있는 이유다. 노인 한 명을 잃는 것은 도서관을 허물어 버린 것과 마찬가지라는 고대 서양 사회의 격언의 의미가 아직도 슬기를 지니는 이유다.

동행지식, 선지식으로서의 지식에서 식(識)이라는 개념은 기호학적으로 분별하는 마음의 작용을 나타내는 글자다. 식(識, vijnana)이라는 개념은 산스크리트 원어인 비냐나(vijnana)라는 개념에서 나왔다. 접두어 비(vi)에서 보여 주듯이 괴로움은 이것과 저것을 분별하는 일에서 비롯된다. 분식은 분별이며 식별이다. 분별한다는 것은 고정적 존재를 기준으로 삼아 가른다는 것이다. 가르기 위해서는 어떤 선입견이 있어야 한다. 식(識)이라는 한자가 보여 주는 복합적인 양태에서도 식을 찾아낼 수 있다.[93]

식(識)이라는 한자(漢字)는 말(言)과 소리(音) 그리고 창(戈)이라는 말이 하나로 결합된 글문자다. 사람들이 살아가는 매일의 모습을 반영하고 있는 문자다. 삶은 말 그대로 긴장과 갈등의 한 장면이 드러나는 문자다. 하루를 살려면 타인의 말(言)을 듣고 뱉어내야 한다. 온갖 행위를 통해 파장도 겪어야 한다. 그것이 음(音)이다. 서로가 잘 살겠다고 경쟁해야 한다. 불가피하게 창(戈)을 만들어 자신을 보호해야 한다. 그것이 삶이다. 그런 말의 거침과 음의 부대낌, 그리고 찌름과 방어 모두를 하나로 보여 주는 단어가 '식'이라는 글자다. 다툼과 조화, 화합과 거부, 공격과 방어 그 모두와 함께하면 동행하는 것이 분별이고 인식이다. 사람들이 살아가면서 부조화를 줄이기 위해 해야 할 일은 그리 엄청난 것이 아니다. 우선 말을 가능한 줄이며 침묵과 묵언으로 나아가야 한다. 행위를 줄이고 불요불급(不要不急)의 파장음을 만들지 말아야 한다. 타인을 음해하지 말고, 해가 되는 짓은 삼가는 것이 좋다. 날카로움을 거두는 일이 중요하다.[94] 평상심이나 부동심이라는 말은 바로 분별과 식별, 가름을 제어하라는 말이다.

동행지식은 정보를 많이 가지고 있는 사람이 아니다. 정보를 사고팔고 거래하는 일을 즐기는 사람을 말하는 것이 아니다. 분별을 줄이게 도와주는 사람이 동행지식이다. 타인에게 비춰지는 자신이 배움의 전거가 되는 사람이다. 자기를 수행해 들어내보이며 먼저 앞길을 터가는 사람이다. 문자에 밝고 글자에 해박한 사람일 필요는 없다. 문자 식별은 더디더라도 영혼이 맑은 사람이어야 한다. 영혼을 더럽히지 않도록 자기를 씻어내는 사람이어야 한다. 자신을 같이 죽여 버리는 사람을 말하는 것이어야 한다. 먼저 깨달았는지 아니면 단박에 깨달았는지는 그리 중요하지 않다. 돈오(頓悟)도 좋고, 점오(漸悟)도 무관하다. 깨달은 사람이 되면 족할 뿐이다.[95]

동행지식은 안목을 가진 사람이라는 뜻이기도 하다. 안목이 훤하게 틔인 사람은 끊임없이 배우는 사람이다. 배움으로 동행들에게 모범을 보이는 사람이다. 동행에게 마음의 여백을 넓혀 주는 사람이다. 오마르 워싱톤은 세상의 안목이 트이는 과정을 이렇게 노래하고 있다. "나는 배우고 있습니다. 다른 사람으로 하여금 나를 사랑하게 만들 수 없다는 것을 나는 배우고 있습니다. 내가 할 수 있는 일이 있다면 사랑받을 만한 사람이 되는 것뿐입니다. 사랑은 사랑하는 사람의 선택입니다. 내가 아무리 마음을 쏟아 다른 사람을 돌보아도 그들은 때로 보답도, 반응도 하지 않는다는 것을 나는 배우고 있습니다. 신뢰를 쌓는 데는 여러 해가 걸려도 무너지는 것은 순식간이라는 것을 나는 배우고 있습니다. 인생은 무엇을 손에 쥐고 있는가에 달린 것이 아니라 믿을 만한 사람이 누구인가에 달려 있음을 나는 배우고 있습니다. 우리의 매력이라는 것은 15분을 넘지 못하고, 그다음은 무엇을 알고 있느냐가 문제임에도 나는 배우고 있습니다. 다른 사람의 최대치에 나 자신을 비교하기보다는 내 자신의 최대치에 나를 비교해야 한다는 것을 나는 배우고 있습니다. 나는 또 배우고 있습니다. 인생은 무슨 사건이 일어났는가에 달린 것이 아니라, 일어난 사건에 어떻게 대처하느냐에 달려 있다는 것을. 무엇을 아무리 얇게 베어낸다 해도 거기에는 언제나 양면이 있다는 것을 나는 배우고 있습니다." [96]

안목을 가진 사람은 삶의 쓰임새에 대해 나름의 관점을 지닌다.[97] 삶의 쓰임새란 그렇게 복잡한 것이 아니다. 언젠가 찾아올 손님을 위해 숟가락 세트를 넉넉하게 준비해 둘 수 있다. 여유는 있지만 아무래도 쓰임새는 적은 일이다. 숟가락 세트가 준비되어 있기에 손님이 언젠가는 방문할 것이라 믿는 것도 쓰임새 적은 일이다. 삶에 쓰임새가 적은 것은 어차피 쓰레기와 별 차이가 없다. 넉넉한 뱃살처럼 불필요한 것이다.

안목을 가진다는 것은 세상살이에서의 자기를 발견하고 있다는 말이기도 하다. 시인 이성복은 「산」이라는 시에서 노래한다. "세상에는 사람들이 살고 있는 가장 더러운 진창과 사람들의 손이 닿지 않는 가장 정결한 나무들이 있게 마련이다. 세상에는 그것들이 모두 다 있다." [98] 삶이란 그런 것이다. 그런 것들이 없다고 해서 내가 정결한 것은 아니다. 그런 것이 내 곁에 있다고 해서 불결해지는 것도 아니다. 살아가는 동안 그것들은 내게 올지도 모른다. 그것들 사이에 찾아야 할 길이 있기 때문이 아니다. 시간이 남아 돌기 때문만도 아니다. 추하고, 아름다움 그 사이를 걸어가면, 내 삶이 되돌아보이기 때문이다. 자기 철학의 행로가 만들어지기 때문이다. 자신의 사고와 자신의 독창적인 언어로 자신을 말할 수 있기 때문이다.

삶은 어차피 타인에 대한 차이와 타인의 반복이다. 들뢰즈(Gilles Deleuze)는 『차이와 반복』에서 말한다. "반복이란 차이를 되풀이하는 것이고, 차이란 반복되는 차이이다." 차이의 무한한 생성이 새로운 세계를 열어 놓는다. '차이'라는 것은 'A와 B라는 두 현상을 관찰하고 서로가 다르다.'고 할 때, A가 B와 같지 않다는 것을 뜻한다. '다르다'는 것을 규정하는 행위가 A와 B 간의 차이로 타나난다. '반복'이라는 행위 역시 마찬가지다. A라는 사건이나 행동이 '동일하게' 그전의 A처럼 A로 이어지고 있다.

차이와 반복은 서로 융합어 형태가 흔들리는 것이 아니다. 그렇다고 대립도 아니다. 차이와 반복은 인접하며 공명(共鳴)하는 관계다. 차이와 반복은 포개어지는 관계다. 반복은 '동일한 것'의 되풀이다. 차이란 동일한 것의 반대이며 부정(不定)이다. 차이와 반복은 서로 결부될 수 없으면서도 결부된다. 어떠한 반복도 엄밀하게 말하면 동일한 것의 되풀이가 아니다. 차이 역시 엄밀한 의미에서의 동일한 것에 대한 반대일 수 없다. 엄밀하게 말하면 동일한 사태의 반복은 없다. 차이를 드러내고 있는 것의 되풀이일 뿐이다. '동일함'이 결여되어 있다면, 반복은 성립할 수 없다. 반복도 그렇고 차이도 그렇다. 언제든 차이의 반복이고 차이의 차이다.[99] '반복'이라는 것은 어떤 동일한 사태의 되돌림으로서의 반복이 아니다. 동일하지 않은 사태들의 되돌림이다. 끊임없이 '다른 것'을 만들어 내는 반복이다.

차이의 되돌림과 반복의 차이가 삶을 지탱하는 원리다. 차이와 반복이 삶을 생성한다는 것이다. 사람들은 차이와 반복보다는 동일성을 선호한다. 동일성을 삶의 원리로 받아들이기를 좋아한다. 동일성과 그것을 표상해 주는 관념이 없다면 세상은 성립될 수 없다고 본다. 동일성이 없다면 세상에는 무한한 차이만이 존재할 것이다. 그것은 분열증적인 흐름이며 끊임없는 변화일 뿐이라는 염려 때문이다. 현실적으로는 세상은 동일성보다는 차이와 반복으로 생성된다. 창조의 원동력이 차이와 반복이라는 것이 들뢰즈의 생각이다.

들뢰즈는 차이란 서로 다른 현상들 간의 정태적인 비교에서 도출되는 것이 아니라고 본다. 차이는 서로 다른 두 상태가 만나고 섞임으로써 만들어진다. 예를 들어, 교육의 목적에 대한 관점이 서로 다른 두 사람이 만나서 공동 연구를 한다고 치자. 연구자 A가 연구자 B에게 X라는 과제에 대한 도움을 요청했다. A는 B에게 이렇게 말할 것이다. '나는 너와 생각하는 것이 다르다. 같이 연구하기에 나는 생각이 다른 너에게 토를 달 생각이 없다. 네 관점의 차이를 인정한다'고 한 것이나 마찬가지다. 이 경우 차이를 감수한 것은 서로 간의 차이를 긍정한 것이 아니다. 무관심한 것일 뿐이다. A가 B와의 차이를 긍정하면, B의 생각에 적극적으로 개입해야 한다. 개입의 결과 A 스스로가 달라져야 한다. 그것이 차이에 대한 긍정이다. 즉, A와 B 간의 차이를 긍정하면서 그 차이를 통해 새로운 생성을 만들어 내는 것이다.

생성은 반복의 결과다. 차이의 긍정과 긍정을 통한 생성이 '반복'이다. A는 B와의 차이를 통해 A′를 생성한다. 다시 A가 C라는 타인과의 차이를 통해 A″를 생성한다. A의 궤적인 A－A′－A″…… 은 A의 반복으로 이어진다. A와 A′, A″ 간의 미세한 차이가 있는 것은 당연하다. 이 차이는 우열의 차이가 아니다. A′가 A보다 더 낫고, A″가 A′보다 더 나은지 어떤지는 알 수 없다. 분명한 것은 A－A′－A″의 반복과 생성의 궤적을 거친다는 점이다. 차이를 만들어 가지 못하는 궤적은 A－A－A다. A와 B간에, A와 C간에 아무런 차이가 없는 궤적에는 새로운 생성은 없다. 차이가 결여되어 있을 뿐이다. 차이가 결여된 궤적은 반복이라고 볼 수 없다. 동일한 반복의 궤적은 '죽음의 복사(複寫)'일 뿐이다.[100] 이 점은 삶의 궤적에서 동일하게 적용된다. 사람이 살아간다는 것은 차이와 반복이다. 차이와 반복이 삶의 궤적이다. 삶은 차이와 반복을 거치는 새로운 생성일 뿐이다.

우리의 삶은 매일 다양한 차이와 반복을 마주한다. 사람들은 다르다는 것에 이상할 정도로 긴장한다. '차이가 난다'는 것에 친숙함보다는 어색함을 드러낸다. 접근하기보다는 혐오를 분출한다. 원색적인 인종차별, 다문화나 사상적 관점에 대한 편견 같은 것이 그것을 보여 준다. 길거리에서 흑인 병사들이 깜둥이라는 놀림을 받곤 했던 때가 있었다. 70년대만 하더라도, 공항 세관원들은 영어로 맑스(Marx)라는 글자가 들어간 영어 책, 원서에 대한 반공주의적인 편견이 있었다. 조선족이나 새터민 동포에 대한 일종의 이데올로기적인 편견 역시 마찬가지다.

차이와 반복이 결여된 생각은 사람들을 동일성의 노예로 만든다. 차이와 반복의 결여는 문화를 고착시킨다. 그런 사회는 문명화된 노예제도를 지속하는 사회다. 차이와 반복의 결여는 사람들을 어떤 생각의 노예로 만들어 가는데 일조한다. 동일한 사고가 다른 그 어떤 것보다 우선해야 하기 때문이다. 타인들의 삶에 표준이 되기 때문이다.

문제는 생각의 노예가 되는 것은 사람의 노예가 되는 것보다 훨씬 위험하다는 점이다. 자기가 노예라는 것을 알지 못하기 때문이다. 묶인 줄의 끝을 한 번도 의식하지 못한 개는 결코 자유롭지 않다. 자신을 묶는 줄을 의심하는 것은 불복종이다. 우리의 문제는 불복종에 있는 것이 아니다. 복종이 우리 문제의 핵심이다.[101]

자본주의 사회는 문명화된 사회다. 문명화된 사회에 아직도 노예제도가 횡행하고 있다. 사회 운동가인 데릭 젠슨(Derrick Jensen)은 문명화된 사회에서 이유 없이 죽어간 사람들을 열거한다. "에드워드 앤토니 앤더슨, 1996년 1월 15일, 바닥에 엎드린 채 수갑을 찬 상태에서 총에 맞다. 프랭키 아르주에가, 15세, 1996년 1월 12일, 머리 뒤쪽에 총을 맞다. 그다음 날인 어머니날, 그의 가족은 알 수 없는 사람에게서 비아냥거리는 전화를 받았다. 회신 다이얼을 누르니 경찰이 나왔다. 앤토니 바에즈, 1994년 12월 22일, 뉴욕 시 길거리에서 축구를 했다는 이유로 질식사당한다. 르니 캠포스, 수감 중이던 그가 자기 목에 티셔츠를 절반 이상 쑤셔 넣어서 자살했다고 경찰은 발표했다. 폐에 이르는 기관의 4분의 3까지 티셔츠가 쑤셔 넣어져 있었다." 이들이 지닌 공통점은 두 가지였다. 첫째는 경찰의 지시를 순순히 따랐다는 점, 둘째는 모두가 흑인이었다는 점이었다.

우리의 문제는 동일성의 생각에 있다. 수많은 사람들이 정부 지도자들의 명령에 따라 전쟁에 나갔다. 동일성의 논리에 따라 전쟁에 나갔다. 복종 때문에 수백만이 전장에서 죽었다. 가난과 기아, 어리석음과 잔인함 앞에서 사람들은 조건 없이 복종한다. 감옥은 좀도둑으로 넘친다. 큰 도둑들은 나라를 훔친다. 그래도 사람들은 동일성에 복종한다. 그것이 우리의 문제라고 젠슨은 절규한다.

동일성에 의한 사유의 억압은 인류의 동행사다. 혁명의 시인 윌리엄 블레이크(William Blake)는 『굴뚝청소부(The Chimney Sweeper)』[102)]에서 차이와 반복하기 위해서는 안목을 가져야 한다고 노래한다. 그의 시에는 수많은 기아(棄兒)들의 비참한 생활이 소개된다. 수많은 농민들이 농촌에서 쫓겨나 도시로 몰려든다. 도시에 와 봤자 일자리는 없다. 사회적 냉대는 참을 만하다. 굶주림과 기아는 그들이 맞는 아침 인사다. 생존하기 위해 가족들은 흩어지고 쪼개진다. 그들에게는 슬퍼해야 할 눈물도 말라 버렸다. 자식을 버린다. 팔아넘기기도 한다. 아무리 해도 어찌 해 볼 수 없다. 아이들은 길거리에서 앵벌이가 된다. 어린 영혼들이 방기되고 있다. 왕은 말한다. 참으라고 말한다. 교황도 말한다. 참는 자, 복이 있다고 말한다. 블레이크는 말한다. 왕과 교회를 향해 외친다. "행동이 뒤따르지 않는 말은 독과 화살을 키운다."

세상에는 변하지 않는 법칙이 있다. 그것은 언제든 노예와 주인 간의 관계는 변증법의 관계라는 것을 꿰뚫는 것이 삶의 안목이라는 법칙이다.[103)] 헤겔은 주인과 노예 간에는 늘 도치가 일어나는 관계가 형성된다고 보았다. 주인은 노예에 비해 아무 일도 하지 않는다. 놀고 있는 주인은 결국 노예로 전락하게 된다. 주인 밑에서 일만 하던 노예가 실질적인 주인이 된다는 것은 역설이다. 노예와 주인 간의 역설이 진보이론의 핵심이라는 것이 헤겔의 생각이었다. 그의 생각은 자연 현상에서는 있는 그대로 대입되지 않는다.

인간의 삶은 생과 사의 모순 덩어리다. 모순 덩어리 속에서 무엇이 참이고, 무엇이 악이라고 규정해야 하는지에 대해 의문이 가득해질 뿐이다. 삶 자체가 모순인데, 그 모순 속에서 선모순과 악모순을 분리하는 것은 무리일 뿐이다. 비적대 모순인 '선모순'과 적대 모순인 '악모순'으로 분리해서 사물을 규명할 수 있다는 자체가 오만한 일이라는 것이다.[104)]

세상 일은 선모순과 악모순 간의 분리에 따른 변증법적인 전개에 의해 해결되지 않는다. 세상살이는 부정의 논리학적 관점 때문에 제대로 설명되는 것이 아니다. 삶의 선택은 과거의 선택이 더 우수했기 때문에 오늘날 더 나아진 것은 아니다.[105] 조금이라도 더 앞으로 나아갈 수 있는 이유가 있다. 그것은 지금 이렇게 하는 것이 그전에 비해 더 합당하기 때문이다. 생활의 장에서 오늘의 행위가 최선이며 삶에 더 합당하기 때문일 뿐이다.

동행지식을 우정의 지식이라고 부른다. 그것은 깨어 있는 상태에서 함께 나아가는 우정을 불러일으키기 때문이다. 영어로 동행지식을 '컴패니언십(Companionship)'이라고 부르는 이유는 동행이 서로 나아감과 깨어감에 밀접하기 때문이다. 동행은 사람들이 하나의 경로로 들어간다는 의미도 가진다. 동행지식을 경우에 따라 '인터코스(Intercourse)'라고 다르게 부르기도 한다. 인터코스는 일반적으로 가장 친밀한 관계에서 일어나는 상호 접촉의 일이다. 부부 관계의 스킨십을 일컫는 이유가 바로 그것이다. 부부가 살아간다는 것은 사랑한다는 말이다. 서로가 깨어간다는 말이다. 때로는 더불어, 때로는 '따로 그리고 서로'의 존재감을 확인해 간다는 뜻이다.

부부 생활은 생물적으로 성적 결합의 관계 그 이상을 말한다. 부부 생활의 모든 것은 스킨십만으로 설명되는 것이 아니다. 성적 관계를 섹스라 부를 때, 그 단어의 어원은 라틴어 세쿠스(Sexus)에서 드러난다. 세쿠스는 '나누다 혹은 떨어지다'는 세코(seco)에서 나온 말이다. 성은 나누고 떨어지고, 또 나누고 떨어지는 남녀 간의 생물적 관계다. 남녀 관계의 온전성과 완전성을 보여 주는 행위가 섹스다. 섹스는 서로가 합치면 떼어지고, 떨어지면 다시 결합하는 관계다. 떨어졌을 때 다시 합치게 만들어 주는 방편이 섹스다. 동행이라는 말은 바로 그런 긴밀한 관계다. 때때로 붙어 있음과 때때로 떨어져 있음을 반복하는 관계가 동행지식의 관계다.

동행지식은 현재적이다. 그리고 한시적이다. 항구적인 동행은 없다. 동행은 생명이 있는 한도에서 가능하다. 모든 것은 만나면 반드시 갈라서게 되어 있다. 붓다의 '회필유리(會必有離)'다. 붓다는 말한다. "그러므로 마땅히 알라. 세상은 모두 덧없어서 만나면 반드시 갈라지는 것이니, 슬퍼하지도 근심하지도 말라. 세상은 원래 이러한 것이니, 마땅히 부지런히 힘써 나아가 빨리 해탈을 구하고 지혜의 광명으로 모든 어둠과 어리석음을 없애 버릴지니라. 세상은 위태하고 취약하여 단단하고 굳은 것이 없느니라. 내 이제 열반에 드는 것은 마치 악한 병을 없애는 것과 같나니, 이것은 마땅히 버려야 할 몸이요 죄악으로 된 물건이거늘, 거짓 이름으로 몸이라 하고 노병생사(老病生死)의 큰 바다에 빠져 있었더니라. 어찌 지혜 있는 사람이라면 이것 없애기를 원수나 도둑을 없애는 것 같이 기뻐하지 않겠는가?"[106)]

동행은 관계의 매듭이며 매듭의 관계다. 신뢰와 믿음으로 짜인 마음의 직조물이다. 공자(孔子)는 마음의 직조물을 어짐의 관계로 묘사한다. 마음의 관계가 인(仁)이라는 것이다. 『논어(論語)』「안연(顔淵)편」에서 공자는 벗을 사귀는 방법으로 어짐을 말한다. 서로 간의 관계에서 인(仁)을 넓히는 일이 벗을 사귀는 도라는 것이다. 벗을 사귀는 일은 마음의 관계를 넓히는 일이다. 군자(君子)는 마음의 관계로 벗을 사귀고 글로써 벗과의 관계를 넓혀간다. 동행지식을 둔다는 말은 마음의 관계를 넓히며 서로에게 깨침의 길을 보여 준다는 뜻이다. 그런 벗이 생기면 벗과 함께 마음의 관계인 인(仁)이 넓혀진다. 동행한다는 것은 서로의 어짊을 보고 배우는 기회다.

인(仁)의 동행은 극기복례(克己復禮)의 길이다. 자신을 극복함으로써 예로 돌아가는 길이다. 공자는 말한다. "예가 아니면 보지 말고, 예가 아니면 듣지 말며, 예가 아니면 말하지 말고, 예가 아니면 움직이지 말라."고 당부한다.[107)] 동행들 간에 개인적인 어려움이 전혀 없을 수는 없다. 공자는 자신의 벗인 늙은 제자 자로(子路)에게 동행의 고저(高低)를 논한다. 동행이 쉽지 않다는 뜻이다.[108)] "같이 배울 수는 있어도 같이 도를 지킬 수는 없으며, 같이 도를 지킨다 해도 같이 일을 성립시킬 수는 없으며, 같이 선다 해도 가히 더불어 일을 대의에 맞게 처리할 수는 없다." 동행에는 엇박자도 붙어 다닌다.[109)]

동행은 그의 상대가 누구이든 간에 비판하지 않는다. 비판 대신 격려하고 배려한다. 격려와 배려라는 숨겨진 원칙을 지키지 않기 때문에 '여자'들끼리의 여행은 종종 우정의 묘지(墓地)가 되곤 한다.[110)] 동행은 어려움이 쌓여도 그대로 나아가는 행위다.[111] 믿음이 없으면 그대로 나아갈 수 없다. 믿음이나 신용은 현금화할 수 있는 물질이 아니다. 현금화할 수도 없다. 돈이 아니기에 물건을 사고팔 수 있는 수단도 아니다. 믿음은 필요한 것을 살 수 있게 해 주지 못한다. 믿음은 내가 필요한 것을 사 올 수 있게 만드는 힘이 있다. 믿음은 영혼의 재물이다. 믿음이나 신용에 공짜는 없다. 상대방에 대한 깊은 헌신이 요구된다. 관계에 대한 바른 매듭이 필요하다. 부부는 사랑으로 살아가기보다는 믿음으로 살아간다고 말할 때의 그것이다. 부부 간의 사랑은 믿음의 속을 말하는 것이다. 믿음이 없는 부부 관계는 깨어지도록 되어 있다.

동행한다는 것은 서로의 앎을 증여하겠다는 의지다. 소통하겠다는 함께하기의 약속이다.[112] 동행은 미래를 가늠하게 만들어 주는 '피드포워드(Feedforward)'다. 피드포워드는 궁색한 표현이기는 하지만, '앞서 봄'이라고 번역할 수 있다. 앞서 봄은 삶의 여정에서 미리 쉬어감을 말한다. 동행 동안에는 서로가 그냥 편하게 받아들일 수 있다. 별 준비 없이 서로를 즐길 수 있다. 그런 점에서 동행은 '피드인(Feed-in)'이기도 하다. 피드인이라는 말은 무료 급식을 의미하기도 한다. 피드인은 서로에게 부족한 것을 조건 없이 채워 준다. 동행은 어김없이 피드백(Feedback)이기도 하다. 활동의 결과나 성과에 대한 평가가 불가피하다. 피드백하면서 반추하고 수정한다. 보완하면서 완성한다. 삶에서 불필요한 것을 비워 낸다.

동행지식은 동행하는 동안 서로에게 피드포워드하거나, 피드인하거나, 피드백하는 사람이다. 서로가 즐기고 성장하며, 서로의 삶에 선물이 되는 사람이다. 태평양 군도(群島) 주민들은 서로에게 증여하는 관습이 있다. 그들의 증여 혹은 선물은 누군가에 의해 시작된다. 그렇게 시작된 선물 하나는 다른 이들에게 전염된다. 다른 한 사람에게 선물하고, 그 선물은 다른 이에게 선물된다. 그가 시작한 선물이 다시 내게 돌아온다. 증여를 통해 서로를 배운다. 마르셀 모스(Marcel Mauss)는 증여가 부족민의 결속과 사회 체계의 뼈대라고 말한다.[113]

증여는 타자와의 관계를 구축하게 만든다. 선물은 삶을 관계로 바꾸게 만든다. 증여는 사회를 구성하는 원리로 기능한다. 모스는 선물 교환의 가장 단순한 형식을 틀

링깃족과 하이다족 같은 북서 아메리카 인디언의 '포틀래치(Potlatch)'에서 찾아냈다. 포틀래치라는 말은 '식사를 제공하다' 혹은 '소비하다'라는 말이다.[114] 북미 인디언들이 보여 주는 포틀래치는 경쟁적이며 전투적이다. 멜라네시아 지역(Andaman Island/Melanesia)이나 뉴질랜드 마오리족의 포틀래지는 안정적이다. 마오리족에게는 '하우(hau)'라는 포틀래치가 있다.[115]

이들 모두가 일종의 '쿨라(kula)'다. 증여의 사회적 관행은 고대사회에서부터 지금까지 내려오고 있는 사회 결속의 관습이다. 증여에는 경제적인 거래와 법률적인 계약 형식이 내포되어 있다.[116] 공동체를 묶고 있는 사회 공동체의 기능이 거래와 계약으로 작동된다. 증여에는 3가지 의무가 개입한다. 주어야 할 의무, 받아야 할 의무, 그리고 답례할 의무가 그것이다. 선물은 너와 나 사이에 피드포워드, 피드인 그리고 피드백의 의무가 개입한다. 증여는 단순한 교환을 의미하지 않는다. '네가 주면 나도 준다'라는 보이지 않는 계약만을 의미하지 않는다.

사회를 하나의 공동체로 묶어 가는 구속과 통제의 기능이 증여에 있다. 증여는 한 사회의 경제, 사법, 정치, 종교, 정서 모두를 아우르는 약속 체계다. 증여의 교환 체계는 구속력이 강하다. 선물을 주면 받고, 받으면 다시 되돌리는 구속력이 있다. 서로 주고받고 되돌리는 증여가 이행되지 않으면 사적이거나 공적인 긴장이 발생한다. 무엇인가를 받는 것은 그의 정신적인 본질을 받은 것이다. 영혼의 일부를 받는 것이기 때문이다. 그것을 되갚지 않는 것은 증여자의 영혼을 모독하는 것이다. 되갚지 않고 그냥 간직하는 것은 위험하다. 죽음까지 초래하는 탈영혼적인 일이다. 혼자만 간직하고 있는 약속을 어기는 일이다. 도덕적, 육체적, 정신적으로 비공동체적으로 잘못된 일이다. 증여되는 것에는 영적 실체가 들어 있다. 음식물, 재산, 여자 또는 자손, 의식 또는 성찬식 등에 주술적인 힘이 있다, 그것을 되돌리지 않으면 종교적으로 악령이 나쁜 기운을 되품는다.

받은 선물을 되돌리는 데에도 보이지는 않지만 지켜야 할 예의가 있다. 받은 물건의 값어치에 보통 30~100%의 이자를 더 얹어 보내야 한다는 습속이다. 그렇게 후하게 되갚는 일이 증여의 교환 상식이다. 보이지 않는 의무이자 명령이다. 그 의무를 수행하지 못하면 경우에 따라 그 의무는 빚이 된다. 빚이 심각하면 수증자는 노예로 전락할 수도 있다. 증여는 사회적으로 작동하는 하나의 불문율이다. 모스는 이것을 증여의 '전체적인 급부 체계'라고 불렀다. 전체적인 급부 체계에 따라 부족민들 간에 감정적인 교류가 일어난다. 관계의 지속 여부가 결정된다.

증여는 주고받고, 되돌려 준다는 '신뢰성'에 철저하게 기반한다. 겉으로 드러나 보이지 않는 것은 관습이다. 증여의 관습에서 주목해야 할 것은 배려다. 증여는 상대방에게 과할 정도로 많이 주어야 한다. 상대방에 대한 배려이다. 주는 쪽의 자신감을 표시하는 여유다. 많이 준 쪽은 '명예'와 '지위'를 얻는다. 많이 되돌려 주지 못한 쪽은 증여 경쟁에서 밀린 쪽이 된다. 보이지 않는 일종의 체면 손상이 따른다.

체면치레에 조금 어긋났다고 해서 치명적인 것은 아니다. 받은 것에 대한 되돌림의 증여가 적은 쪽에는 어차피 큰 손해는 없다. 체면치레는 사회를 굴러가게 만드는 윤활유일 뿐이다. 주고, 받고, 되돌리는 증여 행위를 통해 서로는 서로에게 동행이 되고 있음을 보여 준다. 증여는 일종의 자기 실현의 기제다.

철인(哲人) 황제로 칭송받는 아우렐리우스(Marcus Aurelius Antoninus)는 말했다. "인생은 댄스 같은 춤판보다는 씨름에 더 가깝다."[117] 삶은 일정한 포즈와 스텝을 따라 움직이는 것이 아니라는 뜻이다. 춤의 율동과 같은 것은 삶의 원리가 아니라는 뜻이다. 살아간다는 것은 힘겨루기다. 서로가 온몸을 가까이 맞댄 채 허리에 걸린 샅바를 저울질하면서 상대방의 힘쓰기에 자신의 힘을 조절해 가는 씨름에 가깝다. 자신이 숨을 고르면 상대방도 숨을 고르는 일이다. 힘을 주고받고, 되돌리며 서로를 저울질하는 것이 삶이다.

삶을 보려면 삶의 모든 것을 봐야 한다. "인생을 밖에서 보는 사람들의 명쾌한 논증에 의해서라기보다는 생활 속에서 관망하는 사람의 공상, 나아가서는 거기에 따라붙는 편견까지도 존중"해야 한다. 19세기 말 영국의 사회비평가로 필명이 높았던 체스터튼(Chesterton)의 교훈이다.[118] "이 세상은 합리적이지도 불합리하지도 않기 때문에 삶의 어느 면을 보느냐에 따라 삶의 풍광이 달라진다. 세상은 다소 수학적이고 규칙적인 것으로 보이지만 그 규칙에는 정확성과 난폭함이 숨어 있기 마련이다.

동행은 삶을 살아가는 동무들의 순행이다. 삶의 순례에는 동무들이 등장하기 마련이다. 동무는 사전적으로 늘 친하게 어울리는 사람을 말한다. 짝이 되어 함께하는 사람이 동무다. 친구, 벗으로서 쓰이는 동무는 인디언의 생각을 품는다. '나의 슬픔을 등에 지고 가는 사람'이 내 동무다. 동무란 '빌려간 내 책 위에 젖은 유리잔을 올려 놓아도 상관하지 않는 사람'이기도 하다.[119] 동무 관계는 성별, 연령, 혈연, 가계의 차이를 넘나든다. 릭 호잇과 그의 아버지 딕 호잇의 동행이 가장 아름다운 동무의 동행이라고 읽게 된다.[120]

동행은 친구로서의 동행만을 의미하지 않는다. 동행은 성실한 내 편만을 의미하지 않는다. 동행의 길에는 때때로 쇼펜하우어의 역설이 등장한다. '참으로 성실한 것은 친구가 아니라 적들'인 경우가 흔하기 때문이다. 동무, 즉 같은 것(同)이 없는(無) 서늘한 관계도 흔하기 때문이다. 연암 박지원의 동무론이 가슴에 와 닿는 순간이다. 연암 선생은 말했다. "벗을 사귐에 '틈'이 가장 중요하다." "둘이서 무릎을 맞대고 자리에 나란히 앉았다 해서 서로 밀접하다 할 수 없고, 어깨를 치며 소매를 붙잡았다 해서 서로 합쳤다 할 수 없으니, 그 사이에 틈이 있을 뿐"이라고 말했다.

동무들 간의 동행은 '소통의 중심에 말이 놓여 있는 관계'다. 서로 배우고 가르침으로서 삶의 무늬, 즉 인문(人紋)이 겹쳐지는 관계다. '서로에 대한 신뢰와 인정, 강제하지 않는 지적 자극과 서늘한 긴장감'을 만드는 관계가 동무의 관계다. 동무를 사귀는 일은 미래적인 존재 양식에 나를 견주어 겹치는 일이며, 그래서 나를 재조정하고 재구성하는 계속적인 과정이다.[121]

동무가 내게 동행지식이 되는 것은 내게 끝없이 고쳐 말해 주기 때문이다. 고쳐 던지기와 섭동(攝動)이 동행지식에 의해 생기는 사람 사이의 관계다. 마치 달의 운행이 태양과 행성의 인력에 영향을 받고, 지구와 다른 여러 행성은 상호작용과 태양 인력의 영향을 받는 것처럼, 동무는 나와 관계의 파동과 진동을 주고, 그리고 받는다. 구태여 상식과 도덕의 알리바이를 앞에 내세우지 않는 편한 관계가 동무와의 관계이다. 동무와의 관계는 이념과 진보를 빌미로 같은 언어와 사정(私情) 아래 자신의 이해관계를 결집하지 않는 관계다. 그와 동행지식으로서의 동무가 된다는 것은 나의 관점을 그에게 전염시키지 않는 관계를 유지한다는 뜻이다.

동행지식을 통해 사람들은 자기를 추스르는 길과 자기 해방의 길을 만들어 나간다. 자기를 추스를 수 있는 길을 발견한다. 나름대로의 삶의 지도를 그려 나갈 수 있다. 자기 해방에 대한 나름대로의 지식을 만들어 낼 수 있는 사람이 된다. 자기를 해방하기 위해서는 지혜가 필요하다. 자기 해방은 자기 스스로를 타자의 바깥에 존재하지 않게 할 때 가능하다. 자연과의 적대적인 관계를 넘어설 때 자기 해방이 가능하다. 자기 해방은 자기 소외를 극복하는 것이기 때문이다.

자기 실현 과정에서 자기의 삶을 위해 멘토가 필요하다. 동행지식이 바로 멘토이다. 멘토는 사람이 아니라도 무관하다. 삶의 지표가 되는 위인이어도 무관하다. 사숙(私淑)일 수 있다. 죽음 그 자체와도 무관하다. 삶에 있어서 죽음보다 더 강하며 위대한 멘토는 있을 수 없다. 죽음을 동행지식으로 받아들일 수 있는 이라면, 능히 일반적인 종교의 허상을 넘어서는 사람이다. 인간 예수가 보여 준 자기 생명에 대한 태도와 소크라테스가 보여 준 태도와는 그 양태가 사뭇 다르다. 한 사람은 아테네 공동체의 안드라고구스로서 죽음을 택했다. 그가 믿었던 공동체가 내린 독약을 먹고 기꺼이 그의 생명을 버렸다. 다른 한 사람은 종교 개혁자로서 예루살렘의 모든 이를 위한 동행지식으로서 죽음을 택했다. 흉악범의 한 부류로 처단되는 것을 두려워하지 않은 채 죽음을 맞이했다. 어느 죽음이 더 위대한지에 대한 논쟁은 무의미하다. 두 사람 모두 죽음은 하루를 살아가는 지금 이 시대 사람들에게 멘토로서, 동행지식으로서의 전거가 될 뿐이다.

보통 사람이라고 할지라도 죽음을 그의 멘토로 삼는다면 오늘의 삶 자체를 달리 살 수 있다. 공자의 교훈들이 자신의 길을 제시해 줄 수 있다. 붓다의 말씀이 그의 길이 될 수 있을 것이다. 코란이 그에게 힘이 될 수 있다. 기독교 선지자들의 경륜이 삶의 길을 보여 줄 수 있기 때문이다. 영적인 자아 실현이 가능해지면 광신적인 허무주의를 극복할 수 있다.

시각장애인들의 사진전이 열린 적이 있었다.[122] 사진전에 출품된 작품들은 세상사의 다른 모습들을 보여 준다. 사진전에 참여한 작가들은 모두가 시각장애인이었다. 약시, 색맹, 색약, 고도근시 등 장애 등급이 다양했다. 아무것도 볼 수 없는 시각장애인도 참여했다. 시각장애인들이 사진을 찍을 수 있다는 자체가 신기했다. 오히려 기적 같은 일이었다. 정안인(正眼人)들의 편견을 깨는 일이었다.

시각장애 사진작가들의 촬영기술은 놀랍게도 다양했다. 원리는 단 한 가지였다. 정상인에게 말하는 사진 찍기 규칙을 따르지 않았다. 중앙에 초점을 맞추는 방식이 아니었다. 판에 박힌 프레임에 구속되지 않는 촬영이었다. 저들에게는 마음이 렌즈였다. 마음의 렌즈로 사물을 찍었다. 사물은 어차피 어림짐작이었다. 시각장애인들은 사물을 찍은 것이 아니라 마음을 찍었다. 사물이 바르게 찍혔다는 것은 사물의 영상이라는 그 잡념을 일순간에 벗어났다는 것과 같다. 마음의 눈으로 사물에 대한 초점을 맞추라. 모든 사물이 사진으로 찍히게 된다. 마음으로 사물을 찍기 시작했다. 작품이 만들어졌다. 시각장애자들 옆에서 촬영 동행지식들이 저들을 조력했다.

두 눈으로 살아가는 사람에게도 이 원리는 마찬가지다. 곳곳에서 일어나는 일을 모조리 훑어볼 일은 아니다. 마음의 렌즈로 삶에 초점을 맞추어야 한다. 모두가 두눈 멀쩡하게 뜬 시각장애인과 마찬가지이기 때문이다. 마음의 눈으로 사람을 바라보면 타인이 보인다. 정확하게 보는 것은 의미가 없다. 정확한 것은 없기 때문이다. 세상을 마음으로 보지 못하면 자기 스스로 자기를 알아보지 못한다. 세상사를 마음의 눈으로 보기 위해서는 동행지식의 손길이 필요하다. 말이 아니라도 무관하다. 정확한 모습으로 드러나는 것이 아니더라도 멘토들은 유효하다. 삶의 여정을 같이 걸어가는 데 도움이 되면 족하다. 벗도 좋고, 스승도 좋다. 저들마저 가당치 않다면 죽음을 동행지식으로 삼으라. 그러면 삶이 새롭게 보일 것이기 때문이다.

죽음에게 오늘을 물어보라. 죽음만큼 오늘 살아갈 일을 명쾌하게 이야기해 주는 멘토는 없을 것이다. 죽음이 바로 삶의 스승이기 때문이다. 스승은 사람만 지칭하는 것이 아닐 수 있다. 스승은 삶의 정답을 가르쳐 주겠다는 정답쟁이가 아니다. 삶의 어떤 수수께끼를 품은 것 같은 채 삶의 여러 가능성을 보여 주는 이가 스승이 될 가능성이 오히려 더 높다. 그러고 보면 자연이야말로 누구에게나 위대한 스승이다.[123] 자연은 값비싼 수업료를 받지 않아도 모든 이에게 어김없이 첫 수업과 마지막 수업 시간을 갖는다. 인생의 첫 수업이 끝난 후 마지막 수업을 받을 때까지 기다리는 시간, 그 시간이야말로 누구에게든 삶의 수수께끼를 만들어 내며, 끝내 삶의 마지막 순간에 '이것이 너의 삶이다' 라고 단숨에 풀어내는 또 다른 위대한 스승이다.[124]

저들에게 삶의 어려움을 이야기 해 보라. 삶의 기쁨이 무엇인지를 알려 줄 것이다. 생명이 무엇인지를 질문해 보라. 살아 있는 것이 생명이며, 그것이 유일한 참이라고 대답할 것이다. 행복이 무엇인지도 해맑게 보여 줄 것이 분명하다. 자아 실현이 무엇인지 이내 알려 줄 것이다. 세상과 사람들의 삶 살이를 두 눈으로만 보려고 하지마라. 삶의 여정에서 죽음과 동행하며 큰지식(智識)으로 받아들여 보라. 삶 너머의 그 어떤 것이 이내 떠오를 것이다. 그것이 무엇이든 그것이 누구이든 간에 관계없이, 서로 말을 걸기 시작하면 그때부터 서로는 동무가 되며, 서로 노래하면 형제가 된다. 서로 동행하면 서로는 이내 연인이 될 것이기 때문이다.

미 주

1) 인류학자로서 인구 유전학을 연구하는 스펜서 웰스(Spencer Wells)는 세계 각지에 있는 토착민들의 유전적 데이터베이스를 구축하는 학자다. 인류 이동 경로 추적 프로젝트의 책임자인 웰스 박사는 2005년 4월부터 2010년까지 세계 5개 대륙에 살고 있는 현대인 10만 명의 유전자 샘플을 분석해 인류의 이동 경로를 파악하여 인간의 기원을 찾아내려고 했다. 성경에서 말하는 인류의 아버지인 '아담'의 유전자와 어머니인 '이브'의 유전자를 찾아 초기 인류의 이동 경로를 밝히려는 야심에 찬 과제를 위해, 그는 사설 연구비 4,000만 달러를 투입했다[참고: 스펜서 웰스(2007). **인류의 조상을 찾아서-제노그래픽 프로젝트(역)**. 서울: 말글 빛냄].

2) 350만~300만 년 전 중앙 아프리카 지역에 살았던 인류의 초기 조상들은 열대 풀과 외떡잎 식물들을 주식으로 삼았던 것으로 보인다. 『사이언스 데일리』가 2012년 12월 16일 보도한 내용이다. 미국 국립과학원회보(PNAS) 발표에 따르면, 영국과 차드, 프랑스, 미국 학자들로 구성된 국제 연구진은 아프리카 차드의 고대 유적지 두 곳에서 발견된 초기 인류 '오스트랄로피테쿠스 바렐가잘리(Australopithecus bahrelghazali)' 3명의 치아 화석 자료를 분석해서 내린 결론이었다. 학자들은 치아 속에 들어 있는 탄소 동위원소를 분석한 결과 C4 식물에서 섭취한 성분이 많다는 사실을 발견했다. C4 식물은 광합성 암(暗) 반응의 초기 산물인 탄소 원자가 4개인 식물로 대부분의 열대 및 아열대 식물이 여기에 속한다. 이는 최소한 중앙 아프리카에 살았던 초기 호미닌(현존 멸종 인류를 모두 포함한 초기 인류)이 열대 풀과 외떡잎식물을 주식으로 삼았다는 증거다. 이들 식물은 열대와 아열대 지역에 풍부하게 자라고 있지만 침팬지를 비롯, 아프리카의 어떤 대영장류도 먹지 않는 식물이다. 이 연구는 최소한 중앙아시아에서 초기 호미닌의 식생활이 비교적 일찍 바뀌었음을 보여 주는 것이다. 초기 인류는 주식을 이런 식물로 전환함으로써 숲에서 나와 새로운 환경을 점령하고 개척할 수 있었을 것이라고 연구진은 지적했다. 그러나 초기 인류가 씹거나 소화시키기엔 너무 거친 열대 풀의 잎은 먹지 않고 뿌리와 땅속줄기, 구근 등을 먹었을 것으로 연구자들은 추정하고 있다.

3) 인류학자 존 릴리스포드(John Relethford) 교수는 600만 년에 걸친 인류의 역사 가운데 여전히 논쟁이 되고 있는 몇 가지 쟁점을 생물 인류학적 관점으로 조명하고 있다. 말하자면, 누가 인류와 가장 가까운 친척일까? 그리고 인류의 조상은 언제 독립적인 진화의 길을 걷기 시작했을까? (600~700만 년 전) 현대 인류는 언제 어디서 최초로 나타났을까? 이들은 그 전의 고대 인류와 어떤 관계였을까? (13~200만 년 전) 네안데르탈인에게 무슨 일이 일어났을까? (2만 8,000~15만 년 전) 최초의 아메리카인은 어디에서 왔을까?(1만 5,000~2만 년 전) 유럽에 농경문화가 어떻게 전파되었을까? (6,000~1만 년 전) 인류가 최초로 태평양을 건넌 것은 언제일까? 그리고 이들은 어디에서 왔을까? (3,500~6,000년) 유전자를 통해 본 유대인의 역사는 어떨까? (4,000년 전) 바이킹이 아일랜드에 몰고 온 유전자 충격은 어떤 결과를 낳았을까? (1,200년 전) 아프리카 출신 미국인의 유전자 뿌리는 어디일까? (400년 전) 등에 대한 답을

찾고 있다.

그는 "피부색이라는 단 하나의 특징을 기준으로 인류의 다른 모든 특징들의 다양성의 유형을 추론하려 할 때 논리적 비약이 있게 마련이라고 비판하고 있다. 피부색은 피부색 이외의 다른 요인과 아무 관계가 없는 중립적 요소란 사실이 밝혀졌고, 단백질과 효소 표시자, DNA 표시자, 그리고 혈액형, 심지어 두개골의 형태나 얼굴 생김새와도 아무런 관련이 없다는 사실이 밝혀졌기 때문이다. 따라서 피부색으로 인종을 나누고 개체군의 역사를 파악하려는 시도는 피부색에 대한 편견을 갖게 마련이라는 것이 그의 강력한 주장이다[참고: 존 H. 릴리스포드(2006). 유전자 인류학(역). 서울: 휴먼앤북스].

4) 테라스 교수의 스승인 행동주의 심리학자 스키너(B. F. Skinner)는 촘스키의 맞수로서 동물에게 언어훈련과 언어 학습을 시키면, 언어를 습득할 수 있다고 주장했었다. 그의 행동주의 학습심리를 추종하던 콜롬비아 대학의 허버트 테라스 박사 연구팀은 정부로부터 연구비를 받아 프로젝트 님(Project Nim)을 수행한다. 침팬지는 인간과 가장 가까운 동물이기에 침팬지에게 언어를 학습시키고 훈련시켜 침팬지에게 언어를 습득시키면 노암 촘스키의 논리는 일격에 무너지기 때문이다. 침팬지는 인간이 지니고 있는 DNA의 98. 7%가 일치한다. 유전적으로 보아도 침팬지는 고릴라보다 오히려 인간에 더 가깝기 때문에 침팬지가 실험대상으로 선택되었다. 어찌 보면, 침팬지 님의 비극은 인간과 가장 닮았기 때문에 시작된 것이다.

한 마리의 침팬지가 1973년 11월 19일, 오클라호마의 영장류 연구소에서 출생한다. 출생하자마자 테라스 교수는 스승인 스키너 교수의 학습 이론이 옳음을 입증하기 위한 실험용 침팬지로서 침스키로 명명된다. 님 침스키로 명명된 것은 테라스 박사팀이 노엄 촘스키의 이름을 교묘히 패러디하여 침팬지에게 붙여 준 것이다.

테라스 교수는 침스키를 뉴욕의 한 중산층 가정으로 입양을 보냈다. 침스키를 입양한 스테파니 라파지 가족은 침팬지를 마치 자신이 낳은 자식처럼 기른다. 그에게 기저귀도 채웠다. 양치질을 해 주며 사람이 먹는 음식을 먹었다. 화장실도 이용하도록 훈련시켰다. 사람처럼 키워졌다. 심지어 생후 2개월부터는 수화로 사람들과 대화하는 능력까지 보여 주었다. 인간으로 키워졌던 침스키는 생물학적으로, 그리고 본성에 있어서 결코 인간이 될 수 없었다. 인간에 의해 인간처럼 길러지기는 했어도, 침스키는 인간 세계와 야생에 한 발씩을 걸친 반쪽짜리 침팬지라는 동물이었을 뿐이다. 완전히 인간이 될 수는 없었기에, 침스키는 인간 세계와 동물 세계 그 어디에도 만족하지 못한 채, 늘 불안해했다. 분열된 본성이 표출되곤 했지만, 라파지 가족은 그런 침스키를 끝까지 자식처럼 돌봤다.

야생동물인 침팬지는 아무리 인간과 더불어 지내도록 훈련받았어도 인간은 아니었다. 침스키가 사람들과 태어날 때부터 함께 인간처럼 길들여지고, 훈련받았다고 해서 타고난 동물적 공격성을 스스로 다스릴 수는 없었기 때문이다. 야생성과 공격성이 나날이 드러났다. 이제 라파지 가족들은 신변에 위험을 느끼기마저 했다. 침스키는 끝내 라파지 가족에서 떨어져 나와 살아야만 했다. 인간의 삶과는 다른 동물 보호 시설에 보내야 했다. 시설에서 살게 된 침스키는 그 후에도 프로젝트 님이라는 명목으로 새로운 연구팀에 인계되어 연구는 되어 지속된다. 연구가 지속될수록 침스키는 연구팀이 그토록 훈련시키고 학습시켰던 인간의 언어를 습득하는 대신 오히려 그의 야생성을 더 강하게 드러냈다. 그의 야생성이 더욱 공격적으로 드러나자 언어 훈련 연구는 지지부진해졌다. 연구비가 중단되자 프로젝트 님은 실험 개시 4년 만에 종료된다. 침팬지에게 침팬지의 본능을 빼앗으려 했던 수많은 노력, 언어 기능을 훈련시키고 반복적으로 학습시키면 인간이 될 것이라고 강요받았던 침팬지 님 침스키(Nim Chimpsky)는 행동주의 학습 심리학자들이 시도한 오만한 실험에 의해 동물로서 깊은 상처를 받은 채 심장마비를 일으킨다. 스물여섯 살의 나이로 세상을 등진다[참고: 엘리자베스 헤스(2012). **님 침스키(인간이 될 뻔했던 침팬지)**(역). 서울: 백년후].

5) 선진 자본주의의 가족생활과 성생활에 대해 일방적으로 길들여진 우리의 무지는 가히 파괴적이다. 그런 무지 때문에 자본주의 사회에서 전개되는 결혼의 절반은 소용돌이치는 성적 욕구 불만에 시달리고 있다고 간주하는 사람이 바로 21세기 킨제이 보고서를 썼다고 극찬받고 있는 정신과 의사인 리스토퍼 라이언, 카실다 제타 부부다. 인간의 일부일처제도가 의도와는 달리 인간의 성욕을 죽이는 지루함, 충동적 배신, 기능 부전, 혼란, 치욕 등 멈출 수 없는 물결에 의해 붕괴되고 있다고 결론짓는다.
언론의 지면을 장식했던 수많은 성적 스캔들, 말하자면 클린턴, 비터, 깅리치, 크레이그 등 미국의 정치인들이나 연예인들의 밀애가 그것을 말해 준다는 것이다. 종교인들도 예외가 아니다. 저들은 겉으론 '가족적 가치'를 강조하면서 뒤에선 정부, 매춘부, 인턴 사원 등과 은밀한 밀회를 즐기는 형편이다. 가톨릭 사제들 역시 지난 수십년 동안 수천 건의 아동 대상 성범죄자들로 드러났다. 지난 2000년 『뉴욕타임스』는 제너럴모터스(GM)라는 자동차 회사가 실제로는 허슬러 제국의 래리 플린트보다 더 많은 그래픽 섹스 필름을 팔아 수익을 올렸다고 폭로했다. 결국 "인간은 유인원에서 유래했다는 얘기는 잊어라. 우리는 유인원에서 유래하지 않았다. 우리가 바로 유인원이다."라고 규정하는 크리스토퍼 라이언, 카실다 제타 박사는 자본주의의 극과는 정반대의 원시사회에서 보고되는 문화인류학자들의 관찰과 연구들을 종합한 후, 인간의 섹스는 단지 쾌락과 생식에 관한 것만은 아니라고 결론내린다. 성인들 내부에서 성적 관계에 대한 통상적 접근은 단순한 육체적 만족감을 훨씬 뛰어넘는 중요한 사회적 기능들을 가지고 있다는 것이다. 실제로 많은 수렵채집인 사회의 남녀 구성원들뿐 아니라 프로선수들, 음악가들 그리고 그들의 가장 열성적인 여성 팬들에게, 겹치고 교차하는 성적 관계가 집단 응집력을 강화하고 불확실한 세계에서 안전의 수단을 제공하는 특수관계라고 설명한다[참고: 크리스토퍼 라이언 · 카실다 제타(2011). **왜 결혼과 섹스는 충돌할까**. 서울: 행복포럼].
저들은 자기들의 주장을 문화인류학자와 선교사의 보고를 인용하면서 전개한다. 한 예로, 지난 17세기 예수회 선교사 폴 르 전느(Paul Le Jeune)가 몽타네(Montagnais)부족에게 펼친 선교와 깨달음을 들고 있다. 선교사 폴 르 전느는 몽타네에 만연하는 부족인들의 부정(不貞)을 묵과할 수 없었다. 성적인 방종이 기독교 정신에 어긋났기 때문이었다. 일부일처제, 순결에 대한 기독교적인 설교에 힘을 실었다. 선교사는 한 여자가 남편 아닌 다른 사람들과 성생활을 하는 것은 죄악이라고 말했다. 이곳의 아들들이 도대체 누구의 아들인지 확신할 수 없는 아주 불행한 일이라고 지적했다. 프랑스와는 전혀 다른 몽타네 공동체 부족의 불결한 생존의식에 경악한 서양의 선교사들은 저들 부족의 원초적인 성적 공유 상태를 힐난하며 저들을 개종시키려고 안간힘을 썼던 것이다. 그런 설교에 대해 몽타네부족은 흥분하는 선교사를 향해 이렇게 응답했다. "당신은 참 뭘 모른다. 당신네 프랑스인은 오직 자기 자식만 사랑하지만, 우리는 우리 부족의 모든 자녀를 사랑한다."라고 대답했다.

부족의 운명과 부족의 공동체 결속이 저들에게는 무엇이어야만 하는지를 보기 좋게 한 수 가르쳐 준 것이었다. 심지어 아체족은 아버지를 네 종류로 구분하는 부족 사회의 규범에서 살아가고 있다. 인류학자 킴 힐(Kim Hill)이 채집한 네 유형의 아버지는 미아레(Miare), 페로아레(Peroare), 몸보아레(Momboare), 비쿠아레(Bykuare)이다. 미아레는 가장 먼저 성적으로 유전인자를 제공한 아버지를 말한다. 그후의 아버지들은 페로아레로서 나라는 존재를 혼합해 놓은 아버지, 나를 인간으로 넘치게 만들어 준 아버지로서의 몸보아레, 그리고 마지막으로 나의 성장과 본질을 알게 해 준 아버지로서의 비쿠아레가 있다. 아체족에서 태어나는 대부분의 아이들은 다수의 아버지를 갖게 된다. 일부일처제의 사회, 개명화된 사회에는 말도 안되는 성적 문란 사회에서 태어난 아이들은 사생아들일 뿐이다.

그것은 선진 사회의 편견일 뿐이다. 아체족이나 몽타네부족에서는 이런 아이들을 '사생아'나 '개새끼'로 따돌림하지 않는다. 그보다는 오히려 자신들에게 특별한 관심을 쏟는 한 명 이상의 남자이며 그들 아버지들로부터 여러 가지 혜택을 받는 유복한 아이들로 간주받는다. 여러 아버지를 갖는 아이일 수록 극심한 악조건 속에서도 생존할 수 있는 가능성이 더 크기 때문이다. 다수의 아버지가 이들을 부양하며 생존하게 도와주기 때문이다. 실제로 문화인류학자들의 관찰에 의하면 단 한 명의 아버지를 둔 자녀보다 다수의 아버지를 둔 아이가 생존할 가능성이 더 높았다. 저들의 증언에 의하면, "당신도 알다시피 만약 당신이 죽으면, 누군가 다른 남자가 당신 자녀들 중 최소한 한 명을 돌보는 의무를 떠안게 된다. 따라서 당신 아내가 애인을 만들 때, 다른 시각에서 보거나 심지어 축복하는 것이 당신이 들 수 있는 유일한 보험이다."

6) 영국 리즈 대학의 마틴 리차드(Martin Richards) 박사는 유전자 분석을 통한 연구에서 초기 현생인류는 해안선을 따라 이동했으며 이것은 해산물 때문이라고 주장한다. 이들은 빠른 속도로 호주에 이르렀지만 유럽에 정착하기까지 긴 시간이 걸렸을 것이다. 최초의 인류는 기상 조건의 변화로 인해 홍해의 해산물들이 줄어들자 좋은 어장을 찾아서 남하하였을 것이라고 주장했다. 그는 BBC와의 인터뷰(2005년 5월 15일)에서 "이러한 조건이 그들을 이동하도록 만들었을 것이다."라고 말했다. 최초의 인류가 아프리카에서 진화했을 때 그들은 주로 사냥한 동물의 고기를 주식으로 삼았다. 그러나 70,000년 전에 그들은 해산물로 주식을 바꾸었으며 주로 조개류의 해산물을 먹었다. 이 새로운 연구는 이들 초기 인류가 아라비아반도를 따라서 인도로 이동했으며 65,000년 전에 인도네시아와 호주에 이르렀을 것이다. 그리고 이후에 그 지류들이 중동 지역과 아시아에 30,000년에서 40,000년 전에 정착했다. 이번 연구의 자료는 말레이시아와 인도와 버마 사이에 안다만과 니코바 제도(Andaman & Nicobar)의 원주민의 DNA를 연구하는 두 팀의 연구진이 함께 연구하였다. 과학자들은 이들이 얼마나 가깝게 연관성이 있는가를 밝히기 위해 세포에서 에너지를 만들어 내는 DNA인 미토콘드리아를 연구하였다.

7) 영국 브리스톨 대학(University of Bristol) 지구과학 연구 그룹의 앤 오스번(Anne Osborne)이 이끄는

연구팀은 초기 인류의 아프리카 탈출의 경로를 북부로 간주하는 대표적인 학자다. 오스번과 그의 동료들은 초기 현생인류가 아프리카를 벗어나 온 지구상으로 이동한 새로운 경로를 추적하면서 고대 인간의 이동 경로를 추적하는 과정에서 리비아 지역을 관통하는 '습지 통로(wet corridor)'도 함께 발견했다. 한때 사하라 사막의 한복판을 흐르던 강줄기는 지중해로 연결되어 있었다. 이러한 강물과 연결된 통로를 이용하여 현생인류는 그들의 조상의 고향을 120,000년 전에 벗어날 수 있었을 것이다. 사하라 사막은 지금처럼 대부분 북아프리카 지역을 덮고 있었다.

미국의 ABC 뉴스 인터넷판 2008년 10월 14일 보도에 따르면, 영국의 브리스톨 대학(University of Bristol)과 사우스햄튼 대학(University of Southampton), 옥스퍼드 대학(University of Oxford), 헐 대학(University of Hull) 그리고 리비아의 트리폴리 대학(Tripoli University)의 연구진들이 주축이 된 이번 연구에서 그들은 초기 현생인류가 이용할 수 있었던 통로들을 추적하는 데 성공했다. 그 옛날의 지구 대륙은 지금과 많이 다르다. 한때 사하라 사막의 한복판을 흐르던 강줄기는 지중해로 연결되어 있었다. 이러한 강물과 연결된 통로를 이용하여 현생인류는 그들의 조상의 고향을 120,000년 전에 벗어날 수 있었을 것이다. 다른 추측은 인류의 다른 조상보다 더 먼 과거에서 왔을 수도 있다. 이탈리아 남부 로카몬피나 화산 꼭대기의 화산재 속에 묻혀 있던 발자국들이 대략 34만 5천 년 전 인류가 남긴 발자국으로 확인됐으며, 이는 가장 오래된 인류의 흔적이었다.

연구자들은 이전에 나일강 계곡에 주목하여 이 통로가 초기 현상인류가 다른 대륙으로 이동하던 가장 중요한 통로라고 주장해 왔다. 이전에 이루어진 연구에서 130,000년에서 170,000년 전에 사하라 사막의 남부 지역에서 강수량이 증가하는 경향을 보였으며 이것은 빙하기 사이에 존재한 간극으로 생각되었다. 당시 강수량의 증가와 기후 조건이 사하라 사막을 가로질러 북상했는지 여부를 연구했다. 우주 공간의 인공위성이 촬영한 레이더 이미지를 통해 현재 리비아 지역의 사하라 사막을 가로질러 사하라 중앙 지역에서 지중해로 흘러들어가는 화석화된 수로를 발견할 수 있었다. 또한 지질화학적인 조사를 통해 과학자들은 수로에 간빙기 동안 물이 흐르고 있었다는 사실을 발견했다.

이러한 수로의 존재로 강 주변이 농지로 사용될 수 있었으며 매우 중요한 수자원을 공급했다. 중앙 사하라 유역은 사하라 남부의 습지 지역의 북방 한계선으로 생각되어 온 화산 주변의 지역이다. 연구자들은 화석화된 강 유역의 두 곳에서 채취한 달팽이 껍질과 지중해 지역의 플랑크톤 미세화석 껍질의 동위원소를 분석했다. 비록 사하라의 사라진 강 유역의 화산암 지역에서 수백 킬로미터 떨어진 지점이지만 이번 테스트를 통해서 이 껍질에서 명백한 화산의 요소가 발견되었으며 이러한 화산과 연관된 요소는 그 주변의 암석과는 상당히 다르다는 것이 연구자들의 주장이다. 과학자들은 사하라 사막의 중부에 위치한 화산에서 흘러나온 물의 흐름에서만 이러한 요소가 발견된다고 결론내렸다. 차드와 수단에서 만들어진 석기 도구의 스타일과 이 기간 동안 리비아에서 만들어진 석기 도구 사이의 유사성은 이러한 연구자들의 주장을 뒷받침해 주고 있다. 이번 논문의 공동저자인 옥스퍼드 대학의 닉 바튼(Nick Barton) 박사는 "우리는 원시호수 지역 주변의 거대한 수로 지역을 중심으로 고고학적인 연구를 수행하여 현생인류의 이동과정에 대한 이론을 입증해 볼 예정"이라고 말했다.

비록 어떤 통로를 이용하여 북상했는가에 대한 사실을 알 수 없지만 호모 사피엔스는 동부 지중해 지역인 레반트(Levant)에 약 100,000년 전에 이르게 되었고 이들의 유적은 이스라엘의 에스 스컬(Es Skhul)과 콰프제(Qafzeh)에서 발견되었다. 하지만 현생인류가 아프리카를 벗어나 침략하는 데 너무 이른 시기였다. 75,000년 전까지 이 지역은 네안데르탈인이 현생인류를 대체하여 살고 있었다. 그리고 45,000년 전에 현생인류는 이 지역을 다시 되찾을 수 있었다. 유전적인 증거를 통해서 오늘날 아프리카 외부 지역에 살고 있는 인류는 모두 아프리카 동부 지역에서 60,000~70,000년 전에 기원한 이주민의 후손이라는 것이 밝혀졌다. 당시 이주하던 현생인류들은 홍해의 바벨만답 해협(Bab-el-Mandab)을 건너 바로 아프리카 북동부에서 아라비아 반도로 이동했다.

8) 값비싼 운동화가 등장한 이후 달리기로 인한 부상이 오히려 급증한 이유는 무엇인가. 인체공학적으로 만들었다는 신발들은 무엇이 문제인가와 같은 질문에 답하는 일에 골몰했었던 끝에 그는 아예 인간의 달리기 조건을 초기 인류들의 달리기 기능에서 찾아냈다[참고: 크리스토퍼 맥두걸(2010). 본 투 런(Born to run)-신비의 원시부족이 가르쳐준 행복의 비밀(역). 서울: 페이퍼로드].

9) 인간이 우주에 존재하게된 이유를 포괄적으로 설명하기 위한 여러 노력들이 있어 왔다. 그중 가장 대표적인 관점이 '평범성의 원리(mediocrity principle)'다. 평범성의 원리에 반대하는 이론으로 인본 원리(anthropic principle)를 들 수도 있다. 하지만 아직까지 학계에서는 평범성의 원리를 우주 생성과 인간이라는 생명의 존재 이유에 대한 합리적인 설명 원리로 받아들이는 실정이다. 우리 인간이 살고 있는 이 우주 그 자체는 어느 누구 한 사람이 점검할 수 있거나 정리할 수 있을 정도로 가볍거나 한정적이 아니다. 우주는 계산과 예측을 넘어서서 늘 무한정하다. 태양계의 수 역시 계측을 넘어서고 있다. 그런 조건 속에서 인간이라는 존재도 수많은 티끌 가운데 하나 이상의 유별나고 결정적인 위치를 차지하고 있는 존재가 될 수 없다는 것이다[참고: 존 L. 캐스티(2005). 현대 과학의 6가지 쟁점(역). 서울: 지식의 풍경].

평범성의 원리를 일명 코페르니쿠스적 우주론 원리(copernican principle)라고도 부른다. 1543년경이었다. 코페르니쿠스는 지구가 우주의 중심에 있지도 않을 뿐만 아니라, 그렇게 있지 않아도 된다는 제안을 하였다. 우리가 살고 있는 이 지구가 우주에서 차지하고 있는 위치에 그 어떤 특수성이나 개별성을 부여할 수 없다는 것을 전제로 하는 이 논리에 따르면, 지구라는 것은 우주의 어떤 방향에서 보더라도 크게 다를 것이 없다. 반대로 우주 역시 지구에서 어느 방향으로 보더라도 그 모습은 같을 수밖에 없다. 인간의 조상이 다른 종에 비해 그렇게 유별날 것이 없다. 인류의 조상은 10만 년 전만 하더라도 모두가 똑같은 조상이었을 것이다. 더 거슬러 600만 년 전으로 올라가면 인간의 조상이나 침팬지의 조상도 동일했을 것이다.

이것을 증거하는 화석을 연구하는 지질학자나 생물학자들의 생각을 정리하면 인간은 생물권에서 유일하지도, 그 이상도 아니라는 결론에 도달한다. 인간을 구성하는 DNA는 침팬지의 DNA와 98%나 유사하다. 그것만 보아도, 인간과 침팬지는 출생의 기원이 엇비슷하며, 침팬지가 오히려 인간보다 더 많은 유전자적인 변화를 겪었음을 알 수 있다는 것이 그들의 주장이다. 평범성의 원리에 따르면, 인간이라는 존재도 이 지구처럼 생물학적, 천문학적, 지질학적, 물리학적, 화학적 환경 그 어느 면에서도 특별하지 않다. 생명 원리에 있어서도 특별한 것이나 유일한 것이 없다. 자연의 법칙, 지구의 법칙, 우주의 법칙은 어디에서나 동일하다.

지구상에서 한 획을 긋고 있는 인간이라는 존재는 공간적으로 평범할 뿐만 아니라, 시간적으로도 마찬가지다. 시간을 거슬러 올라갈 수 없는 평범한 존재일 뿐이다. 문화가 다르고, 관습이 다르다 하더라도 인간은 인간의 양태를 그대로 유지하고 있다. 인간으로 태어나면, 시간적으로는 인간이라는 생명체에게 허용된 생명 기간만큼 살아줄 뿐이라는 것이다. 인간에게 있어서 생명은 결코 무한정 보장되는 것이 아니다. 평균수명보다 조금 더 살 수 있는 어떤 사람들이 있을 뿐이다. 그래서 인간으로 태어나자마자 죽어 버린 사람의 나이와, 수명을 다한 사람들 간에 빚어질 수 있는 생명의 오차는 결코 100살 그 이상을 넘지 못한다. 보통 사람의 경우, 어느 사람이 얼마나 더 오래 살 수 있는지에 대한 계산상의 오차는 적다. 정상적으로 태어나서 정상적으로 살아가다가 죽는 경우의 오차는 20년 안팎일 뿐이다. 인간이라는 존재가 생명을 유지하기 위해 생물학적으로는 온전하게 태어나지만, 결코 완전할 수는 없다. 완전해야 한다는 것은 바람이나 희망의 문제이지 생물학적이거나 물리적인 문제가 아니다.

평범성의 원리에 따르면, 모든 생물은 생존 그 자체를 위해서라도 생물 자체가 하나의 종으로 온전하게 만들어져야 한다. 생물로서의 온전성을 유지하지 못하면 그 어떤 생물도 도태되기 때문이다. 이 점은 생물학적으로 거부할 수 없으며, 온전하지 못한 생물체가 생존에 유리하다는 것을 입증하는 그 어떤 사례도 발견되고 있지 않은 형편이다. 케스티 교수는 생명이란 무엇이며, 인간의 본성은 무엇인지에 과학적인 해명을 시도하는 학자다. 그는 생물학자들이 1966년 새로운 형태의 생명체를 이 지구상에서 발견했다는 사실에 큰 호기심을 가졌다. 그는 생명체의 온전함에 경탄할 수밖에 없었다. 왜냐하면 그 이상한 유기체는 열수공에서 고열의 물이 뿜어져 나오는 해저 지역에서 발견되었으며, 이 흥미로운 생명체는 해수면보다 압력이 200배나 높고 온도가 끓는점에 가까운 지역에서 번성했었다. 또한 동시에 이 괴상한 생물이 살아가는 데 필요한 것은 체내에서 메탄을 만드는 데 필요한 질소, 이산화탄소, 수소뿐이었기 때문이다.

학계에서는 생명에 대해 수많은 논쟁이 있어왔지만, 이제는 RNA가 유전자와 효소, 두 가지 역할을 하며 지구를 지배했다는 RNA 세계 시나리오가 지배적인 관점으로 등장하기 시작했다. RNA 세계 시나리오에 따르면, 정보를 운반하는 긴 중합체, 즉 핵산 사슬이 원시 수프에서 나타나서 자가 복제를 하고 돌연변이를 일으키면서 진화한다. 그러나 이 시나리오도 취약하기는 마찬가지다. 원시 바다에서 일어나는 가수 분해 반응 때문에 핵산 사슬이 짧아져서 유전 체계에 필요한 만큼의 긴 사슬을 형성하지 못하기 때문이다. 이런 문제를 극복하기 위해 등장한 이론이 '점토 이론'이다. 이것은 생명의 핵산 사슬이 원시 수프 안에서 요리되었다기보다 원시 크레이프처럼 구워졌다는 설명이다. 크레이프는 뜨거운 석판 위에 묽은 반죽을 부어 물기를 빼고 굳혀서 만든다. 핵산 사슬이 탈수과정을 거쳐 농축됨으로써, 긴 핵산 사슬의 유기적 합성이 얼마든지 가능하다는 논리다.

이런 점토 이론의 오류 가능성을 높여 준 발견이 바로 1996년에 발견된 새로운 형태의 생명체였다. 해수면보다 압력이 200배나 높고 온도가 끓는점에 가까운 저 깊은 바다 속에서 번성한 생명체라는, 소위 고세균이다. 일반적으로 생물학계에서는 생물을 두 가지 형태로 나눴다. 세포 안에 핵이 없는 박테리아와 같은 원핵생물과 세포 안에 핵이 있는 진핵생물, 단 두 가지 생물 형태만 있다고 합의해 오고 있었다. 그러나 1966년에 발견한 새로운 생물체, 원핵생물과 진핵생물을 넘어서는 제3의 형태인 고세균은 그들의 생각을 고치게 만들었다. 고세균의 유전자 염기 서열을 보면, 일부 유전자는 박테리아 유전자와 비슷하고, 세포의 정보처리를 관장하는 진핵 생물의 유전자와도 비슷했다.

유전자는 단독으로 단백질 생산 지령을 내릴 수 있지만, 그 유전자들이 뉴런 외부에서 다양한 대사 작용을 일으키는 유전자 외적 요인의 지배를 받는다. 기질과 환경은 연속적 계열에서 작용하기 때문이다. 매우 단순한 동물의 행동을 살펴보면 그것은 환경과의 상호작용의 결과라기보다는 유전적으로 프로그램된 것에 가깝다. 하지만 더 정교한 뇌를 가진 동물을 살펴보면 유전자의 맹목적 지령에 따라 행동하는 것보다는 학습이 더 강조됨을 알 수 있다. 인간처럼 훨씬 더 정교한 창조물을 살펴보면 기질에서 환경으로 이동하는 정도가 훨씬 더 커진다는 점을 부인할 수 없다[참고: 수전 그린필드(2004). **브레인 스토리**(역). 서울: 지호]. 인간의 특별한 기질적 속성이 드러나는 대목이기도 하다.

10) 참고: 박상철(2009). **생명의 미학**. 서울: 생각의 나무.

11) 인간이 영원히 살기 위해서는 세포분열에 관계된 말단 소립 유전자를 제거하면 된다는 주장을 하지만 어림없는 짓이다. 그렇게 되면 암세포뿐만 아니라, 인체의 다른 세포들까지도 재생이 불가능해지기 때문이다[참고: 조너던 와이너(2011). **과학, 죽음을 죽이다**(역). 서울: 21세기북스].

12) 참고: 오쇼 라즈니쉬(2008). **도마복음 강의**(역). 서울: 청아출판사.

13) 참고: 김용준(2005). **과학과 종교 사이에서**. 서울: 돌베개.

14) 게리 클라인(Gary Klein) 교수는 직관으로 생산성을 올린 사례를 포드 자동차와 보잉사의 사례에서 찾고 있다. 헨리 포드는 노동자들도 자동차를 살 수 있도록 하기 위해 싼값으로 자동차를 대량생산하도록 했다. 1907년 당시, 포드사는 미국 내에서는 30개 자동차 기업 중 하나에 불과했던 작은 회사였다. 포드는 대량생산이 자동차 생산 비용을 극적으로 절감시킬 것이라고 생각했다. 바로 그 대량생산에 대한 직관이 레버리지 포인트였었고, 그것이 포드사를 굴지의 자동차회사로 키워냈다.

항공 시장도 마찬가지였다. 다른 항공 관련 회사들과는 달리, 보잉사의 기술자들은 상업용 제트여객기가 프로펠러 비행기보다 여객 수송, 경비, 비행 시간에 있어서 월등히 나을 것이라는 생각을 하기 시작했다. 우연한 기회에 누군가가 제안한 생각이었다. 당시 비행사 기술자들은 제트엔진 비행기를 설계한 적이 없어서 프로펠라 수송기의 첨단화만을 염두에 두었었다. 시장에서조차 제트엔진에 대해 냉담하기는 마찬가지였다. 제트엔진의 항공기는 프로펠라 항공기에 비해 위험할 것이라는 의심이 가시지 않았다. 그런 의구심을 물리치고, 보잉사 경영진과 기술진들은 제트기 엔진 수송이 가져올 항공 시장의 변화에 대한 상업적 호기심을 현실화하기로 결정했다. 제트엔진에 대한 직관이 보잉사를 도약하게 만든 계기가 되었다. 보잉사와 경쟁상대였던 더글라스사(현재의 맥도넬 더글라스(McDonnell Douglas))에서는 제트 여객기에 대한 관심도, 호기심도 없었다. 보잉사 707 제트엔진 비행기를 항공 시장에 선보이자, 더글라스사는 항공 시장의 새로운 변화를 감당할 수가 없었다[참고: 게리 클라인(2012). **인튜이션**(역). 서울: 한국경제신문사].

15) 참고: 진교훈(2008). **인격**. 서울: 서울대학교 출판부.

16) 참고: 폴 에얼릭(2008). **인간의 본성(들)**(역). 서울: 이마고.

17) 참고: 조지 오웰(2007). **동물농장**(역). 서울: 삼성출판사.

18) 참고: 펠리페 페르난데스 아르메스토(2006). **우리가 정말 인간일까?**(역). 서울: 아카넷.

19) 기생충은 인간의 몸에 기생하는 '벌레'만을 지칭하는 것이 아니다. 다른 생물체와 긴밀한 관계를 맺으면서 그 생물체의 에너지를 빼앗아 오거나 이용하는 생물체들을 모두 아울러 '기생충'이라고 부른다. 지구상의 모든 생물은 적어도 한 종류 이상의 기생충을 가지고 있다. 기생충에게 기생하는 또 다른 기생충이 존재하기 때문에 기생충은 지구에 존재하는 생명체의 절반 이상 차지하는 '가장 보편적인 생물'인 셈이다.
그 기생충이 바로 인류의 시작이었다. "태초에 무기물이 곤죽이 되어 부글거리던 원시 바다가 있었다. 여기서 최초의 자가 복제 물질이 탄생했다. RNA 혹은 DNA라 불리는 이 물질의 발생은 생명의 탄생을 알리는 첫 신호였다. 주어진 환경에서 모두가 억척스레 살아가던 도중, 발상의 전환을 일으킨 생명체가 나타났다. 바로 기생충이었다. 이들은 환경을 개척하거나 제한된 자원을 두고 경쟁하기보다는 아예 다른 경쟁자들의 몸 안에 들어가 그들이 획득하는 물질을 고스란히 가로채기로 했다. 기생은 혁명이었다. 이제 지구상에 기생충 하나쯤 없는 생물은 없다. 세상을 뒤덮은 기생충은 진화를 주도했고, 성(性)을 탄생시켰으며, 사회를 형성했고, 행동을 변화시켰으며, 궁극적으로 지금의 우리를 있게 해 주었다." [참고: 정준호(2011). **기생충, 우리들의 오래된 동반자**. 서울: 후마니타스.]
정준호 교수의 말대로 인류의 역사는 기생충과 공생의 역사였을 뿐이다. 기생충으로부터 안전해지기 위해 인간은 몸부림쳤고, 반대로 기생충은 자신의 생을 보장해 줄 수 있는 가장 안전한 숙주를 찾아서 온갖 변이를 만들어 내며 마침내 인간을 최적의 숙주로 찾아냈다. 인간의 수명이 오래갈수록 기생충도 오래살 수 있기 때문에, 인간과 기생충은 서로 죽이고 살아나는 처절한, 어쩌면 슬기로운 공존의 생존 게임을 벌여 왔다. 기생충이 취하는 생명 유지의 전략은 인간이 내세우는 도덕과는 무관하다. 기생충은 지극히 생명적인 생애를 산다. 기생충이 최적의 생명방법으로 기생을 선택한 것은 더부살이야말로 종(種)의 존속을 위한 최적의 방법이었기 때문이다.

20) 참고: 피터 싱어(1990). **동물해방**(역). 서울: 인간사랑.

21) 참고: 브루스 매즐리쉬(2001). **네 번째 불연속**(역). 서울: 사이언스 북스.

22) 기계와의 서로진화를 거부한 네 번째 불연속의 시작은 이미 메리 셸리가 쓴 『프랑켄슈타인』에서 드러났다는 것이 그의 주장이기도 하다. 매즐리쉬(Bruce Mazlish)는 인간은 『프랑켄슈타인』에서 읽은 것처럼, 자신의 피조물인 자신의 공포스러운 '쌍둥이'를 거부하기 때문에 결국 인간이나 기계나 모두 파멸하는 것으로 끝을 맺을 수밖에 없었다고 주장한다. 인간 스스로에게 "너 자신의 모습을 닮은 것을 창조하지 마라."를 아무리 이야기해도 그것은 불가능한 소리라고 주장한다.

인간은 일반 동물과는 다르게 인간에게 유리하게 인위적 환경을 만들어내는 데 일가견이 있다. 그런 인위적 환경에서 가장 표본적으로 인위적인 것이 바로 인간의 노동력을 보존해 줄 수 있는 기계의 발명이다. 이런 노력은 오래전부터 신과 동물의 중간 존재로 인식되어 왔던 인간이 그의 지위를 거부하면서 무엇인가 다른 위치를 점유하기 위한 의도적인 표시이며 시위에 속한다. 극적으로 인간은 신이 그의 목적을 위해 만들어 낸 피조물임을 한마디로 거부하고, 무엇인가 새롭게 만들어 내는 창조자의 지위로 올라설 수 있음을 보여 주는 활동이다. 그런 일이 완성되려면 인간을 구속해 왔던 신의 존재가 철저히 부정되어야 했다. 그 작업은 뉴턴과 다윈에 의해 수행되었지만 모두가 미완성이었다.

그들의 연구에 의해서도, 인간은 언제나 인간의 모습을 지니고 있었을 뿐이었기 때문이다. 그러다가 인간은 자손의 번식 또한 인위적으로 조절했으며, 먼 장래에 새로운 존재가 될지도 모르는 기계를 창조하기 시작했다. 그런 기계를 창조하고, 그런 기계를 몸속으로 삽입하기 시작했다. 생물학적 인간의 모습에서 기계적인 인간, 인간적인 기계 같은 생명체를 만들어 냄으로써 인간은 더 이상 신의 피조물에 만족하지 않고 신적인 지위에 조금 더 근접하게 된 것이다. 기계와의 서로진화를 주장하는 매즐리쉬의 입장은 놀랍게도 또 하나의 확장된 입장을 생성하고 있다. 인간과 기계의 불연속을 제거할 수 있다는 논리는, 인간을 지배해 왔던 신이라는 존재조차도 이 세계의 다른 존재와 결코 완전한 불연속의 관계에 놓여 있을 수 없다는 것을 암시하기 충분하다.

매즐리쉬는 그런 입장을 "인간은 신과 같이 기계의 창조자가 되었지만 기계의 통제자는 아닐지도 모른다."는 표현에서 적절하게 암시하고 있다. 매즐리쉬는 놀랍게도 인간이라는 존재를 신이 만든 기계로 보고 있음을 읽을 수 있다. 그런 상황 속에서 그는 인간이 만들어 낸 피조물로서의 기계와 맺고 있는 관계는 결국 신과 신의 피조물인 인간과 맺고 있는 관계와 어차피 유사한 것임을 암시하고 있다. 이런 두 관계의 연속, 불연속의 관계를 연장해 가면, 결국 인간과 기계 간의 네 번째 불연속성이 이미 깨어졌듯이 인간 스스로 상정해 온 마지막 다섯 번째 불연속성인 신과 인간 간의 불연속성조차 가차 없이 깨지게 될 수밖에 없다. 매즐리쉬는 인간과 기계 간의 네 번째 불연속을 사정없이 깨어놓음으로서 인류 문화의 개시 이래 탈도 많고 긴장도 많았던 신과 인간 간의 관계를 구획해 왔던 불연속 현상, 메들리시의 용어처럼 기술하자면, 다섯 번째 불연속성을 해체하고 새로운 관계인 연속성의 관계로 나아가는 길을 열어 놓았다[참고: 브루스 매즐리쉬 (2001). **네 번째 불연속**(역). 서울: 사이언스북스].

23) 슬라보예 지젝이 그의 새로운 책 『멈춰라, 생각하라』를 한국의 독자들에게 전하면서 기자들에게 건넨 말이다. 그는 한국인도, 중국인도 지구의 종말을 상상하긴 쉽지만 여전히 자본주의의 종말은 상상하기 어렵기 때문에, 지금과 같은 자본주의를 심각하게 생각하지 않는다고 비판한다. 그는 점점 더 자본주의에 휩쓸려 가버리는 중국의 변종된 공산주의식 자본주의에 대해 통렬하게 비판한다. "우리는 수천 명의 연구자가 새로운 아이디어를 시험하고 있는 실리콘밸리의 탈근대적인 '창의적' 중심부의 이면을 잊어서는 안 된다. 중국의 군대식 기숙사는 스트레스가 심한 노동 조건(장시간의 노동, 저임금, 높은 심리적 압박) 때문에 직원들의 연이은 자살로 몸살을 앓고 있다. 열한 번째 투신자살 노동자가 나오자, 폭스콘은 노동자들에게 자살하지 않고, 우울해 보이는 동료직원을 신고하고, 정신 건강이 악화될 경우 정

신병원에 가겠다는 등의 서약서에 서명을 강요하는 등 일련의 조치를 취했다. (폭스콘의 모기업인) 홍하이 그룹의 회장 궈타이밍이 연말 종무식에서 자사 직원을 짐승이라고 부르며 "짐승 백만 마리를 관리하려니 머리가 아프다."라고 불평했다는 소식은 놀랍지도 않다."[참고: 슬라예보 지젝(2012). **멈춰라, 생각하라**(역). 서울: 와이즈베리.]

24) 정치 일선에서 일인자를 마다한 정치인 김종필 전 국무총리가 한강변 어느 선착장 카페에서 그의 정치 생애 마지막으로 면담한 여기자에게 건넨 노회한 정치인다운 당부였고, 동시에 아쉬움의 토로였다. 그녀와의 짧은 면담 말미에 김종필은 "쓸쓸하다."고 말했다. "같이 뒹굴던 사람들이 다 떠나고 혼자 남으니 참 외롭고 쓸쓸하다."라고 말하는 그의 눈에는 깊은 아쉬움이 배어 있었다고 여기자가 전했다[참고: http://news.chosun.com. 2011년 2월 15일자].

25) "성직자들은 굉장한 사기꾼들이다. 그들은 결코 누구도 본 적이 없는, 결코 누구도 볼 수 없는 것을 팔아 왔다." 오쇼 라즈니쉬(Osho Rajneesh)가 던진 말이다. 그의 본명은 라즈니쉬 찬드라 모한 자인으로 인도의 신비가다. 그는 인도인에게 구루로 불리웠다. 기독교계뿐만 아니라 불교계에서도 심한 비판을 받았던 오쇼는 그의 묘비를 이렇게 장식하고 있다. "태어나지 않았고 죽지 않았다. 다만 지구라는 행성을 다녀갔을 뿐이다."
오쇼는 철학 교수로서 인도를 돌아다니며 대중을 상대로 깨달음에 대해 이야기했다. 그는 사회주의와 마하트마 간디 및 기성 종교에 반대하기도 했다. 성에 대한 억압보다는 성의 해방을 논하면서 보수주의자들로부터 심한 공격을 받기도 했다. 1970년 오쇼는 제자들을 가르치며, 저들의 정신적 지도자로서의 삶을 시작했다. 그 뒤로 세계의 종교적 경전이나 신비가 및 철학자들의 글을 재해석했으며, 명상센터를 세워 상처받은 사람들을 위로하고 있다. 그는 말한다. "참된 지식은 결코 기억되는 것이 아니기 때문에 잊혀지는 법이 없다. 기억된 것은 곧 잊혀지고 말 것이다. 그러나 기억되지 않는 것은 잊혀질 수 없다. 왜냐하면 그것을 잊을 수 있는 방법이 없기 때문이다. 인생에는 물음표가 존재하지 않는다. 깊이 파고 들어가 보면 그대는 인생에서 물음표가 아니라 감탄사를 발견하게 될 것이다. 삶은 하나의 경이이며 신비다. 그 경이와 신비는 그대가 시인의 눈으로 인생을 바라볼 때만 일어난다. 그대가 가진 문제의 99퍼센트는 삶을 심각하게 대하기 때문에 생긴 것이다. 심각함이 모든 문제의 뿌리다. 밝고 유쾌하게 살아라. 밝고 유쾌하게 산다고 해서 놓치는 것은 없을 것이다. 스승의 진정한 역할은 제자의 머리를 베는 것이다. 스승은 검이기 때문이다."[참고: 오쇼 라즈니쉬(2003). **오쇼 라즈니쉬 자서전**(역). 서울: 태일출판사.]

26) 우리가 매일같이 접하는 하찮은 것들 속에 얼마나 많은 삶의 비밀이 있는지 말하고 싶은 시인(詩人) 이정록은 의자를 이렇게 예찬한다. "병원에 갈 채비를 하며 어머니께서 한 소식 던지신다. 허리가 아프니까 세상이 다 의자로 보여야. 꽃도 열매도, 그게 다 의자에 앉아 있는 것이여. 주말엔 아버지 산소 좀 다녀와라. 그래도 큰애 네가 아버지한테는 좋은 의자 아녔냐. 이따가 침 맞고 와서는 참외밭에 지푸라기도 깔고 호박에 똬리도 받쳐야겠다. 그것들도 식군데 의자를 내줘야지 싸우지 말고 살아라. 결혼하고 애 낳고 사는 게 별거냐 그늘 좋고 풍경 좋은 데다가 의자 몇 개 내놓는 거여."[참고: 이정록(2006). 의

자. 서울: 문학과 지성사.]

27) 물리학자는 복제인간 제조에 성공한다. 그러나 성공의 흥분이 가라앉기도 전에 물리학자 프랑켄슈타인은 자신이 만든 피조물의 괴기스러운 형상에 경악해 도피해 버린다. 버려진 괴물은 무방비 상태로 세상에 나타난다. 흉물스러운 모습 때문에 복제인간은 인간들의 혐오와 분노, 폭력에 맞닥뜨린다. 근근이 생명을 이어가던 괴물은 어느 허름한 집의 축사에 숨어 살며 단란한 가족의 모습을 관찰하고, 또 언어를 익혀 사유도 할 수 있다. 이제 독서능력까지 습득하여 인간처럼 살아가고 싶어한다. 지독한 외로움에서 벗어나 사람들과 어울려 사는 삶을 열망했던 괴물, 프랑켄슈타인은 가족에게 다가가지만 저들로부터 돌아오는 것은 엄청난 혐오감 뿐이었다. 인간 사회에서 추방만이 답이었다. 그 고독감을 이기기 위해 그는 살인과 같은 엄청난 일을 저지르고 만다[참고: 메리 셸리(2000). **프랑켄슈타인**(역). 서울: 문학동네].

28) 인간은 일반 동물과는 분명히 달리 인간에게 유리한 인위적 환경을 만들어 내려고 한다. 그것을 위해 실험도 하고 인간의 노동력을 보존해 줄 수 있는 기계를 발명하기도 했다. 최근 들어서도 생화학자나 의생물학자들은 끊임없이 인공 생명체 합성을 위한 실험을 하고 있다. 어떤 것은 실패로 끝나기도 하지만, 어떤 것은 성공의 기쁨을 주기도 한다. 한 예로, 크레이그 벤터 연구진은 2008년 1월 25일자 『Science』 인터넷 판에 "인공 생명체 합성을 향해 한 단계 더 나아갔다."는 내용의 논문을 발표했다. '미코플라스마 게니탈리움(Mycoplasma Genitalium)'이라는 세균의 유전체를 화학적으로 합성하여 조립하는 데 성공했다는 보고였다. 크레이그 벤터 연구진이 실험 합성에 성공한 미코플라스마 게니탈리움은 사람의 생식기와 호흡기에 사는 기생 세균 중에서도 가장 작은 유전체를 지닌 세균이다.

30억의 염기 개수에 2만 2000개의 유전자로 이루어진 인간 유전체에 비해, 유전체의 염기 개수가 약 58만 개이며 유전자는 약 480개를 갖고 있는 아주 작은 세균이 미코플라스마 게니탈리움이다. 세균이 매우 작기는 하지만, 결코 합성하기가 쉬운 것은 아니다. 수십만 개의 염기로 이루어진 DNA 가닥을 합성한다는 것이 쉽지 않기에 17명의 연구진은 마치 부품을 만들어 조립하는 방식으로 미코플라스마 게니탈리움을 합성하는 쪽을 택했다. 연구진은 결국 염기 5,000~7,000개 단위로 유전체를 끊어서 각각 합성한 뒤 조립하는 데 성공했다. 크레이크 벤터 연구진의 실험은 그동안의 사회적 통념을 완전히 뒤집어 놓았다. 유전체와 생명체가 너무 복잡해서 연구하기가 쉽지 않다는 통념을 정반대의 방식으로 접근한 연구였다.

말하자면 복잡한 것일수록 차분히, 그리고 낱낱이 해체한 뒤 다시 조립한 것이 이 연구의 성공요인이었다. 연구 결과를 보면, 유전체는 장난감 블록 조립하듯이 인간의 실험과 조작에 의해 만들 수 있다. 이런 연구 결과는 생체분자를 다루는 의생물학적(醫生物學) 지식과 기술이 크게 발전했다는 의미를 지니지만, 윤리적으로는 생명체가 지닌 신비감이 점점 훼손되고 있다는 의미도 함께 갖는다. 동시에 생명체에 대한 신의 역할의 신비함에 대한 베일도 벗겨질 수 있는 기회가 된다는 것도 의미한다.

29) 미태 군사작전에 투입된 빅 도그는 작전 수행 중 어떤 상황도 잘 버텨냈다. 실험에서는 눈 쌓인 내리막길에서도 빙판에서도 잘 걸었다. 사람이 발로 걷어 차도 그는 땅으로 넘어지지 않았다. 모래밭에서도

무한정 걸을 수 있었던 그 기계로봇은 60kg 이상의 짐을 지고 시속 5km의 속도로 걸어 나가기도 했다. 빅도그는 최고 35도 경사까지 올라갈 수 있었기에, 군사작전에서는 제격이었다. 어떤 면에서는 살아 있는 병사보다 더 군사작전에 알맞은 기계 병사였었다.

30) 인간 정신의 분석사에서 여성성의 문제는 늘 논쟁 유발의 주제였다. 이런 논쟁의 주 제공자는 프로이트였다. 프로이트에 따르면, 남근 거세 콤플렉스가 남녀 아이들 모두에게서 관찰된다. 남녀 어린이 모두가 거세 공포를 겪기에, 젠더는 생식기적 결정론에 기반한다는 프로이트 주장에 양성론자들이 거세게 비판했기 때문이다. 프로이트의 주장과는 달리, 젠더는 사회적 구성물이라는 반론이 양성평등론자들의 주장이었다. 젠더는 인간에게 본래적인 것이 아니고, 사회적으로 만들어진 허구 같은 것이라는 것이 저들의 주된 주장이었다.

여성은 남근이 거세된 존재라는 프로이트의 주장 역시 저들의 주된 공격 목표였다. 프로이트식의 논리에 따르면, 여성은 남근이 결핍된 존재이기에 동시에 여성은 그 결핍을 염원하고 남근에 대한 끝없는 선망이 생긴다. 남근 선망 때문에 결핍 여성성으로 귀착되기에 여성에게는 남근 거세 콤플렉스가 생길 수밖에 없다는 프로이트식의 논리는 여성 비하를 정당화시키는 잘못된 논리라는 비판이 거세게 일어난 적이 있었다[참고: 데이비드 메이시(2002). **라캉 이론의 신화와 진실**(역). 서울: 민음사]. 결핍여성성의 논쟁은 이로부터 여성해방의 전위적인 이론으로써 각광받기 시작했다. 프로이트를 비판하는 양성평등론자들은 결핍 여성성을 거짓 여성성의 논리라고 강하게 비판하기 시작했다.

거짓 여성성에 저들의 논리와 남근 선망에 대한 프로이트식의 논리를 이해하기 위해서는 여성됨에 대한 이해가 필요하다. 우선 여성됨의 본질을 이해하려면 거짓 여성상과 결핍 여성성부터 서로 갈라 이해해야 한다. 두 개념은 질적으로 다르기 때문이다. 거짓 여성성은 결핍 여성성과도 실제로는 무관한 형편이다. 그런 주장을 하는 사람이 바로 자크 라캉의 제자이자 사위인 자크-알랭 밀레(Jaques-Alain Miller)다. 그는 남근의 거세와 거짓 여성성과는 무관하다고 한마디로 주장한다. 남근 거세를 여성성과 관련하여 논의하는 것은 오히려 거짓 여성성을 정당화하려는 의도일 뿐이라고 말한다. 이유는 간단하다. 결핍 여성성의 반대는 소유 여성성인데, 소유의 여성성에서 핵심은 출산과 양육이라는 개념이다. 여성의 중심은 여성에게 부여된 생물학적 기능에 있다. 여성 기능의 회복이 소유의 여성성이다. 소유의 여성성은 여성과 어머니 간의 차이를 가르지 않는다. 여성의 기능이나 어머니의 기능은 본래 같기 때문이다.

결핍 여성성은 여성과 어머니의 궁극적 대립 상태를 말한다. 결핍 여성성은 거짓 여성성과는 본질적으로 다르다. 거짓 여성성은 여성과 어머니 간의 대립이 없다. 여성은 존재하지만 어머니는 존재하지 않는다는 논리다. 거짓 여성성에는 여성성이 내포되어 있다. 거짓 여성성은 여성성의 완성을 의미하는 것이 아니다. 거짓 여성성은 거세에 따른 결핍과는 무관하다.

결핍 여성성은 남근 소유에 대한 욕망이 아니다. 결핍 여성성은 결핍 그 자체에 이미 출산과 양육의 소유를 내포한다. 결핍에 대한 보상은 욕망이다. 여성은 욕망한다. 애초 가지고 있지 않던 것에 대한 욕망이다. 존재하지 않는 것에 대한 욕망이다. 타인에 대한 욕망이다. 없는 것에 대한 욕망이다. 그 욕망은 끝내 허위다. 거짓이다. 거짓 욕망은 언제나 타인 지향적이다. 자신이 배제된 타인은 언제나 허구이다. 결핍 여성성에 있어서 욕망은 결코 완성될 수 없다[참고: 박시성(2007). **정신분석의 은밀한 시선**. 서울: 효형출판]. 여성은 근본적으로 결핍의 존재이기 때문이다. 여성의 욕망을 구성하는 언어 역시 불완전하다. 불완전함에 대한 보완이 출산이나 양육이다.

31) 참고: 랍비 조셉 텔루슈킨(2012). **죽기 전에 한 번은 유대인을 만나라**(역). 서울: 북스넛.

32) 다석 류영모 선생은 사람이 산다는 것을 자유와 겸손의 관점에서 이렇게 풀어낸 바 있다. 그는 말한다. "자기를 부려서 쓸 수 있는 게 자유인데, 자유라는 말이 어디서 나왔는지 나는 모릅니다. 동양에서 나온 말이니까 동양의 말일 텐데, 한문에 자유라고 어디 쓴 데가 없습니다. 그렇다면 자유의 근원은, 이 사람이 알기는 유기(由己)입니다. 말미암을 유(由)자에 몸기(己)자로 자기 몸으로 말미암아서 모든 것을 한다는 말입니다." 자기 몸으로 모든 것을 하는 사람이 바로 자유인이기는 해도 그가 자유인이 되기 위해서는 겸손한 사람이어야 한다는 것이다. 겸손은 제 분수를 아는 것인데, 제 분수를 아는 사람은 자기가 바로 있다가는 없어지는 멸망의 생명, 흙의 존재임을 잊지 않는 것이다. 겸손(Humilitas)이라는 라틴어는 바로 흙인 호무스(Homus)에서 나온 것인데, 이 흙이라는 호모스는 바로 인간(Homo)의 원형이기도 하다.

인간은 흙에서 나온 존재로서 겸손의 존재인데, 겸손의 존재, 흙의 존재는 바로 하느님이 인간을 흙으로 빚은 바로 그 뜻을 제대로 알고 지키는 존재임을 말하는 것이다. 인간은 바로 신의 지음대로 그렇게 흙처럼 겸해야 한다는 것이다. 나라는 존재는 있다고 할 수 없고 그저 있다가는 사라지는, 언제 사라질지 모르는 그런 티끌 같은 존재임을 늘 깨달아야 한다는 것이다. 그래서 겸손은 마치 사형수의 자리에 앉아있는 모습, 세상의 맨 끄트머리에 앉아 있는 형상을 취하는 것이 바로 겸(謙)의 자세인 것이다. 이런 겸의 자세를 취하려면 자기의 위치를 확인하고 그로부터 해야 할 일을 늘 배워야 하는 것이다. 이 배움을 게을리하는 사람은 바로 겸손에서 어긋난다는 점에서, 신이 인간을 흙으로 지었다는 바로 그 사실을 망각하고 마치 풍각쟁이, 점쟁이, 교주처럼 산다는 점에서 겸손의 반대는 교만이라기보다는 신의 말씀을 가슴에 모시지 않고 제멋대로 사는 무지, 무각(無覺), 즉 생각하지도 깨닫지도 않는 상태를 일컫게 된다. 어짊을 행한다는 것은 신의 아들 노릇을 한다는 것이고, 신의 아들 노릇은 신의 말씀과 사랑을 내 스스로 대신 베푸는 것이다[참고: 류영모(2010). **다석 마지막 강의**. 서울: 교양인].

33) 여기서 말하는 본실적이라는 말은 이미 여러 번 말했지만 실존을 넘어서는 의미를 담고 있다. 중세기만 하더라도 신은 '그 본질'과 '그 존재'가 구별될 수가 없었다. 신 밖의 사물들만이 서로 구별되었을 뿐이다. 모든 각각의 사물은 나름대로의 고유한 본질을 가지고 있으며 그 고유한 본질에 '존재(esse)'의 움직임이라는 것이 신에 의해 부여되어 현실로 존재하는 것이라고 보았다. 과학의 발달에 따라 사물의 존재는 누군가가 정의해 놓은 것에 따라서 하나의 실체로 파악될 수 없다는 점과 오히려 그 현상의 움직임에 따르는 기능으로 파악되어야 한다는 것이 밝혀지면서 한 사물의 본질에 대한 개념은 더욱더 불투명해지기 시작했다. 그것을 기점으로 실존주의자들은 이런 생각을 거부하고, 인간에 대한 본질과 존재를 확실히 구별하기 시작했다.

실존철학자들은 몇 가지 공통점을 갖고 있다. ① 실존이란 언제나 인간의 실존이다. 그것은 인간에게 특유한 존재양식이다. 이런 점에서 실존철학은 '인본주의적'이다. 인간이 중점에 있다. ② 실존이란 언제나 개인의 실존이다. 그것은 개별 인간에게 특유한 존재양식이다. 이런 점에서 실존철학은 '주관적'이다. 개인의 실존은 그 무엇에서 도출될 수 있는 것이 아니다. 개인의 현 존재는 예컨대 베르그송의 견해와 달리 초개인적 '생의 흐름'의 한 지절이 아니다. 이 점에서 실존철학은 생철학과 차이가 있다. ③ 실존철학은 사물을 기준으로 인간을 측정하지 않는다. 일정한 특성을 지닌 실체로써 이해된 사물은 확정된 본질을 갖고 있다. 인간은 그렇지 않다. 인간은 자신의 본질을 스스로 만들어야 한다. 따라서 인간은 사물과 관련된 범주에 의해 파악될 수 없고 그런 범주에 의해서는 적절하게 해석될 수 없다. ④ 방법의 측면에서 볼 때, 실존철학자들은-정도의 차이는 있을지언정-현상학자들이다. 실존철학자들의 주요 관심사도 존재자의 직접적인 파악이다. 그렇지만 이들의 출발점과 모교는 후설의 견해에서 멀리 떨어져 있다. 후설이 직관하려 한 '본질'은 보편적이고 영원하며 객관적인 본질적 특징과 법칙이었다. 후설은 구체적 실존을 '괄호 치기(에포케)'에 의해 배제하려 했다(물론 후설도 사유 발전의 마지막 국면에서는 '생활 세계'를 강하게 부각시켰다). ⑤ 실존철학은 역동적이다. 실존이란 불변의 존재가 아니며 본질상 시간과 시간성에 구속되어 있다. 실존은 '시간-내-존재'다. 따라서 시간과 시간 문제는 실존철학에서 중요한 자리를 차지한다. ⑥ 실존철학은 구체적 체험을 중시하는 만큼, 개개의 실존철학자들이 자신만의 특수한 '실존적 체험'에서 강한 철학적 동기를 얻었다는 것은 놀라운 일이 아닐 것이다. 예를 들어, 야스퍼스에게는 죽음과 고뇌, 투쟁과 죄과라는 '한계 상황'에서 인간이 궁극적으로 좌절할 수밖에 없다는 것이 핵심 사상을 이룬다[참고: 한스 요아힘 슈퇴리히(2008). **세계철학사**(역). 서울: 이룸].

34) 참고: 한스 요아힘 슈퇴리히(2008). **세계철학사**(역). 서울: 이룸.

35) 참고: 앨런 쇼엔(2008). **닮은꼴 영혼**(역). 서울: 에피소드.

36) 불경에서는 선지식을 범어로 칼야나미트라(Kalyanamitra)라고 부른다. 좋은 스승, 좋은 벗과 같은 뜻으로 쓰였다. 선지식은 선정(禪定)에 뛰어난 분들, 말하자면 달마조사(達磨祖師), 혜가조사(慧可), 승찬조사(僧璨), 도신조사(道信), 홍인조사(弘忍), 혜능조사(慧能), 원효(元曉) 등에 이어 성철 스님에 이르기까지 수많은 분들을 존대하며, 그들이 보여 준 인격을 총칭해서 일컫는 말이기도 하다. 이들 선지식들은 흔히 열 가지 덕이 있는 사람을 일컫는다. 말하자면, 적정(寂靜), 조복(調伏), 혹여(惑餘), 덕증(德增), 유용(有勇), 경부(經富), 각진(覺眞), 선설(善說), 비심(悲深), 이퇴(離退) 심이 있는데, 이런 열 가지 덕을 지닌 사람들을 스승 삼아, 벗 삼아 그들을 따를 때 사람은 독단과 독선에서 벗어날 수 있다[참고: 반야샘 편집부(1988). **불교 어원 산책**. 부천: 반야샘].

37) 한 일간신문의 기자는 영등포의 슈바이처로 불리는 선우경식 원장의 마지막 투병 상황을 다급하게 보도했다. 그것을 읽어 내려가는 순간 내 호흡이 가빠지기 시작했다. 말로 형언하기 어려운 가슴 뭉클한 것이 치솟아 오르는 감정을 억누를 수 없었다. "2008년 4월 16일 오전 서울 반포동 가톨릭 대학교 강남

성모병원 중환자실. 한 침대에 하얀 거즈로 눈을 가린 60대 환자가 누워 있었다. 환자는 손가락 하나 움직이지 않았다. 입에 연결된 산소호흡기의 작동에 맞춰 가슴만 힘겹게 미동할 뿐이었다. 그는 선우경식(63) 요셉의원 원장이다."

노숙자와 극빈층을 상대로 20년간 무료 진료를 해 와 '영등포 쪽방촌의 슈바이처'로 불리는 선우 원장은 3년간의 위암 투병 끝에 뇌사 상태에 빠졌다. …… 1969년 가톨릭 대학교 의대를 졸업한 선우 원장은 미국으로 건너가 킹스브룩 주이스 메디컬센터에서 내과학을 전공했다. 미국에서도 잘나가는 병원에 일자리를 잡을 수 있었지만 선우 원장은 한국으로 돌아왔다. 귀국 후 한림대 병원에서 잠시 근무하던 그는 83년부터 당시 서울의 대표적 달동네였던 관악구 신림동에서 무료 의술 봉사를 했다. 당시 변변한 의료시설이 없었던 그곳에서 선우 원장은 대학 선후배들과 함께 환자를 업고 다니며 자원봉사를 펼쳤다. 봉사활동을 이끌던 한 신부가 그에게 계속 남아 진료해 줄 것을 부탁했고, 그는 1987년 8월 신림 1동에 무료 자선 병원인 요셉의원을 세웠다. '호의호식' 할 수 있는 길을 버리고 세상에서 가장 낮은 곳으로 내려간 것이다. 당시엔 전 국민 건강보험이 시행되기 전이라 빈민들은 아파도 병원을 찾기가 어려웠다. 가난한 사람들에게 그의 병원은 구세주 같은 존재였다.

하지만 개원 초기 운영 자금이 턱없이 부족했다. 의료 기구는 성모병원에서 쓰던 것을 얻어 와야 했다. 의약품을 제공해 주겠다고 약속한 한 회사는 유통기한이 지난 약을 보내오기도 했다. 그러나 선우 원장은 가난한 병자들과 자원봉사자들을 보며 버텼다. 요셉의원은 1997년 5월 화려한 영등포 역사 뒤편에 있는 쪽방촌으로 옮겨 왔다. 지금까지 42만 명의 영세민 환자와 노숙자, 외국인 근로자가 이 병원을 거쳐 갔다. 현재 요셉의원은 자원봉사에 나서 교대로 무료 진료를 해 주는 80명의 의사 · 간호사와 일반 봉사자 600여 명이 꾸려가고 있다. 매월 2,000여 명의 후원자가 1,000원에서 몇 만원까지 보내 주는 기부금이 재정의 전부다. 선우 원장은 결혼도 하지 않았다. 홀어머니를 모시고 61년 선친이 지은 작은 집에서 그대로 살아왔다. 미국에 사는 여동생들이 어머니와 함께 미국으로 건너오라고 강권했지만 그는 "나는 죽어도 여기서 죽겠다."고 거부했다고 한다.

선우 원장은 2003년 호암상(사회봉사 부문)을 받았다. "폐인이 다 된 사람이 새사람으로 다시 태어나는 모습을 보면 그렇게 기쁠 수가 없었어요. 취직이라도 해 바나나 한 봉지 사 들고 찾아오는 모습을 상상해 보세요. 그 맛을 알면 이 일에서 손을 놓을 수가 없죠." 그는 가난한 이들을 위한 봉사에 중독된 사람 같았다. "주머니가 부르면 딴 생각을 할 수도 있다."고 주변에 말해 왔던 선우 원장은 의사 자격증 하나만을 남긴 채 영면의 길을 향하고 있다[참고: 강기헌 · 홍혜진(2008). 제발 일어나세요, 영등포 슈바이처. <u>중앙일보</u>. 2008년 4월 17일자].

이 기사에 대해 나라고(Narago)라는 아이디를 사용하는 독자가 댓글을 달았다. "종교에서 말하는 신은 없다. 없다. 없다. 인간의 본심으로 쾌유를 빌 뿐이다. 신은 없다." 그 네티즌이 댓글에서 이야기하는 대목에 대해 내 뭐라고 한마디로 잘라 말할 수는 없지만, 내가 그 독자와 선우 박사에게 대해 말할 수 있는 것은 단 하나다. 선우 박사는 바로 '배운 사람'의 지표이며 '이해한 사람'의 증표다. 그렇게 말할 수 있을 뿐이다. 무엇을 이해했다는 것은 자기가 먼저 바뀌었다는 것, 자기가 먼저 변화했다는 것을 말하는 것이다. 아무것도 변화된 것이 없다면 아무것도 이해한 것은 없다는 것일 뿐이다. 선우경식 박사는 바로 그것에 대한 어깃장이 무엇인지를 인간의 몸으로 극명하게 보여 준 사람이다. 그는 의술을 이해한 사람이며, 사람을 이해한 사람이며, 섬김을 이해한 사람이다. 그는 세상을 배웠다고 말할 수 있는 위대한 몇 사람들 가운데 한 사람으로 기억되어야 할 사람이다.

38) 『미란타왕문경』의 원명은 밀린다팡하(Milindapanha)다. 나선비구경이라고도 불리우는 『미란타왕문경』은 기원전 150년경 서북인도를 정복, 지배한 그리스 왕 메난드로스(밀린다)가 불교경전에 정통한 학승 나가세나(Nagasena, 那先)와 영혼, 윤회, 해탈, 열반에 대한 실천 수행론 등 다방 면에 걸쳐 주고받은 이야기들을 하나로 묶어낸 대론서(對論書)이다. 『미란타왕문경』은 기원전 시대의 그리스인의 헬레니즘의 사유와 인도인의 힌두이즘적이거나 불교적인 사유의 상호작용을 보여 주고 있다. 다시 말해서 동서 사회의 가치관이나 종교관에 대한 서양과 동양 간의 대비와 조화의 가능성이 크게 드러나는 『미란타왕문경』은 붓다가 살아생전 보여 주고 펼쳤던 초기 불교의 기본 토대와 배경을 이해하는 데 큰 도움을 주는 책이다[참고: 이시카미 요시오(1976). **미란타왕문경**(역). 서울: 현암사].

39) 참고: EBS(2007). **지식채널-e**. 서울: 북 하우스.

40) 참고: 박승원(2000). 지식사회의 도전에 직면한 불교. **불교평론**, 2.

41) 참고: EBS 지식프라임 제작팀(2009). **지식프라임**. 서울: 밀리언하우스.

42) 참고: 이종호(2011). **나는 불온한 선비다**. 서울: 역사의 아침.

43) 참고: 매기 잭슨(2010). **집중력의 탄생-현대인의 지성을 회복하기 위한 강력한 로드맵**(역). 서울: 다산초당.

44) 참고: 김영민(2008). **동무론**. 서울: 한겨레출판.

45) 참고: 류영모(2004). **얼의 노래**. 서울: 두레.

46) 사도 바울이 매일같이 죽는다고 말한 그 뜻도 영의 거듭남을 말한 것이었다. "내가 그리스도 예수 우리 주 안에서 가진 바 너희에 대한 나의 자랑을 두고 단언하노니 나는 날마다 죽노라. 내가 사람의 방법으로 에베소에서 맹수와 더불어 싸웠다면 내게 무슨 유익이 있으리요. 죽은 자가 다시 살아나지 못한다면 내일 죽을 터이니 먹고 마시자 하리라. 속지 말라 악한 동무들은 선한 행실을 더럽히나니 깨어 의를 행하고 죄를 짓지 말라." [참고: 고린도전서 15: 31-33.]

47) 참고: 마이클 코더스(2010). **에베레스트의 진실**(역). 서울: 민음사.

48) 17세기가 낳은 최고의 작가로 평가되고 있는 발타자르 그라시안(Balthasar Gracian)이 그의 소설, 『비판자』[참고: 발타사르 그라시안(2012). **비판자**(역). 서울: 지만지.]에서 한 말이다. 니체와 쇼펜하우어에 의해 '유럽 최고의 지혜의 대가'라는 칭송을 받았던 그라시안은 타락과 위선의 시대에서 의미 있는 삶을 살아가는 데 필요한 삶의 지혜들을 끊임없이 이야기했다. 그는 삶살이를 위한 지혜의 한 방편으로 입 조심을 당부하고 있다. 옛사람들이 그토록 가르친 화종구생(禍從口生), 즉 입 때문에 말 때문에 화

를 초래하기에 그라시안도 사람들에게 할 말과 안 할 말을 구분해서 하라고 조언한다. 왜냐하면 사람들이 아무리 노력해도 어느 누구 하나 완전히 소유하지 못하기 때문이다. 혈연이나 우정 같은 친밀한 인간관계뿐만 아니라 직업적으로나 사회적으로 상당한 의무를 떠안은 관계에서도 서로를 완전히 소유하거나 소유될 수는 없기 때문이다. 완전한 신뢰와 완전한 소유는 같은 개념이 아니라 서로 다를 뿐이기 때문이라는 것이다.

49) 단 한 명의 행복도 부정되어선 안 된다고 주장하는 존 스튜어트 밀(Mill)은 '자신의 신체와 정신에 대해서는 자기 자신만이 주권자'라는 확고한 생각을 지닌 공리주의자이며 자유사상가다. 그는 획일적인 공리주의에는 찬성하지 않는다. 절대다수 의견에 맹종하는 것은 누구에게도 도움이 되지 않는다고 말한 것이다. 개인의 자유를 존중하는 것이 사회를 구성하는 근간임을 강졸한 『자유론』에서 그는 인간에게 있어서 생각의 자유와 말하고 쓰는 자유를 분리하거나 억압하는 것은 불가능하다고 강력하게 주장한다. 자유가 신념이 되어야 모든 이를 위해 자유가 보장된다고 본 그는 신념을 갖고 있는 사람 한 명의 힘은 그저 관심만 가지고 있는 사람 아흔아홉 명의 힘과 같다고 주장했다.

자신의 신체와 정신에 대해 자신만의 주권자가 되기 위해 필요한 것이 바로 자유인데, 그는 자유의 기본 영역으로 다음 셋을 설정한다. 첫째, 내면적 의식의 영역, 둘째, 자신의 기호를 즐기고 자기가 희망하는 것을 추구할 자유, 셋째, 개인의 자유에서 이와 똑같은 원리의 적용을 받는 결사의 자유다. 이런 3가지 자유를 절대적으로, 무조건적으로 누릴 수 있어야 완벽하게 자유로운 사회라고 할 수 있다고 본 그는 전체 인류 가운데 단 한 사람이 다른 생각을 가지고 있다고 해서 그 사람에게 침묵을 강요하는 일은 옳지 못하다고 주장한다. 이런 생각에 대한 그의 논지를 『자유론』의 여러 부분에서 자유롭게 인용하면 아래와 같다. '어떤 한 사람이 자기와 생각이 다르다고 나머지 사람 전부에게 침묵을 강요하는 일만큼이나 용납될 수 없는데, 그런 생각을 지닌 사람은 의식이 깨어 있는 사람이다. 의식이 깨어 있는 사람들은 단순하고 소박한 삶이 얼마나 귀한 가치를 지니는지, 그리고 인위적인 삶이 강요하는 속박과 위선이 얼마나 심각하게 우리의 도덕을 해치고 활력을 빼앗는지 경각심을 높이려 애쓰는 사람이다.'

자신과 반대되는 사람들의 진짜 생각이 무엇인지 차분하게 들어볼 수 있고 정직하게 평가할 수 있는, 그래서 그들에게 불리한 것이라고 과장하지 않고, 또 유리한 것이라고 해서 결코 차단하지도 않는 사람은 그가 누구든 또 어떤 생각을 가졌든 존경 받을만 하다. 다른 사람의 생각과 자신의 생각을 비교하고, 대조하면서 틀린 것은 고치고 부족한 것은 보충하는 일을 의심쩍어하거나 주저하지 말고 오히려 이를 습관화하는 것이 우리의 판단에 대한 믿음을 튼튼하게 해 주는 유일한 방법이다[참고: 존 스튜어트 밀(2005). 자유론(역). 서울: 책세상].

50) 네트워크 이론의 실천가이며 경영 컨설턴트인 코치 박사와 록우드 박사는 낯선 사람의 효과를 주도해 내는 사람으로 수퍼 커넥터(super connector)를 꼽고 있다. 이들 수퍼 컨넥터들은 무엇보다도 첫째로, 많은 사람들과 관계를 맺고 있으며, 둘째로, 만나는 사람들의 규모와 다양성을 확대하려고 노력하고 있으며, 마지막으로 자신에게 이익이 없을 때에도 순수한 마음으로 나서서 사람들을 연결하려는 의지와 실천을 지니고 있다. 예를 들어, 사람들을 만날 때마다 찻값을 낸다거나 식사비를 내는 사람들은 지인

(知人)과의 관계를 중요시 여기는 수퍼 커넥터의 가치를 알고 있는 사람들이다[참고: 리처드 코치 · 그렉 록우드(2012). **낯선 사람 효과: 지금 당신에게 필요한 사람들은 누구인가**(역). 서울: 흐름출판].

51) 영어권 작가로는 1907년 처음으로 노벨 문학상을 수상했던 영국 최초의 노벨 문학상 수상자인 조셉 루디야드 키플링(Joseph Rudyard Kipling)은 인도 뭄바이에서 태어났다. 인도 예술 학교의 교수인 아버지 밑에서 남부럽지 않게 자랐던 그는 여섯 살에 영국으로 보내졌다. 영국 생활에 적응하지 못하고, 열일곱 살이 되던 해 인도로 돌아왔다. 커플링은 영자 신문 기자로 일을 하면서 키플링은 인도와 인도인의 삶을 예민하게 관찰하며, 취재 기사는 물론 단편과 시를 써, 영국인들로부터 당대 최고의 시인이자 문학자로서의 명성을 얻는다. 모든 영국인, 더 넓게는 모든 백인이 미개한 세계의 야만적인 원주민들에게 유럽 문명을 전파해야 한다는 생각을 버리지 못하던 키플링은 당대의 자유주의적인 사고와 대척점에 있었기에 나이가 들수록 점점 고립된 채 삶을 마친다. 그는 런던 웨스트민스터 대성당의 시인 T. S. 엘리엇 묘소 옆에 나란히 묻혔다.
키플링은 영국 시민에게 주어지는 최고의 명예인 메리트 훈장을 2차례나 거절했으며, 1895년 계관시인 지위가 주어질 경우 거절함으로써 자신의 시와 문학은 자신의 삶을 위한 것임을 자랑했던 작가 이기도하다. 그의 단편소설인 『왕이 되려던 사나이』은 영화로도 각색되었다. 키플링은 그 소설을 통해 인간의 헛된 물욕과 권력욕을 통렬하게 비판한다. 인간의 탐욕이 얼마나 허망한 것인지를 그려낸다. 인도를 식민 통치하던 대영제국 군인의 낙오자인 두 남자들, 대니엘 드래보트와 피치 카라한은 운명을 주고받을 만한 절친한 친구들로 허황된 제국주의적 발상으로 아프가니스탄 건너의 오지인 카프리스탄의 소국들을 찾아 그곳에서 금은보화를 찾아 한 밑천 마련하려는 꿈을 계획한다. 그들은 마침내 그리스의 알렉산더 대왕이 그곳을 정복한 이후 그 어떤 백인도 찾지 않은 채 버려졌던 키산더 소국에 당도한다. 알렉산더가 떠나가 버린 이후 알렉산더를 그렇게 키산더라고 줄여 부르며 알렉산더의 후예들을 기다리는 키산더 소국 사람들은 그곳에서 소국들의 갈등과 긴장을 총으로 풀어가며 평정과 평화라는 잔재주를 부리던 영국군 패잔병들을 알렉산더의 화신으로 착각하며 신으로 받아들인다. 그런 순박하고 무지한 그들에게 대영제국의 사기꾼들은 정말로 신이 된 것처럼 알렉산더의 화신으로 도취된 채 행세하다가 정체가 드러나면서 비참한 말로를 맞는다. 키플링은 이 소설을 통해 추악한 욕망으로 끝내 파멸의 선물을 받는 인간 군상의 모습을 그려낸다[참고: Kipling, R.(2006). *The phantom rickshaw and other eerie tales*. London: A H Wheeler & Co of Allahabad].

52) 참고: 레스 패로트 3세(1999). **영혼의 반려**(역). 서울: 요단출판사.

53) 자신이 가르치는 학생들보다도 나이가 어린 27세 철학 교수, 허구한 날 술 마시고 파티를 즐기며 화려한 솔로로 살던 어느 날, 늑대에게 호감을 갖고 늑대 새끼 한 마리를 구매한다. 그 늑대에게 브레닌이라고 이름을 짓고 식구처럼 살아간다. 그와 11년간을 한 집에서 마치 부모 자식처럼 같이 붙어 살면서 마침내 젊은 철학자는 늑대인간의 심성을 닮아있음을 느끼게 된다. 그는 동행인 늑대 브레닌을 늘 자기 곁에서 함께하는 동행자로 기억한다. 누군가를 기억하는 가장 중요한 방법은 그들이 형성하도록 도와준 나의 모습으로 살아가는 것이기 때문에 어쩔 수 없었던 일이었다. 누군가를 기억(remembering)한

다는 것은 현재 나의 모습으로 살아가도록 만들어 준 그 힘에게 감사한다는 말이기에, 철학자인 롤랜즈는 늑대인 브레닌과 끊임없이 동행(member)으로 되돌아오곤 한다.

괴짜 철학자가 늑대로부터 제대로 익힌 것은 행복에 대한 야성의 철학이었다. 즐거움과 불편함이 하나될 때 비로소 행복이 완성된다는 야성의 철학이 바로 그것이었다. 예를 들어, 늑대는 지구력의 동물이다. 먹이를 좇아 30km를 달릴 수 있는 브레닌이 한 번은 토끼의 움직임을 따라 15분까지 숨죽인 채 기다렸다. 온몸을 경직시킨 후 그는 다음 순간을 위해 참고 견디고 있었다. 그것은 아무리 생각해도 유쾌하거나 즐거운 일도 아니었고, 유쾌한 감정을 주는 일도 아니었다. 그런데도 브레닌은 토끼에게 몰입하고 집중했다. 좇던 토끼 사냥에 성공하는 것만은 아니었다. 브레닌은 토끼를 잡건 못 잡건 사냥 시간이 끝나면 평소와 그대로였다. 눈을 반짝이며 환희에 젖은 모습으로 언제 토끼잡이에 몰입했었느냐 하는 식으로 평상심으로 되돌아왔다. 즐거움과 불편함도 모두 하나가 되어 그 어떤 때라도 평상심을 갖는 것, 그것이 행복에 대해 철학자의 동행 늑대 브레닌이 보여 준 야성의 철학이었다[참고: 마크 롤랜즈(2012). **철학자와 늑대**(역). 서울: 추수밭].

54) 인간에게 있어서 인간의 생과 명은 일단은 이성 간의 섹스에서 만들어진다. 라캉이 그토록 애지중지했다는 구스타프 쿠르베의 작품 '세상의 기원'은 이 점을 거침없이 직설적으로 그려내고 있다. 생명이 암수 간 교접의 결실이라는 사실은 인간뿐 아니라 거의 모든 종에게 발견되는 자연 현상이기에 더 이상 숨기고 자시고 할 것도 없다. 섹스는 불완전한 하나의 개체가 이성과 '짝'을 지음으로써 완전한 개체로 종을 번식시켜 나가는 과정이다. 스미소니언 자연사 박물관의 계통생물학자 애드리언 포사이스[참고: 애드리언 포사이스(2009). **성의 자연사**(역). 서울: 양문.]는 생명체의 생식 '전략'에는 기본적으로 '경쟁의 경제학'이 숨어 있다고 말한다. 일부 암컷은 생식 성공 가능성을 높이기 위해 정자들 사이의 경쟁이나 수컷들 사이의 갈등을 이용하는 방법으로 진화한다. '경쟁의 경제학'은 극단적 섹스 행태를 낳기도 한다.

암컷이 자신과 교미한 수컷을 먹어 버리는 호랑거미의 '섹스 카니발리즘'과 교미한 수벌은 한 번 더 교미할 기회를 얻기가 극히 어렵기 때문에 단 한 번의 교미에 모든 것을 걸고 죽음에 이르도록 진화한 것이다. 또한 동성에게 생식기를 삽입해 사정함으로써 그 동성이 자신의 정자를 암컷에게 전달하도록 하는 수컷 빈대의 섹스 행태 역시 경쟁의 경제학이 낳은 산물이다. 수컷은 수컷 나름대로 암컷의 난자를 독점하기 위한 전략과 전술을 구사함으로써 다양한 섹스 행위가 존재하게 되고 생식기의 발달에도 영향을 끼친다. 실제로 수컷의 정자 경쟁은 수컷의 고환에 영향을 미친다. 고환이 수컷의 몸 크기에 좌우된다고 생각하기 쉽지만, 길이 30m에 무게가 150t을 넘어 지구상에서 가장 큰 동물로 인지되는 흰긴수염고래의 고환은 약 90kg에 불과하다. 반면 몸무게가 흰긴수염고래의 절반에 불과한 참고래는 다수 수컷이 암컷 한 마리의 주위를 몇 시간이나 맴돌며 교미하는 난교 시스템에 적응하기 위해 고환의 크기가 2.7m이상, 무게는 보통 0.5t이 넘는다.

55) 지식과 동행은 근원에서 서로 같은 것이기에 동행지식이라는 합성어가 가능하다. 동행이라는 말에서 풍기는 첫 번째 의미는 우리에게 늘 친숙하게 다가오는 뜻 그대로 친구라는 의미다. 좋은 친구는 인생,

언제나 미완성인 인생을 어떻게든 살아가게 만들어 주곤 한다. 1970, 1980년대 한동안 유행했던 대중가요 중에 〈인생은 미완성〉이라는 노래가 있다. 가수 이진관 씨가 부른 〈인생은 미완성〉은 동행의 아름다움의 매 구절마다 곱게 스며드는 노래다.

그가 "사람아 사람아, 우린 모두 타향인 걸, 외로운 가슴끼리 사슴처럼 기대고 살자." 고 노래하는 대목에 이르면 동행에 대한 애틋함이 떠오른다. "인생은 미완성 쓰다가 마는 편지 그래도 우리는 곱게 써 가야 해 사랑은 미완성 부르다 멎는 노래 그래도 우리는 아름답게 불러야 해 사람아 사람아 우린 모두 타향인 걸 외로운 가슴끼리 사슴처럼 기대고 살자 인생은 미완성 그리다 마는 그림 그래도 우리는 아름답게 그려야 해 친구야 친구야 우린 모두 나그넨 걸 그리운 가슴끼리 모닥불을 지피고 살자 인생은 미완성 새기다 마는 조각 그래도 우리는 곱게 새겨야 해."

56) 불가(佛家)에서는 무상보시(無有布施)와 유상보시(有有布施)의 차이를 과일나무에 거름을 서로 다르게 주는 행위로 비유한다. 유상보시는 과일나무가 선 흙 위에 그냥 뿌려 주는 것과 같고, 무상보시는 과일나무가 선 흙 밑에 묻어 주는 것과 같다고 비유하고 있다. 흙 위에 뿌려 주면 도움은 되나 이내 사방으로 거름 기운이 흩어져 날아가 버린다. 거름 기운이 오래 가지도 못한다. 과일나무에게 큰 도움도 되지 못한다. 반면에 흙 밑에 묻어 주면 과일나무가 오래 동안 잘 자랄 수 있는 큰 힘이 된다. 법정 스님은 그래서 늘 "내가 무얼 했노라고 얼굴을 내밀면 보시가 아니라 거래."라고 말했다. 그때 말하는 거래를 보시로 보면 유상보시, '기브 엔 테이크'에 지나지 않을 뿐이다[참고: 류성태(2005). **대종경 풀이**. 서울: 원불교출판사].

57) 이스라엘에 대해서는 그 누구보다도 일가견이 있는 건국대학교 류태영 명예교수는 참된 친구가 누구인지, 어떤 속성들을 갖고 있는지를 쪽지 글로 다시 한 번 알려 준 적이 있다. 그에게 좋은 친구란 언제나 내가 올바르지 않을 때 따끔한 충고도 아끼지 않는 사람이었다는 것을 넌지시 일러 주었다.

류태영 박사가 좋은 친구의 자질을 갖고 있는 참된 친구는 "죽음의 자리에 누워 있을 때 곁에 있어 주었으면 하는 사람이다. 참된 친구란, 건강할 때도 함께 있었으면 하는 사람이다. 참된 친구란, 문제가 생겼을 때 저절로 상담하고 싶어지는 사람이다. 참된 친구란, 좋은 소식을 듣고 제일 먼저 알리고 싶은 사람이다. 참된 친구란, 다른 사람에게 밝히고 싶지 않은 일도 말해 주고 싶은 사람이다. 그리고 나의 마음속의 비밀을 잘 지켜 주는 사람이다. 참된 친구란, 마음이 아플 때 의지하고 싶은 사람이다. 그러나 의지하여도 그것을 이용하려고 하지 않는 사람이다. 참된 친구란, 쓰러져 있을 때 곁에서 무릎을 꿇어 일으켜 주는 사람이다. 그러나 건강하게 일어섰을 때는 무릎 꿇고 일으켰던 일을 잊어 주는 사람이다. 참된 친구란, 슬플 때 기대어 울 수 있는 어깨를 가진 사람이다. 그리고 기쁠 때 같이 함박웃음 지어 줄 수 있는 사람이다. 참된 친구란, 내가 울 때 그의 얼굴에도 몇 가닥의 눈물이 보이는 사람이다. 참된 친구란 장점을 칭찬해 주는 사람이다. 그러나 단점도 잘 이해해 주는 사람이다. 참된 친구란, 실수했다 하더라도 조금도 언짢은 표정을 하지 않는 사람이다. 그러나 실수를 되풀이하지 않게 조언을 잊지 않는 사람이다. 참된 친구란, 필요에 따라 충고를 해 주는 사람이다. 또 그것으로 인해 화를 내지 않는 사람이다. 참된 친구란, 무거운 짐을 조금이라도 가볍게 해 주기 위해 도움의 손을 뻗치는 사람이다. 참된 친구란 갖고 있는 물건을 나누어 주는 사람이다. 그러나 무엇을 주었는가를 기억하지 않는 사람이다."

58) 참고: 임창희(2008). **조직행동**. 서울: 비엔엠북스.

59) 참고: 마이클 필립스(2009). **지식, 철학을 법정에 세우다**(역). 서울: 갤리온.

60) 참고: 박광수(2009). **참 서툰 사람들**. 서울: 갤리온.

61) 임종을 앞둔 환자들을 보살피는 방법에 관한 한 세계 최고의 호스피스 전문의인 아이라 바이오크 교수는 1995년 미국 호스피스 기관 종사자에게 주는 그 해의 명예로운 인물상을 수상했다[참고: 아이라 바이오크(2010). **아름다운 죽음의 조건**(역). 서울: 물푸레]. 그는 이미 『죽음을 어떻게 살까』라는 책에서 그가 호스피스 전문의사로서 다른 세상으로 떠나보낸 수천 명의 환자들 가운데 극적인 노력으로 아름다운 죽음을 맞이할 수 있었던 스물두 명의 실화를 다루고 있다. 사람들이 편안하고 행복한 죽음을 맞이하면, 죽어가는 사람에게서 오히려 정신적 성숙과 영적인 평화가 나타나게 된다. 그로부터 환자의 가족은 죽음의 문턱을 넘어서는 그들을 통해 불편했던 관계들이 치유됨으로써 새로운 희망과 삶에 대한 지혜와 깨달음을 얻게 된다고 증언한 바 있다.

62) 참고: 에티엔느 드라 보에티(2004). **자발적 복종**(역). 서울: 울력.

63) 상우(尙友)들은 우리에게 늘 깨어 있으라고 말하는 좋은 벗들이다. 원래 상우라는 말은 사전적으로는 책을 통하여 옛사람을 벗으로 삼는 일이기에, 백성호 기자는 이들 상우들이 이야기하는 깨어 있음의 의미를 서너개의 시나리오를 만들어 알아듣기 쉽게 설명한다.
#풍경 1: 겟세마네 동산. 죽음을 예감한 예수는 제자들에게 말했습니다. "나와 함께 깨어 있어라." 그리고 홀로 앞으로 나가 기도를 올렸습니다. 그러나 제자들은 '쿨~쿨' 잠이 들고 말았죠. 돌아와서 예수는 말했습니다. "한 시간도 깨어 있을 수 없더냐. 유혹에 빠지지 않도록 깨어 있어라. 깨어서 기도를 하라. 마음은 간절하나 몸이 따르지 못한다." 그리고 예수는 다시 가서 기도를 올렸습니다. 그러나 제자들은 또 잠들고 말았죠. 예수는 돌아와서 말했습니다. "아직도 자고 있느냐? 아직도 쉬고 있느냐? 이제 시간이 되었다. 나를 팔아넘길 자가 가까이 왔다."
#풍경 2: 기독교 영성가인 다석 유영모는 '머무름'에 대해서 말했죠. "우리는 일정하게 머무를 곳이 없다. 그래서 무주(無住)다. 머무를 곳이 있다면 그것은 우주일 뿐이다. 우주 공간이 우리의 주소다. 사람은 모두 머무를 곳을 찾는다. 그러나 머물면 썩는다. 주(住)라야 살 것 같지만 무주(無住)라야 산다. 머무르면 그쳐 버린다. 산다는 것은 자꾸 움직여 나가는 것이다."
#풍경 3: 당나라 때 가난한 나무꾼이 있었습니다. 그는 나무를 해서 시장에 내다 팔며 생계를 꾸렸죠. 어느 날, 나무꾼이 객점에 나무를 갖다 놓고 나올 때였죠. 한 손님이 읽는 불경 소리가 들렸습니다. "응무소주 이생기심(應無所住 而生其心, 머무는 바 없이 그 마음을 내라)" 『금강경』의 한 대목이었죠. 그 구절을 듣는 순간 나무꾼은 크게 마음을 깨쳤습니다. 그리고 출가를 했습니다. 결국 그는 깨달음을 얻고, 달마 대사로부터 내려오는 '선맥(禪脈)'을 이었습니다. 그가 바로 육조 혜능(慧能) 대사입니다.

예수는 "깨어 있어라." 고 말했습니다. 그런데 '깨어 있음' 이란 뭘까요. 졸린 눈을 억지로 참으며 눈꺼풀을 버티고 있는 게 '깨어 있음' 일까요. 예수의 메시지는 그리 간단치 않죠. 그는 "유혹에 빠지지 않도록 깨어서 기도를 하라." (마가복음 14장 38절)고 말했습니다. 그렇습니다. 유혹에 빠지는 순간, 우리는 잠이 듭니다. 그렇게 잠이 드는 순간, 우리는 유혹에 빠집니다. 그럼 어디일까요. 우리는 대체 어디를 향해 잠이 드는 걸까요. 그렇죠. 선악과의 후예인 '나' 속으로 잠이 드는 거죠. 거기는 가짐의 유혹, 집착의 유혹, 욕망의 유혹이 끝없이 넘실대는 곳이죠. 그래서 예수는 '나' 속으로 잠들지 말고 "깨어 있어라." 고 말한 겁니다.

예수의 '깨어 있음' 을 다석 유영모는 '무주(無住)' 로 표현했죠. 머물지 말라는 거죠. '나' 라는 에고에 머물지 말라는 겁니다. "엥? 무슨 뚱딴지 같은 소리지? 에고에 머물지 말라고? 그럼 죽으란 거야?" 라는 반박도 나올 법하죠. 그런데 다석은 "머물러야 살 것 같지만, 머물지 않아야 산다." 고 했습니다. 예수는 이렇게도 말했죠. "내가 너희 안에 거하듯, 너희가 내 안에 거하라." 그런데 우리의 일상을 보세요. 우리는 진정 어디에 거하고 있을까요. 그렇습니다. '나' 속에 머물고 '나' 속에 거하는 거죠. '나' 속에 거하는 이는 결코 '예수' 안에 거할 수 없습니다. 그래서 다석은 "머물면 썩는다." 고 말한 겁니다. 붓다도 "머무는 바 없이 그 마음을 내라." 고 했습니다. 머무는 곳에 집착이 있고, 집착하는 곳에서 우리는 늘 머물기 때문입니다. '나' 에 머물면 '나의 마음' 이 나오고, '나' 에 머물지 않으면 '부처의 마음' 이 나오는 거죠. 혜능 대사는 그걸 깨친 거죠. 그러니 "깨어 있어라." 는 예수의 메시지도, "머물지 말라." 는 붓다의 메시지도 우리에겐 '길' 입니다. 그 길에 '썩지 않는 법' 이 있기 때문이죠." [참고: 백성호(2008). 나와 함께 깨어 있어라. 중앙일보. 2008년 12월 11일자.]

64) 오스트리아 수도인 빈 시에서 운영하는 집합주택으로, 빈 시내 헤츠가세역(驛) 근처에 있는 이 집은 1,543m²의 대지 면적에 9층의 벽돌 구조로 되어 있다. 1985년경 세워진 새로운 양식의 건물이다. 강렬하고 화려한 색채를 사용한 이 건물은 정원처럼 만들어졌다. 공공 공간으로 어린이 놀이터 두 곳과 윈터가든(winter garden), 카페가 들어서 있다. 그동안 삭막하기만 했던 국적 없는 현대 주택 개념을 뒤 엎어버리기에 충분한 건축물이었다[임석재(2008). 건축과 미술이 만나다 1945~2000. 서울: 휴머니스트].

65) 참고: 데일 카네기(1992). 인생은 살만한 것이다(역). 서울: 고려원.

66) 중국 진(晉)나라에 살았던 유백아(兪伯牙)는 거문고의 달인이었다. 그가 태어난 초(楚)나라에 사신으로 일을 보러 가면서 고향을 잠깐 찾는 기회가 있었다. 휘영청 밝은 달빛을 바라보며 그는 회상에 젖어 거문고를 뜯었지만, 아무도 그 소리를 알아듣지 못했다. 불현듯 그는 먼발치에서 한 사람만이 자기의 거문고 소리에 취해 있는 것을 발견했다. 고향 친구인 종자기(鐘子期)였다. 종자기는 "지음(知音)" 의 경지에 이른 사람이었기에 그것이 가능했다. 거문고 소리만 듣고도 백아의 속마음을 읽어 냈었다. 유백아가 다시 고향땅을 찾았을 때 종자기는 죽고 없었다. 친구의 묘를 찾은 백아는 죽어 버린 친구 종자기를 위해 마지막 최후의 한 곡을 뜯고는 거문고 줄을 끊어 버렸다. 그 후 거문고를 다시는 타지 않았다. 자기 거문고 소리를 제대로 들어줄 사람이 없었기 때문이었다. 지음(知音)이라는 말은 이후부터 마음까지 통하는 친한 친구 혹은 죽마고우 같은 의미를 갖게 되었다.

67) 참고: 신흠(2006). 풀이 되고 나무가 되고 강물이 되어(역). 서울: 돌베개.

68) 참고: 신흠(1997). 국역 상촌집(역). 서울: 솔.

69) 붓다의 10대 제자로 밝혀져 있는 인물에 대해 명확한 기술이 나와 있지 않다. 원시경전인 『증지부(增支部)』도 붓다의 제자를 단 열 명이라고 한정하지 않고 있다. 붓다가 죽을 적에 곁을 지킨 사람도 서넛에 지나지 않은 것으로 알려져 왔다. 그를 끝까지 따른 제자 아난다, 그리고 스승도 죽는다는 사실에 충격을 받은 아난다에게, "나는 늙은이입니다. 아난다여, 여든이 되었습니다. 내 몸은 낡은 수레처럼 임시변통의 수단이 있어야 돌아다닐 수 있습니다."라고 말하며 숨을 거둔 붓다 옆에는 서너명만이 있었을 뿐이다[참고: 카렌 암스트롱(2003). 스스로 깨어난 자 붓다(역). 서울: 푸른숲].

『유마경(維摩經)』에서 붓다의 제자를 열 명으로 제한했는데, 그것이 붓다의 제자를 10대 제자로 고정하는 계기가 되었다. 말하자면, 사리불(舍利弗, Śāriputra), 목건련(目建連, Maudgalyayāna), 가섭(迦葉, Kāśyapa), 수보리(須菩提, Subhūti), 부루나(富樓那, Pūrna), 가전연(迦旃延, Kātyāyana), 아나율(阿那律, Aniruddha), 우바리(優波離, Upāli), 라훌라(羅睺羅, Rāhula 붓다의 아들로서 출가의 장애가 되었다 하여 붙인 이름인데, 라훌라는 자기가 지켜야 할 것을 은밀히 잘 실행했다 하여 밀행(密行)제일로 불림), 아난(阿難, Ānanda, 붓다의 사촌 형제로서 붓다가 입멸할 때까지 25년 동안 그림자처럼 따라다니며 붓다의 말을 직접 들었으므로 다문(多聞)제일이라 하며, 붓다가 설한 가르침을 모두 암송해냄으로써 후대의 경장(經藏)을 성립시킨 인물)이 그들이다.

70) 사마천의 『사기(史記)』 공자세가(孔子世家)에 따르면, 공자의 문하에서 가르침을 받은 제자는 모두 3천 명으로 그중 육예(六藝, 禮樂射御書數)에 통달한 자가 72명이라고 되어 있지만, 이들 중 우수한 제자 10명을 추려 '공문십철(孔門十哲)'이라고 부른다. 공문십철(孔門十哲)은 우선 덕행으로 뛰어난 제자인 안회, 민자건, 염백우, 중궁, 언변에 뛰어난 재여와 자공, 문학에 특출한 자유와 자하, 그리고 정사(政事)에 뛰어난 제자인 염구와 자로를 칭한다. 염구(冉求, 자는 子有)는 정치적 수완이 뛰어나 노나라의 계강자 밑에서 벼슬을 하다가 공자의 뜻을 저버리는 바람에 배반자 소리를 듣는다.

공자는 자로(子路)를 상당히 아꼈다. 공자와 나이도 엇비슷하지만 천성이 강직한 자로는 스승인 공자를 위해 충성심이 강한 제자였다. 그는 가정적으로 어려움을 겪는 공자를 위해, 성인군자가 왜 가정적으로 불우해야만 하고 늙어서까지 험한 가시밭길을 걸어야만 하는가?하며 슬피 울기까지 하였던 충직한 제자였었다. 천하를 위해서 슬피 울었다기보다는 오로지 공자 한 사람만을 위해서 울었던 자로는 마침내 벼슬길에 오른다. 그러나 위나라 대부 공리의 가신으로 있을 때 일어난 정변으로 한쪽 정파를 지지했다는 죄목으로 목숨을 잃게 된다. 그의 급한 성격을 항상 걱정했었던 공자는 자로가 죽었을 것을 미리 알았다고 한다. 62세가 되던 해, 그는 적의 창에 목이 반쯤 끊겨 숨지면서도 갓끈을 염려했다. "군자는 죽을 때 죽더라도 갓을 벗을 수는 없는 법이다."라면서 갓끈을 똑바로 맨 채 피살되었다고 한다. 그의 시체는 토막이 난 채 소금에 절여졌다. 그 후 위나라의 사자가 소금으로 절여진 자로의 시체를 공자 앞에 내놓자 공자는 대성통곡하면서 집 안에 있는 소금으로 만든 음식물을 모두 쏟아버렸으며 그 후 그 어떤 젓갈도 입에 댄 적이 없었다고 한다.

71) 영화 〈솔로이스트〉의 주인공 스티브는 엘에이(LA)타임스 기자로서 칼럼 소재를 찾아 길거리를 나선다. 그러는 과정에서 그는 아주 우연하게도 바이올린을 연주하는 흑인 중년 노숙자 나다니엘과 마주친다. 노숙자 나다니엘은 줄리아드 음대를 중퇴한 첼로 전공자임이 밝혀진다. 그 사실을 알게된 기자는 나다니엘 가족을 수소문 끝에 찾아낸다. 놀랍게도 가족들은 나다니엘이 어릴 때 신동이었다는 얘기를 전해 준다. 나다니엘이 대학 진학 후 환청에 사로잡히는 병마에 시달리면서 광기어린 행동을 했고 그로부터 학교를 그만두고 노숙자로 생활한다는 것을 알게 된다.
그의 재능을 다시 꽃피워 주고 싶은 스티브는 나다니엘에게 "다시 음악을 시작해 보라."고 권하지만, 밀폐된 공간에 대한 공포증이 있는 나다니엘은 남 앞에 설 수가 없어 모든 것을 피하기만 한다. 그런 모습에 대해 실망하지 않는 스티브는 나다니엘을 음악으로 치유하려고 노력한다. 또 다른 유명 첼리스트까지 그에게 붙여보지만 나다니엘은 스티브에게 극도로 화를 낸다. 스티브가 자신을 정신분열자로 취급하면서 자신을 업신여겼다는 것이다. 그렇게 시간이 지나지만, 어느날 나다니엘은 그를 다시 찾아온 스티브 앞에서 얼굴을 떨구게 된다. 자기에게 폭력을 휘둘렀지만 아랑곳하지 않고 그 앞에 다시 다가선 스티브, 그리고 자기가 사랑하는 여동생까지 찾아 데려온 스티브에게 나다니엘은 아무런 말도 할 수 없었기 때문이다. 자신을 죽이려고까지 덤빈 그에게 "당신의 친구인 게 영광입니다(I'm honored to be your friend)."라고 말을 건네는 스티브에게 마침내 나다니엘은 세상에 자신의 마음을 활짝 열고 만다.

72) 참고: 켄 로빈슨 외(2010). 엘리먼트(역). 서울: 승산.

73) 한국에서도 군복무를 한 바 있는 피어시그(Robert Maynard Pirsig) 씨는 바로 그런 동행으로 모터사이클을 들고 있다. 그는 젊어서 대학에서 철학이라고 하는 것들을 공부했기에 자기의 삶은 무엇인가 남다를 것이라고 생각하고 살아갔지만, 실제로 그의 삶에서는 되는 일이 하나도 없다. 나날이 자기의 삶에 녹이스는 것 같은 심한 우울증에 시달리게 된다. 뇌에 전기충격을 받아도 그의 정신분열증은 호전되지 않는다. 마침내 그는 결단을 내린다. 평소 그가 즐기던 모터사이클 타고 11살짜리 아들 크리스와 함께 미네소타에서 캘리포니아에 이르는 이곳 저곳으로 17일간의 긴 여행을 떠난다. 여행을 하기 시작하면서 그는 유령에 시달린다. 고대 아테네의 소피스트인 파이드로스라는 이름 모를 유령이 그의 마음을 갉아먹는다.
이성적으로 따지고 논리적으로 몰아붙이는 그 유령과 함께 여행을 떠난 그가 이제 믿는 것은 그가 타고 다니는 모터사이클, 철 덩어리 부품들로 만들어진 모터사이클 뿐이다. 자기에게 여행 수단이 되는 모터사이클에 이상이 생기면 그것부터 바로 잡아놓아야 한다. 모터사이클이 그에게 분신이 되면서부터, 그것을 고치고 다듬으며 더불어 여행하는 동안 그는 자기도 모르는 사이에 파이드로스라는 유령이 자기를 괴롭히는 과거의 자기임을 알게 된다. 이제 그에게 소중한 것은 파이드로스가 아니라 모터사이클이다. 그 철골의 모터사이클이 이제는 자기에게 동행이며, 칼야나미트라로서의 지식이 되고 있음을 알게 된다. 모터사이클이란 사실 강철 작업을 통해 구체화된 개념 체계일 뿐이지만, 모터사이클의 그 어떤 부분도, 어떤 형태도, 누군가의 마음에서 나오지 않은 것이라고는 없다는 사실을 절감한다. 모터사이클이란 나와 동떨어진 기계가 아니라, 나와 일치되고 있는 정신적 현상이라는 사실을 체득하게 된다

[참고: 로버트 M 피어시그(2010). **선(禪)과 모터사이클 관리술-가치에 대한 탐구**(역). 서울: 문학과 지성사].

그는 한국에도 들른다. 모터사이클로 한국의 이곳 저곳을 들르면서 마음의 평화를 읽는다. 성벽에서도 그런 평화를 얻는다. "한국에서 보았던 성벽은 …… 아름다웠지만, 이는 노련한 지적 기획 때문도 아니었고 작업에 대한 과학적 관리 때문도 …… 아니었다. 그것이 아름다웠던 것은 그 성벽을 쌓는 일을 하던 사람들이 대상을 바라보는 나름의 독특한 방식을 소유하고 있었기 때문이다. 그들은 자기 초월의 상태에서 그 일을 제대로 하도록 자신을 유도하던 방식을 소유하고 있었다는 것에 이르자, 피어시그는 그동안 그렇게 분별없이 마음을 괴롭히던 사념들이 일순간에 사라져 버림을 알게 되었다. 이 여행 끝에 아들은 그에게 묻는다. "아빠, 정말로 정신이상이었어요?" "아니!" "아닌 줄 알았어요." 모터사이클은 그렇게 아버지와 아들의 벌어진 간극까지 치유해 주고 있었다.

74) 프랑스의 사회학자 르봉(Gustave Le Bon)에 따르면, 군중은 개인의 합리성을 상실하고 맹목적 목적인 감정에 따라 행동하는 인간 집합체라고 간주하고, 그것의 현상을 기술하는 개념으로 사회 전염 효과라는 말을 쓴 적이 있다.

75) 사람들은 아토스 성산 자치국을 바로 그러한 근원적인 장소 중의 하나로 꼽아왔다. 아토산은 수도승들의 자치국이다. 이곳의 수사들은 유혹을 피하기 위해 항상 몸을 반만 씻는다. 죽을 때까지 동굴 속에서 수행을 하는 수사들은 아토스 산 주위를 돌면서 기도하다가 늑대에게, 추위에, 병으로 죽는다. 그렇게 사라져 버리는 '그리스도의 바보'들은 '하느님께서 너도 몰래 너를 보살피셨다는 것'을 어김없이 받아들이며 죽음에 감사한다.

논픽션 작가로 활동하고 있는 크리스토퍼 메릴(Christopher Merrill)은 숨은 신을 찾아서, 그리스 북부 마케도니아 지역의 아크티 반도에 있는 해발 2,033m의 아토스 산을 오른다. 아토스 산은 동방 정교회 수도원의 공동체에 의해 관리되는 '아토스 성산 자치국(Autonomous Monastic State of the Holy Mountain)'이다.

아토스 산에 대해서는 여러 신화가 혼재한다. 말하자면, 예수가 황야에서 40일을 보낸 후 사탄에게 이끌려와 시험을 받은 곳이 아토스산이라는 신화도 회자된다. 예수가 사탄 자신에게 무릎을 꿇으면 '세상의 모든 나라'를 주겠다는 유혹을 받은 곳이 바로 이 아토스 산이라는 것이다. 또한 성모 마리아가 사도 요한과 함께 조난당해 도착한 곳이라는 신화도 건재한다. 이들이 아토스 땅으로 조난당한 후 이곳이 너무 성스러워서 마침내 자신과 아들의 땅으로 달라고 한 이래, 이곳 아토스 산은 이교도의 신들과 성모를 제외한 다른 어떤 여성도 발을 들일 수 없는 성지가 되었다는 신화도 있다. 그런 신화들을 지닌 아토스 산은 서기 881년 바실레오스 1세 동로마 제국 황제의 칙령으로 수사와 은수자들을 위한 특별 구역으로 지정되었다. 그 후 아토스 산 자치국은 1000년 이상의 격랑, 즉 십자군 전쟁, 크림 전쟁, 세계 대전, 발칸 전쟁의 역사 속에서도 살아남는다.

2,500여 명의 수사들과 사람들이 수도원, 동굴, 숲에 흩어져 살아가지만, 이곳에서 여성은 발견할 수 없다. 11세기부터 생긴 금지 규정 때문이다. 동물의 암컷도 출입할 수 없다. 아토스는 많은 사람의 죽

음을 보아 왔지만, 누군가 태어나는 것을 볼 수는 없다. 아토스 성산 자치국은 오로지 산은 산과 바다 그리고 종교의 힘으로 정립되어 있다. 이곳을 들르는 사람은 누구든지 "하느님 나라에 이르는 사다리는 당신의 영혼 속에 숨어 있습니다. 죄에서 도망쳐 당신 자신 속으로 뛰어드십시오. 그러면 당신의 영혼 속에서 위로 올라갈 수 있는 계단을 발견할 것입니다."라는 것을 쉽게 알게 된다. 메릴은 아토스 자치국을 여러 차례 방문하고 주옥 같은 글을 남긴다. "지성소를 드러내지 않도록 명심하십시오. 숨은 신의 모습에 대한 당신의 존경을 아무도 알아볼 수 없는 예지로 나타내십시오. 혼자서만 하느님의 신비한 모습을 간직하여, 체험하지 못한 자들을 더럽히는 일이 없도록 하십시오. 성스러운 것들을 나눠 가짐도 의당 성스러운 것에 합당하게 하십시오. 오로지 성스러운 자들의 격에 맞는 성스러운 영적 각성을 통해서만 그것이 이루어지게 하십시오." "우리는 보이는 것에 눈길을 돌리지 않고 보이지 않는 것에 눈길을 돌립니다. 보이는 것은 잠시뿐이지만 보이지 않는 것은 영원하기 때문입니다." "신은 스스로를 감춤으로써만 창조할 수 있습니다. 그렇지 않다면 오로지 신만 있을 것입니다. 그러므로 성스러움 또한 가려져야 하고, 심지어는 우리의 의식 속에서도 얼마간은 감춰져야만 합니다. 세상에서는 반드시 감춰져야만 합니다."

아토스 성산 자치국과는 달리 보통 사람, 비종교인에게조차 영원히 성스러운 곳, 살아 있는 동안 꼭 한 번은 들려보고 싶은 그런 곳들은 주로 종교적인 곳, 영성이 어울리는 곳이다. 〈위대한 침묵(Die Große Stille, The Great Silence)〉이라는 162분짜리 긴 기록 영화도 그런 곳 중의 하나를 보여 주고 있다. 이 영화는 프랑스 그랑드 샤르트뢰즈 수도원(Le Grande Chartreuse)에 거주하는 카르투시안 수도사들의 일상을 그린 기록 영화였다. 수도원은 해발 1천3백 미터 알프스의 깊은 계곡에 자리 잡고 있다. 1081년 성 브르노가 창설한 수도원은 아직도 창립 초기의 정신을 유지하고 있다. 수도원이 지어진 이래 단 한 번의 회칙 개정도 없었다. 밖이 아무리 변해도 그들은 그대로 고유의 엄률을 그대로 보존하고 있을 뿐이다. 이곳 수도승들은 침묵을 통해 새로운 세상을 경험할 수 있음을 드러내 보인다. 언어가 사라진 뒤에야 우리는 비로소 보기 시작한다는 것을 보여 준다. 그래서인지, 이 영화에는 사람의 언어가 섞여들지 않은 음향이 들릴 뿐이었다. 삐걱이는 문소리, 종소리, 그레고리안 성가들이 인공 조명이나 인공 음향 없이 그저 들린다.

수도승이 거처하는 성소에는 약 30평 정도 되는 정원이 딸려있다지만, 수도승들은 방에서 면벽한 채 끊임없이 기도에 몰입한다. 그들은 사방이 벽으로 갇힌 곳에서 바깥 세상을 보지도, 듣지도, 말하지도 않는다. 음식은 점심 한 끼만 제공된다. 아침에는 식사가 없다. 저녁으로는 빵과 음료수만 제공된다. 한 끼의 식사로 그들의 육체를 지탱해야 한다. 준비된 고독 속에서 하느님만으로 만족한다. 하느님만을 증거하기 위해서다.

수도승들은 하루에 세 번 성당에 모인다. 아침기도, 미사, 저녁기도 외에는 각자의 성소를 떠나지 않는다. 아침 6시 30분에 일어나서 저녁 7시 30분에 잠자리에 든다. 밤 11시 30분에 다시 일어난다. 밤 기도 때문이다. 새벽 3시 30분에 다시 잠자리에 든다. 이들은 복도를 걸어갈 때나 성당에서 기도할 때 항상 두건을 덮어 쓴다. 자신의 시선을 차단하기 위해서다. 시선을 오로지 하느님께만 두기 위해서이다. 수도승들은 시편 모두를 암송하게 된다. 불빛이 없어도 미사를 제대로 거행한다. 성당의 감실 불빛이 있지만 그것은 빨갛게 빛날 뿐 옆 사람 얼굴도 밝혀 주지 못한다. 수도승들은 일주일에 한 번 월요일 오후에 두 사람씩 짝을 지어 산악을 오른다. 육체적 강건함, 말하자면 운동의 부족을 고려한 처사다. 비가 와도 산악 걷기는 진행된다. 산 오르기를 할 때에는 서로 말을 나눌 수 있다. 그렇다고 해도 그들의 대화는 영적 대화일 뿐이다. 수도승은 수도원에서 가르침을 받는다. 필요하다면 외부에서 신학교 교수, 권위자가 초빙된다. 그저 듣고 이해하고 성찰하기가 가르침의 중심에 선다. 시험도 없고 평가도 없다. 수도승 각자의 역량대로 익히며 진도를 진행한다. 개별적인 지도가 있지만 주입식은 아니다. 철학하는 마음, 신학하는 정신으로 모든 것을 배울 뿐이다. 이들 수도승들은 이 '세상 속에서 세상과 다르게' 존재해야 한다는 것을 보여 줄 뿐이다[참고: 크리스토퍼 메릴(2009). **숨은 신을 찾아서**(역). 서울: 민음사].

76) 원효에게는 여러 가지 일화가 많이 있지만, 그중에서도 요석 공주와의 '애각(愛覺)' 이야기가 가장 돋보인다. 신라 진덕여왕 즉위 4년, 서기 650년경이었다. 당태종이 고구려 안시성에서 대패한 지 얼마 지나지 않은 때였다. 그는 여덟 살 아래 의상(義湘)과 당나라로 유학을 떠나 요동에까지 이르렀다. 그들은 폭우를 피해 토굴에서 하루 밤을 청한다. 먼 거리 걸음에 지쳤기에 이들은 이내 잠이 들어 버린다. 자다가 목이 마른 그는 샘물을 들이킨다. 다음날 그는 살아 있는 두 눈으로 똑똑히 알게 되었다. 그가 아주 곤하게, 그리고 마음 편하게 잔 곳은 바로 무덤이었고, 그가 달게 마신 샘물이 해골바가지 속의 고인 물이었다는 것이다. 자기도 모르게 한 가닥 깨우침이 별안간 솟구친다. "마음 그 외에는 법이 없으니 어찌 따로 구해야 하는가." 하는 탄성 아래 자기가 구할 진리니, 참이니, 법이니 하는 그 모든 것들은 바로 나 자신, 내 마음에서 찾아야 한다는 깨달음으로 가득 찬다.

동행이던 의상 스님과 고별한 후 그는 혼자 서라벌로 되돌아왔다. 수행과 정진을 하던 그는 40대에 들어서자 서라벌을 떠돌며 이상한 노래를 불러대기 시작했다. "누가 자루 없는 도끼를 허락하려나? 나는 하늘 받칠 기둥을 다듬고자 하네." '자루 없는 도끼'는 여성을, '자루'는 남성을 상징하는 것이며, 하늘 받칠 기둥은 자신이 여인과 결합해 낳을 훌륭한 인물을 말하는 것이었다. 미친 중놈이 지껄이는 헛소리로 들리기 안성맞춤의 노래였다. 무슨 말인지, 무슨 노래인지 모르는 시장 사람들과는 달리 그 길거리 중의 노래를 훤히 꿰뚫어 보는 태종무열왕(太宗武烈王)은 미소를 지었다. 그것을 자비의 뜻으로 받아들이고 그의 딸, 청상과부 요석 공주(瑤石公主)를 그에게 주기로 마음먹었다. 공주에게는 태기가 생겼고, 훗날 대학자가 되는 총(聰)을 낳았다.

요석 공주에게 하늘 받칠 기둥을 다듬은 후 그는 모든 것을 다 벗어 버리고 거사(居士), 도사(道士)가 된다. 그는 미친 듯이 기생집에서 머물거나 예의에 어긋나는 거칠고 난폭한 행동도 거침없이 해댄다. 절간에서 가야금으로 연주를 해대는가 하면, 여염집에서 유숙하며 부인네들에게 희롱을 하기도 하고, 길거리에서 깊은 좌선에 빠지기도 한다. 자유자재, 거칠 것도, 거리낄 것도 없이 모든 형식과 격식을 조롱하고 노래하며 춤추며 불성과 참나를 교화한다. 스스로 '거리의 스승', '도사'(道師)가 된다. 그가 보여주었던 길거리 춤, 길거리 노래, 길거리 깨우침, 길거리 배움이 하나가 되어 조화를 이룬 것이 바로 원효의 무애무(無碍舞), 거침없는 깨달음의 춤이었다. 원효는 혼탁한 이 세상 한복판에서 참나를 잡는 것이 그리 유별난 것은 아니라는 불성(佛性)을 보여 주려고 했다[참고: 이준범(1995). **원효대사와 요석공주**. 서울: 민예사].

77) 참고: 니컬러스 크리스태키스 · 제임스 파울러(2010). **행복은 전염된다**(역). 서울: 김영사.

78) 참고: 탈 벤 샤하르(2010). **해피어**(역). 서울: 위즈덤하우스.

79) 내가 30년간의 교수생활을 하면서 공부에 관해 깨달은 것이 하나 있다. 그 누구나 무엇이든 알 수는 있지만, 누구나 안 것 대로 행할 수 있는 것은 아니라는 점이었다. 다 늦은 나이지만 이태석 신부로부터 다시 한 번 더 배웠다. 1997년 여름쯤, 아직도 내 가슴속에서 지워지지 않는 큰 기억 하나가 있다. 내 삶을 크게 돌아보게 만드는 그런 일이었다. 전라도 끝자락 소록도에서 벌어진 일이었다. 그 어떤 경로를 통해 한센씨 환자들의 병원에서 일하는 간호사들에게 평생교육에 관한 강의를 하러 갔다가 방문하게 된 한센씨 병동에서 드러났던 내 모습에 스스로 좌절했기 때문이었다. 그곳 병동에서 기거하는 환자 중에는 고령인 노인 환자 한 분이 계셨다. 그분은 양 손가락이 거의 없었지만 손재주가 뛰어난 분이었다. 손가락은 다 잃었지만 양 주먹으로 양 코를 누르고 콧노래를 잘 부르는 노인네였다. 그분에 대한 소개를 간호사에게 듣고 그분의 침상에 다가갔다. 우리를 기다리던 그분은 나를 보자 선뜻 팔을 내밀어 악수를 청했다. 내민 팔에서 섬뜩함이 내 가슴으로 꽂혀 들었다. 끝내 내민 그분의 팔을 잡지도 놓지도 못하는 그런 어정쩡한 자세로 그 분이 내민 팔을 잡는 둥 마는 둥 했던 것 같다. 아주 경황이 없어서 그때 그 순간을 거의 기억하지 못한다.

다만, 내 스스로 상당히 어정쩡한 순간이어서 끝내 나는 그분과 악수를 하지 못하고 엉거주춤한 자세로 그분의 팔을 쥐는 것처럼 했던 것 같다. 사실 그 노인분과 악수를 제대로 못한 것이 아니라, 내마음 속으로는 이미 하지 않은 것이었다. 내 딴에는 인간에게 대한 그 무슨 휴머니티가 있다는 척하고 여러 곳으로 강의를 하고 다니기는 했지만, 끝내 그것은 위선과 거의 다름없는 것이었다. 교수입네 하며 식견을 뽐내려는 오만(傲慢) 같은 것이었다. 순간적으로 밀려오는 자괴감 때문에 나는 그 노인분의 재주를 건성으로 보는 척 했었다. 다른 환자들을 소개하는 간호사의 말 한마디도 가슴에 들어오지도 않았다.

괴로움과 수치 같은 것을 가득 가슴에 담고 소록도를 황급하게 떠났지만, 내가 깨달은 것은 말로 형언할 수 없었다. '사람은 그렇게 잘난 척하며 사는구나, 나도 예외없는 속물이구나.' 하는 기억이 내 머릿속에서 아직도 지워지지 않고 있다. 한국과는 아무런 연고도 없는 아프리카 수단, 그리고 그곳에서도 가장 가난한 마을, 그리고 세계로부터 버림받고 있는 한센씨병 환자들을 당신의 어머니, 누이, 그리고 동생처럼 포옹하고 이야기하며 그들을 어루만져 주던 의사, 음악가, 교사, 그리고 사제인 쫄리(John Lee) 이태석 신부는 말한다. "많은 사람들이 서로 상처를 주고받는다. 우리는 이 모든 상처들이 우리가 갈구하는 마음의 평화에 큰 장애물이라고 생각한다. 하지만 따지고 보면 진정한 장애물은 우리 자신이 아닌가 생각된다."라고 나에게 또 한 번 반성하고 반추하게 만들어 놓았다.

그는 전쟁으로 폐허가 된 학교를 짓는 일이 자라나는 젊은이에게 무엇보다 중요함을 역설하며 기도한다. 예수님이라면 이곳에 학교를 먼저 지으셨을까, 성당을 먼저 지으셨을까?'라는 생각을 자주 한다. 아무리 생각해 봐도 학교를 먼저 지으셨을 것 같다. 사랑을 가르치는 성당과도 같은 거룩한 학교, '내

집'처럼 느껴지게 하는 정이 넘치는 학교, 그런 학교를 말이다"[참고: 이태석(2010). **친구가 되어 주실래요.** 서울: 생활성서사.]라는 대답을 얻고 학교를 짓고 저들과 더불어 놀고, 웃고, 기도하고, 또 배우던 이태석 신부는 48세의 젊은 나이로 세상을 등진다. 우연하게 받은 건강검진으로 온몸에 암세포가 전이된 말기 암 환자임을 판정받고 내친김에 다시 수단으로 되돌아가기 위해 투병하다가 2010년 1월 세상을 떠났다. 그는 1962년 출생으로 의대를 나오고, 다시 광주 카톨릭 대학교에서 신학을 전공한 후 살레시오회 수도 사제이자 의사로서 아프리카 남수단의 작은 마을 톤즈에서 그곳 주민들을 돌봤던 한국인 슈바이처였다. 수단의 현지 톤즈 마을 사람들은 이태석(요한) 신부를 애칭으로 '쫄리(John Lee)'라고 부르고 그를 영원히 잊지 못한다.

80) 이 말은 신(新)신용주의자인 리차드 로티 교수가 프래그마티스들은 근본적으로 이상주의자나 관념주의자들과는 달리 현실 문제해결에 별로 소용이 없는 것들에는 별로 의지하지 않고 있음을 강력하게 보여 주고 있음을 드러내기 위해 한 말이다. 로티의 신실용주의는 진리를 '우리 사회에서 통용되는 것'으로 혹은 '믿어서 좋은 것'으로 대치한다. 동시에 과학적 검증 만능주의에서 강조되는 객관성을 '상호 주관적 유대'나 '설득에 의한 합의'로 대체한다[참고: Rorty, R. (1982). *Consequences of pragmatism*. Mn: University of Minnesota Press].

이런 점에서 로티가 이야기하는 신실용주의는 정치권에서 이야기하고 있는 정략적 수단으로 활용하는 통치술과는 성격이 다르다. 로티가 말하는 신실용주의는 본질주의적인 생각들을 거부한다. 진리가 본질을 가진 것으로 생각하지도 않고, 진리가 실재와 일대일로 대응한다고 보지도 않기 때문이다. 진리는 결코 이론화의 대상이 아니고, 그것은 오로지 실천적 행위 자체이기에 진리를 본질화하려고 하거나 이론화 하는 것은 철학자들의 착오라는 것이 로티의 생각이다. 그래서 로티는 철학자들이 지니고 온 인식론적인 이분법도 거부한다. 즉, 전통적으로 철학자들은 분석 대 종합, 이론 대 관찰, 그리고 과학 대 비과학 등으로 구분해 왔는데, 이런 구분은 사람들이 하나의 규칙을 만들어 놓고 그것으로 인간의 사고, 생각 그리고 그것의 결과들 중 그 어느 하나만을 일방적으로 선택할 수 없다는 세상 이치에도 어긋나기 때문이다.

로티는 모든 문제를 규칙에 의존해서, 규칙으로 비교하면서 그 무엇을 설명하겠다는 것이 잘못이라고 지적한다. 왜냐하면 그것은 철학자라고 하는 사람들이 자신이 속한 시대적 요청이나 실천에서 벗어나기 위해 언뜻 보기에 필연적으로 보이는 어떤 것을 만들어내서 그것으로 이것 대 저것으로 구분 짓는 욕심일 뿐이라는 것이다. 그래서 로티는 인간의 인식능력의 객관성이나 과학성을 부인한다. 인간이 기계가 아닌 이상 그들의 생각은 다른 사람들의 생각과 분리되어 있을 수 없다는 것이다.

81) 참고: 줄리언 바자니 · 제러미 스탠그럼(2009). **호모 사피엔스, 퀴즈를 풀다**(역). 서울: 웅진지식하우스.

82) 참고: 조광제(2004). **몸의 세계, 세계의 몸**. 서울: 이학사.

83) 참고: 조지 레이코프(2008). **몸의 철학**(역). 서울: 박이정.

84) 참고: 수전 그린필드(2004). **브레인 스토리**(역). 서울: 지호.

85) 뇌신경의학자들은 뇌이식의 기술적인 문제를 들고 있다. 뇌이식을 하려면 뇌와 척수를 동시에 이식하여야 한다. 공여자의 뇌와 수여자 간의 뇌를 신속하게 잇는 일이다. 뇌와 척수에서 나오는 중추신경들을 수여자의 말초신경계, 자율신경계와 연결해야 한다. 쉬운 일이 아니다. 뇌신경세포가 살아 있는 동안에 수많은 신경들을 연결해야 한다. 뇌신경세포는 혈류 공급이 차단되면 괴사가 일어난다. 30분 후부터는 거의 괴사 상태로 죽어 버린다. 뇌혈류를 담당하는 동맥과 정맥을 이어주는 것도 동시적인 작업이어야 하는데, 쉬운 일이 아니다. 신경을 접합하는 과정에서 신경의 손상은 불가피하게 일어난다. 손상된 신경은 손상된 것이다. 손상된 신경의 작동은 정상적인 기능을 발휘할 수 없다. 수술이 제대로 되었다 해도 마비 상태로 유지될 가능성이 높다.

86) 참고: 수전 그린필드(2004). **브레인 스토리**(역). 서울: 지호.

87) 건강학자인 론다 비먼(Ronda Beaman)은 성인의 삶을 '성행위에 의해 완성되는 치사율 100%의 질환'에 빗대면서, 젊음의 유전자 '네오테니(neoteny)'로 거슬러 올라갈 것을 권유한다. 성인이 되어서도 여전히 어렸을 때의 성질을 갖는 것은 단순한 외형 보존의 의미뿐만 아니라 젊음을 연상시키는 호기심, 활달, 열망, 용기, 다정함, 활력, 열린 마음, 즐거움, 흥분, 웃음, 장난기 같은 특성들의 보존을 뜻한다. 예를 들어, 80의 나이에도 불구하고 윈드서핑을 즐기고, 왕성한 창작 활동을 하는 것들이 바로 네오테니다. 노인성 치매는 정상 노화과정이 아니거니와 예방도 가능하다.

연구자들은 대개 70대의 2~3%, 80대의 5~10%만이 여러 치매성 질환을 경험한다고 추정한다. 성생활도 노인이 된다고 감소하는 것은 아니다. 노인일수록 몸과 마음의 경이에 더욱 눈뜨는 법이다. 성도, 변화에 대한 적응도, 학습능력도, 일의 생산성도 노인이 더 나을 수도 있다. 나이가 들수록 지능이 떨어진다는 것과 자연히 몸이 아프다는 것도 고정관념일 뿐이다. 물론 나이가 들면 체력이 떨어지는 것은 대개 맞는 말이다. 규칙적으로 운동하는 70대가 게으른 30대의 체력을 능가하는 경우는 많지만, 체력은 나이가 들수록 떨어지게 된다. 나이 들면 지혜로워진다는 것 역시 사실은 아니다.

지혜로운 사람일수록 통찰력, 판단력, 자기 인식력을 효과적으로 발휘해 삶을 효율적으로 관리할 수는 있지만, 일반적으로 나이와 지혜와의 상관관계는 높지 않다. 나이가 들어서도 여전히 성생활을 즐기고, 신체장애를 최소화하고, 학습능력과 지능을 유지하며 건강한 삶을 살아가려면 중요한 무언가를 잃지 않아야 한다는 것이 네오테니를 거론하는 이유다. 영장류 가운데 인간만이 가지고 있는 네오테니를 잃지 않고 되살린다면, 젊음을 유지할 수 있다. 네오테니를 억압하며 나이를 먹어가고 끝내는 거의 사라지게 만들지만, 사회적으로 억압받도록 교육받고 억눌러온 네오테니를 일깨우기만 하면 누구나 두 번 젊게 사는 게 가능하다는 이야기다. 네오테니를 유지하기 위해서는 생각과 언어, 동기 부여가 필요하다[참고: 론다 비먼(2007). **젊음의 유전자, 네오테니**(역). 서울: 도솔].

거센 바람도 피하지 않는 탄력성, 나이듦을 긍정하며 받아들이는 낙천성, 세계를 놀라움으로 받아들이는 경이감, 호기심, 기쁨, 유머, 음악, 일, 놀이, 학습 등을 즐기며, 무엇보다도 다시 사랑에 빠지는 일 등 그리고 나이듦에 대한 긍정적인 마음을 갖는 일이 필요하다. 레이저 박피, 보톡스 주사, 주름살 제거 수술 등으로 나이듦에 맞서는 것은 일시적일 뿐이다. 그렇게 삶에 대해 대적하기보다는 오히려 노화를 받아들이고 긍정하는 것이 중요하다. '성공한 사람들의 특징 중 하나는 어린아이 같다는 것'이라며 실패한 사람들이 젊은 나이에 모든 것을 다 깨우친 듯 별다른 관심도, 신기한 것도 없이 다 살아본 것처럼 행동하는 것에 반해, 성공한 사람은 여러 가지 것에 신기해하고 호기심의 눈빛을 보인다는 점에서 다를 뿐이다.

88) 이 이야기는 수전 손택(Susan Sontag)이 말한 해석의 불필요성을 인간의 몸에 대해서도 빗대본 것이다. 그녀는 해석에 반대하는 논지를 이렇게 전개한 바 있다. "모든 사건들은 해석을 하지 않으면 의미가 없다. 이해한다는 것 자체가 바로 해석하는 것이다. 해석한다는 것은 현상을 바꿔 말하는 것, 현상에 상응하는 것을 찾는 것이다. 따라서 해석은 사람들이 생각하는 것처럼 절대적인 평가, 즉 시간을 초월한 어떤 영역에 자리 잡은 정신능력의 몸짓이 아니다. 인간의 의식을 역사적으로 바라보는 관점 안에서, 해석 자체도 분명히 평가를 받아야 한다. 거기서 해석은 수정하고 재평가하는, 죽은 과거를 탈출하는 수단이다. 다른 문화적 맥락에서 보면, 이는 반동적이고 뻔뻔스럽고 비열하고 숨통을 조이는 훼방이다."[참고: 수전 손택(2002). **해석에 반대한다**(역). 서울: 이후.]

89) 참고: 미치오 카쿠(2006). **평행 우주**(역). 서울: 김영사.

90) 참고: 이거룡 외(1999). **몸 또는 욕망의 사다리**. 서울: 한길사.

91) 의사인 박민수는 경영 중에서 가장 소중하고 효과가 확실한 '내 몸' 경영에 주력해야 건강하게 살 수 있다고 이야기 한다. 옛말에 가장 좋은 의사로 사람의 마음을 달래는 심의(心醫), 먹거리로 몸을 달래는 식의(食醫)를, 그리고 맨 나중에 약으로 사람의 몸을 달래는 약의(藥醫)를 쳤던 것을 보면, 박민수 역시 사람들의 마음을 달래는 의사로서 자기 몸 경영을 이야기하고 있는 것이다. 그는 내 몸 경영에서 적기란 없으며 시작이 경영의 출발이라고 한다. 시작하는 그 순간이 최선의 시점이기에 내 몸 경영에 자기 몸을 해치는 습관부터 제대로 다스리라고 말한다. 생활습관이 건강을 좌우하기에 식생활습관을 바꾸어 주는 것이 병의 근본적인 원인을 치료하는 열쇠라는 것이다[참고: 박민수(2009). **내 몸 경영**. 서울: 전나무숲].

건강에 관한 연구들이 공통적으로 지적하는 것이 개인마다 편차는 있지만, 신체능력은 대략 35세부터 감소한다는 점이다. 부모에게 물려받은 내 몸의 항상성이 급속하게 고갈되는 45세부터는 온전히 개인의 선택에 따라 자기 몸의 질과 건강이 달라지며, 50대 이후의 삶은 내 몸 경영의 여부에 따라 그 성패가 갈리기에, 35세가 되기 전 미리 내 몸을 경영하는 것이 최선의 길이라고 본다. 그것이 여의치 않았다고 하더라도 늦어도 50세 전에는 반드시 내 몸 경영을 시작해야 한다. 우선 규칙적으로 식사하기, 소금 섭취량 줄이기, 가공식품 섭취 줄이기, 저녁 식사량 줄이기, 물, 야채, 과일 많이 먹기 그리고 금주, 금연 실천과 반식을 하라고 충고한다. 내 몸의 성공이란 질병이 없는 상태가 아니라 전성기 때의 자기 몸으로 돌아가는 것이다. 남들만큼만 하겠다고 계획해서는 절대로 건강수명 100세 시대의 기나긴 여정을 헤쳐 나갈 수 없다. 내 몸 투자에는 불확실성이 없다. 노력하고 투자한 만큼 비례해 내 몸의 경영은 성과를 거둔다. 내 인생의 10%는 반드시 내 몸에 맡기는 것이다. 자기 수입의 10%와 자기 시간의

10%, 자기 에너지의 10%는 온전히 내 몸을 위해 투자해야 한다.

92) 사라마구가 이 소설에서 전하려는 이야기는 신호 대기 중인 차 안에서 한 남자의 눈이 멀면서 전개되기 시작된다. 눈이 멀면 모든 것이 어두워진다고 생각되게 마련이지만, 생각과는 달랐다. 모든 게 하얀색으로 변해가고 있었기 때문이다. 눈이 먼 세상은 생각과는 달리 밝은 백색으로 채색된, 그렇지만 어두운 세계였다. 별안간 맹인이 된 남자는 아내의 도움으로 안과를 찾는다. 그를 맞이한 안과 의사는 의사로서의 전문성을 동원한다. 아무런 이상 증상 없이 발병한 환자에 대한 지적 호기심이 발동했다. 그러나 그를 치료하기도 전에 그 역시 백색 맹인이 된다.

백색 맹인증은 그렇게 전염병처럼 사람들에게 퍼진다. 백색 맹인들이 늘어간다. 정부는 긴장한다. 공권력으로 수용소를 만들어 백색 맹인 모두를 가둔다. 전염병을 막기 위해서다. 처음 백색 맹인을 치료하려다가 맹인이 된 의사도 수용소로 끌려간다. 그의 곁에 함께 있던 의사의 아내는 수용소로 가기 위해 짐을 옮겨주는 그 순간 눈이 멀어 버린다. 그러나 그것은 거짓이었다. 남편과 함께 하기 위해 거짓말을 한 것이다. 눈뜬 백색 맹인들이기에 그 어떤 거짓말도 통용된다. 모든 사람들이 모조리 눈이 멀어가지만 이 부인만이 유일하게 눈뜬 사람이다. 모든 것을 볼 수 있는 사람은 그 여자 혼자이다. 그들을 수용한 정신병동은 순식간에 지옥으로 변해간다. 그렇게 강조되던 질서나 양심도 소용없는 사회로 변해간다. 모두가 백색맹인들이 편한 대로 그렇게 살아간다. 아무 곳에서나 변을 보기에 배설물이 수용소 이곳저곳에 양탄자처럼 깔린다. 식량을 빼돌리는 것도 다반사다. 그들을 보호한다는 명분으로 파견된 군인들도 맹인들을 무참하게 사살한다. 모두가 편하게 산다. 식량을 미끼삼아 여자들도 강간당하기 시작한다. 모든 것이 지옥이며 모든 것이 현실이다.

지옥 같은 현실의 요구와 풍경을 의사의 아내 홀로 남김없이 목도한다. 이제 눈이 먼 백색 맹인들은 그들이 그전에 소유했다고 굳건히 믿고 있던 모든 것을 잃어 간다. 오감 가운데 시각 하나만 잃었지만, 그 오감 중 하나로 인해 모든 것을 잃어 간다. 인간은 없다. 모두가 악마뿐이다.

수용소에 "새로 온 사람들은 움직이지도 않고 머뭇거리고만 있었다. 그러나 누군가는 시작해야 했다. 이럴 때 늘 일어나는 일이지만, 남자 둘이 동시에 이야기를 시작했고, 둘 다 그것을 의식하고 동시에 입을 다물어버렸다." …… "저 사람은 누구요." 첫 번째로 눈이 먼 남자가 대답했다. "의사입니다. 안과 의사죠." 택시 운전사가 말을 받았다. "그거 재미있군. 아무것도 못해 주는 의사라, 우린 정말 운도 없지." "아무 데도 데려다 주지 못하는 택시 운전사는 뭐가 다른데요." 검은 색안경을 쓴 여자가 맞받아 빈정거렸다. …… 침묵은 사라졌다. 바깥에 있는 삶들이 소리를 지르고 있었다. 안에 있는 사람들도 소리를 지르기 시작했다. 아마 아무도 이 날까지는 눈먼 사람들의 외침이 이렇게 무시무시할 수 있다는 것을 몰랐을 것이다. 그들은 아무런 이유도 없이 소리를 지르는 것 같았다. 우리는 그들에게 조용히 하라고 말하고 싶지만, 그러다 보면 우리도 결국 소리를 지르게 된다. …… 말이란 것이 그렇다. 말이란 속이는 것이니까, 과장하는 것이니까, 사실 말은 자기가 어디로 가는지도 모르는 것 같다. 우리는 갑자기 튀어나온 두 마디나 세 마디나 네 마디 말, 그 자체로는 단순한 말, 인칭대명사 하나, 부사 하나, 동사 하나, 형용사 하나 때문에 흥분한다. 그 말이 저항할 수 없는 힘으로 살갗을 뚫고, 눈을 뚫고 겉으로 튀어나와 우리 감정의 평정을 흐트려 놓는 것을 보며 흥분한다[참고: 주제 사라마구(2008). 눈먼 자들의 도시(역). 서울: 해냄].

93) 참고: 고목(2007). 신 유식학. 서울: 밀양.

94) 참고: http://blog.daum.net/mt-life/3966716

95) 깨달음에 관해 옛사람들은 많은 공력을 쌓았거나 논하기를 좋아했다. 그런 논쟁 중에서도 돈오돈수(頓悟頓修)와 점오돈수(漸悟頓修), 혹은 점오점수(漸悟漸修)의 논쟁이 유명하지만, 그런 논쟁의 이면에는 깨달음에 대한 계층적 갈등이 깃들여 있었음을 알 수 있다. 신수 스님은 점오점수론자에 가깝다. 염불(念佛)의 공력으로 망념을 없애야 하며 선정(禪定)의 힘으로 섭심(攝心)하여 어지럽지 않아야 한다고 한 신수 스님의 신수선법(神秀禪法), 그중에서도 방편법문(方便法問)은 구체적인 간심간정(看心看淨)의 법이다. 신수 스님은 '심란(心亂)하고 번잡함을 멀리 여의고, 한가로운 정처(靜處)에서 몸과 마음을 고르며, 가부좌하여 고요히 한다. 혀는 입천장에 붙이고, 마음은 하나의 경계에 집중하는 것'이 옳은 선법이라고 말한다.

이렇게 선의 핵심을 말하는 신수의 돈오는 섭심내증(攝心內證) 후의 돈오, 즉 점수적(漸修的)인 돈오(頓悟)다. 신수는 점수(漸修)와 망념(妄念)을 제거하는 과정을 돈오에서 중요한 방편으로 생각하기에 신수의 돈오는 일념(一念)과 정심(淨心)이 상응한 돈오다. 그에 비해 조사선(祖師禪) 혜능 스님의 돈오는 단도직입(單刀直入)이다. 결코 점(漸)에 의한 돈오가 아니다. 혜능의 돈오는 일념(一念)과 자성(自性)이 상응하는 돈오다. 얼핏 보면 신수나 혜능의 돈오가 다를 것 같지만, 실제는 같다. 두 사람의 돈오는 돈오에 대한 인정 여부에 과한 것이 아니라 돈오의 방법론, 즉 돈오에 어떤 방식으로 이르는가에 대해 서로 다른 의견이 있었던 것이다.

신수나 혜능 모두 사람에게 깨달음이 있으면 설령 그가 아침에 범(凡)이었더라도 저녁에 성(聖)이 된다고 본다. 깨닫지 못하면 누구든 영겁토록 항상 미(迷)할 뿐이다. 그렇게 소중한 깨달음(覺)은 고상하거나 음침하거나 은밀하거나 고답적인 것에 있는 것이 아니라는 것이다. 깨달음은 처음부터 끝까지 '네 마음' '내 마음' '그 마음' '저 마음' 바로 '마음'에 있다. 그 마음 역시 음침하거나 저 높은 곳에 있는 것이 아니라, 바로 내 '몸', 그 몸에 있을 뿐이다. 그런데 몸은 언제나 망념(妄念)이 있는 곳에 있기에 깨달음이 변덕스러워 보이는 것이며, 돈오가 그렇게 고답적인 것처럼 보이는 것일 뿐이다. 신수 스님이나 혜능 스님이나 모두 내 몸, 네 몸, 그 몸, 저 몸인 망념(妄念)의 본실을 깨닫는 것이 그것을 단박에 깨닫든 한숨 돌리다가 깨닫든 간에 그것을 각(覺)하는 것이 네 몸과 내 마음을 꿰뚫어 가면서 투철히 해내는 것이며 바른 깨달음, 참나에 이르게 되는 것이다. 물론 무수(無修)에 의한 돈오를 강조하는 혜능의 도는 평민적인 성격이 강하다. 하루 한 끼, 먹고 살기 바쁜 사람들에게 그렇게 수행하고 뭐하고 할 정신적인 여유나 문자로 이리저리 논하고 자시고 할 것도 없었기 때문에 무수돈오(無修頓悟)가 제격이었을 것이다. 그에 비해 점수(漸修)를 강조하는 신수의 돈오는 귀족화(貴族化)된 수행방법이라고 말할 수도 있다.

점수도 여가와 시간을 필요로 하기 때문이다. 신수의 선법은 평민화된 수행방법으로서의 혜능의 선법과는 사회적 성격이 다르다. 신수의 선법이 귀족화된 성격이 강한 것은 수행자들의 성격에 의한 것이다. 게다가 나라에서 보호하는 불교일수록 귀족화된 점수의 방법이나 문자선을 선호하게 되었다. 그들은 재력이 있어 일할 필요가 없었을 뿐만 아니라 시간이 많아 번잡한 불교를 창출하는 쪽으로 기울어져 버렸기 때문이다 그래서 천태종(天台宗), 유식종(唯識宗), 화엄종(華嚴宗) 등은 대개가 혜능의 돈오보다는 신수의 점오에 기울어져 있다고 볼 수 있다[참고: 동군(2010). 조사선(역). 서울: 운주사]. 혜능은 일자무식(一字無識)이었기에 경전(經典)에 의지할 수가 없었다. 문자로 쓰인 내용들이 머리에 쉽게 들어올 리가 없었다. 그런 것들이 너무 현학적이었기 때문이다.

문자를 안다는 것, 그래서 문화 수준이 높을수록 이치를 깨닫는 데 장애가 되기 십상이다. 문자로 읽은 것을 헤아리고, 생각하며 곱씹음으로써 오히려 집착을 버리기보다는 집착하기 쉬워 선(禪)에 장애를 가져오기 십상이다. 글자를 모른다는 것은 오히려 편할 수 있다. 문자적인 속박함에서 벗어나 있기에 마음을 문자에 구속시킬 필요가 없다. 마음이 문자로부터 벗어나 있으니 수행하는 사람으로서는 마음 편할 수 있다. 실제로 혜능 이후의 선승들 중에는 문자적 수준이 높아서 수행을 문자선(文字禪)으로 이끌어 간 결과 원래 혜능의 법통을 이어받는 혜능선(慧能禪)에서 멀어져 버린 사례도 있다. 이것은 수행을 문자(文字)로 가려버린 하나의 병폐이기도 했다. 이것은 수행(修行)의 사회학(社會學)적 모습을 보여 주는 사례이기도 하다. 실제로 선(禪)에 관해 북종(北宗)은 '노동'을 필요로 하지 않았지만 남종(南宗)의 사람들은 북종의 사람들과는 달리 자기의 노동으로 경제적인 자급과 독립을 유지하는 사람들이었다.

남종 사람들은 좌선만 하고 앉아 있을 만한 시간적 여유가 없었고, 실제로 혜능의 이야기에는 항상 노동자, 일하는 사람의 모습이 자주 등장한다. 출가 전에는 땔나무를 팔아 생계를 유지하였고, 출가 후 8개월 동안은 방아를 찧었으며 득법 후에는 하층 백성 속에서 몇 년을 숨어서 지내야 했었던 혜능으로서는 가만히 앉아서 좌선만 할 수 없었다. 그런 혜능 이후 조사선은 더욱더 산림화(山林化), 농촌화로 승계해났다. 그들의 수행은 일상의 생활과 농사를 체현하는 것이었기에 선(禪)은 생활의 구호로 출현하게 될 수밖에 없었다. 이는 농선(農禪)으로 더욱 현실화되었고, 그런 모든 것들은 하나로 모아져 혜능의 조사선법(祖師禪法)을 이뤘다. 혜능은 더 나아가 재가(在家) 수행의 거사선(居士禪)을 제창하였는데, 거사(居士)는 부유한 사람이 아니라 일상생활 중에 만날 수 있는 일반 평민을 지칭한 것이었다.

96) 원작자인 오머 워싱톤(Omer B. Washington)은 아라비아 시인이다. 그의 시는 근엄한 종교학자에까지 큰 영감을 주곤 했다. 순례 도중 그는 자녀를 소재로 한 애욕의 시까지 읊었기 때문에 교주(教主) 칼리프는 그를 한 섬에 유배하여 그에게 시를 쓰지 못하게 했다. 그의 능력을 아쉬워한 교주는 그가 노년이 되어서야 귀향을 허락한다. 귀향하게 만들어 준 대가에 보답하기 위해 오마르는 금욕 생활로 여생을 보냈다.

그렇지만 그는 타오르는 시상을 끊지 못하고 이렇게 배움에 대한 열정을 노래한다. "나는 배우고 있습니다. 사랑하는 사람들에게는 언제나 사랑의 말을 남겨 놓아야 한다는 것을. 어느 순간이 우리의 마지막 만남이 될지 아는 사람은 아무도 없습니다. 해야 할 일을 하면서도 그 결과에 대해서는 마음을 비우는 자들이 진정한 의미에서의 영웅임을 나는 배웠습니다. 사랑을 가슴 속에 넘치게 담고 있으면서도 이를 나타낼 줄을 모르는 사람들이 있음을 나는 배우고 있습니다. 나에게도 분노할 권리는 있으나 타인에 대해 몰인정하고 잔인하게 대할 권리는 없다는 것을 나는 배우고 있습니다. 우리가 아무리 멀리 떨어져 있어도 진정한 우정은 끊임없이 두터워진다는 것을 나는 배우고 있습니다. 그리고 사랑도 이와 같다는 것을. 내가 바라는 방식대로 나를 사랑하지 않는다 해서 나의 모든 것을 다해 당신을 사랑하지 않아도 좋다는 것이 아님을 나는 배우고 있습니다. 또 나는 배우고 있습니다. 아무리 좋은 친구라고 해도 때때로 그들이 나를 아프게 하고, 그렇다고 하더라도 그들을 용서해야 한다는 것을. 타인으로부터 용서를 받는 것만으로는 충분하지 못하고 내가 내 자신을 때로 용서해야 한다는 것을 나는 배우고 있습니다. 나는 배우고 있습니다. 아무리 내 마음이 아프다고 하더라도 이 세상은 내 슬픔 때문에 운행을 중단하지 않는다는 것을 나는 배우고 있습니다. 환경이 영향을 미친다고 하더라도 내가 어떤 사람이 되는가 하는 것은 오로지 나 자신의 책임인 것을 나는 배우고 있습니다. 나는 배웠습니다. 우리가 서로 다툰다고 해서 서로가 사랑하지 않는 게 아님을. 그리고 우리가 서로 다투지 않는다고 해서 서로 사랑하는 게 아니라는 것도 나는 배우고 있습니다. 밖으로 드러나는 행위보다 인간 자신이 먼저임을 나는 배우고 있습니다. 두 사람이 한 가지 사물을 바라보면서도 보는 것은 완전히 다르다는 것도 나는 배우고 있습니다.
그리고! 또 나는 배우고 있습니다. 앞과 뒤를 계산하지 않고 자신에게 정직한 사람이 결국은 우리가 살아가는 데서 앞선다는 것을. 내가 알지도 보지도 못한 사람에 의하여 내 인생의 진로가 변할 수도 있다는 것을 나는 배우고 있습니다. 나는 배우고 있습니다. 이제는 더 이상 사람들을 도울 힘이 내게 없다고 생각할 때에도 사람들이 내게 울면서 매달릴 때에는 여전히 그를 도울 힘이 나에게 남아 있음을 나는 배웠습니다. 글을 쓰는 일이 대화를 하는 것과 마찬가지로 내 마음의 아픔을 덜어 준다는 것을 나는 배웠습니다. 나는 배웠습니다. 내가 너무나 아끼는 사람들이 너무나 빨리 이 세상을 떠난다는 것을. 그리고 정말 나는 배우고 있습니다. 타인의 마음을 상하게 하지 않는다는 것과 나의 믿는 바를 위해 내 입장을 분명히 한다는 것, 이 두 가지 일을 엄격하게 구분하는 것이 얼마나 어렵다는 것을 나는 배우고 있습니다. 나는 배우고 있습니다. 사랑하는 것과 사랑을 받는 것을……."

97) 사람이 올바른 판단과 결정을 내리기 위해서는 무엇보다 믿을 만한 지식과 믿어서는 안 될 지식을 가려낼 줄 알아야 한다고 강조하는 미국의 철학자 마이클 필립스(Michael Philips)는 '세상을 지배하는 속임수와 거짓말을 지구 끝까지 추적하는 철학 경찰관'을 자처한다. 그런 것을 갈라내는 데 요긴한 올바른 판단은 무엇보다 우리 자신이 '오류 투성이'라는 것부터 인정해야 한다. 그저 사람들이 늘 하는 말대로 '보는 것이 믿는 것이다'라든가 '백문이 불여일견' 같은 말은 처음부터 믿지 않는 것이 현명하다는 것이 그의 처방이다. 제아무리 자신의 머리를 믿어도, 그의 머리에 붙어 있는 뇌라는 부분은 언제나 한 가지 일에 몰두하기 때문이다[참고: 마이클 필립스(2009). 지식 철학의 법정에 서다(역). 서울: 갤리온].
말하자면, 뇌는 불완전하고 모호한 자료를 싫어한다. 그런 자료를 접하면 우선 편해지기 위해 이해 가능한 것으로 파악하려고 노력한다. 그런 노력과정이 이해에 도움을 준다고 판단된 암시와 기대감에도 쉽게 영향을 받게 된다. 그런 뇌가 발휘하는 기억은 그렇게 믿을만하지 않다는 것은 당연한 결과다. 예를 들어, 한 대학에서 1986년 발생한 챌린저호 참사 사건에 대한 사람들의 기억에 대해 연구를 한 적이 있었다. 대학은 사건 다음날 목격자들에게 그 사건에 대해 질문을 했었다. 3년이 지난 뒤에 똑같은 질문을 해서 답변을 얻었고, 또 3년이 지난 뒤 똑같은 질문을 했었다. 그 질문에 대해 응답자들은 그전과는 다른 답변을 했었다. 그런데도 응답자들은 자신의 3년 된 기억이 사건 다음날의 답변과 같았던 것으로 인식하고 있었다.

인간의 기억뿐만 아니라 인간의 생각도 오류의 길로 인도하는 주범 중의 하나다. 사람들은 '생각을 하기는 하지만' 얼마 안 되는 사례만으로 사실을 일반화하기를 좋아한다. 위험성과 수익성을 계산하면서 필요한 정보를 무시하는 경우가 비일비재하다. 자신의 믿음을 믿게 만들어 주는 증거는 받아들이지만, 반대의 증거는 외면하는 경향이 강하다. 말콤 글래드웰(Malcom Gladwell)은 그의 저작물인 『블링크』에서 순간적으로 솟아오르는 생각과 느낌, 그러니까 직관의 중요성을 이야기했다. 글래드웰의 견해에 대해 반박하는 필립스 교수는 직관적인 판단이나 결론이 결코 체계적인 이론을 뛰어넘을 수도, 더 우수할 수도 없다고 주장한다. 글래드웰이 말하는 『블링크』에 성공 사례로 등장하는 사람들은 하나같이 비범한 재능의 소유자거나 오랜 시간 훈련을 통해 해당 문제해결에 필요한 지식을 단단하게 쌓고 그런 경험 속에서 사물의 전체를 꿰뚫어보는 능력을 갈고 닦은 사람이기 때문이다. 그들의 직관이 들어맞을 수 있었던 것은 당연했다.

그들은 일상을 살아가는 보통 사람들과는 달랐다. 보통 사람들이 오류 투성이라면 그들은 자기보다 똑똑한 남들의 이야기를 믿어야 하겠지만 그것 역시 답이 아니라는 것이다. 대학교, 언론 같은 '전문 집단'이 주장하는 이야기나 해법들이 뭔가 옳을 것 같아 보이지만, 그들 또한 '정상적으로 작동'하는 것이 아니기 때문이다. 전문 집단일수록 그들 역시 자기의 이해관계를 위해 이 세상에서 자기들이 필요로 하는 자료를 의도적으로 추출하고 그것을 가공해 자기들이 필요로 하는 결론으로 만들어 내는 사람들일 뿐이다. 그들이 만들어 내는 결론이나 이론화의 과정은 찐빵을 만들어 내는 기계와 별다른 차이가 없다. 그들의 지식제조 공정은 '지식 기계'의 작품일 뿐이다. 그 지식 기계는 불량 지식들을 생산해 세상을 오도하는 경우가 너무 흔할 뿐이다. 그래서 필립스는 어떤 지식이 참인지 거짓인지를 평가하기 위해 해당 분야의 전문지식에 필요 이상을 의존할 일이 아니라고 못박고 있다. 필요한 것은 그들이 굳건한 증거를 제시할 때까지 자기가 갖고 있는 자기의 삶에서 쓰임새가 있었던 그 상식을 쉽게 포기하지 않는 불굴의 의심 정신이다.

98) 참고: 이성복(1990). **그 여름의 끝**. 서울: 문학과 지성사.

99) 참고: 우노 구니이치(2009). **질 들뢰즈, 유동의 철학**(역). 서울: 그린비.

100) 죽음을 복사한다는 것은 차이를 제거하는 반복을 반복하는 것과 흡사하다. 과학자들이 실험실에서 실험을 위한 실험의 조건을 동일하게 만드는 것은 차이를 제거하기 위해서다. 자연과학도가 행하는 연구의 질은 이런 차이를 제거하는 반복의 엄밀성이 어느 정도냐에 따라 결정된다. 자연과학이 교육과학이나 사회과학에서 행하는 실험에 비해 실험조건을 철저하게 통제할 수 있다는 점에서 차이를 제거하는 반복의 힘이 엄청나게 크고 정밀하다. 예를 들어, 화학자들이 실험실에서 약품 실험을 할

때 그들은 약품의 양, 온도들을 엄격하게 동일하게 반복적으로 통제하는 방식으로 실험한다. 조그만 차이를 만들어 내는 조건이 생성되어도 그 실험은 실패하기 마련이기 때문이다. 그런 실험의 실패를 최대로 억제하기 위해 실험실 실험의 성과는 차이 없는 반복이 어느 정도로 완벽했는지에 따라 달라지게 마련이다. 그들에 비해 사회과학자들의 실험은 통제될 수 없는 것을 통제하기 위해 불필요한 에너지를 쓰게 되지만, 끝내 차이 없는 반복을 통제하는 데에는 미진하게 대처한다. 인간을 다루는 사회과학이나 교육과학의 실험은 차이와 반복을 통한 새로운 생성을 만들어 내는 데 미흡할 뿐이고, 그런 점에서 그들의 연구 결과는 인간의 삶에 관해 새로운 것을 이야기한다고 하면서 실제로는 새로운 삶에 대해 새롭게 이야기하는 것이 아무 것도 없는 것이나 마찬가지다.

101) 참고: 데릭 젠슨(2009). **거짓된 진실**(역). 서울: 아고라.

102) 윌리엄 블레이크(2000). **순수와 경험의 노래**(역). 서울: 혜원출판사.

103) 헤겔의 변증법은 동일률(同一律)을 근본원리로 하는 형식논리에 대하여 모순 또는 대립을 근본원리로 하여 사물의 운동을 설명하려고 하는 논리인데, 헤겔은 인식이나 사물은 정(正)·반(反)·합(合), 즉 정립·반정립·종합의 3단계를 거쳐서 전개된다고 생각하였으며, 이 3단계적 전개를 변증법이라고 생각하였다. 정(正)의 단계란 그 자신 속에 실은 암암리에 모순을 포함하고 있음에도 불구하고 그 모순을 알아채지 못하고 있는 단계이며, 반(反)의 단계란 그 모순이 자각되어 밖으로 드러나는 단계이며, 이와 같이 모순에 부딪침으로써 제3의 합(合)의 단계로 전개해 나간다고 본 것이다.

104) 이 논리를 이해하기 위해서는 나가르주나(Nagarjuna, 龍樹), 즉 용수 스님의 중도 논리를 이해할 필요가 있다. 그는 불교에서는 중요한 부정의 논리학(否定論理學)의 체계를 세운 사람이다. 그의 논리적 견해는 부정의 사상을 핵심으로 하는 진속이제서(眞俗二諦說)로 집약된다. 낮은 진리인 속제(俗諦)와 높은 진리인 진제(眞諦)의 관계에서, 하나의 일반적인 주장은 상식적 의미에서 일단 진리로 여겨질 수 있으나, 그것을 뛰어넘는 더 높은 관점에서는 비진리일 뿐이다. 이 방법은 무명에서 지혜로 나아가는 방법론이기도 하다. 불가에서는 무명 내지 무지를 모든 삶의 과정이며 원인으로 간주한다. 삶은 괴로움일 뿐이라는 사실에 대한 무지가 계속되어, 삶에 대한 맹목적인 충동이 사라지지 않는다는 것이다. 어린아이의 무지, 어른의 갖가지 착각과 현세적 욕망, 미신, 그릇된 관념, 삶의 유혹에서 벗어날 수 없는 무력함, 이 모든 것은 동일한 사실의 다양한 현상일 뿐이다. 이 무지에서 탈피하게 도와주는 것이 바로 깨달음이다. 무지의 어둠을 점진적으로 극복하기 위해 불교 철학자들은 특유의 방법, 즉 부정의 논리학을 발전시켰는데 그 사람이 바로 나가르주나였다.
그가 말한 부정의 논리학에서 말하는 진제와 속제 간의 관계는 부정의 관계라기보다는 깨달음을 전제한 부정의 포섭과 흡수의 관계다. 예를 들어, 사람들은 담배를 피우면 마음이 편안해진다고들 주장한다. 흡연의 관습이 사라지지 않는 이유다. 이렇게 흡연하는 동안 정신이 건강해진다는 논리는 사람들이 믿고 있는 상식적 '참(A)'인 속제이다. 이런 속제에 따라 사람들이 흡연을 하지만, 담배를 끊으면 정신과 육체 모두가 건강해진다는 진제의 높은 '진리(B)'가 나오면, 속제는 진제에 흡수되어 버린다.

속제가 완전히 제거된다기보다는 진제에 흡수되어 버리기에, 속제의 궤적이 남아 있을 수 있다. 마치 금연이 중요한 것을 알면서도 흡연 인구가 있는 것은 이렇게 설명할 수 있다. 속제(A)와 진제(B) 간의 관계는 양자를 통합한 다음, 말하자면 AB 상태 그것보다 좀 더 높은 관점에서 고찰하면 AB 상태는 다시 비진리로, 즉 새로운 높은 관점에 비해서 '낮은' 진리로 여겨질 수 있다.

다시 말해서, 금연을 하면 정신 건강과 육체 건강 모두를 챙길 수 있다는 AB 상태는 금연과 운동을 더 불어하면 더욱더 정신 건강을 지켜낼 수 있다는 C 상태가 AB 상태보다는 더 높은 진리가 된다. 같은 방식에 의해 우리는 다음에 이를 수 있다. 금연과 운동, 그리고 독서를 함께한다면 정신 건강에 더 이롭다는 생각(D)은 ABC 상태에 비해 삶에 있어서 더 높은 관점이 된다. 이렇게 속제를 부정하며 속제를 흡수하며 발전하는 진제의 전개방식에 의해 삶은 점점 더 포괄적이고 높은 진리로 올라가게 된다. 사람이 살아간다는 것, 그런 인간의 삶에 있어서 양자택일의 절대순간만이 인간을 지배하는 것이 아니기에, AB 상태와 그것보다 더 높은 상태인 ABC 상태가 완전 대립이라고 여기는 그것은 지각에 의한 감각적 경험만으로는 수용되지 않는다.

나가르주나는 사물은 나름대로의 자성(自性, svabh va)을 갖고 있어야 한다는 생각을 버리지 않는다. 인간의 모든 사상, 그 속에 내재하고 있는 모순적인 견해를 철저히 논박했던 나가르주나 자신은 어떠한 견해도 갖지 않고 어떠한 입장도 지니지 않았다. 그는 모든 긍정적 주장에는 근거가 없으며, 일체 인간의 사고가 모순에 빠져 있는 것을 보았기 때문이다. "모든 견해가 공이다[참고: 용수(2007). **중론(말과 생각을 넘어서 말하고 생각하기)**(역). 서울: 법공양]." 라고 하는 것을 명쾌히 논증했던 그는 '모든 견해의 방기[참고: 용수(2007). 위의 책.]' 를 강조했다. 나가르주나는 교법에 실체가 있다고 생각한다면 그와 같은 사상은 자신의 교법에 대한 애집과 거기에서 발생하는 타종교에 대한 증오에 의해 애증의 갈등으로 떨어지고 말 것이라고 경고한다. 어떤 진리, 어떤 실재의 관념도 버려야 하기에 그의 논리를 따르면, 자기가 주장한 견해, 붓다의 법설까지도 절대 진리라고 집착하지 말아야 한다. 진리에 대한 무집착이야말로 참된 진리로 향한 태도였기 때문이다.

모든 사물은 그 자성 때문에 나름대로의 독립적인 존재가 될 수 있다고 믿기 때문이다. 사물이 독립적이라는 말, 사물이 자성을 갖고 있다는 말은 그 사물이 다른 것에 의존하지 않는다는 것을 뜻한다. 자성을 갖는다는 것은 말하자면, "다른 것에 의존하지 않는 것, 적정인 것, 산만한 논의(=희론)에 의해 부연되지 않는 것, 망상을 떠나 있는 것, 일의적인 것, 이것이 진실로 존재하고 있다는 것을 특징으로 삼는다." 이렇게 참으로 존재하는 것을 타트바(tattva)라고 하는데, 타트바는 그 자신만으로 존재하여 다른 사물과 무관하며, 그런 것들에 의해 영향을 받지 않는다는 것을 뜻한다.

그렇지만 이것은 결코 참이 아니다. 그 어떤 삶이든 다른 것과 연관되지 않은 삶은 존재할 수가 없기 때문에 참이 될 수 없다. 자기 자신만으로 존재하는 것 같이 보이는 것은 그렇게 보이는 것일 뿐이다. 독립적인 것처럼 믿어보고 싶기에 그렇게 믿어지고 있을 뿐이다. 타트바를 원초적 지각 상태에서 그려볼 수는 있지만 그 실체를 현실적으로 드러내 놓을 수는 없다. 이 세상에 존재하는 생명들뿐만 아니라 그 모든 것들은 나 홀로 존재하는 것이 아니라 더불어 존재할 뿐이다. 더불어 존재하는 것은 다른 것과 관련짓게 마련이다. 서로서로 그렇게 관련짓는 상태를 연기(緣起, pratitya-samutp da)라고 부르는데, 그것은 말 그대로 이것이 있음으로 저것이 있고, 저것이 있음으로 그것이 나타나는 '관계의 그물'을 말한다. 모든 것은 그런 관계의 그물망에서 모든 것으로 존재하게 된다. 그렇게 다른 것에 의존하고 있는 것, 그런 연기를 공성(空性)이라 부르고, 그 공성의 핵심은 중도다.

모든 것은 연기의 상태이고, 그 연기의 상태가 공의 의미이기에, 진실로 존재하는 것으로서의 타트바는 논리적으로 '존재', '비존재', 그리고 존재와 비존재가 합쳐진 '존재비존재', 그 '존재비존재 모두도 아닌 상태'라고 하는 네 가지 유형의 논점으로부터 독립된 존재다. 네 가지 논점은 결국 인간이 사고해낼 수 있는 유형의 존재 모습이기에 결코 타트바의 본체를 증거한 것이 아니다. 자성은 연(緣)과 인(因)에서 생길 수 있는 것이 아니다. 자성은 연과 인에서 생길 수 없다. 자성이 연과 인에서 생긴다면 그것은 타트바가 아니라 만들어진 것일 뿐이다. 사람이 누군가를 이해한다는 것은 가짜 거울에 나를 비추어 보겠다는 생각과 같다. 불규칙하게 빛을 받아들이면서 사물의 본질을 왜곡하고 변색시키는 가짜 거울에 대한 베이컨(F. Bacon)의 말을 연상시킨다.

모든 존재는 상호 의존의 관계에 있는 연기적 존재들이기에, 그 어떤 것도 스스로는 존재할 수 없다. 각 존재는 실체가 없는 무자성의 존재일 뿐이다. 모든 존재는 여러 원인이 서로 관계됨으로써 생성된다. 모든 존재는 무자성의 존재이며, 공(空)해야만 성립이 가능한 존재일 뿐이다. '공성'이란 고통의 문제를 실제로 해결해 나갈 때, 깨달음의 추구에 대한 하나의 대답이 된다. 공성에 대한 자각은 '모든 것을 포괄하는 이해(sarvajnata, 一切智)'이기 때문이다[참고: 프레데릭 J. 스트렝(1999). **용수의 공사상 연구**(역). 서울: 시공사].

인간이 생각해낼 수 있는 사고 범주들은 타트바가 아니기에, 인간의 사고 범주로 만들어 내는 그 어떤 것도 논리적으로 모순을 갖는다. 타트바를 생각해내기 위해서 만들어 내는 그 어떠한 견해나 어떠한 입장도 지닐 수 없게 된다. 그 어떤 긍정적 주장 혹은 그 어떤 부정적 주장에도 그것을 독립적으로 세울 수 있는 근거가 없기 때문이다. 그래서 인간의 모든 사고는 모순에 빠져 있게 된다. 인간이 만들어 내는 사고(思考)나 견해는 필연적으로 내면적인 모순을 간직하고 있다. 인간의 사고에 의해 파악되는 것은 남김없이 배척되어야 한다는 것이 나가르주나의 생각이었다. 그런 생각이 바로 부정될 수 없는 것을 찾는 것이 논리적 방법으로 진행되었다. 그는 참을 찾기 위한 절대적이고 궁극적인 방법을 생각했다. 인간이 도달하려고 하는 참이라고 하는 보편성은 그가 생각하던 대승불교의 세상에서는 대우주적인 브라흐만이며, 소우주적인 아트만(Atman)인데, 이 둘은 같은 것이다. 브라흐만이든 아트만이든 자기 자신이 자기 자신의 자아를 부정하는 것은 불가능하다. 그것을 부정하는 주체가 바로 자기 자신의 자아이기 때문이다. 나가르주나가 활용하는 부정의 변증법은 브라흐만과 아트만에 대한 해명과 실현을 향한 것이다. 아트만과 브라흐만은 서로 이율배반인 것 같지만, 실제로는 이율배반적인 것이 아니다. 그런 이율배반적인 형상에서 벗어나 하나의 궁극적인 세계의 의미를 찾아가게 도와주는 논리가 부정을 통한 긍정의 논리다. 이런 사고에서 나가르주나는 부정을 통한 긍정의 문을 열어 놓는다.

나가르주나의 부정 변증법은 개념으로써 개념을 넘어서야 비로소 논리가 서게 된다는 것을 이미 오래 전에 아도르노에게 넌지시 가르쳐 준 것이나 마찬가지다. 일반논리에 따르면, 음수(−)와 음수(−)를 곱하면 수학적으로 그것 곱은 양수(+)가 된다. 헤겔의 변증법 역시 기본적으로 부정의 부정은 긍정이라는 식으로 정리된다. 그의 변증법은 '원인이 있으면 결과가 있다'는 도식에 따라 움직이지만, 그것은 처음부터 끝까지 동일성과 '동일률'에 근거하는 논리를 취한다. 즉, 어떤 명제가 참이면, 그 명제는 참이라는 논리를 취한다. 헤겔의 이런 변증법의 논리와는 달리, 부정의 변증법에서는 부정의 부정은 결코 긍정으로 생각하지 않는다. 하나의 전체가 부정일 때, 그것을 구성하는 부분들에 대한 부정은 부정적일 뿐이라고 생각한다. 부정된 것은 그것이 완전히 제거되거나 사라질 때까지 부정적인 것으로 받아들인다. 일방적인 원인–결과의 관계에 초점을 두어 변증의 논리를 세우는 것을 벗어나, 사물 간에 개입되고 있는 상호 원인의 관계, 다시 말해서 '짜임 관계' 속에서 움직이는 대상을 인식한다. 부정의 변증법은 일상적인 삶에서 야기되는 모순을 객관적인 현실의 문제 상황이거나 사건의 외형적인 속성으로 받아들이기보다는 사건이나 현상에 대한 인식의 문제 상황으로 간주한다.

인식의 문제는 모든 존재가 공간적으로 동시적인 상호 의존 관계와 동시에 시간적으로 이시적(異時的)인 생멸 관계에 있다는 명제를 받아들여야 되는 순간에서부터 발화되기 시작한다. 모든 존재가 공간적으로는 동간적인 상호 의존성과, 시간적으로는 이시적인 생멸 관계에 있다. 이것을 받아들이기 위해서는 인간 스스로 존재하고 있는 모든 것들은 바로 여기에서 서로 짜여져 있다는 생각과 그렇게 존재하는 것들이 생동성 있게 나라는 존재와 연계되어 있기에 창조적 생성의 계기를 만들어 낼 수 있다는 논리를 요구한다. 인간이라는 존재는 어떤 사정을 갖고 있든 간에, 생과 명을 갖고 있는 동안 현재라는 순간과 이곳에 머물고 있는 존재다. 그렇게 현재 여기에 머물러 있는 한, 인간 스스로 다른 모든 것과 짜임새의 관계를 갖게 된다. 그것을 받아들이면 스스로 숙명론에서 벗어나 현재를 긍정해야만 한다.

모든 것이 이시적 상호 의존적 관계로 직조되어 있다는 것은, 삶살이에서 발견되는 모든 것이 겉으로는 느슨하게 연계되어 있는 것아 보이더라도 속으로는 서로가 단단하게 짜여져 있는 현재적인 관계일 수밖에 없음을 의미한다. 예를 들어, 어제 내가 배가 아팠던 것은 상한 물고기를 먹었기 때문이다. 독을 먹은 물고기를 먹었기에 배탈이 났다는 식으로 원인이 있기에 결과가 있다고 볼 수 있다. 이런 류의 동일성의 논리에 따르면, 나의 배탈의 결정적 원인은 상한 물고기다. 그것에 머물지 말고 조금만 더 나아가보면, 나의 배탈은 그런 단순한 동일성의 논리에 의해 일어난 것 그 이상의 관계에 의해 지배받고 있음을 알 수 있다. 즉, 공장에서 폐수를 하천에 방류했고 그것을 관계 기관이 방치했기에 그곳에 살고 있던 물고기들이 오염되었으며, 그 오염된 물고기를 잡아 몰래 판 사람이 있기에 …… 그리고 생선을 날 것으로 먹기 좋아하던 친구가 내 옆에 있었기에 내가 배탈이 나게 되었음을 깨달아가게 만들어 주는 연결의 단단한 고리 관계가 있다. 즉, 서로가 서로에게 의존하며 관계롭다는 직조하기와 짜임새로서의 상호 의존성을 말한다. 그래서 나가르주나에 의해 성립된 부정의 변증법은 원인이 결과로부터 영향을 받는다는 동일성의 개념마저도 이 짜임새로서의 상호 의존성으로 수용하고 있다. 이시적 상호 의존성은 만남의 우발성과 우연성도 관계의 짜임새 속에서 인정하기 때문에 현실성을 받아들인다. 만일 현재가 과거에 발생한 수많은 사건들이 원인이 되어 만들어진 것이고 원천적으로 결정될 뿐이라고 생각한다면, 인간의 현실은 헤어나지 못할 숙명론에 빠지게 된다. 그런 운명론에서 빠져나오게 만들어 주는 것이 바로 나가르주나의 부정의 변증법이다.

나가르주나의 논리대로 세상만사를 살핀다면, 우리네들의 만남이라는 것도 우발적인 사건들이기는 하지만, 그것은 과거 사건을 구성하는 원인들의 배치마다 바로 이곳에서 발생한 새로운 원인들이 개입되어진 것들이다. 우발이라든가 우연이라는 것은 원초적으로 있을 수 없는 것이 된다. 그런 새로운 개입으로 과거와는 전혀 다른 새로운 양태의 사건들이 지속적으로 발생한다. 삶이란 그런 것들과의 끊어짐인 단속이 아니라, 그런 것들의 이어짐으로서의 연속일 뿐이다. 이렇게 과거의 원인들에 새로운 원인들이 들어가 새로운 배치를 끊임없이 만들어 내기에, 인간은 숙명론에 빠져 있을 겨를이 없다. 오로지 인간이 할 수 있는 일을 그 원인과 결과로 이어지고 생성되는 수많은 짜깁기와 짜임새의 현재를 무한히 긍정하고 사랑해야 하는 일이다.

결국 나가르주나가 말하는 이시적 상호 의존성과 동간적 상호 의존성은 들뢰즈가 말하는 식으로 인간의 삶에서 만들어지는 차이란 생성 운동을 만들어 내는 발생적 요인임을 드러내 놓았던 것이다. 동시에 "영원회귀란 생성의 영원한 회귀다."라는 말처럼 니체가 절규하고자 했던 위버멘쉬에 대한 은유를 설명해 주는 논리이기도 하다[참고: 진은영(2007). **니체, 영원회귀와 차이의 철학**. 서울: 그린비].

105) 사회를 단지 부분적 사실의 관찰에 만족하는 경험주의적 편향을 보이는 전통적 이론과 달리, 비판 이론은 사회의 총체적 파악을 우선한다. 모순을 가지고 있는 현 사회를 끝내 긍정하는 보수적 이론으로 회귀하는 전통 이론에 대한 경계를 늦추지 않기 때문이다. 그래서 비판 이론은 '사회를 비판하는 또 다른 비판 기획'인 맑스주의를 진리의 완결성으로 인정하지 않으며, 그것마저도 극복하려고 한다. 프랑크푸르트 학파를 이루는 아도르노, 벤야민, 호르크하이머 같은 비판 이론가들이 맑스주의와 연결된다면, 그들은 주로 그람시와 같은 네오 맑시스트들이 취한 맑시즘을 그들의 비판 이론을 위한 도구로 활용하려고 할 뿐이다.

비판 이론가들은 사회적 불평등, 인간의 소외, 사회적 부정의 등의 문제를 개인적 · 상호 주관적 · 제도적 · 구조적 수준에서 분석해내면서 그것을 개혁하는 일에 초점을 맞추고 있다. 비판 이론가들은 개인의 자유에 대한 사회 구조적 억압과정을 폭로하고, 개인이 자신의 삶에 최대한의 통제력을 가질 수 있게 만드는 일이 인간 해방이라고 주장한다. 한 인간의 조건은 개인이나 집단이 위치한 사회적 · 경제적 · 문화적 존재 상황에 의해 결정되기 때문이다. 인간의 감정, 의식, 사고방식 등은 그가 존재하고 있는 사회 구조나 제도 등에 의해 교화되기 마련이다. 그런 위치에 처한 인간의 내적이고도 외적인 조건을 이해하기 위해서는 그가 처해 있는 존재 상황을 파악하는 것이 중요하다. 그가 하는 말이나 행동은 그런 사회적 조건과 상황에 의해 결정되기 때문이다.

비판 이론가들은 인간과 자연의 보다 광범위한 갈등에 초점을 맞춘다. 그들이 행하는 비판은 모든 학문에 필요한 요소인데, 비판이란 어떤 지식이나 명제가 과연 옳은가 혹은 그른가에 관한 판단과 논의를 시도하는 것을 의미한다. 그때의 시비들은 첫째로 사람이 인식하고 행동할 수 있는 능력의 조건에 대한 반성을 의미한다. 둘째로는 한 인간을 둘러싼 사회 현실 말하자면, 그런 사회 현실에 의해 만들어진 억압 체계에 대한 깊은 성찰을 의미한다. 비판 이론은 파시즘 같은 '이즘(ism)'에 대해 냉철한 시선으로 일관한다. 그들은 갖가지 이즘을 계몽적 요소인 이성의 결여에서 생겨난 것이라기보다는 오히려 인류가 계몽의 역사에 함몰되었기에 필연적으로 맞이하게 된 비극으로 해석한다.

그래서 비판 이론은 계몽주의자들이 의지하고 있는 도구적 이성, 말하자면 그들 계몽주의자들의 지배 사고와 동일성 사고에 대해 의심하며 문제를 제기할 수밖에 없었다. 비판 이론은 이른바 '계몽의 자기 파괴적 성격'을 지적함으로써 지금까지 계몽이 진보적 사유라고 교육되어 온 이즘의 논리를 뒤집으려고 한다. 비판 이론은 계몽의 가치 아래 반복되는 갖가지 번다한 '주의(主義)', 즉 새로운 종류의 야만에 대해 문제를 제기한다. 즉, '왜 인류는 진정한 인간적 상태에 들어서기보다 새로운 종류의 야만 상태에 빠졌는가?'라고 끊임없이 묻는다. 그래서 아도르노 같은 이는 『부정 변증법』에서 보편화한 갖가지 이즘과 관련된 '기만적 연관성'에서 벗어나는 일이 인간 해방과 직결되어 있다고 간주한다. 그는 인간 해방이 기만적 연관성에 찌든 '개념의 지배'에 대한 비판과 과학기술의 방법에 대한 엄밀한 비판으로써 가능하다고 본다. 그것을 위해 아도르노는 자본주의와 사회주의의 산업사회에서 서구적 계몽과 이성주의의 왜곡된 실현을 해체해야 한다고 주장했다[참고: M. 호르크하이머(1983). **철학의 사회적 기능**(역). 서울: 전예원; 알브레히트 벨머(1981). **비판사회이론**(역). 서울: 종로서적].

비판 이론가들은 이성과 계몽이 자기 유지의 도구로 전락함으로써 진보가 아닌 퇴보의 역사를 밟아 왔다고 철저히 고발했다. 그런 계몽에 구원이 있다면, 그 계몽을 다시 계몽하는 반성만으로 새로워질 수 있다고 역설한다. 계몽은 인간을 주인으로 세운다는 거대한 목표 아래 모든 신화를 거부해 왔다. 계몽주의자들은 끊임없이 '신화'들을 해체하고, 그것을 '지식'의 잣대로 재단하면서 신화적인 요소에서 상상력을 붕괴시키려고 노력해 왔다. 그런데 그들이 비판의 과정에서 발견한 것은, 신화도 이미 계몽적 요소를 자기 안에 가지고 있다는 점이다. 말하자면, 대상을 어떤 의미로 고정시킴으로써 미지로부터 오는 공포를 극복하고자 하는 행위를 포괄적으로 봤을 때 그렇다는 것이다. 신화가 세속화되는 과정 속에서 '자연의 통치자로서의 창조주인 신'과 '체계화하는 정신으로서의 인간의 이성'은 결국 서로가 같은 것이 되어 버린다. 인간이 신과 닮았다는 것은 피조물 위에 군림하는 이성의 지고성, 주인의 당당한 눈매, 그리고 '명령'에 있다. 사물은 인간을 위한 사물이 된다. 이러한 변화 속에서도 사물은 언제나 동일한 것, 즉 지배의 대상일 뿐이다. 이러한 '동일성'이 '자연의 통일성'을 구성한다는 점에서 이 세상에는 새로운 것이 있을 수 없게 된다.

새로운 것이 있을 수 없는 이 세상에 관한 비판 이론가들의 생각은 현재를 혼성 모방의 구조로 다루는 포스트모던 사상가들과 맥이 닿게 된다. 혼성 모방은 한마디로 이 세상 어디에도 새 것은 없다는 것을 말한다. 지금과 같은 자본주의, 물신 사회를 제임슨 같은 포스트 모더니즘의 이론가들은 세 가지 특성으로 짜인 사회로 비판한다[참고: Jameson, F. (1984). Postmodernism, or the cultural logic of late capitalism. *New Left Review, 146*, 53-93].

그 첫째가 혼성 모방(pastiche), 둘째는 정신분열증, 그리고 마지막이 광신적인 허무주의다. 후기 자본주의의 물결에 찌들어 그것의 당위성을 찬양하며 그 물결에서 헤어 나오지 못하는 사람들에게는 자연스럽게 그런 정신분열증 증세, 혼성 모방적인 자기감, 그리고 광신적 허무주의의 신경증세가 묻어 나올 수밖에 없다. 포스트모더니즘의 이론가들은 인간의 이성이나 자아의 개념에 회의적이다. 인간에게는 진정한 자아와 사적인 정체성의 개념과 연결되어 있으며, 이러한 자아와 정체성은 자신의 독특한 세계관을 생성하며 자신만의 양식을 만들어 낼 것이라는 생각에 회의적이다. 포스트모더니즘에서 발견되는 것은 '혼성 모방(pastiche)'과 '정신분열증'일 뿐이기에, 후기 구조주의자들은 독창적인 개인이라는 개념과 개인주의의 이론적 토대가 이데올로기적인 것이라고 비판한다. 개인 주체는 일종의 신화라고도 할 수 있다는 것이다. 개인 주체는 처음부터 결코 존재하지 않았다는 것이다. 개인 주체가 존재한다고 믿게 만드는 것은 단지 신화의 미혹일 뿐이다. 이런 상황과 조건 속에서 남아 있는 것은 혼성 모방일 뿐이라고 말한다. 즉, 지나간 양식을 모방하는 것만 남아 있을 뿐이라는 것이다. 이런 혼성 모방의 사회 속에서 살고 있는 인간은 더 이상 자기가 처한 현재에 집중할 수 없게 된다는 것이다. 자본주의 사회 속에서 인간은 스스로 역사적 맥락을 파악하는 능력도 상실했고, 시간을 다루는 데에도 무기력해지게 되었다는 것이다.

제임슨 같은 포스트모더니즘 이론가들은 라캉의 정신분열증 이론의 관점에서 정신분열증의 시간관을 다룬다. 그들은 정신분열증을 일종의 언어장애에서 온 것이라고 간주한다. 유아가 언어의 영역에 충분히 진입하지 못하는데서 생긴 증상이 정신분열증이라는 것이다. 사람이 구체적인 시간의 현상을 체험하게 되는 것은 사람의 말이나 사람이 쓰는 문장이 시간 속에서 움직이기 때문이다. 그러니까 사람의 언어에는 과거, 현재, 그리고 미래가 함께 있다는 것이다. 인간의 기억을 예로 든다면, 그 기억이라는 것은 시간성의 경험을 말하는 것이고 그 기억 속에서 드러나는 개인 정체성은 바로 언어의 효과일 수밖에 없다는 것이다. 정신분열증 환자의 언어는 일반인의 언어와는 그 조성 방식이 다르다. 정신분열증 환자는 언어 조성을 그런 방식으로 이해하지 않는다. 시간의 연속성이 과거, 현재, 미래로 경험될 수가 없기에, 그에게 있어서 과거의 기억들은 현재와 연결될 수 없고, 미래 역시 현재와의 연속선상에 연결될 수 없다. 그는 그저 영구한 현재에 살게 될 뿐이다. 정신분열증 환자는 시간의 단편만을 경험한다. 지속적 현재들을 연이어 경험하게 될 뿐이다. 그는 자신이 처한 현재의 세계를 보다 더 강렬하게 경험하기에, 개인의 정체성에 대한 확인이 불필요하기까지 하다. 그런 시간의 흐름 속에서 그는 그저 아무도 아닌 존재, 이름이 있음에도 이름의 의미가 없는 존재가 될 뿐이다. 이들은 그 무엇을 하고 있다고 해도 아무것도 하지 않는 존재일 뿐이다. 어떤 일을 한다는 것은 특정한 시간과의 관계의 연속 속에서 자기 스스로를 확인하고, 자기 정체성에 열중한다는 의미다. 정신분열증 환자에게 이런 자기 존재감이 있을 수는 없다.

정신분열증 증상이 심한 사람들은 과거, 현재, 그리고 미래와 같은 시간의 분절적인 차이를 인정하지 못한다. 신경증의 핵심은 자신의 육체 안에서 살아갈, 그 안에서 살고 죽을 수밖에 없는 인간 무능력의 극치를 보여 주는 데 있다. 광신적인 허무주의자는 종교와 미신 간의 구별이 불필요하다고 믿는 사람이다. 정신분열증, 신경증, 그리고 광신적 허무주의와 결별하기 위해서는 자기 주체감, 말하자면 더욱더 신앙의 객관화를 드러내는 자기 확인감, 모든 것에 대한 해석과 비판을 수반하는 자기 정체감, 더욱더 개인적인, 현존재적인 개인의 존재감을 드러내는 자기 주체감이 필요하다. 사럽 교수는 현재의 사회가 바로 혼성 모방적이기에 이 사회를 살아가는 사람들은 더욱더 새로울 수 있는 것을 만들어 내는 것이 필요하다고 지적한다[참고: 마단 사럽(1997). **후기구조주의와 포스트모더니즘**(역). 서울: 조형교육]. 이 지적을 받아들이면, 이런 혼성 모방의 세상에서 자기 해방이 가능하려면 자기 주체성에 대한 확인이 불가피하다. 자기 주체성에 대한 성찰은 정신분열증이나 신경증, 허무주의와의 결별이기도 하기 때문이다.

106) 회필유리에 관한 강론은 『유교경』에 실려 있다. 『유교경』은 붓다가 입멸에 즈음하여 제자들에게 전하는 마지막 설법이 들어 있는 경전이다. 한역본만으로 남아 있는 『유교경』은 5세기 초 구마라집(鳩摩羅什)이 번역한 것이다. 붓다는 제자들에게 자신의 입멸 후에는 계율을 잘 지키고 모든 욕망을 삼가하며, 마음을 한곳에 머물게 하여 흩어지지 않도록 집중해서 깨달음의 지혜를 얻으라고 설한다. 몸은 언제 어느 곳에서나 항상 머물러 있지만, 세간은 끊임없이 변해가니 자신의 입멸을 슬퍼하지 말고 노력에 노력을 경주하여 하루빨리 해탈을 얻어, 지혜의 광명으로써 무명의 암흑을 벗어나라고 가르치고 있다.

107) 아무리 화가 나더라도 가슴 속에 혼자 간직하고 그 노여움을 다른 사람, 다른 일에 옮기지 않고 잘못은 두 번 다시 되풀이하지 않는다고 스승 공자로부터 칭찬을 받은 안연(顔淵)은 젊은 나이에 세상을 등졌다. 그가 먼저 죽은 것에 대해 깊은 아쉬움을 간직한 공자는 진리로 가는 길을 이렇게 가르친다. 진리를 제대로 보려면 가장 먼저 "눈에 보이는 게 독립된 개체라는 생각을 버려야" 하며, 그 둘째는 "세상이 개체로 이뤄졌다는 말을 믿지 말고 그 대신 세상은 관계로 이뤄졌다는 것을 믿으라."는 말이었다. 세상이 단 하나의 개체나 실체로 이뤄졌다는 것은 환상이며, 그 환상은 믿을 수 없는 감각적인 것, 말하자면 '보고 듣는' 감각을 통해서 오기 때문이라는 것이다[참고: 윤재근(2003). 논어. 서울: 나들목].

『논어(論語)』의 안연(顔淵)편에 따르면, 안연이 공자에게 인(仁)에 대해 물으니, 공자가 다음과 같이 말하였다. "자신을 극복해 예로 돌아가는 것이 인이 되는 것이니, 하루라도 자신을 극복해 예로 돌아가면 천하가 인으로 돌아갈 것이니, 인을 행하는 것은 자기에게서 말미암는 것이지 남에게서 말미암을 수 있겠는가?" 더욱더 답답해진 안연이 잇대어 공자에게 묻기를, "청컨대 그 조목을 묻고자 합니다." 하니 공자가 말하기를 "예가 아니면 보지 말고, 예가 아니면 듣지 말며, 예가 아니면 말하지 말고, 예가 아니면 움직이지 말라."라고 하였다. 그러자 안연이 말하기를 "제가 비록 민첩하지는 못하지만, 청컨대 이 말씀을 섬기겠습니다(顔淵 問仁 子曰 克己復禮爲仁 一日克己復禮 天下歸仁焉 爲仁由己而由人乎哉. 顔淵曰 請問其目 子曰 非禮勿視 非禮勿聽 非禮勿言 非禮勿動 顔淵曰 回雖不敏 請事斯語矣)."

108) 자로(子路)는 중국 춘추 시대 노나라의 정치가이자 무인이다. 계로(季路)라고도 불리는 자로는 공자의 핵심 제자 중의 한 사람이다. 공자와 14년의 유랑 생활을 함께 했으며 고난을 함께 겪은 동행이기도 했다. 자로는 자기 자신에 대해서도 엄격한 사람이었다. 그는 약속을 다음날까지 미루는 일이 없었다. 자로는 자기의 결점을 다른 사람들이 지적해 주면 그것을 기뻐하였다. 자로는 직선적이고 성격이 조금 급했다. 성격이 거칠었기에 학자적인 취향을 가진 제자들과는 조금 이질적이기는 했지만, 꾸밈없는 소박한 인품으로 행하는 부모에 대한 효도 때문에 공자의 깊은 사랑을 받았다.

자로는 공자의 제자 중에서는 최연장자였다. 공자에게는 굳이 제자라기보다는 친한 친구에 가까웠으며 엄격한 비판자이기도 했다. 자로는 공자가 반란을 두 번씩이나 일으킨 자들을 섬기려고 생각하였을 때도 강하게 항의하였다. 그랬기에 자로는 노나라에서 그와는 달리 현실 정치인으로서 처세술이 뛰어난 염구(冉求)와 함께 강력한 정치가가 되기도 했다. 대의명분에 직선적인 자로는 공자가 노나라로 돌아갈 때 위나라에 남아서 공씨의 가신이 되었다. 그는 왕실 계승 분쟁에 휘말리게 되고 그로부터 송나라 제후의 딸인 남자가 그녀의 이복형제 송조와 정을 통해서 낳은 아들인 괴외의 난(亂)이 일어나자 그 와중에 전사하였다. 그의 유해는 정치적인 이유로 인해 젓갈의 발효로 쓰여 '젓'으로 담가졌다. 그 소식을 들은 공자는 집안에 있는 모든 젓갈을 내다 버리면서 그의 죽음을 슬퍼했다. 공자는 그 이후에도 젓갈과 같은 종류의 음식만 보면 "젓으로 담구어지다니!" 하며 자로를 탄식했다.

109) 이 대목에서 묵자(墨子)는 공자가 보여 준 의(義)와 그의 평소 이야기 사이에는 상당한 괴리가 있음을 지적한다. 공자가 위선자라고 비판한다. 공자와 제자 간에 주고받은 것들을 다른 시각으로 바라보는 묵자(墨子)는 이 당시 공자(孔子)가 보여 준 태도를 보고 위선자(僞善者)라고 몰아붙인다. 공자가 제자들과 자신의 몸을 구하기 위해 진나라와 채나라 사이에서 쫓기게 되는 그런 위급 상황에서 먹을 것이 없어 명아주 국물로 열흘을 견디게 되는 급한 상황이 오자, 공자가 평소 이야기해 오던 예(禮)와 의(義)와는 달리 호구지책을 위해 예와 의에 상당한 변통을 두어 이리 저리 말을 바꾸는 것을 보고 위선자라고 낙인해 버렸던 것이다[참고: 기세춘(2009)(역). **묵자**. 서울: 바이북스; 김영수(1993)(주해). **묵자 외 제자백가**. 서울: 학원출판공사]. "……공자는 진(陳)과 채(蔡)의 국경에서 오지도 가지도 못하고, 열흘 동안 명아주 국만을 마시며 곡식은 한 알도 입에 넣을 수가 없었다. 그때 자로가 돼지고기를 삶아 올렸는데, 공자는 그가 어디서 어떻게 구해 왔는지를 묻지도 않고 먹었다. 또, 자로가 강도질을 하여 그 돈으로 술을 사다 주었더니 그것을 어디서 어떻게 구해 온 것인지도 묻지 않고 마셨었다. 그런데 그 후 애공(哀公)이 그를 맞이했을 때는 앉는 자리가 바르지 않다고 앉지 않았고, 음식을 차려 내자 요리하는 방법이 잘못 되었다고 먹지 않았다. 자로가 나서서 "진(陳)과 채(蔡)의 국경 사이에서는 이런 말씀을 하시지 않으셨는데요?" 하고 묻자, 공자는 "이리 오너라. 내가 일러 주마. 그때는 너와 함께 구차하게 살아야만 했고, 지금은 너와 함께 구차하게 의(義)를 찾아야만 한다." 고 대답했다. 먹을 것이 없을 때는, 그것을 어떻게 얻게 되었는지 상관 않고 먹었으면서, 그렇지 않을 때는 남의 눈을 위해 자신을 돋보이게 하려는 것이다. 이 세상 어디에 이보다 더 크게 간사하고 거짓된 짓이 있겠는가."

110) 일본의 중진 여류작가 소노 오야코(Sono Ayalco)는 지혜로운 자는 낮게 평가받을 때 웃는다고 말하며 동행의 뜻은 배려에 있음을 지적한다. 그녀는 배려하는 사람이란 사람들 속에 있으면서 미움을 사면 미워하라고 내버려 둘 줄 아는 사람이라고 말한다. "무능하다고 비판받으면 무능한 얼굴을 하고 있으면 그만이다. 진실은 그 이상도 그 이하도 아니기 때문이다. 사람들은 자신보다 어리석은 사람이 있을 때 안도하게 마련이다. 남보다 낮게 보이는 것도 상대에게 행복을 줄 수 있기에 나름대로 뜻 깊다." [참고: 소노 오야코(2005). **사람으로부터 편안해지는 법**(역). 서울: 리수.]

111) 공자는 이 점을 그의 제자들인 동행들과 한 편의 드라마처럼 드러내 보여 주었다. 대만의 성공(成功)대 역사학과 왕건문(王健文) 교수는 공자를 당시에는 아무도 알아 주지 않았던 황량하고도 척박한 삶

을 보낸 성인(聖人)이라고 정리하고 있다. 그것은 공자가 부덕하거나 부족해서 그런 것이 아니다. 지금이나 그때나 다 마찬가지지만 세상이 불합리해서 세상을 바꾸려는 모든 노력은 왜곡되기 마련이고, 그런 상황 속에서 세상을 바꾸려는 사람은 늘 그렇게 소외되기 마련이기 때문이라는 것이다. 불완전한 세상이 완전해지는 것은 어쩌면 영원히 불가능할 것이다. 실제로 그런 일이 불가능하다는 것을 알면서도 여전히 노력하는 것은 세상을 바꾸기보다는 오히려 그렇게 세상을 바꾸려고 하는 사람의 인격과 인생의 경지를 완전하게 바꾸어 놓는다는 것이다. 개인이 세상을 좌우하기는 힘들지만, 자신만큼은 바꿀 수 있으며 자기 자신에 대해 자기 자신이 책임질 수 있는 법이다. 공자는 바로 그런 사람이었기에 성인이 될 수 있었다는 것이다[참고: 왕건문(2010). **공자 최후의 20년-유랑하는 군자에 대하여**(역). 서울: 글항아리].

왕 교수는 『논어』에 나와 있는 글들을 공자와 제자들의 동행에서 일어난 행적과 관련시켜 치밀하게 분석한다. 그 결과 공자 스스로 험난한 현실 속에 실현할 수 없는 도(道)를 추구한다는 것이 불가능하다는 것을 깨닫고 마지막으로 선택한 것이 바로 『춘추(春秋)』의 집필이었다고 결론내린다. 공자는 '요순의 법도에 맞춰' 노나라의 역사를 엄격하게 집필함으로써, 자신이 현실에서 실천할 수 없었던 도를 기록하고 후기 제자들에게 도를 전해 줬다는 것이다. 공자의 마음 깊은 곳에는 차마 내세울 수 없는, 그러나 어쩔 수 없이 드러나고 마는 그런 도가(道家)적인 생각, 말하자면 세상을 떠나려는 은자적인 공자가 있었다. 한편 정반대로 현실 세상을 향해 드러내 놓고 이 세상에서 쓰일 수 있는 유가적이고 실천적인 공자도 존재했다. 왕 교수는 그 두 공자가 끊임없이 대화를 주고받았다는 것을 『논어』의 여러 장면에서 밝혀내고 있다.

예를 들어, 공자 일행은 그들의 쓰임새를 인정해 주는 군주를 찾아 방랑의 길로 들어선다. 그런지 9년째가 되어 이제 공자 일행은 끼니를 해결할 식량까지 바닥난 상태에 이른다. 그때 공자의 마음에 하나의 질문이 떠오른다. "나의 도(道)에 무슨 잘못이 있으며 내가 도대체 왜 여기서 이런 어려움에 처해야 하는가." 그와 동행하던 제자들도 마음은 마찬가지였지만 먼저 말을 꺼낼 수는 없었다. 이런 곤궁한 상황을 참을 수 없었던 제자 중에서 가장 연장자이며 공자에게는 마치 벗과 같았던 자로가 먼저 공자에게 입을 뗀다. 분기(憤氣)를 가시지 못한 질문이다. "우리는 이상을 품고 부지런히 도를 실천했는데 군자도 이처럼 곤궁할 때가 있습니까?" 그의 질문에 공자가 타이르듯이 자로를 달랜다. "군자는 곤궁해도 도를 지키고 실천하지만, 소인은 닥치는 대로 탈선한다." 고 군자됨의 어려움과 의젓해야 함을 이른다.

잇대어 세 명의 제자들이 또 공자를 찾아와 묻는다. "우리는 코뿔소도 호랑이도 아닌데, 왜 정착하지 못하고 광야에서 이리 방황해야 합니까?" 이에 대해 이번에는 자로가 응대한다. "우리가 어질지 못해서 세상이 우리를 몰라보는 것 아니겠는가." 자로의 대답에 이번에는 공자가 웃으며 말했다. "어진 사람이 반드시 남의 신임을 얻으면 백이와 숙제는 왜 굶어죽었겠느냐?" 그러자 외향적이며 언변이 강한 자공(子貢)이 현실적으로 질문했다. "왜 선생님은 세상이 받아들일 수 있도록 자신의 도를 조금도 낮추지 않으십니까?" 이번에는 공자가 화를 내면서 말한다. "너의 뜻이 어찌 이렇게 천박해졌느냐?"

자공과는 달리 덕행이 뛰어나 공자가 가장 아끼는 제자인 안회(顔回)는 공자의 마음을 알아주듯 말했다. “받아들여지지 않은 연후에 더욱더 군자의 참모습이 드러날 것입니다. 도를 갖춘 인재를 등용하지 않는 것은 나라를 가진 자의 수치입니다.” 안회의 말을 듣자, 공자는 “자네가 부자가 되면 나는 기꺼이 자네의 재정 관리자가 되겠네.”라고 편하게 말했다고 한다. 곤궁한 상태에서 공자와 제자들이 주고받은 이런 저런 이야기들이 공자 자신이 평소에 이야기하던 인(仁)이나 예(禮), 그리고 의(義) 그대로였는지 어떤지에 대해서는 분분하기 그지없다.

『논어』에 나타난 공자와 제자들이 주고받은 말과 이야기들은 상당히 차분했던 것 같이 그려지고 있다. 하지만 그런 사태를 직시하고 있었던 공자의 실제적인 내면은 상당한 분(憤)과 노(怒)로 들끓었을 것이라는 것이 왕 교수의 분석이다. 그것은 안회와 공자의 서로 다른 생각에서 분명하게 드러난다는 것이다. 공자가 아끼는 제자인 자로나 자공과는 달리 안회는 공자가 말하는 인(仁)에 대해 확고했다. 세상이 그의 도를 알아 주든 말든 관계없이 안회 스스로는 얼마든지 ‘자족’할 수 있었다. 공자의 마음도 마찬가지이기는 하였지만, 동행의 앞머리에 서 있던 공자로서는 현실적으로 안회만큼 여유로울 수는 없었다. 안회 스스로는 능히 숨어 살려는 일종의 도가적 태도를 가지고 있었지만, 공자는 그와 다를 수밖에 없었다. 그는 세상의 앞면에 나아가 자기의 도를 실천하려는 의지가 더 강했기 때문에 도를 세상에 펼치려는 자의 초조함을 떨쳐 버릴 수가 없었다는 것이다. 그것이 여러 차례 좌절되자 공자는 안회보다 더욱 더 어렵게, 그리고 냉철하게 자기 초극적인 인내와 자기 수양으로 비로소 자기가 추구한 도(道)를 지킬 수 있었다는 것이다. 동행에서 중요한 것은 서로 배움에서 찾아야 한다. 『논어』 술이(述而)편에는 공자의 일과 용모, 태도, 행동에 대한 것들이 주로 기록되어 있다. 공자가 이렇게 말한다. “세 사람이 같이 길을 가면 그 중에 반드시 나의 스승 될 만한 사람이 있다. 그들의 착한 점을 골라서 따르고 나쁜 점은 살펴서 스스로 고쳐야 한다(子曰 三人行 必有我師焉 擇其善者而從之 其不善者而改之).” 동행은 함께 하는 사람들이 모든 것을 하나같이 같은 농도, 같은 수준으로 해야만 하는 그런 약속이나 의무를 말하지 않는다.

112) 동행자의 요건은 서너 가지로 열거될 수 있다. 첫째로 첫 걸음은 늘 밝은 마음으로 시작하는 것이 필요하다. 둘째로 동행자의 여행 양태를 자기 편한식으로 평가하거나 의심하지 말아야 한다. 셋째로 더불어 목적지를 향하고 있지만 동행과정에서는 때때로 자기 자신만을 위한 각자적 걷기가 필요하다. 마지막으로 동행자가 어려워 할 때, 혹은 어려워함을 미리 포착하여 그에게 힘이 되어 주어야 한다[참고: 고도원(2100). 사랑합니다 감사합니다. 서울: 홍익출판사]. 동행자의 요건을 이렇게 지적하고는 있지만, 실제로 걷는 일을 즐기다 보면 어느 누구든 좋을 뿐이다. 오래 걷는 이들치고 심성 고약한 인간을 만난 적이 없었기 때문이다.

113) 모스(Marcel Mauss)는 1872년 프랑스 로렌 지방 에피날의 정통 유대교 가정에서 태어났다. 에밀 뒤르켕의 조카인 그는 어릴 때부터 뒤르켕의 지대한 영향을 받았다. 1887년 모스는 뒤르켕이 교육학과 사회학을 가르치고 있던 보르도 대학에 입학하여, 아믈랭과 에스피나스의 가르침을 받으며 철학을 공부하였다. 1893년 철학으로 학위를 받은 그는 파리 대학의 고등 연구원에서 종교사를 공부했고, 나중에 이곳에서 원시 종교학을 가르쳤다. 초기 논문으로는 『희생제의 본질과 기능에 관한 시론』이 있으며,

『증여론』은 그에게 중요한 저서로 꼽힌다.

114) 포틀래치에서 눈여겨 보아야 할 것은 선물의 증여를 영력(靈力)의 작동방식으로 간주한다는 점이다. 단순히 선물 증여 게임에서 가려지는 승자와 패자의 구별이나 확인은 그리 중요하지 않다. 그들은 그 어떤 증여든지 증여되는 선물에는 부족의 혼과 영이 깃들어 있다고 생각한다. 이런 생각이 부족 구성과 부족을 하나로 묶어 나가는, 사회 체제를 유지하는 힘이다. 교환이나 증여가 서로에게 이루어지면 영력도 물과 함께 이동한다는 생각이 그들 사회를 하나로 묶어 주기 때문에 그들은 증여를 거부할 수가 없다. 서로가 서로에게 빚을 진다는 것은 영혼을 모독하는 것이나 마찬가지다. 부족민들은 선물이 집단과 집단 사이를 옮겨 다님으로 해서 눈에 보이지 않는 영력이 활발히 움직인다고 생각했다. 그래서 선물에 대한 답례를 하지 않을 경우 영력의 유동이 정지해 버리게 될 것을 더 두려워한다. 그래서 모스는 그런 증여가 부족을 하나로 묶어 주는 규범이고, 배움의 끈이라고 간주하고 있다. 그는 그것이 사람들 사이의 계약이지만 인간과 신 사이의 계약으로 받아들여지기에 어느 누구도 그것을 거부하거나 반대할 수 없다고 밝히고 있다.

"특히 계약상/경제상의 의식이 사람들 사이에서 행해지면서도 이 사람들이 자기가 지닌 이름의 원래 소유자인 정령들의 가면을 쓴 화신이며, 종종 주술적이고 아울러 그러한 정령에 사로잡히는 교환과 계약은 그 와중에 사람과 물건뿐만 아니라 그것들과 다소 관계가 있는 신성한 존재들도 끌어들이기 때문이다. 요컨대 그 선물의 증여는 여러 종류의 혼합이다. 물건 속에 영혼을 섞고, 영혼 속에 물건을 섞으며, 생명과 생명을 섞은 것이라는 생각들이다."

이들은 모두 상당히 고상한 의례와 절차를 갖고 있다는 점에서 인상적이다. '쿨라'라는 말은 둥그런 '원'을 의미하는 멜라네시아인들의 말이다. 이 지역의 모든 부족, 해상원정, 귀중한 재화, 음식과 축제, 의례적이거나 성적인 봉사, 남자와 여자 모두가 이 쿨라에 따라 증여 관계를 갖는다. 쿨라 교역(交易)은 뉴기니 동쪽 끝과 그 북동 및 동쪽에 있는 섬들을 둥근 고리 모양으로 연결하여 이루어지고 있는데 이 둥근 고리는 수백 리에 걸쳐 있다. 쿨라는 이 지역 섬주민들이 보여 주고 있는 생활이며 행사이며 의식이다. 이곳 주민들은 쿨라를 위해서 카누로 며칠씩이나 이동한다.

쿨라란 바이구아(vaygu'a)라고 불리는 두 가지 물품의 의례적 교환을 말한다. 바이구아에는 소울라바(soulava)라고 하는 붉은 조개 목걸이와 무와리(mwali)라고 하는 흰 조개 팔찌가 있다. 이 두 가지가 서로 교환된다. 팔찌는 섬의 동쪽으로 넘겨지며, 목걸이는 섬의 서쪽으로 이동한다. 이러한 역순환의 증여가 가능한 것은, 트로브리안드에서 사람들을 지배하고 있는 재산 개념이 결코 개인적으로 사유해야할 영속적인 소유의 개념이 아니기 때문에 가능하다. 이들이 쿨라에서 건네지는 증여의 물건을 소유하고 있다는 것은, 제3자에게 양도한다는 것을 전제한다. 증여받은 사람은 잠시 동안 보관하며 그것의 내력을 음미하고, 그것으로부터 공동체의 하나됨을 내면화하는 기간을 갖는다. 이 지역의 화폐라고 볼 수 있는 바이구아는 각각 이름, 인격, 내력을 지니고 있는데, 그것은 신성한 성격을 지니며 숭배대상이라는 뜻이기도 하다. 동시에 바이구아는 남성적 원리(soulava)와 여성적 원리(mwali)를 결합시킨다는 상징적인 의미도 내포하고 있다. 바이구아는 쿨라에서 다른 바이구아와 교환되기만 한다.

실용적인 가치가 없으며, 다른 어떤 물건과도 교환할 수 없는 상징적인 의미만 있다. 사람들은 특정한 바이구아를 장기간 독점할 수 없다. 바이구아는 보통 1~2년 내에 다음 교환 상대에게 넘겨야만 한다. 이런 식으로 팔찌와 목걸이로 구성되는 바이구아는 둥근 고리로 연결되는 쿨라의 반대 방향으로 쉬지 않고 계속 돌아가는 식으로 증여된다. 붉은 조개의 목걸이인 소울라바는 남성적인 것으로서 시계 방향으로, 팔찌인 무와리는 여성적인 것으로서 시계 반대 방향으로 2~10년 걸려 섬을 일주한다. 여성적인 무와리와 남성적인 소울라바는 남성과 여성이 끌어당기듯이 서로 반대 방향으로 돌아가 마침내 한 지점에서 증여의 한 형식으로 서로 만나게 된다. 이 양자가 쿨라에서 만나서 교환될 때, 마침내 소울라바와 무와리가 하나가 되어 결혼한다고 하기도 한다.

쿨라 교역에 참여하는 일은 일종의 영예이기도 하다. 쿨라에는 일반적으로 남성만 참여할 수 있으며, 참여하는 개인에게는 각자마다 또 다른 몇 사람씩의 쿨라 상대가 있게 마련이다. 이 쿨라에서 신성한 바이구아를 선물로 받는다는 것은 남자의 위신을 높여 주는 상징성을 갖기도 한다. 그래서 이들 부족민들에게 쿨라는 고상한 방식의 교역이고 축제이며, 사회적 연결망으로 작동한다. 쿨라는 경제적인 재화 교역 방법, 특히 당사자 두 사람 사이에서 집요하게 벌어지는 흥정을 중심으로 한 교환인 김왈리(gimwali)와는 개념적으로 다르다. 쿨라에는 경쟁적인 의례의 모습은 있지만, 북미 인디언의 포틀래치에서 보여지는 것과 같은 경쟁적 호혜, 그에 따른 파괴나 폭력은 없다. 트로브리안드 군도에서 행해지는 쿨라는 선물이 증여자와 답례자 두 사람 사이에서 행해지는 것이 아니기 때문이다.

쿨라는 섬 전체를 돌며 여러 사람들 사이에서 행해지는 팔찌와 목걸이의 증여 의식이며 축제이기 때문이다. 쿨라 교역은 외견상으로는 전혀 사심 없이 겸손하고 귀족적인 태도로 행해진다. 내가 웅와리(팔찌)를 철수에게 증여하면, 철수는 술라바(목걸이)를 내게 되돌려 주는 것이 아니라, 제 삼자인 영희에게 답례하고, 영희는 팔찌를 다시 영철에게 선물하는 방식이 쿨라의 포틀래치다. 그렇게 팔찌와 목걸이가 순환적으로 증여되다 보면, 철수에게 팔찌를 선물한 나에게도 언젠가는 술라바라는 목걸이가 선물될 것임을 알게 된다. 술라바의 경우는 팔찌와는 반대 방향으로 순환하지만, 누군가에게서 그 선물을 받았다면 다른 사람에게는 다른 선물이 전달될 것이기에 선물은 부족 공동체에게 하나의 '선물 연쇄고리'를 만들어 낸다. 쿨라의 포틀래치에서 선물은 섬들로 분리된 마을이나 사람들을 하나의 관계 공동체, 동행들로 묶어 준다. 증여되는 재화의 순환이 사람들의 삶과 관계 속에서 순환된다. 재화의 순환은 단순히 재화 그 자체에 무게가 있는 것이 아니다. 그것은 '영(靈)'이 선물의 순환을 통해 사람들 사이를 순환하며, 공동체에 하나의 '생명'을 부여하고 있기에 그것이 서로를 하나로 묶어 준다는 생각이다. 쿨라는 신용(credit)과 명예(honour), 그리고 구속(Binding)이 함께 아우르는 상호 배움의 장이다. 부족민들이 서로 즐기며, 서로 성장하며, 서로 배려하며, 서로가 동행이며, 서로가 좋은 지식임을 드러내게 만들어 주는 배움의 의식이며 배움의 축제나 마찬가지다[참고: 마르셀 모스(2002). 증여론(역). 서울: 한길사].

115) '하우'라는 말은 영, 혼령, 거룩한 그 무엇을 일컫는 말로 번역할 수 있다. 모스(Marcel Mauss)는 일종의 상호 제약적인 증여라는 점을 이렇게 설명하고 있다. "예를 들어, 당신이 어떤 특정한 물품(타옹

가)을 갖고 있어 그것을 나에게 준다고 가정합시다. 또 당신이 그것을 일정한 대가도 받지 않고 나에게 준다고 합시다. 우리는 그것을 매매하지 않습니다. 하지만 내가 이 물품을 제3자에게 주면, 일정한 시간이 지난 다음 그는 나에게 '대가(utu)'로서 무엇인가를 주려고 마음먹고, 나에게 무엇인가(타옹가)를 선물합니다. 그런데 그가 나에게 주는 이 '타옹가'는 내가 당신한테서 받았으며 또 내가 그에게 넘겨준 '타옹가'의 영(하우)입니다. 나는 (당신한테서 온) '타옹가' 때문에 내가 받은 '타옹가'를 당신에게 돌려주지 않으면 안 됩니다. 나로서는 그 '타옹가'가 '탐나는 것'이든 '불쾌한 것'이든 간에 그것을 간직하는 것은 옳지 않습니다. 나는 그것을 당신에게 주지 않으면 안 됩니다. 왜냐하면 그것은 당신이 나에게 준 타옹가의 '하우'이기 때문입니다.

"만일 내가 이 두 번째 '타옹가'를 갖는다면, 나는 병에 걸리거나 심지어는 죽게 될지도 모릅니다. 이러한 것이 '하우', 즉 개인 소유물의 '하우', 타옹가의 '하우', 숲의 '하우'입니다. 이 문제에 관해서는 그만 하겠습니다."[참고: 마르셀 모스(2002). **증여론**(역). 서울: 한길사.] 요컨대, 하우는 그 탄생지, 숲과 씨족의 성소 그리고 그 소유자에게 돌아오려고 한다. '타옹가' 또는 그 '하우'—그 자체가 일종의 개체다—는 일련의 사용자들이 동등하거나 그 이상의 가치를 지닌 향연, 축제 또는 선물을 통해서 그들의 고유 재산, '타옹가', 소유물, 노동, 상품을 답례할 때까지 그들에게 달라붙어 있지만, 일단 답례가 행해지면 이번에는 그 증여자가 마지막 수증자가 된 최초의 증여자에 대해서 권위와 권력을 행사하게 된다. 바로 이것이 사모아 섬과 뉴질랜드에서 부, 공물, 증여물의 의무적인 순환을 지배하는 주요 관념이다.

그들이 주고 받는 증여로서의 포틀래치는 부족민의 축제나 부족장의 향연 같은 것에서 그 의미를 확연하게 드러내 놓는다. 부족은 여름에는 서로가 흩어져 생산에 주력한다. 사냥, 과일 채집 등 겨울을 살아갈 양식을 충분히 확보하기 위해서다. 그러다가 겨울이 다가오면 부족 단위로 다시 한곳으로 집결한다. 한 해의 추수를 위해 연회와 축제 혹은 물물교환의 장이 열린다. 포틀래치는 주로 그런 때 일어난다. 이때 흔히 나타나는 포틀래치는 부족원 간의 우열을 가르는, 경쟁적이며 심지어 적대적인 유형인 선물 교환 방식으로 나타난다. 그런 경우가 아니더라도 일반적으로 포틀래치는 부족원에게는 일종의 '선물 게임'이나 마찬가지다. 포틀래치는 흔히 결혼식이나 성인식, 조상신에 대한 제사 등의 축제 때 그 누구라도 초대하여 실컷 먹이고 선물을 제공하는 방식이다. 일단 초대된 사람은 초대에 응해야 할 의무가 있으며, 초대에 응한 그들은 선물로 받은 것 이상으로 다시 되갚아야 될 의무도 함께 진다. 그렇지 못할 경우 그 선물 증여 '게임'에서 지게 되어 일종의 파렴치한 사람, 체면을 구긴 사람이 된다. 이러한 증여의 게임의 결과는 명예 내지 권위로 되돌아오게 마련이다. 다른 누구도 다시는 되갚을 수 없을 정도로 더 많이 증여한 사람이 그 부족에서는 최고의 명예와 권위를 얻는다. 포틀래치의 승자들이 부족에서 장(長)이 되는 경우도 흔하다.

116) 참고: 마르셀 모스(2002). **증여론**(역). 서울: 한길사.

117) 마르쿠스 아우렐리우스(Marcus Aurelius Antoninus)는 로마제국의 제16대 황제(재위)로 5현제(賢帝)의 마지막 황제이며 후기 스토아학파의 철학자로 『명상록(冥想錄)』을 남겼다. 서기 121년 로마에서 귀

족인 안니우스베루스의 아들로 태어나 180년 게르만족과의 전쟁 중에 58세의 나이로 세상을 떠났다. 아우렐리우스 황제는 로마의 전성기에 통치를 했으며, 플라톤이 꿈꾸던 철인 황제를 구현한 전설적인 인물이었다. 개인적으로는 계속되는 전쟁과 순탄치 않은 결혼 생활, 아내의 죽음 등으로 외로운 삶을 살았다. 그가 전쟁 중 남모르게 한 줄 한 줄 썼다는 『명상록』은 스토아적인 생각을 담고 있는 대표적인 명상록이다. 그는 정신적 스승이었던 에픽테토스, 세네카와 함께 스토아학파를 대표하는 철학자 황제로서, 스스로 금욕과 절제를 주장하였다.

스토아학파가 자연에의 순응을 강조한 것처럼, 그 역시 인간은 영혼의 한 유출물에 불과하기에 죽으면 자연히 영혼에 귀일하게 된다고 보았다. 스토아학파에서 말하는 자연이란 산, 강, 바다 등과 같은 자연이 아니라, 보편적인 우주적 질서를 뜻한다. 좁은 의미로는 각 사물의 본성을 뜻한다. 자연에 순응한다는 것은 각각의 본성에 따르고 그것을 최대한도로 발현한다는 뜻이다. 인간의 경우에는 다른 것들과 인간을 구별지어 주는 것, 바로 '이성'을 따르고 발휘하는 것이 자연에 순응하는 것이다. 우주 자연과 소우주인 인간, 전체성과 개별성에 대한 아우렐리우스의 깊은 인식은 부동심의 경지를 회구하며 내면 바깥의 사물이나 일에 의해 마음이 흔들리지 않는 상태, 부동심(不動心), 평정의 상태에 이르는 길을 깨우쳐 준다. 인간은 영혼에의 귀환을 신의 섭리라 믿고, 외적인 어느 것에도 마음을 괴롭히는 일이 없이 주어진 운명을 감수하며, 내적으로 자유롭고 명랑하고 조용하고 경건하게 그의 죽음의 날을 기다리며 살아가야 한다는 것이 그의 지론이었다.

118) 체스터튼(Gilbert Keith Chesterton)은 1874년 영국 런던에서 태어났다. 영국의 명문 세이트 폴 스쿨을 졸업한 뒤, 슬레이드 아트 스쿨에서 미술을 공부한 후 다시 런던 유니버시티 칼리지에서 문학을 공부했다. 그는 자기의 추리소설에서 서스펜스의 요소를 만들기 위해 꼭 필요한 장면과 분위기 묘사 능력을 미술가처럼 표현해냈으며 빛과 하늘을 묘사하는 데 탁월했다. 미술평론가로 글쓰기를 시작한 그는 이후 수백 편의 시, 다섯 편의 희곡, 다섯 권의 장편소설을 비롯하여 약 이백 편의 단편소설들을 발표하였는데, 그의 논지는 당시 간디에게 정신적인 지주의 역할을 했다고 전해진다.

119) 참고: 김영민(2008). **동무와 연인**. 서울: 한겨레출판.

120) 릭 호잇에게는 태어날 때부터 신체적 장애가 있었다. 뇌성마비와 언어장애, 사지마비 증세를 보이는 아들인 릭을 휠체어에 싣고 그의 삶 하나하나에 연결하며 철인 3종 경기를 끝내는 아버지의 동행은 아름다움 그 자체다. 그들은 수영 3.9km, 도로 사이클 180.2km, 마라톤 49.195km 등 226.3km를 17시간 내에 완주해 철인(iron man)이라는 칭호를 받는다. 아들과 함께 달릴 수만 있다면 행복했기에, 또 그런 아버지만 있으면 어디든 갈 수 있기에 달렸다는 릭 호잇과 딕 호잇은 동행의 극적인 한 모습을 보여 준다[참고: 샘 널(2006). **세상에서 가장 아름다운 동행**(역). 서울: 코리아무비테크].

121) 참고: 김영민(2008). **동무론**. 서울: 한겨레출판사.

122) 동아미술제 공모 전시 기획으로 시각장애인이 찍은 사진전이 선정되자 많은 사람들이 과연 잘 보이지 않는 시각장애인들이 어떤 사진을 내놓을까 궁금해했다. 다소 황당한 기획으로 어느 대학교 디지털

포토저널리즘 박사과정에 있는 학생들과 학부와 석사과정에 있는 사진학과 학생들이 함께 진행하는 프로젝트여서 그 결과가 흥미로웠다. 참여 작가는 10명의 시각장애인이다. 한국시각장애인연합회의 협조를 얻어 인지능력이 있고 문화 활동 참여에 관심이 있는 시각장애인들을 선정했다. 그들이 일상생활에서 일반인은 공감하기 힘든 특별한 느낌과 생각 등을 카메라라는 매개체를 통해 시각적으로 보여주자는 취지였다. 아주 보이지 않거나 약시, 색맹, 색약, 고도근시 등 장애 등급이 다양하다[참고: 시각장애인들이 내면의 눈으로 찍은 사진전. 마음으로 보는 세상(Seeing With The Heart), 2007년 8월 3일~8월 19일, 일민 미술관 1층 전시실].

사진전에 참여한 작가들에게는 모두가 보이지 않는다는 공통점이 있었지만 저들이 보여 준 예술성만큼은 서로 달랐다. 개개인의 경험과 삶이 다르므로 사진을 통해 나타나는 표현이 저마다 다양했다. 이들은 자유 주제를 갖고 도우미 학생들과 함께 촬영해서 그들로서는 꿈도 꾸지 못했을 사진전을 갖게 되었다. 전시장도 그들이 감상하는 데 최대한 충분히 작품을 느낄 수 있도록 구성한다. 전시장 바닥에는 관람을 도울 유도 블록을 설치하고 시각장애인의 디테일한 작품 감상을 위해 형압 사진 인화법을 사용하거나 특수 액자를 사용한다. 사진에 어울리는 음악을 창작하여 눈으로만이 아닌 청각으로 작품 분위기를 느낄 수 있게 했다.

123) 참고: 이인식(2012). **자연은 위대한 스승이다**. 서울: 김영사.

124) 김정한 시인은 그래서 아예 '시간이 인생의 스승이다.'라고 노래하고 만다. "인생의 스승은 책을 통해서 배운다고 생각했는데 살아갈수록 그게 아니라는 생각이 든다. 언제나 나를 가르치는 건 말없이 흐르는 시간이었다. 풀리지 않는 일에 대한 정답도 흐르는 시간 속에서 찾게 되었고 이해하기 어려운 사랑의 메세지도 거짓 없는 시간을 통해서 찾았다. 언제부터인가 흐르는 시간을 통해서 삶의 정답을 찾아가고 있다. 시간은 나에게 스승이다. 어제의 시간은 오늘의 스승이었고 오늘의 시간은 내일의 스승이 될 것이다."[참고: 김정한(2008). **멀리 있어도 사랑이다**. 서울: 북갤러리.]

生의 過

5. 포텐티아 | Potentia, 다중공생 | 多衆共生

1. 걱정이 많으면 꿈이 생기고 말이 많으면 우매한 자의 소리가 나타나느니라 …… 은을 사랑하는 자는 은으로 만족하지 못하고 풍요를 사랑하는 자는 소득으로 만족하지 아니하나니 이것도 헛되도다 …… 노동자는 먹는 것이 많든지 적든지 잠을 달게 자거니와 부자는 그 부유함 때문에 자지 못하느니라. - 전도서(5 : 3,10,12)

윗물이 맑아야 아랫물이 맑다고들 한다. 상식적으로 큰 무리 없이 통하는 격언이기는 하지만, 순서는 바르지 않아 보인다. 윗물이 맑아야 한다는 그 말 뜻을 몰라서 비틀어 본 것이 아니다. 윗물이 맑아야 아랫물이 맑아지는지는 경험적으로 옳지도 않으며, 게다가 사실로 입증되지도 않았기 때문에 일단 의시(疑視)해 본 것이다. 물리적으로 보면, 윗물을 흐려 놓았던 불순물이 밑으로 가라앉기 시작하면서부터 윗물의 정체가 드러난다. 그것을 맑아진다는 말로 표현한다.

순서가 어떻든 간에 관계없이 이 격언은 어김없이 사회 현상을 말할 때에도 응용된다. 기층(基層)인 다중 세력이 윗물에 끼였던 불순물들을 기꺼이 받아 주어야 비로소 윗층의 정체가 드러나기 때문이다. 기층이 계속 흔들리면 밑의 불순물들이 계속 일어난다. 위로, 위로 올라가 버려 윗물은 정화될 수가 없다. 윗층의 정화 여력도 없어진다. 그러니까 정화력(淨化力)은 윗물에게 있는 것이 아니라 오히려 기층에 있는 것이, 그 능력이 바로 진정한 의미에서의 자정(自(淨)능력인 셈이다. 권력층이 깨끗해지려면, 기층이 권력층의 이것 저것을 받아 줄 수 있어야 한다는 뜻이기도 하다. 아랫물은 다중(多衆)과 같은 노동력으로 비유될 수 있다. 다중 세력만이 권력층을 정화시킬 수 있다. 그래서 민주주의의 원칙은 어린아이 기저귀 갈아내듯 권력을 자주 갈아줘야 한다고들 한다. 권력이란 절대적인 것이 아니라 상대적인 개념이라는 말도 된다. 다중에게 수용의 힘이 있을 때, 권력이 모든 이를 위한 공동체로 거듭나게 된다. 예를 들어, 우리 사회에 만연한 기층적으로 고질화되어 있는 것 중의 하나가 부정 식품 제조다. 그 부정 식품으로 치부되는 다중 세력이 있다면 저들이 권력층에게 사회정의가 무엇이어야 하는지에 대해 강한 목소리를 낼 수 없을 것이다.

인간은 다른 사람들과 서로 관계하며 살아간다. 그것이 매일의 일상사다. 인간에게는 서로서로 무엇인가 연결하려는 관계 맺음에 대한 욕구가 있다. 그런 욕구들은 인간이 복잡한 사회적 행위를 해 나갈 수 있는 능력을 키운다. 사회관계라든가, 문화 형성력은 그런 점에서 상당히 자생적인 셈이다. 인간들끼리 협력하는 관계를 맺거나 혹은 서로의 생존을 위해 이타적으로 행동을 하도록 만드는 것이 인간이 지닌 사회성(sociality)이기 때문이다. 사회성이란 개인들이 그들의 생존을 위해 전개하는 연합의 결과를 지칭한다.[1] 사람들이 서로서로를 즐기거나, 가르치고 익히거나, 설득하거나, 확신시킴으로써 서로의 관계를 유지해 나갈 때 사회성이 고양된다.

사회적 관계나 문화들은 진공 상태에서 만들어질 수 없다. 서로 간의 관계를 요구하는 조건들이 필요하다. 인간의 내면에 짜여 있는 사회성의 본성이 발아되기 때문에 사회성이 촉진된다. 사회적으로 발현되는 사회성은 사람들 간의 새로운 관계에 의해 지속적으로 변이되고, 진화된다. 사회성이라는 것도 자연 선택된 부산물이다. 사회성은 생명에 대한 경외가 결코 무관할 수 없다. 사람들 서로는 서로 경외해야 할 생명체이기 때문이다. 사회성 혹은 서로서로 간의 관계는 생각하는 것만큼 그렇게 완벽할 수 없다. 완벽한 것을 기대하는 것은 무리일 수 있다. 예를 들어, 기하학적으로 완벽한 원(圓)이나 점(點)을 상상할 수는 있어도, 그런 것을 완벽하게 그려낼 수는 없다. 컴퓨터로도 완벽한 원은 그려 내지 못한다. 컴퓨터의 화소(pixel)가 완벽하지 않기 때문이다. 점도 마찬가지다. 아무리 연필 끝을 날카롭게 만들어 순식간에 점을 찍어 본다고 해도 그것은 결코 기하학적으로 완벽한 점일 수 없다. 흑연 더미 혹은 흑연으로 만들어진 미세한 산(山)일 뿐이다. 그런 것을 우리는 상상한 대로 만들어 낸 동그라미나 점으로 받아들이는 것일 뿐이다.

관계 더미들이 주고, 받는 생명에 대한 경외는 나 홀로, 저 홀로 결단할 수 있는 전유물이 아니다. 모든 이들이 모든 이를 위해 필요한 일이며 관계의 일일 뿐이다. 사회 구성원으로서 살아가면서 더불어 해 내야만 하는 일이 생명에 대한 경외다. 생명 경외가 공생의 바탕이 된다. 사회에서 공생(共生)하는 길은 서로의 생명 경외를 존중하는 민주주의를 완성하는 일이다. 민주주의는 찢어지는 아픔을 겪어 내며 열리는 길이라고 말하는 교육운동가 파커 팔머(Palmer)는 민주주의를 더불어 가는 능력이라고 말한다. 라인홀드 니버(Niebuhr)가 말했던 바의 더불어 행하는 공생의 길이 민주주의를 향하는 길이다. "할 만한 가치가 있는 일 가운데 그 어느 것도 우리의 생애 안에 성취할 수는 없다. 따라서 우리는 희망으로 구원받아야 한다. 진실하거나 아름답거나 선한 것은 어느 것도 역사의 즉각적인 문맥 속에서 완전하게 이해되지 못한다. 따라서 우리는 믿음으로 구원받아야 한다. 우리가 하는 일이 아무리 고결하다 해도 혼자서는 결코 달성할 수 없다. 따라서 우리는 사랑으로 구원받아야 한다."

니버가 우리에게 건네주려고 했던 내용은 단순하기만 하다. "혼자만 잘살믄 무슨 재민겨!" 라고 일갈한 전우익 선생이 보여 주었던 바로 그런 예지였기 때문이다.[2] 혼자만 잘살면 자기만 행복할 것 같다는 것이 바로 인간의 욕심이며 착각이라는 것을 전우익 선생은 몸으로 드러내 보였다. 해방 전후 격동기를 살아 낸 당대의 지성인 농부가 전우익 선생이었다. 젊어서 한때 정치 운동에도 열성을 보였던 그는 그것을 집어 던진다. 그러고는 한평생 농사를 지으면서 자신에게 되뇌이고, 정치인들에게 또 되뇌여 보인 이가 그였다. 혼자만 잘사는 일이 무슨 그리 재미있는 일인가, 그런 사회가 사람 사는 사회인가 하고 정치인들 스스로 물으라고 요청했었다. 깊은 산 속 약초 같은 귀한 사람이었다. 전우익 선생은 늘 저들, 권력자, 목회자, 치부자(致富者)들을 향해 말했다. 아무리 입에 거품을 내며 " '개' 처럼 벌어 '개' 처럼 쓴다고 해도, 그것은 끝내 '개' 같은 삶" 이라고 말하곤 했다.

'혼자만 잘살면 무슨 재미인가' 라는 물음은 서로 배려하라는 역설적 표현이다. 배려는 누구나 할 수 있다. 자리가 높고, 반대로 낮기 때문에 배려를 하지 못하는 것이 아니다. 가진 것이 적고 많음도 문제가 아니다. 핑계가 많아지면 배려가 달아나기 시작한다. 남의 슬픔이나 기쁨을 자기 일처럼 생각해 줄 수 있다. 남을 대할 때마다 부드럽고 웃는 얼굴로 대할 수 있다. 한 번 만나는 사람이라고 하더라도 감사하는 눈으로 바라볼 수 있다. 남에게 늘 친절 어린 말을 건넬 수 있다. 남이 편안한 마음을 가질 수 있도록 여유를 줄 수 있다. 남에게 자리를 양보함으로써 그의 육신을 잠깐이라도 쉬게 만들어 줄 수 있다. 모두가 배려의 마음이다. 불교에서는 이것을 '무재칠시(無財七施)'라고 부른다.[3] 기독교는 그런 것을 사랑이라는 단어로 단단하게 축약해 버린다. 모두가 자신의 삶을 아름답게 만드는 배려의 마음을 지칭하는 개념들이다.

배려는 사회 구성원들을 서로 연결하는 관계의 토대다. 배려는 공동체를 불러일으키는 힘이다. 그것을 '포텐티아(potentia)'라고 부른다. 배려는 자신에 대한 관상력(觀想力)이기도 하다.[4] 관상이란 수행의 한 가지 방편을 지칭한다. 마음을 일정한 대상에 기울여 어떤 상념을 일으키게 하여 번뇌를 없애는 일을 관상이라고 부른다. 명상, 참선과 같은 일이 관상이다. 관상을 통해 일구어 내는 깨달음은 결코 사적인 일로만 끝나지 않는다. 관상은 신이 내린 명령이다. 그래서 영성가인 머튼(Merton) 같은 이는 관상을 배려이자 신의 은총으로 받아들인다. 신(神)이 너 몰래 너도 보살폈다는 사실을 부인하지 않으면, 그런 그에게도 타인에 대한 배려로서의 관상이 일어나도록 되어 있다. 그것이 신의 은총이다. 배려는 더 이상 개인적인 것에 머무는 것이 아니라 사회적이며 정치적인 것으로 승화된다.

배려는 개인의 심리적인 문제가 아니다. 배려는 인류의 과제이며, 종교의 중심과제다. 어떤 유형의 종교라도 관계없다. 교리에 관계없이 모든 종교의 존재 가치를 가늠하게 만드는 잣대다.[5] 배려가 제거된 종교는 종교라 할 수 없다. 최빈국에서 봉사를 한 경험이 있는 사람은 한결같이 배려가 인류애의 발로임을 안다. 예를 들어, 얀 에겔란드 씨는 수십 년 동안 유엔 긴급구호 조정관, 유엔 사무총장 특사를 맡았던 인물이다. 분쟁과 재난 현장을 두 발로 경험한 사회봉사자다. 인간이 인간에 대한 잔혹한 에피소드들을 고발한다.

그 자신도 제 눈 뜨고 적과 아군이 되어 동족에게 자행하는 만행을 어찌하지 못했다. 반군들이 어린이를 납치하고 살해했다. 현장에서 두 눈으로 보고 있었지만 아무 말도 못했다. 쳐다보기만 했다. 자기 목숨이 더 귀했기 때문이다. 그것이 무력이었고, 무기력이었다. 그렇게 바라보고만 있는 것이 바로 그가 믿었던, 그가 의지했던 종교가 보여 주는 무능력이며 무기력이었다. 그것은 살인이었지만, 겉으로는 평화의 상징으로 군림했다. 교리는 진실이었지만, 속은 위선 투성이었다. 제게만 복 달라고 매달리는 그런 위선과 기만이었을 뿐이라고 그는 말한다. "내가 배운 가장 중요한 것은 우리 세대가 현재 벌어지고 있는 커다란 고통을 책임지고 끝낼 수 있는 자원과 기술과 제도들을 갖추고 있다는 사실이다." 저들은 그런데도 모른 체하고들 있다.[6)]

혼자의 힘으로 호구(糊口)를 유지하기 어려운 사회 계층을 취약 계층이라고 부른다. 취약 계층은 사회 신분상 소득이 없거나 소득이 아주 적은 계층만을 지칭하는 것이 아니다. 취약 계층은 소득, 취업, 주거, 문화, 사회 부문에 걸쳐 포괄적으로 분포되어 있기 때문이다. 넓게 보면 소위 다문화 이주자, 노동 이주자, 재소자, 우리의 경우 탈북자 등도 취약 계층에 포함한다. 특수한 사회적 조건으로 인해 문화적이거나 사회적인 소외 상황에 놓여 있는 인구 모두를 말한다. 사회적 취약 계층은 일반적으로 전체 인구의 약 20% 정도를 차지하곤 한다.

취약 계층은 교육 수혜에서 본다면, 바로 교육 소외 계층이기도 하다. 이들은 지식 획득, 고용 기회를 원천적으로 박탈당한 계층이다. 교육 소외, 소외된 교육 주변의 상황에 놓여 있기 마련이다. 저들에게 배움력이 결여된 것이 아니라 교육이라는 제도와 기관이 결핍된 것이다. 저들에게는 저들의 배움력을 더 크게 발아시키는 데 도움을 줄 제도적인 교육 수혜의 사각지대에 놓여 있을 뿐이다. 말하자면, 공교육뿐만 아니라 평생 학습 참여의 사각지대에 놓여 있거나 이탈되어 있는 형편이다. 이들은 생애에 걸쳐 학습 소외를 제도적으로 경험하게 마련이다. 습작의 기회, 학습의 기회가 박탈되었기에 지력의 격차가 불가피하다. 지력의 격차는 취업 격차, 소득 격차로 이어지기 마련이다. 세대 내 사회적 계층 이동을 거의 경험하지 못한다. 사회적 · 문화적 빈곤이 대를 이어 나타난다. 사회 불평등 구조 속에서 하층 계급의 지위를 벗어나기 쉽지 않다. 이들은 정치 취약 계층이기도 하다. 이들은 정치적 권리의 목소리를 스스로 낼 수 없는 정치 취약 계층이다.

한국의 정치 경제적 취약 계층 구조에서 현실적으로 가장 힘 없는 계층이 다문화 계층이다. 다문화를 지칭할 때 그것의 원색적인 표현은 한국전쟁 때 참전한 외국인들과 한국인 여성들 간의 '국제' 결혼 같은 것에서 드러난 바 있다.[7] 이제는 해외노동 이주자, 탈북자들의 한국 내 적응 문제가 불거지면서, 다문화에 대한 이해와 범주 역시 점점 넓어지기 시작했다. 저들의 삶이 사회문제로 부각되기 시작하면서 저들에 대한 한국인의 관점도 바뀌었다. 예를 들어, 〈파이란(白蘭, Failan)〉 같은 영화는 이주노동자의 삶이 실제로 어떤 것인지에 대한 사회적인 관심을 불러일으켰다. 저들이 이주해 온 한국이라는 땅은 기대와는 달리 저들에게는 마치 '개 같은 세상'이었을 뿐이다. 이 땅이 저들에게 자유롭지 않은 세상일 것이라는 것을 짐작하지 않은 것은 아니다. 그래도 현실은 너무나 지저분하고 야비했다. 아무리 타지에서 살아가는 노동 이주민이라고는 하지만, 저들에게도 빵과 장미, 두 개는 동시에 필요하다. 비록 개 같은 세상이지만 저들에게도 사람처럼 살아야 할 격(格)은 있는 법이다. 세상은 저들에게 만만치 않다. 저들의 앞에는 어김없이 종(種)의 벽과 계층(階層)의 벽이 버티고 있었을 뿐이다. 때마침 유엔 산하 인종차별 철폐위원회 같은 국제기구들도 우리 정부에게 인종차별에 대한 정치적 권고를 하기 시작했다. 한국은 이제 자민족 우월주의의 늪을 벗어나야 한다는 지적이었다. 이주민들이 한국사회에서 겪고 있는 현실이 마치 호모 사케르(*Homo Sacer*)의 그것과 엇비슷하다는 경고이기도 했다.[8]

색깔에도 '살색'이 있다고 학교 미술시간에 익히고 의미화시킨 한국인이다. 살색이란 우리네 얼굴색과 비슷한 황색 살갗색을 말하지만, 사실 살색의 표준은 거짓이다. 그저 황색에 흰색이 섞여진 그런 황인종 색, 우리 눈에 친숙한 그 하나만을 말하는 것이었다.[9] 살색의 유무로 우리는 저들과 우리를 다르게 가르며 차별했다. 피부색에 대한 잘못된 학교교육의 부작용이며 부정적인 부산물이었다.[10] 피부색으로 네 편과 내 편을 가르던 편견은 이주민 공동체에도 그대로 전이되고 있다.[11] 우리에게 다문화는 차별적인 용어일 뿐이다.

'다문화'라는 말은 노동 이주국의 관점에서는 현실적으로 2가지로 대별되곤 한다.

그 하나가 데니즌(denizen)의 신분을 지닌 이주 노동자로서의 다문화이고, 다른 하나는 마지즌(margizen)이라는 다문화적인 신분이다.[12] '데니즌'은 고소득 전문직에 종사하는 노동 이주자이거나, 외국인 거주 신분을 말한다. 교육수준이 높은 외국인으로서 한국에 이주한 경우다. 국내시장에서 이들의 활동은 전문직종이다. 금융, 대학, 연구소 등의 전문직에 종사한다.[13] '마지즌'의 사회적 신분은 데니즌과는 사뭇 다르다. 빈곤 탈출을 위해 다른 나라로 이주한 주변인들이 마지즌의 주종을 이루기 때문이다. 마지즌들은 주로 이주 노동자, 타발적인 이주 결혼을 통한 이주민으로서의 정착 경로를 통해 한국에 유입된 다문화 인구들이다. 탈북자들도 사회문화적인 경제적 지위에서 보면 마지즌의 범주에서 크게 벗어나지 않는다. 물론, 탈북 새터민 이주자들이 갖는 정신적인 인내 수준이나 정도는 그가 한국사회에서 적응하는 방식에 따라 일반적인 다문화 국적의 이주자들과는 심리적으로 크게 차이가 난다. 이주 노동자들로서 자기 생계를 꾸려가는 사람들인 마지즌은 이방인의 신분을 벗어나지 못한다. 주재국의 각종 사회적 편견과 불이익을 당하게 마련이다. 마지즌은 체류 국가에서 법적 · 정치적 · 사회문화적 권리를 제대로 보장받지 못한다. 주류 문화에 끼이지 못한 채 주변인으로 맴돌기 마련이다.

데니즌과 마지즌 모두가 한국인의 문화적인 감각에서는 '타자(他者)'이지만, 저들을 바라보는 한국인의 시각은 전혀 다르다. 문화적인 접촉이나 사회경제적인 신분에 따라 저들을 바라보는 입장이 다르기 때문이다. 서로 다른 어쩌면 차별적인 지위를 지니고 있는 한국 거주 '이방인'들로 간주된다. 사회적 규정이나 법률적 규정은 똑같이 적용되지만, 데니즌보다는 마지즌에 대한 한국인의 사회적 시선은 배타적인 편이다. 사시적(斜視的)이며 편견에 가득차 있다. 저들에 대한 사회적 처우 역시 차별적이다. 노동의 현장에서 마지즌들이 매일같이 겪는 모습은 비인권적이었다.[14] 우리 역사에서 이런 마지즌의 전형은 바로 백정(白丁)에서 찾아 볼 수 있다. 백정은 조선시대 때 각종 전쟁에서 패전했던 거란족 등 외래 거주민이 조선으로 들어와 정착하기 시작했던 다문화인의 전형이었다. 백정에 관한 이희근 교수의 연구에 따르면, 저들은 패망한 유목민 신분으로 조선에 귀화한 채 소나 돼지를 잡는 도축 전문가집단으로 생계를 꾸려나갔다. 이들 백정집단에 대한 조선인들의 사회적 시선은 당시에도 비뚤어져 있었으며 편견 그 자체였었다.

마지즌에 비해 데니즌은 사회적으로 높은 혜택을 누리는 다문화인 계급이다. 마지즌은 하급 계층처럼 취급받지만, 데니즌은 상류층으로 대접받는다. 모두가 인종적인 편견에서 자유로울 수 없지만 저들에 대한 사회적 대우는 차별적이다. 마지즌의 경우 이주 노동자의 가족 동반은 대부분 쉽지 않다. 반인권적인 단속과 추방의 표적 대상이 된다. 저들에 대한 단속 상황은 비인간적이기까지 하다. 저들에 대한 사회적 취급 역시 인권유린이라고 말할 수밖에 없을 법하다. 그래서 이 땅에 날품을 팔러 왔던 조선족은 남쪽 사람, 어쩌면 가리봉동의 가진 자를 향해 강하게 손가락질한다. 자신을 그저 부려먹을 때만 편하게 동포라고 헛기침하거나, 그렇게 무의미하게 부르지 말라고 읍소하고 있다.[15] 그들은 노동 현장에서 일회용 폐기물처럼 취급받는 현실에 눈감고 있는 한국인들이 역겹기만 했기 때문이다.[16]

인종이나 종교적 · 종파적 차이는 한 사람의 정체성을 사회적으로 낙인(烙印)해 버리는 계기가 되곤 한다. 폭력과 인종 청소와 같은 야만적인 행동이 휩쓴 분쟁 지역에서 어김없이 발견되는 사회현상이기도 하다. 이런 곳에서 인종적 다양성과 다원성은 원천적으로 사라지고 축소되기 마련이다.[17] 언어적으로는 다원주의를 표방한다고 하지만, 실제로 저들을 대하는 사회적 방식은 '다원적 단일문화주의' 속에 갇혀 버리는 것을 말하는 것일 뿐이다. 다원주의로 포장된 다원적 단일문화주의에 지나지 않는다는 뜻이다. 다문화주의를 말하고는 있지만, 실제로는 오로지 다원적 단일문화주의의 정당성을 고집하고 있는 것이다. 단일문화주의로의 귀향을 겨냥해 그냥 편하게 다원적이라는 말을 붙였던 것에 불과하기 때문이다.

다문화주의(multi culturalism)와 다원적 단일문화주의(plural mono culturalism)는 각기 지향하는 이념이 다르다. 다문화주의는 이문화(異文化), 주변 문화, 주류 문화 간의 동가치적 공존과 양립론에 기초한다. 다원적 단일문화주의는 주류 문화를 중심으로 이문화들의 동화를 겨냥하는 문화론이다. 다원적 단일문화주의는 겉으로 드러나는 무늬만 다문화주의적이다. 겉으로는 무지개색깔이지만, 그 바탕에는 노란색 하나만 있을 뿐이다. 문화적 다원주의의 본질과는 무관하다. 일종의 바나나의 겉과 속 같은 그런 불일치일 뿐이다. 다문화주의와 다원적 단일문화주의는 이질적인 생각일 뿐이다. 다원적 단일문화주의는 주류 문화의 중요성을 내세운다. 인종이나 출신 국가, 피부색, 인종 등 '다문화적 요소'에 대한 사회적 차별의식이나 편견이 널려 있다.[18)]

문화적 다원주의 개념에 대한 사회적 실천은 쉽지 않다. 다문화주의와 다원적 단일문화주의 사이의 의미 있는 상호작용이 있어야 서로 간의 경계가 무너진다. 서로 다른 문화적 정체성들이 하나의 문화론으로 정착되어야 문화적 다원주의가 가능해진다. 다원주의와 다원적 단일문화주의가 공존하고 있다는 그것만으로는 무의미하다. 서로 섞여 하나가 되어야 하지만, 그것에 이르는 과정은 길고 멀기만 하다. 예를 들어, 무슬림 가정의 소녀가 한국 남성과 데이트를 하는 것은 다문화적(多文化的)인 현상으로 이해된다. 그 소녀의 부모가 한국 남자의 피부색을 의식하고 데이트를 금지한다면, 그것은 다원적 단일문화주의의 의사 표시다. 그 반대 현상도 마찬가지다.

인간은 환경에 적응하는 움직이는 동물이다. 그것에 맞추어 자신도 변화한다. 환경에 적응한다고 해서 생존이 보장되지는 않는다. 환경에 적응할 때에도 어떤 의식적인 작용이 일어난다. 수용소, 정신 병동, 교도소 같은 전체 기관에 수감된 사람들의 삶에서 잘 드러난다. 환경이 모질수록 주위 환경을 냉혹하게 직시해야 한다. 동시에 희망을 포기하지 말아야 한다. 스톡데일 패러독스(Stockdale's paradox)가 바로 그것이다.[19)] 냉혹한 현실을 직시하는 것과 성공할 것이라는 믿음을 혼동하면 절망한다는 생각이 스톡데일 패러독스다.

스톡데일 패러독스는 역사적으로 그 뿌리가 깊다. 나치 포로수용소에서 끝까지 목숨을 지켜 낸 프레모 레비(Primo M. Levi)의 절규도 마찬가지다. 그는 포로수용소의 삶을 "이것도 인생이냐?"라고 증언한다. 레비는 유대계 이탈리아인이었다. 제2차 세계대전 말기 그는 반파시즘 저항운동에 참여했다. 독일군에게 발각, 체포당한다. 이

내 아우슈비츠로 이송당했다. 화학 공장이 붙어 있는 제3수용소에 갇혔다. 1943년 12월부터 1945년 1월까지 그는 노예처럼 살았다. 러시아군이 아우슈비츠를 해방했다. 삶은 겨우 건졌으나, 끝내 귀향은 하지 못했다. 러시아군에 붙잡혀 다시 저들과 함께 유랑 생활을 해야 했다.[20)]

아우슈비츠 수용소에서 레비라는 수용인은 존재하지 않았다. 레비라는 이름을 갖는 인간은 존재할 수가 없었다. 그의 이름은 오로지 번호뿐이었다. 174517이 바로 그의 이름이었다. 레비는 인간이 아니라 물건이었을 뿐이다. 인간으로서의 정체성은 인정되지 않았다. 모든 이들은 그저 번호로 불리웠다. 수용소에서 인간성이라는 그런 것은 없었다. 빵과 죽을 받을 때 배급이 늦어지지 않도록 팔뚝의 숫자 문신을 재빨리 보여 줘야 한다. 익숙해질 때까지 수차례 따귀를 맞고 발길질을 당해야 했다. 먼저 온 수인한테 거둬간 칫솔은 돌려주지 않느냐고 물었다가 "지금 집에 있는 게 아닙니다."라는 답을 들었다. 그는 갇혀 있는 내내 그 말을 들었다. "여긴 요양원이 아니야. 여기서 나가는 길은 굴뚝으로 가는 것뿐이야." 목이 말라 고드름을 따먹으려 했지만 간수가 빼앗아 버렸다. "왜 그러십니까?"라는 물음에 간수는 "이곳엔 이유 같은 건 없어."라고 말한다. "수용소란 '왜?'라는 질문을 포함한 모든 것이 금지된 곳이었다. 그 사실을 빨리 이해해야 살아남을 수 있었다."

수용소는 그 누구든 통제된 삶을 강요하는 곳이다. 해방될 날을 기다리면서 삶을 소진하는 수밖에는 없다. 탈출 이외에는 기다리는 수밖에 없는 사람들이 그곳에 갇혀 있다. 수용소에 수용된 사람들에게 '내일 아침'이라는 낱말은 금기어다. 그날 하루 살아 있다는 것에도 감사해야 할 그들이었다. 반쯤 죽은 것이나 마찬가지일 뿐이다. 가혹한 노동 계획표에 따라 움직이는 기계의 부속품들이라고 보면 된다. 그저 그들에게는 지금 이 상황을 '이해하려 애쓰지 마라, 미래를 상상하지 마라, 모든 게 어떻게 언제 끝나게 될지 생각하며 괴로워하지 마라, 다른 사람에게 질문하지도 스스로 자문하지도 마라.'가 하나의 금과옥조처럼 떠받들었다.

상황은 최악이었지만, 그곳에 수용된 레비는 그럴수록 살아남아야겠다는 의지를 갖는다. 그 스스로 인간 존재에 대한 철저한 의구심이 들었기 때문이다.[21] 자신이 그곳에서 체험한 것을 다른 사람에게 알리겠다는 의지도 함께 했었다. 그는 어떻게든 살아남아야만 했다. 언제 죽을지 모르는 삶이었다. 마지막 삶까지 살아 있어야만 했다. 자신에게 끝없이 최면을 걸었다.

그의 영혼을 괴롭혔던 것은 수용소를 지키는 독일군만이 아니었다. 그곳에 있는 사람들은 사람다움을 상실한 지 이미 오래되었다. 필요에 따라 나치와 수용인의 심리적 경계를 자유롭게 넘나들고 있었다. 수용소에 갇힌 그들 모두가 짐승이었다. 먹이를 보면 사정없이 달려 들며, 서로가 서로에게 적이 되고 마는 '인간 짐승' 같은 존재들이었다. 보통 때에는 평등과 존엄성을 지닌다고 우쭐거렸을 뿐이다. 상황이 불리하게 달라지면, 저들의 인간적인 면모들이 급변하곤 했다. 그 어떤 평등도, 그 어떤 존엄성도 찾아 볼 수 없었기 때문이다. 짐승들이었다. 인간 쓰레기나 마찬가지였다. 서로가 서로를 물어뜯으려는 야수들이었다. "사람들은 어쩔 수 없을 경우 과거와 미래를 지워 버리고 새로운 것을 아주 빠르게 배워 나간다." 주인 없는 숟가락이나 단추를 발견하면 주머니에 넣고 본다. 이미 자기 것이 된 것이다. 옆 사람의 빵은 너무 커 보인다. 자기 손의 빵은 눈물이 날 만큼 작다. 어떤 사람들은 옆 사람의 빵을 탈취한다. 같은 착각이 다시 일어날 뿐이다.

수용소에서는 서로 살을 맞대고 잠을 청할 수밖에 없다. 온정이 들어설 자리는 이미 사라진 지 오래되었다. 언제 죽을지 모르는 불안과 공포만이 가득하다. 하루하루를 보내는 짐승의 무리였다. 모두를 벌거벗겨 한데 모아 놓아도 무감각하다. 수치심을 느낄 겨를도 없다. 소독약을 뿌려대고 머리를 밀어도 무감각하다. 하루 종일 강제노동을 시킨다. 죽지 않을 만큼의 음식만 줘도 고마울 뿐이다. 배고픔은 더 이상 문제가 되지 않는다. 이성은 없다. 감성도 있을 리 없다. 희망이라는 말은 죽음보다 더 끔찍한 낱말일 뿐이다. 사고할 수가 없다. '인간이지만 인간이 아닌' 상태를 견뎌야만 한다.

빅터 프랭클 박사 역시 레비와 같은 강제수용소에서 지옥의 나날을 보냈던 사람이었다. 포로수용소의 체험이 자기 삶에 도움이 되었다. 그 체험을 바탕으로 '로고테라피(logtheraphy)'를 이론화했다. 로고테라피는 인간은 이성적으로 자기 문제를 해결할 수 있다는 정신분석기법이다.[22] 그는 아우슈비츠에서 한 가지 사실을 뼈저리게 깨닫는다. 자기가 과거에 의학 대학에서 공부했던 교과서의 내용이 모두 거짓이라는 점이었다. 교과서에는 사람이 일정한 시간 이상 잠을 자지 않으면 죽는다고 적혀 있다. 그것은 정말로 완전히 틀린 말이었다.

그는 수용소에 갇히기 전까지 세상에서 정말로 할 수 없는 일이 있다고 생각했었다. 이것이 없으면 잠을 잘 수 없다고 생각하기도 했다. 저것이 있으면 살 수 없다는 식으로도 생각했다. 그것은 정말로 터무니없는 거짓말이었다. 인간은 어떤 환경에서도 어떻게든 잘 적응하도록 되어 있었기 때문이다. "아우슈비츠에 도착한 첫 날밤에 우리는 여러 층으로 이루어진 침상에서 잠을 잤다. 각 층(길이 6.5피트에 폭이 8피트인 곳이다.)에 무려 9명이나 되는 사람들이 함께 잤다. 9명에게 배당된 담요는 단 두 장뿐이었다. 그래서 우리는 옆으로 누울 수밖에 없었고, 서로 몸을 꼭 붙인 채 비비면서 잠을 자야 했다. 날이 혹독하게 추웠기 때문에 이런 식으로 자는 것이 어느 정도 도움이 되기는 했다. 신발을 잠자리에 갖고 들어오는 것이 금지되어 있었지만 어떤 사람들은 흙이 떡고물처럼 묻은 신발을 몰래 가지고 들어와 그것을 베개 삼아 잠을 자기도 했다. 그렇지 않으면 뼈만 앙상하게 남은 팔을 베개 삼아 잠을 자야 했다. 그럼에도 불구하고 신기하게도 잠이 밀려 왔다. 그 잠은 비록 몇 시간 동안이지만 우리에게 고통을 잊고 안식을 취할 수 있는 시간을 가져다주었다. 당시 우리가 얼마나 많은 것을 견뎠는가 하는 것을 보여 주는 놀라운 사례를 몇 가지 더 들어 보자. 수용소에서 우리는 이를 닦을 수 없었다. 모두 심각한 비타민 결핍증에 시달리고 있었다. 하지만 잇몸이 그 어느 때보다도 건강했다. 셔츠 한 벌을 가지고 반 년 동안 형체를 알아볼 수 없을 정도가 될 때까지 입었다. 수도관이 얼어붙어 세수는 고사하고 손 하나 제대로 씻을 수가 없었다. 하지만 흙일을 하다가 어쩌다 찰과상을 입어도—동상에 걸린 경우만 제외하면—상처가 곪는 법이 없었다. 밖에서 생활할 때 잠을 제대로 못 잤던 사람이 있었다. 옆 방에서 바스락거리는 소리만 들려도 잠이 깰 정도로 예민한 사람이었다. 수용소에서는 그런 사람이 동료의 몸 위에 엎어져서 귀에서 불과 몇 인치 떨어진 곳에서 나는 코 고는 소리를 들으면서도 아주 깊이 잠을 잤다. 만약 어떤 사람이 인간을 어떤 환경에도 적응할 수 있는 존재로 묘사한 도스토예프스키의 말이 사실이냐고 묻는다면 이렇게 대답할 것이다. "물론입니다. 인간은 어떤 환경에도 적응할 수 있습니다. 하지만 그 방법에 대해서는 묻지 말아 주십시오."

생존하려면 생명의 줄을 잡고 악착같이 견뎌야 한다. 그 누구라도 삶과 생명에 대한 소망은 있다. 생명에 대한 소망은 선택의 문제가 아니다. 선택한다고 생명이 보장되는 것은 아니다. 그것과 관계없이 어떤 생명들은 매일 죽어 나간다. 세상은 모두가 하나같다. 어떤 이는 그것을 천당으로 여기지만 다른 이는 그것을 지옥으로 짊어진다. 같은 것이라도 어떻게 선택하는지에 따라 달라진다. "천국과 지옥의 복도에는 똑같이 도시, 마을, 정원, 산, 계곡, 태양, 달, 바람, 바다, 별, 그림자, 기온, 입맛, 향수, 소리 등이 있다. 천국에 사는 사람은 그 모든 것을 최상의 것으로 받아들이는가 하면 지옥에 사는 사람은 그 모든 것을 최악의 것으로 받아들일 뿐이다."[23] 인간 예수도 자기에게 닥친 고난을 자기 스스로 감내하는 길이 생명의 길이며, 부활의 길이라는 것을 극적으로 보여 주었을 뿐이다.[24]

인간이란, 어느 소설가의 독설처럼, 입과 항문을 하나로 잇기 위해 열심히 움직이는 창자줄의 동작과 활동이나 마찬가지였다. 그들 스스로 밟고 있는 것은 흙만이 아니다. 저들은 타인의 쾌락을 위해 머리와 가슴도 내주고 있다. 이 사회가 저들의 심장을 생체로 요구하고 있기 때문이다. 여성 운동가였던 고정희 시인은 「야훼님 전상서」라는 시에서 사회적 약탈을 가차없이 고발한다. 화약 냄새보다 더 강하게 시어(詩語)로 이 사회의 심장을 겨눈다. 가질 것이 없는 자들을 향해 게걸대며 야유하는 저들의 탐욕을 고발한다. "야훼님, 한 사나이가 집으로 돌아왔습니다. 오랜 추위와 각고를 끝낸 사나이가 집으로 돌아왔습니다. 아주 멀리 떠날 줄 알았던 그, 이제는 다시 돌아올 수 없는 곳으로 가 버린 줄 알았던 그 사나이는 누더기 옷을 걸치고 섬광 같은 눈

빛을 간직한 채 그의 기원을 묻어 둔 집으로 돌아왔습니다. 그가 돌아왔을 때 영원히 닫힌 줄 알았던 기도의 문이 열리는 소리를 들었습니다. 그가 돌아왔을 때 영원히 끝난 줄 알았던 자유의 휘파람 소리가 들판을 가로질러 가는 것을 보았습니다. 그가 돌아왔을 때 우리 기다림이 불기둥으로 일어서는 것을 보았습니다. 그러나 야훼님! 그가 돌아온 마을과 지붕은 아직 어둡습니다. 그가 돌아온 교회당과 십자가는 더욱 더 고독합니다. 그가 돌아온 들판과 전답은 무지막지한 어둠과 추위 속에 누워 있습니다. 우리가 저 대지의 주인일 수 있을 때까지 재림하지 마소서. 그리고 용서하소서. 신도보다 잘사는 목회자를 용서하시고 사회보다 잘사는 교회를 용서하시고 제자보다 잘사는 학자를 용서하시고 독자보다 배부른 시인을 용서하시고 백성보다 살쪄 있는 지배자를 용서하소서."

살찐 돼지처럼 늘어진 비계 때문에, 기우뚱거리며 어쩌지 못하며 제대로 서지도 못하는 교회에 대해 시인은 견딜 수가 없었던 모양이다. 사회 부정의에 앞장서 있는 목회자에 대해 격한 분노가 일어난 그녀는 강하게 질타한다. 예수가 타 봤던 노새는 결코 이 시대의 고급 자동차인 벤츠가 아니었다고 격노한다. 그 모든 것에 불을 지르고 훨훨 춤이라도 추어야 직성이 풀릴 것 같다고도 했다. "대형 백화점에 진열된 갖가지 유니폼을 보면 나는 슬머시 불지르고 싶어집니다. 시대별 유니폼 속에 단정하게 개켜 넣은 밥—이데올로기, 그 속에 스며 있는 우아한 노예 패션, 삐까번쩍 포장한 프린세스 라인이며 로열박스 리본에 후르르르르 불을 당겨 이열치열 불 마당 만들고 싶어집니다. 하인들이 열고 닫는 대문을 보면 나는 이심전심 불지르고 싶어집니다. 우람한 대문으로 넘나드는 명부전의 자부심과 높다랗게 치솟은 치부의 쇠창살, 난공불락 이기주의 담쟁이덩굴에 화르르르르 불을 당겨 우리의 소원은 평등…… 꿈에도 소원은 분배…… 해방의 모닥불을 만들고 싶어집니다. 튼튼하게 정돈된 거짓말이 거룩하게 쏟아지는 벼슬아치 입을 보면 나는 확 불지르고 싶어집니다. 거짓말의 높이를 상징하는 고관대작의 사다리, 재벌과 축복을 협상하는 권력의 위패, 그 앞에 꿇어앉은 산을 옮길 만한 어깨들의 요란스런 충성 기도와 영원히 숙청하지 않으면서 숙청이란 낱말에만 우럴럴럴 까꿍! 까꿍! 불을 당겨 희망의 불쏘시개 만들고 싶어집니다. 아아 우리를 배아프게 하는 것을 보면 나는 불현듯 불지르고 싶어집니다. 당신이 갖고 있는 너무 많은 돈 문서를 보면 나는 불지르고 싶어집니다. 당신이 차지한 너무 큰 하늘 너무 위대한 밥그릇을 보면 나는 불지르고 싶어집니다. 당신이 생산하는 너무 많은 정경유착 면죄부와 하수인 리스트와 팔려간 신부들의 정조대에 우르르 쾅 불을 당겨 따뜻하게 평화롭게 불감증의 시대를 청소하고 싶어집니다." [25]

매일 들락거리는 아파트가 저들에게는 그저 난민수용소와 크게 다르지 않다. 대문마다 쇠로 만든 대문이 걸려 있다. 창문마다 철장이 가려진다. 문마다 방 호수가 달려 있다. 내 사무실 방에도 번호가 달려 있다. 갇혀 있는 감옥소 방 번호와 별다른 차이가 있을 리 없다. 방마다 자물쇠도 단단하다. 우리는 모든 것을 때때로 잊는다. 달리 보면 바로 이곳이 아우슈비츠 수용소다. 현실을 그렇게 바라보면 모든 것이 절망적이다. 모두가 소망을 잃고 흔들거리고 있을 뿐이다. 모두가 하루를 살기 위해 하루를 투쟁해야 하는 호모 사케르(*Homo Sacer*)가 되고 만다.[26]

호모 사케르는 '성스러운 인간'이라는 뜻이지만, 역사적으로 그 개념의 사용은 정반대의 현실을 보여 준다. 신성하기 때문에 성스런 대접을 받아야 할 것 같은 이들이었지만, 실제로는 성스럽기 때문에 오히려 사회정치적으로 저주받을 수 있다고 단죄된 인간이라는 뜻을 담고 있었기 때문이다. 신성하면 그대로 잘 보전되어야 하지만, 신성하기 때문에 죽음을 당할 수도, 그렇게 죽음을 명령받아도 무방한 존재가 호모 사케르라는 역설적인 존재다. 호모 사케르는 사회적으로 벌거벗은 존재를 말한다. 저들의 생명을 언제든 사회가 요구하면 사회에 돌려주어야 하는 제한된 생과 명을 지닌 존재가 호모 사케르였다. 적절한 비유일 수 있는지 어떤지는 불확실하지만, 호모 사케르는 사회에서 마치 네 잎 클로버(clover) 같은 존재로 취급되었던 존재다. 세 잎짜리 토끼풀인 클로버들 사이에 둘러싸여 있는 네 잎 클로버는 희귀하게 네 잎을 지녔기에, 사람들 눈에 띄기만 하면 제일 먼저 꺾이는 생명들이다.

호모 사케르는 고대 로마법에서는 사회적 번영을 위해 희생의 제의물(祭儀物)로 통용되었던 사회적 기층(基層)이었으며, 다수의 다중(多衆)이었다. 고대 로마법에 따르면, 범죄자로 판정된 자들은 신을 위한 제물로 바치는 일만큼은 금지되어 있다. 신에게는 오로지 신성한 것들로 판단된 것만을 제의로 바쳐야 한다. 그런 희생물은 자연이 정해 준 것이 아니다. 권력이 정해 놓은 것이다. 저들에 의해 신성한 제의물로 피택된 존재가 바로 호모 사케르였다. 국가를 위한 희생물이 필요할 때면, 로마는 법의 이름으로 호모 사케르를 얼마든지 죽일 수 있다. 살아있는 채로 저들의 생명을 신의 제의물로 바쳐도 단죄되지 않는다. 고대 로마제국을 지켜온 불문율이었기 때문이다.[27] 호모 사케르는 정치 권력의 유지를 위한 노리개들이었다.

호모 사케르는 결코 산양처럼 짐승이 아니었지만, 때가 되고 상황이 요구하면 언제든 저들의 번영을 위한 제사상의 희생양으로 바쳐질 수 있다. 인간이 아닌 것은 아니지만, 인간이랄 수도 없는 존재가 호모 사케르다. 인간이지만 사람의 대접을 받지는 못하는 제의물이 호모 사케르다. 짐승과 인간의 중간 지대에 놓인 채, 정치 권력의 제물로 헌납되도록 된 존재가 호모 사케르다. 저들은 벌거벗기운 생명이며, 제사용 희생물이다. 호모 사케르는 국가를 위한 살인 허용 대상 목록에 적힌 채, 때가 오면 언제든 희생의 대열에 올라 버리는 사회적 구성물이다. 저들을 죽인 사람도 무죄이고, 그렇게 죽은 사람 역시 피살자로서 무죄일 뿐이다.

호모 사케르를 죽인 사람들이 처벌받지 않은 이유는 간단하다. 법에 그렇게 명시되어 있기 때문이다. "인민 투표를 통해 성스럽게 간주된 사람을 죽이면 살인에 해당되지 않는다."고 고대 로마법이 규정하고 있었기 때문이다. 성스러운 사람, 그래서 제의에 올라야 할 호모 사케르를 죽인 사람들은 결코 살인자가 아니다. 호모 사케르에 대한 살인이나 살인에 대한 조항을 고대 로마법은 전혀 언급하지 않았다. 로마법에서 말하는 시민정신은 호모 사케르의 희생과는 아무런 연관성도 갖고 있지 않았다.[28] 그런 것에 언급해야 할 로마법이 아니었다.

호모 사케르는 언제나 사회의 필요에 따라 죽임을 당하면 되는 일이었다. 저들이 죽어도 어느 누구 하나 손해를 보지 않기에, 그 어느 누구도 관심을 가져야 할 이유도 없다. 호모 사케르가 성스러운 존재이기에, 죽임을 당할 수 있다는 논리는 천천히 뜯어보면 양립하기 어려운 개념처럼 보일 뿐이다. 성스러운 것은 성스럽기 때문에 희생시킬 수 없어야 하는데, 현실적으로 호모 사케르들은 오히려 저들이 지닌 그 성스러움 때문에 필요하다면 신의 이름으로 죽일 수 있기 때문이다. 신에게 바치는 인간양(人間羊)일 뿐이다. 성스러운 것을 죽이려면 어차피 신성 모독을 범해야 한다. 신성 모독의 죄를 사해 달라고 비는 제주(祭酒) 한 잔이면 모든 것이 일시에 사(謝)함을 받게 된다. 신성을 모독하지 않으면서 호모 사케르를 처단할 수는 없는 노릇이기에 같이 진행되는 의식일 뿐이다.

호모 사케르를 성스러운 존재로 정해 놓고, 그렇기 때문에 희생제물로 죽일 수 있다고 역설적인 이유를 붙인 것은 호모 사케르에 대해 권력 집단이 갖고 있는 일종의 심리적 불편함을 드러낸다. 성스러운 호모 사케르라는 존재는 성스럽기 때문에 도저히 성스러울 수 없다는 상반된 논리가 받아들여져야 한다. 저들은 호모 사케르들이 성스럽기 때문에 오히려 불결하며, 악하고, 그렇기에 제거되어도 무방하다는 논리를 만들어 놓았다. 사실 저들을 희생시키는 데 그 무슨 논리가 있어야만 하는 것이 아니다. 양을 제물로 만드는 데 양이 희생물이 되어야만 하는 논리를 만들 이유가 없는 이치이다. 그저 한 사회를 제대로 유지하기 위해서는 지배 집단의 눈에 불결하거나, 악이 되는 것처럼 보이는 것은 제거하면 되는 일이다. 그것이 사회정의라고 저들이 말하면 그것은 사회정의로 성립되는 것이다. 말이 안 되는 것을 말이 되게 만드는 것이 사회정의이고, 권력의 특권이기 때문이다.

저들은 법을 활용한 것이다. 불결한 것은 신성한 제물로 삼을 수는 없어도, 공동체의 복리를 위해 필요하다면 저들에게 불결한 존재를 죽이는 것은 언제든 허용되도록 만들어 버린 것이다. 호모 사케르는 바로 그런 로마를 위해 필요하지만, 불경하기도 하고, 불결하기도 한 존재를 대변하는 시대적 상징물이었다. 저들이 필요로 하는 희생물로 삼기 위해, 신성하기 때문에 사악한 존재로 규정해 놓은 이중적인 모호한 존재가 호모 사케르라는 명명이었다. 호모 사케르라는 명명은 제물로 만들어 버리기 위해 만들어진 이중 구속이나 마찬가지였다.

나치 독일이 만들어 낸 아우슈비츠 수용소는 놀랍게도 수용소이기도 했지만 무법지대였다. 저들에게 유대인은 호모 사케르였다. 유대인은 신성하기 때문에 사악할 수 밖에 없다고 낙인된 유럽 안의 이방인이었다. 나치 독일의 존재를 과시하기 위한 호모 사케르였으며 노리개였다. 유대인이 지닌다는 그 신성함 때문에 사악함도 함께 따라붙었다. 저들의 생과 명은 나치의 필요에 따라 언제든 처분될 희생물이었다. 독일의 나치들은 600만 명에 이르는 유대인을 가스실에서 죄목 없이 처형했다. 처형의 책임자들은 군인정신에 투철한 나치 장교들이었다. 유대인을 처형한 장교들을 히틀러는 처벌하지 않았다. 호모 사케르는 오늘날에도 사회 곳곳에서 그대로 재연되고 있다. 각종 정치범 수용소뿐만 아니라, 인권을 가장 중시하는 미국에 의해서도 그대로 재연된 바 있다. 예를 들어, 관타나모 미군 포로수용소에서 드러난 포로 학대의 사례가 바로 그것이었다. 아부그라이브 수용소의 이라크 포로들 역시 호모 사케르처럼 저들에 의해 혹사당하고, 희생되었다. 미국은 뉴욕을 강타한 9 · 11 테러 이후 알카에다의 지도자 오사마 빈 라덴(Osama Bin Laden)을 색출하려고 온 힘을 쏟았다. 저들의 특공대는 마침내 파키스탄에 은둔하는 그의 은신처를 찾아 겁에 질린 가족이 보는 자리에서 그를 사살하는 데 성공했다.[29)]

호모 사케르는 벌거벗은 생명 그 자체라는 뜻만을 가진 것은 아니다. 그들을 둘러싼 환경까지도 함께 호모 사케르라는 희생 제의물에 포함된다. 호모 사케르에게는 본질적으로 명(命)도 없지만, 생(生) 역시 없는 존재다. 존재이지만 존재가 아닌 저들의 삶살이에서 생과 명은 언제나 제거 대상일 뿐이었다. 그러던 호모 사케르들이 이제는 이민 노동자, 다문화 가정, 이탈 이주민, 불법 체류 노동자 등을 지칭하게 되었다. 명문화되어 있지는 않지만, 모두가 이제는 호모 사케르의 범주와 속내에 들어가고 있다. 이들 모두는 하루를 살아가게 만드는 노동 현장에서 거의 '벌거벗은 생명'들로 취급받고 있다. 호모 사케르가 어떤 신분, 어떤 상황에 놓여 있는지를 극명하게 드러내 주는 사례가 있다. 그 예는 청년 예수가 로마 총독 앞에서 심문이라는 이름 아래 고문을 당하는 경우에서 잘 드러난다. 인간 예수는 그를 금기시했던 동족 유대 지배 집단과 저들에게 유능한 행정가의 면모를 보여 주어야 했던 로마 총독 빌라도가 벌이고 있는 긴장과 갈등 앞에 놓인 희생양이었다. 예수의 몸은 저들의 공생(共生)을 위한 하나의 제의물(祭儀物)이었을 뿐이다.

예수의 생명은 더 이상 자기 것이 아니었다. 그의 생과 명은 그저 남의 손에 의해 거래되는 제의물이었다. 유대 지배층과 로마 지배층은 예수의 목숨을 놓고 흥정을 한다. 서로의 이권을 챙길 만큼 챙긴다. 유대인들과 로마 군인의 이익을 도모하기 위해 필요했던 희생 제의물이 바로 예수였다. 예수는 저들을 위한 호모 사케르였다. 예수에게는 저항이나 변호 수단이 있을 리 없었다. 자기 생명에 대한 저들의 거래를 묵묵히 견뎌내야만 했다. 침묵만이 예수 스스로 자신을 보호할 수 있는 수단이었다. 예수를 호모 사케르로 만들어 거래를 성사시켰던 유대의 지배 계급들은 시간이 한참 흐른 후 저들 모두가 호모 사케르 신세가 된다. 저들은 유대인이라는 종족의 이유만으로 나치 앞에서 호모 사케르로서 재판당하고, 처형당한다.

호모 사케르의 개념은 이제 사회 전반으로 확장되어 일반 명사로 쓰이고 있다. 정치적으로 이들은 다중 세력으로 불리기도 한다. 노숙자, 이주 노동자, 다문화 이주자, 비정규 노동자의 신분에 이르기까지 점차 확대, 응용되어 이제는 다중의 사회 세력들로 포섭되고 있다. 민중 혹은 다중으로 불리우는 호모 사케르들은 정치사적으로는 벌거벗은 삶이었다. 권력을 원초적으로 박탈당한 삶이기도 했다. 호모 사케르에 대한 역사적 근저에는 고대 그리스나 로마와 같은 문명의 흥망성쇠의 역사가 한몫한다. 역사적으로 고대 그리스인들이 바라보던 공동체 삶의 방식이 호모 사케르의 삶의 방식에 크게 영향을 끼쳤다. 고대 그리스의 공동체 삶은 노예제도를 기반으로 운영되었다. 고대 그리스인들은 공동체의 '삶(vita)'을 이원적으로 이해했다. 두 개의 용어로 그들은 삶을 구분하며 갈라 썼다. '조에(zoē)'의 삶과 '비오스(bios)'의 삶이라는 개념이 그것이었다.

'조에(zoē)'라는 말은 살아 있는 모든 존재의 생명과 삶을 총칭한다. 동물, 인간,

신에 이르기까지 공통적으로 발견되는 생명의 성질을 말한다. 살아 있음이라는 사실을 상징하기 위한 표현이 조에라는 개념이다. 일반적인 생명으로서의 삶과 개별적 삶 그 자체를 조에라고 불렀다. 모든 생명은 조에의 삶이다. 그에 비해, 비오스(bios)라는 말은 집단의 삶을 지칭한다. 집단적인 특수한 위치를 서술하는 삶의 형태를 지칭한다. 조에나 비오스 모두 삶을 말하고는 있지만, 그 쓰임새는 다르다. 조에라는 말은 신들조차도 살아 있는 생명적 존재로 받아들이는 개념이다. 생명을 지칭할 때 어김없이 조에라는 개념을 활용한다.

아리스토텔레스(Aristotle)는 『니코마코스 윤리학』에서 철학자의 삶을 관조적인 삶이라고 이야기한 바 있다. 그는 당시 그런 삶을 기술하기 위해 조에라는 말을 쓰지 않았다. 대신 철학자의 관조적 삶(bios theōrētikos), 쾌락의 삶(bios apolaustikos) 그리고 정치적 삶(bios politikos)을 이야기했다. 이들의 삶은 비오스였다. 사회 · 정치 · 문화의 맥락 속에서 규정되는 삶의 형식을 지칭하기 위해서 '비오스'라는 개념을 활용했다. 고대 그리스의 공동체는 정치적으로 의미 있는 삶을 오직 '비오스'라고 보았기 때문에, 아리스토텔레스 역시 비오스로서 저들의 삶을 설명했다. 비오스는 신분을 드러내는 삶을 지칭한다. 비오스의 삶과 그것의 일상적 전통은 로마와 중세로 이어졌다. 인간의 정치적 · 법적 권리는 개별적 생명에서 부여되는 그런 것이 아니었다. 오로지 그가 속한 사회적 신분에 의해 부여될 뿐이었다. 그것이 비오스의 삶이다. 태어났기 때문에 생명은 생명으로서의 권리를 누리는 것이 아니다. 무엇인가로 태어났기 때문에, 그 어떤 신분을 누리는 존재로 태어났기에 그 권리를 누릴 수 있다고 본 것이다. 어떤 신분으로서 살아가는 삶이냐는 것이 저들에게 가장 중요했다.

저들에게는 모든 인간에게 공통되는 생물학적 삶인 조에의 삶에는 큰 의미를 두지 않았다. 사회적으로 별다른 의미가 있을 수 없었다. 조에는 그런 삶이며 생명을 지칭했다. 벌거숭이 삶이 조에의 삶이었다. 고대 귀족들은 그런 조에의 삶, 일반적인 생명 그 자체에는 아무런 의미를 두지 않았다. 생명으로 만들어지는 삶이라는 것은 생명일 뿐이었기 때문이다. 사회적으로나 정치적으로 그 어떤 힘을 갖는 삶이 아니었기 때문이다. 사회적으로 의미를 부여받지 못하는 삶은 살아 볼 가치가 없는 삶이었기 때문이다.

아리스토텔레스에게 있어서 단순한 삶으로서의 생명과 가치 있는 삶으로서의 생명은 대립되는 개념이었다. 개인적인 삶과 공동체적인 삶은 서로 다른 가치를 가진다. 양자의 대립 속에서 개인적인 삶은 공동체적인 삶에 포함된다. 공동체 삶은 정치적인 삶이다. 공동체적인 생명은 가치 있는 삶이다. 정치적이며 공동체적인 삶에 벌거벗은 개인적인 생명이 포함된다.

단순한 생명과 가치 있는 생명을 가르는 일은 정치적 권력의 기반이다. 권력은 벌거벗은 생명 대 정치적 존재 간의 대립을 활용한다. 조에 대 비오스 간의 대비가 정치다. 배제 대 포함 간의 구별과 활용이 공동체의 과제다. 호모 사케르와 권력이라는 한 쌍의 대립을 어떻게 활용해야 하는지가 서양 정치의 핵심이었다. 정치란 공동체에서 벌거벗은 생명을 분리해 내는 일이다. 정치는 호모 사케르와 자신을 대비시키거나 배제하는 관계를 말한다.

서구 사회에서 근대 민주주의와 고대 민주주의를 가르는 기준은 조에와 비오스의 정치적 구분이었다. 근대 민주주의는 조에의 비오스를 찾는 일이었다. 근대 민주주의는 조에의 해방, 조에의 권리 보장을 그 출발의 토대로 삼았다. 벌거벗은 생명인 호모 사케르를 하나의 삶의 방식으로 변형시키려는 노력이 근대 민주주의의 시작이었다. 조에의 삶인 호모 사케르의 삶을 해방시키려는 목적이 근대 민주주의의 근간이었다. 조에의 삶을 비오스의 삶에 바르게 위치시키려는 노력이 바로 근대 민주주의의 핵심이었다.

그럼에도 불구하고, 호모 사케르는 근대 민주주의의 실천에서마저도 로마 법처럼 제물의 대상에서 제외되었다. 호모 사케르들을 무차별하게 죽여도 그들은 결코 살인자들이 아닐 뿐만 아니라 그들은 살인죄에서도 제외되고 있었다. 그것은 근대 민주주의가 지닌 모순이었다. 이것에 문제를 제기한 사람이 아감벤(Agamben) 교수였다. 호모 사케르에 대한 연구에는 단연 아감벤 교수가 눈에 띈다. 그는 호모 사케르의 생명에 대한 문제 제기에 골몰했다. 호모 사케르의 생명이 왜 그렇게 단순하게 취급되어 왔는지를 연구하였다.

그는 호모 사케르가 역사적으로 인간의 법과 신의 법 양자 모두의 외부에 위치되어 왔음을 추적하였다. 호모 사케르는 죽여도 좋은 대상이지만 희생물로 바칠 수는 없는 존재라는 말이 정치적으로 어떤 함의를 지니는지에 대해서도 탐구했다. 호모 사케르들이 공동체를 위한 희생물로서는 허용되지 않지만, 공동체 안에서는 마음대로 희생시켜도 그들을 희생시킨 사람들이 처벌받지는 않는 관습의 모순을 밝히려고 했다. 호모 사케르에 대한 면책적 살해의 가능성과 희생 제물에 대한 배제의 관습의 모순과 공존에 대한 답을 제시하려고 했다.[30)]

아감벤에 따르면, 호모 사케르는 불량한 자를 신성한 자라고 부르고 있는 현대 정치의 모순이었으며 정치적 관습의 대상물이었다. 호모 사케르는 공동체에서는 법적으로나 종교적으로나 질서 밖의 대상물로 취급된다. 추방된 자들이며 벌거벗은 생명들인 저들 호모 사케르는 희생 제의의 대상으로서는 적절하지 않다. 공동체를 위한 종교적 의식이나 질서로부터 의도적으로 배제되어야 한다. 그런 그들이지만, 저들 호모 사케르들은 공동체 안에 놓이면, 얼마든지 희생이 강요되어도 무방한 대상물이다. 저들의 생명은 법질서에서 배제되기에, 법의 혜택이나 배제, 그 어떤 것에도 해당되지 않기 때문이다. 마치 눈에 보이는 존재이지만 보이지 않는 존재로 간주되도록 사회적으로 구성된 존재다.

종교적 의식에서 배제되고, 법적 제제 밖으로 존재하도록 만들어졌기에, 호모 사케르는 정당한 법적 절차에 따라 저들을 처형할 수 없다. 법적인 보호를 받지 못하기에 호모 사케르는 사회적 의식을 위한 희생 대상물로서는 부적절하거나 금지 대상물이다. 그렇다고 저들을 죽일 수 없는 것은 아니라는 점에서 타살 허용 가능한 대상물이다. 그것에 대해 어느 누구도 법적으로 문제 삼지 않기 때문이다. 죽일 수 없지만, 그 언제든 죽일 수 있는 대상물로서의 지위를 지닌 존재가 호모 사케르다. 호모 사케르를 죽이는 것에 대한 법적 정당성은 있을 수 없으나 그렇다고 저들을 죽이는 것이 법률을 위반하는 것도 아니다. 사형시킬 수는 없으나, 살인 처분할 수 있는 대상물이 호모 사케르다. 정치적으로 보호를 받을 수는 없으나, 정치적으로 악용될 수 있는 사회적 구성물이 호모 사케르다.

호모 사케르에게 가해질 수 있는 그 어떤 폭력도 종교적으로 위배되거나, 보호되지는 않는다. 그들을 죽일 수 있는 그 어떤 폭력도 법적 제제를 벗어나 있기 때문이다. 호모 사케르는 봉헌 대상물로 쓰일 수 없다. 법적으로 사형의 대상은 아니지만, 살인의 예외적 대상 역시 아닌 이중적 운명의 존재일 뿐이다. 법적 판결의 집행물일 수 없기에, 치외법권의 대상이지만 늘 법의 감시 아래 놓이는 존재다. 신성 모독의 대상물이 아니기에, 사회가 요구하면 언제라도 타살될 수 있는 존재다. 그들의 죽음은 종교적으로 의미가 없으며, 도덕적으로 잘못된 것이 아니다. 법적인 보호 대상도 아니기에, 저들에게 희생이라는 말은 적용되지 않는다. 저들의 죽음은 언제 죽던 누구도 개의하지 않으며, 그들의 죽음은 언제나 정당하게 취급된다. 누구도 저들의 죽음에 관심을 두지 않기에, 저들의 삶이나 생명에는 어떤 사회적 의미도 따라붙지 않는다.

한 사회에서 호모 사케르가 된다는 것은 사회적으로 벌거숭이가 된다는 뜻이다. 호모 사케르로 명명된다는 것은 사회적 보호 밖에 방치된다는 뜻이다. 호모 사케르로 산다는 것은 언제든 죽임을 당할 수 있다는 개연성을 갖는다. 호모 사케르는 어떤 박해에도 불평할 수 없다. 저들의 행동 모두가 사회적으로 노출되어 버린 '벌거숭이 삶'일 뿐이다. 벌거숭이 삶은 자연적인 생명이 아니라, 만들어지는 삶이다. 벌거숭이로 살아갈 수밖에 없도록 권력에 의해 만들어진 삶이다. 사회적 노리개가 되도록 사회적으로 공인된 벌거숭이가 호모 사케르다.

2. “핵심은 이것입니다. 우리가 타인과 관계 맺을 때 우리를 서로 다르게 보이게 하는 것을 바탕으로 관계 맺는가, 아니면 우리가 공통으로 가지고 있는 특성을 바탕으로 관계를 맺는가? 이것이 근본적으로 우리가 타인과 분리감을 느끼는가, 아니면 타인에 대해 친밀감과 연결감을 느끼는가를 결정합니다.” – 달라이 라마[31)]

“여러분이 예수라면 어떻게 할 것인가?” – 어떤 나그네[32)]

문명화된 지금의 이 사회에서도, 호모 사케르로 낙인된 저들은 사회적으로는 늘 열외의 존재다. 사회는 저들을 문화적 변방에 방치하고 있다. 정치 권력은 언제든 자신의 이익을 위해 호모 사케르의 권익에는 무감각하다. 법률적으로 도움을 받지 못하도록 저들의 법적 권리를 제한하는 세력이 정치권력이다. 저들 호모 사케르는 법망의 그늘에 노출되어 있기에 저들의 신분은 벌거벗은 삶이 되고 만다. 저들은 사회적 신분으로는 취약 계층이며 인종적으로는 다른 종족으로 간주되기에, 저들은 기득권의 정치 권력이 쳐 놓은 두 개의 장벽을 넘을 수 없다. 인종의 벽과 사회적 계층의 벽을 뚫거나 손쉽게 넘어갈 수 없다. 저들은 사회적 희생 제물로 노출된 벌거숭이의 삶을 살아가야 한다. 권력과 법은 저들에게 늘 야만적이다. 호모 사케르는 그들의 법질서에 의해 떠밀려 다닌다. 권력과 법질서를 피할수록 법과 권력은 호모 사케르를 더욱더 옥죄어 버린다. 호모 사케르는 권력과 법질서에서 배제된다. 그래서 저들은 더욱더 법질서 속에 처절하게 갇히고 만다.

호모 사케르에게도 나름대로 호흡하며 살아가야 하는 삶이 있다. 저들의 삶이라야 저들끼리 ‘끌어안으며 내쳐지는 삶’, 그런 것만은 아니다. 물론 저들에게는 어김없이 수용의 배제, 배제된 수용과 같은 배타적인 수용과 배제의 모순을 함축하는 삶이 굴레를 만들어 놓는 것이 사실이다. 예외적 관계에서는 저들을 언제든지 사회적으로 끌어당기는 수용이 있다. 어쩌면 그들이 저들을 필요로 할 때라는 뜻이다. 예를 들어, 저들의 노동력이 필요할 때는 언제든 저들을 수용하지만, 불필요할 때는 언제든 제한

하고 내쳐 버리는 수용이 저들의 운명을 통제한다. 법과 호모 사케르의 관계는 오로지 배제라는 틀 속에서 허용되는 관계로 성립된다. 법의 예외 관계를 유지하는 특수 관계를 지니는 존재가 호모 사케르다.

호모 사케르와 권력은 마치 두 개의 원이 이리저리 끌려다니게 되는 삶을 닮았다. 처음에는 서로가 분리되어 있는 독립체로 보인다. 예외 상태에서는 서로가 다른 쪽의 내부에 있는 것과 같다. 예외가 규칙이 되기 시작되면 사정은 달라진다. 두 개의 원은 완전히 구분이 불가능하게 된다. 서로가 어김없이 겹쳐 구속하는 관계다. 호모 사케르는 예외자다. 법적인 구속 대상이 아니다. 권력이 작동하는 법의 영토 밖에 존재한다. 무법 지대, 문명과 자연, 공동체의 안과 바깥 사이의 미결정 영역을 떠돈다. 그때 그들은 벌거숭이일 뿐이다. 법이 저들에게 관여하기 시작하면 벌거숭이의 삶은 별안간 구속적인 삶이 된다.

호모 사케르의 존재는 그리스나 로마의 고대사회에서는 늘 추방에 의해 구성되어 왔다. 죽여도 되지만 희생의 제물로는 제단에 바칠 수 없는 운명적인 조건을 지녔기 때문이다. 호모 사케르들은 주권에 의해 추방당한 삶을 살도록 사회적으로 만들어진 존재다. 주권은 벌거숭이 삶을 생산해 낼 수 있는 원초적 힘이다. 호모 사케르는 정치적으로 모순적인 주권자들이다. 저들에게 주권이 있다는 것이 드러나는 순간은 저들이 죽임을 당할 바로 그때다. 저들을 죽여도 살인죄에 해당되지 않기에 저들은 늘 사회적으로 죽어간다. 죽어간다는 그 자체가 저들에게 주권이 있다는 뜻이기도 하다. 저들은 동시에 성스러운 존재로 취급된다. 희생의 제물로 바칠 수 없기 때문에 성스러운 존재다. 사회적으로 열외의 존재들이기에 구속하지 않는다는 뜻이기도 하다. 저들이 성스러운 존재처럼 취급받는 것은 저들의 주권은 이곳이 아니라 다른 곳에 있다는 뜻이기도 하다.

권력과 호모 사케르의 관계는 이해관계가 어긋날 때는 상대적이며, 반대로 이해관계가 합쳐질 때는 절대적이다. 한 편은 죽이고 다른 한 편은 살릴 수 있다는 의미에서 그렇게 된다. 권력은 주권자들의 몫일 뿐이다. 주권자는 법질서의 외부에 있으며 동시에 내부에 있기 때문이다. 법의 효력을 정지시킬 수 있는 합법적 권력을 가지고 있는 주권자는 자기 자신을 합법적으로 법 외부에 세울 수 있다".[33] 자기의 유리한 법적 고지를 차지하기 위해서다. 법과 권력은 그래서 늘 법 외부에 있으면서 동시에 법 안에 존재하기 마련이다. 주권자의 예외적 권력은 법에 의해 인정된 권능이기에 필요하면 주권자들은 합법적으로 법의 효력을 정지할 수 있다. 주권자만이 법에 대한 예외자가 될 수 있다. 호모 사케르는 그럴 수 없다. 호모 사케르들은 주권자의 권능에 따라 존재 가치가 결정될 뿐이기 때문이다.

권력은 언제나 모순적이고 역설적이다. 물론 호모 사케르에게만 해당되는 권력의 질서가 아니다. 모든 이들을 향한 권력과 법질서의 모순과 역설이 저들의 권력이 지닌 힘이다. 권력은 사람들을 뫼비우스 띠처럼 묶어 놓는다. 호모 사케르로 만들어 가려는 움직임들이다. 권력과 연결되어 있는 법은 사람들의 벌거벗은 삶을 만들어 낸다. 비상사태와 예외적 상황들을 만들어 낸다. 비상사태란 법과 무법 간의 중간에 있는 상태다. 문명과 자연, 삶과 죽음처럼 어느 한 편으로 확정될 수 없는 미결정성의 영역이 비상사태다. 그것이 예외적 상황이다. 비상사태는 권력자들에게 벌거숭이 삶으로 만들어 줄 가능성을 제공한다.

호모 사케르는 몸의 자유를 원천적으로 거세당한 채 살아가는 사회적 구성물이다. 인간에게 생명 그 이상으로 중요한 것은 없다. 그 어떤 것도 생명을 대신할 수 있는 것은 없다. 생명이 있어야 이 세상의 모든 것을 정리할 수 있다. 정치가 생명을 존중하고 경외할 때 그 정치는 생명 정치가 된다. 경제가 생명에 연관되면 생명 경제가 된다. 생명이 교육에 연관될 때에는 생명교육이 핵심 주제가 된다. 생명은 생과 명, 숨을 쉬며 뛰는 심장을 갖고 있다는 뜻이다. '벌거벗은 생명'일지라도, 생명은 모두 그런 생명이다. 모든 생명은 벌거벗고 있지만, 호모 사케르의 생명은 벌거벗음만이 드러나 보일 뿐이다. 생명은 살아 있다는 지금의 현실이지만, 호모 사케르의 '목숨'은 죽어 있는 목숨이나 다를 바 없다.

숨을 쉬는 생명만이 '생존'이라고 불릴 수 있다. 인간은 모두가 벌거벗은 생명으로 태어난다. 벌거벗은 인간이지만 생존하려고 한다. 행복한 삶을 원한다. 행복한 삶은 생과 명이 달려 있는 신체의 보존이다. 우리의 몸짓 자체가 생과 명의 본체다. 몸은 행복한 삶을 위한 수단이다. 몸이라는 수단은 생명을 유지하게 만드는 도구다. 행복한 삶으로 만드는 방편이다. 누구나 몸의 자유를 원한다.

생명의 삶을 이어가기 위해서 다른 목적은 필요하지 않다. 생명의 행위는 생명 이외의 다른 목적이 있을 수 없기 때문이다. 생명처럼 산다는 것이 생명이며 생명이라는 행위이기 때문이다. 아리스토텔레스가 말한 것처럼 행위가 바로 목적일 뿐이다. 생명에서 잡다한 수식어는 불필요하다. 자질구레한 목적 따위는 중요한 것이 아니다. 생과 명은 언제든지 인간의 삶을 위한 순수한 수단이다. 인간의 몸짓과 모든 행위는 행복한 삶을 위한 역량이다. 몸의 자유가 생명의 자유다. 몸의 자유가 가능할 때 생과 명의 의미가 되살아나지만, 호모 사케르에게는 몸의 자유가 거세된다.

몸의 자유가 인간의 모든 것을 될 수 있게 만든다는 점에서 호모 사케르에게는 될 수 있는 것이라고는 아무것도 없다. 신체의 자유가 가능성 자체가 된다는 것을 송두리째 거부당한 이들이 호모 사케르이기 때문이다. 모든 것이 될 수 있는 가능성은 생과 명에서 나온다. 신체의 자유는 모든 삶의 과정을 삶의 가능성으로 나타내게 만든다. 살아가는 그 자체가 삶의 역량을 만든다. 자기 자신을 순수한 수단으로 삼아 존재의 무한한 가능성을 실험하게 만든다.[34)]

그것을 보여 준 사례가 노무현 전 대통령의 자살 사건이라고도 볼 수 있다. 한국의 역대 대통령사(史)에서 나타난 우울한 사건이 바로 전임 대통령 노무현의 자살이었다. 그가 자살을 택한 이유는 아무도 정확히 모른다. 개인적인 결단이었기 때문이다. 사람들은 그의 자살을 정치적으로 몰아가기도 한다. 그렇게 몰아가는 상황은 이해되지만, 그의 자살 이유는 노무현 대통령말고는 아무도 제대로 아는 사람은 없다. 개인적으로 정신심리적인 이유를 드는 사람도 있지만, 모두가 불확실하기는 마찬가지다. 인간적으로 겪어야 했던 고통은 자신만이 가장 잘, 제대로 알고 있기 때문이다. 생명 제거에 관한 한 본인보다 더 처절한 사람은 있을 수 없다. 자살에서는 그만이 오로지 의문이며 해답일 뿐이다. 그를 둘러싸고 국내의 정치적 상황이 얽혀 있었던 것만은 사실이다. 정치는 오물 덩어리인데, 그 오물 구덩이에서 호흡했었던 그가 그 어느 날 숨 쉬기를 그만 둔 것이다. 그 한 몸이 죽음을 택해 버리자, 여러 사람의 목숨이 다시 살아난다. 그는 한국 정치 사건이 어떻게 풀릴 수 있는지 그 핵심을 잘 알고 있었던 사람 같았다.

고(故) 노무현 대통령은 다중의 힘을 믿고 있었던 뚝심의 정치인이기도 했다. 정치인 노무현에 대한 국민의 기대는 김대중 전 대통령의 그것에 비해 크게 달랐던 것도 사실이다. 김대중 대통령은 보수 언론에 대해서는 친화적이었다. 미국의 지미 카터(Jimmy Carter) 대통령과도 정치적 행보가 달랐다. 카터나 김대중 대통령은 보수 언론의 힘을 적절하게 활용하려고 했었다.[35] 정치인 노무현에게 멘토인 김대중 전 대통령은 언제나 정치 9단의 노련한 정치인이었다. 김 대통령은 시민의 힘을 최대한 활용하려고 했었다. 실제로 활용했었지만, 그는 시민의 힘을 정치 권력으로 다중화시키지는 않았다. 그 역시 보수적인 권력이었기 때문이다. 그의 정치 이념에서 다중의 정치 권력화는 있을 수 없었다.

김대중 대통령은 정치적 이해를 위해 다중의 힘을 빌릴 줄은 확실하게 알고 있었다. 그는 권력을 다중과 함께 나눌 수 있는 정치인이라고 볼 수는 없었다. 정권은 자기 혼자 감당하기에도 벅찬 일이었기 때문이다. 그의 정치적 행보와 정치적 구호는 일정했다. 대통령이 되기 전과 대통령 후의 일이 정치적으로 크게 차이가 나지 않는다. 대통령직을 수행한 후에도 그의 개인적 행보는 크게 다르지 않았다. 노무현 전 대통령의 경우는 달랐다. 그는 대통령직을 수행하면서도 전투적인 자세를 놓을 줄 몰랐다. 대통령직에서 물러난 후부터 그는 그 전투력을 과시할 수 없었다. 투쟁의 에너지를 고갈당한 채, 그는 정치적 스캔들 속에 말려들었다. 그는 정치 권력의 무상함을 뼈저리게 느꼈다. 그가 기대했던 만큼, 그가 믿었던 다중의 정치적 역량들은 그를 정치적으로 보호해 주지 못했다.

다중의 힘을 정치 권력화시키려는 정치인들은 뚜렷한 특징을 지닌다. 그가 정치적으로 겪어야 될 굴욕이 무엇이든 간에 그런 정치적 쟁송에 개의치 않는다는 점이다. 정치적 혼돈이 가속화될수록, 그들은 정치적으로 더 골몰한다. 지금까지 그가 해 온 것에 대해서 크게 개의치 않는 대신 지금부터 그가 해야 할 일에 한 발 더 나선다. 예를 들어, 미국의 지미 카터 대통령이 바로 그런 정치인 중의 한 사람이었다.[36] 그는 대통령으로서 했었던 일보다는, 자신을 위해 할 일을 더 적극적으로 찾아 나섰던 대통령이었다.

당시 노무현 대통령의 자살을 둘러싸고 인터넷에 글 하나가 떠올랐다. 사람들의 마음에 하나의 공감대가 생겨나도록 만든 글이었다. 글의 출처는 〈보이지 않는 소중한 사랑〉이라는 글이었다. 익명의 저자는 노 대통령의 자살을 우회적으로 만져가며 말했다. "때때로 자신의 과거 때문에 자신의 현재까지 미워하는 사람을 보게 됩니다. 사람은 살아가면서 되돌릴 수 없는 이미 흘러간 시간을 가장 아쉬워하고 연연해하는 반면, 가장 뜻 깊고 가장 중요한 지금이라는 시간을 소홀히 하기 쉽습니다. 과거는 아무리 좋은 것이라 해도 다시 돌아오는 법이 없는 흘러간 물과도 같을 뿐더러 그것이 아무리 최악의 것이었다 해도 지금의 자신을 어쩌지는 못합니다. 우리가 관심을 집중해야 할 것은 지나온 시간이 얼마나 훌륭했는가 하는 것이 아니라 남겨진 시간을 어떤 마음가짐으로 어떻게 이용할 것인가입니다. 자신이 그토록 바라고 소망하는 미래는 자신의 과거에 의해서 결정되는 것이 아니라 지금 현재에 의해 좌지우지된다는 사실을 기억하십시오. 우리 인생의 목표는 '지금까지'가 아니라 '지금부터'입니다."

지금까지가 아니라 지금부터라는 말도 그 어떤 이에게는 이내 괴로움으로 들린다. 고통의 가시처럼 폐부를 찌르기 때문이다. 그런 고통의 덫에 걸려들고 말았던 역대 대통령 중의 한 사람이 바로 정치인 노무현이었다. 노무현은 역대 다른 대통령들과는 행보가 상당히 남달랐던 대통령이었다. 전두환, 노태우 전 대통령의 퇴임 후 활동과 비교하면 더욱더 그렇다. 노무현 전 대통령은 정치인으로서 결단하기를 즐겼던 사람이었다. 그런 결단의 정치인이었지만, 퇴임 후 다가오는 정치적 곤궁함을 인간적으로는 참아낼 수가 없었다. 그는 자신을 거스르는 결단을 결행한다. 생과 명을 결단하는 일이었다. 정치인 노무현이 보여 줄 수 있는 마지막 그리고 정치적인 대단원의 결단이었다고 볼 수 있다.[37)]

태어났다가 어떤 죽음으로 산화되는 것인지는 각자의 일에 속하기 마련이다. 개인적인 결단과 선택의 결과에 따라 죽음의 양태가 달라진다. 산소 호흡기에 의지한 채 마지막 숨을 내쉬는 것도 어김없는 하나의 삶이다. 단숨에 자신의 숨을 끊어 내며 죽음에 이르는 것 역시 또 다른 삶이다. 각자적이고 결단적이다. 모든 인간은 끝내 죽는다. 언제인지 그 시간은 묻지 않을 일이다. 미리 염려할 일도 아니다. 초연한 척 할 일도 아니다. 죽는다는 것에 그 어떤 괴팍한 이유를 달 일도 아니다. 고상한 영성으로 종교적 의미를 부여할 일도 아니다. 지레 겁을 먹을 이유도 없다. '지금까지'가 아니라 '지금부터'다. 정치인 노무현의 자살은 바로 지금부터를 과거로 되돌려 놓았다. 그의 죽음으로 인해 다중의 권력화는 불꽃처럼 산화되었다.

정치는 쓰레기가 되는 삶 속에서 커 나가 꽃을 피우는 사회 현상이다. 정치라는 꽃은 쓰레기 속에서 그 줄기를 세운다. 쓰레기 속에서 갖가지 꽃들을 피워 낸다. 현대 정치는 진보와 생산이라는 이데올로기의 잡화를 처분하며, 엇물리고 갈라지는 관계로 성장해 왔다. 현대화의 진통과는 결코 무관하지 않다. 자본주의와 현대 정치는 비례해서 성장했기 때문이다. 현대화과정은 기술의 진보와 경제의 성장과정이다. 자본주의 발전과정이 현대화과정이다. 자본주의는 쓰레기 생산의 발전과정이기도 하다. 자본주의가 발전하면 산업 폐기물도 증가한다. 쓰레기의 생산량이 증가한다. 자본주의는 생산 욕구를 부추긴다. 소비자들은 더 많이 소비한다. 더 빨리 소비한다. 모든 생산물을 끝내 버려지기 위해 생산된다. 자본주의의 생산 공정의 운명이다. 그것을 현대화와 자본주의 발전이라고 말할 뿐이다.[38)]

현대화는 자본 잉여의 부산물이다. 현대 정치 역시 자본 잉여의 정치다. '잉여'란 여분, 불필요함, 무용함을 의미한다. 잉여는 그 어디에도 통용된다. 심지어 잉여인간이라는 말에도 통용된다. 잉여인간이라는 말은 다른 사람들이 당신을 필요로 하지 않는 다는 뜻을 담고 있다. 당신 없이도 잘할 수 있으니, 당신은 쓰레기일 수 있다는 함의가 다분히 들어 있는 말이다. 당신은 더 이상 내게, 사회에 소용이 없는 인간이라는 뜻이니 쓰레기 인간이라는 말과 다르지 않다.

이 사회에서 잉여인간으로 간주되면 한 가지 사실이 분명해지기 시작한다. 당신이 그곳에 있어야 할 이유도 없어진다는 것을 의미하기 때문이다. 당신이 거기 있어야 하는 정당성이 없어지니, 없어져도 무방하다. 자동차에 붙어 있는 펑크 난 타이어와 같아진다. 펑크 난 타이어는 자동차에 붙어 있어야 할 이유가 없다. 잉여로 정리되면 버려지거나 처분되어도 무방하다. '잉여'는 결국 처분되어야 될 쓰레기 그 이상의 의미를 갖고 있지 않다. 경우에 따라 불합격품, 불량품, 더 나아가 폐기품이라는 뜻을 담고 있기도 한다. 불합격품은 시장에 팔릴 수 있는 물건이 아니다. 적당한 수순에 따라 처분되어야 할 불량품일 뿐이다.

자본주의 노동시장에서의 잉여 노동이라는 말도 마찬가지다. 호모 사케르들은 저들의 노동력이 항상 잉여 상태로 쓰인다는 것을 알고 있다. 저들의 노동력은 현재의 노동시장의 요구에 따라 적합, 부적합으로 갈라진다. 청년 백수, 조기 퇴직자, 비정규직 근로자, 이주 노동자, 난민들의 노동력은 시장의 추세에 따라 노동시장에서 적절하게 잉여 노동력으로 간주된다. 지구 어디에서든지 이주 노동자들은 계약이 끝나면 추방되어야 하는 노동력일 뿐이다. 갈 곳 없는 이주 노동자들은 일정 공간에 방치된다. 때에 따라 저들은 공포의 대상으로 간주된다. 저들에 대한 공권력적인 감시의 눈을 집중시키고 있다.

잉여 노동력에 대해 사회는 우호적일 리가 없다. 노동력이 필요한 동안에만 우호적일 뿐이다. 우호적인 태도들은 끝내 임시적이다. 저들을 둘러싸고 있는 각종 보호기구들은 저들을 보호망에서 제외시킨다. 사회에 존재하는 보호 기구들은 잉여 노동력을 감시하는 '빅 브라더(Big brother)'들의 기능을 담당할 뿐이다. 빅 브라더는 상황이 바뀌면 정권의 편에 붙어, 바뀐 상황과 조건에 맞게 다양한 모습으로 변할 뿐이다. 조지 오웰이 생각했던 20세기의 빅 브라더는 장벽과 철조망으로 저들을 가두었다. 21세기의 빅 브라더는 다르다. 울타리 안에 있는 사람들 중 일부만을 보호한다.

나머지 대다수를 밖으로 쫓아낸다. 능력이 부족한 사람들을 우선적으로 배제한다. 오늘날의 빅 브라더가 주로 하는 일이다. 노동시장 안에서 제 자리를 차지하지 못하면 짜투리 인간으로 전락한다.

잉여 노동력은 자투리 인간을 상징한다. 자투리 인간으로 정리되면 저들의 생명에는 불안감이 가중된다. 빅 브라더의 먹이가 되어도 무방하다는 뜻을 갖고 있기 때문이다. 잉여 인구로 분류되면 저들 스스로 저들의 운명을 알아차리게 된다. 생명을 위해 저들을 계속 뛰어야 한다. 멈추면 이내 쓰레기로 처분되기 때문이다. 숨이 멎는 그 순간까도 저들의 노동력을 보여 줘야 한다. 사회적으로 쓰임새가 있다는 것을 보여 줘야 한다. 자본주의의 발전을 위한 하나의 나사못이라는 것을 보여 줘야 한다. 잉여 인구, 쓰레기 노동력으로 분류되는 현대판 호모 사케르의 운명이다. "바로 내가 쓰레기로 전락하게 되리라는 두려움은 사람들의 욕망을 한층 더 탐욕스럽게 하고 변화를 한층 더 빨리 욕망하도록 만든다……."[39]

문명의 발전은 호모 사케르의 길들이기와 무관하지 않다. 문명의 본질이 길들이기다. 문명사는 동물과 식물뿐 아니라 인간 본능의 길들이기 역사이다. 길들일 수 있는 한 정복이 가능하다. 정복의 강도가 문명의 정도를 말해 주는 문명의 척도가 되어왔다. 정복의 수준이 인간의 성취를 가늠하는 척도로 받아들였다. 이로부터 우주의 모든 것은 문명에 동화되어야 한다는 논리가 만들어졌다.[40]

호모 사케르 역시 그렇게 정치사회적으로 명명되고, 낙인된 차별과 폭력의 부산물이었다. 잉여 노동을 위한 정치경제적인 부산물이었다. 자본주의 생산, 소비주의 노동 체계와 지배 권력이 만들어 낸 사회적 부산물이었다. 호모 사케르를 사회에서 떼어 내는 일은 어려운 일이 아니었다. 차별일 수도 없었고, 정치경제적인 거세라고 볼 수도 없었다. 역사적으로 용인된 정치적인 관행이었기 때문이다. 호모 사케르는 문명의 야만성이 만들어 낸 사회적 부산물이었을 뿐이다. 문명화된 삶이라고는 하지만 저들의 삶은 언제나 벌거벗은 채 방임되는 삶일 뿐이다. 저들은 살아야 될 공간에서 추방된 자일 뿐이다. 저들의 의식을 되살리는 길은 한 가지다. 그 길은 문명에 반대하

는 길일 뿐이다.[41]

문명에 반대하려면 기존의 정치사회 권력에 맞설 수 있어야 한다. 호모 사케르의 힘들을 결집해야 하며 다중화된 정치적 세력으로 만들어야 한다. 그 길은 호모 사케르에 대한 정치적 인습과 관행을 벗어나는 길이다. 탈인습적인 가치를 만들어 내는 일이 필요하다. 저들의 힘을 응집해 줄 수 있는 것은 저들이 아니다. 다중으로서 호모 사케르들이 자각하지 못했던 자기 안의 힘을 하나로 결집시켜 주는 일이 필요하다. 그 동력을 일반적으로 의식화라고도 부른다. 의식화를 위해서는 다중의 노력과 각성이 필요하다. 정치적 세력화를 위한 물적 · 정신적 토대가 필요하다. 저들은 하나의 힘으로 모아야 한다.

예를 들어, 이명박 정부가 성립한 지 얼마 되지 않아 일어났던 시민들의 촛불시위 같은 것은 다중 세력의 힘이 무엇인지를 보여 주는 사례다. 촛불시위는 다중의 결집이 어떠한 힘을 지니는지를 보여 주는 사회정치적 노력이라고 볼 수 있다. 이명박 대통령은 집권 초기 정권의 힘에 도전하는 다중의 힘, 말하자면 호모 사케르들의 떼거리 움직임에 대한 제동에 자신감이 넘쳤었다. 당시 다중들이 보여 준 군집성은 정권적 기능을 단숨에 압도할 것 같은 정치적 저항성을 드러냈었다. 선거를 통한 시민들의 표에서 얻었던 이명박 정부의 자신감을 일순간에 얼어붙게 만들었다. 집권세력에게 다중의 힘이 무엇인지를 보여 주었다. 촛불집회의 시작은 미비했다. 정권 출범 100여 일도 채 되지 않은 때였기 때문에 서로가 방심하던 때였다. 그때 다중이 '떼거리(multitude)'가 되어 정권을 향해 촛불을 들었다. 다중은 그것을 촛불집회놀이라고 했다. 이명박 정권은 그 촛불놀이에서 일순간에 검게 그을린다. 권력에게 큰 화상을 준 것은 아니었지만 놀랐던 것만은 사실이었다. 당당했던 권력은 마침내 촛불집회에 굴복한다. 미국과의 쇠고기 추가 협상을 다시 시작하겠다고 물러서고 만다. 다중의 힘에 놀란 정치적 후퇴가 아니었다. 이명박 정권 초기에 일어났던 정치적 굴욕 같은 것이었다.

촛불집회는 1987년에 일어났던 민주화 투쟁이 보여 준 떼거리 저항방식과 전혀 달랐다. 국민 중심의 민주주의 결집 운동이었으며 사회 문제 중심의 떼거리 저항이었다. 무정치적 주체들의 정치적 파도였으며 사회정치적 울렁거림이었다. 촛불집회는 다중의 정치화 운동이었다. 촛불집회는 떼거리의 힘을 보여 준 사회 참여였다. '떼거리'라는 표현은 성경에서도 자주 발견된다. '무리' 혹은 '떼'로 번역되는 멀티튜드(Multitude)가 정치적 힘을 모아 세력화하면 다중지성(多衆知性)이 된다.

다중지성은 호모 사케르의 힘을 현대적인 시각으로 결집시킨 사회적 개념이다. 예전부터 그저 편하게 시민이라고도 지칭되었던 모습을 정보, 사회, 정치적 감각에서 새롭게 융합한 개념이 다중지성이다. 사회에 산재하고 있는 수많은 사람들을 보기 좋게 지칭하는 말이다. 권력 있는 자들은 떼거리로 모이더라도, 저들은 결코 다중이 되지 못한다. 저들은 나 홀로 군주일 뿐이다. 자신의 이해관계에 먼저 집착하는 분해가 능한 권력일 뿐이다. 저들과 달리 떼거리들의 정치, 다중지향적인 정치는 모두 하나가 되는 길거리 정치 중심이다. 광장 중심의 공개적인 정치 권력을 즐긴다. 두 손에 담아낼 수 있는 정치적 힘은 없지만, 저들은 저들의 손가락으로 권력의 심장을 겨눌 수 있는 능력을 갖고 있다. 그것이 저들이 자랑하는 길거리 힘이다. 제도화된 권력에 그렇게 저항하며 대안적인 질서를 제기하는 민초의 권력이 다중이다.

다중지성이 민생 권력의 동력이다. 문화적 색깔이나 사회적 신분에 구애받지 않는 불특정 정치 권력이 저들이다. 저들은 민생 권력의 현장과 밀착하고 있다. 살아가는 힘, 살아 있는 목숨이 저들의 권력이다. 소통될 때는 소통하고 불통할 때는 불통하는 이들이 저들이다. 저들에게도 새로운 권력 형성이 가능하지만, 그것은 늘 미완성으로 끝나곤 한다. 민생, 다중 세력의 군력은 삶에서 우러나오기에 다중지성들은 권력(power)보다는 권능(potentia)에 의지하기 마련이다. 권능은 인간에게 주어진 천부적인 힘이 한 존재가 계속 자기를 유지하려고 하는 비자율적인 힘이다. 아리스토텔레스는 포텐티아를 '무엇인가를 이룰 수 있는 능력'으로 지칭했지만, 포텐티아는 무엇인가로 될 수 있지만 아직은 그리 되어 있지 않은 상태의 폭발 잠재력으로서의 무한한 가능성을 말한다.

예를 들어, 사과나무는 사과라는 열매를 맺게 되는 가능태다. 석재(石材)는 돌로 만드는 모든 건축물의 가능태로 존재한다. 그것은 비너스 상(像), 파르테논 신전, 집, 혹은 무기로서의 포텐티아를 지닌다. 포텐티아는 쓰임새에 따라 용도와 기능도 달라진다. 포텐티아는 사람과 사람 간의 관계, 사람과 신과의 관계를 설정하는 데에도 작용한다. 예를 들어, 토마스 아퀴나스는 포텐티아의 기능을 사람과 신과의 관계로 파악했다. 신이 지닌 전지전능함을 받아들일 때, 인간에게는 그 어떤 힘과 신앙의 가능성을 갖게 되는데, 그 가능성을 포텐티아라고 파악한 것이다. 신의 뜻과 행위에 따라 새로운 사람으로 거듭나는 힘을 포텐티아라고 보았다. 피조물이 자신에 '기인될' 만큼 '잠재적으로' 가지고 있지 않은 위대한 결정을 받아들이는 피조물의 능력이 바로 포텐티아인 것이다.

다중지성이 지닌 포텐티아에는 정해진 형태가 있을 수 없다. 모든 것이 농축된 하나의 힘이기 때문이다. 포텐티아가 바로 배움소들의 응축을 말하는 것이며, 분출을 위한 출고이기도 하다. 저들에게 가장 적나라한 포텐티아는 생명에 대한 힘일 수 밖에 없다. 그 힘은 바로 생명을 위한 배움의 원초적 힘이다. 저들을 살아가도록, 지탱하도록 만드는 생명의 힘이 배움력(power of erudition)으로서의 포텐티아이다. 이 힘이 하나의 틀을 이뤄 제대로 모습을 드러내면 그때 그것은 바로 지력으로서 힘을 말하게 된다. 마치 프랜시스 베이컨(Francis Bacon)이 말하는 바의 '아는 것이 힘', 바로 포텐티아가 되는 것이다. 스치엔티아 에스트 포텐티아(scientia est potentia)는 바로 아리스토텔레스와 스콜라 철학을 지탱시키는 중추적인 방법론인 연역적(演繹的) 형식 논리학을 배척하고, 새로운 학문의 방법으로써 귀납법을 받아들이게 만든 지식 확립의 논리였다.

배움의 포텐티아는 삶살이에서 한 가지 그리고 특정 형태로만 나타나는 것이 아니다. 사회적 조건과 정치적 상황에 따라 그 분출력은 다양하게 달라지기 마련이다. 경험의 폭과 질에 따라 나타나는 삶살이가 다르듯이, 다중지성이 지니는 포텐티아로서의 권능은 목숨의 떼와 수, 욕망에 따라 양태들이 달라진다. 인간에게 목과 숨만큼 처절한 것도 없기 때문에 저들의 권능은 폭발적인 위력을 갖는다. 목과 숨은 하늘에서 받은 생명력이며 저들을 새로운 사람으로 거듭나게 만드는 포텐티아다. 다중지성들에게 정치적 기반이 있을 리 없다. 저들의 정치적 기반이 단단할 리도 없다. 그들의 머리 수만이 정치적 기반을 이룬다. 유별난 정치적 기반이 없어도 저들이 정치적 힘을 가동할 수 있는 이유다.

기존의 정치 권력은 늘 떼거리 권능의 향방에 민감하기 마련이다. 다중지성은 정치에 목숨을 거는 것이 아니라 민생에 목숨을 건다. 다중지성의 힘은 적기 정치(適期政治, just-in-time politics)이기도 하다. 적기 정치란 직접 민주주의 정치의 한 유형인데, 정당정치의 강령과는 무관하게 분출되는 민생정치의 한 형태다. 사회적 문제를 정치적으로 쟁점화하기 위해 일종의 다중권력의 정치화가 적기 정치다. 다중들이 연합 세력을 구성하여 정치적 세력을 만들어 가는 직접 민주정치가 적기 정치의 한 유형이다. 촛불집회 같은 것이 바로 적기 정치의 한 단면을 보여 준 것이다.

매일 일어나는 생활상의 문제들은 정치적 쟁점들이다. 정치적으로 쟁점이 되기만 하면 그것은 변화를 요구하는 사회운동으로 이어지곤 한다. 예를 들어, 이명박 정부를 곤욕스럽게 만들어 놓은 촛불집회나 희망버스 운동은 소위 번개팅의 변형으로 출발한 다중의 포텐티아다. 민생의 문제, 노동자 정리해고에 대한 정부의 설익은 대처들이 저들을 하나의 떼거리 다중으로 만들었다. 모임은 사회적 쟁점으로 시작했으나 과정을 정치 세력화였다. 떼거리 권력은 기존의 정치권이 권력을 장악하는 것과는 이질적인 과정을 거친다. 다중의 촛불집회는 지도부가 생략된 채 진행된 떼거리 움직임이었다. 모두가 자발적 참여자였으며, 모두가 능동적인 저항 세력이었다. 모두가 선도적인 지도자였다. '배후'를 의심할 수 없는 다중이 바로 저들의 배후 세력이었다. 문제의 발단은 권력의 심장부였다. 절대 권력의 지도력 부재에서 비롯된 것이었다. 촛불집회는 정치인들의 조직화된 정치 구호가 아니었다. 노동운동 단체들의 동원령으로 움직인 것도 아니었다. 정권의 권력 기계가 만들어 내는 동원 정치는 더욱더 아니었다. 촛불집회는 소위 '운동권'의 정치적 한계마저도 확실하게 드러내도록 만든 다중의 권력화였다. 정치 권력 집단을 무기력하게 만든 민생 권력의 본보기였다.

촛불집회는 민생이 보여 준 파도타기식의 사회운동이었다. 개별 촛불이 보여 준 생명 태우기의 본보기 같은 것이었다. 촛불은 자기 하나로 자신을 태워 주위를 밝힌다. 빛줄기 하나가 시작되면 이내 세상이 드러난다. 한 촛불은 다른 불씨에 의해 빛의 생명을 이어 나간다. 모두가 불씨를 얻어 내면, 그 밝기는 태양보다 밝아진다. 촛불운동은 사회를 밝게 만드는 운동이었기에 어린애도, 늙은이도 촛불을 두 손에 들었다. 직장인과 주부도 촛불로 거리를 밝혔다. 모두가 하나가 되었다. 저들은 그들을 떼거리라고 비아냥거렸다. 그들은 떼거리, 그 말에 탄성을 질렀다. 그들은 즐겼고, 저들은 경악했다. 촛불의 밝기가 점점 밝아졌다. 세상이 달라져야 했다.

촛불집회는 광장 민주주의의 표본으로서의 상징성을 갖고 있었다. 마치 그 옛날 만민 공동체가 되살아나는 것 같았다. 기존 정치권의 정치적 무기력을 드러내 놓게 만든 힘이었다. 떼거리 힘이 무엇인지를 드러내는 다중들의 정치적 과시이기도 했다. 민초들의 사회 참여가 새로운 형식으로 승화되는 하나의 본보기이기도 했다. 정치적인 세련미 같은 것은 필요 없었다. 저들의 힘이 무엇인지를 보이면 되는 일이었다. 투쟁의 선명성도 부질없었을 뿐이었다. 좌파니, 우파니 서로 분별하며 갈라낼 일도 아니었다. 그것은 정치적 노선을 내세우는 이들의 개별적인 관심사였을 뿐이다. 기존의 정치 단체들은 다중의 파도에 떠밀린 조개껍질처럼 무기력했을 뿐이다.

촛불집회는 다중 매체의 현실 참여가 지식정보 운동이라는 것을 보여 주는 사례이기도 했다. 스마트폰과 같은 디지털 매체가 최대한 활용된 시민운동이 촛불집회였다. 지식 연결로 이뤄진 사회적 연결망 중심의 시민 불복종 운동이 촛불집회였다. 다중들은 이제 다중지력의 중심에 서 있다. 저들이 그들보다 더 기술적으로 디지털 매체를 활용할 줄 안다. 트위터, 페이스북 같은 디지털 매체를 적극적으로 활용한다. 최첨단 통신공학의 접속이 가능한 저들이다. 디지털 매체를 다중의 권력 형성에 연결고리를 활용할 줄 안다. 촛불집회는 다중 세력의 사이버 정치운동이다. 다중은 시위 현장을 생생하게 생중계한다. 개별화된 사이버 통신들은 작은 곳에서 작동한다. 기존의 거대 언론 매체들은 더디다. 촛불집회의 매체들은 신속하다. 떼거리 권력은 살아 움직이는 최첨단 디지털 정치 운동이었다.

민생 권력은 민생의 권능에서 나온다. 사회를 바꾸려는 저들의 포텐티아가 저들의 힘이다. 민생 권능이 정치 권력보다 우선한다. 포스트모던의 다중지성의 한 단면이다. 기존의 정치권은 광장 공포증(agora phobia)에 신경질적으로 반응하지만, 그렇다고 달라지는 것은 없다. 기성의 정치인들에게는 자기 비판과 성찰이 결여되었기 때문이다. 고대 아테네 공동체의 광장 정치는 기존의 정치 권력들에게는 단두대나 마찬가지였다. 정치 권력들은 다중의 권능을 겁낸다. 다중지성은 정치 권력에 저항한다. 권력자들의 광장 공포증을 명확하게 보여 준 것이 촛불집회였다. 다중의 정치력이 기존의 정치 권력을 흔들어 댄 사회운동이었다. 촛불집회는 마틴 루터 킹 목사가 이끈 현장 정치의 변형 같은 것이었다. "내겐 꿈이 있어요."라는 킹 목사의 목소리처럼 저들에게도 꿈이 있었기 때문이다.

촛불집회는 하나같이 "우리에겐 힘이 있어요."라고 말한다. 다중의 힘이 무리의 촛불을 밝혔다. 민생 권능이 정치 권력에 일침을 가한 구호가 있었다. 그것은 우리에게 힘이 있다는 구호였다. 다중지성은 잡종 강세적인 정치 권능이다. 정치적인 비빔밥 권력이 다중지성의 힘을 이룬다. 계급이나 인종, 나이와 성별을 뛰어넘는 잡종의 힘이다. 이해관계는 달라도 관심은 하나다.

다중지성에 대한 사회적이거나 정치적으로 통일된 정치 규정이 있을 리 없다. 다중지성이라는 개념의 등장 이전에는 계급(class), 민중(mass)이라는 개념이 그것을 대신했다. 다중의 밑뿌리에는 계급 개념이 자리 잡고 있다. 그것을 다중지성의 개념으로 확장시킨 사람이 네그리(Antonio Negri) 교수다. 네그리 교수는 다중의 성격을 계급은 아니지만 민중성만큼은 충만한 떼거리로 정리한다.[42] 다중은 그렇다고 민중, 그 자체를 말하는 것도 아니다. 다중은 나름의 계급성은 지니지만, 그렇다고 일사불란하게 이해관계를 추구하는 정치적 집단이라고 말할 수도 없다. 불특정 다수의 각자의 힘의 결집체가 다중지성이기 때문이다.

오늘을 살아가는 사람들의 각자적인 힘이 모인 총체가 다중지성이다. 다중지성은 겉보기보다는 각자적인 내재적 힘을 중요시한다. 다중지성이 계급성을 지니고 있는 것은 사실이다. 계급에 묶여 있지는 않다. 계급성을 초월한다. 다중지성이 계급성을 갖고 있는 것은 그들 역시 생산과정에 참여하고 있기 때문이다. 생산과정 속에 끼어 있다는 말은 저들 역시 '착취와 피착취의 과정'에 위치한다는 뜻일 뿐이다.

다중지성의 권능은 변화에 대한 의지와 힘에 있다. 다중지성의 힘의 떼거리의 변화력으로 나타날 뿐이다. 다중지성의 위력은 생산 세력의 정치력과 연결된다. 문화와도 연결된다. 떼거리의 움직임은 사회적 배움이다. 움직이면 배운다. 밝히며 배운다. 위험이 없는 것은 아니다. 무지도, 미신도, 주술도 함께 개입되기 때문이다. 경계해야 하지만 저들의 사회운동은 그런 것에 연연하지 않는다. 과학하려고 저들이 힘을 함께 모으는 것이 아니기 때문이다. 저들은 요구하기 위해 떼거리가 되는 것일 뿐이다. 다중지성은 사회운동과 상호적인 변형을 일으키는 원천이다. 다중은 생산과정에 투입되는 동력이다. 생산과 사회 변화를 유발시키는 힘이다. 그래서 다중지성의 사회 변혁력을 정치적 '포텐티아(potentia)'라고 부르는 것이다.[43)]

다중지성은 정치적 특정 세력이 아니다.[44)] 자신의 생명됨을 있는 그대로 정치화하는 집단이다. 모였다가는 흩어지고, 필요하면 다시 모여드는 집단이다. 정해진 틀이 있는 집단이 아니라 사회적으로 만들어지는 유동적 집단이다. 다중지성의 양태는 역사적으로 변천해 온 유랑 노마드의 모습을 닮았다. 노마드들은 유럽을 떠돌던 유랑 집단의 세력이었다. 노마드들이 산업화과정에서 노동력으로 편입되어 정치세력화한 것이 프롤레타리아였다. 이들 노마드들은 제국주의가 태동하기 시작하던 시기 유럽을 떠돌던 낭인들이었다. 17세기 초부터 19세기 초 산업화에 이르기까지 자기의 땅에서 쫓겨난 이들이 바로 저들 낭인이었다. 이들의 구성은 다양했다. 농민, 추방된 중범죄자, 하인, 종교적 급진주의자가 저들로 하나가 되었다. 해적, 병사, 선원 그리고 아프리카의 노예 같은 세력도 후에는 다중 세력으로 편입되었다.

다중 세력을 가리켜 고대 로마인은 '히드라'라고도 불렀다. 그리스 신화에서 따온 이름이었다. 히드라는 변하는 머리, 영원히 죽지 않는 힘이었다. 죽여도, 죽여도 되살아나는 영원한 생명의 불사조들이 바로 호모 사케르로서의 다중이었기 때문이다. 히드라는 그들을 지배하는 헤라클레스에게만 복종한다. 저들에 대한 통제와 복종은 일시적일 뿐이다. 곧바로 그들에게 항쟁하는 세력이 히드라다. 히드라는 죽는 동시에 살아남는 불굴의 힘이다. 다시 살아나는 히드라는 이내 또 다른 세력으로 바뀌어 버린다. 대항하기에 생존할 수 있는 처절한 투쟁의 힘이 히드라인 것처럼, 다중도 그렇게 저들의 생명을 유지한다.

히드라 세력으로서의 다중을 만들어 내는 곳은 여러 곳이다. 노동의 현장에서 저들이 만들어진다. 감옥에서도 저들이 만들어진다. 갑판 위에서도 저들은 봉기하며 소생한다.[45] 파업이나 반란, 난동, 폭동 속에서도 저들의 생명이 솟아난다. 약탈도 저들은 불사한다. 생명의 활동이기 때문이다. 모두가 자연발생적이다. 모두가 저들의 생존을 위한 진지들이다.

히드라의 삶은 이동적이다. 움직거려야 생명을 유지한다. 정해진 삶살이라고 할 수는 없지만, 그래도 삶이다. 그저 먹이를 찾아 이동하는 무리처럼 생존하기 때문이다. 정착하고 싶어도 정착하지 못하는 것이 저들이다. 정착할 조건을 찾아 나서는 것이 저들의 삶이다. 살기 위해서라면 그 어느 곳이든 달려 나가야 한다. 누구와 누구를 가리고 구별할 처지도 아니다. 여성과 남성, 노예, 아이, 어른, 범법자, 이탈자 등 따질 것도, 가릴 것도 없었다. 모든 연령대를 포함한다. 무리였고, 다수이며, 여럿이면 되는 일이다. 말 그대로 짐승 같은 무리다. 놀면서, 합치면서 생겨나는 저들이다.

다중지성은 협동적이다. 가진 것은 노동력이다. 숙련된 힘은 아니지만, 무엇이든 만들어 내는 힘이다. 근력의 힘이며, 노동의 힘이다. 근력으로 모아 움직이는 에너지의 상징이다. 잡색의 힘이기에 외모도 피부색도 다양하다. 노예로 섞이고 부랑자로 섞였던 잡종 강세다. 재주도 다양하다. 광대도 있고, 춘뜨기도 있다. 계보학적 통일성 같은 것이 있을 리 없다. 태생적으로 야생적이다. 야만적이기조차 하다. 저들의 문화는 잡것 같은 것이다. 아랫것이며 원초적이다. 속어, 은어, 혼합어, 잡어에서 온 것이다. 발음, 어휘, 문법도 남다르다. 문법으로 옳고 그름을 따질 일도 아니다. 삶이 문법이고 소통이 문법이다. 일터, 거리, 감옥, 무리, 부두에서 행한 것들이 저들의 삶이며 행동의 표준이다. 그것이 히드라의 삶이다. 다중지성의 의식은 유동적이다. 자기 활동적이며 자기 창조적이다. 움직이는 문화이기에 움직이는 것만이 저들의 힘이다.

히드라를 견제했던 것은 제국이었다. 제국의 문화는 표준화된 문화다. 제국은 네트워크로 움직인다. 네크워크의 완성체가 제국이다. 제국은 힘이고, 권력의 상징이다. 힘을 자랑하기 위해 제국은 늘 모순적인 모습을 보인다. 제국은 자력으로 이뤄지지 않는다. 제국이 가능하려면 제국의 지배를 떠받쳐 주는 세력이 필요하다. 제국에게 필요한 것은 다중의 근력이며 다중의 에너지다. 제국이 되려면 히드라들의 노동력이 필요하다. 제국의 위용은 다중지성의 힘에 의해 떠받쳐진다. 제국은 그래서 모순적 운명을 지닌다. 제국이 가능하기 위해서는 다중의 힘이 필요하지만, 제국이 존속하려면 다중을 제대로 제어해야 하기 때문이다.

다중지성은 정치에서, 사회에서 새로운 변화를 요구한다. 저들은 기존의 굳어져 있는 권력을 바꾸려고 한다. 저들에게 필요한 것은 세상을 바꿔낼 수 있는 새로운 사회 변혁을 위한 포텐티아(potentia)다.[46] 저들에게 새로운 포텐티아가 꿈틀거려야 저들은 떼거리로서의 자존성을 확인하게 된다. 저들의 포텐티아는 저들의 자존, 저들의 존재함이라는 코나투스(Conatus)를 위한 것이어야 하기 때문이다. 코나투스는 인간의 자존성(自存性)을 말하는 개념이다. 자신의 존재를 보존하려는 노력이 코나투스다. 인간에게 자신의 의식이 생겨나면 이내 그것은 '욕망'으로 변한다. 그 욕망은 인간 이성의 최고 작용인 코나투스로 구체화된다. 코나투스는 신과의 관계로부터 얻어지는 인간됨의 상징이다. 신과의 관계에서 얻어지는 힘이기에, 인간은 늘 코나투스를 지니려고 욕망한다. 인간은 신의 보호 아래 맺어진 '영원한 형상'으로서 사물을 직관하는 힘을 가지려고 욕망한다. 인간을 움직이는 생동의 힘, 삶의 약동이 코나투스다. 개체의 보존능력이 코나투스다. '자기보존본능'이 코나투스다.

다중은 자기 보존을 원할 뿐만 아니라, 무엇인가로 새롭게 변화하려고 한다. 전자를 코나투스라고 하고, 후자를 퓨어선스(puissance)라고 부른다. 퓨어선스는 창조적이며, 생산적이고, 구성적인 힘을 말한다. 다중지성에게 창조적인 힘이 있을 때, 비로소 다중지성의 역량이 타자에게 연결될 수 있다. 다중지성이 타자와의 협력을 불러내지 못하면 갈등 상황에 진입한다. 다중지성의 역동성은 구성과 협력으로 나타난다. 역량이 위축되면 긴장과 갈등 상황으로 돌변한다. 적대 세력과의 깊은 갈등 관계에 들어선다. 투쟁 상황으로 진입한다. 심각한 폭력의 관계가 나타난다. 각종 세력 간의 연대가 삽시간에 무너진다. 거대한 와해가 일어난다. 제어하기 힘든 상황으로 빠져든다.

다중지성의 권능은 늘 정치적으로 과시하려고 한다. 이 점은 니콜로 마키아벨리(Nicolo Machiavelli)가 로마의 발전사에서 밝히고 있다. 그는 로마의 역사를 다중지성의 포텐티아 발전사로 파악했다. 그는 로마의 번영을 공화정에서 찾았다. 그는 로마의 공화정이 군주정보다 우월했던 정치 체제라고 파악한다.[47] 공화정을 지탱하게 만든 동력이 '비르투(virtu)'라는 것이다. 비르투는 다중의 지혜를 지칭한다. 말하자면 합리성, 열정과 통제, 그리고 공공의 의무, 자기 헌신, 자신에 대한 성찰 같은 것이 다중의 슬기였다.

로마라는 공동체를 지켜 낸 것은 성채가 아니라 로마를 구성하고 있던 법과 제도였다. 로마의 법과 제도를 떠받친 것은 다중의 힘이었다. 다중의 힘을 동력화시킬 수 있었던 법과 제도가 비르투였다. 그 비르투가 로마를 굳건하게 지켜 준 동력이었다. 로마의 권력은 한 가지 정치 제도만을 활용하지 않았다. 필요하다면, 여러 가지 정치 제도를 혼합했다. 군주정과 귀족정, 그리고 민주정을 혼합해서 필요에 따라 로마 시민들을 다스렸다. 다양한 계층의 성원들의 공동체를 이끌어 나가기 위한 정치 계획이었다.

로마를 구성하는 다양한 계층의 시민들이 서로를 비판할 수 있게 했다. 사회 내부의 긴장과 갈등의 골을 깊게 하지 않기 위해서였다. 증오를 키우면 공동체가 쉽게 무너지기 때문이었다. 로마 시민들이 법률 제정에 참여하게 했다. 민회에 법률을 제안할 수 있는 제도적 장치가 그것이었다. 로마 시민들 스스로 자유의 소중함을 알도록 했다. 자신이 발의한 법안이 자신의 권익을 해치지 않도록 행동에 신중을 기했다.

로마는 공정 사회를 구현하려고 노력했다. 시민들에게 재산을 보호할 정치 제도를 구비했다. 그들의 자식이 능력에 따라 고귀한 자리에 오를 수도 있는 장치도 만들었다. 로마의 공화정을 지키기 위한 안전잠금 장치였다. 시민들은 권리를 위해서라도 로마라는 공동체를 먼저 지켜야 했다. 위기가 오면 자신을 보호하기 위해 저들은 전투에 나섰다. 창과 방패가 저들을 보호하기 때문이었다. 공동체의 정신적 가치를 지키는 일이 공화적 요소를 실천하는 것이었다. 공화정을 유지하는 가장 경제적인 길이었다. 그들은 자신의 자유를 변호할 줄 알았다. 필요하면 기꺼이 공론장(公論場)으로 나가 자신의 이해관계를 토로했다.

3. "만일 형제나 자매가 헐벗고 일용할 양식이 없는데 너희 중에 누구든지 그에게 이르되 평안히 가라, 덥게 하라, 배부르게 하라하며 그 몸에 쓸 것을 주지 아니하면 무슨 유익이 있으리요 영혼 없는 몸이 죽은 것 같이, 행함이 없는 믿음은 죽은 것이니라." – 야고보서(2:15-17)[48]

"1950년대 에스키모 이누이트족은 로마가톨릭과 성공회의 선교사가 '네 이웃을 사랑하라.'고 하면서 서로 증오하는 것을 이해할 수 없었다." – 폴 에얼릭[49]

"자유가 너희를 진리케 하리라." – 마광수[50]

로마의 공화정은 자유 정체의 혼합 정치 구조를 유지함으로서 세계를 정복할 수 있었다. 공화정은 로마 시민의 목소리를 듣는 정치적 공론장이었다. 다양한 이견들이 하나로 모아졌다. 자신의 생각을 논박했다. 공론장으로서의 공화정은 어디에서도 가동되었다. 의회에서도, 아고라에서도, 콜로세움에서도 일상적인 공론이 가능했다. 아고라 공론장을 통해 시민들이 나름대로의 의견을 피력했다. 자기 나름의 생각을 피력하기 위해 자신의 생각을 먼저 가다듬었다. 사회 문제에 대한 쟁점을 제기하기 위해 법률적 절차에도 주의했다. 자신의 언어로 표현해 낼 수 있는 웅변능력을 길렀다.

그것이 저들에게 바로 시민교육의 장이었다. 시민교육에 의해 로마 시민들은 활력을 지니게 되었다.

다중지성의 정치력도 공론의 장에서 만들어지고 다듬어졌다. 저들은 자신의 이익을 대변하기 위한 웅변능력과 토론능력을 키웠다. 그 능력이 바로 '삶의 권력'이었다. 삶의 능력이 다중지성의 생존 근거였다.[51] 삶살이가 저들의 근거였다. 저들의 권능은 저들의 삶살이에서 나왔다. 다중지성이 무기력한 존재가 아니다. 그들에게도 삶이 있다. 삶에 의해 저들의 활력이 생긴다. 그들이 누릴 수 있는 것은 삶의 활력이다. 삶의 활력이 그들에게는 삶의 권력이다. 매초마다 부대끼며 접촉하며 살아가는 것이 저들에게 살아가야 하는 활력소를 준다. 삶의 활력소가 다중지성에게 포텐티아를 만들어 냈던 것이다.

삶은 권력이다. 삶이 다중지성에게 살아가야 하는 이유를 제공한다. 국가 권력은 다중지성의 삶을 있는 그대로 놔두지 않는다. 국가 권력은 죽이는 힘을 상징한다. 국가 권력 아래에서 다중은 살기 위해서 죽기를 수없이 반복한다. 삶과 죽임, 그리고 되살아남의 연속적인 반복과정을 통해 저들의 권능이 단련된다. 그들의 포텐티아가 강력한 힘을 발휘한다. 다중지성은 '억압에 대항하는 전쟁'을 매일같이 치룬다. 다중지성이 생존하기 위해 유지해야 되는 삶의 노선이다.[52]

다중지성에게 삶은 권력이다. 다중지성이 자신의 삶을 만들어 갈 수 있는 힘이 살아감이다. 살아간다는 것이 저들의 삶에서는 새로운 창조력이다. 살아갈 수 없으면 저들의 생존은 끝난다. 권력이 무너지고 만다. 삶이 저들에게는 탈주다. 삶은 저들에게 소통이다.

다중은 저들의 세력을 마치 검투사처럼 군집한다. 쓰임새가 끝나면 저들의 목숨은 끝난다. 제국의 명령으로 목숨을 내놓아야 했던 사람들이 저들이었다. 제국의 권력이 요구하면 저들의 목숨은 더 이상 저들의 것이 아니었다. 마치 카르타고의 화가들처럼 저들의 목숨은 상황에 따라 결정되곤 한다. 제국의 감정대로 저들의 삶이 처리된다. 저들은 애꾸눈 장수 한니발의 초상화를 있는 그대로 그려야만 하는 화가 같은 신세다. 그의 운명은 그때 이미 결정난 것이었다. 한니발의 초상화를 너무 사실적으로 그려도 목숨은 부지하기 어렵다. 그렇다고 너무 우아하게 그려내도 목숨은 위태로울 수밖에 없다. 초상화에 대한 만족의 기준은 한니발에게 있었기 때문이었다.[53)]

다중은 권력을 위한 기술 연마를 원하지 않는다. 다중의 본질은 정치적 기교를 익히는 일도 아니다. 힘의 결집만이 다중의 본질이다. 그 힘은 때로는 피를 요구한다. 다중들은 시대를 풍미하며 자신을 과시해야 할 이유가 없는 존재다. 지성인이어야 할 이유도 없다. 다중들에게는 현실이 몸이다. 몸이 저들에게는 현실이다. 몸이 생명이다. 저들은 몸을 단련해야 한다. 그것이 삶이기 때문이다. 몸은 단련할수록 단련된다. 단련되면 움직인다. 몸이 저들의 세력을 만들어 놓는다. 몸의 연대가 힘의 연대다. 저들의 몸이 저들의 삶이며 권력이다. 저들의 몸이 저들의 정치 철학이다. 저들의 몸은 삶과 힘이라는 두 개의 기둥이 중심이다.[54)]

제국은 다중에게 권력(權力, potestas)을 행사한다. 권력은 집중화된 독재의 힘을 상징한다. 초월적인 권세의 권능이 권력이다. 저들은 필요에 따라 다중을 제어한다. 저들의 말 한마디가 명령이며, 운명이었기 때문이다. 이 시대를 장악한 정치경제학의 조류가 자본주의 시장이다. 아담 스미스(Adam Smith)의 『국부론』의 결과물이지만 다중을 영원히 지배하는 원리이기도 하다. "우리가 저녁식사를 기대할 수 있는 것은 푸줏간 주인, 양조장 주인, 제빵업자의 자비심 때문이 아니다. 그들의 이기심 때문이다…… 공익을 추구하려는 의도도 없고 자신이 공익에 얼마나 기여하는지조차 모르는 사람들이 오직 자신의 이익만을 추구하는 과정에서 보이지 않는 손에 이끌려 의도하지 않았던 공익도 얻게 된다."라는 아담 스미스의 말은[55)] 자본주의 성립의 철학이었으며 다중 지배의 원리였다.

아담 스미스의 논리가 공감을 상실하고 있기에 지배 권력은 다중을 의시한다. 자본주의의 몰락이 자연스러워질 수 있다는 위기감을 막아보기 위해서다. 최상위 1% 계층이 세계의 경제 성장을 독식하고 있는 중이지만, 그 극단적 '승자 독식(獨食)' 징후들이 아담 스미스의 발목을 잡기 시작했다. 세계 자본주의에 열광하던 사람인 세계

경제포럼(WEF) 창립자 클라우스 슈밥 회장 같은 이도 마침내 자본주의 횡포를 참지 못한다. 그는 고백한다. "우리는 죄를 지었다. 이제 자본주의 시스템을 개선할 때가 됐다." 그는 "철 지난 (자본주의) 시스템이 세계를 위기로 내몰았다." 고 자백한다. 필요한 것은 자본주의의 단순한 시스템 정비가 아니다. 새로운 경제 모델을 요구하고 있다.

그의 고백은 사실이었다. 자본주의가 강조하는 경쟁에서 탈락한 99%가 세계 곳곳에서 반발했다. 직업을 잃은 구직자들이 길거리로 나섰다. 더 이상 고상한 삶은 불가능한 것이었기 때문이다. "자유롭고 고상한 삶을 막는 것은 무엇보다도 재산 소유에 대한 집착이다."라고 절규했던 버트란드 러셀(Bertrand Russell) 교수의 말이 옳았다. 저들이 길거리로 나서는 일은 이제 더 이상 구경거리가 아니다. 미국의 경우, "월가(街)를 점령하라!(occupy the Wall Street!)"는 구호로 시작된 반체제 저항운동이 죽은 것이 아니다. 언제든 다중의 힘으로 분출될 수 있기 때문이다. 레지스탕스처럼 세계 곳곳에서 저들을 겨냥하고 있다.

레지스탕스의 기본 동기는 분노, 바로 분노의 표출과 정화 그것일 뿐이다. 레지스탕스의 분노로 경쟁의 낙오자인 99%의 다중지성을 구할 수 있다고 외치는 이도 있다. 93세의 고령 시민운동가, 스테판 에셀(Stephane Hessel) 옹(翁)이다.[56] 정치 권력이 가만히 있을 리가 없다. 저들은 힘을 늘린다. 마지막까지 가려고 한다. 모두가 비참하게 운명을 맞는다는 것을 알면서도 그렇게 한다. 저들은 다중, 떼거리의 포텐티아를 겁내고 있다. 저들이 원하는 것은 호모 사케르의 권능이 아니라 저들의 몸, 저들의 근력, 저들의 생산력을 원할 뿐이다. 몸의 힘만이 저들의 부를 위해, 저들의 쾌락을 위해 필요할 뿐이다.

다중지성은 반발한다. 저들에게 포텐티아가 필요하다. 자기 구성의 힘이 필요하다. 자기를 자기로서 내세울 수 있는 세력이 필요하다는 저들은 가능성을 결집한다.[57] 가능성의 결집과 폭발이 바로 다중지성에게는 사회 혁명이어야 한다. 무산 계급의 혁명 같은 것을 말한다. 안토니오 네그리(Antonio Negri)와 마이클 하트(Michael

Hardt)같은 교수가 기대하는 다중의 혁명론이다.

다중은 살아남아야 한다. 혁명만이 유일한 방법은 아니다. 스스로를 통치하는 능력을 손에 넣어야 한다. 그 길이 살아남는 길이다. 스스로를 통치할 때 저들을 위한 민주주의가 가능하다. 민주주의에 이르는 과정은 쉽지 않다. 저들을 위한 민주주의의 완성을 위해서는 혁명만이 유일한 대안이다. 혁명이 손쉬운 것이 아니다. 언제라도 조건 없이 가능한 것이 아니다. 혁명을 기다리는 것은 아나키즘일 수도 있다. 다만 가능한 아나키즘이어야 하지만, 그것은 없다. 이상이며 관념일 뿐이다. 실제로 그런 것이 가능하다고 해도 그것의 대가는 치러야 한다. 국가 권력의 강화를 부추길 뿐이다. 자기 소외 상태의 다중만이 통치할 수 있는 국가는 없다. 모든 실험은 끝났다. 국가 권력의 질서를 무시할 수 있는 아나키즘은 존재하기 어렵기 때문이다. 권력의 질서를 무시하는 길은 관념 속의 아나키즘(Anarchism)일 뿐이다.

이미 언급했지만, 다중의 현실적인 사회 구성 세력은 다양하다. 삶살이도 통일되어 있지 않다. 노동자 계급도 그 세력에 포함되고, 이주자도, 원주민도, 다문화인까지도 포함된다. 다양한 인간 집단이 다중성에 포섭된다. 유상무상(有象無象)의 군집성이 다중지성의 인구학적 분포다. 다중성이라고는 하지만 그 실체는 다양하다. 모호하다. 다중의 반란은 그래서 생각할 수 있는 관념으로 마감되곤 한다. 다중의 반란은 저들이 바랐던 권력의 해체만을 소망할 뿐이다. 권력을 지양하기보다는 오히려 정반대 현상으로 전복될 수 있다. 국가 권력의 강화와 새로운 포진으로 귀착될 수 있다. 그것은 다중이 원했던 혁명일 수가 없다. 분배의 정의는 그렇게 안이하게 이뤄질 수 없다는 것이 가라타니(Karatani Kojin) 교수의 지론이다.[58]

유물론적 사회주의자들의 혁명 논리와 '분배적 정의'론은 다중에게 해가 될 수도 있다. 국가적 교환 양식은 다중지성의 포텐티아를 만들어 내기보다는 독재국가를 강화시킬 뿐이라는 것이 가라타니 교수의 경고이기도 했다. 북한, 아프리카의 여러 부족국이 그것을 증거한다는 것이다. 다중은 허구뿐인 분배적 정의를 감내할 수 없기에, 실제의 삶에서 다중은 언제나 자기 소외 세력으로 떠돌이가 되었을 뿐이다. 다중에게도 필요한 자본은 바로 '네이션(nation)'이다. 네이션이 바로 저들이 두 발을 버티고 있는 저들의 국가다. 국가는 실체이지 관념이 아니다. 국가는 아나키즘도 허용한 최소한의 실체다. 국가는 노마드(Nomad)가 아니다. 국가는 정착이며, 질서이며, 체제다.

자본주의 사회에 편입된 이상 국가가 지니는 정치 권력의 실체를 인정해야 한다. 자본이 국가적 정체다. 다중을 위한 최상의 이상적 사회는 '교환적 정의'가 보장되는 사회다. 어소시에이션(association) 형태의 공동체가 다중을 위한 최상의 분배적 정의를 실현하는 공동체의 대안이 될 수 있다. 어소시에이션적인 공동체는 당장에 실현가능한 공동체가 아니다. 하나의 이념형의 공동체이기 때문이다. 생각과 생각이 모여 실천해야 달성 가능한 이상적인 공동체다.

어소시에이션 공동체는 자본주의와 공산주의의 혼합 사회 같은 것이지만, 두 개의 서로 다른 이념들이 하나가 되어야 시너지 효과를 낼 수 있는 이상 사회일 뿐이다. 상품 교환 원리가 존재하는 도시적 공간에서 공동체의 구속을 거부함과 동시에 공동체에 내재하고 있는 상호성을 고차원적으로 회복하려는 운동과 활동으로 움직이기 때문이다. 공동체 사회의 질서는 폭력이 아니다. 그 공동체의 이상을 실현하려는 사람들의 노력에 의해 실현 가능할 뿐이다.

어소시에이션의 공동체 실현은 '교환적 정의'에 기초한다. 부의 격차를 낳지 않는 교환 시스템의 완성을 요구한다. 교환 시스템의 완성에 대한 기대는 사회주의자들이 기대왔던 사적 유물론의 논리를 거부한다. 사회주의자들은 프롤레타리아(Proletariat) 계급의 소멸을 기대해 왔다. 자본주의 사회에서 가진 자와 갖지 못한 자 간의 계급적 투쟁이 그것을 완성할 것이라고 기대했었다. 무계급 사회는 낭만이며 머릿속의 유희적 관념일 뿐이다. 사회주의자들의 전복 논리가 낭만일 뿐이다.

자본주의 사회는 경기 순환을 요구한다. 경기 순환이 모두를 위한 생존 전략이다. 경기 순환을 위해 노동자 계급을 분할하고 제어한다. 경기 순환을 위해 노동자 계급을 포섭한다. 분할하며 포섭하고, 포섭하면서 분할하는 과정에서 계급적 적대감도 완화된다. 서로가 서로를 불식시킨다. 자본주의의 존속과정이 바로 다중지성의 결속을 완화시켜 왔다. 노동자들의 계급 형성 그 자체가 해체되어 버렸다. 자본주의 사회는 말로 부정하면 사라지는 사회가 아니다. 무계급 사회의 완성 역시 말로서 완성되는 것이 아니다. 사회주의든 자본주의든 그 어떤 사회든 유통과정이 중요하다. 유통과정에 다중이 위치하기 때문이다. 생산지점에 다중이 고정되어 있는 것이 아니다. 다중은 유통과정에서 함몰된다. 유통은 권력들이 서로의 권능을 시험하는 곳이다. 유통 지점에 권력이 교차한다.

유통과정에 놓여 있는 다중들은 더 이상 생산자로 존재하지 못한다. 생산 세력이라기보다는 생산 공정에 투입되는 한 노동요소이기 때문이다. 다중은 이제 소비자로서의 신분을 갖는다. '소비자로서의 노동자'들이 다중 세력이다. 소비자로서의 호모 사케르들이 항상 나약한 것만은 아니다. 저들이 지니고 있는 사회적 신분을 변형하기만 하면, 노동은 이제 자본에 대해 우월한 입장에 설 수도 있기 때문이다. 자본들이 유통과정에서 호모 사케르를 제 마음대로 제한하기는 쉽지 않다. 호모 사케르, 다중의 소비를 억제하거나 거부할 수는 없기 때문이다. 다중의 소비를 거부하고 성립하는 자본은 있을 수 없다.

구입하고 소비하는 것을 강제할 수 있는 자본은 더 이상 자본력을 가질 수 없다. 소비를 거부하면 그 어떤 권력이든 자본주의의 본질을 부정하는 것이다. 자본주의에서 소비 거부는 원초적으로 가능하지 않은 이야기일 뿐이다. 소비자 운동이 다중과 호모 사케르의 사회적 신분을 되돌아보게 만들 수 있는 기회를 준다. 다중이 소비자 노동운동의 주체가 된다면 그들은 사회 운동, 경제 운동의 새로운 계기를 만들어 낼 수 있다. 소비 주체로서의 다중이 해야 할 역할을 대안적으로 규정한다면, 자본주의의 소비 원리를 통한 사회 변화가 가능하기 때문이다.

사회적 기업들은 바로 저들, 다중이 소비자 운동의 최전선임에 주목한다. 그런 일들이 세계 곳곳에서 발견되고 있다. 예를 들어, 인도는 새로운 시도를 하고 있다. 중산층을 소비의 주체로 한정하던 생각을 바꾸었기 때문이다. 이제는 대기업들이 극빈층에 걸맞은 소비용 제품들을 대량으로 생산하고 있는 중이다. 시장이 요구하는 소비주의에 합당한 제품 생산방식으로 바뀌고 있다. 이런 생산 소비 혁신방식을 '인도베이션(Indovation)'이라고 부른다. 인도(India)와 혁신(Innovation)이라는 개념이 합성된 조어다. 인도 기업들의 성패는 인도 극빈층의 소비력에 달려 있다는 뜻이다. 인도의 다중지성의 소비력이 사회 혁신의 한 축이라는 뜻이다. 인도 경제의 순항은 부자의 소비에 의한 것이 아니다. 인도의 자본 시장에서 무시되었던 빈곤층의 소비가 인도 경제의 운명을 좌우한다는 논리다.

다중에 대한 구원은 구호로 이뤄질 수 있는 것이 아니다. 저들의 어려움은 자본주의 사회의 자본이 만들어 낸 것이다. 자본주의 사회가 지닌 특유의 장점으로 다중을 구제해야 한다. 그 방법이 사회적 기업의 제대로 된 육성이다. 사회적 기업가는 자선사업가와는 속성이 다르다. 시민 운동가와도 사회 혁신에 대한 관점 역시 다르다. 사회적 기업가들은 자선 사업가가 아니다. 비정부(NGO) 시민 운동가들이라고 볼 수도 없다. 저들은 기업가이기 때문이다. 사회적 기업가는 자선과 비즈니스를 묶어 낼 줄 아는 사람이다.

사회적 기업가의 전형으로 자주 인용되는 사람 가운데 한 사람이 바로 윌리암 드레이턴(Drayton) 같은 기업인이다.[59] 그는 '사업인'과 '사회적 기업가'를 구분한다. 사업인이란 돈을 버는 데 주력하는 사람을 말한다. 이윤을 남기면서 기업적인 성과를 내는 데 주력하는 상인이다. 자본주의 기업 정신에 철저한 사람이 바로 사업인이다. 사회적 기업가는 저들과 지향점이 다르다. 사회 혁신가이기 때문이다. 사회 문제 해결에 일차적인 관심을 갖고 있는 사람이 사회적 기업가다. 혁신적 정신으로 기업과 자선을 사회 혁신에 묶어 내는 사람이다. 사회적 기업가는 사회 혁신을 위한 기업 육성에 초점을 맞춘다. 사회적 기업가는 사회 혁신 모델의 소개자이며 전파자다.

사회적 기업가는 대안 기업가다. 세상을 바꾸는 데 일조하는 사회 변혁가다.[60] 다중을 변신시키며 저들에게 포텐티아를 가능하게 만드는 정치 세력이기도 하다. 사회적 기업가는 혁신가의 비전을 다른 사람에게 전파한다. 인간의 삶에 절망만 있지 않음을 증거하는 사람이다. 절망에서 벗어나 희망을 겨냥하게 도와주는 기업인이다. 소비가 착취가 아니라 투자임을 보여 준다. 호모 사케르, 다중에게 세상을 희망으로 바라보도록 도와주는 사회 혁신가다.[61] 소비자로서의 다중지성이 지닌 역량을 강조하는 것은 박애주의를 넘어선다. 자선단체나 종교적인 자선 행위를 넘어서는 사회 혁신 활동이다.[62]

자본주의적 속성을 유지하면서 다중지성의 힘을 북돋아 주는 것을 현실적으로 위선이라고 보는 사람도 있다. 보에티(La Boetie) 교수가 그런 학자다. 그는 다중, 호모 사케르의 공생을 위해서는 오로지 사회 변혁 운동만이 유효하다고 주장하는 급진적인 이론가다. 다중의 포텐티아는 그 원천이 피와 희생으로 가능하다는 것이 그의 지론이다. 변혁 이외에는 다른 어떤 것도 다중과 호모 사케르의 포텐티아를 만들어 낼 수 없다고 보는 것이다.

보에티 교수는 다중의 피의 연합, 호모 사케르들의 희생 연합을 강력하게 호소한다. "인간은 지배에 의해서 결속되지 말고, 형제애에 의해서 함께 뭉쳐야 합니다. 지배를 떨쳐버리는 것 그것이 아나키(Anarchy)입니다. 그렇지만 이러한 의식은 여전히 결핍 상태에 있으며, 초라하게 발전되고 있는 실정입니다. 여러분은 결코 지배에 의해서 뭉쳐서는 안 될 것입니다. 우리는 인간을 분노하게 하는 부정적인 단어인 '지배'를 완전히 파괴시킴으로써 에너지로 충만한 사랑을 가득 지녀야 할 것입니다. 바쿠닌(Mikhail Bakunin)의 멋진 표현을 사용한다면, 파괴의 쾌락은 창조의 쾌락으로 거듭나야 할 것입니다. 사람들은 모든 인간이 서로 형제라는 것을 잘 알고 있습니다. 그렇지만 모든 인간이 서로 형제, 그리고 자매로 살아가기 위해서는 이를 가로막는 제반 장애물 내지 폭력 등을 배격해야 합니다. 진실로 말하자면, 사람들이 형제, 자매일 수 있는 기간은 다만 그들이 제반 장애물 그리고 폭력과 싸우는 동안입니다. 진정한 협동 정신은 오로지 혁명 동안에만 생동할 뿐입니다."[63]

보에티 교수가 절규하는 것처럼, 다중의 포텐티아는 혁명만으로 가능한 것은 아니다. 저들의 힘은 오히려 저들의 '아우토노미아(autonomia)'에 의해 길러질 수 있기 때문이다. 아우토노미아란 자율적 투쟁을 말한다. 자율적 투쟁은 피의 투쟁이 아니라 공론의 투쟁이다. 자율성과 자주성에 의해 다중지성의 포텐티아가 길러질 수 있기에 아우토노미아는 기존의 지배 체제를 직접적으로 파괴하는 사회운동의 동력은 아니다. 다양한 자율적 투쟁이나 증식을 통해서 체제에서 탈주하는 사회 혁신의 의식화일뿐이다.

다중들에게는 그들이 속한 현재의 삶이 그들의 정치다. 삶이 권력의 현장이다. 삶에서 권력이 만들어진다. 매일같이 드러내는 저들의 힘은 노동력이다. 근력이 권력의 원천이다. 다중은 노동으로 삶을 매일같이 생산하는 존재다. 저들의 노동으로 사회를 구성한다. 저들의 노동은 살아 꿈틀거린다. 저들의 삶이 없으면 노동도 없다. 저들의 노동이 국가를 지탱한다. 살아 움직이는 노동으로서의 삶을 고대 아테네 지배자들은 디오니소스(Dionysos)의 노동이라고 불렀다. 땀과 쾌락, 여유 모두가 하나가 되는 노동이기에, 저들은 그것을 '유희'라고 불렀다.

디오니소스는 항상 다산과 풍요를 상징한다. 다산과 풍요는 제도와 금기를 넘어서는 축제를 만든다. 다산과 풍요는 자기를 자기답게 만드는 자기 가치를 지닌다. '디오니소스의 노동'이 호모 사케르에게 정신적 기쁨을 준다. 그 기쁨은 노동의 괴로움에서 잠시라도 벗어나게 만들어 준다. 노동은 더 이상 노동이 아니라 그다음 날의 생존을 위한 유희가 된다. 호모 사케르에게 노동은 저들을 다시 만들어 내는 창조력이기도 하다. 삶의 권력이 노동에서 만들어진다. 삶의 권력은 삶에서 축적된 권력이다. 삶을 통해 축적되고자 하는 권력이다.

호모 사케르에게 정치의 본질은 삶의 노동이 기반이 되는 생명의 정치다. 목숨의 정치가 다중에게 일상적 권력을 떠받치도록 만든다. 생명의 정치가 삶을 권력으로 만들어 낸다. 삶이 권력이기에 살아 있는 사람만이 권력이 된다. 살아가게 만들어 주는 것은 권력을 예비하는 일이다. 삶의 권력은 살아 있어야만 가능하다. 살아 있기 위해서는 죽어야만 하기에 저들의 노동은 처절하다. 저들의 정치도 처절하기에 호모 사케르들은 지배 권력으로부터 끊임없이 경계의 대상이 될 수밖에 없다. 호모 사케르들은 절대 권력에 의해 경계되거나 틈만 나면 소거와 추방의 대상이 되곤 한다. 호모 사케르가 지닌 숙명의 원죄 같은 것이다. 살아남을 수는 있지만 살아 있을 수는 없는 삶의 모순을 갖고 있는 사람으로 살아가야 하기 때문이다.

지배의 정치 권력과 그 틀 속에서 살아남게 만들어 주는 저들의 생존방법은 제한적이다. 이탈, 탈주, 엑소더스의 형태로 삶을 이끌어 가야 하기 때문이다. 저들의 탈주가 엑소더스가 되기 위해서는 용기와 저항이 필요하다. 마치 구약의 「출애굽기」에서 일군의 호모 사케르들의 무리를 이끌고 애굽에서 탈주하는 모세의 결단이 필요하다. 모세는 람세스와의 패권 투쟁에서 패했지만 좌절하지 않는다. 그를 따르는 유대 다중을 이끌고 탈주를 시도한다. 애굽의 파라오이며 그의 경쟁자인 람세스가 애굽의 기반인 노동력의 탈주를 허용할 리가 없다. 굴하면 저들에게 해방은 없다. 모세는 저들과 투쟁하며 탈주하는 수밖에 없었다. 밖으로는 추격하는 파라오의 군사와 싸웠다. 저들과의 싸움은 오히려 편했다. 호모 사케르들의 단결을 촉진했기 때문이다. 모세가 두려웠던 것은 탈주 후였다. 평화 다음에 오는 긴장 같은 것이었다. 안으로 일어나는 자신과의 긴장과 갈등이 오히려 더 파괴적이었기 때문이다.

그 어떤 탈주이든 탈주에 평화는 없다. 경이로운 탈주는 있을 수 없다. 모세도 마찬가지였다. 저절로 홍해가 갈라지지는 않기 때문이다. 준비된 탈주의 길은 있을 수 없다. 평화로운 엑소더스는 가능하지 않다. 모든 탈주는 평화를 거스르면서 일어난다. 탈주의 길은 만들어야만 비로소 만들어지게 마련이다. 탈주는 생존을 위한 것이지 여가를 위한 것이 아니다. 엑소더스는 정치적이든 문화적이든 저항일 수밖에 없다. 마치 홍해를 건너야 했던 유대의 지도자 모세(Mose)가 힘겨워했던 것처럼, 탈주는 목숨을 거는 일이었고, 저항의 행로였다. 호모 사케르는 권력자들로부터 생명을 추격당하는 존재다. 탈주가 성공하려면 강력한 '후위 전쟁'이 필요하다. 전열을 가다듬으며 탈주해야 한다. 후위 전쟁에서 무너지면 전열이 이내 무너진다. 그래서 모세는 신의 이름으로 탈주의 법칙을 만들어 낸다. 그 유명한 십계명(十誡命)이다. 탈주와 결집의 강령이었다. 탈주 안에서의 권력 투쟁을 예방하기 위한 비상 조치였다. 혼란 속에

서 재력과 권력을 탐하는 자들에 대한 혹독한 징벌과 경계의 의지표명이었다.[64)]

들뢰즈(Gilles Deleuze)가 말하듯이, 탈주하려면 호모 사케르에게 일러 주고, 또 일러 주어야 한다. "탈주하라. 탈주하면서 무기를 움켜쥐라."는 강령을 내려놓지 말아야 한다[65)]라고 일러야 한다. 후위 전쟁을 대비한 호모 사케르의 강령이다. 호모 사케르의 탈주는 동물의 세계의 그것이나 다름없다. 아프리카 세렝게티의 대평원에서 동물의 이동에서도 그것은 분명하다. 수컷은 자유롭게 무리를 옮겨 다니곤 한다. 같은 종이라고 해도 무리를 옮겨 다니는 수컷은 늘 위험에 처한다. 목숨을 담보하고 이탈해야 한다. 이탈의 과정은 유혹이지만 비운이기도 하다. 성숙한 수컷이 무리를 이탈하는 것 자체가 위험하다. 무리들이 낯선 수컷의 이주를 받아들이지 않기 때문이다. 이주를 시도하는 수컷 가운데 절반 정도는 여지없이 물려 죽는다. 나그네에 대한 동물적인 거부감 때문에 저들은 목숨을 내놓는다.

호모 사케르의 탈주와 이주도 예외는 아니다. 빈손으로, 맨몸으로 탈주하는 것은 죽음에 이르는 길이다. 죽으려고 하는 짓이다. 탈주하기 위해 움켜쥐어야 할 것은 무기만이 아니다. 무기보다 먼저 나를 잡아 다스려야 한다. 나를 다스리는 길이 저들에 끼이는 방편이다. 저들과 함께 탈주할 수 있는 기회를 늘리는 길이다. 탈주하기 위해서는 배워야 한다. 학습해야 한다. 익혀야 한다. 참아내야 한다. 새로운 길을 발견하고, 그것을 자기 것으로 만드는 일을 일러 '창변력'이라고 부른다.

탈주를 위해서는 창변(創變)의 힘, 변화를 만들어 내는 힘이 필요하다. 서로가 서로에게 기댈 수 있어야 한다. 서로가 서로에게 스승이 되어야 한다. 서로는 탈주를 위해 서로에게 무지한 스승일 수 있다. 무지한 스승들은 때때로 아이러니스트(Ironist)의 길로 나가는 사람들이다. 아이러니스트에게는 한 가지 믿음이 있기 때문이다. 사람들이 서로의 잔인성을 배제하고 연대성을 갖기 시작하면 서로가 원하는 이상 사회로 갈 수 있다고 믿기 때문이다. 연대성은 타자의 고통에 동참하는 능력을 말한다. 연대성은 정치적 참여로 이끈다. 인간의 삶은 처음부터 우연한 것이기에, 삶에서 필연을 찾는 것은 부질없는 일이다. 모든 것은 우연성 속에 떠돌아다니는 필연적인 생명체일 뿐이다. 우연성 속에서 가치 있는 삶의 형태란 단순하다. 타인에게 잔인하지 않는 일이다. 타인과 관계를 맺는 일이다. 그것이 연대성이다. 서로가 연대하기 위해서는 서로에게 관용해야 한다.

아이러니스트는 본질적으로 휴머니스트다. 아이러니스트는 자율성을 소중한 가치로 삼기 때문에 그 어떤 제도도 거부한다는 점에서 아나키적이다. 절대 자유, 절대 독립을 위한 아나키다. 저들은 실용주의자다. 휴머니스트는 진리나 객관성 같은 개념에 탐닉하지 않는다. 합리성 같은 것이 있을 리 없기 때문이다. 진리니 영원 불변이니 하는 것 같은 고정관념에 사로잡히지 않는다. 모든 것은 신축적이다. 직면한 상황에서 최선을 다할 뿐이다. 아이러니스트는 역설을 통해 저들의 분노를 유발한다. 사람다움을 극대화하는 인물인 동시에, 잔인성을 혐오하는 사람이 아이러니스트다.

자신의 가장 핵심적인 신념과 욕구가 우연적임을 인정하는 사람이 아이러니스트다. 절대성만이 시간을 넘어선다는 생각을 버릴 수 있을 정도로 탈 역사주의적인 사람이다. 현재가 없는데 과거가 축적되어 있다는 것이 환상이라는 것이다. 휴머니스트이며 아이러니스트는 낙관주의적이다. 인간의 고통과 굴욕을 거부한다. 인간의 고통과 굴욕을 반복시키는 역사는 없을 것이라는 희망을 버리지 않는 저들이다. 진리가 저 바깥에 있는 것이 아니라 세계가 저 바깥에 있을 뿐이다. 진리가 저 바깥에 있지 않다고 하는 것은 우리의 진술이 없는 곳에는 진리가 존재하지 않는다는 뜻이기도 하다.

호모 사케르들이 일종의 휴머니스트가 지니는 치명적 생명성을 지녔다는 것은 신실용주의자인 로티(Rorty)의 진술에서도 분명해진다. 로티는 말한다. "세계는 말하지 않는다. 오직 우리가 말할 뿐이다. 일단 우리가 어느 언어로 프로그램되고 나면, 세계는 우리가 신념을 갖도록 하는 원인일 수 있다. 하지만 우리가 말할 어떤 언어를 세계가 제안할 수는 없다. 오직 다른 인간만이 그렇게 할 수 있다. 하지만 우리가 어떤 언어 놀이를 해야 할 것인지를 세계가 말해 주지 않는다는 깨달음이, 어느 놀이를 할 것인지에 대한 결정이 임의적이라고 말하도록 유도해서는 안 되며, 그 결정이 우리 내부의 심연에 있는 어떤 것의 표현이라고 말하도록 유도해서도 안 된다. 도출되어야 할 교훈은, 어휘 선택의 객관적 기준이 주관적 기준들로 대체되어야 한다는 점이 아니라, (어휘 선택의) 이유가 의지나 느낌으로 대체되어야 한다는 점이다. 그것은 ('임의적' 인 선택을 포함하여) 기준이나 선택이라는 관념은 한 언어 놀이에서 다른 언어 놀이로 변화하는 데에 이르게 되면 더 이상 의미가 없다는 점이다. 유럽은 낭만주의 시의 어휘나 사회주의자의 정치적 어휘나 갈릴레오의 기계론의 어휘를 수용하기로 (결정하지) 않았다. 그러한 전환은 논변의 결과가 아닌 것과 마찬가지로 의지에 의한 행위도 아니다. 오히려 유럽은 어떤 낱말들을 사용하던 습관을 점차 잃고, 다른 것을 사용하는 습관을 점차 얻게 되었던 것이다."[66)]

다중에게 공생을 위해 요구되는 삶살이는 단순히 자아 실현자로서의 존재감을 추구하는 그런 것이 아니다. 다중은 웰빙을 넘어서는 현실적인 삶이 필요하다. '웰리빙(Well-living)'이 무엇보다 먼저 필요하다. 웰리빙은 재화의 양이 아닌 삶의 질을 의미하는 것이다. 무엇보다도 심리적 · 정신적 · 도덕적 웰빙, 말하자면 참살이를 포괄하는 것이다. 프랑스 레지스탕스 출신 사회 운동가 스테판 에셀은 94세의 노령임에도 불구하고 자본주의 사회에서의 레지스탕스를 요구한다. 호모 사케르들이 자신의 웰리빙을 펼칠 수 있는 정치적 진지 구축을 구상한다. 웰리빙은 개개인의 자아 실현이 이루어지는 공동체와의 관계 속에서 가능하기 때문이다. 웰리빙을 향한 삶의 의지를 펼치는 사회적 장치가 마련되면 웰리빙은 부수적으로 따라붙기 때문이다. 에셀에게 웰리빙(well-living), 즉 '잘살기'란 재화의 소유와 안락 같은 것을 뜻하는 물질적 의미만으로 축소된 웰빙과는 전혀 다르다. 그에게 있어서 웰리빙은 자아 실현, 사랑, 우정, 공동체의식이 들어 있는 심리적 · 정신적 · 도덕적 공생을 말한다. 공생은 다중들이 무기력과 치명적 체념에서 벗어나 웰리빙을 펼칠 수 있는 삶의 의지가 깃들 때 실현될 수 있다. 그래서 그것은 호모 사케르의 정치적 진지 구축이어야 한다.[67)]

웰리빙의 정치에서 다중을 위한 포텐티아가 나오게 되어 있다. 모두가 살아갈 만한 사회, 모두가 살아 줄 만한 사회, 모두를 위해 지속 가능한 사회로 바꿔 줄 수 있는 동력이 바로 포텐티아이기 때문이다. 호모 사케르에게 포텐티아는 배움과 탈배움의 역설적인 아이러니에 의해 가속적으로 성장한다. 한 사람이 보여 주는 사회 참여의 힘과 개조의 힘이 그것을 촉발시킨다. 하나의 촛불처럼 밝음을 보여 준다. 다른 이들이 자기의 촛불을 또 켠다. 자신에게 잠재되어 있던 개조력이 분출된다. 사회 변화를 응용해내는 힘인 포텐티아가 성숙한다. 포텐티아의 집결이 사회 개조의 시작이다. 모두가 변화를 이끌어 내는 포텐티아를 촛불처럼 밝힌다. 배움의 창변력이 호모 사케르들을 아이러니스트들로 바꾼다.

파울로 프레이리는 호모 사케르들의 포텐티아를 사회 개조의 창변력으로 만들어 놓은 민중 교육자 중의 한 사람이다. 그가 원했던 것은 철저한 습과 작이었으며, 이내 그것을 넘어서는 새로운 배움으로서의 아나키를 완성하려고 했다. 민중교육의 선도자이며, 탈학교론의 기수였던 이반 일리치(Ivan Illich), 호모 사케르와 다중의 자기 배움론자인 자크 랑시에르(Jacques Ranciere) 교수 역시 학교교육의 제도화와 기관화는 거부하는 아나키론의 대열에 끼어 있다. 저들은 스쿨링을 위한 배움이 아니라, 배움을 위한 스쿨링을 강조한다. 그들이 원했던 것은 배움의 아나키이며, 동시에 자율의 배움이었다. 배움을 위해 유별난 인간이나 공간 혹은 시간이 별도로 기관화되어야 할 이유가 없다는 논리를 개발한 사람들이다. 모든 것이 바로 다중을 위한 교육의 자본이기 때문이다.[68]

프레이리는 제3세계의 문맹 퇴치를 위해 비 제도권의 사회기반을 의식화의 장으로 활용하였다. 민중교육이라는 것이 그것이다. 민중교육으로 호모 사케르들은 자신과 사회 간의 관계를 새롭게 정립하기 시작했다. 사회를 창변시킬 수 있는 힘을 결집하였다. 사회를 바라보는 개인의 힘, 사회의 변화를 불러내는 힘을 창변력(創變力), 혹은 교육적인 관점에서의 의식화라고 불렀다.[69] 저들은 학교 학자들이 그토록 강조하는 학교 제도의 권능을 믿지 않는다. 학교 학자들이 내세우는 공교육론의 속내를 파고들다 보면 끝내 하나의 주장에 이르게 됨을 알고 있기 때문이다. 학교 학자들의 공교육론은 셰익스피어가 『사랑이라는 헛수고』에서 토해 냈듯이, 자기들이 알고 있는 것보다 훨씬 가늘게 수다롭기만 하다. 저들 학교 학자들이 내세우는 설득력 있는 교육적 이론들이란 가능한 인간의 능력에 대한 오해와 조작을 통해 복잡하게 직조되기 마련이다.

학교 학자들은 아이큐니, 지능이니 하는 조작적 개념으로 인간의 능력이나 가능성을 재단하며, 절단하기를 좋아한다. 저들이 활용하는 그런 개념들은 끝내 인간 능력에 대한 비하이며, 인간의 본질에 대한 조롱에 지나지 않을 뿐이다. 학교 학자들의 논리는 인간의 능력을 분류하고, 선별함으로써 인간의 본질을 훼손하는 것들로 일관한다. 인간의 지적능력, 앎의 능력이 유전적으로 그리고 선천적으로 결정되어 있다는 논리가 바로 그런 것들이다. 인간을 차별적으로 취급해야 한다는 근거를 세우기 위한 객관적 분류 작업에 지나지 않을 뿐이다. 인간의 본질에 대해 자기 스스로 회의하고, 비난하고 있는 것에 지나지 않기 때문이다. 자기 존격을 자기 스스로 비하하고 있는 일이다.

저들은 인간능력에 대해 가식적이며 허구적인 개념을 끊임없이 만들어 낸다. 학교교육의 내용과 교수방법은 그런 조작적 개념들로 직조되기 마련이다. 시험 성적으로 아이들의 선천적인 능력을 난도질한다. 객관화되고 표준화되었다는 미명 아래 점수 차이로 학생들의 능력을 이리 가르고, 저리 갈라낸다. 그 일이 학교교육의 주요 과제일 뿐이다. 저들이 학생의 운명을 책임지는 것은 아니다. 분류의 객관성만을 담보할 뿐이다. 학교교육의 목표는 인간능력에 대한 평가와 서열화일 뿐이다.

학교교육사에 있어서 지능검사(知能檢查) 개발이 인간능력에 대한 학교 학자들의 과오가 무엇인지를 증거하고 있다. 지능검사는 인간의 능력을 측정하는 묘약으로 사회에 등장했었다. 지능검사에 대한 여러 가지 학문적인 이유와 이론들이 있어 왔지만, 그것의 최종적인 쓰임새의 귀착은 사회 공학적인 처치였을 뿐이다. 인간의 지력에 대한 분류와 선발도구로 사회복지, 의료 혹은 교육 현장에서 최대한 활용되고 있는 중이다. 지능검사의 활용도가 극도로 검증되어 예찬되고 있는 곳은 교실 현장이다. 지능검사를 활용해 인간의 선천적인 지력의 서열화를 가리는 데 사회학적 성과를 거두었다고 자부하는 사람 가운데 한 사람이 바로 유전심리 교육학자 고다드(H. Goddard)였다. 그의 후예들이 바로 학교 학자들이다.[70)]

학교 학자들은 시험 성적으로 능력의 차이를 갈라낼 수 있다고 믿고 있다. 학생들을 서열화하는 일이 학교교육의 할 일이라고도 주장하는 일에 거침이 없다. 저들의 논리에 대한 요즘 아이들의 말이 맞다. 곤충의 몸을 세 부분으로 갈라내면, 학교 학자들은 나름대로의 논리를 세워가며 곤충이 머리, 가슴, 꼬리가 된다고 말할 것이다. 그러나 현실은 아이들의 말처럼, 곤충은 그 자리에서 즉사하고 말아 버린다. 학교교육이 학생들을 갈라내면 그곳에서 이미 아이들의 가능성은 죽어 버린다. 저들이 교실에서 절망부터 익히게 되는 이유다. 검사로 가르고, 시험으로 잘라 내고, 석차로 골라내는 일이 벌어지는 교실에서는 배움이 있을 수 없다. 한 반에서 겨우 10% 정도의 학생만이 응시하고, 나머지는 교사를 의시(疑視)하는 일이 인재 개발일 수가 없다.[71)] 교사들이 아무리 변명해도 저들의 결론은 언제나 하나일 뿐이다. 잘 가르치는 방법이란 끝내 일등과 꼴찌를 객관적으로 가려내고 만들어 내는 일로 귀착되기 때문이다.

지금과 같은 디지털, 컴퓨터 기반의 교육현장은 인간은 그 누구든 배울 수 있음을 증거한다. 새로운 학습의 도구가 바로 자활의 수단이다. 학습 현장에서 가상 현실의 체험이 가능해지면서 학생 개개인의 학습은 그의 수준과 놀이 양식에 맞게 개별화되어야 한다. 가상 체험과 학습활동이 각자화될 수 있기 때문이다. 학습의 양태가 더욱더 세분화되고, 맞춤형으로 특화되어야 한다. 학습방법의 첨단화는 지금처럼 집단형, 표준형 학습을 강화하기 위한 것이 아니다. 개인별 맞춤형 학습이 교실 현장을 떠나 곳곳에서 구체화되도록 하기 위한 것일 뿐이다.

교실 학습은 앞으로 끊임없이 파괴되고, 또 다른 방식으로 혁신될 것이 분명하다. 교육이 정보기술의 혁신과 발전으로 따라가면서라도 더욱더 지능화하고, 현명해질 수밖에 없기 때문이다. 새로운 학교교육의 질서가 만들어지고 또 만들어질 것이다. 학교로서는 감당하기 어려울 정도로 새로운 변화를 요구할 것이다. 그 변화에 더디면, 학교는 서서히 도태당할 수밖에 없다. 학교의 존재 이유가 불투명해질 것이기 때문이다. 학교교육은 원래 교사를 위한 노동 집약적인 공간이라 새로운 변화에는 상당히 둔감할 뿐이다. 교실 학자들은 배움이 지니는 자연의 치유력을 거부하기에 안간힘을 쓰고 있지만, 새로운 학습 수단에 대한 저들의 굴복은 시간 문제일 뿐이다.[72] 정보와 지식이 지금보다 더 혁신적으로 오픈 소스화되기 때문이다. 집단 지력의 힘이 하나로 모여 시너지를 내며 교실을 바꾸라고 요구할 것이기 때문이다.

학습 공학의 발달이 진행되면 진행될수록 교수와 교사들이 불안해질 수밖에 없는 대목에 직면한다. 학습 공학이 만들어 내는 학습 도구들의 지식 전달 속도와 능력에 버거워지기 때문이다. 교직에 있는 저들부터 배움이 무엇인지 새로 깨닫고, 배움에 대해 새롭게 눈을 떠야 한다. 새로운 기계 공학적 습작 기술이 나오면 인간의 배움력을 한층 더 부각할 수 있다. 스마트 학습 기술이 배움을 스마트하게 진화시키고 있기 때문이다. 배울 수 없는 인간은 태어나지 않는다. 모든 인간은 모두가 자기를 위한 영재와 천재다. 모두 그렇게 태어난다. 잉태되는 순간부터 저들에게 배움능력이 배선화되었기에 새로운 스마트 습작 기술을 자기 삶에 응용하는 것은 더 이상 새롭지 않다.

다중 공생을 위해서는 배움이 의식화의 시작이나 마찬가지다. 의식화를 통해 나와 세상, 나와 권력, 나와 타인 간의 관계가 설정되기 때문이다. 그 의식화를 통해 설정된 세상과의 관계가 다시 교정될 수 있다. 주변에 대한 것에 대해 새로운 문제가 제기되기 때문이다. 문제에 대한 새로운 인식이 가능해진다. 문제해결을 위해 새로운 행동과 실천이 가능해진다. 실천은 소수의 의식화가 아니다. 모든 이를 위한 의식화다. 모든 이의 배움이다. 의식화는 '인간화'다. 의식화는 휴머니스트를 만들며 아이러니스트를 만들어 낸다.

프레이리의 민중교육은 제3세계의 호모 사케르에 대한 의식화였다. 농민으로 구성되는 호모 사케르를 향한 의식화였다. 프레이리와 달리 자크 랑시에르는 도시의 생명체들로 움직이는 호모 사케르의 배움에 집중한다. 도시의 호모 사케르를 아이러니스트로 만들어 내는 과정을 보여 준다. 랑시에르 역시 해방교육을 강조하기는 마찬가지다. 다중의 권력 행사가 가능하기 위해서는 다중이 지성이 되어야 하고, 그것을 위해서는 의식화가 먼저 요구된다. 프레이리의 의식화는 억눌린 자로서의 민중에게 필요한 민중교육이었다. 랑시에르의 자기 배움은 다중지성을 위한 의식화였다. 프레이리는 호모 사케르, 다중의 의식화가 오히려 학교교육을 통해 더 쉽사리 길러질 수 있다고 본다. 그는 역설적으로 권력자들의 진지 구축인 학교를 다중의 의식화를 위한 진지로 활용해야 한다고 역설한 것이다.

프레이리에게 지역 공동체의 모든 공간은 바로 성인들의 배움의 자원이었다. 모든 것이 저들을 위한 활용 가능한 교육 자본이라는 뜻이다. 공동체가 저들에게 배움골이며, 언론 매체가 저들을 위한 배움의 내용이며, 공간과 시설이 저들을 위한 배움의 자본이다. 유별나게 저들만을 위한 특별난 교육 자본을 마련할 이유가 없다는 뜻이다. 공동체가 바로 저들에게는 정치적이며 사회적인 의식화다. 일리치의 교육 자본론과 일치하고 있다. 지역 공동체의 공간을 배움의 공간으로 재활용하는 것이 사회적인 관건이다. 그것은 정치적 쟁송의 교두보를 마련하는 것이기 때문이다.

다중의 의식화는 지역 공간을 교육 자본으로 디자인해낼 때 가동된다. 성인 학습자들로서 다중을 위한 특정 공간을 배움터로 지정하는 그 자체가 교육 자본을 형성하는 일이다. 공간과 시간을 배움의 자본으로 만들어 주는 일은 에코교육의 관건이기도 하다. 제도교육 중심의 스쿨링(schooling)을 다중 친화적 에디피케이팅(edificating)시키는 일이기 때문이다. 지역 공간을 다중의 배움터로 활용하는 일이 공간을 교육 자본화시키는 일이다. 제도교육 중심의 스쿨링이 빚어 내는 교육적 부작용을 최소화하는 일이 다중의 배움을 활성화하는 일이며, 그 일이 에코 배움학을 성립하는 새로운 사회적 쟁점이 된다.[73)]

에코교육은 공동체의 그린화를 위한 생태계 복원 운동이나 마찬가지다. 나무와 풀 등 자연이 사람을 위한 배움터로 재활용되는 친환경 디자인의 사회운동이다. 에코 디자인(Ecodesign)이라는 말은, 생태계를 뜻하는 에콜로지(Ecology)의 머리 부분에 디자인(Design)이라는 단어를 합성시킨 조어다. 에코 디자인은 지역 공동체와 주민, 그리고 자연 생태계 간의 상호 배려를 강조하는 지역 공동체 활성화 방안이기도 하다. 에코 디자인은 지속 가능한 디자인이기에 그 뜻은 미래 세대의 지속적 사용을 고려해 자연과 환경에 위협을 가능한 배제하는 디자인을 말한다.[74)]

지역 공동체의 교육 자본화를 꿈꾸던 프레이리와 시민운동을 교육 자본으로 간주하던 호튼(Horton)은 한결같이 지역 공동체, 지역 공간을 교육 자본의 핵심으로 간주한다. 저들은 지역 공동체를 교육 자본으로 만들어 낼 때, 다중의 지성화가 가능하고, 그것을 다중의 배움을 위한 지름길로 간주한다. 다중에게 희망을 주는 일이 배움이며, 그 배움을 다중의 공동체에 부합하도록 친환경적으로 다시 디자인하는 일이 교육 자본화의 시작으로 간주한다.

지역 공동체의 교육 자본화가 다중의 탈주와 해방을 도와주게 마련인데,[75)] 탈주가 성공하려면 서로 간에 신뢰와 소통이 중요하다. 신뢰는 저들을 옥죄던 것에 대한 '단절'에서 시작한다. 저들과의 단절 없이는 다중에게 돌아올 희망은 엷어지게 마련이다. 신뢰 없이 소통은 불가능하다. 경험의 인습적인 사슬을 끊어내지 않고서는 소망이 있을 수 없다. 다중이 다중을 신뢰하지 않으면, 옛것과의 어떤 단절도 불가능하다. 신뢰 없이는 불만과 쟁송, 그리고 이탈이 일어나기 마련이다. 다중에게 필요한 의식화는 바로 신뢰 쌓기다. 신뢰가 쌓여야 선택과 결정도 가능하다.

결별, 단절, 끊어냄은 어느 쪽에도 속하지 않는 경계인의 자세로는 불가능하다. 결별하려면 중립과 절연해야 한다. 중립으로 이뤄낼 수 있는 것은 없다고 말하는 프레이리와 호튼은 중립을 위선이라고 말한다. 중립의 결단은 있을 수 없다고 말한다. 중립이라는 것은 한가운데를 지키는 일이 아니기 때문이다. 중립은 이미 어느 한편에 가담하고 있는 것이나 마찬가지다. 그런 편파적 가담과 선호에 연막을 치는 미사여구가 중립이라는 단어다. 다중은 지금까지 늘 중립의 희생양이었다. 중립은 그 언제나 한편으로 기울어지기 위한 위장술이었다.

다중이 일어서기 위해서는 자기 기만부터 제거하라고 이르는 랑시에르는 중립이라는 개념을 정치적으로 혐오한다. 중립은 식자들이 자기의 기득권을 위해 만들어 놓은 기만일 뿐이라고 지적한다. 예를 들어, 권력자와 호모 사케르로서의 다중 그 사이의 경계를 걸어가는 것이 중립일 수는 없다. 경계인은 어차피 존재하지 않기 때문이다. 그들이 말하는 중립은 이미 권력에의 복종이며, 아부일 뿐이다. 랑시에르는 다중이 지니는 포텐티아가 바로 교육 자본이라고 말한다. 다중으로 하여금 포텐티아를 행사하게 할 때 사회가 변화될 수 있는데, 저들의 포텐티아는 다중이 지닌 배움소이며, 배움점이라는 것이다.

다중의 포텐티아를 공생을 위한 배움의 형식으로 완성하면, 사회가 저들을 해방할 수밖에 없다. 저들이 이미 배우는 이들로서 사회 전면에 등장하기 때문이다. 사회의 모든 환경은 배움을 위한 각각의 쓰임새를 지니고 있기에 모든 것은 다중을 위한 교육 자본화의 조건이 된다.[76] 모든 것은 다중의 배움을 위한 가시적인 방편이 된다. 배움을 위한 내용이 된다. 저들이 사회를 창변시킬 수 있는 자원이 된다. 예를 들어, 노동 현장이 다중의 포텐티아를 위한 장이라면, 사회 곳곳이 다중의 배움터가 된다. 다중의 포텐티아, 말하자면 다중의 자력화는 어디서든지 가능하다. 자력화란 모두가 살아갈 만한 사회로 만들어 낼 수 있는 다중의 힘이 결집된 상태를 말하기 때문이다. 다중은 자기가 자신에 대한 교사이기도 하다. 자신의 운명을 좌우할 수 있는 주체는 자기 자신뿐이기 때문이다. 자기부터 거듭나면 스스로 타인을 위한 동행으로서 거듭날 수 있다. 내가 타인의 스승, 타인이 또 다른 타인의 스승으로 관여할 수 있는 기회를 갖기 때문이다.

랑시에르는 그의 저서 『무지한 스승』에서 도시의 다중들에게 새로운 희망을 전한다. 그는 학교교육의 이분법적 교수 학습 행위를 거부한다. 학교교수법 같은 것은 삶에 도움이 되는 방편이 되지 못한다는 것이다. 저들은 전쟁터와 같은 삶을 살지만, 학교에서는 기껏해야 손 들고 열을 맞추어 걸어가는 제식 훈련법이나 가르치고 있기 때문이다. 학교에서 강조하는 교육과정이라는 틀에 잡힌 교육 그 자체가 이미 다중지성을 바보로 만드는 일이라고 간주한다. 가르치는 사람은 스승, 익히는 사람은 학생으로 구획하는 그 자체가 반 교육적이라고 비판한다. 학습상의 위계가 서로의 배움을 위해 도움이 되지 않는다는 것이다. 사회의 그 모든 것이 교수 학습 행위자들이 될 수 있기 때문이다.

랑시에르는 소크라테스를 매몰차게 비판한다. 소크라테스가 학습이라는 말을 내세워 자기 자신을 가르치는 사람으로 과장했기 때문이라는 것이다. 소크라테스 스스로 자기는 무지하다고 이야기했지만, 그것은 기만이라는 것이 소크라테스에 대한 그의 단죄다. 소크라테스는 본래부터 유식한 사람이라는 것이다. 많이 알고 있는 사람이었기에, 남을 가르칠 만한 사람이었음에도 불구하고 그것을 위장했다는 것이다. 소크라테스는 그 스스로 잘 알고 있었으면서, 그것을 교묘하게 악용했다는 것이다. 그 장면이 바로 소크라테스와 노예 소년의 만남에서 드러난다. 소크라테스에게 노예 소년은 가르침의 대상이었다. 노예 소년은 그가 무엇을 가르치던 가르치는 대로 익히도록 되어 있는 호모 사케르다. 노예 소년이 소크라테스 앞에서 할 수 있는 일이란 그것 이외에 다른 것은 없었다. 그것을 소크라테스는 너무나 잘 알고 있었지만, 마치 노예 소년이 자유인인 것처럼 위장시켜 놓았다는 것이다.

아테네에서 신음하던 모든 호모 사케르는 당시 사회 조건 아래에서는 소크라테스에게 모두 노예 소년처럼 보였을 뿐이다. 노예 모두가 무지몽매한 다중이었다. 자기 삶에서 익힘의 필요성과 중요성에 대해 그 어떤 문제 제기도 하지 못한 채 가르치는 대로 따라가며 순종해야만 했던 대상물이었을 뿐이다. 그렇기는 하지만, 그 무지몽매한 소년이라고 하더라도 인간인 그에게는 절대자 혹은 신이 그에게 심어 준 신의 영혼이 있음을 보여 준 이가 바로 소크라테스였고, 그것을 가능하게 해 준 방법이 산파법이었다. 인간이 지닌 영혼은 앎에 대한 이데아일 수 있기에, 그것을 제대로 깨우쳐 주면, 일종의 상기(想起)하도록 해 주면, 인간의 인간됨이 되살아난다는 것이 소크라테스가 지녔던 생각이었다. 배움의 한 영역인 상기를 일깨워주어 그를 거듭나게 도와주는 이가 바로 스승이라고 생각한 이가 소크라테스였다. 가르침이라기보다는 일깨워줌으로서 그의 거듭남을 받아 주는 일이 스승이 하는 일이라고 믿고 있었기 때문이다.[77]

그렇기에 소크라테스는 스승이나 교사라는 말을 쓰는 대신 '산파(產婆)'라는 단어를 쓴다. 산파라는 말은 자신을 낮추는 아주 겸손한 용어였다. 산파라는 단어를 쓰면서 자신은 사람마다 자기 영혼에 지니고 있는 본래적인 앎을 상기시켜 주는 사람일 뿐이라고 자처했던 것이다. 소크라테스가 말하는 앎의 깨우침을 돕는 산파법은 교육적이다. 보여 주는 사람과 익히는 사람이 함께 움직이는 지적 동행의 활동이 내포되어 있기 때문이다. 소크라테스가 말하는 지적 동행으로서의 산파법을 단순하게 가르침과 익힘이라는 이분법과 가름으로만 받아들이면, 그것은 현대판 교수 학습 원리의 원형에 지나지 않을 뿐이다. 말하자면 은행 적금식의 학습이론의 원형일 뿐이다. 대화나 앎에 대한 사랑과 동행이 결여되면, 소크라테스가 말하는 산파법은 하나의 형식이었지 서로 주고받음의 깨우침이나 소통으로서의 앎에 대한 사랑이 될 수는 없다. 그렇게 되면 랑시에르가 소크라테스를 오만한 교사로 비난하듯이, 산파법은 지금의 학교교실 학습의 전형인 은행 적금식 교수법처럼 익히는 자를 바보로 만들어 내기에 부족함이 없는 교수법이 될 뿐이다.

랑시에르는 은행 적금식 유형의 교수 학습은 선생과 학생이 배우는 방법이 서로 다르다고 교육적으로 가르는 지배적 교육과정을 선호한다고 비판한다. 사람들을 바보로 만들지 않으려고 하는 것이 교육인데, 교육의 책임자인 선생은 이런저런 새로운 학습방법을 동원하여 학생들을 바보로 만든다고 말한다. 그런 학습에서는 유식한 선생, 가르치기만 하는 선생이 필요할 수도 있겠지만 삶의 지혜를 위해서는 소위 '무지' 하다는 스승이 오히려 더 낫기만 하다. 이때 랑시에르가 지칭하는 '무지' 한 스승이란 '무식' 한 선생을 지칭하는 것도, 무능한 교사를 말하는 것도 아니다. 그가 원하는 무지한 스승이란 자기 배움에 나태한 교사를 지적하는 것이 아니라, 반대로 자기 배움에 철저하고 투철한 사람을 일컫는 것으로서의 용기 있는 교사를 지칭한다.

랑시에르가 지칭하는 '무지한 스승'이란 쓸데없는 정보를 자랑하거나, 가르치는 기예를 자랑하지 않는 사람에 대한 일종의 비유다. 무지하지 않은 이는 이 세상에 단 한 명도 있을 수 없다는 뜻이기도 하다. 모두가 무지하기에, 서로에게 스승이 될 수 있다는 또 다른 뜻이기에, 아이도 경우에 따라 어른에게 스승이 될 수 있다. 스승은 사회 그 어떤 곳, 그 어떤 공간, 그 어떤 형태로든 존재한다. 다중들은 다중들의 삶살이에서는 단연코 서로가 서로에게 스승이다. 포텐티아를 결집하기 위해 작동할 수 있는 유일한 스승들이다. 모두가 스승이고 모두가 포텐티아이기 때문이다. 모두가 모두에게 사표가 되며 모두가 배움이 된다. 한 영역에서 열심히 일하고 있는 다중은 일상적인 삶을 위한 스승이다. 모두가 맑은 영혼을 위한 구루(guru)로 기능할 수 있다. 모두에게 멘토들로 하루를 살아가기 때문이다.

4. "정의(감)에는 인간관계에서 상호성(감사/은혜)을 존중하는 감수성이 먼저 필요하다." – 데이비드 존스턴[78)]

"우리 국민은 많은 쟁점에서 언제나 이견을 드러내야 할 것입니다. 동의하지 않을 자유는 민주주의의 위대한 선물 가운데 하나이자, 그 위대한 힘 가운데 하나입니다." – 파커 파머[79)]

책이나 글쓰기만으로 사회를 변혁하려고 하는 일은 어처구니 없는 짓이다. 마치 욕조를 타고 대서양을 건너려는 일과 같을 뿐이다. 말도 되지 않는 세 치 혀로 세상을 바꾸려는 짓이기 때문이다. 해체 시인 이성복 교수는 그래서 「치욕의 끝」이라는 시에서 치욕은 절망이 아니라 무엇을 위한 시작이고 출발이라고 기대한다.[80)] 제아무리 치욕이라고 해도, 그것이 절망을 닮았다고 해도 그것을 꼭꼭 씹어 삼킬 줄 알아야, 씹어 삼킨 치욕이 이내 희망을 키워내는 에너지가 된다는 것이다. 물론 시의 세상은 투쟁의 세상이 아니다. 밥의 세상이 아니라 비유와 영탄의 세계다. 그렇다손 치더라도, 살아가면서 삶을 마냥 100km로 달려야만 하는 것은 아니다. 사람은 자동차 엔진을 달고 살지 않는다. 아우성치는 저들의 투쟁도 끝내는 피상적이기 때문이다. 투쟁과 갈등은 끝내 자기 안의 투쟁과 긴장으로 되돌아오기 마련이다.

조금 더 나아가야 한다. 더 나아가기 위해서는 정치적이어야 하며, 발상을 바꾸는 사유를 해야 한다. 노숙인, 난민, 고향 잃은 이주 노동자들이 이 사회에서 당하는 것처럼 사회 한구석에 존재하기는 하지만 시민으로 인정받지 못하는 사람을 소리 없이 죽여도 누구 하나 주목하지 않는 사회는 공생을 포기한 사회다. 저들을 호모 사케르로 내몰아 버리는 한, 그런 사회는 아무리 국부(國富)를 쌓았다고 하더라도 정의롭지 못한 사회일 뿐이다. 부정의한 사회를 교정하기 위해서는 지배하는 자들에게 불가능한 것을 요구해야 한다. 요구하려면 당연히 현실주의자가 되어야 한다. 슬라예보 지젝 교수는 우리가 자명하다고 믿는 세계에 대해 끊임없이 질문을 던지라고 요구한다. 그렇게 던진 질문을 통해 의미 있는 파열음을 남겨야 비로소 원하는 세상이 보이기 때문이다.

진정한 사유란 무엇인가? 사유는 문제를 해결하는 것이 아니라 "이것이 진정 문제 상황인가?", "이것이 문제를 드러내는 올바른 방법인가?", "우리는 어떻게 이러한 결론에 도달했는가?" 등의 질문을 던질 수 있는 능력을 길러내는 힘이다. 사유함으로써 서로 배우고, 서로가 서로를 위해 나서는 일이야말로 우리가 해야 하는 공동체를 위한 선(善)이며 정치적 이상도 찾아낼 수 있다. 그 일은 바로 불가능한 것의 가능성(possible impossibilities)을 찾는 일이기는 하지만 그 일이야말로 서로가 공생할 수 있는 지름길이다.[81] 모락모락 김이 나는 동안 그렇게 김 만을 쳐다봐서는 배를 채울 수 없다. 솟아나는 김 속에서 나에 대한 새로운 가능성을 생각해야 한다. 그 가능성을 현실로 만들어 그 밥을 먹는 일 모두를 해야한다. 소망을 키우며 희망을 실행해야 한다. 김이 바로 희망의 연기이며 먹을 밥이 준비되었다는 신호이기 때문이다. 그것이 치욕을 영광으로 환치시키는 영양분이 된다. 세상에 그 어떤 것도 욕이 될 것은 없다. 코를 막으며 피하는 당신 속의 그 거름 덩어리들이 고구마도 키우고, 감자도 키우며, 탐스런 열매를 맺어 주는 자양분이기 때문이다.

한때 기독교인들의 역겨운 비난을 들어 가면서도 머리를 숙인 채 하늘을 노래하던 작가가 있었다. 마광수 교수였다. 그는 기독교 신자들의 속내를 건드리는 한마디를 기어코 뱉어 버렸다. 목회자들로서는 도저히 바꿔 놓을 수 없는 말이었다. '진리가 너희를 자유케 하리라.'는 그 명제를 뒤집어 놓았다. '자유가 너희를 진리케 하리라.'라고 단숨에 바꿔 버렸다. 다중에게는 빵이 진리라는 것이었다. 옳기만 한 작가적인 저항이었다. 허황되고 공허한 담론들은 결코 저들의 허기를 채워줄 수 없다는 이념의 뒤집기였다. 빵을 위해 자유가 우선해야 한다는 논리였다. 핍박받는 다중에게 먼저 필요한 것은 무엇보다도 빵을 위한 자유이어야 한다. 그 자유가 자신에게 행동 반경을 넓혀 주면, 그다음 저들이 느끼는 것은 진리가 너희를 자유하게 해 준다는 말이다.

무지한 스승들은 그렇게 무식하다. 자유가 진리케 만들고, 진리가 자유케 한다는 역설의 사슬매김을 꿰뚫어보는 사람이기에 책에만 매달리지 않기 때문이다. 저들은 자기에게 먼저 겸양한다. 자신에게 겸양하고 타인에게 겸손한 사람이 무지한 스승이다. 체험과 고난으로 삶의 궤를 다져온 사람이다. 새로운 정보의 양으로 학식을 겨냥질하지 않는다. 정보의 최신성 혹은 정보 활용의 속도로 이겨 낼 수 없는 인간다움을 먼저 보일 뿐이다. 자유를 노래하며 해방을 배우는 자들일 뿐이다.

이 세상에서 배울 수 없도록 태어난 사람은 없다. 노예 신분으로 살아가도록 세상에 나오기도 전에 미리 점지된 사람도 없다. 노예로 만들어지고, 무식한 사람으로 만들어질 뿐이다. 제도가, 사회가 사람을 그렇게 만들어 놓고 있다. 그 어떤 사람에게든 그의 생(生)은 배움이고, 그의 명(命)도 배움일 뿐이다. 사람들로 하여금 서로서로 호흡하게 만들어 주는 일이 배움이다. 배움은 속도가 아니다. 배움은 삶이고, 여백이다. 서로가 넓혀가야 할 생의 공간일 뿐이다. 배움은 정보의 선택력 같은 것을 말하지 않는다. 정보 활용 속도에 따라 배움의 수준이나 내용이 결정되지 않는다. 배움에는 사람들 간의 관계와 호흡이 더 중요하다. 자신에 대한 신중성과 타인에 대한 배려에 의한 정신적 여백이 중요하다. 인간의 지력은 선천적으로 동일하다. 어떤 이의 뇌는 태어날 적부터 유별난 것이 아니다. 다른 이의 뇌보다 더 정교한 구조를 갖는 것이 아니다.

신(神)은 한 가지 위대한 일을 해냈다. 모든 피조물을 자신의 형상과 영상을 따라 만들어 냈기 때문이다. 모든 인간은 신의 이미지와 그의 형상을 닮았다. 신은 어떤 사람에게만 100m를 10초에 뛸 수 있도록 만들어 내놓지 않았다. 다른 사람에게는 100m를 60분 동안 뛰어가도록 차별하지도 않았다. 생존하려면 모두가 뛸 수 있도록 만들어 냈을 뿐이다. 그런 동물이 서로 다른 짐승들로 변해 버린 것이다. 후천적인 힘에 의해서다. 신의 능력을 발휘하지 못하게 만든 것도 환경의 힘이다. 신의 능력을 발휘하게 만들어 놓은 것도 환경이다. 사람의 능력은 서로 다르다. 서로 차이가 난다. 환경의 조건이 달랐기 때문이다. 가정이나 사회의 힘이 서로 다르게 작용했기 때문이다. 이런 사회적인 힘, 불평등한 교육적인 힘의 효과를 교정해 줄 수 있는 사람이 스승이다. 똑같이 태어난 사람들을 서로 다르게 활동하도록 만들어 놓는 사람이 스승이다. 스승은 짐승을 사람으로 만드는 사람이다. 정신적 여백이 큰 사람이다.

스승이란 별다른 사람이 아니다. 그를 따르는 이들에게 자신에게 붙어 다니는 무기력을 세척해 주는 사람이다. 스승이 익히는 자들에게 보여 줄 수 있는 강제력이 무지라는 세척제다. 선생(先生) 스스로 자신의 무기력을 세척(洗滌)하는 사람만이 앞서 있는 스승이며, 깨어 있는 스승이다. 씻어내고 또 씻어내는 행위가 세척의 행위이다. 스승은 선생이며 세생(洗生)이다. 모든 것을 함께 씻어 주는 물처럼 선생은 익히는 자들의 게으름을 세척한다. 스승은 스스로 끊임없이 배우는 사람이다. 배움이 무엇인지를 드러내는 사람이 스승이다. 남보다 먼저 배워야 한다는 것을 실천하는 사람이 스승이다. 해석의 여지가 큰 삶일수록 시(詩)적인 형식으로 제시할 줄 아는 사람이 스승이다. 어쩌면 동양에서는 옛 선사(禪士)들이 보여 주었던 화두선(話頭禪)을 할 줄 아는 사람이 스승이라는 말이기도 하다.[82)]

지적인 해방은 학습의 무기력으로부터 벗어나는 일을 말한다. 스승은 학습된 무기력을 스스로 깨어나도록 도와주는 사람이다. 지적 해방을 부추기는 일이 스승의 몫이다. 스승은 기다리고 인내하는 사람이다. 배려하는 사람이 스승이다. 스승은 알고 있다. 모든 생물은 서로가 다른 생장점을 갖고 있다는 사실을 알고 있다. 사람 역시 자기의 지적 해방점이 서로 다르다. 자신의 지적 생장점에서 자연스럽게 피어나도록 기다릴 줄 아는 구루가 스승이다. 호박에 줄을 긋고 수박이라고 우기지 않는 정신적 여백이 큰 사람이 스승이다.

소크라테스나 붓다, 무함마드, 공자와 같은 성인들은 모두가 무지했던 큰 스승이었다. 이들 중에서 체계적이고 제대로 된 형식교육을 받은 사람은 붓다였다. 그렇다고 붓다만이 다른 위인들에 비해 더 고상한 것은 아니다. 더 유식하게 보인 것도 아니다. 랑시에르의 판단은 달랐다. 이들 성인들 중에서 가장 유식한 스승의 모습을 극적으로 보여 준 사람으로 소크라테스를 꼽았다. 스승의 모습을 이들 중에서 가장 체계적으로 가르쳐 보인 사람은 공자였다.[83] 스승의 모습을 사회에 가장 효율적으로 응용한 사람은 무함마드였다.[84] 랑시에르는 이들 위인들에 대한 스승론을 배움의 관점에서 논한 적은 없다.

랑시에르의 무지한 스승론은 국가주의가 강조하는 일제형(一齊形) 학습론을 거부한다. 학습에 국가가 개입하면 국가 통치성이 작동해야 하기 때문이다. 통치성, 즉 '거번멘탈리티(governmentality)'라는 말은 국가 권력의 상징성을 폭로하기 위해 푸코가 만들어 낸 개념이다.[85] 정부 혹은 국가라는 거번먼트(governement)라는 단어에 사유(思惟)라는 뜻의 멘탈리티(mentality)가 합성된 조어다. 통치성은 정부의 조율능력, 억제능력을 말한다. 정부가 추구하는 정책이 효과를 낼 수 있도록 시민들을 조절해내는 능력을 말한다. 정교하고도 의도적인 정부의 통치술을 지칭한다. 국가가 동원하는 정부의 사고방식과 합리적인 홍보술도 가미된다. 통치성을 높이기 위해서다. 통치성은 정부의 정책 수행 기예라고 부른다. 정부가 정책 수행을 위해 시민을 다스리는 정교한 기술과 방편들이 통치성의 핵심이 된다.[86]

평생 학습 활동은 다중의 포텐티아를 북돋우기 위한 방편이 될 수 있다. 다중에 대한 국가의 통치성을 강화하기 위한 수단이 될 수도 있다. 평생 학습에 대해 다른 생각을 하고 있는 랑시에르는 평생 학습에 스며든 국가화의 독부터 제거하라고 말한다. 국가의 통치성이 다중지성에게 작용한 것들로부터 해독하게, 다시 말해서 '디 프로그램화(de-programing)' 해내라고 말한다. 그렇게 하는 일이 평생 학습의 핵심이라고 말한다. 다중지성의 주체 역량을 길러야 평생 학습이 가능하다는 뜻이다. 국가 통치성에 의한 평생 학습 프로그램의 해악을 제거하는 일이 다중지성을 위한 일이라는 것이다. 다중지성이 지니고 있는 학습의 무기력을 극복해내는 일이 중요하다. 거번멘탈리티가 평생 학습 프로그램에 작동하면 다중지성은 더욱더 그들의 학습에서 무기력해진다.

권력의 실체는 객관화된 실체로 나타나지 않는다. 특정 조치를 통해서만 그 실체가 드러난다. 그 실체는 개인과 권력의 관계 안에서 포착된다. 권력 관계는 관계와 관계의 형성으로 이뤄진다. 관계가 관계를 맺는 것을 통치에서는 '행위의 행위'라고 부른다. 행위의 행위가 겨냥하는 것은 효과적인 통치성의 발휘다. 관계망을 통해 개인의 심신을 통치성의 목적에 맞도록 새롭게 배열하면 통치성은 효율성을 높이게 된다.

평생 학습의 통치화를 통해 국가는 다중에게 두 가지 서로 다른 기능을 발휘한다. 그 하나는 다중지성을 위한 개별화된 학습 기능을 발휘하는 일이다. 학습의 개별화는 다중지성에게 문제해결력을 길러 준다. 국가의 통치성에 자신을 적응할 수 있는 능력을 길러 주는 일이다. 국가가 겨냥하는 평생 학습의 순기능이다. 다중지성의 사회화가 통치성을 위해서는 필수적이기에 국가가 결코 포기할 수 없는 일이다.[87]

국가 주도 평생 학습은 정치적인 역기능도 갖는다. 다중지성을 국가 권력화의 보조물로 만들어 내는 일이다. 평생교육이 통치성의 도구로 국가 기구화되면 학습자들은 통치를 위한 사물이 될 뿐이다. 다중지성들은 흩어지고, 개별화되며, 정치적 도구용으로 사물화된다. 평생교육 프로그램도 정치적 교화기제가 된다. 통치성의 보조물로 변질된다. 평생 학습 활동은 권력의 통치성을 위한 시녀가 될 뿐이다. 평생 학습의 국가화는 성인 인구에까지 교육을 국가 기구화하겠다는 국가 의지의 표명이다. 국가 통치성의 효율화를 위해 평생교육을 국가 기구화한다는 뜻이다.[88] 평생 학습의 개별적인 목적은 학습자 개인에 대한 자기 반추를 정립하는 일이다.

국가가 다중의 평생교육에 개입하는 것은 국가 통치성을 저들의 익히고 만듦의 생활에 효율적으로 침투시키려는 뜻이 있어서다. 국가의 통치성이 다중의 평생 학습에 개입하기 시작하면, 다중의 삶살이와 저들의 학습 문화에 대한 사회적 쟁점이 새롭게 야기될 수 있다. 평생 학습의 사회적 목적이 무엇이어야 하는지에 대한 국가 차원의 문제 제기가 가능해진다. 다중 성인 학습자 개인에게 학습의 자유를 줄 것인지, 아니면 저들을 정치적으로 한 번 더 치열하게 교화시킬 것인가에 관한 국가적 개입 문제가 논의될 수밖에 없다. 국가 권력의 통치성은 평생 학습 프로그램을 통해 국가 권력을 강화하려고 노력한다. 국가 권력의 통치성에 장애가 되는 것을 다중 학습자들에게 국가가 허용하지 않게 된다. 다중의 정치적 쟁송거리를 자유롭게 학습하게 방관하지 않는다.

평생교육의 사회는 다중의 집단 지력을 국가 발전의 동력으로 삼는 사회다. 평생 학습은 바로 다중이라는 모든 이를 위한 생존의 쓰임새로 삼게 허용하는 공동체 학습이다. 다중에게 요구되는 집단 지력은 정보의 공유로만 한정되지는 않는다. 정보는 더 이상 문화적 사건이거나 특권층의 전유물이 될 수 없는 사회가 되었기 때문이다. 다중의 집단 지력은 하나의 공통적인 쟁점이라도 다양한 관점에서 새롭게 쟁송거리로 만들어 낸다. 다중의 집단 지력은 어려운 것도 쉽게 해석하고 이해하여 모두에게 손쉽게 공개하도록 만든다. 다중적 집단 지력은 정보 생성력을 돋보이게 만든다. 개별적 문화나 스타일에 따라 기존의 정보들이 색다르게 해석되어 특별 정보로 새롭게 생성시킨다. 디지털 세상에서는 어떤 정보라고 하더라도 모든 이를 위한 보통 정보가 될 뿐이기 때문이다.

다중에 의한 다양한 해석들이 집단별 특성에 따라 다양하게 해석되고 그렇게 오도될 수도 있다. 집단 지력의 약점이기에 경계해야 할 일이지만, 그것 역시 다중의 새로운 학습을 촉진시킨다. 새로운 해석은 새로운 세상을 만들어 내기 마련이다. 정보는 마치 공기와 같다. 퍼지면 들이마시게 되듯이, 퍼진 정보는 사람들을 믿게 만든다. 믿게 되면 따르게 되고, 따르게 되면, 맹신도 가능하고, 폭력도 가능해진다. 집단 지력이 지니는 정보 유통과정의 치명적인 약점이라고 지적되기는 하지만, 그 약점은 상대적으로 집단 지력의 힘을 과시하게 만들어 주기도 한다. 다중의 집단 지력은 정보 창출과 유통의 평등성을 우선하기 때문이다. 평범한 다중 개인에 의한 다양한 해석이 언제나 가능하다. 정보의 독점은 권위로 가능하지 않다. 정보의 유통을 권력으로 막을 수도 없다. 군중 개개인의 지혜와 해석의 잣대가 더 중요하다. 정보 생성과 유통 질서에 윤리의식이 필요하기는 하지만 그것은 집단 지력의 개별적 몫일 뿐이다.

다중을 위한 집단 지력의 정보 생성과 유통을 위한 학습 윤리는 자생적으로 키워야 한다. 집단 지력의 정보 생성 윤리, 그리고 그것에 더한 학습 윤리의 필요성은 어느 우생학자가 보여 준 개인적인 삶에서 찾아낼 수도 있다. 그 주인공이 바로 골턴(Francis Galton) 교수다. 그는 우생학의 창시자로 불린다. 골턴 교수는 다중의 집단 지력이나 그것의 영향력을 꽤나 경시했던 인물이었다. 대중이나 군중, 집단을 우매하다고 믿었던 그는 '우성의 유전자'를 가진 지식인들이 사회 발전을 위해 필요하다고 주장했다. 우성의 유전자가 사회적으로 건강하다는 것을 그는 실험으로 증명하고 싶었다. 1906년경, 골턴 교수는 우성인자와 열성인자 간의 차이를 증명해내려고 했다.

골턴 교수는 그 방법으로 황소의 무게 맞추기 경기를 열었다. 이기는 사람에게는 상품으로 황소 한 마리를 걸었다. 당시 경품으로는 꽤나 큰 상품이었다. 황소 타기 게임에 무려 800여 명의 다중이 참여했다. 모두가 당시 사회적 성분으로 보면 호모 사케르의 신분이었다. 이 경기는 무식했었다. 어느 누구도 황소에 관해서 특별난 정보를 갖고 있지 않았기 때문이었다. 그들의 지력이나 정보력에 극적으로 대비되는 황소 전문가들도 이 시합에 참가했다. 저들은 나름대로 유식한 사람들이었다. 시합이 시작되었고, 마침내 결판이 났다. 결과는 있을 수 있는 일이 벌어졌다. 어느 누구도, 다중도 전문가들도 황소의 무게를 제대로 맞추지 못했기 때문이다.

골턴 교수는 원래 이 시합의 결과를 우생학적으로 활용할 계획이었다. 시합에 참여한 다중들의 우매함을 증명할 수 있는 좋은 기회라고 여겼기 때문이다. 황소 전문가들이 제시한 황소의 무게 값과 800여 명의 다중들이 제시한 무게 값은 엄청난 차이가 난다는 것을 증거해 보이기만 하면 모든 것이 끝날 일이었다. 그런 희망을 갖고 골턴 교수 스스로 참가자들이 제시했던 각각의 평균값을 구했다. 놀라운 사실이 드러났다. 800명의 다중이 제시한 황소 무게의 평균값은 실제 황소 무게보다 0.8%의 오차

안에 있었다. 다중이 제시한 황소 무게는 평균 1,197파운드였다. 실제 황소 무게인 1,207파운드에 비해 조금 더 불렸던 것이다. 저들의 눈대중 값이었다. 늘 보고, 만지고, 느꼈던 삶의 무게가 빚어낸 미세한 오차였었다.

골턴 교수는 당황하고 황망스러울 수밖에 없었다. 소 전문가들이 제시한 값은 다중의 예측보다 한참 빗나가 있었다. 사정이 그렇기는 하지만, 골턴 교수 스스로 적당히 얼버무려도 뭐라고 할 사람은 없었다. 따지거나 비판할 사람 역시 없었다. 게다가 우시장 사람들은 이미 황소 전문가들의 일방적 승리를 점치고 있었기에 적당히 얼버무리면 모든 일은 순조롭게 끝날 참이었다. 문제는 골턴 교수 자신이었다. 결과에 당황해하던 골턴 교수는 마침내 용기를 냈다. 골턴 교수 스스로 학자로서, 전문가로서의 윤리를 지키기로 마음을 고쳐 먹었다.

무리를 구성하는 다중의 각각은 사회적 관행으로 보면 우매하기 이를 데 없다. 우매한 다중이기는 하지만, 저들은 매일같이 삶의 무게를 달아보며 그 무게대로 살아가는 사람들이다. 저들의 삶에서 느껴지는 삶의 가치나 삶의 정보를 집단의 수준에서 종합하면, 어김없이 '높은 단계의 지성'이 나타나기 마련이다. 지금 말로 말하면 '집단지성의 힘'이라고 말할 수 있다는 사실을 골턴 교수는 외면할 수는 없었다. 골턴 교수가 오랫동안 고집했던 편견을 고치면 새로운 세상을 볼 수 있었다. 인간의 능력에 대한 새로운 가능성을 탐색할 수 있는 순간이었다. 그는 그것을 놓치지 않았다. 다중의 지혜, 집단 지력의 힘을 골턴 교수는 그 후부터 '복스 포플리(Vox populi)'라고 불렀다. 다중의 참 소리, 집단 지혜, 집단 지력의 원조가 바로 복스 포플리였다.

복스 포플리가 사회적으로 인정받기 위해서는, 우선 정보 생성과 유통의 윤리성이 지켜져야 한다. 민중의 지혜가 쓰임새 높은 정보로 자리 잡기 위해서는 정보유통의 질서에 윤리성이 깃들어야 한다. 집단 지력이 우수할 수 있는 이유는 2가지인데, 그것은 절대적으로 정보 생성의 윤리성을 기반으로 해야 한다. 첫째로, 다중 집단은 전문가 집단이 내리는 판단보다 정치적으로 중립적이기 때문이라는 것이다. 정치적으로 중립적이기에 정보의 유통기한이 길다. 집단 지력은 탈정치적이기에 서로의 의견을 수렴하는 데 용이하다. 시간도 단축된다. 정보 유통의 객관성이 보장된다. 신뢰성이 높으면 진입 장벽을 쉽게 통과할 수 있다.

둘째로, 집단지력은 중앙 통제를 필요로 하지 않는다. 그들을 억압하는 특정의 규칙도 필요없다. 서로에게 네트워크를 형성할 수 있는 '협동(cooperation)'의 현실성이 높아진다. 서로가 믿기 때문이다. 신뢰가 정보 생성에서도 사회적 자본임을 가감없이 드러낼 뿐이다. 믿으면 조정되고 조화되기 마련이다. 혼잡한 교통 상황에서 충돌사고가 적은 것은 상호 조정능력 때문이다. 서로에게 득이 되고 덕이 되도록 서로의 행동을 조정시켜 자제하기 때문이다.

다중의 집단 지력은 순수하다. 그것은 다중의 합리적인 선택 때문이다. 물론 경우에 따라 사악한 집단의 지력도 있을 수 있다. 집단 지력의 지지는 디지털 포퓰리즘(digital populism)의 양면이기도 하다. 똑똑한 집단 지력이 될 것인지, 사악한 집단 무지가 될 것인지는 정보 생성에 대한 집단 지력의 윤리성에 좌우된다. 집단의 지혜가 맹목적으로 신뢰할 만한 것은 아니다. 집단이 항상 옳은 답만을 주는 것은 아니기 때문이다. 집단의 지력이 우수하다는 것은 평균적 관점에서 그럴 수 있다. 개인의 지혜에 비해 집단의 지혜가 평균적으로 보다 더 나은 해답을 낼 수 있다. 가능성일 뿐이다. 집단 지력을 예찬하는 서로위키(James Surowiecki)에 따르면, "대중들이 정보를 얻는 방식이나 사고가 지나치게 동질화되고, 대중을 지휘하는 중앙 통제가 등장하거나 이와 반대로 지나치게 분산될 때, 또는 집단 히스테리가 등장할 정도로 지나치게 감정적으로 변하면 이 집단은 더 이상 '지혜'를 만들어 내지 못 한다."

다중의 집단 지력은 독립된 개인의 자율적 참여를 중요시한다. 집단 지력에서 사회적 책무성이 등한시될 일은 아니다.[89] 집단 지력은 다중지성처럼 사회 참여와 사회 개조에 참여할 수 있다. 다중지성들처럼 집단 지력에게도 동행의 사회화, 깨우침의 사회화가 요구된다. 정치적인 동행에서부터 사회적, 문화적 동행에 이르기까지 집단 지력의 개조력이 요구된다. 사회적 정화를 위한 집단 지력의 동행들도 필요하다.

집단 지력의 정보 생성과 유통 질서 유지를 위해 영혼의 정화가 필요하다. 영혼의 정화를 매개로 하는 제도적 매개체로서의 종교 집단이 만들어 내는 정보 생성과 정보 유통의 질서도 윤리적이어야 한다. 종교적 편파에 길들여진 정보 생성은 정보의 오염 과정일 뿐이다. 사회 참여 종교들이 집단 지력을 위한 동행이 될 수 있다. 집단 지력의 정보 생성 문제를 특정 종교에 이입시키면 저들의 정보는 특수한 정보가 될 뿐이다. 편파적인 정보가 정보 질서를 교란시킨다. 종교는 전형적으로 여러 질이며 여러 겹일 뿐이다. 깨우침의 각자화(各自化)를 위한 종교도 있고, 기복주의의 종교도 있을 수 있다. 신앙이 제도에 의해 기관화되면 별의별 종교도 다 만들어지기 마련이다. 신앙에 대한 의지들은 다양하지만 겨냥하는 것은 끝내 장삿속들이기 때문이다.[90]

집단 지력의 대형 지식 포털의 여과능력도 눈여겨볼 만 한다. 저들 스스로 걸러낼 것은 걸러 내기 때문이다. 윤리성과 보편성에 의해 모든 정보들이 걸러진다. 지식 포털이 만들어지면 자신이 원하는 정보 찾기와 활용이 가능해진다.[91] 집단 지력은 지식정보사회가 보여 준 특이한 현상이 아니기에 모든 이를 위한 정보창고가 될 수 있다. 집단 지력의 가능성은 오래전부터 여러 사례를 통해 역사적으로 암시되어 왔었다. 초기의 가능성은 스마트 월드(smart world) 이론에서 드러났다.

스마트 월드란 유별난 것이 아니다. 아이디어 네트워크로 짜인 유기체적 공간을 말하기 때문이다. 스마트 월드는 네트워크 과학이나 복잡계 이론을 응용해서 만들어 놓은 정보 연결망이다. 네트워크 과학 이론에 따르면, 창조성은 한 개인의 천재성에 의존한 결과물이 아니다. 사회적 네트워크의 통합에서 나온 것이 창조성이다. 사회, 문화적인 융합적 아이디어 공간이 '스마트 월드'다. 스마트 월드는 스스로를 조직화하고 변화하며 자생적으로 발전해 나간다. 누구 한 사람의 힘으로 그렇게 되는 것이 아니다.

예를 들어, 애플의 스티브 잡스, 입체파의 선봉 피카소, 바비 인형을 만든 루스 핸들러, 현대 건축의 거장 프랭크 게리, 인쇄술을 발명한 구텐베르크, 과학과 예술을 통합시킨 화가 터너 같은 이들이 보여 준 창조적 도약은 각자적 노력으로만 만들어진 것이 아니다. 저들은 스마트 월드의 수혜자일 뿐이다. 다양한 분야의 정보들이 만나 상호작용하고 융복합하면 세상이 달라진다. 다양한 정보들로 구성된 아이디어 네트워크를 최적으로 활용한 이들이 저들이다.[92] 수많은 곳에 잔존해 있는 아이디어들이 하나의 노드(node)가 되어 서로 링크하는 것이 네트워크다.

정보의 노드들이 서로 연결되어 시너지 효과를 일으키면서 창조적 도약을 가능케 한 원동력이 됐다. 노드란 데이터 통신망에서 자료를 전송하는 통로에 자리 잡고 있는 접속점을 말한다. 문화에서 창조성을 보인 거장들은 아이디어 네트워크를 자유롭게 탐험한 사람이다. 상상하고 통합하는 역량이 뛰어났던 사람이 그런 거장들이었다. 창조적 도약은 천재 혼자만의 사유물이 아니다. 거장 혼자만의 전유물이 될 수 없다. 그들을 둘러싼 다양한 분야, 지식, 기술, 패러다임, 사유방식의 융복합적 구성물이다. 사유가 가능한 공간에서 만들어지는 다수적인 지력들의 유추와 통합으로 만들어 낸 결과물이다. 창조적 사고를 일으키는 지능은 창의적인 사람의 뇌 속에만 존재하는 것은 아니다.

다중 지력, 말하자면 다중의 집단 지력들은 정보화 시대의 새로운 자본주의 물결 속에서 지적 불평등을 느낀다. '지적 소외아'라고 부른다. 평생 학습의 소외라고 부르기도 한다. 정보화시대의 자본주의를 인지 자본주의라고 한다. 인지 자본주의는 상업 자본주의와 산업 자본주의를 잇는 새로운 자본주의다. 인지 자본주의 사회에서 다중지성이 차지하는 위치는 정보 획득과 활용의 관점에서 늘 부조리하다. 저들도 저들의 삶을 위한 새로운 정보와 지식이 필요하다. 생산 현장에서 쓰임새 있는 지식과 정보는 제대로 갖고 있지 못하다. 직업 현장에서의 갈등과 긴장이 생기게 된다. 다중지성들이 현실적으로 평생 학습 활동에 참여하기 쉬운 형편은 아니다. 익히고 자신을 연단시키는 데 필요한 시간적인 제약과 공간적 한계를 벗어날 수 없기 때문이다.

인지 자본주의는 생태적으로 인간의 인지능력을 착취하는 토대 위에서 완성되는 자본주의다. 인지 자본주의는 다중지성들의 모든 것을 집약적으로 요구한다. 근력을 요구한다. 사교술, 교감능력, 지능, 언어능력, 소통능력도 자본 축적을 위해 요구한다. 다중지성의 인지적 능력 모두를 필요로 하는 자본주의가 인지 자본주의다. 인지 자본주의는 다중지성의 움직임을 조직하려고 한다. 다중지성의 인지를 지속적으로 생산과정에 투입하기 위해 저들에게 새로운 지력을 요구한다. 노동교육, 인적자원 개발, 성인학습 같은 기제들이 활용된다. 노동 현장에서 필요로 하는 인적자원 개발의 공정을 통해 때때로 저들은 공포, 불안, 경쟁요소가 뒤범벅된 혼돈 상태에 놓이게 된다. 자기 열등감이나 자기 소외감이 저들의 마음에 끊임없이 재생산된다. 감정의 잉여 현상이 생기게 된다.[93] 잉여 감정은 다중지성으로 하여금 평생 학습 활동에서 소외로 이어지게 만든다. 존 스튜어트 밀(John Stuart Mill)의 역설이 다중지성들의 머리를 맴돌게 만든다. "나는 배고픈 소크라테스보다 배부른 돼지로 사는 것이 보람된다."라는 역설이 저들을 사로잡는다.

다중지성들도 인지 자본주의라는 고원에서 탈주해야 생존할 수 있다. 탈주를 위해서 몸만으로는 부족하다. 배움의 방편이 먼저 만들어져야 한다는 것이 들뢰즈의 주장이다.[94] 다중지성들은 노동 현장에서 생기는 피로를 저들의 자유를 위해 재활용할 수 있어야 한다. 자본주의 노동 현장은 피로 누적 현장이다. 생산 공정과정에서는 어쩔 수 없이 피로가 만들어진다. 노동의 주체인 저들의 몸이 기계보다 먼저 지치기 때문이다. 그때 생기는 피로가 나 중심의 '나-피로'다. 나-피로가 누적되면, 나는 그렇게 피폐해진다. 정신 건강이 해를 입는다. 정신 건강이 피폐해지면 저절로 근로자들은 다중, 말하자면 호모 사케르라는 환영(幻影)을 받아들이고 만다. 이 상황에서 벗어나야 한다. 무엇보다도 먼저 노동 현장에서 생기는 나-피로를 긍정적으로 활용해야 한다. 나-피로를 긍정하며 활용하는 일이 호모 사케르를 사람답게 살게 만들어 준다.

일반적으로 '피로'라는 개념은 부정적으로 이해되지만, 꼭 그런 것만은 아니다. 자본주의 과정에서 만들어지는 피로는 피하기 어렵지만, 피로의 근본적인 특성은 지침, 소멸의 원인이 아니라 긍정, 되돌림, 소생의 동력이기 때문이다. 자본주의 사회가 오도한 피로에 대한 개념을 원래대로 이해하며 그 기능을 복원시키는 일이 다중의 힘을 새롭게 결집시키는 일이 된다.[95] 나-피로를 우리-피로로, 소멸적 피로를 근본적인 피로로 전환시키는 방편들이 바로 배움의 활동이다.

일상적으로 노동 현장에서 활용하고 있는 우리의 생활 단어와 개념은 언제나 제한적이다. 제한된 언어로서는 상상하는 개념, 새로운 자유의 개념들을 만들어 낼 수 없다. 일상을 벗어날 수 없고, 관성을 극복할 수 없기 때문이다. 일상적인 언어는 생래적이며 제한적이다. 넘어서려면 상상해야 한다. 언어로 명사와 개념들을 새로 만들어야 한다. 상상을 끌어들이며 난해함 속에 또 다른 난해함을 던져야 한다. 마치 깊은 바다에서 파도가 일고, 파도 속에 다른 파도가 생기듯 해야 한다. 그래도 깊은 바닷속은 자신을 허용하지 않는다. 기존의 언어로 새로운 언어를 만들어 세상의 모습을 새롭게 그려야 한다. 세상을 새롭게 그려내는 과정에서 만들어지고 쓰여지는 텍스트의 분위기는 더욱더 '난해'함으로 가득 차게 된다. 유명하다는 모나리자의 모습을 보는 것은 느낌을 보는 것이지 그림 전체를 보는 것이 아닌 것과 흡사하다.

다중지성에게 필요한 방편은 개념을 주입하는 학교교육식의 학습이 아니다. 살아 움직이는 습작의 학습과 활동이어야 한다. 생명의 존중과 경외를 위한 실천이어야 하며, 연단을 위한 배움이어야 한다. 저들이 필요한 교육은 저들의 조직화와 연합, 그리고 다중의 세력화를 보여 주는 전선 구축을 위한 것이다. 다중지성이 직면하고 있는 문제는 혁명만의 문제가 아니다. 혁명이 기원한다고 이뤄지는 것도 아니다. 국가 장치에 의해 진압되지 않는 일이 더 시급하다. 특수한 투쟁들의 연합이 더 필요하다. 탈주는 논리의 문제가 아니라 세력화의 문제다.

다중지성도 욕망하는 기계들이다. 욕망은 시간적으로 변하고 공간적으로 변한다. 각각의 욕망은 서로 간의 차이를 만들어 낸다. 욕망의 차이에 따라 기계들은 새롭게 배치된다. 각각의 배치로 인해 위치가 결정된다. 그것을 '영토화'라고 한다. 배치가 바뀌면서 풀려날 수 있다. 그런 배치가 풀린 상태를 '탈영토화'라고 한다. 배치에서 벗어나려는 노력을 '탈주'라고 부른다. 탈영토화하려면 배치를 벗어나야 한다. 기존의 권력이 요구한 삶의 배치에서 탈주해야 한다. 탈주하려면 탈영토화하려는 절대적인 힘이 요구된다. 탈주는 욕망이며, 의욕이다.

다중지성들이 영토화에서 탈주하려면 조직화가 필요하다. 일과 전선 구축의 새로운 배치가 필요하다. 들뢰즈가 그토록 강조했던 언명이다. 다중에게 한 가지는 분명하다. 호모 사케르들이 지닌 운명은 노마드의 탈주 문제와 동일선상에 있기 때문이다. 저들에게 필요한 탈주는 도주가 아니다. 막연한 이탈을 말하는 것이 아니기 때문이다. 탈주는 전선 구축을 위한 전략의 하나다. 탈주는 국가 권력의 영토를 벗어나는 실천을 요구한다. 탈주는 탈영토화다. 다중지성의 포텐티아를 곳곳에 집결시키는 전략이 바로 탈주다. 탈주는 다중지성의 자력화를 의미한다. 다중지성의 결집과 세력화는 학교와 같은 국가기구에 의해 가능한 것이 아니다. 다중지성의 포텐티아는 그들의 삶터에서 가능하다. 삶터가 일터이고, 일터가 놀이터이며, 놀이터가 배움터다. 다중지성의 탈주는 배움터를 진지로 만들어 내는 일이다. 다중지성의 포텐티아는 삶에서 피어나는 배움의 결실이다.

탈주와 탈영토화의 문제는 노동자들의 분신과 무관하지 않다. 이주 노동자들의 자살, 노숙자 혹은 다문화 가정의 문제들은 저들의 사회적 소외와 무관하지 않다. 탈주와 호모 사케르의 운명은 관여적이다. 탈주에 실패하면 저들의 운명은 없는 것이나 마찬가지다. 호모 사케르를 게토화시키면 다중지성은 더욱더 황폐화된다. 다중지성의 문화적인 요소들을 배움으로 연결할 수 있어야 한다. 국가 권력의 통치성을 벗어난다고 다중지성이 직면하고 있는 문제들이 풀리는 것이 아니다.

다중지성도 정치 권력 아래 생활해야 한다는 운명을 피할 수 없다. 그 정치권력은 모두가 민주주의로 치장되기 마련이다. 민주주의란 원래 정치적으로 텅 빈 체계일 뿐이다. 정신분석학자인 지젝 교수의 진단이다. 민주주의에 주인이 없다는 말이 아니라, 어느 한 사람이 탈취할 수 있는 정치 체제가 아니라는 뜻이다. 하나의 권력이 일방적으로 취할 수 있는 정치 체제가 아니라는 말이기도 하다. 모두가 주인이 된다는 뜻이다. 민주주의에는 주인이 없어야 한다는 또 다른 의미의 확장이다. 민주주의는 그래서 텅 빈 공간이며 시간이다.

민주주의라는 정치 공간을 누가 차지하느냐에 따라 정치 속성이 달라진다. 다중지성들의 포텐티아로 그곳을 채우면 다중의 민주주의가 된다. 독재가 그곳을 선점하면 독재 민주주의가 된다. 다중지성의 정치적 결집과 역량이 중요하다는 것을 보이는 대목이다. 텅 빈 민주주의의 공간을 다중지성이 개입할 수 있다. 다중지성의 삶터는 포텐티아가 집결된 생활의 장이다. 민주주의는 다중의 일터, 삶터, 놀이터 안에서 작동한다. 저들이 움직이면 민주주의의 장이 움직인다.

민주주의의 장은 다중지성이 어떻게 배치되는지에 따라 양태가 달라진다.[96] 배치는 관계를 맺는 일과 관계의 장을 말한다. 다중지성의 정체성은 저들이 민주주의 장에서 맺고 있는 물질적 관계에 따라 달라진다. 물질적 관계뿐만 아니라, 인간관계 역시 마찬가지다. 관계가 저들과 정치 권력 사이를 매개한다. 마치 근묵자흑의 논리에 따라 민주주의와 다중지성은 서로 다른 관계를 맺는다. 근묵자흑(近墨者黑), 특별한 말이 아니다. 묵을 만지는 사람과 친하면 자기도 모르는 사이에 묵을 묻히게 되어있다는 뜻이다. 사람의 관계망을 보면 그 사람의 정체성이 드러난다.

유식해지고 싶은 욕망이 가득한 사람이 있다면, 그는 우선 유식에 대한 욕망의 망을 찾아야 한다. 그것 중의 하나가 독서 모임이라고 한다면, 그는 질이나 수준을 떠나 우선 그 모임에 자신을 배치해야 한다. 일단 그렇게 해 놓고 봐야 한다. 평가는 시간이 지난 후의 일일 뿐이다. 독서하는 사람들과 관계를 맺으면 되는 일이다. 시간과 공간을 독서와 모임으로 채우면 된다. 자신이 원하는 것에 자신의 몸과 마음을 배치해야 한다. 새로운 물질적 관계가 생기면 새로운 에피소드가 생긴다. 배치 상태가 바뀌면 장이 바뀐다. 장이 바뀌면 새로운 사건이 발생한다. 배치는 새로운 가능성이다.

가능성은 새로운 배치에 따라 달라지게 된다. 배치하기 위해서는 상상(想像)해야 한다. 상상이 가능한 새로운 배치의 가능성이 열린다. 가능성은 늘 잠재된 형태로 존재한다. 잠재성이 현실로 나타나려면 몸과 마음의 배치가 달라져야 한다. 몸과 마음을 자기 의지대로 배치하는 능력을 주체 역량이라고 말한다. 잠재된 것은 잠재된 밖으로 나와야 한다. 관계망을 새롭게 배치해야 그것이 가능하다. 가능성이 현실이 되려면 배치의 강도가 달라져야 한다. 배치를 조절할 수 있어야 한다. 배치된 것들 사이에 강도가 달라지면 만들어지는 사건이 달라진다. 만들어지는 사건의 내용이 달라진다.

모든 개체는 사회적으로 기계처럼 움직인다. 인간과 같은 생명체들은 사회관계망에서 '기계'가 된다. 기계라는 말은 물리적인 상태를 말하는 것만은 아니다. 기계는 부속이라는 말을 능가한다. 기계는 도구와도 다른 개념이다. 기계는 작용하는 개체라는 뜻이다. 기계는 다른 기계들과 접속해야 작동된다. 기계는 각각 서로 다른 기능을 지닌다. 기계로서의 나 자신은 타인의 그것과 다를 뿐이다.

개체는 기계들의 관계망에서 작동한다. 개체들은 단일하지만, 각각의 속성은 다르다. 개체들은 단독체가 아니다. 기계는 도구와도 속성이 다르다. 도구는 접촉의 방편을 말한다. 기계는 소통과 접촉을 말한다. 도구는 기계라는 전체의 기능적 관점에서 수단이다. 도구는 부속으로 작동한다. 도구는 기능적 연장이다. 도구는 자가 평가가 가능하다. 자신의 용도를 평가할 수 있다. 용도 변경에 따라 사용 용도가 달라진다.

기계는 전체 체제 속에서 그 기능이 결정된다. 전체 구성 속에서 결정되는 배치에 따라 기계의 역할이 달라진다. 기계 스스로 자신의 작동을 멈추지는 못한다. 기계는 기계에게 요구되는 작동을 벗어날 길이 없다. 예를 들어, 학교는 거대한 기계다. 그 기계를 구성하는 교사도 기계다. 기계로서 교사를 판단하면 교사 한 사람은 학교를 위한 도구다. 교사라는 단순한 도구는 학교라는 기계의 부속품이다. 국가의 교육 체제도 기계다. 학교라는 기계는 교육 정책을 수행하는 도구다. 학교가 도구로써 기능을 수행하는 동안 갈등과 긴장이 불가피하다. 국가교육 정책에서 보면 교사라는 기계는 무의미한 부품이다. 교사 부품 하나가 결여되어도 학교라는 기계는 돌아간다. 교사라는 기계는 기계의 기계일 뿐이다. 국가교육이라는 기계, 그것을 작동하고 있는 학교라는 기계를 구성하는 기계다. 기계 속에서 도구에게 요구되는 것은 기능일 뿐이다. "도구는 사용의 문제에 속하지만, 기계는 배치의 문제로 결정된다. 늘 문제가 되는 것은 기계의 작동 문제다."[97] 기계는 기계 간의 접속을 통해 그 기능을 규정받는다.

인간 역시 큰 생명의 틀 속에서 기능하는 기계다. 다른 생명들과 관계를 맺고 있기 때문이다. 기계들은 서로가 서로에게 접속한다. 하나의 선이 만들어진다. 진화하면 면을 이룬다. 기계들이 서로 관계로 만들어지는 전체 장은 '배치'의 장이다. 기계들의 배치는 기능적으로 이뤄진다. 예를 들어, 방을 생각해 보면, 방은 하나의 공간이다. 문, 창문, 침대가 공간을 차지한다. 가구들이 '배치'된 것이다. 방이라는 공간에는 문, 창문, 침대만 있어야 하는 것은 아니다. 방이 주거를 위한 것이라면 그런 가구들이 요구된다. 방이라는 공간에 가구가 없어도 방은 방이다. 주거 공간으로서의 방이 지니는 양태는 제대로 드러나지 않을 수 있다.

방이라는 공간은 어떤 곳에 배치되는지에 따라 방의 의미가 달라진다. 건물이라는 공간에서 방의 배열 순서를 약간 바꾸면 성격이 달라진다. 감옥 안의 방도 주거 공간이지만 모든 이들이 원하는 공간은 아니다. 감옥에서 방의 배치는 기계적이다. 교도소는 공간을 기계적으로 배치한 곳이다. 아파트의 공간은 기계적 배치를 벗어난다. 배치의 조율에 따라 공간을 부르는 이름이 다양해진다. 교도소, 정신병원, 군대, 학교 등 모두가 배치의 다름을 강조하는 이름이다.

정해진 배치에서 벗어나려는 노력이 '탈주'다. 탈주 그 자체가 자유는 아니다. 여행 길이 하나의 길로만 열리는 것이 아니다. 정해진 길을 가야만 하는 것은 일상적이다. 탈주는 탈일상적인 길을 택하는 일이다. 정해진 고속도로를 피하고 다른 길을 택하는 일이다. 자유롭게 자기가 생각한 길로 가는 것이 탈주다. 사회적으로 공인된 코드를 거부하는 일이 탈주다. 정해진 코드를 가로지르는 삶이 탈주의 삶이다. 〈쇼생크 탈출〉과 같은 것이 탈주다. 기계에 의해 절여진 코드를 의도적으로 벗어나는 일이다. 무의식적으로 금기된 사항들에서 어긋나 해방하는 길이 탈주다.

탈주는 새로운 삶의 방식을 추구하는 의욕을 선점한다. 새로운 생존의 시작이기 때문이다. 위험을 수반하기도 한다. 탈주는 살아 냄이기 때문이다. 유목적인 원래의 인간의 삶으로 되돌아가는 것이 탈주의 목적이다. 권력은 탈주를 용인하지 않는다. 탈주가 불가능한 기계적 장치를 마련할 뿐이다. 구속과 질곡, 그리고 실존의 함정을 만들어 놓는다. 그래도 사람들은 욕망한다. 기존의 배치를 뛰어넘으려는 욕망은 정지되지 않는다. 인간의 운명이다. 인간은 한 울타리에서도 서로 다른 꿈을 꾼다. 다른 삶, 다른 존재 방식을 원한다. 울타리 바깥을 꿈꾼다. 배치를 바꾸고 싶은 욕망이 삶이다. 탈주하고 싶은 욕망을 지탱하는 것이 생명이다.

탈주는 새로 되기의 시작이다. 새롭게 되기의 윤리적 내용은 어차피 기존의 것으로부터 떨어져 나옴으로부터 가능하다. 떨어져 나온다는 것은 자기 소외를 필요로 한다. 차이를 극복하고 새로운 것으로의 창조는 소수적일 수밖에 없다. 되기 그 자체가 소수자들의 탈주로부터 시작하기 때문이다. 성철 스님이 말한대로 되기는 불기자심(不欺自心)으로 시작된다. '속이지 말그래이.' 차이를 극복하려면 자신을 속이지 말아야 한다. 자기가 자신을 속이면 세상은 이미 속아 버린 것이다. 그러니 "정말로 네 맘 네가 속이지 말그래이." 하고 제자들에게 호령한 그 말이야말로 되기의 시작점이 된다. 불기자심은 탈주를 강조한 되기 윤리의 모범이다. '소수자 되기'는 모든 되기의 보편적 지평이다. 되기는 자기 내부를 괴롭히는 자기 내부의 '다수자'를 극복하는 일이다. 기존의 배치를 벗어나는 일이다. 구태의연한 질서에서 탈주하는 일이다.

되기만이 차별을 극복하게 해 준다. 되기는 실천의 사유이며 의욕의 완성이다. 되기는 변화다. 되기는 거듭남이다. 되기는 뒤집기다. 되기는 만들어 감과 만들어 냄이다. 되기는 습관이며 버릇이다. 되기는 완성이다. 집이 되기 위해서는 공간의 배치가 새롭게 되어야 한다. 다중지성이 국가 권력 안에서 되기로 거듭나기 위해서는 정착의 사유를 벗어나야 한다. 유목민의 새로운 사고로 거듭나야 한다. 영토화에서 탈영토화해야겠기 때문이다. 영토화된 고지에 탈주의 선을 내려면 탈주를 위한 새로운 사고가 요구된다.

탈주는 억압과 부당한 심판으로부터의 엑소더스, 해방이다. 탈주적인 노력이 탈지층화다. 탈코드화다. 탈영토화로 나타난다. 탈지층화는 지각 변동을 말한다. 지각이 변동되면 탈영토화된다. 예를 들어, 사람들이 어떤 이유로든 서로 손을 잡고 있다고 하자. 모든 연대는 서로의 손 잡음이다. 손 잡음은 지층화다. 하나의 지층을 형성하고 있는 것이다. 상황이 바뀐다. 사람들이 잡고 있는 손과 손을 떼어 놓는다.

더 이상 손을 잡고 연대를 이어갈 이유가 없어진다. 손을 떼고 각각으로 움직이는 것이 탈지층화다. 탈영토화가 이뤄진다. 놓고 있던 손을 다시 잡을 수 있다. 이번에 손을 잡는 사람은 그 전에 손잡았던 그 사람이 아니다. 다른 사람의 손이다. 다른 사람과 새롭게 손을 잡는다. 새로운 연대가 생긴다. 새로운 손 잡음과 새로운 연대가 재영토화다. 손을 놓고, 떼고, 잡고, 다시 잡을 때마다 서로 다른 지층이 형성된다. 친밀도도 달라진다. 상황 대처방법도 달라진다. 탈지층화, 새로운 연대, 재(再)영토화의 과정은 개별적인 행동에 의해 일어나지 않는다. 모든 것은 집단적인 협력과 운동에 의해서 가능하다.

탈영토화하려면 집단적으로 탈주해야 한다. 탈영토화는 진리다. 영토화된 진리다. 저들의 논리다. 다중지성에게 진리는 탈영토화다. 탈영토화는 힘의 문제이다. 힘은 진리다. 진리는 되기다. 문제는 진리가 아니다. 진리가 문제일 뿐이다. 진리는 이동성의 문제다. 진리는 권력의 부속물일 뿐이다. 진리는 만들어진다. 진리를 만들어 내지 않으면 진리는 없다. 진리가 자유를 주지는 않는다. 자유가 진리를 줄 뿐이다. 탈주가 진리를 터 준다.

다문화 이주자, 이주 노동자, 노숙자들은 호모 사케르다. 욕망하는 기계다. 저들에게 진리는 소외다. 소외가 저들에게 되기를 거부한다. 되기 위해서는 탈주해야 한다. 생존의 문제이기 때문이다. 배치를 새롭게 해야 한다. 새로운 배치가 저들에게 삶의 진리다. 생존하려면 '사이의 사고'가 필요하다. 차이의 실천이 필요하다. 사이를 건너야 한다. 탈주만이 답이다. 탈주하기 위해서는 배치의 배움이 필요하다.

기계적 배치와 언표적 배치는 탈주민에게 또 다른 지옥이다. 서로 간에 불일치만이 희망이다. 저들의 배치는 저들의 영토화다. 탈영토화하기 위해 새로운 배치는 필수적이다. 탈주는 불가피하다. 저들의 영토화는 사막의 고원 사이에 놓여 있는 단순한 중간 공간이 아니다. 저들의 영토화는 죽음의 공간이다. 제물로 바쳐질 수는 없으나 언제나 희생시킬 수 있는 특수 공간이다. 잊혀졌다가도 잊혀지지 않는 현실 속의 상상적인 공간이다. 마치 도살장 같다. 추억하기는 싫지만 우리 삶 옆에 붙어 있는 삶의 공간이다. 곁다리이면서 본체다. 불필요한 지방질이지만 몸을 위해서는 불가피해서 어쩔 수 없는 것과 같다.

사막의 고원에서 사잇길은 없다. 있다하더라도 사잇길은 위험하다. 모든 길이 사잇길이기 때문이다. 사잇길은 이것도 저것도 아닌 길이다. 낯설고 익숙하지 않은 길이다. 사막에서 새로운 길이란 없다. 모든 길은 한밤에 새롭게 변해 버리는 길이다. 행로가 없다는 말이 아니다. 모두가 시작도 끝도 없는 사잇길이라는 뜻이다. 고원에서는 모든 것이 길이다. 모든 사잇길은 길이 아니기도 하다. 고원 사이에 결코 사이는 없다. 모두가 나와 나, 서로에게 사이(間)일 뿐이다. 사잇길은 모두에게 위험하기도 하다. 고원에서 사잇길로의 탈주는 위험하다. 모두에게 '-되기'만을 강조하면 살아날 길은 없다. 서로가 서로가 되기 위해서는 서로가 사잇길로 빠짐을 막아 주어야 한다. 마치 모세가 사막에서 방황하던 유대인을 하나로 묶었던 자율의 규칙 같은 강제가 필요하다. 타인끼리 위험에 빠트리지 않기 위해서다. 사막에서 고원은 언제나 평평한 언덕이지만 위험이 상존한다. 고원은 안정된 것처럼 보일 뿐이지만, 늘 위험으로 저들을 끌어당길 뿐이다.

탈주의 방법은 언제나 제한적이다. 탈주하려면 먼저 심리적인 위안이 필요하다. 무엇보다도 서로에게 비난을 삼가(prudence)해야 한다. 삼가함은 서로에게 진중함을 요구한다. 신중(愼重)과 같은 뜻을 담고 있어, 서로에게 경(敬)이 되기도 한다. 내 삶과 타인의 삶을 위험에 빠트리지 않는 일이다. 자중자애라고도 하며, 배려라고도 부른다. 똘레랑스(tolerance)라고도 한다. 이교도에 대한 포용이라고 정리할 수 있다. 다중지성은 이교도(異敎徒)적이다. 이교도를 하나로 녹여내고 포용하는 힘이 바로 똘레랑스다.

똘레랑스는 종교와 생각에 대한 허용 오차를 뜻한다. 공학자들의 설계에서 드러나는 허용 범위 안에서의 오차를 말한다. 톨레라레(tolerare)라는 말이 원리 아량을 상징한다. 아량은 특별한 자유를 허용하는 말이다. 서로 간의 차이를 긍정한다. 극단을 서로가 부정하는 논리가 똘레랑스다. 서로가 인지하는 테두리가 있다면 서로를 자극하는 무의식은 표현적인 차이일 뿐이다. 표현의 차이는 마음가짐이다. 극단은 없다. 방종이 없다면 억압도 없다. 작은 쓰레기를 버리는 일은 공공적인 질서의식에 어긋남이다.

질서의식을 갖는 일은 자신과 타인을 위험에 밀어 넣지 않는 일이다. 그러면서 서로가 탈주에 동참하는 일이기도 하다. 하나의 탈주선을 그려내면서 영토화를 벗어나는 일이다. 모세처럼 집단적 탈주를 해내는 일이다. 서로 섞이는 수밖에는 없다. 초혼 가정이 늘고 있다. 초혼이 있으면 재혼도 불가피하다. 재혼 가정은 가족의 해체와 재구성의 가정이다. 만남, 헤어짐, 섞어짐이 불가피해진다. 나의 개인적 좋고 싫음에 무관하다. 내 자신의 선택을 넘어선다. 재혼 가정에서도 탈주의 똘레랑스가 일어난다.[98]

다중들은 본원적으로 탈주자들의 유전인자를 지닌다. 노마드인 저들에게도 행위 그 이외의 사잇길은 위험하기만 하다. 행위자들에게 자유는 실천이다. 탈주자는 세상을 구제하는 자들이 아니다. 자신을 구제하는 자들이다. 만행(萬行)하는 수도자의 그것을 닮는다. 매 시간이 전투이며 매 장면이 전장이다. 살아 있다는 것은 산 것이 아니다. 산 것은 살아 있어야 함이다. 산 것은 언제나 기계 속의 부품일 뿐이다. 산 것들은 '추상적 기계' 안에서 자유로울 뿐이다. 숨 쉴 수 있는 곳은 그 기계 안에서뿐이다.[99]

판옵티콘(Panopticon)이 들뢰즈가 꼽고 있는 추상적 기계의 원형이다.[100] 판옵티콘은 감시자 없는 감옥이다. 판옵티콘은 천국이 될 수 있고, 반대로 지옥이 될 수도 있다. 모두가 추상적인 기계다. 천당이나 지옥의 외형은 감추어져 있다. 사실적 묘사가 중요한 것이 아니다. 언어 그 자체가 모든 것을 상징한다. 삶살이 곳곳에 천국과 지옥의 형상이 침윤되어 있다. 사람들의 행동거지를 변화시키지는 못해도 마음을 언짢게 만들 수는 있다. 불가사의한 힘이 있다. 천국과 지옥은 교회나 사원 그 자체는 아니다. 교회와 사원은 천국과 지옥의 수행적 기계다. 천당과 지옥은 교회와 사원을 포괄하는 추상적 기계다.

추상적 기계는 기호로만 성립되지는 않는다. 물리학적으로 성립되는 것도 아니다. 구체적인 실체로 드러나지도 않는다. 판옵티콘과 같은 표현일 뿐이다. 판옵티콘은 세워지지 않은 마음의 감옥이며, 통제와 마음 다스리기를 조정하는 사회정치적 다이어그램(diagram)이다. 다이어그램은 많은 정보를 조율, 묘사, 상징화하여 하나로 시각화해 보려는 기술이다. 아이디어를 생성하여 알아 보기 쉽게 만드는 개념도가 다이어그램이다. 다이어그램은 표상을 간략화하고, 방법을 기하학적으로 그려내 표상의 본질적 의미를 드러내는 방법일 뿐이다. 추상적인 기계의 기능은 '다이어그램'이다.

탈영토화의 길이 연대성의 길이다. 인간의 잔인성을 배제하는 길이 연대성이다. 절대 권력으로 벗어나기 위해 서로의 연대가 필요하다. 필요 이상의 탈지층화를 줄이려면 서로가 연대해야 한다. 서로가 하나로 소통할 수 있어야 한다. 지금 이 시대를 상징하는 정치 체제가 바로 '포스트 민주주의'이기에 더욱더 다중의 소통과 연대가 필요하다. 법치 국가의 모습이 민주주의의 형식 아래 그대로 유지되기는 하지만, 시민들을 정치적으로 배신하는 역설적인 정치 체제를 가리키는 말이 포스트 민주주의다. 시민은 실종되고 정치적 연합이 민의를 호도하고 있다는 뜻이다. 민주적 절차를 통해 시민의 이익을 위해 선출된 정부가 그 시민을 배신하는 역설적인 상황을 규정하는 말이 포스트 민주주주의다. 포스트 민주주의 상황 속에서 선거는 정치권의 쇼 비즈니스로 전락한다. 정당의 정강들은 소비주의의 마케팅과 광고 홍보 기법으로 요리되는 투표 시장의 스펙터클에 지나지 않는다.[101] 저들 정당은 민의를 대변하지도, 민의를 구원할 수도 없다. 민의만이 민의를 구원해낼 수 있기에, 민의의 주체는 결국 다중인 셈이다. 포스트 민주주의에서 민주주의를 살려낼 수 있는 주체는 다중, 그들이다.

다중에게 절대적으로 필요한 것은 연대성(Solidarity)이다. 어떤 연대든 처음에는 약한 연대로 출발하기 시작한다. 몇 번의 시행착오를 거치면서 강한 연대로 이끌어 가면 연대는 소통의 매개체가 된다. 연대성은 타자의 고통에 동감하는 능력이다. 참여능력이 연대성이다. 인간의 삶은 우연성 위에 떠 있을 뿐이다. 우연성 속에서 가치 있는 삶은 타인에게 너그러워지는 일이다. 잔인하지 않아야 서로를 위한 연대성이 가능하다.

연대성을 추구하려면 휴머니스트가 되어야 한다. 아이러니스트로 행동해야 한다. 휴머니스트에게 진리나 객관성은 무의미하다. 합리성은 합리성일 뿐이다. 저들에게 고정관념은 죽어 있을 뿐이다. 신축성이 중요하다. 직면한 상황 파악이 중요하다. 이해하려고 노력할 뿐이다. 자신의 욕구는 우연성일 뿐이다. 우연성은 시간과 기회를 넘어선다. 낙관주의적이다. 고통과 굴욕을 거부할 뿐이다. 서로 살아가는 것이 중요하다.

아이러니스트는 잔인성을 혐오한다. 사람들과 연대를 선호한다. 로티는 다시 말한다. "세계는 말하지 않는다. 오직 우리가 말할 뿐이다. 일단 우리가 어느 언어로 프로그램 되고 나면, 세계는 우리가 신념을 갖도록 하는 원인일 수 있다. 하지만 우리가 말할 어떤 언어를 세계가 제안할 수는 없다. 오직 다른 인간만이 그렇게 할 수 있다. 하지만 우리가 어떤 언어 놀이를 해야 할 것인지를 세계가 말해 주지 않는다는 깨달음이 어느 놀이를 할 것인지에 대한 결정이 임의적이라고 말하도록 유도해서는 안 되며, 그 결정이 우리 내부의 심연에 있는 어떤 것의 표현이라고 말하도록 유도해서도 안 된다."

연대는 발견되는 것이 아니라, 만들어진다. 연대는 창조되는 것이다.[102] 사람들 사이의 연대는 선입견의 비움이다. 연대는 이해를 넘어선다. 추구해야 하는 목표로 이해된다. 목표는 탐구용이 아니다. 경계를 넘어서야 연대가 가능하다. 경계를 허물어야 연대가 가능하다.[103] 연대가 자유다. 자유가 연대한다. 마치 가수 나나 무스쿠리(Nana Mouskouri)의 노래처럼 자유가 탈주가 된다.[104]

자유는 배려다. 자유는 사랑이다. 배려는 자기 희생이 아니다. 배려는 자기 헌신이며 자기 실현의 사회적 방편이다. 타자에 대한 배려가 결여되면 나뿐인 사람일 뿐이다. 나만을 아는 사람은 '나뿐인 자(者)'다. 나뿐인 놈이 바로 '나쁜 놈'의 전거를 제공한다.[105]

경계를 넘어서는 일은 자유를 택하는 길이다. 추억과의 연결이 아닌 단절이 자유다. 단절은 무조건적인 거부가 아니다. 저항이나 이탈이 아니다. 단절은 대안적이다. 단절은 숨고르기다. 단절은 잠시 쉬기다. 더 나은 해답을 찾아내는 공생의 길이 단절이다. 단절이 없으면 탈주는 없다. 집단, 협동 작업, 공동 협력, 합의의 일반적인 효과는 대부분 신화일 뿐이다. 전문가란 믿을 수 있을 정도로 현명하지 않다. 탁월한 연구 결과의 생산과 보급을 강조하는 만큼 방해하고 억압하는 데도 능할 뿐이다. 최악의 연구 결과 중 일부를 최고의 것으로 만드는 이들이 바로 저들이다.

저들은 다중지성들이 눈치채지 못하는 신기한 방안 마련에 골몰한다. 대중은 전문가들의 나쁜 조언에 대한 해결책이 아니다. 저들 전문가라는 작자들이 오히려 문제를 일으키는 요인이 된다". 데이비드 프리드먼(David Freedman)의 지적이다.[106] 저들의 횡포를 막으려면 우리가 먼저 배우고 행동해야 한다. 배운이들을 이끌고 가기는 쉽지만, 마음대로 조종하기는 힘들다는 말은 옳은 지적이다. 배운이들일수록 협력하여, 서로 통치하기는 쉽지만, 노예로 만들어 강제하기는 불가능하기 때문이다.

봉건시대에 "사람들은 생각을 하느니 차라리 살아 있는 죽음을 택하곤 했다. 아직도 많은 이들이 그런 관성에 젖어 있다". 버트란트 러셀(Bertrand Russell)의 지적이었다. 자본주의가 팽창하려고 하던 초엽에 그가 던진 화두였다. 러셀에 잇대어 "하지 않아도 될 일을 효율적으로 하는 것만큼 쓸모없는 것도 없다."고 피터 드러커(Peter Drucker)가 직격탄을 날렸다. 자본주의가 무르익은 이 시대를 사는 사람들이 가슴에 담아 둘 화두였다. 두툼한 자문료나 챙기는 지식인들, 관료들을 향한 저들의 매서운 질타였다. "전문가라고 자처하는 사람일수록, 다중의 목숨을 담보로 삼아 무슨 짓을 하고 있는지 모른다. 타인에게 가하는 비인간적인 행동이야말로, 자기 안에 깃들어 있는 인간됨의 본성마저도 함께 파괴하는 것인데도 불구하고……."[107]

미주

1) 캐리더스 교수는 문화나 사회성(Sociality)이란 것은 자연 선택을 거치면서 진화해 온 것이라고 보고 있다. 사회성은 인간에게 유전적으로 짜여져 있는 본성적인 것이며, 자연 선택에 의해 확립된 인간의 진화물이라고 간주한다[참고: Carrithers, M. (1992). *Why humans have cultures: explaining anthropology and social diversity*. NY.: Oxford University Press].

2) 전우익 선생은 일제강점기 때 식민지교육의 상징으로 세웠던 경성제국 대학 출신이었다. 그는 제국주의에 저항하다 감옥에 갇혔다가 풀린 후 낙향했다. 뜻한 바 있어, 한평생 농사짓는 일에 목숨을 걸었다. 그가 걸어 나간 길은 권력쟁이들의 길과는 전혀 달랐다. 그는 말한다. 사람도 착하기만 해서는 안 된다고 말한다. "착함을 지킬 독한 것을 가질 필요가 있어요. 착함이 자기 방어 수단을 갖지 못하면 못된 놈들의 살만 찌우는 먹이가 될 뿐이지요."라고 말한다[참고: 전우익(2005). **혼자서 잘살면 무슨 재민겨**. 서울: 현암사].

3) 한 사람이 삶을 살아가면서 배우고 깨닫는 크고 작은 것들은 어느 한 사람이 자기의 정신 건강을 위해 어느 높은 경지에 도달했다는 뻐김에 대한 사회적인 공인을 위한 것이 아니다. 깨달음이나 배움을 돈벌이의 수단으로 활용할 수 있는 상품으로 개발하거나 활용하는 것을 사회적으로 정당화하기 위해서 그런 것이 아니다. 깨달음이 설령 사적인 것으로 시작된다고 해도, 그 깨달음이나 배움의 성과는 어떤 절대적인 것, 혹은 누가 자기의 이해관계를 위해 내세우는 그런 가치 체계에 종속되지 않아야 한다. 자기 변화와 사회 개조를 지향하는 역동성으로 볼 수 있는 토대로 만들어 놓아야 한다.
예를 들어, 민가에서 편한 대로 회자되는 『잡보장경(雜寶藏經)』의 무재칠시(無財七施) 이야기들이 바로 그런 것들이다. 『잡보장경』은 승가라찰이 편집한 붓다의 전기인데, 아함부 경전을 토대로 붓다가 중생을 구제한 여러 가지 살아 움직이는 일상적인 이야기들을 다루고 있다. 한평생 살아가면서 그저 바른 견해로써 바른 생활을 권장하고 악업을 짓지 말라는 권선징악의 이야기들이지만, 느끼게 해 주는 것은 무궁무진한 이야기 보따리들이다. 재물을 갖고 있지 않다고 하더라도 남에게 베풀 수 있는 7가지 배려의 행동, 즉 무재칠시[참고: 몽산관일(2008). **잡보장경-깨달음의 경전**(역). 서울: 두배의 느낌.]가 가능하다. 신시(身施), 심시(心施), 안시(眼施), 화안시(和顔施), 언시(言施), 상좌시(床座施), 방사시(房舍施)는 내가 오늘 만날 옆 사람에게 무엇으로 그를 대해야 할지를 가르쳐 주고 있다. 할 수 있으면 신시(身施)라도 하라는 것이다. 첫째로는 몸으로 남에게 봉사할 수 있으며, 둘째로 남에게 동정심 등 따뜻한 마음을 베풀 수 있으며(心施), 셋째로 눈으로 남을 볼 때 남이 평온한 느낌을 받을 수 있도록 해 줄 수 있으며(眼施), 넷째로 온화한 얼굴 표정을 통하여 남에게 도움을 줄 수 있으며(和顔施), 다섯째 남에게 친절하고 따뜻한 말을 해 줄 수 있으며(言施), 여섯째 남에게 자리를 찾아 주거나 양보하여 상대방을 편하게 해 줄 수 있으며(床座施), 마지막으로 남이 잠깐이라도 편히 쉬도록 공간을 내주는(房舍施) 배려의 행동을 능히 할 수 있다는 것이다.

4) 토마스 머튼(Thomas Merton)은 1915년 프랑스에서 태어났으며 미국 콜럼비아 대학에서 영문학을 공부했던 문학자다. 그는 모든 것을 뒤로 두고 스물여섯 살, 켄터키 주 겟세마네 트라피스트 봉쇄 수도원에 들어간다. 그는 1968년 태국 방콕에서 불의의 사고로 생을 마칠 때까지 수사, 영성 작가 그리고 사회정의 수호자로 살았다. 평생 자신의 모든 것을 하느님께 봉헌한 머튼은 나우웬에게 말한다. 머튼 스스로를 옭아맨 질문은, "평화란 무엇인가? 정의란 무엇인가? 사랑이란 무엇인가? 우리는 그것을 누릴 준비가 되어 있나? 특히 이 혼란스럽고 시끄러운 세상에서 내가 설 자리는 어디인가?"와 같은 질문이었다고 말한다. 머튼은 마지막 물음, 내가 설 자리가 어디인가에 대한 질문이 마침내 그를 겟세마네 수도원의 침묵으로 이끌었다고 대답하였다. 27년 동안이나 머물렀던 침묵 속에서도 그는 여전히 자기 세계를 관찰하는 저널리스트와 리포터로 살았다. 하지만 그가 다른 이들과 다른 한 가지가 있다면 그것은 복음의 눈으로 세상을 보았다는 사실이다[참고: 토머스 머튼(2009). **영적 일기**(역). 서울: 바오로 딸].
그를 단 한 번 만난 나우웬(Henri J. M. Nouwen)은 하버드 대학의 교수 자리를 버리고 정신지체장애자 공동체 '라르쉬'의 캐나다 토론토 공동체인 데이브레이크에 들어가 하느님의 품에 안길 때까지 이웃을 위한 헌신적인 삶을 살았던 작가다. 그는 자신처럼 문학적인 재능과 대학 교수 자리를 버리고 일생을 침묵과 노동으로 사는 수도자의 길로 들어섰던 토머스 머튼을 딱 한 번 만나 이야기를 나누는 기회를 갖는다. 그 대화를 통해 나우웬은 이내 머튼의 생각에 빠져버린다[참고: 헨리 나우웬(2008). **기도의 사람 토마스 머튼**(역). 서울: 청림출판]. 그에게 머튼은 말한다. "누군가가 행운이라고 부르는 것이 다른 이에게는 불운이 되고, 여기서 정의라고 일컬어지는 것이 저기서는 불의라고 일컬어지고, 덕과 장점으로 칭송받던 것이 누군가 그것을 소유했다고 생각하는 순간 사라져 버린다는 사실을 통찰했다." 이런 경험은 그로 하여금 다음과 같이 묻지 않을 수 없게 했다. '나는 행복, 평화, 정의를 손에 넣는 데 관심을 가지고 있는가? 나는 기쁨, 사랑, 인내 그리고 안식을 추구해야 할 대상이라고 생각하는가?'

5) 우리나라에서도 개조나 정화(淨化)를 내세우는 불교에 대해 수많은 사회적 비판들도 있었고 개신교에 대한 비판도 모두 엇비슷하다. 한국의 교회는 목회자들의 스탠딩 쇼를 위한 연극장이다. 목회자들의 가슴을 아프게 하기 충분한 소리다. "한국 교회는 영화관 교회일 뿐이다." 라고 꼬집는 김두식 교수는 지금의 한국 교회나 목회자들을 그저 아무 상관없는 사람들끼리 모여 사교를 나누는 친목 단체로, 영화관 관객 수준의 상호 관계를 유지해 주는 소개소이거나 영혼의 거간 장소라고 본다[참고: 김두식(2010). **교회 속의 세상, 세상 속의 교회**. 서울: 홍성사].
한국 교회와 목회자에 대한 김 교수식 비판은 이미 독일의 헬무트 틸리케(Helmut Thielicke) 교수가 지적한 바 있는 교회 실패의 재연일 뿐이다[참고: 김영한(2006). **헬무트 틸리케**. 서울: 살림]. 틸리케 교수는 현대 독일 신학자들 가운데 거의 유일하게 철저히 복음적이며 종교개혁 사상의 전통에서 성경에 적합하고 성령에 입각한 신학을 정립한 신학자였다. 그에 의하면, 목회자들의 삶이 '설교'와 '생활'로 분열되었기 때문에 나타날 수밖에 없는 이 시대 교회의 실패가 바로 그런 영화관식 교회와 목회다. 그것은 목회자들에게서 일반적으로 발견되는 신앙생활의 '병리적 상황'이고 '지체들의 마비 증세'다. 설교자가 정작 자신이 선포하는 설교 밖에서 살아가면서도 이것을 느끼지 못하는 현상에서 비롯되는 고질적인 병질이라는 것이다.

이들의 말을 정리하면, 지금의 한국 개신교와 목회자의 문제는 예수의 가르침을 따르려고 하는 데에서 생기는 문제가 아니다. 예수가 보여 준 기적이나 행적을 흉내 내며 예수에 버금가려고 하려는 치장 때문에 생기는 부작용이다. 그들이 예수의 기적을 대행해 보려는 욕심이 많아지면 많아질수록, 요한계시록에 기록된 것처럼 끝내 '성 밖'에 있게 될 것이라는 것이다. 사도 요한(John)은 로마로부터 핍박받는 교회를 위해 꿈을 꾼다. 하늘나라에 들어올 수 있는 사람들의 모습을 하나의 거대한 환상으로 그린다. 짖어대기만 하는 개의 무리, 미래와 길흉을 점치는 점술, 주술가들, 향락과 여색을 즐기는 음행자들, 남을 해하는 살인자들, 우상을 믿거나 그런 것들을 만들어 내는 우상 숭배자들, 남을 속이거나 거짓말을 일삼는 자들, 거짓을 만들어 내는 자들은 제아무리 해 봐도 영생의 성에는 들어가지 못하고, 성 밖에서 머뭇거리게 된다(요한계시록 22:15).

제아무리 저들 스스로 개가 아니고 주술가도 아니며, 음행자들도 아니고, 살인자일 수도 없고, 우상을 만들어 낸 적이 없으며, 거짓을 하지도 않고, 만들어 내지도 않고 오로지 신을 섬기는 일에만 전력 질주했다고 우겨도, 그것은 알파와 오메가가 되는 신만이 아는 일이다. 신은 각자가 어떤 일을 하고 있는지 불현듯, 슬그머니, 갑자기, 매초마다 수시로 점검하고 있다. 사도 요한은 늘 준비하고 있지 않으면, 제아무리 우겨봐도 모두가 소용없는 일이라고 잘라 말한다. "보라, 내가 도둑같이 오리니 누구든지 깨어 자기 옷을 지켜 벌거벗고 다니지 아니하며 자기의 부끄러움을 보이지 아는 자는 복이 있도다(요한계시록 16:15)."

사도 요한의 계시록(The revelation of Jesus Christ)의 절규, 말하자면 하나님의 재림이 '도둑같이 오리니'는 유대계 독일인 시인 파울 첼란(Paul Celan)이 『죽음의 푸가』에서 '말하라 너도.'라고 울부짖는 절규처럼 죄짓는 자들을 향해 강팍하게 파고든다[참고: 파울 첼란(1986). **죽음의 푸가**(역). 서울: 청하].: "말하라 너도 마지막 사람으로서 말하라. 너의 할 말을 말하라. 말하라 그러나 그렇다와 아니다를 가르지 마라. 너의 말에 의미를 주고 거기에 그늘을 드리우라 거기에 넉넉하게 그늘을 드리우라. 한밤과 한낮과 한밤 사이에 나뉘어, 네가 알기에, 네 주위에 드리워 있는 만큼 그늘을 드리우라. 둘러보라, 보라, 그것이 모든 곳에서 살아 움직임을—죽음 곁에서! 살아 움직이는 것! 진실로 말하는 이는 그늘을 말한다. 그러나 이제 네 서 있는 그곳이 오그라든다. 그늘을 벗은 이여, 이제 어디로 가려는가? 올라가라, 길을 더듬어 올라가라. 그리하여 더욱 가늘게, 더욱 알아볼 수 없게, 더욱 가느다랗게, 더욱 가느다랗게 되어, 너 한 올의 실, 별이 그것을 타고 내려가려 하리라. 아래에서 떠다니기 위하여, 저 아래 떠도는 말들의 물결 속에서 별은 어슴푸레 빛나는 제 모습을 보는 것이기에."라고 노래한다.

6) 참고: 얀 에겔란드(2010). **더 많이 구하라: 유엔 활동가가 본 밑바닥 10억의 삶**(역). 서울: 검둥소.

7) 한국 사회도 1990년대 이후부터 소위 다문화 사회의 특성을 드러내기 시작한다. 국제결혼과 외국인 근로자의 유입이 지속적으로 증가하면서 다인종, 다문화들이 한국 사회 여러 곳에서 드러날 수밖에 없었기 때문이다. 실제로 결혼하는 한국인 열 쌍 중 한 쌍이 외국인을 배우자로 맞이하고 있다. 이미 이런 식으로 국내 거주 외국인이 백만 명을 돌파했다. 다문화 가정도 증가하고 있다. 한국인과 외국인이 결혼한

가정을 일컫는 표현은 크게 두 가지로 압축된다. 서로 다른 인종 사이에서 태어난 자녀에 초점을 맞춘 '혼혈인 가족', 국경을 넘나드는 결혼의 형태를 의미하는 '국제결혼 가족'이 그것이다[참고: 장미영 외(2008). 다문화사회 바로서기. 서울: 글솟대].

한국인과 결혼해 '다문화 가정'을 이룬 외국인 배우자는 2009년 11월 현재 남성의 경우 미국인이, 여성은 중국인이 가장 많은 것으로 나타났다. 법원행정처가 2009년 11월 22일 연합뉴스의 의뢰를 받아 가족관계등록부에 등록된 외국인 현황을 분석한 자료에 의하면, 한국인의 배우자로 등록된 외국인 중 미국인 남성은 7만3512명이었다. 전체의 51.3%를 차지했다. 일본(3만9900명), 중국(1만7493명), 캐나다(3369명), 독일(2894명)이 뒤를 이었다. 외국인 여성의 국적은 중국(7만878명)이 52.5%로 가장 많았고 베트남(3만621명), 일본(1만2355명), 필리핀(6355명), 미국(3572명) 순이었다. 가족관계등록부에 등록된 전체 외국인은 173개국의 29만2184명이었다. 한국인과 결혼한 외국인 배우자, 한국인을 자녀로 입양한 외국인 부모, 한국에 입양된 외국인 자녀 등이 이 통계에 포함돼 있다. 법원행정처 관계자는 "이들 중 대부분은 한국인과 결혼한 배우자이며 한국인으로 귀화한 경우는 통계에 잡히지 않았다."고 말했다. 이어 "외국인 남성 배우자의 국적은 미국 · 캐나다 · 독일 등 선진국의 비중이 높았고 외국인 여성 배우자는 중국 · 베트남 등 아시아권 출신이 많았다."고 덧붙였다[참고: 최여경 · 최영훈 · 맹수열(2010). '다문화 시대' 우리 제대로 하고 있는 걸까요. 서울신문. 2010년 2월 5일자].

농촌 지역별로 흔하게 나타나고 있는 다문화 가정의 구성은 매매혼 방식의 국제결혼에 의한 것이 대부분이어서 그로부터 파생되는 문제 역시 간단하지 않다. 신부로 들어온 일부 여성들은 마치 호모 사케르처럼 한국 사회에서 희생양이 되고 있는 실정이다. 실제로 그들이 한국에 들어오는 경우, 국제결혼이 업체의 중매를 통하여 의미 있는 결혼으로 성사된 것으로 알고 있지만 실상은 그런 것이 아닌 경우가 더 흔하다. 대다수의 국제결혼업체들은 여성의 인권을 무시한 매매혼 방식을 택하고 있는 실정이기 때문이다. 국제결혼업체는 외국 여성을 배우자로 택하려는 한국 남성과 인터뷰를 한다. 그가 원하는 여성의 국적이나 외모 선택에 대해 설명을 듣고 난 후에는, 그가 원하는 유형과 엇비슷한 여성들을 물색한다. 국제결혼업체에 의해 여성 물색 작업이 끝나면, 그들에게 배우자를 의뢰한 한국 남성은 적게는 20명에서 많게는 200명에 이르는 여성의 프로필을 받아보게 된다. 그 프로필을 살펴본 남성은 10~20여 명의 여성을 1차로 추려낸다.

마지막 최종 선택을 위해 현지로 간 남성은 10~20여 명의 신붓감들을 살펴본 후 한 여성을 고른다. 그렇게 골라 현지에서 결혼식으로 올린 후 신부를 맞이하여 데려오는 방식이 매매혼 방식을 통한 국제결혼이다. 이렇게 진행되는 국제 매매혼에서 중요한 점은 한국 남성이 국제결혼업체에게 '돈을 얼마나 줄 수 있느냐.'이며, 국제결혼업체는 의뢰한 남성에게 '얼마나 예쁘고 착한 여자를 물색해 주느냐.'에 따라 그 대가가 달라진다는 점이다. 서로의 조건에 의해 합의했기에, 아주 짧은 시간 안에 매매 결혼이 성사될 수 밖에 없다.

결혼 후 신부를 한국으로 데려온 한국의 남편들은 신부를 하나의 인격체로 대하기보다는, 자기가 사 온 사람이므로 내 마음대로 해도 된다는 생각을 털어내지 못한다. 생활과 관습이 서로 다르기에 부부 간에 긴장이 생기면, 한국의 남성들은 일방적인 폭력과 폭언을 일삼으며 모든 책임을 여성에게 돌리는 형편이다. 말이 결혼이지 현지에서는 실제로 남성 우월주의와 가부장적 태도에 의해 물건 설명되듯 여성이 소개되는 실정이다. 여성으로서는 자기의 감정을 다 표현하기도 힘들다. 한 명의 남성이 20~30명의 여성을 세워 놓고 손가락질을 하며 몇 명을 골라내는 방식으로 배우자 선택이 이뤄진 상황을 그녀 스스로 잘 알고 있다. 그녀 스스로도 사람으로서의 대접을 기대하지 못하는 형편이다.

매매혼 식의 국제결혼에서 여성은 여성의 기능과 특징을 가지고 있는 하나의 상품으로 취급되고 있을 뿐이다. 이렇게 시작되는 다문화 가정의 증가로 인해 사회적으로 적지 않은 혼란과 문제가 등장했다. 부부 간의 문제, 2세의 문제, 2세 아동의 교육 문제들이 가정 문제와 함께 불거지기 시작했다. 이런 문제를 개인적인 문제 상황으로 처리할 수만은 없다. ① 2009년 7월 10일 인도인이 취객에게 봉변을 당하는 사건이 벌어진다. 그 인도인은 성공회 대학교 교수였다. 당시 인천지방 검찰청 부천지청 형사 2부는 인도인 후세인 씨에게 모욕을 준 박 모씨(31세)를 형법상 모욕 혐의로 약식 기소했다. 박 씨는 7월 10일 오후 9시께 버스에 함께 타고 있던 인도인 보노짓 후세인(28) 성공회 대학교 연구 교수에게 별안간 욕을 해댔다. "더럽다.", "냄새 난다."는 등 인종차별적 발언으로 모욕감을 주었다. 그 모욕에 참지 못한 후세인 교수는 그를 경찰에 고소했다. 당시 술에 취한 상태였던 박 씨도 후세인 씨에게서 모욕적인 말을 들었다고 주장하며 맞고소했었지만, 조사 과정에서 이를 취하했다.

우리나라에는 인종차별적 발언이나 행위를 규제하는 법규가 없다. 박 씨는 일반 형법으로 처벌됐다. 국내법은 이런 상황에 대해 내국인과 외국인의 차별을 두고 있지 않다. '법 앞의 평등' 정신에 따라 한국인이든 외국인이든 마찬가지로 다뤄진다. 검찰이 인종적 수치심을 느끼게 하는 차별적 발언을 형사 처분 대상으로 간주한 사례는 한국 사법 사상 이번이 처음이다. 이 사례로 인해 지금까지 인종주의를 묵인해 온 사회적 인식을 환기하고 본격적으로 문제 제기를 하는 새로운 계기가 될 것은 분명하다. 문제는 법률적 조항의 미비 문제가 아니라 한국인의 마음에 자리 잡고 있는 인종에 대한 색맹 의식이다.

박 씨에게 인종적 모욕을 당한 후세인 교수는 8월, 다시 이번 사건을 조사한 부천 중부경찰서와 산하 계남 지구대 소속 경찰관들의 인종차별적 태도를 바로 잡아달라며 국가인권위원회에 진정서를 제출하기도 했다. 모욕을 당한 후세인 교수를 조사하는 과정에서 소속 경찰관들마저도 후세인에게 인종차별적 태도를 명백하게 보여 주었기 때문이다. 그는 한국인의 인종적 색맹에 참을 수가 없었다. 후세인 교수에게 보여 준 한국인과 경찰관의 태도는 한국인이 인종에 대한 색맹성이 강하다는 것을 보여 주는 해프닝으로 끝낼 문제가 아니다. 그들은 한 사람의 정체성을 판단할 때, 그가 지니고 있는 다른 신분이나 '정체성'은 고려하지 않았다. 오로지 피부색이나 종교적 종파 같은 한 가지만으로 낙인했을 뿐이다. 그러고는 한국인의 일반적이면서도 고질적인 편견만으로 한 사람을 사회적으로 취급하려는 인종 편견에 대한 의식 문제이기 때문이다. 물론 그들에게 나름대로의 적응에 대한 자력과 적응력이 요구되는 것도 사실이지만, 그것만으로는 역부족이다. 그것은 그들의 삶이 그들만으로 꾸려지는 것이 아니기 때문이다.

8) 보건복지가족부가 2009년 다문화 가정의 한국에 대한 인식, 소득 수준, 차별 경험 여부 등을 중심으로 '전국다문화가족실태조사'를 한 바 있다. 이 조사는 7~10월 다문화 센터 직원들이 소재가 확인된 13만여 가구의 다문화 가정을 직접 방문해 10개 언어로 된 설문지를 나눠준 뒤, 이 중 7만 3000여 가구로부

터 받은 답변을 집계한 것이다[참고: 노지현 · 우경임(2010). 국내 결혼 이민자 13만여 명 어떻게 살고 있나. 동아일보. 2010년 3월 18일자]. 이번 조사 결과, 한국에서 다문화 가정을 이룬 외국인 배우자의 '삶의 만족도'는 높은 것으로 나타났다. 여성 결혼 이민자의 57%, 남성 결혼 이민자의 53.8%가 '한국에서의 삶에 만족한다.'고 대답했다. 불만을 느끼는 경우는 여성 6.7%, 남성 8. 3%였다. '모국 가족이 한국인과 결혼한다면 적극적으로 찬성하겠다.'고 답한 사람은 여성이 46.2%, 남성이 54.5%였다. 반대하겠다는 응답은 여성 15.3%, 남성 8.8%에 불과했다.

삶의 만족도는 높은 편이지만, 이들이 이 땅에서 살면서 한국인으로부터 차별을 경험한 경우는 과거에 비해 늘었다. 여성 결혼 이민자의 34.8%, 남성 결혼 이민자의 52.8%가 '한국 생활에서 외국인이라는 이유로 차별 대우를 받아본 경험이 있다.'고 대답했다. 이들 중 중국 동포들은 '한국인과 달리 차별을 받는 것 같다.'고 느끼는 비율이 매우 컸다. 여성 다문화 가정의 수입은 평균 200만 원이 되지 않는 것으로 조사됐다. 월평균 가구 소득은 100~200만 원이 38.4%로 가장 많았고, 100만 원 미만도 21.3%로 가구 소득이 전반적으로 낮았다. 월 소득 100만 원 미만인 저소득층은 출신국별로 필리핀(28.7%), 중국 조선족(24.7%), 캄보디아(23.7%), 베트남(22.5%), 태국(21.1%) 순이었다. 고소득층인 500만 원 이상은 2.1%에 불과했다. 가족부가 시행했던 조사에서는 여성의 29%, 남성의 44%가 차별을 경험했다고 대답했었다.

9) 2010년도 조선일보 신춘문예 동시 부문 당선자인 이송현은 영국 생활 동안 경험했던 살색의 쇄국주의가 어떤 것인지를 증언하고 있다[참고: 이송현(2010). 아직도 '살색'을 말하는가. 조선일보. 2010년 5월 23일자]. "크레파스를 손에 처음으로 쥐었던 어린 시절부터 사람의 얼굴색은 당연히 '살색'으로 칠해야 하는 줄 알았다. 영국에 머물던 시절 그 선입견이 깨졌다. 친구들과 만나서 종종 공원을 산책하거나 풀밭에 엎드려 책을 읽곤 했는데, 그날은 약속 시간이 지나도 만나기로 한 친구가 오지 않았다. 심심하던 차에 나는 근처에 앉아 그림을 그리고 있는 대여섯 살쯤 되어 보이는 꼬마를 눈여겨보았다. 뭘 그리는지 열심인 금발의 여자아이가 참으로 귀여워 보였다. 어깨너머로 훔쳐 본 아이의 스케치북 안에는 각양각색의 빛깔로 칠해진 사람들이 가득했다. 하얀 얼굴, 분홍 얼굴, 갈색 얼굴, 노란 얼굴……. 사람의 낯빛이 알록달록 무지개의 향연이었다. "사람 얼굴은 살색으로 칠해야지." 참견하고 말았다. 아이는 "살색?" 하고 반문했다. 그러고 보니 크레파스 통에 살색이 보이지 않았다. 나는 "오렌지색에 흰색을 섞어라."라고 조언했다. 그러나 아이의 대답에 일순 할 말을 잃고 말았다. "우리 반 애들은 갈색 얼굴도 있고 노란 얼굴도 있고 빨간 얼굴도 있어." 지구상에 다양한 인종이 산다는 것은 누구나 알고 있다. 그러나 왜 하얀 도화지만 보면 지구상의 사람들 얼굴색을 살색 한 가지로만 단정지어 버리는 것인가."

10) 2000년대부터 한국 사회의 인구 구성은 우리의 기대와는 전혀 다르게 다양해지기 시작했다. 그 후부터 한국 정부는 새로운 다문화 민족의 노동 이주 현상에 대해 다문화 정책을 보여 주기는 했어도, 국제적 표준에 전혀 걸맞지 않는다. 한국 사회 역시 이주 노동자, 결혼 이민자, 난민, 탈북자, 귀국한 재외동포 등 다양한 문화 배경과 이주 경로를 가진 사람들의 인권에 주목하라는 경고이기도 했다. 한국인 10명 가운데 7명은 한국이 이제는 단일민족 국가가 아니라 다문화 사회라고 했는데, 그것이 무엇인지를 아

에 생각해 본 적도 없다는 지적이나 마찬가지였다. 여성가족부, 국가브랜드위원회, 동아일보가 공동으로 여론조사기관 '코리아리서치'에 의뢰해 2010년 10월 3~5일간 조사한 '다문화에 대한 국민 인식 조사' 결과에 따르면 한국민들은 이제 한국 사회가 다문화 사회라는 데 74.7%가 동의하는 것으로 나타났다. 지역별, 성별, 연령별로 전국 16개 시도의 만 19세 이상 성인 1,500명에게 전화 면접으로 이뤄진 이번 조사에서(신뢰 수준은 95%이며 오차 범위는 ±2.5%포인트) 우리나라가 다문화 사회가 아니라는 응답은 23.8%에 불과했다.

응답자들은 한국에서는 이번 처음으로 이뤄진 다문화 인식 조사에서 '다문화의 의미에 대해 알고 있다.'에 대해서도 41.7%는 '잘 알고 있다.', 46.4%는 '어느 정도 알고 있다.'고 답했다. 이런 응답은 연령이나 세대별로 응답 비율의 차이가 없었다. 이제는 '다문화'에 대한 인식 자체가 사회 전반에 걸쳐 높아졌음을 알 수 있었다.

11) 참고: 오경석 외(2009). **한국에서의 다문화주의**. 서울: 한울.

12) 앞으로는 이주 노동의 필요성이 더욱더 부각될 전망이다. 저출산과 고령화에 따른 사회적 현상이다. 유럽의 여러 나라들은 현재의 경제 수준을 유지하기 위해 이주 노동자들을 적극적으로 받아들이는 정책 개발에 매진하고 있다. 이주 노동자들은 선진 국가의 경제뿐만 아니라 연금까지 짊어지게 되었다. 유럽 국가의 경우, 이주 노동자들의 납세 총액은 이주국이 이들 이주 노동자들에게 제공하는 복지, 교육 등등 인프라 부담 총액을 상회하는 것으로 알려지고 있다. 그런 그들이지만, 이주 노동자들은 자신이 받아야 할 '권리'는 늘 뒷전인 상태로 남아 있게 되어 이주 노동자들의 탈출로 인해 국가 생산력이 떨어지는 현상이 벌어지기도 했다. 이런 문제를 해결하기 위해 유럽연합은 1980년대부터 일정 기간 거주한 이주 노동자나 외국인에게 영주권을 부여하기 시작하고 이들을 '데니즌(Denizen)'이라고 부르기 시작했다.

13) 유럽의 경우 데니즌은 시민권의 세 가지 권리를 누렸다. 시민적 권리와 사회적 권리, 그리고 지방 참정권만을 누렸다. 1993년부터 유럽연합(EU) 시민권법의 발효에 의해, 합법적인 이주자들은 시민으로서 모든 권리를 누리고 있다. 데니즌은 국가의 구성원으로서 생활하는 데 별다른 지장이 없다.

14) 케네스 로치 감독의 영화, 〈빵과 장미〉에서는 서구사회의 전형적인 인종차별 문제가 드러나고 있다. 한국에서 상영된 〈파이란〉이라는 영화는 한국에 이주한 한 최빈국 여성이 척박한 한국 땅에서 숨 죽이며 살아가는 처절한 모습을 그려내고 있다[참고: 김복영(2012). 영화 속에 재현된 이주 여성의 이미지: 오리엔탈을 중심으로. 김대현 외(2012). **국제이해교육과 신식민지의 비평**. 서울: 학지사; 박천응(2009). **시민단체와 다문화 시민성교육**. 2009년 11월 14일 배움학회 제1회 가을 학술대회에서 발표한 논문; 박천응(2009). **다문화교육의 탄생**. 서울: 국경 없는 마을].

15) 김윤배 시인은 절규한다. "우리를 동포라고 부르지 마라 우리는 흑룡강성 길림성 요녕성에서 온 조선족일 뿐 중국동포라고 부르지 마라 살아 생전 가리봉 시장 매캐한 중국 거리 건두부와 컵술로 분노를 달랬었지만 오늘은 아내가 따르는 술 한 잔으로 내 흰 뼛가루 적시며 조국이 우리를 배신했다고 말하지

않으마 청도보다는 칭따오가 연변보다는 옌볜이 아니 아니 건두부보다는 간더우푸가 컵 술보다는 커우베이주가 입술에 달았던 이승의 시절은 아름다웠다 내 조국 땅에 숨어 들어와 일하는 조선족, 노임 깎고 체불하고 구타했다고 말하지 않으마 밥이 치욕인 줄 알아버린 탓이다 밥은 공사판 위태로운 사다리에 있었고 밥은 나를 냉동실 연고자 없는 시체로 버려 두었다 조국이 내게 베푼 마지막 은혜였다 나는 아내의 조사를 들으며 울었다 불법 체류자의 아내이기 때문에 세 시간이면 올 수 있는 조국을 80일 만에 와 내 백골 더듬으며 병원 냉동실에 누워 있었을 당신 생각하면 영혼이 얼어온다고 흐느끼는 아내의 조사를 들으며 커우베이주 꿀꺽 넘긴다 아내는 내 뼛가루 내 고향 흑룡강에 뿌려줄 것을 믿는다."

번지르르하게 "겉으론 동포라고 부르면서 속으론 무시하는 거 우리가 다 알지. 중국의 고향보다 서울이 좋다는 나 같은 사람은 별로 없을 거예요."라며 이 땅에서 절규하는 수많은 조선족 노동자, 이 땅 그 어디에서 휴지조각처럼 구겨져 내팽개쳐 버리는 수많은 조선족을 대신해 김윤배 시인은 「조선족의 노래」라는 시를 통해 절규한다. 청주 토박이 시인 김윤배가 조선족을 대신해서 쏟아내는 한마디 한마디는 우리 가진 자에 대한 국민의 심중에 맺힌 천둥일 뿐 아니라, 모든 조선족의 가슴에 흐르는 피눈물처럼 모든 이들의 가슴을 적신다. 김윤배 시인의 노래가 저들의 눈물을 닦아주면, 이내 가리봉동 쪽방에서 지친 몸을 누이는 그들은 자기도 모르게 '늙은 조선족의 노래'를 흥얼거리게 된다. "나 태어나 이 강산에 조선족되어 불법 체류 강제 추방 수난의 세월 무엇을 하고프냐 무엇을 바라느냐 동포답게 살고 싶다. 동포로 인정하라 아 꿈에 그린 완전한 자유 왕래 동포법 개정하여 인간답게 살아보자." 이 노래는 한국에서 잘 알려진 해방가와 늙은 군인의 노래를 개사한 곡으로 지난 2002년 6월 평등한 재외동포법 개정 촉구 연대 집회(주최: 재외동포법개정대책협의회)가 열린 탑골공원에서 한국 체류 동포들의 고단한 삶과 억울함을 호소하며 동포법이 하루 빨리 개정될 것을 촉구하기 위해 노래 가사 바꾸기 형식으로 불러진 조선족 동포의 노래 가사였다[참고: 송홍근(2010). 역사의 뒤안으로 스러질 소금 땀, 구슬 땀의 흔적. **신동아**. 2010. 1월호].

16) 외국인 노동자는 일회용 물건처럼 한국의 노동시장에서 홀대받는다는 기사를 전하는 한 기자는, 외국인 노동자들이 어떻게 이 나라에서 핍박받으며 지내는지를 상세하게 고발하고 있다[참고: 박시영(2009). 외국인 노동자는 쓰다버리는 일회용. **조선일보**. 2009년 11월 26일자]. "러시아에서 온 무용수 세페레바 마리나(23) 씨와 동료 3명은 석달째 서울 신도림동의 싸구려 모텔방을 전전하고 있다. 고향으로 돌아가고 싶어도 항공료가 없다. 러시아의 리듬체조 대표(상비군)로 활약했던 그녀는 은퇴 후 많은 돈을 벌 수 있다는 공연 주선업체의 소개로 지난 4월 한국에 왔다. 전국의 놀이공원 등을 전전하며 춤을 추고 한 달에 110만 원을 벌었다. 80만 원은 고향의 부모에게 송금하고 30만원으로 버텼다. 하지만 지난 8월부터 월급이 끊겼다. 사업주가 출입국사무소에서 체류 연장 허가를 받아야 하니 미리 석달치 월급을 받았다는 서명을 해달라고 요구했고 그녀는 별 의심 없이 서명을 해 준 탓이다. 악덕 업주에게 사기를 당한 셈이다. 소송을 걸려 해도 변호사들은 수임료가 얼마 안된다는 이유로 기피하고 있다.
임동근 안산외국인근로자지원센터 상담 팀장은 "마리나 씨처럼 예술흥행 비자로 입국한 여성 노동자 중엔 기지촌 업소로 인신매매되거나 성 노예로 전락하는 경우도 많다."고 말했다. 국내에 들어와 있는

65만 명의 저숙련 외국인 노동자들은 인권단체들 사이에 '일회용 노동자'로 불린다. 쓰임새가 없어지면 가차 없이 버려진다는 뜻이다. 임금 체불이 한국인 노동자에 비해 3배 이상 많고, 산업재해나 부상당하거나 사망하는 경우도 잦다. 노마 강 무이코(Norma Kang Muico) 국제앰네스티 동아시아 담당관은 2009년 10월 외국인 노동자 인권 보고서를 발표하면서 "한국인이 3D(더럽고 위험하고 힘든) 업무에 주로 종사하는 외국인 노동자들을 한 번 사용하고 거리낌 없이 버리고 있다."고 밝혔다. 10월 말 현재 국내 체류 중인 외국인 노동자(조선족 포함)는 69만5157명이다. 전문기술직 3만8900명을 제외한 65만6257명(94%)이 저숙련 생산직 노동자이고, 이 중 미등록(불법) 체류자는 18만1331명이다. 경영자 · 교수 · 엔지니어 · 외국어 강사 등으로 일하는 전문직 노동자는 한국인과 동등하거나 오히려 더 나은 조건에서 일하는 경우가 많아 차별 시비가 없다. 문제는 영세 제조업이나 농축산업, 연근해 어업 등에 종사하는 비숙련 노동자들이다. 이들의 60~65%는 조선족, 30% 정도는 동남아시아에서 온 노동자들이다. 한국인 노동자가 산업재해로 사망하는 경우는 줄어드는 추세지만 외국인 노동자는 반대다.

2008년 한 해에만 업무 중 사망한 외국인은 117명으로 2007년(87명)보다 26%(30명) 늘었다. 외국인 노동자의 산업재해 부상도 1년 사이 32%나 늘어났다. 김해성 지구촌사랑나눔 대표는 "외국인 노동자들은 중장비와 화학물을 다루는 위험한 일을 많이 하면서도 충분한 안전교육이나 장비를 제공받지 못하기 때문에 부상이 많다."고 말했다. 서울 가리봉동의 외국인근로자지원센터에는 크고 작은 부상을 당한 외국인 노동자들의 하소연이 끊이지 않고 있다. 얼마 전엔 경기도의 한 공단에서 근무했던 인도네시아 출신 요다(가명 · 26) 씨가 "선반기계에 손목을 절단당하고, 팔목이 관통되는 부상을 입었지만 보상금도 못 받고 해고당했다."며 도움을 요청해 왔다. 대한산업의학회에 따르면 외국인 노동자의 산업재해 발생률(전체 노동자 중 산업재해 피해를 입은 사람 비율)은 1.06%(2006년)로 한국 노동자(0.77%)보다 훨씬 높다. 부상을 입어도 보험금을 신청하지 않는 미등록 노동자들을 포함하면 그 수치는 더 높아질 수밖에 없다. 임금 체불이나 임금 차별도 심각하다.

외국인 노동자의 66%, 조선족의 87%는 노동 환경이 열악한 30인 미만 영세업체에서 근무하고 있다. 정당한 노동권이나 보상권을 보장받지 못하는 이유다. 설동훈 전북 대학교 사회학과 교수는 "외국인 노동자의 임금 수준은 90~120만 원 정도로 최저임금(시급 4000원) 수준에 불과하지만 자국에 비해 3~4배의 임금을 더 벌 수 있기 때문에 부당한 처우를 받으면서도 묵묵히 일을 하는 경우가 대부분"이라고 말했다. 2006년 2월 한국에 온 스리랑카인 모하메드 파룩(28) 씨는 그해 3월 충남의 한 바닥타일 제조공장에 취업했다. 그가 맡은 업무는 30~45kg짜리 타일 재료를 드럼통에 담은 뒤 타일 제조기계에 들이붓는 3D 작업이었다.

한국 노동자들은 다들 기피해 지금은 모하메드 씨를 비롯해 10명의 외국인 노동자들이 이 일을 도맡고 있다. 키는 작아도 단단한 체구이던 그는 일하기 시작한 지 한 달이 지나자 허리와 다리에 극심한 통증이 느껴지기 시작했다. 4분마다 자신의 몸무게 절반 정도의 드럼통을 들었다 놨다 하니 몸에 무리가 온 것이다. 하지만 그는 1년간 통증을 숨겼다. "혹시 잘리거나 월급이 깎일까봐 그냥 파스를 붙이고 참고 일했어요." 하지만 통증이 악화돼 지금은 더 이상 몸을 가누기도 힘들어졌다. 일을 그만둔 파룩 씨는 정부에 산재 신청을 냈다. 평생 힘든 육체 노동은 할 수 없는 몸이 된 그는 산재 보상금이 나오는 대로 고향으로 돌아갈 생각이다."

시간이 지나도 외국인 이주 노동자에 대한 한국인의 태도는 그리 나아지지 않고 있다. 이주 노동자 중 대다수가 작업장에서 욕설을 들으며 일하고 있는 형편이다. 일부는 폭행, 성희롱 피해도 심각한 수준에 이르고 있다. 외국인이주노동운동협의회(외노협)는 전국의 이주 노동자 931명에게 설문 조사했다. 응답자의 78%는 작업장에서 욕설을 들었다고 응답했다. 폭행을 당한 경험이 있는 이들도 26.8%에 이르렀다. 성희롱을 받았다고 답한 비율도 13.5%나 됐다. 43.9%는 식사법이나 예절의 차이 등으로 '문화적 차별'을 당했고 21.6%는 종교가 다르다는 이유로 차별받았다. 한국에서 하루 평균 노동 시간은 39.5%가 8~10시간, 34.9%는 10~12시간이라고 답했으며 야근은 약 20%가 격주로 1주일 내내 하고, 30%는 월 2회 휴일 근무를 한다고 대답했다[참고: 양태삼(2011). 이주노동자 78% "욕 들으며 일한다." **연합뉴스**. 2011년 8월 11일자].

17) 센(Amartya Sen) 교수는 인도 벵골 출신으로, 콜카타 대학을 졸업하고 영국 케임브리지 대학에서 박사 학위를 받았다. 그는 빈곤의 근본적인 메커니즘과 기아, 불평등의 문제, 소득 분배와 경제 윤리, 후생 경제학, 인간 개발 이론, 정치적 자유주의 연구 등으로 널리 알려진 경제학자인 동시에 철학자이기도 하다. 그는 후생 경제학에 대한 공헌을 인정받아 1998년 아시아인 최초로 노벨 경제학상을 수상했다. 케임브리지 트리니티 칼리지의 학장을 지냈으며 현재 하버드 대학 교수로 재직 중이다[참고: 아마르티아 센(2009). **정체성과 폭력-운명이라는 환영**(역). 서울: 바이북스].

그는 잇대어 2009년 7월에 미국에서 벌어진 하버드 흑인 교수 체포 사건을 보고하고 있다. 하버드 대학이 있는 케임브리지에서 한 여성이 경찰에게 급하게 범죄 신고를 했다. 한 흑인 남성이 어느 집 문을 어깨로 밀면서 열려고 하고 있다는 신고였다. 경찰이 출동하여 그 남자를 체포했다. 체포당한 흑인 남자는 헨리 루이스 게이츠(Henry Louis Gates)였다. 하버드 대학교 교수인 게이츠가 경찰에게 자기 집이라고 항변했다. 말이 통하지 않자, 그는 면허증과 교수증을 제시하며 그 집이 '자신의 집'이라며 항변했다. 그랬지만 경찰은 그의 말을 믿지 않고 신고한 백인 여자의 말만 믿으며 그를 체포했다. 미국에서는 인종 차별적인 검문 · 수색이라며 사회적인 비난이 일었던 유명한 사건이다.

센 학장은 이 세계가 어떤 세상인지를 제대로 이해하려면, 우선 한 사람이 지니고 있는 정체성이 불가피하게 다원적이라는 것부터 수용해야 한다고 주장한다. 그래야 서구인들 스스로 서구 세계에 대한 강박감에서 벗어날 수 있을 것이다. 지금 미국의 지배 정치인들이 보여 주는 것처럼 모든 것을 종교에 초점을 맞춘 채 그것을 정치적으로 해결하려고 하면, 지금과 같은 테러리즘이나 테러의 촉발은 해소하기 어렵다고 진단한다. 센 학장의 말을 곰곰이 되새기면, 지금처럼 빈번하게 일어나는 '테러'는 아쉽게도 미국이 제국의 위용을 부리는 동안 얻어낸 자업자득의 결과로 '미국적 증후군'에 속하는 것일 수도 있다. 테러라는 용어 자체가 이미 제국의 편견을 반영하고 있는 정치 권력의 잔재일 수 있기 때문이다. 그것은 일본이 조선을 식민지로 착취하고 억압하며 그들의 이익을 위해 경영할 때의 상황과 일맥상통한다. 일본인은 조선 여러 곳에서 자연적으로 발생한, 수탈자 일본인에 대한 수백 건의 암살, 저격 사건들을 테러라고 보았다. 그러나 조선인은 그 역사적 현실들을 독립운동이나 의거로 생각했다. 조선인으로서 한 장부인 안중근, 이봉창 선생을 저들은 테러리스트로 영원히 기록해 놓겠지만, 우리는 그들을 조선 독립을 위해 살신성인한 '의사(義士)', '열사(烈士)'라고 숭앙하고 영원히 기릴 뿐이다.
다양성과 다원성의 말소가 무엇인지를 아마르티아 센 교수는 자신의 경험담으로 고발한다. 그가 영국 케임브리지의 트리니티 칼리지 학장으로 봉직하던 때였다. 해외 여행을 마치고 영국 히스로 공항에서 입국 절차를 하던 중이었다. 출입국 관리소 직원이 그에게 물었다. 여권 주소란에 트리니티 칼리지 학장 관사의 주소를 본 것이었다. 관리소 직원은 그에게 센이 '학장의 친구'인지를 질문했다. 현재 트리니티 칼리지 학장인 자기에게, 자기가 '자신의 친구'냐고 묻는 꼴이다.
센 학장은 황당했다. 당황스런 순간이었다. 센 학장은 그 질문에 잠시 머뭇거렸다. 이민국 직원은 센 학장의 표정을 살폈다. 불법 경험이 있는지 유무를 재빠르게 묻기 시작했다. 인도인이 케임브리지의 대학 학장일 리가 없다고 미리 생각한 이민국 직원이었다. 인종적 편견의 극치였다. 피부색으로 한 인간의 '정체성'을 판단할 수 있다는 이민국 직원의 편견이었다. 불법 체류자는 유색인이나 외국인과 연관된다는 생각이었다. 불법 체류는 범죄와 연관된다는 고정관념이 생기는 순간이었다.

18) 아네르스 베링 브레이비크(Anders Behring Breivik)(32)는 이슬람 혐오주의자인데, 그는 노르웨이를 다문화로부터 구하기 위해 테러를 저질렀다. 그는 2011년 7월 25일 노르웨이 북단 섬에서 야영하던 청소년을 포함한 76명의 목숨을 삽시간에 사살했다. 극우 테러범들과 연계해서 연쇄 테러를 저지른 것으로 밝혀진 그는 자신의 범행을 '외로운 극단주의자(lone extremist)'라고 변명하고 있었다.

19) 1965년 베트남 전쟁이 확전되는 시점, 제임스 스톡데일(James Stockdale)이라는 미 해군 장군이 포로로 붙잡히는 불상사가 벌어졌다. 스톡데일 장군은 악명 높은 북베트남의 '하노이 힐턴' 포로 수용소에서 무려 8년간 갇혀 지내다, 1973년 파리 정전 협정이 체결되면서 풀려났다. 8년 동안의 수용소 생활에서 그는 20여 차례의 혹독한 고문을 당했지만, 불굴의 의지로 견뎌냈다. 그는 미군 포로의 지도자로서 수용소 측의 비인간적인 처우에 맞서 싸우기 위해 동료 포로들에게 끊임없이 용기와 희망을 불어넣어 줬다. 월맹군은 미국을 상대로 포로 홍정용 홍보 비디오를 제작하면서 스톡데일 장군을 활용하려고 했다. 그는 자신을 찍으려 하자 완강하게 저항하기 시작했다. 자신을 의자로 내리치고 면도날로 베는 식으로 끔찍한 자해를 가함으로써, 그는 자신이 홍보용으로 이용당하는 일을 저지했다. 그는 동료들에게 고문의 강도에 따라 자백을 얼마만큼 하라는 식의 세부지침을 만들기도 했다. 그것을 동료들에게 은밀한 통신부호로 알리고, 그것으로 포로들 간의 소통과 단결을 이끌어 내기도 했다.
그가 석방된 후 언론은 집중적으로 그의 기사를 다뤘다. 기자들은 그가 '어떤 마음으로 생지옥을 견디어냈느냐.'는 것을 알아내려고 했었다. 스톡데일 장군은 담담했다. "풀려날 것이라는 희망을 추호도 의심한 적이 없었고, 반드시 풀려나서 내 생애의 중요한 전기로 삼겠다."고 자기에게 끊임없이 다짐하고, 다짐했다고 답했다. 포로 수용소에서도 여러 포로가 죽어 나갔다. 그렇게 죽어나간 사람들은 '낙관주의자'들이었다. 그 대목에서 언론은 잠시 주춤했다. 믿기 어려운 이야기였기 때문이었다. 스톡데일 장군은 낙관주의에 들떠 있는 동료 포로일수록 포로 생활을 오래 견뎌내지 못하고 속속 죽어나갔다고 했다. 그 이유는 맹목적인 낙관주의자일수록 자신의 소망을 초조하게 기다렸기 때문이다. 기대와 달리석방이 빨리 안 되자 크게 상심해서 생존 의지마저 포기해 버렸다.

그가 관찰한 바에 따르면, 맹목적인 낙관주의 포로일수록 자기 목숨을 경시하는 경향이 더 두드러졌었다. 예를 들어, '크리스마스 때까지는…….' '이제 부활절에는……' 류의 근거 없는 낙관을 만들어 내곤 했다. 그것이 이뤄지지 않으면 또 다시 '추수감사절까지…….'라며 기대와 희망을 연장했다. 희망으로 자기를 위안할수록 절망도 커져 버렸다는 것이다. 끝내 아무것도 성사되지 않으면 그동안 걸고 있던 기대는 엄청난 절망으로 변질되었다. 그런 포로일수록 자신을 감내할 수 없었다는 것이다. 막연한 근거 없는 기대를 품었던 포로일수록 깊은 절망에 빠져버리고 이내 병을 얻어, 시름시름 앓다가 죽어갔다는 것이 스톡데일 장군의 증언이었다. 그런 상황을 직시하게 된 스톡데일 장군은 지나친 낙관도 비관도 모두 금물이라고 정리했다. 냉혹한 현실을 직시하되, 희망의 믿음은 절대로 잃지 않았다.

20) 참고: 프리모 레비(2007). 이것이 인간인가(역). 서울: 돌베개.

21) 아우슈비츠 수용소의 억압 생활에서도 악착같이, 그리고 강인하게 버텨 냈었던 프리모 레비는 어처구니 없게 1987년 스스로 목숨을 끊었다. 삶을 견디지 못하고 마침내 자살을 선택한 것이었다[참고: 프리모 레비(2011). 살아남은 자의 아픔-투신자살한 아우슈비츠 생존 작가 프리모 레비의 시집(역). 서울: 노마드북스]. 그는 "적은 나치가 아니라, 내 안에 있다!"라고 절규하며 자살을 선택했다. 이미 그 스스로 자살에 대해 서술한 적이 있었다. 그의 서술은 자기가 택할 수도 있는 자살에 대한 사전 해설과도 같은 것이기도 했다. "인간은 인간일 때만 자살을 시도한다는 것이 그의 지론이었다."

자살을 하기 전까지 인간은 철저하게 인간에 대한 철학적 사유를 시도하는데, 아우슈비츠 수용소에서는 인간에 대한 그런 식의 진지한 고민은 있을 수 없다는 것이다. 수용소가 인간성 자체를 말살해 버렸기 때문이다. 수용소의 굴욕적인 노예 생활 중에 자살이 드문 이유를 생각해 보면, 자살에 이르는 단순한 사고보다 훨씬 더 단순한, 아예 사고라고 부르기 힘든 몽유병적인 인간으로 존재하기 때문에 자살을 할 만큼의 단순한 사고도 하기 힘들 만큼 원초적인 상태로 떨어져 나와 있기에 수용소와 같은 극한 조건에서는 자살에 대해 생각할 일이 생길 수 없다. 오직 빵 한 조각과 단 5분간의 휴식, 이러한 물리적인 고통이 오히려 인간의 불행에 대한 생각의 씨앗을 모조리 앗아가기 때문이다. 그런 극한 상황 안에서 자살을 시도한 사람이 있다면, 그런 사람은 마지막까지도 자신이 인간이라는 고귀한 생각을 버리지 못한 사람이었을 가능성이 크다는 것이다.

대부분의 유대인은 곧바로 가스실로 끌려가 살해되었다. 아우슈비츠로 이송된 사람들 중 중노동에 적합하지 않다고 판단당한 사람들의 70~80%가 가스실로 보내졌다. 가스실로 실려간 사람들은, 샤워실로 보낸다는 말에 전부 옷을 벗고 귀중품을 맡기고 심지어 머리까지 잘랐다. 그러나 샤워꼭지에선 물이 아니라 '치클론 B가스'라는 유독가스가 새어 나왔다. 가장 약한 사람들이 맨 아래쪽에 깔리고 가장 힘센 사람이 꼭대기에 올라 차곡차곡 쌓인 채로 모두 사망할 때까지 15~20분 정도가 걸렸다. 모두 사망한 것으로 확인되면 피와 배설물로 범벅이 된 사체들을 끌어내 금니와 머리카락을 뽑고 수레에 실어, 나중에는 컨베이어 벨트를 사용하여 소각장으로 운반했다. 화장시킨 재는 하천에 버리거나 비료로 사용되었고, 사체에서 뽑은 머리카락은 매트리스나 천의 원료가 되었다.

레비는 당분간 살아남을 수 있었다. 그가 살아남을 수 있었던 이유는 오직 하나, 그가 젊고 건장하기에 노동력을 제공할 수 있었기 때문이었다. 그가 병약한 사람이었다면 그도 가스실로 보내져 살해됐을 것이다. 가스실을 피해 강제 노동 수용소로 끌려갔다고 해서 더 나은 것도 아니었다. 그곳 역시 죽음을 위한 예비 수용소에 지나지 않았다. 강제 노동 수용소에서 그를 맞이한 현실은 살아 있는 인간이 맞이할 수 있는 현실이라기보다는 죽어가야만 할 인간을 기다리는 현실이었다. '인간이라면 그럴 리가 없다.'는 말을 있는 그대로 보여 주는 지옥이었다.

22) 빅터 프랭클(Viktor Frankl)은 1905년 오스트리아의 빈에서 태어났고, 빈 대학에서 의학 박사와 철학 박사 학위를 받았던 지식인이었다. 제2차 세계대전 당시 독일군에게 이유 없이 체포당한 그는, 유대인이라는 죄목으로 3년 동안 다카우와 다른 강제 수용소가 있는 아우슈비츠에서 지낸다. 그 역시 독일군의 패망으로 풀려날 때까지 프레모 레비처럼 수용소 안에서 생존과 치열한 싸움을 벌인다. 그는 수용소에서 엄청난 현실을 직시하며, 그 경험을 바탕으로 로고테라피(Logotherapy)를 만들어 낸다[참고: 빅터 프랭클(2005). **죽음의 수용소에서**(역). 서울: 청아출판사].

23) 참고: 실비나 오캄포(2005). **천국과 지옥에 관한 보고서**(역). 서울: 열림원.

24) 예수의 열두 제자 가운데 한 사람인 베드로의 행적을 극화시키는 식으로 그려낸 소설이 『쿼바디스(Quo Vadis)』다. 폴란드의 헨리크 센케비치(Henryk Sienkiewicz)가 그의 나이 50세, 즉 1896년에 발표하여 자신과 조국을 세계에 알린 작품이다. 이 작품은 17세에 황제가 된 네로(Nero)와 멸망의 길을 간 로마의 타락한 나날을 배경으로 사랑과 용기, 헌신의 행적을 통해 기독교의 고난과 영광을 함께 그린 소설이다.

기독교 박해가 시작되자, 베드로는 박해를 피해 로마를 벗어나 도망치고 있었다. 그 길에서 그는 반대편에서 십자가를 진 채 로마로 들어오고 있는 예수의 환상을 본다. 그때 베드로는 몸 둘 바를 모르고, "주여, 어디로 가시나이까 (quo vadis, Domine)?" 하고 묻는다. 예수가 답한다. "네가 떠나고 있는 로마로, 네 대신 죽으러 가노라." 예수의 그 말에 베드로는 무릎을 꿇고 통곡하며 회개하며 "내가 가겠나이다." 하고 길머리를 돌려 로마 성으로 돌아가 붙잡혀 처형을 당하게 된다. 그때 그는 "나를 거꾸로 매달아 주시오. 나는 예수님을 부인했던 사람, 나는 예수님을 바르게 섬기지 못했던 제자이니 예수님처럼 십자가에 매달릴 자격이 없습니다. 나를 거꾸로 매달아 주시오." 베드로는 거꾸로 십자가에 매달려 순교한다.

25) 참고: 고정희(1992). **모든 사라지는 것들은 뒤에 여백을 남긴다**. 서울: 창작과 비평.

26) 호모 사케르(Homo Sacer) 말 자체로서는 신성한 인간을 지칭하지만 실제로는 저주받는 인간을 말한다. 사회 현장에서는 '어떠한 시민적 권리도 없어 종교의 희생 제물로도 삼을 수 없는 로마 시대의 특정 인간들'을 지칭하는 말이다. "중세의 '늑대 인간', 홉스 시대의 '재판에 회부되지 않는' 어떤 유형의 범죄자들, 나아가 슈미트가 '대지의 노모스'에서 논의했던 국제법 탄생 초기의 문제적 존재들이었던 해적들, 그리고 근대 생명 정치의 출현 이후의 모든 '국민, 말하자면 나치 수용소의 수감자들의 정치적

지위에서 보여 준 것처럼 '벌거벗은 생명들'"로 이해된다[참고: 조르조 아감벤(2008). **호모 사케르(주권 권력과 벌거벗은 생명)**(역). 서울: 새물결].

27) 호모 사케르의 원형은 고대 아테네에서 보았던 파르마코스에서 발견된다. 파르마코스(pharmakos)는 아테네 시민들의 희생양이었다. 기근이나 흉년이 들었을 때 아테네 시민들은 파르마코스를 폴리스 밖으로 끌어내 희생의 제물로 삼았다. 신에게 흉년을 멈추고 풍년을 달라고 저들의 몸을 희생시켜 정화의 식용으로 신에게 바쳤다. 들판에서 돌로 쳐 죽임을 당하도록 되어 있는 희생양이 바로 '파르마코스'였다. 파라마코스들이 희생양이 될 수밖에 없는 이유는 단순했다. 아테네인은 이방인인 파라마코스들이 재앙의 원인을 아테네 폴리스 밖에서 폴리스 안으로 끌어들였기 때문이라고 단죄했다. 파르마코스들은 폴리스 안에서 밖으로 추방당하는 운명을 지닌 사람들이었다. 저들은 폴리스 안에 있지만 그 언제든 밖에 있어야 하는 자, 희생이 되어야 하는 자, 끝내 공동체 안에도 그리고 밖에도 속할 수 없는 자를 일컫는 보통명사였다. 아테네의 문물을 있는 그대로 복사하는 로마는 파르마코스를 변형시켜 호모 사케르로 삼았던 것 같다.

28) 로마의 당대 인문학자의 태두로 불리던 키케로(Marcus Cicero) 역시 호모 사케르에 대해 별 다른 인간적인 고뇌가 없었다. 그 역시 로마의 한 시민으로서 노예제를 있는 그대로 받아들였기 때문이다. 그는 '사람답게 사는 법(humaniter vivere)'과 호모 사케르에 대한 희생 제의 사이에서 나타날 수 있는 모순점을 찾아내지 못했다. 그는 단순히 로마의 시민이었고 권력자이었을 뿐이다. 그 스스로 벌거벗은 생명에 대한 연민을 가질 수 없었다[참고: 차영길(2001). **억눌린 자의 역사**. 서울: 범문사].
그는 다만 사람이라면 고쳐야 할 것은 고쳐야 한다(utatis mutandis)고만 주장했다. 고쳐야 할 것을 고치는 것이 자기 책임이라고 본 그는, 호모 사케르를 당시 문화적 풍토에서 사람으로 간주하지 않았던 것만은 확실하다. 로마 시민으로서 자기 책임은 자기 배려의 시작인데, 자기 배려는 "인간답게 사는 것과 그 방법, 그리고 실천"에 의해 가능하다. 그는 공동체를 지키게 만드는 시민의식을 지키는 것이 자기 책임이라고 보았다.
키케로는 시민 정신, 말하자면 호모 키비쿠스(Homo Civicus)로서 배워야 할 정신을 열거했다. 인간본성(natura humana), 인간 조건(condicio mortalis), 인간성(natura hominis), 온유함(mansuetudo), 수양(cultus), 교양(doctrina), 지위(dignitas), 신의(fides), 경의(pietas), 정의(iustitia), 명예(honestas), 권위(gravitas), 덕성(virtus), 정직(integritas), 기지(lepos), 유머(facetiae), 세련(elegantia), 학식(eruditio), 교양(urbanitas), 지혜(sapientia), 절제(moderatio), 겸손(modestia)들을 꼽았다. 이런 시민의 자질은 르네상스를 거치면서 자기 검증성(probitas), 박애 정신(misercordia), 관용 정신(liberalitas), 교양(urbanitas)으로 집약적으로 정리되었지만, 호모 사케르의 제의의식과는 아무런 연관성을 지니지 못했다.

29) 미국이 빈 라덴을 찾아내기 위해 미군이 중동국가 곳곳에서 보여준 행위들은, 로마군이 보여 준 호모 사케르의 사냥 그것과 별로 다를 것이 없었다. 미국은 빈 라덴을 잡기 위해 아프카니스탄과 파키스탄에 병력을 파견했다. 빈 라덴을 생포하지는 못한 채, 알케에다를 비호하던 반미 이슬람 세력들과 테러리스

트들을 잡아들이는 데는 어느 정도의 성과를 올렸다. 이라크에서도 미군에 저항하는 반군들을 포로로 잡아들였다. 미군은 잡아들인 테러리스트들을 쿠바에 있는 관타나모 수용소에 감금했다. 수용된 포로들은 철저하게 감시되었다. 수감자들에 대한 잔혹한 가혹 행위들이 미군 병사들에 의해 자행되었다. 모두가 미국이 자랑하던 인권주의에 어긋나는 반인권적 행위들이었다. 포로들은 미군의 성적 노리개들이었다. 저들을 위한 무기력한 제물이었을 뿐이었다.

마침내 파키스탄에 은신 중이던 오사마 빈 라덴은 2011년 5월 1일 미 특공대에 의해 가족이 지켜보고 있는 앞에서 무참하게 사살됐다. 빈 라덴 생포를 위해 투입된 미 특공대의 작전 당시 현장에 있었던 빈 라덴 딸(12)의 진술에 따르면, 미군은 1층에 있던 빈 라덴을 살려달라는 그녀의 구걸에도 아랑곳하지 않고 사로잡은 뒤, 가족들이 보는 눈 앞에서 사살하고 대기하던 헬리콥터로 파키스탄을 탈출했다. 미군이 싣고 간 빈 라덴의 시신은 용의주도한 미 해군의 계획 아래 아무도 모르게, 아무도 모르는 곳에 수장되었다.

30) 참고: 조르조 아감벤(2008). **호모 사케르(주권권력과 벌거벗은 생명)**(역). 서울: 새물결.

31) 인간은 왜 혼자서 살 수 없는가를 논하면서, 나와 우리가 처절하게 분리되는 영어권 문화의 문제점을 어원에서 찾아내 설명하는 티베트의 영적 지도자인 달라이 라마는 말한다. " 방금 이런 생각이 들었습니다. 티베트 어와 영어의 차이가 어쩌면 기본적인 관점의 차이를 설명해 줄지도 모릅니다. 티베트 어에서 '나'와 '나를'은 '아'입니다. 그리고 '우리'와 '우리를'은 '아초'입니다. 이와 같이 단어 자체로 놓고 보면 티베트 어는 개인으로서의 '나'와 집단으로서의 '우리' 사이에 밀접한 연결이 있습니다. '우리'라는 뜻의 '아초'는 문자 그대로 '나의 집합' 혹은 '많은 나'를 의미합니다. '수많은 나'와 같은 것입니다. 따라서 당신이 더 큰 집단과 하나가 되고 그 집단의 일부가 될 때, 그것은 개인의 자아를 잃는 것이라기보다는 오히려 자아가 커지는 것과 같습니다. 반면에 영어의 '나'와 '우리'는 전혀 관련이 없는 것처럼 보입니다……. 그렇습니다, 어원학적으로 관계가 없어 보입니다. 따라서 '나인가 우리인가'에 대한 당신의 질문을 보면 서양에서는 '나'와 '우리'가 서로 대립하는 느낌이 있는 듯합니다. 그래서 집단과 일체화되거나 더 큰 집단의 일원이 되면 마치 개인의 정체성을 포기하거나 잃는 것처럼 여기는 것 같습니다[참고: 달라이 라마 · 하워드 커틀러(2012). **당신은 행복한가: 10년 만에 다시 열린 행복에 대한 특별한 토론**(역). 서울: 문학의 숲]."

32) 작가 셸돈(Charles Monroe Sheldon)은 『그의 발자취를 따라서(In His Steps)』란 책을 출판했는데, 이 책은 수백만의 독자들에게 감동을 준 책이었다. 1896년에 출판된 책인데, 이 책에서 작가는 미국의 레이몬드시에 레이몬드제일교회란 교회에서 일하던 헨리 맥스웰 목사의 이야기를 다루고 있다. 맥스웰이 시무하는 교회의 예배 시간에 한 초라한 차림의 사나이가 찾아왔다. 그는 나그네였다. 자신의 어려운 처지를 말하고는 그 자리에서 쓰러졌다. 쓰러져 숨을 거두어 가면서 그가 중얼거렸다. "여러분이 예수라면 어떻게 했을 것인가?"라는 것이었다[참고: 찰스 M. 쉘돈(2008). **예수님이라면 어떻게 하실까?**(역). 서울: 도서출판 브니엘]. 맥스웰 목사는 교회당 안에서 쓰러진 그를 자신의 집으로 데려가 숨을 거둘 때까지 간호했다. 환자는 숨을 거두는 자리에서 맥스웰 목사에게 "예수님이라면 당신이 한 것

처럼 하였을 것입니다. 감사합니다."라고 말했다. 그의 시신을 거두어 장례를 끝내 후, 목사는 교인들에게 설교했다. 그가 남긴 "예수라면 어떻게 할 것인가?"란 말을 전했다. 목사는 한 가지 결심을 선포하였다. 자신은 앞으로 일 년간 "무슨 일을 하든지 그 일을 행하기 전에 '예수라면 어떻게 할 것인가?'를 묻고 나서야, 비로소 그 일을 행하겠다고 선포했다.

맥스웰 목사는 자신처럼 그렇게 실행할 뜻이 있는 사람들은 교육관에서 따로 모임을 갖자고 말했다. 목사가 예배 후 교육관에 들렀다. 50여 명의 성도들이 목사의 뜻에 동참했다. 그들은 "예수라면 어떻게 할 것인가?"라는 질문 아래 모든 일을 처리했다. 지금 우리에게도 마찬가지로 주어지는 예수의 질문이다[참고: 김진홍(2007). **김진홍 목사의 아침 묵상, 예수라면 어떻게 할 것인가**. 2007년 12월 16일자].

33) 참고: 조르조 아감벤(2008). **호모 사케르**(주권권력과 벌거벗은 생명)(역). 서울: 새물결.

34) 참고: 조르조 아감벤(2009). **목적 없는 수단**(역). 서울: 난장.

35) 대통령이 되지 말고 곧바로 전직 대통령이 되면 좋았을 사람이라는 이상한 애칭이 따라붙는 사람이 바로 39대 미국 전 대통령 지미 카터다. 대통령 재임 시절에는 인기도 없었고 정책들도 많이 실패해서 가장 인기 없었던 대통령에 속하지만, 은퇴 이후 그는 미국 전직 대통령들의 모범이 되었다. 그는 아직도 땅콩 장사로서 해비타트 운동(Habitat for Humanity), 즉 무주택자를 위한 집짓기 운동을 위한 봉사자로 활동한다. 무주택자의 보금자리를 만들어 주는 후원자이자 봉사자로 활동하는 것이다.

노예제도를 찬성했던 남부 조지아 주 출신의 카터 대통령은 60년 이상 봉사했던 남부침례교(SBC)와의 신앙 관계도 끊었던 바 있다. 그로서는 쉽지 않은 결정이었지만, 창세기의 원죄론을 인용하면서 여성 목사, 여성 장로 불가론을 내세우며 여성 비하를 계속하는 남부침례교를 용납할 수 없었기 때문이다. 노예 소유를 정당화하는 목사들에 의해 결성된 남부침례교파는 지금도 인종차별을 정당시하고 있다. 그들은 흑인인 오바마가 대통령이 되자 그를 인종적으로 격렬하게 비난한 바 있다.

36) 노무현 전 대통령은 국회의원 당시 대선에 출마하면서도, 그가 반드시 대통령이 될 것이라는 것을 기대하지 않았었다. 그 대선 캠페인을 통해 시민의 힘, 시민의 정치력을 복원하고 그것이 현실화되었으면 하는 것을 개인적으로 바랐던 이상주의적 정치인이었다. 그는 새로운 정치적 이벤트와 이벤트로서 대통령을 만들어 가야 한다는 생각 아래 시민이라는 다중을 더욱더 다중의 세력으로 만들어 가려고 노력한 대통령이었다. 그의 회고가 그것을 보여 준다. 그의 말에 따르면, "내가 2002년 대선에서 이긴 것은 이례적인 사건, 특수한 조건들이 결합되어서 만들어진 것입니다. 그것을 우리가 인정하지 않으면, 앞으로 우리는 우리 앞에 놓인 문제들도 못 풀어갑니다. …… 하지만 우리가 사실은 특수한 이벤트를 통해서 정권을 잡은 것입니다. 그래서 나는 그 취약성 같은 것을 뼈저리게 느끼고 있었고요. 진보 진영이 상당한 세력을 갖고 있는 것 같아도 아직까지는 마이너입니다. 물적 토대는 더욱 더 그렇습니다."

37) 노무현 전 대통령은 포퓰리즘을 신뢰했던 정치인이었다. 포퓰리즘, 실상은 허구일 뿐이다. 모든 권력은 개인에게는 피상적이다. 모두 다 포퓰리즘이기도 마찬가지다. 노대통령은 더 포퓰리즘에 기댔다. 통치 권력 기반이 약했었기 때문만은 아니었다. 그 스스로 호모 사케르의 정치적 역량을 믿었기 때문이

다. 환상의 정치를 한 판 벌리기 원했던 정치인이 노무현이었다. 호모 사케르의 힘을 모아 정치 투쟁의 한복판에 서려고 했던 사람이 그였다. 시민의 삶을 호모 사케르의 삶과 거의 같게 이해한 정치인이 바로 노 대통령이었다. 대중의 힘을 정치 권력화하면 사회 변혁이 쉬울 것이라고 믿었던 정치인이기도 하다. 그는 자신의 정치적 역량을 다중의 역량 집결과 연계시키려고 노력했다. 시민의 힘을 다중화시키려고 노력한 역대 대통령 중에서 가장 탁월했다. 그 힘도 노회한 정치인이나 보수적인 언론을 정치적으로 옥죄는 일에는 성공하지 못했다.

그는 처음부터 대통령이 되려고 했던 사람은 아니었다. 자신이 대통령이 되면 이 사회가 곧바로 좋은 세상이 될 것이라고 믿었던 것 같지도 않았다. 그런 생각을 치밀하게 미리 준비해 두었던 정치인은 아니었다. 이런 저런 정치적 급류 속에서 그는 별안간 대통령이 되었다. 정치적 파트너의 급작스런 등돌림 때문에 대통령이 된 사람이었다. 그는 시민의 힘을 믿었다. 민주주의든 진보주의든 관계없이 궁극적으로는 시민이 생각하고 행동하는 사회는 변한다고 믿었던 것은 사실이다. 시민의 정치적 역량에 필요 이상의 기대감이 있었다.

정치인 노무현이 준비된 대통령인 것 같지는 않았다. 대통령이 되기 위해 치밀한 수련을 거친 것도 아니었다. 그는 그것이 아쉽다는 것을 기자들에게 자주 피력하곤 했다[참고: 오연호(2009). **노무현 마지막 인터뷰**. 서울: 오마이뉴스]. "정치인들, 보통의 정치인들은 (정치) 권력을 정점으로 사고합니다. 그리고 권력으로부터 모든 것을 해결하겠다는 사고를 가지고 있죠. 보통의 정치인들은. 하지만 나는 다릅니다. 내가 다른 정치인과 다른 점은 권력을 최고 정점으로 생각하지 않는다는 거죠. 정치 권력은 하나의 권력일 뿐이고, 하나의 과정일 뿐이며 진정한 의미에서 권력은 시민들의 머릿속에 있어요."

정치인 노무현은 대통령이 되어서도 자신에게 취약한 정치적 토대를 있는 그대로 드러냈을 뿐이다. 언론의 물적 토대를 새롭게 구축하기 위해 보수 언론들과 각을 세웠다. 3대 메이저 언론이라 불리는 조선일보, 중앙일보, 동아일보를 공적(公敵)으로 만들어 버리려고 노력했다. 시민의 힘이 다중적 세력으로서 보수 언론을 교정시켜 줄 것으로 기대했다. 언론 권력을 함몰시키는 일이 문화 권력을 회복하는 일로 간주했다. 더 큰 정치적 욕망이 그에게 자살을 택하게 했는지도 모르는 일이다. 그가 오염된 정치인들처럼 노회하거나 천박한 정치가적 삶을 살았더라면, 정치인의 봇장을 가진 그로서는 절대로 자살을 택했을 리 없을 것이다. 그런 가설이 현실적으로 체감 있게 와 닿는 이유는 역사상 정치인치고 정치적인 고뇌와 정치적 결단에 대한 책임 때문에 자살을 택한 전례가 매우 드물기 때문이다. 권력의 남용을 처음부터 염두에 두었기에 장기 집권, 부정 축재, 그리고 그런 것의 결과가 두려운 탓에 자기 목숨을 스스로 방기한 사례는 수없이 많았다. 하지만 나라를 위한 대의 때문에, 자기가 갖고 있던 소신을 펼친 것이 두려웠기 때문에 자살을 택한 정치인은 거의 없었다.

노무현 전 대통령은 그런 점에서 정치인이었기보다는 그저 좋은 아버지, 좋은 어버이, 좋은 남편이었을 뿐이었다. 그는 스스로 순수한 인간이라는 것을 내면에서 외면할 수 없었기에 죽음을 택했다고 볼 수 있다. 그는 그 언제가 되더라도 회고록에 자세하게 기록해내지 못할 어느 중소기업인과의 밀담 속에서 벌어진 선물 수수에 관한 것들을 가슴으로 안고 자살로 대신해 버린 사람이었다. 그는 전직 대통령이었던 그저 순수한 한 남성, 한 인간, 한 시민이었다. 그는 그동안 자기 자신을 싣고 다녔던 그의 몸과 마음을, 가족의 몸과 마음을 지켜 주기 위해 자기 몸을 대신 던져 버렸던 그저 착하기만 한 인간이었다. 그를 둘러싼 가장 현실다운 이야기, 순수한 사실은 그의 부인만이 모든 것을 하나의 정황 아래 가장 잘 알고 있을 것이다. 그러나 그녀가 그의 신변잡기에 대해 입을 열 리가 없는 상황이고 보면, 그에 대한 자기 자신만의 개별적인 그리고 사적인 순수한 이유를 제대로 알기는 앞으로도 어려울 것이다. 물론 순수한 인간 노무현 전 대통령이 한 인간으로서 보여 준 삶에 대한 선택과 결단을 정치적으로 미화시키며, 그로부터 그 어떤 이해관계를 얻어내려고 노력하는 사람들도 있다. 그러나 그들은 순수한 한 인간을 이해관계를 위해 최대한 악용하려는 현실 정치인이라는 낙인을 피하기 어렵다.

38) 참고: 지그문트 바우만(2008). **쓰레기가 되는 삶들**(역). 서울: 새물결.

39) 노동 현장에서 발생되는 잉여 인구들인 '실업자'나 '노동 예비군' 역시 노동 현장에서는 다시 쓰일 수 있는 인력으로 간주되지 않는다. 그보다는 쓰레기 인력으로 간주된다는 것이다. 쓰레기의 목적지는 쓰레기장, 쓰레기 더미다. 노동 인력의 목적지가 노동 현장으로 되돌아가는 것이라면, 잉여 노동 인력의 목적지는 노동 시장에서 폐기처분되는 것이다. '쓰레기 생산'은 현대화 과정에서 우연적으로 생기는 부작용이 아니다.

바우만(Zygmunt Bauman) 교수는 쓰레기 생산이 현대화의 과정에서 필연적으로 수반되는 계획적인 생산이라고 이해한다. 현대화의 이념상 어쩔 수 없다는 것이다. 현대화는 더 좋은 사회, 진보한 사회가 가능하다는 관념이 깔려 있다. 사회를 더 완전하고 개선된 사회로 만들어 가야 한다는 강박감 속에는 더 나은 사회를 만들어 갈 때 생기는 쓰레기들을 감수해야한다는 생각이 자연적으로 묻어 있게 된다는 것이다. 새로운 것을 만들어 내는 설계가 있는 곳에는 쓰레기도 함께 설계되기 마련이고, 그렇게 생긴 쓰레기 처분방식마저 함께 장치된다는 것이다. 어떤 집도 공사 현장에 남겨진 쓰레기들을 깨끗하게 하기 전에는 완공된 것이 아니다. 새로운 것의 설계에는 반드시 쓰레기 처분도 함께 장치되기 마련이다. "쓰레기의 분리와 파괴는 현대적 창조의 비법이 되었다. 여분의, 불필요한, 쓸모없는 것을 잘라내 버림으로써 아름답고 조화로우며 만족스럽고 좋은 것들이 나타나게 된다는 강한 믿음이 있기 때문이다." [참고: 지그문트 바우만(2008). **쓰레기가 되는 삶들**(역). 서울: 새물결.]

40) "배에서 내린 유럽인을 보고 타이노 원주민은 호기심에 가득 차 기뻐하며 그들에게 인사하기 위해 다가왔다." "그들은 무기나 폭력이 무엇인지 모르는 사람들이다. 그들은 칼을 처음 보았을 때 이 이상하게 생기고 빛이 나는 물체를 손으로 만져보려고 했다. 타이노 원주민들은 하루 중 불과 몇 시간만을 일하며, 나머지 시간에는 그저 편하게 쉬고, 서로 어울리고, 사람들이 가장 좋아하는 방식으로 문화를 창조하며 보낸다." "그들은 벌거벗은 채 돌아다니거나, 원할 때면 아무 때나 사랑을 하기도 했다. 그들은 섬에서 나는 조그만 금조각으로 장신구를 만들어 몸을 치장했다." "50명의 남성만 있으면 원주민 모두를 노예로 만들어서 그들이 가진 황금을 전부 빼앗아버릴 수 있다" 아메리카로 표류한 콜럼버스 선장의 일기장에서 발췌한 글이다.

콜럼버스는 아메리카 정복의 길을 터 놓은 약탈자의 상징이기도 했다. 그는 당시 모든 군주들이 그랬던 것 처럼 금은보화, 그리고 향신료를 찾을 수 있다는 확신을 충족시켜 주기 위해 인도로 배를 몰았던 군주의 용병이었다. 당시 스페인의 군주인 이사벨 여왕이 패물을 팔아 마련해 준 항해비와 특별한 정치적 비호 아래 인도로 향했다. 콜럼버스는 다른 선장들과는 달랐다. 저들은 인도를 찾아 동쪽으로 떠났지만, 콜럼버스는 저들과는 달리 서쪽으로 떠나 인도에 도달하려고 했다. 뱃길을 잘못 들어 망망대해에서 표류하다가 어느날 갑자기 인도로 보이는 그곳에 당도했다. 1492년 10월 12일이었다. 콜럼버스는 쿠바 동쪽의 산 살바도르에 도착하였다. 그는 그곳 원주민을 아메리칸으로 부르지 않고 인디언이라고 불렀다. 그는 인도에 도달했다고 착각했던 것이다[참고: 콘수엘로 바렐라 · 로베르토 마자라(2010). **크리스토퍼 콜럼버스**(역). 서울: 21세기북스]. 그는 새로운 땅을 보는 순간 오만하게 그 땅을 발견했다고 했다. 이미 있던 땅을 발견했다는 뜻에서 그 땅을 아메리카라고 불렀다. 아메리카의 시작은 저들의 식민지 역사이며 정복사이기도 했다. 지구상에 존재하고 있던 모든 것을 저들의 논리 아래 일관되게 분류해야 직성이 풀리는 저들이었다. 세상을 예측 가능한 세계로 만들어 가려면 명명할 수 있는 물리적인 폭력이 필요했다. 저들이 발견했다는 세상을 지배하기 위한 정치적 원리는 전체주의였다. 토지, 동식물, 인간을 하나로 길들이는 원리가 전체주의 원리였다. 소유의 권력을 정당화하기 위한 강제였다. 들판을 경작지로, 야생 동식물을 곡식과 가축으로 길들이는 것은 권력이다. 모든 것들은 소유라는 이름 아래 예속되고, 분류된다. 예속의 과정은 위계질서를 만드는 과정이다. 위계질서가 만들어지면 인간 자유와 자율성은 제한된다. 차별이 시작된다. 성차별, 인종 차별, 연령 차별 등등으로 너와 내가 갈라진다.

41) 문명에 반대하는 길이 무엇인지를 드러내는 작은 예를 존 저잔(John Zerzan)은 스스로 보여 준다. 그는 스탠퍼드 대학을 졸업한다. 서든 캘리포니아 대학(USC)에서 박사 학위를 위한 모든 과정을 이수한다. 박사 학위를 받기 위해서는 논문을 제출해야 한다. 그는 논문 제출을 거부한다. 제도화된 대학에 불복종의 표시였다. 그는 이어 베트남 반전 시위를 펼치다가 마침내 1966년 구속된다. 샌프란시스코 시청의 복지부서에서 공무원 생활을 하다가 무정부주의와 환경운동을 결합한 생태-원시주의를 따르는 생태주의 행동가가 된다. 현재 저널 『녹색 무정부주의자(Green Anarchy)』의 에디터로서, 그리고 오리건 대학의 라디오 방송국 KWVA에서 Anarchy Radio 프로그램의 사회를 맡고 있다[참고: 존 저잔 외(2009). **문명에 반대한다**(역). 서울: 와이즈북].

42) 저들의 힘이 하나로 모인 상태를 학자들은 민중으로 부르기도 한다. 혹은 중민으로 부르기도 한다[참고: 한상진(2012). 중민이론과 제2근대화 12가지 명제. 중민사회이론연구재단 창립기념 세미나에서 발표한 논문. 2012. 1. 30]. 중민의 개념은 의식화된 중산층과 대학생, 노동자, 시민운동가뿐만 아니라, 유사(類似) 호모 사케르의 상태에 있는 사람 모두를 하나의 집단인 다중(多衆)으로 세력화된 상태를 지칭한다. 중민은 탈인습적인 가치관의 동력으로 사회를 바꾸어 나간다. 다중은 중민보다는 보다 기층적인 세력을 일컫는 개념이다[참고: Negri, T. (2004). Towards an Ontological Definition of Multitude. Submitted by annett on Sun 04/04/2004, *make world festival 2001 NEURO-networking europe*].

43) 다중이라는 개념보다는 계급이라는 개념을 선호하는 마이클 알버트(Michael Albert)는 사회 계급이 더 좋은지 아니면 다중이라는 개념이 더 나은지를 논쟁하는 사이버 논쟁에서(The title of our panel

here at the Left Forum in New York City, is Class or Multitude?)에서 다중을 계급과 분리한다. 다중이라는 개념을 규정해야 한다면, 그것은 혁명적 시기의 혁명가, 사회, 경제적 생산 변혁의 촉진자를 지칭하는 것이어야 한다고 주장한다(If the term multitude means likely agents of economic and social change, and includes "all those who produce," Perhaps multitude refers to anyone who could conceivably become a revolutionary in revolutionary times). 알버트는 시민운동가이며 『Z Net』와 『Z Magazine』의 편집인이자 창설자다. 학생운동가였던 그는 시장 철폐론자(a market abolitionist)다. 시장의 대안으로 민주적 참여 경제를 주장하고 있다.

44) 참고: 마커스 레디커 · 피터 라인보우(2008). 히드라(역). 서울: 갈무리.

45) 다중의 반란과 혁명적 경험이 대서양을 넘나드는 행성적 해류들을 타고 순환하여 전 지구에 퍼져 나간 사례를 '씨벤처호의 파선'에서 찾고 있다. 씨벤처호의 파선과 그 배에 탔던 사람들 사이에서 일어난 반란의 드라마는 다중이 초기 대서양 역사의 주된 주제였음을 보여 준다. 비록 선원들과 종교적 급진주의자들 모두가 핵심적인 역할을 했지만, 이 사건은 해상에서의 영국인의 위대함과 영광, 종교의 자유를 위한 영웅적 투쟁의 이야기에 기여하지 않는다. 오로지 다중의 태동을 보여 줄 뿐이다. 씨벤처호에 탑승했던 선원, 노예, 평민들은 지배자에게 계속 죽임을 당해도 끊임없이 되살아나며 반항한다. 그들은 그들의 힘을 드러내 보이는 히드라, 바로 그것이었다. 씨벤처호는 영국 부르주아 혁명의 여파로 자본주의의 엔진이 된 동시에 저항의 배경이 되었다. 즉 크롬웰에 의해 그리고 그다음에는 찰스 왕에 의해 패배당하고 억압당한 혁명가들의 사상과 실천이 옮겨가서 재형성되고 유통되고 존속했던 장소가 되었다. 히드라로서의 다중은 당시 지배자들에게는 '공포의 대상'이었지만, 선원 · 노예 · 평민과 같은 다중에게는 새로운 힘과 저항의 상징이었다.

씨벤처호에 탑승했던 노예들과 선원들은 매일같이 쥐들과 천연두와 근위병의 칼 앞에 서 있었다. 그럼에도 불구하고 그들 다중은, 평등할 수밖에 없었다. 그들은 음식과 의복을 공평하게 분배하고, 의료를 제공하며 죽은 자를 매장하는 등의 방식으로 민주주의를 실행했다. 한 배에서는 어떤 하급 선원이 일요일마다 갑판 사이에서 '인간의 권리를 옹호하다' 죽어 간 사람들을 기리는 연설을 하기도 하였다. 선원들과 노예들, 그리고 수감자들의 자기 조직화를 놀란 마음으로 되돌아 본 한 선장은, 선원들이 "쉽게 통제되지 않고 대체로 좋은 질서의 가장 열렬한 지지자들도 아닌 …… 그러한 계급에 속한, 말하자면 스스로의 자율적 통치를 해냈던 세력"이라고 보고하기도 했다. 바로 이들이 프롤레타리아의 원형이었다. 그들은 괴물이 아니었으며 통일된 문화적 계급도 아니었고 특정 인종도 아니었다. 그들은 계급으로 치자면 익명, 무명의 무리였다. 영원히 솟아나는 원천처럼 영원이 되살아나는 히드라들이였다. 프롤레타리아, 히드라, 무리, 떼로서의 다중은 땅도 없고, 경작할 것도 없이 오로지 수탈을 당하기만 해야 하는 하층 계급민이었다[참고: 마커스 레디커 · 피터 라인보우(2008). 히드라(역). 서울: 갈무리].

46) 일반적으로 포텐티아라는 말은 이미 자동차 광고를 통해서도 우리에게 친근하다. 그때 말하는 포텐티아는(potentia)는 힘센, 강력한, 유력한이라는 의미로서 부와 권위를 가진 최상의 신분을 의미하는 것이었다. 포텐티아라는 말은 전기공학에서도 활용되는 말이다. 그것을 드러내는 단어가 계기용 변압기

(計器用 變壓器, potentia transformer)다. 일반적으로 전기는 아주 고압으로 송전되기에 가정에서 전기를 사용하려면 220V로 변환해야 되는데, 이때 필요한 것이 변압기다. 계기용 변압기는 높은 전압을 일정한 비율의 낮은 전압으로 변환시키는 계기로 전압계나 계전기 등에 전원을 공급하기 위해 사용되는 일종의 변압기를 말한다. 이런 일상적인 화법과는 달리, 포텐티아라는 개념은 철학적으로 스피노자의 『신학정치론(Tractatus Theologico-Politicus)』에서 본 모습을 드러낸다. "모든 지배자는 다중의 힘에 일종의 공포감을 느낀다."라는 언급이 그것이다. 인간에게는 자율적인 이성의 작용이 있다. 그 이성적 작용이 '코나투스(Conatus)'다.

코나투스라는 말을 처음 만든 것은 6세기의 요하네스 필로포누스(Johannes Philoponus)다. 이 말을 14세기의 장 뷔리당(Jean Buridan)이 수정하였다. 운동하게 만드는 힘이나 세력 혹은 기동력, 운동 원인으로서의 '임페투스(Impetus)'로 부연 설명하면서 코나투스를 임페투스의 이론 안에서 재구성한 것이다. 코나투스란 개체가 자신을 실존하게 하는 근본 동인이 외부적 세력이나 어떤 영향에 의해 파괴되거나 소멸되지 않도록 만드는 강력한 내재적인 힘을 말한다[참고: 베네딕트 드 스피노자(1990). 에티카(역). 서울: 서광사].

스피노자(Beredict Spinoza)는 국가 역시 다중지성처럼 이성과 정념을 함께 지니고 있다고 본다. 국가가 이성의 명령을 존중하면 다중지성의 자유를 실현하는 데 공헌한다. 국가가 당리당락에 치중하면 다중의 위세에 직면하게 된다. 다중지성은 그들의 힘을 결집할 줄 안다. 국가에게 그 힘으로 보여 주는 방법도 알고 있다. 다중지성의 힘을 다스리는 방법이 국격(國格)을 좌우한다. 스피노자는 "대다수 사람들을 분노하게 만드는 것은 국가의 권리와는 무관하다."라고 단언한다. 다중이 국가와 긴장하는 것은 다중의 책임이 아니다. 다중지성이 무지하기 때문이 아니다. 다중지성의 힘을 가볍게 보는 국가의 무기력에 원인이 있다. 국가의 무기력은 국격을 상실하게 만든다. 국격이 떨어지면 다중지성도 권능을 발휘한다. 맹종하는 것만을 익힌 양떼처럼 신민들을 다루는 국가는, 국가라기보다는 황무지라고 부르는 것이 더 적절하기 때문이다.

47) 참고: 니콜로 마키아벨리(2003). 로마사 논고(역). 서울: 한길사.

48) 신약성경 가운데에서도 성경의 사회학자들이 해석하고 있는 것처럼, 믿는 자들의 일상적인 관계와 권력 관계, 평등 생활의 중요성을 열거하고 있는 경전이 있다. 그것이 바로 야고보서(약 2:15, 2:26)다. 야고보서는 예수의 친동생이며 예수가 가장 아끼던 제자 중 한 명인 야고보가 예수 사후 30년쯤 뒤에 저술한 기록이다. 인간적으로 보면, 예수의 친동생인 야고보(Saint James the Just)는 의인 야고보(James the Just), 예루살렘의 야고보(James of Jerusalem), 하나님의 형제 야고보(James Adelphotheos), 또는 야고보, 주의 형제(James, the Brother of the Lord)라고도 불리는 인물이다. 그는 A.D. 62년 사망한 것으로 전해진다. 기독교 전승에 따르면, 그는 첫 번째 예루살렘의 주교였다. 그는 당시 교회의 기둥으로 인정받을 정도의 영향력이 있었던 인물이다. 야고보는 바울과 대립각을 세워 신학적으로 큰 갈등을 겪었던 장본인이기도 하다.

헬라파 기독교 지도자인 바울은 무엇보다도 '믿음'의 중요성을 강력하게 강조한 데 반해, 야고보는 믿음 그 이상으로 실천과 행함의 중요성을 더 강조했던 사람이다. 아무리 알고 믿고 있다고 해도 실천이 없으면 그것은 아무것도 아니라는 것을 누누이 강조한 야고보는 예수의 이부(異父) 동생으로서 누구보다도 형의 삶을 지켜본 사람이다. 예수와 야고보의 아버지가 다르다는 점은 기독교에서는 영원한 숙제이기는 하지만, 기독교 초기 당시 기독교 반대 운동이 심해지던 2세기 말경에, 켈수스(Celsus)라는 비기독교 철학자가 예수가 사생아임을 부각하기 위해 예수의 실질적인 아버지가 당시 로마 군인이었던 판데라(Panthera)였다고 주장하기에 이른 적도 있다.

예수에 대한 역사를 파헤치는 연구가인 크로산(Crossan) 교수는 예수의 탄생에 관한 여러 가지 논쟁들을 지켜본 뒤 하나의 결론을 내린다. 예수의 처녀 출생 이야기는 예언의 성취가 아니라 예언에 기초한 창작이라고 해석해야 한다는 것이다. 처녀 출생 이야기는 예언의 성취로 만들어진 것이 아니라, 고대의 예언에 기초한 창작이라고 정리한다. 이것은 예수 출생 이야기를 예수의 어머니 마리아의 육체에 관한 생물학적 상태로 이해하지 않고, 예수의 의미에 관한 신앙고백으로 이해해야 한다고 본 것이다. 그래야 예수에 대한 신앙의 가능성이 활짝 열리게 된다는 것이 크로산 교수의 주장이다. 왜냐하면, 처녀 출생 문제는 성인(聖人) 예수에 대한 신앙을 상징하는 것으로서, 그런 신앙이 시간상 거꾸로 투사되어 유아기의 예수로 소급된 것이다. 따라서 그의 출생 조건에 따라 그를 믿고 따르거나, 따르지 않거나 하는 그런 문제로 머물러 있을 수가 없다는 것이다[참고: 존 도미닉 크로산(1998). **예수는 누구인가**(역). 서울: 한국기독교연구소].

예수가 육체를 지녔던 인간이었던 것은 부정할 수 없다. 이복이기는 하지만 형이 되는, 인간이었던 예수와 어릴 적부터 늘 함께 생활한 사람이 야고보다. 예수가 말과 행동이 일치하는 그런 행함의 인물이었는지 어떤지를 일상적인 삶의 거리에서 보았던 사람이 바로 야고보였다. 야고보만큼 예수의 이것 저것, 시시콜콜한 것들을 체험적으로 알고 있는 사람은 없다. 예수를 따르는 사람들 중 어느 누구도 없다. 그런 야고보였기에 형에게 저항하던 젊은 시절의 행동을 버리고, 그 역시 형이 일상적으로 만인을 위해서 행한 것처럼 실천과 행함을 기독교의 제1교리로 드러내 놓았다는 것은 너무 당연한 일일 뿐이다.

야고보서는 그래서 기독교인이 행해야 할 일상적 교훈으로 가득 채워져 있다. 그리스도인, 특히 교계의 지도자들이 행해야 할 생활의 교훈, 목회 생활의 교훈, 지키기에 벅차기 그지없는 뼈아픈 생활지침들을 이야기하고 있다. 그래서 야고보서는 신약의 잠언으로 불리기도 한다. 이런 야고보서를 종교 지도자들이 신약성경에서 빼 버릴 계획까지 했었다고 전해질 정도다. 야고보서는 교계 지도자들이 일상적으로 교회에서 행해야만 할 교훈들을 예시해 놓고 있다. 야고보는 만인에 대한 사랑을 이야기한 예수처럼 교회에서도 만인을 위한 평등과 사랑을 입으로만 말하지 말고 몸으로 행하라고 이른다.

이 대목은 그의 형 예수가 지녔던 마음을 빼 닮았다. "내 형제들아 영광의 주 곧 우리 주 예수 그리스도에 대한 믿음을 너희가 가졌으니 사람을 차별하여 대하지 말라. 만일 너희 회당에 금가락지를 끼고 아름다운 옷을 입은 사람이 들어오고 또 남루한 옷을 입은 가난한 사람이 들어올 때에 너희가 아름다운 옷을 입은 자를 눈여겨보고 말하되 여기 좋은 자리에 앉으소서 하고 또 가난한 자에게 말하되, 너는 거기 서 있든지 내 발등상 아래에 앉으라하면 너희끼리 서로 차별하며 악한 생각으로 판단하는 자가 되는 것이 아니냐. 내 사랑하는 형제들아 들을지어다. 하느님이 세상에서 가난한 자를 택하사 믿음에 부요하게 하시고 또 자기를 사랑하는 자들에게 약속하신 나라를 상속으로 받게 하지 아니하셨느냐. 너희는 도리어 가난한 자를 업신여겼도다. 부자는 너희를 억압하며 법정으로 끌고 가지 아니하느냐. 그들은 너희에게 대하여 일컫는 바 그 아름다운 이름을 비방하지 아니하느냐. 너희가 만일 성경에 기록된 대로 네 이웃 사랑하기를 네 몸과 같이 하라 하신 최고의 법을 지키면 잘하는 것이거니와 만일 너희가 사람을 차별하여 대하면 죄를 짓는 것이니 율법이 너희를 범법자로 정죄하리라[야고보서 2:1-9]."

49) "인간의 협동을 가능케 하는 것은 공감능력 덕분이다. 두 살배기 아이의 근처에 뭔가를 떨어뜨려 보라. 아이는 당신을 불러 세워 도와주려 할 것이다." 진화 생물학자인 에얼릭(Paul Ehrlich) 교수의 일관된 관찰이다. 인간이 이제부터라도 살아갈 만한 새로운 세상을 만들어 내기 위해서는 우리(we)라는 우리(cage)에서 벗어나야 한다고 진화 생물학적인 관점으로 주장한다. 서로 생존을 보장하는 능력이 바로 인간에게 자리 잡고 있는 공감능력이다. 정권과 권력자들은 인간이 지닌 이 공감능력을 무기력하게 만들어 놓으려고 한다. 국가 권력을 증강시키고, 모두는 통치의 대상으로 묶어 놓기 위해서다.
예를 들어, 구약성경 사사기는 이것을 명증적으로 보여 준다. 길르앗 부족과 에브라임 부족은 서로 앙숙이었다. 분쟁이 있을 때마다 엇비슷한 모습을 한 서로를 적과 우리로 구분해 내기 위해 '쉽볼렛'과 '십볼렛'에 대한 발음을 활용했다. 발음이 우리와 타인을 구별지으며 생과 사의 가름하는 잣대가 된 것이다. 길르앗 병사의 질문에 '쉬(sh)' 발음을 못하고 그냥 '십'이라고 발음하면 그에게는 죽음이 돌아왔다. 그렇게 죽임을 당한 에브라임인이 4만2,000명이라고 성경은 적고 있다.
적과 우리 '피아(彼我)'의 구분이 단 하나의 발음으로 갈렸던 것이다. 발음은 문명이고 의식이고, 습관이기 때문에 우리와 우리 아닌 저들을 쉽게 구별해낼 수 있는 기준이 된 것이다. 우리와 다른 이들은 '타인'이 되었고, 고안된 타인은 사회적으로 처단되었다. 인종적 · 종교적 · 정치적으로 차별하기 위해 만들어 놓은 '이방인' '이교도' '이단'과 같은 타인들은 '우리'를 벗어나 있기에 악마일 뿐이다. '우리'에 어긋나는 타인은 제거의 대상, 학살의 대상일 뿐이다. 유대인을 무참하게 죽인 홀로코스트에 동참한 독일의 나치 당원들에게 가족과 국가라는 우리를 위해 타인들은 '사회적 암세포'였었다. 제거를 위한 명분이 우리라는 틀 속에서 만들어진 것이다[참고: 폴 에얼릭 · 로버트 온스타인(2012). **공감의 진화**(역). 서울: 에이도스].

50) 성경에서 말하는 것은 '진리가 너희를 자유케 하리라.'이다. 마광수 교수는 그것을 패러디해서 거꾸로 '자유가 너희를 진리케 하리라.'라고 말하고 싶다고 말한다. 그를 성도착증적인 작가이며 미치광이라고 몰아붙이는 사람들도 있지만, 지식 사회학에서 가르치는 것은 "고정불변의 진리란 존재하지 않다는 점에서 보면, 진리가 삶의 축이 되어야 하는지 아니면 자유가 삶의 축이 되어야 하는지는 상대적"이라는 마 교수의 지적은 나름대로의 의미를 지닌다. "자유롭고 유연성 있는 사고방식을 갖고서 모든 것들을 대할 수 있어야만 진리를 발견할 수 있다."는 마 교수의 논지는 빵을 위해 몸을 내던지며 고통을 감내해야 하는 호모 사케르들이 무엇이 먼저 필요한지에 대한 논의와는 별개로 다뤄야 할 논제다[참고: 마광수(2005). **자유가 너희를 진리케 하리라**. 서울: 해냄출판사].

51) 참고: 안토니오 네그리 · 마이클 하트(2008). **다중-제국이 지배하는 시대의 전쟁과 민주주의**(역). 서울:

세종서적.

52) 참고: 안토니오 네그리(2001). **제국**(역). 서울: 이학사.

53) 사실인지 어떤지 확인되는 것은 아니지만, 카르타고의 명장 '한니발'을 둘러싼 일화가 많다. 그는 애꾸눈 명장이었다. 그의 모습을 그림으로 걸어두고 싶은 욕심이 생겨 그는 집으로 화가를 불렀다. 자신의 초상화를 그리라고 명령했다. 화가는 열성을 다해 그의 모습을 그렸다. 애꾸눈의 모습도 정직하게 그렸다. 완성된 자기 모습의 그림을 본 한니발은 격노했다. 애꾸눈의 병신으로 그렸다는 것이었다.
애꾸눈을 그린 화가는 한니발의 모습을 제대로 정직하게 열성적으로 그렸기에 그의 목을 내놓게 되었다. 한니발은 다시 다른 화가를 불러서 똑같이 초상화를 그리게 했다. 이 화가는 이미 지난 번 화가가 죽은 것을 알고 있었다. 이제 그는 한니발의 초상에 두 눈을 그려 넣었다. 아주 용맹스런 장군의 모습이었지만, 그것을 본 한니발은 이번에 더 화를 냈다. "하나밖에 없는 눈은 나도 너도, 모두가 알고 있는데, 어째서 네 눈에는 둘로 보인단 말이냐." 고 되물었다. 사기꾼 화가라는 것이었다. 결국 이 화가도 자기 목을 내놓을 수밖에 없었다. 그를 미화시킨 대가가 바로 참수형이었다.

54) 지구 곳곳에서 벌어지는 국부적인 전쟁과 내분들은 그것을 '테러 전쟁'으로 부르건 '종교 분쟁' 또는 '인종 분규'로 부르건, 제국적 주권이 자신의 위협이 되는 모든 형태의 적들에 대해 벌이는 '지구적 내전'에 지나지 않는다. 제국적 주권이 전쟁을 조장하고 네트워크 권력을 더 치밀하게 강화할수록, 다중의 저항적 잠재력도 커지게 마련이다. 다중이 본래 지닌 탈집단성과 비조직성, 사적이고 개체적인 특이성들은 그 자체가 제국을 위협하는 공통의 무기나 마찬가지다. 다중은 평등하고 자유로운 세계에 대한 본원적인 욕망을 실현하기 위해 인종, 민족, 지역, 성별을 넘어서는 지구적 연대와 상호 연결로 민주주의의 가능성을 열어갈 것이다[참고: 안토니오 네그리 · 마이클 하트(2008). **다중-제국이 지배하는 시대의 전쟁과 민주주의**(역). 서울: 세종서적].

55) 아담 스미스(Smith)는 18세기를 대표하는 계몽주의자다. 도덕철학가이며 정치 경제학의 창시자이기도 하다. 그는 『도덕 감정론(Theory of Moral Sentiments)』을 1759년 펴냈다. 『국부론(Wealth of Nations)』은 1776년에 출판되었다. 그는 인간의 이기심과 그에 따른 경쟁이 사회 전체 이익의 기초가 된다고 주장한다. 사회 전체 이익의 기초를 만들어 내는 사람들이 '합리적 경제인'이라고 본다. 합리적 경제인은 오직 자신의 안전과 이득을 위해 노동 생산물이 최대 가치가 되도록 노력하는 사람이다. 저들의 이기심 때문에 우리는 저들의 인간성에 호소하지 않는다. 저들의 이기심에 호소할 뿐이다. 저들에게 우리 자신의 필요를 이야기하지 않는다. 저들의 이익을 이야기할 뿐이다. 저들이 바로 '보이지 않는 손'이기 때문이다.
저들에 이끌려 우리가 전혀 의도하지 않은 (긍정적인) 목적을 증진, 달성하게 된다. 스미스가 말하는 요지는 간단하다. 인간이 생존하기 위해 필요로 하는 것은 선의가 아니라는 점이다. 각자의 이기심에 의해 이뤄지는 행위가 인간의 생존 원인이라는 것이다. 각자 자신의 이익을 위해 행동할 때 전체 이익은 오히려 증대되기 마련이기에 자신의 이익을 추구하도록 자유방임주의가 필요하다는 것이다. 그렇게 하기 위해서는 정의의 원칙을 해치지 않는 범위 내에서 자유롭게 자신의 이익을 추구할 수 있는 자유로운 제도의 확립이 필요하다. 모든 사람이 이익을 위해 모두의 이기심 발휘가 필요하다는 논리다. 스미스를 시장경제의 대부로 보게 만드는 정치경제학적 관점이다. 그는 경제의 문제를 다루면서 영혼에는 관심을 두지 않았다. 그럴 이유가 없었다. 그는 오로지 세속 세계의 문제와 관련시켜 경제의 가능성을 추론해냈다[참고: 애덤 스미스(2008). **국부론**(역). 서울: 동서문화사].

56) 그 역시 레지스탕스였다. 독일군을 대항해 레지스탕스 활동을 하다가 잡혀 강제 수용소에서 사형선고까지 받았으나 극적으로 탈출했던 그였다. 전쟁이 끝난 후 외교관의 길을 걷는다. 1948년 유엔 세계인권 선언문 초안 작성에 참여하고, 유엔 주재 프랑스 대사, 유엔 인권위원회 프랑스 대표 등을 역임한 스테판 에셀 옹(翁)은 '자유 프랑스'를 위한 투쟁의 역군이었다. 그는 젊은 세대들에게 마지막 호소를 토(吐)한다. 레지스탕스의 유산과 그 이상(理想)들을 되살려 모든 이를 자유롭게 하라고 말한다. "이제 총대를 넘겨받으라. 분노하라! 정치계 · 경제계 · 지성계의 책임자들과 사회 구성원 전체는 맡은 바 사명을 나 몰라라 해서도 안 되며, 우리 사회의 평화와 민주주의를 위협하는 국제 금융시장의 독재에 휘둘려서도 안 된다."라고 호소한다[참고: 스테판 에셀(2011). **분노하라**(역). 서울: 돌베개].

57) 참고: 안토니오 네그리(1997). **야만적 별종-스피노자에 있어서 권력과 역능에 관한 연구**(역). 서울: 푸른숲.

58) 참고: 가라타니 고진(2007). **세계공화국으로**(역). 서울: 도서출판 비.

59) 사회적 기업가의 전형을 보여 주는 빌 드레이튼(B. Drayton)은 1967년 하버드 대학교를 졸업한 뒤 옥스퍼드와 예일에서 로스쿨을 졸업하고, 1970년에는 경영 컨설팅 회사 매킨지에 입사한다. 뉴욕시에 대한 컨설팅 프로젝트에서 미국 최초의 니코틴-타르 세금을 고안하는 활동을 펼치던 그는, 다중과의 공생을 위한 사회 혁신을 위해 1981년 아쇼카 재단을 설립한다. 그는 전 세계에서 선도적인 위치에 있는 사회적 기업가들을 지원하는 단체를 만들겠다고 결심했다.

아쇼카 재단은 5만 달러의 기부금으로 시작했지만, 지금은 연간 예산 3400만 달러 규모의 큰 조직으로 성장했다. 아쇼카 재단은 전 세계 68개 국가에서 2,000명의 사회적 기업가들, 즉 '사회를 위한 개혁가들(Ashoka: Innovators for the Public)'에게 8,000만 달러에 달하는 자금을 직접 지원했다. 아쇼카는 '신중하고 목적 있는 투자를 통해 최대의 이윤을 추구하는' 벤처 캐피탈이다. 아쇼카의 목적은 금전적 수익이 아니라 교육, 환경 보호, 지역 개발, 빈곤 완화 등 제반 사회 분야에서 실질적인 개선과 혁신이라는 이익을 겨냥한다. 마이크로 크레디트, 즉 무담보 소액 대출 운동으로 노벨평화상을 수상한 무하마드 유누스 교수도 아쇼카의 일원이다[참고: 데이비드 본스타인(2007). **달라지는 세계-사회적 기업가들과 새로운 사상의 힘**(역). 서울: 지식공작소].

60) 사회적 기업들이 사회 혁신에 초점을 맞춘다고 할 때, 그들의 관심은 사회적 불평등뿐만 아니라 교육, 문화의 불평등에도 관심을 갖는다. 실제로 미국, 프랑스, 독일, 일본 등, 부국(富國)에서 태어난 아동들은 『해리 포터』 시리즈를 모기 한 마리 없는 깨끗한 방에서 일주일이 채 지나기도 전에 모조리 읽어

버린다. 반면 가난한 나라에서 생활하는 수만 명의 어린이들은 단돈 천 원이 없어서 말라리아에 감염된 채 목숨을 잃는다. 이유는 단순하다. 그들은 다중의 절대 빈곤에 대한 사회적 무관심 때문에 죽어가는 것이 아니다. 빈곤의 문제를 해결하려는 국제기구가 없어서 다중이 빈곤에 시달리기만 하는 것도 아니다.

구호 물자와 구호금이 절대적으로 부족해서가 아니라는 것이다. 그것을 해결하려는 노력이 비현실적이며 비효율적이기에 다중들이 더욱더 비참하게 살아가는 것이다. 다중의 문제를 내부의 시각, 내부의 지원 관점으로 해결하기보다는 세계적인 시각, 국제적인 관점으로 계획하고 그것에 따라 평균적으로 실행하기 때문에 다중들이 죽어가기만 한다는 것이다. 지금의 시점으로 보면 지난 5년간 23조 달러에 이르는 구호금이 가난한 나라의 다중을 위해 투입되었다. 하지만 그 구호금들은 말라리아로 시달리는 임산부들에게 단돈 5,000원짜리 모기장 하나 제대로 전달해 주지 못했다. 뿐만 아니라 말라리아로 신음하는 아이들에게마저 단돈 1,000원짜리 말라리아 예방약을 제때에, 제대로 전해 주지도 못했다. 이런 구호 상태를 우리는 구호니, 구호 기금이니 하는 거창한 단어로 위로하려고 한다[참고: 실뱅 다르니 마튜 르 루(2006). **세상을 바꾸는 대안기업가 80인**(역). 서울: 마고북스].

61) 인도에서 긴급아동구호전화를 만든 제루 빌리모리아(Jeroo Billimoria), 헝가리에 장애인 생활공동체 네트워크를 만든 에르제베트 세케레시(Erzébet Szekeres), 브라질 의료서비스를 개혁한 베라 코르데이루, 저소득층 대학 보내기 운동을 시작한 미국인 제이콥 슈람, 에이즈와 맞선 남아공 간호사 베로니카 코사, 인도에서 장애인 운동을 일으킨 자비드 아비디, 예방접종 어린이 생존 혁명을 이끈 제임스 P 그랜트, 브라질 농촌에 값싼 전기를 공급한 파비오 호사 같은 이들은 바로 직·간접적으로 사회적 기업가들의 후원 아래 다중과의 공생을 사회적 현실로 이끌어낸 체인지 메이커들이다.

소외된 극빈 지역의 다중들에게 깨끗한 물, 건강 제품, 적정 가격의 주택을 제공하는 회사들에게 2000만 달러를 투자한 '비영리 세계벤처펀드'인 어큐먼 펀드(Acuman fund) 역시 다중과의 공생을 모색하는 사회적 기업가의 전형을 보여 준다. 어쿠먼 펀드의 창설자는 재클린 노보그라츠(Jacqueline Novogratz)이다. 재클린은 어릴 때 파란 스웨터를 선물로 받았던 적이 있었다. 그녀는 그 옷을 고등학교 1학년 때까지 아끼며 즐겨 입었다. 그러다가 그 파란 스웨터를 자선단체에 기부했다. 20년이 지난 어느 날, 그녀는 아프리카 길거리에서 바로 자기가 입었던 그 파란 스웨터를 발견한다. 어느 소년이 그 파란 스웨터를 입고 있었던 것이다. 나이가 든 그녀는 자기가 한때 즐겨 입었던 그 옷을 입고 있는 소년과 우연히 마주치게 된다. 아메리카의 대학 졸업생인 그녀와 빈곤에 떨고 있는 아프리카의 소년 사이에 20여 년이라는 시간을 건너뛰어 하나가 되는 새로운 연결이 시작되는 순간이었다. 그녀는 『블루 스웨터』라는 저술을 통해 세계는 부자든 빈자든 어느 지역에 있든 서로 연결돼 있음을 체험적으로 보여 준다[참고: 재클린 노보그라츠(2009). **블루 스웨터**(역). 서울: 이른아침].

재클린 노보그라츠는 미국의 버지니아 대학교를 졸업한 후, 체이스맨해튼 은행에서 국제 은행가로 활동하다가 25세 때 돌연 아프리카로 건너간다. 그곳에서 그녀는 파란만장한 경험들을 쌓으며 빈민들을 구제하는 각종 사업에 몸을 던졌다. 르완다에서는 아프리카 최초의 소액대출은행인 '두테림베레'를 설립하는 데 참여했다. 또한 재클린은 자선 기금에만 의존하던 미혼모 스무 명을 모았다. 지속적인 수익을 창출하는 기업 '블루 베이커리'를 세워 그들에게 자활의 기반과 성공의 구체적인 노하우를 전수하면서 저들의 자립을 도운 것이다.

그녀는 아프리카가 구원의 대상이 아니라는 사실을 깨닫는다. 물과 식량을 제대로 구하지 못하는 28억 명의 사람들은 구제 대상이 아니라 '소비자'인 것이다. 뉴욕으로 돌아온 그녀는 다중의 어려움을 원초적으로 극복하는 데 도움을 줄 수 있는 어큐먼 펀드(Acumen Fund)를 세운다. 이 비영리 기구는 자선 기금을 모아서 빈곤 퇴치를 위해 애쓰는 사회적 기업가들에게 투자하고 경영을 돕는 벤처기업이기도 하다.

어큐먼 펀드에 속한 사회적 기업가들은 가난한 사람들에게 꼭 필요한 서비스를 적정한 가격에 제공한다. 다중의 빈곤 문제를 해결하는 데 시장 지향적인 접근법을 활용하는 것이 보다 설득력이 있으며 효력이 크다는 것을 아프리카 체험을 통해 확신했기 때문이다. 어큐먼 펀드는 단순한 자선사업과 완전히 영리만을 추구하는 사기업의 중간 형태로 만들어진 세계 최초의 비영리 벤처캐피탈이다. 이 회사는 이 세계 수백만 명의 극빈층 이웃들인 다중을 상대로 저렴한 비용의 건강 관리 서비스, 깨끗한 물, 말라리아를 예방하는 모기장, 주택 등을 공급하는 기업들에 투자하고 있다. 어큐먼 펀드의 운용 실적은 분기별 재정 보고서가 아니라 세상에 미친 영향력의 정도에 의해 평가된다. 이들은 세류관개시설을 소규모 농민 27만 5,000명에게 판매한 농사 설비 설계자를 지원했다. 그 지원에 의한 시설 덕분에 농민들은 생산량을 두 배로 늘리는 효과를 보았다. 어큐먼 펀드는 아프리카에서 말라리아 퇴치용 모기장을 제조하는 기업에 투자했다. 투자받은 이 회사는 연간 1,600만 장의 모기장을 생산했다. 수많은 아프리카 아동들의 목숨을 구하는 동시에 여성 노동자 7,000명을 고용하는 고용 창출의 효과도 얻었다. 작은 일인 것 같지만, 이것은 그동안 수많은 국제개발 기구들이 해내지 못한 일이다. 아프리카 내부의 시각으로 이루어낸 엄청난 성과인 것이다.

62) 마태복음(25:30-40)은 기독교인이 어떤 방식으로 사회에 대해 자선해야 되는지를 알려 주고 있다. "너희는 내가 굶주렸을 때에 먹을 것을 주었고, 내가 목말랐을 때에 마실 것을 주었으며, 내가 나그네였을 때에 따뜻하게 맞이하였다. 또 헐벗었을 때에 입을 것을 주었고, 병들었을 때에 돌보아 주었으며, 감옥에 갇혔을 때에 찾아 주었다." 이 말을 듣고 의인들은 이렇게 말할 것이다. "주님, 저희가 언제 주님께서 굶주리신 것을 보고 잡수실 것을 드렸으며, 목마르신 것을 보고 마실 것을 드렸습니까? 또 언제 주님께서 나그네되신 것을 보고 따뜻하게 맞아들였으며, 헐벗으신 것을 보고 입을 것을 드렸으며, 언제 주님께서 병드셨거나 감옥에 갇히신 것을 보고 저희가 찾아가 뵈었습니까?" 그러면 그 분이 분명히 말한다. "너희가 여기 있는 형제 중에 가장 보잘 것 없는 사람에게 해 준 것이 바로 나에게 해 준 것이다."라는 종교적 신앙에 기초한 박애 운동을 역설하고 있다.

63) 보애티(Étienne de La Boétie) 교수는 호모 사케르가 지니고 있는 절대적인 힘은 피의 위력에 있다고 보기에 피의 위력만이 다중지성의 세력화를 촉진시키는 유일한 힘이라고 믿고 있다. 다중이 원하면 파괴의 쾌락은 언제든지 가능해야 한다. 다중의 포텐티아가 어떤 위력을 지녔는지를 드러내게 만드는 방

편이 아나키(anarchy)라고 찬양한다. 아나키야말로 파괴의 쾌락이 창조의 쾌락으로 거듭날 수 있는 공동체라는 것이다. 아나키는 원시 공산주의적 공동체의 원형을 말한다. 원시 공동체에서만이 호모 사케르들은 형제애로 함께 뭉칠 수 있다. 지배 권력의 힘을 무기력하게 만들 수 있는 방편이 아나키다. 아나키는 '지배'를 무력화시키고, 호모 사케르들의 에너지를 하나로 농축시킨다.

호모 사케르들은 서로가 상처받은 형제라는 것을 안다. 그들이 서로 형제자매로 거듭나기 위해서는 그것을 방해하는 것들부터 무기력하게 만들어야 한다. 형제자매로 살아가는 것을 가로막는 장애물을 제거해야 한다. 권력이 바로 형제자매를 이어가는 연결을 방해한다. 지배 권력들이 활용하는 폭력의 기제를 무기력하게 만들어야 한다. 호모 사케르들이 서로 형제자매일 수 있는 기간은 영원하지 않다. 서로가 연결하는 데 방해를 주는 장애물들을 제거하는 동안 그들은 강력한 형제자매 정신을 갖는다. 권력에 대항하는 동안 저들은 강력한 형제자매의 우정을 느낀다. 협동 정신은 오로지 사회 변혁과 혁명 그 동안에 가장 뚜렷하게 생동한다[참고: 에티엔느 드 라 보에티(2004). **자발적 복종**(역). 서울: 울력]. 그는 말한다. 혁명만이 호모 사케르를 하나로 묶어낼 수 있다. 다중지성의 포텐티아는 혁명을 통해 길러진다. 혁명 중에, 혁명의 과정 속에서 다중지성은 삶에 대해 배운다. 타인에 대해 공감한다. 그들의 삶살이가 권력 형성의 과정임을 배우게 된다.

64) 애굽, 즉 이집트를 호령하던 람세스의 지배를 벗어난 호모 사케르들은 수많은 역경과 고난끝에 가나안에 당도한다. 저들이 들어오기 전 그곳에 살던 원주민인 가나안의 토착민들은 농경문화를 이루고 살던 착한 심성의 농경인들이었다. 애굽의 노예로서 살아왔던 저들은 저들의 삶을 위한 거주지가 필요했다. 가나안의 원주민들과 대결은 불가피했다. 애굽을 탈주한 유대족속은 자기의 삶살이와 저들의 전통을 보존할 필요가 있었으며, 강력한 내부 결집이 필요했다. 모세는 그 방편으로 십계명을 생각해냈다. 강력한 도덕 규범과 결속의 훈령이 필요했다. 가나안의 풍요로움에 해이해질 수 있는 유대인의 내부를 하나로 묶으며 저들을 경계할 수 있는 방편이 필요했던 모세는 십계명을 만들어 낸다. 그 십계명은 후대 이스라엘을 하나로 묶는 모든 율법의 기초가 되었다[참고: 필립 지강테스(2004). **권력과 탐욕의 역사**(역). 서울: 이마고].

65) 참고: 안토니오 네그리 · 마이클 하트(2008). **다중-제국이 지배하는 시대의 전쟁과 민주주의**(역). 서울: 세종서적.

66) 신실용주의 철학자 리처드 로티(Richard Rorty)의 아버지 제임스 로티는 작가였다. 행동하는 작가였다. 어머니는 사회 민주주의 정치인이었다. 부모의 영향을 무시할 수 없었다. 로티도 민권운동과 사회활동에 참여한다. 급진적이지는 않았지만 그는 늘 외조부의 사회활동을 기억하곤 했다. 그의 외조부는 뉴욕 할렘가의 침례교 목사이자 신학자였었다. 그는 20세기 초 미국의 사회복음운동의 창시자였다. 로티는 평생 인문학의 중요성을 알렸던 학자였다. 그는 15세때 시카고 대학에 진학했다. 당시 그는 알프레드 화이트헤드(A. Whitehead)의 철학과 분석철학에 의해 영향을 크게 받고 있었다. 시카고 대학을 졸업한 후에 그는 예일 대학교에 입학하여 철학박사 학위를 받았다. 25세였다. 죽기 전까지 버지니아 대학의 케넌 인문학 석좌교수였다. 그는 지식의 표상주의 해석(representationalist account)을 거부했다.

그는 '자연의 거울(mirror of nature)'이라는 개념을 거부했다. 자연을 그대로 묘사하거나 기술할 수 있다는 표상주의 그 자체가 넌센스였기 때문이다. 그는 해석을 중요시하면서 인문학적 글쓰기를 선호했다. 위르겐 하버마스는 그의 오랜 친구였다. 그는 로티를 아이러니스트(Ironist)라고 불렀다. 로티는 미국을 지배했던 분석철학의 영향 아래 있었으나 분석철학에 천착하지 않았다. 후기구조주의와 해석학의 입장도 함께 수용했다. 그런 배경 아래 그는 실용주의를 재해석하기 시작했다. 그의 사상적 배경은 영미 철학계에서 그를 '지적 이단자'로 만들어 버린 원인이 되었다. 그가 네오프래그머티즘(neo-pragmatism), 즉 신실용주의로 방향을 선회한 것은 존 듀이(John Dewey)의 글을 강독하면서 시작되었다.

로티의 사상에는 세 가지 요소가 함께 녹아 있다. 첫째는 '신실용주의', 둘째는 '인식론적 행동주의', 마지막은 '자유주의 아이러니'다. 서구 철학이 그간 중요한 탐구 주제로 진리를 내걸었고 모든 철학은 진리 탐구라고 가르쳤다. 로티는 말한다. 진리 탐구는 허구다. 더 이상 의미 없는 일이다. 우리가 추구해야 할 것은 우리의 개별적이고도 자유로운 삶에서 개조적인 삶을 추구하는 것이다[참고: 리처드 로티(1996). **우연성 아이러니 연대성**(역). 서울: 민음사].

67) 인간의 삶은 산문적 부분과 시적 부분으로 양극화되어 있다. 산문적 삶은 기쁨 없이 강압과 의무만을 따르는 것이고, 시적 삶은 우리에게 충만감과 열정과 희열을 선사하는 모든 영역의 삶이다. 시적 삶은 사랑, 우정, 공동체 활동, 축제, 춤, 놀이 등에서 찾을 수 있다. 산문적 삶은 우리의 생계를 책임지지만, 참다운 삶은 시적으로 사는 것이다. 사람을 위한 문화 정책은 국민 개개인이 시적 잠재력을 최대한 발현할 수 있도록 돕는 것일 뿐이다[참고: 스테판 에셀 · 에드가 모랭(2012). **지금 일어나 어디로 향할 것인가**(역). 서울: 푸른숲].

68) 참고: 한준상(2008). **교육자본론**. 서울: 학지사.

69) 의식화는 '문제 제기식' 학습활동과 그것의 현장 실천을 강조한다. '프락시스(Praxis)'가 없는 의식화는 학교교육의 그것과 다를 것이 없다고 간주한다. 의식화는 명사가 아니라 동사다. 정보나 지식의 습득이나 암기 행위는 의식화의 본질이 아니다. 알았으면 현장에서 그것을 실천해 보며, 뒤틀린 현장을 바로 잡는 일을 중시한다. 의식화는 그래서 동사적이다. 앎의 시작이 의식화다. 앎은 행위로 끝난다. 행위는 변화다. 앎은 세상을 알아가는 진행형이다. 앎은 전달이며 변형이다. 앎은 대화다. 앎은 관계다. 앎은 밝혀짐이다. 대화의 목적이 대화이듯이, 앎의 목적은 앎이다.

앎은 있는 지금의 이 세계에 대한 새로운 인식과 변화를 말한다. 앎과 알려짐의 행위는 있는 현실을 새롭게 창조한다는 뜻이다. 의미 있는 배움은 직접적인 문제 상황이 있을 때 일어난다. 문제를 풀어가는 상황에서 발생한다. 문제 제기, 문제 참여, 문제해결의 과정이 사람을 바꾼다. 나와 너, 나와 세상 사이의 관계가 새로워진다. 타자의 생명에 대한 존중, 새로운 것에 대한 탐구, 자신의 연단이 가능해진다[참고: 파울로 프레이리(2007). **교육과 의식화**(역). 서울: 중원문화].

70) 바보의 자식은 바보가 되는 것이며, 천재의 자식은 천재가 된다는 식의 중세기적의 생물학적 유전론으

로 무장하고, 국가 정책 연구 용역에 이렇게, 저렇게 개입하여 치부에 성공했던 교육심리 연구가가 있었다. 그가 바로 미국교육학계에서는 전설적인 고다드(Goddard) 박사라는 인물이었다. 그는 교육심리학 분야에서 취득한 박사 학위를 십분 활용하여 국가 연구비를 독식한 희대의 협잡꾼으로서의 연구자였다. 그는 학문과 박사 학위라는 간판을 밑천 삼아 국책 연구비 사냥에 골몰했던 관변 브러커로서도 유명세를 지녔다. 대학에는 교수로서 적당하게 적을 걸어 둔 채 국책 연구비 사냥에 가장 성공했던 인물이었다.

그를 떠받쳐 준 학문적인 신념이 있었다. 인간의 유전적 우열론이었다. 그것을 굳게 믿고 있었던 극우 정치인이기도 했던 그는 지능검사를 처음 고안했던 비네(Alfred Binet)의 생각을 자기의 논리에 어떻게 연결할 것인가에 골몰했다. 그는 마침내 지능검사의 국가적 활용 계획을 입안하는 데 성공한다. 비네는 인간의 지능과 그 가능성을 이야기하면서, 정신 수준(Mental level)에 따른 능력이 다를 수 있다라고 말했었지만, 고다드는 그의 이론을 자기의 계획에 맞추어 적당히 응용한다. 교육심리학 박사 학위증이 전문성을 증거한다는 식으로 국책 연구비 수주에 여념이 없었던 고다드는 비네의 학문적 이론 그 자체에는 아무런 관심도 없었다. 그는 정권에 접근하기 위해 비네가 지능에 대해 이야기한 학문적인 근거를 한 번 뒤집고, 다르게 또 한 번 비틀었다. 비네가 말한 바의 '정신 수준에 따라 서로 다른 지적 능력'이라는 것을 아예 언급하지도 않았다. 대신 정치인들에게 호감이 가도록 '정신연령(Mental age)에 따른 지력'이라는 말로 바꿔치기를 했다. 모두가 알고 있는 '연령'이라는 개념이 애매모호하기 때문에, '나이에 따라 결정되는 지능'이라는 말로 바꿨다. 그는 잇대어 지능검사가 인간의 똑똑함과 멍청함을 가려내는 객관적이고도 과학적인 측정도구라고 강조했다. 지능검사가 이제부터는 인간의 노(魯)와 둔(鈍), 명석함과 더딤을 확실하게 가려내는 시약과 같은 것이 되었다.

고다드는 지능검사의 과학성을 돋보이기 위해 지능검사의 이론적 구축을 시도했고, 이를 위해 학자들의 논리를 적절하게 조합했다. 말하자면, 터먼(Lewis Madison Terman), 손다이크(Edward Lee Thorndike), 길포드(Joy Paul Guilford) 같은 학자들의 학문적 업적을 열거하며, 인용했다. 추상적 사고를 수행할 수 있는 능력으로 강조한 터먼이나 진리나 사실의 관점에서 좋은 반응을 가능하게 하는 능력이라고 설명한 손다이크의 논리가 고다드의 장삿속에서 뒤범벅이 되었다. 지능검사의 과학성과 객관성을 나름대로 조합해낸 그는 그다음 단계로 백인들과 권력층에게 접근, 설득했다. 미국의 중심 세력인 백인층이 그의 말에 솔깃해하자 국가 권력은 그를 비호하며 국가 통치를 위해 지능을 인적 자원 선발에 응용하기 시작했다. 군(軍)에서도 장병을 제대로 뽑기 위해 그의 이론에 기댔다. 꿈을 찾아 미국에 물밀듯이 입국하는 이민자들의 지력을 점검하는 인간능력 판별용으로 지능검사가 활용되기 시작했다. 어느 정도의 효력을 얻게 되자, 고다드가 말하는 바의 지능검사는 인간의 능력 판별, 인종 우열을 판단하는 교육적이고도 과학적인 수단으로 자리잡았다.

지능검사는 이제부터 범국가적인 권력 통치 수단으로 정착되었다. 정치 권력 집단도 고다드 같은 인물들의 학문적 복종과 아부가 싫지 않았다. 저들의 이론적 토대 제공이 정치적으로 활용하기 쉬워졌기 때문이다. 인간의 능력을 지능검사로 가려내고, 그렇게 선발된 인력들을 사회 곳곳에 배치하면 국가 통치력을 더 발휘할 수 있었기 때문이다. 미국 정부는 인종차별의 도구로 지능검사를 활용했다. 흑인이 국가 통제의 희생양이 되었다[참고: Spring, J. H. (1972). *Education and the rise of the corporate state*. Boston: Bacon Press]. 잇대어, 자유를 찾아 미국으로 이민 오는 사람들의 지적 우열을 그렇게 만들어 낸 지능검사지로 가르기 시작했다. 미국 정부는 고다드의 정책적 조언과 진두지휘 아래 이민자의 지력을 지능검사로 갈라, 정치적으로 핍박하기 시작했다[참고: Gartner, A. Creer, C. & Riessman, F. (1974). *The new assault on equality: IQ and social stratification*. NY: Harper & Row].

미국 주민들이 '우둔한' 이민자의 피로 오염될까봐 두려워했던 고다드의 노력 덕분에, 미국 뉴욕 바닷가 자유의 여신상이 있는 엘리스 섬은 과학의 이름으로 인종차별을 위장하기 위한 억류의 장소가 되었다. 고다드는 지능검사 개발로 재산을 불려나갔고, 이민자들은 그의 재력을 위한 희생양이 되었다. 고다드는 유전적 결정론과 지능이 단 하나의 변화 불가능한 실체라는 것을 이렇게 피력했었다. "인간의 행동을 결정하는 주된 요인은 단일한 정신적 과정이다. 이 과정은 선천적인 신경 메커니즘에 의해 조건 지워지며, 효율성의 정도는 그 신경 메커니즘에 의해 획득되고, 각 개인의 지적 또는 정신적 수준은 생식세포의 결합에 의해 발생하는 특정 염색체에 의해 결정되며, 신경기구의 일부가 파괴되는 것처럼 중대한 사고 이외에는 출생 이후 어떤 영향에 의해서도 거의 변화하지 않는다."[참고: 스티븐 제이굴드(2003). 인간에 대한 오해(역). 서울: 사회평론.]

제이굴드(Stephen Jay Gould) 교수가 유전 심리학자들 그리고 교육 심리학자들이 인간의 능력에 대해 농간을 부린 것을 비꼬기 위해 인간에 대한 잘못된 척도(The mismesure of man)라고 명명한 것은, 인간은 만물의 척도다(Man is the measure)라고 내세운 프로타고라스의 '인간만물척도설(人間萬物尺度說, Homo mensuratz)'을 다시 생각해 보게 만든다. 고대 아테네의 현자로 불리던 프로타고라스(Protagoras) 인간이 만물의 척도라고 한 말은 결코 '인간이 만물의 영장(靈長)이다.'이라는 말과 같은 뜻이 아니다. 그가 그렇게 이야기한 적도 없다. 프로타고라스가 소크라테스와 토론하면서 말했고 플라톤이 적어 놓은 이야기를 후대의 학자들은 필요 이상으로 과잉 확대 해석하거나, 고의적으로 오해한 것일 뿐이다. 인간이 만물의 척도라는 말을 인간이 만물의 영장이라고 해석하는 것은 끝내 잘못된 해석이며 과장된 오해일 뿐이다. 인간만물척도설은 "인간이 만물을 탐구하고 파악하는 잣대(尺度)이며 척도"라는 단순한 뜻을 담고 있을 뿐이다.

당시 58세의 프로타고라스와 37세의 소크라테스가 '덕(arete)'에 대해 불꽃 튀는 토론을 펼치면서 했다는 이야기들을 적어내린 플라톤의 기억에 의하면[참고: 플라톤(2001). 프로타고라스(역). 서울: 범우사.] 프라타고라스에게 있어서 인간은 만물의 척도이니 존재하는 사물의 척도이기도 하고, 존재하지 않는 사물의 척도로 이해되었을 뿐이다. 사물의 실체나 본질에 대한 절대적 인식이 인간에게 동일하게 가능하지 않다는 뜻이었다. 인간의 경험과 사고의 한계 때문에 어쩔 수 없이 내장되어 있는 인간 인식의 한계다. 프라타고라스는 '존재의 상대성'을 말하려고 했던 것이다. "모든 것은 나에게 나타난 대로 나에게 있고, 너에게 나타난 대로 너에게 있다. 그리고 우리 모두는 똑같은 인간이다."라는 뜻에서 그렇게 말한 것이다. 감각과 경험이 사람마다 각자적이며, 각자마다 나름대로의 차이가 있을 수밖에 없기 때문이라는 뜻이다.

프로타고라스가 골몰한 것은 인간이 지닌 '인식의 상대성'에 관한 문제 제기였다. 인간을 둘러싸고 벌어지는 사건, 사물, 자연 그리고 신과 같은 존재들의 본질에 대해 인간은 절대적이며 단정적인 지식을 얻어 낼 수 없었기 때문이다. 인간은 나름대로의 인식과 인식의 틀이 있기에, 사물을 나름대로 판단할 수밖에 없다. 각자적인 경험과 사유방식, 그리고 인식의 한계로 인해 영원불변의 지식에 결코 도달할 수 없다는 것이 인간이 만물의 척도라는 논리 속에 자리 잡고 있다.

만물의 척도인 인간을, 인식의 상대성을 지닐 수밖에 없는 인간의 능력을 하나의 잣대로 표준화시켜 보려고 했던 생물학적 노력이 바로 유전 심리학자들에 의해 진행되었다. 잇대어 그의 교육학계 후예들이 정치 권력과 기업가와 결탁하여 진행되었다. 각기 다른 인간의 인식능력을 하나의 잣대로 측정하여, 서열화할 수 있으면 인간 사회에 대한 조작도 가능해진다. 그렇게 인간의 본성과 인식능력을 정치적으로 활용하려는 사회 공학적 노력이 저들의 교육학적 연구에 깊게 숨어 있었다. 그런 모든 노력과 결과물들이 원천적으로 잘못된 채 사람들을 속박해 온 학자들의 죄악이라는 것을 밝혀낸 사람이 바로 스티븐 제이굴드 교수 같은 이였다. 제이굴드 박사는 그래서 저들의 논리에 대항하기 위해 '인간에 대한 잘못된 척도(The Mismesure of man)'라는 개념을 쓴 것이다. 인간의 열등함이나 인간능력의 우열은 자연의 법칙이 아니다. 학교처럼 인간이 만들어 낸 사회제도, 사회 기관에 의해 비롯된 것일 뿐이다. 그런 점에서 학교교육은 공범자다. 우리의 잘못이 크다. 우리의 죄가 클 뿐이다.

71) 참고: 한준상(2000). **국가과외**. 서울: 학지사.

72) 우주 안에 있는 모든 것의 진화는 '상전이(相轉移, phase transition)'에 의해 그 모습을 바꾼다. 상전이란 물질의 상태나 형태가 온도, 압력, 외부 자기장 등의 외적인 조건에 의해 한 형태에서 다른 형태로 바뀌는 현상을 말한다. 상전이에 의해 전에는 존재하지 않았던 것들이 불현듯 출현하게 된다. 동시에 새롭게 만들어진 형태의 구조가 물리적으로 분리되기도 한다. 상전이는 자연적 질서에서 인위적 질서로 바뀌게 만든다. 자연적 질서를 흔히 무질서라고 부르는데, 무질서에서 질서에의 변화가 상전이에 의해 일어난다. 무질서에서 질서에로의 변화는 대칭에서 파괴로의 전이를 말한다[참고: 가와자키 쿄지(2002). **비평형과 상전이**(역). 서울: 청문각].

예를 들어, 자연에 널려 있는 광물을 녹여 철을 만들고 그것으로 자동차를 만든다면, 그것은 자연의 광물이라는 대칭의 질서를 파괴했기에 비로소 자동차가 만들어질 수 있다는 것을 보인다. 자연은 대칭의 세계이고, 자동차는 자연을 부수고 새로 조합해서 만들어지는 개발의 세계를 상징한다. 자연은 자연적 질서로서의 무질서이고, 자동차는 인위적 질서로서의 파괴적 질서다. 한 번 파괴된 질서는 되돌릴 수 없다. 자동차를 해체하고 광물을 땅에 묻었다고 광석의 자연이 복구되는 것은 아니다. 파괴의 반대는 자연일 수 없다. 파괴의 반대어는 존재하지 않는다. 자연적 질서에서 인위적 질서로의 파괴는 일방향적일 수밖에 없다. 파괴를 중지하고 멈추거나 극소화하는 것이 파괴의 상처를 최소화할 수 있을 뿐이다. 친환경, 녹색 운동 같은 것은 그런 자연적 질서 회복에 근접하려는 노력일 뿐이다.

마찬가지로 배움은 자연으로서의 대칭적 질서인 데 반해, 학교는 배움을 해체하고 파괴시킨 후 만들어 낸 인위적 질서이며 파괴적 질서일 뿐이다. 학교를 해체한다고 배움이라는 자연적 질서가 자동으로 복구되거나 회복되는 것은 아니다. 학교라는 파괴적 질서는 그대로 그 몫과 기능을 할 것이며, 더욱더 그 기능은 다양해질 것이다. 이반 일리치가 탈학교(deschooling) 운동을 벌였지만, 학교교육은 그런 요구에 고개 한 번 끄덕이는 일로 응답했을 뿐이다. 파괴적 질서로서의 학교교육이 지니는 부작용을 최소화하거나 극소화시킬 수 있는 방법은 배움으로의 복귀로서 요구되는 자기 성찰, 자기 치유, 자기 개조의 치열한 정진일 수 있다[참고: Christensen, C. M. et al. (2008). *Disrupting class: How distruptive innovation will change the way the world learns*. NY: McGraw-Hill].

73) 참고: 한준상(2009). **교육 자본론**. 서울: 학지사.

74) 영국 자선 기부 단체인 옥스팜 숍에서는 코끼리 똥 종이로 만든 수첩을 판매한다. 이것은 친환경을 고려한 제품이다. 일반적으로 종이는 가볍고 저렴하고, 일상에서 떼어놓을 수 없는 재료다. 현재 우리가 하루에 소비하는 종이를 다시 만들기 위해서는 최소 10년 이상 기른 나무들이 필요하다. 이렇게 10년 이상 기른 나무를 종이용 원료로 소모하는 것은 친환경 원칙에 어긋난다. 친환경, 녹색 혁명을 위한 종이를 생산하기 위해 영국은 똥 종이를 재활용한다. 똥 종이란 코끼리와 판다, 코뿔소 등 초식동물의 배설물로 만든 종이다. A4용지는 물론 카드 · 수첩 · 스케치북 등 다양한 문구류의 원료가 된다.
스리랑카 야생 코끼리는 하루에 약 250kg씩 배설물을 배출한다. 이것을 수거해 여러 공정을 거치면 아름다운 종이가 된다. 배설물들을 잘 씻고 끓인 뒤 나온 섬유질로 만들기에, 종이로서 냄새나 위생에 어긋나지도 않는다. 같은 경우로 대량의 대나무를 매일 먹어 치우는 판다의 배설물도 종이 원료가 된다. 판다의 경우 그들이 먹는 대나무 중 약 20%는 소화되지만, 나머지 80%는 배설물로 나온다. 섬유소가 풍부하여 종이의 재질로서 손색이 없다. 판다의 배설물의 경우 옅은 대나무 향마저 풍긴다고 한다. 친환경, 에코 디자인들은 모두가 생태계를 복원하는 데 도움을 주는 친환경 정책이다.

75) 프레이리(Freire)는 교육의 궁극적 목표를 인간 해방에 두고, 농민에게 글을 가르치면서 독자적인 문맹퇴치 교육방법으로 제3세계 민중의 해방을 위한 민중교육에 선도자적인 역할을 감당한 교육 사상가이다. 1921년 브라질에서도 아주 가난한 북동부 레시페에서 태어난 그는 가난과 굶주림, 그리고 문맹을 극복하고 레시페 대학교에 입학, 졸업 후 변호사 생활로 삶을 시작했지만, 1946년부터 페르남부코 주 소속 사회봉사기구에서 일하기 시작하면서부터 이내 그가 태어난 레시페 지역과 인근 농촌 빈민, 공장 노동자들을 위한 교육 프로그램에 관심을 갖는다. 그것이 성인 문해교육과 민중교육의 시작이었다. 당시 농촌 빈민들은 글을 읽지도 이해하지도 못했다. 정치적 의사 표시에서도 두려움만을 느끼고 있던 그들은 1959년 당시 레시페 시장으로 당선된 급진적 민주주의자인 미구엘 아레스가 추진하려고 했던 헌법 개정 작업을 이해하지 못했다.
프레이리는 빈민에게 가장 시급한 것이 기초교육 프로그램 및 성인 문해교육, 그리고 비판적 의식화임을 직감하고 민중교육을 시작했다. 1960년부터 들어서기 시작한 브라질의 민중정부는 그에게 '국가 문해교육 프로그램'을 책임지게 했다. 그 후 1964년까지 백만 명에 이르는 비문해자들이 프레이리의 민중교육, 문해교육방법에 의해 글이 무엇인지를 익히고 쓸 수 있는 문해자가 되었다. 그의 민중교육 작업은 1964년까지가 전부였다. 1964년도에 등장한 군사정권은 프레이리를 공산주의자로 몰아 추방했다. 그가 추진하던 민중교육과 국민문해교육 캠페인은 중단되었다. 그를 따르던 수백 명의 민중교육가들도 국외로 추방당했다. 하버드 대학에서 연구 활동과 저술 활동을 하던 프레이리는 1980년 브라질로 귀국한다. 귀국 후 그는 다시 민중교육, 민중 참여 정치를 지속했고, 1988년부터는 상파울루 시의 교육감을 맡아 교육 개혁 작업에 착수했다.

프레이리와 대담을 하는 호튼(Horton)은 교육을 통해 새로운 사회 체제를 구축한다는 신념을 가지고 참여 교육을 통해 산별노조 운동과 흑인인권 운동을 촉발시킨 시민운동가였다. 1905년 미국 테네시 주 서부의 빈곤 지역인 델타에서 태어났다. 그는 시카고 대학교에서 사회학 공부를 마치고, 덴마크에서 지역사회 학교 운동을 공부한 후 귀국했다. 이어 그는 유니온 신학교를 다녔는데, 그때 그는 라인홀드 니버로부터 강한 영향을 받았다. 호튼은 1932년 테네시 주 그룬디 카운티에 하이랜더 지역학교를 설립하고 농촌 지역 노동자들과 함께 교육 프로그램을 시작했다.

하이랜더 시민학교는 흑인들이 선거권과 정치적 힘을 얻을 수 있도록 읽기와 쓰기를 가르쳤다. 1970년까지 시민학교를 통해 읽기와 쓰기를 배운 흑인은 약 10만 명에 이르렀다. 하이랜더 문해교육반의 첫 번째 강좌가 끝났을 때, 참가자의 80%가 법원에 유권자등록을 마칠 수 있었다. 호튼은 흑인들에게 글자를 읽히고 쓰는 것뿐만 아니라 투표권을 획득하여 시민권을 행사하는 운동도 함께 전개했다. 1957년 1월부터 1961년까지 400여 명의 교사들이 미국의 민중교육의 산실인 시민학교 프로그램을 수료하고 시민운동의 촉매자가 되었다. 잇대어, 4,000명이 넘는 학생들이 시민학교 프로그램을 수료하면서 하이랜드 지역의 선거권자, 특별히 흑인 피선거권자는 300% 이상 증가했었다. 호튼은 여성 인권운동가인 제인 애덤스와 마틴 루터 킹 목사와 함께 일하기도 했다[참고: 파울로 프레이리 · 마일스 호튼(2006). **우리가 걸어가면 길이 됩니다-교육과 사회 변화를 위한 프레이리와 호튼의 대화**(역). 서울: 아침이슬].

두 사람은 사회를 바꾸기 위해서는 중립적이라는 말을 함부로 하면 곤란하다고 지적한다. [호튼]: "학자, 정치가 등 이 나라를 이끌고 있다고 여겨지는 사람들은 모두 중립적이어야 한다고 말합니다. 하지만 저는 '중립'이란 단어를 보고 그 의미를 생각하는 순간 중립성이란 존재할 수 없다는 것을 깨달았습니다. 중립성은 현 체제에 찬동한다는 것을 감추는 '교묘한 말'입니다. 중립성은 현재 존재하는 것 또는 앞으로도 존재하게 될 것만 관련을 맺습니다. 중립성은 단지 다수가 하는 대로만 합니다. 그러므로 중립성은 체제가 우리에게 요구하는 것일 뿐이에요. 말하자면 중립성은 비도덕적인 행동인 것이지요. 종교적 관점에서의 생각이긴 하지만 제가 보기에 그것은 인기 없는 쪽에 서서 불의에 반대하기를 거부하는 것입니다. 달리 말하면 변명이지요."

[프레이리]: "중립, 그것은 자신의 선택을 숨기기에 딱 좋은 방법이지요. 자신의 선택을 드러내고 싶지 않다면, '나는 중립적이다.'라고 말하면 됩니다. 하지만 억압하는 자와 억압받는 자 사이에서도 중립적이라는 말이 통할까요? 절대 불가능하지요. 이런 관계에서의 중립성이란 지배 집단을 위한 봉사를 의미할 뿐입니다. "나는 지배 집단 편이오."라는 말 대신에 "나는 중립적이오."라고 말하는 것이지요."

76) 참고: 한준상(2007). **교육자본론**. 서울: 학지사.

77) 랑시에르는 소크라테스를 의도적으로 평가절하한다. 랑시에르는 소크라테스에 대해 맹목적인 존경을

보내는 사람 모두를 싸잡아 조롱한다. 첫 번째 비판으로 랑시에르는 소크라테스의 언명, 즉, '나는 무지하다.'에 대해서 야물게 비판한다. 소크라테스는 자기 스스로 늘 무지하다고 했지만, 그가 이야기하는 무지는 남들이 이야기하는 무지와는 거리가 멀었다고 해석했기 때문이다. 소크라테스는 무지하다라는 말을 씀으로써 무지와는 정반대의 이야기를 즐겼다는 것이 그에 대한 랑시에르의 단죄였다. 소크라테스 자신은 너희가 생각하는 것처럼 결코 무지하지 않다는 것을 극적으로 드러내 보이는 류의 간교한 비유를 썼다는 것이다. 말하자면 유식한 무지에 대한 독백의 표본이라는 것이다. 소크라테스는 자신의 지력을 과신한 사람이라는 것이 그의 비판이었다.

둘째로, 랑시에르는 소크라테스를 다중의 배움에는 별 도움이 되지 않는 사람이라고까지 몰아붙인다. 소크라테스의 가르침과 배움에 대한 랑시에르의 원초적 불만은 소크라테스의 질문 그 자체에 있다. 소크라테스 자신은 자기가 알고 있는 식의 인지방식으로 노예가 앎에 이르도록 지도했다는 지적으로 소크라테스에 대해 분개하고 있다. 소크라테스의 교육방법은 모든 유식한 교사들이 하고 있는 것과 아무런 차이도 없다는 것이다. 랑시에르는 말한다. 인간을 해방하고자 하는 자는 인간의 방식으로 상대에게 질문해야 한다고 말한다. 식자의 방식으로 질문하고서 그것이 저들의 처지에도 맞아들어 간다고 하면 곤란하다는 것이다. 지도받기 위해서 질문을 해야지, 지도하기 위해서 질문해서는 안 된다는 것이 소크라테스에 대한 단죄다. 소크라테스가 말하는 해방교육의 방법론, 말하자면 자기 해방의 교육은 자기 배움의 원리에 어긋난다는 것이다. 자기 해방이 우선하지 않는 한, 지도를 위한 지도용의 유식한 질문은 자기 해방과는 거리가 멀다는 것이다. 랑시에르는 소크라테스가 보여 주는 유식한 스승의 가르침을 소크라테스주의라고까지 폄하해 버린다. 소크라테스주의에 기반을 둔 바보 만들기의 교육학이 오늘의 학교교육이라고 비난하고 있는 실정이다. 소크라테스주의의 교수학습법을 유식한 스승의 바보 만들기의 교육학이라고도 불렀다[참고: 자크 랑시에르(2008). **무지한 스승**(역). 서울: 궁리]. 개인적으로 소크라테스를 부르주아의 한편으로 몰고 그를 비판하는 랑시에르의 논조에 100% 공감하는 것은 아니지만, 그가 지적하고 있는 소크라테스의 오만함 같은 것은 제대로 지적했다고 보는 편이다.

랑시에르는 프랑스어라고는 한마디도 알지 못했던 학생들을 가르친 자코토의 교수법을 소개하면서, 현대판 기교주의자들이 가장 효과적이라고 추켜세우는 현대판 교수법이 바로 바보 만들기를 위한 교육학의 전형이라고 지적한다. 교육학의 신화는 지능을 둘로 분할해 놓는 것으로부터 시작하는데, 그것은 사람들이 열등한 지능을 갖는 사람도 있고 우월한 지능을 갖는 사람도 있다는 논리다. 열등한 지능은 지각을 무작위로 등록하고, 기억해 두고, 해석하고, 습관과 욕구의 좁은 고리 안에서 경험을 통해 되풀이하는 지능인데, 이것이 어린아이와 보통 사람이 가진 지능과 엇비슷하다. 반대로 우월한 지능은 사물을 이성으로 인식하는 지능으로써 그것은 방법에 따라 간단한 것에서 복잡한 것으로, 부분에서 전체로 나아가는 능력을 보여 준다. 우월한 지능을 가졌기 때문에 스승은 자신이 가지고 있는 지식을 학생의 지식 능력에 맞추어 전달할 수 있고, 또 학생이 배운 것을 잘 이해했는지 검증할 수 있다. 지능에 대한 이런 설명의 원리가 바로 자코토가 말하는 바보 만들기(abrutissement)의 원리다.

랑시에르는 지능의 불평등이 자연(본성)적인 것이라고 설명하면서 다른 사람들의 무능력을 연출하는 '바보로 만드는 행위'와 그로 인해 지능은 불평등하고 자신은 무능하다고 믿으며 '바보가 된 느낌'을 받아들이도록 만드는 교육학을 '바보 만들기'의 교육학이라고 간주한다. 여기서 『무지한 스승』을 번역한 역자는 읽는 이들을 위해 바보 만들기라는 프랑스어의 활용법을 상세하게 설명해 주고 있다. "우리는 abrutir(우둔하게 만들다. 바보로 만들다)의 명사형인 abrutissement을 '우둔화'라는 어려운 한자말보다는 '바보 만들기'라는 명확한 우리말로 옮겼다. 이에 맞춰 abrutir하는 자인 abrutisseur를 '바보를 만드는 자'라고 옮겼다. 랑시에르는 abrutissement을 (지적)해방—모든 지능의 발현이 내포하는 본성적 평등을 의식하는 것—에 맞세우면서 "abrutissement이란 어떤 존재가 자신의 무능력을 받아들이고 그것을 재생산하는 의식" 또는 "열등감"이라고 말하기도 한다.

랑시에르는 심지어 소크라테스를 열등감의 소유자로 간주한다. 유식함을 정반대의 은유로 내세우기 위해, 소크라테스는 이 세상에서 가장 똑똑한 사람으로 그를 지목한 델포이의 신탁을 적당히 무시해가면서 정반대의 메시지를 보냈다는 지적이 그것이다. 소크라테스는 오히려 델포이의 신탁이 가장 정확한 이야기라는 것에 기댄 채 그에게 다가오는 누구에게든지 무지가 무엇인지 가르쳐 주겠다고 나섰다는 것이다. 소크라테스는 델포이 신탁을 믿었다. 그는 신이 자기를 뽑았으며, 신이 그에게 개인적인 메시지를 전달했다고 생각했다. 그는 우월한 존재들의 광기, 즉 자기가 천재라는 믿음을 공유했다는 것이다.

그런 소크라테스가 사람들에게 배우게 하기보다는 가르치기만 한 사람이라는 것이 바로 그가 즐겨 활용한 산파법이라는 것이다. 가르치기보다는 사람들이 배움에 이르도록 조력한다고 하면서 그와 함께 배움의 길에 동행하는 것 같지만, 실제로 그는 그들과 동행하기보다는 삶의 원리를, 배움의 원리를 가르치기만 한 스승이다. 그런 점에서 소크라테스는 스스로 먼저 해방된 스승이 아니었다. 정반대로 자기는 무지하다고 고백하는 척하면서 무지함을 드러내기보다는 자기의 유식함을 드러내기만 한 인물이다. 그가 해방하기 위해서는 먼저 자기 배움에 투철했어야 했다. 마치 예수나 석가가 보여 준 것처럼, 자기 해방을 위한 처절한 절규가 우선해야 했다. 그로부터 자기를 먼저 해방하면서 그들과 배우려는 사람들과 함께 동행했어야 했다. 형태는 제각기 다르겠지만, 그런 사람들이 무지한 스승의 표상이다. 그런 무지한 스승들만이 인간을 해방할 수 있을 것이라는 것이다.

소크라테스는 자기의 지력을 과신했던 유식한 스승이었다는 것도 랑시에르의 또 다른 비판이다. 자신의 유식함에 걸맞게, 즉 자신의 유식한 무지를 따르겠다는 사람들을 자기처럼 유식하게 만들기를 바랐던 것이다. 소크라테스는 질문을 던짐으로써 메논의 노예로 하여금 그 안에 있는 수학적 진리들을 깨닫게 만들었다. 소크라테스가 보여 준 질문 행위는 스승이란 바로 질문하는 사람이라는 점에서 옳은 행동이다. 그럼에도 불구하고 그의 질문을 받는 사람들이 강제를 받는다는 것은 피해야 한다. 그렇게 하기 위해 그의 질문이 되는 대로 말하고 있는 것은 아닌지 철저하게 검증해야만 한다. 그렇게 하지 않으면 그의 질문은 그저 솜씨 좋고 더 유식한 스승이 던지거나 명령하는 질문에 지나지 않게 되기 때문이다. 그런 질문은 유식한 스승이 보여 주는 그의 학식의 깊이를 반영할 뿐이다. 유식한 스승이 가슴 가득 간직한 학식은 그의 질문을 쉽게 망쳐 버렸다. 그것은 유식한 스승일수록 질문에 대한 대답을 알고 있으며, 그런 질문들은 자연스럽게 학생을 그 대답으로 이끌어 가게 마련이기 때문이다. 이런 질문과 해답들이 바로 그동안 훌륭한 스승들의 비밀이었다. 질문을 통해 그들은 학생의 지능을 조심스럽게 이끌어

냈다. 학생의 지능이 작동할 수 있을 만큼 상당히 조심스럽게, 각자의 내면에 소크라테스 하나씩을 심어 놓았던 것이다.

소크라테스의 이런 질문에 앎의 길은 있을지도 모른다. 하지만 배움의 길을 나선 이들에게는 결코 해방의 길이 보이지 않게 마련하라는 것이 랑시에르의 비판이다. 소크라테스는 수학을 전혀 알지 못하는 노예 소년으로 하여금 기하학의 한 증명을 세우게 했다. 이 일화가 일반 교육학에서는 제대로 가르침, 잘 가르침, 교사가 해야 할 전형적인 교수법으로 소개되고 있는 실정이다. 실제로 소크라테스는 노예 소년으로 하여금 그가 묻는 몇 가지 질문에 대답만 함으로써 기하학의 한 증명을 세우게 만들어 놓았다. 소크라테스는 그 소년에게 그 어떤 해답을 일러준 적이 없었다. 단지 그에게 기하학에 대한 질문만을 했다. 그런데도 노예 소년은 문제에 대한 해답을 이끌어 냈다. 노예 소년의 앎에 대한 소크라테스의 노력은 그것으로 일단락된다.

랑시에르는 이 지점에서 소크라테스의 가르침에 교육학적 원리를 찾아낼 수 있을지는 모르나, 인간의 자기 배움과 자기 해방과는 아무런 관련도 없다고 단정한다. 소크라테스는 그런 점에서 유식한 스승에 머물렀을 뿐이라는 것이다. 소크라테스가 마치 예수나 붓다처럼 무지한 스승이 되기 위해서는 자기 해방과 더불어 배우는 이들과 철저하게 동행하며 지식으로 바뀌었어야 했다. 노예 소년이 삼각형에 관한 기하학적 답을 알아내는 것에 끝낼 것이 아니었다. 노예 소년 안에 잠재하고 있는 자기 앎에 대한 근력을 재발견할 수 있기 위해 그를 계속 붙들고 있어야 했다는 것이다. 소크라테스는 노예 소년이 무엇인가 알아낼 수 있다는 앎의 가능성을 증명했다. 하지만 그것만으로는 노예 소년의 무능을 증명하는 것이나 별다를 것이 없을 뿐이다. 노예 소년이 끝내 무능하고 무지하다는 것을 제 스스로 깨닫는 것만으로는, 결코 노예 소년 혼자 자기의 길을 걸을 수 없을 것이다. 소크라테스라는 스승은 노예 소년에게 가르침과 배움의 교훈이 무엇인지 예중하기 위한 그런 제한된 시간과 공간을 보여 줬다. 노예 소년이 소크라테스를 떠난다면, 그 누구도 그에게 자신의 앎과 앎의 길을 걸으라고 주문하지 않을 것이다. 소크라테스는 그런 상황을 인지하고 있었다. 그는 끝내 자기 안에서 노예로 남아 있도록 운명지어진 소년에게 허황된 질문을 던진 것이다.

랑시에르는 말한다. "보편적 가르침과 그리도 가까워 보이는 소크라테스의 방법이 바보 만들기의 가장 무시무시한 형태를 대표한다. 학생을 그의 고유한 앎으로 이끌 수 있다고 자처하는 소크라테스의 질문법은 사실 승마 교사의 방법이다. "승마 교사는 선회, 전진, 후진을 명령한다. 그는 자기가 지도하는 정신이 말을 타는 동안 느긋하게 쉬면서 품위 있게 명령한다. 우회하고 또 우회하여 (학생의) 정신은 자기가 출발할 때 예상하지도 못했던 목적지에 도착한다. 정신은 그 목적지에 닿은 것에 놀라 뒤를 돌아보고는 그의 길잡이를 알아차린다. 놀라움은 존경으로 바뀌고, 이 존경은 그 정신을 바보로 만든다. 학생은 느낀다. 혼자 버려져 있었다면 자신은 이 길을 따라가지 못했을 것이라고"

소크라테스는 무지한 스승이 아니다. 무지한 스승들은 가르치지 않고, 보여 주려고만 할 뿐이기 때문이다. 보여 주려는 것은 그가 다시 배운다는 그것이다. 소크라테스와 인간 예수의 삶은 모두가 극적이다. 한 명은 독약으로 다른 한 명은 십자가에서 살아 있음이 무엇인지를 보여 준다. 스승의 관점으로 조명하면 다른 결론도 가능하다. 한쪽은 스승이고 다른 한쪽은 아직도 자신을 드러내려고 안간힘을 쓰고 있는 학습자일 뿐이다[참고: 한스 요아힘 슈퇴리히(2008). **세계철학사**. 서울: 이룸].

랑시에르가 소크라테스의 스승상에 대해 필요 이상으로 곡해하지 않는다고 말할 수 없다. 소크라테스가 처했던 당시의 사회상에 대한 랑시에르 교수 나름대로의 곡해가 크게 작용했기 때문이다. 그는 아테네 공동체의 정점에 소크라테스가 지적인 상징으로 존재하고 있다고 보았다. 그것은 그의 오해였다. 소크라테스는 리더가 아니었다. 그는 팔로워(follower)였을 뿐이다. 소크라테스가 리더를 비판하는 길은 그를 무지함으로 위장하는 길이었다. 무지의 힘을 보여 주기 위한 소크라테스의 처세술이었다. 이열치열(以熱治熱)의 해체적 관점을 활용한 것이다.

랑시에르는 소크라테스가 정치적인 인물이었음을 상기하고 있다. 세상에 중립은 있을 수 없다는 점에서 랑시에르의 지적은 옳다. 실제로 소크라테스는 소피스트(sophist)들을 끊임없이 비판했다. 소피스트들이 문자로 무엇을 기록해 감으로써 혼이 없는 지식들을 가치 있는 것으로 알려가면서 지식을 밥벌이의 수단으로 삼으려고 했다는 단죄를 잊지 않았다. 소피스트를 단죄하기 위해 그는 그들에게 파르마케이아(pharmakeia)라고 낙인했다. 파르마케이아는 사람의 병을 제대로 고치는 파르마콘(pharmrkon)과는 달리 사이비, 짝퉁, 무늬만 의사였다. 실제로는 주문에 의지하는 굿거리 무당과 같은 주술사들이었다. 동시에 소크라테스는 문자(文字)를 필요 이상으로 구사하며 사람들을 현혹시키는 이방인도 파르마케이아의 신분과 엇비슷한 파르마코스(pharmakos)라고도 불렀다. 파르마코스도 사이비 주술사나 마법사를 지칭하는 오명이기는 마찬가지였다. 결국, 파르마케이아나 파르마코스는 속성이 같은 사이비를 지칭하는 것이었다. 소크라테스는 소피스트를 그렇게 경멸했다. 영혼의 교감에 의해 진리에 접근하는 사람들이기보다는 특정한 파당에 이끌린 채 사람들에게 주술과 언술, 그리고 문자를 악용하면서 저들의 영혼을 팔아먹은 잡상인처럼 간주했다.

그러나 아테네의 정치 권력인 민주 권력은 오히려 소크라테스를 사이비 파르마코스로 낙인하여서 그를 신랄하게 단죄했다. 아테네의 선량한 시민들과 청년들을 타락시키는 파르마케이아가 소크라테스 자신이라고 선고했다. 무당이나 주술사로서의 파르마코스로 단죄되었던 소크라테스는 선택의 여지가 없었다. 저들의 무지에 저항하고 저들의 단죄를 조롱하는 수밖에 없었다. 그것 때문에 소크라테스는 독사발을 받아들이며 죽음을 자초했다는 것이다. 소크라테스 역시 자신도 알지 못하는 사이, 부지불식간에 자기 언설의 정당성에만 의존한 채 파르마케이아와 같은 이중성이 몸에 배어 있었을 가능성을 부인하기 어렵다는 것이다. 자기 성찰을 그토록 강조했지만, 자기 자신도 모르는 사이에 성찰에 게을러졌을 가능성을 부인하기 어렵다는 것이다[참고: 제이슨 포웰(2011). **데리다 평전-순수함을 열망한 한 유령의 이야기**(역). 서울: 인간사랑].

일견 있을 수 있는 비판이며, 소크라테스에게 그런 반추의 여백이 적어졌을 가능성도 농후하다. 그렇기는 하지만, 소크라테스는 아테네 공동체에서는 철학적 순교의 전형이나 마찬가지였다. 소크라테스가 독배를 마시고 죽음을 택한 것은 초기 기독교 성인들의 순교와 질적으로 엇비슷하다. 죽음을 받아들이는 소크라테스의 모습은 기독교 순교자들에게도 모범이었다. 소크라테스를 지혜의 스승으로 만들어 놓은 문명사적 사건이다. 그의 죽음은 영원한 추억이다. 소크라테스는 혁명가가 아니다. 랑시에르 교수가 요청하고 있는 호모 사케르에 대한 열정적인 혁명가가 아니다. 소크라테스는 당연히 랑시에르의 관점에서 보면 '무지한 스승'상의 바깥에 서 있게 된다. 소크라테스는 후대에게 가르친 것이 없다. 그는 그저 보여 주었을 뿐이다. 그는 글 한 점을 남기지 않았다. 그의 삶이 텍스트였기 때문이다. 그의 몸이 방법이었다. 그가 바로 아테네에게는 무지한 스승의 전형이었다. 소크라테스라는 인간 그 자체가 자율적이었다. 그 자신이 도덕적인 인품이었다. 옳은 것에 헌신하기 위해 자유로움이 무엇인지를 보여 주었다. 그의 죽음은 '소크라테스의 복음'이었다.

소크라테스는 늘 말했다. 바른 것이 무엇인지 알지 못하면 바른 것을 행하기가 불가능하다고 말했다. 바른 것이 무엇인지 안다면 바른 것을 행하지 않는 것도 쉬운 일이 아니다. 사람이 덕 있게 하려면 덕이 무엇인지를 가르쳐야만 한다는 뜻이다. 사람이란 자신에게 최선만을 실천하려고 한다. 선한 것이 최선의 것이 되려면 선한 것이 무엇인지 알아야 한다. 덕과 앎이 결합되어야 한다.

소크라테스는 사람들로 하여금 스스로의 무지를 깨닫게 하려고 노력했다. 자기 무지를 깨닫는 길은 자기 검증과 반성으로 가능하다. '너 자신을 알라.'는 것이 바로 그것이었다. 소크라테스가 만들어 낸 말이 아니다. 아테네 공동체를 지배하던 정신적 지표였다. 소크라테스는 아테네의 도덕적 기반을 그리스의 정신 문화에서 찾아낸 것이다. 인간이란 자기 성찰과 반성을 통해 도덕적 빈곤에서 벗어날 수 있다고 보았다[참고: 한스 요아힘 슈퇴리히(2008). 세계철학사(역). 서울: 이룸].

소크라테스는 사회 혁명가가 아니었다. 아테네의 당시 사회정치적 상황은 어느 누구도 사회 혁명가를 원치 않았다. 아테네 공동체는 전쟁 노예의 노동력을 기반으로 유지되는 도시국가였다. 모든 공동체는 그렇게 통치되었다. 아테네의 인구 중 과반수가 노예였다. 법적 권리가 없는 호모 사케르였다. 당시 노예 노동이 아테네의 경제적 기반이었기에 그 누구도 노예제도를 비난하지 않았다. 노예 중의 상당수가 한때는 적국의 시민으로 자기의 목숨을 노렸던 사람들이었기 때문이다.

소크라테스가 노예제에 대해 강력하게 반대했다는 증거는 없다. 그가 노예제를 적극적으로 받아들인 것도 아니었다. 소크라테스는 당시 아테네의 천박한 민주주의에 대해 일종의 혐오감을 갖고 있었다. 아테네는 기원전 431년부터 30년에 걸친 펠로폰네소스 전쟁 동안 스파르타에 대항할 힘의 결집이 필요한 시기였다. 그럼에도 불구하고 정권을 쥔 민주주의 당파는 스파르타의 귀족주의 헌법을 선망하는 귀족 세력과 치열한 당쟁을 벌이고 있었다. 당시 도시국가 아테네의 헌법은 민주주의적이었다. 민주주의는 귀족의 눈으로 보면 형편없는 정치 체제였다. 아테네에서 자유인만이 시민이 될 수 있었다. 자유 시민들 간의 정치적 긴장과 갈등이 심각했다. 예를 들어, 아테네는 민주주의 절차에 따라 유죄와 무죄를 다수결로 판정하는 제도를 유지했다. 재판관은 주로 노인들로 채워졌다. 할 일 없으며, 적절한 지식도 없는 사람들이 시민이라는 이유 때문에 재판관으로 봉사했다. 그들은 별다른 법률 지식도 없으면서 법정에 참가 수당을 받기 위한 배심원들이었다.

게다가 아테네의 미래를 결정하는 민회는 고통과 인내가 필요한 정책들을 거부하기만 했다. 아테네의 비전이 사라지고 있었다. 정치 현장에는 언술과 논변이 가득했다. 아테네를 구해야겠다는 애국심 가득한 젊은 엘리트들은 이런 아테네의 현실을 비판적으로 바라보았다. 그들에게 아테네의 정치는 마치 환자가 건강을 위해 약을 먹을지 독약을 먹을지 결정하는 투표장이나 마찬가지였을 뿐이었다.

소크라테스 자신은 사회 부유층 출신이 아니었지만, 모두에게 자기 성찰을 가르쳤다. 그는 아테네의 천박한 민주주의 정치 현실에 비판적이며 새로운 이상형을 추구하던 귀족 청년들에게 멘토였다. 플라톤을 비롯하여, 카르미데스와 같이 아테네의 정치 현실을 비판하던 저명한 엘리트 청년들 대부분이 그의 제자였다. 소크라테스는 아테네의 천민적 민주주의를 혐오했다. 보이게 혹은 보이지 않는 방식으로, 아테네에 비해 절제된 스파르타의 정체를 은근히 부러워했던 것도 사실이다. 그는 스파르타식의 짧은 바지를 입은 젊은이들과 몰려다닌다는 비아냥거림을 당할 정도였다. 당시 아테네의 천박한 민주주의 세력을 거부한 채 젊은이들과 동행했다. 소크라테스뿐이 아니었다. 아테네를 사랑하던 사람들은 그 당시 만연한 천하고 박하기만 한 민주주의 정파와 그것을 기반으로 하는 식자들을 따를 수가 없었다. 그런 민중의 힘을 기반으로 한 귀족주의 정파들 역시 그런 경박한 민주주의 정치 형태 자체를 거부할 수밖에 없었다. 자기 성찰과 자기 배움을 강조하던 소크라테스도 아테네의 회생을 위해서는 예외일 수가 없었다. 소크라테스는 그런 현실 정치에 적극적으로 관여하고 싶지도 않았고, 실제로 관여한 것도 아니었다. 저들의 민주주의에 적응하기 위해 소크라테스 스스로 천하고 박한 민주주의 정파들의 논법과 권력을 배워야 할 일도 아니었다[참고: 한스 요아힘 슈퇴리히(2008). 세계철학사(역). 서울: 이룸]. 다만 그런 천하고 박한 정치 현실을 정당하다고 받아들이고 싶지 않았다. 그래서 저들 대신 젊은 엘리트들에게 아테네의 미래를 걸었을 뿐이었다. 그랬음에도 불구하고, 당시 권력 집단인 민주주의 정파의 눈에 소크라테스는 귀족주의 정파의 옹호자로 비추어졌다. 젊은 엘리트 청년들에게 민주주의를 반대할 수밖에 없는 정신적 무기를 제공하는 사람, 그들의 정치 권력 유지의 위험 존재, 그래서 언젠가는 정치적으로 제거해야 할 정신적 반역자의 인물로 비추어졌다.

이 지점에서 소크라테스뿐만 아니라 인류 정신사의 물꼬를 튼 현자들에 대한 실존주의자인 야스퍼스의 해석을 참고할 필요가 있다. 야스퍼스에 따르면, 소크라테스, 석가모니, 공자, 예수라는 네 명의 사상가만큼은 인간적 경험과 인간적 한계를 처절하게 극복함으로써 인간적인 유한성이 어떤 것인지를 보여 준 위인임에는 틀림없다. 하지만 그는 다중의 결집에 예수가 보여 준 혁명 정신만큼 헌신적이지 않다는 것이 야스퍼스의 지적이다. 인류 문화의 전개 속에서 석가모니나 예수는 하나의 신격화된 존재로 자리를 잡게 되었지만, 야스퍼스가 우리에게 주목해야 한다고 가르치는 것은 석가와 예수와 같은 신격화된 모습이 아니다. '인간 소크라테스', '인간 석가', '인간 공자', '인간 예수'가 보여 준 인간의 유한성과 역경 극복에 대한 이해에 관한 문제였다. 석가나 공자가 다중을 향해 인간 예수가 보여준 그 열정에 비길 만한 열정을 갖고 있었던 것은 아니었다. 이렇게 말하면 각각의 종교를 믿는 신자로서는 많은 비판을 할 수도 있지만, 저들을 연구하는 사람들은 공통적으로 그렇게 말한다.

야스퍼스는 그들의 생애와 사상이 너무 일방적으로 과장되어 있다고 보고 있다. 야스퍼스는 말한다. 저들의 행적을 알 수 있는 경전 모두가 그들 사후 인간의 손에 의해 쓰여졌으며, 추종자들에 의해 너무 신격화되었다는 역사적 사실을 부정하지 말라고 당부한다. 그들 위인들은 평범한 사람과는 삶을 살아가는 방식이 달랐다. 그들은 자신이 처한 인간적인 상황과 인류의 문제에 대답하는 진리를 추구하고 해답을 구하기 위해 스스로 고난과 역경을 견뎌냈던 것은 사실이다. 그런 것만으로도 인류의 스승이며 성인으로 추앙받을만 했지만, 이들 모두가 지금과 같은 다중(多衆)에게 정치적 힘을 실어 준 사람들은 아니었다. 그들이 위대한 것은 극단적인 인간의 경험과 열정을 온몸으로 자기의 삶 전체를 통해 표현했기 때문이다. 소크라테스는 사고를 통해 진리를 깨닫게 도와주었고, 석가는 명상을 통한 깨달음의 길을 제시했으며, 공자는 교육을 통해 인간의 삶을 발전시키려고 노력했다. 그렇지만 그들로부터는 다중을 향한 열정을 예수가 보여 준 그 정도로 헤아릴 수 없다는 것은 부정할 수 없는 사실이다[참고: 카를 야스퍼스(2005). **위대한 사상가들**(역). 서울: 책과 함께].

78) 참고: 데이비드 존스턴(2011). **정의의 역사**(역). 서울: 부글북스.

79) 파커 파머(Parker J. Palmer)가 한국인에게 자신의 책이 한국에서 번역되어 출판되는 것을 감사하면서 보낸 권면의 글이다. 우리에게 『가르칠 수 있는 용기』라는 저서로 교직의 혁신에 대한 경종을 울린 파머는 미국 사회에서는 일리치나 프레이리가 존경받는 정도로 존경받는 교육 지도자이며 사회운동가다. 교사 중의 교사라는 호칭으로 미국의 교사들에게는 큰지식(智識)으로 존경받는 교육운동가이다. 그는 말한다. 마음이 찢어지는(brokenhearted) 현실 속에서 우리가 선택해야 할 갈림길에 서 있다. 하나의 길은 산산이 찢어진 채(broken apart)로 살아가든가, 아니면 또 다른 길인 찢어지며 열리는(borken open) 길을 선택하든가다. 파머는 두 번째 길이 우리 모두를 살릴 수 있는 길임을 알려 주고 있다. "국민의, 국민에 의한, 국민을 위한 정부는 정치 제도, 지역사회와 결사체 그리고 인간의 마음이 지니는 강점과 약점 속에서 쉬지 않고 이뤄지는 실험이다. 그 성과는 결코 당연시될 수 없다. 우리가 그 실험실을 폭파시켜 버리지 않는다면 민주주의의 실험은 끝없이 진행된다." 고 주장하는 그는 기껏해서, 아버지, 배우, 교사, 작가 혹은 큰돈을 벌 수 있는 그런 일들의 중요성이나 강조하는 교육제도에 대해서도 문제를 제기한다. 민주주의를 위한 시민은 이제는 더 이상 학교교육을 통해 만들어질 수 없는 것이기에 시민의 마음, 시민의 배움에서 완성될 수 있어야 한다고 강조한다[참고: 파커 J. 파머(2012). **비통한 자들을 위한 정치학**(역). 서울: 글항아리].

80) 이성복 시인은 노래한다. "치욕이여, 모락모락 김 나는 한 그릇 쌀밥이여, 꿈꾸는 일이 목 조르는 일 같아 우리 떠난 후에 더욱 빛나는 철길이여!"[참고: 이성복(1986). **남해 금산**. 서울: 문학과 지성사.]

81) 참고: 인디고연구소(2012). **불가능한 것의 가능성(슬라보예 지젝 인터뷰)**. 서울: 궁리.

82) 랑시에르가 비유적으로 표현하고 있는 '무지한 스승'은 불가에서 말하는 선지식(善知識)과 쓰임새가 비슷하다. 가르침을 설명하고 바른 길로 이끄는 사람, 혹은 사람에게 태어난 참 의미를 가르쳐 주는 현자(賢者)와 엇비슷한 사람으로 간주될 수 있다. 선지식은 화두(話頭)에도 일가견을 갖는 현자들을 말한다. 화두란 불가에서는 수행자가 깨달음을 얻기 위해 참구(參究)하는 문제 제기를 말한다. 요즘 말로 말하면, 낯설게 하는 것이 화두가 된다[참고: 한형조(2008). 이뭣고가 화두가 아니라는 성본 스님 주장은 '난센스'. **미디어 붓다**. 2008년 10월 6일자].
예를 들어, "산은 산이 아니고, 물은 물이 아니다." 라고 말한 성철 스님의 이야기도 오늘을 살아가는 보통 사람뿐만 아니라, 수행에 질렸을 법한 스님 모두를 낯설게 하기 충분하다는 점에서 화두의 진면목을 드러내 보인다. 낯설게 한다는 것이 선의 입구이고 화두의 시작인데, 이것을 선가에서는 조사(祖師)들이 정한 설(說)·언구(言句)·문답 등 불조(佛祖)와 인연된 종강(宗綱)을 수록하여 공안이라 부르면서,

선(禪)의 과제로 삼아 인연 화두(因緣話頭)라고 한다. 간화선(看話禪)은 이 화두를 참고하여 오경(悟境)에 이르는 참선법을 말한다. 간화선에 들어가는 사람들은 조신(調身), 조식(調息), 조심(調心)의 3가지 조건을 갖추어야 한다. 우선 몸을 바로 잡는 것과 숨을 바로 잡는 것과 마지막으로, 마음을 바로 잡는 것과 같은 세 가지 요건을 갖춰야 한다. 조신은 마음을 정심단좌(正心端坐)해서 척추를 반드시 세워 양 어깨, 양 귀가 일치하도록 하고 코가 배꼽과 가지런하게 한다. 숨은 들숨이 날숨보다 약간 길게, 들숨이 10칸이라면 날숨은 8칸쯤으로 쉰다.

조신과 조식을 하고 나서야 조심, 즉 마음을 바로 잡는 단계에 들어서서 화두를 들고 일체유심조의 도리를 체득해야 한다. 이렇게 조신, 조식 그리고 조심의 고요한 상태에서 마음속으로 샛별같이 초롱초롱하면서도 고요하고도 고요한 성성적적(惺惺寂寂)을 그려 나간다. 그러면 흐트러졌던 마음이 탁 쳐서 한 덩어리로 되는 타성일편(打成一片)의 상태가 된다. 이 상태를 오래 오래 지속하면 나중에 마음이 툭 터지는데, 이것이 견성(見性)이다. 그러나 이것은 견성의 첫 단계, 즉 초견성에 불과하므로 그 후에는 선지식(善知識)을 찾아 공부를 점검받고 다듬어야 한다[참고: 서화동(2002). **산중에서 길을 물었더니.** 서울: 은행나무].

83) 공자(孔子)의 이름은 구(丘), 자는 중니(仲尼)다. 공자는 노나라 곡부에서 아버지 숙량흘(叔梁紇)과 어머니 안징재(顔徵在)의 아들로 태어났다. 공자는 일찍이 부모를 여의고 고아가 되었다. 집안이 몹시 가난하였으나 마을의 늙은 선생 밑에서 열심히 공부를 하였다. 어릴 때부터 제사(祭祀) 흉내를 내며 놀았던 탓인지 고실(故實), 즉 예로부터의 종교의례 · 제도 · 관습에 밝았다. 공자 자신은 15세 때 '학(學)'에 뜻을 두었다. 17세 때부터 말단 관리가 되어 일을 보면서 『시경』, 『서경』 등을 배웠다.

공자는 『시경』과 『서경』의 저자인 주공(周公)을 청년 시절부터 사모하였고, 평생 동안 마음의 스승으로 모셨다. 후에 공자가 스승으로서 제자들의 교육에 임할 때 목표로 삼은 것은 주공과 같은 '군자(君子)'의 양성이었다. 공자의 군자교육(君子教育)에서 중심이 되는 것은 '예'의 '학(學)'이었다. 예를 배워 몸에 익히는 것을 지칭하는 예의 학은 주공의 시대, 즉 주 왕조 창시기의 사회 본연의 모습을 떠올리는 것이다. '예의 학'은 '인'의 완성이나 혹은 인간 형성을 목표로 삼은 것이었다. 공자 이전만하더라도 '인'이라는 말은 남자답다든가 훌륭한 풍채, 외모의 아름다움을 뜻함에 불과했으나, 공자는 그런 인이라는 개념에 특별한 뜻을 부과했다. 공자의 근본 사상이 '인'이기는 했지만, 스스로는 이를 명백하게 밝힌 바는 없다. 그가 이야기했던 인은 대체로 박애 · 덕 · 선 등의 뜻을 지니고 있다. 예를 들어, 정치적으로 말하는 인은 질서와 명분에 따라 임금은 임금답게, 신하는 신하답게 본분을 지키는 것 같은 것이다. 사회생활에서는 자기의 도리를 다하고(진기: 盡己), 남을 부축하며(추기: 推己), 자기가 싫은 것은 남에게 강요하지 않는다는 것을 의미하기도 한다. 이러한 인을 지향하고 예에 정진하는 사람이 군자요, 그렇지 못한 사람은 소인으로 평가된다.

인(仁)은 성인만이 이룰 수 있는 것으로, 공자 스스로도 인을 감당하지 못한다고 할 만큼 어려운 것이었다. 물론 공자 자신도 예에 엄격하여 절도가 있었고, 엄숙, 온화, 원만한 성품을 지니고 있었다. 공자는 72세가 된 해인 기원전 479년에 제자들이 지켜보는 가운데 숨을 거두었다. 공자가 세상을 떠난 후

제자들은 스승이 남긴 어록을 모아서 『논어』라는 책을 저술하였다.

84) 무함마드(Muhammad)는 보통 '예언자 무함마드' 혹은 '라술 알라(Rasul Allah: 신의 사도)'라고 불리는 종교 개혁자다. 그의 일생에 대한 역사적 증명과 평가의 초점은 대체로 중동 지역을 종교적으로 평정한 사회 혁명가라는 점에 맞추고 있다. 그는 마흔 살이 되던 해에 신의 계시를 받아 예언자가 되었으며, 이슬람을 창시했다. 그는 한 종교의 창시자인 동시에 이슬람 이전 시대의 고대 아랍 유목민 사회에 만연해 있던 악습과 부도덕한 관습을 타파한 사회 개혁 운동가였으며, 또한 모든 인간이 신 앞에 평등하다는 주장하에 일생 동안 박애 정신과 인도주의를 실천한 행동가이기도 했다.
무함마드는 이슬람의 창시자인 동시에 전통사회의 악습과 부도덕한 관행을 폐지하고자 노력했던 사회 개혁 운동가였으며, 평등주의를 주창한 박애주의자였다. 그는 인자, 중용, 인내, 용맹 등을 실천한 종교 개혁가로서, 신의 사도로서뿐만 아니라 가족과 교우들 속의 한 구성원으로서 정치가, 행정가, 군인으로서 모든 무슬림이 본받아야 할 인생의 표본이 되고 있다. 그는 메카 정복 이후 신의 사도라는 지위를 빌려 인간 위에 군림하는 초월적 존재나 절대군주가 될 수 있었으나 그것을 거부하였다. 그는 평범한 지도자이기를 자처했다. 그는 왕관을 쓰지 않았으며, 옥좌 대신 마룻바닥에 앉아 통치했고 스스로 옷과 신발을 고쳐 입었으며, 대추야자와 보리빵을 즐겨먹는 소박하고 겸손한 인간으로 남기를 원했다.

85) 푸코의 표현을 빌리자면, 근대적인 의미의 통치성(governmentality)을 처음으로 이론화한 사람은 마키아벨리다. 통치성의 개념은 마키아벨리의 군주론에서 이미 배태되었음을 알 수 있다는 것이 마키아벨리에 대한 푸코의 분석이다. 마키아벨리에 따르면, 군주는 항상 민중을 자기편으로 잡아둘 수 있어야 한다. 그렇지 못할 경우 역경에 이르러서 구제방법이 없어지기 때문이다. 그는 『군주론』에서 군주는 늘 신민으로부터 "사랑을 받는 것과 외경(畏敬)을 받는 것 중 어느 쪽이 좋은가 하는 점을 면밀하게 관찰해야 한다. 만약 그중 한쪽을 택해야 한다면, 사랑받는 것보다는 오히려 외경받는 편이 더 안전하다. 인간이란 원래 은혜를 모르고 변덕이 심하며, 위선자요 염치를 모르는데다 몸을 아끼고 물욕에 눈이 어두운 속물이기 때문이다."라고 적고 있다.
마키아벨리는 국가를 15~16세기 당시 역사의 구체적인 국가 정치 관계로부터 도출하는 견해를 제시했다. 그것이 국가론 사상에 새로운 단서를 주었다. 그가 생각했던 국가론의 핵심은 통치 기술 또는 기예(art)였다. 국가의 보존은 개인의 자기 보존과는 전혀 다른 정당성과 논리를 가지고 있다고 보았다. 그는 국가 이성이 국가 보존의 토대라고 보았다. 16세기, 즉 유럽이 중세로부터 벗어나면서 세속적인 정치 질서가 나타나기 시작했는데, 이때부터는 국가들이 신에서 벗어나 부강함 그 자체를 목적으로 삼기 시작했다. 이때부터 대내적 자원을 최대한 활용하여 대외적인 독립을 유지하려는 '국가 이성', 즉 지배 대상을 '신민(subject)'으로 파악하고 관리하고 통제하려는 '국가 이성'이라는 전략이 등장했지만, 이는 곧 한계에 부딪혔다. 신민들이 고유한 욕망과 질서가 있는 양 행동함으로써 국가 이성을 마비시키기 시작했기 때문이다. 이때부터 통치성의 개념이 부각되기 시작했다. 국가 이성과 달리, 통치성은 지배 대상을 고유한 질서를 가진 주민으로 파악하고, 그 자연성을 존중하고 활용하는 전략이었다. 19세기에 들어서면서 근대 국가가 완성되기 시작한 것은 국가 이성에서 통치성으로 전략의 전환이 이루어지면서부터였다. 근대 국가는 두 가지 방법, 즉 한편으로는 강압을 행사하면서, 다른 한편으로는 시민사회라는 자율적 영역을 보장하는 방법을 활용하면서 정보 국가의 성격을 띠기 시작했다. 통치성이 주민의 자연성을 제대로 파악할 것을 요구했기 때문에 국가는 막대한 양의 공식 통계를 수집하기 시작했다. 이것은 단순한 통치 철학을 넘어서 현실적인 국가 통치 기예를 요구하는 것이었다.

86) 참고: Burchell, G. , Gordon, C. & Miller, P. (1991). *The Foucault effect: Studies in governmentality* (Eds.). Chicago, IL: University of Chicago Press.

87) 국가는 통치 전략과 실천들의 결과로 나타난다. '통치성'은 국가 전략의 효과를 가늠하는 잣대다. 전략의 효과가 극대화되면 국가 정책이 현실로 나타난다. 통치성이 작용하고 있다는 뜻이다. 전략의 효과가 소거되면 통치성은 하나의 환상으로 변한다. 국가는 통치성의 정도에 따라 때로는 실체로써 때로는 환상 같은 것으로 인지된다.
평생 학습 프로그램은 통치의 목적을 위해 활용성이 높은 정책이다. 통치성을 위한 효과적인 전략이기 때문이다. 통치성은 국민주권의 보호와는 거리가 멀다. 주권은 공동의 이익을 전제하지만, 통치성은 주권과 무관할 수도 있다. 법에 대한 복종을 주권 행사라고 말한다. 주권이 공동 이익이다. 주권의 목적은 법에 의해 달성된다. 법에 대한 복종이 주권의 목적이다. 주권과 법은 불가분의 관계를 갖는다. 공공의 이익을 목적으로 하는 것이 주권이라면 통치는 사물적이다. 통치는 그 무엇이든 다스린다는 뜻이다. 사물은 통치의 대상이 되는 그 모든 것을 의미한다. 시민도, 법도, 주권도 통치의 그물망에 들어오면 모두가 사물이 된다. 통치를 위한 객관적인 대상이 될 뿐이다.
평생 학습 프로그램이 통치성을 위한 전략으로 투입될 때, 평생 학습자들은 평생교육 프로그램 속에서 사물화된다. 정책의 효과를 극대화하기 위해서다. 통치를 위해서는 사람이든 법이든 그 모든 것이 객관화된다. 그것이 통치성의 핵심이다. 통치는 다스리는 것이지 베푸는 것이 아니다. 다스림에서는 오로지 대상만이 요구된다. 모든 대상은 사물이다. 통치의 유형이나 속성은 다스리려는 목적에 따라 다양해진다. 주권과는 달리 통치는 통치의 목적에 따라 배치되는 사물의 효과를 점검한다. 통치는 법보다는 전략과 전술을 우선적으로 필요로 한다. 법집행이 필요할 경우에도 마찬가지다. 법은 통치를 위한 방편일 뿐이다. 통치의 목적은 완벽한 통치에 있다. 통치의 도구는 법이 아니라 전략이며 전술이다.

88) 참고: Fejes, A. & Nicoll, K. (2008). *Foucault and lifelong learning: Governing the subject* (Eds.). London: Routledge.

89) 기독교의 사회 참여 운동이 세상에 알려진 것과 달리, 참여 불교 운동은 우리에게 상대적으로 생소한 소식이다. 불교를 개인적 기복주의적 신앙으로 치부하는 경향이 강했기 때문이다. 기복주의 불교와는 달리 참여 불교 운동은 불교적 가르침과 수행을 통해 개인과 사회를 변화시키는 불교 중심의 사회적 행동주의를 강조한다. 사회적 행동주의나 사회 혁신 같은 개념은 기독교에서는 보편화되어 있지만, 사회적 행동주의는 불교에서는 상대적으로 낯설기만 하다. 1970년대부터 동남아시아와 미국의 불교도들 사이에서 전개되기 시작한 '참여 불교'는 빈곤, 사회 부패, 계급적 갈등과 억압, 독재, 전쟁 등의 고통

을 경험한 국가 불교 지도자들이 이런 문제를 극복하기 위해 불교의 기본 원리를 재해석하고 적용하는 불교의 사회 개혁 운동이다. 불교의 사회화 운동, 참여 불교 운동이 통일된 하나의 사상적 기조 속에서 전개되는 것은 아니지만, 참여 불교 운동에 어떤 식으로든 기여해 온 지도자들을 꼽는다면, 티베트의 달라이 라마, 베트남의 틱낫한, 인도의 암베드까르, 태국의 붓다다사 스님, 스리랑카의 아리야라뜨네 박사, 일본의 창가학회를 꼽을 수 있다. 이들은 불교의 정신을 현대적 상황, 다중지성들이 처한 사회적 상황에 적합하도록, 자기의 문화권에 이입되도록 재해석하며 그들의 삶 속으로 적용해 들어가고 있다. 참여 불교 지도자들에게서 발견되는 공통점은 불교의 핵심 사상인 공(空) 사상, 연기(緣起) 사상, 중도(中道) 사상을 기반으로 한 개인적인 깨달음을 사회적 실천을 통해 다중지성들이 겪고 있는 사회적 차별을 경제적 빈곤, 그리고 정치적 불평등을 극복해내려고 한다는 점이다. 참여 불교 운동은 사회 개혁과 균형 있는 삶의 추구를 통해 다중지성들을 사회의 주인공이며 깨달음의 주체로 개조해내려고 한다[참고: 크리스토퍼 퀸 외(2003). **평화와 행복을 위한 불교지성들의 위대한 도전**(역). 서울: 초록마을]. 정치적으로는 비폭력주의 아래 평화를 실천하는 방식으로 정치 참여도 도모하고 있는 참여 불교 운동자들은 불교의 사회적 행동주의, 불교의 사회화가 다중지성의 해방을 위해 종교적으로 기여할 수 있다고 믿고 있다. 예를 들어, 인도 최하층 계급인 불가촉천민 출신의 암베드까르 박사는 다중지성이 겪고 있는 정신적인 고통뿐만 아니라 물질적인 고통을 해방시켜 주는 것이 진정한 불교적 해방이라고 주장하고 있다[참고: 서행정 외(2008). **인도의 사상가**. 서울: 한국외국어대학교출판부].

독립 직후 수립된 네루 정부에서 초대 법무장관이 되어 비참한 삶을 살아가는 다중지성으로서의 수백만 불가촉천민에게 새로운 삶을 실천하게 하여 그들의 삶을 변화시킨 인물이 바로 암베드까르 박사였다. 그는 힌두교의 원리에 따라 불가촉천민이라는 이유 때문에 교실에서 교사에게 공책을 직접 건넬 수도, 말을 제대로 건넬 수도 없었으며 항상 맨 뒷자리에 앉아 수업을 들어야 하는 교육적이고도 사회적인 차별을 겪었던 인물이다. 그는 훗날 카스트 제도의 폐지를 주장하면서 카스트 제도를 지탱하는 힌두교를 버리고 불교로 개종하였다. 계급 차별의 상징인『마누법전』한 권을 불태우며 힌두교를 포기하면서 개종하는 마음의 혁명을 선언한 암베드까르 박사는 한 회의에서 1,000여 명의 피억압계급 지도자들에게 개종을 촉구한다. "자존심을 얻고 싶다면 개종하시오. 힘과 평등과 독립을 원한다면 개종하시오. 행복하게 살 수 있는 세상을 만들고 싶다면 개종하시오."라고 권했다. 종교는 운명적인 것이 아니라 선택적인 것이기에 자기의 운명을 바꾸기 위해 언제든지, 얼마든지 가능함을 보여 준 것이다.

참여 불교 운동의 또 다른 한 축은 틱낫한(Thich Nhat Hanh) 스님에 의해 유지되고 있다. 그는 베트남 사회 개혁 운동의 가장 중요한 이론가로 지목되고 있는 선사(禪師)이자 시인이기도 하다. 그는 다중지성들에 대한 정치적이고도 제도적인 폭력에 대해 불교 사회 개혁 운동으로 맞서는 바람에 당국으로부터 추방당한 실정이다. 1966년 미국을 방문한 이래 베트남으로 귀국하지 못하고 있기 때문이다. 망명자의 신분인 틱낫한이 정점에 서 있는 참여 불교 운동은 이미 1963년 남베트남 디엠(Diem) 정권의 종교적 탄압에 대한 저항으로부터 그 맥이 뻗어 나온 것이다. 틱낫한 스님은 참여 불교 운동을 접현종(Ingterbeing)의 원리 아래 전개하고 있다.

사람과 사람 간의 관계 회복에 우선하라고 강조하는 접현종은 사람들이 지금 겪고 있는 고통과 그런 고통들과 접촉하는 것을 회피하거나, 고통 앞에서 그대의 눈을 감지 말라. 그 세계의 삶 속에 있는 고통의 존재에 대해 자각을 늦추지 말라. 개인적인 접촉이나 방문, 그림이나 소리 등 모든 수단을 통해 고통받고 있는 사람들과 함께할 수 있는 길을 찾으라. 그런 수단들을 통해 이 세상 속에 존재하는 고통의 실체에 대해 그대 자신과 타인을 일깨우라고 가르친다.

깨어있으라(mindfulness)는 말은, 미물과 같은 하루살이와 개구리, 처참하기만 한 다중지성의 경제적 빈곤과 사회적 차별에서 묻어 나오는 고통의 현상을 주시하고, 그 고통의 뿌리를 이해하기 위해 그 고통을 스스로 느끼라는 것이다. 그는 말한다. "나는 그 아이들이 느끼는 배고픔과 비참함, 절망을 느낀다. 그들의 가슴속에 있는 동일한 감정들이 나의 가슴속에도 있다. 그리고 우리 사이에는 아무런 차이가 없다." 그것을 배우고 느끼면, 그 고통에 대한 해답으로써 희생자와 가해자 모두에 대한 경험의 일체화가 일어나는 그 깨우침으로 봉사하라고 이른다. 그가 말하는 경험의 일체화에 따르면, 독일 나치 정권의 히틀러가 보여 준 유대인 학살에서 미국 부시 대통령의 이라크 침공이나 미국의 베트남 침공과 양민 학살을 연상하게 된다는 것이다. 모든 것은 모든 것에 뿌리를 두고 있기에, 이 세상을 살아가는 우리 모두는 이러한 상황에 대해 어느 정도 책임이 있다는 것이다. 만일 당신이 총으로 해적을 쏜다면 그것은 당신 모두를 쏘는 것이기에, 나는 기쁨이고 슬픔이며 살인자이자 피살자라는 것이다. 이러한 무분별지에서 깨달음의 길과 개혁의 새로운 행동 실천이 생기는데, 그로부터 명상과 사회적 봉사가 완성될 수 있다는 것이다[참고: 박경준(2000). 현대 아시아의 참여불교운동고찰. **불교평론**, 4(가을호)].

근대 일본 사회의 개혁을 주도하려고 했던 일본의 창가학회(創價學會) 역시 참여 불교 운동의 선봉에 서 있는 사회 개혁 운동이다. 창가학회는 사람만이 살아갈 수 있는 가치(價値)를 만들어 낼 수 있고, 그런 가치를 만들어 낼 수 있을 때 자기가 개조되는 것이며 그때부터 행복한 삶을 살아갈 수 있다고 자기 가치의 재창조를 강조한다. 일본 사회의 정신적 토대인 불교적 이념에 기초하여 사회 · 정치 · 문화 개혁 운동을 광범위하게 전개해 온 종교 단체로서의 창가학회는 일본 불교에서 유일하게 자생적인 종파를 만든 니치렌(日蓮)의 교리를 따르는 순수한 종교 운동이기도 하다. 니치렌은 일본 역사상 가장 격동기라 할 수 있는 가마쿠라(鎌倉) 시대의 인물로서 당시의 혼란상을 말법(末法) 시대의 도래로 해석하고 그 혼란을 오로지 『법화경(法華經)』의 가르침대로 해결해야 한다고 믿은 인물이었다. 그래서 그는 누구든 구원을 받으려면, 그냥 『법화경』의 제목인 '나무묘호렝게쿄(南無妙法蓮華經)'만을 음송해도 공덕을 쌓을 수 있으며 구원을 얻을 수 있다고 가르쳤다. 이후 여러 세대를 거치면서 1930년 창가교육학회가 창립되고 그 창가교육학회는 순수하게 일본에서 참여 불교 운동을 이끌어 나간다. 그 중심 인물은 마키구치 쓰네사부로(牧口常三郎)와 그의 제자 도다 조세이(戶田城聖)였다.

창가학회는 깊고 폭넓은 사회 개혁 운동을 펼치기 위해 공명당(公明黨)을 발판으로 하여 불법 민주주의(佛法民主主義)의 큰 기치 아래 정치권에까지 진출하기도 하며 교육적으로는 창가 대학을 비롯한 각급학교도 운영하면서 불법 민주주의를 위한 차세대 육성에 주력하고 있다. 창가학회는 참여 불교 운동을 통해 일본 사회 제도를 급진적으로 바꾸려고 하기보다는, 일본의 다중지성을 경제적으로 억압하는 일본의 사회제도를 개선하고, 다중지성을 정화시킴으로써 일본의 다중지성은 물론 모든 세상 사람들에게 스며든 탐진치(貪嗔痴)의 삼독(三毒)을 제거하는 일에 주력하고 있다. 창가학회는 불교에서 말하는 기본적인 자비의 정신과 정치이념을 결합시켜 다중지성들에게 완전한 자유를 누리며 보다 나은 세상을 만들어 나가게 할 수 있다고 믿고 있다.

종교적인 동행의 정신이 살아 있었기에, 티베트 망명정부를 이끄는 달라이 라마는 중국인과 더불어 『용서』라는 책을 집필할 수 있었다. 달라이 라마는 중국인이 티베트인에게는 상처 입힌 사람들이었기 때문에, 자기 스스로 인간으로서 용서를 베풀 기회를 얻었다고 오히려 중국인에게 고마워한다. 그렇게 용서하며 행복을 찾는다는 그의 얼굴에는 온갖 고난과 시련에도 불구하고, 행복과 온화함만이 가득하다. 다른 사람이 아닌 바로 당신 자신을 위해서 용서하라고 말하는 달라이 라마, 상호 의존으로 세상 만물이 연결되어 있기에 용서라는 더불어 걷기가 필요하다. 이 세계에서 내가 지금 한 사람을 용서한다면, 우선은 나 자신이 행복해질 수 있고, 또 언젠가 내가 상처 입혔을 누군가로부터 진정한 용서를 받게 된다. 그러면 이 세상의 모두가 조금씩 더 행복해질 수 있다[참고: 달라이 라마 · 빅터 챈(2007). **용서**(역). 서울: 오래된 미래].

90) 참고: 한종호(2012). **밀실에 갇힌 예수**. 서울: 꽃자리.

91) 특정 시간, 특정 공간, 특정 교재들이 요구하는 정보 획득을 강조하는 지금과 같은 교실 교사 중심의 학습의 한계를 넘어서서 대형 지식 포털에 대한 참조가 가능한 곳이면 어디서나 즉시 학습이 평생토록 가능하기 때문이다. 즉시 학습 때문에 학습자들은 더욱 자기 학습에 대해 자신감을 갖게 된다. 그로부터 자기 학습에의 능력이 증대된다. 학교교육에 비해 교육 훈련 비용도 낮아지고, 언제나 집단지성의 도움을 거의 무료로 받을 수 있다. 집단지성의 도움으로 촉진되는 적시 학습은 인의 능력과 지능을 크게 개선시킨다. 저렴한 가격으로 교육된 대중을 양성하게 도와주며, 첨단 지식과 즉시 학습의 네트워크를 가속화시킬 것이다. 점차로 전통적인 방식의 암기 학습이나 정보교육은 정보 획득과 정보에 대한 즉시적이고도 유연한 평가가 가능한 오픈 소스 공동체, 혹은 대형 지식 포털 시스템의 구조화된 학습 관리에 의해 점차로 대체될 것이 분명하다.

이런 것을 잘 보여 주는 오픈 소스, 지식 창조 커뮤니티, 대규모 협력 등은 위키피디아 (Wikipedia), 유튜브(YouTube), 마이스페이스(MySpace), 페이스북(FaceBook), 세컨드라이프(Second Life) 등 처럼 매우 광범위하게 활용되는 정보, 사회적 공유 및 학습 자원의 출현을 가져왔다. 집단지성의 출현으로 인해 학교교육의 양태가 달라질 수밖에 없게 되었다. 물론 특정 정보를 기억하게 만드는 암기 학습은 인간의 뇌를 '훈련'할 수 있다는 이점 때문에 어느 정도 지속되기는 할 것이다. 암기 학습은 유의미한 학습을 촉진시켜 줄 반성적 사고(reflective thinking)의 여백을 만들기 위해 필요하기는 하지만, 그것은 점차 감소될 수밖에 없다. 그럼에도 불구하고, 특정 정보를 외우게 하거나 그런 일을 촉진해 준다고 판단되는 교사의 역할은 상당히 축소될 수밖에 없다. 왜냐하면 교육 현장에서 필요한 '적시 지식(just-in-time)' 학습은 옛 정보에 의존하는 교사보다는 새로운 지식, 현장에서 필요로 하는 살아 있는 정보, 신속하고 실질적인 학습과정, 특정 목적의 실현을 위해 필요한 주제 파악에 더 의존할 수밖에 없기 때문이다.

92) 참고: 리처드 오글(2008). **스마트 월드**(역). 서울: 리더스북.

93) 참고: 조정환(2011). 인지자본주의. 서울: 갈무리.

94) 다중지성의 새로운 변화와 탈주를 위해 질 들뢰즈의 글을 광범위하게 차용하는 수밖에는 없다. 이 글의 구성도 그렇지만, 그의 글 역시 단숨에 머릿속에서 분해되지 않는다. 난해하기 때문이 아니라, 난해함을 거쳐 난해함으로 벗어나야 하겠기 때문이다. 난해한 것은 그의 글, 나의 글이 아니라 우리의 얄팍한 지력, 우리의 난삽한 이해력일 뿐이라고 지적하는 들뢰즈(Gilles Deleuze)는 프랑스 소르본 대학을 나와 리옹 대학 강사를 거쳐서 1970년 파리 제8대학 교수로서 학생들을 가르쳤다. 그는 1995년 갑작스럽게 스스로 자살한다. 자기가 살던 아파트 5층에서 떨어져 죽는다. 들뢰즈는 당시 70세의 노령이었다. 마르크시즘으로 단단했던 사상가, 일흔의 노인이 삶을 그렇게 정리했다. 그와 절친했던 친구들은 동년배였던 알튀세르와 푸코였다. 사상적 동행들이었다. 들뢰즈는 푸코와는 아주 절친한 관계였다. 사상적 차이로 인해 들뢰즈는 푸코와 헤어지지만 사상적 배움의 끈들은 저들을 하나로 묶어 놓고 있었다.
세 사람 모두 세인의 생각을 넘나드는 죽음을 맞이하고 만다. 푸코는 동성연애자였다. 그는 1984년에 에이즈로 죽는다. 푸코의 장례식에서 들뢰즈가 조사를 읽는다. 소원했던 두 사람의 관계는 그 일로 화해된 것이다. 마르크시즘의 새로운 해석자였던 알튀세르는 1990년 죽는다. 10년 전 치매 환자였던 아내를 목졸라 죽인 후 그는 10년째 정신병원에서 갇혀 있다가 삶을 마감한다. 들뢰즈는 더 극적으로 죽음을 맞는다. 그는 아파트에서 투신한다. 그는 철저한 실천주의적 마르크시스트였다. 죽는 그 순간까지 마르크시스트였다. 그는 마르크스에게 오류가 있다는 것을 인정할 수 없었다. 마르크스의 사상은 이제 죽었다는 말도 그에게는 이해될 수 없었다. 현대 사회를 분석하는 데 마르크시즘 이상으로 더 유용한 틀은 있을 수 없다고 본 사람이 바로 들뢰즈였다. 그는 실천철학자였다.
들뢰즈는 주체만이 죽을 수 있다고 생각했던 사상가이다. 주체성이 없는 사람은 죽어도 죽은 것이 아니라고 본 것이다. 죽은 것이 아니라 소멸된 것이라고 본 들뢰즈는 자기 결정의 죽음을 실제로 실천에 옮겼는지도 모른다. 사회 구조 앞에 자신의 목숨을 드러내 보였기 때문이다. 사실, 우리가 남 앞에서 드러내는 것들은 모두가 모두에게 피상적일 뿐이다. 관심과 관계가 있다고는 하지만 우리는 저들에게 늘 피상적일 뿐이다. 들뢰즈는 구조주의(構造主義)와 같은 서구 근대이성의 재검토라는 사조가 지성계를 유도해 내는 그런 사유 속에 살았다. 그는 철학사에 대한 깊은 이해를 배경으로 서구의 지적 전통인 경험론 · 관념론이라는 사고의 기초 형태를 비판적으로 극복하기 위한 자료로 쓰일 수 있는 수많은 논쟁거리를 남겼다. 들뢰즈는 철학, 문학, 영화, 예술 분야에서 영향력 있는 저작들을 썼다. 가장 인기를 누린 책들은 펠릭스 가타리(Félix Guattari)와 함께 쓴 『천 개의 고원』이었지만, 그 책은 아무도 제대로 읽어내지 못한 책이었다[참고: 존 라이크만(2005). 들뢰즈 커넥션(역). 서울: 현실문화연구].

95) 자본주의 사회, 소비 중심 사회는 기본적으로 성과 중심, 성과 추구 사회가 만들어 놓은 양태다. 자급자족의 사회에서 진화된 사회 양태다[참고: 엔드루 페이비언 외(2011)(편). 모든 것은 진화한다(역). 서울: 에코리브르]. 성과 추구 사회는 개개인의 욕망을 부추긴다. 생산성을 극대화하기 위해서다. 성과 추구는 욕망의 성취라는 미명 아래, 자본주의 사회는 부정과 금지를 소거시키고, 노력하면 그 대가로 자유와 행복을 얻게 된다는 긍정의 노동을 가르친다.

모두가 큰 성과를 내서 더 큰 이윤을 얻기 위한 지본주의가 구사하는 노동 활용 전략이다. 이윤의 극대화를 성공의 상징으로 받아들이도록 만들기 위해서다. 성과 추구의 욕망은 자본주의라는 사회 체제에서 출발하지만, 그 과정에서 생산의 주체들은 성과를 내기 위해 자신을 부린다. 자신을 경영할 줄 아는 사람이 성공할 수 있는 사람이라고 자본주의는 부추긴다. 이로부터 자발적인 착취를 가하기 시작한다. 자본주의가 드러내는 '긍정의 과잉'으로 인해, 개인은 자기도 모르게 자기 탐닉자가 된다. 자신을 '이상적 자아'와 '현실의 자아'로 분리한다. 성공 가도를 걷고 있다는 착각과 그 현실적인 자아를 더 다그친다. 자신의 다그침은 자신을 착취하게 된다. 그들은 성과 추구의 주체가 되며, 자신도 모르게 자신을 가해한다. 가해자는 결국 피해자로 전락한다. 스스로를 호모 사케르로 만들어 간다.

근로자들은 스스로 자본주의 사회가 요구하는 성취를 만들어 가는 과정에서 피로를 얻는다. 성과 사회가 추구하는 성공의 규칙을 따르는 대가가 '피로'다. 피로는 개인적인 능력의 감소를 말한다. 노동 현장에서 늘 경계하며, 극복해야 할 대상이다. 피로가 겹치고 누적되면 자아의 분열이 생긴다. 각종 피로 증후군들이 성과 주체들을 괴롭힌다. 작업장에서 발견되는 직업병들이 그것이다. 우울증, 각종 직업성인병 증후군 같은 것들이 근로자들을 우울하게 만든다. 분열시키는 피로이다. 이런 분열시키는 피로에만 매달리면, 성과 추구를 열망하던 나는 소모품에 지나지 않게 된다. 한병철은 분열시키는 피로에 대항하라고 말한다[참고: 한병철(2012). **피로사회**(역). 서울: 문학과 지성사].

분열시키는 피로는 나-피로다. 나 중심의 개인적 피로다. 이런 분열시키는 나 중심의 피로에 대항하는 피로를 만들어 내라고 한다. 그 피로가 우리-피로다. 우리-피로는 성과 중심 사회를 타파해나 갈 수 있는 동력을 주는 '근본적인 피로'다. 우리-피로는 우리로 하여금 더불어 놀이를 하게 만든다. 타인과의 관계와 동행의 우애를 경험하게 도와준다. 성과 중심 사회가 강조하는 과잉 생산 활동, 과잉 소비 자극에 맞서 사색의 힘, 집단 놀이, 휴식의 가치를 역설한다. 우리-피로, 근본적인 피로는 자본주의 사회가 강조하는 과잉 활동의 욕망을 억제시켜 준다. 긍정적 정신으로 충만한 자아의 성과주의적 집착을 완화시킨다. 스스로를 호모 사케르로 만들어 가는 나 중심의 소멸적 피로에서 벗어나 우리로서 타자와의 관계를 회복시켜 준다.

96) 참고: 클레어 콜브룩(2008). 들뢰즈 이해하기-차이생성과 생명의 철학(역). 서울: 그린비; 질 들뢰즈 외(2007). **천개의 고원**(역). 서울: 새물결.

97) 기계를 공간에 배치하는 양태는 다양하다. 배치에는 기계적 배치도 있고 언표적 배치도 있다. 국가 안에는 교도소도 있고, 국회도 있다. 교도소와 국회라는 공간은 기계적으로 배치된다. 국가는 그런 기계의 배치망이다. 교도소는 교도소를 운영하는 규칙이 있다. 국회의 규칙은 교도소의 규칙과는 다르다. 서로 다른 기관들은 서로 다른 배치의 규칙을 갖기 마련이다. 배치가 기계의 기능을 결정한다. 사회 조직도 마찬가지다. 삶의 세계에서도 활동의 배치가 일어난다. 두 가지 서로 다른 양태에 따라 배치된다. 두 가지 양태는 기계적 양태와 언표적 양태다. 운동 경기를 보면 서로 다른 양태를 알 수 있다. 인간의 삶도 마찬가지다. 세상의 모든 활동은 기계적 배치와 언표적 배치로 배열된다.

세상은 욕망하는 기계들의 배치장이다. 욕망하는 기계들은 변한다. 욕망 때문에 변한다. 변화는 지속된다. 일정한 배치가 만들어지는 것을 '영토화'라고 한다. 영토화란 다른 것이 아니다. 권력이 발휘되는 공간이다. 예를 들어, 학교는 바로 교사, 학생, 교과서들이 배치된 교육의 영토화다. 학교는 교과서, 교사, 학생들을 교육의 틀 안에 하나로 배치한 공간이다. 학교는 교육의 기계다. 이 기계 상태를 벗어나는 것이 탈영토화다. 언표적인 배치를 풀리게 하는 것이 '탈영토화'다. 기계적으로 결정된 배치들이 제풀에 풀리지는 않는다. 탈영토화의 조짐이 드러나면 교육 권력은 기계적 배치를 의심하지 않는다. 학교가 잘못되었다고 생각하지 않는다. 그것보다는 언표적 배치를 의심한다. 규칙이 느슨하거나 규칙 운영의 비효율성부터 점검한다. 언표적 배치를 더욱더 강화한다. 영토화가 이전보다 더 공고히 완결된다. 교육 권력에게 있어서 학교교육의 문제는 언표적 배치의 문제일 뿐이다. 규칙을 보강하고, 규칙을 더 세분화하여 이탈의 조짐을 예방하는 일이 영토화를 공고히 하는 일이다[참고: 이정우(2009). **천하나의 고원**. 서울: 돌베개].

98) 문화인류학자인 베라 티멘칙(Timenchik, V.)은 『똘레랑스 프로젝트 1015』라는 저서에서 똘레랑스의 핵심을 짚어 낸다. 그는 똘레랑스 프로젝트를 통해 가족, 음식, 우주 탄생, 옷, 집, 인권 등 다양한 주제를 다룬다. 인간 생활의 발전사와 그것의 문화적 차이를 다룬다. 가족 구성의 다양성을 드러낸다. 티멘칙은 부모의 이혼으로 엄마와 사는 키릴의 이야기를 소개한다. 세상은 나만이 사는 세계가 아니다. 나와 다른 사람, 나와 다른 문화, 나와 다른 종교가 나의 세상이다. 세상은 나와는 다르다. 다른 것들의 투성이로 만들어지는 것이 세상이다. 서로 간의 오해와 배척은 어쩔 수 없다. 소외와 멸시도 어쩔 수 없다. 그것이 삶이다. 삶은 누구에게나 오해와 이해, 간섭과 개입의 얼룩짐이다. 극복은 없다. 조화만이 필요하다. 섞임이 불가피하다. 섞임은 포용의 시작이다. 다른 세상을 바라보는 시각의 바뀜이 포용이다. 시각은 교정될 수 있다. 시각이기 때문이다. 각을 바꾸면 시력이 달라진다. 시각의 교정은 마음가짐에서 시작한다고 가르친다[참고: 베라 티멘칙(2009). **똘레랑스 프로젝트 1015: 내 가족과 다른 가족들**(역). 서울: 꼬마이실].

99) 다르게 살기가 새로운 삶을 약속한다. 다르게 살기가 차이를 만들어 내기다. 바깥으로 이행하려는 욕망이 탈주다. 탈주는 인간적인 욕망이다. 그 탈주의 욕망을 '되기'라고 부른다. '되기'가 인간에게 있어서 윤리학적 사유다. '되기'의 욕망은 차이의 생성의 시작이다. 탈주를 위한 활동이다. 예를 들어, 교사와 학생들 사이에는 차이가 있다. 차이가 서로를 구별시킨다. 한쪽은 교사, 다른 쪽은 학생이다. 차이가 차이로 남으면 한쪽은 교사 다른 쪽은 학생일 뿐이다. 차이들의 관계가 굳어지면 되기는 불가능하다. 교사는 가르치는 사람, 학생은 익히는 사람으로 남을 뿐이다. 차이를 뚫기 시작하면 탈주가 가능하다. 차이에 저항하면 탈주가 보인다. 차이를 넘어서면 새로운 일이 창조된다. 차이를 극복하면 새로운 교육이 나타난다.

그런 점에서 되기론은 탈주의 사유이며 탈주의 실천이다. 동일성의 고착과 고착된 동일성들을 거부하는 일이 탈주이기 때문이다. 차이의 윤리를 극복하는 일이 탈주이기에, 탈주하기 위해서는 서로가 하나되고, 공생해야 한다[참고: 김영철(2007). 들뢰즈와 카타리의 천개의 고원에 나타난 교육의 성격. **교육인류학회지, 10**(1)].

100) 죄수들 자신이 스스로 감시하는 감옥으로 구상된 곳이 판옵티콘이다. 판옵티콘은 '모두'를 뜻하는 판(pan)과 '본다'는 뜻의 옵티콘(opticon)의 합성어다. '모두 다 본다.'는 뜻이다. 다 보는 곳은 알아서 하는 곳이다. 판옵티콘은 몸과 마음의 교화소다. 영혼을 뒤틀어 버리는 거대한 단련장이다. 추상적 기계는 마음이 교육이고 교화다. 학교 같은 것은 지엽적일 뿐이다. 파도 속에서 일렁거리며 사라졌다 다시 일어나는 기포 같은 것이다. 추상적 기계는 육체와 영혼을 꼴짓게 만드는 관행이다. 습관이 추상적 기계다. 학교는 추상적 기계의 하수다. 자기 자신이 자신을 만들어 가도록 만드는 일이다. 영혼의 꼴이 결정되면 삶의 방향이 보인다. 자신이 알아서 자신의 궤도를 만들어 가게 하는 것만큼 더 효율적인 것은 없다. 판옵티콘에서 바로 잡는다는 것은 '지속적으로 본다.'의 뜻이다.

원형 감옥에서 감옥과 비행은 같은 뜻이다. 서로를 가르는 것은 의미 없는 일이다. 유사성이나 일치성을 가르는 일은 무의미하다. 보이지 않으면서도 보이도록 하는 것이 중요한다. 보지 않으면서 보는 것이 본다는 것이다. 그것이 보는 것이 의미하는 '순수한 기능'이다. 신의 섭리로 마음을 삼투하는 공간이다.

판옵티콘은 추상적 기계로서 구상하는 기계다. 마음 없음이라는 상태에서 자기의 마음을 만들어가는 기계다. '실체가 아닌 물질을 경과하며 작동하며, 형상이 아닌 기능을 통해서 작동'하는 신의 지배 기계다. 원형 감옥은 '순수한 기능'을 중요시한다. 순수한 기능은 '보이지 않으면서 보는 것'이다. 셀 수 없으면서 조절하는 기능이 순수한 기능이다. 추상적 기계는 관념이 아니다. 모델도 아니다. 권력의 현실이다. 사회적으로 구상된 신의 현실 세계다. 판옵티콘은 원래는 죄수를 감시할 목적으로 설계된 원형 감옥의 구상도였다. 영국의 철학자이자 법학자인 제르미 벤담(Jeremy Bentham)이 1791년 처음으로 설계하였다. 판옵티콘은 중앙의 원형 공간에 높은 감시탑을 세우고, 중앙 감시탑 바깥의 원 둘레를 따라 죄수들의 방을 만들도록 설계되었다. 또 중앙의 감시탑은 늘 어둡게 하고, 죄수의 방은 밝게 한다. 중앙에서 감시하는 감시자의 시선이 어디로 향하는지를 죄수들이 알 수 없다. 이렇게 되면 죄수들은 자신이 늘 감시받고 있다는 느낌을 가지게 된다. 결국 죄수들이 규율과 감시를 내면화해서 스스로를 감시하게 된다는 것이다.

101) 콜린 크라우치(Colin Crouch) 교수는 현대 정치가 포스트 민주주의로 미끄러져 들어가는 것을 막기 위해서 두 가지 일을 적극 실천하라고 처방한다. 첫째는 기업의 압도적 지배력을 축소시키는 시민운동을 전개하고, 둘째는 정당에 방관하지 말고 참여하여, 정당이 하는 일을 적극적으로 비판하며 개입하라고 말한다[참고: 콜린 크라우치(2008). **포스트 민주주의**(역). 서울: 미지북스].

102) "진리는 저 바깥에 존재할 수 없다."는 것이 신(新)실용주의자로 더 잘 알려진 로티 교수의 논리다. 인간의 정신과 독립적으로 존재하는 진리는 존재할 수가 없다는 것이다. 사람들이 매일 쓰고 있는 문장들이 인간의 정신과는 독립적으로 존재할 수 없는 것이나 마찬가지이기 때문이다. 세계는 저 바깥에 존재할 수 있으나, 세계에 대한 서술은 그럴 수가 없다는 것이다. 저 바깥에 존재하는 세계의 존재 유무에 관계없이, 세계에 대한 서술만은 참이거나 거짓으로 가려질 수 있다. 세계 그 자체, 인간의 서술 활동의 도움을 받지 않는 세계 그 자체는 참이나 거짓, 어느 하나로 규정될 수 없다[참고: 리처드 로티

(1996). **우연성 아이러니 연대성**(역). 서울: 민음사.]고 말한다.

로티는 참된 지식으로서의 진리는 언제든 오류 가능성이 있다. 인간의 문제 해결에 도움을 주는 역사적 조건 아래에서 제대로 작동하는 것만이 진리라고 주장한다. 그는 처음에는 궁극의 진리를 추구했던 플라톤에 심취했었다. 그러던 그는 20세에 플라톤 철학의 한계를 파악하고 플라톤의 철학과 결별한다. 1979년 『철학과 자연의 거울』을 발표하면서 그는 마침내 플라톤 철학, 분석철학과 인연을 끊어버린다. 그는 이 책에서 플라톤, 데카르트, 칸트로 이어지는 철학 전통을 본질주의, 정초(定礎)주의, 표상주의 그 이상이 아니라고 한마디로 정리하고 비판했다.

철학은 보편적이고 객관적 진리를 담보할 수 없다는 것이 그의 일관된 주장이다. 나아가 '철학하기'와 '문학하기'를 동렬에 놓고, 그는 옳고 그른 것을 따지는 일이 중요한 것이 아니라 '얼마나 참신한가.'가 더 중요하다고 설파했다. 로티는 그렇게 철학하는 사람을 만들어 내는 일이 교육의 목적이라고 보고 있다. 말하자면 자유를 향유하는 자기 창조의 인간, 심미안을 갖는 유희적인 인간, 세상을 열린 마음으로 대면하는 개방적이며 실천적인 인간으로 집짓듯 지어내는 것이 교육의 목적이라고 보고 있다.

103) 호모 사케르들이 살고 있는 삶은 보편적인 삶이 아니라, 매일같이 일상적이며 절박하게 목이 마르는 삶일 뿐이다. 그들은 보편적인 사람들이 아니라 연희동, 봉천동, 안암동과 같은 동네에 주거를 두며 저녁에 잠을 자고 아침에 눈을 뜨고 생과 명을 이어가는 구체적인 존재다. 그들의 삶에서는 프레이리와 호튼이 말하는 것처럼 보편적 인간, 철학적인 인간 같은 것은 존재하지도, 존재할 수도 없다. 보편적 인간은 그저 추상적일 뿐이다. 그들은 밥 한끼라도 거르고서는 견디지 못한다. 불안해서 견디지 못하는 구체적인 '인간'이다. 밥 먹고, 차 마시고, 때때로 우울하기도 하고 즐거워하기도 하는 그런 군상 모두가 그렇고 그런 일상적이며, 그저 보통스럽기 그지 없는 사람들이다.

저들의 눈에는 그저 식충(食蟲)이처럼 보이는 존재로서, 매일 나름대로의 길을 만들어 가는 사람들이다. 걸어가다 보면 길이 만들어진다. 서로가 서로의 배움을 위해 때때로 여럿이 읽기, 나 홀로 모여 읽기, 그리고 주제 넘기를 한다. 이런 방법으로 각자의 길과 서로의 길을 걸어가기 때문이다. 서로가 관심을 갖는 어떤 책을 각자가 읽고 그것을 교감하거나, 일정한 곳에 모여 서로의 생각을 고르면서 하나의 새로운 생각을 창조하는 것이다. 그로부터 그동안 자기의 것이 아니었다고 생각되는 것으로 넘어간다. 즉, 경계를 넘거나 '주제 넘기' 어쩌면 주제 넘은 짓을 하는 것이다. 그 무엇이든 자기의 일상적인 삶과 친숙하지 않은 주제를 일단 넘어가면, 그리고 딛지 말아야 할 것 같았던 경계를 넘어서면, 그 어떤 것도 주제 넘은 것은 없게 된다. 모든 것은 새로 배워야 할 것들로 우리 앞에 서 있을 뿐이다. 서로가 서로를 가르치거나 배우는 일은 서로를 변화시키는 일이며, 서로가 자기를 가다듬는 수행이 될 뿐이다[참고: 벨 훅스(2008). **경계넘기를 가르치기**(역). 서울: 모티브 북].

104) 그녀는 자유를 노래한다. "당신이 노래할 때 나는 당신과 함께 노래해요 자유여. 당신이 울 때 나도 슬퍼서 당신과 함께 웁니다. 당신이 괴로워하면 난 당신을 위해 기도해요 자유여. 왜냐면 당신의 투쟁은 우리에게 새로운 내일을 가져오기 때문이에요. 슬픈 어둠과 공포의 날들이 언젠가는 허물어져 버리겠지요. 당신의 사랑과 친절이 그들을 떨게 만들기 때문에요. 당신이 노래할 때 나는 당신과 함께 노래

해요 자유여. 당신이 없는 공허감 속에 나는 당신을 계속 찾습니다. 당신은 누구죠? 꿈 속 환상, 아니면 실상인가요. 믿음, 이상적인 욕망의 혁명 나는 당신이 우리 인류애의 상징이라고 믿습니다. 이 세상을 영원히 불을 밝혀요. 나는 사람들이 왜 당신을 지키기 위해 죽는지 알 수 있어요. 당신을 보호하고 당신에게 참여하기 위해서 지키려 노력해요. 당신이 노래할 때 나는 당신과 함께 노래해요 자유여. 당신의 눈물과 당신의 기쁨을 나는 사랑해요. 노래하고 기뻐해요 우리 자신의 역사를 만들어요. 한 목소리로 부르는 희망의 노래들은 우리에게 승리를 안겨줍니다 자유여."

105) 나에게 내밀어 오는 타자의 손을 외면하지 않는 사람이 배려하는 사람이다. 배려하는 데 드는 수고보다 도움 받는 사람들이 느끼는 뿌듯함이 더 크다면 누구든 기꺼이 배려하라는 뜻이다. 예수는 헐벗은 이웃에 대해 베풀어 보라고 가르쳤다. 나쁜 놈이 되지 말라는 가르침이다. 타인을 위해 거들먹거리는 여유의 단 천만분의 일이라도 실천해 보라는 요구였다.

같은 맥락에서 시인들은 길 옆에 쓰러져 신음하고 있는 이들에게 내미는 동전 한닢의 귀한 자유를 노래한다. 자유는 함께함이며, 자유가 해방이기 때문이다. 함께 걸으면 길이 되기에, 저들에게 필요한 것은 함께 걷는 자유를 주어야 한다고 노래하는 스페인의 저항 시인 안토니오 마차도(Antonio Machado)는 스페인의 공화당을 지지하다 공화당이 패하자 프랑스로 망명길에 오른다. 프랑스 국경을 몇 킬로미터 앞에 둔 채 죽음을 맞이한다. 98세대란 스페인의 마지막 식민지인 쿠바를 미국과의 싸움에서 치욕적으로 빼앗긴 1898년에 활동을 시작하여 스페인 지성인들이 국가 재건 운동을 일으켰으나 실패하자 각자 자신의 문학 세계로 들어가 각각의 문학작품을 통해 그들의 정치적 이념을 표현하던 동아리를 일컫는다. "저녁은 죽음으로 들어가네, 항복하면서 꺼져가는 화덕처럼. 저기, 산들 위에, 몇몇의 잉걸만이 머물고 있네. 그리고 하얀 길 위에 꺾인 저 나무는 연민 앞에서 흐느끼네. 상처 난 둥지에 붙어 있는 두 개의 가지, 그리고 가지에 달려 있는 검고도 바래진 잎 하나. 그대여 우는가? 아득한 저 편 황금빛 포플러 나무 사이에는, 사랑의 그늘이 그대를 기다리고 있다오. 방랑자여, 그대의 흔적들만이 길이지, 그것 외에는 아무것도 아니라오. 방랑자여, 길은 없다네, 길은 가면서 다만 생겨나는 거지. 가면서 생겨나는 길, 돌아보오, 좁은 길이 보일 터, 다시는 그대가 디딜 수 없는 그 길이. 방랑자여 길은 없다네, 다만 바다를 지나가는 포말일 뿐이라네."

이런 점에서 보면, 우리의 시민교육은 한참 잘못되어 있다." 시민교육을 주입식 암기에서 벗어나 실천으로 가르치자고 주장하는 이관춘 교수는 오늘날 우리의 시민교육은 잘못된 길만 골라서 들어가고 있다고 비판한다. 그는 수잔 조지(George, S) 교수의 말을 인용하며 납골당으로 향하고 있는 우리의 시민교육을 되돌려 살아 움직이는 삶의 장소로 되돌려 놓아야 한다고 강변한다. "옥스퍼드에서 출발해 런던으로 가려 했으나 길을 잘못 들어 맨체스터로 향하는 길을 달리고 있다. 그렇다면 해결책은 무엇일까? 맨체스터 방향으로 더 속력을 내어 달리는 것이 아니라, 우선 차를 멈추고 방향을 돌려 다시 런던 쪽으로 가는 것이다."[참고: 이관춘(2011). **호모 키비쿠스**. 서울: 학지사.]

106) 전문가들이 대중을 얽어매기 위해 만들어 내는 지적 기술 못지않게 대중의 어리석음도 함께 경계해야 한다. 미국 저널리스트인 프리드먼은 우선 전문가들의 사기술부터 혹평하고 있다. 대중매체가 어떤

주제에 대해 신뢰할 만한 권위자라고 자주 인용하는 사람들은 놀랍게도 대중을 혼란스럽게 만들어 놓는 대표적인 사람들이기도 하지만, 이들은 대중의 어리석음 없이는 한시도 존재할 수 없는 사람들이라고 지적하고 있다. 대중매체들이 선호하는 '대중적인' 또는 '일반적인' 전문가들은 대중의 삶에 영향을 미치는 의사결정을 내릴 때 참조되는 사람들이다.

대중을 어려움으로 몰아넣는 사람들은 이들 대중 전문가들만이 아니다. 전문적인 지식으로 무장한 전문가들의 경우도 마찬가지이기 때문이다. 미국에서 의사들은 평균적으로 6번에 1번꼴로 환자를 오진하고, 오진의 약 절반은 '실제적인 피해'를 초래하고 있는 것으로 나타나고 있다. 진료 중 20%가 오진인 셈이다. 실제로 심폐소생술 연구에 따르면, 전문적으로 치료를 받고 소생한 사람들 중 56%가 '심각한 문제'를 보였을 뿐만 아니라, 스스로 소생한 사람들마저도 47% 정도에 지나지 않았다. 그런데도 이들 전문가들은 대중매체에 의해 전문가로 끊임없이 소개되고 있다. 그것은 대중매체의 속성 때문에 그렇다. 대중매체는 옳고 바른 것을 대중에게 전달하는 것이라기보다는 대중들이 읽고, 보고, 들을 만한 소식들, 말하자면 그것이 설령 사실로 확인되지 않더라도 읽을거리를 제공하는 데 주력한다.

대중매체는 전문가들이 알려 주는 갖가지 정보들 중에서 재미있고, 도발적이고, 유용한 것 같고, 호응도가 높을 것만한 것들을 선별하는 일을 중시[참고: 데이비드 프리드먼(2011). **거짓말을 파는 스페셜리스트**(역). 서울: 지식 갤러리.]하는데, 이것은 대중의 무지가 그런 지식을 선호하기 때문에 대중과 대중매체, 그리고 전문가들은 서로 공생을 하고 있다.

107) 빵은 반으로 나누어도 빵이지만 사람은 그럴 수 없다는 것이 드러커(Peter Ferdinand Druker)의 지론이다. 그렇기에 사람을 다루는 리더는 무엇보다도 품성이 고결해야 하며, 리더에게 필요한 자질인 리더십은 배워서 익히지 않으면 안 되는 것이며, 또한 배워서 익힐 수 있는 것이라고 말했던 것을 상기하는 드러커의 애제자인 고바야시 교수는 피터 드러커의 인간 경영을 회고한다[참고: 고바야시 가오루(2004). **피터 드러커 리더가 되는 길**(역). 서울: 청림출판].

한국의 어느 대기업 취업 면접에서 실제로 일어났던 채용 면접 시험이었다. 전문 면접관이 물었다. "아침 출근길에 '도(道)를 아십니까?'라며 달라붙는 사람이 있다. 다시는 이 사람이 말을 못 걸도록 하려면 어떻게 하면 되는가? 취업 응시생이 그렇게 묻는 CEO급 면접관을 응시하면서 답했다. "스미마셍('실례합니다.'란 뜻의 일본어)"이라고 대꾸한다고 답했다. 그가 신입사원으로 뽑혔다. 그의 임기웅변술이 높이 평가받았기 때문이다. 요즘 채용 현장에서는 이런 임기웅변에 능한 것을 창의적인 행동이라고 해석한다. 제대로 된 해석일 수 없다. 창의력과는 아무런 상관도 없는 잡기일 뿐이다. 그것은 스펙을 알 수도 없다. 재치나 기교들을 일종의 능력으로 부추기고 있는 기업인들이나 경영학자들은 사회정의와는 일정한 거리를 두고 있는 사람들일 뿐이다.

이 모두가 서양식 경영이 강조하는 성과주의에서 나온 파생품일 뿐이다. 유엔 인권위원회 자문인 지글러(Jean Ziegler) 교수는 아프리카 같은 곳에서 발견되는 신식민주의적 폭력과 서양 문화의 복음주의를 한마디로 비판한다. 그는 코트디부아르의 외무장관 울레 시엔의 말을 기억함으로써 아직도 일렁거리고 있는 저들의 신식민주의적 야욕을 고발한다. "만일 여러분이 노예제도가 자취를 감추었다고 생각하고 있다면 다시 한 번 생각해 봐주십시오. 내리쬐는 뙤약볕 밑에서 혹은 빗줄기 속에서 수백만 명의 농부들이 여러 달 동안 힘들게 노동한 대가로 얻는 상품의 가격이, 에어컨이 돌아가는 사무실에서 농부들의 고통에 대해서는 단 한 번도 생각해 볼 필요 없이 컴퓨터만 들여다보는 사람들에 의해 결정되는 상황을 어떻게 이해하면 좋을까요? (노예제도 폐지 이후) 방법만 바뀌었을 뿐입니다. 흑인들은 이제 앤틸리스 제도나 아메리카 대륙으로 가는 배에 강제로 실리는 일은 없어졌으니까요. 그들은 자기 땅에 머물러 살 수 있죠. 하지만 그들이 자기 땅에서 흘린 피와 땀에 대해서 런던이나 파리, 뉴욕에서 값을 매깁니다. 노예 상인들은 죽지 않았습니다. 노예 상인들은 주식 투기꾼으로 모습만 바꾸었을 뿐입니다." 지글러 교수는 그래서 "식민주의는 복음화도, 자선사업도, 신의 확산도, 권리의 확대도 아니다. …… 결정적으로 그것은 규모가 조금 큰 모험가, 해적, 잡화상 또는 선주, 금 노다지를 찾는 사람, 장사꾼의 몸짓이었으며, 탐욕과 무력의 몸짓이었음을 인정해야 한다. 그러한 몸짓 뒤에는 역사의 한순간에 내부적인 어떤 동기에 의해서, 반목하는 경제 간의 경쟁을 세계적인 차원으로 확산시키겠다는 문명의 저주스러운 그림자가 드리워져 있었다. …… 유럽은 도덕적으로나 영적으로 변호의 여지가 없다."고 잘라 말한다[참고: 장 지글러(2010). 빼앗긴 대지의 꿈(역). 서울: 갈라파고스]. 빵은 반으로 나누어도 빵이지만, 사람은 반으로 나누면 죽어 버린다는 드러커 교수의 인본주의적 경영론이 그리운 이유다.

生의過

6. 내파전략 | 內破戰略, 집단지력 | 集團知力

1. 모든 사람에게 임하는 그 모든 것이 일반이라. 의인과 악인, 선한 자와 깨끗한 자와 깨끗하지 않은 자, 제사를 드리는 자와 제사를 드리지 아니하는 자에게 일어나는 일들이 모두 일반이니 선인과 죄인, 맹세하는 자와 맹세하기를 무서워하는 자가 일반이로다. - 전도서(9:2)

다중, 대중이라는 용어의 현학적인 표현인 다중이란 말은 앞으로 없어질 것이며, 사회에는 그런 다중이란 실제로 존재하지도 않는다는 것이 클레이 셔키(Clay Shirky) 교수가 집단지성론의 관점에서 주장하는 현대적인 다중론이다.[1)] 다중, 민중, 대중이라는 개념 대신 앞으로는 집단 지식, 집단 지력이라는 개념이 그 자리를 대신할 것이다. 그가 말하고자 하는 핵심 주제다. 다중이나 민중 같은 개념은 이데올로기적인 개념이기에 더 이상 사회과학적으로 근거할 수 없을 것이라는 것이 그의 판단이다. 다중과 관련된 개념들의 생명은 마치 태양이 내리쬐는 산꼭대기에서 굴러 내려오는 눈덩이의 양상과 같다는 것이다. 높은 산에서 굴러 내려오는 눈덩이는 점점 커지다가 마침내 어느 시점에서 산산 조각이 나 버리는 상황처럼 이데올로기적인 다중의 개념은 이제 거의 와해되어 버렸다는 것이다.

다중이라는 거대한 눈덩이 개념을 물처럼 녹아 버리게 만든 태양은 바로 소셜 미디어 같은 정보산업기술이었다. 스마트폰 같은 소셜 미디어가 세상을 바꾸어 놓았다. 지구상 어느 한 곳에서 일어나는 일은 그곳의 일이 아니라 전세계의 일이 되어 버린다. 그 일이 삽시간에 온 세계에 퍼져 버리기 때문이다. 케이팝을 통한 한류가 세상에 퍼진 것도 보통 사람들이 소셜 미디어를 최대한 활용한 결과였다. 싸이(Psy)의 〈강남 스타일〉이라는 흔하디 흔한 말춤이 온 지구를 점령한 것도 저들의 공로였다. 저들은 한국의 문화에 근본적인 관심은 없지만, 그들에 의해 소개되고 퍼지면 없었던 관심도 덩달아 생겨 버리도록 되어 있었기 때문이다.[2)] 그것이 사람들에게 인지잉여(cognitive surplus)를 만들어 놓았다.

소셜 미디어는 바로 교육 자본의 상징이다. 평생교육의 소재를 끊임없이 제공하는 교육 자본의 공간이 지금의 소셜 미디어이기 때문이다.[3] 마치 자동차를 굴러 가도록 만드는 원유(原油)처럼 소셜 미디어는 사람들에게 새로운 것을 익히고 만들어 가게한다. 소셜 미디어는 정보라는 자료를 끊임없이 키워내는 교육 자본이나 마찬가지다. 소셜 미디어는 인지 잉여이기도 하지만, 그것은 조각났던 세상을 하나로 만들어 놓기도 한다는 점에서 교육 자본이 된다. 인지 잉여란 교육 받은 세계의 인구들이 자신의 여가시간을 조금씩 모아 만들어 낸 사회적 정보 자원을 지칭한다. 모두에게 공유되는 집단정보를 인지 잉여라고도 부른다. 나름대로 교육받은 이들의 공헌 때문에 세상에는 연간 1조 시간이 넘는 여가 시간이 더 생겨났다. 이렇게 잉여적으로 생겨난 시간은 사람들이 서로 공유했기 때문이다. 앞으로는 더욱더 서로 연결하며 자신이 원하는 활동을 추구할 수 있는 소셜 미디어의 기반이 넓어지고 있다. 앞으로는 한가하던 대중들은 저절로 와해될 것이며 새로운 집단 지식의 인지 잉여가 그 전의 다중 개념을 대신하게 된다. 많아졌기에 모든 것은 달라질 수밖에 없다. 달라진 존재는 바로 그 옛날 '다중'이나 '민중'이라고 불리웠던 집단이다.

소셜 미디어는 세계를 한순간 하나의 지점, 하나의 정보로 꿰차고, 꿰뚫고 있다. 소셜 미디어가 이제는 다중의 요구를 대신하는 새로운 노마드로 작동한다. 인류는 원래 떠돌이 정신으로 그들의 삶을 지켜왔다. 방랑하는 기질을 확산시키며 새로운 문화를 만들어 왔다. 그것이 인간의 사회적 유전인자다. 그런 노마드의 유전인자들은 소셜 미디어를 통해 더욱더 인간의 노마드 기질을 확산시키고 있다. 유전자를 다루는 학문은 생물학적인 영역인데 이제는 사회적 유전인자를 정보통신에서 다루게 되었다.[4]

노마드는 말 그대로 '유목민'이나 '유랑자'를 뜻한다.[5] 방랑의 기질을 대변하는 노마드는 집단적 성향이 강하다. 물론 항상 집단적이어야만 하는 것은 아니지만 노마드들 간의 협력은 저들의 생존을 위해 거의 운명적이다. 삶을 위해 서로가 필요하기 때문에 요구되는 자연적인 집단성이다. 인류사에서는 유목민들이 보여 주는 이동성과 변화가 바로 노마드의 전형을 보인다. 그들은 유목을 위해 공간 이동이 필수적이다.

움직이는 것은 만들어 내는 것이다. 인류에게 도움이 되는 것들은 유목으로 만들어졌다. 유목민은 이동에 편한 것들을 만들어 냈다. 유목민과는 달리 정착민들은 정착에 편한 것들을 만들어 냈다. 삶의 형태가 다르기에 각기 필요한 것도 다르다.

노마드는 단순한 여행자처럼 이곳저곳을 기웃거리는 방랑자들이 아니다. 노마드는 생존을 위해 터를 찾아 다니는 이들이다. 한 곳에 머물지 않는 사유의 삶으로 새로운 것을 창조해내려는 사람이 노마드다.[6] 저들의 생존을 위해 필요하다면 파괴도 마다할 이유가 없는 사람들이다. 저들의 파괴가 항상 부정적인 것만은 아니다. 새로운 창조를 위한 돌연변이로서의 파괴도 일어나기 때문이다. 저들이 한 곳을 향해 움직이면 만들어 내는 생존의 양태들은 정착민의 그것과는 사뭇 다르다. 노마드는 기본적으로 생존을 위한 구도자로서 생존한다.[7] 그들은 생존하기 위해 움직이고 소통하며 나눈다. 노마드의 생존 기술들은 정착민의 그것과는 다르다. 저들은 생존을 보장받지 못하면 이내 떠난다. 저들이 떠난 자리에 역사는 없다. 그저 저들의 궤적과 흔적만이 남는다. 노마드들이 정주하면 역사가 써지기 시작한다. 정착민의 역사 속에서는 노마드들의 궤적들이 소거된다. 6백만 년에 이르는 인류사에서 정착민의 역사는 미미하지만, 모든 역사는 정착민들이 써내려 간다.

인류사를 훑어가면 오로지 인류의 0.1퍼센트만이 정착민의 역사를 가졌을 뿐이다. 인류 진보에 있어 한 단계에 지나지 않는 셈이다. 정착민은 인류문명의 귀결점일 수 없다. 인류의 문명은 움직이며 만들어 가기 때문이다. 그 어떤 권력도 인류가 갖고 있는 노마드의 성향을 멈추게 할 수 없다. 국가라는 것은 인류의 역사에서는 노마드들을 위한 임시 휴게소일 뿐이다. 저들의 다음 움직임을 위한 임시 오아시스에 지나지 않기 때문이다.[8] 정착하면 노마드의 속성들은 서서히 소멸된다.[9]

노마드는 움직이는 사람들이다. 저들이 움직임을 정지하면 걷기도 중지된다. 걸으며 문화를 만들어 가는 사람들의 궤적은 소멸된다. 정착민은 걷기를 폐기한 사람들을 일컬을 뿐이다. 걷지 못한다는 뜻이 아니라 걷기의 본성을 상실했다는 뜻이다. 걷는 것은 나아가는 일이다. 걷는 일은 돕는 일이다. 걸음이 끝나면 노마드의 삶이 끝난다.

세상을 살아간다는 것은 걷는다는 것일 뿐이다. 노마드들은 동행의 대가다. 동행이 노마드다. 사람들이 동행하는 것은 멀쩡한 사람이 갑자기 눈이 멀었다가 다시 눈을 뜨는 것 같은 기적이다. 함께 간다는 것은 기적에 비길 수 있다. 볼 수 없었던 사람을 다시 보는 일이 동행이다. 동행은 말은 쉽다. 실천은 결코 쉽지 않다. 동행이 어떤 것인지를 알려 주기 위해 노벨상 수상 작가인 주제 사라마구(Jose Saramago)는 『눈먼 자들의 도시(Ensaio Sobre a Cegueira)』에서 말한다.[10)]

세계적인 문호인 주제 사라마구는 한 가지 제언을 한다. 이 세상에서 딱 한 사람만을 제외하고 모두가 갑자기 눈이 멀었다고 가정해 보라고 권한다. 두 눈뜬 딱 그 한 사람은 이 세상에서 가장 외로운 사람이다. 한 사람만 눈을 뜨고 나머지는 눈 먼 사람들이 살아가는 사회에서 그 어떤 권력도 무의미하다. 눈뜬 자가 누리는 부귀와 영화도 무의미하기는 마찬가지다. 두 눈 뜬 자가 혼자 황제라고 큰 소리쳐도 모두 부질없는 일이다. 제아무리 금, 은, 보화로 몸을 치장해도 헛일일 뿐이다. 더불어 눈을 떠야 세상을 살아가는 맛이 난다. 권력도 빛을 발할 것이다. 남에게 보일 몸치장도 멋있게 된다. 두 눈뜨고 있는 정상인 한 사람을 위해서라도 서로가 눈을 떠야 한다. 눈뜨지 않으면 두 눈뜬 사람이 오히려 장애자다. 눈뜬 그대부터 눈먼 모든 사람들을 위해 해야 할 일을 생각해 볼 일이다. 눈먼 사람들이 눈을 뜰 때 저들에게는 이제 엄청난 일이 일어나야 한다. 어제까지 등졌던 사람들은 이내 동행이 된다. 서로 간에 진정한 인간미를 느끼기 때문이다. 타인과 자신을 위해 더불어 사는 법을 깨닫게 된다. 적도 없고 미움도 없이 모두가 동행이 되어 주었으면 하는 것이 '주제 사라마구'가 눈먼 자들의 도시에서 바랐던 소망이었다.

인간은 서로에게 장애인이다. 모두가 서로에게 상대적인 장애를 갖고 살아간다. 인간은 서로에게 장애 공감(障碍共感)을 지닐 뿐이다. 장애 공감 속에서 사람들은 동행한다. 동행하려면 서로는 서로에게 차별이 아닌 차이만을 느껴야 한다. 서로는 다르다. 다른 것은 차이이지 차별이 아니다. 그런 차이를 갖는다는 것을 인정하는 것이 서로에게 따뜻함이 된다. 서로가 서로에게 다가설 수 있는 가능성의 첫걸음이다. 차이를 인정하면 사이는 좁아 들지만 차별을 고집하면 사이는 넓어질 뿐이다.

예를 들어, 운동 경기 중에는 경기자의 장애 공감 같은 것을 인정해 주는 운동이 있다. 골프 운동이다. 골프는 심판이 없는 게임이다. 굳이 심판이 있다면 그 심판은 자기이어야 한다. 골프는 그래서 흔히 멘탈 게임이라고 부른다. 욕심을 내면 욕심을 내는 만큼 실패할 가능성이 높다. 골프는 자기 양심을 심판으로 삼는다. 자기 양심 때문에 골프는 공정한 게임이기도 하지만, 그렇지 않은 운동이기도 하다. 실력의 정도 차이를 인정하는 게임이 골프다. 실력의 차이를 인정하는 운동이 골프다. 차이를 차별하거나 차이를 최대한 악용하지 않는 운동이 게임이다. 아마추어들의 골프 경기에는 장애 공감을 인정하는 약자보호제도로서 핸디캡(handicap) 규정이 있다. 운동 참여자들의 실력 차이를 미리 인정해 줌으로써 경기자들끼리 서로의 약점을 최대한 활용하는 경기 규칙이다.

핸디캡은 골프 실력과 기량이 서로 다른 사람들이 어울려 서로의 불리함을 극복하면서 서로의 기량을 겨뤄볼 수 있게 만든다. 핸디캡을 받아들이는 것은 단편적으로 말해 경기에 참여하는 사람들 스스로 자기가 어느 수준의 실력을 지녔다고 고백하는 것이나 마찬가지다. 핸디캡을 악용하지 않는 한, 그것은 골퍼의 기량과 운동 실력을 수치로 환산함으로서 서로 간의 실력차를 인정한다. 기량이 좋은 골퍼들이 기량이 낮은 사람에게 자기 실력에 버금가도록 엇비슷한 조건을 만들어 주기에, 서로가 상대방에게 주눅이 들지 않은 채 실력을 겨눌 수 있다.[11]

신체 장애든 정신 장애든 관계없이 장애자가 지니고 있는 핸디캡은 운동경기에서의 그것과는 본질부터 다르다. 장애자의 핸디캡은 게임의 문제가 아니라 생존의 문제이기 때문이다. 장애자의 장애는 게임의 즐거움을 해치는 조건이 아니라, 삶의 질을 어렵게 만드는 결정적인 요인이다.[12] 그래서 운동 경기를 위한 핸디캡과는 속성이 같을 수 없는 차별 조건이다. 장애자들에게 핸디캡을 보상해 준다고 하더라도, 그 보상의 수준과 방법은 운동 경기의 그것과는 전혀 달라야 한다. 장애자들에게 필요한 보상의 본질은 동행과 참여이어야 하기 때문이다. 골프 경기 역시 게임 내내 동행을 중요시하는 운동 경기다. 동행은 서로에 대한 배려의 실천으로서 제 기능을 발휘한다. 경쟁이 없다는 뜻이 아니라, 배려 속의 경쟁을 강조한다는 뜻이다. 장애자들에게 동행은 사랑의 정신이 밑바탕된다. 사랑이란 사람들로 하여금 살아가게 만드는 동력이기 때문이다. 사랑은 함께 이뤄나가는 꿈이며, 함께 걸어 가는 풍경을 만들어 낸다. 그래서 인도 사람은 사랑을 일컬어 억만 분의 일의 승산이 있는 아주 희소한 확률 게임에 속하는 일이라고 말한다. 사랑은 말처럼 그렇게 쉽지 않다는 뜻이다. 마치 갠지스 강가의 모래알과 같은 수많은 사람들이 망망대해의 이 세상에서 끊임없이 자신을 찾아 다니다가 만들어지는, 그것도 아주 우연과 필연의 인연이 만들어 내는 결과가 바로 사랑일 수 있다는 것이 저들의 생각이다.

사랑에 대한 인도인의 절규를 보여 주는 사례는 「빨간 장미를 단 못생긴 여인」이라는 짧은 글에서 나타나는 그런 것일 수 있다. 빨간 장미를 단 못생긴 여인이라는 글을 사랑의 본질인 동행의 의미를 그려낸 하나의 극적인 이야기를 담고 있다. 사랑이라는 것, 연분(緣分)이라는 것이 어떤 것인지를 보여 주는 빨간 장미를 단 못생긴 여인의 이야기를 구성하는 주인공은 존 브라운과 주디스 브라운이다. 소설이 아니라 실화이기도 한 이야기의 주인공인 존 브라운은 1996년 5월 3일 먼저 세상을 떠난다. 그가 죽은 지 몇 시간 뒤 아내 주디스 역시 남편을 찾아 이승을 훌쩍 떠난다. 그들을 기리기 위한 장례식이 열렸는데, 페니라는 한 여인이 불편한 몸을 이끌고 단상에 올랐다. 그녀는 단상에서 지난 반세기 동안 온 세계에 알려진 감동적인 사랑 이야기를 시작한다. 남녀 간의 사랑이 어느 정도로 아름다울 수 있는 것인지를 보여 주는 당사자들인 주인공들이 하늘의 부름으로 세상에 눈시울을 적시게 한다.[13)]

누군가와 한 평생 아니 잠시라도 더불어 간다는 것은 서로에게 편안함을 주는 일이다. 유행가의 가사처럼 그렇게 편한 일이 동행이다. 동행은 사랑의 힘이기 때문이다. 동행을 예찬하는 노래는 수없이 많지만 가수 나훈아 씨가 부른 〈사랑〉이라는 노래는 동행의 진면목은 사랑에 있음을 보여 준다. "이 세상에 하나밖에 둘도 없는 내 여인아, 보고 또 보고 또 쳐다봐도 싫지 않은 내 사람아, 비 내리는 여름날엔 내 가슴이 우산이 되고, 눈 내리는 겨울날엔 내 가슴은 불이 되리라 온 세상을 다 준다 해도 바꿀 수 없는 내 여인아 잠시라도 떨어져선 못 살것 같은 내 사람아 행여 당신 외로울 땐 내가 당신 친구가 되고 행여 당신 우울할 땐 내가 당신 웃음 주리라 이 세상에 하나밖에 둘도 없는 내 여인아 보고 또 보고 또 쳐다봐도 싫지 않은 내 사람아." 이 감정이 동행의 감정이다. 서로가 서로에게 어깨를 맞대게 만드는 힘을 불러 낸다.

사랑이 원하는 대로 세상 일이 이뤄지지는 않는다. 사랑이라는 이름 아래 동행은 수없이 어긋나기도 한다. 상처로 얼룩지기도 한다. 영원히 남남의 길로 들어가게도 된다. 그야말로 '님'이라는 글자에 점 하나를 찍으면 그 자리에서 '남'이 될 뿐이다. 그 남의 길로 들어서기 전까지는 어김없이 동행이 지속된다. 길을 간다는 것은 선택하는 일이다. 선택한다는 일은 가치를 찾는 일이다. 가치가 달라지면 걸어야 할 길은 달라지기 마련이다. 동행은 중지되고, 끝이 난다. 더불어 간다는 희망을 포기하게 만든다. 절망하는 것은 사랑 때문이 아니다. 더 이상의 더불어 감이 끊기기 때문이다. 어차피 인간의 동행은 동행할 그때까지만이기 때문이다. 사람의 길은 노마드, 방랑객의 길일뿐이다. 사람은 헤어지고 다시 만나며, 또 자신을 바꿔 가야만 하는 노마드의 피가 흐르고 있기 때문이다.

사람들에게는 그 언제든 자기가 바라는 소망이 찾아들기 마련이다. 노마드는 그 희망 때문에 길을 나선 사람들이다. 인간은 그 유혹 때문에 목숨을 걸더라도 소망에 대한 착각을 먹고 살아간다. 착각은 인간의 삶에서 언제나 현실처럼 다가온다. 마지막 순간까지 그 착각은 사실처럼 포장된다. 붕어빵은 붕어로 만든 빵이 아닌 것처럼 착각은 사실이기도 하고 거짓이기도 하다. 착각에는 긍정적 착각과 부정적 착각이 있게 마련이다. 긍정적 착각은 힘을 갖는다. 사람을 앞으로 나아가게 만들기 때문이다.[14]

착각이 자신에게 부정적인 역할만 하는 것은 아니다. 착각이 있기 때문에 세상은 살아줄 만하다. 서로가 서로를 아끼게 만들기도 한다. 착각에 대한 실험을 해 보면 세상은 요지경임을 알 수 있다. 예를 들어, 다섯 살밖에 되지 않은 유치원생들에게 손가락이 하나 없는 손이 그려진 그림을 보여 준다. 그들에게 질문한다. "10년 후 이 손이 어떻게 될까?" 아이들의 대답은 한결같다. 희망적인 착각의 답을 내놓는다. 없는 손가락은 조금씩 더 자라나 커질 것이라고 답한다. 희망의 대답을 한 아이들의 숫자는 항상 부정적인 답을 하는 아이보다 많다. 긍정적으로 대답한 아이들의 지능지수도 상대적으로 높았다.

긍정적 착각은 살아가는 힘을 준다. 실패와 좌절 속에서 스스로를 감싸 주기도 한다. 삶에 대한 각오와 교훈을 다지게 만든다. 삶에 대한 새로운 길을 개척하게도 만든다. 사람들은 긍정적 착각으로 살아간다. 긍정적인 착각으로 역경을 극복한 지체장애자들의 예가 그것을 드러낸다. '네 손가락의 피아니스트'인 이희아 양도 바로 그런 주인공이다. 그녀는 말한다. "나는 다른 사람들이 불가능하다고 생각했지만 피아니스트가 될 수 있다고 착각했어요." 긍정적인 착각이 그녀를 피아니스트로 만들어 냈다.

노마드는 긍정의 착각능력을 간직한 사람이다. 긍정하기에 이동하기를 멈추지 않고, 이동하기에 긍정해야 하는 사람이라는 뜻이다. 그들이 집단적으로 멈추는 곳마다 새로운 문명을 만들어 낸다. 동행한다는 것, 더불어 간다는 것은 때로는 함께 걷지만 때로는 홀로 걷는다는 뜻이기도 하다. 동행은 두 사람, 아니 여러 사람이 같이 가기만 한다고 동행이 되는 것은 아니다. 교도소에서는 사형 집행을 담당하는 교도관이 있다. 그는 자기의 임무 수행을 위해 사형수를 데리고 죽음의 형장으로 걸어가야 하는 사람이다. 그가 사형수와 함께 걷는 것도 동행이기는 하다. 감방에서 형장으로 가는 몇 분간의 짧은 시간의 만남과 걸어감도 동행이기는 하다. 교도관과 사형수가 같이 걷는 동행도 동행이다. 동행이기는 하지만, 그 짧고 지루한 길을 걸으며 사형 집행관과 사형수 간에는 도반(道伴)의 속뜻이 깊어졌을 리는 없다. 깨달음을 목적으로 서로가 죽음을 향한 같은 길을 걷고 있는 것은 아니기 때문이다. 교도관과 사형수가 같이 걷는 것은 노마드의 동행이 아니라, 공무 집행을 위한 동참일 뿐이다.[15] 동행이라고 말할 때, 그 동행은 만남과 헤어짐 사이에서 각각의 헤아림으로 성찰이 발생하는 과정이 있어야만 한다.

동행하더라도 동행하는 동안 저 혼자 걸을 수 있어야 한다. 때때로 저 홀로 걷기 위해서는 자기 자신부터 서서 걸어야 한다. 저 홀로 앞으로 내딛어 갈 수 있어야 한다. 스스로 걷는 요령을 알고 있어야 남이 어려울 때 그에게 도움이 될 수 있다. 수많은 신화를 만들어 냈던 아메리카 인디언들은 동행에게 늘 그랬다. 동행은 바로 친구였기에 그들은 먼저 걸었고, 나중 오는 자를 배려했다. 서로가 친구였기 때문이다. 친구는 나의 슬픔을, 그리고 그의 슬픔을 어깨에 짊어지고 가는 사람이었다. 친구들이 동행들에게 의사였고 구원의 손길이었다.

아메리카 인디언 중의 한 유파인 수피족은 동행 중 어느 이가 몸져 아프면 의사를 찾지 않았다. 대신 똑같은 병에 걸렸다가 나은 친구를 먼저 찾았다. 그에게 처방을 얻었다. 현대 의학의 관점에서는 비의학적이다. 여기서는 의학적 처방이 중요한 것이 아니다. 저들의 나눔의 정신이 중요한 것이다. 먼저 체험한 환자의 경험이 동행자에게 가장 현실적으로 위로가 되기 때문이었다. 동행이란 대답을 요청한 이들에게 필요한 답을 주는 사람이다. 서로에게 동행이 되기 위해서는 나부터 내 삶을 추스릴 수 있어야 한다. 남에게 피해를 주지 않는 일이 나를 돕는 일이기 때문이다. 동행은 자신부터 돌아보는 사람들이다.[16)]

동행이 되는 것은 서로 함께 걷겠다는 약속이다. 서로가 서로에게 귀를 기울이며 들어 주겠다는 마음의 긍정이다. 필요할 때 어깨를 빌려 주겠다는 감정의 증표이기도 하다. 함께하는 것은 화해의 시작이며 이해의 출발이다. 더불어 갈 수 없는 사람들이 더불어 가는 일이 동행의 진면목이다. 친구가 될 수 없는 사람들이 친구가 되는 것이 동행의 요체다. 처음에는 어색해도 걷다 보면 서로는 서로가 필요하게 되기 때문이다. 더불어 갈 수만 있다면 그 순간부터 서로는 서로에게 행복이 된다. 달라이 라마(Lhamo Dondrub) 같은 종교 지도자는 적들과의 교류를 동행으로 제시한다. 그는 망명객이다. 중국의 탄압을 피해 조국 티베트를 떠났다. 인도에 망명 정부를 세운 망명객이지만 그는 고통을 안긴 중국인에게 관용적이었다. 친구가 되어 동행하기를 원한다. 중국이 그를 거부할 뿐이다.

동행하다 보면 동행의 무리들이 만들어진다. 동행은 개별적인 움직임만을 말하지 않는다. 동행은 무리 간의 대칭을 이룬다. 동행이 생겨나면 하나의 대오와 행렬을 이룬다. 행렬은 동행에게 희망의 고리다. 대칭은 서로에게 균형을 갖춘다. 대칭은 아름다움이다. 인간의 얼굴도, 인간의 몸도, 그 가운데를 위와 아래로 갈라 놓는 선분으로 대비하면 하나의 대칭을 이룬다. 대칭의 비율이 서로 맞을 때 아름다움이 드러난다. 완벽한 대칭이 완벽한 미를 만들어 내는 이치다. 수학자들에게 있어서 대칭은 바로 아름다움을 말한다. 인류 문명 역시 수학적 개념에서 드러나는 대칭의 개념을 활용하여 발전되었다.[17)]

사람들이 대칭에 열광하는 것은, '대칭(對稱, symmetry)'이 바로 '자기 닮음'이기 때문이다.[18)] 자기를 닮은 것의 대칭은 모두 아름답게 느껴진다. 자기 닮음의 의미가 확장되면 반복적 자기 닮음이 된다. 자기 닮음이 정교하게 배열되어 있으면 사람들은 자기 닮음의 반복에 매료되기 마련이다. 사물이나 사회 현상 역시 대칭은 아름다움을 준다. 건물이나 사물이 대칭을 보여 주면 사람들은 아름다움을 느낀다. 대칭은 사람을 현혹하기도 한다. 자기 자신을 닮은 사람을 보면 사람은 그렇지 않은 사람보다 그를 더 선호하기 때문이다. 인간의 유전자 속에 대칭 선호론이 내재되어 있기 때문이다. '대칭은 아름답다.'는 것이 유전자 속에 각인되어 있다는 뜻이다.

대칭 그 자체가 사람들을 편하게 만들어 준다. 행복의 감정을 자기의 삶에서 어려울 때나 기쁠 때 늘 대칭적으로 배열하는 사람은 행복한 사람이다. 매일 기쁜 마음을 지니는 사람은 기쁜 느낌을 대칭적으로 즐기는 사람이다. 한 시간 동안의 기쁜 정서를 하루 동안 오전 오후의 대칭으로 배열시켜 일상을 보내는 사람이다. 행복한 사회도 그런 사회이다. 행복한 사람들이 사회 이곳저곳에서 대칭을 이뤄 일하는 사회는 행복한 사회다. 대칭은 혼자서 하는 일이 아니다. 혼자서는 아무것도 해낼 수 없기 때문이다.

용서하며, 용서 받을 수 있는 사람은 자신을 변화시킬 수 있는 사람이다. 용서할 줄 아는 사람이 행복한 사람이다. 용서할 줄 모르는 사람은 고장난 기계로 살아가는 사람과 엇비슷하다. 고장난 기계 같은 상태에서 벗어나려면 단연코 벗어나는 용기가 필요하다. 자신을 옭아매고 있는 수천 가지의 사소한 집착물에서 스스로를 벗어나게 해야 한다. 집착하면 그것을 위해 내 안에 수천 명의 쓸데없는 '나'를 살려야 한다. 수많은 작은 나는 나를 좀먹을 뿐이다. 큰 '나'를 갖기 위해서는 작은 '나'를 줄여야 한다.

내 그릇이 작으면, 작은 나일수록 끝까지 자신에게 저항한다. 작은 나에서 깨어나려면 자신의 자신감부터 점검해야 한다. 자신 안에 자리 잡고 있는 기계적인 감정에서 벗어나야 한다. 물론 쉬운 일이 아니다. 자신만의 아집에서 벗어나야 하기 때문이다. 아집을 고치는 데에는 같이 걷는 동행이 필요하다. 동행의 눈이 그것을 바로 보아주기 때문이다. 자기 자신을 아는 방법은 자기 스스로의 자기 관찰과 깨달음만으로는 부족하다. 서로의 배움이 필요하다. 나의 약점을 보완해 줄 수 있는 보완책이다. 서로 배우는 일이 바로 동행이다. 서로 배움은 노마드가 살아가는 생존방법이기도 했다.

깨달음을 얻는 방법에는 여러 가지가 있다. 육체에 고통을 가함으로써 그것이 가능하게 할 수도 있다. 감각의 쾌락에서 벗어나는 깨달음의 경지로 가는 고행자의 길이 그것이다. 아니면, 신념 하나를 끝까지 붙잡고 늘어지는 길이 또 다른 방법이다. 정진함으로서 깨달음으로 나아가는 수도자의 길을 택하는 것도 가능한 방법이다. 정해진 틀로 자기를 단련함으로써 깨달음에 이르는 방법도 무시할 수 없다. 요가 수행자들이 보여 주는 방편인 구도자의 길도 다르지 않다. 여러 방편 중 어느 하나만이 유일무이한 방법이 아니라는 것이다.

총체적인 깨달음에 도달하게 도와주는 절대적인 방법이 있을 리 없다. 유일한 방법을 찾는 일은 처음부터 어리석다. 대신 서로 배우는 것이 깨달음에 이르는 현실적인 방법일 뿐이다. 서로 배우는 과정에서 지적 · 동적 · 감정적인 것 모두에 대한 깨달음이 가능하기 때문이다. 서로 배움의 깨달음은 동행의 수련이다. "깨어나기를 원하는 사람은 같은 목적을 가진 다른 이들을 찾아 그들과 함께 수련해야 한다. 수련은 조직화되어야 하고, 이는 문제와 목적과 방법을 알고 있으며 조직된 일을 해 본 사람만이 할 수 있다. 마치 우리가 어떤 특정 지식을 배울 때 우리보다 먼저 지식을 가진 사람들에게 도움을 받아 지식을 얻을 수 있는 것처럼 말이다. 모임의 출발점은 인간은 자기 자신을 모른다는 것, 인간은 존재하지 않는다는 것이었다. 어떤 경우에도 구속되는 일이 없고, 원한다면 언제든 떠날 수 있으며, 어떤 형태의 책임과 의무도 없다."[19]

깨달음이란 사람답게 살아가야 하겠다는 마음가짐을 갖는 일이다. 세상에서 살아남는 일은 부끄러운 것이 아니다. 사람답지 않게 살아남는 일이 오히려 부끄러운 일이다. 생명이라면 부끄럽더라도 살아남아야 생명이라고 부르게 된다. 살아남아야 다시 태어날 수 있다. 인간이 살아가는 세상은 마치 모든 동물들이 함께 어울려 살아가면서도 잡고 잡히는 먹이사슬이 명백한 세렝게티(serengeti)로 비유된다. 사람들의 삶이 물론 약육강식의 처절한 초원으로 비유되기는 하지만, 세렝게티 그 자체는 현실에서는 어김없이 세렝게티식 생존방법이 유효하다. 세렝게티는 아프리카 마사이인이 '끝없는 평원'이라고 부르고 있는 말이다. 탄자니아에 있는 국립공원으로 지정되어 있는 세렝게티에서는 그 어떤 것도 그냥 버려지는 것은 없다. 남아도는 것도 없기는 마찬가지다. 모든 것은 먹어치워져 비워질 뿐이다. 약육강식, 먹이사슬의 현주소인 비정한 평원이 세렝게티다. 강력한 먹이사슬이 저들의 삶을 지배하고 있기 때문에, 세렝게티에서 약자는 약자대로 생존의 달인이 되어야만 한다.

세렝게티는 강자만의 무대가 아니다. 강자가 약자를 선택하는 것은 사실이지만, 강자가 모든 것을 이기는 것은 아니다. 사자는 맹수다. 힘이 센 동물인 것처럼 보이는 것도 사실이지만 실제로는 그렇지도 않다. 생존 현장에서 가장 힘이 센 절대적이고도 유일한 동물은 처음부터 있을 수가 없다. 사자는 사냥에 치중하지만 그들의 힘이 초원에서 절대적인 강자로 살아남게 도와주는 것도 아니다. 사실, 사자는 보통 때에는 사냥보다는 엉뚱한 일에 더 치중한다. 경쟁자인 하이에나 새끼를 잡아 죽이는 일에 더 치중한다. 하이에나와 치타 같은 또 다른 맹수들이 사냥에 사자보다 더 고수이기 때문이다. 사자 새끼를 물어 죽이는 맹수들이 바로 하이에나나 치타다. 사자를 괴롭히는 강력한 경쟁자들인 셈이다.

치타나 하이에나의 생존방법은 잔인하고 처절하다. 자신의 새끼들도 사자에게 물려 죽는 일이 비일비재하다. 새끼가 죽으면 어미 하이에나는 놀랍게도 죽은 새끼들을 빨리 먹어 치운다. 사자가 알 수 없도록 하이에나의 흔적을 철저하게 없애 버린다. 냄새를 말끔히 치워 낸다. 사자의 또 다른 새끼 약탈을 막아 내기 위해서다. 죽은 새끼는 이미 죽은 것이다. 죽은 것은 빨리 잊어 버려야 한다. 새끼는 낳으면 또 새끼가 된다. 남은 것은 번식일 뿐이다. 암컷은 건실한 수컷 상대를 만나 튼실한 새끼를 낳는 일이 더 중요하다. 제 짝을 잘, 제대로 찾아야 한다. 결국 사자는 사냥꾼으로 생존하기보다는 약탈꾼으로서 생존하는 기술이 더 발달된 맹수인 셈이다. 치타나 하이에나가 사냥해 놓은 것을 전문적으로 약탈하는 비열한 동물이다. 치타 역시 사자를 역습하며 생존을 도모한다. 인간은 사자보다 한 술 더 뜬 약탈 술을 발휘하며 살아가는 동물이다. 사자가 사냥해 놓은 것을 슬그머니 약탈해서 생존하는 맹수는 인간이라는 종족 이외에는 없기 때문이다.

인간은 유인원 중에서 보면 꽤나 잔혹한 동물에 속한다. 유인원 가운데 화목하기로 유명한 보노보들과는 달리 질적으로 고약한 동물이 바로 인간이다.[20] 세렝게티에서 살아남으려면 보노보보다는 먼저 치고 박고 약탈해서 생존하는 동물이 인간이라는 야박한 동물이다. 좋은 것은 먼저 차지하는 동물이 인간이다. 그 점에서는 철저하게 원숭이를 닮은 유인원이 바로 인간이다. 인간 역시 세렝게티에서 생존하려면 살아남고 봐야 하기 때문에 어쩔 수 없는 노릇이다. 살아남은 것 이외에 그 어떤 것도 대안이 될 수 없다. 죽은 다음에는 죽은 몸이 자기 몸을 챙길 수 없기 때문이다. 놀이는 세렝게티에서는 위험천만한 일이다. 생존을 위해 쓰임새 없는 일이 바로 놀이다.

세렝게티에서는 살아남는 데에는 생존에 도움이 되는 전략과 전술의 응용만이 필요하다. 그것은 놀이가 아니라 생존이기 때문이다. 맹수라고 해도 예외일 수가 없다. 맹수 역시 결코 안전할 수 없기 때문이다. 초식동물이라고 평생을 도망이나 다니면서 사는 것도 아니다. 저들에게도 중요한 것은 사냥 실력과 도주 실력이다. 둘 중 한 가지라도 엉성하면, 영락없이 굶어야 한다. 굶음의 대가는 잔인하지만 죽음뿐이다. 초식동물들도 탁월한 전략으로 맹수를 몰아 낸다. 세렝게티의 동물들은 자신이 가장 잘

할 수 있는 것만을 구사해야 한다. 폼 잡는 일은 없다. 폼 잡을 여유도, 그 폼을 봐줄 맹수도 없기 때문이다. 폼과 여유가 있다면 그것은 모두 생존을 위한 것이어야 한다. 치열한 경쟁 환경에서 살아남는 것이 폼의 내용이 되어야 하며, 여유의 기술이 되어야 한다. 폼을 잡기 위해 굶어 죽는 것은 야성의 법칙이 아니기 때문이다.[21] 야성의 법칙은 살아남기 위해 생존에 철저해야 하는 법칙이다. 잊을 것은 단숨에 잊고, 피할 것은 미리 피해야 하며, 먹을 것은 즉시 먹어야 하는 것이 야성의 법칙이다. 사람들은 영양떼처럼 그렇게 몰려 다니지 않는다. 서로가 길을 같이 가기는 하지만 필요하면 이내 갈라진다. 그들이 동행하는 것은 생각을 하나의 대오로 만들기 위해서다. 능력이나 기능이 서로 다르더라도 하나의 일을 하기 위한 것이다. 서로에게 공통의 목표가 반드시 있어야 하는 것은 아니다. 더불어 가는 것은 마치 오케스트라 조직만을 의미하지 않는다. 관현악단 단원들처럼 제각기 악기를 다루면서 지휘자의 지휘봉을 주시하며 하나의 소리로 조화해야만 하는 것도 아니다.

더불어 가는 것은 어떤 지휘자에 종속되기 위해서가 아니다. 사람의 삶 그 자체에 음률의 획일된 통일성이 있을 리 없다. 찾으려고 노력할수록 오히려 저들 간의 통일성은 깨어질 뿐이다. 삶에서는 소음이 제격이다. 소음 역시 화음이다. 삶은 어차피 하나의 악보로 만들어지는 것이 아니다. 누군가의 지휘 봉에 초점을 맞추어 가지는 않는다. 그런 삶은 없다. 지휘봉이 있어야 한다면, 없는 것보다는 있는 것이 낫기에 그런 것이다. 그저 있어서 좋으면 좋을 뿐이다. 지휘봉 아래 하나같이 그 지휘봉을 따라 움직이는 것이 생존에 절대적일 수는 없다. 지휘자의 개인적인 호령에 따라 화답해야 하는 것은 우리 인간의 각자적인 삶일 수 없다. 지휘자들의 지휘봉에 사람들이 미소를 보낸다고 해도, 그것은 지휘자가 대단해서 따르는 것이 아니다. 그의 지휘봉이 빚어 낼 음률이 내 삶을 위해서도 어떤 유익한 일을 해 줄 수 있다는 기대감이 있기 때문이다.[22]

예수, 붓다, 공자와 그의 제자들은 자신의 생존을 위해 무리를 이끌어야겠다는 의도가 있었던 것은 아니었다. 저들은 거대한 오케스트라의 지휘자로 군림하려고 했던 것이 아니다. 저들은 자신의 길을 걸었고, 그 길에 인류가 동참하고, 동행했을 뿐이다. 예수나 공자의 제자, 붓다의 제자들도 저들을 스승으로 삼고, 스승이 나아가는 길을 따라 스스로 걸었을 뿐이다. 세상보다는 자신을 의시(疑視)하면서, 스승이 간 길을 따라 걸었다. 스승과 동행하면서 의시와 의심이 걷어지고, 대신 깨달음의 빛이 그들을 맞이했다.

기독교의 완성자라고 일컬어지는 사도 바울의 행적도 마찬가지였다. 그는 예수가 어떻게 생겼는지 알지도 못했고, 본 적도 없었다. 그래도 그는 예수를 따르는 사도가 되었다. 예수의 말을 세상에 전하기 위한 전도의 길을 나섰다. 중동 아시아 근해를 따라 무려 7만 킬로미터를 걷고 또 걸었다. 전도하기 위해 걸었다. 걷기의 달인이었다. 보통 사람의 머리로서는 쉽게 이해되지 않는 꽤나 멍청한, 그렇지만 위대한 인물이었다.

바울은 제 목숨을 내걸고 예수를 전도했다. 신화로 가득 찬 아테네 시민들에게 이설을 내뱉었다. 죽을 각오로 아테네의 시민들을 자극했다. 사변적이었던 아테네 시민들에게는 오히려 설득이 더 쉬웠을 것이다. 인문학적인 그리스인은 또 다른 신의 도래에 대해 별다른 반감이 있을 수 없었다. 그래서 바울은 외쳤다. 신(神)은 그렇게 저들의 신전에 살지 않는다고 외쳤다. 아테네 시민에게는 늘 듣던 이야기이기에 별다른 감흥이 있을 리 없었다. 노예에게는 사정이 달랐다. 전쟁의 포로로 잡혀 노예가 되었던 저들, 억눌려 있던 아테네의 노예들에게는 구원의 소리였다. 믿으면 해방된다는 바울의 일갈에 감동이 없을 리 없었다. 노예들의 가슴에 그의 복음이 간직되었다. 바울은 소아시아의 이곳저곳을 전도의 길 삼아 걸었다. 로마도 잇대어 걸었다. 그의 생명을 건 마지막 선택이었다. 결단이었다. 스스로 자기의 목숨을 어떻게 정리해야 하는 지를 알고 있었다. 그는 현자였다. 걷고 걸으면서 그는 예수의 길에 동행했다.

루소가 이야기했던 그대로 걷고 생각하고, 또 걸었던 사람이었다. 걸을 때 제대로 생각하고 걸으면서 자신을 반추하며 연단했던 사람이었다. 걸음을 멈춘다고 생각을 멈춘 사람이 아니었다. 그들은 걷는 이유를 알았다. 소크라테스, 붓다, 공자, 예수 모두가 보행(步行)과 만행(漫行)의 대가였다. 제자들과 더 많은 이야기를 나누었다. 서로 간의 배움을 이끌어 갔다. 자신의 논리를 더 다듬을 수 있었다. 중국의 속담 그대로였다. 수만리에 이르는 걷기가 이어졌다. 그것은 글 없는 글 읽기였으며 책 없는 책의 길이었다. 어느 틈에 저들은 수만 권의 독서를 한 것이었다.

저들의 뒤를 따른 사람치고 명문의 대가나 권력자도 없었고 재벌도 없었다. 세상을 호령하는 권세를 가진 자들이 저들을 따라 동행할 리가 없었다. 저들을 뒤따랐던 이들은 신분이 높았던 사람이 아니었다. 사회의 정점에 있던 사람도 아니었다. 명령하거나 호령하는 사람은 더욱 더 아니었다. 명령받고 신음하며, 음지에 서 있던 사람들이었다. 그저 하루 살기에도 힘이 겨웠던 보통 사람들이었다. 수없이 오갔던 길을 걷고 또 걸었지만, 아무것도 얻지 못했던 사람들이 자신의 삶에 새로운 이정표를 만들었던 것이다. 스승의 말에 끌려 무엇인가에 골몰하면서부터 생각하는 사람이 되었으며, 배우는 사람이 되었던 것이다. 저들의 삶은 유랑의 그것과 다름 없었지만, 유랑 속에서 여유와 평안함을 마음껏 즐겼다. 공중에 나는 새를 보며 잠잘 곳, 먹을 것마저 염려하지 않았던 사람들이었지만, 저들의 길이 바로 멘토의 길이었다. 생명과 새로운 삶의 길이었다. 저들은 새로운 이야깃거리를 찾았다. 새로운 아이디어를 만들어 냈다. 이야기를 전했다. 이야기를 받아들였다. 일상에서 삶을 건지는 자기 혁명의 길을 터 놓으며 걸었던 사람들이었다.

저들이 바로 신앙의 노마드들이었으며, 그 경험이 저들의 영성이었다. 저들의 걷기는 산책이 아니라 삶을 위한 치유였다. 요즘 말로 일종의 '프라이멀 요법(primal therapy)'을 지닌 채 길을 걷고 삶을 걸었던 사람들이었다. 마음 다스리기의 치유를 돕는 원초적 치유가 프라이멀 요법이다. 프라이멀 요법은 정신과 의사들이 즐겨 쓰는 정신치료법이다. 유년기 시절 심하게 겪었던 상처나 욕구불만을 근원적인 감정 표출로 풀어내는 치료법이다. 격렬한 정화가 프라이멀 치료법의 핵심이기에 환자로 하여금 마음껏 울게 하거나, 마음대로 소리지르도록 하거나, 억눌린 감정을 발산하도록 누군가에게 욕설과 같은 것을 퍼붓게 함으로서 그가 유년 시절에 겪었던 원초적인 상처와 감정을 겉으로 드러내도록 만든다. 유년기, 어린 시절의 경험이나 상처에 초점을 맞춤으로써 그가 일상적인 삶으로 복귀하거나 회귀하는 데 도움을 주기 때문이다.

동행이 있어도 걷는 일은 저 홀로 해야 하는 일이다. 걷는 일은 어차피 고독하다. 고독한 일이기에 걷는 것이다. 걷기에 의미가 만들어진다. 고독이 자신을 치유하며 자신을 즐겁게 만들어 주기 때문이다. 걷기가 만들어 내는 고독은 행복의 인자(因子)다.[23] 인간 스스로 행복에 이르려면 고독할 줄 알아야 한다. 행복에 이르게 만드는 지름길이 고독이다. 사람들과 친밀한 인간관계를 유지하는 것이 행복에 이르는 길이라는 것을 몰라서 하는 말이 아니다. 고독하면 행복이 무엇인지를 깊숙이 생각할 수 있기 때문이다.

현대인은 혼자 있지를 못한다. 혼자 있는 시간에도 저 홀로 분주하고 번다하기 때문이다. 버스나 지하철, 커피숍 안을 보면 확연하게 드러난다. 모두가 혼자 있는 사람들이지만 모두가 제각기 분주할 뿐이다. 가만히 있지를 못한다. 얼빠진 사람처럼 모두가 각자에게 분주한 사람들이다. 휴대폰, 메신저, SNS 등과의 관계들로 모두가 분주하다. 보통 분주한 것이 아니다. 저 홀로 있지만 저 홀로가 아니다.

자기의 다스리기는 고독의 완성에서 시작한다. 저 혼자 있다는 것은 두 가지 경우다. '홀로 있다(alone).'는 말은 '고독한(solitude)' 경우와 '외로운(loneliness)' 경우다. 고독(solitude)은 사람들과의 복잡한 여러 갖가지 관계에서 제 스스로 여백을 갖는 홀로의 경우를 말한다. 여러 관계에서 의도적으로 그리고 스스로 물러나 자신이 자신을 벗으로 받아들이며 벗과 즐기는 홀로 있음의 경우이다. 자기가 멀리 있던 자기 자신을 만나는 시간이 고독이다. '외로움'은 고독의 경우와 성격이 다르다. 타인과 단절되어 누군가를 갈구하는 수동적인 기다림의 경우가 외로움이다.[24] 자기 자신과도 단절되어 있는 고통의 시간이다. 고독이 홀로의 긍정적인 경우라면 외로움은 홀로의 파괴적인 경우다. 고독이 자신에게 '내적 자유'를 의미한다면 외로움은 자신에게 대한 '내적 공허'인 경우다. 고독은 혼자 있는 능력이다. 혼자서만 자신의 존재감을 느낄 수 있는 충족감의 표현이 고독이다. 자신으로 살아가는 용기와 지혜가 고독이다. '외로움은 내적인 공허함이고 고독은 내적인 만족함이다.'이라는 말이 딱 맞는 경우다.

고독은 의지다. 감정 정리의 선택이며 이성적인 자기 결단이다. 고독에는 폐기(廢棄) 혹은 포기(抛棄)나 기각(棄却)의 의미도 녹아 있다. 고독을 결단하면 떼어낼 것은 떼어내야 하고, 어차피 떨어져 나갈 것은 떨어져 나갈 일이다. 고독한 사람은 적도 없고, 친구도 없다. 모두가 친구이고, 어찌 보면 모두가 적으로 보일 뿐이다. 자기만의 전체성과 정체성으로 자기 세상을 만들어 내는 이가 고독한 사람이다. 자기 스스로 자기가 주인이 되는 사람이 고독한 사람이다. 그렇게 고독한 사람을 인도에서는 '스와미'라고 부른다. 자기가 자기 자신의 주인이라는 뜻이다. 선택을 떨쳐 버리고 자기 홀로 나선 사람이 바로 고독한 사람이다.

사람은 선택을 할 때 이미 고집(苦集)에 들어서게 된다. 자기를 위해 바라고 원했던 것을 취하기 때문이다. 선택한다는 것은 어느 것을 취하기 위해 어느 것은 외면하는 일이다. 의도와 의지가 개입되는 일이 선택인데 그 선택은 욕심이 그득한 것들이다. 의지가 개입되면 고뇌하게 된다. 판단해야 하고, 평가해야 하며 결정해야 하기 때문이다. 마음을 개입시키는 일이 바로 고(苦)의 출발이다. 어려운 고(苦)가 선택되기 시작하면 삶은 전율하기 시작한다. 병든 삶, 헛살이 삶(Ill-being)이 가동된다. 마치 행동주의 심리학자 스키너(Skinner)의 실험용 흰 쥐가 실험실에서 보여 주는 학습된 무기력의 행동처럼 먹이에 대한 유혹과 전기 충격에 대한 공포 그 사이에서 주저하기만 하는 헛살이 삶이 시작된다. 헛살이 삶은 의심과 주저, 그리고 전율이 가득 차 있는 철학자의 방식, 그렇지만 끝내 미쳐 버리는 노이로제 방식일 뿐이다.[25]

행복하려면 선택을 탐하지 말고 저 홀로 고독해야 한다. 마치 고대 그리스 철인(哲人) 에피쿠루스(Epicurus)가 일렀듯이, 행복함이니 부유함은 소유가 결정해 주는 것이 아니다. 얼마나 많이 가졌느냐에 있지 않고 원하는 것이 얼마나 적으냐에 달려있기에 저 스스로 부유함으로부터 고독하고 초연해야 한다. 허겁지겁하지 말아야 한다. 자기 눈에 보이는 문제라고 그것만을 풀려고 덤벼들지 말아야 한다. 문제가 무엇인지를 냉정하게 관찰부터 해야 한다. 급하게 속단하지 말고 느긋하게 마음을 내려놓고 문제라는 것의 속내를 천천히 관찰하면 된다. 이해가 되면 풀리고 있다는 뜻이다. 문제 스스로 슬그머니 저절로 자취를 감추기 마련이기 때문이다. 그것이 바로 해답이다.

세상 만사 속에서 살아내는 삶살이가 바로 창과 방패의 관계다. 그 속에 사는 우리도 그 모순(矛盾)과 함께 동행하는 것이다. 삶에는 창만 있는 것이 아니다. 무엇이든 뚫을 수 있는 창이 있으면, 무엇이든 막아 낼 수 있는 방패도 있기 마련이다. 새 창이 나오면 새 방패도 나오게 마련이다. 그것이 바로 삶살이다. 절망할 것은 없다. 기다리며 면밀히 관찰하면 된다. 삶에 있어서 모순은 언제나 동전의 양면과 같을 뿐이다. 동전의 양면 중 내가 원하는 것만 가지고 갈 수는 없다. 아무리 내가 한쪽만을 원해도 그 한쪽만을 떼어 내서 나 홀로 나아갈 수는 없다. 앞면을 갖고 가려면, 뒷면도 당연히 갖고 가야 하기 때문이다. 뭐든지 찌르는 것과 뭐든지 막아 내는 것 그 모두를 가지게 만들어 주는 것이 배움이다.

모순의 양면을 가지고 가려면 전체를 꿰뚫어 보아야 한다. 급히 찬성하지도, 빠르게 반대하지도 말고, 교묘하게 숨기지도 말 일이며, 감정 상할 이유 역시 갖고 다니지 말아야 한다. 모든 것은 나름대로 무게와 부피를 갖고 있기에 짐이나 될 뿐이다. 혼란스럽더라도 모순 전체를 그대로 보기만 해야 한다. 모와 순 가운데 어느 하나를 결정적인 것으로 선택하려고 하면 그것은 너무 빨리 가능한 것을 구하려는 몸짓에 속한다. 가능한 것을 추구하기 시작하면 헛살이도 함께 시작하게 된다. 불가능한 것을 구하려는 노력을 없애면 걱정이 사라지게 된다. 그것이 멸도(滅道)의 시작이다. 선택을 원초적으로 마음에 두지 않으면 선택은 자연적으로 폐기되거나 포기된다. 선택기각(選擇棄却)하면 참살이의 가능성이 열린다. 고집멸도(苦集滅道)의 개념이 불가에서 상용하는 현학적(衒學的)인 표현이라면, 선택기각은 그에 맞먹는 보통 삶살이다운 표현일 수 있다. 선택기각은 친구와 적(敵)으로부터의 해방, 물질과 정신으로부터의 자유, 선택과 분리로부터의 떨어져 나감을 도와준다. 선택하면 이해관계가 따르고, 기각하면 이익으로부터 멀어지기 때문이다. 이해관계를 멀리하고 자신의 이익을 안본듯이, 모르는 듯이 피해 버리는 일이 바로 고독의 결단이며 고요함의 평정이다. 고독은 어차피 혼자의 길을 걷는 일, 그것을 말하는 것일 뿐이다. 새로운 이야깃거리는 유식(有識)한 사람의 입에서 나올 리 없다. 신분이 높은 사람의 입에서 기대할 수 있는 것 역시 아니다. 저들은 새로운 이야기를 만들어 내는 일에 유용한 사람들은 아니다. 거룩하다는 사람들의 이야기들은 더 그렇다. 예수의 생각을 따르고, 붓다의 생각을 따르며, 공자의 생각을 따랐던 사람들은 모두가 중간치기들이었다. 당사자들은 실제로 재담꾼이 아니었지만, 저들을 따르던 사람들이 하나같이 재담꾼이었다. 생각에 자유로운 사람들이기에, 저들의 입에서 재미가 나오고, 개그가 나올 수 있었던 것이다.

세상은 중간에 있는 사람들이 움직인다. 그들은 자유롭기 때문이다. 꼭대기에 위치한 사람들에 비해 상대적으로 자유로운 생각이 가능한 사람들이기 때문이다. 정점에 있는 사람은 지켜야 할 위치와 특권에 집착하기 마련이다. 새로운 것을 생각해내기에는 부자연스러운 위치다. 게다가 필요 이상으로 자의식이 강한 것도 사실이다. 그들에게서 나오는 이야기들은 사실은 신통한 것이 없다. 자의식은 '흥미로움'을 만들어 내는 데에는 방해가 될 뿐이다. 자의식이 강하면 배움에 더디다. 지위가 높은 사람일수록 새로운 것에 둔감하기 때문이다. 자기 함정이 얼마나 깊은지를 모르는 사람일수록 자의식이 강할 뿐이다. 새로운 것이 나올 수 없는 이치다.[26)]

같은 목적을 갖는 집단 구성원들 사이에는 나름대로 소통이 활발하기 마련이다. 손짓 발짓, 표정과 같은 비(非)구두 언어의 사용도 빈번해진다. 거침없는 의사 표현이 가능하기 때문이다. 예수의 무리, 붓다의 무리, 그리고 공자의 무리도 그것을 가감 없이 보여 줬다. 저들은 걷기의 무리이었기에 그것이 걷는 도중에 얼마든지 가능했다. 걸으려면 소곤거리거나 떠들어야 한다. 떠들면서 길을 함께 걸어 나가는 사람들이 무리이기 때문이다. 떠든다는 것은 말로만 하는 그런 것이 아니다. 걸으며 모이곤 하는 상황 속에는 적절한 수준의 부대낌이 있게 마련이다. 서로의 외양과 분위기도 손쉽게 익힐 수 있는 기회다. 서로 배워 나가며 서로 이해하기 마련이다. 부대낌의 과정에서 서로의 언어를 파악하면 굳이 말이 없이도 서로 배우게 마련이다.[27)]

실제로 인간이 전달하는 정보 가운데 말로 하는 내용의 비율은 7%에 지나지 않는다. 사람은 말로 설득당하는 것이 아니다. 웃다가, 웃으면서 깨우치는 것이다. 인간은 말을 통해서는 정보의 7%의 정도밖에 받아들이지 않는다. 정보의 93%는 언어 이외의 것에서 얻어질 뿐이다. 표정에서도 얻고, 침묵에서도 얻는다. 걸으면서도 이해하기 마련이다. 예수, 공자, 붓다 역시 걷기를 택했다. 모두가 동행의 방편이었다. 제자들은 걷기의 여정에서 멘토가 전달하려는 93%를 받아들였다. 걷기의 여정이 배움의 여정이었으며 이해의 길이었다. 예수, 붓다, 공자의 속내는 걷기의 여정에서 있는 그대로 드러난 것이다.[28)]

더불어 가는 것의 즐거움을 만끽했던 선각자 가운데 붓다를 능가하기는 어렵다. 그가 보여 준 행적은 더불어 가는 것의 전형이었기 때문이다. 붓다는 가능하면 상인들의 대상로(隊商路)를 따라 제자들과 함께 걸었다. 현실적인 이유들 때문이었다. 대상들과 함께 하면 신변이 안전하기도 했다. 그들이 머무는 곳마다 사람들이 모였다. 그의 말에 귀를 기울일 청중들이 있었다. 무역을 하던 상인들은 장사에 관계없이 식자였다. 이야기꾼이었다. 다른 나라의 정치적 상황에 대해 상당할 정도의 정보를 지녔던 이들이었다. 판단력, 교양을 갖춘 중간급 식자들이었다. 그들은 새로운 일에 호기심이 강했다. 새로운 장사, 새로운 문화에 트인 시각을 갖고 있었다.

붓다는 저들의 이야기를 믿었다. 당시 권력 집단인 브라만보다는 더 깨여 있었기 때문이다. 상인들의 지적능력과 열린 생각들은 붓다의 생각을 위해 도움이 되었다. 붓다는 상인들의 재담능력을 믿었다. 저들은 무역로를 따라 세계 여러 지방을 돌아다니는 여행객이기도 했다. 그들은 사람을 만나 관계를 트며 이해를 취하는 사람들이었다. 자신의 말과 교리를 전파할 수 있을 것이라는 믿음을 갖게 만드는 사람들이었다. 붓다는 그들을 따라 이야기하며 함께 걸었다.[29)]

더불어 간다는 것은 귀 기울인다는 뜻이다. 제대로 듣는다는 뜻이기도 하다. 서로를 존경한다는 뜻일 수도 있다. 듣기는 사람의 마음을 되살리는 일이기도 하다. 듣기 위해서는 침묵이 필요하다. 여전히 침묵해야 상대방이 들릴 수 있기 때문이다. 침묵과 듣기는 상호보완적이다. 서로 이야기하면 듣기는 실종된다. 스스로를 낮추게 만드는 일이 듣기다. 자연과의 관계만이 아니다. 우주와의 관계는 침묵의 듣기로부터 시작한다.[30] 사람들은 다른 이들의 이야기를 듣지 못하는 것이 아니다. 듣지 않는 것일 뿐이다. 침묵하지 않으려고 하기 때문이다.

2. "우리는 실수로부터 배우기 때문에 우리가 결코 알지 못한다고 할지라도, 확실한 것은 모른다고 할지라도, 우리의 앎만큼은 성장한다. 앎이 성장하기 때문에 이성에 대한 절망에 빠질 하등의 이유도 없다. 우리는 결코 확실하게 알지는 못하기에 권위에 대한 어떤 주장이나, 우리의 앎에 대한 자만심이나 오만을 보장해 줄 그 어떤 권위 역시 존재하지 않는다." – 칼 포퍼[31]

"위인(偉人)이란 자기가 할 수 있는 일을 하는 사람이지만 범인(凡人)들은 할 수 있는 일을 하는 것이 아니라 할 수 없는 일만을 바라는 사람이다." – 로맹 롤랑[32]

누구든 자연의 소리, 신의 소리를 제대로 듣기만 하면 제 삶은 달라지게 마련이다. 새로운 삶을 잉태하는 열쇠가 자연의 소리이기 때문이다. 모든 인간은 끝내 자연으로 되돌아가도록 되어 있다. 고대사회에서 원시인이나 인디언은 '태교의 비밀'을 중요시했다. 태교의 원칙은 바로 듣기, 제대로 듣기였다. 산모는 배 속의 아이와 듣기를 주고 받았다. 어머니는 아이의 이야기를 들었다. 그리고 그녀는 답했다. 지금 말로 말하면 아이의 두뇌 훈련이었다. 어머니의 목소리가 아이의 뇌를 생육시키는 방법이었다. 아이들의 태내 대화가 있다는 대목이기도 했다.[33]

듣기는 치유의 방법이기도 하다. 몸과 마음의 질병을 다스리는 방법이다. 듣기의 장애가 현대인의 병을 만든다. 자폐증이나 난독증, 학습 지체, 실어증도 듣기의 병이다. 언어 장애, 외국어 배우기의 어려움도 듣기의 문제다. 제대로 들으면 김 능력도 회복된다. 제대로 들을 수 있으면 신체의 균형 감각도 회복된다. 근육의 움직임도 좋아진다. 눈과 몸도 유기적으로 작동한다. 듣기는 인간관계를 개선시킨다. 오해가 이해로 바뀐다.[34] 말만 하는 사람 옆에는 사람이 모이지 않는다. 제대로 듣는 것도 배워야 가능하다. 제대로 생각하는 것도 배워야 자기 것이 된다. 생각하기를 배워야 생각할 수 있다는 이치다.[35] 사람을 편하게 해 주는 일은 침묵이다. 침묵으로 지켜보면 사람이 보이기 마련이다. 침묵은 말을 아낀다는 뜻만은 아니다. 말을 가린다는 뜻이 더 강하다.[36]

동행하겠다는 것은 서로의 믿음에 대한 약속이다. 혐오, 경멸, 분노를 극기하겠다는 약속이기도 하다. 혐오, 경멸 그리고 분노를 놓지 않고서는 동행하기 어렵다. 분노와 경멸, 혐오는 간접 흡연과 같다. 동행하는 사람들의 감정을 서서히 훼손시킬 뿐이기 때문이다.[37] 동행은 여행에 동참하는 일이다. 여행은 친숙함과 멀어진다는 뜻이다. 마르셀 푸르스트(Proust)가 이야기한 것처럼, 여행은 새로운 풍경에 홀리는 일만이 아니다. 새 경치를 보려는 욕심이 여행의 전부가 아니다. 새로운 시야를 터놓는 일이 여행이다. 기존의 관습과 습관으로 사물을 보는 것이 아니다. 새로운 것을 통해 새로운 시각을 얻는 일이 여행이다. "낯선 거리에서 깊은 산길에서 만나는 사람들 모두가 다르면서도 같은 얼굴들이지만, 걷는 이가 그들을 통해 들여다보는 건 내 자신이다. 생의 모든 길이 그러하듯 길 위의 길 역시 자기에게로 이르는 길이겠지." 이것이 걷기와 여행의 모습이다. "여보게 나그네여, 길이란 당신의 발자국일 뿐, 길은 본래 없소. 길은 걸어서 생기는 것이고, 걷다 보면 길이 나는 게지."[38]

나폴레옹의 숭배자였던 소설가 오노레 드 발자크(Honoré de Balzac)는 인류의 걷기에 대해 의문을 제기한 적이 있었다. 인류가 걷기 시작한 이래 왜 걷는지, 어떻게 걷는지, 걷기를 통해 무엇을 이룩할 수 있는지 자문해 본 적이 없다고 자문했었다. 문화인류학자들이 그 질문에 대해 답했다. 인류의 직립보행은 생존이라고 답했다. 삶에 대한 도전이며, 그것이 삶이기 때문에 걷는다고 답했다.[39] 함량이 부족한 답처럼 들릴 뿐이다. 동양인은 그렇게는 질문하지 않는다. 더불어 서로 걸어가기는 배움의 시작이기 때문이다. 걷기는 깨닫기의 방편이다. 행각(行覺)이라는 단어가 그것을 증거한다. 걷기는 바로 깨우침의 방편이라는 뜻이다. 걸음으로써 깨닫는다는 뜻이다. 걷기 때문에 깨닫는 것이 아니라 걸었기 때문에 깨달음이 어떤 것인지를 알게 된다는 이치다. 참선, 생활선 그리고 수행의 하나다.[40]

걷기는 인간에게 속도를 요구한다. 더불어 걷기는 생각과 함께한다. 더불어 걷기는 소통이다. 소통의 방편은 수없이 많다. 소통이 더딘 방편이 있고 빠른 방편이 있다. 문명의 역사는 더딘 소통에서 빠른 소통으로 전개된 소통의 이행사다. 걷기는 더딘 소통 방편이다. 걷기보다 빠른 소통이 말이다. 말없이 걷기보다는 재잘대는 걷기가 소통을 더 빠르게 한다. 전화와 같은 소통 수단은 소통을 더 신속하게 만든다. 소통 수단의 발달로 인해 개인 간의 사이가 저렴하게 연결되었다. 속도감 있게 서로를 잇게 되었다. 불특정 다수에게 특정 메시지가 멀리 전달되기 시작했다. 신속함이 더 추가되었다. 개인 간의 사이 잇기에 들던 비용은 더 저렴해졌다.

미디어와 같은 방송통신 수단이 발달했어도 걷기는 여전히 정감 있는 소통 수단이다. 미디어의 등장으로 전통적인 개인과 개인 간의 소통방식(P2P)이 달라졌다. 고비용 구조의 소통이 소나기방식으로 바뀌졌다. 미디어의 기능을 넘어서는 인터넷의 소셜네트워크(SNS)방식이 세상에 도입되었다. 저비용과 신속함의 소통이 가능해졌다. 사람과 사람 사이의 관계가 자연적 소통 관계로 바뀌졌다. 시 · 공간, 거리의 차이에 관계없이 일상적인 소통이 가능해졌다. 바람, 공기, 흙처럼 사람들은 만나기가 쉬워졌다. 소통에 어려움이 없게 되었다.

자연적인 소통 관계의 발달이 정보 공유와 정보창출과정을 혁명적으로 바꿨다. 그것의 성과를 인지 잉여(cognitive surplus)로 불렀다.[41] 자본 잉여처럼, 사람들의 정보와 지식이 넘치기 시작했다는 뜻이다. 소통의 자연화 현상으로 인해 교육받은 인구들은 연간 1조 시간이 넘는 여가 시간을 누리게 되었다. 세계적인 총 인지 잉여는 무려 1조 시간에 달한다. 매년 위키피디아 1만 개를 만들 수 있는 양의 잉여 시간이다. 인지 잉여 자원을 제대로 활용한다면 세상이 달라진다. 집단 지력이 세상을 바꿔 놓을 수 있게 되었다.[42] 곳곳마다 극적인 변화가 가능하게 되었다.

소통의 인지 잉여 때문에 세상도 달라지기 시작했다. 사람 사이의 관계도 달라졌다. 사회제도가 바뀌고 문화가 바뀌고, 세상살이가 편해졌다. 변화될 세상의 모습이 기대처럼 긍정적인 것만은 아니다. 겉치레적이며, 피상적인 것도 숨길 수 없기 때문이다. 겉모습이 달라진다고 해서 속 내용도 바뀌는 것은 아니다. 미디어의 소통이 인간친화적인 것만은 아니다. 사람들 사이의 소통은 비용이 드는 일이다. 고비용에 속한다. 소통의 가치는 돈으로 계산될 수 있는 것이 아니다.

소통의 인지 잉여가 지식을 새롭게 이해하게 만들었다. 지식이란 정보들의 결합이 그 어떤 형태로 표현되고 존재하든지 간에 관계없이 머릿속에서 나온 모든 생각, 정보, 데이터를 총칭한다. 데이터는 정보의 원료이며, 특정 배경에서 데이터가 조직화된 것이 정보이고, 정보를 결합시켜 그것을 어떻게 활용할 것인지 이해하는 것이 개념으로서의 지식이다. 지식은 그것이 토착적 성격이든 과학적 · 학술적 성격이든 아니면 비학술적 성격이든 상관없이 경험이나 연구를 통해 얻을 수 있는 모든 종류의 이해를 의미한다. 그 어떤 지식이든 지식은 축적된다. 지식이 쌓이면 방대해진다. 축적된 방대한 지식에 사람들의 접근이 허용될 때 비로소 지식은 공공재가 된다. 지식은 근본적으로 공공재이기에, 지식은 하나의 사회생태적 시스템을 갖추게 된다. 지식의 사회생태적 시스템이 구축되고 그것이 모든 이를 위해 작동될 때, 지식 민주주의의 실현 가능성이 높아진다.

지식이 사회생태적 시스템으로 구축되어 모든 이들에게 접근과 활용이 자유로워질 때 사람들은 그 지식을 공유한다고 말하게 된다. 사람마다 인간 본연의 가치를 공유하게 되고, 인간 본연의 가치를 구현시켜 주는 사회는 인간적인 길로 나아가는 사회다.

인간적인 길을 구현하는 사회에서 말하는 인간 본연의 가치는 자신이 지닌 시간의 질이 어떠한지에 따라 구현되는 양태가 달라진다. 프랑스의 자크 아탈리(Jacques

Attali) 교수는 '인간적인 길'이라 함은 시장 민주주의, 시장 사회 또는 상품 사회에서 잊혀져 가는 인간 본연의 가치들을 공유하도록 하는 것이라고 단언한다. 인간 본연의 가치를 공유하도록 하는 것은 사회 구성원들에게 자기 시간을 양질의 시간으로 활용하게 해 주는 일을 추구하는 일이다. 시간은 생산 · 공급 · 교환 · 판매할 수 없기에 그 어떤 재화보다 귀중하며, 창조적이고, 인간적이다. 그 시간을 사람마다 창조적이고 자유롭고 유용하게 사용하기만 한다면 자신의 시간은 양질의 시간이 되는 것이다. 양질의 시간의 소유와 활용 여부가 사람들의 삶을 바꿔 놓는다. 지금까지 사회에서 가난함이란 재화를 '갖지 못한 것'에 일차적으로 주목하는 것이었으나, 디지털, 사이버 지식 사회에서는 네트워크에 '소속되지 못한 것'을 지칭하게 된다는 점에서 양질의 시간 활용을 위한 지식의 나눔과 참여 정도 그리고 그 수준은 민주 사회의 성숙도를 알려 주는 지표가 된다.[43)]

어떤 지식이든 새로운 지식을 발견하는 것은 공동의 이익을 구현하는 것이다. 지식의 공유를 활성화하기 위한 방법들이 다양해야 하며, 공개적이어야 한다. 지식의 공유를 활성화하기 위해 지식 공유를 저해하는 요인들이 제거되어야 한다. 예를 들어, 지금까지 폐쇄적이었던 대학이나 연구소 도서관이나 정보센터들이 외부에 개방되고 관련 지식들을 외부와 공유할 수 있게 해야 한다. 지식의 폐쇄성과 독점성을 초월해서 공적인 자원으로서의 지식이 되고, 그것을 서로 나누고, 공유하고, 활용하고 다른 이들에게 전파시키며 함께 나누게 되면 집단 지성의 개발 속도와 사회적 공헌은 엄청나게 증가할 것이다.[44)]

인간이라는 말은 시간에 대한 의식이기도 하고, 소통하는 관계이기도 하다. 인간만이 시간을 느끼고, 인간만이 의식을 소통하기 때문이다. 인간끼리 서로 의식을 통해 소통하지 못하면 서로가 인간이라고 말할 수 없다. 사람들과 사람들 사이를 잇는 것이 소통이다. 소통은 서로 간의 사이를 잇는 일이다. 사이를 잇는 존재가 바로 인간(人間)이다. 사이를 잇지 못하면 서로에게 인간이 되지 못한다. 서로에게 사람이 되지 못한다. 쥐나 벌레가 될 뿐이다. 길 위에 굴러다니는 돌처럼 개체적으로 관계하지도 못한다면, 개미와 나 사이에는 생물 존재론적으로 그 어떤 차이도 없다. 그것과 나의 관계가 인간적으로 이어지지도, 관여하지도 못하고 있기 때문이다.

소통이나 시간은 그냥 잇는다고 저절로 이어지는 것이 아니다. 전화가 있다고 그와 내가 이어지는 것이 아닌 것과 같다. 소통은 의미를 실어 나르는 일이다. 잇기는 마음의 이어짐이며 의미의 이어짐이다. 끊어짐을 막아 내는 힘이 이어짐이다. 봉쇄를 봉쇄할 수 있는 것은 의미일 뿐이다. 의미를 실어 나르기 위해서는 마음이 마음에 닿아야 한다. 미국의 대통령이라고 해도 그는 나에게 강아지만큼도 귀하거나 인간적으로 이어지지는 않는다. 그가 설령 같은 시간대에 일어난 사건을 CNN을 통해 나와 같은 시간대에 시청했다고 해도 마찬가지다. 동일한 사건에 대해 그와 나 사이에는 아무런 사이 잇기가 일어나지 않기 때문에 오바마와 나의 관계는 본질적으로 무의미한 관계일 뿐이다. 불통의 관계이기 때문이다. 한국의 정치인과 나 사이의 소통 역시 마찬가지다. 나와 의미를 실어 나르는 관계가 아니기 때문이다. 우리 사이에 마음의 울림이 없기 때문이다. 잇기가 결핍되어 있기 때문이다. 우리는 너와 나의 관계가 아니라 한국인이라는 틀만을 말하는 우리이기 때문이다.

소통의 신속함이나 속도감은 기계공학적 물질주의가 이뤄낸 결과물이다. 소통이 물질주의의 부산물로만 남으면 사람끼리의 이어짐은 결핍된다. 인터넷은 사람들 사이에, 국가들 사이에 소통의 속도감을 높여 주었다. 댓가도 치뤘다. 인간의 사고방식을 얕고 가볍게 만들어 놓았기 때문이다.[45] 깊은 사유보다는 단순한 정보의 조합을 즐기게 되었다. 잡생각들의 조합이 박식함의 상징이 되었다. 문명과 인지의 오해가 확산되기 시작한다. 사람들의 관계는 깊은 사유의 관계다. 그것이 도덕적이거나 윤리적인 상황이 아닐지라도 적절한 심사숙고와 배려의 과정을 요구된다. 소통 수단의 발전으로 인해 사람들 간의 소통이 빈번하다. 그와 내가 맺는 나의 관계는 의외로 피상적이다. 무감각하다. 도구적일 뿐이다. 장삿속일 뿐이다. 그리고 얼이 빠져 있다. 소외적일 뿐이다. 나와 타인 간의 관계는 병적일 뿐이다. 나에 대한 사회의 이어짐 역시 병적이다. 모두가 소통의 부재로 인해 앓고 있을 뿐이다.

아직도 우리는 정보기술(IT)의 홍수 속에서도 관계의 외로움에 시달릴 뿐이다. 각자가 지닌 시간의 질을 스스로 떨어트리고 있다. 소셜네트워크서비스(SNS)가 첨단을 달리는 한국 사회이지만 '진정한 소통'은 결핍되어 있다. 트위터, 페이스북에도 가입해 불특정 다수와 시시콜콜한 잡담을 주고 받지만 사람들 간에는 불통이 여전하다. 얼굴을 서로 보며 고민을 터놓는 관계가 빈약하다. 서로가 정보기술의 수단에 의해 '인터랙티브(interactive)의 불통, 인터랙티브 고독'에 빠져 있다. 저들의 관계가 피상적이라는 뜻이다. 정보기술 지향적인 한국 사회가 인간관계의 '풍요 속 빈곤'에 직면하고 있기 때문이다. 경제협력개발기구(OECD)의 충격적인 보고다. OECD는 사회 구성원 간의 관계를 사회적 자산으로 인정하고 있다. 공동의 가치와 기준, 이해 등을 함께 공유하며 서로 간의 협력을 증진시키기 때문이다.[46)]

소통 수단은 영성의 고통과 무관하게 발전했다. 소통 수단들의 영향력은 각기 다르게 나타난다. 영혼을 휘두를 수 있는 속도와 농도에 의해 영향력도 결정된다. 전화보다 인터넷이 더 강력한 소통 매체로 평가되는 이유다. 휘두르기의 힘은 사람에게 전혀 다른 행보를 요구한다. 인쇄술은 인터넷이라는 매체에 의해 갈 곳을 잃기 시작했다. 정보 전달과 정보 창출의 방식이 바뀌었기 때문이다. 새로운 방식의 정보 전달과 정보 생성방식은 과거의 그것과 단절하게 마련이다. 소수만이 생성 가능했던 정보들이 이제는 모두를 위한 '생필품'이 되었다. 교사의 지력이 학생들의 미디어 앞에서 무기력하게 되었다. 권력자들의 여론 형성력도 여지없이 무기력증에 빠져 버렸다.

세상이 누스페어(noosphere)에 의해 바뀌고 있기 때문에 생길 수밖에 없는 현상이었다. 누스페어는 새로운 정신계를 지칭하는 개념이다. 누스페어는 디지털 테크놀로지가 만들어 낸 이 시대 새로운 지성을 일컫는다.[47)] 누스페어는 사이버 스페어적이다. 인류가 오랫동안 집적해 온 공동의 지적 능력과 자산을 바탕으로 사이버 공간에서 만들어지는 새로운 세계가 누스페어다.

누스페어는 새로운 집단 지성(collective intelligence)의 출현을 알리는 강력한 출발점이다. 누스페어는 현재까지 인류가 겪어온 문명화 과정의 완성 단계를 의미한다.

그것의 결정체가 바로 집단 지성이다. 누스페어는 인간의 잠재적 역능이 사이버공간에서 현재화되는 과정으로 현대 문명화의 요체다. 인간의 정신과 의식이 한층 더 고양 발현되는 영성적 교류의 장이기도 하다. 누스페어의 등장으로 인해 이제는 세상을 인종, 국적 등으로 서로 가르고 차별하는 일이 무의미한 일로 간주된다. 누스페어는 이 시대를 장악하고 있는 새로운 영성이다. 누스페어는 더 이상 국적이나 인종으로 갈라지지 않는다. 인간은 국적으로 갈라지지만 그들이 만들어 내는 누스페어는 국적과 무관하다. 누스페어에서 소통은 하나의 인류로 통할 뿐이기 때문이다. 누스페어는 집단 지성으로 만들어지는 새로운 영성일 뿐이다.

누스페어가 이 시대 영성이며 이 시대 집단 지력이다. 집단 지력의 등장으로 인해 군중들의 힘이 권능을 갖기 시작했다. 인터넷과 같은 소통의 수단들은 저들의 일상적인 문화 활동이 되었다. 집단 지력이 '사회 활동', '지식 활동' 그 자체로 작동하기 시작했다. 대중들의 지혜들이 서로에게 배움을 제공하게 되었다. 정보 생성과 정보 처리 활동의 일상적인 과정이 저들의 삶이 되었다. 저들이 집단 지성의 모체이며 누스페어의 새로운 양태이기 때문이다.[48)]

집단 지력을 구성하는 대중들은 소수 정보 권력자들에게 지적으로 반란하고 있는 것이다. 정보 생성과 정보 처리에서의 억압과 구속으로부터 자유를 얻었기 때문이다. 전문가들로 자처하던 교수 집단들의 지력도 함께 흔들리고 있다. 정보의 보고로 인정받던 백과사전이 폐기되고 있다. 예를 들어, 지난 200년 동안 권위를 자랑하던 브리태니커 백과사전 같은 정보의 보고들이 한순간에 쓰레기가 되었다. 백과사전은 집단 지성의 새로운 창조물인 위키피디아에 의해 상대적으로 그 힘을 뺏긴지 이미 오래되었다. 백과사전들은 이제 휴지 조각이나 다름없게 되었다. 백과사전이 다수의 정보 생성과 정보 전달력과 지력에 더 이상 항거하기 힘들어졌다. 다중들의 정보가 하나의 지혜로 작동하기 시작했다. 저들의 정보들이 '사회성'과 사회적 인증을 얻기 시작했다. 대중의 지혜들이 브리태니커 백과사전과 같은 전통적인 정보통들의 권위를 해체시켰다. 각 영역의 전문가라는 의미가 퇴색되기 시작했다. 쓸모가 있는 정보를 가진 사람이 전문가들로 부각되었기 때문이다. 쓸모 있는 정보를 지닌 사람이면 그 누구나 모두 지식의 콘텐츠를 만들어 나갈 수 있는 정보 생성 참여의 기회가 열렸기 때문이다. 정보 창출 혁명이 시작된 것이다. 지식의 독점, 지식의 교주(敎主)는 더 이상 존재할 수 없게 되었다.

집단 지력으로서의 누스페어가 단지 사람들에게 삶의 편리성만 준 것은 아니다. 그 이상의 역할을 하기 시작했다. 인류의 사고방식과 의식까지도 근본적으로 뒤흔들어 놓았다. 사람들의 정체성 혁명까지 유도하기 시작했다. 인간관계의 속성마저 바꾸어 놓았다. 집단 지력들은 이제 상담가로서도, 멘토로서도 나서고 있다. 저들은 자문을 원하는 이들에게 실시간, 살아 있는, 쓰임새 있는 상담 기능도 실시 중이다. 인터넷 상담실에는 현실적인 사연들로 빼곡하게 채워지고 있는 중이다. 성생활에서 요구되는 질문이나 재테크와 같은 살아 움직이는 충고와 처방들이 가득하게 올라온다. 예를 들어, 어떤 젊은이는 이렇게 불특정 다수로 구성되는 자칭, 타칭 카운슬러들에게 아주 은밀한 사적인 질문까지 서슴치 않고 있다. "어젯밤 여자 친구와 처음으로 관계를 가졌습니다. 그런데 제 여친이 무척 아파했습니다. 지난번에 사귄 여친과도 몇 번 관계를 가졌지만 이런 적이 없었거든요. 저는 경험이 많은 편이 아니라 순간 당황했고 제대로 하지도 못했습니다. 다음번에 또 그러면 어떻게 해야 할까요?" …… 얼른 보기에는 시답지 않게 보이는 질문같지만, 개인적으로는 구구절절, 사정이 질게 살아 움직이는 하소연들이다.

현실에서는 아무에게나 꺼내기 쉽지 않은 개별화된 사적이고 각자적인 고뇌거리다. 극도의 익명성과 사적 비밀을 보장받는 질문이기도 하다. 어느 누구에게도 마음 편하게 할 수 없는 질문이다. 인터넷은 그것을 있는 그대로 받아 준다. 마음 편하다. 처방 역시 솔직담백하다. 개인 경험을 전하기 때문이다. 집단 지력은 개인의 마음속 내밀한 문제까지 털어 놓는 삶의 동반자로 자리를 잡아가고 있다. 인터넷은 휴머니즘이라는 논리가 생기는 시점이다. 동행의 새로운 모습을 보여 주는 집단 지성의 한 모습이다.

인터넷이 이제는 소외된 자들에게 좋은 동행, 좋은 지식(智識)이라는 뜻에서 저들이 바로 칼야나미트라(kalyanamitra)다.[49] 기업의 창조성에 관해 연구해 온 어느 경영컨설턴트가 동행과 멘토로서의 큰 지식(智識)이 보여 주는 상관관계를 연구했다. 그는 사람들이 협력하기 시작하면 개인의 창의성이 집단 창의성으로 변하며, 그룹 지니어스로 전환된다는 확신을 갖고 있었던 사람이었다. 기업 생산 현장에서 얻은 경험측이었다. 그것을 증명하기 위해, 그 연구자는 재즈 밴드와 즉흥극 극단의 활동들이 어떻게 연관되어 있는지를 면밀히 관찰했다.[50] 즉흥극은 대본과 감독 없이 대략적인 주제만을 갖고 상황을 극적 이야기로 이끌어 내는 극을 말한다. 자리와 처한 상황의 분위기를 반전시키는 속성이 강하다. 모두가 상황에 대처하도록 즉흥적인 연기로 이야기를 만들어 낸다. 배우들은 스토리가 어떻게 전개될지 모르는 상황에 놓인다. 다른 배우들의 대사를 듣고 이를 발전시키거나 반전시킨다. 새로운 아이디어를 짜내는 일이 자연스러워야 한다. 즉흥적인 대사들이 만들어진다.

재즈 밴드 역시 공연의 상황은 크게 다르지 않다. 연주자의 순간적인 감흥에 따라 연주가 가능하기 때문이다. 재즈밴드는 서로의 연주를 듣고 대응하는 악상을 만들 수 있어야 서로의 연주가 가능하다. 머릿속에 떠오른 악상을 즉흥적으로 표현해낼 수 있어야 연주에 홍이 생긴다. 재즈 연주자들은 자기를 먼저 통제한다. 다른 사람들의 연주와 자기 연주 사이의 균형을 맞출 수 있어야 한다. 모두가 이야기 전개와 연주의 전개를 위해 독창력이 있어야 한다. 극이나 연주의 기량이 뛰어나야만 하는 것도 사실이다. 각각이 지닌 기량의 발휘는 집단 창의성 안에서만 가능하다. 모두가 집단 창의력을 만들어 낼 수 있어야 한다. 개별 연주자들이 서로 협력하여 모두 하나로 조화되어야 한다. 밴드의 연주를 절정에 이르게 만드는 사람을 흔히 '리더'라고 칭한다.

그 리더가 바로 그 집단에서는 멘토로서의 큰 지식(大智識), 좋은 지식(智識)으로서의 칼야나미트라다. 집단을 하나의 조화로 이끌어 가는 이들이기에 저들이 바로 큰 지식(智識)이다. 지식은 한 집단의 동무이며 동행이지만, 저들을 이끌어 나간다는 의미에서 큰 지식(大智識)이라고 말한다. 기업 현장에서는 그런 큰 지식을 멀티플라이어(multiplier)라고도 부른다. 멀티플라이어란 상대의 능력을 최대로 끌어올려 팀과 조직의 생산성을 높이는 리더를 말한다. 함께하는 사람들의 능력을 2배로 끌어올려 자원의 추가 투입 없이도 생산성을 2배 이상 높일 수 있는 사람이 멀티플라이어이다.[51] 그 어디서든지 지혜와 슬기의 여백이 넓은 리더가 큰 지식이라는 뜻이다. 동행하는 이들 가운데 으뜸이 되는 도반(道伴)을 일러 불교 신도들은 선지식(善知識)이라고 불러왔다. 도반을 이끌어 가는 사람 혹은 '큰 지식(大智識)'이라는 말은 본래 팔리어인 '칼야나미트라'라는 말에서 파생되었거나 그것을 응용하여 만든 말들이다. 미트라라는 말은 친구를 뜻한다. 태양계의 중심에 있는 태양을 상징하는 말이기도 하다. 생명체에게 에너지를 공급하는 힘이 태양이듯이 칼야나미트라는 벗들에게 살아가는 이유를 제공한다.

칼야나는 좋은, 득이 되는 그런 뜻이기에 칼야나미트라라는 말은 '벗으로 사귈 만한 사람, 멘토 혹은 스승'이라는 뜻이 강하다.[52] 이 책에서 불가에서 흔히 부르는 선지식(善知識)을 일반적으로 지식(智識)이라고 고쳐 부른 이유가 있다. 멘토로서의 지식은 정보로서의 앎을 말하는 단순한 정보 쪼가리 같은 지식(知識)으로 한정될 수 없기 때문이다. 칼야나미트라로서의 지식은 사람의 영혼을 어루만질 수 있는 지혜와 슬기, 덕을 지닌 사람이라는 뜻에서, '지식(智識)'이라고 개명한 것이다. 슬기와 지혜를 지닌 현자(賢者)를 지식(智識)으로 부른 것이다. 지식(智識)은 사람들에게 삶의 의미를 일깨워주는 안드라고구스(andragogues)다. 또 다르게 표현하자면, 무니(muni), 현인(賢人), 성인(聖人)의 뜻을 담고 있다.[53]

동행들 간의 관계는 간단하다. 어짐과 배움의 이어짐의 관계이기 때문이다. 사람들이 서로 필요로 하는 배려와 공감의 나눔 관계가 동행의 관계다. 서로 간의 가르침과 배움에 부담이 있을 수 없다. 필요 이상의 간섭과 개입 역시 불필요하다. 어짐의 관계는 배움의 관계이기 때문이다. 서로 배움이 서로에게 인(人)이다. 어짐은 사랑이며 열림이다. 서로에게 의존관계다. 서로가 요구하는 관계다. 서로 배움은 서로 사랑으로 가능하다. 서로 사랑이 집단 지력으로 작동할 때 집단의 창조력이 생긴다. 종교 집단력의 집대성을 보여 준 예수, 붓다, 공자가 바로 창의적 집단 지력의 사례이다. 저들과 제자들 간의 상호 배움은 집단 지력의 상징이었다.

성인(聖人)들은 제자들과 무리로써 삶을 걸어 나갔던 슬기와 지혜였다. 인류의 삶에 등대와 같은 큰 지식(大智識)이었다. 저들을 따르는 제자들은 저들과는 달랐다. 각자의 성향이 달랐다. 하나로 묶어내기가 쉽지 않았다. 무리에 합류하기 전까지 저 홀로 삶을 살아온 개인이었기 때문이다. 개인을 인디비주얼(individual)이라고 부를 때의 바로 그 뜻이었다. 인디비주얼은 그것의 어원인 라틴어에 아님이나 거부의 부정을 의미하는 인(in)과 분리함, 나뉨을 의미하는 디바이드(divide)가 하나가 된 말이다. 더 이상 '나뉠 수 없는 상태'란 의미를 갖는 상태가 인디바이드다. 개인은 사회적인 관점에서는 하나하나로 나누어질 수 있는 양적인 존재들이었다. 생명의 관점에서는 결코 분리되거나 나누어질 수 없는 유일한 존재였다. 각자가 개성이 강한, 더 이상 나뉠 수 없는 각각의 각자였다. 세상 최초로 태어나고 최초로 사라져가게 되는 유일한 사람들이었다. 그런 제자들의 무리를 삶의 지혜를 위해 하나로 이끌어 나간 이들이 바로 큰 지식(智識)들이었다.

제자들은 한 집단 속에서도 늘 다른 제자들을 타인의 시선으로 바라보고 응시했다. 개인들이었기 때문이다. 그래도 서로의 길을 같이했다. 동행이 되었다. 그런 이야기는 성경에도 수없이 등장한다. 사도 바울과 베드로와의 인간적인 관계가 바로 그랬다. 바울과 바나바(Barnabas)의 관계도 그런 관계였다. 타인으로 서로를 응시하면서도 한길로 나아간 동행과 도반의 관계들이었다. 이들은 각기 장 폴 사르트르(J. P. Sartre)의 지적대로, 나를 바라보는 타자(他者)의 시선을 응시해야 했다. 반대로 타인을 그렇게 응시했다.

타자의 시선은 단순히 두 눈으로 누군가를 집중적으로 바라보는 눈의 작용만이 아니다. 타자의 시선은 그의 마음을 드러내게 만드는 응시(凝視)였다. 때로는 의심하는 의시(疑視)이기도 했다. 한 집단에서 계속되는 타인의 시선을 있는 그대로 받아들이기는 쉽지 않다. 그들의 시선은 나의 존재에 대해 끊임없이 꿰뚫어 본다. 위안이 되지 못한다. 경우에 따라 흘겨보거나, 훑어보거나, 째려보는 타자의 눈짓은 내게 명령이 된다. 나에 대한 비판이기도 하다. 마음 짓은 그렇게 변한다.

사르트르는 타인의 시선을 그리스 신화에 나오는 메두사의 그것에 비유한다. 메두사는 하나하나의 머리칼이 모두 뱀으로 돼 있는 괴물을 상징한다. 메두사를 바라보는 사람은 누구나 돌로 변한다. 시선과 시선이 만나면 의시가 되기 때문이다. 의시는 상대를 있는 그대로 바라보지 못하게 만든다. 시선은 주체가 바라보는 모든 것을 객체로 사로잡아 버린다. 객체는 그렇게 타인의 의시 안에서 응고한다. 개체는 없어지고 객체만 남는다. 타인에게 시선을 주면서 나의 힘은 계량된다. 나의 힘은 폭력이 된다. 타자가 나의 의시를 의식하면, 나의 시선은 더 강력해진다. 그는 내 시선 앞에서 어김없이 무기력해진다.

개인의 세계에서 내 시선은 그렇게 작동한다. 집단이라면 그 속의 개인은 개인으로 존재하는 것이 아니다. 관계로 존재하며 새로운 관계들로 거듭나야 하는 존재다. 예수, 붓다, 공자가 늘 당부한 것은 개인이 아니라 동행의 집단이었다. 제자들에게 개인보다는 관계의 집단으로 성숙하기를 강조했다. 동행과 도반의 지식(智識) 관계로 거듭나기를 강조했다. 사랑, 겸애, 배려 같은 것들이 저들에게 화두였다. 제자들이 관계로써 존재하며 서로에게 서로 기댈 수 있는 존재가 되기를 바랬었다.

위인들 가운데 관계의 중요성을 현실감 있게 강권했던 성인은 아무래도 공자를 따라갈 위인이 없다. 공자가 말하는 관계의 중요성을 박진감 있게 반박한 사람은 묵자(墨子)였다. 당대에 서로가 힘과 논리를 겨뤘던 지력의 큰 맞수들이었다. 공자는 무엇보다도 '인(仁)'을 강조했다. 공자는 제자뿐만 아니라 모든 사람들이 인을 삶의 지표로 받아들이기 원했다. 고대 중국인 사이에서 회자되어온 인(仁)을 공자는 인간의 도리로 해석했다. 집단이 지켜야 될 도리로 체계화하였다. 공자와 맞서서 묵자는 인(仁)을 넘어서는 겸애(兼愛)를 강조했다. 겸애는 사해 동포적인 해방의 개념이기도 하다. 묵자의 집단 무리는 공자의 집단 무리를 당해낼 수 없었다. 힘의 논리는 어디에서든 적용되는 법이었다.

인(仁)이라는 글자는 기호학적으로 풀이하면 재미가 넘치는 뜻을 지닌다. 사람이라는 인(人)과 둘이라는 이(二)자가 함께 합쳐진 글자가 되기 때문이다. 뜻은 간단하다. 사람인 '너'와 사람인 '나'와의 인간적 관계가 인이며, 어짐이라고 해석된다. 인(仁)이라는 글자는 사람을 지칭하는 인(人)의 의미를 한 번 더 규정해 놓는다. 사람이라는 인(人)자는 두 사람이 서로에게 기대어 있는 양태를 보인다. 사람들이 제대로 의지하고 있어야 한다. 어깨를 맞대고 귀를 서로에게 주고 받는 관계가 있어야 서로 사람다운 관계가 이뤄진다. 그래야 만물을 낳을 수 있는 어진 관계로 나아가게 된다. '인간(人間)'이란 말도 그렇다. 사람은 사람 사이에 있을 때 사람다울 수 있기 때문이다. 사람과 사람 사이에서 제대로 된 인간관계가 있을 때 인(仁)의 관계가 유지된다는 뜻이다.

성인들에게 있어서 함께하던 제자들은 스승과 시선을 의식하는 타인의 관계로 남아 있을 수는 없었다. 저들은 경쟁하는 관계가 아니었다. 익히며 배우는 어울림의 관계였다. 서로에게 영원한 친구가 되며 동행이 되는 슬기와 어짐의 관계였다. 말하자면 바이탈 프렌드(vital friends)의 인연 같은 것이었다. 저들은 상생하는 동행의 관계였다. 서로 잡히고 서로 살아나는 관계였다. 바이탈 친구 관계들은 늘 상호 배움의 관계다. 어짐과 기댐이 결여된 관계는 상생의 관계로 진전될 수 없다. 기업에서도 바이탈 관계의 중요성은 예외가 아니다.[54)]

집단에서도 무엇인가를 앞서보는 천재는 필요하다. 천재 한 사람이 모든 것을 만들어 내지는 못한다. 천재가 할 수 있는 것은 새로운 발명일 뿐이다. 나머지는 조력들과 동행들이 완결해낸다. 실제로, 전신, 전구, 비행기는 한 사람이 만들어 낸 것이 아니다. 세상을 놀라게 만든 발명품임에는 틀림없다. 천재적인 발명가 한 사람에 의해 만들어진 것이 아니다. 그것들은 여러 사람이 모여 하나로 이뤄낸 집단적 작업의 결과일 뿐이다. 새뮤얼 모스, 토머스 에디슨 그리고 라이트 형제는 위대하다. 그들이 단독으로 전신이나 전구 그리고 비행기를 발명해 내서 그런 것이 아니다. 아이디어를 현실에 맞도록 구상해내서 그런 것이다. 그들의 아이디어들은 공동으로 만들어진 협력 작품일 뿐이다. 세상을 놀라게 만드는 발명품에는 공동과 협동의 힘이 필요하다. 그런 공동과 협동의 힘을 '그룹 지니어스(group genius)'라고 부른다.[55)]

그룹 지니어스는 늘 개인 혼자만의 천재성을 능가한다. 집단의 힘은 개인의 힘을 능가한다. 그런 힘이 제대로 작동하면 집단 천재성의 토대가 된다. 집단 천재성은 세상을 이끌어 가는 집단 지력이 된다. 조직의 발전과 집단의 천재성은 함께 가게 마련이다. 협업과 동행이 집단 천재성을 만들어 낸다. 집단의 천재성은 모든 분야에서 통용된다. 과학이나 공학 분야만이 아니다. 연극이나 연주, 공연, 경영, 일반적인 연구 활동에서도 요구된다. 예를 들어, 악단의 재즈 공연이나 연극 공연 도중에서도 집단 협업이 필요하다. 공연 도중에 예상치 못했던 상황들이 돌출한다. 계획이 부족했기 때문이 아니다. 연습이 부족해서도 아니다. 돌발 상황은 일상적이다. 그것이 삶이고 일이다. 대처능력을 늘 염두에 두어야 한다. 돌발 상황에 제대로 대비하는 일이 성공의 지름길이다. 돌발 상황에 대처하려면 천재 한 명으로는 역부족이다. 참여자들의 기지가 필요하다. 협업이 적시에 작동되어야 한다.

집단의 천재성은 소통을 원활하게 도와준다. 문제 상황에 슬기롭게 대처해 줄 수 있는 순간적인 기지들이 소통을 돕기 때문이다. 즉흥적 협업성이 집단의 창조적 통찰력을 키워내기 때문이다. 즉흥적 협업성이 집단의 창조적 통찰력을 키운다. 집단의 소통력이 어느 정도인지를 알면 그 집단의 천재성을 가늠할 수 있다. 그룹 지니어스는 즉흥적 협력 시스템의 작동 수준과 함께 한다. 즉흥적 협력은 구성원들의 동행의식을 요구한다. 동행의식은 서로를 의지하게 만든다. 서로 믿음은 공동체의 자본이다.[56)]

한 시대를 풍미한 성인들과 위인들은 수없이 많았다. 그들에게는 공통점이 있었다. 그들을 따르는 제자들에게 그들은 언제나 동행이었으며 큰 지식이었다.[57)] 멘토로서의 저들은 그를 따르는 이들에게 강요하지 않았다. 가르침에 있어서 제자들에게 물음을 먼저 주었다. 답을 먼저 주지 않았다. 어쩌면 불가에서 말하는 선문답(禪問答)에 가까웠다. 제자들에게 삶을 가르치면서 만병통치적인 답을 주지도 않았다. 제자들 스스로 평생 묻고 또 묻고 자기 스스로 대답해야 할 화두를 주었을 뿐이다. 화두에 대한 대답을 주지는 않았다. 삶에 관한 것들은 모두가 각자에게 커다랗게 다가오기 마련이다. 아무리 크든 작든 간에 관계없이 삶에 관한 문제는 자신의 문제일 뿐이다. 누가 대신해서 풀어 줄 그런 문제가 아니다. 각자가 열심으로 풀어내야 할 문제일 뿐이다. 어느 해법이 유일할 것인지는 각자의 몫일 뿐이다. 남의 몫은 아니다. 남들이 대신 풀어 줄 수 있는 문제가 아니다. 훌륭한 선생들은 제자들에게 삶에 대한 유식함을 보여 주지 않았다. 박식함이 무엇인지도 보여 준 적이 없었다. 강요하지도, 절대명령을 내리지도 않았다. 자기의 마음만 열면 개가 짖어도 그에게는 법문이며 성경이 될 것이기 때문이다. 번뇌즉보리(煩惱卽菩提), 고뇌하면 깨달음이 있게 마련이기에 자신이 먼저 자신부터 깨달아야 한다.

자기가 직면한 문제들을 끝까지 물고 늘어질 줄 아는 투지력과 자기 자신의 안팎을 내다볼 수 있는 투시력이 삶살이에서 중요하다는 것을 보여 주었을 뿐이다. 저들의 멘토들은 그저 삶에서는 석두(石頭)였을 뿐이다. '돌대가리', 답답한 사람의 전형이었을 뿐이었다. 한 가지 의문에 매달린 채 나름대로의 혜안을 찾는 사람이었을 뿐이다. 나름의 답을 구하기 위해 면벽(面壁)의 투지력을 보여준 무식(無識)꾼이었을 뿐이었다. 이것과 저것을 가리거나 차별하지도 않았다. 어느 것이 더 유리하다고 가르지도 않았다. 사물에 대해 요란하게 식(識)하지 않은 사람들이었다. 살아간다는 것은 자기가 편한 대로 사는 것이 아님을 보여 주었을 뿐이다.

예수, 붓다, 공자는 천부적인 영성적인 리더들이 아니었다. 제자들과의 만남과 부대낌, 그리고 서로 배움 속에서 만들어진 영성가들이었다. 저들 중에서도 예수만큼 영성 기업가로 거듭난 사람은 없다. 영적 기업가로서 집단 지력을 활용하여 세상을 구원하려고 했던 예수는 보다 적극적이었다. 당대 권력들에 대해 대치와 대항도 마다하지 않았다. 영적 기업가(Spiritreneurs)라는 말은 '영성(Spirit)'과 '기업가(Entrepreneur)'라는 두 단어를 합쳐 만든 조어다. 여기서 말하는 기업가는 협의의 장삿속을 추구하는 경영자 같은 것을 말하는 것은 아니다. 회사를 운영하든, 국가 지도자이든, 군인이든, 직장인이든, 가정주부든, 학생이든 각각의 사회적 신분에 관계없는 일반적인 명칭이다. 자신의 직분에 충실하며 자기 삶을 꾸려 나가는 사람을 일러 기업가로 칭한 것이다.[58)]

집단 지력을 이끌던 이들 위인들은 제자들의 지력을 신뢰했다. 제자들의 말에 귀를 기울였다. 제자들과의 대화와 서로 배움에 집중한 영성가들이었다. 제자와의 대화 속에서 문제해결의 실마리를 찾아낸 자기 주도적인 문제해결의 코치들이기도 했다. 코치로서의 멘토들은 그들의 행실과 태도를 보이는 사람이다. 그를 뒤따르는 이들에게 헤치고 나아가야 할 하나의 본, 모형을 보여 주는 사람들이다. 예수, 붓다, 공자들은 저들에게 멘토였으며 삶의 코치였다. 그의 제자들 간의 관계가 처음부터 자연스러웠던 것은 아니다. 단순하게 가르치는 사람과 익히는 사람으로서의 물리적인 관계로 시작한 것이 아니었다.

멘토인 예수, 붓다, 공자도 제자들에게 끊임없이 관찰당했었다. 저들의 위인됨을 끊임없이 탐문당하기도 했다. 제자들로부터의 의시(疑視)를 끊임없이 느끼기도 했다. 부대낌의 과정, 관계의 정지 작업에서 나타나는 자연스러운 일이었다. 서로의 부대낌이 교차하는 과정에서 서로를 배울 수 있는 기회이기도 했다. 저들과 스승들의 관계는 인위적으로 만들어진 하나의 공동체였다. 의시와 의심, 배반이 없을 리 없었다. 부대끼며 배제되고, 순화되는 동행의 과정 속에서 하나의 정체성을 드러낸 집단이었다. 사람이란 서로 비슷한 사람이기 때문에 한패가 되는 것이 아니다. 한패가 되고 나서 서로가 비슷해지기 마련이다. 멘토와 멘티가 된다는 것은 부대낌과 소통으로 서로가 서로에게 비슷해진다는 뜻이다.[59)]

인간은 본능에 따라 무리를 짓고 살아야 한다. 무리의식은 일순간에 만들어지는 것이 아니다. 한 번 만들어졌다고 영원히 그대로 간직되는 것도 아니다. 무리가 영원하기 위해서는 일상성을 뛰어넘어야 한다. 상식만으로는 영속할 수 없기 때문이다. 위인들일수록 인간의 단순한 무리 근성을 뛰어넘으려고 노력했다. 실제로 단순한 종의 근성을 뛰어넘은 사람이 위인이었다.

멘토와 멘티의 관계는 동행하려는 의지의 확인과 서로 간의 인간적인 관계 맺음으로 진행된다. 사람은 혼자서는 강해질 수 없다. 동행은 그것을 만들어 낸다. 더불어 살아간다는 것은 다른 사람의 어깨가 필요하다는 뜻이다. 다른 사람의 손과 그의 체온이 필요하다. 손을 내밀 수 있어야 한다. 내민 손을 잡을 수 있어야 한다. 힘들어함을 미리 알아볼 수도 있어야 한다. 서로가 서로를 토닥거리며 더불어 살아갈 수 있는 것이 동행함이다. 동행은 사랑하는 법을 익히는 과정이다. 동행이 없는 이들은 인간 실격자이기도 하다. 인간 실격자에게는 행복도, 불행의 감정이 있을 리 없다. 스스로에게 동행의 부적절함을 가르치고 있을 뿐이다.[60)]

인간의 실격이란 말은 불가하다. 그런 낙인은 있을 수 없다. 낙인은 타인에 대한 해코지일 뿐이다.

붓다는 그와 동행하는 이들에게 서로 간의 낙인은 서로에 대한 불신임을 보여 준 사람이다. 그는 매일같이 겪는 일이나 사건에 대해 옳고 그름을 따지는 일을 강력히 거부했다. 판정하고 시비를 따지는 일로 하루를 살아가는 일이 비인간적인 것임을 천명했다. 시비하려면, 자신이 먼저 자신이 어떤 사람인지를 깨닫고는 할 일이었기 때문이다. 문제에 직면한 사람 스스로 먼저 알고 깨달으면 문제의 답이 나온다. 붓다는 상대의 주장이나 견해를 비난하지 않았다. 배척하지도 부정하지도 않았다. 필요하다면, 상대방이 갖고 있는 생각의 모순을 알도록 일깨웠을 뿐이다. 질문자 스스로 답을 찾도록 도와주었다. 자기 스스로 깨달아야 비로소 자신을 깨달을 수 있기 때문이었다. 자기 스스로 의미를 만들어 내야 문제의 핵심이 드러나기 때문이었다.

붓다가 제자들에게 보여 준 마음가짐은 오로지 한 가지였다. 욕심은 죽음이라는 점이었다. 채움이 비움이었다. 그에게는 비움이 바로 배움의 시작이었다. 배우는 일에 거리낄 것도, 비켜야 할 것도 있을 수 없었다. 거부해야 할 것도 없었다. 모두가 동행이었기 때문이다. 그는 지구상에서 유일한 위대한 홈리스(Buddha the homeless)였다. 말 그대로 그에게 사사무애(事事無碍)의 정신, 말하자면 세상 사는 일에 그리 꺼릴 것 없다는 자세와 마음가짐이 그의 삶을 바르게 지탱하게 만드는 방편이었다.[61)]

우리의 정신 문화사에도 사사무애를 실천해낸 인물이 등장한다. 고대 아테네 거리에서 디오게네스가 활보했다면, 신라시대의 경주에서는 원효(元曉) 같은 이가 그렇게 살았다. 우리 삶에서의 무애(無碍)의 멘토는 원효였다. 무애로 살아가야 세상이 화평해진다고 설교한 이가 그였다. 무애의 큰 지식(智識)이며, 당대의 신라인에게 바른 삶살이를 역설한 안드라고구스가 원효였다. 그는 민초들의 동행이었다. 모든 것을 쓸어내고 닦아내려고 했던 세상의 큰 걸레가 원효였다. 무애란 말 그대로 거리낄 것도, 주저할 것도 없음을 말한다. 세상살이에 걸림이 없는 사람은 생사를 단숨에 벗어나는 사람임을 보여 준 사람이 그였다. 젊은 원효는 의상(義湘) 스님과 더불어 중국으로 유학길에 오른다. 몇 일을 걷다 보니 모두가 피곤했다. 지친 몸을 달래기 위해 무덤 움막에서 짐을 풀고 곤히 잠에 든다. 비몽사몽간에 목이 탄 그는 옆에 있는 바가지의 물을 달게 마신다. 그것은 바가지가 아니라 해골이었다. 그것을 알게 된 것은 다음날 새벽에 눈을 뜬 후였다. 그는 단박에 삶을 깨친다. 유학의 길을 포기한다. 의상은 가던 길을 계속 가고 원효는 왔던 길을 되돌아 간다. 가는 길을 계속 가는 것도 삶이고, 되돌아 가는 것도 삶일 뿐이다. 원효는 왔던 길을 되돌아 무애의 삶으로 들어간다.

『화엄경』의 구절들이 말하는 바가 원효의 삶에 들어선다. 그토록 어렵고 이해가 되지 않았던 구절들이 설명할 필요도 없이 이해되었다. 서로 다른 붓다의 가르침을 여러 가지 방식으로 풀어내고 있는 언설들이었다. 그저 하나였다. 모두가 하나였을 뿐이다. 그것을 그토록 깨닫지 못했던 것이다. 아무리 달라 보여도 그것은 하나였다. 하나임을 알기 위해 그렇게 아옹거리고 다옹거릴 뿐이었다. 모두가 동등하게 현실의 각기 다른 모습들을 보여 주는 가르침일 뿐이다. 모든 가르침이 서로 차이가 있어 보여도 모두가 똑같이 중요하다. 모두가 삶을 위한 진리다. 모두가 일심(一心)을 향한 모습이다. 하나의 절대적 진리에 대한 서로 다른 표현일 뿐이기 때문이다.

세상 일이 편하려면 결국 무애로 관통해야 한다. 무애의 삶은 자유로운 삶이다. 일심으로 드리운 삶이기 때문이다. 무애의 삶을 원효는 깨달음과 나눔으로 실천했다. 실천이 없으면 모두가 헛것이다. 깨달은 바를 세상에 나눠 주는 일이 무애의 삶이다.

깨달은 것을 서로 나누지 않으면 모두가 헛된 것이다. 붓다라고 하더라도 허수아비만도 못할 뿐이기 때문이다. 깨달은 것을 나누지 않으면 모두가 소용없는 짓거리이다. 불당의 향 내음이나 염불마저도 돼지우리 냄새, 돼지 멱따는 소리만도 못하기 때문이다.[62] 나눠야만 나눠지지 않는다. 나누는 것은 타인의 손짓에 나를 열어젖히는 일이다.

지식(智識)들의 삶일수록 동행의 삶이다. 깨달음의 삶일수록 역설적인 삶으로 바뀐다. 깨달음과 동행은 서로가 평행이고 역설의 관계로 이어진다. 원효가 보여 주었던 무애의 삶이 바로 평행과 역설의 삶이었다. 그렇게 살 수는 없지만 그렇게 살아낸 것이다. 슈바이처나 이태석 신부가 아프리카에서 타인인 흑인에게 보여 준 삶은 무애의 삶이었다. 걸레의 삶이었으며, 스펀지 같은 삶이었다. 자신이 닳아감으로써 주위를 살려낸다. 더러움을 닦아내며 어둠을 밝게 해 주는 삶이기 때문이다. 저들 지식들의 삶은 모든 생명에 대한 경외를 보여 준 가식 없는 '걸레'의 삶이었다. 그것이 바로 무애의 삶이다.

평행(Parallel, side by side)은 그저 나란히 가는 것을 지칭한다. 역설(Paradox, beyond)은 넘어섬을 묘사한다. 지식들의 삶은 평행과 역설을 하나로 이어가는 삶이다. 역설과 평행의 관계는 언제나 한쪽에서는 나란히 하려고 하고, 다른 쪽에서는 넘어서려고 한다. 서로가 겉보기에 대척적이다. 서로가 서로를 끊임없이 엿보며 곁눈질한다. 평행과 역설에는 서로에게 유사성과 모순성이 함께 있다. 모순과 평행은 양극이다. 극단의 양극을 이으려면 차고 넘침을 경계해야 한다.[63]

극단의 양면을 이어주는 연결 고리를 찾아야 한다. 연결 고리를 발견하는 일이 중요하다. 둘을 하나의 유기체로 전환할 수 있는 연결 고리를 찾아야 한다. 연결 고리가 바로 배움이다. 배움은 생명에 대한 예찬이며 학습이고, 자기 연단이기 때문이다. 배움은 평행과 역설을 하나로 만들어 낸다. 배움의 반대말은 없다. 반대말도 배움일 뿐이기 때문이다. 배우려고만 한다면, 개 짖는 소리마저도 찬송이 되기 때문이다.

성격을 고치려거든 여행을 시작해 보라. 옛 선인들이 가르치는 것의 하나였다. 더불어 하는 여행은 원만한 인간관계가 관건이다. 서로가 편하지 않은 여행은 쉬운 일이 아니다. 여행은 같은 사람을 매일 만나는 일이다. 상대방의 마음을 제대로 읽어 내는 일이 여행이다. 여행에서 성공하려면 상대방의 입장을 먼저 이해해야 한다. 이끄는 일이 중요한 것이 아니라 읽어 내는 일이 중요하다. 상대방의 속마음을 읽어 내야 한다. 더불어 가는 여행을 하다 보면 그 사람의 모든 것을 읽어 낼 수 있다.[64] 동행은 서로에게 마음을 열어 보이는 일을 함께 하는 사람이다. 여행은 걷기의 연속이다. 여행은 관계와 틈 사이의 연결이다. 수행의 시작이기도 하다. 현자들이 걷기를 수행의 방편으로 활용해 온 이유가 있다. 선가에서는 '걷다'를 수행으로 친다.[65] 수행하는 사람은 걸어가는 사람이다. 한곳에 머물지 않는 사람이다. 걷고 또 걷는 사람들이 수행하는 사람이다. 걷기의 수행은 붓다가 되는 길이다. 순례는 걷는 수행이다. 순례자들은 일상의 세계에서 멀어지는 사람이다. 순례자들은 미로(迷路)를 걸어 나가는 사람이다. 미로를 벗어나면 빛이 보이게 마련이다. 미로의 끝은 미궁이 아니라, 빛이다. 미궁으로 빠지면 빛을 잃을 뿐이다. 순례는 미궁으로 빠지는 일이 아니라 미로를 벗어나는 일이다.

'미궁'은 함정이다. 미로를 포함하는 여러 갈래의 통로로 잇대어진 끝이 미궁이다. 미궁에 빠지는 사람은 당혹한다. 겉잡을 수 없는 혼란이 가득하기 때문이다. 미궁으로 한 번 들어간 사람은 출구로 나오지 못한다. 서로가 이어질 듯 끊어지고 막혀 있는 미로의 구조이기 때문이다. 아테네 신화가 그것을 말해 준다. 미궁을 빠져나오려면 지혜가 필요하다. 왕자가 미궁에서 빠져나올 수 있게 도와준 것은 아리아드네 공주가 준비해 준 실타래였다.[66] 그는 실타래의 실을 벗 삼아 그 험난한 미궁을 빠져나올 수 있었다.

미로의 끝은 미궁이거나 빛 둘 가운데 하나로 귀결될 뿐이다. 통로를 제대로 벗어나면 세상의 빛이 기다린다. 반대로 미궁에 빠지면 죽음의 길로 내달린다. '미궁'은 혼돈과 혼란이다. 혼란과 공포, 그리고 죽음의 대명사가 미궁이다. '미로'는 탈출의 제 가닥만 잡기만 하면 구원에 이르는 길이다. 탈출과 구원의 길로 이어진다. 삶의 순례는 매일같이 미궁 하나와 미로 하나를 줄 뿐이다. 미궁으로 빠질 것인지 빛으로 향할 것인지를 선택하라고 이를 뿐이다.

3. "지금까지는 우리가 도구를 만들었지만, 앞으로는 도구가 우리를 만들 것이다." - 마샬 맥루한

친구가 똥물에 빠져 있을 때 우리는 바깥에 선 채 욕을 하거나 비난의 말을 하기 쉽습니다. 대개 다 그렇게 하며 살고 있어요. 그럴 때 우리는 같이 똥물에 들어가서 '여기는 냄새가 나니 나가서 이야기하는 게 어떻겠느냐.' 고 말해야 합니다. 그러면 친구도 알아듣습니다. 바깥에 서서 입으로만 '나오라.' 하면 안 나옵니다." - 장일순[67)]

인생은 타인과의 관계로 이어지는 죽음에로의 여정이다. 죽음에 이르는 장엄한 순례길이 인생이다. 모든 여행이 꼭 즐거워야 되는 법은 없다. 삶의 여행 역시 예외가 아니다. 누구나 행복의 여정을 바란다. 행복을 얻기 위한 일정으로 짜여지기 마련이다. 행복하기는 하기 나름이다. 모든 것은 그의 마음가짐에 달려 있기 때문이다. 그래도 나눠 이야기해야 한다면 절반은 나, 절반은 그들과의 관계에 달려 있다. 인생을 구성하는 사람들과의 관계가 행복을 가르게 만든다. 타인과의 관계를 자기의 행복으로 채워가려면 다른 사람들을 있는 그대로 받아들여야 한다. 자연을 관찰하면 얻어지는 슬기다. 호박에게 수박되라고 강요하는 일은 처참한 일이다. 수박 줄 지운다고 호박이 되는 것도 아니다. 완벽해지라고 강요하지 말 일이다. 자기처럼 생각해야만 한다고 강제할 일이 아니다. 천당가고 싶으면 저 혼자 먼저 가면 될 일이다. 완벽한 사람은 이 세상 어디에도 없을 뿐이다. 인간은 신의 영상을 닮았지 신은 아니기 때문이다. 서로 서로의 어깨를 빌려줄 수 있으면 되는 일이다. 동행이 되는 일이란 그런 일이다. 관계를 이어갈 줄 알면 되는 일이다. 관계의 연금술사가 삶의 달인이기 때문이다.[68)]

동행이 되려면 자신부터 사랑할 수 있어야 한다. 사랑은 우리 안의 희망이며 소망

이기 때문이다. 자신을 사랑할 수 없는 사람은 다른 사람을 사랑할 수 없다. 자기를 아끼지 않는 사람이 타인을 아껴줄 리가 없다. 각자는 모두가 온전하게 태어난 사람이다. 신체적 장애인이 없다는 말이 아니라 조물주는 인간에게 그런 온전한 신격체(身格體)를 주었다는 뜻일 뿐이다. 몸이 온전하다고 완전한 인격체인 것은 아니다. 각자는 누군가의 반쪽 인간이 아니다. 생물학적으로 정자와 난자의 결합으로 생겼다고 해도 인간의 몸이 반쪽짜리는 아니다.

모두가 하나의 몸을 갖는다. 아무도 나만 바라보지는 않는다. 제 몸 하나 건사하기도 힘에 부치기 마련이다. 타인을 의식하다 보면 남들에게 깊은 인상을 남겨놓고 싶어 한다. 그때는 자신을 돌보는 대신 타인의 시선을 의식하게 된다. 남을 위해 자신을 포기한다. 자신을 고통스럽게 만들어 간다. 자존심 때문이다. 상상 임신에 시달리는 여성들의 헛구역질과 엇비슷할 뿐이다. 남의 마음을 완벽하게 읽을 수 있는 능력은 그 누구에게도 없다. 그런 능력을 습관화시킬 수 있는 행동은 가능하다. 옆에 있는 사람들을 자주 칭찬하는 일이다. 저들의 등을 두드려 주는 일이다. 껴안아 주고, 격려하면 읽어 낼 수 있는 능력이 솟아나게 된다.

사랑하려면 지켜야 할 예절도 있다. 예절이 동행을 만들고 친구를 옆에 두도록 만든다. 예절은 에티켓과 매너의 결합물이다. 함께 있는 사람들을 편안하게 해 주기 위한 배려와 존경심이 행동으로 드러낸 표현이 예절이다. 타인에 대한 존중이 예절이다. 예절을 통해 자기 자신부터 올곧게 만들어 놓는다. 에티켓과 매너의 총합이 예절이다. 지하철에서 노약자에게 자리를 양보해야 한다는 앎은 에티켓이다. 약자에게 자리를 양보하고 배려하는 행동은 매너다. 타인이 필요한 것을 적절한 상황에서 자연스럽게 행동으로 보여 주는 총합이 예절이다.

순례길을 가볍게 걷기 위해서는 자신의 힘에 부치는 일은 금물이다. 무거운 짐부터 내려놓아야 한다. 짐이 되는 것은 "내려놓으라." 내려놓는 것의 동양적인 극치를 보여 주는 것이 바로 티베트인의 오체투지 순례다. 티베트인에게 평생 소원이 하나씩 있다. 수도 라싸를 향한 오체투지(五體投地)의 순례다. 순례길에 오르려면 내려놓아야 한다. 내려놓지 않고서는 오체투지의 순례는 불가능하다. 물리적으로도 가능하지 않다. 온몸으로 순례하는 것이 오체투지의 순례다. 텔레비전을 등에 짊어지고 온몸을 굽힐 수는 없기 때문이다.

오체투지 순례를 하려면 생각부터 내려놓아야 한다. 잡생각을 가득 담은 채 온몸을 땅에 굽힐 수 없기 때문이다. 오체투지는 무념의 순례다. 인간의 삶은 생각으로 시작한다. 죽음 역시 생각으로 끝난다. 내가 태어나기 전까지 나는 없었다. '나'는 원래 '없었던 것'일 뿐이다. 없었던 내가 지금은 있는 것이다. 변화(變化)된 것은 다시 변화될 뿐이다. 없었던 나에 대한 생각은 나라고 하는 존재에 대한 본원적인 의문일 뿐이다. 나에 대한 생각을 만들어 준 것은 무념(無念)이었을 뿐이다. 없던 나를 있게 해 준 무념에게 감사할 뿐이다. 오체투지의 순례는 무념에의 경외다. 온몸으로 드러내는 마음 챙김이고 알아차림이며, 마음 모음이며, 삶의 극적인 변화이기도 하다.[69)]

오체투지는 온몸 걷기다. 원초적인 자기 생명력을 확인하고 또 확인하는 온몸 살아 있음의 확인과정이다. 걷기는 삶의 원시성이며 삶의 원초적 생명력이다. 걷기는 고통이다. 그런데도 인간은 걷고 또 걷는다. 그 고통을 쾌락이라고 즐기기까지 한다. 고통을 쾌락으로 바꾸는 동물 중에는 인간이 유일하다. 일반 동물들은 먹이와 생존에 더 민감하기 마련이다. 허기에 시달리더라도 먹어서 고통스러운 음식은 피하는 것이 일반 동물이다. 고통을 주는 음식은 입에 대지 않는 것이 일반 동물이다. 일반 동물에게 이열치열의 효과를 주는 음식은 없다. 그런 음식은 거들떠보지도 않는다. 그런 음식이 있는 곳에서는 이내 자리를 피한다. 인간만큼은 저들과 전혀 다르다. 고통을 주는 음식을 고통스레 먹으면서도 그것에서 오히려 쾌락을 찾아내는 것이 사람이란 동물이다. 불볕 더위 중에도 이열치열(以熱治熱)의 음식을 별미라고 즐기는 동물이 인간이다. 고추장을 먹으며 즐거워하는 동물은 인간 이외에는 없다.[70)]

걷기의 고통은 인간 스스로의 고통을 이내 리셋(reset)해 버린다. 즐거움으로 바꿔 버린다. 이야기로 바꾸며 삶으로 바꾼다. 머릿속에 가득 차 있던 잡념을 모두 지워낸다. 리셋은 새로 시작이다. 다시 시작이 치유다. 걷기는 치유 활동이다. 걷기의 중단은 죽음에 이르는 길이다. 걷기의 의료적 효과도 엄청나다. 걷기가 약이다. 알약이 아니라 몸약이다. 몸이 몸의 치유를 위해 만들어 내는 몸약이다. 실제로 의사들은 걷기를 약 처방 대신 내린다. 미국인의 최대 사망 원인이 심장질환이다. 심장질환의 예방책이 걷기다. 미 심장병학회의 처방이다. '스타트, 워킹', 스마트 워킹이 심장질환의 예방책이다. 걷기는 사회운동으로도 쓰인다. '암 퇴치 기금 마련', '빈민 구호 기금 마련' 등은 걷기 대회를 통해 건강증진 사회운동을 벌이고 있다.[71)]

걷기는 길을 따라가는 것만이 아니다. 새로운 길을 만들어 가는 길이기도 하다. 삶의 시각을 새롭게 확장하기도 한다. 시각이 확장되어야 경로의 의존성에서 벗어난다. 사람들은 걷던 길에 친숙하다. 걷던 길을 벗어나지 못한다. 걷던 길에 중독된 탓이다. 경로 의존성(path dependency)은 관성의 법칙을 경제학적으로 응용한 개념이다. 하나의 길이 먼저 정해지면 그 길만을 고집한다. 다른 길로 바꾸는 것이 어렵다. 그 길이 그저 편하게 느껴지기 때문이다. '고착 효과(lock-in effect)'가 생겼기 때문이다. 습관이 만들어졌기 때문이다. 타성이 생겼기 때문이다. 관성이란 그대로 나아가려는 움직임을 말한다. 물체는 자신의 운동 상태를 그대로 유지하려고 한다. 정지한 물체는 정지하려 한다. 움직이는 물체는 제 속력과 방향으로 움직이려고 할 뿐이다. '관성(慣性; inertia)'은 그런 것이다. 관성이 삶에 얽히면 타성(惰性)이 자리를 튼다. 하던 방식을 답습한다. 바꾸려 하지 않는다. 세 살 버릇이 여든까지 가게 되는 이유다. 만들어진 경로 의존성은 쉽사리 깨뜨리기 힘들다. 날아가는 화살은 저절로 떨어지지 않는다. 자기 의지로 떨어지는 것이 아니다. 외부의 힘이 가해졌기 때문에 떨어질 뿐이다. 공기의 저항과 중력이 그것이다. 외부의 힘이 그렇게 가해지면 날아가던 화살은 땅으로 떨어진다. 인간의 경로 의존성은 화살의 그것과 다르다. 사람들은 경로 의존성을 저지하는 힘에 더 대항하기 때문이다. 경로 의존성을 압도하려면 경로 의존성을 완전히 무기력하게 만드는 힘이 필요하다.

경로 의존성에서 벗어나려면 삶에 대한 새로운 지도 만들기가 필요하다. 타성을 위반하려는 노력이 필요하다. 타성의 위반은 자기 의지로 가능할 뿐이다. 예를 들어 금연 문제도 그렇다. 마약이나 도박 중독도 마찬가지다. 담배를 피운 사람은 자신이다. 마약에 입을 댄 것도 자신이다. 도박에 빠진 것도 자신이다. 자신이 자신을 거스르지 않으면 해답은 없다.

자신이 만든 경로 의존성에서 벗어나는 의지를 기르는 데 동행이 도움을 줄 수는 있다. 타인의 힘이 때때로 나의 관성을 일깨워준다. 타인에게 익히는 삶이 나의 타성을 제어하는 데 도움을 줄 수 있다. 달팽이가 그것을 증거한다. 생물 중에서 가장 이동의 속도가 더딘 생물이 바로 달팽이다. 달팽이는 아주 느리게 걷는다. 아무리 그래도 그 길은 가야 하는 길이다. 아주 묵묵하게 자신의 길을 만들어 간다. 달팽이의 이동 속도는 더디다. 그것은 의도된 느림이다. 훈련된 느림이다. 느림의 미학이 숨어 있다. 달팽이는 힘을 아끼기 위해 그렇게 걷는다. 다른 달팽이들이 지나간 길을 골라서 이동한다. 지난 길을 따라 걸으면 힘이 그만큼 덜 들기 때문이다. 달팽이가 보여 주는 상호 학습의 모범이다.[72)]

달팽이는 점액을 뿜으며 이동한다. 점액을 뿜을 때마다 기력이 빠진다. 힘이 한껏 소진된다. 힘의 소진을 가능한 막아야 한다. 다른 달팽이들이 먼저 간 길을 따르는 것이 최선이다. 새 길을 저 홀로 만들어 가는 것보다 간 길을 따라가면 힘을 아낄 수 있다. 달팽이는 거의 앞을 보지 못하는 동물이다. 제멋대로 새로운 동선을 만들 처지도 아니다. 동료들이 흐려 놓은 점액 흔적을 따라가면 동선이 들어온다. 서로의 삶을 위해서도 훨씬 안전한 방법이다. 인간의 삶 역시 달팽이의 그것에 비해 그리 뛰어난 것도 아니다.

예수, 붓다, 공자와 그리고 제자들이 보여 준 삶 역시 달팽이 이동방법, 그것을 닮았다. 더불어 가는 것이 지름길이다. 더불어 가는 것이 서로 사는 길이었기 때문이다. 더불어 가려면 지금을 가야 하고, 현재를 걸어야 한다. 가장 아름다운 순간은 지금, 현재를 더불어 걷는 일이다. 더불어 지금을 걷기 위해서는 과거에도 미래에도 있지 않은 지금 이 길을 걸어야 한다. 지금 여기 길이 있다. 이 순간의 길일 뿐이다. 같은 길, 또 같은 길은 없다. 행복은 지금 이 순간의 길일 뿐이다. 당신과 함께 걸어야 한다. 당신의 지금 모습 그대로 걸어야 한다. 당신이 선물로 받은 그 몸으로만 가능할 뿐이다. 행복하기 위해서, 삶과 만나기 위해서 또 다른 몸, 어제의 몸, 그리고 내일의 몸은 필요 없다.[73)]

동행하면 서로의 삶을 격려해 줄 수 있어야 한다. 동행하는 사람들은 수평적인 관계다. 수직은 불필요하다. 수직이 있다 하더라도 수평적 수직이어야 한다. 모두가 형제자매의 관계다. 모두가 달팽이처럼 한길로 나아가야 하기 때문이다. 성경은 말한다. 동행은 모두가 겸손한 사람들이라고 말한다. 사도 마태는 말한다. 예수가 제자에게 서로가 동행이며 형제라고 가르쳤다고 증거한다. "너희는 스승 소리를 듣지 말아라. 너희 스승은 하나요, 너희는 다 형제들이다. 너희 가운데에서 가장 높은 사람은 너희를 섬기는 사람이 되어야 한다. 누구든지 자신을 높이는 이는 낮아지고, 자신을 낮추는 이는 높아질 것이다."[74)]

동행은 서로에게 부담을 넘어선다. 서로에게 짐이 될 수는 없다. 서로에게 덤이 될 뿐이다. 네가 있기에 내가 그곳에 있게 된다. 어느 일본인이 자기 집을 보수하기 위해 벽을 허물었다. 벽 사이의 공간에 도마뱀 하나가 있었다. 꼼짝도 하지 못한 채 그대로 매달려 있었다. 이유가 있었다. 발 사이에 있는 갈퀴에 못이 박혔기 때문이었다. 그렇게 10년 동안을 살아 있었던 것이다. 벽면을 바른 지가 10년이 되었다. 그 이후에는 벽을 허문 일도 없었다. 도마뱀의 삶은 기적이었다. 그 도마뱀의 생존방법이 더 놀라웠다. 다른 도마뱀들이 협력했기에 살아갈 수가 있었다. 벽에 매달린 도마뱀에게 다른 동료 도마뱀들이 매일같이 서로 번갈아 먹이를 날라다 주고 있었기 때문이었다.[75)]

인생살이도 사람이라면 그렇게 동행하고 공생(共生)해야 할 것이다. 도마뱀의 우정 같은 것으로 서로 살아가야만 할 것이다. 인생은 원래 동행을 찾아 부단히 찾아다니는 과정일 뿐이다. 그 동행이 친구이며 나에게는 큰 지식(智識)이다. 중국의 국민작가인 쟈핑와는 친구가 어떤 이어야 하는지를 한마디로 "친구란 인생을 살아가면서 삶을 나누고 이해하고 함께 할 수 있다면 피붙이의 여부를 떠나서, 연령의 고하를 떠나서, 생존 여부를 막론하고 사람과 사물의 경계를 넘는 사람"이라고 말한다.[76)]

인간들 사이의 관계는 대개가 피상적일 수밖에 없다. 자신의 생존이 우선하기 때문이다. 동행의 진정성 역시 상황에 따라 변하게 마련이다. 내 스스로 변하는데 저들만 그대로 변하지 말고 있으라는 것이 욕심이다. 세상만사 모든 것은 변한다. 변하지 않는 것이 오히려 비정상적이다.[77] 죽고 사는 것은 삶의 틀이 바뀌는 인생의 변화이다. 변화라기보다는 세상이 삽시간에 없어져 버리는 일이다. 순례길 옆에 있던 동행이 별안간 사라지는 그런 것이 아니라, 내가 세상에서 사라지는 일이다.

동행은 그렇게 사라지고 생겨나는 그 정도까지의 일은 아니다. 살아가다 보면, 내 옆에는 언젠가 나란히 가는 이가 생기게 마련이다. 그가 어느 길까지 나에게 동행이 된다. 동행이 따로 없다는 뜻이다. 삶이 있으면 같이 가는 길도 있게 마련이라는 뜻이다. 목적은 다르지만 삶의 마지막 목표까지는 같기 때문이다. 죽음, 그것이 삶의 목표는 아니지만 삶의 마지막임에는 틀림없다. 한 사람은 죽기 위해 강으로 가지만, 다른 사람은 고기를 잡기 위해 강으로 갈 수 있다. 강에 이르는 길은 같지만, 하려는 일은 다르다. 강에 이르는 일이 목표는 아니다. 강에 이르러 무엇을 하느냐가 중요하다. 강에 이르러야 무엇인가를 할 수 있다. 강에 이르는 동안, 강가에 이르기까지 서로를 격려하고 배려해야 할 뿐이다. 서로가 강가에서 무엇을 하던 간에 관계없이 강에 이르도록 격려를 아끼지 않는 것이 동행이다. 먼저 가고 나중 가는 것은 그리 중요하지 않다. 만나고 헤어지는 것도 당연하다. 만나는 것은 언젠가는 별리하도록 되어 있다. 삶을 위한 순례는 늘 그렇게 만나고 어긋날 수밖에 없다.[78]

동행은 친구이며, 동무다. 동행은 인연과 끌림이다. 동행은 같이 가는 삶이다. 동행은 우연의 연속이다. 친구도 알고 보면 우연히 엮어진 인연이다. 유행가 가사처럼 님이라는 글자 옆에 점 하나 찍으면 남이다. 친구도 그렇다. 동행이란 자석과 쇠붙이 간의 관계처럼 이어진다. 억지로 떼어놓으면 자성을 잃어버린다. 붙여놓으면 서로 달라붙게 마련이다. 만나면 특별하지도 않다. 그래도 문득 생각이 나는 끌림을 지닌 이가 동행이다. 인생이란 친구를 찾아가는 여정이다.

세상살이에는 여러 유형의 동행이 있게 마련이다. 카잔차키스의 소설 속 주인공인 그리스인 조르바 같은 이도 있고, 히틀러 같은 인물도 있다. 협잡 부흥사 앨마 갠트리 같은 이도 있고, 지바고 같은 이도 있다. 조르바는 감성이 작열하는 존재다. 제 하고 싶은 대로 해야 직성이 풀리는 사람이다. 조르바와 달리 히틀러 역시 저 하고 싶은 대로 역사의 한 장을 채색한 사람이다. 조르바는 삶의 방목, 절대 자유의 삶으로 자신을 이끌어 가는 사람이다. 보는 그대로, 보이는 그대로 꿈틀거리며 자기 삶을 살아가는 사람이다. 잃을 것도 없고 크게 정화해야 할 것도 없는 사람이다. 가식을 경계하는 삶, 그 삶이 그를 살아가게 만드는 삶이다.

조르바는 삶을 이성적으로 살아야 한다고 우기는 사람을 한마디로 역겨워하는 사람이다. 그런 이들을 향해 그는 독설도 아끼지 않는다. 그는 말한다. "확대경으로 물 속을 들여다보면 벌레가 우글거려요. 자, 흉측한 벌레 때문에 갈증을 참을 거요, 아니면 확대경을 확 부숴 버리고 물을 마시겠소?" 세상에 존재하는 것치고 세균이 아닌 것이 없다는 말이다. 삿대질하는 네 손가락, 천당을 팔아먹는 저들의 혓바닥에도 어김없이 세균이 가득하다. 조르바는 새끼 손가락이 잘려 있다. 그 스스로 인간적인 욕망 때문에 그리 해 버리며, 다시 말한다. "새끼손가락 하나가 왜 없느냐고요? 질그릇을 만들자면 물레를 돌려야 하잖아요. 그런데 왼쪽 손가락이 자꾸 거치적거리지 않겠어요? 그래서 도끼를 내리쳐 잘라 버렸어요." 조르바는 그런 삶이다. 욕망을 드러내는 데 장애가 된다면 신이 준 손가락도 거부하는 인간이다. 가공을 거부하는 인간이다. 생각과 논리의 족쇄를 거침없이 부수어 버리는 인간이다.[79)]

조르바와는 다른 경로로 나아가 자신의 삶을 정리한 감성적 인물이 바로 히틀러라는 정치인이다. 그는 수십만의 유대인을 죽여도 눈 하나 까딱하지 않는 여백을 지닌 인물이다. 유대인을 제거해야 한다는 일종의 확신으로 가득 찼던 정치가였다. 그가 한 일을 그 스스로 잘못했다고 생각해 본 적이 한 번도 없었던 인물이었다. 윤리적으로 그의 잘잘못을 논하기 전에, 그가 전범으로 몰린 이유는 아주 단순하다. 그가 전쟁에서 졌기 때문이다. 히틀러는 인종 청소의 대부였다. 인류 역사를 기록하는 잔혹한 인물임에는 틀림없지만, 그가 그렇게 단죄되는 것은 그가 패전했기 때문이다. 승전은 역사를 다시 쓰게 만들며, 인물됨도 달리 쓰게 만드는 사건이다. 그것이 인류의 문화사였으며, 정치 권력사였기도 했다.

히틀러가 유대인을 죽음으로 몰아넣은 원인을 그의 병력에서 찾지만, 히틀러는 정신병자는 아니었다. 그가 전쟁 말기에 보여 준 것은 편집증적인 증세였다. 전쟁을 준비할 그때까지는 그런 증후가 없었다. 패전이 눈앞에서 그려지는 경우, 어떤 사람도 편집증 같은 것을 겪지 않을 사람은 없을 것이다. 목회자에게도 신부에게도, 승려에게도, 너에게도 그리고 나에게도 그 어떤 식으로든 편집증 증세는 생기게 마련이다. 그의 인생사에는 세상이 염려할 정도의 정신질환이 있던 것은 아니었다. 그는 정상적인 삶을 누린 사람이었다. 예술에도 상당할 정도의 감성을 지녔던 인물이었다. 대중을 사로잡는 카리스마가 강력했던 정치인이었다. 그의 내뱉는 한마디, 한마디에 독일인이 집단적으로 열광했다. 독일의 혼이 살아나는 듯, 독일인을 열광으로 몰아넣었던 당대의 정치인이었다. 히틀러를 존경했던 독일 사상가 하이데거의 관찰에 의하면, 히틀러야말로 얼빠진 독일 국민, 말하자면 '얼굴 없는 독일인 속에 살아 움직이는 오직 유일한 하나의 얼굴'과 같은 당대의 정치가였다.[80)]

히틀러는 결코 약물중독자도 아니었으며, 성(性)적으로 불구자는 더욱더 아니었다. 성적 에너지가 충만한 독일인, 그리고 남성이며, 정상인이었다. 그와 대적했던 영국인 정신과 의사의 진단이다. 히틀러는 대단히 이지적인 인물이었다. 그는 술을 입에 댄 적도 없었던 정상인이었다. 담배도 싫어했던 중산층의 전형적 인물이었다. 고기까지도 입에 대지 않았던 채식주의자였다. 그에게도 종교가 있었다. 그에게도 강한 신앙심이 있었다. 그는 정상적인 게르만의 피를 이어받은 유목민의 후예였다. 그는 어김없는 종교개혁자인 루터의 후대였었다.

그가 보았던 당시의 세상을 살아갈 만한 세상으로 만들기 위해, 인종을 개혁하려고 하는 원대한 이상이 있었던 인물이었다. 정상적인 이상은 아니었지만, 그 당시 그의 꿈은 옳았다. 그 꿈을 그 누구도 비난하지 않았다. 그가 전쟁에 졌기에 모든 것이 하루아침에 두통거리로 비난받았을 뿐이다. 그 누구든 그가 지니는 이상은 원래 정상을 벗어나기 마련이다. 히틀러는 스스로 무엇을 하고 있는지 분명히 알고 있었던 현실주의적 정치인이었다. 그가 쓴 『나의 투쟁』에서 구구절절 드러나는 사정이 그것을 드러내고 있다. 자긍심과 열정을 갖고 그는 독일의 부흥을 위해 인종 청소를 강행했던 정치인이었을 뿐이다.[81)]

히틀러는 역사의 야만성에게 변명의 여백을 만들어 준 인류사의 패잔병이었다. 세상이 돌아가는 데에는 변명거리가 있어야 한다. 희생양들이 있어야 얼굴을 붉히지 않게 된다. 히틀러가 있었기에 처칠은 거듭날 수 있었다. 정치인에게 필요한 것은 희생양이다. 히틀러에 대해 말할 때 잊지 말고 새겨 두어야 할 그의 마지막 말이 있다. 히틀러는 말했다. "승자(勝者)에게는 진실을 말했는지를 묻지 못한다. 악(惡)은 고스란히 패자(敗者)가 짊어져야 할 그의 몫일 뿐이다." 그의 운명을 정리해 준 말이었다.

히틀러의 말이 틀린 것만은 아니다. 인류의 문명사가 그것을 대변하고 있기 때문이다. 중동과 미국 간의 운명적인 전쟁들이 증거한다. 이라크를 침공한 사람은 부시 대통령이다. 그가 월등한 화력으로 선제공격을 했다. 그는 살았다. 그에 대적한 이라크의 대통령 사담 후세인은 비참한 최후를 맞았다. 미국의 승전사는 부시를 찬양한다. 이긴 사람, 진 사람 끝내 모두가 하늘나라에서 다시 보게 될 것이다. 모두 부질없는 상상력이지만, 권력자들에게는 어김없이 다가오는 잔인한 현실이다. 저들도 역사의 한 장을 그려낸 동행이었을 뿐이다. 저들이 바로 세계를 이끌어 간 역사라는 게임의 유명한 선수들이다. 유명 선수가 언제나 좋은 코치가 될 수 있는 것은 아니다.[82)]

사람들은 깨달음이라는 것에 그 무슨 '실재'라는 것이 있는 것처럼 이야기를 한다. 거짓일 수도 있다. 모르는 일이라는 표현이 더 적절하다. '깨달음'이란 선 이전의 설명이거나 혹은 선 이후의 설명 체계이기 때문이다. 그러니 깨달음에 무슨 실재가 있을 수 있다고 할 수도, 혹은 없다고 말하기도 어렵기만 하다. '깨달음'이란 도처에 존재한다. 일상생활의 모든 것이 깨달음이다. 좋은 것을 보고도 깨닫고, 나쁜 것을 보고도 깨닫는다. 마음만 열면 마누라 얼굴에 얼룩진 곰보 자국도 보조개로 보이기 때문이다.

동행만이 구원을 위한 인간다운 과제다. 프랑스 파리 대학에서 가르치고 있는 페리 교수가 내건 주제였다.[83] 해체의 시대를 살아가기 위해서는 동행의 지혜가 필요하다. 페리 교수는 동행의 가능성을 발견해내기 위해서는 첫째, 생각을 확장하라고 이른다. 둘째는 사랑하는 지혜를 가지라고 권한다. 마지막으로 그는 집착을 넘어서라고 요구한다. 집착에서 벗어나려면 초월해야 한다. 심지어 사랑하는 사람이 죽었을 때 마냥 슬퍼할 일이 아니라고도 충고한다. 그의 보냄을 의미 있는 사건으로 받아들이면 세상이 달리 변하기 때문이다. 그를 저 세상으로 떠나보내는 일은 동행의 또 다른 아름다운 단면이기도 하다. 나도 언제가는 그에게 다가갈 것이다. 그로부터 그에게 새로운 동행이 될 것이다. 그렇게 자신의 삶을 다시 시작하면, 새로운 구원의 가능성이 되살아날 것이기 때문이다.

생각의 확장은 확장된 사고의 실천일 뿐이다. 자기 중심적 삶에서 벗어나는 배려의 행동이 생각의 확장에서 가능해진다. 페리 교수는 그런 예로 노벨상 수상 작가 네이폴(Vidiadhar Naipaul)을 꼽았다. 네이폴은 인도계 이주민 출신의 문학가다. 카리브해 남쪽, 트리니다드 토바고라는 작은 섬에서 태어났다. 이름 없는 작은 섬에서 태어난 그였지만, 그는 지역적 · 민족적 · 사회적 '특수성'을 벗어났다. 괴테가 말한 '세계문학'의 작가가 될 수 있는 꿈을 키워 낸 작가였다. 네이폴 자신이 즐긴 것이라고는 한 가지였다. 끊임없는 생각의 확장이었다. 생각의 확장 속에서 네이폴은 자기 배움을 확장시켰다. 네이폴 스스로 자신의 존재를 확장했다. 개인의 특수성을 넘어 모든 인간이 공감할 수 있는 보편성에 도달했다. 그것이 그를 세계적인 문학가로 다듬어 놓았다.

사랑이란 지혜이다. 사랑이란 사람됨의 슬기다. 자신이라는 특수성에 집착하면서도 보편성을 열어가는 보편적인 존재감을 말한다. 나는 그 어느 곳에 있던 고유한 존재다. 고유한 존재이지만 늘 특수성과 보편성의 틈에 있는 중간적인 요인일 뿐이다. 누군가를 사랑하는 것은 그 틈을 메꾸는 일이다. 특수한 인간만을 사랑하는 것도 아니며 보편적인 인간만을 사랑하는 것도 아니기 때문이다. 타인을 사랑하는 일은 타인의 고유성을 사랑하는 일이다. 그것은 자신의 고유성을 사랑하는 일이다.

사랑하는 것은 살아 있는 삶만을 인정하는 것이 아니다. 죽음마저도 기꺼이 수용하는 일이다. 죽을 때는 죽는 것이며, 죽어야 하는 일이다. 피한다고 피할 수 있는 일이 아니다. 구원의 길은 죽어 있는 삶을 억지로 살리는 일은 아니다. 죽음을 기꺼이 받아들이는 일이 오히려 자신을 구원하는 길이다. 살기를 빈다고, 소망한다고 살아나는 것은 생명이 아니다. 명이 있으면 생은 꺼지게 되어 있기 때문이다. 영생(永生)은 어떤 경우에도 거짓이다. 그런 것은 생물체에게는 없다. 집착에서 벗어나는 길이 오히려 자신을 구원하는 일이다. 집착한다고 풀리는 일이 아닌 것이 생명이기 때문이다.

자신을 구원하려면 자신을 사랑하는 지혜를 스스로 찾아야 한다. 구원하려면 각자 나름대로 사는 법을 배워야 한다. 매일 죽는 법도 새롭게 배워야 한다. 그것이 살아가는 기쁨을 누릴 수 있는 길이다. 사랑하든 하지 않든 간에 관계없이 사람들은 언젠가는 헤어질 수밖에 없다. 헤어져야 하기 때문에 더욱더 사랑해야 한다. 서로 함께 기뻐해야 한다. 구원을 향한 삶의 지혜는 그렇게 기뻐하는 모든 것이다.

자신을 구원하려면 자신의 길을 걸어야 한다. 고대 그리스 철학자들은 '걷는 인간'의 전형을 보여 준다. 자기 자신의 구원 길이었다. 저들에게 걷는 것은 슬기를 찾는 일이었다. 걷기가 자신을 밝게 만드는 명철의 철학이었다. 걸으면서 할 수 있는 것이라곤 끝내 생각뿐이다. 걷기의 모든 것은 사유(思惟)일 뿐이다. 자신을 구원하는 사유일 뿐이다. 걷는 일은 자신을 새롭게 창설(創說)해 내는 일이다. 사물의 본질을 캐묻는 일이 창설이기 때문이다. 어두운 것, 몰랐던 것을 크게 밝히는 일이 창설이다. 창설하려면 질문하고 탐색하고 익히며 만들어 내야 하기 때문이다. 문명사의 한 장을 기록한 이들은 모두 걷기의 달인, 사유의 달인이었다. 소크라테스, 붓다, 공자, 예수도 마찬가지였다. 인간이 만물의 척도임을 거부할 수 없었던 프로타고라스 역시 걷기의 대가(大家)였다. 무함마드나 원효 모두가 걷기의 달인이었다. 이동 수단의 발달 여부로 저들의 걷기를 재단할 일이 아니다. 지금도 걷기는 사유의 원초적 생명력이다. 걸어야 깊은 생각에 도달할 수 있기 때문이다.[84]

걷기는 발로 시작하지만 온몸으로 만들어 내는 일이다. 인간에게 있어서 그를 가르치는 첫 번째 스승이 바로 발이다. 자신을 밝게 만들어 내는 스승이 인간에게는 바로 발이다. 장 자크 루소(Jean-Jacques Rousseau)의 말이 그 점에서 옳았다. 발이 바로 걷기의 철학이며 스승이기 때문이었다.[85] 루소에게 걷기가 동행이었다. 동행이 철학하는 일이었다. 걷기와 철학은 이명동인(異名同人)이다. 생각하기로서의 철학은 살아가기의 생명과 서로 맞닿아 있을 뿐이다.

걷기와 생각하기가 동행의 철학이다. 동행의 철학은 집단 지력의 철학이다. 동행하는 모두가 몸과 정신을 동시에 이용하는 지혜의 철학이다. 걷기와 생각하기는 걷는 이들에게 자신과 자연과의 관계를 되돌려 준다. 자연은 단순히 세속을 벗어난 공간만을 말하지 않는다. 도시 속 골목길도 자연이다. 자연도 도시의 골목길에 속할 뿐이다. 어떤 길이든 길은 걸어야 만들어진다. 자연도 함께해야 자연이 된다. 걷다 보면 겸허해진다. 인내가 무엇인지 익히게 된다. 걷기는 몸의 유연성을 요구한다.

삶에 대해 생각하려면 느리게 더 느리게 걸어야 한다. 속도를 말하는 것이 아니다. 더디게 걸으려면 깊은 생각에 이르도록 걸으라는 뜻이다. 의지를 담아 걸어야 한다. 가능한 더디게 걸으면 사유의 질이 달라진다는 것이 여행가 라무르의 전문적인 조언이다. 그의 체험적인 걷기 철학에 귀를 기울이면, 운동을 하려면 시속 3~5킬로미터 정도의 속도면 족하다. 시간당 10리를 걸으면 운동용이라는 뜻이다. 결코 느린 속도가 아니다. 시간당 150kcal가 소모되는 행보다. 추천컨대 시속 3킬로미터로 걸으면 족하다. 이렇게 저렇게 생각할 여백이 생기는 보행의 속도다. 사유가 짙어지려면 시간당 6킬로미터 정도가 되는 셈이다. 속도는 빠르지만 생각만큼은 더디게 하려면 상당할 정도로 자기 연단이 필요하다.

보폭을 줄여 느리게 걸으라는 이야기가 아닌 셈이다. 느리게는 속도의 개념이지만 더디게는 의지의 개념일 뿐이다. 더디게는 의지를 담아 걷는 일이며 세상을 새롭게 다가오게 하는 걷기다. 더디게 걸으면 세상의 크기가 달라진다. 현실이 자신을 차지하는 삶의 여백을 달라지게 만드는 걷기다. 속도가 붙으면 세상의 크기는 줄어든다.

현실의 여백은 자취를 감추기 시작한다. 사유가 빨라지면 세상살이에 대한 초점이 흐려진다. 걷기가 생각이어야 한다. 걷기의 생각이어야 한다. 걷기가 생과 명이기 때문이다. 죽음은 사유의 종말이며 걷기의 종착이다. 살아 있음은 걸어 다니지만, 죽음은 날아다닐 뿐이다. 귀신처럼 날아다니고 싶은 사람은 죽겠다고 자신을 안달하는 사람이다.

일반 동물도 인간처럼 걷기 마련이다. 저들이 인간처럼 걷는다고 노마드가 되는 것은 아니다. 저들의 걷기 목적은 먹이지만 인간에게 걷기는 태도이기 때문이다. 태도나 마음가짐은 인간만의 전유물이다. 동물에게는 태도와 마음가짐 같은 것이 전수되지 않는다. 종교의식, 신앙의 마음가짐은 뇌가 있다고 전수되는 것이 아니다. 저들도 뇌를 갖고 있지만 마음가짐을 전수하지는 못한다. 굳이 전수의 뇌 기능을 환원한다면, 마음가짐이나 태도의 전수를 위해서는 뇌의 특수 기능이 더 확장되어야 한다.

걷기는 마음가짐이다. 걷기는 태도다. 일반 동물에게는 결핍된 능력이다. 걷기가 기능이 아니라 태도이기에 노마드가 가능하다. 인간이 노마드인 이유다. 일반 동물에게 노마드는 불가능하다. 노마드는 걷기의 문화다. 일반 동물, 그들에게는 생존 적응, 먹이에의 적응이 일차적이며 원초적인 목적이다. 저들의 걷기가 결코 태도일 수도 없으며 깨달음이 될 수 없음을 보여 준다.[86] 걷기는 저들에게 결코 저들의 성찰능력과는 무관하다. 저들에게는 안드라고구스와 같은 큰 지식(智識)이 존재할 수 없는 이유다.

인간은 길 위에서 깨닫는다. 걸으면서 깨닫는 존재가 인간이다. 걸으면서 깨치는 일에 일가견이 있는 사람이 안드라고구스(Andragogus)이며, 지식(智識)이다. 사람을 이끌어 가는 사람들로서의 인류의 동행이었으며 지식(智識)인데, 저들이 바로 현인이다. 삶의 철학자들이 안드라고구스다. 저들이 자기를 이끌어 가는 치유자였다. 깨달음으로 스스로 자신의 삶을 개조시킨 사람이다. 삶을 자신의 몸으로, 태도로 이끌어 간 문명의 이야기꾼이었다.[87]

길 위에서 삶의 의미를 깨달았던 사람은 철학자만이 아니었다. 탐험가도 그랬고,

뱃사공도 그 반열에 올랐다. 마르코 폴로도 그런 사람이었다. 배 하나를 끌고 아메리카에 닿았던 콜럼버스도 그랬던 사람들 중의 한 명이었다. 현장 스님도, 혜초 스님 역시 그 반열에 서 있다.[88] 뱃사람, 스님, 여행가, 장사꾼을 가릴 것 없이 모두가 인류의 안드라고구스였다. 혜초는 열여섯에 고향 계림(鷄林)을 떠나 당나라로 유학의 길을 떠났다. 그 당시 중국이 유학승의 메카였다. '내가 누구인지를 깨닫기 위해' 중국으로 건너온 신라승은 무려 400여 명이나 헤아렸다.

그중 몇몇은 더 용기를 냈다. 붓다의 가르침으로 가득한 천축국(天竺國)을 걸어가기를 택했다. 인도로 가는 길을 택해 걸었다. 혜초는 인도까지 가기 위해 모든 길을 거쳤다. 바닷길, 초원길, 사막길을 마다할 리 없었다. 체험 이외의 다른 대안이 있을 리 없었다. 동서 문명이 교류하는 길을 걸었다. 4년에 걸쳐 걸었다. 여행이 아니었다. 마음가짐의 다짐이었다. 슬기의 모음이었다. 걷는 동안 혜초는 길 위의 구도자였다. 길거리에서 배움을 이룬 지식(智識)이었다. 천축국을 둘러 본 그는 대식국으로 나아갔다. 아랍까지 걸으며 생각하며 보고, 들으며 삶을 정리했다. 그는 역지사지의 견본이었다. 다른 것을 이해하기 위해서는 자기 성찰을 우선했기 때문이다. 자기를 성찰하려면 타인에 대해 자기의 감정을 털어놓아야 한다. 대식국, 타인의 문화 속으로 걸어 나가는 것은 자기 감정의 진솔한 털어놓음이었다. 타인을 받아들이겠다는 마음가짐의 신호탄이었다.[89]

그는 중동 국가의 대상(隊商)들이 끊임없이 걸어 나감을 보았다. 생존하는 저들의 집단 지력을 경험했다. 동행의 힘이 무엇인지도 알게 되었다. 저는 홀로였지만 저들은 집단이었다. 기록된 바는 없지만 혜초 역시 저들의 대열에 끼어 저들과 함께 동행했음직하다. 사막을 걷는 험한 여정이었기 때문이다. 그가 경험한 것은 동행의 힘이었다. 동행이 가능하려면 서로에게 좋은 지식(智識)이 필요하다. 좋은 지식과 동행은 적절한 공동체로 이어지게 마련이다. 동행이 되거나 동료를 만드는 것은 서로에게 도움이 된다. 심리치료적인 효과가 가득하게 된다. 서로의 걷기와 서로의 삶에 도움이 될 뿐이다. 가까이 있는 이웃이 멀리 있는 친지보다 더 가깝기 마련이다. 이웃사촌이

친척보다 긴요하기 때문이다. 더불어 동행이 된다는 것은 서로에게 치유력을 북돋우는 일이기도 하다.[90)]

동행하는 사람들은 서로를 치유한다. 공동체에게는 심리치료의 효과가 있다. 예수와 제자들의 동행도 치유의 관계였다. 붓다와 제자들의 동행 역시 치유의 동행이었다. 예를 들어, 예수 생애에서 나타나는 짧은 기간 동안의 제자 관계는 집약적인 대화와 배려의 관계였다. 예수의 사회적 신분은 낮았다. 그의 제자들 역시 마찬가지였다. 상당한 수준의 문자 해독력을 지닌 문해 집단도 아니었다. 지배 사회에서 존경받을 만한 교양인 집단이 아니었다. 그들은 학문으로 훈련된 종교 집단이 아니었다. 저들은 문맹인 집단의 전형이었을 것이다.

예수는 제자들과 맹렬하게 만났다. 말도 나누고 삶도 나눴다. 나눔 속에서 새로운 생명을 키워 냈다. 아픔이 치유되고, 아문 상처 속에서 새살이 돋았다. 그는 제자들의 가치를 능력으로 판단하지 않았다. 재능이나 지위, 돈 같은 것으로 됨됨을 가늠질하지 않았다. 제자들 간의 서로 다름을 아름다움으로 보았다. 차이 때문에 각자의 아름다움이 돋보이는 것이라고 간주했다. 예수는 저들의 무지를 있는 그대로 호흡했다. 예수가 보여 준 것은 섬김의 지혜였다. 섬김은 당시 유대인의 생활 철학이었다. 저들은 말로 했고 예수는 몸으로 실천했다. 저들은 섬김을 가르치기만 했고, 예수는 섬김을 온몸으로 배웠다. 히브리어로 교육을 힌누쿠라고 한다. 그것은 일상적 실행을 강조하는 개념이다. 예수는 섬김을 온몸으로 실천한 배움의 안드라고구스였다.[91)] 권세가 유대인 랍비들의 섬김은 예수의 섬김과는 달랐다. 저들의 섬김은 절터의 뒷 켠에서 있는 부도(浮屠)를 향한 섬김 같은 것에 지나지 않았을 뿐이다.[92)]

붓다 역시 사람을 위한 섬기는 이의 표본이었다. 그는 자기의 수행을 괴롭히는 사람들에게 다가갔다. 그가 아직 길을 정하지 못했기에 그를 괴롭힐 수 있다고 보았다. 그는 그 중생에게 배움이 무엇인지 깨달음이 무엇인지를 보여 주었다. 수많은 이들이 그를 따랐다. 그의 제자가 되었다. 그 누구를 찍어 제자가 되라고 말하지는 않았다. 그가 좋아 사람들이 그저 그를 따랐을 뿐이다.

저들이 붓다에게서 얻은 것은 깨달음이란 행복이라는 것이었다. 나름대로 일깨워진 사람들은 더욱 그를 따랐다. 그가 말하는 깨달음은 유식함이 아니었다. 배우는 자의 길이었을 뿐이었다. 붓다는 그를 따르는 이들에게 비유적 어법을 자주 활용했다. 중생의 눈높이를 맞추기 위해서였다. 붓다는 왕자의 신분이었다. 왕도를 제대로 배운 이였다. 왕자들에게 통용되는 이야기로 저들에게 나설 수 없었다. 가르침보다는 명상과 관조를 저들에게 보여 줬다. 평온의 의미를 일깨우기 위한 것이었다. 그는 앞서 나가는 자에 대한 순종을 달가워하지도 않았다. 깨달음이 없는 사람은 스승이 될 수 없었다. 먼저 났다는 이유가 스승의 증표일 수는 없었기 때문이었다. 붓다는 깨달음의 길이 스승과 제자를 통하는 길임을 보여 줬다. 스승과 제자들도 서로 배움을 통해 서로의 깨달음을 관통해야 한다는 것이 붓다의 가르침이었다. 그가 보인 깨달음과 구도의 길은 상호 배움의 길이었다. 스승과 제자 사이의 서로 걷기와 서로 대화로 이어지는 삶의 순례였다.

붓다와 그를 따르던 무리와의 집단 지력에서 보듯이, 보여 주며 익히는 과정은 언제나 신비한 과정으로 남는다. 가르치고 배우는 과정에는 예외 없이 사람들 간의 만남과 교감이 개입된다. 만남과 교감 속에서 서로의 깨우침이 일어난다. 깨달음은 각자적인 과정이지만 깨달음에 이르는 과정은 상호적이다.[93] 스승 없이도 스스로 통하여 깨닫는 무사자통(無師自通)이 가능하지만, 세상은 저 홀로 살 수 없기에 다른 이들의 도움이 불가피하다는 말이다. 저 홀로 깨침이 가능하다는 점에서 배움은 깨달음에 이르는 신비한 과정이며 인간적인 과정이다. 깨달음은 분해되기 시작하면 깨달음의 정체는 허망한 일로 끝나게 된다. 깨달음을 분해하면 욕망으로 귀착되어 버리기 때문이다.

공자 역시 그를 따르는 무리에게 배움의 길이 어떤 것인지를 보여 줬다. 그 어떤 위인들도 공자만큼 배우는 것을 강조한 사람도 없다. 공자만큼 현실 정치에 대한 참여의 욕망이 컸던 사람도 드물다. 정치가로서는 끝내 실패했다. 그는 배움이 무엇을 의미하는지를 구체적으로 정의한 적은 없었다. 그에게 있어서 배움은 군자에 이르는 방편을 지칭하는 것이었다. 배움의 사회적 수단성이 그에게는 무엇보다도 중요했다. 배움에 빠르게 이르는 방법은 가르치고 익히는 길이었다.

공자는 교육자로서는 성공한 사람이었다. 교육 기업가로서의 면모가 크게 돋보였던 셈이다.[94] 마치 고대 아테네에서 수많은 현자들이 사설학교를 개방한 것처럼 그 역시 나름대로의 사설 학교를 열었다. 개방 대학과 같은 성인 대학이었다. 제자들이 모여들어 그의 강론을 들었다. 그것이 사회적 신분 상승을 위한 도구였다. 그에게 배우고 싶어 하는 학생에게는 수업료를 받았다. 물론 저렴한 수업료였다. 말린 고기 한 묶음인 속수(束脩)만 가져오면 충분했기 때문이다. 공자가 강조했던 것은 수업료가 아니었다. 익히는 자로서 갖추어야 할 바른 예였다. 예를 차리는 자를 자기의 문하생으로 받아들였다. 그런 사정은 『논어』(7:7)에 간헐적으로 기술되어 있다. "나는 스스로 속수 이상의 예를 차리는 자에게 가르침을 베풀지 않은 적이 없었노라."가 그것이다. 그가 배출한 제자는 후에 현실 정치에 참여하기도 했다.

공자는 제자와 스승, 제자와 제자 간의 의미 있는 대화를 중요시했다. 학생들의 지적 수준에 따른 문답을 존중했다. 지력에 따라 서로 다른 수준의 대화를 강조했다. 개별화된 맞춤형 학습방법이었다. 그는 제자들의 지적상황을 고려했다. 상황에 알맞은 이야기로 그의 논지를 펼쳤다. 공자는 유머감각도 풍부했다. 그는 사례 중심의 이야기를 전개했다. 그는 문제해결 중심의 학습을 강조했다. 현실 참여를 위해서는 사례분석이 필수적이었기 때문이다.[95]

공자가 강조한 서로 배움의 핵심은 대화였다. 상호 대화에서 중요한 것은 유교무류(有敎無類)의 방법이었다. 교육은 반드시 교육을 받는 사람의 지혜와 성격에 따라서 서로 다른 방법을 써야 한다는 뜻이다. 모든 사람에게 하나의 표준을 강요하는 것은 학습의 효과가 없다는 뜻이다. 학습이나 훈련은 그것을 받아들이는 사람의 소질을 고려해야 한다. 각각의 학생들이 지닌 가능성을 실현하도록 해 줘야 한다는 말이기도 하다. 모두 똑같은 획일적인 유형의 인재를 만들어 내는 것이 교육의 목표가 아니라는 말이기도 하다.[96] 학습의 방법은 다양해야 한다는 것이 공자의 학습론이었다. 이해 정도와 경험의 차이를 고려하는 학습방법이 필요함을 강조한 공자는 학습자의 의지와 지력에 알맞은 대화법을 강조했다.

그 결과 『논어』에는 다양한 대화 유형들이 눈에 띈다. 서로가 때때로 모순되어 보이기도 하지만 학습은 모순으로 격발되곤 하는 법이다. 동일한 질문에도 공자는 제자들에게 서로 다른 답을 주곤 했다. 제자들의 경험과 이해 정도에 따라 달리 이해시키려는 뜻이었다. 학습자에 대한 배려였다. 유교무류의 극명한 실천 사례다. 예를 들어, 자로(子路)가 스승인 공자에게 물었다. "의리를 들으면 행해야 합니까?" 공자께서 말했다. "아버지와 형이 계신데 어찌 곧 행하리요." 염유(冉有)가 물었다. "의리를 들으면 곧 행해야 합니까?" 공자가 답했다. "들으면 곧 행해야 한다." 염유는 현실 정치가였다. 그에 비해 자로는 글이나 읽는 고지식한 서생(書生)이었다. 염유는 현실 정치에 부화뇌동할 수 있는 인물이었다. 자로는 그렇지 못한 인물이었다. 각기 처한 현실과 개인적인 사정이 달랐다. 그것을 알아차린 공자는 동일한 내용의 질문인 의리에 대해 각각에게 서로 다른 처방을 내렸다.[97]

4. "모든 것이 잡동사니다." – 대비드 와인버거[98]

"최근에는 TV의 저IQ화가 더욱 심해져 출연자가 바보일수록 프로그램의 인기가 높아진다. 이 때문에 '바보 캐릭터'가 붐이다. 이런 경향을 조장하는 것이 퀴즈 프로그램으로, 퀴즈에 나온 탤런트가 정답을 맞히면 시청률이 떨어지고, 틀리면 시청률이 올라가는 본말이 전도된 사태가 벌어지고 있다. 그들이 활약하는 프로그램은 얼마나 멍청한지를 경쟁함으로써 사람들로 하여금 비웃음을 유발시키는 프로그램으로, 결코 지식을 경쟁하는 프로그램이 아니다. 이 점을 인식하지 않으면 안 된다." – 오마에 겐이치[99]

"사람들은 건강을 관리하기 위해 헬스클럽에 가입하지만 지적 능력을 함양하는 멘탈 빌딩(지적 능력 함양) 클럽에는 가지 않는다." – 제롬 글렌[100]

공자와 제자들이 터득한 배움 역시 구도의 길에서 얻어진 것이다. 걷는 고난 속에서 얻어진 것이다. 공자가 55세에 이를 때였다. '주유열국(周遊列國)'을 결행한다. 어쩔 수 없는 현실 정치적 상황이었다. 그는 자신의 정치적 이상을 실현할 수 있을 것 같은 나라를 찾아 다닌다. 걷기의 순례였다. 행보를 통해 마침내 큰 깨달음에 이른다. 자신의 정치적 이상이 실천될 수 없다는 것을 확인한다. 큰 깨달음이었다. 공자는 현실 참여를 포기한다. 저술과 제자 훈련에 힘을 쏟는다.

예수, 붓다 그리고 공자는 당시 집단 지력의 대명사였다. 저들의 언행이 사람들의 정보거리였다. 저들의 활동들은 당대의 사람들에게 호기심을 자극하는 기사 거리였다. 새로운 뉴스들이었다. 저들의 힘은 언어의 힘이었다. 저들의 힘은 인간 친화력이었다. 사람들을 끌어들이고 빨아들였다. 그 흡인력은 대중에게 새로운 이야깃거리를 만들어 냈다. 예를 들어, 붓다의 면모를 연구하는 사람들은 한결같이 붓다의 천부적 기질인 '탈렌트'를 지적한다. "고타마는 체격이 훌륭하고 풍채가 당당하며, 다정한 성격과 연꽃과도 같은 피부의 소유자였다. ……그는 결코 범인(凡人)이 아니었다. ……그의 언어는 교양이 넘쳤으며 그의 어투는 우아하고 분명하면서도 정확했다. 그는 아주 힘 있는 목소리의 소유자였다."[101)]

예수, 붓다, 공자는 자기를 따르는 무리를 이끌어가기 위해 저들의 상황을 정확히 분석했다. 세 사람 모두 비유를 즐겨 사용했다. 비유를 가장 많이 활용한 사람은 붓다였다. 그가 사용한 비유는 무려 800여 개에 이른다. 저들은 가능한 생활 속의 살아 움직이는 사례들을 활용했다. 저들은 외유내강(外柔內剛)의 기질을 지녔다. 그들은 안식과 평온함 그리고 나눔만을 강조한 것이 아니다. 기존의 교리에 대한 도전과 재해석에도 거침이 없었다. 저들은 현실을 직시하고 있던 현자(賢者)들이었고 무니(muni)였다. 세 사람 모두 기도, 명상과 같은 관조의 삶을 살았다. 저들 모두 걷기와 동행과의 나눔을 통한 배움을 일상화했다.[102)] 제자들과의 대화를 통해 끊임없이 의사소통과 의식소통의 통로를 넓혀 갔다.[103)]

공자, 붓다, 예수가 이끄는 집단들은 주변적이었다. 현실의 주류라기보다는 비주류였다. 저들의 집단적 지력들은 현실적인 삶에도 어긋나기 일쑤였다. 저들의 스승들이 당대 모순의 인물들이다. 그들의 삶이 모순의 삶이었다. 저들이 걸어간 길 역시 모순의 길이었다. 모순만큼 배움을 위한 강력한 도구도 없다는 점에서 저들의 지력에는 힘이 있었다. 예수, 붓다, 공자가 보여 준 모순의 행동과 언행은 바로 제자들에게 서로 배움의 중요성을 확신시켰다. 세상을 앞서나가는 사람들은 대체로 현실감각이 떨어진 채 모순적이다. 간디나 아인슈타인 혹은 피카소와 같은 예술가들도 마찬가지였다. 모순이 없는 사람은 천진난만한 어린아이 밖에 없다는 간디의 확언이 의미하는 바가 크다.[104)]

간디, 아인슈타인이나 피카소, 심지어 천재물리학자인 파인만 같은 위인들이 보여 준 인생살이는 늘 위태로움 그 자체였다. 저들의 가정생활은 늘 엄청난 시련 속에 잠겼었다. 저들은 아내들의 평범한 질투에 시달렸다. 저들 역시 다른 여인에 대해 남다른 열정을 버리지 못했다. 좋아하는 여성 앞에서는 무기력한 보통의 남정네들이었다. 질투에 굴복했던 나약한 존재였다. 질투는 저들로 하여금 살아가게 만드는 힘이었다. 위인들도 그 힘에는 어쩔 수 없었다. 질투는 인간으로 하여금 진화하도록 만든 생식 전략이었다. 남정네들은 질투의 위력 앞에서 한없이 무기력했다.[105)]

남자가 여자를 유혹하려면 선물을 먼저 준비해야 한다. 손쉬운 방법은 선물 공세이기 때문이다. 여자는 선물에 약하다. 결혼한 후에는 그저 안아 주고 챙겨 주면 된다. 세상이 끝나는 날까지 함께하면 되는 일이다. 쉬운 일이다. 여자가 남자에게 깊은 인상을 주기 위해 가장 쉬운 방법이 있다. 벌거벗은 채로 맥주를 그에게 가져다주면 된다. 진화 심리학의 대가인 버스(David Buss) 교수가 추천하는 남녀의 생식 전략이다. 남녀의 본성을 찾는 핵심 단어는 두 가지다. '성 선택'과 '성 전략' 두 가지였다.

'진화적 적응도'의 관점에서 보면 남녀의 생존 전략은 뻔하다. 여성에게 최적이 될 수 있는 짝짓기 전략은 한 가지다. 남편에게 지속적인 투자를 받아 낼 수 있는 것을 갖고 있어야 한다. 그녀가 외도할 경우 이유는 간단하다. 우수한 유전자를 받기 위해서 외도하는 것이다. 여성에게 사랑은 결국 우수한 유전자에 대한 선택일 뿐이다. 여성은 남편감을 고를 때 남편될 사람의 경제력에 눈독이 가게 마련이다. 외도의 상대를 고를 때 먼저 고려되는 것은 남성에게서 풍기는 매력이다. 매력 있는 남자가 우수한 유전자를 지닌 확률이 높기 때문이다.

여성의 생리주기가 그것을 입증한다. 임신 가능성이 높은 배란기에 여성은 남성의 남성성에 집착한다. 남성적인 특징이 강한 남자의 얼굴에 강하게 흡인된다. 임신 가능성이 낮은 황체기에는 사정이 조금 다르다. 여성적인 특징이 가득한 남자의 얼굴에 호감이 간다. 매력적이란 감성이 아니라 생리적 결과일 뿐이다. 배란기에는 '우수한 유전자'를 원하고, 황체기에는 '다정함'을 원한다. 배란기에는 사자(獅子) 같은 남성이 좋고 황체기에는 '좋은 아버지' 같은 남성이 그리워진다.

배란기를 기점으로 변하는 여성의 속성이 말해 주는 것은 한 가지다. 여성에게는 남성을 친구로 삼을 수 있는 인간적인 여백이 넓다는 뜻이다. 여성은 남성을 친구로 사귈 수 있다고 믿는다. 남성과의 우정이 가능하다고 생각한다. 남성이 여성과의 우정이 가능하다고 간주하는 경우보다 두 배나 더 높은 것도 사실이다. 이런 생각은 여성을 어려움에 빠트린다. 경계해야 할 대목이다. 모든 경우를 대비해서 여성에게도 생존 전략을 위한 진화가 일어났다. 나쁜 남자의 거짓 헌신과 호의를 경계하고 의심하도록 만드는 기제를 진화시켜 왔다. 그것이 '헌신 회의 편향'이다. 남성에게도 그런 생존 전략이 진화되어 왔다. 여성이 보내는 성적 신호를 강력하게 포착하도록 '성적 과(過)지각'을 발달시켰다. 모두가 생존을 위한 전략의 진화였다. 여성과 남성은 각기 이성을 대하는 양태가 다를 수밖에 없게 되었다.

위인들도 모두 사람이다. 위인들도 한 껍질만 벗겨내면 모두가 똑같은 인간이다. 밥 먹을 때 밥 먹어야 하는 인간이다. 동물적인 근성에 충만한 사람들이다. 성인으로 드러나는 양태와 동물로 살아가는 모습이 자기 모순적인 인간들이다. 자기 모순을 극복하려고 노력했던 이들이 바로 삶의 멘토들이었다. 자기 모순에 대한 깨달음이 철저했던 이들에게는 좋은 동행들이 있었다. 그들에게도 그 나름대로 구루(Guru)들이 있었다. 이름을 밝힐 수는 없지만 저들에게도 저들을 있게 만든 큰 지식(大智識)들이 있었다. 아버지 하느님이 그였고, 불사조로 불리는 시바의 신이 바로 그런 큰 지식이었다. 정치적 이상향인 주(周)나라의 요순 임금이 공자에게는 큰 스승으로 남아 있었다.

저들은 모두 배움의 공동체를 만들었다. 저들은 스승이 되어 그들을 가르쳤다. 때로는 학생처럼 모순으로부터 자기 해방의 길을 터나갔다. 배움의 공동체는 집단 지력의 장이었다. 집단 지력이 하나의 공동선이 되기 위해서 저들은 늘 마음의 경계를 늦추지 않았다. 행동거지 역시 마찬가지였다. 조심과 조신(操身), 그리고 조사(操思)의 삶이었다. 생각의 정리정돈을 끊임없이 해나갔다. 저들은 최선에 안주하지 않았다. 아무리 좋은 것도 틀에 갇히면 굳어질 뿐이다. 제도화되면 신선도는 떨어진다. 과잉 욕망을 제어하는 수밖에 없었다.

저들의 집단 지력은 수백 년을 하나의 문명으로 만들어 왔다. 앞으로도 더 이어가게 될 것이다. 소통 기구들의 발달이 그것을 촉진할 것이다. 모든 것은 더 속도감 있게 연결될 것이다. 연결이 쉬울수록, 떨어짐 역시 쉬워질 것이다. 불특정 다수에게 메시지가 더 멀리 전파될 것이다. 신속함은 언제나 생명이었다. 서로 간의 사이 잇기에 들던 비용이 더 저렴해질 것이다. 소통의 신천지가 펼쳐질 것이다.

전통적인 개인과 개인 간의 소통방식이 달라진다. 이제 정보는 면대면의 확산을 넘어 웨비나(webinar)로 온 세계에 확산된다. 웹을 활용하는 세미나를 웨비나로 부른다. 그동안 보았던 정보 공유방식은 고비용이었다. 만나고 이야기하고 헤어지는 식으로 시간과 비용이 들어가는 고비용방식으로 이뤄졌다. 이제의 소통은 디지털과 전파를 활용하는 소나기(shower)방식으로 바뀌고 있다. 미디어의 기능이 더욱더 초감각적으로 분화하고 있기 때문이다. 정보 확산을 위한 소셜네트워크방식은 더 첨단적으로 발전한다.

저비용과 신속함의 소통이 가능하면 인간관계가 변하게 마련이다. 사람과 사람 사이의 관계가 필요 이상 인위적으로 꾸며질 이유가 없다. 모든 관계가 자연적 소통 관계로 바뀔 것이다. 자연적 소통 관계란 시 · 공간, 거리의 차이를 넘나드는 소통 관계를 말한다. 일상적인 소통이 바람, 공기, 흙처럼 사람들에게 다가갈 것이다. 자연적인 소통 관계의 발달은 정보 공유와 정보 창출과정을 혁명적으로 바꾸게 된다.

자연적 소통으로 만들어진 지적 성과물이 바로 인지 잉여가 된다.[106] 다시 말하지만, 인지 잉여란 다중이 자신의 지적능력을 품앗이하여 하나의 유용한 힘으로 만들어낸 집단 지력의 총화이자, 집단 지력의 상징물이기도 하다. 인지 잉여로 인해 지구상의 여러 사람들이 이제는 저들의 여가 시간을 지적으로 함께 활용할 수 있게 되었다. 인지 잉여 현상은 세상에 정보와 지식이 넘쳐나기 시작했다는 뜻이다. 매일같이 지구를 떠도는 정보들은 지수 함수적으로 쌓이게 된다. 이제 지구인이 함께 누리는 1조 시간의 여가 시간의 여력은 위키피디아 1만 개를 매년 만들 수 있는 시간과 맞먹는다. 지구를 넘나드는 인지 잉여 자원을 활용하면 세상이 변할 수밖에 없다.

인지 잉여를 모으며 지적 여가로 다루는 무리를 총괄적으로 일컬어 집단 지력이라고 부르는 것이다. 집단 지력은 그 옛날에도 존재했다. 소크라테스를 중심으로 고대 아테네 도시의 주랑을 누비던 소요학파들이 바로 지금의 집단 지력 같은 것이었다. 예수의 무리도, 붓다의 무리도, 공자의 무리도 마찬가지였다. 저들이 이끌던 무리가 당대의 집단 지력이었다. 세상을 보는 눈은 달랐어도 세상의 여론을 주도하던 집단의 힘이었다. 디지털 시대의 집단 지력은 저들과는 달리 인지 잉여를 다루는 관점이 다르다. 세상을 바꿔 놓을 수 있는 힘을 다루는 방식이 다르다.

인지 잉여는 지구 간 소통으로 세상을 바꾸어 놓는다. 사람들 사이의 관계마저도, 네트워킹의 형식마저도 바꾸어 놓는다. 인지 잉여로 인해 사회 제도가 바뀌고 문화가 바뀌기 시작한다. 세상살이가 더 편리해지기도 한다. 편리해지는 만큼, 부정적인 양태가 있다는 것도 거부하기 힘들다. 어떤 정보들은 진실과 거리가 먼 것일 수도 있기 때문이다. 피상적인 것이 진정성을 가장하기 마련이다. 모든 것이 인간 친화적인 것만은 아니다. 사람들 사이의 소통에는 비용이 든다. 정신적인 비용이다. 모든 것은 돈으로만 양화될 수 있는 것이 아니다.

인간은 소통의 관계로 산다. 사람과 사람은 소통으로 사이를 이어간다. 인간(人間)의 말 자체가 사이를 잇는 모습이다. 사이를 잇지 못하면 서로는 타인이다. 서로에게 사람이 되지 못한다. 쥐가 고양이를 경계하듯이 서로가 의시(疑視)할 뿐이다. 소통은 그냥 잇는 것이 아니다. 소통 기구가 있기 때문에 그와 나 사이가 자동으로 이어지지는 않는다. 소통은 의미를 실어 나르는 일이다. 의미는 잇기이며 관계다. 이어짐의 지속이 의미다. 끊어짐을 경계하는 것이 이어짐이다. 떨어짐을 경계하는 힘이 의미다.

의미를 실어 나르기 위해서는 마음이 서로 닿아야 한다. 마음의 불꽃들이 서로에게 작렬(activate)해야 한다. 미국의 대통령은 힘이 세다. 그래도 나에게는 영원한 타인이다. 지나가는 강아지만큼도 의미가 없다. 서로의 마음에 끌림이 삭제되어 있기 때문이다. 설령 같은 시간대에 일어난 사건을 영국의 BBC 방송을 통해 그와 내가 동시에 시청한다고 해도 무의미하기는 마찬가지다. 서로 간에 사이 잇기가 일어나지 않기 때문이다. 미국 대통령과 나와의 관계는 의미가 거세된 인연일 뿐이다. 이웃이 사촌인 것은 잇기가 있기 때문이다. 의미를 만들어 내기 때문이다. 떨어지면 멀어진다는 것도 의미 때문이다. 의미가 없으면 불통이 관통할 뿐이다.

소통의 신속함이나 속도감은 기계공학적 물질주의(technological materialism)가 이뤄 낸 성과다. 기계적 소통은 물질주의의 부산물이다. 저들과 나 사이에는 이어짐의 결핍만이 있을 뿐이다. 인터넷의 성과는 엄청나다. 사람들 사이에 간격을 좁혔기 때문이다. 국가들 사이의 소통도 속도감을 갖게 만들었다. 부작용도 있다. 인간의 사고방식은 엷어졌다. 사유를 가볍게 만들어 놓았기 때문이다.[107] 깊은 사유가 필요할 리 없다. 정보에 대한 단순한 조합이 더 편할 뿐이다. 쉽게 가면 될 일을 어렵게 할 이유가 없다. 잡생각들의 조합만이 빈번하다. 그것이 박식함을 가장하고 있다.

사람들의 관계는 깊은 사유의 관계이어야 한다. 적절하고도 깊은 배려의 관계이어야 한다. 소통 수단의 발전으로 인해 사람들 간의 소통이 뒤틀리기 시작했다. 그와 내가 맺는 나의 관계는 의외로 피상적이다. 무감각하다. 도구적일 뿐이다. 장삿속일 뿐이다. 얼과 혼은 생략된다. 서로에게 소외적일 뿐이다. 나와 타인 간의 관계가 병적으로 뒤틀어진다.[108]

삶살이는 역설적이다. 똑똑한 사람보다는 어설프게 유식한 사람들이 더 돋보이는 세상이다. 세상은 철학자들의 논리대로 돌아가지는 않는다. 세상을 실제로 지배하는 것은 여전히 집단 무지다. 집단 무지는 사회적으로 만들어진 편견이다. 집단 무지들이 사회문제 해결의 대안으로 쓰인다. 집단 무지가 사람들을 세뇌하는 이유가 있다. 어설프게 똑똑하기 때문이다. 유일한 해답으로, 절대적인 해답으로 전면에 나서기 때문이다. 똑똑한 사람일수록 간접 경험에 익숙하다. 어림셈법으로 세상을 바라보기 일쑤다.

어림셈은 어림 인지다. 철저함보다는 대충으로 무장한 인식이다. 분석보다는 얼기설기 엮어냄의 해법이다. 인터넷의 정보 조합이 어림셈법을 부추킨다. 전문가들이라고 자처하는 이들이 그 짓을 잘한다. 대중을 선동하기 위해서다. 대중은 전문 지식꾼들의 위세에 정신적으로 눌린다. 소수의 의견이 다수의 마음을 유린하는 폭력일 뿐이다. 저들은 특정 쟁점에 대한 해법 제시에 선취적이다. 인터넷 같은 매체를 통해 편향적인 정보가 전문가의 의견으로 확산된다. 저들의 의견이 다중의 의견으로 둔갑한다. 믿어버리기 시작하면 교정하기가 어려워진다. 기각하고 내버리는 법에 익숙하지 않기 때문이다.[109] 기각하려면 이탈자가 되어야 한다. 이탈은 늘 소수의 몫이다. 이탈자들은 변방적이다. 주변인으로 자기 만족에 기거한다. 집단 무지는 그렇게 사람들의 대충적인 인식병을 모든 이들에게 전염시킨다.[110]

집단 지력론자들은 대부분 대중의 지혜를 예찬하는 사람들이다.[111] 대중의 지혜를 예찬하는 사람들은 보통 사람의 삶을 존중한다. 그들에게는 한 가지 신조가 있다. 엘리트 한 명보다는 99명의 보통 사람들의 지혜가 더 위대하다는 것이다. 보통 사람의 지혜가 모이면 집단지성이 된다. 집단지성이 집단의 지력이다. 대중의 지혜는 단시간에 이뤄진 것이 아니다. 오랜 시간 동안 사회에서 증명된 신뢰와 협조의 결과물이기 때문이다. 대중의 지혜는 놀라울 정도로 정확하다.

집단 지력이란 집단의 지성적 능력을 말한다. 다수의 개체들이 서로 협력 혹은 경쟁을 통하여 만들어 낸 지적 능력이다. 특정 사안에 대한 개개인들의 의견 및 행동 참여가 집단 지력을 만들어 낸다. 집단의 지성적 가치와 정보의 현장 응용 결과로 나타난 것이 집단 지력이다. 집단 지력은 집단 지성이기도 하다. 평범한 개인의 참여는 특정 분야 전문가의 해결책보다 나은 결과를 얻어 낸다. 문제해결책의 가능성과 시효성을 강조하는 것이 집단 지력이다. 집단 지성을 집단 지능, 협업 지성 혹은 공생적 지능이라고도 부른다. 집단 지력은 집단지다. 암묵지(暗默知, tacit knowledge)를 형식지로 전환시키는 집단적 지식 창출과정이 집단 지력의 과정이다.[112)]

예를 들어, 인공위성 첼린저호 폭발 사고의 책임 소재, 해저에서 사라진 잠수함의 위치 추적, 대통령 선거 결과, 개봉 영화 흥행 성적 예측은 모두 집단 지력으로 가능했다. 답이 없는 상태에서 개인은 서로에 대해 자신의 의견을 조정한다. 대중의 지혜는 문화나 관행의 형태로 나타나지만, 그것은 최적의 답을 찾아내는 토양이 된다. 집단 지력은 수로 결정되는 막연한 집단지(知)가 아니다. 현명한 집단으로서의 대중지(知)다. 대중의 지혜들은 다양하고 독립적이며 분산적으로 모아진다.

대중의 지혜가 되려면 다양한 개인과 개인의 다양성이 필요하다. 다양한 의견은 서로 간의 실수를 상쇄하기도 하고 보완하기도 한다. 좋은 해결책을 위한 상쇄와 보완이다. 일반적으로 동질성이 높은 집단에는 한 가지 약점이 있다. 다양성이 떨어진다는 점이다. 다양성이 결핍되면 좋은 답을 얻어내기 어렵다. 동질적인 집단의 또 다른 약점은 집단 사고의 위험이다. 최적의 해결책은 독립적이어야 한다. 타인의 의견이나 정보의 영향을 받지 않는 독립성이 요구된다. 독립성이 결핍되면 개인의 지력은 종속적인 위치에 서게 된다. 자신의 생각보다는 타인의 정보에 매몰되기 때문이다. 정보 연쇄 파급 효과 속에 갇히면 개인의 개별적인 답은 무의미하게 된다. 독립성과 다양성이 유지되는 집단이라 해도, 개인 각각의 일과 의견은 합리적으로 분산되어 있어야 한다. 그렇게 분산된 의견을 하나의 힘으로 통합하는 메커니즘이 필요하다.

대중의 지혜 집단 지력은 "공유하면 할수록 더 많은 것을 얻을 수 있다."라는 명제로 성장한다. 공유의 수확 체증의 원리가 적용되는 것이 바로 '동등 계층 생산성'이다. '동등 계층'이란 대등한 입장으로 자료를 공유하는 주체를 뜻한다. '동등 계층 생산'이란 동등 계층의 협업 행위를 말한다. 공동의 결과물을 생산하기 위해 자발적으로 참여하는 정보 생산 행위를 말한다.[113] 대중의 동등 계층성과 지혜의 모음이 저들을 토착 이론 생산의 중심에 서게 만든다. 학자나 전문가들이 아니라 일상적인 대중들이 만들어 내는 이론적 활동을 일반적으로 토착 이론(vernacular theory)이라고 부른다. 특정한 이론을 지칭하기보다는 일반적인 명칭이다. 의식적인 사고나 계획적으로 이루어진 것과는 관계없는 '일상적인' 개념 혹은 습관적인 방법론으로 만들어 낸 길거리 이론이기에, 토착 이론은 자생 이론이기도 하다. 길거리 이론은 대중의 삶 속에 매일같이 마주치는 진리를 겉으로 드러내는 일에 주력한다.[114]

토착 이론의 구성에는 상식들과 집단 지성이 한몫한다는 점에서, 토착 이론의 쓰임새는 일상생활 지향적이며 삶살이 지향적이다. 현실과 일상적으로 부대끼면서 그들을 지배하는 세력에 대해 현실적인 균열을 내게 만들어 주는 현실이론, 상식이론들이 토착 이론에 속한다. 예를 들어, 자식을 키우는 학부모들은 교사 못지않게, 교육행정가들 못지않게 자녀교육과 교육 정책에 대해 현실적인 대안과 처방을 내놓는다. 저들의 논리가 교육학자들에 비해 현학성이 떨어지기는 하지만 교육 현실에 대한 생동감 있는 처방을 가한다는 점에서 저들의 논리는 교육학자들의 그것보다 뛰어나기조차 하다. 현실적으로 자녀의 사교육에 관한 한 한국 학부모의 지혜를 따라갈 교육학자가 없을 정도다. 토착 이론가들은 사회적 모순과 선전을 재빨리 알아차린다는 점에서 전문가들이나 권력자들이 요구하는 이데올로기의 일방적인 피해자가 아니다. 오히려 토착 이론가들은 전문가들이 주장하는 이데올로기를 향해 역공을 할 수 있는 비판이론가들이다.

집단 지력론은 대중의 지혜를 지식인의 그것에 비해 떨어지지 않는다고 간주한다. 객관성이나 과학성을 결여한 것을 검증없이 수용하는 것은 아니다. 객관성을 지닌 정보 생성과 정보 활용의 주체를 소수의 독점으로부터 독립시켰기에 대중의 슬기에 대한 확신이 가능하다. 집단 지력은 개인 지력보다는 불특정 다수의 지력을 선호한다. '떼 지능', 무리 지력이 사회 변화의 동력이 된다고도 믿고 있다. 정보학습방식을 바꾸어 놓은 것이 집단 지력이다. 무리의 지력은 백과사전식 정보 생성방식을 거부한다. 백과사전은 정보의 쓰레기 집적장에 버금간다. 죽어 있는 정보에 의존해야 하기 때문이다. 소수의 독선과 전제, 편견이 가득하기 때문이다. 백과사전류에 실린 각종 정보, 학교교사들이 갖고 있는 정보는 더 이상 살아 움직이는 것들이 아니다.

집단 지력은 정보 창출의 혁명을 가져왔다. 한 사람, 한 사람이 정보이며, 이곳 그리고 저곳이 모두 정보원이다. 모두가 정보 창출의 원천이기 때문이다. 사람은 실시간 대의 정보가 필요하다. 해결하고 싶은 일, 원하는 일은 지금 이 시간에 요구되는 것들이기 때문이다. 실시간대의 정보만이 쓰임새 높은 것일 뿐이다. 사이버 정보처리방식은 정보 창출의 방식이 다르다. 저들의 정보 생성, 정보 정리방법은 겉보기에는 무질서하다. 쓰레기더미에서 보배를 만들어 가는 과정과 엇비슷하기 때문이다.

집단 지력의 가능성은 다중들의 지혜 모으기에서 출발한다. 서비스를 제공하는 공급자의 간섭을 배제해야 정보 수거가 용이하다. 사용자들은 관심 있는 분야의 뉴스를 언젠가 활용할 것을 염두에 두고 오려두거나 찜을 해 둔다. 좋아하는 분야의 사진을 올리고 웹 서핑의 편리를 위해 북 마크를 관리한다. 사용자 개개인의 필요에 의해 만들어진 콘텐츠들이 하나의 테마로 모인다. 한 곳으로 모인 콘텐츠들이 다시 해당 커뮤니티 안에서 화제의 뉴스로 정리된다. 특정 이슈에 대하여 하나의 의견으로 모아진다. 결집된 의견은 화제의 소식으로 회자된다. 집단적 사고와 집단적 참여가 집단 지력의 구심점이 된다.

집단 지능, 집단 지력은 잡동사니 정보 창출방식을 선호한다. 잡동사니 정보 생성방식은 '적시학습(just in time learning)'의 위력이기도 하다. 적시학습이란 사람들이 현장 적용 중심, 즉답식 활용과 현장 개선을 강조하는 학습이다. 직업 현장에서 필요로 하는 정보나 기술을 즉각적으로 찾아볼 수 있게 도와주는 학습이다. 적시학습은 책 중심, 교사 지도 중심의 경직된 일방향의 정보 전달방법을 거부한다. 필요한 것을 필요한 시점에서, 현장 문제는 현장에서, 필요한 정보는 필요한 시간에 활용하게 도와준다.

적시학습은 교실학습의 변화를 가져왔다. 학습의 혁명이 외부로부터 일어난 것이다. 적시학습은 개별 맞춤형학습이다. 집단이 표준이 될 이유가 없는 맞춤형학습이다. 암기식 학습으로는 따라갈 수 없는 현장 문제해결식 학습이다. 적시학습은 집단 지력(collective intelligence)을 중요한 정보의 원천으로 삼는다. 현장 중심의 문제해결은 즉시적인 해답을 원하며 개별화된 학습을 요구하기 때문이다.[115] 집단 지력에 의한 정보 창출과정은 비밀스럽거나 신기하지 않다. 정보 생성에서 새로운 발명을 요구하지도 않는다. 정보 생성과 유통과정이 결코 거창하지 않다. 보통 사람들이 알고 있는 정보면 족하다. 현장에서 검증된 정보면 충분하다. 삶과 생활에 쓰임새가 높으면 족할 뿐이다. 생활용 정보를 모든 이들의 쓰임새를 위해 서로 공개하면 되는 일이다. 쓰임새가 높다는 것은 머리 하나보다는 머리 둘이 더 나을 수 있다는 가능성을 염두에 두라는 뜻이다. 여러 사람들의 아이디어 공간들이 서로 연결되면 사물이 바뀌고 사건이 만들어진다. 개인의 단순한 능력이 연결되고 접합하면 집단 지력의 창의성이 가능하다.

창의성은 창조적 개인과 창조적 집단이 새로운 '아이디어 공간'에서 상호작용할 때 그 가능성이 높아진다. 창의성을 지배하는 법칙을 서로 연결하고 이용할 때 일어나는 혁신적인 결과가 창의성이다. 창조성에 집단성이 내재되어 있다는 뜻이다. 여러 사람들의 아이디어 네트워크의 다양한 구성요소들을 서로 연결하면 창의성이 작동된다. 서로의 아이디어를 연결할 협력 공간이 필요하다. 그 협력 공간에서 유추와 통합이 빈번하게 일어나야 한다. 개인의 상상력, 직관, 통찰력이 다 함께 작동하면 창의성이 돌출된다.

인간은 생존을 위해 최소의 비용을 선호해 왔다. 자신의 에너지를 덜 쓰고도 살아남을 수 있는 방법들을 늘 생각해 왔다. 지능을 덜 사용하고도 성공하려는 의도였다. 지력을 낭비하지 않은 일은 저비용적인 일이기도 하다. 환경을 조작하는 일은 에너지를 덜 쓰기 위한 노력인데, 환경을 바꾸기 위해서는 다중의 힘과 슬기가 요구된다. 환경을 바꾸기 위해 동원된 무리들에게서 집단 지능이 나타났다. 인간은 무리의 능력을 최적으로 활용할 때 최적의 삶을 살아갈 수 있기 때문이다. 도구 발명이 바로 에너지

절약방법이었다. 생활 도구의 진화는 개인 혼자의 힘을 절약하기 위한 노력이다. 혼자 생각하고 궁리해내는 개인사고의 연산 활동을 최소화하기 위해 집단 지력에 의한 생활 도구들이 발명되었다.

집단 지력은 다중의 앎을 정치적 권력으로 활용하기도 한다. 앎은 더 이상 생활 도구에 머무르는 것이 아니다. 앎은 참여이며 권력이 된다. 앎에 대한 새로운 지평이 열린 것이다. 집단 지력은 배움의 공간을 다루는 방법이 다르다. 기존의 학교 권력이 국한하고 있는 학습 공간을 넘나들기 때문이다. 집단 지력은 모든 생활 공간을 학습 공간으로 활용한다. 모든 때가 학습을 위한 시간이 된다. 들어오고 나가야 하는 시간 규정이 무의미하다. 가르치고 익히는 이들 간의 경계도 모호하다. 먼저 익힌 이들이 선생일 수 없다. 모든 것이 익힘이고 가르침이다. 집단 지력은 평생학습의 장이며 수단이다. 지구상의 모든 공간을 학습 공간으로 만들어 놓았다. 모든 자료가 학습 자료이다. 세상에 존재하는 모든 것이 교육 자본일 뿐이다.

집단 지력의 정보 확산 전략은 현명하다. 존재하는 모든 것에 열린 입장을 취한다. 물이 땅에 스며들듯 모든 곳으로 확산된다. 확산력은 전염성이 강하다. 위험요소가 없는 것은 아니다. 집단 지력의 정보 유통이 끝내 포털로 귀착하기 때문이다. 포털은 생각이나 사유 그 자체는 아니다. 사유와 생각이 거세되면 지식사회는 기둥을 잃는 것이다. 모든 정보들이 포털을 수집하고 확산한다. 모든 것이 간편하다. 경제적이다. 조건 없이 정보 이용이 가능하다. 편리함의 중독성이 강하다. 사용자의 사고능력을 마비하기 십상이다.

정보 수집가들이 선호하는 고등교육기관은 이제 일반 대학이 아니다. 가르치는 교수 집단에게서 새로운 정보 생성능력이 약화되었기 때문이다. 교수들이 고급 두뇌일 수가 없다. 저들도 포털을 활용하는 포털 이용자일 뿐이다. 가르칠 정보를 얻기 위해서다. 교수들의 머리에서 기대되는 정보는 그리 많지 않다. 교수들에게 지혜와 슬기가 고갈되었기 때문이다.

디지털 시대의 정보 수집가들은 디지털 정보원을 열심히 기웃거린다. 그곳이 저들에게는 정보의 보물창고이기 때문이다. 저들의 정보력은 이제 대학교수의 능력을 능가하기 때문이다. 대학의 학문에 대한 진지성이 결여된 탓이다. 인터넷을 활용한 정답 찾기가 보다 더 효율적이다. 포털의 정보 수집에 중독되기 십상이다. 온라인 백과사전 위키피디아가 저들의 지력을 이끌어 가고 있다. 물론 위키피디아가 지식의 질을 보증하지는 못한다.

집단 지력의 이름으로 만들어지는 것이 지식 그 자체를 보증하는 것이 아니기에, 저들의 지적 허구성은 늘 경계의 대상이 될 수밖에 없다. 저들이 수집해 놓은 정보들이 참정보라는 확증도 없다. 포털은 논쟁이나 검증 없이 선택된 허위 정보들도 의미 있는 정보로 받아들인다. 저들의 정보에 미래 세대를 내맡기면 창의력이 없는 세대가 양산될 수도 있다. 포털이 현실적인 정치 도구가 되어서는 곤란하다. 참여자들의 정치적 신조를 봉쇄하라는 말이 아니다. 특정 정치적 선동을 위한 독점 매체가 되지 말아야 한다는 뜻이다. 정보 생성과 정보 유통과정에 왜곡이 생기면 포털은 난장판[116]이 될 것이기 때문이다. 정치적 목적 때문에 정보 윤리가 헛돌며 유린될 수 있기 때문이다. "기억력에 자신이 없는 사람은 거짓말을 하지 않아야 한다."라는 몽테뉴의 언명은 집단 지력의 생명력을 위해서 여전히 유용하다. 그의 언명은 집단 지력의 허위성을 고변(告變)하는 상징적 비유이기 때문이다.

정보의 양이 과잉 상태가 되면서 인간 스스로 그런 정보의 모두를 파악할 수 있는 한계를 넘어섰기 때문에 그의 지적에 호소력이 있는 것이다. 사람들은 디지털 검색엔진을 통해 새로운 지식을 더 자유롭게 접할 수 있다고 생각하고 있지만, 그것은 착시이며 착각일 뿐이다. 정보의 양이 폭주하는 만큼 정보의 출처와 정보를 얻을 수 있는 통로도 증가했지만, 현실은 여전히 암울하다. 정보와 사실을 수집하는 일은 실제로는 지식과 무관하기 때문이다. 게다가 정보의 양이 과잉되면서부터 사람들은 부지불식간에 무언가를 알고자 하는 지적 의욕을 상실하고 있다. 수집하고 있는 정보들이 삶에 유용한 지식이 아니라는 강한 회의가 들고 있기 때문이다. 우리 삶에 반영되어 내면화할 수 있는 것만이 진정한 지식이 되는데, 지금의 정보들은 그런 의미를 만들어 내지 못하고 있다.

거짓말쟁이일수록 기억력이 더 좋아야 한다는 역설이 언젠가부터 설득력을 지니게 되었다. 한 번 내뱉은 거짓말이 사실처럼 보이기 위해서는 더 정교한 거짓말이 필요하다. 거짓말을 위한 변명과 논리가 만들어져야 한다. 거짓말이 일관되게 사실처럼 보이려면 첫 번째 한 거짓말을 있는 그대로 기억해야 한다. 거짓말이 거짓말이라는 것은 당사자만이 알고 있다. 거짓말쟁이일수록 기억력이 완벽해야만 한다. 거짓말들이 사실처럼 탈바꿈하기 위해서는 우겨 놓고 봐야 한다. 거짓말은 언제든 논리적으로 일목요연해야 유효하게 된다. 거짓말쟁이들은 실수를 최소화할 수 있는 사람이어야 한다.[117] 포털이 거짓말의 온상이 아니라고 강변할 수만도 없다. 인터넷 중독자들에게 인터넷의 포털은 신(神)처럼 그들 위에 군림한다. 신처럼 군림한다고 그것이 진실 그 자체가 되는 것은 아니다. 소설가 움베르토 에코(Umberto Eco)가 냉혹하게 비판한 것처럼, 포털의 신은 어쩌면 배우려는 인간에게는 멍청한 신의 모습일 수도 있다. 멍청함을 내세우는 약삭빠른 신이 바로 포털의 신이다. 멍청해야 접근한다. 멍청하도록 재미있어야 걸려들기 때문이다. 포털이 내린 중독의 그물코에 걸리면 쉽사리 빠져나가기 어렵다. 포탈 정보의 광신도로 변하기 때문이다. 포털의 중독성은 일반 종교의 그것보다 훨씬 강력하다.

집단 지력의 신앙이 있다면 그것은 바로 포털이라는 종교에 대한 신앙이 된다. 포털이라는 정보통의 신앙에 중독되면 모든 클릭은 기도가 된다. 포털의 교주들은 설교하지 않는다. 설득할 뿐이다. 긴 것, 지루한 것, 복잡한 것은 피한다. 그것이 포털의 포교 전략이다. 포털에 정신을 빼놓고 나면, "이제 더 이상 러시아 문호 톨스토이의 장편소설인 『전쟁과 평화』 같은 것들은 읽을 수 없다." "나 역시 그렇다." 미국 미시간 대학교 의대 교수이자 블로거인 브루스 프리드먼(Friedman)의 간증이다.

집단 지력의 대변인 같은 프리드먼은 잇대어 말한다. "인터넷에서 수많은 단문(短文) 자료들을 훑다 보니, 생각하는 것도 '스타카토(staccato)' 형이 됐다."라고 증언한다. 모든 것은 짧게 끊어서 읽으며 표현해야만 만족한다는 뜻이다. 그는 "블로그에서도 3~4단락이 넘는 글은 이제 부담스러워 건너뛰게 된다." 고도 하소연했다.[118] 포털 종교는 무차별적이다. 성, 연령, 신분, 직업을 가리지 않고 누구든 저들을 신봉하는 추종자들로 세뇌하며 교화시킨다.[119]

집단 지력들은 그를 찾는 이들에게 수많은 정보를 순식간에 찾아준다. 도움이 되는 것도 사실이다. 동시에 인간의 뇌를 자기 식(式)대로 길들이기도 한다. 검색 엔진인 구글(Google)이 증언한다. 인간에게 생각하게 하기보다는 그저 "세계의 모든 정보를 조직화해 누구나 쉽게 사용하도록 만들었을 뿐" 이라고 말한다. 구글은 전제적이다. 정보를 찾고 의미를 추출하는 사람들의 방식을 통제하기 때문이다. 저들에게 정보를 얻으려면 저들이 요구하는 대로 따라야 한다. 구글은 세계의 모든 정보를 인공 두뇌에 직접 연결시키려고 하고 있다. 인간의 뇌와는 전혀 다른 혁명적 정보 저축 차원이다. 구글이 포털 정보 통제를 포기해야 할 이유가 없다. 포털 사이트인 구글은 이제 모든 이를 위한 안드라고구스(Andragogues)처럼 작동한다. 저들이 인류의 큰 지식(智識)이자 현자(賢者)이며, 멘토(mentor)로 변신하고 있는 중이다.

포털 정보, 집단 지력의 정보 바다에서 멍청이로 살지 않으려는 마음가짐이 중요하다. 그럴려면 먼저 지식(知識)으로 불려왔던 대량 정보에 대한 고정된 관점부터 교정해야 한다. 정보는 지식이 아니다. 우리가 일컫는 '지식(知識)' 이란, 일반적으로 확정된 정보 덩어리 같은 것을 지칭하는 것일 뿐이다. '생각하여 아는 작용' 또는 '식견' '지력' 따위를 일컬어 지식이라고 부르는 이유다. 지식은 앎의 작용, 학습, 정보 쪼가리의 체계적 분류와 집합체로 이해되어 왔기에 지식은 고정된 어떤 진실이나 진리를 말하는 것은 아니다. '지식인' 이라는 말의 뜻도 그저 '많이 아는 사람' 정도를 지칭하는 것일 뿐이다.

정보를 지칭하는 앎이나 전문가를 상징하는 지식(知識, knowledge)은 결코 슬기로서의 큰 지식(大智識, andragogues, kalyanamitra)을 말하는 것이 아니다. 정보와 현자는 다른 것이다. 흔히 현자, 큰 슬기, 사람을 이끌어 가는 안드라고구스로 불리는 지식(智識)은 무엇을 '안다' 는 것과 같은 단순한 인지적인 행위나 그것의 결과물인 지식

(知識)을 넘어서는 개념이다. 지식(智識)은 일반 정보를 지칭하는 지식(知識)과는 본질적으로 다른 개념이다. 그 옛날 고대 아테네 아고라에서는 안드라고구스가 바로 집단 지력을 대변했다. 안드라고구스로서의 지식(智識)은 지혜나 슬기를 지닌 현자(賢者)나 멘토였기 때문이다. 사람들을 바른 길로 인도하는 '좋은 벗, 좋은 동행, 귀감'이 되는 이들의 총합인 슬기로운 사람들을 말한다. 우리 삶을 이끌어 가는 것은 삶이 무엇인지를 제대로 '아는 사이(知人)'들이다. 우리와 함께하며 우리에게 삶의 지도를 만들어 가게 도와주는 동행을 말한다.

무지와 몽매로부터 이끌어 내주는 사람이 큰 지식이라는 뜻에서 '지식(智識)한다'는 말을 동사로 쓸 수 있다. 마치 동행이라는 말이 명사이지만 동사로도 쓰이는 것처럼, 지식이라는 말도 명사 그리고 동사로 함께 쓰일 수 있다. 그래서 동행하기에 지식한다는 말이 가능하다. 지식한다는 말은 현재 진행형의 친구들과의 거래 같은 것으로 제한되지 않는다. 넓게 보면, 어떤 비전이나 목적에 부합하게 서로가 하나가 되려는 노력이다. 서로가 삶의 순례길에 동행하며 이끌어 주는 것도 지식하는 사례다. 말하자면, 철학함에 있어서 소크라테스라면 어떻게 했을 것인가를 묻고 그 뒤를 따르려는 것도 소크라테스와 함께 '지식'하는 일이 된다. 그와 더불어 삶의 슬기를 찾아 동행하려는 노력이기 때문이다.

현자로서의 큰 지식(智識)은 앙리 베르그송(Bergson)이 이야기한 것처럼, 생명의 약동으로 이끌어 내는 사람을 말한다. 생명의 약동을 따르는 일에 앞서는 것도 지식하는 일이다. 저들은 삶에 관한 단순하며 잡다한 정보 쪼가리들로 자신의 식견을 과시하기를 즐기는 사람이 아니기 때문이다. 예를 들어, 아인슈타인의 질량 불변의 원리를 창발해 낸 이론물리학적 발상에 심취되어 있는 학자가 있다고 치자. 그가 학문적 논의를 진행하는 과정에서 이론물리학에 대한 이해에 어려움을 겪을 수 있다. 그때마다 '아인슈타인이라면 지금 이 경우 어떻게 생각하고 실험했을까' 하는 질문이 가능하다. 깊은 사유와 논거에 따라 자기의 답을 만들어 가는 것도 그와 함께 동행하려는 노력이다. 그와 함께 '지식(智識)'해 내려는 의지의 표현이 된다.

세상에는 슬기로서의 총합인 지식(智識)이 있지만, 반대로 서로에게 해가 될 수 있는 나쁜 지식, 추하기 그지 없는 동행으로서의 오지식(惡知識) 혹은 잘못된 멘토로서의 악지식(惡知識)도 있게 마련이다. 악지식이란 동행하는 사람들을 별리하게 만들어 주는 '나쁜 벗'이다. 불가에서는 그런 악지식을 그믐달 같은 사람으로 비유한다.[120] 악지식은 어쩌면 이 세상에 존재하지 않을 수도 있다. 악지식을 통해 선지식의 가능성과 선지식의 중요성이 일깨워지기 때문이다. 악지식은 슬기로서의 큰 지식(大智識)을 위한 조건이며 토양이라는 점에서, 악지식이라는 말이 의미론적으로는 성립하지 않는다는 뜻이다. 악지식은 선지식의 반면교사가 되지만, 악지식이 있기에 큰 지식, 큰 슬기의 위용이 드러나게 된다.

악지식(惡智識)은 한평생 살아가는 동안 사람의 배움을 무기력하게 만드는 선동가이기도 하다. 지식정보사회에서 악지식이 바로 허위 지식이다. 가짜 지식은 사람들을 더욱더 혼란하게 만들어 놓는다. 야한 동영상물이 각종 경전보다 더 쉽게 손에 집히는 이유다. 악지식들은 큰 지식의 시뮬라크르처럼 작동하기 마련이다. 악지식에 의한 정보 장악력을 약화시키려면 저들의 힘을 절멸(絶滅)시켜야 한다. 집단 지력을 살리는 길이기도 하다. 악지식의 제거는 제 스스로의 파멸에 의해 이뤄져야 저들의 힘이 약화될 수 있기 때문이다. 보들레르의 내파 전략을 악지식의 내파론에 적용하면, 악지식은 더 이상 기생할 수 없다.

내파란 자기 안에서 저절로 무너지는 자기 괴멸의 양태를 말한다. 내파 전략은 악지식의 정보 생성력을 제거하기 위한 유일한 방법은 아니다. 내파 전략은 강력한 저항이나 비판 혹은 참여를 적극 추천하는 전략은 아니지만, 악지식이 제 풀에 무너지게 만드는 데 도움을 줄 수 있다. 악지식 역시 사회 구성인자이기에, 악지식의 완전무결한 제거를 기대하기보다는 저들의 정보 생성력을 옳은 방향으로 순화하는 일이 더 효율적이다. 악지식의 절대적인 정보 지배력을 내파(內破, implosion)하면 보통 사람의 존재감이 새로워질 수 있기 때문이다. 보통 사람들의 정보 생성력은 사회를 위해 귀히 쓰일 수 있다.

내파는 소비주의, 자본주의 사회가 맞이할 수밖에 없는 자생적 자멸 증후다. 어떤 이는 자본주의를 허물기 위해서는 내파 전략을 활용해야 한다고 말한다. 말하자면, 흡연이 만연한 자본주의 사회에서 흡연에 저항하는 방법으로는 흡연을 제거하기 어렵다는 것이다. 금연하라고 호소하는 전략은 실패하기 마련이다. 흡연의 부작용을 홍보하거나 흡연자에 대해 범칙금을 매기는 전략 역시 비효율적이다. 그것보다는 오히려 더 흡연하도록, 흡연에 중독되도록 만드는 것이 오히려 현실적이다. 흡연에 광적으로 중독되면 육체적으로나 정신적으로 주체하지 못하게 된다. 마침내 인격 파탄에 빠져버린다.

흡연자들은 제 건강을 제 스스로 허물어 버린 것이다. 어느 누구의 잘못도 아니다. 제 스스로 제 생과 명을 단축시킨 것이다. 오로지 제 자신의 몫이며 자신이 치러내야 할 대가였을 뿐이다. 약물중독, 도박중독도 마찬가지다. 중독은 그의 정체성을 허물어 버리는 가장 효율적인 방법이라는 것이다. 내파는 시스템의 팽창 때문에 생기는 것이 아니다. 물리학의 핵융합 현상처럼 시스템의 포화와 수축으로부터 생기는 자연 발생적인 현상일 뿐이다.[121)]

핵융합 현상에서 자연적으로 생기는 현상처럼 악지식들이 풍기는 과잉 실재는 끝내 허물어지도록 되어 있다. 악지식의 자아와 정보 생성력은 늘 과잉되고 초과되어 있기 때문이다. 저들 안에서 저들의 정보 생성력과 정보 확산력은 과잉된다. 정보는 잉여되며, 초과된다. 악지식의 자아감에 균열 조짐이 나타난다. 저들의 정보 장악력도 끝내 자기 모순 속에서 터지고 만다. 자폭은 필연적이다. 악지식이 내파되면, 보통 사람들의 지력이 현자의 지력으로 세상에 등장한다. 집단 지력을 그 가능성으로 보여주고 있는 것이다. 내파는 안에서 무너지도록 되어 있는 자생적 폭발의 힘이며 자발적 생성과정이기 때문이다. 집단 앞에서 거침없이 군림하던 악지식의 존재가 아무것도 아닌 것으로 주저앉아 버리게 된다. 그 대신 집단, 대중의 존재감과 정보 장악력이 상대적으로 부각될 수밖에 없다.

집단 지력도 기관화되면 정보 장악력을 상실한다. 집단 지력이 제도화되면 정보 생성이 서서히 부패한다. 쓰레기만도 못한 정보들이 참이며 진리라고 세상에서 활개를 치기 때문이다.[122] 집단 지력 스스로의 내파를 기다리는 것은 비효율적이며 불필요한 정신적 낭비일 뿐이다. 심하면 허무주의로 빠져 버릴 수도 있기 때문이다. 자포자기에 이르게 만들 수도 있다.

집단적으로 만들어지는 악지식들과 그들이 부리는 객기와 만용은 집단 광기로 이어진다. 집단적 정신병자들에게 인류 지성의 미래를 내맡길 수 없다. 인류 역사상 광기를 일삼았던 것은 늘 집단 폭력이었다. 세상을 지배하려고 했던 자들은 모두가 최선을 향한 유토피아를 약속하기만 했다. 저들이 약속한 집단적 최선은 끝내 타락했다. 그리고 부패했다. 저들의 폭력 때문에 세상 모두는 최악이었다. 인간미를 잃지 않는 정도의 개인주의적 처방이 요구되는 이유다.

미주

1) 참고: 클레이 셔키(2011). **많아지면 달라진다**(역). 서울: 갤리온.

2) 소녀시대, 빅뱅 등을 앞세운 한류(韓流), 즉 케이팝의 세계적인 확산은 특정 방송 매체가 의도적으로 만들어 낸 일이 아니다. 케이팝 확산의 1등 공신은 유튜브, 트위터 등 소셜 미디어지만, 그 소셜 미디어를 만들어 가는 건 수많은 평범한 지구상의 여러 사용자들이다. 한류는 방송사와 대형 기획사가 아니라 '케이팝 팬의 친구들'이 케이팝을 확산시킨 것이다. 영남대 사이버감성연구소는 한류의 발원지를 추적하고 실제 한류 확산에 영향을 미치는 사람들을 파악하기 위해 2011년 11월 1일부터 약 3개월에 걸쳐 트위터의 트윗(개별 글)을 분석했다. 북미와 남미, 아시아, 유럽 등 4개 대륙별로 케이팝을 언급한 트윗을 모두 수집한 뒤 각 트윗을 올린 계정 사이의 네트워크를 조사했다. 그 결과 케이팝에 관한 소식을 트위터로 확산시키는 과정에는 뚜렷한 영향력을 발휘하는 몇몇의 빅 마우스가 있었다. 대부분은 한류 팬으로 시작해 관련 정보를 모으다 '정보의 허브(hub)'가 된 아마추어 전문가였다. 말하자면, 일본의 여고생, 브라질의 전직 축구선수, 말레이시아의 대학생 ……. 케이팝(K-pop, 한국 대중가요)의 인기를 세계로 확산시키는, 이른바 '빅 마우스(Big Mouth, 소문을 퍼뜨리는 사람)'들이었다. 이들이 케이팝을 온 세계에 확산시킨, 방송사나 기획사와는 아무런 이해관계도 갖지 않은 일반인들이었지만, 케이팝 확산의 핵심 전도사들이었다[참고: 동아일보 편집국(2012). 케이팝, 누가 퍼트렸나 추적했더니 日여고생-獨한국계 모델……. **동아일보**. 2012년 8월 15일자].

3) 참고: 한준상(2007). **교육자본론**. 서울: 학지사.

4) 인류 문화권의 집단별 이동 내력을 조사하는 학문을 집단 유전학이라고 부른다. 집단 유전학에 따르면, 인간의 유전자에는 돌연변이 변수들이 너무 많다. 이런 돌연변이 변수들이 인간을 노마드로 만들어 왔다. 노마드들은 생존을 위해 그들이 만나는 모든 것들과 관계를 맺으며 그것들을 생존 정보들로 활용한다. 관계와 정보 교류, 정보 확산이 인류 문명을 만들어 냈다. 인류 문명은 노마드처럼 항상 이동과 적응에 따라 변화 지향적이다.

인류의 문명은 끊임없는 노마드 기질로 인해 발전했다. 현재로부터 탈주하며 자신의 욕망을 진화시키려는 욕망이 바로 인간의 생물학적 유전자에 붙어 있다. 예를 들어, 미국 버클리 대학 연구팀은 어머니에서 딸로 전해지는 미토콘드리아 유전자(mtDNA)를 분석했다. 1987년에 일어난 일인데, 그들은 세계 여러 민족의 유전자 샘플을 분석했다. 결론이 나왔다. "인류는 20만 년 전 아프리카 대륙에 살았던 한 여성으로부터 갈라져 나왔다."라는 결론이었다. 이른바 '이브' 이론으로 세상을 깜짝 놀라게 한 연구 발표였다[참고: 스펜스 웰즈(2007). **최초의 남자**(역). 서울: 사이언스북스]. 잇대어 이브의 남편 '아담은 누구였나'라는 질문에 대한 연구가 진행되었다. 그 일을 맡은 학자가 스펜서 웰스(Spencer Wells)였다. 집단 유전자 연구가인 웰즈는 아버지에서 아들로 전해지는 Y 염색체를 분석하기로 했다. 유전자에 각인된 돌연변이를 추적해 집단의 내력을 조사하는 학자다. 그는 아프리카, 인도, 중국, 북유럽의 오지 마을을 성큼성큼 돌았다. 다른 민족과 피를 섞지 않고 살아온 사람들의 혈액과 유전자 샘플을 모아 분석해서 한 가지 결론에 도달했다.

결론부터 얘기하면 아담은 6~14만 년 전, 아프리카 서북부 리프트 밸리에 살던 약 1만 명 중 한 남자였다. 이들 인간이 60억 인류의 공통 조상이다. 그들 중 일부가 6만 년 전 대이동을 시작해 온 세계에 퍼져 나갔던 것이다. 본거지에 남아 순혈을 보전한 집단도 있다. 이들이 '부시맨'이라고 불리는 '산(San)' 부족이다. 현대 남성은 부시맨을 종가(宗家)로 모시는 방계(傍系) 지파다. 2300만 년 전 인류의 직계 조상인 오스트랄로피테쿠스가 아프리카에 출현한 시점을 1월 1일로 잡는다면, 인류는 10월쯤 직립보행을 시작한다. 현생 인류는 12월 28일에 등장해 12월 31일 아프리카를 떠나 단 하루만에 지구 곳곳에 퍼졌다. 진화 기간 대부분을 아프리카에서 보낸 인류가 돌연 고향을 버릴 수밖에 없었던 것은 빙하기와 가뭄 때문이다. 빙하기에도 유라시아 대륙만 얼음에 덮혔을 뿐 아프리카는 예전보다 평균 기온이 불과 몇 도 떨어진 정도였다. 문제는 가뭄이었다. 빙하가 늘자 바닷물이 줄어 해수면이 낮아지고 숲이 줄어들어 사막이 늘어났다. 자연히 동물이 줄고, 이어 동물을 잡아 먹고 사는 인류도 아사(餓死) 위기에 처했다.

6만 년 전 아프리카에 살던 인류 중 일부가 먹고 살기 위해 좀 더 따뜻한 아라비아 반도로 북상했고, 인도 대륙을 거쳐 인도네시아를 밟고 호주로 갔다. 호주의 아보리진 부족이 그 후손이다. 이어 4만 5000년 전, 아라비아 반도에 남았던 일부가 중동을 거쳐 중앙 아시아로 올라갔고, 만주 벌판을 지나 베링 해협을 밟고 북미 대륙으로 건너갔다. 이들 중 일부가 한반도에 정착했을 것이다. 유럽인과 아시아인이 갈라진 것이 불과 3만 5000년 전이라는 것이다. 아담들이 바로 인류의 생존을 위해 노마드가 될 수밖에 없었다.

5) 자크 아탈리 교수는 '디지털 노마드'라는 새로운 개념을 만들어 쓰고 있다. 현대인의 유목 시대가 곧 도

래한다고 예견하기 위해서다. 지금 전 세계적으로 5억 명 이상이 이민자, 망명객, 노숙자, 이주 노동자인데, 이들이 바로 현대적 의미에서의 노마드라는 것이다. 게다가 매년 10억 명 이상이 세계 여러 곳으로 여행하는데, 이들이 보여 주는 것 역시 노마드적인 풍경이라는 것이다. 인류의 자유로운 교류와 이동은 사람뿐 아니라 제도, 가치, 사랑, 가족, 일, 이데올로기, 명성들을 임시적인 것으로 만들어 버린다. 노마드의 세상에서 살기 위해서는 노마드적인 정착민인 트랜스 휴먼(trans human)이어야 한다는 것이 아탈리의 주장이다[참고: 자크 아탈리(2007). **호모 노마드 유목하는 인간**(역). 서울: 웅진싱크빅]. 트랜스 휴먼은 새로운 것을 끊임없이 배우고 익히는 배움의 존재들이다. 새로운 문화에 적응하기 위해서는 배움이 우선해야 하기 때문이다.

제아무리 긴 역사를 가졌다고 해도 이 세상에 등장했던 수많은 국가들은 그저 이 세상에 그저 잠깐 거쳐 간 오아시스에 불과하다는 점을 인지하면, 인간들도 역시 그것에 버금가는 이 세상의 동물에 지나지 않게 된다. 이 세상에 나왔다가 잠깐 살다가고 마는 그런 세상살이의 노마드에 지나지 않는다. 인간 생명의 역사, 인간이란 종의 탄생 자체가 노마드적이다. 아메바에서 원숭이까지 진화하지 않았다면, 정자의 기나긴 여행이 없다면 인간은 존재할 수가 없었을 것이다. 직립이라는 인간 고유의 특질 역시 이동하기 위한 것이다. 오스트랄로피테쿠스에서 호모 사피엔스에 이르기까지 그들의 생존은 유랑에 얼마나 잘 적응하느냐 하는 데에서 판가름 나곤 했다. 문화적 축적도 이동으로부터 나온다. 걸어간 날들의 수로써 공간을 측량했고, 옮아가는 데 거추장스럽지 않은 무형의 전승물인 불, 지식, 제례의식, 이야기, 미움, 회한 등을 후대에 전했다. 3,500년 전에 발명된 알파벳은 메소포타미아의 박식한 노마드들이 교역을 활발히 하기 위해 만든 것이다. 기원전 15세기 헤브루라는 목축 민족이 자기의 역사를 기록한 경전은 종교적 형식을 갖춘 최초의 노마드적 물건으로써 '노마디즘과 정주성 간의 힘든 공존을 보여 주는 명상록'이다. 기독교 역시 약속의 새 땅인 영원의 세계로 향하는 여행을 찬미하는 메시지다.

프랑스의 철학자 들뢰즈(Gilles Deleuze) 역시 『차이와 반복(1968)』에서 인류의 노마드적 기질에 대해 언급하면서, 노마드의 세계를 '관점과 시각이 돌아다니는 이동과 전파 세계'로 묘사한 바 있다. 인류가 지니고 있는 노마디즘(nomadism)은 '공간적인 이동'만을 가리키는 것이 아니다. 그것은 인류가 바로 문화의 창조와 생성의 주인공임을 의미한다. 인간은 한 공간에 자리를 잡고 있어도 그것은 아주 잠정적이다. 그곳이 요구하는 특정한 가치와 삶의 방식에 매달리지 않고 끊임없이 자신을 바꾸어 가기 때문이다. 그것이 인간의 창조적인 행위를 만들어 내곤 한다. 노마드의 개념이 철학의 영역에 들어오면, 그것은 여러 학문 분야를 넘나들며 새로운 삶을 탐구하는 사유의 나들이를 상징한다. 사회 · 경제의 영역에서 노마드는 생성과 해체를 거듭하는 창조적인 생존 전략을 의미한다.

6) 참고: 이진경(2002). **노마디즘**. 서울: 휴머니스트.

7) 도보 여행가 김남희는 구도자의 길 산티아고를 걷는다. 한 해 동안 산티아고를 걸은 사람 21,544명 중의 한국인은 단 3명인데, 그중 한 사람이 된 것이다. 그녀가 걷기를 고집하는 이유는 자기 안으로만 침잠하는 닫힌 여행이 아니라 나와 남을 잇는 소통을 하기 위해서다. 그녀는 걷고, 소통하고, 나누는 삶을 꿈꾼다. 걷기를 통해 새로운 삶의 방식을 찾고, 사람들과 소통하고 나누는 데서 기쁨을 얻으려고 걷는다. 산

티아고 길은 2천 년 전 예수의 열두 제자 중 하나였던 야곱이 복음을 전하기 위해 예루살렘에서부터 걸어왔던 길이다.

그 길에서 그녀는 여러 사람들을 만난다. '아픈 나에게 약을 나눠 주고, 목마른 나에게 물을 건네 주고, 배고픈 이에게 밥을 덜어 주고, 처음 보는 나의 지친 다리를 정성껏 주물러' 주는 그런 사람도 만난다. 몸은 힘들어도 활짝 열린 마음으로 서로를 돌보고 배려하는 사람들이 그 길을 걷고 있는 것이다. 그녀는 어떤 프랑스 남자도 만난다. "아내가 병으로 죽은 후 슬픔을 달래기 위해 산티아고 길을 걷기 시작했대. 우연히도 아내와 같은 이름의 마을을 발견하는 순간, 그 사람은 아이처럼 목 놓아 울었어. 한참 울고 나서 나를 돌아보던 그의 얼굴은 한결 맑아진 것 같았지. 그때 느꼈어. 사람들이 말하는 것처럼, 이 길에는 정말 '치유의 힘'이 깃들어 있다고 ……."[참고: 김남희(2007). **걷기여행**. 서울: 미래 M&B.]

8) 인류 문명을 향한 노마드들의 진화는 기업 경영에서도 새로운 패러다임을 요구한다. 잭 웰치의 경영은 정착민적인 경영 전략을 기초로 하고 있다. 그의 경영은 그와는 다른 애플의 스티브 잡스와 같은 노마드식 경영 전략에 의해 여지없이 무너지기 시작했다. 이제 경영의 스타들은 엑슨모빌과 같은 포춘 500대 기업 최고 경영자들이 아니다. 최근 10년간 기업 경영 중 가장 대단한 업적을 낸 것은 IBM의 루이 거스너처럼 코끼리를 춤추게 한 게 아니라, 아이팟을 발명해 산업을 변혁한 스티브 잡스 같은 사람들이다. 델은 컴팩과 휴렛패커드를 눌렀지만, 델 역시 규모의 경제를 극복할 수 있는 신기술과 비즈니스 모델에 신경쓰지 않았기에 실패의 경험을 되풀이하고 있다. 그에 비해 구글은 신기술과 비즈니스 모델(7:2:1의 황금률)을 잘 활용하는 노마드 경영의 좋은 사례가 된다. 구글은 그들 사업 중 70%는 핵심 사업에, 20%는 관련 유관 사업에, 나머지 10%는 신규 사업에 올인하는 노마드식 경영 전략을 택하고 있다.

경영 혁신의 대명사로 여겼던 잭 웰치 회장이 취했던 경영 전략이 해체되고 그대신 안티 잭 웰치 경영 원칙의 필요성이 제고되기 시작했다. 잭 웰치류의 경영 전략은 바로 정착 기업에게 해당되는 정착 경영이라고 한다면, 안티 잭 웰치 경영은 노마드 경영 전략과 흡사하기 때문이다. 웰치가 경영 전략으로 해고나 구조정리 등의 혁신 경영을 강조했다면, 노마드 경영 전략은 구조 조정이 아니라 신기술, 새로운 비즈니스 모델 개발, 인재 경영, 성과 중심의 창조적 기업 환경 조성 등이다.

그런 새로운 경영 원칙이 대두될 수밖에 없었던 것은 미국 기업 경영자들이 앞으로도 심각한 도전에 직면할 수밖에 없기 때문이다. 시장 · 변동성은 예측할 수 없고 냉혹한 헤지펀드나 사모투자자들의 압박도 피할 수 없게 되어 있기 때문이다. 웰치의 경영 전략도 특정 시기와 지역에서 나타난 문제들을 해결하는 과정에서 제대로 작동했던 것이 사실이지만, 이제는 시대가 바뀌었다. 웰치는 기본적으로 최고가 아닌 사업의 정리, 지속적인 성장, 구조 조정, 주주 가치 경영, 인사 평가의 적자 생존주의 등을 주장했었다.

경제잡지인 포춘지는 7가지 '안티 잭 웰치 경영 원칙[참고: 포춘 편집국(2006). "안티 잭 웰치" 경영 7원칙. **포춘**. 2006년 7월 11일자.]' 말하자면 노마드식 경영 전략의 새로운 패러다임으로, 첫째, 웰치가 주장한 '시장에서 1등 또는 2등이 돼야 한다'는 잭 웰치류의 경영 전략 대신 '틈새시장을 찾아 새로운 것을 창조해야 한다'는 관점을 내세우고 있다. 둘째, '대형업체가 시장을 장악한다'는 원칙은 '민첩해야 하며 규모가 커서는 곤란하다'로 바뀌어야 한다. 셋째, '주주들이 최고'라는 주주 가치 경영 대신에 '고객이 왕'이라는 고객 중심 마인드의 중요성, 넷째, 구조 조정을 강조한 '더 가볍고 날렵한 기업'은 '안이 아닌 밖에서 찾아라'로 대체 전략 개발이 필요하다고 본다. 구조 조정 등 내부를 쥐어짜는 식이 아닌 외부에서 기업의 수익성을 높이는 방법을 찾아야 한다는 뜻이다. 다섯째, '자기 사람을 만들고 A급 인재를 중용하라'는 인사 정책은 창의성을 강조한 '열정적인 사람을 고용하라'로 바뀌어야 하고, 여섯째, 카리스마 있는 CEO보다는 '용기 있는 CEO'를 고용하는 것이 더 중요하고 마지막으로, 일곱째, CEO는 자신의 권력을 경배하지 말고 스티브 잡스처럼 '자신의 영혼부터 경배하라'는 경영 정신으로 바뀌어야 한다는 것이다.

자신의 영혼을 경배하는 사람은 자기에 대한 의미를 만들어 내는 사람들이며, 성공의 열정에 가득찬 사람들이다. 포라스와 그의 동료들은 빌 게이츠, 워렌 버핏, 리처드 브랜슨, 조지 소로스, 넬슨 만델라, 지미 카터, 달라이 라마를 위시한 세계적인 기업가, 정치가, 학자, 작가, 음악가 등 다양한 분야에서 일하는 지속적으로 성공하고 있는 인물 200여 명의 사람들을 세계적으로 찾아다니며 면담했다. 세계적으로 이름을 내고 있는 사람들의 인생 이야기를 생생하게 담아내기 위해 1996년부터 2006년까지 무려 10년에 걸쳐 이들을 인터뷰했다. 퓰리처상, 그래미상, 피바디상, 아카데미상 수상자들을 위시하여 크고 작은 조직의 기업 CEO들, 창업가들, 교사들, 올림픽 메달 리스트들과 노벨상 수상자들이 인터뷰 대상에 포함되었다. 인터뷰 결과 이들에게 자주 나타나는 행동과 사고방식의 공통적인 패턴이 있었다. 그것은 다름 아닌 '열정'이었다[참고: 제리 포라스 외(2007). **성공하는 사람들의 열정 포트폴리오**(역). 서울: 럭스미디어].

이들은 지속적인 성공을 거둔 사람들을 자신에게 소중한 의미와 가치를 열정을 가지고 지속적으로 다른 사람들과 함께 추구한 사람들이라고 정의한 후 그들처럼 지속적인 성공을 거두고 싶은 사람이 있다면 자신만의 '열정 포트폴리오'를 짜야 한다고 주장한다. 세계적으로 성공한 사람들은 오래 지속하는 성공을 이루기 위해서 개인적으로 정의된 의미와 창조적인 사고방식, 효과적인 행동양식을 잘 정렬한 사람들이다. 그들은 자기 삶에서 의미를 만들어 내고, 그것을 위한 사고방식을 정렬하고, 그것에 기초한 행동양식을 추구했었기 때문이다. 이 세 요소, 말하자면 의미 만들기, 그렇게 생각하기, 그리고 그렇게 행동하기를 잘 정렬할수록 성공은 더 오래 지속된다. 모든 성공은 자신에 의해, 자신을 위해 정의된 성공이어야 한다. 단순히 다른 이의 로드맵이나 목표나 성취를 좇아서는 그 어떤 의미 있는 성공도 만들어 낼 수 없다는 것이 성공한 사람들의 삶에서 발견되는 것들이다. 혼자 걷기 위해서 더불어 걸으면서 자기의 의미를 열정으로 만들어 가는 사람들이다.

9) 정주(定住)와 정착(定着)이 시작되면 권력 갈등이 잇대어 생겨난다. 권력이 자리를 잡으면 노마드의 유산들은 하나둘씩 차례차례로 부정된다. 마치 중국의 한(漢)족에 흡수된 몽고족처럼 노마드의 원류들이 부정되며 사라지고, 큰 문화 속에서 흡수된다. 정착한다는 것은 틀을 만든다는 것이고 틀을 만들면 틀거리를 지킬 구속들이 만들어진다. 정착민이 만들어 낸 것은 국가와 세금, 그리고 감옥뿐이었다는 아타리 교수의 조소처럼 정착민은 노마드의 흔적을 없앤다. 노마드들은 정착민에게는 위험 세력으로 비춰지기 때문이다.

정착민은 토지를 중요시한다. 토지, 영토를 근거로 권력을 만들어 간다. 이들 권력이 두려워하는 것은 떠돌이다. 떠돌이들은 체제를 부정하기 때문이다. 정착민은 상인, 선원, 순례자, 학자, 예술가, 탐험가, 거지 등 돌아다니는 사람들을 두려운 대상으로 만들어 버린다. 노마드를 억압하기 위해 정착민은 저들의 무지와 야만을 표상으로 삼는다. 체제를 위협하는 불순한 요소로 응시한다.

10) 노벨문학상 수상작가 주제 사라마구(Jose Saramago)의 대표작인 소설에서 그는 눈뜬 자들과 눈먼 자들의 환상적인 장면을 전개한다. 한 도시에 갑자기 눈앞이 뿌옇게 안 보이는 '실명' 전염병이 퍼진다. 희생자가 생긴다. 첫 번째 희생자는 신호가 바뀌기를 기다리며 차를 운전하던 사람이다. 그는 안과 의사에게 가봤지만, 의사 역시 원인을 파악하지 못한다. 안과 의사 자신도 그만 눈이 멀어 버린다. 이 전염병은 사회 전체로 퍼져나간다.

정부 당국은 긴급조치를 내린다. 눈먼 자들을 한곳에 강제로 수용한다. 정신병원으로 쓰였던 건물들에 강제로 수용한다. 군인들에게 철저히 감시하게 한다. 그곳을 탈출하려는 자는 사살하도록 명령한다. 수용소 안에서 이상한 일들이 벌어진다. 눈먼 자들의 일탈이 벌어진다. 서로 살겠다고 식량을 약탈한다. 강간도 발생한다. 온갖 범죄가 만연한다. 어느 날 화재가 발생한다. 몇몇은 불길에 휩싸인 수용소에서 구사일생으로 살아남는다. 수용소 밖으로 탈출에 성공하지만, 수용소 밖은 이미 시체더미와 쓰레기로 가득하다. 모든 곳이 폐허가 되었고 공기는 역겹기 그지없다. 이 악몽을 목격한 유일한 사람은 수용소로 가야 하는 안과 의사의 아내였다. 남편을 어떻게든 보호하기 위해 스스로 눈이 먼 것처럼 눈을 감고 눈먼 자로 위장했던 의사의 아내 바로 그녀였다. 그녀는 황량한 그곳을 탈출하기로 작정한다.

그녀는 자신과 함께 수용소에 가장 먼저 수용당했던 눈먼 사람들을 인도한다. 안과 의사인 남편, 신호 등에서 맨 처음 눈이 먼 남자와 그의 아내, 검은 안대를 한 노인, 검은 색안경을 썼던 여자, 엄마 없는 소년처럼 이름이 없는 사람들로 구성된 이 눈먼 사람들의 무리를 안내한다. 그들은 그녀에게 의존한다. 이기주의와 폭력이 만연한 혼란스러움 속에서 눈먼 사람들이 오로지 그녀에게 의존하고 있다는 것을 알았을 때 그녀는 이를 책임감으로 받아들인다. 그들을 위해 희생과 헌신을 한다.

11) 골프 같은 정신력을 강화시키는 정신운동에서는 기량이 뒤지는 사람들에게 핸디캡을 인정해 준다. 핸디캡을 받은 골퍼들은 자신보다 기량이 좋은 골퍼들에게 자기가 보통임을 억지로 연기해야 할 이유가 없다. 핸디캡을 받은 그만큼 더 열심히, 성실하게 게임에 임하면 된다. 그렇게 열심히 운동에 임해도 기량이 뛰어난 사람들에게 번번이 진다. 힘이 부칠 수밖에 없는 이유는 자기의 욕심이다. 기량이 낮은데 기량이 높은 사람을 이겨야 한다는 욕심이 그를 그르치게 만든다. 만약 기량이 낮은 사람, 즉 핸디캡퍼가 자신의 자존심을 지킬 요량으로 실력이 뛰어난 사람들 앞에서 '보통'을 연기하기 시작하면, 기량이 낮은 골퍼들은 기량이 높은 사람들과 어울려 골프 경기를 하는 동안 자기가 부린 그 객기 때문에 여지없이 혹독한 대가를 치루게 마련이다. 객기가 폼을 유지하게 해 주는 것은 결코 아니기 때문이다. 핸디캡퍼는 기량이 뛰어난 골퍼에 상응하는 핸디캡을 받는 것이 정당한 것이며, 기량이 좋은 골퍼는 바로 그런 핸디캡을 인정해 주는 것이 정당한 것이다. 기량이 낮은 하수가 기량이 좋은 상수 앞에서 보통을 연기하려는 그 자체가 이미 자기 함정, 자기 무덤을 파는 것이나 마찬가지일 뿐이다.

12) 시각장애인인 토모야키 씨는 사람들이 장애인들 앞에서 '보통'이라는 말이나 이해한다는 말을 자주 쓰는데, 그것이 이미 장애인을 오해하는 말이라고 잘라 말한다. 사람들이 '보통'이라고 여기는 여러 사항들 가운데에는 전제가 처음부터 한쪽으로 치우쳐 있기에, 장애인에게는 불리하기만 하다는 것이다. 정상인이 말하는 보통은 장애인으로서는 아무리 노력해도 정해진 기준에 맞추기 어려운 것이 많다는 것이다. 이런 사회에서 장애인으로 살아온 토모야키 씨는 보통이라고 말하는 것이나 장애, 장애인 같은 개념도 절대적으로 정해져 있는 것이 아니고, 사회의 제도나 의식, 좀 더 공정한 배려에 따라 얼마든지 달라질 수 있는 상대적인 것이라고 주장한다. 비장애인이 장애인을 이해한다고 말하는 대신, 지금 마주하고 있는 그 사람이 무엇을 필요로 하는지를 더 잘 알기 위해 노력하는 것이 장애인을 이해하려는 첫걸음이라고 그는 당부한다. 그것이 바로 서로가 서로에 대한 배려이며 동행이라고 말한다[참고: 쿠라모토 토모아키(2008). **보통이 뭔데?-한 장애인이 청소년에게 묻는다**(역). 서울: 한울림스페셜].

13) 『웨딩드레스와 행복』이라는 영국 잡지에서 '가장 감동적인 사랑이야기(1997년 1월 10일)'로 선정된 이야기다. 1942년 5월 26일 사막의 여우라고 불렸던 독일군의 롬멜 장군이 영국군 8사단을 향해 공격을 해 왔다. 영국에서 온 젊은 병사 린 브라운은 그들의 공격에 심한 공포에 싸인다. 죽을 고비를 넘기지만 그는 계속 공포감을 이겨낼 수 없었다. 그래도 독일군과의 전투를 피할 수는 없었다. 그럴 때 그가 책을 한 권 만나게 된다. 그 책은 주디스라는 여인이 쓴 『포성 속에서 심리 균형을 유지하는 법』이라는 책이었다. 적에게 투항을 한다고 해도 죽을 것이고, 전투에서 도망간다고 해도 결국 사막에서 맞이할 것은 죽음밖에는 없다는 내용이었다. 책을 읽고 난 브라운은 용기를 얻는다. 용감한 병사가 되어 브라운은 진급도 한다. 존 브라운은 그 책의 저자인 주디스에게 감사의 편지, 말하자면 '그 책 덕분에 전쟁의 공포에서 벗어날 수 있었다'라는 내용을 보낸다.

그녀로부터 답장도 왔다. 그렇게 시작되어 그들은 3년 동안 편지를 주고 받으며 펜팔로 사랑을 키웠다. 전쟁 후 만나면 서로 결혼하기로 약속했다. 브라운은 주디스의 사진을 한 번도 받아보지 못했다. 주디스 역시 마찬가지였다. 서로는 서로가 어떻게 생겼는지도 모른다. 다만 머릿속으로 그녀의, 그의 아름다운 모습을 서로 그려 보았을 뿐이다. 전쟁이 끝나면 만나자는 말을 브라운이 적어 보낸다. 전쟁이 끝나갈 무렵 주디스 역시 브라운에게 답장을 띄웠다. '런던 중심가의 지하철 광장 1번 출구에서 당신이 책을 들고 서 있으면, 나는 빨간 장미를 옷에 꽂고 나갈 것이다'라는 답장을 띄웠다. 자기가 먼저 아는 체를 하지 않을 것이라는 말도 잊지 않았다. 서로 만나야 하는 날이 1945년 6월이라고 분명하게 알렸다. 그날이 지나면 서로 만날 수도 결혼할 수도 없다.

전쟁에서 돌아온 존 브라운은 기쁜 마음으로 광장으로 나아갔다. 예쁜 여자가 자기 곁을 지나갔다. 그 여자를 바라보았다. 그녀의 가슴에는 장미꽃이 없었다. 그녀가 지나친 후 다시 얼마간을 더 기다렸다. 꽃을 단 여인이 나타날 때까지 서 있었다. 얼마 뒤, 한 여인이 나타났다. 전쟁 포화 때문에 다리를 잃고 손과 머리에 심한 상처를 입은 여인이 나타났다. 그녀는 장미꽃을 꽂고 있었다. 그가 그녀의 꽃을 보았다. 브라운은 잠깐 동안 망설였다. 그토록 기다렸던 바로 그 여인이란 말인가 하는 의구심이 번개처럼 머리를 스쳤다. 몰골이 추한 여인의 모습에 주저했다. 망설일 수밖에 없었다. 그냥 모른 체하고 몰골 추한 여인 곁을 지나쳐 버려도 되는 일이었다. 순간적인 생각이었다. 사랑은 그런 것이 아니라는 생각에 수치심이 들었다. 순간적인 깨달음이었다. 자신의 영혼을 팔아 버릴 수는 없는 노릇이었다. 그는 다리를 절고 걸어가는 그녀를 쫓아갔다. 그녀의 불편한 걸음을 멈추게 했다. 그녀에게 자기가 존 브라운이라고 소개했다. 그녀가 자기가 그토록 기다렸던 '주디스'냐고 물었다. 그녀는 입에 가득 웃음을 담고 브라운에게 말했다. 주디스가 아니라고 했다. 자기는 페니라는 사람이라고 말했다. 주디스는 바로 저 앞 식당에서 기다리고 있노라고 전한다. 브라운이 그 식당으로 갔다. 그곳에서는 예쁜 여인이 그를 기다리고 있었다. 주디스였다. 그녀가 그를 반갑게 맞이하였다. 이후 존 브라운과 주디스는 결혼했다. 이들 부부는 죽을 때까지 페니와 친구로서 동행했다. 동행하면서 브라운과 주디가 페니보다 먼저 세상을 떠났을 뿐이었다[참고: 이옌(2007). 천만명의 마음을 울린 세상에서 가장 아름다운 이야기(역). 서울: 리베르].

14) 교육방송(EBS)은 2009년 4월 29일부터 3일 정도 다큐프라임 〈인간의 두 얼굴〉을 방영한 바 있다. 이때의 주제가 바로 긍정적 착각의 힘을 다루는 것이었다. 긍정적 착각, 일명 피그말리온 효과로도 통칭되는 긍정적 착각은 인간이 기댈 수 있는 상상력의 안전잠금장치가 된다. 인간은 누구나 자기 중심적이기에, 그의 행동에 많은 사람들이 관심을 기울인다고 생각한다. 그것은 순전히 혼자만의 착각이다. 그의 기대와는 달리 다른 사람들은 그의 행동에 별다른 관심이 없다. 그저 소가 닭 쳐다보듯이 한 번 정도 슬쩍 흘겨보는, 그것도 별 다른 관심 없이 흘겨보는 그런 대상일 뿐이다. 그런데도 사람들이 자기만을 주시할 것이라고 저 홀로 우기는 것은 사람의 뇌가 갖고 있는 병적인 경향 때문에 그런 것이다. 뇌는 매초마다 수천 가지의 영상과 사물을 보지만, 모든 것을 기억하려고 하지는 않는다. 관심 있는 부분, 기억해야겠다고 작정한 그것만을 뇌가 편집하여 기억 속에 저장시키기 때문에 다른 사람들이 자기를 주목한다고 억지로 자기가 편하도록 기억해 두고 있을 뿐이다.

이런 착각은 사람들이 상처를 입게 만든다. 말하자면, 많은 사람들이 나를 도와줄 것이라고 생각하는 착각을 하지만, 현실은 냉담하기 그지없기 때문에 좌절한다. 직장에서 상사가 자기를 더 멋있게, 더 능력 있게 평가할 것이라고 착각한다. 그 착각이 현실적으로 거부되면, 상사에 대한 증오가 더 커지게 된다.

사람들은 그런 착각이 있기에 앞으로 나아가기도 한다. 오늘보다는 내일이 더 멋있을 것이라는 희망에 대한 착각이 없으면 한 발짝도 더 나아가지 못한다. 긍정적인 착각은 나를 만들고 사회를 만들어 준다. 착각은 사람을 대하는 방식부터 달라지게 만들기 때문이다. 착각의 힘이 어느 정도로 작용하는지를 알기 위해 대학생 10명에게 실험을 했다. 그들은 처음 보는 사이로 각각 5명을 면접관과 피면접관으로 골랐다. 5명의 면접관이 엘리베이터를 타고 오는 동안 5명에는 냉 커피 잔을 각각 들게 한 후, 선발 면접에 들어가게 했다. 이어 다른 5명의 면접관에게는 뜨거운 커피를 들게 한 후 선발 면접을 하게 했다. 그들과 면접을 한 피면접관의 대답은 각본에 따라 뜨거운 거피, 혹은 냉 커피 잔을 들었던 면접관들에게나 모두 같은 답변을 했다. 그런데도 결과는 정반대로 나왔다. 찬 커피 잔을 들었던 5명의 면접관은 모두 그가 '냉'한 사람 같아서 선발하지 않겠다고 반응했고, 반대로 따뜻한 커피 잔을 들었던 5명의 면접관은 '그가 따뜻한 사람'라는 '확신'이 서기 때문에 선발 시험에서 그를 뽑겠다고 응답했다. 면접관들이 갖고 있던 '냉'하다는 감정 혹은 따뜻하다는 감정 모두가 뜨거운 커피 잔, 차가운 커피 잔이 각각의 면접관에게 갖게 만들었던 '착각'이었다.

착각에 대한 또 다른 실험이 이어졌다. 결과는 마찬가지였다. 실제로 성탄절 이브 길거리에서 두 명의 바이올리니스트에게 연주를 하게 했다. 두 연주자 모두 아무 타이틀도 걸지 않은 그저 평범한 바이올리니스트였다. 그런 그들의 공연에 행인들은 30분이 지나도록 눈길 하나 주지 않았다. 하지만, 이번에는 조건을 달리했다. 공연가들이 천재 바이올리니스트로서 해외 공연에 성공했고, 감사함을 표현하기 위해 깜짝 쇼를 벌이는 것이라는 타이틀을 걸었다. 전처럼 같은 곡을 연주했다. 전과는 달리 행인들은 연주자들을 에워싸고 진지하게 그들의 공연에 귀를 기울였다. 그들과 함께 기념사진도 찍었다. 그리고 이들 연주자들을 책에서 많이 본 얼굴이라고 하면서까지 그들의 연주에 극찬을 아끼지 않았다. 타이틀이 붙여준 '착각'이었다.

15) 한 일간지 기자는 사형에 임하는 사형수들과 그것을 업무로 지켜보는 교도관들의 양태가 다양함을 그려내고 있다[참고: 김현재(2009). 사형집행 3백 번 넘게 지켜본 美통신기자. **매일경제**. 2009년 10월 22일자]. 1997년 12월 30일 오전 8시30분 서울구치소 기동타격대 선임 김 모 교도관은 평소와 다름없이 출근했다. 곧바로 보안 과장의 호출이 있었고 방 안에는 무거운 침묵만 감돌았다. 그것도 잠시, 그의 손에는 그날 사형이 집행될 사형수 네 명의 명단이 건네졌다. 2년 전 지존파와 온보현 등 열다섯 명의 사형 집행일에 맡았던 역할을 또 다시 떠맡게 된 그로서는 '왜 하필 내가 …….'라는 생각도 들었지만 뼛속까지 밀려드는 긴장감에 다른 상념은 얼른 지워냈다 …….

오전 11시가 되자 기동 타격대 후배 다섯 명과 함께 첫 번째 사형수를 데리러 발걸음을 뗐다. 매일 얼굴을 봤던 사형수였다. 직업적으로 거리를 뒀던 게 다행이라는 생각이 언뜻 뇌리를 스쳤다. 김 교도관이 이름을 부르자 미결수들과 섞여 있던 사형수는 순간 멈칫거리더니 말없이 따라나섰다. 이승에서의 마지막 날임을 알아차린 사형수들의 표정은 어땠을까. 김 교도관은 "사형수의 이름을 부르면 평소 아무리 날뛰던 사람도 기가 꺾이고 초연해지는 느낌을 받았습니다."라고 표현했다.

김 교도관은 사형수가 방에서 나오자 수갑을 채우고 "법무부 장관의 명령으로 사형이 집행된다."라고 알리고 나서 사형장까지 동행했다. 길어야 5분 남짓. 사형수가 자신의 생애에서 가장 느린 걸음을 걸으며 세상과 영원히 작별할 준비를 하는 시간이다. 그는 "대부분 사형수는 사형장까지 걸어가면서 '덕택에 잘 있다 갑니다.'라고 인사하고, 신앙심이 깊은 사람은 '예수님의 품으로 갑니다.' 등의 말을 남겼다."라고 전했다. 하지만 경험상 사이코패스 유형의 사형수는 마지막 순간에도 교도관에게 인사를 하거나 반성의 말을 하지 않는다고 한다. 김 교도관은 사형장에 도착해 집행 절차를 지켜봤다. 먼저 사형수의 이름과 범죄 내용, 사형 선고 사실 등을 묻고, 원하는 대로 종교의식을 치르고 나서 유언을 들은 뒤 집행 개시를 알리는 빨간 불이 들어오면 커튼이 닫힌다.

사형수가 보이지 않게 벽 뒤에 앉은 다섯 명의 사람이 동시에 자기 앞의 버튼을 누르면 누구의 선택에 따라 작동하는지 알 수 없도록 2~3초가 흐르고 사형수 발 밑의 장치가 열려 교수형이 집행된다. 다시 커튼이 열리면 의사가 사망을 확인하고, 집행 완료 보고가 이뤄진다. 이어 김 교도관과 기동 타격 대원들은 두 번째 사형수를 데리러 이동했다. 이렇게 하루 동안 네 명의 사형 집행을 위해 같은 일이 반복됐다. …… 김 교도관은 "그날은 하루가 어떻게 지나갔는지 모르겠다."라고 당시를 떠올렸다. …… 김 교도관은 "어차피 교도관은 법을 집행하는 공무원이다. 사형 집행 명령을 거부한다면 존재의 이유가 없다."며 "명령을 받으면 하는 것이지 다른 생각을 할 이유도, 필요도 없다."라고 말하며 결연한 표정을 지었다.

16) 스페인의 정신과 의사인 호르헤 부카이(Jorge Bucay) 박사는 "당신이 마음속에 생각하는 것은 당신의 책임이다. 나는 세상이 경쟁하는 곳이 아니라 함께하는 곳으로 믿고 있으며, 그러기에 함께 하기 위한 필요 조건은 누구나 자기 자신을 들여다보는 것이다."라고 역설하고 있다. 그의 심리치료 요법은 논리적 해설이나 정신 분석적 접근이 아닌, 적절한 고전이나 우화 등에서 발췌한 이야기를 재구성하거나 변형하여 들려주는 방식을 취한다. 그는 쉽게 처방한다. 자유를 결정하라. 사랑을 향해 자신을 열어라. 웃음이 넘치도록 하라. 듣는 능력을 키워라. 겸손하게 배우는 것을 배우라. 예의를 지켜라. 내적인 것과 외적인 것을 정리하라 등이다. 이런 주제들이 이미 모든 이들에게 친숙한 것이지만, 그것을 자기 것으로 체화시키지 않으면 아무것도 아닌 것으로 끝나버린다. 심지어 '너 자신을 알기 위해 일하라'라고 주장하는 부카이 자신마저도 20년 동안 심리치료에 종사한 자신의 직업이 무엇인지 막상 57세 생일에 돌아보니, 자신이 무엇을 했는지조차 깨닫지 못했다고 고백한다. 남을 위해 일하려면 자신을 돌아보기부터 해야 한다는 것이 정신과 의사인 그의 체험적 고백이고 보면, 다른 이들에게 그 누군가가 동행이 되어준다는 것이 말과는 달리 그리 쉬운 일이 아님을 알 수 있다[참고: 중앙일보 편집국(2010). 인생설계 20계명. 첫째, 자기 삶의 주체가 되라. **중앙일보**. 2008년 7월 12일자].

17) 고대 바빌로니아 사람들은 십진법 대신 60진법을 사용했는데, 그것은 60이란 숫자가 지닌 대칭적 유용성 때문이었다. 숫자 60에는 약수의 개수가 대칭적으로 많다. 시간을 나누는 방식도 마찬가지였다. 물론 바빌로니아인들은 1년이 365일이라는 것을 알고 있었지만 그들은 '360=6×60'이라는 산술적 관계와 대칭적 관계에 강한 유혹을 받았기에 1년을 360일로 나눴다. 60과 360을 중요하게 여기는 이 습관은 오늘날까지 현대 문명에 이어져 왔다. 원도 360도다. 1분은 60초이며 1시간은 60분인 것이 바로 그 습관에서 다듬어진 것이다.

18) 참고: 이언 스투어트(2010). **아름다움은 왜 진리인가-대칭의 역사**(역). 서울: 승산.

19) 구르지예프(Georgei Ivanovich Gurdjieff)는 오랜 옛날부터 주변 세력의 침입이 잦고 자연 환경도 척박했던 카프카스(코카서스) 지방 흑해 부근 알렉산드로폴에서 태어났다. 구르지예프는 동쪽으로는 티베트, 서쪽으로는 이집트와 에티오피아에 이르는 방대한 지역을 20년 이상 여행하면서 티베트교, 수피즘, 인디언 및 기독교의 신비주의 등 동서양의 정신 세계의 진수를 섭렵한 후 인류가 정신적으로 잠들어 있기 때문에 모든 악이 생겨난다는 것을 깨달았다. 1909년 자신의 깨달음을 전파하기로 결심하고, 1913년 말 모스크바로 옮겨 와 작은 모임들을 꾸려 가르치기 시작했다.

구르지예프는 "사람들은 누구나 목적을 가져야 한다. 인생의 목적이 없다면 사람이라고 할 수 없다. 매우 단순한 목적으로는 '고결한 죽음을 맞이하는 것'이 있다. 그러기 위해서는 살아 있는 동안 자신을 돌아보고 수련을 게을리 하지 말아야 한다. 하느님께서 인간에게 내린 첫 번째 명령이자 언제나 있어 왔던 보통의 명령은 '한 손이 다른 한 손을 씻게 하라'는 것이다." 그를 따르는 우스펜스키(Pyotr Demianovich Ouspensky)는 1878년에 러시아 모스크바의 귀족 가문에서 태어났다. 우스펜스키는 어린 시절부터 시 읽기를 좋아하였다. 그림이나 판화 감상을 즐겼지만 학교생활에는 실증을 느꼈다. 16세에 퇴학당한 그는 18세 때 홀로 여행을 떠나면서 세상을 배웠고 그 후에 수학자로 거듭난다. 우스펜스키는 1915년 구르지예프를 만난 이후 1947년 숨을 거둘 때까지 구르지예프의 가르침을 전파하였다[참고: P. D. 우스펜스키 (2005). **위대한 가르침을 찾아서**(역). 서울: 김영사].

20) 미 에모리 대학의 프란스 드 발(Frans de Waal) 교수는 유인원과 인간의 행동을 비교 연구하면서 유인원인 보노보에 대해 각별한 의미를 부여한다. 보노보는 유전적으로 사람과 가장 가깝지만 가장 덜 알려진 유인원, 말하자면, 꼬리 없는 원숭이이다. 고릴라, 오랑우탄, 침팬지와 더불어 유인원의 네 식구 중 막내 격의 유인원이 바로 보노보다. 침팬지에 비하면 보노보는 덩치가 조금 작다. 그러나 일반 모습은 침팬지와는 거의 구분이 안 될 정도로 닮아 있다. 인간과 유전자가 98%나 일치하는 유인원이지만, 침팬지는 우리가 생각하는 것 이상으로 공격적이고 폭력적이다. 침팬지는 순위 다툼을 하며, 그것을 위해 격렬한 싸움도 벌이고 다른 집단의 침팬지를 잡아 먹기까지도 한다.

침팬지 숫놈은 암컷에게 일방적으로 성행위를 강요한다. 언제든지 약자에게 자기의 힘을 자랑하며 폭력을 쓰기도 한다. 이런 침팬지에 비해 같은 유인원이지만, 보노보라는 유인원은 평화를 추구하는 유인원이다. 침팬지의 사회적 생활양식에 비해 이들 보노보의 생활양식은 선한 사람들의 공동체를 연상케 만든다. 그래서 보노보는 선한 심성을 가진 유인원의 상징으로 해석되기도 한다. 보노보는 권력욕을 행사하지도 않고, 폭력보다는 나누기를 좋아하며, 약자를 괴롭히기보다는 위하고 도와주는 것을 더 좋아한다. 심지어 보노보는 암컷과 갈등 없는 낙천적인 생활을 즐긴다[참고: 프란스 드 발(2003). **보노보(살아가기 함께 행복하게)**(역). 서울: 새물결].

암컷과 동등한 성생활을 즐기는 유인원이 보노보다. 어쩌면 인간의 눈으로 보면 무절제스럽게 보일정도로 암수컷 간에 성행위를 즐기는 동물로 간주되기도 한다. 그것은 인간의 눈으로 보는 오해일 뿐이다. 섹스에 대해 보노보들이 보여 주는 무절제스러운 것 같은 행동은 오히려 성에 대한 기존의 모든 인간학적 사유를 원점으로 되돌려버리기 충분하기 때문이다. 보노보에 대한 드 발 교수의 관찰과 해석이다. 인간 사회에서 남녀 간의 성은 지배를 위한 도구이며 수단들로 간주되지만, 보노보 사이에서의 성은 인간의 그것과는 달리 화해와 협력을 위한 방편들로 활용되고 있기 때문이다. 인간 사회에서는 성이 권력에 따라 불평등하게 분배되게 마련이다. 보노보 사회에서는 성이 오히려 권력 관계의 긴장을 이완시키고 갈등을 제거하는 기능을 감당한다. 보노보에게는 성이 수컷에 의한 강제나 욕망의 배설을 위한 강압적인 행위가 아니다. 인간 사회에서 흔히 발견되는 성범죄인 강간이나 성희롱 같은 것이 보노보 무리에서는 개입하지 않는다.

보노보들은 상대방이 성에 대해 흥미를 잃거나 즐거워하지 않거나, 그로부터 기분이 더 나아지는 기색이 없으면 성행위 중에도 행위를 그만둔다. 이런 행위들은 인간 사회에서 발견되는 것보다 훨씬 더 인간적이라고 판단하는 드 발 교수의 관찰에 따르면, 보노보에게 성생활은 쾌락이나 이성으로부터 탈취해야 할 그런 것이 아니라, 오히려 사회적 갈등이나 긴장을 봉합할 수 있는 아교와 같은 역할을 하고 있다. 성이 욕망의 해소와 지배의 도구로 되어 있는 침팬지나 인간의 세계와 달리 보노보에게 성은 평화와 우정의 매개체로 작동한다는 점에서 부끄러워하거나 감추어야 하거나 내밀하게 거래해야 할 그런 것이 아니다.
성(性)은 보노보의 경우 인간 사회에서 보는 악수나 위로의 포옹과 같은 기능을 갖는 일상적인 위로의 한 표시임을 알 수 있다. 인간들이 생각하는 성의 관점과 전혀 다른 것임을 알 수 있다. 게다가 보노보 사회에서는 서로 간의 서열은 존재하지만 평등과 평화가 사회 유지의 기본 원리다. 예를 들어, 일부 원숭이들의 경우, 우두머리 원숭이가 바뀌면 새로운 우두머리는 이전의 대장 원숭이가 낳은 새끼들을 모두 죽여 버린다. 보노보 사회에서는 이러한 '유아 살해'를 찾아볼 수 없다. 늙거나 병든 동료 또는 다른 장애를 가진 동료를 내팽개치는 일도 없다. 공동체를 적자 생존의 냉엄한 자연 법칙에 내맡겨 약자들을 박해하는 것이 아니라 서로 보듬고 배려하는 것이 이들 보노보 사회의 존속 원리다[참고: 유병선(2008). **보노보 혁명**. 서울: 부키].

21) 인간에게도 마찬가지다. 기업에게 필요한 것은 완벽하거나 위대한 역사적으로 남아야 할 전략이 아니다. 살아남게 만드는 전략, 자신에게 가장 알맞는 전략일 뿐이다. 자신만의 독특한 전략이 있어야 생존 경쟁에서 승리를 거머쥘 수 있다. 세렝게티에서 살아남는 동물들처럼 자신에게 가장 잘 맞는 전략이 필요하다. 저마다의 생존 전략으로 살아남는 것이 중요하다. 위대한 기법, 혁신적인 경영 기법, 그런 것들은 선전에는 도움이 되지만 생존에는 도움이 되지 못할 뿐이다. 기업이 생존하기 위해 효용가치가 있는 변화와 생존 전략들이 필요하다. 세렝게티는 그것을 극명하게 보여 줄 뿐이다. 예를 들어, 사자는 서로 역할을 나누어 협력한다. 얼룩말은 '투쟁, 도주, 군집, 부동, 날뛰기'를 잘한다. 생존을 위해 필요한 경우, 그중 어느 하나를 구사하면서 살아남는다. 코뿔소는 돌진한다. 한 방향으로 끈기 있게 나아간다. 코뿔소를 막았다가는 끝장나기에 모두 피한다. 하이에나는 다른 누군가를 이용하는 전략을 구사한다. 악어는 물 밑 속의 잠행과 기다림의 명수다. 잠행과 기다림으로 상대방을 제압하는 동력이 기습에서 나온다. 악어는 기습하는 파충류다[참고: 스티븐 베리(2009). **세렝게티 전략**(역). 서울: 서돌].

22) 토스카니니는 성질이 불같은 지휘자로 유명하다. 언젠가 그의 생일을 축하하기 위해 NBC교향악단 단원들이 그에게 금시계를 선물했다. 자기 성질을 너무 잘 알았기에, 그는 싸구려 모조 시계를 하나 더 마련했다. 리허설 도중 단원들의 부주의가 눈에 거슬렸다. 그는 불같이 성질이 났다. 그는 갖고 있던 시계를 바닥에 던져 버렸다. 단원 모두가 보는 중에 시계가 박살났다. 단원들은 얼어 붙었다. 단원들은 긴장했다. 실수 하나 없이 연습을 마쳤다. 연습을 마친 토스카니니는 투덜댔다. 그는 "진짜 가짜 시계도 구분 못하는 녀석들에게 실수 없이 연주하라는 내가 멍청이지."라고 중얼거렸다. 그는 음악계의 거장이

었다.

음악에 있어서 항상 리듬을 강조했던 지휘자 중에는 조지 셀을 따라갈 지휘자는 한 사람도 없다. 그는 항상 멤버들에게 리듬의 중요성을 타일렀다. '첫째가 리듬, 둘째도 리듬, 셋째도 리듬, 넷째가 아티큘레이션(分節), 다섯째가 밸런스'라고 일렀다. 모두가 리듬과 관련 있는 리듬의 중요성이었다. 답답해진 한 단원이 '여섯째는요?'라고 물었다. '응~ 이상 다섯 가지를 리드미컬하게 외우는 것'이 여섯째로 지켜야 할 리듬이라고 응수했다. 카라얀에게는 그를 공격하는 적들이 많았다. 한스 크나퍼츠부슈가 그의 라이벌이었다. 크나퍼츠부슈의 제자가 그에게 물었다. "카라얀은 눈을 감고 지휘하는데, 왜 선생님은 눈을 뜨고 하십니까?"라고 물었다. 크나퍼츠부슈가 대답했다. "나, 나는 악보를 읽을 줄 아니까!"[참고: 신동헌(2002). **지휘자들의 익살**. 서울: 빛과 그림.]

23) 스토 교수는 정신분석학자이지만 프로이트에 치우치지 않은 채, 융의 집단의식을 받아들인다. 그렇다고 집단 무의식을 강조하는 융에 매달리고 있는 것은 아니다. 융의 논리에도 너무 경도되지 않은 상태에서 개인의 성적 에너지의 문제를 제기하는 프로이트의 논리를 가감하면서 인간의 삶을 설명한다. 18세기 영국의 역사가 에드워드 기번(Gibbon)의 이야기를 인용하면서, 그는 데카르트 · 뉴턴 · 로크 · 파스칼 · 스피노자 · 칸트 · 라이프니츠 · 쇼펜하우어 · 니체 같은 철학자들의 고독을 논한다. 이들 거장 모두가 고독을 즐길 줄 알았기에 거장이 되었다고 평한다[참고: 엔서니 스토(2011). **고독의 위로**(역). 서울: 위즈덤 하우스]. 고독은 단순한 외로움이 아니라, 의도된 홀로감이다. 홀로감에서 사상이 뒤따라나오는 법이다. 떨어져 있지 않으면 떨어져 나오는 것이 없는 법이다.

스토 교수가 인용했던 기번은 고독의 예찬가다. 그는 말한다. 사람들 간의 "대화는 서로를 이해하게 하지만 천재를 만드는 것은 고독이다. 온전한 작품은 한 사람의 예술가가 혼자 하는 작업으로 탄생한다."라고 말한다. 인류 정신 문화의 한 획을 그었던 인물치고, 인맥이니 관계에 뛰어났던 사람들은 없었다는 평가다. 그들은 어쩌면 성적 리비도에 문제가 있었던 사람이기도 하지만, 그들 사상가들 모두가 인간관계에서는 낙제점을 받을 만한 사람이었을 뿐이라는 것이다. 붓다나 예수 역시 마찬가지였다. 그들의 인간관계는 제자와의 관계에서마저 고독 그 자체였다. '고독이 천재를 낳았고, 고독이 인류 정신 문명 창조의 동력'이었음을 보여 주는 대목이기도 하다.

24) 작가인 리차드 포스터(Richard J. Foster)는 'Loneliness is inner emptiness, Solitude is inner fulfillment'라고 말했다[참고: 앤서니 스토(2011). **고독의 위로**(역). 서울: 위즈덤 하우스].

25) 참고: 오쇼 라즈니쉬(2008). **도마복음 강의-예수의 잃어버린 가르침을 찾아서**(역). 서울: 청아출판사.

26) 보통 사람은 샴푸 하나를 보고도 그것에서 새로운 것을 발견해낸다. '샴푸가 흥미롭지 않다고? 그렇지 않아. 틀림없이 흥미로운 구석이 있을 거야. 설령 그렇지 않다 해도 흥미로운 다른 소재로 이끌어 줄 거야'라고 생각하기 시작하면 그것에서 무엇을 찾아내기 마련이다. 보통 사람들이 그렇게 일상적인 것에 호기심을 표출하는 것에 반해 지위가 높은 사람에게 그런 일상적인 것은 그저 유치한 일로 치부될 뿐이다.

남의 위 혹은 조직의 정상에서 맴도는 사람들은 사소함에서 새로운 가능성을 번번이 놓쳐 버리곤 한다. 아이디어를 찾기 위해서는 사회적 권력과 흥미로운 지식의 양이 비례할 것이라는 편견부터 버려야 한다. 그렇다고 그들은 목적 없이 발길 닿는 대로 방황하지는 않았다. 그들은 그들이 추구해야 할 이상을 지녔지만 그것의 실현에 집착하지는 않았다. 그들은 제자들과 걷고 또 걸으며 담소하면서 배우고 배웠다[참고: 말콤 글래드웰(2010). 그 개는 무엇을 보았나-참을 수 없이 궁금한 마음의 미스터리(역). 서울: 김영사].

27) 매몰 69일만에 무사히 구조된 33인의 칠레 광부들의 구조 이야기는 극적인 사건이다. 2010년 8월 5일 칠레 코피아포에 위치한 산호세 광산이 붕괴됐다. 매몰 광부는 총 33명, 이들은 17일 뒤인 8월 22일에 지상과 처음 연락을 취할 수 있었다. 지상에 있던 구조대원들은 좁은 수직 갱도를 통해 매몰된 광부들을 발견하자마자, 수직 갱도 내에 플라스틱 관을 삽입하고 광부들에게 수분 공급 젤과 수프, 의료 약품 등을 보내기 시작했다. 이후 의료진들은 고기와 쌀이 들어 있는 고체형 음식을 매몰 광부들에게 보냈으며, 광부들이 지금 66cm 크기의 특수 제작된 구조용 캡슐에 탈 수 있도록 이 고체형 음식의 칼로리를 2200칼로리로 제한했는데, 그런 지상의 제안에 따라 매몰장소에서 보여 준 저들 매몰광부들의 동행들은 생존을 위한 의식소통의 과정, 바로 그것이었다.

33명의 광부들은 매몰 69일만인 2010년 10월 13일 전원 무사히 구조됐다. 붕괴 사고 이후 광부들을 이끈 사람이 우르수아 씨(54세)다. 54세인 작업반장 루이스 우르수아 씨는 30년 광부 생활을 통해 얻은 경험을 바탕으로 절체절명의 위기 속에서 빛나는 리더십을 발휘했다[참고: 조선일보 편집국(2010). 세계를 감동시킨 '우르수아 리더십'. 조선일보. 2010년 10월 15일자]. 그는 2010년 8월 5일 갱도가 매몰되는 순간부터 광부들에게 재빨리 웅크릴 것을 명령해 단 한 명의 희생자도 생기지 않게 했다. 이후 생존 소식이 지상에 타전될 때까지 그는 단호한 지도력으로 질서를 유지하며 지하 생활을 버틸 수 있도록 했다. 매몰 광부들은 당초 은신처로 삼았던 곳 인근에 위치한 터널 속에 음료수를 제공하는 관과 함께 대소변을 볼 수 있는 곳을 마련했다.

작업반장인 우르수아보다 더 빛나는 사람들은 광부들 한 사람, 한 사람이었다. 그들은 일단 구조대원들에게 발견되자, 절망이 희망으로 바뀌기 시작했다. 그들은 누구 하나 문제를 제기하지 않고 아침, 점심, 저녁 시간을 정했다. 48시간마다 광부들에게 참치 한 스푼과 우유 반 컵을 제공하며 견뎌야만 하는 상황을 어김없이 받아들였다. 지하 대피소를 작업 공간, 취침 공간, 위생 공간으로 나눠 역할에 맞게 규칙적인 생활을 하지만, 매몰이 장기화되면서 광부들이 절망하면 때로 유머와 위트가 필요했다. 각자는 각기의 재능과 사회적 경험에 따라 서로를 위로했다. 오후에는 티타임을 갖는 등 신속하게 규칙적인 식사를 하기로 정하기도 했다. 500와트의 전력이 지원된 가운데, 매몰 광부들은 지상으로 귀환할 경우 신체적·정신적 충격을 최소화하기 위해 광산 내에서도 낮과 밤을 구분하기 위해 전등을 달았다.

일부 광부들은 축구 열성팬이었고 이 가운데 한 명은 전문 축구선수로 활동한 바 있다. 광부들은 고립 상태에서도 소형 프로젝터를 이용해 칠레와 우크라이나의 친선 축구 게임을 보면서 지냈다. 또 그들은 카드와 도미노, 주사위 놀이를 할 수 있는 작은 카지노를 은신처에 따로 설치해 두기도 했다. 광부들은 소형 음향기를 제공받아 성경과 교황 베네딕토 16세의 묵주기도를 듣기도 하면서 서로가 서로에게 힘이 되었고, 구조가 기도의 제목이 되었다. 그들도 인간이었기에 매몰 초기에는 서로 간 '식인(食人)의 공포'와 몸싸움까지 있었다. 사고 직후에는 충격이 너무 커서 한동안 일어서지 못했던 사람이 많았다. 매몰 직후 처음 17일간은 굶어 죽기만을 기다리던 최악의 상황이었다. 100% 죽었다고 믿었던 사람도 있었다. 붕괴가 일어난 후 2~3시간 동안 먼지가 자욱했지만, 매몰 후 첫 회의를 열었다.

작업반장 루이스 우르수아가 의장이었다. 서로가 남은 음식을 공평하게 나누기로 합의했다. 1인당 하루 반 스푼의 참치 혹은 연어로 함께 연명한다. 하지만 고통은 엄청났다. 자고 일어나면 몸무게가 줄었다. 모두가 하루가 다르게 야위어 갔다. 당시 누군가 "우리 몸이 에너지를 충당하기 위해 스스로 몸을 갉아먹는 일종의 식인(cannibalism) 현상이 일어나고 있다."라고 말했다. 무거운 정적이 흐르는 가운데에서도 작업반장은 진실과 민주주의로 그들을 이끌어 갔다. 처음엔 의견이 서로 달라 세 그룹으로 갈렸다. 주먹다짐까지 한 적도 있다. 나중에 자신의 생존이 지상에 알려지고 구조가 현실로 다가오면서 33인은 지난 어둠의 흔적을 비밀에 부치자는 '피의 서약'도 했다. 지하 광부들이 지상으로 올린 첫 동영상에는 28명밖에 없었다. 영상에서 빠진 5명은 다른 광부들과 '출신 배경'이 달랐다. 하도급 업자와 맺은 별도 계약직 종사자들이었다. 이들은 자기들끼리 터널을 파서 탈출할 궁리도 했다. 광부들은 지하의 누추한 생활 공간을 놓고 서로 더 차지하려 다투기도 했었다. 이런 상황에서도 작업반장은 동료들에게 "운명을 담담하게 받아들이라."고 했다. 동시에 "매일 강해져라."고도 했다. "바깥 사람들이 우리를 발견하면 다행이고 안 되면 할 수 없다."라는 태도를 일관되게 유지했다.

28) 언어 이외의 것으로 대인관계에서 호소력이 큰 것은 말하는 사람이 풍기는 외양과 분위기이다. 분위기가 대화하는 사람의 본질을 더 잘 드러내게 마련이고 그로부터 타인을 설득하는 정도도 달라진다. 사람을 앞으로 이끌어 내는 것은 말보다 분위기다. 말은 잘하는데 신용할 수 없는 사람과 말이 없어도 설득력이 넘치는 사람의 차이는 그들이 만들어 내는 '분위기'의 차이다. 사람들이 만들어 내는 표정, 동작, 눈매, 색과 냄새, 온도, 거리 등은 언어가 갖는 힘을 능가하기 때문이다. 언어에 의한 전달, 말하자면 '버벌 커뮤니케이션(verbal communication)'보다 언어 이외의 전달방식인 '논버벌 커뮤니케이션(nonverbal communication)'이 사람들에게는 전달력이 더 높다.

흔히 같은 급의 상사들이 내려 보내는 지시인데도 어떤 사람이 말하면 말한 대로 따르고, 다른 사람이 지시하면 별로 따르고 싶지 않다. 그렇게 되는 것은 지시받는 내용보다 그 지시를 '누가 말했는가'가 지시를 받아들이는 데 중요하기 때문이다. 무엇인가를 요구하려고 하는 '전달력'에는 전달하고자 하는 사람의 능력과 인격이 함께 요구된다. 이때 요구되는 능력과 인격은 언어 그 자체보다는 그 사람의 외양과 분위기로 드러난다. 예를 들어, "손님이 어떤 사람인지는 척 보면 대강 알 수 있습니다."라고 했을 때 그 술집 여 주인의 말은 여 주인 스스로 사람의 말에는 더 이상 속지 않는다는 것을 의미한다. 그동안 손님들의 말에 너무 많이 속았기 때문에, 그 주인은 손님의 말보다는 분위기를 더 중요하게 받아들인다는 이야기다[참고: 다케우치 이치로(2005). 사람은 분위기가 90%(역). 서울: 수희재].

29) 붓다는 천성이 방랑인이었다. 그가 만나는 사람들의 신분에 관계없이 항시 대화를 꾀하며 걷기를 계속

했던 방랑인이었다. 노마드 기질로 충만한 왕궁의 가출인이기도 했다. 평범한 이들에겐 그의 방랑기 가득한 설법과 교리들이 생소하게만 들렸을 뿐이다. 붓다는 그의 설법을 보통 사람들의 눈높이와 귀높이에서 벗어나게 하지 않았다. 오히려 그의 이야기를 듣는 상인들이 늘 붓다의 생각을 넘어 버렸다. 붓다보다 세상 물정에 더 밝았기 때문이다. 제자들에게 이미 한 번 이상 들려주고 그들의 반응을 살핀 후 다시 정리된 설법들을 붓다는 대상들의 눈높이에 알맞도록 다시 조절하였다.

붓다는 조직을 이끄는 리더십도 수행을 위한 유랑살이와 걷기를 통해서 익혔다. 그의 유랑길은 항상 일상적인 문제해결의 길이기도 했다. 붓다는 제자들, 그들이 만든 승단관리 문제를 항상 염두에 두었다. 그를 그냥 따르는 일단의 무리들만큼이나 제자들은 중요했기 때문이다. 붓다는 제자들과 이 승단을 잘 이끌어야만 했다. 제자들의 관리를 위해서는 떠돌이 무리와는 다른 일정한 관리방법이 필요했다. 그는 승단 운영을 위해 시주 이상의 것들이 필요했다. 우기(雨期)에 이르면 모두를 위한 숙소도 필요했다. 승단의 조직 정비를 위해 규율과 나름대로의 규범도 정비해야 했다. 이 모든 것은 붓다에게 승단의 CEO로서의 리더십을 요구하였다. 붓다는 이에 매우 능숙했다. 그가 지녔던 과거의 신분은 가진 자들과 권력자들과의 네트워킹에도 도움이 되었다[참고: 한스 크리스티안 후프(2001). **세계를 움직이는 3대 성인**(역). 서울: 북스토리].

30) 참고: 서정록(2007). **잃어버린 지혜, 듣기**. 서울: 샘터사.

31) 칼 포퍼(Popper, K.)는 "추상적인 선을 위해 노력하기보다는 구체적인 악의 제거를 위해 힘쓰는 것이 인류의 발전을 위해 도움이 된다고 본다. 구체적인 악의 제거를 위해 노력하는 동안 우리의 잘못으로부터 그것을 배울 수 있다."라고 주장한다. 잘못으로부터 배우는 동안 우리는 "내가 잘못이고 네가 옳을 수 있다. 그렇게 노력하고 인내함으로써 우리는 진리에 가까이 갈 수 있다."라고 본다.

인간은 잘못이나 실수에서 배울 수 있기 때문에 우리의 앎은 성장할 수 있고, 그에 대한 과학적 논리들은 더 진보할 수 있다는 것이 그의 지론이다. 그는 과학적 앎과 그에 대한 정보들은 일단은 정당화되지 않은 추측에 의해 성장한다고 본다. 인간이 해결해야 할 문제에 대한 잠정적 답이나 해결책들, 말하자면 추측적인 답에 의해 성장한다. 그런 추측들은 비판을 거쳐야 한다. 그것이 살아남기 위해서는 엄정한 비판적 점검을 요구하는 의도된 반박을 필요로 한다. 추측은 엄정한 비판적 점검을 통과할 수는 있지만, 그렇다고 하더라도 그것이 유일한 진리로 간주되는 것은 아니라고 말한다[참고: 칼 포퍼(2001). **추측과 논박**(역). 서울: 민음사].

그는 청소년 시절에는 열렬한 마르크스주의자였으며 사회민주당 당원으로 활동하기도 했지만 마르크스주의의 전체주의적 성격을 발견하고 마르크스주의와 결별하였다. 포퍼는 1930년대 유럽 사상계의 중심에 서 있는 오스트리아 빈 학단의 논리 실증주의에 맞서 반증 가능성을 기축으로 하는 방법론을 전개하였다. 이는 20세기 과학 철학의 가장 중요한 공헌 가운데 하나로 평가된다. 1936년 포퍼는 나치의 폭압을 피해 뉴질랜드로 이주, 뉴질랜드 대학에서 철학을 가르쳤다. 기념비적인 책인 『열린 사회와 그 적들』은 이 당시의 교수 경험을 통해 집필된 것이다.

32) 로맹 롤랑(Romain Rolland)은 프랑스의 소설가이며 평론가로서 노벨문학상을 받았다. 격언가로서로

유명한 그는 "이 세상에서 우리가 가질 수 있는 행복이 있다면 서로를 이해하며 사랑하는 것뿐"이라고 가르쳤다. 1889년 파리 고등사범학교를 졸업한 후, 로마로 가서 유학했던 그는 한때 소르본 대학에서 음악사를 가르치기도 했다. 인본주의자로서 그는 생활과 사상에서 절대적인 자유를 주장한 이상주의자였다. 스스로 국제 적십자사의 포로 수용소에서 일하기도 했다. 제2차 세계대전 중에는 반전 운동의 선두에 나서는 등 항상 세계의 평화를 위해 일하였다. 그는 늘 말했다. "현재나 미래에 있어 이 말은 잊지 말라. 인생은 헛된 꿈이 아니다. 영원을 바탕으로 하고 영원에 쌓여 있는 존귀한 실재다."라고 말했다.

33) 영국 BBC는 2008년 2월 4일 인터넷판에서 암에 걸린 영국 임신부가 복중 태아의 발길질 덕택에 암을 퇴치하는 기적 같은 일이 발생했다고 보도했다. 주인공은 런던 남서부에 살고 있는 미셸 스테프니 씨. 슬하에 다섯 살배기 아들을 두고 있는 스테프니는 쌍둥이를 임신한 후 어느 날 몸 상태가 좋지 않아 병원을 찾았다. 혹시나 유산을 걱정했던 스테파니는 자궁암이라는 청천벽력 같은 진단을 받게 된다. 그러나 그는 암을 치료하기 위한 화학요법과 자궁적출 수술을 받으라는 의사들의 권고를 거부했다. 본격적인 암 치료는 태아의 죽음을 의미했기 때문이었다. 결국 의사들은 최소한의 화학약품을 써서 치료하는 방법을 선택했다. 그런 스테파니에게 기적이 일어난 것은 그로부터 얼마 뒤의 일이다. "쌍둥이의 발길질이 암을 제거했어요."라는 의사들의 진단이 나왔던 것. 그는 "아이들이 발길질하는 걸 느꼈지만 그들의 발길질이 그처럼 엄청난 결과로 이어질지는 정말 상상도 할 수 없었다."라고 말했다. 어머니 뱃속에 33주간 있었던 쌍둥이는 우여곡절 끝에 중절수술을 통해 태어났다. 모두 여아였으며 건강한 상태였다. 유일한 아쉬움이라면 약물치료로 인해 민머리로 태어났다는 점이다. 출산 4주만에 자궁적출 수술을 통해 건강을 회복한 스테프니는 영국 암연구소가 주는 '용감한 여성' 후보에 올랐다고 BBC는 전했다[참고: 연합뉴스 편집국(2008). 모성애의 기적. 英 임신부 태아 발길질로 암 퇴치. **연합뉴스**. 2008년 2월 5일자].

34) 인간관계의 개선을 위해 듣기의 중요성을 일컫는 공식이 있다. 5−3=2, 2+2=4의 공식이 그것이다. 공식이 뜻하는 바는 간단하다. 오해도 세 번 생각하면 이해가 되고(5−3=2), 이해와 이해가 쌓여서 사랑이 움튼다(2+2=4)는 뜻이다. 과학적으로 정교하지는 않지만 귀기울여 볼 만은 하다. 핵심은 제대로 듣기가 인간의 이해를 돕는다는 뜻이기 때문이다.

35) 피아노를 연주하려면, 피아노 건반을 칠 줄 알아야 한다. 건반치는 법을 먼저 배워야 한다. 그것을 배우기 위해서는 피아노를 가르쳐 주는 교수를 찾아가 배우려고 한다. 그렇게 배우는 일에 아무런 저항을 하지 않는다. 피아노를 치려면 피아노 레슨을 받는 것이 정당하다고 생각한다. 그에 비해 철학의 경우는 다르게 보는 것이 일반의 시각이라는 것이다. 철학 교수에게 찾아가 배워야 한다는 그 자체에 동의하지도 않는다는 것이다. 그런 일을 거북해한다. 생각하는 것은 굳이 따로 배울 필요가 없다는 것이다. 이 세상 모든 것은 배워야 터득된다. 음악도 배워서 터득해야 듣기 좋게 연주할 수 있다. 배우기 위해 나보다 더 낫거나 도움을 줄 사람에게 내 자신을 맡기는 것은 결코 자유를 상실하는 것이 아니다. 그렇다고 배움을 상실하는 것도 아니다. 그것과는 정반대다. 음악을 자유롭게 하고, 배움을 더욱더 자유롭게 만들려면 더 제대로 배워야 한다. 배움을 자유롭게 하려면 배우기 위해 도움이 되는 그 어떤 배움도

게을리할 수 없어야 한다.

그런 배움에 동행이 필요하다. 동행과 더불어 알고 익히고 실행하게 되는 배움은 나의 배움을 자유롭게 만들어 준다. 여행에는 동행의 뜻도 포함된다. 그 여행은 한 곳에서 다른 곳으로 자기 자신을 옮기는 걸 의미하는데 여행에는 사랑이라는 요소가 가미된다. 무엇인가를 옮긴다는 것은 서로를 열광시키고, 매혹하고, 정신없게 홀리는 일이다. 그래서 '옮기다'는 희랍어인 메타포레인(metaphorein)은 한쪽 기슭에서 반대편 기슭으로 건너가는 용기 있는 일, 건너편의 것들을 사랑하는 뜻을 갖고 있었는데, 그것은 '사랑하지 않으면 아무것도 반대편으로 옮길 수 없다'는 것을 상징한다. 사랑한다는 것은 취하는 것이 아니라 주는 것을 의미하는 것으로서, 타인을 향해 다가가는 것을 말하는 것이지 타인을 자기 쪽으로 데려오는 것이 아니다. 배움은 바로 그런 사랑을 한 사람에게서 다른 사람에게 옮기는 일이기에 그것을 옮겨 주는 지식이며 동행이 필요하다[참고: 베르트랑 베르줄리(2007). **행복생각**(역). 서울: 개마고원].

36) 신경정신과 의사, 가정 문제 전문가인 피터 펜윅 부부는 죽어가는 사람들을 도와줄 수 있는 방법으로 강력하게 추천하는 것이 바로 '침묵으로 지켜봐 주기'다. 임상체험을 통해 그들이 얻는 것은, "죽어가는 사람과 함께할 때 가장 지켜야 할 사항은 그냥 그 자리에 있는 것이다. 당신이 무엇인가를 하는 게 중요하지 않다는 말이다. 환자에게서 자신의 일을 스스로 통제할 권리를 빼앗아선 안 된다."는 사실이었다. 침묵으로 지켜봐 주기는 죽어가는 사람에게만 필요한 것이 아니라 살아 움직이는 사람들에게 동행이 되기 위해 필요한 방법이기도 하다. 더불어 같이 가기 위해서는 동행을 그저 말없이 지켜봐 주는 일이 필요하다. 동행이 무엇인가 요청하기 전까지 동행에게 격려가 되기 충분한 배려의 시작이다[참고: 피터 펜윅 · 엘리자베스 펜윅(2008). **죽음의 기술**(역). 서울: 부글북스].

37) 참고: 대니얼 골먼(2006). **SQ 사회지능**(역). 서울: 웅진지식하우스.

38) 스페인의 서정시인 마차도(Antonio Machado)가 노래한 〈나그네(Caminante)〉의 한 대목이다[참고: 한자이(2006). 나의 동반자, 정가(正歌). **Better People Better World**. 2월호]. 걷는다는 것이 무엇인지를 알려 주는 시인 프로스트(R. Frost) 역시 〈가지 않은 길(The road not taken)〉에서 말한다. "숲속에 두 길이 나 있었다. 그런데 나는 …… 사람이 덜 다닌 길을 택했다. 그 선택이 오늘의 나를 만들었다." 상징적인 표현이기는 하지만 길의 선택은 사람을 만드는 방법이다. 장자(莊子)가 제물론(齊物論)에서 도행지이성(道行之而成)이라고 말한 것과 다르지 않다. 길이란 그곳을 다니니까 생기게 마련이라는 뜻이다.

39) 600만 년 전 인류가 '직립 보행'을 하기 시작했는데, 그것이 문명의 시작이다. 인류의 걷기를 예찬하기 위해 또 다른 인류학자인 마빈 해리스는 인류에게는 말보다 "태초에 발이 있었다."고 표현했다. 발이 있고, 걷기가 가능했기에 인간에게는 손이 자유로워졌다. 그런 '털 없는 두발 짐승'은 먹이를 구하기 위해, 위험으로부터 도망치기 위해, 안전하게 머물 곳을 찾기 위해 걷고 또 걸었다. 인류의 문명이나 전쟁 역시 걷기를 통해 일어났다. 그 어떤 제국도 인간의 걷기를 부정한 적이 없었다. 고대 로마제국은

'걷기'를 로마제국의 지름길로 이용했다. 군대의 행군이 빠르게 진행되도록 모든 길을 로마로 통하게 한 것도 로마였다. 이 도로를 최대한 활용하여 로마는 세계를 주름잡았다.

18세기 상류층은 산책 문화를 즐겼고, 그 당시부터 걸을 수 있는 신분과 그렇지 않은 신분으로 사람들이 갈라졌다. 종교적 지도자들은 가톨릭 전례를 통해 훈련한 엄숙한 걸음걸이로 하나의 의식으로 만들었고 그것으로 자신의 우월한 사회적 지위와 신분임을 과시했다. 18세기 후반부터 낭만주의자들은 '걷기'에 '고독'과 '자연과의 합일'이란 고상한 의미까지 부여하였다. 산업혁명이 일어나자, 걷기는 노동의 표준이 되기 시작했다. 공장, 기업, 관공서들의 출퇴근 시간이 정해지자 그것에 맞추어 사람들의 보행 속도와 시간도 달라지기 시작했다. 걷기는 혁명의 도구로 활용되기도 했다. 프랑스혁명은 도보 행진이 없다면 일어날 수 없는 사건이었다. 모스코바에서 일어난 '짜르'를 타도하기 위한 혁명 역시 보행의 물결로 완성된 피의 혁명이었다. 이런 혁명에 경악한 독재자들은 도보 행진을 혐오하기도 했고, 반대로 걷기를 권력 유지의 수단으로 활용하기도 했다. 무솔리니 같은 독재자는 1938년 무릎을 굽히지 않고 딱딱하게 걷는 식의 '로마 보행법'을 국민에게 강요하기까지 했다. 그에 비해 히틀러는 걷기를 통제한 독재자였다. 그는 통행 금지로 보행의 자유를 억압했었던 독재자였다[참고: 조지프 A. 아마토(2006). **걷기, 인간과 세상의 대화**(역). 서울: 작가정신].

40) 행각(行脚)은 걸으면서 깨달아 내는 일이다. 바로 행각(行覺)이다. 30년간을 걸으면서 깨닫기에 몰두한 원공(圓空, 64)은 걷기에 대해 이렇게 말한다. "인간은 원래 직립동물 아닌가. 걸을 수 있는 건 지극히 당연한 건데, 차에 의존하게 되면서 걷는 사람이 이상한 사람이 된 거지. '행각, 말하자면 걸으며 깨닫는다는 행각'을 하면 밥만 제때 먹어도 자족하는 걸 배우게 돼. 길에서 페트병 하나, 담배꽁초 하나를 주울 때도 숙여야 돼. 보잘 것 없는 쓰레기에게 고개 숙이면서 배우는 거지. 그게 하심(下心)이야. 어쨌거나 인간은 직립동물인데…… 차에 의존하면서 이상해진 거지."

한 신문사 기자가 그를 찾았다. 자동차 · 기차 · 경운기는 물론 엘리베이터도 타지 않고 수십년 간을 '걷기만 한다'는 원공 스님에게 물었다. 우리나라를 족히 29바퀴는 돌았다는 움직이는 지도(地圖)인 원공이다. 면소재지 정도는 다 돌아본 것 같은 그에게 기자가 물었다. "스님, 정말로 아무것도 안 타세요?" 첫 질문에 스님은 "내가 녹차를 좀 타지." 하며 껄껄 웃었다. 1979년 3월부터 우리 땅을 걷고 있는 스님을 기자는 2008년 1월 13일 대전에서 만났다. 아침 7시 충남 논산시 연산면을 출발한 스님의 두 다리는 오후 4시가 되어서야 쉬게 됐다. "어이구, 무릎이야. 내가 무릎이라도 성나겠다." 지난해 국도 2차선에서 마주 달리는 차를 피하려다 오른쪽 무릎 인대가 파열된 스님은 먼저 무릎에게 미안한 척을 했다. 30년 동안 걸었는데, 목적지는 어떻게 정합니까.— "아침에 일어나 침 탁 뱉어서 튀는 대로 가지. 앞일은 몰라. 내일 당장 차에 치여 쓰러져도 아무도 모를 수도 있겠지. 하루 종일 걷고 숙소에 들어오면 '아, 살아 있구나' 하는 생각이 들어." …… 무릎 사고 이후로 걷는 게 두렵지는 않았습니까. "오히려 얻은 것이 있지. 내가 원래는 굉장히 빨리 걷는데, 무릎이 아파서 천천히 걷다보니 사물들이 가깝게 다가오는 거야. 그래서 또 새 세상을 알게 됐어. 사고 났을 때 구급차에 실려 갔으면 29년으로 행각을 그만뒀어야 했겠지. 하지만 29년이면 어떻고 30년이면 어떤가. 달력도 인간이 만든 감옥이야. 올해가 무자년이니 1월이니 며칠이니 따지면서 인간사가 복잡해진 거지." 스님은 대개 오전 7시부터 오후 2시까지 걷는다. "예전에는 밤늦게까지도 걸었는데 이제는 힘에 부친다."는 설명이다.
메고 다니는 배낭에는 밥을 할 수 있는 버너와 우의, 무릎 약이 들어있다. 비상식량으로 라면과 생쌀도 갖고 다닌다. "생라면 2개 먹고 물 한 잔 마시면 맛이 좋다."는 게 스님의 주장이다. — "숙소는 어떻게 해결합니까." "가다가 적당한 데서 자. 절에서도 자고 교회에서도 자고. 교회니 절이니 구분하는 건 교육 때문이야. 눈감으면 똑같아." …… "정해진 곳도 없이 그렇게 걸으면 외롭단 생각은 안 듭니까. "외로움도 망상이지. 나는 어린 나이에 절에 들어갔기 때문에 오래전부터 그런 망상을 할 틈이 없었어. 망상도 아무나 하는 게 아냐. 여유가 있으니까 하지." — 그만두고 싶은 때는 없었습니까." "내가 하고 싶어서 했으니까 그런 적은 없었어. 달밤에 볼일 보러 나왔다가 달하고 별을 보게 되면 다시 들어가서 잘 수가 없어. 짐 짊어지고 나와서 또 걷는 거지. 그러면서 즐거움을 느껴. 그런 즐거움에 지금까지 걸은 거야." — "걸으면서 무슨 생각을 합니까." "그냥 걷는 게 아니고 매일 쓰레기를 주워. 하루에 쓰레기 봉투 50*l* 짜리 5개 정도를 채우지. 환경이 더러워지면 인간도 더러워지지 않나." 쓰레기봉투는 스님의 필수품이다. 전국 쓰레기봉투 값을 훤하게 꿰고 있다. 도봉산 계곡에 몇십 년째 묻혔던 쓰레기를 파내기도 했다. 1000일 전국 도보 행각, 155마일 휴전선 순례, 통일 기원 180일 국토 순례 등 행각으로 사람을 깨우칠 수 있는 행사도 여럿 이끌었다. 2002년에는 한일 월드컵 경기장을 돌아 123일 동안 4,000km를 걸으며 쓰레기를 주웠다……. — "30년 전과 지금을 비교했을 때 무엇이 달라졌습니까." "나라는 본질은 그대로지. 세상이 많이 변했어. 물질적으로 풍요로워져서 버리지 않아야 할 것도 버리고 있어. 버리면 다 쓰레기 아닌가. 덜 소유하면서도 자족할 줄 알아야 세상을 더럽히지 않으면서 행복할 수 있을 거야." — "범인들에게 '소유를 버리라'는 것은 쉽지 않은 주문 아닙니까." "무소유는 있을 수 없어. 저소유가 가능하겠지. 나는 옷이 한 벌밖에 없지만 꾀죄죄하지 않아. 저녁에 빨아서 널어뒀다가 아침에 마르면 마른 대로 입고 덜 마르면 덜 마른 대로 입고. 속옷도 빨아가며 열 달 넘게 입었어. 떨어져야 버리든지 하지. 덜 소유하면 세상은 그만큼 좋아지는 거야." — "평생의 화두가 있다면?" "화두라는 것도 가지고 다니면 무게를 느껴. 화두의 무게조차 놓아 버려야 해."
걷기는 마음의 보약이라고 말하는 원공 스님은 걷기 도사다. 겨울은 나목이라 산 모양을 제대로 볼 수 있어 좋죠. 봄은 새로운 풀들이 나오고 꽃향기도 자욱하니 좋습니다. 여름은 아무 데나 노숙을 할 수 있어 좋죠. 가을은 아무리 걸어도 땀이 안 나서 좋죠. 사시사철 걷다 보면 '날마다 좋은 날'이 아닌 날이 없습니다. 걷기는 몸에도 보약이고, 마음에도 보약입니다[참고: 백성호(2007). 29년째 걸어만 다니니 마음이 비워지더라. **중앙일보**. 2007년 5월 20일자].

41) 참고: 클레이 셔키(2011). **많아지면 달라진다**(역). 서울: 갤리온.

42) 언론들은 인터넷의 위력, 집단 지력의 가능성을 드러내고 있다. "한 평범한 대학생의 숙제를 24만명이 넘는 사람들이 도왔다. 공상과학 소설에나 나올 법한 이야기지만, 소셜네트워크서비스(SNS · 인터넷 인맥서비스)가 한국에서 만들어 낸 현실이다. 어느 사립 대학교 3학년 학생이 2011년 11월 4일 자신의 페이스북에 이번 학기에 듣는 '기획론' 과제를 위한 설문 조사를 올렸다. 지난 7월부터 기존 주소와 병

행해 법정(法定) 주소로 쓰이는 새 도로명 주소 사업에 대한 인지도 조사였다. '과제 설문 조사 좀 도와주세요.'라며 '① 잘 알고 있다, ② 잘 알지는 못한다, ③ 들어본 적도 없다'는 3가지 보기를 올렸다. 그 학생은 "페이스북 친구 200여 명 중에 절반 정도인 100명의 답변을 받는 게 목표였다"고 말했다. 하지만 호응은 폭발적이었다. 하루 만에 100명, 사흘이 지난 오전에는 응답자가 500명으로 불어나면서 SNS가 본격적으로 위력을 드러내기 시작했다. 이어 오후 2만 명, 그다음날 오전에는 10만 명을 돌파했다. 그 학생은 17만 9100여 명이 응답한 날 오후 설문을 마무리한다는 글을 올렸지만, 여전히 응답자는 불어나고 있다. 하루가 더 지난 그다음날까지 응답자는 무려 24만 명에 달한다. 이번 사건은 인맥을 통해 불특정다수에게 전방위로 확산되는 SNS의 파급력을 단적으로 보여 준 것이다[참고: 조선일보 편집국(2011). 평범한 대학생이 "숙제 좀…" 올렸더니 24만명이 도와줬다. **조선일보**. 2011년 11월 10일자].

43) 참고: 자크 아탈리(2005). **인간적인 길**(역). 서울: 에디터.

44) 참고: 엘리너 오스트롬 · 샬럿 헤스(2010). **지식의 공유**(역). 서울: 타임북스.

45) 참고: 니콜라스 카(2011). **생각하지 않는 사람들**(역). 서울: 청림출판.

46) OECD는 '삶의 질' 지표의 국가 간 비교 연구에서 친구와 가족 등과의 직접적인 대면(對面) 접촉과 의존도를 뜻하는 '사회 연결망(social connections)' 부문에서 한국이 당면한 문제를 지적한 것이다. 2011년 10월 17일 OECD의 '삶은 어떠한가: 웰빙의 측정(How's life: Measuring of well-being)' 보고서에 따르면 사회 연결망 지표에서 한국은 '바닥 수준'을 기록했다. 곤란할 때 언제든지 도움을 요청할 수 있는 친구나 친척이 있는가를 물었을 때 OECD 평균은 91.1%였다. 그에 비해 한국은 79.8%였다. 40개국 중에서 36위를 기록했다. 꼴찌에서 4번째를 기록한 것이다. 일본은 89.7%, 미국은 92.3%였다. '자발적으로 친구 등을 만나는 시간' 부문에서 한국은 '하루 평균 1분'에 불과했다. 비교 대상 28개국 중 밑에서 3위를 기록했다. 일본은 하루 4분이었고, 미국은 8분이었으며 OECD 평균은 4분이었다. '다른 사람들에 대한 믿음 수준' 부문에서 한국은 25. 6%로 비교 대상 36개국 중 중간 수준을 유지했지만, 이 역시 OECD 평균인 33%보다는 크게 낮은 비율이었다[참고: 문화일보 편집국(2011). 대면소통 꼴찌 대한민국. **문화일보**. 2011년 10월 17일자].
누스페어(noosphere)에서 누(noo)는 정신을 말하는 단어이며, 스페어(sphere)는 문자 그대로 시 · 공간적 세계를 의미하는 단어이기에, 누스페어는 정신계라는 단어일 뿐이다. 누스페어를 주장하는 레비 교수는 디지털 사이버 공간을 메마른 기계론적 관점이 아니라, 인간의 정신과 의식이 한층 더 고양, 발현되는 영성적 교류의 장으로 해석한다. 그는 사이버세계에 대한 지나친 낙관이나 극단적인 디스토피아적 비전 모두를 경계하면서 인간 의식, 테크놀로지와 경제가 하나로 통합되는 세계의 비전을 제시한다. 인쇄 · 통신 · 운송 등의 기술을 이용해 인류는 지적능력과 자산을 소통시키면서 집단적 지성을 이루어 왔으며, 이 집단지성을 통해 인류의 통합을 이룰 수 있다고 주장한다. 디지털 기술의 발달로 집단지성은 시공간의 제약을 극복할 수 있는 터전을 마련하였고, 모든 세계의 다양한 문화를 하나로 통합해 결국 우주와 개인이 하나가 되는 진화의 완성 단계에 도달하고 있기 때문이다.

레비는 전지구상의 권력은 이제 집단지성의 크기와 그것의 권능에 달려 있다고 주장한다. 그것은 경제적으로 후진적이거나 낙후된 지역들은 내부 또는 외부와 전쟁 중이거나 지나치게 맹목적으로 과거에 집착하지만, 중심적인 주요 사회는 대부분의 에너지를 집단지성으로 발전시키고 새로운 에너지를 창조하는 데 소모한다. 그들을 움직이는 금융 자본이나 지식은 집단지성에 의해 형성되기 때문이다. 둘째로, 국가 간의 국경 역시 이미 소멸하고 있는 중이라고 보는 레비는 이제는 어느 나라 출신인가가 중요한 것이 아니라, 어떤 정신적 시대에 살고 있는가가 중요한 시대가 도래했다고 본다. 우리 스스로를 한국인이라고 우기면 그것은 구석기시대 사람들이며, 세계인이라고 우겨도 그것은 신석기시대 사람들에 지나지 않는다. 이제 세계적인 대도시의 직업인이라면 그들은 한국인이나 미국인이 아니라, 누스페어 시대 사람들일 뿐이다.

이미 '호모 에코노미쿠스'와 '호모 아카데미쿠스'가 자연스럽게 통합되고 있다는 것이 레비의 생각이다. 기업은 과학 공동체가 정교하게 만들어 놓은 조직 방식들을 전유하고, 대학은 세계 시장에서 점점 치열하게 경쟁하는 지식의 생산과 상업화를 주도하는 기업이 된다. 정보의 경제에서, 점차 세계적 규모의 집단지성의 기능을 가지는 시장은 아이디어를 생산하고 테스트하는 주요 기제가 된다. 그것이 사이버공간에서 만개될 때마다 경제 인간인 호모 에코노미쿠스와 공부하는 인간인 호모 아카데미쿠스는 하나가 되어 집단지성의 창조적 과정에 참여하게 되기 때문이다[참고: 피에르 레비(2003). 누스페어(역). 서울: 생각의 나무].

48) 참고: 데이비드 와인버거(2008). 혁명적으로 지식을 체계화하라(역). 서울: 살림비즈니즈.

49) 여기에서는 칼야나미트라를 그냥 지식(知識)이라고 하지 않고, 큰 지식(大智識) 혹은 지식(智識)이라고 명기한다. 앞으로도 그렇지만, 한자로 '지'를 단순히 지(知)라고 하지 않고 지(智)라고 한 것은 지(智)라는 말이 갖는 의미가 지(知)와는 다르기 때문이다. 일반적으로 지(智)라는 단어는 말을 한다는 '왈(曰)'자에 음을 나타내는 '내뱉다' 혹은 '깨닫다'라는 뜻에서의 '지(知)'를 합한 것이다. 자기가 체험하여 깨달은 것을 막힘이 없이 토로함으로써 자기 단련됨의 구체성을 드러냄을 의미하는 단어가 바로 지(智)이다. 그냥 무엇을 '알다' 는 뜻으로서 쓰이는 지(知)는 한자에서 보듯이 화살(矢)에 입(口)을 합한 것으로, 그 어떤 것에 전문적이거나 정통한 것을 드러낼 뿐이다. 그래서 전문 지식이라고 한자로 쓰려고 할 때 그것을 專門 '智' 識이라고 쓰지 않고 專門 '知' 識이라고 쓰는 이유다.

50) 키스 소여(Keith Sawyer) 교수는 시카고 시내에 있는 많은 재즈 밴드와 즉흥극 극단을 찾아다니며 공연 장면을 녹화한 후 배우들의 대사와 연주를 분석했다. 그 결과, 대본 없이 즉흥적으로 공연하는 즉흥극 극단과 재즈 밴드야말로 가장 창의적인 집단이자 가장 순수한 형태의 그룹 지니어스를 이루고 있다는 점을 발견했다. 이런 그룹 지니어스에 의해 만들어진 것이 바로 익스트림 스포츠(extreme sports)의 하나로 많은 사람들에게 각광받고 있는 산악 자전거다. 산악 자전거는 1970년대 초 샌프란시스코의 교외에 있는 마린카운티의 자전거 동호인들에 의해 재발명되었다. 어느 한 사람의 발명품이 아니라 동호인들의 집단지혜에서 나온 협력 발명품이 산악 자전거였다. 산에서 자전거를 즐겨 타던 사람들은 산악 지형에서는 기존의 자전거로 견딜 수 없었다. 그래서 동호인들은 산악에서도 일반 자전거처럼 달릴

수 있도록 일반 자전거를 개조하였다. 그것이 산악 자전거의 초기 발명 역사였다. 당시의 일반 자전거는 경사가 급한 비탈길이나 노면이 거친 비포장도로를 달리기에는 적합하지 않았다. 구조나 부품 모두가 산악 자전거로서의 구조를 지니지 못했다. 수십 년이 지나면서 개조와 개조 끝에 지금처럼 만들어진 산악 자전거는 두꺼운 타이어, 변속기, 소뿔 형태의 손잡이, 튼튼한 차체 등을 단 정교한 기계로 변신했다. 겨울에는 겨울 스포츠로 즐길 수 있도록 산악 자전거에 달린 작은 부품 하나하나에는 수많은 사람들의 집단 아이디어가 담겨 있다.

개인이 발휘하는 즉흥성이 창조성에 매우 중요함을 알게 된 키스 소여는 창조적 사고는 계획이나 설계에 의한 것이 아니라 즉흥적인 요소가 많다고 주장한다. 불현듯 떠오르는 그 무엇에 의해 창조는 이루어진다는 것이다. 즉흥성은 자유로운 개인의 사고와 시간에 얽매이지 않는 환경에서 만들어진다. 즉흥성을 발휘하려면 지금까지 사용해 왔던 관습적인 사고방식부터 버려야 한다. 목표를 정하고 일사분란하게 움직이는 사고 구조로는 개인이 가지고 있는 다양하고 즉흥적인 생각이 표출될 수 없기 때문이다 [참고: 키스 소여(2008). **그룹 지니어스**(역). 서울: 북섬].

51) 리즈 와이즈먼(Liz Wiseman)과 그렉 맥커운(Greg McKeown)은 글로벌 기업 35개사의 150명 이상의 임원을 대상으로 20년 동안 연구했다. 성공한 기업에는 어김없이 멀티 플라이어와 멀티 플라이어의 효과가 나타났음을 확인했다. 기업에서 기대 이상의 성과를 내는 멀티 플라이어들은 부하 직원의 재능을 키워주는 자석, 해방자, 도전자, 토론자, 투자자처럼 행동했다[참고: 리즈 와이즈먼 · 그렉 맥커운(2012). **멀티 플라이어**(역). 서울: 한국경제신문사].

52) '칼야나미트라'는 이 책에서는 일관되게 슬기를 의미하는 뜻에서 지식(智識)으로 표기된다. 슬기가 있는 동행이라는 뜻으로 쓰인 것이다. 칼야나미트라는 원래 인도, 티베트 지방에서 쓰이던 말이다. 이 말이 중국의 불교계로 흡수되어 그들의 심성에 맞는 말로서 '선지식(善知識)'이라고 번역되었다. 중국의 불가(佛家)에서 선지식으로 번역할 수밖에 없었던 이유가 있었다. 그것은 친구에 대한 중국인의 현실적인 남다른 감각에서 그렇게 된 것이다. 칼야나미트라에 대한 의미를 중국인의 심성, 말하자면 친밀한 친구 붕우(朋友)에 대한 의미를 현실적으로 각별하게 부가시키려고 한 노력이었다. 붕우보다는 조금 윗자리에 있으나 스승(師)보다는 조금 아랫자리를 차지하는 듯한 의미를 지니고 있는 선지식이라는 개념이 불교계에 그대로 전승되었다.

후기 산업 사회를 거치면서 선지식의 의미는 동행 혹은 같이 나아가며 나의 정신적 후견인과 같은 멘토와 코치로서의 지식이란 말로 더 축소되어 지성인 사회에 회자되고 있다. 이때의 지식은 앎의 결과나 정보(情報)와는 전혀 성격이 다른 개념이다. 지식이라는 개념은 야단법석이나 이판사판과 같은 불가의 용어가 대중화하면서, 앎이나 혹은 정보 획득과 같은 단어로 상당할 정도로 이질화되어 버렸지만, 지식은 원래 좋은 친구, 사표(師表)가 되는 친구, 깨우침에 앞선 친구 등과 같은 사람 냄새가 듬뿍 풍기는 개념이라는 점을 상기해야 한다는 것이다.

삶이나 수행을 하는 과정에서는 서로에게 도움이 되며 서로에게 길을 안내해 주는 선우칠사(善友七事)들이 언제나 필요한 법이다. 좋은 일을 행하게 도와주는 좋은 친구는 7가지 조건을 갖춘 사람을 좋은 벗이자 동행을 말한다. 말하자면 '주기 어려운 것을 주고, 하기 어려운 것을 하고, 참기 어려운 것을 참으며, 비밀을 서로 말하며, 잘못을 서로 덮어 주며, 괴로운 일을 만났을 때 버리지 않고, 비천할 때 가벼이 여기지 않는 친구'가 바로 동행이며 지식이다. 선우칠사의 조건을 더 줄여 3종류의 선지식, 3종류의 좋은 동행인으로 제한하기도 하는데, 그런 좋은 동행을 선가에서는 흔히 밖을 지켜 주는 외호(外護), 함께 행동하는 동행(同行), 앞을 터주고 인도하는 교수(敎授)를 지칭한다.

원시 불교에서는 선지식을 훌륭한 스승 또는 절대적인 의미에서 붓다와 같은 법주(法主)라는 의미로 받아들였다. 일반적으로 선지식의 개념을 실천적으로 선용해 온 불가의 용례에 따르면, 선지식은 바른 길을 가르쳐 주는 좋은 친구를 지칭한다. 좋은 친구사이에서는 늘 그렇듯이, 지식은 지인 간에 서로 배우고 서로 가르쳐 주고, 서로 보듬어 가는 관계를 이어가는 사람들이다. 지식은 인간 상호관계에 의해 이루어지는 총체적인 가치와 인식의 총화를 의미한다는 점에서 단순한 정보 덩어리이나 정보 획득의 수준을 넘어서는 관계의 행위다. 이런 지식을 서로 즐기는 지식인이란 하루하루 큰 지혜(智識)를 찾아 길을 떠나는 동행자들을 말하게 된다.

지식(智識), 슬기로운 동행으로서의 친구, 앞서가는 친구의 기능을 발휘하는 것은 사람만이 아니다. 지식(智識)은 동행할 수 있는 능력을 갖는 개인이나 단체 모두를 지칭하기 때문이다. 지식(智識)과 동행을 굳이 개인 인격체로 국한할 이유는 없다. 개인 하나만을 지식으로 규정해야 할 이유도 없다. 집단도 지식(智識)과 멘토가 된다. 집단들도 타인을 향한 삶의 순례길에 동참한다. 자선 단체들이 이 시대의 동행이며 지식이다. 법인격체로서의 멘토들이 바로 인류의 동행이다.

예를 들어, 룸투리드(Room To Read)라는 단체가 있다. 룸투리드는 후진국의 아이들을 위한 방과 후 공부방을 제공한다. 마이크로소프트사의 임원직을 버리고, 가난한 나라에 도서관을 지어주는 존 우드(John Wood)가 시작한 운동이다. 또 다른 사회운동도 있다. 리틀키즈록의 데이비드 위시라는 사람은 정규 교육과정에서 음악이 사라지자 방과 후 아이들에게 기타를 나눠주고 음악을 가르치는 자선 단체를 세웠다. 이외에 필요에 따라 치료받고 능력에 따라 돈을 내는 혁신적 가격 시스템을 만들어 가난한 이들을 돕는 데이비드 그린(David Green), 가난한 자들의 은행인 그라민 은행, 착한 기업들을 대상으로 투자 펀드를 운영하는 캘버트 재단, 회사의 이익을 사회적 공공선을 위해 투자하는 알트루세어 증권과 같은 기업도 말하자면 동행력을 발휘하는 선지식 기업들이다. 이들은 세상을 바꾸기 위해 사람들과 서로 더불어 가는 세상을 위해 자신이 직접 행동에 나서기 때문에 선지식이 될 수 있는 것이다.

생각을 달리하면, 위키피디아(wikipedia) 같은 정보원들도 일종의 동행과 지식(智識)의 기능을 발휘하는 중이다. 위키피디아가 이용자들에게 정보 공유와 정보 창출에 성공함으로써 위키피디아를 찾는 사람들과 동행하는 가능성을 보여 주고 있다. 위키피디아는 정보 창출과 확산에 이르는 콘텐츠 생산에 참여하는 모든 사람들이 정보와 그것을 수정할 수 있는 권리를 공유한다는 개념, 말하자면 '일반 공중 라이선스(GPL · General Public License)' 개념을 보편화시키고 있다. 이것은 위키피디아 커뮤니티 내에서 협업(collaboration)을 의미하는 것이다. 그래서 위키피디아를 이용하는 사람들에게는 위키피디아가 일종의 지식의 기능을 발휘하고 있다고 보는 것이다. 위키피디아가 지식의 한 영역으로 들어올 수 있음에도 불구하고, 아직 위키피디아가 갖고 있는 지식의 기능은 친구나 멘토나 지인들의 면대면의 지식 접촉 기능이나 역할에 비해 상대적으로 미약한 형편이다.

위키피디아는 이용자와 이용자 간의 감정적 연결에도 그 힘을 발휘하지 못하는 형편이다. 위키피디아는 단순히 기계와 사람 간의 정보적인 교류와 연결(interfacing)에 이성적으로 충실할 뿐이다. 위키피디아가 유사 지식의 기능을 발휘하는 것은 위키피디아의 편집 기능이다. 이 세상 누구라도 편집이라는 버튼만 누르면, 위키피디아에 글을 올리고 수정할 수 있다. 얼굴 없는 네티즌들의 협업이 정보 창출과 정보 확산을 세계화하고 있다. 그들은 아무런 보상을 바라지 않고 위키피디아에서 정보 창출에 기여하고 있다. 약 693만 명에 이르는 네티즌이 그런 정보 창출을 위한 편집의 일을 맡고 있다. 네티즌의 정보 창출을 위한 협업으로 영어판 위키피디아에 실린 용어 설명이 이미 230만 개를 넘고 있다. 이 숫자는 1년 반만에 두 배가 늘어난 것이고, 이는 브리태니커의 10배가 넘는 새로운 정보들이다.

위키피디아는 '나'라는 하나의 개인적 존재의 지력보다는 '우리'라는 집단적 존재들의 두뇌력이 더 우수하다는 전제를 갖고 있다. 그 논리를 경영에 적용한 것이 이 시대 경영 조류의 하나인 '위키 매니지먼트(Wikimanagement)'다. 위키 매니지먼트는 제왕적 의사결정에서 참여형 의사결정으로 체제를 강조하는 일종의 다중 지력의 경영론이다. 위키 매니지먼트[참고: 김성희 · 김영한(2008). **위키 매니지먼트: 빠르고 창의적인 문제해결**. 서울: 국일미디어.]는 조직원 사이의 벽을 허물고, 계급을 없애고, 적절한 보상 체계로 서로를 격려하며, 조직원 간의 '경청과 관심'을 부추기는 경영방식을 선호한다. 위키 매니지먼트의 의사결정은 과거의 경험주의적 판단보다는 직원의 참여를 유도해내는 위키 디시즌(WikiDecision)을 선호한다. 조직원들에게 문제 발굴과 해결능력을 키우고, 문제 유형에 따른 적합한 해법을 만들어 내며, 아이디어 벤치마킹으로 창의적 아이디어를 도출하고, 빠르고 바른 의사결정 능력을 키우는 방법을 선호한다. 이러한 위키 디시즌의 효율성을 높이기 위해 조직원들에게 어떤 경우든 ① 문제를 객관화하라 (Problem Analysis: PA), ② 다양한 대안을 찾아라(Alternative Analysis: AA), ③ 이상적인 해결안을 만들어라(Solution Analysis: SA), ④ 최고의 아이디어를 선택하라(Decision Analysis: DA), ⑤ 실행 계획, 최소한 90일 실행 계획을 짜라(Action Plan: AP)고 격려한다.

위키 매니지먼트는 위키 디시즌을 존중한다. 위키라는 말은 '빠르다', '참여한다', '창의적이다'라는 의미를 두루두루 상징하는 말로서, 위키 매니지먼트는 핵심 인재 한두 명의 머리나 의사결정에 일방적으로 의존하기보다는 머리 좋은 집단 전체의 역량을 믿고 그들의 집단 지력을 지속적으로 향상시켜 그들의 위키 디시즌으로 경영의 성과를 겨냥한다.

53) 불가에서는 붓다 혼자만을 대선지식(大善知識)이라고 한정한다. 다른 선승들은 그저 선지식의 반열에 오를 뿐이다. 일반적으로, 사람들은 자기와 친하거나 더불어 지낼 수 있는 사람은 '벗'이라고 부른다. 자기를 만들어 준다는 의미에서 벗을 불가에서는 도반(道伴), 선우(善友), 법우(法友)라고 부른다. 벗은 동행이며 슬기와 지혜로서의 지식(智識)이다. 행복하기 위해서는 좋은 벗, 좋은 지식을 두라고 이른 붓다는 "진정한 도반은 자기 영혼의 얼굴"이 된다고 말했다. 도반은 상동(尙同), 즉 자기 혼자만 이롭게 하지 않으려는 동무다. 개인적인 욕심이 소거된 마음이 서로 통하여 가깝게 사귀는 사람 간의 상생 관계다. 지식(智識)은 어짐의 관계다. 어짐이 없는 지식은 착취이며 폭력이고 조폭일 뿐이다. 동무, 도

반, 벗들은 서로가 서로에게 평등하게 사랑하고 아껴야 그것이 진정한 의미에서의 인(仁)이라고 부른다. 인은 겸애(兼愛), 그 자체일 뿐이다.

도반의 좋은 사례로서 혜가 대사와 담림(曇林) 간의 무비림(無臂林) 이야기를 흔히 언급하곤 한다. "혜가는 담림과 함께 탁발을 다니기도 했다. 어느 날, 담림은 도둑을 만나 팔을 하나 잘린다. 담림이 혜가를 찾아와 고통을 호소하자, 혜가는 상처를 불에 태워 지혈을 시키고는 천으로 싸매 주었다. 그날부터 혜가는 혼자 탁발하여 얻어온 양식으로 담림을 간호했다. 다음날 혜가가 담림에게 먹을 것을 주고는 말없이 밖으로 나가려 했다. 그러자 통증으로 밤새 끙끙 앓던 담림이 화를 냈다. "혜가여, 아무리 내 팔이 잘려 이 꼴이 돼 있다지만 어떻게 그대마저 나를 병신 취급하는가." "왜 화를 내는가. 보리로 만든 떡이 눈앞에 있으니 그대의 입으로 스스로 먹으면 되지 않겠는가." "무슨 소린가. 도둑에게 팔이 잘려 꼼짝도 못하고 있는데 무슨 소리를 그렇게 하는가." "담림이여, 나 또한 팔이 하나 잘려 없다네. 왜 그렇게 화를 내는가." 혜가가 소매를 걷어 팔이 하나 없음을 보여 주자 담림은 깜짝 놀라고 만다. 일찍이 혜가가 담림과 같은 상황에서 고통을 극복할 수 있었던 것은 공관(空觀)을 익혀 마음을 다스릴 줄 알았기 때문이다. 담림은 부끄러워하며 마음에 깨달은 바가 있어 혜가에게 사죄했다. 팔이 하나씩 없는 도반이라 하여 사람들은 그들을 가리켜 무비림(無臂林)이라고 불렀다. 무비림이 주는 깨우침이 있다면 도반이란 어려움을 함께 나누고, 그 어려움 속에서도 서로가 칼날과 숫돌이 되어 탁마한다는 사실일 것이다 [참고: 정찬주(2007). 혜가대사의 영혼을 적신 도반들. **주간조선**. 2007년 8월 20일자].

54) 기업이 필요로 하는 새로운 기술은 사람에게서 나오며, 그들이 갖고 있는 창의력은 회사가 관리할 수 없다. 사람 중심의 리더십은 기업 조직을 사람 친화적인 조직으로 만들어야 함을 강조하는 것이다. 인간 친화적인 경영은 직원들 간의 친구 관계, 직원들 간의 협력 관계, 직원들 간의 상호 배움 관계가 조직의 성공요소라고 보고 있다. 이 점은 직장에서 절친한 친구가 세 명 정도 있는 사람은 일에 충실할 확률이 96%라고 주장하고 있는 톰 래스의 연구에서도 하나의 사실로 확인되고 있다.

일반적으로 기업에서는 직원들을 경쟁시켜야 성과가 창출된다는 견해가 주종을 이루고 있다. 기업의 사장이며 책임자인 CEO들은 직원들 간의 친구 관계를 원하지 않는다. 실제로 기업을 움직이는 리더의 3분의 1은 직원들이 서로 '친해지면 사장의 지시를 무시하게 된다'는 항목에 동의하고 있는 것만 보아도 그렇다. 이런 관점에서 잭 웰치 같은 CEO는 그가 제너럴 일렉트릭(GE)에서 CEO로 재직하는 동안 인력 3등급 분류의 구조 조정법을 강력하게 실천했었다. 말하자면, 직원의 능력을 3종류로 분류해서 하급으로 분류된 직원들을 잔인하게 정리 해고했다. 그가 의지했던 경영 철학이 바로 경쟁을 기초로 한 신자유주의적 리더십이었지만, 그의 리더십은 문제해결보다는 문제 야기의 온상이 되었다. 잭 웰치가 말하는 초강력 리더십과는 달리 제프리 페퍼(J. Pfeffer) 교수는 인간 경영, 인간 존중의 리더십을 강조한다.

제왕적 의사결정이나 경영이라는 것에 한국의 CEO들이 매력을 느낀 적이 있던 때가 있었다. 이런 황제 경영은 더딘 경영 전략의 전형이라고 비판하는 김성희 교수팀은 경영 현실에도 자연 선택 원리가 적용된다고 주장한다. 그것을 '레드 퀸 효과(Red Queen Effect)'라고 부르는데, 레드 퀸(Red Queen),

즉 붉은 여왕은 영국의 수학자인 루이스 캐롤(Lewis Carroll)이 쓴 『거울 나라의 앨리스』에 나오는 체스 판의 말 중의 하나다[참고: 루이스 캐롤(2006). 이상한 나라의 앨리스: 거울 나라의 앨리스(역). 서울: 북폴리오]. 레드 퀸은 달리기의 달인이나 마찬가지다. 그녀가 그럴 수밖에 없었던 것은 붉은 여왕이 속해 있는 나라가 늘 움직이기 때문이다. 주변 경치가 고정되지 않고 언제나 움직이기만 하기 때문에 누구든 제자리에 머물기 위해서는 달려야만 한다. 이 움직이는 나라에 들어온 앨리스는 붉은 여왕의 손을 잡고 있는 힘을 다해 뛰기 시작한다. 아무리 뛰어도 제자리에서 한 걸음도 더 나아가지 못한다. 조금 덜 뛰면 지금 있는 자리에도 제대로 머물지 못하게 된다. 두 사람은 제자리에 머무르기 위해서라도 달릴 수밖에 없다. 달려도 달려야만 제자리에 겨우 머물 수 있기 때문이다. 그런 앨리스에게 붉은 여왕은 조언을 해 준다. "앨리스야 제 자리에 있고 싶으면 죽어라고 뛰고 또 뛰어라." 라고 조언한다.

아프리카 평원에서 보여 주는 먹이사슬의 현실이 경영계에도 있는 그대로 드러난다는 논리다. 예를들어, 가젤은 쫓아오는 표범에게 잡히지 않기 위해 필사적으로 달아나게 마련이다. 스피드가 가젤에게는 생존의 조건이다. 뛰는 능력은 가젤에게는 대대로 이어진 유전인자다. 더 빨리 달려야 생존할 수 있기에 달리는 능력은 '학습'과 단련을 거쳐 후대에도 전달된다. 가젤의 달리기는 지속적으로 진화를 거듭했기에 지금의 가젤이 보여 주는 달리기는 선조의 그것에 비해 훨씬 빨라진 것이 사실이다. 가젤을 사냥하는 표범 역시 상황은 마찬가지다. 가젤보다 더 빠르지 않으면 표범은 육식에서 채식으로 생존방법을 바꾸거나 아니면 굶어 죽어야 한다. 표범의 달리는 속도 역시 진화의 진화를 거치면서 빨라질 수밖에 없다. 가젤이나 표범의 달리기 진화는 결국 피장파장의 공(共)진화, 즉 서로 다른 종(種)이 서로에게 영향을 주고 받으며 진화로 지금에 이른 것이다. 결국 생명 부지 위험도는 예전에 비해 결코 낮아진 것도 아니고, 유리해진 것도 아니다. 이 서로진화 현상 속에서 가젤이 살아남으려면 표범의 속도보다 빨라야만 하지만, 그것은 어차피 불가능하며, 부질없는 짓이다. 생존의 방식, 경쟁의 방식을 바꾸어야 한다. 생존의 표준이었던 개인의 속도 높이기에서 벗어나야 한다. 속도 경쟁을 무력화시켜야 가젤이 표범과의 생존 경쟁의 틀에서 벗어날 수 있다. 표범의 장점인 속도감, 속도력을 무기력하게 만들고, 그 속도력으로는 가젤에게 근접할 수 없는 새로운 생존방식을 개발해야만 가젤은 표범의 먹이사슬에서 생존의 가능성을 높일 수 있다.

제아무리 변화를 추구하지만 환경도 변화하는 까닭으로 결과적으로는 아무것도 달라지지 않는 상태가 레드 퀸 현상이다. 레드 퀸 현상은 일반적으로 기업이 선호하는 제왕적 의사결정 중심의 비즈니스 현장에서도 어김없이 발견된다. 경영 환경이 달라지기에 기업의 경영방식도 진화를 꾀하게 마련이다. 주변 여건이 더 많이 변화하거나 경쟁자의 변화 속도가 더 빠르다면 그 기업은 위험에 직면할 수 있다. 제아무리 자기 나름대로 자기만의 속도로 변화해도, 자기 이외의 바깥 환경 역시 그만큼 빠른 속도로 변화하기 때문에 모두는 끝내 항상 같은 장소, 엇비슷한 공간과 거리를 유지하고 있는 것 같다. 얼핏 보기에 그것은 어떤 기업에게 대단히 유리한 것처럼 보이지만, 내용은 결코 그런 셈법으로 종결되는 것이 아니다. 같은 업종 간의 경영에서 보여지는 제왕적 의사결정이나 경영은 어차피 제로섬(zero sum)의 결과로 나타날 수밖에 없기 때문이다.

평원에서 벌어지는 가젤과 표범의 대립과 적자생존의 게임에서 본 것처럼, 한 기업이 다른 기업과의 경쟁 관계에서 살아남으려면, 새로운 경쟁방법을 어떻게든 개발해야 하는데, 그 핵심 아이디어가 바로 위키 매니지먼트, 즉 집단 지력의 경영이라는 것이다. 집단 지력의 경영이나 정책의 효과에 대한 역사적 전거는 이미 항우와 유방의 쟁투에서 찾을 수 있다. 항우는 총명하고, 무예도 출중한 제왕의 자질이 있었지만 그는 끝내 보잘것없는 농민 신분의 유방에게 패한다. 항우는 제왕적 의사결정으로 전쟁에 임했지만, 유방은 자신의 역량에 한계를 알고 자기의 부족함을 채워줄 한신 장군과 장량을 책사로 들여 그들의 생각과 전략에 귀를 기울였기 때문이다.

기업들 가운데 집단 지력, 위키 매니지먼트로 동종의 금융권 기업보다 성과를 낸 기업이 마스터 카드이다. 마스터 카드는 사업권을 7개 지역으로 나누고, 각 지역에는 지역 전문가들이 해당 지역의 기술 및 소비자 동향 등을 상세히 연구하게 했다. 마스터 카드는 이 연구를 통해 소비자들은 기존의 지불방식을 벗어나서, 휴대전화를 이용한 비용 지불방식 같은 새로운 유형의 지불방식을 선호한다는 사실을 알아냈다. 그 사실을 BC 카드와 같은 경쟁사보다 더 빠르게 사업과 연결했다. 그런 토대 아래 만든 지역별 '역동적 전략' 프로그램 아래 이들은 1년에 2번씩 본사 임원들과 모여 카드 경영에 관한 총괄적인 정보를 공유한다. 마스터 카드 회사가 활용하는 경영방식이 다른 기업과는 차별화된 위키 매니지먼트와 위키 디시즌 경영이었다[참고: 제프리 페퍼(2005). **휴먼 이퀘이션**(역). 서울: 지샘].

미국 갤럽연구소에서 '직장 내 조직 연구 및 리더십 컨설팅팀'을 맡고 있는 톰 래스(Tom Rath)는 직장의 대표와 직원들 8,000명 이상을 인터뷰 혹은 설문으로 조사한 연구의 결과를 기초로 한 가지 결론을 내렸다. 요즘 기업의 흐름, 말하자면 직원들 간의 경쟁이 성과를 올린다는 주장과는 정반대의 내용이었다. 그의 연구에 의하면, "직장에 절친한 친구가 없으면 일에 충실할 가능성은 12분의 1로 낮았을 뿐이었다. 현실적으로 성과가 우수한 기업의 경우 직장 내에 절친한 친구가 있다고 응답한 직원은 30%에 지나지 않았다." 갤럽연구소는 인터뷰 결과를 토대로 직장 내 친구가 있는 사람들의 특성을 정리했는데, 친구가 있는 직원일 경우 '고객에게 더 충실하다' '회사생활이 재미있다고 느낀다' '혁신을 도모하고 새로운 아이디어를 공유한다'고 보고하고 있다. 그런 직장일수록 '사고가 적은 안전한 직장이 된다'고 강조하는 저자는 직장 내 절친한 친구를 '바이탈 프렌드(vital friends)'로 부른다. '바이탈 프렌드'가 있는 직원은 직장에 사표를 내지 않으며 일에 재미를 느끼고 성과를 향상시키는 친구인데, 그런 친구들은 모험을 감행하게 해 주는 '동기부여형', 내 장점을 언제나 동료들에게 말해 주는 '옹호형', 업무가 아닌 일을 부탁해도 들어주는 '동반자형', 재미있는 이야기로 기운을 돋우는 '활력소형' 등으로 분류된다[참고: 톰 래스(2006). **프렌드십**(역). 서울: 해냄].

55) 참고: 키스 소여(2008). **그룹 지니어스**(역). 서울: 북섬.

56) 핀란드라는 나라는 한때 자작나무와 장거리 육상선수, 외침에 수백년 간을 시달린 역사말고는 내세울 게 없던 나라였다. 호수가 아름다운 북구 유럽의 추운 고장, 산타클로스와 난쟁이 요정의 오두막이 있는 곳으로 알려진 나라가 핀란드였다. 자일리톨의 원산지로 알려진 핀란드라는 나라는 스웨덴으로부터 독립한 지 100년도 안 되어 경제 강국으로 등장했다. 그렇게 만든 원동력이 있다. 그것은 한국의 삼성에는 없지만 노키아에는 있는 것이다. 한국에는 없지만 핀란드를 만들게 한 것이다. 서울에서는 찾아

볼 수 없지만 헬싱키에서는 일상적으로 접할 수 있는 것이다. 그것은 경쟁력이 아니다. 개인도 사람답게 만들고 국가를 나라답게 만들어 준 사회적 자본이었다. 핀란드는 북유럽에서는 신뢰, 그 자체로 불린다.

핀란드는 교육 · 경제 · 정치 등 각 분야에서 자랑하고 있는 세계 최고의 경쟁력 같은 것을 자랑하지 않는다. 핀란드는 교육–읽기, 산수, 과학 등 기초학력평가 및 대학 진학률이 유럽 지역에서 선두를 달리고 있기 때문이다. 경제, 사회–경제적 창의성 지수에서도 공동 1위를 기록하고 있다. 그 이외에도 국내총생산 대비 연구 개발 투자 비율 세계 2위, 전자 금융 사용률 1위, 인터넷과 휴대전화 보급률 1위, 디지털 광섬유망 보급률 100%, 전 유럽의 의료 바이오 기술 관련 기업의 10% 보유, 2004년 환경지속가능성지수 1위, 수자원 관리 부문 1위, 정치– 반부패지수 세계 1위, 부채 상환 기간 유럽 내 최단 국가로 기록되고 있다. 오랫동안 스웨덴의 속주의 신세를 면하지 못하다가, 20세기 말의 유럽연합의 의장국이 되기까지 힘겨운 역사과정에서도 핀란드가 고유한 언어와 문화적 정체성을 보존해 낼 수 있었던 힘은 핀란드 고유의 민족성때문만은 아니다. 그런 민족의 고유성은 어느 나라에서라도 발견되기 때문이다.

핀란드는 자신의 국가적 신뢰성을 자랑한다. 서로 믿음을 그들의 사회적 자본으로 자랑한다. 그들의 민족성을 대표하는 전형적인 가치가 '시수(sisu)'다. 시수는 무엇보다도 핀란드인이 말하는 불굴의 정신과 상호 신뢰를 대표한다. 시수는 용기, 강인함, 체력, 불굴의 정신, 성실함, 어려움과 고난을 견디는 끈기 등을 의미하는데, 그런 핀란드의 시수와 관련된 재미있는 유머가 있다. 이탈리아와 알바니아의 전쟁 중 이탈리아가 보기 드물게 끈질긴 저항에 부닥쳤다. 첩보에 따르면 핀란드 군이 알바니아 군을 돕고 있다고 했다. 큰 피해를 본 어느 날 이탈리아 군부는 헬싱키에 전보를 보내 "핀란드 파병단을 철군해 달라."고 부탁했다. 핀란드 정부는 조사 후 답변을 보냈다. 핀란드에서 파병했다는 소문은 거짓이며, 알바니아에 있는 핀란드인은 알토 하사관과 레파넨 이등병 늙은 병사 두 명뿐인데, 이들은 이미 퇴역한 지 오래되었다는 것이다. 그러자 이탈리아에서 답변이 왔다. "그 두 사람을 말한 거요. 당장 철군시키시오."

그 시수보다 핀란드를 더 강렬하게 만드는 힘이 바로 핀란드인에게 체질화되어 있는 사회적 책무성이다. 사회적 책무성이 그들에게는 사회적 자본이며 그들을 하나로 묶어내는 힘이다. 그것 때문에 그들은 서로를 신뢰하고 서로에게 의지한다. 핀란드의 사회적 자본인 믿음의 요소들, 말하자면 정직성, 사회적 책임감, 신뢰성 등은 핀란드인의 사회적 자본이 되고 있다. 야코 륏솔라 회장은 핀란드 백만장자다. 그런 야코 륏솔라 회장에게 자동차 속도 위반을 했다는 이유로 6,000만 원짜리 티켓을 발부한 나라가 핀란드다. 가진 자, 모범이 되는 자가 사회적 책무성에도 우선하라는 사회적 명령을 내린 것이다. 그는 그 명령에 순순히 복종했다.

또 다른 젊은 수완가이자 거대 기업가인 토르발스(Linus Benedit Torvalds)가 있다. 그는 마이크로소프트에 맞서는 리눅스 운영체제의 개발자다. 그런 리누스 토르발스는 돈을 버는 데 관심을 두기보다는 핀란드의 사회복지 모델 체제를 본받아 봉사하는 사람으로 정평이 나 있다. 그는 리눅스의 우수함을 모두가 무료로 누릴 수 있도록 했다. 마이크로소프트사의 한 고위 임원은 이런 토르발스를 "미국적이지 않다."라고 비난한 적이 있지만, 그는 미국인이기는 하지만 저급 자본주의에 물든 그런 미국인이 아니었다. 그는 핀란드에서 배운 사회적 책무성이 무엇인지를 보여 주는 핀란드계 미국인이었기에 그것을 가능하게 만들었다. 핀란드인은 자기의 몸가짐을 경계하고 조심한다. 그들은 아무리 하찮은 빚이라도 싫어한다. 그래서 핀란드인은 항상 '내가 저 사람에게 빚진 것은 없는가, 갚아야 할 것은 없는가' 하고 스스로에게 질문한다. 1마르카, 약 175원을 갚기 위해 눈 덮인 산길을 5킬로미터나 걸어 내려가는 핀란드인을 보는 것은 핀란드에서는 일상적인 일이다. 핀란드 기업들은 어음을 받으면 한 달 내에 갚는 것이 원칙이다[참고: 리처드 D. 루이스(2008). **미래는 핀란드에 있다-국가경쟁력 1위의 비밀**(역). 서울: 살림].

57) 멘토라는 말은 고대 그리스의 이타카 왕인 오디세우스가 친구인 멘토에게 트로이 전쟁을 떠나며, 자신 아들 텔레마코스를 돌봐 달라고 부탁한 것을 개념화한 것이다. 오디세우스의 친구인 멘토는 오디세우스가 귀국할 때까지 그의 아들인 텔레마코스에게 친구, 스승, 코치 때로 아버지처럼 여러 가지 역할을 발휘하며 돌보아 주었기에, 멘토라는 말은 신뢰와 지혜 그리고 배려로 한 사람의 인생을 제대로 이끌어 주는 코치이자 지도자라는 의미를 갖게 되었다.

58) 예수가 보여준 것처럼, 영적 기업가는 흔히 자기의 삶에서 4단계의 과정을 나름대로 순서껏 혹은 뛰어넘는 과정을 거치곤 한다. 우선 미래에 대한 꿈을 갖고 새롭게 일을 '시작(launch)' 해야 한다. 그렇게 시작하면 어김없이 온갖 '곤경(lurch)' 이 찾아든다. 그런 곤경의 단계를 거치면서 중요한 나름대로 삶과 영성에 대한 '교훈(lessons)' 들을 얻는다. 이 단계를 거치면 마지막으로 영적인 여정을 헤쳐 나가는 데 필요한 믿음, 소망, 사랑이 요구된다. 그중에서도 영성에서 으뜸이 되는 '사랑(love)' 의 단계에 들어온다. 사랑으로 사람들은 각기 영성의 자기다움을 간직한다[참고: 로리 베스 존스(2001). **영적 기업가 예수**(역). 서울: 한언].

59) 미국의 과학 칼럼니스트인 데이비드 베레비(David Berreby)는 인간은 서로 비슷한 사람들이기에 한 패가 되는 것이 아니라, 한 패가 되고 나서 비슷해진다는 점을 발칸반도에서 자행된 세르비아인들의 인종 청소의 사례에서 찾고 있다. 20세기 인류가 저지른 가장 참혹한 비극 중 하나를 들면 바로 세르비아인의 인종 청소를 들 수 있는데, 그 인종 청소는 유별난 범죄자들에 의해 자행된 사건이 아니다. 인종 청소에 광분했던 세르비아인들은 내전이 있기 전까지는 평범하기 그지없는 교사였었고, 월급날을 기다리던 평범한 회사원들이었다. 그런 평범한 사람들이 인종과 종교가 다르다는 이유로 수많은 이웃 사람을 학살하고 강간하는 데 참여했었다. 집단의 논리가 그들에게 원초적인 도덕성과 교양을 버리게 하고 엄청난 비극의 현장에 가담하게 만들었다. 그는 "당신이 사실이라고 믿는 것은 바로 당신이 속한 집단에 의해 만들어진 것" 이라고 말한다. 베레비는 18세기 말 인디언에게 포로로 붙잡혔던 찰스 존스턴이라는 백인의 예도 함께 소개한다. 그는 전형적인 백인이다. 그는 쇼니 인디언 부족에게 흑인 한 명과 함께 붙잡힌다. 포로의 신세가 아니면 도저히 함께할 수 없는 흑인이 그에게 새로운 동료, 친구가 된 것이다. 평상시 같으면 공포의 상황일 것인데 그가 옆에 있다는 사실에 그는 편안하기만 했다. '포로와 감시자' 라는 새로운 무리짓기에서 흑인이 자기와 같은 무리에 속하게 되자 흑인에 대한 그의 인식이 달

라진 것이다. 이 사례를 통해 저자는 한 인간에게 결정적으로 작용한다는 분류와 화합의 코드는 자기가 속한 무리에 있다기보다는 자기의 감성과 머릿속에 각인되어 있다는 것을 강조하고 있다[참고: 데이비드 베레비(2007). **우리와 그들, 무리짓기에 대한 착각**(역). 서울: 에코리브르].

60) 일본의 유명작가인 오사무(Dazai Osamu)의 소설인 『인간 실격』에는 요조라는 29세의 남자가 주인공으로 등장한다. 그는 사람들에게 그저 사랑받고 싶었고, 반대로 그들을 사랑하고 싶어했던 사람이지만, 그는 사랑하는 방법을 알지 못했다. 요조는 사람들에게 우스꽝스러운 모습을 보이며 구애를 하기 시작한다. 그의 구애는 인간에게 그가 할 수 있는 마지막 구애였던만큼 눈물나도록 쓰린 아픔이었다. 그는 그것을 몰랐다. 그래서 그가 생각해낸 것이 바로 '우스운 행동'이다. 그렇게 하면 사람들이 사랑해 줄 것 같아서였다. 그의 우스운 행동은 인간에 대한 마지막 구애였다. 그런 우스운 행동을 수단으로 인간과의 가느다란 연결고리를 이을 수 있을 것이라고 생각했었다.

그렇지만 그런 우스운 행동은 사람들에게 자기가 가장 믿었던 친구에게까지 이상하게 보였다. 그 결과 친구인 호리키의 이상스럽게 다정했던 미소 아래 아무런 저항도 하지 못한 채 자동차에 실려 정신 병원으로 끌려와서 광인의 신세가 됐다. 젊은 의사의 안내를 받아 어느 병동에 갇히고, 방 문엔 찰칵 열쇠가 채워졌다. 정신 병원이었다. 이제 죄인의 신세가 아니라 광인이 된 것이다. 결코 돌지 않았지만, 한순간도 미친 적은 없었지만, 그는 정신 병동에 갇힌 것이다. 광인은 대개 자신이 미치지 않았다고 하니까 오히려 미치지 않았다고 하면 더 미친 것이 되니까 가만히 있는 것이 편한 것이다.

이제 이 병원에 수감된 자들은 미친 사람이고, 이곳에 들어오지 않은 자들은 정상이라는 말이 된다. 그래서 요조는 절규한다. 그는 "신께 묻습니다. 무저항은 죄인가요?" 여기서 나가더라도 나는 광인, 아니 폐인으로 낙인찍히겠죠. 인간, 실격. 이제 난 완전히 인간이 아니게 됐습니다. …… 이젠 내게 행복도 불행도 없습니다. 그저 모든 것은 스쳐 지나갑니다. 내가 지금까지 그렇게 몸부림치며 살아왔던, 이른바 '인간 세상'에서 단 하나 진리라고 생각한 것은 바로 그것입니다. 단지 모든 것은 스쳐 지나간다는 것입니다[참고: 다자이 오사무(2005). **인간실격**(역). 서울: 민음사].

61) 『화엄경』의 교리는 사사무애로 대표된다. 사사(事事)는 존재-존재, 사건-사건, 일-일 같은 것을 말한다. 무애(無碍)는 걸림이 없거나 거리낌이 없다는 말이다. 존재와 존재 간에 서로 걸림 없이 받아들이며 존재와 존재끼리 제대로 어울리기에 그가 내게 들어오고 내가 그에게 들어가도 아무런 장애가 없다는 뜻이다.

사사무애가 무엇인지를 깨닫게 하는 데에도 눈높이를 맞출 수 있는 방법지(方法知)에 대한 가르침과 보여 줌이 필요하다. 하나의 예가 있다. 어느 날 부처에게 가미니야라는 젊은 수행자가 다가와 물었다. "브라만이 말하기를 저 성스러운 강가 강에서 목욕을 하면 아무리 많은 죄를 지은 사람도 몸의 때가 씻어지듯이 죄업이 다 녹아서 하늘나라에 이를 수 있다고 합니다. 그것이 사실입니까?" 붓다는 빙긋이 웃으면서 말했다. "가미니야, 만약에 그들의 말이 맞다면 강가 강에 사는 물고기들이 가장 먼저 하늘나라에 가겠구나!"라고 말했다. 붓다의 그 말에 가미니야는 모든 의심이 순식간에 사라지고 마음이 확연히 밝아졌다. 붓다는 합당하면서도 합리적인 언어로, 상대의 눈높이에 맞게 자기의 생각을 이야기했다. 이론적인 것을 어렵게 이야기한 적도 없다. 신비로운 것을 알쏭달쏭하게 이야기한 적도 없다. 붓다의 말은 무지한 사람이라도 한 번 들으면 바로 알아들을 수 있었다. 이런 붓다와 가미니야가 주고 받는 설법의 이야기가 바로 배우며, 서로 즐기고, 서로 성장하는 멘토와 멘티의 배움의 관계다[참고: 법륜(2005). **붓다, 나를 흔들다**. 서울: 샨티].

62) 원효는 깨달음을 실천하는 무애의 삶을 살아간다. 무애라는 거듭남의 구체적인 실행 목록이기 때문에 원효는 『반야심경(般若心經)』에서 말하는 '조견오온개공하면 도일체고액(照見五蘊皆空 度一切苦厄)' 한다는 그것을 깨달아 실천하는 모범을 보여 준 것이다. 사리고 아끼며 보듬는 이 몸이라는 것은 고고(苦苦)하며, 행고(行苦)하고, 괴고(壞苦)로 이어지는 것이니 그것은 끝내 공(空)하다는 도리를 비추어 보는 자는 일체의 고통과 액난에서 벗어난다는 것을 꿰뚫어 보고 있으니 그의 행동에 거리낌이 있을 리 없었을 것이다.
『반야심경』은 누구든지 깨달음을 얻으면 붓다가 될 수 있다는 이야기를 담고 있는 경전이다. '지혜-완성-핵심-경전(Essence of Wisdom Sutra)'으로서 '완성(바라밀다)된 지혜(반야)의 핵심(심)을 가르치는 경전(경)'이라는 뜻을 담고 있는 대반야바라밀다경의 핵심을 간략하게 설명한 짧은 경전이 『반야심경』인데, 당나라 삼장법사인 현장(玄奘)이 번역한 것이다. 불교의 모든 경전 가운데 가장 짧은 경전인 『반야심경』은 모두 262자로 되어 있다. 대반야경 6백 권의 방대한 사상이 요약된 것인 『반야심경』은 불교의 모든 의식에서 독송된다. 지혜의 빛에 의해 열반의 완성된 경지에 이르는 마음의 경전으로 해석되는 『반야심경』에서 강조되는 핵심 사상은 공사상(空思想)이다.
이 세상의 모든 것이 공(空)임을 철저하게 터득해 반야를 얻어 깨달음에 이를 수 있다는 것이다. 관자재보살로 시작하여(觀自在菩薩 行深般若波羅蜜多時 照見 五蘊皆空 度一切苦厄), 아제 아제 바라아제 바라승아제 모지 사바하(揭諦揭諦 波羅揭諦 波羅僧揭諦 菩提娑婆訶)로 끝나는 262자의 『반야심경』에서 눈에 띄는 첫 어귀가 바로 '조견오온개공하면 도일체고액(照見五蘊皆空 度一切苦厄)' 한다는 구절이다. 이 말은 내 몸이 공하다는 도리를 비추어 보는 자는 일체의 고통과 액난에서 벗어난다는 말이다. 여기서 5온은 색(色), 수(受), 상(想), 행(行), 식(識)을 말한다. 색은 물질(육체)이고, 수, 상, 행, 식은 정신을 말하는데, 물질과 육체인 색은 끝내 공(空)일 수밖에 없다. 산다는 것은 사람 스스로 지(地), 수(水), 화(火), 풍(風)에 따라 모두가 서로 인연에 따라 한곳에 어우러져 있다는 것을 말하는 것일 뿐이니, 그것은 어차피 공일 수밖에 없다. 반면, 수, 상, 행, 식도 인간이 만들어 내는 감수 작용, 상상 작용, 의지 작용, 분별 작용인데, 그것들이 한데 어울려 매일같이 변덕스럽게 짝을 짓기도 하고 흩어지기도 하는 하나의 정신 작용을 일으킬 뿐이니 그것 역시 공일 뿐이다.
오온의 작용으로 사람은 처음부터 고고(苦苦), 행고(行苦), 괴고(壞苦)의 연속일 뿐이다. 다시 말해서, 나라고 하는 몸은 고통이 연속되는 색(色)일 뿐이며, 이 세상은 어떻게든 변하기 마련이니 허망한 것이며, 이 세상의 모든 것은 끝내 부서지고 사라진다는 바로 그 괴로움의 괴로움, 변하는 괴로움, 부서지는 괴로움으로 나타나게 되어 있느니 공일 뿐이라는 것이다. 고고, 행고, 괴고를 알려 줌으로써 지혜를 깨달아 완성된 사람으로 살아가게 만들기 위한 『반야심경』의 핵심을 상업적으로 악용하기도 한다. 즉,

『반야심경』의 독경(讀經), 견경(見經), 사경(寫經), 문경(聞經), 그리고 묵독경(默讀經)의 주술적 힘이 엄청나다는 식으로 문화 기업의 상품이 되고 있는 실정이다. 다시 말해서, 『반야심경』을 '보는 것만으로도 무엇이든지 손에 들어온다(견경)'. 『반야심경』을 '소리를 내어 읽으면 놀라운 운이 들어온다(독경). 『반야심경』을 '듣는 것만으로도 사주팔자가 바뀐다(문경)'. 『반야심경』을 '베껴 쓰기만 해도 억만장자가 된다(사경)'. 마지막으로, 『반야심경』을 '속으로 읽기만 해도 의지력과 정신력이 강화된다(묵독경)'는 식으로도 활용되고 있다[참고: 황태호(2010). **반야심경에서 배우는 성공비결 108가지**. 서울: 청어].

63) 평행과 역설이 사회적으로는 무엇을 의미하는지를 잘 알게 만들어 주는 사람들이 다니엘 바렌보임(Daniel Barenboim)과 에드워드 사이드(Edward W. Said) 같은 지식인들이다. 다니엘 바렌보임은 존경받는 피아니스트이자 지휘자로 아르헨티나에서 태어난 이스라엘인이다. 그는 2001년 베를린 국립오페라단을 이끌고 예루살렘으로 갔다. 반유대주의자 히틀러가 좋아했던 바그너의 음악을 연주했다. 수많은 비판 속에서 앙코르곡으로 연주했던 예술가였다. 편견을 이기고 음악을 사랑한 사람이었다. 에드워드 사이드는 영국 통치하의 팔레스타인 영토였던 예루살렘에서 태어나 이집트 카이로에서 자랐다. 그는 미국에서 교육을 받은 후 이슬람을 통렬하게 비판했던 문화 비평가였다. 두사람 모두 유대인과 아랍인에게 비판의 공적이었다[참고: 다니엘 바렌보임 · 에드워드 사이드만(2007). **평행과 역설**(역). 서울: 생각의 나무].

그들은 평행과 역설이 무엇인지를 규정지으며 사람들을 그들의 편의에 따라 통제하는 정치 권력을 혐오한다. 저들은 이렇게 항의하고 있다. 사이드: ……. 그 답은 아마도 그들이 모든 것을 결정짓기 때문일 것입니다. 그들은 전반적인 과정보다는 최종적인 결말에만 관심이 있는 사람들이지요. 그들이 하고자 하는 일은 다음 단계로 가서, "자, 내가 어떤 것을 이루었는지 한 번 보라고!" 이렇게 말하지요. 반면에 지식인이나 예술가에게는 타협이 없는 이상적인 것이 주요 관심사입니다. 가령 예술가는 어떤 일을 하고 싶을 때, 어느 정도의 안락함을 얻기 위해 조금이라도 타협하는 데는 전혀 관심이 없지요. 그러나 정치가는 이런 경우 타협을 선택합니다. 문제는 이것입니다. 정치가와 예술가 사이의 이러한 차이를 메울 수 있는 방법이 있는가? 이건 아주 어려운 문제입니다. 정치가의 방법이 예술가와 지식인의 방법에도 개방적으로 다가올 수 있을까 하는 문제 말입니다……. 바렌보임: 음악적으로 말해서, 너무나 많은 사람들이 20세기 독일식 연주, 독일식 마디 구성법, 독일식 음 창조와 같은 것들이 있다고 생각한다는 사실에 대해 나는 아무런 문제점도 느끼지 않습니다. 그렇지만 오직 독일인만이 그것을 이해하고 느낄 수 있다고 주장하기 시작하는 순간, 그들은 파시스트가 되는 것입니다. …… 독일 음악에서 훌륭한 점은 프랑스 음악이나 이탈리아 음악의 훌륭한 점과 마찬가지로 누구나 이해하고, 느끼고, 표현할 수 있다는 것입니다. 이 점을 증명하는 가장 좋은 방법은 이 음악이 존재하지 않은 나라에서 많은 음악가들을 불러 모아 테스트해 보는 것입니다. 가령 주빈 메타를 배출한 인도나 너무나 많은 훌륭한 음악가를 배출한 일본에서 말입니다."

64) 참고: 이범준(2007). **상대방을 읽는 기술**. 서울: 매월당.

65) 선가(禪家)에서는 걷기에 대해 필요 이상으로 이야기하거나, 걷기의 방법이 모든 것인 양 이야기하는 것에 대해서도 경계한다. 폴란드의 선승인 필립 카플로(Philip Kapleau)는 그의 저서 『선(禪)의 세 기둥』에서 참선과 스승, 그리고 법문이라는 삼학의 중요성을 강조하며, 걷는 명상에 대한 지침으로 내리고 있다[참고: Roshi P. Kapleau(1980). *Three pillars of Zen*. NY: Anchor]. 걷는 동안에는 들숨과 날숨의 숫자를 세어라. 걸을 때는 왼발로 시작해서 발이 바닥에 빠지는 것처럼 걸어라. 발꿈치를 먼저 대고 발가락은 나중에 대라. 고요하게 한결같이 걸어라. 몸가짐을 바로 하고 위엄을 가지고 걸어라. 방심하고 걸으면 안 되고, 들숨과 날숨을 세는 동안 정신은 긴장하라와 같은 식의 걷기에 대해 치밀하게 준비하고 있다[참고: 레베카 솔닛(2003). **걷기의 역사**(역). 서울: 민음사].

66) 고대 아테네 크레테 미궁의 신화에 따르면, 미노스 왕은 괴물의 모습으로 태어난 아들을 증오한다. 그는 우두인신(牛頭人身)으로 태어난 괴물 아들을 어느 누구도 볼 수도 없고, 또 아들이 다시는 바깥으로 나오지 못하게 수많은 미로로 이어진 '라비린토스 미궁(迷宮)'을 만들어 그 속에 가두어 놓는다. 그런 후 왕은 그를 위한 먹이로 미소년, 소녀 7명을 매년 아테네로부터 조공을 받아 그 미궁 속에 넣는다. 아테네 시민의 원성을 해결하기 위해 아테네의 청년 명장인 테세우스가 미궁으로 들어가는 모험을 감행한다. 그는 마침내 그를 사모하는 미노스 왕의 딸, 아리아드네 공주의 도움으로 미궁으로 들어가 우두인신인 괴물을 죽이고 미로를 따라 되돌아 나오는 영웅이 된다.

67) 무위당 장일순(張壹淳) 선생은 1928년 강원도 원주에서 태어나 1994년 67세로 원주시 봉산동 자택에서 눈을 감기까지 평생을 고향 땅 원주를 떠난 적이 없었다. 원주를 잠깐 비운 적이 있다면 그때가 서울 대학교 미학과를 다니다가 중퇴할 때까지, 그리고 5 · 16 군사정변 직후 사상범으로 춘천 형무소에서 3년간 옥고를 치른 기간 뿐이었다. 그는 신용협동조합운동과 한살림운동을 펼친 사회 운동가인 동시에 대성학교를 세워 새로운 인물들을 키워냈던 교육자이기도 하다. 1970년대 원주를 반독재 민주화운동의 본거지로 만든 장본인이었던 그는 인간과 자연의 조화로운 공존이 가능한 공생과 살림의 문명을 주창한 생명 사상가로서, 독실한 가톨릭 신자로서, 유학 · 노장 사상에도 조예가 깊었던 배움의 인물이었다.

해월 최시형(崔時亨)의 사상과 세계관에 많은 영향을 받아 일명 '걷는 동학(東學)'으로 불리기도 한 그는 종교 간의 장벽을 넘어 대화를 추구한 선지자이기도 했다. 인간에 대한 신뢰를 가진 선생은 늘 세상을 바로 보았고 앞서 보았으며 사람들에게 삶의 지표와 용기와 희망을 보여 준 이 시대의 지식이었고 동행이었다. 그는 '똥물'이라는 잠언을 통해, 더불어 살기가 어떤 것인지를 보여 준다.

장일순은 말한다. 네가 하느님이고 내가 하느님이라고. 서로가 서로에게 관계하고 있는 한 서로가 하느님이니, 하느님처럼 모시고 받들라고 말한다[참고: 장일순(2010). **나는 미처 몰랐네 그대가 나였다는 것을**. 서울: 시골생활]. 무위당 선생은 손님을 하늘처럼 받들라는 실제의 이야기를 들려주고 있다. 최정환이라는 사람이 원주의 번화가에서 '천석'이라는 밥집을 하려고 할 때에 장일순은 최정환에게 이렇게 말했다고 한다. "니가 여기서 손님을 하늘처럼 섬기며 쟁반을 3년만 나르다 보면 나보다 훨씬 큰 사람이 될 것이다. 아주 큰 도인이 될 것이다."

무슨 일을 하느냐보다는 그 일을 어떻게 하고 있느냐가 중요하리라. 자신이 하고 있는 일을 하늘의 일로 여기고 늘 마음 챙기기에 거짓이 없으면 어떤 일을 하든 그 일에서 큰 깨우침을 얻을 수 있으리라. 크게 자랄 수 있으리라. 그러니까 거지에게는 행인이, 장사꾼에게는 손님이-고객이 하느님이니, 그런 줄 알고 손님을 하느님처럼 잘 모셔야 한다. 누가 당신에게 밥을 주고 입을 옷을 주는지 잘 봐야 한다…… 학교 선생님에게는 누가 하느님인가? 그렇다. 학생이다. 공무원에게는 누가 하느님인가? 지역주민이다. 대통령에게는 국민이 하느님이고, 신부나 목사에게는 신도가 하느님이다."라는 것이다.

68) 참고: 앤드류 매튜스(2008). 관계의 달인: 인생의 99%는 관계가 만든다(역). 서울: 북라인.

68) 오체투지는 불교 신자가 삼보(三寶)께 올리는 큰절을 말한다. 고대 인도에서 행하여지던 예법 가운데의 하나다. 오체투지는 상대방의 발을 받드는 접족례(接足禮)에서 유래한 것으로서 불 · 법 · 승 삼보에게 자기 자신을 무한히 낮추면서 그 삼보에 최대의 존경을 표하는 방법이다. 오체투지는 양 무릎과 팔꿈치, 이마 등 신체의 다섯 부분이 땅에 닿게 하면서 예를 취하기에 그런 이름이 붙었다. 신체적으로는 양 무릎과 팔꿈치, 이마 등이 땅에 닿게 하는 것이지만, 그것의 상징성은 사람들이 일상적으로 느끼며, 매달리는 색깔, 소리, 냄새, 맛, 감촉에 대한 집착과 그 생각의 대상에 대해 더 이상 집착하지 않겠다는 뜻이다.

오체투지로 삶을 바꾸어 버린 사례가 있다. 그의 이름은 한경혜였다. 뇌성마비 장애자였다. 선천적 장애자였다. 그에게 죽음의 그림자가 드리워지던 일곱 살 때의 일이었다. 그를 쳐다보기만 하던 그녀의 어머니는 지푸라기라도 잡는다는 심정으로 성철 스님을 찾아갔다. 부질없는 일이나 마찬가지였지만, 성철 스님이 시키는 대로 어린 몸인 경혜는 이틀 밤낮 동안 비틀린 몸뚱아리를 바닥에 던지며 삼천 배를 마쳤다. 약속대로 다시 성철 스님 앞에 섰다. 성철 스님은 그에게 내민 것은 둥그런 원 하나를 그린 화선지 한 장뿐이었다. 성철 스님과의 동행은 그렇게 시작했다. 한경혜는 23년간을 하루도 빠지지 않고 일원상을 걸어두고 절을 한다. 성철 스님과의 약속이었으며 그에게서 받은 숙제에 대한 답이었다. 경혜의 절은 그렇게 시작했다. 절 수행은 해를 거듭하면서 더욱더 정진으로 바뀌었다.

그녀의 몸에서 서서히 변화가 나타났다. 걸음걸이에 이상하게도 중심이 잡혔다. 말도 또렷해졌다. 그녀는 정상인과 별반 차이 없는 모습으로 다시 태어나기 시작했다. 그녀는 마침내 자신에게 일어난 몸의 기적을 시험이라도 하듯이 장애의 한계를 뛰어넘는 대장정에 올랐다. 히말라야 칼라파타르 정상을 오르기로 했다. 그것은 불가능한 일이었다. 모든 것이 그녀에게는 불가능 했었지만 그녀 스스로가 불가능의 대명사였기에 그녀는 가능하다고 믿었다. 그녀는 15박 16일을 견디고, 또 견뎠다. 험난한 여정이라고 이야기할 것도 없었다. 그러면서도 매일 108배는 잊지 않았다. 5,545미터의 '검은 돌'이라 불리는 히말라야 칼라파타르 정상에 올랐다. 그녀에게는 성철 스님이라는 '지식'이 있었기에 그것을 해낼 수 있었다. 성철 스님에 그녀에게 정신적으로 동행했기에 그녀 스스로 그녀의 마음을 챙길 수 있었다[참고: 한경혜(2005). 오체투지. 서울: 작가의 집].

70) 인간은 불합리하기 그지없는 동물이다. 고통과 편견을 즐기는 동물이기 때문이다. 예를 들어, 와인 연구가들은 인간의 음식 편견을 자주 보고한다. 와인을 감정하는 실험이 있었다. 한 종류의 와인에 상표

를 다르게 붙이고 와인 전문가를 비롯한 사람들의 맛 평가에 어떤 영향을 주는지 알아 보는 실험이었다. 똑같은 보르도 와인을 두 집단에게 제공했다. 한쪽에는 최고급 와인을 의미하는 '그랑 크뤼 등급(Grand Cru Classes)'을 붙였다. 다른 하나에는 일반 와인을 의미하는 '뱅 드 따블(Vin da table)'을 붙였다. 와인 전문가들의 의견들이 엇갈렸다. 40명은 최고 등급이 붙은 와인을 좋은 와인이라고 평가했다. 편견이 그렇게 만들었다. 12명만 낮은 등급이 붙은 와인을 좋은 와인으로 평가했을 뿐이다.

1996년에 경매에서 존 F. 케네디 대통령의 골프채가 772,500달러에 팔렸다. 케네디의 집 안에 있던 줄자는 48,875달러에 팔렸다. 버락 오바마 대통령이 먹다가 만 아침 식사가 경매에 올라왔다. 경매 사이트에서 삭제되기 전에 입찰가가 1만 달러 이상으로 올라갔다. 브리트니 스피어스가 씹던 풍선껌이 올라온 적도 있다. 정신 나간 사람들이라고 말할 만하다. 저들은 그것을 즐긴다. 그것이 쾌락을 주기 때문이다[참고: 폴 블룸(2011). **우리는 왜 빠져드는가**(역). 서울: 살림].

71) 미 심장병학회는 웹사이트에 '미국 내 걷기 좋은 곳 350선'이라는 안내 자료를 수록해 두고 심장병 환자들에게 걷기 운동을 독려하고 있다. 비만, 특히 소아 비만을 줄이기 위해 각 학교도 걸어서 등교하는 것을 권장한다. 이와 관련, 각 지역 교육위원회에서는 일 년 중 한 주를 '도보 등 · 하교 주간'으로 정해 가급적 걸어서 등교하고, 하교하도록 학생들을 독려한다. 걷기는 소외 문제해결에도 도움을 준다. 온종일 한마디도 못하는 독거 노인들에게는 함께 걸으면서 대화를 나누는 시간이 너무도 소중할 것이다.

미국 걷기 운동의 시작은 텍사스 주에 미국시민체육연맹(AVA)이 설립되고부터다. 미 전역에 걷기를 위한 각종 클럽을 두고 있다. 350여 개의 클럽에 이른다. 자동차 문화가 발달한 미국에서 걷기 운동이 퍼지게 된 것은 1960년대 이후다. 걷기 운동은 원래 유럽에서 발달한 것이다. 유럽에 파견돼 근무하다 현지의 걷기 운동에 매료된 미군들이 귀국하면서 군 부대를 중심으로 걷기 운동이 퍼져나갔다. 미국에서 걷기 운동이 가장 먼저 시작된 곳이 군부대가 많은 텍사스 주다. 미국의 걷기 운동은 건강 챙기기 바람을 타고 전국으로 번져 나갔다. 자연 각지에 사회체육클럽이 설립됐고 회원들도 늘었다. 이 연맹 회원 관리자인 린다 레브만은 "현재 AVA 활동에 참여하는 인원은 4만 2,000여 명"이라며 "언론 및 각 사회 단체 등에서 걷기의 중요성을 대대적으로 홍보, 동호인들이 폭발적으로 늘고 있다."고 설명했다. 미국의 걷기 문화는 단순한 스포츠 활동에 그치지 않는다. 비만이나 질병은 물론 소외 등 사회적 병리를 고치는 특효약으로도 걷기가 처방되고 있다[참고: 남정호(2007). "걷기=삶의 질 향상" 미국도 '워크홀릭'. **중앙일보**. 2007년 5월 25일자].

72) 영국 일간지 가디언 보도[참고: 영국 일간 가디언 편집국(2007). **영국 일간 가디언**. 2007년 2월 28일자]에 의하면, 영국 선더랜드 대학의 마크 데이비스 박사 연구팀은 달팽이의 일종인 총알고둥을 현미경 슬라이드 위에서 기어 다니게 했다. 그 뒤 다른 달팽이가 다닌 길을 따를 때와 새로 길을 낼 때 분비하는 점액량과 소모 에너지량을 비교했다. 그 결과 남이 만든 점액 길을 따라가는 경우 점액 분비량은 30%, 소모 에너지는 35분의 1밖에 들지 않는 것으로 나타났다. 점액 분비에는 많은 에너지가 들어 달팽이가 먹이에서 얻은 에너지의 3분의 1을 사용할 정도다. 따라서 달팽이는 이미 닦인 길을 가는 경제적인 선택을 하게 된다. 동시에 달팽이는 점액의 주인공이 동성인지 이성인지 알 수 있어 짝짓기를 하고 싶으

면 이성의 달팽이가 만든 길을 따라 간다."[참고: 백일현(2007). 달팽이의 지혜. 중앙일보. 2007년 3월 2일자.]

73) 예수에게는 12제자가 있었다. 베드로, 안드레, 야고보, 요한, 빌립, 바돌로매, 도마, 마태, 알패오의 아들 야고보, 다대오(유다), 시몬, 가롯 유다가 그들이다. 후에 가롯 유다가 예수를 배반하자 그를 대신하여 맛디아가 새 제자로 들어선다. 예수와 달리 붓다에게는 천이백오십여 명의 제자들이 있었다. 그들 중 10제자로 알려진 사람들은 사리불, 목건련, 마하가섭, 수보리, 부루나, 가전연, 아나율, 우바리, 라후라, 아난이다. 공자는 약 77인의 제자를 거느리고 있었다. 제자들 중 그 누가 더 뛰어난 제자인지를 가리는 일은 쉽지 않다. 다만, 덕을 실천함에 있어서는 안연, 민자건, 염백우, 중궁이 으뜸이었다고 알려지고 있다. 염유와 자로가 정치적 재능과 재기가 뛰어났고, 변설에 뛰어났던 제자로는 재아와 자공을 꼽는다. 자유와 자하는 문학에서 우수한 제자들로 꼽히고 있다.
예수, 붓다, 공자는 제자들과 함께 자고, 먹으며, 삶을 같이 해나가면서 서로 배우고 서로 가르쳐나갔다. 예수는 주로 예루살렘과 사마리아, 갈릴리 호숫가 등 유대인의 영혼이 살아 움직이는 그런 장소를 제자들과 함께 걸어 나갔다. 한 예로, 예수는 제자들과 사마리아 여인을 만나기 위해 이동하였는데, 제자들에게는 이해할 수 없는 행보였다. 사마리아 지역은 이방인과 유대인의 피가 섞인 혼혈 민족이 사는 지역으로서 순수 혈통을 강조하는 유대인이 가장 적대시하는 땅이었기 때문이었다. 그러나 예수는 사마리아에서 남편이 다섯이나 되는 여인을 만나 그녀에게 삶을 치유하는 사건을 제자들과 공유한다.
붓다는 북인도 전역을 광범위하게 돌아다녔다. 그가 가는 곳마다 배움의 장소로 기록되곤 했다. 공자 역시 광범위하게 걸어 다녔다. 이런 여정 중 붓다는 아나율을 강하게 일깨운다. 그는 붓다의 사촌 동생으로 궁중에서 자라났지만 상대적으로 아둔했다. 아나율은 붓다의 최고 제자가 되기 위해 붓다의 말씀을 혀가 닳도록 암송만 했다. 붓다는 그를 호되게 꾸짖었다. "경전을 아무리 많이 외워도 게을러 실행하지 못하는 사람은 남의 소를 세는 목동과 같아 수행의 보람을 알기 어렵다."는 붓다의 말에 아나율은 시력을 잃을 정도로 부지런히 읽으면서 수행하면서 그의 훌륭한 제자가 되었다. 공자는 그의 출신 지역인 노나라를 시작으로 중국 각 나라를 제자들과 함께 돌아다니면서 그의 사상을 정치적으로 실현할 나라를 찾았다. 각국은 공자의 말에 별다른 눈길을 주지 않았다. 공자는 끝내 노나라로 다시 돌아오는 긴 여정을 밟으며 그의 생각을 다시 정리하면서 훗날 유학(儒學)으로 알려지는 유가(儒家)의 학문적 체계를 세웠다.

74) 참고: 마태복음(23: 8-12).

75) 참고: 박인철(2008). 로맨티시스트, 인간을 공부하다. 서울: 갤리온.

76) 쟈핑와는 인생이라는 거대한 테두리에서 만난 모든 사람들을 '친구'라고 받아들인다. 그는 통상적으로 생각하는 친구의 범주에서 벗어나는 사람들을 친구로 이야기한다. 그것은 친구가 인생이고 친구의 이야기는 삶에 대한 동행의 이야기이기 때문이다. 쟈핑와는 자기의 친구 아들 중에 세 돌이 지난 쑨한보라는 아들이 있는데, 그 아들을 자신의 진정한 스승으로 삼고 있다. 세 살배기 갓난아이지만 그는 그에

게 수치심과 비열함이 무엇인지를 깨닫게 만들어 주는 훌륭한 동행이기 때문이다. 사람들이 세 살짜리를 스승으로 삼는다고 비웃곤 하지만 이 아이를 통해 자신의 비열함을 발견하고, 수치심이 무엇인지 깨닫고 있다는 쟈핑와는 "서화 작품을 팔아서 돈을 벌어서는 안 된다."면서 어렵게 구한 찻잎과 탁본을 가져다가 서화가들에게 주고 서화와 바꿔와서 그것을 친구나 동료들에게 선물하는 진정한 서화 애호가이자 수집가인 친구를 좋아한다. 사람 됨됨이가 부처님 이상으로 넓고 깊기 때문이다. 쟈핑와 보다 열 살이나 적지만 '궤변과 진리가 서로 혼재되어 있는, 가짜가 진짜가 되고 진짜가 가짜가 되는 요지경 속인 세상'에서 진정한 예술혼을 불태우는 친구도 그에게는 삶의 이정표 같은 역할을 하고 있다. 이미 유명한 편집인이자 기자이자 작가의 반열에 서 있음에도 불구하고 늘 겸손한 친구, 전화를 할 때마다 "가난했던 시절 먹었던 죽밥을 먹으러 오겠다."는 친구를 만나면 가슴이 메어져온다. 서로 얼굴을 맞대고 만난 적은 없지만 '서로의 작품을 통해 정신적인 교감을 나눈' 친구, 함께 서화를 즐기며 '진정한 생명의 누림을 나눈' 친구 등 모두가 그에게는 삶을 함께 가는 동행이다.

삶을 함께 걸어 온 동행의 친구들 중에서도 쟈핑와가 언제나 가슴 깊이 박아둔 친구들이 있는데, 그들은 가족이었다. 그중에서도 아버지 그리고 어머니였다. 바로 그들이 그에겐 삶을 함께한 영원한 동행이며 친구였기 때문이다. 쟈핑와는 "자신의 인생에서 가장 큰 영향을 주었던 친구는 바로 아버지였으며 그의 가족이었다."고 술회한다. 그에게 아버지는 "평범한 시골학교 교사로 가족의 생계를 홀로 책임지면서 평생을 살아온 사람"이다. 그의 아버지에게는 고관대작인 친구도 없었고, 그렇다고 돈 많은 친구도 없었지만 가족을 위해 마지막 남은 일을 마무리하신 뒤 한 달도 채 사시지 못하고 먼 길을 떠나버린 분이었다. 어머니도 귀한 친구다. 어머니는 "아들이 멀리 떠나 있어도, 돌아와 곁에 가까이 있어도, 물리적인 거리와 상관없이 항상 아들인 내게 영원히 사랑을 베풀고 힘을 주고 뿌리가 된, 인생이라는 여정에서 항상 주유소와 같은 존재"였다. 문화혁명의 칼바람으로 부모님이 모두 감금되자, 부모님을 대신해 자신을 친자식 이상으로 키워준 작은어머니도 그에게는 귀한 친구였다[참고: 쟈핑와(2008). 친구(역). 서울: 이레].

77) 중국 현대사의 격변기를 살아 온 11명의 상징적 인물을 통해 휴머니즘 문학의 승리를 다룬 소설의 저자인 다이허우잉(戴厚英)은 1966년 문화대혁명과 함께 혁명 대열의 전사로 참가했다가 '검은 시인'으로 비판받던 시인 원지에와의 비극적인 사랑으로 반혁명 분자로 몰려 고난을 당하다가 1980년부터 대학에서 문예이론을 담당하면서 창작에 몰두, 중국 현대 휴머니즘 문학의 기수로 떠오른 인물이다. "누구나 다 변해 가지. 변하지 않고 있을 친구는 없으니까. 저마다 '인간'의 소재에서부터 진정한 인간으로 변해 가는 거야. 다른 인생길이 다른 인간을 만들어 내고, 다른 인간이 또 다시 다른 길을 걷기 시작하지. 어떤 길에나 인간이 있고 어떤 인간 뒤에도 길이 있어. 길에는 우여곡절이 있고 인간에게는 부침이 있어. 길은 서로 교차되고 인간은 서로 부딪히지. 그것이 인생이야."라고 말한다[참고: 다이 허우잉(2005). 사람아 아, 사람아(역). 서울: 다섯수레].

78) 참고: 파울로 코엘료(2006). 순례자(역). 서울: 문학동네.

79) 감성의 인간인 조르바와 대조되는 인간형이 있다. 조르바를 고용한 주인공인 젊은 지식인이 바로 그다.

늙은 조르바는 젊은 그를 거침없이 '성님'이라고 모신다. '두목'으로 등장하는 그는 전형적인 사색형, 관조형의 행함으로 살아간다. 그는 정신이 몸보다 우위에 있다는 신조 아래 살아가는 지식인이다. 이성으로 훈련된 인생만이 진실된 삶이라는 생각 때문에 그의 내부에서 꿈틀거리는, 어쩌면 용암처럼 흘러내리는 인간 본연의 본능을 억누르고 있는 사람이다. 그는 언제나 거침없이 하루하루를 맑은 영혼으로 살아가는 조르바를 부러워하고 있다.

그는 독백한다. "나는 조르바가 부러웠다. 내가 펜과 잉크를 통해 배우려 했던 것을 그는 살과 피로 싸우고 죽이고 입을 맞추면서 살아오지 않았는가."라는 처절한 독백은 스스로의 삶에 있어서는 장애인, 어쩌면 인생의 까막눈(盲)에 대한 지식인들의 탄식이다. 조르바가 모시는 "성~님", 이성적인 인간의 표본으로 등장하는 지식인이자 주인인 그의 삶이 지식에 의해 익혀진 삶이라면, 조르바의 삶은 뜸들이지 않고 즉각 행동하기의 삶이며 자연의 생명력으로 삶이 무엇인지를 배운 감성의 행하기 바로 그것일 수 있다. 즉각적으로 행동한다고 해서 배움도 즉각적으로 오는 것은 아니다. 감성에 호소하는 행동이라고 해서 배움 역시 감성적으로 일어나는 것은 아니다. 배움의 질과 결, 그리고 배움의 꼴을 결정짓는 것은 속도감이 아니라, 그 배움이 나에게 무슨 쓰임새가 있는지에 관한 의미 만들기의 수준이다.

80) 참고: 파울 파이어아벤트(2009). 킬링 타임(역). 서울: 한겨레출판.

81) 히틀러의 정치 철학이 수록된 『나의 투쟁』은 나치주의자들에게는 정치적 바이블이나 마찬가지였었다. 히틀러가 『나의 투쟁』에서 이야기하고 있는 것은 한 가지다. 독일인 스스로 독일을 지키지 않는다면 독일 민족은 멸망한다는 논리였다. 전쟁의 후유증으로 피폐한 독일을 살릴 수 있는 유일한 마음가짐을 정치적으로 강조한 것이 게르만 민족의 순혈성이었다. 다른 나라가 결코 독일을 지켜주지 않을 것이기에 독일은 자신의 생존을 위해 투쟁해야 한다. 투쟁을 포기한 생물은 언제나 멸종했다는 것을 문명사가 증명하고 있다. 인간은 투쟁하는 동물이며, 국가란 투쟁하는 인간들의 결사체인 동시에 전투 단위일 뿐이다. 투쟁을 포기한 국가도 마찬가지다. 투쟁능력은 순수함의 정도에 따라 다르다. 교육은 바로 투쟁능력을 기르기 위한 수단이다. 독일교육의 목적은 하나다. 최소한의 교육으로 유능한 군인을 길러내는 일이다[참고: 아돌프 히틀러(1996). 나의 투쟁(역). 서울: 범우사].

히틀러는 결코 군사 혁명을 일으키거나 모반으로 권력을 강탈한 정치가가 아니었다. 그는 선거를 통해 합법적으로 집권한 정치가였다. 1933년, 마침내 총리에 오른 히틀러는 독일의 재건을 위해 엄청난 치적을 쌓기 시작했다. 전 세계적으로 밀어닥친 대공황의 상황 속에서 독일의 실업자 역시 600만 명에 이르렀다. 히틀러는 집권 2년 만에 실업자를 200만 명으로 줄였다. 6년 뒤에는 사실상 완전고용을 달성하기까지 했다. 국가 생산을 2배로 늘렸다. 히틀러는 독일인에게 구세주처럼 여겨졌었다. 희망이었다. 독일 부흥의 대명사인 '라인 강의 기적'이 히틀러의 업적으로 그 토대를 마련한 것이었기 때문이다. 그런 히틀러가 인근 국들과 전쟁에 돌입하며 유대인을 청소하기 시작했다. 그는 전쟁에서 졌다. 그에게 돌아온 것은 패전의 책임뿐이었다. 패전의 주인공인 히틀러는 마침내 '악의 화신'으로 기록되고 만다. 그로 인해 독일인과 승전국들은 무죄로 사면되었다. 정말로 유대인의 학살은 히틀러만이 저지를 수 있었던 그만의 고유한 잘못인가라는 질문에 대해 그 누구도 확실한 답을 줄 수는 없다[참고: 안영식

(2004). 역사의 변명: 1993 히틀러 총리 취임. 동아일보. 2004년 1월 29일자].

82) 설명을 잘 하는 사람이 꼭 좋은 코치라고 할 수도 없다. 배움이나 가르침에서도 이것은 마찬가지다. 예를 들어, 야구공을 어떻게 쳐야 하는지에 대해 엄밀하게 말할 수 있는 코치는 별로 없을 듯싶다. 코치는 선수에게 '공을 끌어 당겨 쳐'라든가 '커브의 각도가 꺾이는 지점을 쳐라'는 식으로 대부분 비유적으로 말할 수 있을 뿐이다. 이런 표현은 물리적으로는 넌센스다. '공을 끌어 당겨 친다'는 식의 표현은 물리적인 차원의 문제가 아니기 때문이다. 그렇지만 그렇게 비유적으로 말할 수밖에 없는 것은 공을 친다는 것이 '말로 할 수 없는' 사항이기 때문이다. 그렇다고 '말로 할 수 없는' 신비적 영역이 존재한다는 의미는 결코 아니다. 다만 그것을 물리적인 의미가 정확히 살아나도록 말로 표현하기 어렵다는 뜻이다.

83) 페리(Luc Ferry) 교수는 철학이 무엇인지 포착하려면 철학에 관한 이론, 윤리, 구원이라는 세 개의 큰 축으로 갈라보아야 한다고 주장한다. 철학 이론은 한 시대의 지배적 세계관을 설명하는 도구인데, 그런 이론들은 스토아철학부터 현대철학으로 부각된 포스트모던의 해체철학에까지 광범위하다. 윤리 혹은 도덕이라는 것은 내가 다른 사람들과 함께 살아가는 방식이나 규칙을 뜻한다. 철학의 정체를 이해하기 위해서는 이론만을 중시해야 하는 것이 아니라 윤리적 행동에 대한 이해도 필요하다는 것이다. 그것은 마치 사람들이 어느 모임에 나갈 때 먼저 그 모임의 성격을 제대로 파악해야 하는 것과 같다. 그것 못지않게 그 모임에서 함께 이야기를 나눌 다른 사람들과의 관계를 이해해야 한다. 동시에 그들이 지키고자 하는 규칙을 따르는 것이 필요하다. 각 시대마다 사람들은 서로 다른 세계관을 가지며 그 세계관에 따른 독특한 윤리적 규범을 요구하게 된 것이다.
철학의 정체를 파악하기 위해 이론이나 윤리보다 더 중요한 것이 구원에 관한 철학의 관점 문제다. 철학의 과제인 지혜는 바로 구원의 문제와 직결되는 과제이기 때문이다. 구원에 관한 고대 사람들의 생각에서부터 현대에 이르기까지 철학의 관심은 구원 문제와 직결된다고 본다. 철학의 궁극적 목적인 구원이라는 것이다. 예를 들어, 고대인은 인간의 죽음이 우주의 한 부분으로 돌아가는 일이라고 보았다. 기독교적인 구원은 그와 다르다. 그들은 부활을 믿기 때문이다. 기독교적인 구원과는 달리 근대 과학은 과학이 인간을 구원하리라는 신념을 키웠다. 니체는 그들과도 달리 '조금 덜 후회하고, 조금 덜 희망하며, 조금 더 사랑하라'라는 방식의 운명애(運命愛)적 구원론을 가르친다. 그래서 그는 신을 죽이고, 모든 이상을 모조리 부인한다. 지금 포스트모던 사회에서 회자되는 구원론은 목적은 상실시킨 채 수단 자체를 목적으로 삼는 새로운 휴머니즘을 강조하고 있다[참고: 뤽 페리(2008). 사는 법을 배우다(역). 서울: 기파랑].

84) 플라톤이나 아리스토텔레스 역시 제자들과 함께 걸었다. 함께 걷기가 저들의 철학이며 방편이었다. 저들은 아고라의 주랑을 '걸으면서' 서로 가르침을 주었다. 그것을 보고 후세의 사람들은 그들을 '소요학파(逍遙學派)'로 불렀다. 걷기의 생각하기는 걷기와 철학 간의 맞닿음이었다. 고대 아테네의 철학자들이 보여 준 '소요 철학'의 근간이기도 하다. 소요(逍遙) 철학자란 말 그대로 산책하며 삶과 영혼을 생각하던 이들을 뜻한다. 이들은 걸으면서 스승 아리스토텔레스의 가르침을 받아들였던 장본인들이다. 그들은 걷으면서 '몸과 영혼', '하늘과 땅', '관성과 운동성' 등에 대해 다양한 관점들을 생각하고 서로

나눴다.

걷기는 철학자들에게만 유용한 것이 아니다[참고: 베르나르 올리비에(2003). 나는 걷는다(역). 서울: 효형출판; 다비드 르 브르통(2000). 걷기 예찬(역). 서울: 현대문학]. 걷기는 현대인의 건강을 위해서도 효과적인 운동방법이다. 걷기를 통해 체중을 줄이고 혈압을 낮추는 것만으로도 고지혈증, 신경통과 요통, 골다공증, 관절염 예방, 발기부전 호전, 우울증 등 수십 가지에 이르는 질병을 예방해 주는 '건강지킴이'이기도 하다. 걷기는 단순한 '체중 감량'을 도와주는 것만이 아니다. 걷는 사람에게 신체의 균형, 말하자면 균형미도 갖추게 해 준다. 균형과 조화미를 갖춘 몸매를 만들어 준다. 걷기는 머리에서 발끝까지 모든 신체기관들을 동시에 유기적으로 활동하게 만들어 준다는 점에서 효과적인 전신운동 방법이다[참고: 하우석(2007). 걷는 인간 죽어도 안 걷는 인간. 서울: 거름].

85) 세계 그 어디를 가도 걷기는 곳곳에서 장려되고 있다. 걷기는 정신적 가치뿐만 아니라 문화적 가치를 갖고 있다. 예를 들어, 독일의 고성(固城)을 대표하는 하이델베르그 시(市) 정부는 아예 '철학자의 길'이라는 곳을 관광 명소로 만들어 놓고 관광객들에게 활용을 권하고 있다. 그 길을 통해 독일 철학이 태어났기 때문이다. 그 길을 괴테와 헤겔, 야스퍼스와 같은 철학자들이나 문인들이 깊은 사색에 잠겨 걸었음을 관광객들에게 상기시키기 위해서다. 칸트 역시 정확하게 확인된 사실인지 어떤지는 알 수 없지만 걷기를 일상화한 철학자였다. 그는 매일같이 오후가 되면 정해진 시간에 정해진 곳을 걸었다. 깊은 사색에 잠겨 돌아오곤 했다. 그의 순수이성비판론은 매일 행하는 걷기에서 배태된 것이다. 걷는다는 것은 혼자 걷든 더불어 걷든, 철학자나 예술가에게 나름대로의 사유의 세계를 넓혔던 방편이었다[참고: 크리스토프 라무르(2008). 걷기의 철학(역). 서울: 개마고원].

86) 고등 유인원들, 말하자면 침팬지도 인간처럼 도구를 다룬다. 그들도 일종의 문화를 갖는다. 도구를 다루는 기술들이 무리에게 공유되고 전승된다. 침팬지들이 사람처럼 관습과 문화를 다음 세대에 물려준다는 사실을 입증하는 것이라고 볼 수도 있다. 영국 세인트 앤드루스 대학 연구진은 「커런트 바이올로지」에 실린 연구 보고서에서[참고: Current Biology 편집국(2007). *Current Biology*. 2007년 6월호.], 침팬지들의 이런 행동은 인간과 침팬지의 마지막 공동 조상에 관해 많은 것을 알려 줄 뿐 아니라 로봇과 인공지능 개발에도 도움을 주는 것이라고 지적했다. 야생 상태의 침팬지 무리는 각각 최고 20가지의 고유 전통이나 관습적인 행동 양식으로 독특한 문화를 형성하는 것으로 알려져 있다. 이런 관습에는 망치나 절굿공이 같은 다양한 도구 사용 기술이 포함돼 있다. 또 이빨로 요란하게 나뭇가지에서 잎을 훑어 내는 구애동작이나 서로 털을 골라 주다가 머리 위에서 두 손을 맞잡는 사회적 행동, 기생충을 뭔가로 찌르거나 뭉개 없애는 방법 등도 무리마다 다른 방식으로 전수되는 것으로 밝혀졌다.

연구진은 침팬지의 이런 행동이 타고 난 것인지, 아니면 사람 등 다른 동물의 행동을 보고 따라하는 것인지 알아보기 위해 미국 텍사스 주의 사육장에서 각각 8~11마리의 침팬지로 구성된 6개의 무리를 관찰했다. 연구진은 한 무리에 속하는 침팬지 한 마리에게 복잡한 장치 속에 들어 있는 먹이를 꼬챙이로 찔러 꺼내는 방법을 가르쳐 주고 다른 무리의 침팬지 한 마리에게는 같은 장치 속의 먹이를 경사면을 이용해 아래로 밀어내려 꺼내는 방법을 가르쳐 줬다. 그 뒤 시간이 어느 정도 지나자 이들이 가르친 기술은 각각의 무리 안에서 확산된 것으로 나타났으며 시간이 더 지나자 서로 볼 수 있는 정도의 가까운 거리에 있는 무리들은 이웃 무리의 기술까지 익히는 것으로 나타났다. "이는 침팬지가 복잡한 문화의 능력을 갖고 있다는 것을 의미하며 약 500만 년 전 인류와 침팬지의 공동조상이 이런 능력을 공유했을 가능성을 의미한다."고 밝혔다. 일부 영장류가 다른 개체들로부터 학습하는 능력이 있다는 사실은 인간에게 다른 영장류를 대하는 방식과 인간 자신에 대한 새로운 인식을 위해 중대한 의미를 갖게 만들어 주는 것은 사실이다[참고: 연합뉴스 편집국(2006). **연합뉴스**. 2007년 6월 9일자]. 그렇다고 저들에게 깨달음과 같은 태도 변화가 가능하다는 말은 아니다.

87) 중동권에서는 하나의 신비로 남아 있는 '수피(Sufi)'들 역시 삶의 슬기를 보여 주는 현인 집단 중의 가장 오래된 현자의 집단이다. 수피라는 말은 원래 '양모로 짠 거친 겉옷'을 뜻하는 '타사우프(tassawuf)'라는 단어에서 나온 것이다. 수피를 신봉하는 논리를 '수피즘(Sufism)'이라고 부른다. 이들은 신을 향한 절대적인 헌신을 드러내는 행위에 몰입하기로 작정한 사람들이다. 수피를 신봉하는 사람들은 세속적 사치나 명리를 초개처럼 버리고 오로지 절대자 신과의 합일을 위한 길에 자신을 헌신하는 구도자로 살아가는 것을 원칙으로 삼는다.

수피를 신봉하는 이들은 금욕과 고통이 오히려 자신을 신에게로 한걸음 더 다가가게 하는 것이라고 생각한다. 잠자리에서는 거적때기로 몸을 덮고 벽돌로 베개를 삼는 것을 기뻐했으며, 입고 다니는 옷에 이가 우글거리는 것도 개의치 않는다. 그것을 오히려 행복으로 여겼다. 신발조차도 신으로 가는 길을 차단하는 '베일'이라고 생각한다. 그들에게 금욕과 고행은 하나의 방법이지 전체가 아니다. 그들의 궁극적 목적은 '신과의 합일'이었다. 그것은 오로지 신에 대한 무조건적이고 절대적인 '사랑'을 통해서만 가능하다. 수피와 신의 관계는 '사랑하는 사람'과 '사랑받는 사람'의 관계다. 사랑하는 사람은 사랑받는 사람을 위해 자신을 '소멸'시킴으로써 그 안에서 '영원'을 획득하는 그런 절대적인 헌신관계이다. 그것을 극적으로 표현하기 위해 수피 시인들은 나방과 촛불 간의 비유를 자주 인용한다. 촛불을 향해 뛰어들어 자신의 몸을 태우는 나방처럼 신에 대한 사랑으로 자신을 없애는 것, 그렇게 하는 것이 바로 '신과의 합일'을 의미한다. 그들은 그렇게 걷고, 그렇게 이야기하고, 그렇게 서로를 배워 나가면서 서로가 신에로 합일하려고 한 사람들이다.

신과의 절대적 사랑을 가장 잘 표현했던 초기의 수피로 8세기 이라크 지방의 바스라에 살던 라비아(Rabia)라는 여자를 들 수 있다. 그녀는 대낮에도 거리에서 한 손에는 등불을 들고 다른 손에는 물통을 들고 다녔다. 사람들이 그 이유를 묻자, "나는 이 불로 천국을 태우고 이 물로 지옥 불을 꺼서 이 두 개의 베일을 모두 없애고 싶다. 그러면 나는 천국에 대한 희망에서도 지옥에 대한 두려움에서도 아닌, 오로지 사랑하는 마음에서 신을 경배할 수 있지 않겠는가?"[참고: 김호동(2007). 무슬림들의 마음을 지배한 신비주의 교단의 성자들. **주간조선**. 2007년 9월 29일자.]

88) 혜초(慧超)는 어려서 고국인 신라를 떠나 당나라로 유학 온 학승이었다. 혜초는 인도 출신의 밀교승 금강지에게 사사하고, 이십대 초반에 스승의 권유로 인도로 구법 여행을 떠났다. 약 4년 동안 인도를 비롯한 서역의 여러 지방을 걷고 걸으면서 배움과 깨달음의 길을 거쳐 중국 장안으로 돌아왔다. 그는 80여

세의 고령으로 중국에서 죽음을 맞이할 때까지 밀교 전승에 전념하였다. 그의 『왕오천축국전』은 총 육천여 자 분량의 두루마리 형태의 필사본 여행기다.

1908년 중국 감수성의 돈황 천불동에서 프랑스 학자 펠리오가 발견함으로써 세상에 모습을 드러냈다. 원래 이 두루마리는 저자명과 서명이 떨어져 나간 상태였다. 나중에 학자들의 연구에 의해 신라 출신의 승려 혜초가 지은 것으로 밝혀졌다. 이 여행기는 8세기 무렵의 인도와 중앙아시아, 페르시아, 아랍의 역사와 정치, 종교, 풍습, 문화에 대한 사실적인 기록이다. 중국 학자 나진옥이 1909년 『돈황석실유서』에 『왕오천축국전』을 수록하면서 학계에 알려지게 되었고, 이 두루마리는 현재 파리 국민도서관에 소장되어 있다[참고: 정수일(2004). **혜초의 왕오천축국전**(역주). 서울: 학고재].

그중 혜초가 기술한 티베트(吐蕃局, Tibet), 즉 토번국에 대한 기술은 그 옛날이나 지금이나 변함없는 웅장한 설국의 모습을 보여 주고 있다. "토번국은 순전히 얼어붙은 산, 눈 덮인 산과 계곡 사이에 있는데, 사람들은 전(氈)으로 만든 천막을 치고 산다. 성곽이나 가옥은 없으며 사는 곳은 돌궐(突厥)과 비슷한 바, 물과 풀을 따라 이동한다. 이 나라 왕은 비록 한 곳에 거처하기는 하나 역시 성곽도 없이 그저 천으로 만든 천막에 의지하는데, 그것을 큰 재산으로 여긴다. 땅에서는 양, 말, 묘우(描牛, 야크, yak), 모포, 베 따위가 생산된다. 의상은 털옷과 베옷, 가죽옷인데, 여자들도 그렇다. 다른 나라와는 달리 지대가 아주 춥다. 집에서는 늘 보릿가루 음식을 먹고 떡과 밥은 적게 먹는다. 국왕이나 백성들이 모두 불법을 알지 못하며 절간도 없다. 거개가 땅을 뚫어 구덩이를 만들고 거기에 누워 자므로 침상이 없다. 사람들이 대단히 까맣고 흰 사람은 아주 드물다. 언어는 다른 여러 나라와 다르다. 털옷과 베옷을 입기 때문에 서캐와 이가 대단히 많은데, 이를 잡기만 하면 곧바로 입 속에 넣고 끝까지 버리지 않는다."

89) 일반적으로 사람들은 남들과 경쟁하고 시기하는 마음을 놓을 수 없기 때문에, 자기 자신을 제대로 붙들고 있는 사람만이 남과 더불어 같이 갈 수 있다. 정신과 의사인 양창순은 일반 대기업 중간 관리자급 이상의 간부 100명을 대상으로 조사한 결과, 53%의 응답자가 자기의 감정에 문제가 있다고 밝혔고, 나머지 47%의 응답자의 경우 스스로 문제가 없다고 말했지만, 심층 분석 결과는 겉과 상당히 달랐다. 거의 다 감정적인 문제로 고민하고 있는 것으로 내면을 털어놨기 때문이다[참고: 양창순(2007). **당신 자신이 되라**. 서울: 랜덤하우스 코리아]. 더 놀라운 것은 그들 가운데 상당수에게 가장 크게 문제가 되는 감정이 시기심과 경쟁심이었다(50%)는 점이었다. 그다음으로는 분노감(33%), 우울감(16%), 기타 감정(1%)의 순으로 나타났다. 이 현상이 문제가 되는 것은 조직을 이끄는 리더의 심리적 문제는 한 개인의 문제로 끝나지 않기 때문이다. 분노와 경쟁심에 시달리는 리더는 현명한 의사결정을 내리기가 힘들 뿐만 아니라, 자신과 조직원들의 기본적인 생활 모두를 혼돈으로 몰아갈 수 있기 때문이다.

더불어 간다는 것은 혼돈을 줄인다는 뜻이다. 더불어 간다는 것은 더불어 이야기한다는 것이기도 하다. 서로가 서로에게 치유한다는 뜻이다. 자신의 감정을 말하는 것이 더불어 가는 사람들에게 더 좋은 감정을 느끼도록 도와준다는 연구 결과가 바로 그것을 입증한다. 『힌두스탄 타임스』 인터넷판에 따르면 매튜 D. 리버만 박사가 이끄는 미 UCLA대 심리학자들은 치료 전문가 혹은 친구와 이야기를 나누거나 자신의 감정을 종이에 적는 것까지도 뇌의 건강 유지에 도움이 되는 효과를 낳아 기분이 더 좋게 느끼게 한다는 사실을 발견했다. 과학자들은 이번 연구를 위해 새로운 뇌 이미지 연구를 실시한 결과 사람들이 분노하거나 두려운 얼굴의 사진들을 볼 때 이들은 두려움과 강렬한 감정의 기억과 관계된 뇌의 부분인 '아미그달라(amygdala)'라고 불리는 뇌 부위의 활동이 증가하는 것을 발견했다.

과학자들은 18세에서 36세에 이르는 30명(여성 18명, 남성 12명)에게 다른 감정적 표현들을 만들고 있는 개인들의 이미지를 보여 주었다. 얼굴 사진 바로 아래 '성난(angry)'과 '두려운(fearful)'이란 두 개의 단어를 적어 놓고 이들에게 얼굴 사진을 보고 느낀 감정을 선택하거나 또는 '해리'와 '샐리'라는 두 개의 이름을 적어 놓고 이들에게 얼굴 사진과 어울리는 성에 적합한 이름을 선택하도록 했다. 조사 결과 아미그달라는 개인이 감정을 나타낼 때 덜 활동적인 반면 뇌의 또 다른 부위, 즉 뇌의 우측외배측 전두엽피질이 더욱 활발하게 움직였다. 이 부위는 이마와 눈 뒷쪽에 위치해 있으며 감정적으로 경험한 단어들에 대한 사고력과 관련 있는 것으로 여겨져 왔다. 이 부위는 또 행동 억제 및 감정 처리와 연관이 있는 것으로 알려져 왔으나 이 부위가 어떻게 도움을 주고 있는지는 밝혀지지 않아 왔다.

리버만은 "이번 연구가 시사하는 것은 사람들이 감정에 관한 단어에 대해 생각을 하기 시작할 때 우측 외배측 전두엽피질이 책임의 일부분을 맡을 수 있다는 점"이라고 말했다. 리버만 박사는 친구나 사랑하는 사람이 화를 내거나 슬픔에 잠긴다면 사람에게 글로 써서 전하는 것으로부터 얻어지는 것이 있을 수 있지만, 그 효과는 그리 크지 않다고 밝혔다. 그는 강조한다. 글보다는 말로 전하라고 강조한다. 대부분의 사람들은 말로써 감정을 표현하는 것이 왜 이로운지를 깨닫지 못하고 있기에 글에 의존한다고 말한다.

90) 고대 그리스 사회에서 수없이 등장하고 있는 철학자들의 조우와 동행, 그리고 대화는 서로에게 치유력을 행사했던 심리치료의 일종이었다. 존 히턴(John Heaton) 교수는 철학자들 간의 치열한 대화와 논쟁, 그리고 보통 사람들에게 저들의 지혜를 나누는 일이 저들에게는 심리치료 행위였다고 해석한다. 그는 소크라테스(Socrates), 파이로(Pyrrho), 견유학파(Cynics), 스토아철학(Stoics), 회의론자(Sceptics) 등의 대화가 바로 '철학적인 심리치료'에 탁월한 효과가 있었다고 간주하고 있다. 그는 철학적인 심리치료는 철학자의 삶에서 나왔다고 강조한다. 철학자가 어떻게 삶을 살았고 어떻게 죽었는지에 대하여 매우 관심이 많았던 그리스인과 로마인은 쾌락과 고통의 노예가 되지 않고 죽음에 대한 비이성적인 두려움을 극복해 버린 것이 철학자의 징표라고 간주했다. 그리스인과 로마인이 심리치료를 받기 위하여 야심적이고 탐욕스럽거나 질투심 있는 누군가를 찾아간다는 것은 말도 되지 않는 소리였을 것이라는 것이 히튼 교수의 견해다. 왜냐하면 질투심, 탐욕과 같은 것은 바로 자신이 범한 영혼의 질병이기 때문에 타인의 도움이 치유될 수 있는 것이 아니라는 것이다[참고: Heaton, J. M. (1990). What is existential analysis? *Journal of the Society for Existential Analysis, 1*, 2-5.].

91) 예수는 서로 다른 사람들을 받아들이며 그들에 대한 배려, 돌봄, 그리고 소통을 실천했다. 예수는 말보다는 마음을 서로 주고받았던 의식소통의 인물이었다. 그의 일상적인 생활은 사람에 대한 배려에서 출발하였다. 그는 힌누쿠의 보행을 골고다의 십자가까지 거침없이 보여 주었다. 그가 마지막으로 완결한

힌누쿠는 십자가에서의 저들을 느긋하게 내려다 봄이었다.

붓다의 사회적 신분은 예수의 그것과는 사뭇 다르다. 붓다는 왕자로서 통치자의 훈련을 제대로 받은 권력자 가문이었지만, 붓다는 그것을 가차 없이 버렸다. 왕위도 비워 냈다. 부인과 아들과의 인연마저도 끊었던 어쩌면 인간적인 것 그것 하나로만 본다면 붓다는 정말 독한 남자였다. 그는 아들의 이름을 '라후라'라고 불렀다. 장애 혹은 걸림돌이라는 말이 라후라였다. 모든 것을 비우겠다고 작정한 사람으로서 세속 인연을 끊어야 하는 그에게 자식은 장애, 바로 그것이었기 때문이었을 것이다. 비운다는 것이 그렇게 어려운 일인 것임을 보여 준다. 그에게는 자기를 내세우거나 받들어 모시는 그런 것과 거리가 멀기만 한 사람이었다.

92) 부도(浮屠)는 부두(浮頭), 불도(佛圖), 포도(蒲圖) 등으로 다양하게 표기되기도 하지만, 모두가 그 어원에 있어서는 붓다(Buddha)나 탑을 뜻하는 스투파에서 나왔다고 전해진다. 부도는 붓다를 상징하는 불경이나 사리를 불탑과는 달리 사찰 주변의 호젓한 곳에 석비와 함께 조영되는 것이 일반적인 풍경이다. 부도가 세워지기 시작한 것은 승려의 지위나 신분이 높아지기 시작함과 관련이 있으나, 이런 부도가 절 곳곳에 세워지는 것이 대해 시인 김명인은 모두가 부질없는 짓이라고 한마디로 정리해 버린다[참고: 중앙일보 편집국(2010). 시가 있는 아침. **중앙일보**. 2010년 5월 21일자].

시인 홍신선 역시 절 앞뒤 켠에 서서 그 앞을 지나가는 이들을 물끄러미 쳐다보고 있는 '부도(浮屠)'들이 그저 안쓰럽기만 하다. 결국 그는 은근슬쩍 부도에게 시비를 걸어 본다. 제아무리 신선이라고 해도 비어 내는 일이 안쓰럽기는 마찬가지라는 뜻에서 그래 보려는 뜻이었다. "죽으면 어디 강진만 갈대밭 쯤에 나가서 육괴(肉塊)는 벗어서 시장한 갯지렁이 시궁쥐들의 뱃속이나 소문 없이 채워주고 그래도 남는 것이 있으면 찬 뼈 두 날 정도로 견디다가 언젠가는 그것도 다 이름 없는 불개미떼나 미물들에게 툭툭 털어 벗어줄 일이지 쇠막대 울 앞 애꿎은 시누대들만 수척한 띠풀들 사이 끌려 나와서 새파랗게 여우 눈 맞고 있다." 그러니 "빌려 입은 몸(肉塊)조차 미물에게 바치고 미련 없이 떠나는 것은 무욕을 실천하라는 부처(佛家)의 가르침을 받드는 일이다. 삶의 마지막을 사리로 남겨 부도를 세우게 하는 것은 득도(得道)의 진정한 구현이 아니라는 뜻이다. 부도에 둘러선 애꿎은 시누대만 추위에 떨고 있다는 이 풍자는 비움을 체현(體現)하려는 스스로의 다짐을 내비친 것이다. 죽음 앞에서 자신을 가다듬는 일은 얼마나 중요한가."라고 그의 생각을 정리하고 있다[참고: 홍신선(2004). **홍신선 시전집**. 서울: 산맥출판사].

93) 붓다가 보여 준 가르치고 익힘을 통해 일어나고야 마는 깨달음의 묘법과 신비함의 배움 정신을 이어받은 선불교의 한 종파가 임제종이다. 임제종은 깨달음에 대해 유별난 생각을 버리지 않고 강조한다. 저들은 사제 사이에 일어나는 상호 배움의 관계가 깨달음에 이르게 만드는 요체라고 정리한다. '가르치고-배우는' 관계가 없는 곳에서는 결코 '깨달음'도 일어날 수 없다는 논리다. 깨달음의 과정에서 스승의 역할이 결정적이라고 생각하기 때문이다. 스승은 제자를 깨달음으로 인도하려고 할 때 상당한 어려움을 겪는다. 마치 수영 코치가 학생에게 헤엄치는 것을 가르칠 때 겪는 곤란함과 엇비슷하다. 헤엄을 칠 수 없는 사람은 물을 두려워한다. 수영을 두려워하는 것이 아니라 물을 두려워한다. 헤엄이 가능해

지는 그 순간 초심자는 물에 대한 그 어떤 깨달음을 갖는다. 헤엄을 칠 수 없는 사람에게 수영에 대한 깨달음을 이야기해도 무덤덤하다. 수영이 가능해지지만 물에 대한 설명은 더 이상 필요하지 않다. 그 전까지는 늘 문제다[참고: 가라타니 코우진(1998). **探究**(역). 서울: 새물결].

94) 참고: 배병삼(2010). 현실 정치가로 실패한 공자 학교 경영자로 성공한 이유. **신동아**. 2010년 1월호.

95) 참고: 김승혜(1994). **원시유교**. 서울: 민음사.

96) 참고: 진대제(1996). **공자의 학설**(역). 서울: 이론과 실천.

97) 공자는 제자인 자로와 염유의 결점을 저들의 일상생활을 통해 잘 알고 있었다. 자로는 사람들의 이야기를 듣자마자 일단 행동부터 하는 유형의 인물이었다. 늘 남보다 지나치다는 것을 공자가 잘 알고 있었다. 공자는 자로가 그의 결점을 고치기를 바랐다. 반대로 염유는 듣고도 곧바로 행동하지 않으며 일단 물러서려고 하는 인물이었다.
공자는 그의 결점도 꿰뚫고 있었다. 염유는 물러서려고 하기 때문에 나아가게 만들고, 반대로 자로는 지나치기 때문에 물러서게 하려고 한 것이다. 두 제자의 결점은 서로 반대가 되기도 하고 서로 보완이 되기도 한다. 공자는 두 제자의 각기 다른 결점을 교정하는 데 도움을 줄 수 있는 상반된 가르침을 이야기한 것이다. 공자 스스로 배우는 사람에게 필요한 가르침은 심지어 같은 인물에게도 적용될 수 있음을 보여 준 것이다. 공자는 제자들이 어떤 사람인지를 배우면서 그 제자가 묻는 시점에 따라 그에게 필요한 대답이 다를 수 있음을 보여 주었다. 공자는 제자가 필요한 문제해결의 답을 상황과 조건의 차이에 따라 상반되게 일러 줌으로써 제자의 배움에 실질적으로 도움이 되도록 하는 것이 서로 배움의 바른 길임을 보여 주었다[참고 "『論語』, 「先進」 22. 子路問, "聞斯行諸?" 子曰, "有父兄在, 如之何其聞斯行之?" ?有問, "聞斯行諸?" 子曰, "聞斯行之." …… 子曰, "求也退, 故進之, 由也兼人, 故退之].

98) "인터넷 혁명은 기술 혁명이 아니라 정체성의 혁명이라는 점에서 우리는 인터넷의 겉모습이 아닌 속모습을 알아야 한다. 인터넷 활용을 넘어 인터넷 자체를 알아야 하는 이유다. 인터넷을 통해서 우리 자신을 들여다보기 때문이다. 우리의 새로운 자아와 사고방식과 영혼을 만나기 때문이다. 다양성과 자유가 최고로 발현된 세상, 관리자도, 억압도, 금기도 없는 세상에서 우리는 자신의 진짜 모습을 알아가는 기쁨을 맛보는 것이다. 이곳에 우리의 진짜 모습이 담겨 있다."[데이비드 와인버거(2009). **인터넷은 휴머니즘이다**(역). 서울: 명진출판.]라고 말하는 와인버거는 철학을 전공한 프리랜서 작가이기도 하다.
마샬 맥루한 이후 최고의 미디어 비평가라는 찬사를 받고 있는 와인버거는[참고: 데이비드 와인버거(2008). **혁명적으로 지식을 체계화하라**(역). 서울: 살림 Biz.], 이제는 이미 지식이 자유를 얻은 시대가 되어 지식이 퇴행할 수 없게 되었다고 본다. 지식의 사회화가 일어나면서 사람들이 얼마나 많은 전문지식을 갖고 있느냐가 아니라, 이것을 얼마나 많이 사람들에게 나눠 주고 연결해 주느냐가 새로운 과제가 되었다. 그것을 매개하는 도구가 바로 인터넷이다. 과거에는 지식을 통합하고 나누는 것이 지성의 상징이었다면 이제는 폭발적으로 증가하고 있는 정보로 인해 가지런한 정리가 무의미한 시대가 왔기에, 200년이 넘는 역사와 권위를 자랑하던 『브리태니커 백과사전』이 하루아침에 사망신고를 내고 말아 버렸다며 기존 매체나 학교와 같은 교육기관의 몰락이나 급격한 변화를 예고하고 있다.

99) 교육에서는 재생이란 존재하지 않는다. 가르친다(teach)의 개념 역시 교육에는 맞지 않는다. 누구라도 지두력(知頭力)은 있다. 지식의 쇠퇴는 좁은 시야 때문에 일어난다. 현대인의 젊은이뿐 아니라 모두 자신의 주위밖에 보지 않으며, 그 결과 사고의 정지에 빠졌다고 할 수 있다고 말하는 오마에는 국가가 국민을 지키지 못하는 시대가 된 지금에는 사람마다 국가에 기대지 않고 스스로의 힘으로 일어서 자신의 생활을 지키고, 자신의 인생을 재고해야 한다고 주장한다. 그것의 원천이 바로 '생각하는 힘', 즉 문제해결력이라고 말한다[참고: 오마에 겐이치(2009). **지식의 쇠퇴**(역). 서울: 말글 빛냄].

100) 미국의 미래학자로서 미래연구 싱크탱크인 밀레니엄프로젝트와 세계미래연구기구협의회 회장, 유엔대 미국위원회 이사를 맡고 있는 글렌 교수는 한국을 여러 차례 방문하면서, 미래의 다양한 가능성을 제시해 왔다. 2013년 2월에 취임하게 될 박근혜 대통령 당선인에게 간곡하게 "정부 각 부처의 미래 전략을 지휘하고 이끄는 조직을 청와대에서 만들어 장기적인 국가 전략으로 삼아야 한다."고 당부하면서 한 말이지만, 위의 말은 우리 국민보다는 오히려 미국인에게 보다 더 절실한 조언같았다[참고: 최영해 · 신석호(2013). 2030 미래전략 세계 석학에게 듣는다(제롬 글렌). **동아일보**. 2013년 1월 8일자].

101) 붓다만큼 명상과 관조(觀照)를 자기의 일상적인 삶에서 실행한 사람도 없을 성 싶다. 그는 대나무 숲, 녹야원, 해변가 그 어디든 필요한 시간에는 붓다를 위한 설법 장소로 활용했다. 붓다는 명상을 위해 방해받지 않는 공간이라면 어디든 적절하게 활용했다. 나무 아래, 절벽 위, 동굴 속, 산, 숲 속 등 명상하며 몰입하는 데 도움이 될 수 있는 곳이라면 어디든지 배움의 공간으로 활용했다[참고: 장 부아슬리에(1996). **붓다: 꺼지지 않는 등불**. 서울: 시공사].

102) 예수, 붓다, 공자 중에서 조직력이 뛰어난 사람은 예수가 아니었다. 붓다가 예수보다는 한수 위였다. 붓다는 조직의 명수였다. 그는 숨을 거두는 그 순간까지 제자들에게 조직 결성에 대해 보다 구체적인 행동강령이나 규약 같은 것을 요구했었다. 붓다는 그를 따르겠다는 의지를 갖고 그를 추종하려고 하던 제자들에게 가슴에 간직하라고 말했다. "설법을 들으면 이를 잘 간직한다. 문구를 간직하고 있으면 그 내용을 살핀다. 내용을 살폈으면 이로부터 혜안을 얻는다. 혜안을 얻었으면 이를 인정한다. 인정하였으면 이를 지킨다. 이를 지켰으면 헤아린다. 이를 헤아렸으면 익힌다. 마음으로 익혔으면 이를 최고의 진리로 실천하며 현명하게 꿰뚫어본다."는 것 같은 규약을 실천하라고 요구했다. 제자들은 그것을 지키겠다고 약속했다. 제자들의 입단식은 비교적 단순했다. 머리와 수염을 자르고 누런 옷을 걸친 후 스승의 발을 어루만지며 "나는 붓다에게 귀의하였나이다. 나는 교리에 귀의하였나이다. 나는 승단에 귀의하였나이다."라고 말로 언약하는 약속이었다. 붓다를 따르는 비구의 삶은 그렇게 시작되었다. 복잡한 절차 같은 것은 없었다. 깨달음의 길로 나가겠다는데 절차가 중요한 것은 아니었기 때문이다[참고: 한국교수 불자협회(2006). **인류의 스승으로서의 붓다와 예수**. 서울: 동연].
예수, 붓다, 공자는 모두 제자들에게 느슨하기는 하지만 열정적인 조직을 만들어가기를 원했다. 요즘의 경영학적 언어로 그들의 조직을 이야기한다면, 마치 "실행하지 않고 어떻게 맞는지 아닌지 알 수 있겠는가? 유일한 방법은 직접 부딪쳐 보는 길뿐이다. 실패를 두려워 마라. 그리고 열정에 넘치는 사람들이 되라."라는 톰 피터스 식의 조직 관리에 앞장선 사람들이라고도 볼 수 있다. 어쩌면 그 당시 예수, 붓다 그리고 공자의 모임은 열정적인 조직 혹은 '정신 나간 조직'의 그것과 흡사할 수 있다. 미친 조직이란 열정과 아이디어로 뭉친 괴짜들이 주도하는 조직으로서, 조직원이 그들이 행하고자 하는 과제를 수행하는 과정 속에서 조직원들의 에너지를 하나로 모은 조직을 말한다. 이런 미친 조직들은 관료주의에 얽매이지 않으며 인재들을 널리 끌어 모으며, 비난의 화살에도 초지일관의 목표를 향해 나아가는 힘을 갖고 있다.

예수, 붓다 그리고 공자 모두는 그들을 추종하는 자들이나 제자들과 함께 하는 배움의 장면마다 묻기가 가장 효과적인 서로 배움의 길임을 보여 주고 있다. 그들과 제자들이 스승과 제자, 인도자와 사도 간의 관계이기는 하였지만, 서로의 배움을 위해 묻기를 주저하지 않았다. 제자보다 나이가 많다고 해서 제자들에게 묻기를 두려워하거나, 배우기를 주저하지 않았다. 그렇다고 제자들이 그들의 스승에게 지켜야 할 예를 벗어나는 법도 없었다. 스승의 답변이 설령 그들의 욕구에 충족하지 않더라고 하더라도 제자들은 자신을 되돌아 보며 스승의 말씀이 의미하는 바를 되새김질 했다.

103) 예수, 붓다 그리고 공자가 보여 준 서로 배움의 방법은 모두가 불치하문(不恥下問)의 방법이었다. 불치하문의 서로 배움은 중국 당나라 한유(韓愈)가 스승과 제자들 간의 관계에서 잘 드러내고 있다. 그는 스승과 제자의 관계는 주와 종의 관계가 아니라, 서로 배움의 관계라는 점을 분명하게 제시하였다. "옛날에 배우는 사람에게는 반드시 스승이 있었다. 스승이 도를 전해 주고 학업을 전수시켜 주고 의혹을 풀어 주었기 때문이다. 사람이 나면서부터 아는 자가 아니기에 누구든 의혹됨이 있을 것이다. 의혹됨이 있어도 스승을 따르지 아니하면 그 의혹됨은 끝내 풀리지 않는다. 나보다 먼저 태어나서 그 도를 들음이 진실로 나보다 앞서면 나는 그를 좇아 스승으로 삼고 나보다 후에 태어났더라도 그 도를 들음이 역시 나보다 앞서면 나는 그를 스승 삼겠다. 나는 도를 스승으로 삼을 것이니 어찌 그 나이가 나보다 앞인지 뒤인지를 따지며 태어남의 선후를 알려고 할 필요가 있겠는가. 그런 연유로 인해 귀함도 천함도 따질 필요 없고, 나이의 많고 적음도 따질 필요 없다. 오로지 도가 있는 곳이 스승이 있는 곳이다.

스승의 도가 전하지 않음이 오래 되었으니 사람들에게 헷갈리고 혼돈함이 없을 리가 없다. 옛날의 성인은 스스로 남보다 뛰어남이 멀다면 오히려 스승을 좇아서 물었지만, 지금의 무리들은 성인보다 아래로 떨어짐이 멀기만 한대도 스승을 찾아 배우는 것을 부끄러워하기만 하다. 이런 까닭으로 성인은 더욱 성인이 되고 어리석은 사람은 더욱더 어리석어지기만 한다. 그들이 성인(聖人)이 된 까닭과 어리석은 사람이 어리석게 되는 까닭은 모두 여기에서부터 나오는 것이다. 자식을 사랑하는 데는 스승을 가려서 그를 가르치기를 바라면서도 자신은 스승을 모시는 일을 부끄러이 여기니 알 수 없는 일이다. 무당, 의사, 약사 온갖 장인들은 서로 스승이 됨을 부끄러이 여기지 않는데 사대부 족속들은 서로서로가 '스승'이라 하고 '제자'라고 운운하면 모두 모여서 그를 비웃기만 한다. 이유를 물으면 대꾸하기를, '저와 저는 나이가 서로 같고 도가 서로 비슷하니, 지위가 낮으면 부끄러워함에 족하고, 벼슬이 높으면 아침에 가까운 것이라.'하기만 한다. 그러니 사도가 회복되기 어려운 것을 알 수 있도다…… 성인(聖人)에게는 스승이 따로 있을 리가 없었다. 공자는 담자, 장홍, 사양, 노담을 스승으로 삼았으나, 담자의 무리는 그들의 어짊이 공자에게 미치지 못했다. 그래도 공자가 말씀하시기를, "세 사람이 가는 데에 반드시 나의 스승이 있다."고 하였다. 이런 까닭으로 "제자라고 해서 반드시 스승만 못하란 법이 없으며, 스승이라고 해서 반드시 제자보다 어진 것도 아니다."라는 한유 선생의 가르침은 서로 배움에서 모두가 스승임을 알려 주기에 충분하다[참고: 한유(韓愈). **창려선생집(昌黎先生集)**, 40권].

104) 간디는 모순의 사람으로 알려지고 있다. 그는 지배자인 영국을 혐오하면서도 다른 한편으로는 영국을 예찬하기도 했기에 그런 비판의 소리를 듣는다. 간디는 스스로 그런 모순이 있음을 잘 알고 있었기에 그는 자신이 무엇을 하고 있는지도 잘 알고 있었다[참고: 마하마트 간디(2006). **간디, 나의 교육철학**(역). 서울: 문예출판사]. 그가 "모든 속박에서 자신을 해방시킬 힘이 없다면 아무런 소용이 없으며, 자신을 아는 것이야말로 모든 것을 아는 것이라고 말한 것은 바로 그런 모순의 순기능을 말한 것이었다. 자기 스스로 자신의 모순을 아는 것, 말하자면 자신에 대해 알기 위해서는 교육의 정도, 문자 이해의 정도와는 무관하다. 문자를 몰라도 자기 자신을 잘 아는 사람이 있는가 하면, 제아무리 교육을 받았어도 자기 자신을 모르는 사람이 얼마든지 있다. 영국에서 최고의 교육을 받은 간디보다도 더 자기모순이 무엇인지를 철저하게 깨닫고 그것을 자기 해방의 수단으로 삼았던 선지자들은 모두가 문맹자들이었다. 그들은 어떤 학교교육도 받은 적이 없고, 어떤 자격증도 받은 적이 없지만 성인(聖人), 즉 마하트마의 경지에 이른 사람들이다. 그들은 자기 자신에 대해 가장 처절한 깨달음을 얻었기 때문에 성인이 된 사람들이다.

105) 붓다는 가정을 뒤로 한 몰인정한 사내였고, 공자는 가난에 찌든 아내가 그를 떠나가도 끝내 말릴 수 없었던 무능한 사람이었다. 예수는 결혼이 무엇인지 알지 못하는 건장한 청년으로 그의 삶을 끝냈다. 붓다와 공자는 여성이 어떤 존재인지를 뼈저리게 알았던 사람이지만, 예수는 그렇지 않다. 성경에 등장하는 예수의 여성들을 개관하면 예수가 전혀 여성의 심리를 모른다고 이야기할 수는 없을 성싶다. 저들이 보여 준 현실적인 삶은 어쨌거나 여성의 연민과 질투에 무관한 삶은 아니었다고 볼 수 있다. 오스틴 텍사스대 진화심리학자 데이비드 버스(David M. Buss) 교수는 미국과 네덜란드, 독일, 일본, 한국, 짐바브웨 등지의 사람들을 대상으로 인간의 질투와 성(性) 사이의 관계를 조사한 적이 있었다. 그가 설정했던 조건은 당신의 배우자가 당신 아닌 다른 사람과 감정적으로 깊이 교류하며 서로 믿고 의지하는 상황과 그저 새로운 상대와 성욕을 불태우는 상황이 있을 경우, 어느 상황에 더 화가 날 수밖에 없는가 하는 질문에 대한 반응을 알아 보는 것이었다. 그가 다르게 설정한 또 다른 상황은 매력적인 이성이 다가와 3가지 제안, 말하자면 오늘 밤 데이트를 하자는 요청, 함께 자신의 아파트에 가자는 요청, 마지막 경우는 섹스를 하자는 요청이 들어왔다고 했을 때 어떻게 대처할 것인가에 관한 상황 설정이었다. 그의 연구 결과에 따르면 첫 문제에 대한 대답은 남성과 여성 간에 현격한 차이가 있었다. 여성 대부분은 남성의 감정적인 배신 행위에 더 화를 냈지만, 남성은 상대의 성적 배신에 더 괴로워했다. 두 번째 문제에 대한 남녀의 대답도 달랐다. 조사 대상 여성의 50%가 데이트는 하겠다고 응

답했다. 6%는 아파트에 가겠다고까지 반응했으나 섹스를 하겠다는 여성은 한 명도 없었다. 반면 남성의 반응은 전혀 달랐다. 전체 남성의 50%가 데이트를 하겠다고 반응했다. 69%는 아파트에 가겠다고 했다. 그리고 무려 남성의 75%는 섹스를 하겠다고 응답했다. 섹스에 대해 부정적으로 응답한 남성들도 그 이유가 빈약한 것이었다. 피치 못할 선약이 있어서 그렇게 못할 뿐이지만, 다음에 기회가 있으면 그렇게 하겠다는 것이었다. 이렇게 성욕에 대한 남녀의 대답이 전혀 다른 것은 질투라는 개념에서 비롯된다는 것이 버스 교수의 연구 결과였다[참고: 데이비드 버스(2006). **위험한 열정, 질투**(역). 서울: 추수밭].

세상에서 일어나는 전체 살인 사건의 13%는 배우자 살해인데, 그것의 주된 원인이 바로 질투였다. 질투는 '나의 짝이 다른 사람에게 느끼는 욕망과 외도 행위에 대처하기 위해 설계된 안전판'이다. 상대의 외도에 대처하는 남녀의 반응이나 이성의 유혹에 대응하는 남녀의 태도가 다른 것도 질투 때문이다. 인간은 몸 안에서 수정이 이뤄지는 극소수 동물 중의 하나다. 이런 특징은 남성들에게 아이의 아버지가 누구인지 확신할 수 없다는 본원적인 문제로 연결된다. 아내가 성적인 배신을 할 경우 남자는 남의 아이를 키우느라 자신의 생식 기회를 잃어버릴지도 모른다. 남자가 여자의 성적인 외도를 싫어하는 이유가 바로 그것에 있다. 반면 여자는 자신이 아이의 어머니, 그리고 그 남자의 아이라는 것을 100% 확신하는데, 남편이 다른 여성을 사귀면 그것은 다른 여성의 자녀에게 헌신할지도 모른다는 불안감이 앞설 수밖에 없다. 남편이 다른 여성과의 맺는 감정적 유대는 이런 상황을 가장 극적으로 보여 주는 신호다. 여성이 남편의 감정적 외도를 하룻밤 외박보다 더 괴로워하는 이유가 여기에 있다. 외도를 유혹하는 이성에 대한 남녀의 다른 반응 또한 생식과 밀접한 관계가 있다. 여성이 섣불리 침대에 뛰어들지 않으려는 것은 성에 대한 관심이 없어서가 아니다. 성관계가 임신으로 이어질 수도 있는 여성의 생리 구조의 특성상 신중할 수밖에 없다. 데이트를 할 수는 있어도 섹스에는 신중할 수밖에 없다.

대 잇기에 대한 남성의 욕망은 여성의 그것과 다르다. 남성의 대 잇기가 성공하느냐 혹은 실패하느냐의 여부는 그가 교합하는 여성의 가임기와 그런 가임기를 갖는 여성의 수로 결정된다. 이것이 남성이 섹스 파트너에게 마구잡이로 탐욕을 드러내 보이는 이유다. 질투나 외도와 관련된 이같은 인간의 진화는 모든 인간에게 공통적이다. 이 논리에 따르면, "질투하지 않는 사람은 질투심 많은 경쟁자에게 밀려 도태될 수밖에 없고, 그런 사람은 우리의 조상이 될 수가 없었다. 인간 질투를 느끼는 것은 "이 위험한 열정에 사로잡힌 조상의 계보와 그런 질투의 DNA를 이어받았기 때문이다. 질투는 배우자의 외도를 감지하고 자신의 사랑을 지키기 위한 본능이 진화한 결과이기에, 배우자들이 서로가 서로를 진정으로 사랑한다면 질투는 필수적일 수밖에 없다."

106) 참고: 클레이 셔키(2011). **많아지면 달라진다**(역). 서울: 갤리온.

107) 참고: 니콜라스 카(2011). **생각하지 않는 사람들**(역). 서울: 청림출판.

108) 인지 잉여의 효율적 활용은 인간과 자연 간의 공생을 위해서도 중요하다[참고: 클레이 셔키(2011). **많아지면 달라진다**(역). 서울: 갤리온]. 인간 스스로 자신의 욕망을 부풀리기 시작하면 그것은 끝내 과잉 욕망, 잉여 욕망이 되어 자신을 파괴해 들어가기 때문이다. 오스트리아 출신의 사상가이자 언론인이

며, 프랑스의 지성인이라는 사르트르와 지성적으로 대등한 대우를 받는 앙드레 고르(Andre Gorz)는 인간의 과잉 욕망을 제어할 수 있는 능력을 복원해내는 일이 생태계와 친화적인 삶을 사는 일이라고 주장한다. 인간은 자연의 적이 아니라, 인간이 자연의 일부이며 자연과 더불어 살아야 하는 공생의 존재라는 것이다. 인간이 결코 자연의 훼손자나 적이 될 수 없다고 주장함으로써 근본주의적 생태주의자들의 논리, 즉 인간은 끝내 자연의 적이라는 저들의 생각을 반박하며, 자연과 인간 간의 공생을 위해서는 노동 중심 사회에서 공생 협력 사회로 나아가는 길이 바로 인간의 과잉 욕망을 제어하는 길이라고 주장한다. '더 많이 생산하고 더 소비해야 한다'라는 우리 사회의 지배적 이데올로기와 '노동의 미덕', 다시 말해서 노동 중심의 정당성을 세뇌시키는 온갖 매체의 선동에서 벗어나 임금 노동 철폐와 생계수당 지급, 일자리 나누기를 통해 공동 협력 자율 생산 같은 프로젝트를 실천하는 노력이 바로 우리가 겪고 있는 현재의 노동 문제나 실업 문제를 해결하기 위한 방법이라고 그는 제언한다.

고르 교수는, "생태적 관점에서 보면 자본 회전의 가속을 좇다 보면 당장의 이윤이 줄게 만드는 것은 모두 배제하기에 이릅니다. 따라서 산업 생산이 지속적으로 팽창하면 자연히 천연자원이 초토화되기에 이르지요. 자본의 무제한적 팽창이 필요하다 보니, 자본은 이윤을 남기고 파는 제품들로 천연자원을 대체하기 위하여 자연과 천연자원을 파괴하려 듭니다. 이를 아주 잘 보여 주는 예로는, 거대 기업이 전 세계에 강요하려 드는 유전자변형 종자를 들 수 있겠군요. 이러한 기업들은 몇몇 품종의 자연 생식만큼이나 그 품종 자체를, 농민을, 식량 재배를, 간단히 말해서 인간 스스로의 식량 생산 가능성을 제거하려고 듭니다. '노동력 상품', 즉 노동자와 그들의 조직이 무슨 대가를 치르든지 현재의 상황에서 고용을 옹호하고 고용을 옹호하기 위해 당장의 경제 성장과 투자 수익률에 방해가 되는 모든 것과 투쟁하는 한, 이러한 파괴와 약탈의 공동책임자일 수밖에 없습니다."[참고: 앙드레 고르(2008). **에콜로지카-정치적 생태주의, 붕괴 직전에 이른 자본주의의 출구를 찾아서**(역). 서울: 생각의 나무.] 고르 교수 역시 일순간의 생존을 위해 필요하더라도 그것을 억제하고 인내하는 길이란, 말하자면 집단지력이 그들의 힘을 올바르게 행사하는 길은 그 어떤 것이든 제도화시키거나, 기관화시키는 일을 경계하는 일임을 시사하고 있다.

109) 집단지력(Group intelligence) 혹은 집단지능의 출현 역시 사람들이 새로운 정보를 만들어 내기 위해 끊임없이 참여하고, 지속적으로 서로 대화를 해냈기에 가능했던 것이다. 집단지력은 내 머리 하나보다는 우리 머리 여럿이 한결 낫다는 지력의 협업화를 강조한다. '집단지력'이란 개인의 지성이 모여 생기는 지능이나 지력으로 우수한 개인의 인물이 창출하는 지식보다 뛰어난 경우를 흔히 알려 주는 개념이지만, 결코 개인의 지력을 경시하거나 개인의 지적능력을 무시해야 한다고 생각하지는 않는다.

예를 들어, 스마트폰이 한국에 처음 등장했을 때 아이폰을 사용하는 사람들은 교통카드를 아이폰에 끼워 쓸 수 있는 방법에 골몰했다. 아이폰(i-phone)에는 기존의 휴대폰처럼 교통카드 기능이 탑재된 칩을 끼울 수 없었기 때문이었다. 교통카드를 함께 쓸 수 없었기에 많은 사람들이 불편을 느꼈다. 이 문제를 해결하기 위해 사람들에게 해답을 요청했었다. 여러 학생이 권하는 방법은 교통카드를 별도로 구매해서 아이폰을 덮는 비닐 커버 속에 끼워 넣으면 교통카드로 쓸 수 있는 방법이었다. 나도 처음에는 학생들의 조언과 해결책, 마치 자기들이 하고 있는 것 같은 방법에 따라 교통카드를 사서 그렇게 해 봤다. 전혀 사실과 달랐다. 교통카드는 그런 상태에서 작동하지 않았기 때문이었다. 그 사실을 체험한 후 다시 학생들에게 해결방법을 물어봤다. 수많은 학생들이 제시하는 대답은 전과 동일했다. 어렴풋이 알고 있는 지레짐작과 어림 셈법을 그들은 놓치지 않고 있었다.

기거렌처(Gigerenzer, G.) 교수는 시카고 대학교에서 심리학과 학생들을 그리고 버지니아 대학교 로스쿨에서 학생들을 가르치는 동안 미국 학생과 독일 학생을 대상으로 아주 단순한 실험, 말하자면 미국의 도시인 디트로이트와 밀워키 중 어느 도시가 인구가 더 많은 도시인지를 물었다. 이 실험을 할 적에, 기거렌처 교수는 하나의 가정을 갖고 있었다. 즉, 미국의 지리 지식에 약하고, 밀워키보다는 디트로이트라는 이름이 친숙한 학생은 무작정 디트로이트라고 답할 확률이 더 높을 것이라는 전제를 갖고 있었다. 실험 결과 놀랍게도 그리고 '다행스럽게도' 미국 학생 중 60%가 디트로이트라고 답하고 40%가 밀워키라고 답했다. 반면, 독일 학생은 거의 대부분이 디트로이트라고 답했다[참고: 게르트 기거렌처(2008). **생각이 직관에 묻다**(역). 서울: 청림출판].

두 도시에 대해 어느 정도 알고 있는 미국 학생의 정답률은 60%였다. 미국 지리에 무지한 독일 학생의 정답률은 거의 100%에 가까웠다. 일반 상식대로라면 미국의 지리와 도시에 더 많은 정보를 가지고 있는 미국 학생들이 독일 학생들보다 더 정확한 결론에 도달해야 하지만, 결과는 달랐다. 이 상식의 전복 이면에는 아주 단순하기는 하지만 절대로 합리적인 이유들이 작동했었다. 그 이유가 바로 '인지적 직관법'이라는 어림 셈법(rule of thums)에 있었다. 인지적 어림법은 정확한 사실이나 경험에 기초하기보다는 인지도에 따라 옳고 그름을 추론하는 방법이다. 말하자면, 디트로이트와 밀워키 두 도시 중 자기가 어느 한 도시만 알고 있다면, 그냥 직관적으로 그 도시의 인구가 다른 도시에 비해 더 많을 것이라고 혹은 많다고 결정을 내리는 식이다.

개인의 지력을 조건 없이 배제하기보다는 오히려 개인 지력이 갖고 있는 소수의 힘을 최대한 활용하거나 포용하는 것이 집단지력의 장점이다. 일반적으로 집단의 힘을 이야기할 때 사람들은 흔히 동조의 심리학, 복종의 사회학의 관점에서 다수, 권위, 사회적 통제를 연상한다. 집단의 관점에서 보면, 창의적이거나 지력이 뛰어난 소수들을 이탈자로 속단되기 십상이다. 이탈의 상태, 말하자면 집단의 일반적인 규준 이하 행동양식을 벗어나거나 다른 상태를 보여 주는 사람들은 거북한 상황을 연출하는 사람으로 여겨지며, 그런 뜻에서 통상적으로 비행, 타락, 정신적이거나 지적인 결함이나 열등함 같은 단어로 낙인되어 왔다[참고: 오마에 겐이치(2009). **지식의 쇠퇴**(역). 서울: 말글 빛냄].

110) 자신의 상대적 권력이나 사회적 지위와 무관하게 다수의 의견과 규범을 변화시킬 수도 있는 소수들이 역사를 바꾸는 것도 사실이다. 실제로 2000년대 동구 사회의 변화를 이끌어 낸 주인공은 대부분 그런 이탈적 소수의 지력들이었다. 소수의 이탈적 힘이 사회적 위력을 갖게 되거나, 행사되는 경우는 이탈적 소수의 지성이 집단지력의 동력이 된다. 집단의 의식을 지배하고 있는 사회적 정의나 공정성과 근본적으로 위배되지 않는다면 소수의 힘을 다수의 힘으로 이끌어 나가는 정당성을 지닌다. 집단의 힘, 집단지력의 힘은 바로 이런 이탈적 소수가 만들어 낸 창의력, 집단적 기준을 벗어나는 '오류들'이라도

집단의 사회 체계 안으로 통합시키는 능력을 보여 줄 때 드러나는 것이며 그때부터 사회적 체계, 집단의 지력이 함께 성장하게 된다. 이탈적 소수는 상대적으로 빠른 사회적 변화 속에서 또 따른 사회적 변화를 이끌어 내는 요인이 될 수 있으며 변화를 만들어 내는 원동력이 될 수 있다[참고: 세르주 모스코비치(2010). **다수를 바꾸는 소수의 심리학**(역). 서울: 뿌리와 이파리].

111) 집단지력이 갖는 이점도 있지만 경계해야 할 문제점도 있다. 이 점을 미국 뉴요커의 논설위원으로서 경영 컬럼니스트로 일하고 있는 제임스 서로위키(Surowiecki) 기자는 그의 저서, 『대중의 지혜』에서 지적하고 있다. 물론 그는 "대중은 답을 알고 있다."고 주장하며 대중, 민중, 다중의 지혜를 높이 평가하라고 기업가들에게 일러 주는 일만큼은 잊지 않고 있다. 그는 무작위로 선정한 구성원으로 이루어진 집단이 많은 돈을 들여 현명한 사람들만 뽑아 놓은 집단보다 문제해결능력이 더 낫다는 것을 증명해 보이는 여러 기존의 역사적 사례를 들어 보임으로써, 그동안 개인 전문가에 지나치게 의존하던 기업가들의 일반적인 관념을 뒤바꿔 놓는다. 평범한 다수가 탁월한 소수보다 현명하다는 믿음을 갖고 있는 서로위키는 전문가의 지식보다는 대중의 지혜를 신뢰하라고 주장한다. 대중이 전문가에 비해 좋은 답을 가장 자주 내놓기 때문이라는 것이다.

군중의 지혜의 장점에 먼저 주목하면서 집단지성의 가능성을 점치는 그는 한 가지 실험 결과를 소개한다. 주식시장에서 직감이 높다고 정평이 난 투자 예측 전문가 한 명과 그런 것을 해 본 적이 없는 다수의 비전문가들에게 구슬로 가득 찬 작은 공들을 유리 병 안에 넣어 두고 그것이 몇 개인지를 알아맞추는 실험이 그것이었다. 실험 결과를 비교한 후 그는 예상 외의 결과에 놀란다. 비전문가 여러 명의 의견을 종합한 예측 결과가 전문가의 그것에 비해 훨씬 더 정답에 가까웠기 때문이다. 전문가의 의견이 비전문가 각 개인보다는 정답에 더 가까운 경우가 많았지만, 집단의 결과를 조합한 예측보다는 항상 그의 정확도가 떨어졌었다. 이런 실험 결과를 통해 그는 우수한 한 명의 직감보다는 우수하지는 않지만 생각을 할 수 있는 여러 명의 직감을 조합하는 것이 더 우수한 결과를 만들게 된다고 주장함으로써 군중의 지혜를 최대한 활용하는 집단지성의 이론을 뒷받침한 바 있다[참고: 제임스 서로위키(2005). **대중의 지혜-시장과 사회를 움직이는 힘**(역). 서울: 랜덤하우스 코리아].

112) 암묵지란 표현하기 힘든 주관적 · 직관적 정보들, 말하자면 정념이나 감정, 이미지 같은 것이다. 반대로, 형식지(形式知, explicit knowledge)는 표현할 수 있는 체계적 · 논리적 정보 같은 것을 말한다. 말하자면 이성이니 코드니 언어 같은 것이다. 집단지성은 구체적으로 언어적 진술로 표현해 낼 수 없는 그런 암묵지를, 구체적인 언어나 물건 같은 형식지로 만들어 가는 과정이며 활동이다. 암묵지는 '학습과 체험을 통해 개인에게 습득돼 있지만 겉으로 드러나지 않는 상태의 지식'을 말하기에, 그 어떤 촉진 작용이 없으면 겉으로 드러나기가 쉽지 않다. 사람의 귀와 귀 사이에서 나온다. 머릿속에 존재해 있는 지식으로 언어나 문자를 통해 나타나지 않는 지식이기 때문이다. 암묵지는 대개 시행착오와 같은 경험을 통해 체득하는 경우가 많다. 그에 비해 형식지는 '암묵지가 문서나 매뉴얼처럼 외부로 표출돼 여러 사람이 공유할 수 있는 지식'을 말한다. 교과서, 데이터베이스, 신문, 비디오와 같이 어떤 형태로든 형상화된 지식은 형식지라고 할 수 있기에, 형식지로 전환되면 모든 이들이 그것을 자유롭

게 활용할 수 있게 된다[참고: 노나카 이쿠지로 외(1998). **지식경영**(역). 서울: 21세기북스].

113) 집단지력의 동등 계층 생산성을 가장 잘 드러내 보이는 사례로 폭로전문 웹사이트인 '위키리크스'의 출현을 들 수 있다. 위키리크스가 보여 준 폭로의 영향력은 엄청났다. 2010년 연말이었다. 미국이 절대적인 비밀로 삼고 있던 외교 · 안보 기밀문서 25만여 건이 대중에게 폭로되었다. 중국, 러시아, 이라크, 아프간 등 민감 지역에 대한 핵심 정보들이 공개된 것이다. 위키리크스에는 해커, 반체제 인사, 기자, 수학자, 각국의 공업 기술자 등 지식인이 비공개적으로 참여하여 세계적으로 이목을 받고 있는 권력들의 현실을 폭로한다. 위키리크스라는 집단지력의 목표는 각국 정부와 주요 단체들이 이 세상을 어떻게 요리하려고 하는지를 온 세상에 알리는 일이다. 진실과 진리, 거짓과 허구, 그리고 권력의 힘이 무엇인지를 세상으로 드러내려는 것이다.

114) 참고: 토머스 맥러플린(2012). **거리의 지혜와 비판이론**(역). 서울: 비즈앤비즈.

115) 적시학습(適時學習)의 개념은 일본의 도요타사가 택해서 성공을 거둔 적시 생산법(just-in-time producing)을 학습방법에 응용해서 개조한 것이다. 도요타사가 취한 적시 생산, 적시 공급 생산 체계는 재고의 제로화, 재고 없는 생산을 지향하기 위한 도요타의 생산 전략인 것처럼, 적시학습 역시 직장이나 학습 현장에서 학습자가 필요로 하는 정보나 교육과정을 주제별로 분할, 세분화해 필요한 내용을 현장에서의 문제해결을 위해 즉각적으로, 즉시적으로 학습, 소화할 수 있도록 도와주는 학습방법이다[참고: 박정훈(2007). **미래혁명**. 서울: 일송북; 박영숙(2009). **새로운 미래가 온다**. 서울: 경향미디어].

116) 참고: 요아힘 모르 · 노베르트 F. 푀츨 · 요하네스 잘츠베델(2012). **무엇이 과연 진정한 지식인가**(역). 서울: 더숲.

117) 참고: 몽테뉴(2000). **나는 무엇을 아는가**(역). 서울: 동서문화사.

118) 참고: 전병근(2008). 구글이 사람을 바보로 만든다? **조선일보**. 2008년 6월 18일자.

119) 포교 활동에서 일부 포교자의 무지막지한 포교방법이 흔하게 발견된다. 일반적으로 종교적 활동이나 종교적 수행은 동행의 관점에서 보면 서로가 '지식(智識)'하려는 강한 의지를 표출해내는 의지의 표현이었다고 볼 때, 독선에 가득 찬 무지와 위협적인 선교는 믿지 않는 이들에게 오히려 반감을 주기에 충분하다.

120) 붓다에게 어느 날 바라문이 찾아와 악지식과 선지식 간의 구별에 대해 물었다[참고: 중아함 36권 148경, 하고경(何苦經)]. "어떤 사람을 악지식이라 하는지요?" "악지식은 마치 그믐으로 향하는 달과 같은 사람이다. 그믐으로 향하는 달은 날로 모양이 점점 어그러지고 광명도 점점 약해진다. 나중에는 모양이 아주 없어져 볼 수도 없고 빛도 없어진다. 악지식도 그와 같아서 처음에는 여래의 바른 가르침을 받아 그 법을 믿지만 점점 따르지 않고 공경하지 않으며 소행은 순하지 않으며 바른 지혜를 세우지 않는다. 그러다가 나중에는 문득 믿음을 잃고 계와 믿음과 서원과 지혜 또한 잃어버린다. 마지막에는

마치 달이 모양을 잃듯이 모든 것을 잃고 만다. 이것이 악지식이 가는 길이다."

"그러면 어떤 사람을 선지식이라 하는지요?" 라고 묻자, 그는 "선지식은 마치 보름으로 향하는 달과 같은 사람이다. 보름으로 향하는 달은 처음 생길 때 산뜻하고 밝고 깨끗하며 날로 그 모양을 키워간다. 그리하여 보름이 되면 그 모습이 둥글고 풍만해지며 밝은 빛을 발한다. 선지식도 또한 그와 같아서 처음에 여래의 바른 가르침을 받은 이후 바른 믿음을 견고하게 하여 소행은 순종하며 바른 지혜를 세운다. 믿음을 더욱 증장시키며 계와 서원과 지혜 또한 늘려나간다. 마지막에는 선법을 구족하기가 보름달과 같다. 이것이 선지식이 가는 길이다." 라고 말했다. "악지식을 가까이하는 것과 선지식을 가까이하는 것은 어떤 차이가 있는지요?" 에 대한 질문에는 "악지식을 가까이 하면 마치 허공의 달이 긴탑의 그늘에 가리워 세간의 모든 별들이 광명을 잃는 것처럼 될 것이기에, 설령 무서운 코끼리를 만날지라도 악지식은 만나지도 사귀지도 말라고 이르고 일렀던 것이다. 그에 비해, 선지식을 가까이 하면 간탐의 그늘이 사라져 허공의 모든 별이 빛나듯이 지혜의 광명이 빛나게 될 것이다." 라고 말해 주었다.

121) 악(惡)지식 혹은 오(惡)지식들의 정보 생성력과 장악력을 사회에서 소제하기 위해 끄집어 낸 논리가 내파논리다. 내파논리는 보드리야르가 말하는 초과실제론에서 차용한 것이다. 그는 자본주의를 무절제한 소비사회로 홀대한다. 형이상학적 근거를 상실한 '환영(幻影)'의 사회, '흉내내기'의 사회라고 간주한다. 실재보다 더 실재 같은 복제, 시뮬라크르(simulacre)가 지배하기 때문이다. 실재가 증발되고 환영이 진짜보다 더 판을 치는 사회가 자본주의 사회다. 소비사회는 '실재가 없어지면 실재에 대한 향수가 짙어진다. 진짜에 대한 과도한 관심이 돋아난다. 체험의 가치가 부풀려진다. 그럴수록 실체에 대한 강박감이 생긴다. 모든 것이 '초과 실재(hyper-reality)'가 되는 사회가 나타난다.

초과 실재는 늘 무엇이 가득 채워진 것처럼 보인다. 그것은 환각과 환영(幻影)일 뿐이다. 흉내 내기의 허상일 뿐이다. 환영의 흉내 내기와 같은 기호 가치(value-sign)로 덩치가 커진 소비사회에서는 필연적으로 인격의 파탄이 나타난다. 인격의 파탄이 '내파적 폭력(implosive violence)'이며 내파적 힘이다. 예컨대 게임이나 쇼핑에 미친 사람이 쇼핑이나 게임에 중독된다. 중독되면 그것이 만들어 내는 상상적 초과 실재를 현실로 착각한다. 자기 내부에서 환영이 가득 찬다. 파열이 불가피하다.

내파(內破, implosion)는 음운론적으로 외파(外破, explosion)에 대한 반대 개념을 말한다. 영어의 'tap(탭)', 'cut(컷)'에서 파열자음의 음가인 't', 'k' 등은 첫 발음에서 바깥으로 폭발하는 외파적 파열음이 된다. 끝 발음의 파열자음인 'p'와 't'는 밖으로 폭발하지 않고 안으로 파열이 잠기고 만다. 이런 현상이 바로 외파음에 대한 내파음의 의미다. 과거의 문명은 마르크스가 분석해 낸 것처럼 외부의 모순(계급 투쟁)으로 외파하는 구조를 지녔었다. 지금은 사정이 다르다. 현대 소비사회의 본질은 인간 스스로 기호처럼 흉내 내기를 하기 때문이다. 흉내 놀이에서 작열하는 기호들이 가득 채운다. 실상은 없고 허상이 가득 찬다. 결과는 자명하다. 헛배가 불러 내부에서 내파하고, 폭발한다. 제 스스로 허물어지는 내부의 폭력 구조 때문에 끝내 무너지고 만다. 시간만이 문제다. 자본주의는 그렇게 시간을 타고 넘나들며 결국은 무너지도록 되어 있다. 내부에서 자본주의적 현실이 자멸할 수밖에 없는 이유다. 보드리야르가 소비사회가 허무한 사회라고 관조하는 이론적인 근거다[참고: 배영달(2005). 보드리야르와 시뮬라시옹. 서울: 살림].

122) 신학자이며 철학자이기도 했던 이반 일리치(Illich)는 탈학교(deschooling)론을 주장해서 공교육자들의 양심 회복을 강하게 요구한 적이 있었다. 그는 학교가 불필요한 것들을 제도화시키고 그것을 절대 지식으로 신격화시켜 학생들의 정신을 오물로 가득 차게 만들었다고 주장함으로써 공교육자, 학교학자들의 양심을 찌른 것이었다. 학교가 오히려 인간의 배움을 저해하는 요인이라고 지적했던 지성인이었던 그는 절대 권력은 절대적으로 부패하는 것처럼, 학교가 권력의 상징이 된다면 학교는 절대적으로 부패한다고 지적했다. 그는 학교 조직의 제도화나 기관화(institutionalization)를 강력히 거부한다. 인간의 교육이 제도화되면 학교 권력이라는 기관으로 변질되고, 치료가 기관화되면 병원이라는 권력 기관으로, 종교가 기관화된 것이 교회, 사찰 같은 권력 기관으로 변질된다고 본 것이다. 생각이나 사물들이 제아무리 선하게 출발했다고 하더라도 그것들이 권력의 상징으로 기관화되면 그때부터 그것들은 나름대로 온전성을 잃어버리며, 진정성도 상실하게 된다는 것이 그의 지론이다[참고: 이반 일리치 · 데이비드 케일리(2010). 이반 일리치와 나눈 대화(역). 서울: 물레].

참고문헌

가라타니 고진(2007). 세계공화국으로(역). 서울: 도서출판 비.

가라타니 코우진(1998). 探究(역). 서울: 새물결.

가모리 우라코(2002). 참으로 마음이 따뜻해지는 책(역). 서울: 주변인의 길.

가와자키 쿄지(2002). 비평형과 상전이(역). 서울: 청문각.

간호윤(2012). 당신, 연암. 서울: 푸른역사.

강명관 · 김열규(2006). 공부의 즐거움: 우리시대 공부달인 30인의 공부의 즐거움을 말하다. 서울: 위즈덤하우스.

강상원(2002). 한글 고어사전 실담어 주석. 서울: 한국세종한림원출판부.

강수택(1998). 일상생활의 패러다임. 서울: 민음사.

개리 마커스(2009). 클루지(역). 서울: 갤리온.

게르트 기거렌처(2008). 생각이 직관에 묻다(역). 서울: 청림출판.

게리 주커브 · 린다 프란시스(2007). 감정을 과학한다(역). 서울: 이레.

게리 클라인(2012). 인튜이션(역). 서울: 한국경제신문사.

고도원(2011). 사랑합니다 감사합니다. 서울: 홍익출판사.

고든 루이스 · 브루스 데머리스트(2009). 통합신학(역). 서울: 부흥과 개혁사.

고목(1997). 조주록 탐구. 서울: 삼양.

고목(2007). 신 유식학. 서울: 밀양.

고미숙(2011). 동의보감, 몸과 우주 그리고……. 서울: 그린비.

고바야시 가오루(2004). 피터 드러커 리더가 되는 길(역). 서울: 청림출판.

고바야시 야시오 · 후나비키 다케오(1997). 知의 논리(역). 서울: 경당.

고바야시 코즈에(2006). 로마 천년의 지식사전(역). 서울: 밀리언하우스.

고정희(1992). 모든 사라지는 것들은 뒤에 여백을 남긴다. 서울: 창작과 비평.

고형섭(2002). 원효. 서울: 예문서원.

광덕(2009). 행복을 창조하는 기도(역). 서울: 불광출판사.

교이 요시히코(2011). 롱 인게이지먼트(역). 서울: 커뮤니케이션북스.

권도갑(2007). 마음공부. 서울: 열음사.

금태섭(2008). 디케의 눈. 서울: 궁리.

기 드보르(1996). 스펙타클의 사회(역). 서울: 현실문화연구.

기 코르노(2012). 생의 마지막 순간 나는 학생이 되었다(역). 서울: 쌤앤파커스.

기세춘(2009). 묵자(역). 서울: 바이북스.

길희성(2003). 마이스터 엑카르트의 영성 사상. 서울: 분도.

김나미(2007). 결국엔 모두가 사랑, 한 단어. 서울: 고즈윈.

김남일(2011). 한의학에 미친 조선의 지식인들. 서울: 들녘.

김남희(2007). 걷기여행. 서울: 미래 M&B.

김대현 · 진시원 · 주재홍 · 김영천 · 김아영(2012). 국제이해교육과 신식민주의 비평. 서울: 학지사.

김동일(2005). 한국의 탈춤. 서울: 이화여자대학교 출판부.

김두식(2010). 교회 속의 세상, 세상 속의 교회. 서울: 홍성사.

김복영(2012). 영화 속에 재현된 중국 동포의 이미지: 이주 여성들을 중심으로. 다문화교육연구, 2(1), 77-98.

김성희 · 김영한(2008). 위키 매니지먼트: 빠르고 창의적인 문제해결. 서울: 국일미디어.

김소연(2008). 마음사전. 서울: 마음산책.

김승혜(1994). 원시유교. 서울: 민음사.

김아타(2007). 물은 비에 젖지 않는다(역). 서울: 예담.

김아타(2007). On air. 서울: 예담.

김열규(2003). 왜 사냐면 웃지요. 서울: 궁리.

김영민(2008). 동무론. 서울: 한겨레출판.

김영민(2008). 동무와 연인. 서울: 한겨레출판.

김영수(2011). 현자들의 평생공부법. 서울: 역사의 아침.

김영수(1999). 마이스터 에크하르트의 근본 가르침. 부산가톨릭대학원 석사논문.

김영수(1993). 묵자 외 제자백가(주해). 서울: 학원출판공사.

김영철(2007). 들뢰즈와 가타리의 천개의 고원에 나타난 교육의 성격. 교육인류학회지, 10(1),

1-35.
김영한(2006). 헬무트 틸리케. 서울: 살림.
김영한(2009). 포스트모던 시대의 세계관. 서울: 숭실대학교출판부.
김용옥(2011). 중용 인간의 맛. 서울: 통나무.
김용준(2005). 과학과 종교 사이에서. 서울: 돌베개.
김우창(2008). 세 개의 동그라미. 서울: 한길사.
김윤경 선생 전집 편집부(2009). 한결 김윤경 전집. 서울: 연세대학교출판부.
김정한(2008). 멀리 있어도 사랑이다. 서울: BG북갤러리.
김중민 · 최염규 · 하민희(2009). 안테바신의 도시 바라나시. 서울: 포토넷.
김진(2010). 기독교인은 예수를 믿지 않을까. 서울: 위즈덤로드.
김진혁(2011). KBS 다큐멘타리 행복해지는 법. 서울: 리더스북.
김태관(2012). 보이는 것만이 인생의 전부는 아니다. 서울: 홍익출판사.
김태완(2011). 간화선 창시자의 선(대혜의 깨달음과 가르침). 서울: 침묵의향기.
김택근 · 도법(2008). 사람의 길-도법스님 생명평화 순례기. 서울: 들녘.
김학동(1983). 김상용 전집. 서울: 새문사.
김헌(2012). 골프도 독학이 된다. 서울: 양문.
김현(1995). 임성주(任聖周)의 생의(生意)철학. 서울: 한길사.
김형경(2012). 만가지 행동. 서울: 사람풍경.
김형숙(2012). 도시에서 죽는다는 것. 서울: 뜨인돌.
김형효(2004). 데리다의 철학사상. 장로회 신학대학 특강 자료.
꿍위즈 · 펑센즈 · 스중취안(2011). 마오의 독서생활(역). 서울: 글항아리.
나구모 요시노리(2012). 일일일식(역). 서울: 위즈덤하우스.
나렌드라 자다브(2007). 신도 버린 사람들(역). 서울: 김영사.
나정선 · 고유선(2007). 운동하며 배우는 사상체질. 서울: 숙명여대 출판부.
내셔날지오그래피(2012). 사도들의 발자취를 따라서. 내셔날 지오그래피. 3월호.
노구찌 유끼오(2000). 초발상법(역). 서울: 학원사.
노나카 이쿠지로 외(1998). 지식경영(역). 서울: 21세기 북스.
노암 촘스키(1966). 변형-생성문법의 이론(역). 서울: 범한서적주식회사.
노암 촘스키 외(1993). 장벽 이후의 생성문법(역). 서울: 집문당.

니르말라(2012). 나는 없다(역). 서울: 아름드리미디어.

니컬러스 크리스태키스 · 제임스 파울러(2010). 행복은 전염된다(역). 서울: 김영사.

니코스 카잔차키스(2000). 그리스인 조르바(역). 서울: 열린책들.

니코스 카잔차키스(2003). 예수 다시 십자가에 못 박히다(역). 서울: 고려원.

니코스 카잔차키스(2006). 영혼의 일기(역). 서울: 거송미디어.

니코스 카잔차키스(2008). 영혼의 자서전(역). 서울: 열린책들.

니콜라스 카(2011). 생각하지 않는 사람들(역). 서울: 청림출판사.

니콜로 마키아벨리(2003). 로마사 논고(역). 서울: 한길사.

닉 부이치치(2010). 허그(역). 서울: 두란노.

닐 도날드 월쉬(2000). 신과 나눈 이야기(역). 서울: 아름드리미디.

닐 레비(2011). 신경윤리학이란 무엇인가(역). 서울: 바다 출판사.

다니엘 바렌보임 · 에드워드 사이드만(2007). 평행과 역설(역). 서울: 생각의 나무.

다니엘 G. 에이멘(2012). 뷰티플 브레인(역). 서울: 판미동.

다비드 르 브르통(2000). 걷기예찬(역). 서울: 현대문학.

다이 허우잉(2005). 사람아 아, 사람아(역). 서울: 다섯수레.

다이언 애커먼(2004). 감각의 박물학(역). 서울: 작가정신.

다자이 오사무(2005). 인간실격(역). 서울: 민음사.

다케우치 이치로(2005). 사람은 분위기가 90%(역). 서울: 수희재.

달라이 라마(2008). 자비의 힘(역). 서울: 열린책.

달라이 라마(2010). 관용(역). 서울: 아테네.

달라이 라마 · 빅터 챈(2007). 용서(역). 서울: 오래된 미래.

달라이 라마 · 스테판 에셀(2012). 정신의 진보를 위하여: 달라이 라마와 스테판 에셀이 나눈 세기의 대화(역). 서울: 돌베개.

달라이 라마 · 하워드 커틀러(2012). 당신은 행복한가: 10년 만에 다시 열린 행복에 대한 특별한 토론(역). 서울: 문학의 숲.

대니얼 골먼(2006). SQ 사회지능(역). 서울: 웅진지식하우스.

대니얼 J. 레비틴(2009). 호모 무지쿠스: 문명의 사운드트랙을 찾아서. 서울: 사마티.

대한불교진흥원(2005). 한영불교성전. 서울: 대한 불교진흥원.

대한체질인류학회(2010). 핵심 인체발생학(7판). 서울: 이퍼블릭.

댄 베이커 · 캐머런 스타우스(2012). 인생치유(역). 서울: 뜨란.

댄 애리얼리(2008). 상식밖의 경제학(역). 서울: 청림출판.

댄 애리얼리(2012). 거짓말하는 착한 사람들(역). 서울: 청림출판.

더 폴 보오스(2008). 걸어서 길이 되는 곳, 산티아고(역). 서울: 살림.

더글러스 러시코프(2011). 보이지 않는 주인(역). 서울: 웅진지식하우스.

데릭 젠슨(2009). 거짓된 진실(역). 서울: 아고라.

데시리우스 에라스무스(2011). 바보 여신의 바보 예찬(역). 서울: 필맥.

데이나 토마스(2008). 럭셔리, 그 유혹과 사치의 비밀(역). 서울: 문학수첩.

데이비드 데스테노 · 피에르카를로 발데솔로(2012). 숨겨진 인격(역). 서울: 김영사.

데이비드 댈러샌드로(2005). 유능함을 자랑하라-잘나가는 사람들만 알고 있는 자기포장의 기술(역). 서울: 더난.

데이비드 메이시(2002). 라캉 이론의 신화와 진실(역). 서울: 민음사.

데이비드 밀스(2010). 우주에는 신이 없다(역). 서울: 돋을새김.

데이비드 버스(2006). 위험한 열정, 질투(역). 서울: 추수밭.

데이비드 베레비(2007). 우리와 그들, 무리짓기에 대한 착각(역). 서울: 에코리브르.

데이비드 베일즈 · 테드 올랜드(2010). 예술가여 무엇이 두려운가(역). 서울: 루비박스.

데이비드 보더니스(2005). $E=mc^2$(역). 서울: 생각의 나무.

데이비드 본스타인(2007). 달라지는 세계-사회적 기업가들과 새로운 사상의 힘(역). 서울: 지식공작소.

데이비드 브레이저(2008). 선치료(역). 서울: 학지사.

데이비드 와인버거(2009). 인터넷은 휴머니즘이다(역). 서울: 명진출판.

데이비드 와인버거(2008). 혁명적으로 지식을 체계화하라(역). 서울: 살림Biz.

데이비드 이글먼(2011). 인코그니토: 나라고 말하는 나는 누구인가(역). 서울: 쌤앤파커스.

데이비드 존스턴(2011). 정의의 역사(역). 서울: 부글.

데이비드 프리드먼(2011). 거짓말을 파는 스페셜리스트(역). 서울: 지식 갤러리.

데이비드 호킨스(2007). 호모 스피리투스(역). 서울: 정신세계원.

데이비드 B. 아구스(2012). 질병의 종말(역). 서울: 청림라이프.

데이비드 D. 프리드먼(2012). 불완전한 미래(역). 서울: 생각의 나무.

데일 카네기(1992). 인생은 살만한 것이다(역). 서울: 고려원.

덴다 미쓰히로(2009). 제3의 뇌(역). 서울: 열린과학.

도미니크 불통(2011). 불통의 시대 소통을 읽다(역). 서울: 살림.

동군(2010). 조사선(역). 서울: 운주사.

디팩 초프라(2008). 완전한 삶(역). 서울: 한문화.

디팩 초프라(2009). 마음의 기적(역). 서울: 황금부엉이.

라다크리슈난(1996). 인도철학사(역). 서울: 한길사.

라이너 마리아 릴케(2006). 두이노의 비가(역). 서울: 현암사.

라이너 췌흐네(2005). 행복 앞에 선 자의 불안(역). 서울: 매일경제신문사.

라인홀트 메스너(2007). 죽음의 지대(역). 서울: 한문화멀티미디어.

라지브 메흐로트라(2006). 달라이 라마(역). 서울: 문이당.

랄프 왈도 에머슨(2009). 스스로 행복한 사람(역). 서울: 끌레마.

랍비 조셉 텔루슈킨(2012). 죽기 전에 한 번은 유대인을 만나라(역). 서울: 북스넛.

래리 위덤(2008). 생명과 우주에 대한 과학과 종교논쟁 최근 50년(역). 서울: 혜문서관.

랜디 프로스트 · 게일 스테키티(2011). 잡동사니의 역습(역). 서울: 윌북.

러시아과학아카데미연구소(1988). 마르크스와 엥겔스의 철학적 제문제와 유럽철학(편역). 서울: 중원문화.

레베카 솔닛(2003). 걷기의 역사(역). 서울: 민음사.

레스 패로트 3세(1999). 영혼의 반려(역). 서울: 요단출판사.

레슬리 스티븐슨(2006). 인간의 본성에 관한 10가지 이론(역). 서울: 갈라파고스.

레오니트 안드레예프(2012). 생각(역). 서울: 지식을 만드는 지식.

레이 커즈와일(2007). 특이점이 온다(역). 서울: 김영사.

레이몬드 B. 블레크니(1988). 마이스터 에크하르트 1, 2(역). 서울: 다산글방.

레프 니콜라예비치 톨스토이(2003). 부활(역). 서울: 민음사.

레프 톨스토이(2007). 나의 참회 인생의 길(역). 서울: 동서문화사.

로랑 구넬(2009). 가고 싶은 길을 가라(역). 서울: 조화로운 삶.

로렌스 피터 · 레이몬드 헐(2002). 피터의 원리(역). 서울: 21세기북스.

로리 베스 존스(2001). 영적 기업가 예수(역). 서울: 한언.

로버트 그린(2003). 권력을 경영하는 48법칙(역). 서울: 까치.

로버트 기요사키(2001). 부자아빠 가난한 아빠(역). 서울: 황금가지.

로버트 라이트(2010). 신의 진화(역). 서울: 동녘사이언스.
로버트 로젠(2009). 황홀한 걱정(역). 서울: 비즈니스맵.
로버트 펠드먼(2010). 우리는 10분에 세 번 거짓말한다(역). 서울: 예담.
로버트 프랭크(2008). 리치스탄: 새로운 백만장자의 탄생과 부의 비밀(역). 서울: 더난.
로버트 M. 피어시그(2010). 선(禪) 모터싸이클 관리술-가치에 대한 탐구(역). 서울: 문학과 지성사.
로버트 W. 메리(2006). 모래의 제국(역). 서울: 김영사.
로이 포터(2010). 놀라운 치유의 역사(역). 서울: 네모북스.
로이 F. 바우마이스터 · 존 티어니(2012). 의지력의 재발견(역). 서울: 에코리브르.
로저 마틴(2010). 아임 어 스튜던트(역). 서울: 웅진지식하우스.
로저 펜로즈(2010). 실체에 이르는 길(역). 서울: 승산.
론다 번(2008). 시크릿(역). 서울: 살림Biz.
론다 비먼(2007). 젊음의 유전자, 네오테니(역). 서울: 도솔.
롤랑 바르트(1990). 텍스트의 즐거움(역). 서울: 연세대학교출판부.
롤프 데겐(2007). 오르가슴(역). 경기: 한길사.
롱기누스(2002). 숭고미 이론(역). 서울: 연세대학교출판부.
루 매리노프(2006). 철학 상담소(역). 서울: 북로드.
루이 알튀세르(1991). 아미엥에서의 주장(역). 서울: 솔.
루이스 C. S. (2005). 나니아 연대기(역). 서울: 시공주니어.
루이스 월퍼트(2001)(편). 과학의 정열(역). 서울: 다빈치.
루이스 캐럴(2006). 이상한 나라의 앨리스: 거울 나라의 앨리스(역). 서울: 북폴리오.
뤼시앙 레비브륄(2011). 원시인의 정신세계(역). 서울: 나남.
뤽 페리(2008). 사는 법을 배우다(역). 서울: 기파랑.
류성태(2005). 대종경 풀이. 서울: 원불교출판사.
류시화(2006). 하늘호수로 떠난 여행. 서울: 열림원.
류영모(2010). 다석 마지막 강의. 서울: 교양인.
류영모(2004). 얼의 노래. 서울: 두레.
리사 아벤드(2012). 180일의 엘불리(역). 서울: 시공사.
리즈 와이즈먼 · 그렉 맥커운(2012). 멀티플라이어(역). 서울: 한국경제신문사.
리차드 칼슨(2010). 세계의 명강의들. 서울: 마음의 숲.

리차드 탈러 · 캐스 선스타인(2009). 넛지: 똑똑한 선택을 이끄는 힘(역). 서울: 리더스북.
리처드 로티(1996). 우연성 아이러니 연대성(역). 서울: 민음사.
리처드 스코시(2008). 행복은 어디에 있는가(역). 서울: 문예출판사.
리처드 오글(2008). 스마트 월드(역). 서울: 리더스북.
리처드 칼슨(2004). 사소한 것에 목숨 걸지 마라(역). 서울: 도솔.
리처드 코치 · 그렉 록우드(2012). 낯선 사람 효과: 지금 당신에게 필요한 사람들은 누구인가(역). 서울: 흐름출판.
리처드 D. 루이스(2008). 미래는 핀란드에 있다 – 국가경쟁력 1위의 비밀(역). 서울: 살림.
리처드 J. 라이더 · 데이비드 A. 샤피로(2011). 인생의 절반쯤 왔을 때 깨닫게 되는 것들(역). 서울: 위즈덤하우스.
마광수(2005). 자유가 너희를 진리케 하리라. 서울: 해냄출판사.
마단 사럽(1997). 후기구조주의와 포스트모더니즘(역). 서울: 조형교육.
마르셀 모스(2002). 증여론(역). 서울: 한길사.
마르코 폴로(2004). 동방견문록(역). 서울: 서해문집.
마르쿠스 베네만(2010). 지능적이고 매혹적인 동물들의 생존 게임(역). 서울: 웅진지식하우스.
마르쿠스 아우렐리우스(2007). 인생의 법칙(역). 서울: 원앤 원 북스.
마리오 뷰리가드 · 데니스 오리어리(2010). 신은 뇌 속에 갇히지 않는다(역). 서울: 21세기북스.
마리온 퀴스텐마허 · 베르너 티키 퀴스텐마허(2007). 단순하게 사랑하라(역). 서울: 갤리온.
마쓰오카 세이고(2000). 知의 편집공학(역). 서울: 넥서스.
마야 슈토르히 · 군터 프랑크(2011). 휴식능력 마냐나(역). 서울: 동아일보사.
마이클 가자니가(2009). 왜 인간인가–인류가 밝혀낸 인간에 대한 모든 착각과 진실(역). 서울: 추수밭.
마이클 샌델(2012). 돈으로 살 수 없는 것들(역). 서울: 와이즈베리.
마이클 카츠(2008). 모세오경(역). 서울: 한국기독교연구소.
마이클 코더스(2010). 에베레스트의 진실(역). 서울: 민음인.
마이클 필립스(2009). 지식, 철학을 법정에 세우다(역). 서울: 갤리온.
마츠오카 세이고(2004). 지식의 편집(역). 서울: 이학사.
마커스 레디커 · 피터 라인보우(2008). 히드라(역). 서울: 갈무리.
마크 롤랜즈(2012). 철학자와 늑대(역). 서울: 추수밭.

마크 마토우세크(2012). 상처와 마주하라(역). 서울: 청아출판사.
마크 뷰캐넌(2010). 사회적 원자(역). 서울: 사이언스북스.
마틴 셀리그만(2008). 학습된 낙관주의(역). 서울: 21세기북스.
마틴 셀리그만(2006). 긍정심리학(역). 서울: 물푸레.
마하마트 간디(2006). 간디, 나의 교육철학(역). 서울: 문예출판사.
막스 피카르트(2005). 우리 안의 히틀러(역). 서울: 우물이 있는 집.
막스 피카르트(1999). 침묵의 세계(역). 서울: 까치글방.
말라 매터슨(2008). 기다려요 소울메이트(역). 서울: 비지니스 맵.
말콤 글래드웰(2010). 그 개는 무엇을 보았나-참을 수 없이 궁금한 마음의 미스터리(역).서울: 김영사.
매기 잭슨(2010). 집중력의 탄생-현대인의 지성을 회복하기 위한 강력한 로드맵(역). 서울: 다산초당.
매들린 L. 반 헤케(2007). 블라인드 스팟(역). 서울: 다산초당.
맹자(1994). 맹자(역). 서울: 범우사.
메리 셸리(2000). 프랑켄슈타인(역). 서울: 문학동네.
모리 슈워츠(2009). 모리의 마지막 수업(역). 서울: 일리.
모리스 메를로 퐁티(2004). 보이는 것과 보이지 않는 것(역). 서울: 동문선.
모리스 메를로 퐁티(2008). 눈과 마음(역). 서울: 마음산책.
모옌(2008). 사십일포(역). 서울: 문학과 지성사.
모옌(2012). 열세걸음(역). 서울: 문학동네.
목경찬(2012). 유식불교의 이해. 서울: 불광출판사.
몽테뉴(2000). 나는 무엇을 아는가(역). 서울: 동서문화사.
몽산관일(2008). 잡보장경-깨달음의 경전(역). 서울: 두배의 느낌.
문선규(2009). 신 완역 춘추좌씨전(역). 서울: 명문당.
문숙(2010). 자연치유. 서울: 이미지박스.
문윤정(2007). 잣나무는 언제 부처가 되나. 서울: 바움.
문학의숲 편집부(2010). 법정 스님의 내가 사랑한 책들. 서울: 문학의숲.
미치오 카쿠(2006). 평행우주(역). 서울: 김영사.
미치오 카쿠(2012). 미래의 물리학(역). 서울: 김영사.
미하엘 꾈마이어(2002). 그리스 신화(역). 서울: 현암사.

미하엘 데 리더(2011). 우리는 어떻게 죽고 싶은가: 첨단 의학 시대에 우리가 알아야 할 죽음의 문화(역). 서울: 학고재.

미하일 바흐찐(2000). 장편소설과 민중언어(역). 서울: 창작과 비평사.

바딤 젤란드(2009). 리얼리티 트랜서핑(역). 서울: 정신세계사.

바바 하리 다스(2002). 지혜의 칠판(역). 서울: 아름다운 날.

바바라 디 앤젤리스(2012). 지금의 고난은 내게 어떤 의미인가(역). 서울: 고즈윈.

바이런 케이티(2003). 사랑에 대한 네 가지 질문(역). 서울: 침묵의 향기.

박갑천(1995). 재미있는 어원이야기. 서울: 을유문화사.

박경준(2000). 현대 아시아의 참여불교운동고찰. 불교평론, 4(가을호).

박광수(2009). 참 서툰사람들. 서울: 갤리온.

박민수(2009). 내 몸 경영. 서울: 전나무숲.

박상철(2009). 생명의 미학. 서울: 생각의 나무.

박수밀 · 송원찬(2012). 새기고 싶은 명문장. 서울: 웅진지식하우스.

박승원(2000). 지식사회의 원형과 불교적 이해. 불교평론, 2.

박시성(2007). 정신분석의 은밀한 시선. 서울: 효형출판.

박영규(2004). 한권으로 읽는 조선왕조실록. 서울: 웅진닷컴.

박영숙(2009). 새로운 미래가 온다. 서울: 경향미디어.

박영택(2010). 얼굴이 말하다. 서울: 마음산책.

박인철(2008). 로맨티시스트, 인간을 공부하다. 서울: 갤리온.

박정훈(2007). 미래혁명. 서울: 일송북.

박종철 출판사 편집부(2003). 마르크스 엥겔스 전집(편역). 서울: 박종철 출판사.

박천응(2009). 다문화교육의 탄생. 서울: 국경 없는 마을 출판.

박천응(2009). 시민단체와 다문화 시민성교육. 2009년 11월 14일 배움학회 제1회 가을 학술대회에서 발표한 논문.

박하선(2001). 천장(天葬). 서울: 커뮤니케이션즈 와우.

반야샘 편집부(1988). 불교 어원 산책. 부천: 반야샘.

발타사르 그라시안(2012). 비판자(역). 서울: 지만지.

배리 슈워츠(2005). 선택의 심리학(역). 서울: 웅진.

배상문(2011). 아이디어 에러디어. 서울: 북포스.

배영달(2005). 보드리야르와 시뮬라시옹. 서울: 살림.

배종호(1974). 한국유학사(韓國儒學史). 서울: 연세대학교출판부.

백이제(2003). 파드마 삼바바. 서울: 민음사.

버니 S. 시겔(2002). 사랑 + 의술 = 기적(역). 서울: 이레.

버지니아 울프(2008). 어느 작가의 일기(역). 서울: 이후.

버트런드 러셀(2005). 나는 왜 기독교인이 아닌가(역). 서울: 사회평론.

법륜(2005). 붓다, 나를 흔들다. 서울: 샨티.

법상(2006). 부자보다는 잘사는 사람이 되라. 서울: 도솔.

법정(2010). 말과 침묵. 서울: 샘터사.

베네딕트 드 스피노자(1990). 에티카(역). 서울: 서광사.

베라 티멘칙(2009). 똘레랑스 프로젝트 1015: 내 가족과 다른 가족들(역). 서울: 꼬마이실.

베르나르 올리비에(2003). 나는 걷는다(역). 서울: 효형출판.

베르너 지퍼 · 크리스티안 베버(2007). 나, 마이크로 코스모스(역). 서울: 들녘.

베르너 켈러(2009). 역사로 읽는 성서(역). 서울: 중앙books.

베르트랑 베르줄리(2007). 행복생각(역). 서울: 개마고원.

베터니 휴즈(2012). 아테네의 변명(역). 서울: 옥당.

벤 벤슨(2012). 돈에 관한 생각(역). 서울: 퍼플카우.

벨 훅스(2008). 경계넘기를 가르치기(역). 서울: 모티브 북.

벨머, A. (1981). 비판사회 이론(역). 서울: 종로서적.

불교성전편찬회(2007). 불교용어사전. 서울: 문예마당.

브라이언 마수미(2011). 가상계(역). 서울: 갈무리.

브라이언 해리스(2009). 인저스티스(역). 서울: 열대림.

브루스 매즐리쉬(2001). 네 번째 불연속(역). 서울: 사이언스 북스.

브루스 M. 메츠거(1983). 신약성서개설(역). 서울: 대한기독교서회.

빅터 프랭클(2005). 삶의 의미를 찾아서(역). 서울: 청아출판사.

빅터 프랭클(2005). 죽음의 수용소에서(역). 서울: 청아출판사.

사마크 롤랜즈(2012). 철학자와 늑대(역). 서울: 추수밭.

사이먼 토미(2007). 반자본주의(역). 서울: 유토피아.

사토 도미오(2009). 배우고 익히면 즐겁지 아니한가-시작하는 것 만으로도 설레는 인생이 펼쳐진다

(역). 서울: 위즈덤하우스.
샘 널(2006). 세상에서 가장 아름다운 동행(역). 서울: 코리아무비테크.
서공석 · 정양모 · 심상태 · 유동석 · 서광선 외(2012). 내가 믿는 부활. 서울: 대화문화아카데미.
서정록(2007). 잃어버린 지혜, 듣기. 서울: 샘터사.
서행정 외(2008). 인도의 사상가. 서울: 한국외국어대학교출판부.
서형(2009). 부러진 화살. 서울: 후마니타스.
서화동(2002). 산중에서 길을 물었더니. 서울: 은행나무.
석암문도회(2012). 석암스님 법망경 강설. 서울: 불광출판사.
성광수 외(2003). 몸과 몸짓의 리얼리티. 서울: 소명출판.
성법(2004). 이판사판 화엄경. 서울: 정신세계원출판국.
성철(2006). 옛 거울을 부수고 오너라. 서울: 장경각.
세네카(2007). 인생론(역). 서울: 동서문화사.
세르주 모스코비치(2010). 다수를 바꾸는 소수의 심리학(역). 서울: 뿌리와 이파리.
세실 가테프(2006). 걷기의 기적(역). 서울: 기파랑.
셔윈 B. 뉴랜드(2003). 사람은 어떻게 죽음을 맞이하는가(역). 서울: 세종서적.
셰릴 스트레이드(2012). 와일드: 4285km 이것은 누구나의 삶이자 희망의 기록이다(역). 서울: 나무의 철학.
소걀 린포체(1999). 티베트의 지혜(역). 서울: 민음사.
소나무 편집부(2011). 논어집주(주자와 제자들의 토론)(역). 서울: 소나무.
소노 오야코(2005). 사람으로부터 편안해지는 법(역). 서울: 리수.
소피아 로젠펠드(2011). 상식의 역사(역). 서울: 부글북스.
송홍근(2010). 역사의 뒤안으로 스러질 소금 땀, 구슬 땀의 흔적. 신동아. 2010년 1월호.
숀 아처(2012). 행복의 특권(역). 서울: 청림출판.
수잔 케인(2012). 콰이어트(역). 서울: 알에이치 코리아.
수전 그린필드(2004). 브레인 스토리(역). 서울: 지호.
수전 손택(2002). 해석에 반대한다(역). 서울: 이후.
수전 스트레서(2010). 낭비와 욕망(역). 서울: 이후.
수지 오바크(2011). 몸에 갇힌 사람들(역). 서울: 창비.
수지 웰치(2009). 10 10 10: 인생이 달라지는 선택의 법칙(역). 서울: 북하우스.

슈테판 클라인(2007). 행복의 공식(역). 서울: 웅진지식하우스.

스베덴보리(2009). 위대한 선물-천재과학자의 감동적인 천국 체험기(역). 서울: 다산초당.

스와미 사티야난다 사라스와티(2006). 쿤달리니 탄트라(역). 서울: 양문.

스즈키 다이세츠(1998). 가르침과 배움의 현상학(역). 서울: 경서원.

스콧 니어링(2004). 그대로 갈 것인가 되돌아갈 것인가(역). 서울: 보리.

스키너, B. F. (2006). 월든 투(심리학적 이상사회)(역). 서울: 현대문화센터.

스타니슬라프 그로프(2012)(편저). 고대의 지혜와 현대과학의 융합(역). 서울: 학지사.

스테판 에셀(2011). 분노하라(역). 서울: 돌베개.

스테판 에셀 · 에드가 모랭(2012). 지금 일어나 어디로 향할 것인가(역). 서울: 푸른숲.

스티브 테일러(2011). 자아폭발: 타락(역). 서울: 다른 세상.

스티븐 내들러(1999). 스피노자(역). 서울: 텍스트.

스티븐 베리(2009). 세렝게티 전략(역). 서울: 서돌.

스티븐 제이굴드(2003). 인간에 대한 오해(역). 서울: 사회평론.

스티븐 코비(2005). 성공하는 사람들의 8번째 습관(역). 경기: 김영사.

스펜서 웰스(2007). 인류의 조상을 찾아서-제노그래픽 프로젝트(역). 서울: 말글 빛냄.

스펜스 웰즈(2007). 최초의 남자(역). 서울: 사이언스북스.

스피노자(2006). 에티카(역). 서울: 혜원출판사.

슬라예보 지젝(2011). 폭력이란 무엇인가(역). 서울: 난장이.

슬라예보 지젝(2012). 멈춰라, 생각하라(역). 서울: 와이즈베리.

시노하라 요시토시(1996). 쾌유력(역). 서울: 사람과 책.

시어도어 그레이(2010). 세상의 모든 원소 118(역). 서울: 영림카디널.

신동일(2012). 슈퍼 리치의 습관. 서울: 살림.

신동헌(2002). 지휘자들의 익살. 서울: 빛과 그림.

신흠(1997). 국역 상촌집(역). 서울: 솔.

신흠(2006). 풀이 되고 나무가 되고 강물이 되어(역). 서울: 돌베개.

실뱅 다르니 마튜 르 루(2006). 세상을 바꾸는 대안기업가 80인(역). 서울: 마고북스.

실비나 오캄포(2005). 천국과 지옥에 관한 보고서(역). 서울: 열림원.

아네테 폰 드로스테휠스호프(2012). 유대인의 너도밤나무(역). 서울: 지만지.

아놀드 멘델(2006). 꿈꾸는 영혼(역). 서울: 나노미디어.

아놀드 민델(2011). 관계치료-과정지향적 접근(역). 서울: 학지사.
아놀드 J. 토인비(2007). 역사의 연구(역). 서울: 동서문화사.
아돌프 히틀러(1996). 나의 투쟁(역). 서울: 범우사.
아르토 파실린나(2011). 저승에서 살아남기(역). 서울: 소담출판사.
아리스토텔레스(2002). 시학(역). 서울: 문예출판사.
아마르티아 센(2009). 정체성과 폭력-운명이라는 환영(역). 서울: 바이북스.
아서 밀러(2009). 세일즈맨의 죽음(역). 서울: 민음사.
아이라 바이오크(2010). 아름다운 죽음의 조건(역). 서울: 물푸레.
안드레아스 바그너(2012). 생명을 읽는 코드, 패러독스(역). 서울: 와이즈북.
안병주 외(2008). 장자(역주). 서울: 전통문화연구회.
안셀름 그륀(2006). 삶의 기술(역). 서울: 분도출판사.
안셀무스(2002). 모놀로기온 & 프로슬로기온(역). 서울: 아카넷.
안토니오 네그리(1997). 야만적 별종-스피노자에 있어서 권력과 역능에 관한 연구(역). 서울: 푸른숲.
안토니오 네그리(2001). 제국(역). 서울: 이학사.
안토니오 네그리 · 마이클 하트(2008). 다중-제국이 지배하는 시대의 전쟁과 민주주의(역). 서울: 세종서적.
알랭 드 보통(2009). 일의 기쁨과 슬픔(역). 서울: 이레.
알랭 바디우(2008). 사도 바울(역). 서울: 새물결.
알렉산드르 푸쉬킨(2009). 삶이 그대를 속일지라도(역). 서울: 써네스트.
알렉상드르 푸생 · 소냐 푸생(2009). 아프리카 트랙(역). 서울: 푸르메.
알버트 슈바이처(1965). 나의 생활과 사상에서/예수 소전(역). 서울: 경지사.
알버트 슈바이처(2009). 물과 원시림 사이에서(역). 서울: 21세기북스.
알브레히트 벨머(1981). 비판사회이론(역). 서울: 종로서적.
알빈 플란팅가(2004). 신과 타자의 정신들(역). 서울: 살림.
앙드레 고르(2008). 에콜로지카-정치적 생태주의, 붕괴 직전에 이른 자본주의의 출구를 찾아서(역). 서울: 생각의 나무.
앙헬 가니베트 이 가르시아(2004). 에스파냐 이상(역). 서울: 한길사.
애덤 스미스(2008). 국부론(역). 서울: 동서문화사.

애드리언 포사이스(2009). 성의 자연사(역). 서울: 양문.

앤 배리 율라노프(2005). 영성과 심리치료(역). 서울: 한국심리치료연구소.

앤 배리 율라노프(2005). 치유의 상상력(역). 서울: 한국심리치료연구소.

앤드류 매튜스(2008). 관계의 달인: 인생의 99%는 관계가 만든다(역). 서울: 북라인.

앤드류 펙 · 지니 맥글레이드(2010). 당신 안의 아인슈타인을 깨워라(역). 서울: 시그마북스.

앤서니 스토(2011). 고독의 위로(역). 서울: 위즈덤하우스.

앨런 쇼엔(2008). 닮은꼴 영혼(역). 서울: 에피소드.

앨런 피즈 · 바바라 피즈(2012). 당신은 이미 읽혔다(역). 서울: 흐름출판.

얀 에겔란드(2010). 더 많이 구하라: 유엔 활동가가 본 밑바닥 10억의 삶(역). 서울: 검둥소.

얀 케르쇼트(2006). 있는 그대로 받아들여라(역). 서울: 꿈꾸는 아침.

양전풍(1991). 인도철학의 산책(역). 서울: 동국대역경원.

양주동(1970). 增訂 古歌研究. 서울: 일조각.

양창순(2007). 당신 자신이 되라. 서울: 랜덤하우스 코리아.

어빙 고프만(1992). 자아표현과 인상관리(역). 서울: 경문사.

에드 디너(2010). 모나리자의 미소의 법칙(역). 서울: 21세기북스.

에드워드 L. 데시 · 리처드 플래스트(2011). 마음의 작동법(역). 서울: 에코의 서재.

에드워드 세이건(2010). 과학적 경험의 다양성-신의 존재에 관한 한 과학자의 견해(역). 서울: 사이언스북스.

에드워드 윌슨(2010). 바이오필리아-우리 유전자에는 생명 사랑의 본능이 새겨져 있다(역). 서울: 사이언스북스.

에드워드 윌슨(1978). 인간의 본성에 대하여(역). 서울: 사이언스 북스.

에르빈 슈뢰딩거(2007). 생명이란 무엇인가: 정신과 물질(역). 서울: 궁리.

에리히 폰 대니켄(1998). 미래의 수수께끼(역). 서울: 삼진기획.

에릭 메이젤(2012). 가짜우울: 우울 권하는 사회 일상 의미화 전략(역). 서울: 마음산책.

에머슨(1996). 에머슨 수상록(역). 서울: 서문당.

에버레트 라이머(1990). 학교는 죽었다(역). 서울: 한마당출판사.

에카르트 폰 히르슈하우젠(2010). 행복은 혼자 오지 않는다(역). 서울: 은행나무.

에티엔느 드 라 보에티(2004). 자발적 복종(역). 서울: 울력.

엔드루 C. 페이비언(2011)(편). 모든 것은 진화한다(역). 서울: 에코리브르.

엔서니 스토(2011). 고독의 위로(역). 서울: 위즈덤하우스.
엘리너 오스트롬 · 샬럿 헤스(2010). 지식의 공유(역). 서울: 타임북스.
엘리엇 D. 코헨(2012). 지금 나는 고민하지 않는 방법을 고민 중이다(역). 서울: 애플북스.
엘리자베스 퀴블러 로스(2008). 죽음과 죽어감(역). 서울: 이레.
엘리자베스 퀴블러 로스(2010). 인생수업(역). 서울: 이레.
엘리자베스 헤스(2012). 님 침스키(인간이 될 뻔했던 침팬지)(역). 서울: 백년후.
연세대 간호대학 창립 100주년과 한국죽음학회창립 1주년을 기념하기 위한 기념강연회, 2006년 5월 3~4일.
영곡(2012). 降伏基心. 서울: 비움과 소통.
옌리에산 · 주젠궈(2005). 이탁오 평전(역). 서울: 돌베개.
오강남(2009). 또 다른 예수. 서울: 예담.
오강남(2011). 종교, 심층을 보다. 서울: 현암사.
오경석 외(2009). 한국에서의 다문화주의. 서울: 한울.
오마에 겐이치(2009). 지식의 쇠퇴(역). 서울: 말글 빛냄.
오쇼 라즈니쉬(1999). 명상, 처음이자 마지막 자유. 서울: 태일출판사.
오쇼 라즈니쉬(1999). 배꼽(역). 서울: 장원.
오쇼 라즈니쉬(2000). 금강경(역). 서울: 태일출판사.
오쇼 라즈니쉬(2003). 오쇼 라즈니쉬 자서전(역). 서울: 태일출판사.
오쇼 라즈니쉬(2004). 짜라투스트라(역). 서울: 나무의 꿈.
오쇼 라즈니쉬(2006). 장자, 도를 말하다(역). 서울: 청아출판사.
오쇼 라즈니쉬(2008). 도마복음 강의 – 예수의 잃어버린 가르침을 찾아서(역). 서울: 청아출판사.
오쇼 라즈니쉬(2010). 반야심경(역). 서울: 섬 앤 섬.
오연호(2009). 노무현 마지막 인터뷰. 서울: 오마이뉴스.
오츠 슈이치(2009). 죽을 때 후회하는 스물다섯 가지–1000명의 죽음을 지켜본 호스피스 전문의가 말하는(역). 서울: 21세기북스.
오츠 슈이치(2011). 삶의 마지막에 마주치는 10가지 질문(역). 서울: 21세기북스.
올리버 색스(2010). 뮤지코 필리아(역). 서울: 알마.
올리버 제임스(2009). 어플루엔자(역). 서울: 알마.
와타나베 소이치(2012). 지적으로 나이드는 법(역). 서울: 위즈덤하우스.

왕건문(2010). 공자 최후의 20년-유랑하는 군자에 대하여(역). 서울: 글항아리.

요네하라 마리(2010). 팬티 인문학(역). 서울: 마음산책.

요르크 블레히(2009). 석기시대 인간처럼 건강하게(역). 서울: 열음사.

요시다 타이치(2009). 유품정리인은 보았다(역). 서울: 황금부엉이.

요아힘 모르 · 노베르트 F. 푀츨 · 요하네스 잘츠베델(2012). 무엇이 과연 진정한 지식인가(역). 서울: 더숲.

용수(2007). 중론(말과 생각을 넘어서 말하고 생각하기)(역). 서울: 법공양.

용수보살(1993). 중론(역). 서울: 경서원.

우노 구니이치(2009). 질 들뢰즈, 유동의 철학(역). 서울: 그린비.

우명(2008). 진짜가 되는 곳이 진짜다. 서울: 참출판사.

우명(2011). 이 세상 살지 말고 영원한 행복의 나라 가서 살자. 서울: 참출판사.

우술라 플레밍(2002). 그에게는 아무 것도 감추지 않았다(역). 서울: 바오로 딸.

우스펜스키 P. D. (2005). 위대한 가르침을 찾아서(역). 서울: 김영사.

우치다 타츠루(2012). 스승은 있다(역). 서울: 민들레.

우희종 외(2009). 몸, 마음공부의 기반인가 장애인가. 서울: 운주사.

움베르또 마뚜라나(2007). 앎의 나무: 인간 인지능력의 생물학적 뿌리(역). 서울: 갈무리.

움베르또 마뚜라나 · 프란시스코 바렐라(2007). 앎의 나무(역). 서울: 갈무리.

워렌 베니스 외(2011). 당신에게 집중하라(역). 서울: 리더스북.

원택(2008). 성철스님 화두참선법. 서울: 김영사.

월호(2008). 당신이 주인공입니다. 서울: 불광출판사.

위지안(2010). 오늘 내가 살아갈 이유(역). 서울: 예담.

윌리암 블레이크(2000). 순수와 경험의 노래(역). 서울: 혜원출판사.

윌리엄 이케스(2008). 마음읽기(역). 서울: 푸른숲.

윌리엄 B.어빈(2008). 욕망의 발견(역). 서울: 까치.

윌슨 프로랜스(2008). 좋은 인생 좋은 습관(역). 서울: 휘닉스.

유병선(2008). 보노보 혁명. 서울: 부키.

유이엔(2012). 탄이초(역). 서울: 지식을 만드는 지식.

유창돈(1964). 朝鮮語辭典. 서울: 연세대학교출판부.

육재용(2009). 실용문장법. 서울: 학문사.

윤동혁(2006). 나를 살리는 숲, 숲으로 가자. 서울: 거름.

윤석철(2005). 경영, 경제 인생강좌 45편. 서울: 위즈덤하우스.

윤재근(2003). 논어. 서울: 나들목.

윤청광(2006). 큰 스님 큰 가르침. 서울: 문예출판사.

이거룡 외(1999). 몸 또는 욕망의 사다리. 서울: 한길사.

이관춘(2011). 호모 키비쿠스. 서울: 학지사.

이광호(2012). 학문(學問)으로서의 유교(儒教)와 유학(儒學). 다산포럼, 279호.

이근영(2006). 막시무스의 지구에서 인간으로 유쾌하게 사는 법. 서울: 갤리온.

이기상(2003). 다석과 함께 여는 우리말 철학. 서울: 지식산업사.

이나모리 가즈오(2010). 왜 일하는가(역). 서울: 서돌.

이득재(2003). 바흐찐 읽기. 서울: 문화과학사.

이무석(2006). 30년만의 휴식. 서울: 비전과 리더십.

이민규(2006). 끌리는 사람은 1%가 다르다. 서울: 더난출판.

이민규(2011). 실행이 답이다. 서울: 더난출판.

이반 일리치 · 데이비드 케일리(2010). 이반 일리치와 나눈 대화(역). 서울: 물레.

이범준(2007). 상대방을 읽는 기술. 서울: 매월당.

이부영(2012). 한국의 샤머니즘과 분석심리학(고통과 치유의 상징을 찾아서). 서울: 한길사.

이부현(1999). 마이스터 에크르트의 독일어 설교들에 나타난 주요주제. 중세철학(5).

이브 파칼레(2001). 걷는 행복(역). 서울: 궁리.

이상곤(2011). 낮은 한의학. 서울: 싸이언스 북스.

이상원(2010). 존엄사는 안락사와는 다른 것인가? 기독교생명윤리협회가 개최한 존엄사에 대한 세미나에서 발표한 논문.

이성복(1986). 남해 금산. 서울: 문학과 지성사.

이성복(1990). 그 여름의 끝. 서울: 문학과 지성사.

이승하(2006). 세계를 매혹시킨 불멸의 시인들(역). 서울: 문학사상사.

이승환(2009). 거친 밥 한 그릇이면 족하지 않은가. 서울: 이가서.

이시즈마 간지(2003). 부의 법칙(역). 서울: 랜덤하우스.

이시카미 요시오(1976). 미란타 왕문경(역). 서울: 현암사.

이시카와 다쿠지(2009). 기적의 사과(역). 서울: 김영사.

이시하라 유미(2012). 몸이 따뜻해야 몸이 산다(역). 서울: 삼호미디어.

이시형(2012). 이시형처럼 살아라. 서울: 비타북스.

이어령(2010). 지성에서 영성으로. 서울: 열림원.

이언 스투어트(2010). 아름다움은 왜 진리인가-대칭의 역사(역). 서울: 승산.

이엔(2007). 천만명의 마음을 울린 세상에서 가장 아름다운 이야기(역). 서울: 리베르.

이이(1998). 석담일기(역). 서울: 민족문화추진회.

이인식(2005). 나는 멋진 로봇친구가 좋다. 서울: 랜덤하우스 코리아.

이인식(2012). 자연은 위대한 스승이다. 서울: 김영사.

이정록(2006). 의자. 서울: 문학과 지성사.

이정옥(2009). 반만 버려도 행복하다-아름다운 노년 품위 있는 죽음을 위하여. 서울: 동아일보사.

이정우(2009). 천하나의 고원. 서울: 돌베개.

이진경(2002). 노마디즘. 서울: 휴머니스트.

이종숙(2012). 사념처 수행(위빠사나 명상의 길잡이). 서울: 행복한 숲.

이종익(1986). 수행과 고행. 서울: 보림사.

이종호(2011). 나는 불온한 선비다. 서울: 역사의 아침.

이준범(1995). 원효대사와 요석공주. 서울: 민예사.

이차크 벤토프(2011). 우주심과 정신물리학(역). 서울: 정신세계사.

이철우(2007). 인간관계가 행복해지는 나를 위한 심리학. 서울: 더난출판사.

이태석(2010). 친구가 되어 주실래요(증보판). 서울: 생활성서사.

이태영(2000). 요가: 히타요가에서 쿤달리니탄트라까지. 서울: 여래.

이하레아카라 휴렌 · 사쿠라바 마사후미(2009). 호오포노포노의 지혜(역). 서울: 눈과 마음.

이홍우(2006). 대신기신론통석. 서울: 김영사.

이환(2007). 몽테뉴와 파스칼. 서울: 민음사.

이희근(2013). 백정: 외면당한 역사의 진실. 서울: 책밭.

이효석(2007). 사랑하는 까닭에. 서울: 예옥.

인디고연구소(2012). 불가능한 것의 가능성(슬라보예 지젝 인터뷰). 서울: 궁리.

임동석(2002). 전국책(역주). 서울: 전통문화연구회.

임마누엘 레비나스(1999). 시간과 타자(역). 서울: 문예출판사.

임붕영(2007). 사람의 기를 살리는 고품격 유머스트레칭. 서울: 다산북스.

임석재(2008). 건축과 미술이 만나다 1945~2000. 서울: 휴머니스트.

임성순(2012). 오히려 다정한 사람들이 살고 있다. 서울: 실천문학.

임용한(2012). 세상의 모든 전략은 전쟁에서 탄생했다. 서울: 교보문고.

임창희(2008). 조직행동. 서울: 비엔엠북스.

자크 데리다(2010). 그라마톨로지(역). 서울: 민음사.

자크 랑시에르(2008). 무지한 스승(역). 서울: 궁리.

자크 아탈리(2005). 인간적인 길(역). 서울: 에디터.

자크 아탈리(2007). 호모 노마드 유목하는 인간(역). 서울: 웅진싱크빅.

잔스창(2006). 도교문화(역). 서울: 알마.

장 뤽 낭시(2012). 코르푸스(몸 가장 멀리서 오는 지금 여기)(역). 서울: 문학과 지성사.

장미영 외(2008). 다문화사회 바로서기. 서울: 글솟대.

장 보드리야르(1992). 시뮬라시옹(역). 서울: 민음사.

장 부아슬리에(1996). 붓다: 꺼지지 않는 등불. 서울: 시공사.

장상호(2005). 학문과 교육. 서울: 서울대학교출판부.

장영기(2007). 동양 고전의 세계. 서울: 서현사.

장원섭 · 장지현 · 김민영(2012). 일터학습: 함께 배우기. 서울: 럭스미디어.

장일순(2010). 나는 미처 몰랐네 그대가 나였다는 것을. 서울: 시골생활.

장자(2005). 장자(역). 서울: 풀빛.

장 자크 루소(2007). 참회록. 서울: 동서문화사.

장 지글러(2010). 빼앗긴 대지의 꿈(역). 서울: 갈라파고스.

장 폴 사르트르(1964). 말(역). 서울: 민음사.

장 폴 사르트르(2008). 실존주의는 휴머니즘이다(역). 서울: 이학사.

장회익(2009). 물질현상과 생명현상. 비평, 봄(22).

재레드 다이아몬드(2005). 문명붕괴(역). 서울: 김영사.

재클린 노보그라츠(2009). 블루 스웨터(역). 서울: 이른아침.

쟈핑와(2008). 친구(역). 서울: 이레.

전관수(2002). 한시어사전. 서울: 국학자료원.

전성수(2012). 자녀교육 혁명 하브루타. 서울: 두란노.

전우용(2011). 현대인의 탄생. 서울: 이순.

전우익(2005). 혼자만 잘 살믄 무슨 재민겨. 서울: 현암사.

전종식(2011). 대승기신론: 학술자료집(편저). 서울: 예학.

전진용(2010). 재즈 스타일. 서울: 새빛 에듀넷.

정미경(2012). EBS 최고의 요리비결 1. 서울: 그리고 책.

정민(2007). 다산어록청상. 서울: 푸르메.

정민(2007). 스승의 옥편. 서울: 마음산책.

정민(2012). 일침. 서울: 김영사.

정수일(2004). 혜초의 왕오천축국전(역주). 서울: 학고재.

정준호(2011). 기생충, 우리들의 오래된 동반자. 서울: 후마니타스.

정진홍(2011). 사람공부. 서울: 21세기북스.

정현모(2011). 유태인의 공부. 서울: 새앙뿔.

정혜진(2007). 호모 크레아토. 서울: 학지사.

정호승(2011). 외로우니까 사람이다. 서울: 열림원.

정호완(1991). 우리말 어휘의 기원을 통해 본 겨레의 정서와 의식구조. 서울: 정신세계사.

제레드 다이아몬드(2005). 문명의 붕괴(역). 서울: 김영사.

제리 포라스 · 스튜어트 에머리 · 마크 톰슨(2007). 성공하는 사람들의 열정 포트폴리오(역). 서울: 럭스미디어.

제이슨 포웰(2011). 데리다 평전-순수함을 열망한 한 유령의 이야기(역). 서울: 인간사랑.

제이플러스 기획편집부(2007). 그림 중국어 단어(역). 서울: 제이플러스.

제인 호프(2002). 영혼의 비밀(역). 서울: 문학동네.

제임스 데이터 외(2008). 다가오는 미래(역). 서울: 예문.

제임스 라고넷(2008). 당신은 행복한 골퍼입니까?: 골프 코스에서 나를 이기는 법(역). 서울: 가람북.

제임스 서로위키(2005). 대중의 지혜-시장과 사회를 움직이는 힘(역). 서울: 랜덤하우스 코리아.

제프리 페퍼(2005). 휴먼 이퀘이션(역). 서울: 지샘.

조 바이텔(2008). 호오포노포노의 비밀(역). 서울: 눈과 마음.

조광제(2004). 몸의 세계, 세계의 몸. 서울: 이학사.

조너던 와이너(2011). 과학, 죽음을 죽이다(역). 서울: 21세기 북스.

조르조 아감벤(2008). 호모 사케르(주권 권력과 벌거벗은 생명)(역). 서울: 새물결.

조르조 아감벤(2009). 목적 없는 수단(역). 서울: 난장.

조르주-올리비에 샤토레노(1986). 꿈의 대학(역). 서울: 책세상.

조성기(2012). 미움극복. 서울: 중앙북스.

조셉 헬러(2008). 캐치-22(역). 서울: 민음사.

조슈아 쿠퍼 라모(2010). 언싱커블 에이지-끊임없이 진화하고 복잡해지는 예측 불가능한 불확실성의 시대(역). 서울: 알마.

조엘 베스트(2006). 댓스 패드(역). 서울: 사이.

조엘 오스틴(2012). 행복의 힘(역). 서울: 생각연구소.

조연현(2007). 세상에서 가장 먼 만행. 서울: 오래된 미래.

조용헌(2005). 방외지사. 서울: 정신세계원출판국.

조용헌(2010). 백가기행(百家記行). 서울: 디자인 하우스.

조정환(2011). 인지자본주의. 서울: 갈무리.

조지 베일런트(2010). 행복의 조건(역). 서울: 프런티어.

조지 베일런트(2011). 행복의 완성(역). 서울: 흐름출판.

조지 애커로프 · 로버트 쉴러 · 로버트 쉴러(2009). 야성적 충동-인간이 비이성적 심리가 경제에 미치는 영향(역). 서울: 랜덤하우스 코리아.

조지 오웰(2007). 동물농장(역). 서울: 삼성출판사.

조지 트레벨랸(2000). 호모 노에티쿠스(역). 서울: 물병자리.

조지프 A. 아마토(2006). 걷기, 인간과 세상의 대화(역). 서울: 작가정신.

존 도미닉 크로산(1998). 예수는 누구인가(역). 서울: 한국기독교연구소.

존 도미닉 크로산(2000). 역사적 예수(역). 서울: 한국기독교연구소.

존 드라이스데일(2008). 내 삶에 가장 특별한 배움(역). 서울: 이스트북스.

존 라이크만(2005). 들뢰즈 커넥션(역). 서울: 현실문화연구.

존 레이티(2010). 뇌 1.4킬로그램의 사용법(역). 서울: 21세기북스.

존 레인(2012). 멋지게 나이 드는 기술(역). 서울: 베이직북스.

존 로이드 · 존 미친슨(2009). 지식의 반전(역). 서울: 해나무.

존 맥스웰(2007). 태도(역). 서울: 국일미디어.

존 맥스웰(2012). 사람은 무엇으로 성장하는가(역). 서울: 비즈니스북스.

존 버거(2000). 이미지: 시각과 미디어(역). 서울: 동문선.

존 블룸버그(2005). 카르페 디엠(역). 서울: 토네이도.

존 스튜어트 밀(2005). 자유론(역). 서울: 책세상.
존 저잔 외(2009). 문명에 반대한다(역). 서울: 와이즈북.
존 카밧진(2005). 마음챙김 명상과 자기치유(역). 서울: 학지사.
존 카밧진(2012). 처음 만나는 마음챙김 명상(역). 서울: 불광출판사.
존 호건(2005). 과학의 종말(역). 서울: 까치.
존 H. 릴리스포드(2006). 유전자 인류학(역). 서울: 휴먼앤북스.
존 L. 캐스티(2005). 현대 과학의 6가지 쟁점(역). 서울: 지식의 풍경.
존 L. 캐스티(2012). 대중의 직관(역). 서울: 반비.
죠지 레이코프(2008). 몸의 철학(역). 서울: 박이정.
주얼 D. 테일러(2001). 나를 바꾸는 데는 단 하루도 걸리지 않는다(역). 서울: 도솔.
주제 사라마구(2008). 눈 먼자들의 도시(역). 서울: 해냄.
주희(2011). 대학 중용(역). 서울: 홍익출판사.
줄리아 시걸(2009). 멜라니 클라인: 정신분석의 거장(역). 서울: 학지사.
줄리아 크리스테바(2006). 멜라니 클라인 정신병 모친살해 그리고 창조성(역). 서울: 아난케.
줄리언 바자니 · 제러미 스탠그럼(2009). 호모 사피엔스, 퀴즈를 풀다(역). 서울: 지식하우스.
중광(2003). 괜히 왔다 간다. 서울: 기린원.
중아함 36권 148경, 하고경(何苦經).
쥴리아 시걸(2009). 멜라니 클라인(역). 서울: 학지사.
지그 지글러(2006). 시도하지 않으면 아무것도 할 수 없다(역). 서울: 큰나무.
지그문트 바우만(2008). 쓰레기가 되는 삶들(역). 서울: 새물결.
지그문트 바우만(2012). 고독을 잃어버린 시간(역). 서울: 동녘.
지그문트 프로이트(1996). 새로운 정신분석 강의(역). 서울: 열린책들.
지셴린(2009). 다 지나간다-13억 중국인의 정신적 스승 지셴린의 인생에세이(역). 서울: 추수밭.
진교훈(2010). 인격. 서울: 서울대학교 출판부.
진대제(1996). 공자의 학설(역). 서울: 이론과 실천.
진은영(2007). 니체, 영원회귀와 차이의 철학. 서울: 그린비.
진중권(2005). 놀이와 예술 그리고 상상력. 서울: 휴머니스트.
질 들뢰즈 외(2007). 천 개의 고원(역). 서울: 새물결.
질 볼트 테일러(2011). 긍정의 뇌(역). 서울: 윌북.

짐 콜린스(2002). 좋은 기업을 넘어 위대한 기업으로(역). 서울: 김영사.
차갑부(2012). 평생교육론. 서울: 교육과학사.
차영길(2001). 억눌린 자의 역사. 서울: 범문사.
찰스 두히그(2012). 습관의 힘(역). 서울: 갤리온.
찰스 라이트 밀즈(2004). 사회학적 상상력(역). 서울: 돌베개.
찰스 파스테르나크(2005). 호모 쿠아레렌스(역). 서울: 길.
찰스 M. 쉘돈(2008). 예수님이라면 어떻게 하실까?(역). 서울: 도서출판 브니엘.
천승걸(1987). 프로스트의 명시. 서울: 한림출판사.
청안(2006). 꽃과 벌. 서울: 김영사.
최건영(1996). 미하일 바흐찐의 초기 저작과 폴리포니 소설론의 기원-바흐찐 소설론의 성격 규명을 위한 서설. 슬라브학보, 11(2). 87-106.
최재천(2009). 완벽한 진화란 없다. Naver 캐스트. 오늘의 과학.
최항석 · 한준상(2004). 주5일제와 여가교육. 한국여가문화학회. 2004년도 학술대회 논문집.
카렌 암스트롱(2003). 스스로 깨어난 자 붓다(역). 서울: 푸른숲.
카렌 암스트롱(2010). 신을 위한 변론(역). 서울: 웅진지식.
카렌 암스트롱(2010). 축의 시대(역). 서울: 교양인.
카렌 암스트롱(2012). 자비를 말하다(역). 서울: 돋을새김.
카를 구스타프 융(1995). 우나 살루스-대자유에 이르는 길(역). 서울: 정신세계사.
카를 구스타프 융(2008). 카를 융: 기억, 꿈, 사상(역). 서울: 김영사.
카를 야스퍼스(2005). 위대한 사상가들(역). 서울: 책과 함께.
카를힐티(2007). 잠 못 이루는 밤을 위하여/행복론(역). 서울: 동서문화동판주식회사.
칼루파하나 D. J. (2008). 불교철학의 역사(연속과 불연속)(역). 서울: 운주사.
칼 세이건(2006). 에덴의 용(역). 서울: 사이언스북스.
칼 포퍼(2001). 추측과 논박(역). 서울: 민음사.
칼 필레머(2012). 내가 알고 있는 걸 당신도 알게 된다면(역). 서울: 토네이도.
캐런 킹스턴(2001). 아무 것도 못 버리는 사람(역). 서울: 도솔.
캐롤 하트(2010). 세로토닌의 비밀(역). 서울: 미다스북스.
캐서린 메이어(2013). 어모털리티: 나이가 사라진 시대의 등장(역). 서울: 퍼플카우.
캐스 선스타인(2010). 루머-인터넷 시대에 던지는 신문명 비판(역). 서울: 프리뷰.

캔더스 B. 퍼트(2009). 감정의 분자(역). 서울: 시스테마.

캔터베리의 안셀무스(2002). 모놀로기온 & 프로슬로기온(역). 서울: 아카넷.

커트 보네거트(2005). 제5도살장(역). 서울: 아이필드.

커트 스펠마이어(2008). 인문학의 즐거움(역). 서울: 휴먼앤북스.

켄 로빈슨 외(2010). 엘리먼트(역). 서울: 승산.

켄 키지(2009). 뻐꾸기 둥지 위로 날아간 새(역). 서울: 민음사.

켄터베리의 안셀무스(2002). 모놀로기온 & 프로슬로기온(역). 서울: 아카넷.

켄트 너번(2010). 그래도 삶은 계속된다-아메리카 인디언이 들려주는 지혜의 목소리(역). 서울: 고즈윈.

코이케 류노스케(2010). 번뇌 리셋(역). 서울: 불광출판사.

콘수엘로 바렐라 · 로베르트 마자라(2010). 크리스토퍼 콜럼버스(역). 서울: 21세기북스.

쿠라모토 토모아키(2008). 보통이 뭔데?-한 장애인이 청소년에게 묻는다(역). 서울: 한울림스페셜.

쿠르트 플라쉬(1987). 신의 척도로서의 인간. N. 쿠치키(편). 현대의 신(역). 서울: 범우사.

쿠보 노리타다(2007). 도교와 신선의 세계(역). 서울: 법인문화사.

쿠퍼 에덴스(2007). 하쿠나 마타타(역). 서울: 마음의 숲.

크리스찬 아카데미(2012). 삶의 신학 콜로키엄: 내가 믿는 부활. 사이/너머. 64호.

크리스토프 앙드레(2005). 행복의 단상(역). 서울: 동문선.

크리스토퍼 라이언 · 카실다 제타(2011). 왜 결혼과 섹스는 충돌할까. 서울: 행복포럼.

크리스토퍼 맥두걸(2010). 본 투 런(Born to run)-신비의 원시부족이 가르쳐준 행복의 비밀(역). 서울: 페이퍼로드.

크리스토퍼 메릴(2009). 숨은 신을 찾아서(역). 서울: 민음사.

크리스토퍼 퀸 · 샐리 킹(2003). 평화와 행복을 위한 불교지성들의 위대한 도전(역). 서울: 초록마을.

크리스토프 라무르(2008). 걷기의 철학(역). 서울: 개마고원.

크리스티아네 취른트(2007). 실패의 향연(역). 서울: 들녘.

클레어 콜브룩(2008). 들뢰즈 이해하기-차이생성과 생명의 철학(역). 서울: 그린비.

클레이 셔키(2011). 많아지면 달라진다(역). 서울: 갤리온.

클리스 스태플스 루이스(2005). 나니아 연대기(역). 서울: 시공주니어.

클리스 스태플스 루이스(2008). 기적-예비적 연구(역). 서울: 홍성사.

키머러 라모스(2009). 몸 욕망을 말하다(역). 서울: 생각의 날개.

키스 소여(2008). 그룹지니어스(역). 서울: 북섬.

타구치 겐(2005). 아이디어×아이디어(역). 서울: 글담.

탈 벤 샤하르(2010). 해피어(역). 서울: 위즈덤하우스.

테렌스 데 프레(2010). 생존자: 죽음의 수용소에서의 삶의 해부(역). 서울: 서해문집.

토르 뇌레트라네르스(2007). 왜 사랑에 빠지면 착해지는가(역). 서울: 웅진지식하우스.

토머스 맥러플린(2012). 거리의 지혜와 비판이론(역). 서울: 비즈앤비즈.

토머스 머튼(2009). 영적 일기(역). 서울: 바오로 딸.

토머스 모어(2007). 유토피아(역). 서울: 을유문화사.

톰 래스(2006). 프렌드십(역). 서울: 해냄.

톰 래스 · 짐 하터(2011). 웰빙 파인더(역). 서울: 위너스 북.

틱낫한(2002). 화(역). 서울: 명진출판사.

틱낫한(2003). 힘(역). 서울: 명진출판사.

틱낫한(2011). 화해(역). 서울: 불광출판사.

파드마 삼바바(1997). 티벳사자의 서(역). 서울: 정신세계사.

파멜라 메츠(2004). 배움의 도(역). 서울: 민들레.

파울 첼란(1986). 죽음의 푸가(역). 서울: 청하.

파울 파이어아벤트(2009). 킬링 타임(역). 서울: 한겨레출판사.

파울로 코엘료(2006). 순례자(역). 서울: 문학동네.

파울로 코엘료(2007). 포르토벨로의 마녀(역). 서울: 문학동네.

파울로 코엘료(2008). 베로니카 죽기로 결심하다(역). 서울: 문학동네.

파울로 프레이리(2007). 교육과 의식화(역). 서울: 중원문화.

파울로 프레이리 · 마일스 호튼(2006). 우리가 걸어가면 길이 됩니다-교육과 사회변화를 위한 프레이리와 호튼의 대화(역). 서울: 아침이슬.

파커 팔머(2006). 가르침과 배움의 영성(역). 서울: 한국기독학생회출판부.

파커 J. 파머(2012). 비통한 자들을 위한 정치학(역). 서울: 글항아리.

파코 언더힐(2008). 몰링의 유혹(역). 서울: 미래의 창.

팔란티리 2020(2008). 우리는 마이크로 소사이어티로 간다: 세상의 변화를 읽는 디테일 코드(역). 서울: 웅진윙스.

페터 보르샤이트(2008). 템포 바이러스(역). 서울: 들녘.
펠리페 페르난데스 아르메스토(2006). 우리가 정말 인간일까?(역). 서울: 아카넷.
폴 레이 · 셰리 루스 앤더슨 외(2006). 세상을 바꾸는 문화 창조자들(역). 서울: 한스컨텐츠.
폴 벤느(2009). 푸코, 사유와 인간(역). 서울: 산책자.
폴 블룸(2011). 우리는 왜 빠져드는가(역). 서울: 살림.
폴 에얼릭(2008). 인간의 본성(들)(역). 서울: 이마고.
폴 에얼릭 · 로버트 온스타인(2012). 공감의 진화(역). 서울: 에이도스.
폴 우드러프(2013). 아이아스 딜레마(성과주의 사회의 치명적 허점을 해결하는 정의의 리더십)(역). 서울: 원더박스.
폴커 슈피어링(2007). 세계사를 바꾼 철학의 구라들(역). 서울: 이룸.
풍우란(1999). 중국철학사(역). 서울: 까치.
프란스 드 발(2003). 보노보(살아가기 함께 행복하게)(역). 서울: 새물결.
프랜시스 베이컨(2001). 신기관(역). 서울: 한길사.
프랜시스 S. 콜린스(2009). 신의 언어(역). 서울: 김영사.
프레데릭 J. 스트렝(1999). 용수의 공사상 연구(역). 서울: 시공사.
프리드리히 실러(2008). 간계와 사랑(역). 서울: 지만지.
프리드리히 엥겔스(2009). 루트비히 포이어바흐와 독일 고전철학의 종말(역). 서울: 이론과실천.
프리모 레비(2007). 이것이 인간인가(역). 서울: 돌베개.
프리모 레비(2010). 휴전(역). 서울: 돌베개.
프리모 레비(2011). 살아남은 자의 아픔–투신자살한 아우슈비츠 생존작가 프리모 레비의 시집(역). 서울: 노마드북스.
프리초프 카프라(2011). 다빈치처럼 과학하라(역). 서울: 김영사.
플라톤(2000). 국가론(역). 서울: 집문당.
플라톤(2001). 프로타고라스(역). 서울: 범우사.
피에르 레비(2003). 누스페어(역). 서울: 생각의 나무.
피에르 쌍소(2003). 게으름의 즐거움(역). 서울: 호미.
피에르 프랑수아 모로(2006). 스피노자(역). 서울: 다른세상.
피터 다이어맨디스 · 스티븐 코틀러(2012). 어번던스(역). 서울: 와이즈베리.
피터 싱어(1990). 동물해방(역). 서울: 인간사랑.

피터 케이브(2009). 사람을 먹으면 왜 안되는가?(역). 서울: 마젤란.
피터 케이브(2011). 사촌이 땅을 사면 배가 아픈 철학적 이유(역). 서울: 어크로스.
피터 펜윅 · 엘리자베스 펜윅(2008). 죽음의 기술(역). 서울: 부글북스.
피터 피츠사이몬스(2009). 인생의 작은 법칙들(역). 서울: 프리윌.
피하드 만주(2012). 이기적 진실(역). 서울: 비즈앤 비즈.
필리브 브르노(1998). 천재와 광기(역). 서울: 동문선.
필립 지강테스(2004). 권력과 탐욕의 역사(역). 서울: 이마고.
하루야마 시게오(1996). 뇌내혁명(역). 서울: 사람과 책.
하몬 스미스(2005). 소로우와 에머슨의 대화(역). 서울: 이레.
하우석(2007). 걷는 인간 죽어도 안 걷는 인간. 서울: 거름.
하워드 S. 프리드먼 · 레슬리 R. 마틴(2011). 나는 몇 살까지 살까(역). 서울: 쌤앤파커스.
하인리히 하러(1997). 티베트에서의 7년(역). 서울: 황금가지.
하지현(2011). 심야치유식당. 서울: 푸른숲.
한경혜(2005). 오체투지. 서울: 작가의 집.
한국교수 불자협회(2006). 인류의 스승으로서의 붓다와 예수. 서울: 동연.
한나 시걸(1999). 멜라니 클라인의 정신분석학(역). 서울: 한국심리치료연구소.
한병철(2012). 피로 사회(역). 서울: 문학과 지성사.
한비자(2002). 한비자(역). 서울: 한길사.
한성철 · 김진영(2010). 인테러뱅. 서울: 이른아침.
한스 모라벡(2011). 마음의 아이들(역). 서울: 김영사.
한스 요나스(2001). 생명의 원리: 철학적 생물학을 위한 접근(역). 서울: 아카넷.
한스 요하임 슈퇴리히(2008). 세계철학사(역). 서울: 이룸.
한스 크리스티안 후프(2001). 세계를 움직이는 3대 성인(역). 서울: 북스토리.
한승원(2005). 이 세상을 다녀가는 것 가운데 바람 아닌 것 있으랴. 서울: 황금나침판.
한유(韓愈). 창려선생집(昌黎先生集) 40권.
한자경(2008). 명상의 철학적 기초. 서울: 이화여자대학교출판부.
한자이(2006). 나의 동반자, 정가(正歌). Better People Better World. 2월호.
한정우(2008). 변호사가 절대 알려주지 않는 31가지 진실. 서울: 한국경제신문사.
한종호(2012). 밀실에 갇힌 예수. 서울: 꽃자리.

한준상(2000). 국가과외. 서울: 학지사.

한준상(2001). 학습학. 서울: 학지사.

한준상(2003). 행복한 사람들, 그리고 여가에 관한 그들의 이해. 여가학연구, 1(1). 2-10.

한준상(2007). 교육자본론. 서울: 학지사.

한준상(2009). 생(生)의 가(痂): 배움. 서울: 학지사.

한준상 외(2009). 배움학, 각취의 향연. 서울: 학지사.

한준상 · 최항석 · 김성길(2012). Issues and trends in erudition: 배움의 쟁점과 경향. 경기: 공동체.

한혜경(2012). 나는 매일 은퇴를 꿈꾼다. 서울: 샘터.

해럴드 블룸(2008). 지혜를 어디서 찾을 것인가(역). 서울: 루비박스.

해롤드 쿠쉬너(2006). 당신은 어떤 사람이 되고 싶은가(역). 서울: 한국 심리상담 연구소.

행크 데이비스(2010). 양복을 입은 원시인(역). 서울: 지와 사랑.

허셸 생크스 외(2003). 예수의 동생 야고보 유골함의 비밀(역). 서울: 찬우물.

허태균(2012). 가끔은 제정신. 서울: 쌤앤파커스.

헤르만 헤세(2006). 싯다르타(역). 서울: 문예출판사.

헤어 A. P., 헤어 J. R. (2008). 제이콥 모레노(역). 서울: 학지사.

헨리 나우웬(2008). 기도의 사람 토마스 머튼(역). 서울: 청림출판.

헨리 클라우드(2010). 끝맺음에 서툰 당신에게(역). 서울: 교보문고.

현각 · 무량(2008). 공부하다 죽어라(역). 서울: 조화로운 삶.

현우식(2006). 과학으로 기독교 새로 보기. 서울: 연세대학교출판부.

혜초(2010). 왕오천축국전(역). 서울: 불광출판사.

호르헤 루이스 보르헤스(1998). 알렙(역). 서울: 민음사.

호르크하이머 M. (1983). 철학의 사회적 기능(역). 서울: 전예원.

홍성욱(2008). 과학에세이 과학, 인간과 사회를 말하다. 서울: 동아시아.

홍신선(2004). 홍신선 시전집. 서울: 산맥출판사.

홍해리(2008). 비타민 詩. 서울: 우리글.

황상민(2011). 한국인의 심리코드. 서울: 추수밭.

황영애(2010). 화학에서 인생을 배우다. 서울: 더숲.

황태호(2010). 반야심경에서 배우는 성공비결 108가지. 서울: 청어.

후지와라 신야(2010). 메멘토 모리(역). 서울: 한스미디어.

후쿠오까 신이치(2008). 생물과 무생물사이(역). 서울: 은행나무.

히라노 게이치로(2005). 문명의 우울(역). 서울: 문학동네.

EBS 지식프라임 제작팀(2009). 지식프라임. 서울: 밀리언하우스.

EBS 지식채널 e(2007). 지식 e . 서울: 북하우스.

Andrae, T. & Laqua, C. (2012). *Walt Kelly: The life and art of the creator of 'Pogo'*. NY: Hermes Press.

Anscome, G. E. M. (2005). *Human life, action and ethics.* Charlottesville, VA: Imprint Academic.

Bandura, A. (1997). *Self-efficacy.* NY: W. H. Freeman.

Burchell, G., Gordon, C., & Miller, P. (1991). *The Foucault effect: Studies in governmentality* (Eds.). Chicago, IL: University of Chicago Press.

Carrithers, M. (1992). *Why humans have cultures: Explaining anthropology and social diversity.* NY: Oxford University Press.

Christensen, C. M., Johnson, C. W., & Horn, M. B. (2008). *Disrupting class: How distruptive innovation will change the way the world learns.* NY: McGraw-Hill.

De Ruyter, D. (2007). Ideals, education, and happy flourishing. *Educational Theory, 57*(1), 23-35.

Eadie, B. J. (1994). *Embraced by the light.* NY: Bantam.

Fejes, A., & Nicoll, K. (2008). *Foucault and lifelong learning: Governing the subject* (Eds.). London: Routledge.

Gartner, A., Creer, C., & Riessman, F. (1974). *The new assault on equality: IQ and social stratification.* NY: Harper & Row.

Gershon, M. (1998). *The second brain: A groundbreaking new understanding of nervous disorders of the stomach and intestine.* NY: Harper Collins.

Hawking, S. (1996). *A brief history of Time.* NY: Bantam Press.

Heaton, J. M. (1990). What is existential analysis?. *Journal of the Society for Existential Analysis, 1*, 2-5.

Hood, R. W., Jr. Hill, P. C., & Spilka, B. (2009). *The psychology of religion.* NY: Guilford Pub.

Iannaccone, L. R. (1994). Why strict churches are strong. *American Journal of Sociology, 99*(5), 1180-1184.

Jameson, F. (1984). Postmodernism or the cultural logic of late capitalism. *New left review, 146*, 53-93.

Kapleau. P. P. (1980). *Three pillars of zen.* NY: Anchor.

Kindnseth, T. (2008). Siddharth's saga. *Time.* (2008. 8. 11).

Kipling, R. (2006). *The phantom rickshaw and other eerie tales.* London: A. H. Wheeler & Co of Allahabad.

Klein, M., & Riviere, J. (1964). *Love, hate and reparation.* NY: W. W. Norton & Company.

Klein, M. (1957). *Envy and gratitude and other works: 1946-1963.* NY: The Free Press.

Krumboltz, J. D., & Levin, A. S. (2004). *Luck is no accident: Making the most of happenstance in your life and career.* NY: Impact Publishers.

Kurzweil, R., & Grossman, T. (2009). *Transcend: nine steps to living well forever.* NY: Rodale Books.

Laderman, G. (2009). *Sacred matters: Celebrity worships, sexual ecstasies, the living dead and other signs of religious life in the United States.* NY: The New Press.

LA Times (2012). Eli Broad offers life lessons in 'The Art of Being Unreasonable'. *LA Times* (May 05. 2012).

Lavov, W. (1970). *The study of nonstandard English.* Champaign, IL: National Council of Teachers of English.

Lemert, C. G., & Gillan, G. (1982). *Michael Foucault: Social theory and transgression.* NY: Columbia University Press.

Llewellyn, G., & Silver, A. (2001). *Guerrilla learning: How to give your kids a real education with or without school.* NY: John Wiley and Sons.

Maubrey, L. D. V. (1985). Etienne Souriau's cosmic vision and the coming-into-its-own of the platonic other. *Man and World, 18*(3), 325-345.

Moreno, J. L. (1953). *Who shall survive.* NY: Beacon House.

Negri, T. (2004). Towards an ontological definition of multitude. Submitted by Annett on Sunday, April 4, 2004. Make world festival 2001 NEURO-networking europe.

Rorty, R. (1982). *Consequences of pragmatism*. MN: University of Minnesota Press.

Schwartz, B., & Sharpe, K. (2010). *Practical wisdom*. NY: Riverhead Book.

Spinoza, B. D., & Elwes, R. H. M. (2010). *Works of benedict de spinoza: Ethics, improvement of the understanding and a theologico-political treatise*. NY: Mobile Reference.

Spring, J. H. (1972). *Education and the rise of the corporate state*. Boston: Beacon Press.

Susman, W. I. (1985). *Culture as history*. NY: Smithsonian.

Tennesen, M. (2007). Bedtime stories. *National wildlife, 45*(5), 48.

Tichy, N. M., & Sherman, S. (1993). *Control your destiny or someone else will*. NY: Harper Business.

Waterfield, R. (2000). *The first philosophers* (ed.) (tr). London: Oxford University Press.

Wojcik, J. W. (1997). *Robert Boyle and the limits of reason*. London: Cambridge University Press.

강기헌 · 홍혜진(2008). 제발 일어나세요, 영등포 슈바이쳐. **중앙일보**. 2008년 4월 17일자.

강도원(2011). "다 부수고 새로 짓는 한국의 건축 방식은 잔인". **조선일보**. 2011년 3월 2일자.

강인선(2009). 행복하지 않은 성공은 의미가 없다. **조선일보**. 2009년 6월 19일자.

권대익(2007). 고스톱 몇 판보다 책 한 권이 치매예방 '특효약'. **한국일보**. 2007년 9월 28일자.

김갑식(2013). 아잔 브람 스님 방학 '한국인, 일하는 법 알아도 쉬는 법은 모르는 듯'. **동아일보**. 2013년 1월 11일자.

김병수 외(2012). 웰다잉: 삶을 완성하는 마지막 선물. **매경이코노미**. 2012년 12월 17일자.

김신영(2010). 주사 맞은 후 우울증…… 性충동 사라졌다. **조선일보**. 2010년 7월 19일자.

김유림(2006). 잘 나가는 토요타 "신발 끈 더 조인다." **머니투데이**. 2006년 12월 10일자.

김윤덕(2007). '부처남편'과 살다 '보살'이 된 그녀. **조선일보**. 2007년 9월 4일자.

김윤덕(2007). 못보는 어린이 만지고 듣게 하면 그림 그릴 수 있어. **조선일보**. 2007년 4월 3일자.

김진홍(2007). 김진홍 목사의 아침묵상, 예수라면 어떻게 할 것인가. **크리스천투데이**. 2007년 12월 16일자.

김한수(2008). 조선인터뷰, 마음이 바로 서면 좁은 아파트도 불국정토. **조선일보**. 2008년 5월

12일자.

김현재(2009). 사형집행 3백번 넘게 지켜본 美통신기자. 매일경제. 2009년 10월 22일자.

김형효(2005). 재귀동사적 인과법과 타동사적 인과법. 법보신문. 2005년 11월 2일자.

김호동(2007). 무슬림들의 마음을 지배한 신비주의 교단의 성자들. 주간조선. 2007년 9월 29일자.

나확진(2012). 이정렬 판사 "석궁테러 교수 복직시키려 했다." 조선일보. 2012년 1월 25일자.

남정호(2007). "걷기=삶의 질 향상" 미국도 '워크홀릭'. 중앙일보. 2007년 5월 25일자.

노지현 · 우경임 (2010). 국내 결혼이민자 13만여 명 어떻게 살고 있나. 동아일보. 2010년 3월 18일자.

동아일보 편집국(2012). 케이팝, 누가 퍼뜨렸나 추적했더니 日 여고생 一獨 한국계 모델……. 동아일보. 2012년 8월 15일자.

동아일보 편집국(2012). 딸 대신해 손자 출산한 40대 할머니 '화제'. 동아일보. 2012년 8월 27일자.

매일경제신문 편집국(2009). 박연차가 좋아한 로열살루트 38년산. 매일경제신문. 2009년 7월 9일자.

문화일보 편집국(2011). 대면소통 꼴찌 대한민국. 문화일보. 2011년 10월 17일.

박노훈(2012). 이성준. 주사 맞을 때 바늘 안 봐야 고통 덜해. 조선일보. 2012월 5월 25일자.

박시영(2009). 외국인 노동자는 쓰다버리는 일회용. 조선일보. 2009년 11월 26일자.

박종인(2008). 세상 스님 다 목탁 두드리면 시끄러워 어떻게 삽니까. 조선일보. 2008년 5월 2일자.

박현수(2010). 존엄사 논란 김할머니 200여일만에 별세. 문화저널21. 2010년 1월 11일자.

박희창(2011). 천국으로 보내는 마지막 이삿짐을 날랐다. 동아일보. 2011년 4월 23일자.

배병삼(2010). 현실정치가로 실패한 공자 학교경영자로 성공한 이유. 신동아. 2010년 1월 1일자.

백성호(2011). 부처는 내게 의사다, 집착을 없애주는 의사중의 의사. 중앙일보. 2011년 5월 5일자.

백성호(2008). 나와 함께 깨어있어라. 중앙일보. 2008년 12월 11일자.

백성호(2007). 백성호 기자의 현문우답, 저울로도 못 다는 무게. 중앙일보. 2007년 7월 5일자.

백성호(2007). 백성호 기자의 현문우답, 어디를 향해 기도하십니까. 중앙일보. 2007년 8월 30일자.

백성호(2007). 29년째 걸어만 다니니 마음이 비워지더라. 중앙일보. 2007년 5월 20일자.

백일현(2007). 달팽이의 지혜. 중앙일보. 2007년 3월 2일자.

불교신문 편집국(2011). 聖人을 일컫는 말-르시(r.s.i)와 무니(muni). 불교신문. 2011년 6월 29일자.

슈피겔 편집국(1988). 슈피겔. 1988년 10월 7일자.

안영식(2004). 역사의 변명: 1933 히틀러 총리 취임. 동아일보. 2004년 1월 29일자.

양태삼(2011). 이주노동자 78% "욕 들으며 일한다". 연합뉴스. 2011년 8월 11일자.

연합뉴스 편집국(2006). 연합뉴스. 2007년 6월 9일자.

연합뉴스 편집국(2008). 모성애의 기적. 英 임신부 태아 발길질로 암퇴치. 연합뉴스. 2008년 2월 5일자.

영국 일간 가디언 편집국(2007). 영국 일간 가디언. 2007년 2월 28일자.

우제윤(2009). '존엄사' 할머니는 요즘. 매일경제. 2009년 8월 24일자.

유석재(2009). 왜 성경만 이본이 많을까. 조선일보. 2009년 9월 12일자.

윤영찬(2007). 주지 다툼은 가사 입은 도둑의 짓. 동아일보. 2007년 10월 22일자.

윤완준(2008). 삶 자체가 깨달음…… 즐기고 비우면 돼. 동아일보. 2008년 5월 9일자.

이기우(2006). 현대물리학과 신비주의(5). 동아일보. 2006년 4월 24일자.

이송현(2010). 아직도 '살색'을 말하는가. 조선일보. 2010년 5월 23일자.

이태훈(2012). 同體大悲(중생의 고통을 내 것처럼 여기는 자비심)…… 조계종 스님 장기기증 서약 2000명 넘어. 조선일보. 2012년 1월 20일자.

일선(2007). 사람이 본래 부처. 법보신문. 2007년 1월 10일자.

장영섭(2007). 마조도일 상당법어. 불교신문. 2007년 2월 17일자.

전병근(2008). 구글이 사람을 바보로 만든다?. 조선일보. 2008년 6월 18일자.

전승훈(2007). 시력 잃어 장애인 연기 쉬워졌네…… 허허. 동아일보. 2007년 9월 7일자.

정양환(2008). 돈만 있으면 누구나 가진다? 그럼 더이상 명품 아니죠. 동아일보. 2008년 6월 14일자.

정영(2009). 스스로 맹장 수술한 전설적 의사. 팝뉴스. 2009년 12월 28일자.

정찬주(2007). 혜가대사의 영혼을 적신 도반들. 주간조선. 2007년 8월 20일자.

조선일보 편집국(2010). 세계를 감동시킨 우르수아 리더십. 조선일보. 2010년 10월 15일자.

조선일보 편집국(2011). 조선일보. 토일 섹션.

조선일보 편집국(2011). 한 현우의 커튼 콜: 또 한명의 세시봉 가수 한 대수. 조선일보. 2011년 7월 16일자.

조선일보 편집국(2011). 조선일보. 2011년 8월 9일자.

조선일보 편집국(2011). 평범한 대학생이 "숙제 좀……" 올렸더니 24만명이 도와줬다. 조선일보. 2011년 11월 10일자.

조선일보 편집국(2011). 최보식이 만난 사람: '백만동자'를 그린 허허당(虛虛堂 · 비고 빈 집). 조선일보. 2011년 5월 9일자.

조선일보 편집국(2012). 조선일보. 2012년 2월 12일자.

조선일보 편집국(2012). 염소 할머니 "성금내는 사람이 제일 부러웠어". 조선일보. 2012년 3월 5일자.

조선일보 편집국(2012). 가장 작은 양구군 주민들 가장 큰 장학회 만든다. 조선일보. 2012년 8월 10일자.

조선일보 편집국(2012). 30여억 원 기부한 77세 총각 할아버지의 방에 가보니……. 조선일보. 2012년 12월 24일자.

조선일보 편집국(2012). 문맹이었던 어부, 98세에 수필작가 되기까지. 조선일보. 2012년 4월 1일자.

중앙일보 편집국(2008). 인생설계 20계명. 첫째, 자기 삶의 주체가 되라. 중앙일보. 2008년 7월 12일자.

중앙일보 편집국(2010). 영국인 조사 2명중 1명 "금품 주면 OK." 중앙일보. 2010년 3월 27일자.

중앙일보 편집국(2010). 시가 있는 아침. 중앙일보. 2010년 5월 21일자.

최보식(2007). 내 것 내 것 그래봤자 세상에 내 것은 없는 거야. 조선일보. 2007년 6월 16일자.

최여경 · 최영훈 · 맹수열(2010). '다문화 시대' 우리 제대로 하고 있는 걸까요. 서울신문. 2010년 2월 5일자.

최영해 · 신석호(2013). 2030 미래전략 세계 석학에게 듣는다(제롬 글렌). 동아일보. 2013년 1월 8일자.

최지영(2007). 교황 '하느님의 침묵 견뎌라'. 중앙일보. 2007년 9월 3일자.

최현정(2009). '뇌사' 23년 남성 "아무리 비명을 질러도……". 동아일보. 2009년 11월 24일자.

포춘 편집국(2006). "안티 젝 웰치" 경영 7원칙. 포춘. 2006년 7월 11일자.

한성간(2007). 마약, 뇌 '리모델링' 시킨다. 연합뉴스. 2007년 4월 26일자.

한우덕(2010). 國格. 중앙일보. 2010년 1월 14일자.

한현우(2011). 한현우의 커튼 콜: 또 한명의 세시봉 가수 한대수. 조선일보. 2011년 7월 11일자.

한형조(2008). 이뭣고가 화두가 아니라는 성본 스님 주장은 '난센스'. 미디어 붓다. 2008년 10월 6일자.

허성도(2006). 한자이야기. 동아일보. 2006년 4월 14일자.

AP 통신 편집국(2009). 태양계에서 가장 추운 곳은? “달 남극 분화구 안쪽”. AP 통신. 2009년 9월 18일자.

Current Biology 편집국(2007). *Current Biology*. 2007년 6월호.

Nature Neuroscience 편집국(2007). *Nature Neuroscience*. 2007년 1월호.

Tribune Reporter 편집국(2006). *Tribune Reporter*. 2006년 3월 15일자.

유태영 교수의 서신(2009. 9. 21., 2010. 9. 6.).

〈좋은 글〉 중에서(2009. 8. 29.).

http://100.naver.com.

http://blog.daum.net/mt-life/3966716.

http://blog.naver.com/rock0190.

http://www.wikipedia.org.

http://news.chosun.com/site/data/html_dir/2011/02/15.

http://www.petecohen.com

찾아보기

인명

내 용

저자 소개

▣ 한준상(韓駿相)

학력 및 경력

연세대학교 문과대학 교육학과 졸업

University of Southern California 교육과학 석사 및 철학박사

연세대학교 교육학부 교수

연세대학교 학생처장

연세대학교 교육대학원 원장

연세대학교 교육과학대학 학장

대표저서

새로운 교육학(1981, 한길사)

평생교육론(1982, 문음사)

한국대학교육의 희생(1982, 문음사)

교육사회학 이론과 연구방법론(1985, 문음사)

학교교육과 사회개혁(1986, 을류문화사)

한인교포사회와 교육문제(1986, 삼성출판사)

교육과 정치의식(1986, 학민사)

사회교육론(1987, 청아출판사)

사회교육과 사회문제(1988, 청아출판사)

신교육사회학론(1989, 민음사)

교육과정 논쟁론(1989, 문음사)

청소년문제와 학교교육(1989, 연세대학교출판부,
　　교육학회 학술상, 문화공보부 선정 '올해의 책' 수상)

교육의 가막소(1989, 청아출판사)

교육학적 상상력(1991, 양서원)

한국교육의 갈등구조(1991, 연세대학교출판부)

한국교육의 민주화(1992, 연세대학교출판부, 문화공보부 선정 '올해의 책' 수상)

산업인력자원 개발-외국기업은 이렇게 교육한다(1993, 양서원)

한국고등교육개혁의 과제와 전망(1993, 양서원)

한국교육개혁론(1994, 학지사)

한국산업자원 인력개발(1994, 양서원)

생각연습(1994, 한울)

평생교육의 이론과 실제(1995, 서울특별시 교육연구원)

학교스트레스(1995, 연세대학교출판부)

꿈꾸는 학교, 자라나는 아이들(1997, 학지사)

동숭동의 아이들(1997, 연세대학교출판부)

앤드라고지-현실과 가능성(1998, 학지사)

호모에루디티오(1999, 학지사, 대한민국 학술원 선정 '우수학술도서' 수상)

청소년학 연구(1999, 연세대학교출판부)

Lifelong Education: 모든 이를 위한 안드라고지(2000, 학지사)

學習學(2001, 학지사, 문화관광부 선정 '우수학술도서' 수상)

집단따돌림과 교육해체(2002, 집문당)

이 교육(2003, 아침이슬)

산업인력자원개발(2003, 한국학술정보)

國家課外(2005, 학지사, 연세대학교 학술상, 문화관광부 선정 '우수학술도서' 수상)

教育資本論(2007, 학지사)

生의 痂: 배움(2009, 학지사, 연세대학교 학술상)

教育改論(2012, 학지사)

平生敎育의 現象
生의 過

2013년 8월 10일 1판 1쇄 인쇄
2013년 8월 20일 1판 1쇄 발행

지은이 • 한준상
펴낸이 • 김진환
펴낸곳 • (주) 학지사
121-837 서울시 마포구 서교동 352-29 마인드월드빌딩 5층
대표전화 • 02-330-5114 팩스 • 02-324-2345
등록번호 • 제313-2006-000265호

홈페이지 • http://www.hakjisa.co.kr
커뮤니티 • http://cafe.naver.com/hakjisa

ISBN 978-89-997-0161-0 93370

정가 28,000원

이 도서의 국립중앙도서관 출판시도서목록(CIP)은 서지정보유통지원 시스템 홈페이지(http://seoji.nl.go.kr)와 국가자료공동목록시스템 (http://www.nl.go.kr/kolisnet)에서 이용하실 수 있습니다.
(CIP 제어번호: CIP2013014234)